이 책은 기독교 정경의 첫 번째 책이면서 구약성경을 여는 문이라 할 수 있는 창세기를 책 전체의 핵심어인 "톨레도트"에 맞추어 10부로 나누되, 성경 본문에 대한 최근의 연구 경향인 문학비평—그중에서도 특히 서사비평—에 초점을 맞추어 분석하고 있다. 이에 기초하여 본문 주해 작업을 진행한 다음에 마지막으로 신학적 고찰을 통해 창세기가 성경의 다른 부분들과 어떻게 연관되어 있는지, 또 교회와 그리스도인의 삶에 적용할 수 있는 주제로는 어떤 것들이 있는지를 탁월하게 밝히고 있다. 목회자들과 평신도 지도자들은 이 책을 통해 창세기를 가르치고 설교하고 공부하는 데 큰 도움을 받을 수 있을 것이다.

강성열 | 호남신학대학교 구약학 교수

브루스 월키의 『창세기 주석』이 번역 출간된 것은 한국교회 목회자들에게 큰 복이라고 생각한다. 월키 박사는 중급 히브리어 교재인 *An Introduction to Biblical Hebrew Syntax*를 저술할 정도로 히브리어에 탁월한 실력을 갖춘 분이다. 이런 실력이 창세기 주석에 그대로 반영되어 있다. 이에 더해 저자는 창세기를 문학적 분석과 신학적 고찰을 통해 주석하고 있기 때문에 창세기를 제대로 공부하려는 신학생이나 설교하는 목회자들에게 더할 나위 없이 훌륭한 도움을 제공할 것이다. 이 주석이 10부와 막(act)과 장(scene)으로 나누어져 있어 생소하다고 느끼는 독자들도 혹시 있을 수 있으나, 월키는 복음주의 신학자들 중에서도 누구보다 바른 신학을 견지하고 있으며 그의 건전한 신학이 이 책 곳곳에서 나타나고 있다. 복음주의와 개혁주의를 지향하는 모든 목회자와 신학생들이 신뢰하고 참고할 수 있는 이 책이 창세기를 더 깊고 풍성하게 이해하도록 도와줄 것이다.

기동연 | 고려신학대학원 구약학 교수

우주, 인간, 이스라엘의 기원에 관한 책인 창세기는 수수께끼 같은 구절들로 가득하다. 창세기 1장의 "날"은 24시간을 의미하는가? "우리의 형상"이라는 말은 삼위일체에 대한 증거인가? 창세기 6장의 "하나님의 아들들"의 정체는 무엇인가? 창세기를 읽으면 이런 질문들이 꼬리에 꼬리를 문다. 월키와 그의 제자 프레드릭스는 창세기에 대한 학문적으로 믿을 만하고 신학적으로 건전한 주석을 제공한다. 특히 월키는 탁월한 언어학자이자 복음주의 신학자다. 그의 주석은 엄밀하면서도 현학적이지 않으며, 보수주의 신학에 충실하면서도 정직하다. 김경열 교수님의 수고로 우리말로 번역된 이 책은 창세기를 이해하려는 모든 사람들의 필독서가 될 것이다. 적극 추천한다.

김구원 | 개신대학원대학교 구약학 교수

저명한 복음주의 구약학자인 브루스 월키의 『창세기 주석』이 한글로 번역되어 출간된 것을 정말 기쁘게 생각한다. 평소에 이 주석을 읽으면서 다른 주석들이 보여주지 못하는 문학적 관찰에 기초한 신학적 통찰력을 많이 얻을 수 있었다. 특별히 이 주석은 일선 목회자들이 창세기의 핵심적 주제들을 쉽게 파악하고 적용하는 데 큰 도움이 되리라 생각한다.

김성수 | 고려신학대학원 구약학 교수

창세기는 구약성경의 첫 책이자 구약성경 전반에 걸친 고유한 세계관과 신학, 그리고 역사인식을 내보여주는 중요한 책이다. 본 주석은 본문을 구성하는 음절에서 시작하여 거시적 문학 단위에 이르기까지 창세기를 꼼꼼하게 풀어준다. 본문 너머에 있는 저자나 편집자들의 흐릿한 세계를 재구성하기보다는, 최종 형태 본문의 세계에 집중하여 본문의 수사 기법과 서사구조를 분석하고 다양한 관점에서 본문의 주제를 해설해준다. 창세기를 열 개의 "족보"(톨레도트)로 구분하여 주석하는 이 책은 원역사와 족장사로 구분하는 것과는 또 다른 창세기의 강조점을 보게 해준다. 또한 개별 본문의 주석과 더불어 매 단락 끝에 있는 신학적 고찰은 구약성경의 관점은 물론 신약을 거쳐 오늘에 이르기까지 창세기 개별 본문의 의미를 종합적으로 되새기게 해준다. 따라서 이 책은 창세기를 주해하려는 이들은 물론 창세기 본문에 관심을 두고 읽으려는 모든 독자들에게 풍성한 의미를 제공해줄 것이다.

김정훈 | 부산장신대학교 구약학 교수

현대 최고의 복음주의 구약학자 중 하나인 브루스 월키의 『창세기 주석』은 본인도 창세기를 주해할 때 가장 가까이 곁에 놓고 보는 주석이다. 정교한 문법적·언어적인 해석은 물론 본문의 장르와 구조, 사건의 플롯과 등장인물의 성격 묘사 같은 문예적 접근을 통해 드러난 창세기의 메시지를 신학적으로 잘 풀어낸 월키의 주석은 창세기의 걸작이라 해도 과언이 아니다. 현대 복음주의 구약학자가 교계와 신학계에 기여할 수 있는 것이 무엇인지, 목회자와 신학생들과 관심 있는 그리스도인 독자들을 어떻게 도울 수 있는지를 보여주는 멋진 샘플이기에 기쁨으로 강력 추천하는 바이다.

김지찬 | 총신대학교 신학대학원 구약학 교수

브루스 월키의 『창세기 주석』은 구속사적 관점에서 창세기를 해석하지만 창세기의 문학적 향취와 매력, 창세기의 신학적 심오함을 충분히 규명하고 있는 아주 좋은 책이다. 문학적 분석, 주해, 신학적 고찰로 구성된 본 주석서는 창세기 본문을 갖고 설교하려는 모든 이들에게 필수적인 참고 주석이 되기에 부족함이 없으며, 성경을 애호하는 평신도 독자들에게는 성경 연구의 즐거움을 선사해준다. 저자는 창세기를 10개의 계보(톨레도트)로 분해하여 읽으면서도 창세기 전체에 일관되게 흐르는 서사구조의 통일성, 유기적 응집성을 잘 부각시킨다. 저자는 그리스도인들이 창세기를 읽을 때 품을 수 있는 거의 모든 질문을 앞서 생각해 신학적 고찰 부분에서 구체적으로 다루고 있다. 그뿐 아니라 한국 목회자들에게 익숙한 구절별 주석을 제시함으로써 창세기 본문을 최대한 자세히 읽고 상고하도록 돕는다. 복음주의자들의 경건한 감수성을 잘 존중하면서도 창세기 연구에 시도된 비평적·학문적 논의들도 적절하게 의식하며 대응하는 이 책의 변증적 주석 태도가 한국 복음주의 신학자들에게 귀한 도전이 될 것이다.

김회권 | 숭실대학교 기독교학과 구약학 교수

첨단 과학문명 시대에 창세기를 주석한다는 것은 시대착오적 용기가 필요할지도 모른다. 그만큼 어려운 작업이다. 고고학, 고대문헌학, 신화론, 생물진화론, 지질학, 고인류학, 문학 이론 등 다양한 복선들이 주석 작업에 겹쳐 들어오기 때문이다. 그럼에도 브루스 월키 박사는 좌고우면하지 않고 자신의 방식대로 창세기 문헌을 명쾌하게 해설한다. 그는 역량 있는 제자의 도움을 받아 세 가지 항목을 염두에 두고 주석을 진행한다. 문학적 분석과 주석적 설명과 신학적 고찰이 그것이다. 창세기 자체의 고대 문학적 분류 방식인 톨레도트에 따라 전체를 서막과 10부로 나누고 다시 막과 장으로 세분한다. 각 부분에 대한 자세한 주석과 더불어 신학적 핵심들을 요약 형태로 제시한다. 글의 흐름은 경쾌하고, 논의의 전개는 단순하고도 명확하며, 결과는 영적 가르침을 받는다는 느낌이다. 학문적이면서도 온건한 복음주의적 입장을 유지한다. 위대한 선생에게서 저자 직강을 듣는 기분이다. 창세기 주석을 장만해야 한다면 우선순위에 있어서 맨 앞쪽에 있어야 할 보물이다.

류호준 | 백석대학교 신학대학원 구약학 교수

월키의 오랜 연구와 강의가 녹아 있는 이 책은 방대한 내용임에도 장황하게 늘어지지 않는 명료함의 미덕이 돋보인다. 창세기 원문의 톨레도트(계보) 구조를 립 서비스 차원이 아닌 실제적 주석 작업의 틀로 견지하여 현대적인 주석을 창세기 서사구조의 그릇에 담아낸 결과, 1천 페이지가 넘는 주석서를 참고자료집이 아닌 한 권의 서사로 읽을 수 있게 하는 드문 성취를 이루었다. 창세기의 해석자는 수많은 비평적 이슈들을 다루기 마련인데, 월키는 다른 학자들의 인용에 만족하지 않고 문서설에서 양식비평, 수사학과 해석학에 이르는 모든 사안을 자신의 방식으로 소화하여 설명하고 있다. 이런 지적 독립성은 본서의 학적 가치를 더할 뿐 아니라 이 책이 본문의 해석이라는 주석 본연의 기능을 넘어 구약학 이론들을 실질적으로 적용하는 매뉴얼 역할을 수행할 수 있게 한다. 성경 곁에 두고 오래오래 읽을 또 한 권의 고전으로 강력히 추천한다.

유선명 | 백석대학교 신학대학원 구약학 교수

창세기 최고의 참고서가 한반도에 출현하다!
우리말로 출간된 『창세기 주석』 가운데 이보다 더 방대하고 자세한 책은 없을 것이다. 탁월한 복음주의 구약학자로 정평이 난 월키 박사의 걸작(masterpiece)이라 더 신뢰가 간다. 그는 구약학의 대가답게 비평주의적인 학자들과의 학문적 토론을 기피하지 않는다. 어쩌면 이를 매우 즐기는 것 같아 보인다. 이 책에는 언급할 만한 가치가 있는 비평주의적인 학자들의 연구서들이 빠짐없이 거론되고 있기 때문이다. 저자는 그들과 충분히 비판적으로 논쟁한 이후에 복음주의적 결론을 내린다. 또한 창세기와 관련한 신학적 주제들이 총망라되어 있다는 사실도 주목할 만하다. 창세기에 관한 종합백과사전이라 해도 과언이 아니다. 앞으로 창세기 연구와 설교에 필수적인 길잡이가 되는 책의 출간을 어찌 반기지 않을 수 있는가. 이제부터 강단의 창세기 설교가 더욱 탄탄해지고 풍성해질 것이다.

차준희 | 한세대학교 구약학 교수, 한국구약학연구소 소장

성경해석방법론은 크게 문학적 해석, 역사적 해석, 신학적 해석의 세 가지 접근으로 나눌 수 있다. 이 세 가지 접근법은 성경해석에서 어느 하나 소홀히 할 수 없는 것들이다. 그러나 이 가운데서 가장 기초적이며 근본적인 접근은 문학적 분석이다. 왜냐하면 성경은 우리에게 기록된 문서로 다가오기 때문이다. 기록으로 남겨진 하나님의 말씀은 필연적으로 문학적 특징을 가진다. 브루스 월키의 『창세기 주석』은 특별히 문학적인 분석에 강점을 가진 작품이다. 열 개의 톨레도트로 구성된 창세기의 내용을 10부로 나누어 구조와 장르, 다양한 표현법 등에 대한 문학적 분석을 친절하고 철저하게 제시한다. 이러한 문학적 분석의 기초 위에 제공된 주해는 독자로 하여금 본문의 세계에 쉽게 다가가게 한다. 그러나 이 책은 여기서 그치지 않고 본문에 대한 신학적 통찰을 통해 창세기에 나타난 하나님의 통치의 의미와 특징이 무엇인가를 분명하게 경험하게 한다. **하경택** | 장로회신학대학교 구약학 교수

창세기는 역사비평 이론들의 격전장이나 다름없는 책이다. 수많은 비평적 논의를 모두 소개하기도, 그것을 뛰어넘는 새로운 해석을 제시하기도 어렵다. 그래서 목회자나 평신도에게 권할 만한 창세기 주석은 많지 않았다. 월키의 『창세기 주석』 출간 소식이 반가운 이유다. 이 책을 접한 것은 박사학위 논문을 작성하고 있을 때였다. 많은 역사비평적 주석을 보완할 만한, 문학으로서의 창세기의 가치를 주목하는 주석을 찾던 중 발견한 월키의 주석은 신선한 충격이었다. 본문의 서사구조에

대한 정교한 분석과 심미성에 대한 섬세한 관찰은 성서의 문학적·문예적 해석의 교본으로 삼을 만하다. 지금까지 창세기의 역사비평적 읽기에 피로감을 느껴온 신학생, 성서의 문학적 해석에 관심이 많은 목회자, 창세기의 이야기를 사랑해온 성도들에게 일독을 권한다. **홍국평** | 연세대학교 신과대학 구약학 교수

Genesis

A Commentary

Bruce K. Waltke with Cathi J. Fredricks

창세기
주석

GENESIS
A COMMENTARY

브루스 K. 월키, 캐시 J. 프레드릭스 지음 | 김경열 옮김

새물결플러스

믿음의 영웅들인 마저리 엘리자베스(Marjorie Elizabeth),

뮬란 프레드릭스(Mullan Fredricks),

로버트 윌리엄 프레드릭스(Robert William Fredricks)와,

고인이 되었으나 여전히 믿음으로 말하고 있는

루이스 답 월키(Louise Daab Waltke)를 기억하며

목차

주석

머리말

이 주석은 연구와 공동 학술 작업이 연장된 결과로 탄생하게 되었다. 주석학적 해설의 토대는 1980년대 후반에 브루스 월키가『새로운 제네바 연구 성경』(*New Geneva Study Bible*)을 위해 창세기 해설을 준비했을 때 마련되었다. 우리는 이 해설을 현재의 주석을 위한 출발의 토대로 사용하도록 허락해주신 "종교개혁 재단"(Foundation for Reformation)에 진심으로 감사드린다. 일차적인 신학적 고찰과 문학적 분석에 초점을 맞추면서 확대된 해설은 브루스가 계속해서 리전트 대학(Regent College)에서 창세기를 가르칠 때 발전되었다. 1997년에 브루스와 존더반 출판사는 이 해설과 문학적 분석 및 신학적 고찰의 조합을 통해 이 "시작들에 관한 책"에 대한 일반 대중의 이해를 더욱 풍성하게 해줄 탁월한 주석을 만들 수 있다는 사실을 깨닫게 되었다.

브루스는 당시 자신의 조교였던 캐시(Cathi)를 이 연구 프로젝트에 끌어들여 집필과 편집 및 작품 편성에서 그와 공동으로 작업했다. 전직 영어 교사였던 캐시는 이 연구에 적임자였는데, 그는 집필 및 편집뿐만 아니라 성경 연구에 있어 문학적 분석과 여성이라는 관심 주제에도 기여했다.

브루스는 원래의 강의 해설을 쓸 때 창세기를 여러 분책으로 나누고, 행위와 장면들의 구조로 분석하여 본문의 문학적 특징을 찾아내며, 학생들이 창세기의 구조와 흐름을 파악하는 데 도움을 주려고 애썼다. 이런 특별한 접근 방식이 학생들이 이 책을 공부하는 데 효과적으로 도움이 된다는 것이 증명되자, 캐시와 브루스는 문학적 분석을 더 다듬고 확장하는 작업을 함께했다. 캐시는 이 책의 뼈대가 되는 초안을 제공했다. 이어서 이와 같은 대규모 프로젝트를 시작할 때면 필연적으로 그런 일이 발생하듯이, 브루스는 창세기의 세부 내용을 적절히 채우기 위해 중대한 추가 연구가 필요하다는 결정을 내렸다. 그는 문학적 분석과 주해 및 신학적 고찰에 광범위한 내용을 추가했다. 캐시는 전체를 편집하면서 더 읽기 편하게 만들었고, 도전적인 질문들을 던지며 브루스의 설명을 검토했으며, 서사의 플롯과 구조에 특별히 주의를 기울여 전반적인 흐름을 개선했다. 이 주석의 서론은 브루스가 썼는데, 여기에 자신의 소논문인 "성경신학에서의 하나님 나라"(The Kingdom of God in Biblical Theology)를 다듬어 포함시켰다.[1] 캐시는 브루스의 성경신학적 주해를 활용하여 시론(poetics)에 대한 단원을 썼다. 계속적인 의견 교환과 공동 작업의 과정을 통해 드디어 현재의 형태를 갖춘 주석이 나오게 되었다.

우리는 한데 어우러진 문학적 분석, 주석적 설명 및 신학적 고찰이 특별히 목회자와 평신도 지도자들이 창세기를 가르치고 설교할 때 도움이 되기를 희망하고 또한 그렇게 되리라 믿는다. 서론에서 설명한 대로 우리는 창세기 저자의 문학적 구상을 따라 창세기의 전체 윤곽을 하나의 서막과 10부의 분책(תּוֹלְדוֹת, 톨레도트)으로 나누었다. 각 분책의 서두에서 우리는 분책의 핵심 주제와 윤곽을 내놓았다. 우리는 서사의 문학적 흐름을 파악하려는 시도에서 또 편리한 분석을 위해 창세기를 여러 막과 장으로 세분했다. 이런 전문 용어는 임의적인데, 왜냐하면 창세기 저자가 현대 연극의 틀로 작업하지는 않았기 때문이다. 그럼에도 불구하고 우리는 이와 같은 구분이 이스라엘 역사에 대한 저자의 묘사에 충실하다고, 또 서사 단위의 경계를 정하는 데 도움이 된다고 믿는다. 문학적 분석은

---

1   이 소논문 "The Kingdom of God in Biblical Theology"는 곧 출간될 *Looking into the Future: Evangelical Studies in Eschatology*, ed. David W. Baker (Grand Rapids: Baker, 2001)에 등재될 것이다.

각 막과 장의 주요 문학적 특징을 눈에 띄게 만들고 독자들을 위한 유익한 출발점을 제공해줄 것이다. 이 분석이 철두철미하다거나 결정적이라는 말은 결코 아니다. 오히려 우리는 창세기에 대해 문학적으로 접근하는 한 가지 모델을 제시하려고 시도했다. 우리는 독자들이 창세기를 읽을 때 다른 구조와 기법을 가능한 한 많이 들추어내면서 창세기에 담긴 풍부한 문학적 보물들을 발견하기를 바란다.

이 책의 "주해" 항목은 손에 성경을 들고 읽을 때 가장 유용하다. 별다른 언급이 없다면 주해는 NIV 본문을 토대로 작업했는데, 이는 유용한 요약과 설명을 제공하기 위함이다. 중요한 의미를 지니거나 역사적·사회적·지리적 명료성을 요구하는 특정 단어와 구절은 굵은 글자로 표기하고 해설을 달았다. "신학적 고찰" 항목은 성경의 다른 부분들과의 연관성을 끌어내고 교회와 그리스도인의 삶에 적용할 수 있도록 창세기의 주제들을 더욱 확대한 것이다.

우리는 많은 사람에게 신세를 졌는데, 그들은 이 책의 상세한 부분을 마무리하는 데 있어 시간과 조언 및 도움을 아끼지 않았다. 우리가 이보다 더 재능이 있는 문헌 정보 자문팀을 구할 수는 없었을 것이다. 조너선 버드(Jonathan Bird), 대니얼 클락(Daniel Clark), 매튜 프리만(Matthew Freeman), 오토 구그무스(Otto Guggemous), 풀 거트슨(Poul Guttesen), 브루스 제프리(Bruce Jeffery), 도로시 키프트(Dorothy Kieft), 앤드루 루이스(Andrew Lewis), 캐롤 맥머핸(Carol McMahan), 자넷 소메스(Janet Somes), 카라 웬젤(Kara Wenzel)과 함께한 작업은 유쾌했다. 우리는 특별히 메간 브라운(Megan Brown), 피터 체임벌린(Peter Chamberlain), 키스 하이드(Keith Hyde)에게 감사한다. 그들은 시간과 재능을 내어주는 데 있어 남달랐다. 우리는 최종 원고를 신중하고 비평적으로 편집해준 밥 불러(Bob Buller)와 페를린 페르브루그(Verlyn Verbrugge)에게 큰 신세를 졌다. 진심으로 고맙다. 브루스는 저술가, 교사, 학생들을 비롯한 모든 독자와의 무궁무진한 대화를 기쁘게 받아들인다. 그는 이제까지 그들의 모든 의견을 흡수하여 자신의 저술에 통합시켜왔다. 각주는 독자에게 그와 같은 자료의 일부를 지시해주지만 사실 출처를 구체적으로 모두 밝히기에는 너무 많으며 지나치게 상호 관련되어 있다. 캐시는 저술하고 편집하는 기나긴 과정 동안 지원을 아끼지 않은 데 대해 다른 많은 동료들과 더불어 특별히 킴벌리 프레드릭스(Kimberly Fredricks), 도로시 키프트, 카라 웬젤에게 감사한다.

약어

일차 자료

b. Ned.	Babylonian Talmud, *Nedarim*
b. Taʿan.	Babylonian Talmud, *Taʿanit*
LXX	Septuagint
MT	Masoretic Text
NAB	New American Bible
NASB	New American Standard Bible
NIV	New International Version
NJPS	*Tanakh: The Holy Scriptures: The New JPS Translation according to the Traditional Jewish Text*
NKJV	New King James Version
NRSV	New Revised Standard Version
REB	Revised English Bible
SP	Samaritan Pentateuch

이차 자료

AB	Anchor Bible
ABD	*Anchor Bible Dictionary.* Edited by D. N. Freedman. 6 vols. New York: Doubleday, 1992.
ANEP	*The Ancient Near East in Pictures Relating to the Old Testament.* Edited by J. B. Pritchard. Princeton, N. J.: Princeton Univ. Press, 1969.
ANET	*Ancient Near Eastern Texts Relating to the Old Testament.* Edited by J. B.

Pritchard. 3d ed. Princeton, N. J.: Princeton Univ. Press, 1969.

ANF	*Ante-Nicene Fathers*
ASORDS	American Schools of Oriental Research Dissertation Series
AUSS	*Andrews University Seminary Studies*
BA	*Biblical Archaeologist*
BAR	*Biblical Archaeology Review*
BASOR	*Bulletin of the American Schools of Oriental Research*
Bib	*Biblica*
BSac	*Bibliotheca sacra*
BSOAS	*Bulletin of the School of Oriental and African Studies*
BT	*The Bible Translator*
BZAW	Beihefte zur Zeitschrift für die alttestamentliche Wissenschaft
CBQ	*Catholic Biblical Quarterly*
EBD	*The Eerdmans Bible Dictionary.* Edited by Allen C. Myers. Grand Rapids: Eerdmans, 1987.
EvQ	*Evangelical Quarterly*
ExpTim	*Expository Times*
FOTL	Forms of the Old Testament Literature
GKC	*Gesenius' Hebrew Grammar.* Edited by E. Kautzsch. Translated by A. E. Cowley. 2d ed. Oxford: Clarendon, 1910.
HALOT	*The Hebrew and Aramaic Lexicon of the Old Testament*, by L. Koehler and W. Baumgartner; trans. and ed. under supervision of M. E. J. Richardson. 4 vols. Leiden: Brill, 1994–1999.
HTR	*Harvard Theological Review*
IBC	Interpretation: A Bible Commentary for Teaching and Preaching
IBD	*The Illustrated Bible Dictionary.* Edited by J. D. Douglas et al. Wheaton, Ill.: Tyndale, 1980.
IBHS	B. K. Waltke and M. O'Connor. *An Introduction to Biblical Hebrew Syntax.* Winona Lake, Ind.: Eisenbrauns, 1990.
ICC	International Critical Commentary
IDB	*The Interpreter's Dictionary of the Bible.* Edited by G. A. Buttrick. 4 vols. Nashville: Abingdon, 1962.

IDBSup	*Interpreter's Dictionary of the Bible: Supplementary Volume.* Edited by K. Crim. Nashville: Abingdon, 1976.
IEJ	*Israel Exploration Journal*
ILR	*Israel Law Review*
ITC	International Theological Commentary
JAAR	*Journal of the American Academy of Religion*
JAOS	*Journal of the American Oriental Society*
JBL	*Journal of Biblical Literature*
JBR	*Journal of Bible and Religion*
JETS	*Journal of the Evangelical Theological Society*
JJS	*Journal of Jewish Studies*
JNES	*Journal of Near Eastern Studies*
JNSL	*Journal of Northwest Semitic Languages*
JPOS	*Journal of the Palestine Oriental Society*
JQR	*Jewish Quarterly Review*
JSOT	*Journal for the Study of the Old Testament*
JSOTSup	Journal for the Study of the Old Testament Supplement Series
JSS	*Journal of Semitic Studies*
JTS	*Journal of Theological Studies*
NAC	New American Commentary
NBD	*New Bible Dictionary.* Edited by J. D. Douglas and N. Hillyer. 2d ed. Downers Grove, Ill.: InterVarsity, 1982.
NICOT	New International Commentary on the Old Testament
NIDOTTE	*New International Dictionary of Old Testament Theology and Exegesis.* Edited by W. A. VanGemeren. 5 vols. Grand Rapids: Zondervan, 1997.
OBT	Overtures to Biblical Theology
OTL	Old Testament Library
OtSt	*Oudtestamentische Studiën*
RB	*Revue biblique*
ResQ	*Restoration Quarterly*
SBLMS	Society of Biblical Literature Monograph Series

SBT	Studies in Biblical Theology
ScrHier	Scripta hierosolymitana
TDNT	*Theological Dictionary of the New Testament.* Edited by G. Kittel and G. Friedrich. Translated by G. W. Bromiley. 10 vols. Grand Rapids: Eerdmans, 1964-1976.
TDOT	*Theological Dictionary of the Old Testament.* Edited by G. J. Botterweck and H. Ringgren. Translated by J. T. Willis, G. W. Bromiley, and D. E. Green. 11 vols. Grand Rapids: Eerdmans, 1974-.
TLOT	*Theological Lexicon of the Old Testament.* Edited by E. Jenni, with assistance from C. Westermann. Translated by M. E. Biddle. 3 vols. Peabody, Mass.: Hendrickson, 1997.
TNBD	*The New Bible Dictionary.* Leicester, Eng.: Inter-Varsity; Downers Grove, Ill.: InterVarsity, 1996.
TWOT	*Theological Wordbook of the Old Testament.* Edited by R. L. Harris, G. L. Archer Jr., and B. K. Waltke. 2 vols. Chicago: Moody Press, 1980.
TynBul	*Tyndale Bulletin*
UF	*Ugarit-Forschungen*
VT	*Vetus Testamentum*
VTSup	Supplements to Vetus Testamentum
WBC	Word Biblical Commentary
WTJ	*Westminster Theological Journal*
ZAW	*Zeitschrift für die alttestamentliche Wissenschaft*
ZBK	Zürcher Bibelkommentare

제목과 본문 ────────────────────────

책의 첫 단어를 이름으로 삼는 고대 근동의 관행을 따라 창세기의 히 브리어 제목은 베레쉬트(בְּרֵאשִׁית, "태초에")다. 한편 영어 제목은 아마도 창세기 2:4에서 취한 불가타의 "*Liber Genesis*"를 거친 제네시스(*genesis*, "기원, 출처, 종족, 창조")다. 다행히도 두 제목이 모두 적절하다. 왜냐하면 이 책이 시작과 기원을 다루고 있기 때문이다. 즉 우주의 기원(1:1-2:3), 인간과 민족들의 기원, 그들이 하나님으로부터 또한 서로에게서 멀어지 는 시작(2:4-11:32), 그리고 세계를 구원하기 위해 하나님이 새롭게 창시 하신 이스라엘의 시작과 기원(12:1-50:26)을 다룬다.

이 주석은 야아콥의 아들 사무엘(기원후 1000년경)의 코덱스 사본을 토 대로 삼았는데, 그는 "스승인 모쉐 벤-아쉐르의 아들 아론이 편집하여… 극도로 정밀한 견본이 된 정확한 필사본으로부터 형성된 이 성경의 사본 을 필사했으며, 모음부호를 찍고 마소라 방식으로 주석을 달았다."[1] 일부 사례에서는 가장 오래되고 완전한 이 히브리어 성경 필사본보다 70인역

───────────

1   레닌그라드 코덱스 B 19ª의 권두언. 이 코덱스 사본은 K. Elliger와 W. Rudolph가 편집한 *Biblia Hebraica Stuttgartensia*의 공식 표준 본문(diplomatic text)이다(Stuttgart: Deutsche Bibelgesellschaft, 1983).

(LXX)과 같은 다른 본문이나 고대 판본을 더 신뢰했다.[2]

구조와 내용

기본 톨레도트(תּוֹלְדֹת) 구조[3]

우주의 창조를 묘사하는 서막(1:1-2:3)에 이어 창세기 저자는 구원사 속에서 하나님이 주도하시는 열 개의 새로운 사역을 소개한다. 여기에는 톨레도트(즉 "X의 계보에 대한 기사")와 이런 발전들을 연결하는 전환점이 있는데 다음과 같다.

---

2   Waltke, "Reliability," *NIDOTTE*, 1:51-67을 보라.

3   앞선 학자들의 작업에 근거하여 I. Kikawada and A. Quinn (*Before Abraham Was: The Unity of Genesis 1-11* [Nashville: Abingdon, 1985], 47-48)은 원역사가 기원전 2천년 초반 메소포타미아의 아트라하시스 서사시(epic of Atrahasis, "The Exceedingly Wise")와 동일한 서사시 구조를 가졌다고 주장한다. 이 서사시는 창조 서사, 인간 존재에 대한 세 가지 위협(역병, 기근, 홍수)과 해결로 구성되며 인구의 수적 증가에 대한 언급이 여기저기 분산되어 있다. 두 저자는 이런 구조가 창 1-11장에 반영되어 있다고 주장한다. 즉 창조 서사, 세 가지 위협(아담과 하와, 가인과 아벨, 홍수), 여기저기 분산된 족보들(2:4; 4:1-2, 25-26; 10:1-32; 11:10-26)이 나온다는 것이다. 두 서사 모두 인간이 다양한 위협에서 살아남아 생존할 수 있는지에 대해 질문을 던진다. 아트라하시스 서사시에서 인구 증가는 신들에게 중대한 문제다. 그들은 인구 증가에 위협적인 제재 수단을 가함으로써 문제를 해결한다. 성경 기사에서는 인간의 죄가 인류의 존립을 위협한다. 하나님은 인간을 축복하여 번성케 하시지만 당신의 의도대로 인간이 땅을 채우는지를 보려고 개입하신다. 추론컨대 하나님은 땅의 넓은 곳 너머로 사람을 흩으심으로써 잠재성을 지닌 인구 폭발 문제를 해결하신다. D. Garrett (*Rethinking Genesis: Sources and Authorship of the First Book of the Pentateuch* [Grand Rapids: Baker, 1991], 111-13)은 다음과 같이 주장한다. 즉 전체로서의 창세기에는 동일한 주제적 패턴이 있는데, 이 패턴은 서막(창 1-11장)과 영웅(아브라함, 야곱, 요셉)에 대한 위협을 묘사하는 삼조의(triadic) 서사 및 종막을 포함하며, 이런 서사의 분할 사이에는 전환점을 만드는 족보들이 존재한다(11:27-32; 25:12-18; 36:22c-40; 46:8-27). 그러나 아트라하시스 서사시와 창 1-11장 사이의 구조적 유사점이 전적으로 설득력 있는 것은 아니다.

    우리의 예상과는 달리 기사들은 근본적으로 명성이 높은 조상에 대한 것이 아니라 그의 후손에 대한 것이다. 예컨대 데라와 이삭과 야곱의 계보에 대한 기사들은 원칙적으로 그들의 후손, 즉 아브라함, 야곱, 그리고 이스라엘의 열두 아들에 대한 각각의 기사들이다. 게다가 "노아의 계보에 대한 기사"가 노아와 그의 아들들 양자 모두에 속한 것이 되도록 저

---

4   아브라함의 자녀와 아브라함의 일상사 문제의 해결, 그리고 이전 분책의 결론부에 나오는 그의 죽음(25:1-11)에 관한 마지막 세부 설명은 이스마엘과 이삭에 대한 두 기사로의 전환점으로 기능한다.

자는 9:18에서 5:32을 완성하는 방식으로 이 세 번째 기사를 두 번째 기사에 삽입한다. 나아가 첫 번째 기사의 표제는 의도적 목적을 지닌 문학적 창안이다. 분명히 무생물인 하늘과 땅은 아담을 낳을 수 없으며, 아담에게는 인간 부모가 없다. 마지막으로 이 톨레도트 표제들은 두 가지 유형의 문학적 기법을 도입한다. 즉 짧은 연대기들—수직적이고(linear, 기사 2, 5) 수평적인(segmented, 기사 7, 9[5])—과 확장된 서사들(기사 1, 3, 6, 8, 10)이다. 소위 열국의 목록(Table of Nations)이라고 불리는 네 번째 기사는 이 두 문학적 유형의 혼합이다.

열 개의 톨레도트의 교호적, 동심원적 패턴들

렌즈버그(Gary Rendsburg)는 카수토(Umberto Cassuto), 피쉬베인(Michael Fishbane) 및 새슨(J. M. Sasson)의 연구에 기반하여[6] 처음 다섯 개의 톨레도트가 전체적으로 인간에 대한 것으로서 "병행" 구조 (더 나은 표현으로 "교호" 구조)로 배열되어 있으며, 나중에 나오는 세 개의 서사 톨레도트는 두 개의 짧은 족보 톨레도트로 나누어지는 가운데 동심원 구조로 이루어져 있다고 설명한다.[7] 그는 처음 다섯 개를 "원역사"라는 표제 아래 묶고

---

5   36:9-43의 수평적 족보와 수직적 족보는 원-창세기(Ur-Genesis)로의 후대 삽입이다. 제9부의 문학적 분석에서 구조를 보라.

6   U. Cassuto, *A Commentary on the Book of Genesis, Part 2: From Noah to Abraham,* trans. I. Abrahams (Jerusalem: Magnes, 1964), 296; M. Fishbane, "Composition and Structure in the Jacob Cycle Gen 25:19-35:22," *JJS* 26 (1975): 15-38; idem, *Text and Texture* (New York: Schocken, 1979), 50-62; J. M. Sasson, "The 'Tower of Babel' As a Clue to the Redactional Structuring of the Primeval History (Gen. 1-11:9)," in *The Bible World: Essays in Honor of Cyrus H. Gordon,* ed. G. Rendsburg (New York: Ktav, 1980), 211-19.

7   G. A. Rendsburg, *The Redaction of Genesis* (Winona Lake, Ind.: Eisenbrauns, 1986). 이 주석은 병행 구조로 배열된 문학적 단위들에 대해서는 **교호 구조**(alternating structure)라는 용어를(예. ABCA′B′C′), 단일한 중심부나 축을 중심으로 배열된 문학적 단위들에 대해서는 **교차 구조**(chiastic structure)라는 용어를(예. ABCB′A′), 그리고 이중적 축을 중심으로 배열된 단위들에 대해서는 **동심원 구조**(concentric structure)라는 용어를(예. ABCC′B′A′) 사용한다. 반대로 Jerome T. Walsh는 우리의 교차 구조와 동심원 구조의 개념을 바꿔 사용한다(*1 Kings*

나머지에는 널리 알려진 내용에 따른 명칭을 붙인다(아래를 보라). 그는 문학적 단원들에 일관성을 부여하는, 예컨대 핵심 단어들과 같은 몇몇 시학적 장치들을 찾아내 이런 분석을 뒷받침한다.

단원	범위	구조
원역사	1:1-11:26	교호
아브라함 이야기(cycle)	11:27-22:24	동심원
연결 고리 자료	23:1-25:18	35:23-36:43a과 병행
야곱 이야기	25:19-35:22	동심원
연결 고리 자료	35:23-36:43a	23:1-25:18과 병행
요셉 이야기	37:2-50:26	동심원

주요 이야기들(cycles)에 대한 렌즈버그의 분석을 각색해서 아래에 요약해놓았다. 첫 번째와 세 번째 서사 톨레도트는 도르시(David A. Dorsey)의 분석을 상당 부분 수정한 것이다.[8]

원역사: 교호 구조

A 창조 이야기: 첫 번째 시작; 신적 축복 1:1-2:3

  B 아담의 죄: 벌거벗음; 벌거벗음을 봄/가림; 저주 2:4-3:24

    C 살해된 동생이자 의로운 아들인 아벨의 끊긴 후손 4:1-16

      D 죄지은 가인의 후손 4:17-26

        E 선택된 아들인 셋의 후손: 아담에서 노아까지 열 세대 5:1-32

        F 타락: 불법적인 연대 6:1-4

[Collegeville, Minn: Liturgical, 1996], xiv).

8 D. A. Dorsey, *The Literary Structure of the Old Testament: A Commentary on Genesis-Malachi* (Grand Rapids: Baker, 1999), 55, 60.

G 노아에 대한 간략한 소개 6:5-8

A′ 홍수 이야기: 창조의 파기; 새로운 시작; 신적 축복 6:9-9:19

B′ 노아의 죄: 벌거벗음; 벌거벗음을 봄/가림; 저주 9:20-29

C′ 동생이자 의로운 아들인 야벳의 후손 10:1-5

D′ 죄지은 아들인 함의 후손 10:6-20

E′ 선택된 아들인 셈의 후손: 노아에서 데라까지 열 세대 10:21-32 [9]

F′ 타락: 반역적인 연대(바벨탑) 11:1-9

G′ 아브라함에 대한 간략한 소개와 그를 통해 하나님이 인류를 축복하심 11:27-32 [10]

아브라함 이야기(cycle): 동심원 구조

A 데라의 족보 11:27-32

B 아들에 대한 약속과 아브라함의 영적 여정의 시작 12:1-9

C 아브라함이 사라에 대해 거짓말하다; 야웨가 타국의 궁중에서 그녀를 보호하시다 12:10-20

D 롯이 소돔에 정착하다 13:1-18

E 아브라함이 소돔과 롯을 위해 군사적으로 개입하다 14:1-24

F 아브라함과의 언약; 이스마엘의 수태 고지 15:1-16:16

F′ 아브라함과의 언약; 이삭의 수태 고지 17:1-18:15

E′ 아브라함이 소돔과 롯을 위해 기도로 개입하다 18:16-33

---

9   여기서는 이 교호 구조가 이탈되었는데, 이는 셈의 후손의 족보를 데라의 후손의 족보, 즉 바벨의 저주로부터 열국을 구하는 족보와 밀접히 연결시키기 위함이다.

10 제6부의 도입은 제5부와 6부 사이, 원역사(창 1-11장)와 족장사(창 12-50장) 사이의 야누스다(뒤에 나오는 제6부의 문학적 분석을 보라).

D′ 롯이 멸망할 소돔을 빠져나와 모압에 정착하다 19:1-38

C′ 아브라함이 사라에 대해 거짓말하다; 하나님이 타국의 궁중에서 그녀를 보호하시다 20:1-18

B′ 아들의 탄생과 아브라함의 영적 여정의 절정 21:1-22:19

A′ 나홀의 족보 22:20-24

야곱 이야기: 동심원 구조

A 신탁을 구함; 출산의 고생; 야곱의 출생 25:19-34

　B 막간의 장면: 타국의 궁중에 있는 리브가; 타국인들과의 협약 26:1-35

　　C 야곱이 에서를 두려워하여 도망하다 27:1-28:9

　　　D 사자들 28:10-22

　　　　E 하란에 도착하다 29:1-30

　　　　　F 야곱의 아내들이 다산하다 29:31-30:24

　　　　　F′ 야곱의 가축들이 다산하다 30:25-43

　　　　E′ 하란으로부터의 도주 31:1-55

　　　D′ 사자들 32:1-32

　　C′ 야곱이 돌아와 에서를 두려워하다 33:1-20

　B′ 막간의 장면: 타국의 궁중에 있는 디나; 타국인들과의 협약 34:1-31

A′ 신탁의 성취; 출산의 고생; 야곱이 이스라엘이 되다 35:1-22

요셉 이야기: 동심원 구조

A 서론: 요셉 이야기의 시작 37:2-11

　B 야곱이 요셉의 "죽음"을 애도하다 37:12-36

C 막간의 장면: 유다가 지도자로 지정되다 38:1-30[11]

  D 이집트에서 노예가 된 요셉 39:1-23

    E 파라오의 궁중에서 냉대를 통해 이집트의 구원자가 된 요셉 40:1-41:57

      F 이집트를 향한 형제들의 여행 42:1-43:34

        G 형제들이 형제애 확인을 위한 요셉의 시험을 통과하다 44:1-34

        G′ 요셉이 형제들에 대한 자신의 권세를 포기하다 45:1-28

      F′ 이집트를 향한 가족들의 이주 46:1-27

    E′ 파라오의 궁중에서 환대를 통해 가족의 구원자가 된 요셉 46:28-47:12

  D′ 이집트인들을 노예로 삼은 요셉 47:13-31

 C′ 막간의 장면: 통치자로서 복을 받는 유다 48:1-49:28

B′ 요셉이 야곱의 죽음을 애도하다 49:29-50:14

A′ 결론: 요셉 이야기의 마무리 50:15-26

편찬과 저작권

창세기는 마치 바흐의 반복적 푸가와 같이 플롯을 발전시켜나가며 이 구조의 패턴을 대위법 형식으로 배열한다. 이런 예술적 걸작을 만든 문학적 천재는 누구인가? 이 질문에 대답하기 위해 우리는 저작권과 더불

---

11   이 분석은 J. Goldin, "The Youngest Son or Where Does Genesis 38 Belong," *JBL* 96 (1977): 27-44에 근거한다(아래에 나오는 창 38장에 대한 주해도 보라).

어 성경에서 처음에 나오는 다섯 권의 책의 편찬을 다루는 토론을 확대해야 한다. 왜냐하면 창세기는 모든 사람이 동의하는 바 하나의 단일체로 편집된 오경을 시작하는 책이기 때문이다. 모세가 창세기와 오경의 근본적인 형태를 저술했다는 견해가 하나의 좋은 주장으로 받아들여진다고 할지라도 그는 분명히 우리의 손에 쥐어진 현재의 본문을 저술하지는 않았다. 이 책의 편찬과 저작권을 이해하기 위해서는 적어도 세 단계의 발전 과정을 고려하는 것이 유익하다.

모세와 원-창세기(Ur-Genesis)

오경의 내용 중 상당 부분은 모세의 저작이라고 여겨진다. 시내산에서 야웨는 모세에게 위대한 법 조항인 십계명과 언약서(출 20:2-23:33; 34:11-26), 레위기의 제의법과 성결 법전(레 1:1; 27:34)을 주신다. 민수기 1:1, 36:13에 기록된 대로 시내산에서 모압으로 가는 여정 속에서 야웨는 모세에게 더 많은 지침을 주신다. 모압에서 모세는 신명기에 들어가 있는 자신의 세 가지 연설에서 그 법을 풀어서 설명하며(1:5-4:40; 5:1-26:19; 30:2-20), 여기에 언약의 축복과 저주(신 27-28장), 자신의 노래(31:30-32:43)와 마지막 유언(33:1-29)을 추가한다.

예수와 그의 추종자들도 마찬가지로 이런 관점을 취한다(마 8:4; 눅 16:31; 24:27, 44; 요 1:17; 행 3:22). 예수는 모세가 유대인들에게 할례법을 주었다고 말씀하신다(요 7:22; 참조. 행 15:1). 할례에 대한 규정들은 레위기 12:3에서가 아니라 창세기 17:9-14에서 포괄적으로 주어지는데, 이는 예수가 모세를 창세기의 저자로 생각했음을 시사한다.

나아가 모세는 명시적으로든 암시적으로든 오경의 어떤 부분들을 기록했다고 언급된다(예. 출 24:12; 34:27). 추정상의 신명기 사가(Deuteronomist)가 포로기 동안 룻기를 제외한 신명기-열왕기의 마지막 원고를 탈고했는데, 그 역시 자신의 법을 기록된 그대로(신 28:58; 29:20-21, 27; 30:10; 31:19, 24; 수 1:8; 8:31, 34; 23:6; 왕상 2:3) 인용했다. 포로기 이후의 역대기 저자(대하 23:18; 25:4; 31:3; 35:12)와 느헤미야(8:14; 10:34, 36)가 그렇게 했던 것처럼 말이다. 포로기와 포로기 이후의 저자들은 오경을 율법, 모세의 법, 모세의 책, 모세의 율법서(대하 25:4; 35:12; 스 3:2; 7:6; 느 8:1)로 칭한다. 예수는 출애굽기를 모세의 책이라고 말씀하신다(막 12:26).

많은 영어권 독자들에게 이런 나중의 명칭들은 모세가 현재의 오경을 기록했다는 것을 의미하지만, 더 그럴듯하게 말하면 그 명칭들은 오경의 내용을 지시하는 편의상의 방법이며 그것의 권위를 강조하려는 목적이지, 현재 형태로 된 그 책의 저작권을 확증하기 위함은 아니다.

출중한 교육, 특별한 영적 은사들 및 신적 소명으로 인해 모세는 독보적으로 창세기와 오경의 핵심 내용과 형태를 작성할 자격을 갖췄다. 고전이 된 구약신학을 저술한 발터 아이히로트(Walther Eichrodt)는 모세를 가리켜 새로운 세계 질서를 가져오는 신정국가의 설립자로 간주하는 이해가 그를 가장 잘 묘사한다고 주장한다.[12] 이와 같이 적절한 필연성을 갖춘 모세는 이스라엘에게 그들의 법뿐만 아니라 그들의 이전 역사와 의미, 그리고 그들의 운명까지도 알려주었을 것이다. 모든 정치적이거나 종교적인 공동체는 자신들을 규정하고 구별시키는 자체적인 역사에 대한 기억을 갖게 마련이다. 창세기 역시 이스라엘의 통치 아래에 놓일 운명인 열국의 기원을 보고한다. 더구나 창세기의 역사적 서사는 수차례에 걸쳐 단호하게 이스라엘의 하나님, 곧 창조의 하나님이요 역사의 주님이신 그분이 이스라엘을 부르셔서 그들로 하여금 가나안을 소유하고 그것을 토대로 열국을 축복하게 하셨다고 설명한다(예. 12:1-3; 15; 17). 마지막으로 창세기의 서사는 그들의 과거 역사의 토대 위에서 지파들의 미래를 예언

---

12 W. Eichrodt, *Theology of the Old Testament*, trans. J. A. Baker (Philadelphia: Westminster, 1961, 『구약성서신학 1·2』, CH북스 역간), 290-91.

한다(예. 49장).[13] 요약하자면 이스라엘의 설립자야말로 그 민족과 그들의 사명을 규정하기 위해 그들이 소중히 간직해온 민족적 전승의 자산을 일관된 역사로 바꾸어놓을 수 있는 가장 그럴듯한 적임자다. 그의 숭고한 비전은 상상력을 자극하여 청중에게 그 기억에 따라 스스로를 정돈하라고 요청한다.

모세는 18왕조 말이나 19왕조 초에(기원전 1400-1300년경) 파라오의 딸의 아들로서 파라오의 왕궁에서 수준 높은 교육을 받았다. 그때 모세는 특수하게 창세기 1-11장과 밀접한 관련성을 보여주는 고대 근동의 신화들과 접촉했다. 예컨대 아트라하시스 서사시(Atrahasis Epic)와 수메르 홍수 이야기는 둘 다 기원전 1600년 이전의 것으로 창세기 1-11장의 주제적 내용과 밀접한 병행을 이루고 있다.[14] 창세기 5-11장과 유사한 패턴을 보이는 수메르 왕들의 왕명록은 엄청나게 오랫동안 통치한 홍수 이전의 왕들의 목록(참조. 창 5장)과 홍수에 대한 언급(참조. 창 6-9장), 그리고 기원전 1980년경까지 이어지는 훨씬 더 짧은 기간 동안 통치한 홍수 후의 왕들의 목록을 포함한다(참조. 창 11:10-27).[15] 창세기 1장에 있는 창조 기사는 기원전 제2천년기 초기 바빌로니아 창조 기사 「에누마 엘리쉬」(Enuma Elish)와 병행을 이룬다.[16] 창세기 2-3장과 더불어 만들어질 수 있는 가장 밀접한 비교는 아다파 신화(Adapa myth)다. 아다파는 하늘로 소환되어 생명의 떡과 물을 제공했다. 그는 자신의 개인 신으로부터 그런 제물을 거절하라는 경고를 받았으나 거부했다.[17] 창세기의 홍수 기사 역

---

13 J. Sailhamer, *The Pentateuch As Narrative: A Biblical-Theological Commentary* (Grand Rapids: Zondervan, 1992), 34-37.

14 G. J. Wenham, *Genesis 1-15* (WBC 1; Waco, Tex.: Word, 1987, WBC 성경주석 『창세기 상』, 솔로몬 역간), xxxix-xli.

15 *ANET*, 265.

16 A. Haidel, *The Babylonian Genesis: The Story of the Creation*, 2d ed. (Chicago: Univ. of Chicago Press, 1963).

17 *ANET*, 76-80.

시 고대 근동의 신화들과의 놀라운 병행을 보여준다(제3부에 대한 주해를 보라). 창세기 1-11장은 이 신화들의 세계관에 맞서는 논박이며, 이 신화들은 사실상 모세 시대 이후에 널리 알려졌다. 따라서 이런 병행이 창세기 1-11장에 대한 모세의 저작권을 확증하지는 않는다.[18] 그러나 이 신화들은 모세 시대 이전에도 존재했으며, 모세는 이 신화들에 대해 배우고 논박할 수 있는 특별한 기회가 있었다.

모세가 파라오의 왕궁에서 받은 초급 관료 교육 역시 고대 근동의 법 조항들을 직접 배울 기회를 그에게 제공했을 것이다. 예컨대 언약서(Book of Covenant, 출 20:22-23:19)는 그것과 독자적으로 등장했던 함무라비 법전(기원전 1700년경)과 대단한 유사성을 보여준다. 하지만 그 법 조항에 직접적으로 의존했다는 이론을 지지하기에는 양자의 차이가 너무나 크다.[19] 나아가 멘덴홀(Mendenhall)은 코로섹(Korošec)의 작품을 이용하여 신명기가 모세 당시 히타이트의 종주권 조약들(기원전 1400-1250년)과 형식적인 유사성이 있음을 보여준다.[20]

마지막으로 이스라엘의 가장 위대한 예언자 중 하나인 모세 역시 이스라엘의 역사적 전승을 개작해서 전해줄 때 하나님의 전지성과 편재성을 믿고 작업했을 것이다(참조. 민 11:25; 신 34:10-11). 장엄한 이적과 기사들로 확증된 특출한 은사를 지녔던 모세는 자신의 청중을 하나님이 우주를 창조하시던 때의 하늘 궁전으로 이끌고(창 1장), 전능하신 분과 그 밖의 인간들이 생각하고 느끼고 의도했던 것을(6:6, 8; 13:13; 25:34b) 드러낼

---

18 J. Van Seters(*Prologue to History: The Yahwist As Historian in Genesis* [Louisville: Westminster/ John Knox, 1992])는 창 1-11장이 메소포타미아 자료들과 유사성을 가질 뿐 아니라 제1천년기 후반의 그리스 고문서의 저술 방식과도 비슷하다고 생각한다.

19 S. R. Driver, *The Book of Exodus* (Cambridge Bible for Schools and Colleges; Cambridge: Cambridge Univ. Press, 1911), 418-25.

20 G. E. Mendenhall, *Law and Covenant in the Ancient Near East* (Pittsburgh: Biblical Colloquium, 1955), 24-50.

수 있는 뛰어난 자질을 갖추고 있었다. 여기서 우리는 창세기의 진정한 영웅은 야웨이시며 만일 그분에 대한 창세기의 이야기가 하늘의 영감을 받은 것이 아니라면, 그것은 꾸며낸 이야기가 된다는 사실을 지적할 필요가 있다. 따라서 스턴버그(Sternberg)는 타당하게 다음과 같이 주석한다. 즉 "그 서사가 꾸며낸 이야기로 기록되거나 읽혔다면, 하나님은 역사의 주님에서 상상의 창작물로 바뀌게 되었을 것이고, 이는 가장 비극적인 재앙을 초래했을 것이다."[21]

원-창세기의 자료

모세는 역사가로서 자료를 사용했을 것이다. 그중 하나가 창세기 5:1에 언급되어 있다. "이것은 아담의 계보를 적은 책(סֵפֶר תּוֹלְדֹת, 세페르 톨레도트)이니라. 하나님이 사람을 창조하실 때에 하나님의 모양대로 지으시되."[22] 다른 곳에서 오경은 전쟁기(Book of Wars)를 인용한다(민 21:14). 유사하게 고대 근동의 내레이터들은 그들의 작품을 구성하는 자료를 공통으로 사용했다.[23]

그러나 문헌자료비평가들은 많은 부분을 모세의 것으로 돌리는 성경 저자들의 모세 저작권 주장을 반박한다. 비록 그들이 그중 일부에 존재하

---

21 M. Sternberg, *The Poetics of Biblical Narrative: Ideological Literature and the Drama of Reading* (Indiana Studies in Biblical Literature; Bloomington: Indiana Univ. Press, 1987), 32.

22 창세기의 족보들에 대한 다양한 자료의 증거가 존재한다. 창 26:34과 28:9에서 에서의 아내들은 유딧, 바스맛, 마할랏이다. 36:2-3에서 그들은 아다, 오홀리바마, 바스맛이다. 이런 차이는 아마도 다른 자료를 반영하며, 우리는 단지 왜 그 자료들이 다른지를 추론할 수 있을 뿐이다. 창 11:10에서 아르박삿은 셈의 아들로 유일하게 이름이 거명된다. 10:22에서 그는 셈의 셋째 아들이다. 이 구절들의 차이에 대한 해명이 불가능한 것은 아니지만 다른 자료를 반영할 수도 있다.

23 J. Tigay, "The Evolution of the Pentateuchal Narratives in the Light of the Evolution of the *Gilgamesh Epic*," in *Empirical Models for Biblical Criticism*, ed. J. Tigay (Philadelphia: Univ. of Pennsylvania Press, 1985), 20-52; idem, "Conflation As Redactional Technique," in *Empirical Models*, 53-94; idem, "The Stylistic Criterion of Source Criticism in the Light of Ancient Near Eastern and Post-biblical Literature," in *Empirical Models*, 149-74.

는 모세 자료의 알맹이를 인정하지만 말이다. 그들은 문체의 변화와 결부된 상이한 신명(즉 야웨[영어 번역본들의 "주님"]와 엘로힘["하나님"]), 그밖의 어휘들의 존재, 동일 사건에 대한 이중 기사 및 신학의 차이를 인용하면서, 약 한 세기 동안(1880-1980) 폭넓은 합의를 이루어냈다. 이는 바로 포로기 이후의 어떤 편집자가 이전에 계속 전수되어온 네 개의 문서를 하나로 이어 붙여서 현재의 작품을 구성해냈다는 것이다. 즉 J(야웨 문서[Yahwist], 기원전 950년), E(엘로힘 문서[Elohist], 기원전 850년), D(신명기 문서[Deuteronomist], 기원전 620년), 그리고 P(제사장 문서[Priestly Code], 기원전 약 500년)를 말한다. 이 비평가들은 원래 단순한 종교 진화론적 가설을 내세우고 예언의 은사를 혹평함으로써 이 자료들의 연대를 정했다. 따라서 그들에게 족장들의 것으로 주장되는 예언들은 사실상 그 예언들이 성취된 시대에 작성된 것이다. 결국 창세기 27:40과 49:1-27에 있는 예언들의 연대는 왕정 초기로 지정되었다. 그러나 새로운 데이터 및 접근 방식들로 인해 현재 이런 합의가 심각하게 도전을 받아왔다.

신의 이름의 다양성은 이제 전(前)역사(prehistory)가 없는 고대 문헌들에서도 잘 입증되며, 오경에서 차이가 나는 하나님의 이름들은 어떤 의미를 지닌 것으로 설명될 수 있다. 예를 들어 야웨는 이스라엘과 하나님의 언약적 관계가 엿보일 때 사용되지만, 엘로힘은 열국 위에 계신 그분의 보편성에 대한 언급과 더불어 사용된다. 렌즈버그는 창세기 17:3-22:24에서 엘로힘의 사용은 11:27-16:16과 대조적으로 대체로 아브람("높임 받는 아버지")으로부터 아브라함("열국의 아버지")으로의 개명과 관련하여 나타난다고 주해한다.[24] 그럼에도 불구하고 이 의미상의 차이는 본문의 자료에 존재했다고 보는 것이 가능하다.

또한 오경에는 동일한 사건을 상이한 관점에서 서술하는 이중 기사들

---

24 Rendsburg, *Redaction*, 106.

이 있다. 예를 들어 창세기 1장은 인간의 창조를 신적 축복 아래 이루어진 남자와 여자의 창조로 보는 반면, 창세기 2-3장은 사회적 관점에서 그들의 불순종으로 인해 하나님의 축복으로부터 멀어진 남편과 아내로 묘사한다. 전통적인 자료비평가들 역시 "누이-아내" 이야기(12:10-20; 20:1-18; 26:7-11)와 같은 그런 반복들이 단일한 역사적 사건의 상충된 변형본들을 반영한다고 생각한다. 그러나 그것의 자료층보다 본문의 전략을 고려하기를 선호하는 신(新)문학비평가들은 이런 반복을 유형-장면들(type-scenes)로 설명한다. 고대의 청중은 한 가지 초점을 강조하기 위해 통합된 서사 속의 반복과 병행을 좋아하고 기대했다.[25] 자료비평가들이 줄지어 지적하는 모순된 이중 기사의 사례는 야웨가 족장들에게 알려지지 않았다는 P의 주장이다(출 6:3). 이 주장은 사람들이 야웨라는 이름을 에노스 시대만큼(창 4:26) 이른 시기에 알고 있었다는 J의 주장을 반박하며 창세기에서는 야웨라는 이름의 반복적 사용을 꺼린다는 것이다(예. 12:8; 28:13). 그러나 에슬링거(Eslinger)는 출애굽기 6장이 족장들이 야웨라는 이름을 부르지 않았다고 말하는 것이 아님을 지적한다. 그는 수동태 구문인 "나는 야웨로 알려지지 않았다"가 능동태 구문인 "너는 내가 야웨임을 알 것이다"의 변형이라고 주장한다. 이런 "인식 형식문"(recognition formula)은 기적이 동반된 개입을 통해 신적 이름을 드러냄을 지시하며 출애굽기와 에스겔서에서만 흔하게(50회 이상) 나타난다.[26] 출애굽기에서는 하나님께서 역사를 통해 기적이 동반된 당신의 개입을 보여주신다. 에스겔서에서는 하나님의 개입이 예언을 통해 나타난다.[27] 그럼에도 불구하고 창세기 1장과 2장에서 입증된 것과 같이 다른

25 R. Alter, *The Art of Biblical Narrative* (New York: Basic Books, 1981), 47-62; T. L. Thompson, *The Origin Tradition of Ancient Israel* (JSOTSup 55; Sheffield: JSOT Press, 1987), 59.

26 R. M. Hals, *Ezekiel* (FOTL 19; Grand Rapids; Eerdmans, 1989), 362.

27 C. Eslinger, "Knowing Yahweh: Exodus 6:3 in the Context of Genesis 1—Exodus 15," in

기준과 결부되어 있는 동일한 사건에 대한 두 가지 묘사는 그것들이 상이한 자료로부터 유래되었다는 인상을 준다. 더구나 에서의 아내들에 대한 상이한 목록과(26:34; 28:9; 참조. 36:2), 베냐민의 출생지를 베들레헴과 밧단아람으로 기록하는 두 기사(35:16-19, 22b-26)는 조화시키기 어려우며 상이한 전승에 속한 것으로 보인다. 그럼에도 불구하고 주목해야 할 사항은 모순으로 보이는 이 뚜렷한 두 가지 사례가 족보, 즉 역사적 정확성이 아닌 가족 관계를 확립하기 위한 것으로 널리 알려진 문학 형식과 결부되어 있다는 점이다.

어휘와 문체의 다양성은 상이한 문학적 장르로 인해 생길 수 있다. 장르의 차이란 개념상 다른 문체를 지니며 다른 어휘를 요구한다는 것을 의미한다. 그러나 이유를 막론하고 이런 차이에 대한 인식은 사전 언어학 연구에서 중요하다. 예컨대 창세기 1장에서 아담(אָדָם)은 남자와 여자로서의 인간을 의미하는 반면, 창세기 2장에서는 남자/남편을 지시한다.

실제로 양식비평가들과 전승비평가들이 현재의 본문과 자료의 역사, 즉 가장 초기의 구전 단계로부터 기록 단계로, 그리고 최종적으로 창세기의 현재 본문으로의 편집에 이르는 역사를 추적하기 위해 사용해온 도구들은 전적으로 부적절한 것으로 드러났다. 거의 한 세기 동안의 탐구 이후에도 전문가들은 합의에 이르는 데 실패했다. 현재의 오경 비평학의 상황을 개관한 후에 고든 웬함(Gordon J. Wenham)은 이렇게 결론 내린다. "오늘날…의견 일치를 이룬 것은 아무것도 없다. '모든 사람이 자신의 소견에 옳은 대로 한다.'"[28]

Literary Structure and Rhetorical Strategies in the Hebrew Bible, ed. L. de Regt, J. de Waard, and J. P. Fokkelman (Winona Lake, Ind.: Eisenbrauns, 1996), 188-98.

28 G. J. Wenham, "Pondering the Pentateuch: The Search for a New Paradigm," in *The Face of Old Testament Studies: A Survey of Comtemporary Approaches,* ed. D. W. Baker and B. T. Arnold (Grand Rapids: Baker, 1999), 116-44.

문헌자료비평가들은 이제 E를 희생시켜가면서 J의 내용을 확대하고 그 둘을 병합시키는 경향이 있다. 다시 말해서 어쨌든 여기에는 여전히 J가 원래 독자적이고 연속성 있는 문서였다는 합의가 있다. 이런 학자들은 양식비평가들과는 대조적으로 4경(창세기-민수기)이 히브리 정경에서 열왕기를 거쳐 신명기를 편집한 신명기 사가의 체계적 편집의 손길을 명백히 벗어나 있다고 생각하는 경향이 있다. 크로스(Cross) 및 다른 학자들은 P가 독자적인 서사 문서로 존재한 적이 있었음을 부인한다.[29]

더구나 학자들은 이스라엘 종교의 단순화된 진화 개념을 내버렸는데, 그렇게 함으로써 문서의 연대를 결정하는 토대를 훼손했다. 이제 그들은 주장되는 모든 문서가 고대 전승 및 문체 자료를 포함하고 있음을 인정하고 있다. 후르비츠(A. Hurvitz), 하란(M. Haran), 밀그롬(J. Milgrom), 바인펠트(M. Weinfeld) 같은 이스라엘과 미국의 유대인 학자들은 카우프만(Y. Kaufmann)을 따르면서 P가 J와 동시대일 수 있으며 따라서 D에 앞설 수 있다고 주장한다.[30] 서기관들이 본문을 고대화하거나 현대화하고 순화시켰기 때문에 자료의 연대를 과학적으로 결정하기란 극히 어렵다. 이런 문헌적 문제에 대한 판단은 그저 판단일 뿐 신중한 탐구자들에게 아무런 확신도 주지 못한다.[31] 그래서 렌토르프(Rendtorff)는 이렇게 말한다. "우리는 사실상 오경 문헌의 연대를 결정할 수 있는 믿을 만한 기준을 확보하지 못하고 있음을 인정해야 한다."[32] 게다가 맥콘빌(J. G. McConville)은 D 문서를 요시야 개혁(기원전 622년)으로 연결하는 전통적 이론에 진지한 도전장을 던졌다. 이 이론은 D 문서의 전통적 연대 결정을 위한 확고

---

29 F. M. Cross, *Canaanite Myth and Hebrew Epic: Essays in the History of the Religion of Israel* (Cambridge: Harvard Univ. Press, 1976), 293-325.

30 Wenham, "Pondering," 134 n. 62에서 잘 설명된다.

31 *IBHS* §1.4.1을 보라.

32 R. Rendtorff, *The Problem of the Process of Transmission in the Pentateuch*, trans. J. J. Scullion (JSOTSup 89; Sheffield: JSOT Press, 1990), 201.

한 기준점이었다. 맥콘빌에 따르면 "신명기는 대체로 특징상 요시야보다 더 이른 시기로 볼 수 있는 상황에 부합되도록 법이 제정되었으며", 신명기의 "법은 약속된 땅의 변방에서 전달된 연설로서 신명기의 자체 진술(self-presentation)에 일관되게 부합한다."[33]

게다가 역사적·사본학적 증거는 소위 4경의 연대가 포로기 유배보다 더 이른 시기임을 지지한다. 첫째, 이 책들은 이집트에 거주한 이스라엘의 노예 신분의 관점에서 기록된 것이지, 바빌로니아 포로의 관점에서 기록된 것이 아니다.[34] 창세기에서 야웨는 이스라엘이 "그들의 소유가 아닌 땅"(15:12-16)에서 종살이한다고 예언하며, 창세기 저자는 지파들이 이집트에 들어가게 되고 거기서 모세가 혼자 힘으로 그들을 신정국가로 연마해낸다는 결론으로 자신의 역사를 이끌어간다. 창세기와 출애굽기에서 저자는 이집트에서 겪은 무고한 이스라엘의 고난에 대해 이집트인들을 비난하지만, 신명기 사가는 자신의 유배를 초래한 귀책사유가 이스라엘에게 있다고 본다.

더욱이 포로기 이전의 성경 저자들은 적어도 오경의 내용을 알고 있었다. 예컨대 시편 8편에서 다윗(기원전 1000년경)은 창세기 1장의 창조 기사를 시의 형식으로 표현한다. 더구나 예언자들은 한때 전통적인 자료 비평가들이 그렇게 생각했던 것처럼 이제는 혁명가가 아닌 개혁가로 간주된다.[35] 예언자들의 신랄한 심판의 메시지는 모세 법전의 숭고한 윤리적 법률에 근거한다. 즉 그들의 위로와 희망의 메시지는 족장들과 맺은

---

33 J .G. McConville, *Law and Theology in Deuteronomy* (JSOTSup 33; Sheffield: JSOT Press, 1984), 155.

34 창 10:10-11에 있는 바빌로니아와 아시리아에 대한 언급은 이스라엘을 둘러싼 국가들의 기원을 설명하려는 창세기의 의도 중 일부다.

35 대부분의 학자들은 토라가 예언자들을 모델로 만들어졌다는 J. Van Seters의 견해를 거부한다(*The Life of Moses: The Yahwist As Historian in Exodus-Numbers* [Louisville: Westminster/John Knox, 1994]).

하나님의 변치 않는 언약에 의존한다. 호세아와 미가는 그들의 머리말에 따르면 가장 초기(기원전 750-700년경)의 기록 예언자들에 속하는데, 그들은 아브라함과 야곱과 모세를 언급하며 창세기와 오경의 내용을 넌지시 내비친다(호 12:12-13; 미 6:4; 7:19-20).[36] 카수토는 오경에 대한 호세아의 암시들을 여섯 개의 범주로 분류한다. 즉 족장 서사, 출애굽 이야기, 십계명, 모세의 전기, 신명기 11:13-21, 33:1-43이다.[37] 마지막으로 전(前)사마리아 오경 본문은 아마도 에스라-느헤미야 시대에 현대화되었을 것이다. 이는 마소라 전승에 보존된 오경의 고어체 본문 형태가 틀림없이 훨씬 더 오래된 것임을 의미한다.[38]

요약하면 우리는 아마도 그럴듯하고 가장 단순하게 모세를 소위 J의 저자로 확인할 수 있으며, 모세가 상이한 자료, 즉 전통적으로 P로 명명되어 온 자료의 파편을 사용해서 능숙한 기술로 통일된 원-창세기를 작성했다고 가정할 수 있다.[39] 또한 모세 자신이 D라고 주장되는 자료를 나중에 자신의 최종적 편찬에 끼워 넣었을 가능성도 있다.[40] 어쨌든 전체와 부분들의 전반적인 문학적 기법은 모순되어 보이는 몇몇 부분에도 불구하고 저자가 조잡하게 자신의 자료를 한데 이어붙인 것이 아니라, 통일되고 일관된 문학적 상상력을 발휘하여 주의 깊게 자신의 자료를 사용했음을 보여준다.

---

36 하지만 많은 비평가가 미가서에 인용된 구절들을 이 책에 삽입된 후대의 첨가로 간주한다.

37 U. Cassuto, "The Prophet Hosea and the Books of the Pentateuch," in *Biblical and Oriental Studies*, trans. I. Abrahams (Jerusalem: Magnes, 1973), 1:79-100.

38 B. K. Waltke, "Samaritan Pentateuch," *ABD*, 5:938.

39 Wenham(*Genesis 1-15*, xxxvii-xlv)은 P가 최종 편집-저자(editor-author)인 J가 사용한 고대의 자료라고 상세히 주장한다.

40 G. Widengren, *Literary and Psychological Aspects of the Hebrew Prophets* (Uppsala: Universitets Arsskirff, 1948), 10, 49.

모세 이후의 첨가: 암시된 저자와 청중

만일 우리가 원-창세기의 모세 저작권을 전제한다면, 단에 대한 언급 (14:14)이나 이스라엘의 왕들에 대한 지칭(36:31)과 같은 그런 시대착오는[41] 공식적인 본문 개작자인 서기관들이 추정되는 모세의 원래 본문을 필요한 경우 현대화하고 보충했음을 보여준다. 그들이 통일 왕국 시대에서 계보에 대한 두 번째 기사를(36:9-29) 추가했으며 유다에 대한 막간의 장면을 소위 요셉 이야기에 도입했다고 추론해볼 만하다. 창세기를 포함하여 역사서들은 전체적으로 볼 때 아마도 일부분이 작자 미상일 것이다. 왜냐하면 이 책들은 하나님의 백성을 위해 본문을 통용해온 서기관들의 수중에 존재하던 본문이었기 때문이다.[42]

그러므로 문학적 관점에서 볼 때 책 자체의 익명성을 견지하고 실제 저자보다 암시된 저자를 생각하는 것이 최상인 것 같다. 근본적인 모세 저작권이 개연성이 있기는 하지만, 이는 본문 자체로부터 전혀 의심의 여지가 없는 것은 아니다. 서기관의 개정 범위는 비록 그것이 설령 최소한에 불과했더라도 확정될 수 없다. 모세를 율법의 저자로 확인하는 일이 종교적 관점에서는 중요하다. 하지만 창세기와 오경에 대한 그의 저작권이 문학적 관점에서는 중요하지 않다. 문학적 관점에서 더 중요한 것은 내레이터의 가치 판단, 곧 평가의 관점이다. 이는 서사와 본질적으로 무관한 것은 전혀 고려하지 않고 본문 자체로부터 결정될 수 있다(뒤에 나오는 "시학과 서사신학"을 보라).[43] 이런 이유들로 인해 이 주석은 무명의 최종

---

41 다음의 비모세적 요소들도 보라. 창 11:31; 12:6; 19:38; 22:14; 32:31-32; 34:7; 47:11, 26; 출 11:3; 16:35; 민 12:3; 21:14-15; 32:34; 신 1:1-5; 2:10-12, 20-23; 3:9, 11, 13b-14; 4:41-5:1a; 10:6-7, 9; 27:1a, 9a, 11; 28:68; 29:1a; 31:1, 7a, 9-10a, 14a, 14c-16a, 22-23a, 24-25, 30; 32:44-45, 48; 33:1; 34:1-4a, 5-12.

42 Waltke, "Reliability," *NIDOTTE*, 1:53-54.

43 M. A. Powell, *What is Narrative Criticism?* (Minneapolis: Fortress, 1990, 『서사비평이란 무엇인가?』, 한국장로교출판사 역간), 5.

저자를 "내레이터"로 지칭하고 그의 불확실한 자료에 대해서는 별로 관심을 두지 않을 것이다.

이와 비슷하게 특정한 청중이 명시되지 않기 때문에 암시된 청중을 생각하는 것이 최선이다. 창세기는 내레이터의 평가 관점을 공유하는 보편적인 하나님의 백성을 위해 작성되었으므로(딤후 3:16-17) 특정한 서사 청중(narratee)를 명시하지 않는다. 창세기의 진정한 영웅은 야웨이시며, 그 이야기는 이스라엘의 하나님 아래 있는 언약 공동체의 기원 및 삶과 관련된다. 신약은 종종 창세기를 인용할 때 현재 시제를 사용하고 3인칭 대명사인 "그들"이 아니라 1인칭 대명사인 "우리"를 사용하면서 그 내용을 교회와 결부시킨다.[44] 이 점에 비춰볼 때 창세기 본문의 암시된 청중에 대해서는 거의 의심할 여지가 없을 것이다.

역사성과 문학적 장르 ─────────────

이제 제기되어야 하는 질문은 이스라엘의 기억이 역사적으로 신뢰할 만한 것인가이다. 이스라엘의 믿음은 역사적 사실에 기초하는가, 아니면 허구적 소설에 기초하는가? 아브라함은 믿음의 창작물인가, 아니면 믿음의 창조자인가?[45] 거짓말을 할 수 없는 하나님께로부터 받은 내레이터의 영감은 다른 역사적 증명 작업이 없어도 그것의 진실성을 보장하기에 충분하지만, 창세기 저자는 자신을 사건들에 대한 환상을 받는 예언자가 아닌 역사가로 소개한다. 그는 히브리어 서사의 동사 형식을 사용하

---

44 예를 들어 우리 자신을 단지 창세기의 첫 번째 열 구절에만 국한하여 창 1:1과 히 11:3, 창 1:3과 고후 4:6, 창 1:6-9과 벧후 3:3-5을 비교해보라.

45 참조. J. Goldingay, "The Patriarchs in Scripture and History," in *Essays on the Patriarchal Narratives*, ed. A. R. Millard and D. J. Wiseman (Winona Lake, Ind.: Eisenbrauns, 1983), 30.

면서 본질적으로 일관되고 연속적인 연대기적 사건들을 제공한다. 그는 자신의 이야기를 시간과 공간에 배치하고(예. 2:10-14), 족보를 추적하며 (예. 5:1-32), 자신의 역사를 정당화하는 다양한 종류의 증거를 제공하고 (예. 11:9), 여러 자료를 인용한다(5:1). 이렇게 함으로써 그는 최대한 자신의 자료에 정당성을 부여한다. 올브라이트(W. F. Albright)와 존 브라이트 (John Bright)에게 동조하는 차일즈(Brevard Childs)에 따르면, 내레이터의 "이날"/"오늘날"(19:38; 22:14; 32:32; 47:26)이라는 언급은 "수용된 전승에 덧붙여서 그것을 확증하는 개인적 증언의 형식문이다."[46] 내레이터의 증거는 현대의 역사 편찬가의 요구를 만족시키지 못할 것이다. 그러나 이는 내레이터가 신화나 영웅담, 혹은 전설이 아니라 실제 역사를 기록하려고 의도했음을 보여준다. 역사비평가들은 역사에 대한 내레이터의 신학적 해석을 역사적으로 신뢰할 만한 것으로 간주하지 않는다. 그러나 그들의 초자연적 요소를 반대하는 가정들이 역사 속에서 이루어지는 하나님의 손길이나 개입에 대한 예언적인 내레이터의 기사를 경험적으로 반증하지는 못한다.

현대 역사 편찬의 관점에서 볼 때 오경의 내적 증거는 내레이터가 실제로 발생했던 일을 묘사한다고 주장했을 것이라는 추론을 지지한다. 족장들의 종교적 관행은 모세가 명령한 종교적 관행과 꽤나 일치하는 동시에 상당 부분 일치하지 않는다. 예를 들어, 한편으로 노아는 율법이 주어지기 전에 아무런 설명 없이(추정컨대 율법에 명시된 것과 동일하게) 정결하거나 부정한 짐승들을 구분한다(6:19-7:3). 다른 한편으로 족장들은 엘 올람(El Olam, "영원한 하나님", 21:33)과 엘 샤다이(El Shaddai, 17:1)와 같은, 출애굽기 6:3을 제외하고 토라에서는 결코 다시 나타나지 않는 다른 이름

---

46 B. S. Childs, "A Study of the Formula 'Until This Day,'" *JBL* 82 (1963): 279-92. B. O. Long은 자신의 예일 대학교 박사 논문—나중에 *The Problem of Etiological Narrative in the Old Testament* (BZAW 108; Berlin: Töpelmann, 1968)로 출판됨—에서 Childs의 연구를 확증했다.

들로 하나님께 경배한다. 게다가 모세의 율법에 반하여 또한 내레이터의 문제 제기가 전혀 없는 가운데 야곱은 돌기둥(מַצֵּבָה, 마체바, 창 28:18-22)을 세운다. 아브라함은 자신의 이복 누이와 결혼하고(창 20:12) 야곱은 자매와 동시에 결혼한다(창 29:15-30; 참조. 신 16:21-22; 레 18:9, 18). 더구나 사르나(Sarna)가 주석한 대로 "이삭과 야곱이 실행한 바와 같이 장자의 명분을 무시하는 유산 증여의 자유는 신명기 21:15-17에 따르면 불법이며 유효하지 않다."[47] 이 이야기들이 꾸며낸 것이라면, 우리는 오경의 저자가 자신의 법 기반을 창안된 체계 또는 고대의 전승에 두었고, 적어도 자신의 가르침을 저해할 가능성이 있는 정보는 인용하지 않았을 것이라고 예상할 수 있다. 따라서 이런 종교적 전승은 고대의 것이며 각색되지도 고안되지도 않은 것이었다.

또한 사르나는 "탄원자의 '넓적다리' 아래 손을 놓는 동작이 서약 수용에 수반되는 관행은 결코 다시 나타나지 않는다"라고 주석한다. 그는 다음과 같이 덧붙여 말한다. 즉 "족장들과 그들의 가족에게 붙여진 서른여덟 개의 이름 중 스물일곱 개가 성경에서 전혀 다시 발견되지 않는다." 추가로 "창세기에서만 헤브론이 마므레라고 불리며 거기서만 밧단아람이 언급된다."[48] 겐 족속과 그나스 족속은 그들이 정복된 시대에 이스라엘이 추방한 열 종족의 목록에서 처음에 등장한다(15:19). 그럼에도 불구하고 이스라엘이 이 종족들과 싸웠다는 언급은 전혀 없다. 반대로 그나스 족속은 나중에 이스라엘과 친구가 되었다고 묘사되며(삿 1:16; 4:11, 17; 5:24; 삼상 15:6), 신실한 갈렙이 속했던 그나스 족속은 유다 지파로 흡수된다(민 32:12; 수 14:6, 14; 대상 4:13). 마지막으로 족장들이 지은 죄의 일람표는 이런 전승을 성인의 전기(hagiography)로 분류하는 것을 배제한다.

---

47 N. Sarna, *Genesis* (JPS Torah Commentary 1; Philadelphia: Jewish Publication Society, 1989), xvi.
48 앞의 책.

창세기 주석

사르나에 의하면 "이 모든 내적 증거의 축적된 결과는 창세기에 있는 족장 전승이 아주 고대의 것이라는 확고한 결론으로 이끌며"[49] 따라서 전승의 역사적 진정성을 암시해준다.

이런 내적 증거는 청동기 중기(기원전 1950-1550년경) 및 약간 후대의 마리(Mari), 누지(Nuzi), 알라라크(Alalakh), 우가릿(Ugarit)에서 발견된 문헌들의 지지를 받는다. 비록 그중에서 족장들을 언급하는 문헌은 아무것도 발견되지 않지만 말이다. 이 문헌들에서 발견된 사회적 관습과 법적 절차는 족장 전승의 사회적 관습 및 절차와 병행을 이룬다. 셀만(M. J. Selman)은 자료를 세밀히 검토한 후 일부를 인용하며 이렇게 말한다. "족장 서사 중 열세 개의 사회적 관행이 고대 근동의 다양한 역사적 맥락으로부터 합법적으로 예증되고 지지를 받는다."[50] 셀만이 덧붙여 말한 것에 따르면 이런 관행의 초기 연대를 지지하는 내적 증거에 비추어볼 때 이 관행은 기원전 제1천년기보다는 제2천년기 초의 지층에 더 잘 들어맞는다. 어떤 자료는 특이하게도 더 이른 지층에 속한다. 예를 들어 셀만은 이렇게 주석한다. "창세기 25:23에서 장남을 가리키는 히브리어 단어는 통상적인 베코르(בְּכוֹר)가 아닌 랍(רַב)인데, 이는 오직 여기서만 이런 의미로 사용된다. 동족어인 아카드어 단어 라부(*rabu*) 역시 그 자체로 장남에 대해 사용되는데 지금까지 제2천년기 중반의 토판에서만 나났다."[51] 키친(K. A. Kitchen)은 족장 서사 속에서 **오직** 청동기 중기 지층에만 들어맞는 다른 몇 가지 특징을 보고한다. 이는 이십 세겔의 노예의 몸값(창 37:28) 및 창세기 14:13, 21장, 26장, 31장에 언급된 조약들의 형식과, 창세기 14장의 메소포타미아 왕들의 동맹에 적용된다. 그 시대 이전

---

49   같은 책, xvii.
50   M. J. Selman, "Comparative Customs and the Patriarchal Age," in *Essays on the Patriarchal Narratives*, 91-139.
51   앞의 책, 135.

과 이후에는 단일한 권력자가 그 지역을 통치했다.[52] 요약하자면 축적된 증거는 족장 전승의 역사성을 증명하지는 못해도 그것을 타당성 있게 만든다.

시학과 서사신학

스턴버그는 다음과 같이 설득력 있게 주장한다. 즉 **영감을 받은** 내레이터는 역사적이고 신학적이며 심미적인 작품을 만들어내는 것을 목표로 삼았다.[53] 앞선 단원에서 내레이터의 관심 사항은 역사적이라고 주장했다. 이 단원은 그의 관심 사항이 불가분리하게 교육적이고 심미적이라는 점을 논증한다. 단지 교육적인 것만을 목표로 삼는다고 할 수 있는 기하학 교과서와 달리 **창세기**는 기법을 사용하여 교리를 전하기 때문에 문학이다. 즉 창세기는 신학적인 예술 작품이다. 내레이터는 단어들을 막대기가 아닌 거미줄로 사용한다. 그는 이야기들을 풀어냄으로써 가르친다. 이 단원은 내레이터가 이야기를 통해 자신의 세계관을 규정할 때 어떤 방식으로 설득하는지를 분석한다. 시학은 모든 성경 저자가 의미를 전달하기 위해 사용하는 수사학적 기법들을 다룬다. 즉 서사신학은 다른 방법론들과 더불어 시학을 서사에 적용한 데서 유래한다.

의미의 단계

우리는 본문을 해석하는 작업을 할 때 상이한 의미의 단계들을 고려해야 한다. 우리는 성경 본문 속에서 가장 작은 것부터 가장 큰 단위에 이르

---

52 K. A. Kitchen, "The Patriarchal Age: Myth or History?" *BAR* 21 (March/April, 1995): 48-57, 88-95.

53 Sternberg, *Poetics*, 156.

는 열두 단계를 정의한다.[54]

12. 분책/구성

11. 단원(section)/이야기(cycle)

10. 막 혹은 국면

9. 장 혹은 일화

8. 장의 일부분 혹은 사건

7. 컷(frame)/대화(speech)

6. 문장

5. 절

4. 구

3. 단어

2. 음절

1. 소리

1단계와 2단계는 소리와 의미를 수반한다. 예를 들어 창세기 27:36은 다음과 같다. 에트 베코라티 라카흐 베힌네 아타 라카흐 비르카티(בִּרְכָתִי אֶת־בְּכֹרָתִי לָקַח וְהִנֵּה עַתָּה לָקַח, "내 장자권을 그가 취했습니다. 그리고 보소서, 이제 그가 내 복을 취했습니다"). 이 교차 구조의 바깥 틀에 나타나는 베코라티(בְּכֹרָתִי)와 비르카티(בִּרְכָתִי) 사이에서 비슷한 소리로 이루어지는 언어 유희(sound play)는 야곱이 "내 장자권"을 빼앗아갔다는 에서의 불평 및 그것과 상호 관련된 "내 복" 사이를 효과적으로 연결한다. 마찬가지로 맥크리쉬(McCreesh)가 설명한 대로 창세기 9:6의 "교차 구조, 곧 쇼페크 담

---

54 다음 책에서 채택하여 각색됨. J. P. Fokkelman, *Narrative Art and Poetry in the Books of Samuel*, vol. 2 (Assen: Van Gorcum, 1986), 4.

하아담 바아담 다모 이샤페크(שֹׁפֵךְ דַּם הָאָדָם בָּאָדָם דָּמוֹ יִשָּׁפֵךְ, '누구든지 사람의 피를 흘리게 하면 그도 사람으로 인해 피를 흘리게 될 것이다')에서 반복되는 소리의 패턴들은 묘사된 운명의 역전을 음성으로 표현한다."[55]

3-6단계는 전형적으로 히브리어 문법과 구문론에서 다루어진다.[56] 때로 일화로 언급되는 장(9단계)은 플롯 발전의 가장 작은 단위로서 문맥으로부터 독립된 의미 있는 단계를 나타낸다. 예를 들어 아브라함 이야기(cycle)는 많은 장을 포함한다. 곧 아브라함의 부름 받음(12:1-9), 이집트에서 아브라함의 탈출(12:10-20), 아브라함과 롯의 결별(13:1-18), 기타 등등이다. 이야기의 전반적인 역동적 흐름을 지속하기 위해 장이 **막**(10단계) 속에 배치될 수 있다. 창세기 12-15장에 있는 장들은 땅의 주제를 발전시키는 막에 속하고 창세기 16-22장에 있는 장들은 후손(씨)의 주제를 발전시키는 막에 속한다. 막과 장에 대한 논제적 분석은 종종 핵심 단어들과 수미상관 구조(inclusio)를 비롯한 몇몇 다른 시학적 장치들을 통해 유효하게 된다(아래를 보라). 예를 들어 창세기 16-22장의 막은 "아브람의 아내 사래는 출산하지 못하였고"(16:1)로 시작하며 "사라가…아브라함에게 아들을 낳으니"(21:2)라고 말함으로써 결론에 도달한다. 한 장에서 플롯은 사건들로 구성되며, 사건은 대화와 많은 짤막한 컷들로 구성된다(7-8단계). 창세기에서 열 개의 톨레도트 단원은 순환되는 이야기들(cycles)로 기능하는데, 이는 뱀의 후손(씨)을 선택받은 여자의 후손(씨)의 지배 아래 두는 하나님의 프로그램을 추적하면서 분책의 주요 구분점들을 표시한다. 분책 전체의 의미(12단계)는 아래에서 논의된다("창세기의 주제와 성경신학").

현대의 문학비평은 기교가 뛰어난 창세기 내레이터가 능숙하게 이 이

---

55 T. P. McCreesh, *Biblical Sound and Sense: Poetic Patterns in Proverbs 10-29* (JSOTSup 128; Sheffield: Sheffield Academic Press, 1991), 76.

56 *IBHS*를 보라.

야기를 엮어낸 기법을 발견하기 위해 많은 공을 들여왔다. 창세기 저자는 분명 역사의 시작 및 하나님의 백성의 시작에 대한 모든 사건과 상세한 내용을 이야기하지 않았다. 고맙게도 그는 그렇게 읽기 곤란하고 상상력이 없는 무덤덤한 보고서를 작성하려고 시도하지 않았다. 헥스터(Hexter)는 다음과 같이 설명한다. "온통 너무 빈약한 역사 보고서는 역설적으로 지나치게 방만한 것이기도 하다. 오리무중인 정보 수집 활동으로 혼란을 느끼는 인간의 성격을 감안하여 그렇게 되지 않도록…[역사가가 해야 할 일은] 이야기하는 내용과 예증하는 사건 및 의미를 드러내는 소견을 분별해서 보고하는 문학적 기법을 사용하는 것이다."[57] 창세기의 내레이터는 하나님의 백성이 된다는 것이 무엇을 의미하는지를 설명하고자 창세기의 특정한 이야기들을 선택했다. 그는 그렇게 능숙한 방식으로 다음과 같이 말해주었다. 즉 믿음의 영웅들은 그들의 신실한 행위를 본받으라고 청중을 독려하는 문학적인 인물상(icons)으로 등장한다고 말이다. 독자들은 이 이야기의 메시지와 도전 및 권면을 등장인물들과 함께 경험하면서 거기에 참여한다.

시학과 서사비평의 연구는 내레이터가 그와 같이 효과적으로 하나의 이야기를 어떻게 구성하며 본문 내에 나타나는 의미의 층을 드러내려 하는지를 검토한다. 지극히 단순하게 말하자면 시학은 문학의 문법이자 문학적 기법에 대한 연구이며, 저자가 하나의 본문 속에서 의미를 전달하기 위해 사용하는 장치다. 서사비평은 이 시학을 서사에 적용한 것이다. 이런 연구 도구들을 가지고 주석가는 전체적인 작품을 지배하는 내레이터의 평가 관점을 분별할 수 있다. 독자들은 내레이터의 세계관과 인생관에 들어갈 수 있으며 그렇게 함으로써 하나님의 세계관과 인생관에 접근할 수 있다.

---

57   J. H. Hexter, *Doing History* (London: Allen & Unwin, 1971), 167-68.

시학

아델 베를린(Adele Berlin)은 시학 연구를 "일반적인 문학적 원칙이 실제 문학적 본문에 나타날 때, 그 원칙이 드러난 많은 상이한 표현으로부터 그것을 추출해내려고 애쓰는 귀납적 학문"으로 정의한다. 시학의 본질적 목표는 어떤 주어진 본문의 의미를 무작정 끌어내는 것이 아니라 문학의 건축 자재를 찾아내고 그것이 조립되는 규칙을 발견하는 것이다. 따라서 "시학과 문학의 관계는 언어학과 언어의 관계와 같다." 본질상 시학은 문학의 문법이다. 우리는 본문이 **무엇을** 의미하는지를 알기 전에 먼저 본문이 **어떻게** 의미를 갖게 되는지를 알아야 한다.[58]

문법 규칙들이 시대에 따라 또한 언어에 따라 변하는 것처럼 문학적 방법도 변한다. 내레이터의 사회적·역사적 배경은 당대 청중의 배경과 다르다. 이는 청중의 지식과 저자의 의도를 이해하는 데 있어 여러 가지 간격을 만들며, 이 간격은 주의 깊게 연결되어야 한다. 성경 연구자의 과업은 성경 본문에 사용된 "규칙"을 그 본문에서 증명하는 그대로 분별해내는 것이다. 이런 과업은 필연적으로 스스로 찾아내는 순환 과정(heuristic spiral)을 수반한다. 우리는 본문의 문학적 기법 및 원칙들에 대한 몇 가지 생각을 가지고 본문에 접근하는데 그때 본문은 이 기법과 원칙들을 증명하거나 반증해준다. 그리하여 본문과의 대화가 시작되고, 이 대화는 주의 깊은 청자를 이끌어 본문이 어떻게 내용을 전달하는지를 배우도록 만든다.

성경 본문을 해석함에 있어 시학의 사용은 암시와 기대를 양산한다. 문학비평가들이 첫 번째로 주목한 사항 중 하나는 성경 저자들이 말을 충분하게 하지 않는다는 것이다—각각의 말이 중요하다. 그러므로 주석

---

58 A. Berlin, *Poetics and Interpretation of Biblical Narrative* (Bible and Literature Series 9; Sheffield: Almond, 1983), 15.

가는 본문에 나타난 모든 특징이 이유가 있어서 거기에 나타나고 있으며 따라서 그 특징은 설명될 필요가 있다는 태도를 지녀야 한다.[59] 따라서 이런 유리한 위치에 있는 주석가는 예컨대 창세기 1장과 2장에 나오는 하나님의 이름의 변화가 어떻게 다른 자료를 반영할 수 있는가에 일차적인 관심을 갖지 않으며, 이 변화가 이야기의 발전 속에서 어떤 기능을 하느냐에 관심을 갖는다. 앞에서 언급한 대로 다른 신명은 하나님의 성품과 통치의 다른 측면을 표현한다. 창세기 1장에서 엘로힘(אֱלֹהִים, "하나님")은 세계 위에 계신 하나님의 초월성을 지시하는 반면, 창세기 2-3장에서 야웨(יהוה, "주님")는 당신이 택한 사람들과 함께하시는 하나님의 내재성에 대해 말해준다. 내레이터가 두 이름을 결합할 때, 그는 창조주 하나님이 이스라엘 역사의 야웨이심을 분명하게 확언한다. 하나님은 창조의 질서를 정하신 것처럼 역사의 질서를 정하신다. 만물이 하나님의 주권적 통치하에 있으며 그분의 주권은 이스라엘의 역사가 결국 비극이 아닌 승리로 막을 내릴 것을 보장한다.

성경 본문에 나타나는 시학적 특징에 대한 인식은 독자가 내레이터의 해석 렌즈를 확인하도록 도와준다. 내레이터의 강조, 비평 및 승인이 어디서 나타나고 어디서 나타나지 않는지를 결정함으로써 우리는 그의 가치 판단, 즉 평가의 관점에 대한 통찰력을 얻게 된다. 이 평가의 관점을 비롯해서 내레이터의 세계관과 인생관을 확인하는 일이 본문을 듣고 적용하길 원하는 사람들의 목표다. 아래에 창세기의 내레이터가 빈번히 사용한 시학적 장치들의 일부를 예시해놓았다.

---

59 A. Bonchek, *Studying the Torah: A Guide to In-Depth Interpretation* (Northvale N.J.: Jason Aronson, 1996), 15.

핵심 단어들(Leitwort)

마르틴 부버(Martin Buber)는 "주도 단어"(lead word)를 의미하는 *Leitwort*라는 신조어를 만들어냈다(이 주석과 다른 책들에서는 "핵심 단어"로 지칭된다). 그는 이 주도 단어, 혹은 핵심 단어를 "한 본문 또는 연속적 본문이나 복합적 본문 안에서 의미 있게 반복되는 단어나 어근"이라고 규명한다. "이런 반복에 주목하는 사람들은 본문의 의미가 드러나서 명료해지거나 아무튼 더욱 큰 강조의 효과가 만들어짐을 발견할 것이다."[60] 이런 단어들은 본문 안에 초점과 의미 혹은 강조점을 제공한다.[61]

예를 들어 내레이터는 이삭 이야기에서 차이드(צַיִד, "사냥감")라는 단어를 가지고 언어유희를 한다. 창세기 25:28은 문자적으로 "이삭이 **그의 입에 맞는 사냥감**으로 인해 에서를 사랑했다"로 번역할 수 있다. 이는 창세기 27장에서 이삭이 실패하는 결정적인 순간의 전조가 된다. 이때 이삭은 택함 받은 야곱이 아니라 에서를 축복하려고 하는데, 왜냐하면 이삭의 도덕적 미각이 그의 육적인 식탐으로 인해 그렇게 무디어졌기 때문이다. 내레이터는 여덟 번 반복되는 "사냥감"(צַיִד, 차이드)과 여섯 번 반복되는 "맛있는 음식"(מַטְעַמִּים, 마트아밈)이란 단어로 창세기 27장에 있는 축복 이야기를 강조한다. 리브가와 이삭 자신뿐만 아니라 내레이터도 이삭을 두고 "맛있는 음식을 좋아하는" 인물이라고 말한다. 즉 이삭의 육적 미각이 그의 영적 미각을 변형시켜버린 것이다(참조. 26:35).

60　M. Buber, "Leitwort Style in Pentateuch Narrative," in *Scripture and Translation*, ed. M. Buber and F. Rosenzweig, trans. L. Rosenwald and E. Fox (Bloomington: Indiana Univ. Press, 1994), 114.

61　주의 사항: 이 핵심 단어들이 영역본에서 언제나 뚜렷한 것은 아니다. 훌륭한 영어 문체를 위해서는 번역자가 동일한 히브리어 단어를 번역할 때 다양한 영어 단어를 사용하는 것이 필요하다. 히브리어로 본문을 읽는 것이 아니라면, 독자는 NIV보다 더욱 문자적인 번역에 의존해야 한다.

후렴

후렴은 문구나 문장의 반복이다. 이는 한 가지 초점을 강조하는 것에 더하여 자료를 나누는 역할도 한다. 이런 문학적 기법은 시에서 가장 많이 눈에 띄지만 서사에서도 운용된다. 예를 들어 후렴인 "~후손의 계보다"(톨레도트)는 창세기를 열 개의 분책으로 나누며 각 분책은 구원사에서 하나님의 새로운 주도적 역할을 추적한다.

대조

작가들은 서로 다르거나 반대되는 것들을 병합하거나 병치할 때 대조 기법을 사용한다. 본첵(Bonchek)은 이렇게 말한다. "창의적인 개인 저자를 나타내는 징표는 비슷한 것들 속에서 차이점을, 다른 것들 속에서 유사점을 간파하는 그의 능력이다."[62] 성경 저자들은 능숙하게 비슷한 장면 및 사건들을 대조한다. 알터(Alter)는 빈번하게 반복되는 장면을 가리키기 위해 "유형 장면"(type scene)이라는 용어를 사용한다. 이와 같은 장면들의 유사점으로 인해 내레이터는 유사점과 차이점 둘 다를 강조할 수 있게 된다. 한 가지 주목할 만한 유형 장면은 "우물가에서 신부와의 만남"이다. 아브라함의 기도하는 종과 리브가의 만남(창 24장) 및 야곱과 라헬의 만남(창 29:1-12) 사이의 대조는 야곱의 삶 속에서 기도의 부재와 영적 예민함의 결여를 부각한다. 아브라함의 종이 기도로 그의 만남을 시작하고 마무리하며 리브가의 환대를 근거로 그녀를 판단하는 반면에, 야곱은 우물가에서 기도하는 대신 우물을 덮은 돌을 치우는 괴력을 보여준다. 라헬에 대한 그의 평가는 오직 그녀의 미모에 근거한다.

---

62 Bonchek, *Studying*, 59.

비교

비교는 같거나 비슷한 것들의 병합이나 병치다. 여기서 우리는 다시 비슷한 장면과 사건들을 능숙하게 사용하는 내레이터의 솜씨를 본다. 아브라함과 이삭으로 인해 여족장이 위험에 처하는 비슷한 이야기들은 아버지와 아들 사이의 중요한 비교점들을 조명한다. 서로 다른 시기에 아버지와 아들 둘 다 일구이언의 행동을 하고 그들의 아내들이 타국 왕의 후궁으로 취해지며 오직 하나님의 개입을 통해서만 보호받게 된다. 사라가 아비멜렉의 후궁이 된 상황에서 보호받은 것처럼 리브가도 보호를 받는다. 블레셋 왕이 브엘세바에서 아브라함과 조약을 맺은 것처럼 블레셋 왕이 브엘세바에서 이삭과 조약을 맺는다. 비교는 이삭이 그의 아버지와 동일한 축복을 누린다는 것을 실증한다.

보응의 논리와 법칙

내레이터는 본문에 질서를 부여하고 원인과 결과를 통해 사건과 장면을 연결한다. 야곱은 이삭의 "침침함"(blindness)을 이용하여 이삭을 속인다(창 27:18-24). 라반은 밤의 "침침함"을 이용하여 야곱을 속인다(29:25). 요셉이 노예로 팔려가는 이야기에서 유다는 아버지에게 피 묻은 외투를 "살펴보라"고 말함으로써 그를 속인다(37:32-33). 이어서 다말이 유다를 속이고 당신의 지팡이를 "살펴보라"고 요구하는 이야기가 뒤따른다(38:25). 시적 정의(sense of poetic justice)가 종종 서사를 지배한다.

절정/강화

본문은 공통적으로 절정으로 치닫는 행동, 곧 작은 것으로부터 더 큰 것으로 움직여가는 느낌을 반영한다. 이는 창세기 1장에 나오는 창조의 처음 여섯 날에서 증명된다. 이 날들은 점층적인 강화에 따라 배열된 두 개의 삼조(triad)로 나뉜다. 식물과 인간 둘 다 생명의 번성을 상징하면서 고대 근동에서 창조의 절정으로 간주되었다. 첫 번째 삼조는 식물의 창조로 절정을 이루며 끝나는데, 인간 창조가 나오는 두 번째 삼조도 첫 번째와 마찬가지로 전개된다.

패턴[63]

내레이터는 모두 열두 층으로 이루어진 의미 안에 있는 요소들과 관련하여 구조적 패턴을 사용한다. 성경 저자들이 사용한 많은 패턴 중 창세기에서 가장 일반적인 패턴은 교호(대칭적[symmetrical]이라고도 불린다) 구조, 동심원 구조 및 교차 구조다. 교호 구조와 동심원 구조의 사례들은 위에서 거론한 톨레도트 이야기 구조에서 관찰된다. 예를 들면 원역사에 있는 요소들은 하나의 교호 구조 속에, 아브라함 이야기는 동심원 구조 속에 펼쳐진다. 이런 대칭적 패턴에 대해 월쉬(Walsh)는 이렇게 설명한다. "병행적 패턴은 연속적인 병행과 개별적인 병행 요소들을 비교하도록 유도하는 경향이 있다. 비교는 이런 병행 기법의 구성요소 사이에서 종종 점진적 진행, 곧 반드시 반대나 대조는 아닌 진행을 드러낸다."[64] 동심원 패턴에서 첫 번째 연속적 요소들은 보통 플롯에서 발생하는 긴장이나 행동과 관련되며, 두 번째 연속물은 그것의 해결이나 행동의 소멸과 관련된다. 교차 패턴은 동심원 패턴과 비슷하지만 이와 달리 단일한 중심적 요소, 즉 전환점이나 "중심축"을 갖는다. 때로 중심축의 양쪽에 있는 각각의 요소들은 대조를 이룬다. 프랫(Pratt)은 창세기 15:7-21에 있는 전환점 패턴을 예시한다.[65]

---

63 더욱 상세하고 유용한 분석에 대해서는 R. L. Pratt Jr., *He Gave Us Stories* (Brentwood, Tenn.: Wolgemuth & Hyatt, 1990), 179-230을 보라.

64 Walsh, *1 Kings*, xiv.

65 Pratt, *He Gave*, 201에서 가져옴.

A 문제: 약속된 가나안 땅과 관련된 아브라함의 간청(15:7-8)

  B 행동의 발생: 언약식이 시작됨(15:9-11)

    C 중심축: 아브라함이 꿈에 약속을 받음(15:12-16)

  B´ 행동의 소멸: 언약식이 종료됨(15:17)

A´ 해결: 아브라함에게 가나안 땅을 주겠다는 하나님의 약속(15:18-21)

이 세 가지 패턴 모두에서는 요소들이 배열된 산뜻한 균형감과, 인간의 역사에서 주권자이신 하나님의 질서가 느껴진다.

야누스(*Janus*)

야누스는 머리 하나에 정반대 방향을 보고 있는 두 얼굴을 가진 존재로서, 출입문을 지키는 로마의 신의 이름에서 따온 것이다. 이는 전후에 배치된 단위들을 통합하기 위해 앞뒤를 살펴보는 문학적 단위에 적용되는 용어다.[66] 각 톨레도트의 끝에 있는 전환점들이(예. 4:25-26; 6:1-8; 9:18-29 등) 야누스 단락이다.

일반화와 구체화

일반적으로 하나의 서사는 더 구체적이거나 더 포괄적인 해설을 하는 쪽으로 진행된다. 창세기의 처음 네 장의 움직임은 구체화의 사례다. 서막이 우주적 차원의 창조에 관심을 갖는다면, 제1부(첫 번째 분책)는 최초의 인간들에게 초점을 맞춘다.

전조

전조는 서사의 한 부분에 어떤 자료, 말하자면 주로 앞으로 무슨 일

---

[66] 지난해를 돌아보고 새해를 내다보는 영어 1월(January)은 이 신의 이름에서 가져온 명칭이다.

이 발생할지를 독자들에게 미리 대비시키는 자료를 포함함을 가리킨다. 앞서 언급한 대로 사냥한 고기를 좋아하는 이삭의 입맛에 대한 언급은 겉으로 보기에 불필요한 설명으로 보인다. 그러나 이는 실제로 이삭이 자기 아들들을 축복할 때 신적 지혜를 행사하지 못하는 실패에 대한 전조다.

요약

요약은 다른 곳에서 더욱 충분하게 취급되는 자료의 개관이나 축소다. 예를 들어 창세기 2:1의 "천지와 만물이 다 이루어지니라"는 앞선 창세기 1장 전체의 요약이다.

수미상관

수미상관은 한 단위의 시작과 끝에서 나타나는 특징적인 반복을 가리킨다. 수미상관은 하나의 문학적 단위의 틀을 구성하고, 둘러싸인 자료를 안정적으로 봉합하며, 반복을 통해 강조하거나 수사학적 효과를 위해 끼어든 자료와 연대 관계를 확립하는 기능을 한다. 창세기 16장에서 내레이터는 "아브람"과 "하갈"이라는 단어와 동사 "낳다"를 사용하여 "하갈과 이스마엘이 거부당하다"라는 제목의 장면(제6부 2막 1장)을 둘러싸는 수미상관 구조를 만든다.

"아브람의 아내 사래는 출산하지 못하였고 그에게 한 여종이 있었으니 이름은 하갈이라"(16:1).

"하갈이 아브람에게 이스마엘을 낳았을 때에 아브람이 팔십육 세였더라"(16:16).

이런 반복은 이야기의 틀을 만들고 사라의 불임을 강조하는데, 특별히 자신의 해결책을 사용하려는 그녀의 시도가 실패로 돌아간 사실에 비추어 강조한다. 위에서 설명한 대로 "아브람/아브라함", "사래/사라", "낳다" 역시 막 전체를 둘러싸는 수미상관을 만든다.

삽입(*intercalation*)

삽입은 어떤 문학적 단위를 다른 단위의 중간에 끼워 넣는 것이다. 예를 들어 위에서 언급한 대로 9:18에서 5:32을 완성함으로써 세 번째 톨레도트인 "노아 계보에 대한 기사"가 두 번째 톨레도트에 삽입되고, 그리하여 세 번째 톨레도트가 노아 및 그의 아들들 모두와 연관을 이루게 된다.

아이러니

넓은 의미에서 부조화를 가리키는 아이러니는 여러 가지 형식을 지닌다. 극적인 아이러니는—독자들 또는 등장인물들이 다른 등장인물들에게는 알려지지 않은 중요한 요소들을 인지하고 있을 때—상황에 무지한 사람을 종종 조롱거리로 만든다. 전형적인 예는 눈이 침침해진 이삭이에서로 변장한 야곱을 축복하는 장면이다. 결국 이 시력 상실이 하나님의 목적을 달성하고 족장의 중요한 관심사를 좌절시킨다. 롯은 특별히 불운한 아이러니의 인물이다. 그는 부와 안락함을 바라면서 겉보기에 매혹적인 도시인 소돔을 선택하지만 그의 삶은 빈곤과, 동굴에서 자행된 근친상간으로 끝난다.

서사신학

개념과 해석학

서사신학은 다른 무엇보다도 "시학"을 서사에 구체적으로 적용한다. 서사는 문예적 묘사의 한 형식이다. 서사비평은 서사가 어떻게 그 목적을 표현하는지, 그리고 의미를 전달하기 위해 어떻게 이야기하는지를 관찰하고 분석하여 체계적으로 분류하려는 시도다. 서사는 종종 독특한 배경들 속에서 등장인물(들)과 사건(들)을 펼치는데, 인물 및 사건들의 상호작용이 플롯을 구성한다. 페웰(Fewell)과 건(Gunn)은 이렇게 쓴다. "서사는 인간의 삶을 모방하고, 인간의 말과 행동의 시간적 배열을 통해 의미를 전달한다. 이는 등장인물들, 그들의 관계, 욕망, 시간 속에서의 행동에 중심을 둔 언어적 세계를 구축한다."[67]

서사비평은 이야기(story, 즉 단순한 사실)와 담론(discourse, 즉 사실에 대한 문예적 묘사)을 구별한다. 파월(Powell)의 설명에 의하면 "이야기는 서사의 내용, 곧 서사가 말하고자 하는 것을 가리킨다."[68] 서사의 배후에는 서사가 묘사하기를 원하는 실제 또는 가상의 인물 및 사건들이 놓여 있다. 포월에 따르면 "담론은 서사의 수사학, 즉 이야기가 구술되는 방식을 가리킨다. 동일한 기본 사건과 등장인물 및 배경에 관한 이야기들은 매우 상이한 서사들을 만드는 방식으로 구술될 수 있다."[69] 담론은 가공의 이야기(fiction)와 비슷하다. 역사가와 가공의 이야기 작가는 성찰, 탐험, 교화, 축하, 카타르시스적인 정화, 또는 순전한 기쁨과 같은 분위기를 만들어 낸다. 성경의 역사서들은 역사이면서 문학이다.

내레이터는 담론을 통해 자신의 청중인 하나님의 보편적 언약 공동체를 이끌어 자신의 세계관과 인생관을 흡수하게 만든다. 그는 청중에게 동기를 부여하여 그들이 그들 자신의 사고체계와 삶의 방식을 버리고 하나님의 세계에 들어가게끔 하며, 그들이 그의 해석적 설명의 흐름을 따라오도록 한다. 내레이터는 독자들이 내부자가 되도록 초대함으로써 명시적이기보다 암시적으로 가르친다. 즉 그는 독자들이 방심한 틈을 타서 다른 때는 적대감을 품고 접할 수 있는 생각과 세계관에 그들을 노출시킨다. 사람의 됨됨이는 삶이 펼쳐지면서 드러나기 때문에 다른 사람의 삶을 전체적이고도 분명하게 관찰하는 것은 개인의 정체를 더욱 쉽게 파악할 수 있게 한다. 창세기의 전기들은 역사적인 "은유"이며, 종종 문학적인 "인

---

67 D. N. Fewell and D. Gunn, "Narrative, Hebrew," *ABD*, 4:1023.
68 Powell, *Narrative Criticism*, 23.
69 앞의 책.

물상"(icons)에 영감을 불어넣고, 독자들이 자신의 삶을 비교하고 세워갈 수 있도록 만든다. 더욱이 하나님은 무시간적이고 추상적이며 신학적인 조직신학의 범주보다는 한 개인의 삶 속에 임하시는 그분의 개입을 통해 더욱 쉽게 이해될 수 있다.

평가 관점

내레이터가 그의 세계관과 인생관을 전달하는 매체 및 수단을 분석하기 전에, 그의 서사가 두 가지 차원에서 진행된다는 것을 기억하자. 즉 이야기의 역사적 사실과 그 사실에 대한 내레이터의 묘사, 곧 담론이다. 결과적으로 네 가지 평가 관점이 나온다. 사실의 차원에서 하나님의 관점과 그에 맞서는 등장인물들의 관점이 있다. 그리고 담론의 차원에서 내레이터의 관점과 그의 관점을 넘어서려고 애쓰는 청중의 관점이 있다. 하지만 사실상 내레이터가 최종 결정권을 갖는다. 우리는 단지 하나님의 관점과 이야기 속의 등장인물들의 관점을 알 뿐이다. 그것도 내레이터가 그들에 대해 기록한 한도 내에서 말이다. 또한 우리는 내레이터가 자신의 관점을 전달하는 방식으로 그들의 말을 선별하고 표현한다고 전제할 수 있다. 이모든 것이 내레이터 자신의 관점으로 암시된 청중을 설복시키려는 내레이터의 의도에 기여한다. 하지만 궁극적으로 그는 하나님의 관점을 표현하고 있다. 왜냐하면 그는 영감을 받은 하나님의 예언자-역사가(prophet-historian)이기 때문이다.

창세기에 사용된 서사 기법의 일부가 아래에 나열되어 있다. 이 기법들은 영감 받은 내레이터의 평가 관점에 대한 통찰을 제공해준다.

▌ 매개 수단과 직접적인 진술을 통해

내레이터는 다양한 매체 및 수단들을 통해 자신의 관점을 전달하는데, 그중 아래에 제시된 것들이 가장 흔하다.

하나님의 관점. 하나님이 성경 서사에서 발언하실 때 그 말씀은 언제나 신뢰할 수 있다. 창세기의 서두에서 하나님은 대부분 신현을 통해 의사를 전달하신다. 한편 나중에 족장들에게는 대부분 꿈과 환상을 통해 말씀하신다. 마지막에는 섭리를 통해 뜻을 알리신다. 신현은 모호하지 않은 반면에 환상과 꿈, 특히 섭리는 덜 분명하다. 내레이터는 하나님의 관점을 다음과 같은 다양한 방식으로 표현한다.

- 직접적인 인용을 통해(창 2:18; 7:1; 22:15–18을 보라)
- 하나님에 대한 내레이터의 직접적인 진술을 통해(6:6, 8; 13:13을 보라)
- 섭리와 행동을 통해 표현한다. 비록 섭리가 모호하다고 할지라도 당신의 백성에게 일어나는 일상사를 질서정연하게 통제하시는 하나님의 섭리는 그분의 평가 관점에 대한 통찰을 제공해준다.

내레이터의 관점에 대한 직접적인 진술. 내레이터의 관점 역시 신뢰할 만한데, 왜냐하면 그는 하나님의 영감 받은 대변인으로서 말하기 때문이다. 청중은 성경의 사건 및 인물들에 대해 단지 내레이터가 그들을 묘사해주는 대로 알 뿐이다. 청중은 오직 내레이터의 눈과 귀를 통해서만 보고 듣는다. 내레이터는 이야기를 파악하는 유일한 수단을 구성하는 선험적 범주(a priori category)다. 언약 공동체는 내레이터의 영감을 듣고 받아들인다. 불행히도 공동체 밖에 있는 사람들은 때로 내레이터의 해석을 해체하여 내레이터가 아닌 그들 자신의 세계관과 인생관에 권위를 부여하려고 한다. 내레이터는 보통 이야기 속에 숨어 있으나 때로 밖으로 걸어 나와 직접 청중에게 말을 건넨다. 따라서 창세기 16:6에서 내레이터는 직접적인 진술로 하갈에 맞선 사라의 행동들을 평가한다. 곧 "사래가 하갈을 학대하였더니"라고 말한다. 또한 에서의 장자권 판매와 관련하여 내레이터는 "에서가 장자의 명분을 가볍게 여김이었더라"라고 말한다 (25:34b). 때때로 내레이터는 다음과 같이 회상을 사용한다. "하나님이 그 지역의 성을 멸하실 때 곧 롯이 거주하는 성을 엎으실 때에 하나님이 아브라함을 생각하사 롯을 그 엎으시는 중에서 내보내셨더라"(19:29). 다른 때에 내레이터는 다음과 같이 예상을 사용한다. "이러므로 남자가 부모를 떠나 그의 아내와 합하여 둘이 한 몸을 이룰지니라"(2:24).

내레이터의 관점에 대한 간접적인 진술. 때로는 이야기 속의 인물들, 즉 서사의 실제적인 참여자들이 내레이터의 평가 관점을 표현한다.

- 중심인물의 말: 주인공은 하나님에 대한 진리를 선언할 수 있다. 그래서 이전에 하나님에 대해 거의 언급하지 않았던 야곱이 "내 아버지의 하나님은 나와 함께 계셨느니라"(창 31:5)라고 선언한다.
- 대행자의 말: 심지어 서사의 주역이 아닌 사람도 내레이터가 표현한 관점을 확증한다. 예를 들어 아비멜렉이 아브라함에게 "네가 무슨 일을 하든지 하나님이 너와 함께 계시도다"(21:22)라고 말한다.

다른 수단들을 통한 확증이 없다면 참여자가 내레이터의 관점을 반영하고 있는지를 결정하기가 때때로 어렵다. 왜냐하면 심지어 위대한 믿음의 영웅들조차도 결점이 있기 때문이다.

▌시학과 다른 기법들을 통해

또한 내레이터는 위에 분석된 시학의 기법들 외에도 몇 가지 다른 방식으로 자신의 담론을 구성하는 사건, 등장인물 및 배경에 대한 평가, 곧 가치 판단을 전달한다.

문체를 통한 암시. 내레이터의 어휘 선택은 종종 미묘하지만 그의 관점에 대한 중요한 실마리다. 아벨의 희생제물인 "**첫** 새끼 중의 일부와 그 기름"과, 가인의 곡식 제물인 "땅의 소산물의 **일부**"는 가인의 허례허식 (tokenism)과 왜 그의 제물이 받아들여지지 않았는지를 설명해준다.

여백(gap). 여백은 의도적인 누락인 반면 **공백**(blank)은 불필요해서 뺀 누락이다. 아브라함의 톨레도트(즉 이삭의 서사)라는 제목이 달려 등장할 것으로 예상되었던 책을 누락시킨 것은 명백한 여백이다(데라의 톨레도트[아브라함의 서사], 이삭의 톨레도트[야곱의 서사] 및 야곱의 톨레도트[요셉과 유다의 서사]와 비교해보라). 명백히 의도적인 이 여백은 기적적으로 얻은 아이인 이삭에 대한 부정적 평가를 암시해준다. 그는 말년에 영적 분별력을 잃고 육적인 쾌락에 자신을 내주었다.

탈시간 기법(Anachrony). 이와 같은 본문상의 특징과 더불어 내레이터는 이야기를 순서에서 벗어나 풀어내거나, 정보 제공을 보류했다가 나중에 그 정보를 드러냄으로써 극적인 효과를 거둔다. 이런 기법을 통해 내레이터는 야곱의 벧엘 이야기에서 성소의 의미를 드러낸다(창 28:10-22). 이야기의 서두에서 내레이터는 야곱이 "특정 장소"에 도착했음을 보고하는데, 특별히 그 장소를 "한 곳"(no-place)이라 부르고 있다. 그러나 이 "한 곳"은 하나님의 임재가 그곳을 의미 있는 장소로 변화시키자 하늘과 땅의 연결축이 된다. 이야기의 끝에서(28:19) 내레이터는 시대착오적으로 그곳을 번성하는 가나안 도성인 루스(Luz)로 확인해준다. 내레이터는 이런 탈시간 기법을 통해 루스는 그곳이 누리던 가나안의 영화를 다 비워야 하고, 그곳이 하나님의 집으로 간주되기 전까지는 그저 한 장소로 전락되어야 함을 제안하고 있다.[70]

▌인물 묘사를 통해

내레이터는 독자들이 등장인물을 제대로 평가하도록 돕기 위해 다양한 기법을 사용한다. 등장인물이 하나님이든지 초자연적 존재이든지 아니면 인간이든지 상관없이 말이다.

외견 묘사. 성경의 서사가 누군가의 겉모습을 묘사하는 경우는 드물다.

---

70 J. P. Fokkelman, *Narrative Art in Genesis: Specimens of Stylistic and Structural Analysis*, 2d ed. (Sheffield: JSOT Press, 1991), 69.

따라서 그런 일이 생긴다면 여기에는 보통 플롯의 구성에 일조하는 어떤 목적이 있다. 에서는 "털이 많은" 사람으로, 야곱은 피부가 매끈한 사람으로 묘사된다. 이런 묘사들은 축복을 훔치는 야곱의 교활한 계략에 사용된 염소 가죽을 설명해준다.

직접적인 인물 묘사. 드물지만 어떤 경우에 내레이터는 자신의 인물 평가를 모호하지 않게 하려고 짜인 틀을 부순다. 그렇게 해서 내레이터는 직접적인 진술로 "뱀이 가장 간교하니라", "노아는 의인이었다" 등등을 말한다.

등장인물의 생각을 드러내기. 내레이터는 에서의 생각을 드러낸다 (27:41). 이 누설은 야곱 및 언약 가족을 향해 에서가 지닌 증오심의 정도를 보여준다(창 8:21; 18:17; 37:34도 보라). 야웨는 레아에게 자녀를 주셨다. 왜냐하면 그분이 그녀가 사랑받지 못하는 것을 보셨기 때문이다(29:31). 그리고 몇 년 후 "하나님이 라헬을 생각하신지라. … 그의 태를 여셨으므로"라고 기록되어 있다(30:22).

직접적인 발언. 보통 내레이터는 인물 묘사를 위해 등장인물의 직접적인 발언에 의존한다. 예를 들어 타락 이전 아담의 유일한 말은 그의 아내에게 한 말이다. "그녀는 나와 동등하다." 그의 발언은 죄가 그들의 관계를 훼손하기 전에 그가 아내에게서 느낀 연대감을 시사한다(창 17:17; 30:2; 31:31도 보라). 야곱은 야웨께 "나는 감당할 수 없습니다"(32:10)라고, 또한 "나는 두렵습니다"(32:11)라고 고백한다.

행동. 노아는 방주로 돌아오는 비둘기를 자상하게 돌본다(창 8:9). 이런 행동은 그가 피조물에 대한 하나님의 사랑을 실천하며 사는 온화한 자연 보호론자임을 드러낸다.

말과 행동. 굶주린 에서는 들에서 돌아온 뒤 "붉은 죽, 붉은 죽!"(문자적으로, 25:30)을 외치며 간청한다. 이어서 내레이터는 그의 행동을 요약해서 "에서가 먹으며 마시고 일어나 갔으니"라고 말한다(25:34). 다시 말하면 에서는 심사숙고나 지혜와는 거리가 먼, 즉흥적이고 쉽게 반응하는 인물이다.

대조. 어떤 경우에 등장인물은 한 사람과 다른 사람을 비교함으로써 드러난다. 예를 들어 야곱은 에서와 대조된다. 모든 결점에도 불구하고 야곱은 장자권을 가질 만하고 에서는 그렇지 않다.

호칭. 종종 등장인물에게 사용된 이름이나 그를 설명하는 문구는 그 인물에 대한 내레이터의 관점을 확인해주거나 발언자에 대한 어떤 면을 드러내준다. 그렇게 해서 나약한 "야곱"은 나중에 그의 새로운 기력을 드러내는 "이스라엘"로 개명된다. 본책은 창세기 34:1-4에서 달라지는 디나의 호칭을 지적한다. 34:1에서 디나가 그 땅의 여자들을 방문하러 나갈 때 그녀는 "레아의 딸"로 불린다. 34:2에서 그녀가 물건처럼 취급되어 강간당할 때 그녀는 단순히 "그녀", "그녀", "그녀"로 반복해서 언급된다. 34:3에서 세겜이 디나와 결혼하기를 원할 때 그녀는 "야곱의 딸"로 불린다. 세겜이 그녀에게 구애할 때는 "젊은 여성"이다(문자적으로, 개역개정-소녀). 34:4에서 세겜이 자기 아버지에게 디나에 대해 말할 때는 그녀를 "어린아이"(문자적으로, 개역개정-소녀)로 지칭한다.

▎플롯을 통해

플롯 구조는 전형적으로 도입부(exposition) 혹은 서론, 고조되는 긴장, 긴장의 절정 혹은 정점, 해결과 대단원으로 구성된다. 성경의 서사들은 자주 개괄적 설명으로 시작하여 서사를 준비한다. 바르-에프랏(Bar-Efrat)은 이렇게 설명한다. "줄거리가 시작될 때의 상황은 보통 도입부라고 불리는 것에서 제시된다. 이는 서사에 묘사된 줄거리에 대한 서론 역할을 하면서 배경이 되는 정보를 전달하고 등장인물들을 소개해준다. 또한 우리에게 그들의 이름, 성격, 신체적 외관, 신분, 그리고 그것들 사이에 만들어진 관계들을 알려주고 이야기를 이해하는 데 필요한 다른 세부 사항들을 제공한다."[71] 이 역시 문제 또는 긴장을 발생시킬 수 있다. 아브라함이 이삭을 희생으로 바치는 이야기는(창 22장) 두 개의 도입부 문장으로 시작된다. 이 도입부는 배경을 설정할 뿐만 아니라, 이 평범하지 않은 장면이 아브라함을 시험하려는 하나님의 바람으로 펼쳐지고 있음을 설명해준다.

앞에서 설명한 시학 기법에서 강조되는 그런 패턴 또는 요약과 구체화는 플롯의 긴장을 자주 만들어낸다. 주역, 곧 주도적 등장인물은(선하든 악하든) 통상적으로 악역, 곧 그 또는 그녀를 대적하는 주도적 인물과 충돌하는 가운데 고조되는 플롯의 긴장 속에서 등장하여 점진적으로 움직인다. 지존하신 하나님은 대단원에서 그 배역의 특징이 드러난다. 즉 하나님은 당신의 약속을 지키시며 신실한 자들에게 상을 주시고 행악자들은 벌하시며 자기 백성의 약점을 은혜로 눈감아주신다 등등의 내용이 나타난다. 평가 관점은 이야기가 끝나는 방식에서 종종 관찰된다.

▌ 장면 묘사를 통해

때로 장면 묘사는 등장인물의 상황과 상호 관련되며 내레이터의 관점에 실마리를 제공한다. 예를 들어 지는 해는 야곱이 어두운 시련의 기간으로 들어간 때를, 즉 야곱이 라반에게로 떠난 도주의 시작을 표시해준다(창 28:10-11). 이십 년이라는 긴 세월의 마지막에 야곱은 태양이 위에 솟을 때 절뚝거리며 고향을 향해 돌아온다(32:31).

▌ 상징을 통해

내레이터는 등장인물의 상태를 묘사하기 위해 상징과 이미지를 사용

---

71 S. Bar-Efrat, *Narrative Art in the Bible* (Bible and Literature Series 17; JSOTSup 70; Sheffield: Almond/JSOT Press, 1989), 111.

할 수 있다. 야곱의 삶에서 벧엘의 베개 겸용의 기둥과 같은 돌은 중대한 순간을 표시한다. 야곱의 이야기에서는 돌이, 요셉의 이야기에서는 겉옷이 특징적이다. 이와 같이 뚜렷하게 드러나는 사물들은 등장인물의 사회적·영적 상황에 대해 중요한 어떤 것을 상징한다.

간결성의 법칙(Law of Parsimony)

주의 깊은 주석가가 본문에 접근할 때 한 가지 원칙, 즉 간결성의 법칙이 그를 잘 이끌어줄 것이다. 이는 단순하면서도 가장 포괄적인 해석이 복합적이면서 한계가 정해진 해석보다 더 바람직함을 말한다. 본책은 이렇게 언급한다. "본문에 있는 몇 가지 난점을 일거에 해결하는 해석이 더 세련될 뿐 아니라 진실성이 담긴 것으로 보인다." 예를 들어 라쉬(Rashi)와 이븐 에즈라(Ibn Ezra)는 둘 다 창세기 42:24에서 왜 요셉이 시므온을 감옥에 가두었는지를 설명한다. 라쉬는 시므온과 레위가 하몰과 세겜 및 그들의 성읍을 학살하는 창세기 34장을 인용하면서 그들이 난폭한 성격을 지녔고 따라서 "그들 두 사람이 자신을 죽이는 공모를 하지 않도록 시므온을 레위와 분리하는 것이 요셉의 의도였다"라고 주장한다. 그러나 이븐 에즈라는 42:22-23에 나오는 르우벤의 말에 근거하여 요셉은 아마도 자신이 노예 신세가 된 데 대해 르우벤이 책임이 없음을 방금 알게 되었고 따라서 이제 차남인 시므온이 책임을 져야 한다고 생각했을 것으로 추론한다. 논리적 비약과 아무런 설명 없이 멀리 앞에 나오는 자료에 대한 암시를 필요로 하는 라쉬의 설명과는 대조적으로 이븐 에즈라의 설명은 그것의 단순성과 합리성으로 인해, 그리고 22-24절에 있는 연관성을 이해할 수 있게 한다는 점에서 간결성의 법칙을 충족시킨다.[72]

---

72 Bonchek, *Studying*, 16.

창세기의 주제와 성경신학[73]

서론: 하나님 나라

창세기의 주제와 종속적인 모티프들은 성경 전체에 비추어볼 때 가장 잘 이해된다. 따라서 우리는 성경의 통전성이란 무엇인지를 질문해야 한다.

하나님 나라는 주 예수의 가르침에서 중심 교훈이며, 바울의 가르침에서도 중요한 역할을 한다. 비록 "하나님 나라"라는 표현이 구약에서 전혀 나타나지 않으며 그에 상응하는 개념이 상대적으로 드물고 후대에 나타난다 할지라도,[74] 이 개념은 구약 전체에 퍼져 있다. 세계 창조(창 1장)로부터 이스라엘의 멸망(왕하 25장)에 이르는 이스라엘의 역사를 추적하는 기본 역사(Primary History)는 전적으로 신약이 "하나님 나라"라고 부르는 것에 대한 기록이다.

비록 기본 역사가 많은 뭉치의 더 오랜 저작들로 작성되었다고 할지라도 그것의 최종 형태는 두 개의 큰 수집물로 구성된다. 오경(창세기-신명기)은 우주 창조로부터 이스라엘이 약속의 땅 입구의 앞마당에 안착한 이야기에 이르는 이스라엘의 역사를 추적한다. 소위 신명기 역사(신명기-열왕기)는[75] 이스라엘의 가나안 땅 입성부터 그 땅에서의 추방으로 이어지는 역사다. 기본 역사의 요체는 이 두 개의 거대한 역사를 한데 묶는 신

---

73 서론의 이 단원은 다음에 수록된 B. K. Waltke의 소논문에서 가져온 것이다. "The Kingdom of God in Biblical Theology," *Looking into the Future: Evangelical Studies in Eschatology*, ed. D. W. Baker (Grand Rapids: Baker, 2001).

74 시 22:29(개역개정 28절); 103:19; 145:11-13(4회); 욥 21절; 단 2:44; 3:33(개역개정 4:3); 4:31(개역개정 34절); 6:27(개역개정 26절); 7:14, 18, 27; 대상 17:14; 28:5; 29:11; 대하 13:8.

75 수 1장은 신명기가 뒤섞인 혼성문(pastiche)이다. 삿 2:6은 수 24:28을 반복하지만 종결짓는 교차 구조 속에 있다. 삼상 8장은 사사 시대를 종결한다. 그리고 왕상 1-2장은 삼하 9장에서 시작된 소위 "계승 서사"(succession narrative)를 종결한다. 우리는 여기서 단지 이런 통일성만을 관찰할 뿐 그것이 어떻게 작성되었는지는 토론하지 않는다.

명기에 있다. 역설적으로 신명기는 오경의 머릿돌이자 신명기 역사의 초석이다. 이는 원신명기의 핵심이 모세가 이스라엘에게 행한 세 편의 설교, 미래에 있을 이스라엘의 역사적 과정에 대한 그의 노래, 그리고 이스라엘 지파들에게 내린 그의 축복이기 때문에 그렇다. 신명기 사가는 포로기 동안 이것에 쉰여섯 구절을 추가함으로써 소위 자신의 신명기 역사의 서사 속에 그 핵심을 통합한다. 이런 이중적 저작권을 통해 신명기는 기본 역사의 거대한 두 문서를 한데 묶는 야누스 혹은 전환점의 책이 된다.

이 역사가 구약성경의 핵심 골자다. 예언서들을 비롯하여 시편과 잠언의 표제들은 이 역사의 맥락 속에서 설정된다. 삼위일체와 같이 독자 스스로 찾아내는(heuristic) 다른 신학적 도식의 경우와 마찬가지로, 비록 이 용어 자체가 사용되지는 않았다고 할지라도 구약성경에서 하나님 나라와 같은 한 가지 주제를 확인하는 일이 가능할 수 있다.

폴 드레이크(Paul Drake)는 예수가 하나님 나라라는 어구를 사용한 데 대해 두 가지 결론을 이끌어낸다. 첫째, 이는 역사적 차원을 지닌다. 즉 "이 나라는 창조로부터 지금까지 발생한 모든 일의 절정으로서 시간의 끝에 도래한다."[76] 둘째, 이런 종말론적 현실은 법적 차원을 지닌다. 하나님은 자신의 백성이 그분의 명령에 순종하는 영역 속에서 주권을 행사하신다. 주기도문을 인용하면서 드레이크는 다음과 같은 결론을 지지한다. 즉 "공관복음 전승은 하나님 나라를 인간 종족 위에 임하는 하나님의 주권의 실현으로 이해한다."[77] 마태복음은 "나라가 임하시오며 [당신의] 뜻이 하늘에서 이루어진 것 같이 땅에서도 이루어지이다. 오늘 우리에게 일용할 양식을 주시옵고"(마 6:10-11)라고 기록한다. 그러나 누가복음은 "예

---

76 P. Drake, "The Kingdom of God in the Old Testament," in *The Kingdom of God in 20th Century Interpretation*, ed. W. Willis (Peabody, Mass.: Hendrickson, 1987), 67-79.

77 Drake, "Kingdom," 71.

수께서 이르시되 '너희는 기도할 때에 이렇게 하라. 아버지여, 이름이 거룩히 여김을 받으시오며 나라가 임하시오며'"(눅 11:2-3)라고 기록한다. 여기에는 "(당신의) 뜻이 하늘에서 이루어진 것 같이 땅에서도 이루어지이다"라는 기원이 없다. 마태는 아마도 하나님 나라의 도래에 대한 기원을 상술하기 위해 "당신의 뜻이 이루어지이다"를 추가했을 것이다.[78] 그러나 드레이크는 주기도문에서 보이는 보편적인 하나님 나라와 구체적인 하나님 나라의 차이를 적절히 구별하지 못한다. 전자에 대해 신학자들은 만물 위에 자신의 주권을 행사하시는 하나님의 활동이라는 의미로 말한다(신 4:19). 후자에 대해 예수 그리스도는 하나님의 백성이 마음으로부터 그분의 법에 순종하는 왕국(realm)을 세우는 일에서 나타나는 하나님의 활동을 의미하셨다.

기본 역사에서 하나님 나라는 대체로 민족적 이스라엘의 형태, 곧 다른 민족들과 대비하여 특정 지역과 관련된 경계가 있는 정치적 국가의 형태를 취한다. 기본 역사의 주요 관심사는 정치적 국가로서의 이스라엘을 통한 의로운 하나님 나라의 진입(irruption, 즉 외부에서 안으로 침투해 옴)이지 발출(eruption, 즉 내부에서 밖으로 튀어나옴)이 아니다.

아브라함을 부르심(12:1-3): 기본 역사의 열쇠

클라인스(D. J. A. Clines)는 하나님이 아브라함을 부르시는 장면을 이야기하는 일화(창 12:1-3)가 오경의 주제를 짧고 간결하게 표현하고 있음을 증명한다.[79] 실제로 이것 역시 기본 역사의 이해를 위한 구도를 제시한다. 아브라함에게 주신 하나님의 일곱 가지 약속은 아브라함을 그의 가족과 분리시키는 하나님의 부르심으로부터(12:1) 하나님이 그를 복된 민족으

---

78 R. Hamerton-Kelly, *God the Father* (Philadelphia: Fortress, 1979), 73-74.

79 D. J. A. Clines, *The Theme of the Pentateuch* (JSOTSup 10; Sheffield: JSOT Press, 1978).

로 만드시고(12:2) 그를 통해 온 땅을 축복하시는(12:3) 세 지평으로 펼쳐진다. 아브라함과 그의 민족의 편에서 그들은 단지 하나님의 도덕법에 자신들을 복종시키는 한도 내에서만 땅을 축복한다. 다른 곳에서 하나님은 이렇게 말씀하신다. "내가 그로 그 자식과 권속에게 명하여 여호와의 도를 지켜 의와 공도를 행하게 하려고 그를 택하였나니, 이는 나 여호와가 아브라함에게 대하여 말한 일을 이루려 함이니라"(창 18:19). 열국의 편에서 그들이 이런 축복에 참여할 자격이 있으려면 아브라함과 그의 순종하는 민족이 풍성하고 가치 있는 삶을 중재하는 하나님의 권능에 사로잡혀 있음을 인정해야 하고 아브라함과 그의 민족에 하나님의 축복이 임하기를 간구해야 한다.

하나님이 민족적 이스라엘을 통해 온 땅 위에 자신의 도덕률을 확립하고 계신다는 이 생각을 드러내려면, 그것을 네 가지로 구성된 모티프로 분석하는 것이 유용하다. 한 민족은 공동의 백성으로 구성되고, 통상적으로 땅을 공유하며, 공통적인 법에 종속되고, 공동의 통치자에게 지배를 받는다. 창세기는 주로 하나님의 명령에 복종하는 백성과 그들을 부양하는 땅을 확인하는 일에 관심이 있다. 오경의 나머지는 주로 하나님의 율법에 초점을 맞추는 반면, 신명기 역사(특별히 여호수아-열왕기)는 이스라엘 민족의 통치자라는 주제를 발전시킨다.

첫 번째 모티프: 씨

창세기는 때로 인간 후손에 대해 "씨"라는 은유를 사용한다. 이 은유에 근본적인 것은 "종류에 따른" 번식의 개념이다. 이 문제를 단순화하자면 식물과 나무의 씨앗이 종류대로 맺히는 것처럼(창 1:11-12), 인간의 씨도 그 씨를 생산하는 사람의 유형을 따라 자란다. 태초에 하나님은 인간을 자신의 형상대로, 즉 땅에 대한 그분의 통치를 대신하는 대리 통치자로서 창조하신다. 에덴의 성전-동산에서 인간을 향한 그분의 최초의 말은 명령이다. 그들은 선악을 알게 하는 나무의 열매를 먹지 말아야 한다.

잘 알려진 그 나무는 선(즉 생명을 고취시키는 것)과 악(즉 생명을 방해하는 것)을 분별하는 능력을 상징한다. 그런 지식은 오직 하나님께만 속한다. 왜냐하면 아굴이 잠언 30:1-6에서 추론적으로 논증하듯이 우리가 무엇이 좋고 나쁜지를 완전하게 말하기 위해서는 포괄적으로 알고 있어야 하기 때문이다.

그러나 아담과 하와 안에 있는 유한한 인간성은 이런 제한을 받아들이기를 거부하고 설정된 경계를 넘어선다. 그들은 하나님의 선하심과 그분의 말씀의 진실성을 의심하도록 부추긴 사탄의 유혹에 이끌리고, 결국 하나님의 통치에 맞서는 사악한 불신과 반항에 이르러 금지된 열매를 먹고 하나님을 떠나 스스로를 입법자로 만든다. 하나님이 경고하신 대로 그들은 하나님으로부터 또한 서로에게서 소외된다. 대립적인 경쟁국을 건설하는 그들의 반역에 대한 응답으로 은혜로운 주권자가 개입하여 하와의 종교적 애정을 변화시킴으로써 그녀가 하나님을 사랑하여 그분의 통치에 순종하고 그것을 거스르는 사탄을 미워하게 하신다. 하나님은 사탄에게 이렇게 말씀하신다. "내가 너로 여자와 원수가 되게 하고 네 후손도 여자의 후손과 원수가 되게 하리니, 여자의 후손은 네 머리를 상하게 할 것이요, 너는 그의 발꿈치를 상하게 할 것이니라"(창 3:15). 이때부터 인간은 크게 두 부류의 영적인 종족으로 나뉜다. 비록 육체적으로는 아담과 하와를 번식시킨다고 할지라도 말이다. 아벨에게서 관찰되는 바와 같이 여자의 씨는 하나님에 대한 그녀의 사랑을 확대 재생산하고, 가인에게서 보이는 바와 같이 뱀의 씨는 하나님에 대한 그의 영적 증오를 확대 재생산한다.

창세기는 온통 여자의 씨에 대한 이야기다. 이는 아담과 하와로부터 이스라엘의 열두 지파에 이르는 이 거룩한 씨를 추적하는 직계 족보를 사용하는 구조로 이루어진다("추기: 창세기의 족보들"을 보라). 이 주제에서의 결정적 발전은 하나님이 아브라함을 부르시는 데서 나타난다. 하나님은 아브라함과 그의 믿음을 재생산하는 그의 후손을 세우셔서 하나님의 도덕적 통치를 대신하고 땅의 모든 부족과 열국에게 그분의 축복을 중재하게 하신다. 언약의 결속을 통해 하나님은 아브라함과 그의 할례 받은 씨를 당신의 복된 통치의 유일한 대표자로 삼아야 하는 의무를 지신다. 그들을 하늘의 별과 같이 많게 하신다는 그분의 약속은 이스라엘이 거룩한 땅을 정복하는 시대에 성취된다(창 15:5; 신 1:10). 창세기 17장에서 신실한 아브라함과 맺은 하나님의 언약은 창세기 12:3의 약속, 즉 아브라함의 후손을 통해 열국을 축복하시겠다는 그분의 약속을 새로운 방식으로 해설한다. 이제 하나님이 선언하신다. "내가 너를 여러 민족의 아버지가 되게 함이니라.… 왕들이 네게로부터 나오리라"(창 17:5-6).

아브라함을 열국의 아비로 만들겠다는 하나님의 약속은 한편으로는 단순히 생물학적 의미로 이해되어야 한다. 하갈을 통해 아브라함은 육신적으로 이스마엘 종족을 "낳았다"(17:20; 21:13; 25:12-18을 보라). 또 그두라를 통해 다른 민족 중에 있는 미디안 종족을(25:1-4), 이삭과 리브가를 통해 에돔 족속을(25:23; 36:1-43을 보라) 낳았다. 그두라(25:1-4), 이스마엘(제7부, 창 25:12-18), 에돔(제8부, 창 36장)은 이런 해석을 입증해준다. 다른 한편으로 이 약속은 아브라함의 믿음을 재생산하는 열국에 대한 언급으로도 이해되어야 한다. 이는 이스마엘 족속, 에돔 족속, 혹은 그두라의 후손에게는 해당될 수 없다. 중요한 것은 하나님은 왕들이 아브라함의 허리에서 나오리라고 말씀하시지만, 열국에 대해 아브라함이 그들의 아버지가 되리라고는 말씀하지 않으신다는 사실이다. 시편 저자는 이런 해석을 뒷받침해준다. 그는 열국이 재탄생을 통해 하나님의 백성의 일원이 되리라고 이렇게 예견한다. "나는 라합과 바벨론이 나를 아는 자 중에 있다 말하리라. 보라! 블레셋과 두로와 구스여, 이것들도 거기서 났다 하리로다. 시온에 대하여 말하기를 이 사람, 저 사람이 거기서 났다고 말하리니 지존자가 친히 시온을 세우리라 하는도다. 여호와께서 민족들을 등록하실 때에는 그 수를 세시며 이 사람이 거기서 났다 하시리로다"(시 87:4-6).

신약으로 관심을 돌려보자. 예수는 본질적으로 하나님의 백성과 아브라함의 육신적 후손 사이의 연결 고리를 차단하신다. 마태복음의 끝에서 우리 주님은 열국에 대한 자신의 권위를 단언하시고, 옛 이스라엘이 아닌 자신의 제자들을 위임하여 열국을 제자 삼아 그들을 가르쳐서 그가 그들에게 명하신 모든 것을 지키게 하라고 명하신다(마 28:18-20). 비슷하게 마가는 예수의 육신의 어머니와 형제들이 그가 가르치고 있던 집 밖에 상징적으로 서 있는 장면을 기록한다. 자신의 주변에 둘러앉은 사람들에게 예수께서 말씀하신다. "대답하시되 '누가 내 어머니이며 동생들이냐?' 하시고 둘러앉은 자들을 보시며 이르시되 '내 어머니와 내 동생들을 보라. 누구든지 하나님의 뜻대로 행하는 자가 내 형제요 자매요 어머니이니라'"(막 3:33-35). 누가복음에서 예수는 포도원 농부 비유를 통해 하나님이 이스라엘로부터 포도원(즉 그분의 도덕률을 중재하도록 선택된 백성이 되는 권리)을 탈취하여 이방인에게 넘겨주리라고 예고하신다(눅 20:9-19). 요한복음에서 예수는 "이 우리(즉 육적인 이스라엘)에 들지 아니한 다른 양들(즉 이방인들)이 내게 있어"라고 말씀하신다(요 10:16).

바울과 바나바는 예수의 예고를 성취한다. 아브라함의 육적 후손이 하나님의 통치를 대표하고 축복을 중재할 첫 번째 기회를 부여받지만(행 3:25), 유대인 대부분이 복음을 거절할 때 바울은 그들로부터 이방인들에게로 돌아선다(행 13:46; 18:6). 2세기에 이르러 교회는 거의 전적으로 이방인으로 구성되었다. 갈라디아서에서 바울은 하나님이 아브라함에게 약속하신 씨가 오직 예수 그리스도를 통해, 그리고 예수 그리스도 안에서 세례를 받은 유대인과 이방인 모두에게서 집합적으로 성취되었다고 간주한다(갈 3:15-29). 로마서에서 바울은 아브라함을 열국의 아비로 만들겠다는 하나님의 약속을 그들이 아브라함의 믿음을 재생산한다는 의미로 이해한다. 로마 교회에는 의심할 여지 없이 열국으로부터 로마 제국의 중심부에 찾아온 대표들이 있었다. 사도 바울은 그들에게 이렇게 쓴다. "이는 그 약속을 그 모든 후손에게 굳게 하려 하심이라. 율법에 속한 자에게뿐만 아니라 아브라함의 믿음에 속한 자에게도 그러하니 아브라함은 우리 모든 사람의 조상이라. 기록된 바 '내가 너를 많은 민족의 조상으로 세웠다' 하심과 같으니 그가 믿은 바 하나님은 죽은 자를 살리시며 없는 것을 있는 것으로 부르시는 이시니라"(롬 4:16-17). 로마서 16:20에서 사도 바울은 아마도 약속된 여자의 씨를 로마에 있는 교회와 동일시하고 있을 것이다. 여기서 이 교회는 하나님의 통치 아래 종속된 열국을 대표한다. 즉 "평강의 하나님께서 속히 사탄을 너희 발아래에서 상하게 하시리라." 그러나 바울은 이 편지에서 하나님은 아브라함의 육신의 자손과 아직 끝을 내신 것이 아니라고도 가르친다. 하나님은 그들 가운데서도 아브라함의 믿음을 재생산하는 남은 자를 항상 보존하신다. 사실 사도 바울은 그들이 다시 하나님의 백성 중에서 지배적인 무리가 될 수 있다고 암시한다(롬 11장). 마지막으로 창세기 15:6을 생각나게 하는 언어를 사용하면서 요한계시록 7:9은 "각 나라와 족속과 백성과 방언에서 흰옷을 입고 손에 종려가지를 들고 보좌 앞과 어린양 앞에 서서" 하나님을 찬양하는 아무도 능히 셀 수 없는 큰 무리를 그리고 있다.

요컨대 옛 언약 아래서 아브라함의 영적인 씨는 대부분, 그러나 배타적이지 않게, 아브라함의 육적 후손에서 번식된다. 새 언약 아래서 그의 영적인 씨는 대부분, 그러나 배타적이지 않게, 이방인 사이에서 번식된다.

두 번째 모티프: 땅

하나님은 세상을 창조하실 때 마른 땅이 드러나도록 원시 상태의 물을 모으신다. 그리고 거기에 온갖 종류의 식물이 자라게 하신다. 이런 방식으로 하나님은 자신의 대리 통치자들이 살아갈 공간과 그들을 부양할 음식을 제공하신다. 더욱 특별하게 그분은 자신의 지상 통치자들을 동산에, 즉 둘러쳐 보호되어 식물군이 번성하는 구역에 두신다. 이 동산은 인간들이 당신과 더불어 복락과 화목을 누리고 나아가 그들이 서로 간에 그리고 동물과도 화목을 누리게 하려고 하나님이 마련하신 창조세계 속의 유일무이한 영토적 공간을 가리킨다. 하나님은 오직 이 성전-동산에만 존재하신다. 그러나 인간은 스스로 경쟁국을 건설할 때 이 성전을 상실한다. 나중에 하나님은 아브라함을 불러 큰 민족을 이루게 하실 때 아브라함의 자손에게 더럽혀진 가나안 족속의 땅을 주겠노라고 약속하신다.

창세기 17장에서 아브라함과 맺은 하나님의 언약이 아브라함과 그의 씨를 열국의 복이 되도록 만들겠다고 하신 창세기 12:3의 약속을 상술하는 것처럼, 그에게 가나안 땅을 주겠다는 하나님과 아브라함 간의 언약(창 15장)은 그를 큰 민족으로 만들겠다는 창세기 12:2에 나오는 그분의 약속을 상술한다. 하나님은 셀 수 없는 후손을 주시겠다는 야웨의 약속에 대한 아브라함의 믿음을 보시고 그가 변할 수 없는 땅의 선물—이집트 강으로부터 유프라테스까지 확장될 만큼 이상화된—의 수령자가 될 자격이 있는 것으로 간주하신다. 젖과 꿀이 흐르는 이 땅에서 그의 백성은 보호를 받으며 존속할 것이다. 이 땅의 약속은 몇 차례에 걸쳐 점진적으로 성취되지만 결코 완성되지는 않는다. 하나님은 처음에 여호수아를 통해 그 약속을 성취하시지만(수 21:43-45), 완전하지는 않다(수 13:1-7). 또한 그 약속을 다윗과 솔로몬을 통해 이루시지만(왕상 4:20-25; 느 9:8), 여전히 완전하게는 아니다(시 95:11; 히 4:6-8; 11:39-40을 보라).

신약에서 땅의 주제는 씨의 주제와 비슷한 패러다임의 전환을 겪는다. 씨의 육적 양상이 거의 영적인 양상으로 대체되어 사라진 것처럼, 땅의 물리적 양상 역시 영적 의미가 강조되면서 경시된다. 패러다임의 전환은 **땅**이라는 단어가 구약성경에서 네 번째로 자주 등장하는 단어지만, 신약성경에서 가나안과 결부되어서는 전혀 사용되지 않는다는 사실로부터 추론된다. 실제로 구약에서 가나안과 결부되어 사용된 단어인 **땅**은 마태복음 5:5과 로마서 4:13에서 온 땅을 포괄하도록 새로운 의미를 부여받는다.[80] 그리스도와 그의 사도들 중 누구도 흩어진 민족적 이스라엘이 다시 가나안으로 돌아올 것이라고 가르친 적이 전혀 없다.[81] 오히려 역사적 또는 연대기적인 관점에서든 개념적 관념에서든 그들에게 있어 **가나안**은 그리스도 안에서 살아가는 그리스도인의 삶의 방식으로 기능하는 것으로 보인다. 라이트(Wright)가 설명한 대로 "히브리서(13:14)에 따르면 우리가 갖고 있지 않는 유일한 것은 지상의, 영토가 있는 도성이다."[82]

역사적 측면과 관련하여 이스라엘과 교회, 그리고 "땅"과 그들의 관계 사이의 많은 중대한 병행을 적어본다면 다음과 같다. (1) 이스라엘은 파라오의 폭정 아래 있던 이집트에서의 속박과 죽음으로부터 구출된다. 교회는 사탄 아래 놓여 있는 세상에서의 죄의 속박과 죽음으로부터 구출된다. (2) 이스라엘은 유월절 양의 피로, 홍해에서는 바람으로 구원받는다. 교회는 유월절 양이신 그리스도로, 또한 성령으로 구원받는다(행 2장; 고후 5:17). (3) 이스라엘은 바다에서 모세와 더불어 세례를 받고 가나안 땅을 향한 순례에서 만나를 먹는다. 교회는 그리스도 안에서 물로 세례를 받고 하늘에서 내려온 진정한 만나인 그리스도를 먹는다(요 6장; 고전 10:1-4). (4) 이스라엘은 땅을 상속받기 전에 광야에서 시험받는다. 교회는 그리스도가 빛으로 계시는 천상으로 가는 도중에 광야에서 고초를 겪는다. (5) 이스라엘은 최종적으로 그 땅에 들어가지만, 그들은 교회 없이는 그 땅의 원형(antitype)에 입성하지 못할 것이다(히 11:39-40).

두 "땅" 사이의 의미 있는 병행이 개념적 차원에서도 존재하는데 다

---

80 후자의 경우 바울은 창 12:1의 에레츠(אֶרֶץ, LXX: 게[γῆ])를 "온 세상"을 의미하는 코스모스 (κόσμος)로 변경시킨다.

81 W. M. Blanchard, "Changing Hermeneutical Perspectives on 'The Land,'" Ph.D. dissertation Southern Baptist Theological Seminary (Ann Arbor, Mich.: University Microfilms International, 1986), 38을 보라.

82 C. J. H. Wright, "A Christian Approach to OT Prophecy concerning Israel," in *Jerusalem Past and Present in the Purpose of God*, ed. P. W. L. Walker (Grand Rapids: Baker, 1994), 18-19.

음과 같다. (1) 둘 다 신적 선물이다(창 15:7, 18; 신 1:8; 롬 6:23). (2) 둘 다 오직 믿음으로만 들어간다(민 14:26-45; 수 7장; 요 3:16). (3) 둘 다 상속물이다(신 4:20; 행 20:32; 엡 1:14).[83] (4) 둘 다 독특하게 복된 안식과 안전을 제공한다(출 23:20-31; 신 11:12; 12:9-10; 28:1-14; 마 11:28; 요 1:51; 14:9; 히 4:2-3). (5) 둘 다 특별한 하나님의 임재가 보장된다. (6) 둘 다 인내하는 믿음을 요구한다(신 28:15-19; 히 6장; 10장). (6) 둘 다 이미-그러나-아직(already-but-not-yet)이라는 성격을 지닌다(히 11:39-40; 계 21:1-22:6을 보라).

개럿(Garrett)은 "소외"를 창세기의 주요 주제로서 설득력 있게 발전시킨다.[84] 범죄한 아담은 동산으로부터 추방되고 타락한 인간은 전쟁 통의 열국 가운데로 흩어져 분산되었다. 아브라함은 자기 가족으로부터 자신을 소외시켜야 하고, 그와 그의 후손은 가나안 땅에서 나그네로 살아야 한다. 야곱은 에돔에서 그의 형제로부터 소외되고 그의 아람족 삼촌에게서 소외되었던 것과 마찬가지로 어딜 가든지 이방인이다. 나중에 자기 아들들이 행사한 폭력으로 인해 야곱은 그 땅에서 악취를 풍기는 사람이 된다(창 34:30). 요셉은 언제나 이방인이다. 요셉 이야기는 그의 형제들이 그를 미워하여 이집트에 노예로 팔아넘긴 이야기로 시작된다. 그는 그 땅에서 아무런 권리가 없는 사람이다. 개럿은 다음과 같이 말한다. "요셉이 죽을 때 그의 몸은 이상하게도 제자리를 벗어나 이집트에서 입관된다."[85]

개럿은 하나님의 약속만이 소외와 나그네의 삶이라는 이 주제를 완화시킨다고 생각한다. 하지만 사실 인간의 죄를 넘어서 은혜를 통해 당신의 나라를 설립하겠다는 하나님의 약속이 창세기의 지배적인 주제다. 하나

---

83 C. J. H. Wright, *An Eye for an Eye: The Place of the Old Testament Ethics Today Ethics Today* (Downers Grove, Ill.: InterVarsity, 1983)에 있는 친교(fellowship)에 관한 논의를 보라.

84 Garrett, *Rethinking Genesis*, 233-35.

85 앞의 책, 234.

님은 뱀을 파멸시킬 씨를 약속하신다. 이는 인간이 그 씨를 통해 그들이 잃어버린 낙원을 되찾을 것이라는 사실을 수반한다. 아브라함은 소외된 나라들을 축복하도록 보냄을 받는다. 내레이터는 진정한 이스라엘이 분투하여 득세하리라는 것을 가르치기 위해 동심원 패턴으로 나타나는 아브라함 및 야곱과 그의 아들들의 순환적 이야기를 발전시킨다(앞의 "구조와 내용"을 보라). 죽은 자로부터 씨가 태어나 일으켜 세워지며, 사라는 이스라엘의 미래를 붙드는 닻으로서 그 땅에 묻힌다. 기도하지 않는 야곱은 밧단아람에서 유배되지만, 기도하는 성자가 되어 열두 아들과 더불어 귀환한다. 열둘은 성경에서 통치권을 의미하는 숫자다. 창세기는 이집트에 있는 이스라엘과 더불어, 그러나 요셉의 뼈가 약속의 땅으로 운반될 것이라는 약속으로 마무리된다. 따라서 비록 소외가 창세기의 모든 페이지마다 잠복해 있다고 할지라도, 당신의 나라를 세우신다는 하나님의 결심이 창세기 전반에 걸쳐 의기양양하게 활보한다.

세 번째 모티프: 하나님의 통치

만일 창세기가 하나님을 족장들과의 번복될 수 없는 언약, 곧 그들을 이방인을 향한 빛이 되는 민족으로 만들겠다는 언약을 체결하시는 분으로 제시한다면, 출애굽기-신명기는 이스라엘을 열국을 향한 빛이 되기 위해 하나님의 언약 혹은 율법을 받아들이는 민족으로 묘사한다. 이스라엘의 열두 지파를 한 민족으로 변화시키는 것과 관련하여 하나님은 그들의 종교적·윤리적 의무들을 상세하게 제시하는 언약을 그들에게 주신다. 이런 맥락 속에서 이스라엘이 최초로 하나님을 "왕"(신 33:3-5; 참조. 출 15:18; 민 23:21)으로 부르고, 하나님이 이스라엘을 "제사장 나라"(출 19:6)로 지칭하시는 것은 놀랍지 않다. 온 이스라엘은 하나님의 언약에 복종함으로써 제사장직을 감당한다(즉 하나님과 열국 사이를 중재하는 거룩한 백성으로서 구별된다).

비록 하나님의 통치라는 모티프가 출애굽기-신명기만큼 지배적이지는 않을지라도 창세기는 이 모티프에 중요한 기여를 한다. 첫째, 하나님은 모세의 중재를 통해 그분의 율법을 이스라엘에게 부여하시기 전에 양심이라는 일반계시를 통해 그분의 율법을 알게 하신다(그리고 때로는 신현이나 환상과 같은 특별계시를 통해). 이를 통해 하나님은 당신께서 모든 사람을 다스리심을 보여주신다(창 4:7; 6:9; 롬 2:1-12을 보라). 둘째, 창세기 역시 하나님의 은혜를 떠나서는 아무리 이상적인 환경 속에 있을지라도 인간성 자체로는 사람이 하나님의 율법에 복종할 수 없고 또 복종하지도 않으리라는 것을 가르친다(창 3:6; 8:21). 셋째, 아브라함은 심지어 모세의 율법도 믿음으로 지킨다(창 15:6; 18:19; 26:5). 왜냐하면 그의 믿음은 믿음의 재생산을 수반하는 하나님의 선물이기 때문이다(창 3:15; 엡 2:8-9). 간단히 말하자면 하나님이 은혜의 방편으로 당신의 나라를 다스리시기 전에 아브라함은 새 언약의 규정들에 참여한다. 그분의 은혜로운 능력 주심이 없이는 자연적 태생의 이스라엘은 율법을 지킬 수도 없고 지키지도 않을 것이다(신 31:29; 수 24:19-27).

옛 모세 율법은 이스라엘 민족이 언약의 의무를 깨뜨린다면 포로로 잡혀갈 것이라고 위협한다. 결국은 오래 참으시는 하나님이 불순종하는 이스라엘을 포로로 보내시지만, 그럼에도 그들과 새 언약을 수립하겠다고 약속하신다. 새 언약은 십계명에 명시된 그리고 예수가 하나님과 이웃에 대한 사랑의 견지에서 요약한 모세 율법의 영원한 본질을 대체하지 않는다. 오히려 새 언약은 율법의 실행 방식을 대체한다. 두 실행 방식 간의 많은 차이 중에서 여기서는 옛 언약이 동물의 피를 통해 효력이 발생하지만, 새 언약은 예수 그리스도의 정결케 하는 보혈을 통해 그렇게 된다고만 말해도 충분하다. 옛 언약은 바위 위에 새겨지고 먹물로 필사되었으나, 새 언약은 성령으로 마음판에 기록된다(렘 31:33-34; 고후 3:3). 마지막으로 이스라엘은 스스로 옛 언약을 준수할 의무가 있으나, 하나님은 친히 새 언약을 지킬 책무를 지신다(히 8:6).

요약하면 하나님은 이제 교회가 진정한 유다와 이스라엘인 예수 그리스도 안에서 세례를 받았기 때문에 교회를 새 언약의 수령자로 간주하신다(참조. 히 8장). 따라서 베드로는 유대인과 이방인으로 구성된 교회를 향해 이렇게 말한다. "그러나 너희는 택하신 족속이요, 왕 같은 제사장들이요, 거룩한 나라요, 그의 소유가 된 백성이니, 이는 너희를 어두운 데서 불러내어 그의 기이한 빛에 들어가게 하신 이의 아름다운 덕을 선포하게 하려 하심이라. 너희가 전에는 백성이 아니더니 이제는 하나님의 백성이요, 전에는 긍휼을 얻지 못하였더니 이제는 긍휼을 얻은 자니라"(벧전 2:9-10). 비슷한 맥락에서 바울은 교회를 "하나님의 이스라엘"이라고 칭한다(갈 6:16). 세 번째 모티프와 관련하여 우리는 새 언약을 통해 그리스도가 이 "나라"(즉 교회)를 다스리신다고 결론지어야 한다.

네 번째 모티프: 통치자

사무엘서에 기록된 대로 국가 설립 이전에 기본 역사는 하나님을 그분의 나라의 유일한 통치자로 간주한다. 백성이 왕을 구할 때 야웨는 이를 그들의 왕으로서 그들을 다스리는 당신의 통치를 거부하는 행위로 여기신다(삼상 8:6-8). 그럼에도 불구하고 사울 시대에 왕권 수립과 더불어 야웨는 이스라엘의 통치를 인간 왕에게 이양하신다. 인간 왕은 개념상 왕조 계승을 수반한다.[86] 역대기 저자는 심지어 왕이 "야웨의 나라의 보좌" 위에 앉아 있다고까지 말한다(대상 28:5). 비록 하나님이 예언적 지명을 통해 왕을 선택하심으로써(신 17:15), 또한 왕이 모세 율법에 명시된 바와 같이 하나님의 도덕적 규준들을 고수하지 못한다면 왕권을 한 집에서 다른 집으로 옮기는 권리를 고수하심으로써 자신의 궁극적 통치를 여전히 유지하시지만 말이다. 셀만(Selman)은 이렇게 주석한다. "만일 하나님이

---

[86] T. Ishida, *The Royal Dynasties in Ancient Israel* (New York and Berlin: Walter de Gruyter, 1977), 7-25.

주실 나라를 소유하신다면, 그분은 당신 소유의 왕권도 지니셔야 한다. 이는 사울, 다윗, 혹은 아비야에게 맡기신 것보다 더 높은 등급의 왕권이다. …하나님은 이 왕권과 특정한 지상의 나라에 직접 관여하신다. 하나님은 이를 통해 인간 왕뿐만 아니라 왕권의 목적들을 완수해내셨다."[87]

그리하여 베냐민 지파의 사울이 거부된 후에 야웨는 유다 지파의 다윗을 왕으로 기름 부어, 유다가 그의 형제들을 통치하고 열국을 발아래 둘 것이라는 야곱의 예언을 성취하신다(창 49:8-12). 더욱이 다윗과 맺은 하나님의 언약, 곧 그의 집이 하나님 나라를 영원히 통치할 것이라는 약속이 역사의 미래 과정을 위한 토대로 깔려 있다(삼하 7장; 대상 17장; 시 89편). 이 역시 창세기에서 먼저 소개된 아브라함의 언약을 성취하고 확정하며 보완한다.

야웨는 그 민족을 압제자들로부터 구해내어 그들에게 안식을 주겠다는 다윗 언약의 약속을 이룸으로써 아브라함에 대한 자신의 약속을 성취하신다고 추론된다. 예를 들어 솔로몬이 그의 아버지의 보좌를 승계했을 때 아브라함의 씨는 "땅의 티끌"(대하 1:9)처럼, "바닷가의 모래"(왕상 4:20)처럼, "하늘의 별"(대상 27:23)처럼 번성했다. 이 모두는 아브라함의 약속된 자손의 중다함에 대한 비교 기준이었다(창 13:16; 15:5; 22:17).[88] 다윗 언약에서 약속된 다윗의 군사적 승리 역시 솔로몬이 물려받은 그 나라를 이집트 강으로부터 유프라테스까지 확장한다(왕상 4:21). 이는 아브라함 언약에서 이미 약속된 일면이었다(창 15:18).

아브라함 언약과 다윗 언약은 약속과 성취라는 견지에서 서로 연결되고 있을 뿐만 아니라 문체와 내용 면에서도 두드러지게 유사하다. 둘 다 믿음의 종들에게 주는 보상인 야웨의 선물이다. 그러나 언약의 영원한 측

---

87 M. J. Selman, "The Kingdom of God in the Old Testament," *TynBul* 40 (1989): 161-83.

88 O. T. Allis, *Prophecy and the Church*, 2d. ed. (Grand Rapids: Baker, 1978), 58.

면은 한 번 뿐인 생애에서 부여된 약속을 훨씬 능가한다. 둘 다 한밤중의 환상 속에서 일어나고 가장 가까운 미래를 내다보며 역사의 과정을 새롭게 구성한다. 더욱이 둘 다 수혜자들의 씨 및 땅과 결부된다. 양자 모두에서 관심의 핵심은 육신의 아들이다. 아브라함과 맺은 하나님의 언약은 그에게 영원한 후손을 약속하고, 다윗과 하나님의 언약은 영원한 왕조를 약속한다. 게다가 다윗의 왕조를 매개로 야웨가 아브라함과 사라의 몸으로부터 주겠다고 약속한 왕들이 태어난다.[89] 포켈만(Fokkelman)은 사무엘하 7:12의 "너의 허리로부터"(מִמֵּעֶיךָ, 미메에카)라는 용어의 선택이 두 언약을 연결한다고 주장하는데, 왜냐하면 이 용어가 창세기 15:4 이후 여기서 유일하게 나타나기 때문이다. 따라서 멘덴홀(Mendenhall)의 다음과 같은 논평은 옳다. 즉 "다윗 안에서 족장들에게 준 약속이 성취되고 새로 워진다."[90]

물론 두 언약 모두 제도로서 그들의 영속적인 씨에 관해서는 무조건적이다. 하지만 개인으로서 그들의 후손이 언약의 선물을 누리는 것은 모세 언약에 대한 그들의 복종이라는 조건이 따른다. 그들의 후손은 그들이 야웨께 충성하고 그분의 법에 복종하는 한도 내에서만 언약의 혜택을 경험한다.

다윗의 집이 하나님 나라를 영원히 통치할 것이라는 권리의 부여는 메시아 대망을 위한 초석을 놓는다. 로버츠(J. J. M. Roberts)는 이렇게 설명한다. "하나님이 땅에서의 신적 통치의 실행을 위해 다윗과 그의 왕조를 하나님의 영원한 대행자로 택하셨다는…주장은 후대의 메시아 대망의 발전을 위한 근본적인 출발점이었다."[91] 따라서 이스라엘의 왕들은 항상

---

89 B. Mazar, "The Historical Background of the Book of Genesis," *JNES* 28 (1969): 75.

90 G. E. Mendenhall, "Covenant," *IDB*, 1:718.

91 J. J. M. Roberts, "In Defense of the Monarchy: The Contribution of Israelite Kingship to Biblical Theology," in *Ancient Israelite Religions: Essays in Honor of Frank Moore Cross*, ed. P. D.

일반적 방식에서 하나님의 **메시아**(문자적으로 "기름 부음 받은 자")로 간주된다. 그들의 예언적 기름 부음은 공적으로 그들을 하나님의 선택된 자로 지명하고, 그들을 하나님의 소유로 성별하며, 그들에게 권위를 부여하여 임무를 맡도록 준비시킨다.

그러나 메시아라는 단어는 포로기와 관련하여 더 좁은 의미를 갖게 된다. 이런 발전은 시편의 사용에서 찾아볼 수 있다. 시편은 역사적 왕과 결부된 제왕 신학을 이상주의적 방식으로 보강한다. 시편은 왕으로 불리는 하나님의 아들을 정의와 공의를 부여받은 자로 그리며, 왕으로서 그의 통치는 바다 이 끝에서 저 끝까지, 강으로부터 땅끝까지 이른다(시 2편, 72편). 시편 저자에게 왕은 하나님을 대신하는 존재다. 즉 그는 "하나님이여, 주의 보좌는 영원하며"(시 45:6)라고 말한다. 왕을 축하하는 이 노래들은 이스라엘이 다윗을 승계하는 후손의 대관식에서 그들에게 입히는 왕의 예복과도 같으나, 누구의 어깨도 그 옷을 입기에 충분히 넓지는 않다. 셰익스피어는 맥베스가 던컨을 죽인 반역자라는 사실이 드러나자 그에 대해 이렇게 말한다. "그의 직위가 마치 난쟁이 같은 좀도둑에게 걸친 거인의 연미복처럼 자신에게 헐렁하게 입혀져 있다는 것을 그가 어떻게 느끼겠는가?"[92] 여기서 말한 거인의 예복이 다윗의 난쟁이 계승자들에게 헐렁하게 입혀져 있다. 비록 히스기야와 요시야 같은 일부 왕들에게는 다른 왕들보다 더 넓은 어깨가 있지만 말이다. 여호야김 이후 이상적 왕에 대한 시편 저자의 희망은 다윗의 후계자들의 웅크린 어깨로부터 벗겨져 흘러내린 예복을 보관하는 옷장을 이스라엘에게 남겨놓는다. 곧 그것을 입을 자격이 있는 다윗의 집의 기름 부음 받은 자를 기다리는 장엄한 자색 예복의 옷장 말이다. 따라서 포로기 동안 제왕시들은—그리고

Miller Jr., P. D. Hanson, and S. D. McBride (Philadelphia: Fortress, 1987), 378.

92 *Macbeth*, 5.2.20-22.

해당 시편의 대부분은—장차 올 희망의 대상인 다윗의 아들을 가리키도록 기록되었다. 이 시점에 **메시아**라는 용어는 이스라엘의 예견된 왕이자 구원자에 걸맞은, 구체적으로 종말론적이면서 엄밀한 의미를 갖게 된다. 이 이상적 왕에 대한 희망은 예언서에서 증대되고 묵시문학과 중간기 유대 문헌에서(기원전 200년-기원후 100년) 절정에 이른다.[93]

때가 찼을 때 하나님은 나사렛 예수를 통해 성육신하신 당신의 아들을 보내셨다. 여기 시편의 장엄한 예복을 입기에 충분히 넓은 어깨를 가지신 다윗의 아들이 오셨다. 그가 탄생할 때 야웨의 천사가 이렇게 선언했다. "오늘 다윗의 동네에 너희를 위하여 구주가 나셨으니 곧 그리스도 주시니라"(눅 2:11). 세례 요한은 예수를 메시아로 확인해주며(요 1:19-34), 제자들은 그가 메시아라고 고백한다(막 8:29; 눅 9:20; 요 11:27). 나아가 요한은 자신의 청중이 예수가 그리스도이심을 믿을 수 있다고 기록한다. 예수의 말씀과 그의 행적은 그의 신성의 증거이며, 이는 모두 진리와 의와 공의 안에서 수행된다. 그는 영원히 통치하실 분이며, 모든 인류를 통치할 자격이 있는 유일한 분이시다.

결론

예수 그리스도가 공관복음서에서 하나님 나라를 제시하신 것은 하나님이 민족적 이스라엘을 통해 열국을 다스리는 자신의 도덕적 왕국을 설립할 것이라는 기본 역사에 대한 기대가 성취에 이른 것이다. 한편으로 신약에서 하나님 나라는 이제 민족적 이스라엘의 지리적 경계를 초월한다. 이 나라의 백성은 이제 더 이상 우선적으로 아브라함의 육신적 후손이 아니라 열국 자신들이다. 땅이라는 주제는 "그리스도화"(Christified)되었다. 그의 율법은 더 이상 예루살렘에 놓인 돌판에 기록되지 않으며

---

93 M. de Jonge, "Messiah," *ABD*, 4:785-86을 보라.

이 나라의 모든 국민의 마음판에 새겨진다. 마지막으로 왕의 보좌는 더 이상 지상의 예루살렘에 있지 않고 하늘의 시온산에 놓여 있다. 거기로부터 왕의 왕이요 주의 주이신 그분이 성령을 통해 자신의 나라를 다스리신다. 예수 그리스도의 이름 앞에 모든 무릎이 경배하고 그분이 주님이심을 고백하여 그분의 통치에 복종할 그날이 속히 오도록 우리를 사용하소서!

서막
(1:1-2:3)

서막의 주제

서막은 언약 공동체의 하나님이 바로 우주의 창조자와 동일하신 분임을 선언한다. 하나님은 이 우주의 암묵적인 왕이시며, 양식을 주시고 질서를 확립하시며, 인간 신하들을 위임하신다. 생태계를 지탱하는 요소들인 공기, 물, 땅은 온갖 종류의 풍성한 생명의 피조물들에게 생존을 위한 자양분과 공간을 제공한다. 이는 하나님 아래서 역사의 드라마가 전개될 무대다.

하나님은 태초의 심연과 어둠 속으로 창조의 발걸음을 내딛으시어 그것을 장엄하고 질서정연하며 균형 잡힌 우주 만물의 형태로 변화시키신다. 창조주의 통치에 복종하는 사람들은 자신들의 역사가 비극적 어둠과 혼돈으로 끝나지 않고 승리의 빛과 질서 속에서 지속될 것임을 확신한다.

하나님이 연속적인 날 속에서 창조의 드라마를 펼치시며 건축이 절정에 이르게 하시는 것처럼, 그분은 연속적인 시대를 통해 역사의 드라마를 발전시키신다. 이는 모든 피조물이 자발적으로 그리스도께 머리를 숙일 때 극적인 절정에 이른다.

이 창조의 질서는 하나님이 추후에 주실 인간 사회 질서에 대한 계시의 토대가 될 것이다. 그의 법(성경의 가르침)은 창조 질서와 조화를 이룬다. 따라서 계시된 그분의 도덕적 질서를 멸시하는 것은 창조, 즉 그분이 창조하신 현실 세계를 거스르는 일이다.

서막의 개요

서막에 대한 문학적 분석 ──────────

창조의 방식: 과정과 진행

창조의 과정

창조 기사는 고도의 정교한 서술로서 창조주 하나님의 숭고하심(힘, 위엄, 지혜)을 강조하고 언약 공동체의 세계관을 위한 여러 가지 초석을 깔기 위한 의도로 작성된 것이다.

창조는 여섯 날 혹은 "그림판"(panels)으로 나뉘고 각각은 기본적인 창조 과정을 따른다. 하나님의 행위 및 생각을 반영하는 핵심 단어들—"말씀하셨다(개역개정-이르시되)", "분리되었다", "칭하였다", "보셨다", "좋았다"는 창조에 있어서 전능하고 전지하신 그분의 임재를 강조한다. 창조의 과정은 전형적으로 "**선언, 명령, 분리, 보고, 명명, 평가, 연대기적 틀**"의 패턴을 따른다.

각 날은 다음과 같은 **선언**과 더불어 시작된다. 즉 "그리고 하나님께서 말씀하셨다(개역개정-하나님이 이르시되)." 기사의 상세한 내용에서 많은 부분이 서사의 틀을 갖지만, 기사를 이끌고 형성하는 것은 비록 짧다고 하더라도 하나님의 직접적인 연설이다. 따라서 해밀턴(Hamilton)의 다음과 같은 결론은 옳다. 즉 "하나님이 독창자라면 내레이터는 반주자다."[1] 창조의 주역은 하나님이시다. 각 사건은 표현된 하나님의 뜻에 따라, 그리고 그분의 말씀이 수단이 되어 발생한다. 하나님의 말씀은 그분이 자신의 피조물에 친밀하게 결속되어 있음을 나타낸다.

선언 다음에 **명령**, 즉 "있으라"(혹은 그것에 상응하는 말)가 이어진다. 성

---

1 V. P. Hamilton, *The Book of Genesis: Chapters 1-17* (NICOT; Grand Rapids: Eerdmans, 1990, 『NICOT 창세기 I』, 부흥과개혁사 역간), 119.

령과 결부된 하나님의 말씀은 불가항력적이고 창조적이다. 즉 결과적으로 그 말씀이 혼돈과 공허를 극복한다(참조. 고후 4:6).

셋째, 하나님의 능력 있는 말씀은 **분리**를 일으켜 낮과 밤, 바다와 육지, 어류와 조류를 나눈다. 경계는 창조 및 사회 질서 모두에 있어 중요하다. 만물이 각자 할당된 자신의 자리를 지키고 자신의 한계선을 넘지 않을 때 혼돈은 사라지고 질서가 생긴다.

내레이터의 후속적인 **보고**, 즉 "그리고 그렇게 하나님께서 만드셨다"(혹은 그에 상응하는 말; 개역개정-그대로 되니라)는 표현된 하나님의 뜻과 목적 및 말씀에 의해 만물이 존재함을 확언한다.[2] 또한 하나님은 첫 사흘 동안 각 요소를 **명명**하심으로써("…라 부르시니라") 자신의 주권을 드러내신다. 명명, 즉 지배권의 명시는[3] 하나님을 최고의 통치자로 드러낸다. 심지어 창조 이전 상태의 부정적 요소들인 어둠과 혼돈의 물도 그분의 지배하에 있으며 그분의 보호막 아래 놓여 있다.

뒤이어 하나님은 당신의 각 작품에 대해 스스로 **평가**를 내리신다("하나님이 보시기에 좋았더라").[4] 경계가 그어진 어둠과 바다를 포함하여 만물이 하나님의 목적을 만족시킨다. 하나님은 전능하실 뿐만 아니라 전적으로 자비로우시기 때문에, 인간은 창조로부터 두려워할 것이 전혀 없다. 살아 있는 피조물들에 대한 **평가**는 하나님의 "복"(즉 생명을 위한 잠재력)을 동반한다. 하나님은 물고기와 새들을 시작으로 각 피조물에 출산의 복을 내려주신다.

---

2   이는 고대 근동의 창조 기사들과 뚜렷한 대조를 보인다. 고대 근동의 기사들에서 창조는 신들끼리의 싸움을 통해 발생한다. 하나님은 이 질서정연한 우주를 창조하기 위해 어느 누구와도 싸우지 않으신다. 그분은 단지 말씀하신다. 그분의 말씀은 형식을 갖춘다. 고대 근동 신화의 예에 대해서는 Heidel, *Babylonian Genesis*를 보라.

3   참조. 민 32:38; 왕하 23:34; 24:17. 창 1:3-5에서 말씀의 창조를 통해 다스리시는 하나님의 지배와, 창 2:18-25에서 각각 어울리는 이름을 붙이는 아담의 작명에 대한 G. von Rad의 논의도 보라(*Genesis*, trans. J. H. Marks [OTL; Philadelphia: Westminster, 1972], 49-51, 80-83).

4   이런 방식의 평가는 둘째와 셋째 날에 약간 바뀐다. 아래 주해를 보라.

마지막으로 모든 창조 행위가 **연대기적 틀**을 따른다. 하나님은 시간 속에서가 아니라 시간과 더불어 창조하신다. 한 주가 시간의 기본적 단위가 된다. 즉 여섯 날의 노동과 하루의 안식이다.[5] 기사 전체를 통해 주의 깊은 숫자의 사용은 하나님의 순차적이고 시기적절한 피조물의 형성을 증명한다.[6]

창조의 진행

창조 과정의 구조를 활용하면서 내레이터는 물결치는 상세한 내용과 움직임으로 이야기를 구성한다. 점점 강도가 세지면서 내레이터는 더 많은 시간과 공간을 각 날에 할애하는데, 마침내 동작이 중단되고 하나님이 안식하시는 창조의 절정에 이른다.

창조 기사는 두 개의 삼조(triad)로 나뉘는데, 이는 이야기가 시작될 때 땅의 무형의 상태(혼돈, 토후[תֹהוּ]) 및 채워지지 않은 상태(공허, 보후[בֹהוּ])와 대조된다.

---

5   창조주가 행하신 일의 모방과 관련하여 이 기사에 있는 시간의 의미에 관한 논의에 대해서는 아래의 "신학적 고찰"을 보라.

6   숫자의 구조화된 사용과 반복이 분명하게 드러난다. 핵심 숫자는 셋(즉 세 번의 이름 짓기, 세 차례의 "창조했다"[בָּרָא, 바라]의 사용), 일곱(즉 일곱 번의 보고, 일곱 번의 평가, "만드셨다"[עָשָׂה], 아사를 접미어 또는 접두어를 가진 동사형으로 일곱 번 사용), 그리고 열(즉 열 번의 "그리고 하나님이 말씀하셨다"는 선언, 열 번의 "그들의 종류를 따라"라는 표현 사용, 그리고 모든 형태를 포함한 아사[עָשָׂה]가 열 번 나타남]이다.

형태/"자원"(혼돈과 반대)		채움/"활용자"(공허와 반대)[7]	
날		날	
1	빛(1:3-5)	광명체들(1:14-19)	4
2	궁창(1:6-8)	서식 생물들(1:20-23)	5
	하늘	새	
	바다	물고기	
3	마른 땅(1:9-10)	육상 동물(1:24-25)	6
	식물(1:11-13)	인간(1:26-31)	

각 삼조의 움직임과 발전은 창조 안에서의 점진적 진행을 드러낸다. 첫 번째 삼조는 무형의 혼돈을 세 개의 고정된 영역으로 분리한다. 두 번째 삼조에서 생명이 거주하고 서식하는 영역들이 움직이는 형태를 지닌 해와 달 및 살아 있는 생명체들로 채워진다. 두 번째 삼조의 서식 생물들은 해당 영역들을 다스린다. 즉 해와 달은 어둠을 지배하고,[8] 인간(만물의 머리)은 땅을 통치한다.[9]

각 삼조는 하늘로부터 땅(육지)으로 진행되며 무언가를 생산해내는 땅으로 끝난다. 첫 번째 삼조에서 땅은 식물을 생산하며, 두 번째 삼조에서 땅은 동물을 생산한다. 창조 행위의 수가 각 삼조에서 점차 증가한다. 즉 단일한 창조 행위로부터(첫째 날과 넷째 날) 두 측면을 가진 하나의 창조 행위로(둘째 날과 다섯째 날), 두 개의 분리된 창조 행위로(셋째 날과 여섯째 날) 이어진다.

창조 기사에서의 행위 역시 상승 곡선을 그린다.[10] 첫 번째 삼조에는 빛으로부터 어둠으로, 궁창과 바다로부터 자라나는 식물로의 단순한 움

---

7 "자원"(Resource)과 "활용자"(Utilizer)라는 용어는 Sarna, *Genesis*, 4에서 제안된 것이다.

8 태양과 달의 통치는 시적이며(시 136:7-9) 빛과 어둠의 양을 결정한다. 태양과 달은 그 빛을 경험하는 사람들 가운데 장엄함과 경외감을 불러일으킨다.

9 비록 명시적으로 진술되지 않는다고 할지라도 물고기가 바다를 지배하고 새가 하늘을 지배한다는 시학적 느낌이 서려 있다.

10 L. Strauss, "On the Interpretation of Genesis," *L'Homme* 21.1 (1981): 11-13.

직임이 있다. 두 번째 삼조에는 활력 있는 에너지의 분출이 있다. 해와 달이 하늘을 둥글게 둘러친다. 새와 물고기가 하늘과 바다에서 떼를 짓는다. 육상 동물들이 땅을 배회한다. 두 번째 삼조에서 움직임의 패턴은 점진적으로 나타난다. 광명체들은 예측 가능하고 구조화된 패턴을 따른다. 동물들은 그들의 본능적인 이동과 서식 방식에 의해 한계가 지어진 제한된 수준의 자유를 누리며 돌아다닌다. 인간에게는 오직 땅 자체에 의해서만 제한되는 가장 큰 자유가 있다.

전체 기사는 기본적인 한 주의 시간 구조로 통일된다. 구조는 하나님의 세계에서 일치와 대칭, 조화와 균형을 확증한다.

서막에 대한 주해 ——————————————

요약 진술(1:1)[11]

1절. 태초에. 서사 전체를 집약하는 1절의 대담한 주장은 독자들을 창조 이야기로 초대한다. 이 주장과 초대는 태초에 하나님이 우주 전체를 완벽하게 완성하셨다는 것이다. "태초"는 창조 사건 전체, 즉 창조의 여섯 날 전체를 가리키는 것이지, 여섯 날 이전의[12] 무엇도 첫 날의 일부도 아니다. 비록 몇몇 학자가 1:1이 전체 기사의 요약이라기보다 단순히 창조의 첫 번째 사건으로 기능한다고 주장해왔지만, 문법은 그런 해석의 개연성을 허용하지 않는다.[13]

---

11 창 1:1-3의 상세한 주해에 대해서는 B. K. Waltke, "The Creation Account in Genesis 1:1-3," *BSac* 132 (1975): 25-36, 136-44, 216-28; 133 (1976): 28-41을 보라.

12 이것은 상대적 시작이다. 2절이 시사하는 바와 같이 창세 이전의 시간과 공간이 존재한다.

13 이 견해를 고수하는 사람들은 1:2이 1:1을 명료하게 만든다고 믿는다. 다시 말해 하나님이 형태가 없는 물질로 땅을 창조하셨다는 것이다. 이 견해를 주장한 Martin Luther는 "하늘과 땅은 그때까지 원래 그대로의 형태가 없는 덩어리였다"라고 말했다(*Luther's Works*, Vol. 1, *Lectures*

하나님(אֱלֹהִים, 엘로힘). 이것은 히브리어 복수형으로 하나님의 장엄하심을 함축한다.[14] 이 하나님의 이름은 피조물에 대한 그분의 초월적 관계를 나타낸다. 그분은 천상적 존재의 핵심적 본질의 표현이다. 인간 존재와 달리 하나님은 시작도 없고 탄생도 없으며 맞설 대적이나 힘의 제한도 없으시다.

창조하시니라(בָּרָא, 바라). 목적격을 이끄는 이 동사는 완료된 창조 행위를 지시한다.[15] 비록 많은 동사가 하나님의 창조 행위를 내포하지만,[16] 바라(בָּרָא)는 하나님께만 독점적으로 사용됨으로써 구별된다. 그분의 창조는 그의 측량할 수 없는 힘과 능력, 그의 경이로운 상상력과 지혜, 그의 불멸성과 초월성을 드러내면서 궁극적으로 유한한 존재를 신비 속에 남겨둔다. 땅은 부분적으로 그분의 의로움을 수반하는 하나님의 지혜를 통해 존재하게 되었기 때문에 존속된다. 그분의 창조는 물리적이고 사회문화적인 실재의 측면들을 모두 구현한다(잠 3:19-20; 8:22-31을 보라).[17] 하나님께서 아낌없이 주심으로 인해 사과나무는 사과 하나가 아닌 수천 개의 열매를 맺으며 밀의 낟알은 수백 배로 늘어난다.

천지를. 이 총칭어법(merism)은 인류가 살고 있는 짜임새를 갖춘 세계

---

on Genesis Chapters 1-5, ed. J. Pelikan [Saint Louis: Concordia, 1958], 6). John Calvin 역시 이런 입장을 취했다(A Commentary on Genesis, ed. and trans. J. King [London: Banner of Truth, 1965], 69-70).

14 존엄 복수(honorific plural)일 수 있다(IBHS §7.4.3b).

15 완수 동사(telic verb, 예를 들어 "죽다" 혹은 "팔다")는 단지 한 과정의 마지막에 나타난 의미를 지시한다. 히브리 동사 바라(בָּרָא)는 "창조하다"를 의미하는데, 단지 완료된 창조 행위를 지시할 뿐이다(참조. 신 4:32; 시 89:12; 사 40:26; 암 4:13). 따라서 그것은 태초에 하나님이 우주를 창조하는 과정을 **시작했다**는 것을 의미할 수 없다.

16 예를 들어 아사(עָשָׂה, "만들다, 행하다", 사 45:18), 파알(פָּעַל, "만들다, 작업하다", 출 15:17), 야차르(יָצַר, "형태를 빚다, 형태를 만들다", 사 45:18), 쿤(כּוּן, "세우다, 확립하다", 잠 8:27)을 보라.

17 R. Van Leeuwen, "בָּרָא," NIDOTTE, 1:731을 보라.

를 의미하면서 우주를 묘사한다.[18] 구약성경에서 이 어구가 사용된 모든 경우에(참조. 창 2:1, 4; 신 3:24; 사 65:17; 렘 23:24),[19] 이 구절은 체계화된 세계를 지시하는 복합어로 기능한다.[20]

창조 이전의 땅의 부정적 상태(1:2)

2절. (그때) 땅이.[21] 이야기의 시작점이 다소 놀라울 수 있다. 지구의 땅이나 어둠 혹은 물의 혼돈 상태를 창조하셨다는 하나님의 말씀은 전혀 없다.[22] 비록 아직 구분이 안 되고 형태가 없을지라도 내레이터는 이미 존재하는 지구를 가지고 이야기를 시작한다. 하나님의 창조하는 힘으로 그분은 어둠을 질서정연한 세계로 변화시킬 것이다.

땅. 이 단어는 서막에서 세 가지 방식으로 사용된다. 즉 "하늘"과 함께 복합어의 일부가 되어 우주를 가리키거나(1:1을 보라), 마른 땅을 의미하거나(1:10을 보라), 또는 여기서 사용되는 것처럼 우리가 지구라고 부르는 것을 지칭한다.

---

18 총칭어법(merism)이란 전체를 가리키기 위해 정반대의 것들을 진술하는 것을 말한다. 예를 들어 "낮과 밤"은 "온종일"을 의미한다. 그런 용법에서 사용된 단어들은 별개로는 이해될 수 없으며 단일체로 받아들여야 한다. 영어 표현 "part and parcel"(핵심 부분)이 독자적인 단어인 part와 parcel을 연구하면 이해될 수 없는 것과 마찬가지로, 히브리어 단어 **하늘**(שָׁמַיִם, 샤마임)과 **땅**(אֶרֶץ, 에레츠)은 두 단어를 개별적으로가 아니라 오직 단일체로 연구해야만 이해될 수 있다. 이 표현은 한 단위로서 잘 정돈된 우주를 가리킨다.

19 외경 Wisdom of Solomon 1:14은 창 1:1의 하늘과 땅을 ὁ κόσμος("세상")로 지칭한다.

20 Wenham은 그의 이견과는 별개로 탁월한 그의 주석에서 이 복합어에 "질서정연한 우주"와는 상반된 "전체성"(totality)이라는 독특한 의미를 덧입힌다. 하지만 그의 실증되지 않은 의미는 인정된 언어학적 주장을 어기고 있다(Wenham, *Genesis 1-15*, 15).

21 한 가지 참신한 제안은 1절과 2절의 겉으로 보이는 모순을 "땅"을 이스라엘 땅에 국한시킴으로써 해결한다(J. Sailhamer, *Genesis Unbound* [Sisters, Ore.: Multnomah, 1996], 47-59를 보라). 이 제안은 1:1과 2:1이 형성하는 수미상관을 이치에 맞지 않게 만든다. 1:1은 우주를 가리키기 때문에, 2:1 역시 그러해야 하며 결과적으로 서사 전체가 그러해야 한다. 또한 이 주장은 네 번째 날에 대한 분석에서 실패하는데, 왜냐하면 문법적으로 라아(רָאָה)는 칼(Qal) 어간에서 그가 제안한 대로 "나타나다"를 의미하지 않기 때문이다.

22 창 1:2은 우리에게 옛 땅 혹은 초생의 땅에 대해 아무것도 말해주지 않는다.

혼돈하고 공허하며(תֹהוּ וָבֹהוּ, 토후 바보후). 이 어구는 "하늘과 땅"
에 대한 반대말로서 창조되지 않은, 또는 무질서한 어떤 것을 지시한다
(렘 4:23-27). 데이비드 추무라(David Tsumura)에 따르면 이 동치적 어구
(syntagm)는 "땅을 텅 빈 장소, 즉 '생산되는 것이 없고 서식하는 것이 없
는 장소'로 지시한다." 추무라는 서사의 관심이 생명체, 즉 새들과 동물들
과 식물들에 있다고 설득력 있게 주장한다. 땅의 부정적 상태는 땅이 생
명체를 생산하지 않고 있는 상황을 반영한다.[23] 시간 순서상 이는 1절 이
전의 땅의 상태를 서술하고 있음이 분명하다. 왜냐하면 창조세계를 형태
를 갖춘 우주로 묘사하면서 땅을 무형의 상태로 묘사하는 것은 모순이기
때문이다.

흑암이 깊음 위에 있고. 땅은 생명이 거주할 수 없는 흑암의 심연이
었다. "흑암"과 "깊음"은 "빛"과 "육지"의 반대말로서 혼돈의 악(surd evil)
을 함축한다(출 15:8; 잠 2:13). 그것들도 하나님의 창조의 일부로 그분의
뜻을 실행한다(창 45:5-7을 보라).

하나님의 영(רוּחַ אֱלֹהִים, 루아흐 엘로힘). "영"(Spirit)으로 번역된 루아
흐가 "바람"을 의미할 수도 있기 때문에,[24] 몇몇 학자는 이것이 "하나
님의 바람" 혹은 "강한 바람"으로 번역되어야 한다고 주장한다. 이것이
"영" 혹은 "바람" 둘 다 가능함을 보여주는 한 가지 좋은 사례가 있다. 홍
수 후의 재창조에서 하나님은 다시 루아흐(רוּחַ)—거기서는 분명히 바람
이다—를 수면 위에 보내신다(8:1). 그러나 여기서는 엘로힘(אֱלֹהִים)이
루아흐를 수식하고 있는데, 엘로힘은 1장의 나머지에서 "강한"이 아니라
항상 "하나님"을 의미한다. 따라서 영이 이 문맥에 더 적합하다.[25] 전능

---

23 D. T. Tsumura, *The Earth and the Waters in Genesis 1 and 2: A Linguistic Investigation* (JSOTSup 83; Sheffield: JSOT Press, 1989), 42-43.

24 절대적 최상급(*IBHS* §14.5b).

25 "영"에 대한 여러 주장의 유익한 요약은 Hamilton, *Genesis 1-17*, 111-14을 보라.

하신 성령은 원시의 심연 위를 독수리같이 맴돌면서 인간의 거주를 위해 땅을 준비하신다. 존 세일해머(John Sailhamer)는 하나님의 우주적 성전을 건설하는 데 있어 성령의 역할과(참조. 시 104:1-3, 30) 땅 위에 자신의 성막을 짓기 위해 브살렐이 성령으로 충만케 된 것을 연결한다(출 31:1-5).[26]

말씀에 의한 창조(1:3-31)

첫째 날(1:3-5)

3절. 하나님이 이르시되. 위의 문학적 분석에 있는 **선언**을 보라. 하나님의 말씀이 부정적 상태 속으로 진입한다. 이는 어둠 가운데에 빛을, 바다 가운데에 땅을, 물 가운데에 공중을 두고, 창조의 무대였던 거주 불가능한 세계를 이겨낸다. 게르하르트 폰 라트(Gerhard von Rad)는 이렇게 진술한다. 즉 "말씀에 의한 창조라는 생각은 무엇보다 창조주와 피조물 사이의 가장 근원적인 본질적 구분을 간직한다. 창조세계는 저 멀리 하나님으로부터의 발현으로 간주될 수 없다.…그것은 오히려 그분의 개인적 의지의 산물이다."[27] 미묘하게 그러나 암시적으로 창세기의 창조 기사는 고대 근동의 신화들에 맞서 변론을 펼친다.[28] 고대 근동의 창조 신화들에서는 자연의 세력이 자주 신들로 나타나는 반면, 여기서는 만물이 하나님의 말씀으로부터 유래하고 그것에 종속된다(아래의 "빛"과 "두 큰 광명체"도 보라). 비록 창조세계가 하나님의 존재의 일부가 아닐지라도 모든 피조물은 자신의 존립과 유지를 위해 전적으로 하나님께 의존한다(참조. 느 9:6; 행 17:25, 28).

---

26 Sailhamer, *Pentateuch*, 32.

27 von Rad, *Genesis*, 49-50.

28 U. Cassuto, *A Commentary on the Book of Genesis, Part 1: From Adam to Noah*, trans. I. Abrahams (Jerusalem: Magnes, 1961), 7-8을 보라.

있으라. 위의 문학적 분석에 있는 **명령**을 보라. 하나님의 말씀은 없었던 것을 존재하게 만드는 능력이 있다(히 11:3). 하나님의 뜻은 신적 지령으로 수행되며 철회될 수 없다.

빛. 빛은 다양한 종류의 생명과 축복을 상징한다(참조. 시 19:1-6; 27:1; 49:20[개역개정 19절]; 97:11). 태양이 나중에 직접적인 광원으로 등장하기 때문에 본문의 연대기는 하나님이 빛의 **궁극적** 근원이심을 강조한다. 이런 탈연대순 배열은 아마도 이방 종교들에 맞서는 논박으로 기능할 것이다. 이방 종교들은 창조세계가 의존하는 창조주가 아니라 창조세계나 피조물을 숭배하기 때문이다.

4절. 보시기에. 이것은 하나님의 영적인 지각에 대한 은유다.

좋았더라(טוֹב, 토브). 비록 창조 이전의 상태인 어둠과 심연의 껍질이 아직 존재한다 할지라도 그것은 이제 "좋았더라"(즉 유익하고 바람직하다)고 불릴 수 있다. 왜냐하면 그것이 각각 빛과 육지로 경계가 정해졌고 유익한 임무를 감당하기 때문이다(시 104:19-26). 창조세계에 하나님의 선하심과 삶의 기쁨(*joie de vivre*)이 스며들어 있다(잠 8:30-31).

나누사(בָּדַל, 바달). 위의 문학적 분석에 있는 **분리**를 보라. 이 단어는 특별한 임무를 지닌 요소들의 분리일 뿐만 아니라 함께 소속되지 않는 것의 분리를 의미한다. 빛과 어둠—궁창 위의 물과 그 아래의 물처럼—은 함께 속하지 않으면서 구별된 임무를 지닌다.

5절. 부르시고. 위의 문학적 분석에 있는 **명명**을 보라. 성경적 사고에 의하면 이름은 곧 존재한다는 것이다. 긍정적인 생명 보존의 체계(빛, 대기권, 땅)와 그에 대응하는 것들(어둠과 혼돈의 물)에 이름을 붙임으로써 하나님은 심지어 창조 이전 상태의 부정적 요소들에게조차 자신의 주권을 드러내신다(아래 "신학적 고찰"을 보라).

날(יוֹם, 욤). 창조 기사의 "날"에 대한 몇 가지 해석이 제시되어왔다. 이는 문자적으로 24시간 설, 긴 연대나 시대 이론, 그리고 질서정연한 하나님의 창조의 성격을 나타내고 언약 백성이 창조주를 모방할 수 있도록 고안된 문학적 틀의 구조라는 주장을 포함한다. 처음의 두 해석은 과학적인 난점 및 본문상의 맹점을 제기한다.[29] 세 번째 해석은 본문이 과학적이라기보다 신학적인 쟁점을 강조하는 것과 일치한다. "날"을 통한 창조의 묘사는 하나님의 주권적인 창조 질서의 확립을 드러내고, 정형화되고 이해될 수 있는 언어로 자신을 인간에게 맞추시는 하나님의 배려를 보여준다. 즉흥적인 지령이 아닌 연속적인 날을 통해 우주를 창조하시는 하나님의 결정은 그분이 연속적인 역사의 시대를 통해 인류를 발전시키신다는 범례(paradigm)로 기능한다.

저녁이 되고 아침이 되니 이는 첫째 날이니라. 우리는 이를 "저녁이 왔다. 그리고 이어서 아침이 …"로 번역할 수도 있다. 히브리어로 표현된 이 생각은 저녁의 어둠이 아침의 빛으로 일소될 때 첫날이 끝난다는 것이다.

둘째 날(1:6-8)

6절. 궁창(רָקִיעַ, 라키아). 이것은 1:8에서 샤마임(שָׁמַיִם), 곧 "하늘"(heavens) 혹은 "천공"(skies)으로 불리는 대기권이나 창공인 것 같다. 물을 나누는 궁창은 창공의 일부다. 다른 곳에서 궁창은 거울처럼 단단하고(욥 37:18), 덮개(canopy; 개역개정-차일)와 같다고(사 40:22) 언급된다.

물과 물로. 궁창은 땅 위의 물로부터 비의 근원을 분리한다.

8절. 둘째 날. 이 히브리어는 문자적으로 정관사 없는 "둘째 날"로 읽는다. 처음 다섯 날 각각에 정관사가 부재한 것은 그것이 탈연대순 배열일 수 있음을 암시한다.[30] 하나님이 궁창을 창조하신 둘째 날에 그분은

---

29   첫 번째 제안의 경우 대부분의 과학자들은 문자적 24시간을 거부한다. 두 번째 제안에서는 본문 상의 아침-저녁의 패턴이 시대 이론과 일치하지 않는 것으로 보인다. 날에 대한 추가적인 논의에 대해서는 아래 "추기: 창조 기사의 문학적 장르"를 보라.

30   M. Throntveit, "Are the Events in the Genesis Account Set Forth in Chronological Order?

아무런 평가를 내리지 않으신다.[31] 세 요소의 생명 보존 체계가 아직 자리를 잡지 않았고, 비는 소산물을 내는 땅이 없으면 쓸모없다.

셋째 날(1:9-13)

10절. 땅. 땅은 온갖 생물을 생산해내고 유지시킨다. 또한 땅은 대지의 피조물과 인간을 위해 삶의 자원과 필요한 공간을 제공한다(1:9-13, 24; 2:7, 12을 보라). **땅**이라는 단어는 인간의 삶과 안전을 배려하여 하나님의 주권으로 자비롭게 잘 정돈된 곳임을 의미한다(시 24:1-2; 참조. 잠 2:21-22).

11절. 땅은…내라. 땅은 하나님이 그것을 통해 출생하게 만드는 힘을 중재하는 매개물이다. 소위 "자연"이란 하나님이 중개하시는 힘과 생명이다. 자연을 "만물의 어머니"(Mother Nature)로 신격화하는 것은 변명할 여지가 없다.

각기 종류대로. 창조된 모든 종은 하나님의 뛰어난 디자인과 지정된 목적을 따른다. 식물은 고등 생물을 위한 음식으로서의 역할을 한다 (1:29-30).

12절. 좋았더라. 이제 생명 보존 체계가 자리를 잡자 하나님은 피조물을 평가하시고 그것을 두 차례에 걸쳐 좋다고 선언하신다(1:10, 12).

넷째 날(1:14-19)

14절. 하늘의 궁창에. 어떤 번역은 "하늘에"로 옮기지만, 현재의 묘사는 현상적인 것(즉 사물들이 눈에 보이는 그대로)이다.

계절을 나타내는 표시들(개역개정-"징조와 계절"). 히브리어는 문자적으

No," in *The Genesis Debate*, ed. R. F. Youngblood (Nashville: Thomas Nelson, 1986), 53; D. A. Sterchi, "Does Genesis 1 Provide a Chronological Sequence?" *JETS* 39 (1996): 529-36.
31 심지어 하나님도 월요일이 좋다고 말씀하시지 않았다!

로 "징조를 위해, 계절을 위해"라는 뜻이다. 광명체들은 십이궁(十二宮)의 별자리나 점성술이 아니라 이스라엘의 성스러운 계절들을 위한 포괄적인 신적 질서를 표시한다.

16절. 두 광명체. 이 표현은 이방 신전의 주요 신들에 대한 논박의 역할을 한다(렘 10:2을 보라). 고대 근동 신화에서 해와 달은 주요 신이었지만, 여기서 그것들은 인간을 돕도록 창조주 하나님이 고안하신 이름 없는 물체에 불과하다.[32]

주관하게 하시고. 위의 문학적 분석에서 주해한 대로 두 번째 삼조의 요소들이 첫 번째 삼조에 있는 요소들의 각 영역을 통치한다.

별들. 별에 대해 거의 스치는 듯한 간략한 언급은 논박의 기능을 지닐 수 있다. 왜냐하면 고대 근동의 사람들은 흔히 별이 사람의 운명의 방향을 결정한다고 믿었기 때문이다.

다섯째 날(1:20-23)

20절. 물들은 생물을 번성하게 하라. 물은 자생적인 번식력을 지니지 않는다. 물은 단지 효력을 발생시키는 하나님의 말씀을 통해 생명을 산출할 뿐이다.

생물(נֶפֶשׁ, 네페쉬).[33] 모든 생물에 대해 사용된 히브리어 단어 네페쉬는 때로 "영혼"(soul)으로 번역된다.[34] 이는 모든 생물의 강렬한 욕망과 욕구를 가리킨다(사 5:14; 참조. 신 23:24; 시 78:18; 렘 2:21). 이 욕망과 욕구는 음식과 성에 대한 충동을 포함한다. 하나님에 대한 갈급함은 인간의 네페

---

32 다음을 보라. G. Hasel, "The Polemic Nature of the Genesis Cosmology," *EvQ* 46 (1974): 81-102; idem, "The Significance of the Cosmology in Genesis 1 in Relation to Ancient Near Eastern Parallels," *AUSS* 10 (1972): 1-20.

33 B. K. Waltke, "נֶפֶשׁ" *TWOT*, 2:587-91도 보라.

34 구약에서 인간은 영혼이다. 신약에서 인간은 영혼을 갖고 있다(마 16:26; 살전 5:23).

쉬와 동물의 네페쉬를 구별한다(시 42:2-3[개역개정 1-2절]; 63:2[개역개정 1절]; 84:3[개역개정 2절]; 119:20, 81).

21절. 큰 바다 짐승들. 구약의 시가서는 창조의 신들과 경쟁하는 이방 신화의 무서운 바다 용들을 암시한다(참조. 리워야단[Leviathan, 몸을 휘감은 것], 라합[Rahab, 거만한 것], 탄닌[Tannin, 용]; 욥 3:8; 시 74:13-17; 89:9-10; 사 27:1; 51:9-10; 렘 51:34). 히브리 시인들은 이방의 형상들을 채택했으나 그들의 신학은 따르지 않았다. 고대 근동의 신화에서 반역을 상징하던 태고의 괴물들이[35] 여기서는 단순히 하나님의 많은 피조물의 일부로 분류되어 그분께 의존하고 궁극적으로 그분을 섬긴다고 묘사된다.[36]

22절. 복을 주시며. 이 단어는 패배와 죽음을 이겨내는 생명의 잠재력으로 가득 차 있음을 의미한다. 하나님은 죽음에도 불구하고 피조물들이 번식하도록 복을 주신다.

생육하고 번성하라. 이는 다스리기 위한 번성의 개념을 수반한다(참조. 1:28). 새들과 물고기는 번성을 통해 그들의 영역을 지배한다.

생물(נֶפֶשׁ, 네페쉬). 이 히브리어 단어는 전통적으로 인간과 관련하여 "영혼"으로 번역된다(아래 "신학적 고찰"에서 "영혼"을 보라).

여섯째 날(1:24-31)

24절. 가축과 ⋯ 땅의 짐승. 길들여진 동물과 야생 동물 사이의 대조는 가축과 육식 동물을 구별한다. "땅의 짐승"에 해당하는 히브리어 어구는 욥기 5:22, 시편 79:2, 에스겔 29:5, 32:4, 34:28에 있는 것과 동일하다.

---

35 다음에 나오는 리워야단에 대한 논의들을 보라. Waltke, "Creation ⋯ Part 1: Introduction to Biblical Cosmogony," *BSac* 132 (1975): 32-36; M. K. Wakeman, *God's Battle with the Monster: A Study in Biblical Imagery* (Leiden: Brill, 1973); C. H. Gordon, "Leviathan: Symbol of Evil," in *Biblical Motifs: Origins and Transformations*, ed. A. Altmann (Cambridge: Harvard Univ. Press, 1966), 1-9.

36 시 104:26은 리워야단을 하나님의 욕조에 있는 오리로 격하한다.

25절. 하나님이 …좋았더라. 육상 동물에 대한 축복의 부재가 눈에 띈다. 인간이 육상 동물들을 다스리도록 복을 받았기에 이 동물들은 인간에 대한 지배권을 갖지 않아야 한다. 그러나 물고기와 새들은 복을 받는데, 왜냐하면 그것들은 다른 영역에 서식하고 인간에게 위협을 가하지 않기 때문이다.

26절. 우리가 …하자. 앞선 일곱 개의 창조 행위에 나오는 비인칭의 문장 "있으라"가 인칭의 문장 "우리가 …하자"로 대체된다. 앞서 오직 인간 창조에서만 선언된 신적 의도가 나타난다. 형식문 "그대로 되니라"는 삼중적 축복으로 대체된다. 이런 방식으로 내레이터는 나머지 피조물들보다 인간을 하나님께 더 가까이 둔다.[37]

우리. 3:22, 11:7도 보라. "우리"에 대해 다양한 해석이 제시되어왔다.[38] 전통적인 기독교의 해석은 그것이 한 분인 신 안의 복수성을 묘사한다는 것이다. 이는 몇몇 본문의 지지를 얻고 있으며 기독교의 삼위일체 신

---

[37] Sarna, *Genesis*, 11.

[38] "우리"에 대한 몇 가지 제안에는 그것이 동화되지 않은 신화의 파편이라는 견해, 피조물에게 전하는 말이라는 견해, 장엄 복수(plural of majesty)나 강조의 복수(plural of intensification), 혹은 자기-의논(self-deliberation)의 복수라는 견해가 있다. P. D. Miller Jr., *Genesis 1-11: Studies in Structure and Theme* (Sheffield: Department of Biblical Studies, Univ. of Sheffield, 1978), 9-26을 보라. "우리"가 동화되지 않은 신화의 파편이라는 생각은 신학적으로 반대할 만하다. 토라, 특히 창 1장은 신화적 사고에 맞서 변증한다. "우리"가 피조물에 전하는 말이라는 생각은 본문상의 근거로 반대할 만하다. 본문은 피조물이 의지를 갖는다는 것을 부정하며, 창 1장은 하나님과 인간을 나머지 피조물로부터 구별하려는 목적을 지닌다.

　　장엄 복수나 강조의 복수는 히브리어에서 명사들과 함께 나타나지만(하나님을 지칭하는 단어 엘로힘[אֱלֹהִים]은 그 이유 때문에 복수형이다), 대명사와 함께 사용되지는 않는다. 대명사 "우리"는 항상 가산 명사의 복수를 가리킨다. 이런 이유로 문법적으로 "우리"는 장엄 복수나 강조의 복수가 될 수 없다(P. P. Joüon, *Grammaire de l'Hébreu biblique* [Rome: Pontifical Biblical Institute, 1947], 309; 11 n. 1).

　　몇몇 학자는 자기-의논의 복수를 제안했다(W. H. Schmidt, *Die Schöpfungsgeschichte der Priesterschrift* [WMANT 17; Neukirchen-Vluyn: Neukirchener Verlage, 1964], 130). GKC는 이런 해석에 대한 문법적 근거를 발견하는데(§124g n. 2), 이는 11:7에 있는 "우리"도 설명해 줄 것이다. 하지만 Cassuto는 그런 복수의 문법적 가치를 문제 삼는데, 이 의미 역시 3:22과 사 6:8에 나오는 "우리"의 다른 용례들을 설명하지 못한다(Cassuto, *From Adam*, 55-56).

학을 만족시킨다(요 1:3; 엡 3:9; 골 1:16; 히 1:2). 1:2에 있는 하나님의 영에 대한 언급과 그 형상 자체가 복수라는 사실은 하나님이 복수성을 지닌다는 것을 뒷받침해준다. 또한 이런 해석은 본문에 나오는 단수와 복수 사이의 전환을 설명해줄 것이다. 이 견해의 주요 난점은 하나님을 지칭하는 복수 대명사의 다른 네 가지 용례(3:22; 11:7; 사 6:8)가 삼위일체를 지시하는 것 같지 않다는 점이다. 이 대명사의 모든 용례를 더 잘 만족시키는 설명은 하나님이 천사들에게 혹은 천상의 어전 회의(heavenly court)에서 말씀하시고 있다는 것이다(참조. 왕상 22:19-22; 욥 1:6; 2:1; 38:7; 시 29:1-3; 89:5-6; 사 6:8; 40:1-6; 단 10:12-13; 눅 2:8-14). 하나님에 대한 대명사 "우리"가 등장하는 네 가지 사례에서, 하나님은 인간들이 하늘의 영역을 침해하고 그분이 그들의 파멸을 결정하실 때 "우리"를 언급하신다. 창세기 3:22에서 하나님은 인간들이 선과 악의 지식을 입수하고 신적 존재처럼 되었다는 사실을 아신다. 창세기 11장에서는 어전 법정이 땅에 속한 무리가 천상의 공간을 얻기 위해 무엇을 건설하고 있는지 보려고 내려온다. 이사야 6:8에서 하나님은 분명히 예언자가 환상 중에 입장했던 천상의 어전 회의에서 말씀하신다. 하나님이 천상의 어전 회의에서 말씀하신다는 것은 놀랍지 않다. 왜냐하면 천사들이 성경에서 두드러진 역할을 감당하기 때문이고(예. 창세기 여기저기; 욥 38:7; 딤전 3:16),[39] 창세기에서는 천

---

39 Franz Delitzsch가 주장한 대로 시 8편은 창 1:26-28의 "시적 반향"(lyric echo)이다(*Biblical Commenary on the Psalms*, vol. 1 [London: Hodder & Stoughton, n.d.], 177). 다윗이 현재의 본문을 반추할 때 그는 아담(אָדָם)을 "하늘의 존재들(אֱלֹהִים, 엘로힘)보다 약간 더 낮은" 존재인 것으로 말한다. 이 시편의 나머지가 창 1:26-28에 의존하기 때문에 다윗이 자신의 생각을 특별한 목적을 위해 고안했다기보다는 본문에서 가져왔다고 보는 것이 더 그럴듯하다. 하지만 몇몇 학자는 엘로힘에 그것의 가장 일반적인 의미인 하나님이란 뜻을 부여하기를 선호한다. 첫째, 이런 해석에 반대하는, 이 시편에 대한 가장 오랜 해석인 그리스어 번역은 이를 천사들에 대한 언급으로 이해한다. 둘째, 영감을 받은 히브리서 저자가 천사라는 의미를 취한다(참조. 히 2:7). 셋째, 시편 저자는 일관되게 2인칭으로 하나님께 말을 건넨다. 그가 "하나님"을 의미했다면, 그는 "당신은 그를 당신보다 더 낮은 존재로 만드셨나이다"라고 노래했을 것이다(P. Humert, *Études sur le récit du paradis et de la chute dans la Genèse* [Neuchatel: Universite, 1940], 170도 보라).

사의 영역과 인간 사이에 많은 교류가 있기 때문이다.[40]

형상(צֶלֶם, 첼렘).[41] 창세기와 성경 전체에서 근본이 되는 것은 인간이 하나님의 형상을 따라 창조되었다는 사실이다.[42] "하나님의 형상"이라는 표현은 인간과 관련하여 유일하게 사용되며 그렇게 해서 인간을 다른 피조물들과 구별한다. 다른 피조물들이 "그것들의 종류대로" 창조되는 반면 인간은 "하나님의 형상을 따라" 창조된다. 하나님의 형상대로 창조되었다는 것은 땅에 대한 인간의 역할을 확립하고 하나님과의 소통을 가능하게 만든다. 클라인스는 하나님의 형상대로 만들어진 존재에 대한 많은 특징을 세부적으로 설명한다.[43] 먼저 **형상**이라는 단어는 실체의 전모를 반영한 조상(彫像)을 가리키는데, 이는 인간이 전인적(psychosomatic) 존재임을 시사한다. 둘째, 형상이란 묘사하는 것이 아니라 표현하는 기능을 한다. 그러므로 인간은 모사품(facsimile)이 아니라 충실하고 적당한 실사품(representation)이다.[44] 사람들은 성경이 하나님을 신인동형론적으로 (즉 사람처럼) 표현한다는 말을 흔히 한다. 더 정확하게 말하면 인간은 신의 모습을 한(theomorphic) 존재로 하나님과 비슷하게 창조되었는데, 이는 하나님이 사람과 교통하시기 위함이다. 하나님은 당신이 고통을 겪는

---

40 이 해석에 맞서는 주된 논박은 천사들은 창조 사역에 관여하지 않는다는 것이다(Cassuto, *From Adam*, 55을 보라). 천상의 어전 회의에서 건네신 하나님의 말씀은 천사들이 창조 사역에 참여한다는 것을 의미하지는 않는다. 예컨대 사 6:8에서 "내가 누구를 보내며 누가 우리를 위해 갈꼬?"라고 말씀하실 때, 하나님은 주요 배우시지만, 천상계와 협력해서 행동하시지는 않는다.

41 첼렘(צֶלֶם)이란 단어는 구약에서 열여섯 구절에서 열일곱 번 나타난다. 다섯 구절은 하나님의 형상을 입은 인간 존재와 관련된다. 다른 열한 구절은 육체적 이미지를 지시한다(조각상이나 초상화와 같은 것들). 이 단어의 아람어 형태도 단 2-3장에서 열일곱 번 나타난다.

42 "형상"에 대해 가장 읽을 만한 요약과 설명은 A. A. Hoekema, *Created in God's Image* (Grand Rapids: Eerdmans, 1986)에서 제공된다. B. K Waltke, "Relating Human Personhood to the Health Sciences: An Old Testament Perspective," *Crux* 25 (September 1989): 2-10도 보라.

43 D. J. A. Clines, "The Image of God in Man," *TynBul* 19 (1968): 53-103.

44 더욱이 몇몇 불연속적인 요소가 하나님과 인간 사이에 존재한다. 예를 들어 하나님은 성과 무관하시나 우리는 성적이다(sexual).

자들의 울부짖음을 들으신다는 것을 보여주기 위해 사람에게 귀를 주셨고, 불행한 자들의 처지를 살피신다는 것을 보여주기 위해 눈을 주셨다(시 94:9). 셋째, 형상은 표현되고 있는 존재의 생명을 소유한다.[45] 넷째, 형상은 표현되고 있는 존재가 현재 여기 있음을 나타낸다. 다섯째, 대체 표현물로 기능한다는 개념과 분리될 수 없이 형상은 신의 자리를 대신하는 통치자 역할을 한다. 하르트(Hart)는 이렇게 설명한다.

> 고대 근동에서는 신의 석상이나 형상에 신이 살고 있으며 그 결과 형상이 어디에 안치되든 그것은 일종의 신의 대리자나 대체물이 된다는 믿음이 광범위하게 퍼져 있었다. 왕을 신의 대리자로 생각하는 것 역시 고대 근동의 관례였다. 분명히 왕이 통치했고 신은 궁극적 통치자였다. 따라서 왕은 틀림없이 신을 대신하여 통치하고 있는 것이었다. 그러므로 이런 두 개의 분리된 개념이 결합되어 왕이 신의 형상으로 묘사되기에 이르렀다는 것은 놀랍지 않다.[46]

히브리적 관점은 독특한 차이점을 간직한다. 고대 근동의 문헌들에서는 오직 왕만이 신의 형상을 입는다.[47] 그러나 히브리적 관점에서는 하나님의 형상이 모든 인간에게 부여되어 민주화된다. 하르트는 이렇게 설명한다. "이 본문은 하나님의 대리자로서 땅에 대한 왕적 지배권의 행사가

---

45 이교도들은 마술을 통해 이런 일을 성취하려고 애썼다.

46 I. Hart, "Genesis 1:1-2:3 As a Prologue to the Books of Genesis," *TynBul* 46 (1995): 318. 창세기의 "형상"에 대한 이런 기능적 이해가 지배적인 해석이 되었고 "영적 자질"로서의 형상에 대한 이해를 대체했다.

47 기원전 7세기의 아시리아 왕 에살하돈에게 한 발신인이 다음과 같은 편지를 쓴다. "사람(자유인)은 신의 그림자와 같고, 좋은 사람(자유인)의 그림자와 같다. 그러나 왕, 그는 바로 하나님의 형상과 같다"(Clines, "Image," 84에 인용된 R. H. Pfeiffer, *State Letters of Assyria* [New Haven, Conn.: American Oriental Society, 1935], 234 〈no. 345〉).

하나님이 인간을 창조하신 기본 목적이라는 것을 말하고 있다."[48] 그는 다음과 같이 덧붙인다. "인간은 창조세계 위에 임명된 왕이고, 궁극의 왕이신 하나님께 대한 책임적 존재로서 창조세계를 관리하고 발전시키며 돌보도록 기대된다. 이는 실제적인 육체노동을 포함하는 임무다."[49] 마지막으로 창세기의 문맥에서 형상은 인간의 단일성 안에 있는 남자와 여자의 복수성을 가리킨다. 이 개념 역시 고대 근동의 관점과 구별된다.[50]

모양대로. 중요한 추가인 "모양대로"는 인간이 단지 하나님의 모사품이고, 따라서 그분으로부터 구별된다는 것을 강조한다. 고대 근동에서는 신의 형상이 신 자체와 동등시되는 반면 **모양**이라는 단어는 성경의 세계관에서 하나님과 인간을 분명하게 구별하는 기능을 한다.[51]

27절. 하나님이 ⋯ 창조하시고. 이 구절은 성경에서 발견되는 최초의 시다. 시로의 전환은 하나님께서 인간을 하나님의 형상을 간직한 자로서

---

48 Hart, "Genesis 1:1-2:3," 322. 여기서 Hart는 특별히 피조물들을 통치하라는 다음 문구와의 밀접한 구문론적·문법적 연관성에 주목한다.

49 앞의 책, 324. 이는 여섯 날 동안의 창조 사역의 주제와 잘 연결된다.

50 Karl Barth(*The Work of Creation*, vol. 3.1 of *Church Dogmatics*[『교회교의학』, 대한기독교서회 역간], trans. and ed. G. W. Bromiley and T. F. Torrance [Edinburgh: T. & T. Clark, 1960], 182-206)는 관계를 하나님 형상의 일부로 올바르게 인식한다. 하지만 그는 이런 함의를 개념 자체로 만들고 하나님의 형상이 인간의 본질적 구성과 특질을 지시한다는 점을 배제하는데, 이는 너무 멀리 나간 견해다. 창 5:1-3과 9:6은 "하나님의 형상"이 관계가 아닌 개인적 인간 자체와 관련되어 있음을 분명히 보여준다. 창 9:6은 이렇게 읽는다. "다른 사람(אָדָם, 아담, 총칭적 사람)의 피를 흘리면 그 사람(아담)의 피도 흘릴 것이니, 이는 하나님이 자기 형상대로 사람(아담)을 지으셨음이니라." 여기서 아담은 남녀의 모든 사람을 지칭하지, 남녀를 구분하는 이원성을 가리키지 않는다. 분명히 하나님의 형상은 개인적 인간의 본질적 구성을 가리키며, 그/그녀의 남자나 여자와의 친교를 위한 능력이 각각 여기에 수반된다. "형상"은 각 개인의 심신의 온전함 가운데 발견된다. 그/그녀는 남녀 관계를 떠나 존재할 수 없으며, 남자와 여자로서 상호 관계 속에서 살아야 한다.

51 최근 학계는 중세 신학과 대조적으로 **형상**과 **모양**이라는 히브리어 단어들이 동의어라고 주장한다. 양쪽 다 부정확하다. "형상"은 자연적 이성을 가리키고 "모양"은 타락과 더불어 상실한 원래의 의를 가리킨다는 중세의 구별은 본문상의 지지를 받을 수 없다. 또한 내레이터가 전반적으로 신중하게 단어를 선택하는 것을 볼 때 두 용어가 동의어일 것 같지도 않다. **모양**이라는 단어는 인간이 하나님으로부터 구별됨을 확고하게 만드는 역할을 한다.

창조하셨음을 강조한다. 여기서 표현된 진리가 창세기 전체를 뒷받침한다. "창조하다"(בָּרָא, 바라)라는 단어의 유별난 반복은 이런 의미 있는 행위를 한층 강화한다. 인간은 하나님의 손으로 독특하게 만들어졌다.

28절. 복을 주시며. 하나님은 세 번에 걸쳐 인간을 축복하시는데,[52] 인간이 자신의 이중적 운명을 성취할 수 있게 만드는 것이 바로 이 복이다. 즉 인간은 죽음에도 불구하고 번성하고 원수들이 있음에도 불구하고 다스린다.

하나님이 그들에게 이르시되. 축복은 직접 전달의 형식으로 하나님의 형상에게 독특하게 부여된다.

생육하고 번성하여 땅에 충만하라, 땅을 정복하라. 인간은 이중적 문화 명령을 부여받는다. 이 명령은 땅을 채우고 자비로운 왕으로서 창조세계를 통치하는 것이다(창 9:2; 시 8:5-8; 히 2:5-9).[53]

30절. 내가…주노라. 피조물은 전적으로 하나님의 은혜에 의존한다.

31절. 심히 좋았더라. 이는 타락 이전의 전체적인 창조세계에 대한 신적 평가다.

여섯째 날. 정관사가 여섯째 날과 일곱째 날에만 사용되는데, 이는 아마도 이 두 중요한 날에 서사가 절정에 이르렀음을 표시하기 위함이다.

요약 진술(2:1)

1절. 천지와…이루어지니라. 마무리하는 이 요약 진술은 창조주가 첫 번째 삼조와 관련하여 자신의 뜻을 완벽하게 실행하셨음을 강조한다.

---

52 복이란 단어는 인간의 번성을 촉진하고 그들이 지배권을 행사할 수 있도록 돕는 모든 것을 의미한다.

53 자연적 인간은 동물계(창 1:28)와 식물계(1:29)를 다스릴 수 있으나, 하늘의 권세들, 특히 사탄을 지배할 수 없다(3장; 엡 6:10-12, 아래 "신학적 고찰"을 보라).

만물이. 이것은 두 번째 삼조를 지시한다.[54]

종막: 안식일의 쉼(2:2-3)

2절. 일곱째 날. 이전의 날들과는 달리 이날의 숫자가 세 번 적시되는데, 이는 다른 모든 날보다도 특히 이날의 중요성을 나타낸다.

하나님이 …마치시니. 이는 이전의 여섯 날의 구조를 따르지 않으면서 창조로부터 벗어나 있는 절정의 순간이다. 처음 여섯 날에 공간이 정복되었다. 일곱째 날에는 시간이 거룩해진다. 이날은 땅이 생기를 되찾도록 복을 받는다. 이날은 인간으로 하여금 하늘 왕의 노동–안식의 패턴을 따르도록, 그리하여 하나님의 주권을 고백하고 그분께 자신들이 거룩히 구별되었음을 고백하도록 요구한다.[55] 이날에 그들은 땅을 정복하는 일을 멈춘다.

그가 …안식하시니라. "저녁과 아침"에 대한 언급이 전혀 없다. 아마도 그 이유는 안식일 규례가 지속적으로 유지되어 인간이 거기에 참여하라는 권고를 받고(출 31:17) 영원한 구속적 안식일의 쉼을 고대하기 때문일 것이다(히 4:3-11).

3절. 일곱째 날을 복되게 하사. 이날에 생육의 활력이 불어넣어진다. 일곱째 날의 복과 거룩은 성경의 창조 기사에서 특이하다. "사실 일곱 날로 이루어진 한 주간이라는 개념은 이스라엘에게만 있는 독특한 것이다."[56]

그날을 거룩하게 하셨으니. 일곱째 날은 토라에서 하나님이 자신의 거룩함을 부여하신 뒤 자신에게로 구별하여 떼어놓으신 최초의 대상이다

---

54 1:1에서 총칭어법인 "하늘과 땅"은 모든 광대한 집합체를 가리키는 제유법으로 기능한다.
55 하나님과의 언약을 가리키는 이 안식일의 징표와(출 31:13, 17) 그리스도의 모형은(골 2:16-17) 지금 그리고 영원토록 하나님의 안식의 약속을 맹세한다(마 11:28).
56 Sarna, *Genesis*, 14.

(출 20:11). 다른 창조신들은 난폭한 혼란의 세력에 대해 자신이 승리한 표시로 신전을 짓지만, 하나님은 대신에 안식일의 휴식을 제정하신다. 이는 이스라엘 백성이 그들의 하나님과 함께 매주 노동으로부터 쉼을 얻을 수 있는 시간적 성소일 것이다.

서막에 대한 신학적 고찰 ─────────────

신학적 특징

하나님의 현존은 설명되지 않지만 자명하다(참조. 롬 1:19-20). 그분의 성품이 창조에서의 친밀한 활동을 통해 드러난다. 하나님의 초월성이 반복된 어구인 "그리고 하나님이 만드시니"를 통해 메아리친다. 창조 기사 전체가 하나님의 전능성과 초월성을 전달하기 위한 구조로 이루어진다.

혼돈의 악

내레이터는 우리가 세상이라고 부르는 것과 생명에 적대적인 세상의 상태(어둠과 깊음), 즉 악에 대한 기원을 설명하지 않기로 결정한다.[57] 혼돈의 악(육체적 생명에 적대적인 물리적 상태)과 도덕적 악(사회 질서에 적대적인 의지적 존재)은 어디서 온 것일까? 내레이터는 이런 질문에 답하지 않는다. 그러나 우리는 이런 침묵으로부터 영원한 이원론을 추론하지 말아야 한다. 다른 성경 본문들은 분명하게 오직 하나님만이 영원하시다고—그분이 만물을 만드셨다고—진술한다(예. 느 9:6; 욥 41:11; 시 102:25; 히 11:3; 계 1:8). 여기서 내레이터는 단지 창조세계의 상대적인 시작에 관

---

57 창 3장에서 보겠지만, 사탄은 도덕적 악의 표상이다. 내레이터는 이 악이 어디서 또는 어떻게 기원했는지를 설명하지 않는다.

심을 가질 뿐이다. 그는 하나님의 창조의 힘과 언약 공동체뿐만 아니라 인간과 그분의 관계를 확증하기를 원한다. 비록 내레이터가 어둠이나, 바다가 된 심연의 존재를 설명하지는 않지만, 하나님이 그것을 제한하고 통제하신다는 사실은 분명하다.

어둠과 혼돈 속에 있는 창조 이전의 땅의 상태는 생명에 적대적인 만물이 죄의 결과가 아님을 암시한다.[58] 이것은 욥의 발견이다(욥 38-41장). 욥은 총체적 고난의 경험을 통해 불가해한 문제에 당면했다. 하나님의 응답은 인간의 눈에 보이는 창조세계의 부정적인 모든 것이 인간의 죄의 결과가 아니라는 것을 분명하게 만든다. 혼돈의 세력들—바다, 어둠, 기타 비슷한 것들—은 인간에게는 수수께끼다. 비록 이런 세력들이 잠시 생명에 적대적인 것으로 보인다고 할지라도, 인간은 여전히 창조주의 선의의 자비심을 신뢰할 수 있다. 왜냐하면 창조세계의 악의적 세력들은 단지 그분의 통제 내에서만 작용하기 때문이다. 바다는 항상 육지에 의해 경계가 지어지고, 밤의 어둠은 아침의 빛으로 그렇게 된다. 분명히 국부적인 홍수와 화재가 발생하지만, 그것들은 생명을 유지시키는 좋은 땅에서 제한된다. 모든 것은 하나님의 통제에 묶여 있다.

말씀에 의한 창조

만물은 하나님의 말씀으로 존재하기 때문에 우리는 하나님과 독립된 창조세계를 생각해서는 안 된다. 하나님의 말씀은 창조하고 붙드는 생명력이다. 하나님이 세상을 존재하도록 부르신 것처럼 그분은 아브라함과 교회도 존재하도록 부르신다(롬 4:17; 히 11:3; 벧후 3:5). 하나님의 말씀을 통해 창조세계가 하나님께 붙들려 있으며, 창조의 산물들은 서로에게 붙들려 있다. 하나님의 로고스인 그리스도가 강력하게 이 사실을 예증한다

---

58   하지만 인간의 죄는 생태계에 영향을 미친다. 예를 들어 창 3:17과 노아 기사를 보라.

(골 1:15-17). 그리스도를 통해, 성부는 백성을 삼위 하나님께 붙들어 매신다.

분리

하나님이 육지와 바다뿐만 아니라 빛과 어둠을 향해서도 분리되도록 명령하시는 것처럼, 하나님은 이스라엘 족속에게 이방 나라들과 분리되라고 명하신다. 분리는 창조세계와 이스라엘의 존재 모두에게 근본적인 개념이다(창 3:15; 12:1; 레 20:24-25; 민 8:14). 그러나 우주의 비의지적 요소들이 그들의 영역을 지키고 창조세계를 보존하는 반면에, 의지적 요소들은 불순종으로 사회 질서를 붕괴시킨다.

축복

하나님의 축복으로 자연 세계는 생명으로 가득 찬다. 복은 하나님의 힘과 권능의 선물이다. 따라서 암스트롱(Armstrong)은 이렇게 말한다. "사람들은 이 신적인 축복을 (자신들의) 두려움을 초월하고 (자신들의) 존재의 심연 속에서 새로운 기운의 원천을 발견하도록 능력을 불어넣는 힘으로 경험한다."[59] 축복은 하나님의 피조물이 그들의 자연을 채우고 각자의 생태 영역에서 살 수 있게 만든다.

하나님의 형상

우리가 하나님의 형상을 따라 만들어졌음을 이해하는 것은 우리의 운명과 하나님과의 관계를 이해하는 데 있어 중요하다(추가로 주해 항목과 1:26의 "형상"을 보라). 계시가 없으면 인간은 혼란에 빠지고 스스로를 경

---

59 K. Armstrong, *In the Beginning: A New Interpretation of Genesis* (New York: Ballantine, 1996), 16.

시한다. 에밀 브루너(Emil Brunner)는 이렇게 말한다. "모든 영적 영향력 중 가장 강력한 것은 자신에 대한 인간의 관점이다. 이를 통해 인간은 자신의 본질과 운명을 이해한다. 실로 그것은 인간의 삶에 영향을 미치는 다른 모든 것을 결정하는 유일한 힘이다."[60] 우리의 존재와 기능은[61] 하나님의 형상으로부터 나온다. 하나님을 거울처럼 비추고 하나님의 생명을 호흡하는 대리자들로서 우리는 하나님과의 관계 속에서 살며 온 땅에 대한 우리의 지배권을 행사한다. 이는 많은 형식을 취할 수 있다. 예를 들어 문화 명령은 예술과 과학에 존엄성과 의미를 부여한다.

나아가 우리는 신의 모습을 한 존재다. 이는 적어도 인간이 하나님처럼 인격적 존재임을 수반한다. 이와 같이 우리는 하나님께 의존하는 피조물일 뿐만 아니라 결정을 내리는 자유의지를 가진 인격체다. 후크마(Hoekema)는 이렇게 말한다. "피조물이 된다는 것은 하나님이 토기장이시고 우리는 진흙임을 의미한다(롬 9:21[사 45:9]). 인격체가 된다는 것은 우리가 우리 나름의 결정으로 자신의 삶을 구성하는 존재임을 의미한다(갈 6:7-8[참조. 수 24:15])."[62] 따라서 인간은 죄를 지을, **또한** 하나님의 은혜를 수용할 잠재성을 갖고 있다.

하나님의 형상에 대한 기독교적 이해는 뉴에이지 사고로부터 구별되어야 한다. 우리는 하나님의 형상대로 지어졌으나 단지 모양일 뿐이다(1:26). 우리는 하나님이 아니다. 창세기에서 드러나는 이 개념은 나아가 구약과 신약 전반에서 발전된다. 형상은 타락 후에 지워지는 것이 아니라 각 개인에게 씨앗처럼 이어진다(창 5:1; 9:6). 하지만 타락 이후 첫 사람 아담(그리고 모든 인간)은 단지 부분적으로만 문화 명령을 성취한다.

---

60 E. Brunner, "The Christian Understanding of Man," in *The Christian Understanding of Man*, ed. T. E. Jessop (London: Allen & Unwin, 1938), 146.

61 Hoekema, *Created*, 69.

62 앞의 책, 6.

즉 생육과 정복은 애달픈 노역이다.[63] 오직 둘째 아담이신(참조. 시 8편과 히 2장) 그리스도만이 하나님의 형상의 대리적 기능을 완전하게 성취하신다.[64] 유일무이하게 하나님의 형상의 현시이신 분이요 하늘의 인자요 구름을 타고 오시는 그분이 진정한 형상이시며,[65] 그래서 땅을 다스리시는 하나님의 진정한 왕이시다. 그는 타락한 인간에게 구원을 가져다주신다. 그는 완전하게 인간의 이중적 역할을 완수하신다. 그는 교회를 자신의 신부로 삼으시고(엡 5:23-32) 땅을 영적인 자녀로 채우신다(사 53:10-11; 마 12:46-50; 요 1:11-13; 갈 3:29).[66] 그는 자신의 제자들을 축복하시고 그들을 생명의 성령으로 채우신다(참조. 창 1:7의 LXX와 요 20:22의 ἐμφυσάω, 엠퓌사오). 그는 사탄과 악을 포함하여(창 3:15; 마 4:1-11; 골 3:10) 만물을 자신의 지배 아래 두시고(눅 10:18-19; 엡 1:22; 골 1:18-20) 하나님의 안식으로 들어가신다(히 1:3).

영혼

"영혼"(נֶפֶשׁ, 네페쉬)에 대한 구약의 이해는 "영혼"(ψυχή, 프쉬케)에 대한 신약의 개념과 다르다. 구약에서 인간은 네페쉬 자체인 반면, 신약에서 인간은 프쉬케를 지닌다. 특히 네페쉬는 "열정적 생명력"을 의미한다. 다

---

63 아담은 피조물의 일부에 이름을 붙임으로써 지배권을 행사하지만(창 2:19), 자신을 사탄에게 내어준다. 그는 자손을 번성시키고 땅을 정복하지만, 출산의 고통을 겪고 땅을 힘들게 경작하는 수고를 해야 한다(3:16-19). 문명화는 하나님이 주신 창조의 은사를 과시할 뿐만 아니라(4:21-22), 폭력을 예찬하고 인간의 창조물을 숭배한다(4:17, 23-24). 모든 사람이 허무한 죽음의 지배를 받는다(전 2:22-23; 9:3).

64 주 예수께서 그의 제자들이 영적으로 번성하도록 그들을 축복하실 때, 그분은 문화 명령의 영적 차원을 완성하신다(마 28:18-20; 눅 24:50-51).

65 그리스도는 자신의 신성 안에 하나님의 형상을 지니신 하늘의 존재이시다(롬 8:29; 고전 15:49; 고후 3:18, 4:4; 골 1:15-20).

66 지상 명령은 생육하라는 명령과 구원론적 상호 관계에 있다(마 28:19-20). 그리스도는 죽음의 자녀로부터 씨를 일으키시고 씨가 끊겼던 사람들에게 영원한 이름을 부여하신다(사 56:4-8). 또한 그분은 의로운 사람들의 경주에서 선두에 서신다(롬 5:19).

른 나머지 피조물과 더불어 인간에게는 음식과 성에 대한 충동과 욕구가 있다. 인간을 동물과 구별하는 것은 하나님의 형상(*imago Dei*)과 하나님을 향한 열정적 욕구다(참조. 시 42:1). 우리의 독특한 네페쉬는 우리를 다른 피조물과 구별하지만, 하나님을 향하도록 우리를 구별해주는 것은 바로 하나님의 형상이라는 사실이 더 중요하다. 우리는 우리의 통치와 관련하여 우리의 하나님과 같은 긍휼로 구별되어야 한다. 우리는 하나님처럼 자비로운 왕이 되어야 한다.[67]

안식일

칠 일 주기는 고대 근동에서 잘 알려져 있으며 다른 문화들은 노동의 날과 휴식의 날을 구별한다. 더욱이 고대 근동의 문헌들은 대격변이나 우주적 사건의 절정으로 일곱째 날을 사용한 많은 사례를 제공해준다.[68] 그러나 이스라엘은 유일무이하게 일곱째 날을 안식을 위해 성별한다.

출애굽기 20장의 십계명 중 네 번째 계명은 창세기 1:1-2:3에 기록된 바와 같이 여섯 날 동안 일하시고 일곱째 날에 안식하신 하나님의 창조 행위에 기반을 둔다(참조. 출 16장). 창조 질서가 안식일 준수의 배후에 놓여 있다. 한 주간에 걸친 하나님의 사역은 자신의 백성을 성별하기 위해 되풀이되는 제도로서 그들에게 새겨졌다. 예수는 안식일이 사람을 위한 것이라고 말씀하신다(막 2:27). 더구나 이 네 번째 계명은 하나님과 관련되는 처음의 세 계명과, 인간과 관련되는 나중의 여섯 계명을 연결하는 야누스다. 안식일에 노동과 경제 활동을 중단함으로써(참조. 출 31:12-17; 34:21; 민 15:32-36; 느 10:31; 13:15-22; 렘 17:22) 이스라엘은 야웨를 위해

---

67 Waltke, "נֶפֶשׁ"; A. R. Johnson, *The Vitality of the Individual in the Thought of Ancient Israel* (Cardiff: Univ. of Wales, 1949)도 보라.

68 참조. *ANET*, 904. 일곱이라는 숫자는 "완전성"을 의미한다("제2부의 문학적 분석: 족보의 구조"도 보라).

이날을 거룩하게 지키지만, 이 실천은 모든 동물과 사람, 노예와 자유인에게 휴식을 주는 것을 목표로 한다. 그럼에도 불구하고 안식일에 제사장들은 희생제사를 드리고(민 28:9; 마 12:5), 아이들을 할례를 받으며(요 7:22), 이스라엘 군대는 이 거룩한 날에 행군한다(수 6:3-4). 구약에서 안식일 준수가 종교적인 실천 사항과는 무관했지만, 신약 시대까지도 안식일에는 성경이 낭독되고 토론되었다(막 1:21; 눅 4:16-20; 행 13:13-45; 15:21; 17:2).

매주 창조의 제도를 준수하는 것은 몇 가지 방식으로 이스라엘을 거룩하게 만든다. 첫째, 이는 이스라엘로 하여금 하나님이 당신의 일을 마치셨음을 거듭 상기하게 한다. 하나님은 창조에서 그분의 사역을 절정에 이르게 하신 것처럼 택한 백성을 통해 역사 속에서 그분의 사역을 완성하실 것이다. 이스라엘을 구원받도록 부르신 그분은 실패하지 않으실 것이다(참조. 사 45장; 빌 1:6; 히 12:2).

둘째, 안식일을 준수함으로써 이스라엘은 그들의 하나님이 모든 사람의 하나님이심을 규칙적으로 고백한다. 그분은 "자신이 행하신 창조의 모든 일로부터의" 안식을 기념하기 위해 안식일을 거룩하게 하셨다(창 2:3). 클라인(Kline)은 이렇게 요약한다. "그러므로 사람이 안식일을 준수하는 것은 야웨가 주님이시고 모든 주의 주님이라는 고백이다. 안식일 준수는 야웨를 예배하는 데 대한 사람의 책무를 표현한다."[69] 창조 시에 하나님은 광명체들이 낮과 밤을 통제하도록 지정하시고(1:18) 인간이 땅을 다스리도록 임명하심으로써(1:28) 통치권자들을 위임하신다. 안식일은 하나님의 형상으로 하여금 그들이 그분을 섬기는 신하임을 생각나게 한다.

셋째, 하나님은 모든 인간 및 동물에게 최선의 이익을 주시려고 안식

---

69 M. G. Kline, *Kingdom Prologue* (Hamilton, Mass.: Meredith Kline, 1993), 25.

일을 복되고 거룩하게 하셨다(출 20:8-11). 하지만 랍비들은 안식일에 대한 법과 규정을 여러 가지로 늘려서 그날이 사람들에게 큰 짐이 되도록 만들었다. 그러나 안식일의 주인인 예수는 이런 무거운 짐으로부터 사람들을 풀어주면서, 안식일이 사람을 위해 있는 것이지 사람이 안식일을 위해 있는 것이 아니라고 가르치셨다. 이날은 치유와 선행을 베푸는 시간이다(마 12:1-14; 막 2:23-28; 요 5:9-15). 안식일의 주인의 사도인 바울은 교회를 속박하는 안식일 준수의 여러 법과 규정을 파기한다(골 2:16). 이날을 지키거나 안 지키는 것은 개인의 양심과 주님에 대한 섬김의 문제요, 믿음의 문제다(롬 14:5-23).

넷째, 안식일은 창조주께서 이스라엘을 자신과의 특별한 언약적 관계를 위해 따로 구별해놓으셨다는 징표다(출 31:17). 랍비 문헌에서 할례, 음식법 및 안식일 준수는 유대교의 특징적인 표시가 된다. 신약에서 신자들은 주간의 첫날, 즉 주일에 함께 모여(계 1:10) 떡을 떼며, 성경을 읽고 가르치고 공부한다(요 20:1, 19-23; 행 20:7; 고전 16:2). 매주 칠 일을 일에 얽매여 있다고 느끼는 사람은 자신이 어떤 신을 섬기고 있는지를 살펴보아야 한다. 하나님은 "당신의 마음을 붙들어 내맡길 수 있는 분"[70]이시다. 맘몬이나 상업적 전문성에서 자신들의 안전과 의미를 발견하는 자들은 한 주간의 첫날에 드리는 공동체의 예배를 짐으로 여긴다.

다섯째, 안식일 준수는 이스라엘에게 다음의 사실을 상기시킨다. 즉 그들이 이집트에서 노예였으며, 전능하신 주님께서 그들을 노예 신분에서 구하여 쉼을 누리도록 하셨다는 것이다(신 5:15). 오늘날 안식일의 전형적인 의의는 그리스도 안에서 성취되었다(골 2:16-17).

여섯째, 히브리서에서 안식일의 쉼은 교회의 실현된 종말론에 대한 구

---

70 M. Luther, *Large Catechism*, in *The Book of Concord*, trans. T. Tappert (Philadelphia: Fortress, 1959), 365.

체적인 표현을 제공한다(히 4:1-11). 안식일의 쉼은 신자들에게 다음과 같은 확신을 준다. 즉 하나님이 엿새 동안 일하신 후 자신의 안식에 들어가신 것처럼, 그들 역시 나그네인 자신의 세월을 보낸 후 노동을 멈출 때 영원한 안식으로 들어가리라는 희망으로 살아간다는 것이다. 그리스도 안에서 신약의 성도들은 이미 믿음으로 그 안식에 들어간다. 그래서 윌슨(Wilson)은 이렇게 말한다. "우리가 노동을 멈추고 쉼으로써 안식일을 지킬 때, 우리는 우리의 삶이 … 하나님에 의해 유지되고 있음을 받아들인다. 우리는 우리의 희망이 우리의 노동이 아니라 주님께 있음을 알기 때문에 노동을 멈추고 쉰다. 또한 안식일의 쉼은 주님 안에서 우리의 더 큰 소망, 즉 창조의 보존과 구속의 완성에 대한 소망을 반영한다."[71]

일곱째, 창조 서사로부터 다음의 사실을 유추할 수 있다. 즉 안식일은 시간의 깊은 뜻을 인정하고 경축하는 날이다. 우리는 공간의 피조물일 뿐만 아니라 시간의 피조물이다. 헤셸(Heschel)이 주장한 대로 "기계 문명은 인간의 공간 정복이다. 이는 존재의 본질적 요소, 즉 시간을 늘 희생시킴으로써 성취된 승리다. 기계 문명에서 우리는 공간을 얻기 위해 시간을 소비한다. 공간의 세계에서는 우리의 힘을 키우는 것이 우리의 주된 목적이다. 그러나 더 많이 갖는 것이 더 많이 존재함을 의미하지는 않는다. 공간의 세계에서 우리가 얻는 힘은 느닷없이 시간의 경계선에서 끝난다. 그러나 시간은 존재의 핵심이다."[72] 하나님의 안식에 참여하는 것은 우리로 하여금 무슨 일을 했는지를 되돌아보고 영원한 무엇(초월적 시간)에 참여하도록 함으로써 우리에게 의미를 제공해준다. 헤셸은 다음과 같이 주장한다.

71 J. R. Wilson, *Gospel Virtues: Practicing Faith, Hope and Love in Uncertain Times* (Downers Grove, Ill.: InterVarsity, 1998), 129.

72 A. J. Heschel, *The Sabbath: Its Meaning for Modern Man* (New York: Farrar, Straus & Giroux, 1986), 3.

영적 생명의 더 높은 목표는 더 풍부한 정보를 축적하는 것이 아니라 성스러운 순간에 직면하는 것이다. 예를 들어 종교적 경험에서 사람에게 부과되는 것은 사물이 아니라 영적인 현재다. 영혼에 간직되는 것은 행위가 발생하는 장소가 아니라 통찰의 순간이다. 통찰의 순간은 행운이며, 우리를 측정된 시간의 속박 너머로 데려간다. 영적인 삶은 우리가 시간 속에 있는 영원한 것의 장엄함을 느끼지 못할 때 쇠락하기 시작한다.[73]

하나님의 안식을 모방할 때 우리는 우리의 삶이 하나님 안에서 지탱되고 있음을 알게 되고 노동의 진정한 의미와 하나님의 선하신 창조세계를 발견한다.[74] 계속해서 헤셸은 이렇게 언급한다. "공간과 공간의 사물들의 복을 멸시하는 것은 창조 사역, 즉 하나님이 보시고 '좋았더라'고 말씀하신 그분의 사역을 멸시하는 것이다. … 시간과 공간은 서로 관련되어 있다. … 우리가 한탄하는 것은 공간에 대한 인간의 무조건적인 복종과 사물에의 노예화다. 우리는 순간에 의미를 부여하는 것은 사물이 아님을 잊지 말아야 한다. 즉 사물에 의미를 부여하는 것은 바로 그 순간이다."[75]

추기: 창조 기사의 문학적 장르 ─────────

"책을 통해 말씀하셨던 하나님의 성령은 사람들에게 천계(heavens)에 대해 가르치지 않기로 하셨다. 왜냐하면 그것이 구원에 아무런 소용이 없기 때문이다."

-아우구스티누스

---

73 앞의 책, 6.
74 같은 책, 28을 보라.
75 같은 책, 6.

"성경은 천계가 어떻게 운행되는지가 아니라, 어떻게 천국(Heaven)에 가는지를 우리에게 가르쳐준다."

-갈릴레오 갈릴레이

"목표를 정하고 가치판단을 내리는 기능은 과학의 영역을 넘어선다."

-알베르트 아인슈타인

창세기의 창조 기사의 역사성과 과학적 정확성은 많은 논란 및 논쟁의 주제였다. 창세기의 창조 기사와 과학의 관계에 대한 질문들은 창세기 1:1-2:3의 문학적 장르를 결정함으로써만 현명하게 답변될 수 있다. 대체로 창조 기사는 다음의 네 범주 중 하나로 분류된다. 즉 신화, 과학, 역사, 혹은 신학이다. 단락의 장르를 결정하는 것은 항상 본문을 토대로 이루어져야 하는데, 창세기 1장에 대한 면밀한 본문 분석은 이 단락을 이런 범주 중 어느 하나로 정하는 것이 문제가 있음을 드러낸다.[76]

창조와 신화

창세기는 신화인가? 이 질문은 **신화**(myth)라는 단어에 대한 많은 정의로 인해 복잡해진다.[77] 만일 우리가 **신화**라는 단어를 현상과 경험을 설명하는 이야기, 즉 우주를 설명하는 신학적 이념으로 이해한다면, 창조에 대한 창세기 기사는 신화다. 이런 의미에서 신화는 과학적 발견으로 알 수 없는 여러 가지 은유적 관심사를 전해준다.

---

76 이 질문들의 더 상세한 검토에 대해서는 B. K. Waltke, "The Literary Genre of Genesis 1," *Crux* 27 (December 1991): 2-10을 보라.

77 **신화**에 대한 열두 가지 정의에 대해서는 다음을 보라. J. W. Rogerson, "Slippery Words: V. Myth," *ExpTim* 90 (1978): 10-14; G. J. Brooke, "Creation in the Biblical Tradition," *Zygon* 22 (1987): 233.

그러나 일반적으로 **신화**라는 단어는 공상적이거나 사실이 아닌 일들을 묘사하는 것으로 이해된다. 이 경우 **신화**라는 단어는 창세기 기사를 담아내지 못하고 내레이터의 진실성에 부당하며 건전한 신학을 훼손한다.

창조와 과학

창세기는 과학인가? 생명 보존 체계, 즉 천체와 동-식물군 및 땅에 속한 다른 자연계의 요소들을 묘사하는 기사로서 창조 기사는 과학적 차원을 지닌다. 그러나 창세기의 창조 기사에는 과학 서적과는 확연한 차이점이 있다.

첫째, 창세기와 과학은 본질적으로 다른 문제들을 다룬다. 창세기의 창조 기사의 주체는 하나님이지 자연의 세력들이 아니다. 초월적 하나님은 과학이 논의할 수 없는 주체다.

둘째, 창세기와 과학의 언어는 전적으로 다르다. 창조 기사는 수학과 전문 용어가 아닌 일상의 언어, 즉 비이론적 용어로 구성되어 있다.[78] 더 중요하게 창세기 1장은 근사치에 가까운 원인이 아니라 궁극적 원인에 관심이 있다.[79] 창조 기사의 의도는 창조의 지질학적이고 유전학적인 방법들을 상술하는 것이 아니라, 창조가 하나님의 창조적 활동의 결과임을 절대적으로 확증하는 것이다. 시편 저자가 "주께서 내 장부를 지으시며

---

78   창세기의 문제는 과학적 언어와 상반되지 않는다. 히브리어는 근대 과학이 발달하기 이전의 것이 아니라(pre-scientific, 이는 과학이 유일하게 정확한 척도임을 암시할 수 있다) 과학과 무관하다(non-scientific). 창조 기사 내레이터의 관점은 과학자와 전혀 다르다.

79   즉 창 1장은 아리스토텔레스의 작용인(동인, efficient cause)이 아니라 그의 형상인(formal cause, 계획) 및 목적인(final cause, 목적)과 관련된다. Langdon Gilkey는 이런 범주들을 뒤섞는 사람들에 대해 불만을 토로한다. "그들은 철학이나 신학이 다룰 수 있는 제1원인의 **일차적** 원인론과 유한한 요인들에 속박된 인과론인 **이차적** 원인론 사이의 (학문적) 구분을 무시한다"("Creationism: The Roots of the Conflict," in *Is God a Creationist? The Religious Case against Creation-Science*, ed. R. Mushat Frye [New York: Scribner, 1983], 60).

나의 모태에서 나를 조직하셨나이다"(시 139:13)라고 노래할 때 그의 의도는 유전학이나 직접적 원인에 대해 언급하는 것이 아니다. 이와 다르게 제시하는 것은 본문을 왜곡하는 것이다. 이는 왜 과학적이고 신학적인 기사들이 서로 대립하면 안 되는지에 대한 분명한 예다. 창세기에서 내레이터는 단지 하나님이 땅에게 생명을 생산해내라고 명령하신다고 우리에게 말하고 있을 뿐이다. 그는 이런 생산이 어떻게 일어나는지를 설명하지는 않는다.

셋째, 창세기와 과학의 목적 역시 다르다. 창세기는 만물을 규정하는 (prescriptive) 책으로서 누가, 왜, 그리고 무엇이 존재하게 되었는지에 대한 질문에 답하는 반면, 과학의 목적은 만물을 서술하는(descriptive) 분야로서 무엇이 그리고 어떻게라는 질문에 답한다. 창조 기사의 내레이터는 특별히 과학자가 묻는 질문에 관심을 두지 않는다. 오히려 그는 과학이 답할 수 없는 질문들에 답을 제공하기를 원한다—누가 무슨 목적으로 이 세상을 창조했는가?

넷째, 창세기와 과학은 각자 다른 유형의 집단들을 대상으로 말하고 있기 때문에 타당성을 위해 다른 방식의 수단을 요구한다. 학술적 과학 단체를 대상으로 말하는 과학은 타당성을 위해 경험적 실험을 요구한다. 하나님의 언약 공동체에게 전달되는 창세기는 마음을 향한 성령의 증거의 타당성을 요구한다(롬 8:16). 이런 이유로 창세기의 창조 기사는 과학적 본문으로서 설명될 수 없다.[80]

---

80 이는 진화에 찬성하거나 반대하는 주장으로 이해되지 말아야 한다. 만일 창조 기사가 과학을 의도한 것이 아니라면, 이는 과학 이론들과 맞붙어 서로 대립해서는 안 된다. 오히려 과학 이론들은 과학적 방법으로 비평되어야 한다. 이는 성경의 관심사가 아니다. (또한 우리는 과학과 과학주의를, 진화와 진화주의를 구분해야 한다). 진화에 반대하는 주장에 대해서는 다음을 보라. P. Johnson, *Darwin on Trial* (Washington, D.C.: Regnery Gateway, 1991); M. Pitman, *Adam and Evolution: A Scientific Critique of Neo-Darwinism* (Grand Rapids: Baker, 1984); 그리고 M. M. Denton, *Evolution: A Theory in Crisis* (Bethesda, Md.: Adler & Adler, 1986).

창조와 역사

만일 과학이 아니라면, 창세기는 역사인가? 창세기는 분명히 역사적 요소를 지닌다. 창세기는 하나님이 우주와 그 안에 있는 만물을 창조하셨다는 의미에서 사실을 담고 있다. 또한 아담과 하와에 이르기까지 이스라엘 역사를 거슬러 추적하는 족보들은 역사에 대한 내레이터의 관심을 알려준다. 그렇지만 창세기는 현대적 개념의 역사와 유사점이 거의 없다(서론에 있는 "역사성과 문학적 장르"를 보라). 요컨대 창세기는 직설적이거나 실증적인 역사가 아니다.

창조 기사는 다른 어떤 역사와도 다르다. 역사는 일반적으로 인간의 경험을 상술하는 인문학이다. 창세기의 창조 기사는 인간 역사의 기록이 아니다. 왜냐하면 인간은 아무도 이 창조 행위를 위해 등장하지 않기 때문이다.

심지어 현대의 역사에서도 역사적 저술에는 역사적 지시 대상과 저자의 창의성 사이에 긴장이 존재한다. 성경은 데이터를 해석하고 제시하는 데 있어 창조성에 커다란 여지를 제공한다. 심지어 성경의 내레이터는 사건을 탈시간적으로 배열할 수 있는 면허를 소지한 것처럼 느껴진다.[81] 날의 순서에서 보이는 "난점들"은 분명히 탈시간적 배열을 묘사하는 것 같다. 첫째 날에(1:5) 하나님은 저녁과 아침을 창조하시지만, 넷째 날에 가서야 낮과 밤을 나눌 광명체들을 창조하신다(1:14).[82] 만일 이것이 일직

---

[81] 일찍이 11세기에 위대한 유대 주석가 Rashi는 창 1장이 사건들에 대한 문자적 순서를 묘사하지 않는다고 지적했다. 다른 성경 저자들은 신학적 목적을 따라 사건들을 재배열한다(예. 창 10/11장; 출 4-11장/시 105:28-36; 공관복음서). 이런 각각의 사례에서 사건들은 신학적 초점을 강조하기 위해 재편성된다.

[82] 연대기의 다른 난점들이 있다. 첫 번째 기사와 두 번째 기사의 사건 순서에 차이들이 존재하는 것으로 보인다(즉 창 1:1-2:3; 2:4-25). 두 번째 기사에 나무들에 대한 연대기적 난점이 존재한다. 하나님이 식물을 만드신 때인 창조의 셋째 날에 동산을 창설하셨다면, 여섯째 날에 여자를 창조하시기 전에 나무들이 자라 열매를 맺었을 것이다. 분명 피조물은 명백한 나이를 추정할 수 있는데 본문은 분명하게 "야웨께서 모든 종류의 나무들이 자라게 하셨다"(2:9)고 말한다. 정

선의 역사적 기사라면, 하나님은 광명체가 없이 저녁과 아침과 낮을 창조하신 것이고 그다음에 그런 시간 주기의 효력을 발휘하도록 광명체들을 창조하신 셈이다.[83] 우리가 밤낮의 구분이 그것을 나누는 기준이 없이 발생했다고 진짜로 결론 내려야 할까? 오히려 우리는 내레이터가 신학적 초점을 강조하기 위해 탈시간적으로 배열된 사건의 진술을 제공했다고 추측하는 것이 합리적인 것 같다. 하나님은 광명체에 의존하지 않으신다. 또한 내레이터는 처음 다섯 날 각각을 "그날"(the day)이 아닌 "한날"(a day)로 지칭함으로써 탈시간적 배열을 미묘하게 내비친다.[84] 내레이터의 관심은 과학적이거나 역사적인 데 있지 않다. 오히려 그는 신학적이며, 간접적으로는 이방의 신화들에 맞서 논박을 펼치고 있다. 내레이터는 모든 것을 창조하시고 바다와 해와 달을 포함한 만물의 지배권을 가지신 분이 하나님이라는 사실을 분명하게 확립하길 원한다.[85]

마찬가지로 창세기의 창조 기사의 다른 측면들도 엄밀한 역사적 기사를 제시하는 데 관심이 없음을 암시한다. 기사의 대칭 구조(위의 문학적 분석을 보라)와 고대 근동 자료와의 패턴의 유사성, 즉 광범위하게 증명되는 고대 세계의 칠 일 모형론의 사용을 포함하는 여러 유사성은 내레이터가

상적인 본문의 독서를 따른다면 이 일은 삼 일 내에 발생할 수 없으며, 내레이터는 나무의 성장을 즉각적인 작용으로 묘사하지 않는다. 또한 아담이 모든 동물의 이름을 지었다고 상상하기도 어렵고(가축이든 야생 동물이든), 외과 수술을 겪은 뒤 일어나서 여섯째 날 낮 시간 내에 시 한 수를 모두 지었다고 생각하기도 어렵다. 두 장이 연속적으로, 또한 엄격한 연대기를 따라 읽히도록 기록되지 않았음은 분명해 보인다.

83 하나님은 단지 광명체들이 네 번째 날에 나타나게 하셨을 뿐이라는 제안은(이미 첫째 날에 창조를 완료하시고서) 설득력이 없다.

84 Throntveit, "Are the Events," 53; Sterchi, "Does Genesis," 529-36. Sterchi의 논문은 이 특별한 쟁점에 대해 유익한 요약을 제공하고 유용한 예시들을 제시한다.

85 J. L. McKenzie는 이렇게 쓴다. "히브리 저자는 신성이 깃들어 있다고 생각되는 모든 자연의 세력을 나열한다. 그 모든 것에 대해 그는 단순히 하나님이 그것들을 창조하셨다고 말한다. 결과적으로 그는 우주적 차원의 모든 투쟁 요소를 제거한다. 즉 가시적인 우주는 여러 세력이 만든 불안한 균형이 아니라 한 분이신 지존자의 의지로 조절된다. 그분은 자신이 만든 만물 위에 당연한 지존자로 군림하신다"(*The Two-Edged Sword* [New York: Image, 1966], 101).

신적 활동과 휴식을 이야기하는 판에 박힌 형식문을 사용하고 있음을 암시해준다.[86] 영블러드(Youngblood)는 다음과 같이 덧붙인다. "내가 지적하는 것은 여섯째 날을 제외한 나머지 모두에서 정관사의 누락은 무작위이거나 문학적 순서일 가능성을 허용한다는 점이다."[87]

또한 창조의 날들은 엄밀한 역사적 기사와는 맞지 않는 난점들을 발생시킬 수 있다. 현대의 과학자들은 거의 만장일치로 일주일 만의 창조 가능성을 일축하며, 우리는 지구과학의 증거를 싸잡아 무시할 수 없다. 성경의 특별계시뿐만 아니라 창조에서의 일반계시 역시 하나님의 목소리다. 우리는 한 "우주" 속에 살며 모든 진리는 한목소리로 말한다.

본문이 창조의 사건들을 각색해 말하면서 사실 그대로 전하는 것으로부터 거리를 두는 핵심적인 방법 중 하나는 은유적 언어 사용이다.[88] 하늘에 계신 하나님에 대해 말하자마자 우리는 오직 땅의 모습으로만 표현될 수 있는 영역 속에 놓인다. 내레이터는 독자가 이해할 수 있도록 은유와 신인동형론적 언어[89]를 사용해야 한다. 본문이 하나님께서 말씀하시고 명령하시며 이름을 붙이시고 보셨다고 말할 때 우리는 하나님이 성대와 입술과 눈을 갖고 있다고 이해해야 하는가?[90] 분명히 이런 언어는 하

---

86 고대 근동의 자료에서 여섯은 불완전, 일곱은 완료/해결이라는 패턴은 매우 흔하다.

87 R. Youngblood, *The Book of Genesis: An Introductory Commentary* (Grand Rapids: Baker, 1992), 26 n. 29.

88 이 은유적 언어는 조심스럽게 선별되는데, 이는 이해할 수 있는 방법으로 하나님을 가장 잘 묘사하기 위함이다. 하지만 우리가 이 은유들을—하나님은 이를 통해 하나님에 대한 우리의 이해를 변경시키지 않고 자신을 드러내기로 결정하셨다—바꿀 수는 없다. 하나님을 재형상화하는 것이 우상숭배다.

89 H. N. Ridderbos는 이렇게 설명한다. "저자는…그런 방법을 사용할 필요가 있지 않은가? 왜냐하면 이는 실제로 모든 인간의 생각과 말 너머에 있는 어떤 것에 대해 말하는 유일한 방법이기 때문이다"("The Meaning of Genesis I," *Free University Quarterly* 4 [1955-1957]: 222).

90 Young은 비록 날(days)에 대한 신인동형론적 이해를 인정하지는 않지만, 여기서 신인동형론적 언어의 사용을 분명하게 인정한다. "하나님이 신체적 언어 기관을 가지고 말씀하지 않으셨고 히브리어로 말씀하지 않으셨다는 것은 분명한 사실이다"(E. Young, *Studies in Genesis 1* (Philadelphia: Presbyterian & Reformed, 1973), 55-56.

나님께서 창조하신다는 사실에 대한 신인동형론적 표현이다. 만일 하나님에 대한 내레이터의 묘사가 신인동형론적이라면, 날과 다른 측면들도 신인동형론적 표현이 아니겠는가? 신인동형론적 표현은 우리가 창조 기사로 들어갈 수 있도록 허락하고 그것과 동질성을 느끼게 한다. 창조의 시간은 인간이 창조주를 흉내 낼 수 있도록 날에 대한 신인동형론적 언어로 표현된다. 우리가 방대하게 긴 시간에 참여할 수 없기 때문에 한 주간과 같은 그런 유한한 언어들을 쓰지 않고서야 어떻게 달리 창조주를 모방할 수 있겠는가?

요컨대 내레이터에게는 현대의 역사가와는 아주 다른 논제가 있다. 바로 다음과 같은 신학적 논제다. 즉 하나님께서 이 땅을 창조하셨고 그것이 모두 매우 질서정연하다고 우리에게 말하는 것이다.

창조와 신학

만일 내레이터가 신학적 관심사를 가지고 창세기의 창조 기사를 그토록 분명하게 기교를 부려 썼다면, 우리는 그 기사를 신학이라고 부를 수 있을까? 그렇다고도 할 수 있고 그렇지 않다고도 답할 수 있다. 창세기는 신적 문제에 관심이 있으며, 언약 공동체에게 하나님에 대해 그리고 세계와 그분의 관계에 대해 중요한 진리를 가르치는 데 관심이 있다는 점에서 신학적이다. 그러나 창세기는 우리가 통상적으로 이해하는 대로의 신학은 아니다. 내레이터는 신적인 것에 대한 추상적 진리를 체계적으로 제시하지 않는다. 오히려 그는 창조주 및 그분의 창조에 대한 이야기를 우리에게 들려준다.

그렇다면 창세기의 창조 기사의 장르는 무엇인가? 앙리 블로셰(Henri Blocher)에 따르면[91] 우리는 창조 기사를 창조세계와 맺은 하나님의 언약

---

[91]   H. Blocher, *In the Beginning: The Opening Chapter of Genesis* (Downers Grove, Ill.: InterVarsity,

을 견고하게 만들기 위해 예술적 기교를 부린, 창조에 대한 문학적 표현으로 기술할 수 있다. 창조 기사는 신인동형론적 언어로 기원에 대해 진실을 이야기함으로써 언약 공동체가 적절한 세계관을 갖고 구원에 이르는 지혜를 얻도록 한다. 창조 기사는 이 세계가 하나님의 선언을 통해 존재하게 되었으며, 따라서 이 세계는 그분의 뜻과 목적 및 임재에 의존한다는 사실을 진술한다.

1984), 50-59.

제1부

하늘과 땅의 계보

(2:4-4:26)

제1부의 주제

이제 관점은 단독 배역이었던 하나님으로부터 반응하는 자인 인간에게로 옮겨간다. "하늘과 땅"(1:1)으로부터 "땅과 하늘"(2:4b)로의 미묘한 변화는 관점의 변화를 지시할 수 있다.[1]

하늘과 땅의 계보에 대한 기사는 "심히 좋았더라"였던 원래의 창조세계로부터 이제 성전-동산 밖에서 경험되는 거친 현실로의 격렬한 변화를 기록한다. 타락을 통해 죄와 죽음이 인류에게 들어오고 땅은 저주를 받는다. 인간과 땅 모두 구속의 필요에 놓이게 되었다.

역사적인 타락 사건에서 아담과 하와는 인간의 불순종의 원형으로서 기능한다. 성소의 제사장 관리자들은 왕에 대한 충성심을 시험받았다. 순종은 그들에게 하나님과의 삶을 누릴 자격을 부여한다(참조. 신 30:15-20). 실패는 그들이 예수 그리스도와 함께 그리고 그분을 통해 세워진 구속의 언약을 통해 칭의와 성화가 필요함을 지시한다.

제1부의 개요

표제	2:4a
1막: 견습 중인 인간	2:4b-25
1장: 견습 중인 남자, 2:4b-17	
2장: 선물로 얻은 신부, 2:18-23	
종막, 2:24-25	
2막: 타락과 그 결과	3:1-24
1장: 타락, 3:1-7	
2장: 심판의 형태, 3:8-19	
종막, 3:20-24	

---

1   Sarna, *Genesis*, 16-17.

제1부에 대한 문학적 분석 ─────────────

장르

창조 기사와 같이 하늘과 땅의 계보는 확고한 역사성을 지닌다. 이 이
야기는 시간과 공간 내에서의 사건과 진짜 아담과 하와에 기초한다.[2] 그
러나 이는 단순히 역사적 기사는 아니다. 문체는 과학적이고 문자적이라
기보다 문예적이고 비유적이다.[3] 창조의 장면들은 예술가가 그것들을 구
상한 대로 그려졌다. 즉 남자를 빚으신 토기장이이신 하나님, 아름다움과
풍요의 동산을 디자인하신 정원사이신 하나님, 그리고 남자의 갈비뼈로
부터 여자를 만드신 성전 건축가이신 하나님을 그린다.

초역사적 차원 역시 이 기사의 신학을 위해 필수적이다. 이 명부에서
아담과 하와는 모든 남녀를 대표한다(창 3:16-19; 참조. 2:24; 마 19:4-6; 롬
5:12).[4] 그들은 바로 우리 자신의 반역과 타락 및 하나님의 자비로운 구속

---

2 우리는 아담과 하와가 역사적 인물이라고 상정해야 한다. 왜냐하면 내레이터는 아담과 하와의
   서사와 족장들의 서사 사이에 아무런 구별을 두지 않기 때문이다. 아담은 룻기에서 다윗으로 이
   어지고 신약에서 예수로 이어지는 왕족의 족보에 의해 아브라함과 연결된다. 역대기 저자(대상
   1장)와 신약(마 19:4-5; 눅 3:23-38; 롬 5:12-19; 고전 15:21-22; 딤전 2:13-14)은 아담과 하
   와의 역사성을 상정한다.

3 만일 문자적으로 읽는다면 많은 문제가 파생될 것이다. 예를 들면 문자적 수준에서 어떻게
   2:9이 1:11-13, 26-30과 조화를 이룰 수 있는가?

4 우리 중 대부분은 이미 이런 방식으로 그것을 직관적으로 읽는다. 우리는 아담과 하와에게 내려
   진 심판이 우리에게 적용된다고 상정한다.

의 필요성을 대표한다. 이는 역사적 차원만큼 중요하다. 그러므로 역사성과 초역사성 둘 다 적절한 긴장 속에서 간직되어야 한다.

구조와 플롯

서막에서 창조에 대한 정적이고 균형 있는 보고와는 대조적으로 하늘과 땅의 계보에 대한 기사는 장면의 묘사, 대조, 갈등, 절정의 모든 요소를 지닌 한 편의 드라마와 같이 펼쳐진다. 이는 낙원과 더불어 막을 열고 절망의 나락으로 떨어진 뒤 희망의 씨앗과 더불어 해결되는 세 개의 막으로 구성된 드라마다.

각각의 막은 배경과 함께 시작되어 종막이 뒤따르는 한 편의 시(이는 막의 주제를 요약한다)와 더불어 마무리된다(참조. 2:23과 24-25; 3:14-19과 20-24; 4:23-24과 25-26). 첫 번째 막은 나머지 창조세계와 구별된 낙원의 동산에 있는 아담과 더불어 시작된다. 동산은 성전이며 그곳의 제사장은 그를 돕는 여자가 있는 남자다. 제1장은 식물로 특징지어지는데, 이는 아담의 견습에서 두드러진 역할을 한다. 제2장은 동물들을 묘사하는데, 이는 "선물로 얻은 신부"에게 중요하다. 이 막을 마무리하는 시는 하나님이 아내를 선물로 주심을 축하한다.

두 번째 막은 교활한 뱀과 더불어 시작된다. 푸르고 거룩했던 동일한 동산을 배경으로 인간은 자신의 제사장 역할을 상실한다. 식물과 동물이 함께 이 결정적 순간에 주인공들을 위해 중요한 역할을 한다. 이 막은 심판과 구원의 시로 마무리된다.

세 번째 막은 출산하는 여자와 더불어 동산 밖에서 시작된다. 낙원의 동산 밖의 배경은 인간의 실패를 알려주지만, 하와의 출산은 하나님의 은혜와 남아 있는 희망을 전해준다. 이 막을 마무리하는 시, 곧 라멕의 복수의 노래는 점점 고조되는 인간의 죄와 폭력의 실상을 강하게 그리고 있다.

처음 두 막은 교차 구조로 다음과 같이 밀접하게 관련된다.

A 남자의 창조: 남자와 땅의 행복한 관계, 그리고 동산 안의 그의 집,
여기서 그는 풍성히 열리는 음식을 마음껏 누리고 생명나무에 접근
할 수 있다(2:4-17).

  B 여자의 창조: 여자와 남자의 행복한 관계(2:18-25)

    C 뱀과 여자의 대화: 여자를 유혹하는 뱀(3:1-5)

      X 죄와 하나님의 죄 폭로(3:6-13)

    C´ 뱀의 징벌: 뱀과 여자의 손상된 관계(3:14-15)

  B´ 여자의 징벌: 여자와 남자의 손상된 관계(3:16)

A´ 남자의 징벌: 남자와 땅의 손상된 관계와 동산 안에 있는 그의 집으
로부터의 추방; 이제 음식을 확보하기 위해 애쓰는 남자의 수고와
더 이상 접근 불가능한 생명나무(3:17-24).[5]

이 분석은 금지된 열매를 먹는 아담과 하와의 선택이 중대한 순간이었
음을 드러낸다. 교차 구조는 제1막과 제2막을 다음의 내용에 대한 하나
의 막으로 결합하는 것을 정당화할 수 있다. 즉 "동산으로부터 인간의 추
방"이다.[6]

심화

이 막은 더욱 악화되는 인간의 상황을 보여준다. 뱀은 아담과 하와를
유혹하여 죄를 짓게 만든다. 그러나 가인은 하나님께서 그에게 옳은 일
을 행하라고 격려하신 후에 죄를 짓는다. 아담과 하와는 금지된 열매를
먹는다. 그러나 가인은 자신의 동생을 살인하고 나서 살해당할까 두려워
하고, 그의 후손도 고삐가 풀린 듯 반복적으로 보복 살인을 저지르며 일

---

5   Dorsey, *Literary Structure*, 50.

6   Wenham, *Genesis 1-15*, 49-51.

제1부 하늘과 땅의 계보   **137**

부다처로써 하나님의 이상적 결혼을 해친다. 당연히 가인의 벌이 아담의 벌보다 더 가혹하다. 도르시에 따르면, "아담은…

- 동산에서 내쫓겨 에덴 동편의 새로운 거주지에 정착했다.
- 음식을 얻기 위해 땅을 수고로이 경작해야 했다.
- 영원한 생명의 근원(생명나무)에서 분리되었다. 반면에 가인은…
- 완전히 추방되어 정착지 없이 영원히 유랑할 운명이 되었다.
- 심지어 음식을 얻기 위해 땅을 경작할 수도 없었다.
- 그가 어디를 가든지 죽음(잠재적 살인자들)의 위협을 받았다."[7]

등장인물

세 등장인물은 특별히 언급할 가치가 있다. 즉 하나님의 형상이자 먼지인 아담, 돕는 배필이자 훼방자인 여자, 영민하고 사랑스러운 뱀이다. 각 경우마다 후자의 특징은 죄와 연결되어 강조된다. 주인공인 아담과 하와는 발전하고 변한다. 주인공으로 시작한 아담이 아내와 함께 뱀의 꼬드기는 말을 받아들이고 하나님께 대항했을 때, 둘은 함께 추방된다. 그러나 아담과 하와는 그들을 돌보시는 하나님의 품 안으로 돌아오고, 가족을 구성하여 신실한 후손의 계보를 만들어감으로써 구원에 참여한다. 이 책의 각 등장인물은 인생의 드라마의 여러 가지 중대한 주제와 갈등, 즉 사랑, 복수, 심판, 구원에 참여한다.

갈등

이 막들에 나타나는 갈등들은 창세기 전반에 흐르는 등장인물들의 여러 가지 곤혹스러운 충돌을 준비하는 무대를 마련한다. 이는 씨의 다툼,

---

7   Dorsey, *Literary Structure*, 50.

결혼 경쟁, 중대 범죄에 대한 싸움, 그리고 형제들 사이의 적대감과 관련된다. 아담 및 하와와 하나님 간의 갈등은 서로 간의 갈등으로 확대되는데, 처음에 비난으로 시작하여 세력 다툼으로 이어지고 마침내 폭력으로 귀결된다.

아이러니

아담과 하와의 삶에서 발생한 사건들은 비극적인 아이러니로 가득 차 있다. 그들은 서로를 결속시켜주는 말을 사용하는데 오히려 그것이 서로를 멀어지게 만든다. 더구나 그들은 만물을 다스릴 수 있는 말을 하는데, 이제 지배권을 상실하는 방식으로 그 말을 사용한다. 남자가 거기서 유래했고 그를 섬기도록 계획된 땅은 그의 적이 된다. 그를 돕는 배필은 훼방거리가 된다. 형제가 살인자가 된다. 내레이터는 이런 아이러니를 강조하기 위해 기사 전반에서 여러 가지 언어유희(word-plays)를 사용한다. 예를 들어 하나님께서 탐문하러 동산에 오시자 아담은 숨었다. 왜냐하면 그가 말하길 하나님의 소리를 "들었기" 때문이다. 엄밀하게 말해서 그를 그런 고통스러운 상황으로 몰아간 것은 "들음"의 부재 때문이었다. 그러나 시적으로 표현된 심판과 더불어 뱀은 응당 치러야 할 벌을 받는다. 다른 동물보다 더 교활했던(עָרוּם, 아룸) 동물은 가장 크게 저주를 받는다(אָרוּר, 아루르).

내본문성(innertextuality)[8]

세일해머는 이 기사에서 시와 종막이 번갈아가며 나타나는 구조는 창세기 1-11장과 창세기 전체, 나아가 오경의 편성 전략을 암시한다고 주

---

8 이 주석에서 "내본문성"(innertextuality)은 "상호 본문성"(intertextuality)과 대치되는 개념으로서 창세기 내에 있는 본문 간의 관계를 지시한다. 상호 본문성은 창세기와 성경의 다른 책들 사이의 관계를 지시한다.

장하는데, 이는 타당하다. 창세기 2장에서 아담과 하와의 창조는 아내에 대한 아담의 시(2:23)와 그 뒤를 잇는 종막(2:24)과 더불어 마무리된다. 타락 기사는 시(3:14-19)와 종막(3:20-24)으로 마무리된다. 가인에 대한 이야기는 라멕의 시(4:23-24)와 종막(4:25-26)으로 끝을 맺는다. 세 번째 기사는 기본적으로 홍수 이야기인데(6:9-9:23), 노아의 예언적 시(9:24-27)로 마무리되며 역시 종막(9:28-29)이 그 뒤를 잇는다. 두 번째 기사의 족보 뒤에 나오는 5:29에 있는 라멕의 말은 같은 방식으로 기능할 가능성이 있다. 또한 세일해머는 오경에서 주요한 네 개의 시(창 49장; 출 15장; 민 23-24장; 그리고 신 32-33장)가 동일한 편성 패턴을 따른다고 언급한다. 마지막으로 그는 이 시들이 내용에서 서로 연결되는데, 마지막 날에 있을 왕적 지배의 초점을 포함한다고 말한다.[9] 우리는 이 시들이 간접적으로 메시아를 지시한다고 말할 수 있다. 지배자에 대한 시는 구원을 베풀 여자의 씨를(3:15), 라멕의 시는 땅 위의 저주로부터 위로를 가져올 그분을(5:29), 노아의 시는 복을 받은 셈의 족보를(9:26), 야곱의 시는 유다를(49:8-12), 발람의 시는 이스라엘의 미래의 왕을(민 24:7), 그리고 모세의 시는 그의 백성에게 찾아와 그의 원수들을 무찌를 유다 족속을(신 33:7) 지시한다.

제1부에 대한 주해 —————————————————————

표제(2:4a)

4a절. 이것은 … 내력이니(תֹּלְדוֹת, 톨레도트, NIV는 "account, 기사"). 이

---

9 J. Sailhamer, "A Wisdom Composition of the Pentateuch," in *The Way of Wisdom: Essays in Honor of Bruce K. Waltke*, ed. J. I. Packer and S. K. Soderlund (Grand Rapids: Zondervan, 2000), 15-35.

단어는 창세기의 열 분책에서 각 분책의 시작을 위한 신호다(서론에 있는 "구조와 내용"을 보라). 톨레도트(תֹּלְדוֹת)는 어근 얄라드(יָלַד)에서 유래하는데 "아이를 낳다"를 의미한다. 여기서는 "누군가에 의해 생산되거나 존재하게 된 것"을 뜻한다. 이는 그 어근의 명사 형태로 "후손"을 의미한다.[10] 이 내력은 우주의 발생이 아닌 우주가 발생시킨 것과 관련된다.

하늘과 땅.(1:1과 서론에 있는 "구조와 내용"을 보라).

제1막 견습 중인 인간 (2:4b-25)

제1장 견습 중인 남자: 인간은 하나님께 복종함으로써 낙원을 간직한다(2:4b-17)

배경(2:4b-6)

4b절. 땅과 하늘. 1:1과 2:4a에서 순서의 변화는 아마도 관점의 변화에 대한 미묘한 표시일 수 있다(앞의 "제1부의 주제"를 보라).

야웨 하나님(יהוה אֱלֹהִים, 아도나이 엘로힘). 여기서 내레이터는 하나님에 대한 추가적인 이름을 소개한다(위의 "서막에 대한 주해"를 보라). **하나님**(אֱלֹהִים, 엘로힘)이란 단어는 그를 주권적 창조주로 나타내는 반면, **야웨**(יהוה)는 그를 아브라함 및 그의 씨와 유일무이한 언약의 수립을 주도하신 분으로, 그리고 그 언약을 역사 속에서 성취하실 분으로 명시한다(출 3:14-15도 보라). 두 이름의 조합은 우주의 창조자가 택한 백성을 통해 역

---

10 더 오래된 많은 영어 번역이 이 단어를 "후손" 혹은 "세대"로 번역하는데, 이는 "생산된 것"이 자손을 뜻하기 때문이다. "낳다"가 연속적인 사건에 대한 은유로 이해되거나, 이 후손이 사건들과 관련되는 이야기들을 지니기 때문에, NIV 번역 위원회는 여기서 이 단어를 "기사"(account)로, 이어지는 단락들에서는 "아무개와 그의 후손의 기사"로 번역하기로 결정했다.

사를 주관하심을 보여준다.

5절. 들에는 초목이 …없었고 밭에는 채소가 나지 아니하였으며. 이
는 타락 이전의 땅의 부정적 상태를 묘사한다. 여기서 히브리어 단어들
은 먹을 수 없는 식물(참조. 3:18)과 저주받은 토지에서 얻은 경작된 곡식
(참조. 3:17, 23)을 지시한다.[11] 앞서 나온 창조 기사와 고대 근동의 창조 신
화들에서와 같이 이 이야기는 부정적 상태와 더불어 시작된다(참조. 잠
8:24-30).[12] 동산과 나무들, 그리고 타락으로 저주받은 토지의 중요한 역
할로 인해 서론은 동물이 아닌 식물에 초점을 맞춘다. 그러나 동물은 선
물로 주어진 신부의 이야기에서 배역이 커진다.

땅. 히브리어 아다마(אֲדָמָה)는 경작할 수 있는 땅을 지칭하는 전문 용
어다.[13] 히버트(Hiebert)는 이렇게 주석한다. "인간의 역할은 땅을 섬겨 그
것이 생명을 부양할 수 있도록 바꾸는 것이며, 하나님의 역할은 비를 제
공하는 것이다." 히버트의 주장에 따르면 인간과 하나님의 이와 같은 두
가지 역할은 "존재에 대한 가장 근본적인 사실이며, 이것의 부재는 창조
이전의 세상의 상태를 나타낸다."[14]

6절. 안개가 …올라와. 타락 이전에 채소는 비에 의존하지 않고, 지하

---

11 들(שִׂיחַ, 시아흐)의 초목은 야생 식물, 가시나무 및 엉겅퀴를 가리킨다(참조. *HALOT*, 1321의
    정의). 채소(עֵשֶׂב, 에세브)란 단어는 밀, 보리 및 다른 곡식을 나타내는데, 왜냐하면 인간이 아
    직 곡식을 재배하는 데 배치되지 않았기 때문이다(창 3:18, 23; Cassuto, *From Adam*, 101-3을
    보라). David Tsumura는 이 용어들이 식용 가능한지와 상관없이 재배되지 않는 어떤 식물을
    가리킨다고 주장한다(*Earth*, 87-88). 그러나 Cassuto의 주장은 3:18의 "밭의 채소"가 분명
    히 경작되는 곡식을 의미하고 그에 따라 "초목"은 "가시나무와 엉겅퀴"를 지칭하는 것으로 보
    인다는 그의 증거에 기초한다. 또한 그는 이것들이 2:5의 채소와 구별되어야 한다고 주장한다.
    Cassuto의 해석 역시 다른 "창조" 기사들에서 도출된 주석학적 기대, 곧 서사의 서두에서 부정
    적인 상태가 이야기의 마지막 부분에서 변화되리라는 기대를 만족시킨다.
12 저주받은 땅과 고통스러운 노고라는 현재의 상태는 타락의 결과이며 새 창조에서 일소될 것
    이다.
13 T. Hiebert, *The Yahwist's Landscape: Nature and Religion in Early Israel* (New York: Oxford Univ.
    Press, 1996), 61, 97.
14 앞의 책, 72.

에서 올라와 나일강과 같이 넘쳐서 땅을 적시는 물에 의존했다.

인간 창조(2:7)

7절. 야웨 하나님. 그분은 계속해서 주인공이 되신다(참조. 창 1:3).

지으시고. 여기서의 이미지는 토기장이와 진흙이다. 즉 예술가이신 하나님께서 자신의 일에 몰입하신다. 이 이미지는 의도적인, 즉 우연이 아닌 창조를 뜻한다.[15] 동일한 은유가 모든 인류의 창조를 위해 사용된다(욥 10:8-9).

사람⋯땅(אָדָם⋯אֲדָמָה, 아담⋯아다마). 이 언어유희는 사람과 땅의 밀접한 관계를 보여준다. 땅은 사람의 요람이요 그의 집이며 무덤이다(2:5, 15; 3:19을 보라). 첫 아담은 땅의 존재에 부합하는 자연의 육체를 따라 창조된다.[16]

생기. 동물도 숨을 쉬지만, 인간이 자신을 지탱해주는 바로 그 하나님의 호흡을 갖고 있음을 강조하려는 것이 내레이터의 의도다.[17] 미켈란젤로는 비적 말라 핏기 없는 사람의 손을 만지려고 하나님께서 권능의 손가락을 내뻗으시는 장면을 힘 있게 그린다. 인간은 하나님의 생명을 부여받았다.

생령(נֶפֶשׁ, 네페쉬). 이것은 전통적으로 "영혼"으로 번역된다(위의 "서막에 대한 신학적 고찰: 영혼"을 보라).

---

15 이런 묘사는 고대 세계에 널리 퍼져 있었다. 하지만 성경 기사는 "모든 신화적 내용을 누락한다"(Sarna, *Genesis*, 17-18).

16 천상의 인자(참조. 단 7:13)는 이런 지상적 존재 방식을 함께 나누셨는데, 이는 타락한 인간을 위해 그들이 부활과 더불어 갖게 될 몸, 즉 영원한 영광을 누릴 영적인 몸을 보장하기 위해서다(고전 15:42-49; 아래 "신학적 고찰"을 보라).

17 여기서 과학적 분석에 대비되는 서사적 묘사의 한 가지 예가 제시된다.

견습의 무대인 낙원(2:8-14)

8절. 동산(גַּן, 간). "에워싸다, 담장을 치다, 둘러막다"라는 의미의 히브리어 어근 가난(גָּנַן)에서 유래한 단어인 "동산"은 아마도 식물이 번성하는, 둘러싸인 보호 지역을 의미한다. 이는 창조의 질서 속에 마련된 영토인 공간을 지시하는데, 여기서 하나님은 인간들을 초대하여 그들이 자신들과 하나님 사이에서, 인간들 서로 간에, 그리고 동물과 땅 사이에서 지복을 누리고 조화로운 삶을 살도록 하신다. 에덴동산은 성전-동산이며, 나중에 성막에서 재현된다.[18] 그룹들은 동산의 성스러움을 보호하여(창 3:24; 출 26:1; 대하 3:7) 죄와 죽음을 차단한다(창 3:23; 계 21:8). 능동적 믿음은 이 안식처를 위한 필수 조건이다. 하나님의 말씀과 성품에 대한 의심은 이 동산에 존재할 수 없다.

동방. 태양이 뜨는 이곳은 빛과 생명을 나타내며, 죽음을 나타내는 서쪽과 대치된다.[19] 그러나 창세기에서 동쪽으로의 이동은 심판(3:24; 4:16), 허영심과 탐욕(11:2; 13:11) 및 소외(25:6)의 맥락에서 등장하며 보통 부정적이다.

에덴. 이 단어의 가능한 어원은 기쁨, 즐거움, 혹은 풍요한 번영을 의미하는 히브리어 단어다.[20] 지리적 조건, 무성한 숲, 천상의 강, 이 모두가 에덴동산에 있는 낙원[21]의 장면을 그린다. 이는 성소의 원형이다. 본문으로부터 추론하자면 그 안에 자리하고 있는 동산보다 더 큰 장소인 에덴은

---

18 지성소는 동산의 모든 나무와 생명나무를 가질 것이다. 종말론적 성전은 낙원과 비교된다(계 20-21장).

19 이런 고대 근동의 사고방식의 한 예시가 나일강에서 관찰될 수 있는데, 여기서 모든 생명의 신들은 동쪽 강변에, 모든 피라미드와 죽음의 신들은 서쪽 강변에 위치한다.

20 이 단어는 "평원", "초원"을 의미하는 아카드어에서 유래했을 수도 있다.

21 낙원(paradise)이라는 단어는 에덴(Eden)에 대한 70인역의 번역인 파라데이소스(παράδεισος)에서 유래한다. 이 그리스어 단어는 "경계가 둘러쳐진 공원과 기쁨의 땅"을 의미하는 구페르시아어 *pairi-daêza*에서 온 것이다. 나중에 낙원이라는 단어는 의인들이 죽음 후에 보상을 받을 장소를 지시하게 되었다(눅 23:43).

하늘을 나타내는 산이다(창 2:10).[22] 물은 동산을 통해 흘러나와 온 땅을 비옥하게 하는 네 개의 큰 강으로 나뉜다.

사람을 두셨다. 동산에 사람을 두신 하나님의 의도는 인간이 동산에서 동산의 조성자이시며 관리자이신 당신과 교제하도록 하기 위함이었다. 아담과 하와의 추방은 그들로 하여금 생경한 땅에 내던져졌다고 느끼게 만들었을 것이다.

9절. 온갖 종류의 나무들(개역개정-"나무"). 이 과수원은 보기에 아름다울 뿐 아니라 풍성하다. 동산에서의 삶은 향연의 식탁처럼—보기에 아름답고 먹기에 좋은—묘사된다. 인간은 금단의 열매를 먹을 필요가 없다.

생명나무. 하나님은 인간들에게 최상의 생명력을 부여하신다. 이는 자연적인 것을 초월하는 생명을 의미한다. 잠언에서 "생명나무"는 생명을 치료하고 고양하며 칭송하는 어떤 것을 지시하는 데 사용된다. 즉 의(11:30), 성취된 열망(13:12), 그리고 치료하는 혀(15:4)다.[23] "생명나무"가 여기서 최초로 언급되지만 아담과 하와는 두 번째 나무에 주목한다. 인간이 가장 먼저 추구하는 것은 생명이 아닌 힘이다.

선악을 알게 하는 나무. 이 지식은 나중에 아담과 하와가 자신들의 벌거벗음—그들의 취약성과, 성을 사용하거나 남용하는 역량의 상징이다—을 발견할 때 경험한 대로 윤리적 인지를 발생시킨다. "선과 악"은 모든 도덕적 지식에 대한 총칭어법이다. 즉 윤리 체계를 만들어내고 도덕적 판단을 할 수 있는 능력을 말한다. 선과 악의 지식은 "선"(즉 생명을 고양하는 것)과 "악"(즉 생명을 방해하는 것)을 결정하고 그 결과를 끌어내는 지혜와 분별력을 의미한다.[24] 우리가 모든 것을 아는 것이 아니라면,

---

22 에스겔은 사탄의 반역을 하늘의 산에서 발생한 것으로 묘사한다(겔 28:13-14; 계 21:10; 22:1-2).

23 R. Marcus, "The Tree of Life in Proverbs," *JBL* 62 (1943): 117-20을 보라.

24 창 3:6에서 "지혜"를 보라. 참조. 겔 28:6, 15-17.

우리는 상대적으로 알 뿐이다. 우리가 포괄적으로 아는 것이 아니면 우리는 전적으로 알 수는 없다. 그러므로 오직 시공간을 초월하여 하늘에 계신 하나님만이 생명을 위한 선과 악이 무엇인지를 진실로 아는 특권을 지니신다. 따라서 이 나무는 오직 하나님께만 부합하는 지식과 힘을 상징한다(창 3:5, 22).[25] 이와 달리 인간은 진실로 선과 악을 아시는 유일하신 분으로부터 오는 계시에 의존해야 한다(잠 30:1-6). 그러나 인간이 이끌린 유혹은 하나님으로부터 독립하여 이 특권을 쟁취하려는 시도다(3:7을 보라).

10-14절. 강이 ⋯. 에덴의 강들에 대한 묘사는 이 서사에서 잠시 숨을 고르는 휴지(休止) 역할을 한다.

10절. 강. 동산 바깥의 땅으로부터 흘러 올라가는 강들과 대조적으로 (참조. 2:6) 하늘의 강은 하늘 생명의 유포를 나타낸다. 그 강의 풍부한 혜택은 에덴으로부터 성전-동산을 통과하여 흐르며 땅의 사방으로 갈라진다. 이는 음식을 제공하고 생명의 기력을 회복시킨다. 말하자면 살아계신 하나님의 보좌로부터 유출되는 생명, 곧 생수의 샘물에 대한 상징이다(시 36:8-9; 46:4; 렘 17:7-8; 겔 47:1-12; 계 22:1).[26]

11-13절. 비손⋯기혼. 이 강들의 정체는 문제가 있다.[27] 하윌라가 아라비아에 있으므로 비손은 아라비아로 규명되어야 하며, 페르시아만 지역도 가능하다. 창세기 10:8에 따르면 구스는 이란의 서부에 소재한다고 볼 수 있다. 기혼은 메소포타미아의 강이나 수로 중 하나일까?

11절. 하윌라. 지리적 묘사는 이 기사의 역사적 토대를 표현한다.

---

25 하나님의 은혜로 그분은 자신이 세운 왕, 곧 자신이 친히 기름 부어 거룩한 나라를 다스리게 한 왕과 이 능력을 공유하신다(삼하 14:17).

26 그것의 원형(antitypes)은 성전에서 흘러나오는 하나님의 말씀과(미 4:1-4을 보라) 성전인 신자들(temple-believers)에게서 흘러넘치는 하나님의 성령이다(요 7:37-39).

27 참고문헌에 대해서는 *HALOT*, 926을 보라.

12절. 금. 하나님은 동산 밖에서도 인간의 풍요한 삶을 위해 필요한 것을 공급하신다. 훗날 이스라엘 성전 밖의 풍부한 부는 성전에 바쳐져 하나님께 봉헌될 것이다.

견습(2:15-17)

15절. 그것을 경작하며 지키게 하시고. 노동은 죄에 대한 징벌이 아닌 하나님의 선물이다. 타락 전에도 인간에게는 수행해야 할 직무들이 있었다. 오경의 다른 곳에서는 이 표현이 단지 제사장들만의 활동을 묘사한다. "지키다(돌보다)"라는 단어는 사탄의 침입을 막는 동산의 보호를 수반한다(3:1-5을 보라). 제사장 겸 동산지기로서 아담과 하와가 뱀을 쫓아내야 한다. 하지만 오히려 뱀이 그들을 쫓아낸다.

16절. 명하여. 인간에게 전달한 하나님의 최초의 말씀은 인간이 지닌 선택의 자유와 이미 갖춰진 그의 도덕적 능력을 전제한다. 이 언약의 협정에서 하나님은 은혜로 인간에게 생명을 부여하시나, 한편으로는 능동적 믿음, 곧 순종하여 그분의 명령을 지키라고 요구하신다.

17절. …는 먹지 말라. 이 특별한 금지(참조. 1:29)는 인간이 창조주의 통치에 직면하게 한다. 그 나무는 좋으나 전적으로 하나님께 속한다. 죄는 사악한 불신의 연장선에서 나타나며 하나님과 별개로 도덕을 알 수 있다는 인간의 자율권을 주장한다. 피조물은 겉으로 내세우는 지식의 자기충족에 의해서가 아니라 하나님의 말씀 안에서 믿음으로 살아야 한다(신 8:3; 시 19:7-9; 겔 28:6, 15-17).

반드시 죽으리라. 불순종에 대한 판결은 사형이다(20:7; 출 31:14; 레 24:16을 보라).[28] 비록 이 진술이 육체적 죽음을 가리킬 수 있을지라도 일

---

28 비록 우리가 이 히브리어가 법률 문헌에서 "죽을 수 있다" 혹은 "자칫하면 죽는다"를 의미할 가능성을 인정해야 할지라도, 서사의 맥락은 여기서 이 표현이 그런 의미가 아님을 분명하게 만든다. 법률 문헌에서 가능한 의미에 대해서는 B. Gemser, "The Importance of the Motive Clause

차적으로는 영적인 죽음을 암시한다. 이는 하나님과의 관계 및 서로 간의 관계의 상실을 수반한다. 남자와 여자가 나무 열매를 먹을 때, 그들은 즉시 하나님과의 관계와 서로의 관계에 해를 끼쳤다(3:7-13을 보라). 추가적 심판인 육체적 죽음은 간접적 축복으로서 삶의 고통을 끝내고 죄와 죽음과 동떨어진 생명에 대한 기대를 연다.

제2장 선물로 주어진 신부(2:18-23)[29]

배경(2:18)

18절. 좋지 아니하니(לֹא טוֹב, 로 토브). 로 토브(לֹא טוֹב)라는 구절은 강한 강조를 나타낸다.[30] 본질적으로 아담이 홀로 지내는 것은 좋지 않다.[31] 하나님은 친밀감과 성적인 관계를 수반하는 결혼을 의도하신다.[32] 관계는 고립되어 존재하지 않고 삼위일체이신 하나님, 하늘 궁전에 둘러싸인 하나님을 모델로 한다.

돕는 배필(עֵזֶר, 에제르). 하나님은 아담을 돕도록, 다시 말해 그의 소명을 귀히 여기고 그의 기쁨을 나누며 금지 명령을 존중하도록 여자를 창조하신다. **돕다**라는 말은 남자가 우선적 지배권을 가지나 두 성이 상호 의존적임을 시사한다. 남자가 먼저 창조되었고, 남자를 돕는 여자가 나중

---

in Old Testament Law," VTSup 1 (1953): 50-66을 보라.

29 고대 근동 문헌에는 여자의 창조에 대한 기사가 없다. 반대로 성경 기사는 남자의 창조에 한 구절을 여자의 창조에 여섯 구절을 할당한다! 그녀의 출현은 창조를 완성에 이르게 한다(Sarna, *Genesis*, 21).

30 이상적 상황에 미치지 못함을 표현하는 통상적인 방식은 에인 토브(אֵין טוֹב), "선함이 없다"이다.

31 사람이 독처하는 것이 좋지 않다는 것은 신약의 가르침으로 수정 보완되어야 한다. 결혼은 좋은 것이나 그리스도와 결혼하는 것이 더 좋다(고전 7:29-40).

32 구약에서 심지어 거룩한 직무를 위해 구별된 사람들도 결혼한다(대제사장, 레 21:13; 나실인 규례는 독신을 요구하지 않는다, 민 6:1-4).

이지 그 반대는 아니다(딤전 2:13도 보라). 그러나 이는 존재론적 우월성이나 열등성을 의미하지는 않는다. **돕는 배필**이라는 말은 구약에서 나타나는 열아홉 번의 사례 중 열여섯 번이 하나님에 대해 사용되는데, 여기서는 여자의 불충분함이 아닌 본질적 기여를 지시한다.[33]

적합한(נֶגְדּוֹ, 네그도). 이 히브리어는 "동등하고 적절한"을 의미한다. 남자와 여자는 성적으로 다르나 하나님의 형상을 간직한 동일한 인격체이며 하나님 앞에 설 때에도 동등하다.[34]

선물을 위한 남자의 준비(2:19-20)

19절. 야웨 하나님이 각종 짐승을 ⋯지으시고. 동물 창조는 선물로 주어지는 신부 이야기에서 동물의 중요성으로 인해 이제 언급된다.

(이름을) 부르나. 내레이터는 언어의 기원을 공백으로 남겨놓으나 나중에 언어의 다양성을 설명한다.[35]

20절. 이름을 주니라. 1:5도 보라. 아담은 (여자의 창조 이전에) 이름을 짓는 데 있어 주도권을 갖는다.[36] 아담은 문화 명령을 따르는 가운데

---

33 구약과 신약은 남자와 여자의 이런 구조화된 의존적 관계를 다음과 같이 확증한다. (1) 구약에서 여자는 여예언자로 섬길 수 있으나 여제사장으로 일할 수 없다. (2) 하나님의 위격(Godhead)의 관계는 성부, 성자, 성령이시다(부모, 자녀, 성령이 아니다). (3) 신약에서 사도는 모두 남자다. (4) 고전 11:3-16에서 제시된 대로, 아내인 여자와 남편인 남자의 관계는 남자와 그리스도와의 관계, 그리스도와 하나님의 관계처럼 그러해야 한다. (4) 벧전 3:6은 여자들에게 사라가 아브라함을 자신의 말로 "주인"(master)이라고 불렀음을 상기시킨다(창 18:12).

34 하나님 앞에서 이런 완전한 평등성은 성경 전체에서 관찰된다. 여자는 직접 하나님께 기도하고(창 30:1-2; 삼상 1:9-14; 2:1-10), 희생과 사역에 참여하며(레 12:6; 눅 8:1-3), 나실인이 되고(민 6:2; 고전 7:32-35), 자녀들 앞에서 평등한 신분으로 부모 노릇을 한다(레 19:3; 잠 1:8; 31:26). 또한 하나님의 계시를 받고 전달하며(창 25:22-23; 출 15:20; 삿 4:4-7; 왕하 22:13-20; 사 8:3), 교회에서 봉사하고 성직을 수행한다(뵈뵈, 브리스길라, 유니아, 유오디아, 순두게—διάκονος[디아코노스], συνεργός[쉬네르고스], ἀπόστολος[아포스톨로스], 행 21:9; 롬 16:1-3, 7; 빌 4:2-3).

35 경험적 증거에 따르면, 언어는 진화하는(evolving) 중이 아니라 퇴화하는(devolving) 중이다.

36 B. K. Waltke, "The Role of Women in the Bible," *Crux* 31 (September 1995): 29-40.

(1:26) 하나님을 모방하여 세계를 자신의 지배하에 둔다. 창조의 질서 속에서 인간은 천상의 존재보다는 낮고 동물보다는 높다(시 8:5).

돕는 배필이 없으므로. 왜 하나님은 아담이 홀로 지내는 것이 좋지 않다고 결정하시고 그에게 동물을 주시는가? 그분은 여자를 먼저 주셨어야 하지 않을까? 사실 아담 자신이 홀로 지내는 것이 좋지 않음을 깨달아야 한다. 하나님은 가치를 모르는 자에게 가장 소중한 선물을 낭비하기보다 아담이 여자라는 선물을 소중히 여길 준비가 될 때까지 기다리신다.

여성의 창조(2:21-22a)

21절. 남자의 갈빗대 하나. 결혼 관계를 뒷받침하는 친밀감과 조화가 이 이미지에서 완벽하게 포착된다(엡 5:28도 보라). 매튜 헨리(Matthew Henry)의 잘 알려진 해설에 의하면 여자는 "남자 위에 군림하도록 그의 머리로 만들어지지 않았으며, 그에 의해 짓밟히도록 그의 발로 만들어지지 않았다. 그녀는 그와 동등하도록 그의 옆구리에서, 보호받도록 그의 팔 아래에서, 사랑을 받도록 그의 가슴 가까이에서 지음을 받았다."[37] 카수토 역시 이렇게 말한다. "갈빗대가 남자의 옆구리에서 발견되고 그에게 붙어 있는 것처럼, 그의 좋은 아내 역시 남편의 **갈빗대**로서 그의 돕는 배필이 되어 그의 옆에 서 있으며 그녀의 영혼은 그와 함께 묶여 있다."[38]

선물로 주어진 신부(2:22b-23)

22b절. 하나님이 …그를 이끌어 오시니. 하나님께서 준비하시고 신성한 성전-동산에서 거행된 이 최초의 결혼은 거룩하고 이상적인 결혼의

---

37 M. Henry, *A Commentary on the Holy Bible* (London: Marshall Brother, n.d.), 1:12.

38 Cassuto, *From Adam*, 134.

모습을 나타낸다. 하나님은 신부와 함께 입장하는 역할을 맡으신다. 그분은 남자에게 아내를 넘겨주신다.

23절. 이는…남자에게서. 여기서 우리는 타락 전에 유일하게 기록된 아담의 말을 읽는다. 그는 시적 표현으로 이 결합과[39] 남자와 여자의 동등성을 축하한다. 그는 그녀를 "여자"(חשָׁאִ, 이샤)로 칭하면서 자신의 이름을 "남자"(שׁיאִ, 이쉬)로 칭한다. 내레이터는 남자와 땅의 관계를 따라 그의 이름을 부르지만, 아담은 자신과 아내의 관계 속에서 자신의 이름을 부른다.[40] 한 남자와 여자가 가장 하나님처럼 되는 날은 무조건적으로 서로에게 헌신을 다짐하는 결혼식 날이다.[41]

부르리라. 자신의 아내에 대한 남자의 이중적 호칭("내 뼈 중의 뼈, 살 중의 살"과 "여자"-역주)은 가정에서의 그의 권위를 수반한다(3:20; 참조. 민 30:6-8). 고대에 이름을 짓는 권위는 통치권을 암시했다(창 1:5; 2:19).

종막(2:24-25)

24절. 이러므로. 내레이터가 첨가한 이 말은 이야기의 원형론적 의도를 시사한다. 모든 결혼은 하나님이 정하신 것이다. 영감이 부여된 이 추가 설명은 부부의 의무보다 부모의 의무에 우선권을 부여하는 모든 문화를 교정하려는 목적이 있다.

떠나. 남편과 아내는 한 몸이기 때문에 부부의 의무는 자녀 출산의 의

---

39 공유하는 육체의 이미지는 완전한 혼인의 결속을 예시한다. (부부 중) 한쪽에 영향을 끼치는 모든 것은 상대 배우자에게도 영향을 준다. 한쪽에 상처를 주는 것은 상대 배우자에게도 상처를 준다(엡 5:28-29).

40 Sarna, *Genesis*, 23.

41 모본이 되시는 그리스도는 한층 더 나아가 상대를 위해 죽기까지 하실 것이다. 결혼 생활에서 우리는 이 복음을 모방하여 실천하면서 우리의 권리와 나아가 우리의 생명까지도 배우자를 위해 포기한다.

무보다 더 우선된다. 아내에 대한 남편의 의무는 다른 우선권보다 먼저다.

합하여. 이는 언약의 헌신을 가리키는 말이다. 결혼은 하나님과 그의 백성의 관계를 묘사한다(호 2:14-23; 엡 5:22-32).

한 몸. 결혼 관계의 완전한 연합과 심오한 결속은 결혼이 일부일처라야 한다는 하나님의 의도를 암시해준다.

25절. 부끄러워하지 아니하니라. 이 이상적인 상태에서 남자와 여자는 온전한 인격과 성적 특질을 지닌다. 따라서 그들은 벌거벗은 상태에서도 부끄러움을 느끼지 않는다. 여기서 그들의 벌거벗음은 개방성과 신뢰의 이미지를 나타낸다. 그들은 타락 후 순전함을 상실하게 되어 수치와 유혹을 느끼게 되고 옷이라는 가리개로 자신들의 치부를 가려야 할 것이다(3:7).

제2막 타락과 그 결과(3:1-24)

제1장 유혹과 타락(3:1-7)

유혹자의 모습(3:1a)

1절. 뱀. 고대 근동에서 뱀은 다양한 맥락 속에서 여러 가지 상징을 나타낸다. 즉 보호(이집트의 뱀 장식 우라에우스[uraeus]), 악(치명적인 독, 이집트의 뱀신 아포피스[apopis]), 다산(가나안의 다산 여신), 혹은 생명의 지속(허물 벗기[42]; 참조. 욥 26:12-13; 사 27:1) 등이다. 여기서 뱀은 반(反) 하나님

---

[42] 참조. A. Heidel, *The Gilgamesh Epic and Old Testament Parallels* (Chicago: Univ. of Chicago Press, 1949), 212 n. 92.

(antigod)의 상징이다. 비록 여기서 이름은 거명되지 않지만, 뱀은 하나님과 인간의 원수로서 구약성경에서는 사탄(히브리어 שָׂטָן, 사탄["원수, 파괴자, 혹은 참소자"]), 신약성경에서는 악마(그리스어 διάβολος, 디아볼로스)라 불린다. 그는 하늘에서 기원했으며 지상의 자연의 이치를 벗어나 있다.[43] 그는 사악하고 인간보다 지혜로우며 그들을 자신의 지배하에 둔다. 그는 신적 문제들을 알고 있고(3:5)[44] 혼란을 일으키기 위해 언어라는 수단을 사용한다.[45]

간교하니라(עָרוּם, 아룸). "벌거벗음"과 "교활함"(2:25과 3:1에서 עָרוּם, 아룸)의 언어유희는 두 장면을 연결하고 아담과 하와의 고통스러운 치부에 주목하게 만든다. 사탄의 간교함은 하나님의 말씀을 교묘히 왜곡하는 데서 드러난다. 미묘한 변장술을 통해 이 원수는 호감이 가고 천사 같은 신학자처럼 말을 건다.

지으신. 뱀은 신화적 존재가 아니라 실제 역사의 일부다.

물어 이르되.[46] 하나님은 땅을 다스리고 만물을 지배하도록 인간에게 언어를 선물하셨다. 뱀은 언어를 왜곡하여 혼란을 일으키고 아담과 하와를 자신의 통제 아래 두려고 언어를 사용한다.

---

43 표면적으로 (수수께끼인) 사탄은 선한 창조물에 속하지 않는다.

44 이런 추론은 후대의 계시에서(욥 1:6-12; 슥 3:1-2) 뚜렷해진다.

45 참조. 요 8:44; 고후 11:14; 계 12:9. 그의 권세에도 불구하고 사탄은 그리스도와 그분의 씨에 의해 멸망할 것이다(창 3:15; 눅 10:18-19; 롬 16:20).

46 비록 뱀이 실제적이고 역사적인 존재라 할지라도, 내레이터가 뱀의 말을 기록함에 있어 유혹의 심리적 작동 기제를 말로 나타내고 있다고 보는 것이 가능하다. 어느 누가 뱀과 하와의 대화를 들었겠는가? 비슷하게 신접한 여인이 사무엘을 보지만 그의 말소리는 듣지 않는다. 반면에 사울은 사무엘의 말소리를 듣지만 그를 보지 못하며 필시 사울의 종들은 듣고 아무것도 보지 못한다(삼상 28:3-25; 행 22:9). 아마도 하와와 함께 있던 아담 역시 듣지만 아무것도 보지 못할 것이다. 그는 속지 않는다.

유혹의 양상(3:1b-5)

1b절. 하나님이 참으로 … 하시더냐? 사탄은 하와에게 교묘한 술책을 써서 진지한 신학적 토론처럼 보일 수 있는 주제로 자연스럽게 이끈다. 그러나 그는 하나님에 대한 불복종을 유도하고 하나님의 공급하심보다는 그분의 금지 명령을 강조함으로써 관점을 뒤틀어놓는다. 그러면서 그는 하나님의 명령을 질문으로 끌어내리고, 그분의 신실하심을 의심하며, 그분의 의도를 비난하고, 그분의 위협의 진실성을 부인한다.

모든 나무의 열매를 먹지 말라. 뱀이 하나님의 말씀을 미묘하게 바꾼 것은 진실을 전적으로 왜곡한다. 그는 하나님의 말씀이 가혹하며 제한하는 것으로 보이기를 원한다.

2-3절. 우리가 먹을 수 있으나 … 너희가 죽을까 하노라. 하와는 자신의 특권을 폄하하고 금지 명령에 뭔가를 덧붙이고 하나님의 위협을 축소하면서 점점 뱀의 부정적인 말과 반신반의에 이끌린다.[47]

4절. 너희가 결코 죽지 아니하리라. 뱀은 그녀의 두려움을 없애려고 애쓰면서 하나님의 말씀을 반박한다(2:17).

5절. 하나님과 같이 되어 … 아심이니라. "아심이니라"에 해당하는 히브리어 단어는 요데아(יֹדְעֵי)인데, 여기서는 남성 복수 분사이며 그 의미는 모호하다. 한편으로 이 복수 분사는 하나님에 대한 존엄의 복수형으로 사용될 수 있으며, 이 점에서 널리 인정된 번역은 타당하다.[48] 다른 한편으로 이 단어는 가산 명사의 복수형일 수 있으며 이 경우에 이 문장은 "너희는 선과 악을 아는 자들, 곧 신적 존재들처럼 될 것이다"로 번역되어야

---

47 Walter Brueggemann은 이렇게 기록한다. "뱀은 하나님의 명령마저 상대화하기 위해 법 사회학의 일부를 끌어들인다. 여기서의 신학적-윤리적 대화는 하나님의 요구를 따르기 위함이 아니라 회피하기 위함이다"(*Genesis: A Bible Commentary for Teaching and Preaching* [IBC: Atlanta: John Knox, 1982, 현대성서주석 『창세기』, 한국장로교출판사 역간], 47-48).

48 *IBHS* §7.4.3.

한다. 후자의 의미가 더 그럴듯한데, 왜냐하면 그들이 금단의 열매를 먹은 후에 본문은 분명하게 다음과 같이 말하고 있기 때문이다. 즉 "그들이 우리 중 하나와 같이, 곧 선과 악을 아는 자들이 되었다"(문자적 번역, 창 3:22). 어쨌든 뱀은 하나님이 그들의 온전한 인간성을 제한하고 있는 것처럼 보이게 만든다.

죄의 양상(3:6)

6절. 나무 열매 … 지혜. 하와의 결정은 하나님의 말씀보다 실용적 가치, 심미적 외견 및 감각적 욕구에 우선권을 부여한다. 암스트롱은 이렇게 진술한다. "아담과 하와가 지식의 나무로부터 추구한 것은 그리스인들이 열망한 철학적이거나 과학적인 지식이 아니라 자신들에게 축복과 성취를 가져다줄 실용적 지식이었다."[49] 그들은 더 많은 정보를 찾는 것이 아니라 지식, 곧 선한 목적뿐 아니라 악한 목적을 위한 잠재력을 지닌 지식에서 나오는 힘을 갈망한다.

먹기에 좋아 보이고(개역개정-"먹음직도 하고"). 1장에 비추어볼 때 "좋다/선하다"라는 진술은 분명 아이러니하다. 선은 더 이상 하나님께서 말씀하신 생명을 충만케 하는 것에 근거를 두지 않고 사람이 생각하기에 생명을 고양하는 것에 기반을 둔다. 그들은 선한 것을 악한 것으로 왜곡한다.

지혜(הַשְׂכִּיל, 하스킬). 이는 "신중함" 혹은 "적실함"으로 이해하는 것이 더 좋다(즉 위협적인 상황에 주의를 기울이는 것, 그것의 해결책에 대한 통찰을 갖는 것, 신중하게 행동하는 것, 그리고 그에 따라 성공과 생명의 결과를 만들어내고 실패와 죽음을 방지하는 것이다).

그도 먹은지라. 남자는 하나님이 아니라 자기 아내의 말을 듣기로 결정한다(3:17을 보라).

---

49 Armstrong, *Beginning*, 27.

죄의 결과의 양상(3:7)

7절. 그들의 눈이 밝아져. 아이러니하게도 그들은 자신들의 열린 눈으로 인해 수치를 알게 된다. 선과 악에 대한 이 지식은 통상적으로 주장되는 바와 같이 중립적 상태가 아니요, 갈망했던 성숙도 아니며, 인간성의 진보도 아니다. 하나님은 윤리적 자치권을 가지려는 인간의 성향으로부터 그들을 구원하기를 갈망하신다. 아담과 하와는 죄지은 상태에 놓이게 되었으므로 생명나무의 열매를 먹어서는 안 되며, 스스로의 윤리 조항을 선택하려는 경향을 지닌 채 영원히 금지된 상태에 처하게 된다(창 3:22). 대조적으로 하나님 나라에서 사람들은 하나님을 알고 그분의 말씀대로 사는 길을 택한다(신 8:3).

벗은(עָרוֹם, 아롬). 성경에서 아롬(עָרוֹם)은 보통 사람의 몸을 가리는 옷이 벗겨진 상태를, 그리고 무방비 상태에 있거나 나약하며 굴욕을 당한다는 의미에서의 "벌거벗음"을 묘사한다(신 28:48; 욥 1:21; 사 58:7). 죄를 깨닫고 순전함을 잃음과 동시에 부부는 이제 벌거벗은 상태에서 수치를 느낀다.[50] 그들의 영적인 죽음은 서로 소원해진 그들의 관계에서 드러나고, 가리개를 위해 무화과 나뭇잎을 엮어 치마를 만든 것에서 상징적으로 나타난다. 또한 이 죽음은 그들과 하나님 간의 분리에서 드러나며 나무 사이에 숨는 것으로 상징적으로 묘사된다.

7절. 무화과 나뭇잎. 무화과 나뭇잎은 옷을 짓기에 충분할 만큼 크고 질기다.

제2장 심판의 양상(3:8-19)

8절. 동산에 거니시는 야웨 하나님. 동산의 주인은 자신의 동산을 버리

---

[50] 하나님의 구속에 대한 한 가지 이미지는 그분이 인간의 죄를 덮으심이다(3:21; 참조. 출 25:17).

지 않았다. 사랑의 증표는 사랑이 바라던 목표를 이루지 못했을 때에도 사랑의 대상을 버리지 않으려는 마음이다.

그날 바람이 불 때. 이는 문자적으로 그날의 "바람" 혹은 "영"이다. 바람/영은 하나님의 임재의 상징이다(1:2을 보라).

숨은지라. 그들의 행동은 죄에 대한 암묵적 인정이다.

9-13절. 어디 있느냐?⋯누가⋯어찌하여. 하나님은 재판을 본뜬 행동을 하신다. 정의로운 왕은 신중한 조사도 없이 판결을 내리지는 않을 것이다(참조. 4:9-10; 18:21). 하나님은 전지전능하시지만 그들을 심문하시면서 자신들의 죄를 고백하도록 유도하신다.[51]

10절. 듣고(שָׁמַע, 샤마). 아이러니하게도 이 히브리어 단어는 엄밀히 말해서 아담이 행하지 못했던 "순종하다"를 의미할 수도 있다.

두려워하여. 두려움에서 촉발된 행동은 믿음에서 비롯된 것이 아니며 따라서 하나님을 기쁘시게 할 수 없다.

12-13절. 하나님이 주셔서⋯함께 있게 하신 여자⋯뱀이⋯내가 먹었나이다. 부부는 진실을 왜곡하고 서로를 비난하며 최종적으로 하나님을 비난함으로써 사탄에 대한 그들의 충절을 보여준다(약 1:13을 보라). 그들의 말은 "내가"로 채워져 있다.

14절. 뱀에게. 이런 죄를 부추긴 사탄은 심문을 받지 않고 해명할 기회도 얻지 못한다. 내려진 판결은 뱀과 사탄 둘 다와 관련이 있다.

저주를 받아(אָרוּר, 아루르). 뱀의 씨는 무기력해져서 하나님의 생산력을 갖지 못한다. 뱀의 후손은 최종적 죽음을 극복할 수 없기에 영원히 살지 못한다.

흙을 먹을지니라. 이것은 성경에서 비참한 굴욕과(시 44:25; 72:9) 완전한 패배를(사 25:12; 미 7:17) 상징한다.

---

51 하지만 하나님은 이미 구원을 거절한 사탄을 향해 아무런 심문 없이 심판을 선언하신다.

살아 있는 동안. 메시아의 발꿈치 아래 놓이게 될 뱀의 최종적 패배는(3:15) 약속된 후손을 통한 하나님의 구원 계획을 달성하기 위해 연기된다. 도중에 하나님은 뒤를 잇는 후대의 언약 백성의 충성심을 시험하고(삿 2:22) 거짓에 맞서 "싸우도록" 그들을 가르치기 위해(삿 3:2) 사탄을 내버려두신다.

15절. 내가 … 원수가 되게 하고. 주권적인 은혜로 하나님은 타락한 여자의 사탄에 대한 호감을 그분에 대한 의로운 열정으로 전환시키신다.

네 후손과 여자의 후손. "후손"은 제라(זֶרַע, "씨")를 번역한 단어인데, 제라는 통상적으로 "자손"을 의미하는 비유적 표현으로 사용된다. 영어 단어와 마찬가지로 제라(זֶרַע)는 가까운 자손(창 4:25; 15:3), 먼 후손, 혹은 큰 무리의 후손을 가리킬 수 있다. 여기와 성경 전반에 걸쳐 이 세 가지 의미 모두가 발전되고 뒤섞인다.[52] 현재의 창세기 본문에서 우리는 단수의 의미와 집단적 의미 둘 다 가능하다고 추론해볼 수 있다. 여자의 씨가 뱀의 씨와 싸우기 때문에 우리는 그것이 집단적 의미를 지닌다고 추론한다. 그러나 단지 뱀의 머리가 짓밟힌다고 묘사되기 때문에 우리는 한 개인이 치명상을 입히고 유일하게 그의 발꿈치가 상함을 입게 되리라고 예상한다.

뱀의 씨는 새끼 뱀들이라고 말하는 것과 같은 문자적 의미가 아니다. 왜냐하면 뱀은 하늘의 영이 변장한 모습에 지나지 않는다는 사실이 이미 확립되었기 때문이다. 이 씨는 악령들도 아니다. 왜냐하면 그런 해석은 문맥에 맞지 않고 사탄은 악령을 출산하지 않기 때문이다. 오히려 뱀

---

[52] 당장의 씨는 아벨과 그다음의 씨인 셋이다. 집단적 씨는 족장들의 거룩한 자손이다(창 15:5; 22:17). 창세기를 넘어가면 하나님께서 다윗에게 씨를 약속하실 때까지(삼하 7:12) 우리는 약속의 씨에 대해 다시 듣지 못한다. 이 역시 세 가지 방식 모두로 이해되어야 한다. 이 씨에 대한 약속의 특별한 성취자이신 예수 그리스도는 여자의 씨를 통해, 즉 족장들과 다윗을 통해 세상에 오신다. 바울은 아브라함의 씨를 예수 그리스도 개인으로 언급하지만(갈 3:16) 그다음에는 그리스도 안에 있는 교회를 아브라함의 씨에 포함한다(롬 16:20; 갈 3:29).

의 씨는 뱀이 하나님을 대적하여 반역하도록 이끈 자연계의 인간을 지칭한다. 인간은 이제 두 집단으로 나뉜다. 즉 하나님을 사랑하는 선택된 자들과 자신을 사랑하는 배반자들이다(요 8:31-32, 44; 요일 3:8). 창세기의 각 등장인물은 여자의 영적 성향을 답습하는 그녀의 씨일 수도 있고, 뱀의 불신을 답습하는 뱀의 씨일 수도 있다.[53] 독자에게 던져지지 않은 질문은 다음과 같다. 즉 "너는 누구의 씨인가?"

여자의 후손은…너는. 하나님은 호적수의 결투를 판정하신다. 사탄을 제압하는 씨가 나타날 것이다. 자연인 아담이 실패했기 때문에 궁극적으로 여자의 후손은 하늘의 아담과 그의 공동체여야 한다(단 7:13-14; 롬 5:12-19; 고전 15:45-59; 히 2:14; 계 12장을 보라).

짓밟을 것이요(개역개정-"상하게 할 것이요")…**상하게 할 것이니라**(שׁוּף, 슈프). 두 번역어는 동일한 히브리어 어근을 옮긴 것이다. 이 병행구는 두 개별적 존재가 심각한 타격을 입는다는 것을 시사한다. 싸움과 고통은 피할 수 없고 뱀과의 투쟁에서 이기기 위해 고난을 겪어야 한다(참조. 사 53:12; 눅 24:26, 46-47; 롬 16:20; 고후 1:5-7; 골 1:24; 벧전 1:11). 하나님의 판결은 뱀을 제압하시는 하나님의 행동에 일체감을 느끼는 사람들 속에서 고통이 역할을 수행하게 됨을 보여준다. 결과적으로 도덕적인 삶이 기쁨과 보상이라는 결과와 혼동되지는 않을 것이다. 아담과 하와는 애초에 자신들을 이런 재판 자리로 이끈 자기만족에 대한 욕구가 아니라 의에 대한 욕구에서 하나님을 섬겨야 한다("신학적 고찰"을 보라).

16절. 여자에게. 여자는 가정에서의 인간관계에서 좌절을 겪는다. 즉 자녀를 낳을 때 겪는 고통과, 남편을 향한 반항이 그것이다. 통제가 자유를, 강요가 설득을, 분열이 번성을 각각 대체했다.

수고하고. 문맥은 여기서 의미하는 바가 육체적 고통임을 나타낸다. 반

---

53 이런 구분은 가인과 아벨의 적대 관계에서 거의 즉시 나타날 것이다(창 4장을 보라).

항하는 땅에 대한 남자의 수고가 매우 힘들고 고통스러운 것처럼, 해산하는 여자의 수고 역시 큰 고통을 수반할 것이다(참조. 시 127:2과 잠 5:10에서 이런 고통스러운 수고에 대한 개념).

자식을 낳을 것이며. 불멸성이 후손으로 대체되면서 구원사의 문이 열린다. 언약의 자녀를 잉태하고 양육하는 특권은 지도력의 상실로부터 여자들을 구한다(딤전 2:15).

원하고. 이 문구의 교차 구조는 두 단어 "원하다"와 "다스리다"를 짝으로 묶는다. 이는 그녀의 욕구가 지배할 것임을 암시한다. 모호한 구절에 대한 이런 해석은 4:7의 분명한 문맥에 나타나는 동일한 단어 짝에 의해 정당화된다.

다스릴 것이니라. 아이러니하게도 남자가 여자를 지배할 것이다. 서로 소원해진 그들의 관계는 장차 회복될 사랑과 배려보다는[54] 하나님이 말씀하신 세력 다툼의 묘사로 심각하게 조명된다. 남성의 지도력—남성의 지배권이 아닌—은 타락 이전의 이상적인 상황에서 전제되었다(2:18-25과 "신학적 고찰"을 보라).

17절. 아담에게. 다른 범죄들의 경우와 마찬가지로 하나님의 징벌은 그 범죄에 부합한다. 먹는 것으로 저지른 아담의 죄에 대한 응답으로 아담에게 주신 하나님의 말씀은 적어도 다섯 차례나 "먹음"을 언급한다(3:17-19).[55] 아담 역시 자연의 여러 관계 속에서 고통과 좌절을 경험할 것이다.

땅. 남자와 땅의 생태적 관계, 곧 그가 땅을 정복하는 관계가 뒤집힌다. 즉 땅은 그에게 복종하는 대신 저항하고 결국 그를 집어삼킨다(창 2:7; 롬 8:20-22을 보라). 땅의 생태는 부분적으로 인간의 도덕성에 의존한다(창

---

54 사랑의 관계의 회복은 그리스도 안에서의 새로운 생활 속에서 발견된다(마 20:25-28을 보라).
55 Hamilton, *Genesis 1-17*, 202.

4:12; 6:7; 레 26장; 신 11:13-17; 28장; 욜 1-2장).

수고하여야. 내레이터는 여자의 고통에 대해 사용한 것과 동일한 단어를 사용한다. 노동 자체는 저주가 아니라 일하시는 하나님의 축복이다(2:15을 보라). 그러나 이제 노동은 인간이 생명을 주는 흙으로부터 멀어짐으로써 저주를 받는다. 더 이상 인간은 고된 노동을 한다고 해도 보상을 항상 얻지는 못할 것이다.

18절. 가시덤불과 엉겅퀴를. 먹을 수 없는 식물이 성장하여 사람의 생존에 필요한 식물이 땅에서 번식하지 못하게 된다. 노동으로 극복되어야 하는 적대적인 창조물은 하늘의 지혜로 극복되어야 하는 영적인 적대감에 대한 비유 역할을 한다(잠 24:30-34을 보라).

19절. 너는⋯흙으로 돌아갈 것이니라. 아이러니하게도 남자와 여자는 하나님께서 정하신 경계선을 넘었을 때 자신들이 바라던 더 나은 삶을 누린 것이 아니다. 대신에 그런 위반은 그들에게 혼돈과 죽음을 가져왔다. 육체적 죽음은 파멸이면서 동시에 은혜다. 죽음은 모든 활동을 헛되게 만들지만, 죽을 운명의 인간을 영원한 저주의 속박으로부터 구원하고 무덤 너머의 영원한 구원에 이르는 길을 연다.

종막: 타락 이후의 구원(3:20-24)

20절. 이름을 하와라 불렀으니. 여자라는 총칭적인 명칭에 덧붙여 아담은 그녀의 운명을 정의하는 개인적인 이름을 짓는다.

모든 산 자의 어머니. 아담이 하와라고 이름을 지은 것은 희망의 시작이다. 아담은 그 신실한 여자가 장차 사탄을 물리칠 후손을 낳을 것이라는 약속을 믿음으로써 자신이 하나님께로 회복되었음을 보여준다. 이 이야기가 죽음으로 가득 채워지는 동안—뱀에 대한 심판, 고통스러운 노동, 의지의 충돌—한줄기 희망의 빛이 뱀에 대해 적개심을 품은 여자의 씨가 화육신한 악을 물리칠 것이라는 약속에 남아 있다.

21절. 가죽옷을. 3:7에 언급되는 아담과 하와의 "가리개"는 그들의 부끄러움을 덮기에는 불충분한 원시적인 치마였을 뿐이다. 한 짐승의 "희생"과 더불어[56] 이제 하나님은 그들을 위해 무릎 또는 발목까지 내려오는 겉옷을 제작하신다. 브루그만(Brueggemann)은 이렇게 설명한다. "이 문장을 있는 그대로 보자면, 그 부부가 자신들을 위해 할 수 없는 일을(3:7) 하나님께서 실행하신다(3:21). 그들은 자신들의 수치를 다룰 수 없으나 하나님은 다루실 수 있으며, 장차 다루실 것이고, 지금 다루신다."[57]

지어 입히시니라. 이것은 이 부부를 자상하게 돌보시는 하나님의 이미지를 묘사한다.

22절. 우리 중 하나 같이. 1:26에 대한 주해를 보라. 1인칭 복수에 대한 가장 그럴듯한 설명은 하나님께서 하늘의 어전 회의를 언급하고 있다는 것이다. 선악의 지식에 관한 한, 아담과 하와는 이제 다른 하늘의 존재들과 같이 되었다. 하나님께서 단지 자신에 대해서만 언급하시는 것 같지는 않다(삼하 14:17).

영생할까 하노라. 인간은 타락한 가운데 영원불멸의 삶에 참여할 수 없다. 죽음은 심판이자 석방이다.

23절. 그를 내보내어. 그를 추방함으로써 하나님은 자신의 성전-동산을 정결케 하신다(참조. 2:12-17; 계 21:27).

24절. 그룹들과. 에스겔 28:14에 나오는 천사 같은 존재인 그룹의 임무는 지존하신 보좌에 누군가가 접근하는 것을 막는 일이다(참조. 사 14:13). 마찬가지로 이 화염을 일으키는 존재들은 죄인들이 불멸의 삶을 얻지 못하도록 감시하는 역할을 한다. 날개가 달린 스핑크스와 같은 보좌 시중꾼들이 고대 근동 전역에서 발견된다.[58]

---

56 가죽옷을 만드는 데 필수적인 짐승의 도살은 죄를 위한 희생의 이미지를 제시/암시할 수 있다.

57 Brueggemann, *Genesis*, 50.

58 *ANEP*, 159-60, plates 456, 458.

제3막 가인의 계보에서 죄의 증가(4:1-24)

제1장 가인과 아벨(4:1-16)

배경(4:1-2)

1절. 동침하매. 이 히브리어는 문자적으로 "알았다"를 의미한다. 성경에서 누군가를 "안다"는 것은 비인격적인 정보에 대한 앎이 아닌 개인적인 친분 관계를 수반한다. 여기서 "알다"는 남편과 아내 사이의 가장 친밀하고 소중한 관계에 사용된다. "알다"라는 표현이 동물에게는 전혀 사용되지 않는다. 동물에게 있어 성교란 단지 본능적 욕구를 충족시킬 뿐이다.

가인. 그의 이름은 "획득하다, 얻다, 소유하다"를 의미할 수 있다. 만일 그렇다면, 이 단어는 그의 기본 성향을 미리 내비치는 전조다.

내가 야웨로 말미암아 득남하였다. 여자는 언약적 신명을 사용하는 최초의 인물이다(서론에서 "편찬과 저작권"을 보라). 그러나 설사 여기 하와의 출산에서 야웨의 역할을 인정한다고 할지라도, 야웨라는 호칭은 신인 협동론을 드러낸다(하나님은 그분의 역할을, 나는 내 역할을 한다).[59] 본질적으로 하와는 "내가 이 일을 해냈습니다"라고 말한다.[60] 독자는 하와의 말에서 가인의 삶과 계보에 나타날 문제를 예견한다.

득남하였다. 여기서 히브리어 단어(אִישׁ, 이쉬)는 아기가 아닌 성숙한

---

59 여기서 이 히브리어(אֵת, 에트)는 다소 어렵다. 이 전치사가 "야웨와 **함께**"라고 보는 것이 가장 그럴듯하다.

60 이것을 한나의 출산 찬가와 대조해보라(삼상 2:1-10). "내 마음이 여호와로 말미암아 즐거워하며…심히 교만한 말을 다시 하지 말 것이며 오만한 말을 너희의 입에서 내지 말지어다.…여호와는 죽이기도 하시고 살리기도 하시며." 마리아의 찬가와도 대조해보라(눅 1:46-55). "내 영혼이 주를 찬양하며 내 마음이 하나님 내 구주를 기뻐하였음은 그의 여종의 비천함을 돌보셨음이라. 보라! 이제 후로는 만세에 나를 복이 있다 일컬으리로다. 능하신 이가 큰일을 내게 행하셨으니…."

남성을 가리킨다. 이 예상치 못한 단어는 2:23의 반향으로서 선택되었을지 모른다. 여자(אִשָּׁה, 이샤)는 원래 남자(אִישׁ, 이쉬)에게서 나왔다. 그러나 이제는 남자가 그 여자로부터 나온다. 두 성이 상호적으로 서로에게 의존하며 둘 다 하나님께 의존한다(고전 11:8-12을 보라).

2절. 그후 그녀가. 이것은 문자적으로 "그녀가 다시"이다. 뱀의 씨와 여자의 씨 사이의 예언된 싸움은 이미 그들의 자손 속에서 분명해진다. 비록 아담과 하와가 하나님께 회복되었을지라도 그들은 언약의 가정 내에서조차 두 개의 구별된 씨를 갖는다. 장자권의 원칙, 즉 장자의 우선됨이 거절된다. 이것은 이 책의 중대한 주제를 시작한다.

아벨을. 아벨에 대한 하와의 논평이 없는 것은(가인을 참조하라) 그의 이름에 비추어볼 때 적절하다. 아벨은 "공기"와 "숨"을 의미하며 비물질적이고 흔적 없이 지나가는 것을 은유적으로 표현하는 데 사용된다. 또한 여기서 그 이름에는 그의 삶에 대한 불길한 징조가 드리워져 있다.

양치는 자 … 농사하는 자. 타락에도 불구하고 인간은 땅의 자원을 관리하는 문화 명령을 여전히 수행한다(1:26, 28).

가인의 제사: 명목주의(4:3-5a)

3절. 가인은 … 드렸고. 가인은 먼저 제단에서 실패한다. 그리고 제단에서 실패하기 때문에 밭에서도 실패한다. 그는 자신의 신학에서 실패하기 때문에 자신의 윤리에서도 실패할 것이다.

제물(מִנְחָה, 민하)을 삼아. 민하는 "공물, 선물"을 의미하는 일반적인 히브리어 단어다. 이는 모세의 법에서 통상적으로 소제물과 첫 소산물을 지칭한다. 예배자는 이 제물을 통해 받으시는 분의 높으심과 통치하심을 인정한다(레 2:14; 삼상 10:27; 왕상 10:25). 가인과 아벨 둘 다 제물을 가지고 온다. 그들은 둘 다 제사장으로서 제물을 바치고 동일한 하나님을 예배하며 하나님의 수납을 기대한다. 그러나 단지 아벨만이 열납되는 헌물을 가져온다(아래를 보라).

4절. 아벨과 그의 제물은. 예배자와 그의 제물은 분리되지 않는다.

5절. 받지 아니하신지라. 왜 하나님은 하나의 희생제물은 거절하시고 다른 것은 받으시는가? 일반적인 두 가지 해석에 의하면 가인이 믿음이 없었거나, 그의 제물이 피 없이 드려졌기 때문이다.[61] 칼뱅은 히브리서 11:4에서 유추하여 단지 아벨의 희생만이 믿음으로 바쳐졌다고 주장한다.[62] 이는 절반만 옳을 뿐이다. 왜냐하면 이 히브리서 구절은 직접적으로 창세기 본문과 관련되지 않기 때문이다. 폰 라트는 가인의 제물이 피가 없으며 "피의 희생이 야웨께 더 기쁜 제물이었다"라고 제안한다.[63] 이 견해의 문제는 오경에서 소제의 헌물(מִנְחָה, 민하)은 피 없는 희생이라는 것이다(위를 보라). 실제적으로 가인이 실패한 핵심적인 원인은 가인과 아벨의 헌물에 대한 내레이터의 주의 깊은 묘사에서 발견된다. 가인은 "소산물의 일부"를 가져온다(개역개정-"땅의 소산으로"). 여기에는 이것이 첫 소산물이거나 최상품인지에 대한 아무런 단서가 없다. 아벨은 "첫 새끼"와 그것의 최상의 부위, 곧 기름을 가져온다. 가인의 죄는 명목주의다. 그는 종교적으로 보이지만, 사실 그의 마음은 전혀 하나님을 의지하지 않으며 어린아이와 같지 않고 감사로 충만하지 않다.

---

61 Wenham(*Genesis 1-15*, 104)은 이에 대해 사실상 다섯 가지 해석이 있음을 요약해서 설명한다. 여기에는 하나님이 작물을 키우는 자보다 목자를 좋아하신다는 Gunkel의 제안과 하나님은 알 수 없는 분이라는 Westermann의 견해가 포함된다. Gunkel의 제안은 본문에 상치된다. 하나님 자신이 에덴동산을 창설하시고(2:8) 아담과 하와를 작물을 키우는 자로 임명하시기 때문에(2:15) 그분이 작물을 키우는 자를 좋아하지 않을 것이라는 견해는 개연성이 없는 것 같다. 하나님은 파악할 수 없는 분이라는 Westermann의 제안은 본질적으로 하나님은 변덕스럽다는 주장이다. 이것은 신학적으로 반대할 만하며, 가인에게 실패를 설명하고자 하시는 하나님의 관심과 어울리지 않는다(4:7).

62 Calvin, *Genesis*, 193-96.

63 von Rad, *Genesis*, 104.

가인의 악감정, 불신, 그리고 완고함(4:5b-7)

5b절. 가인이 몹시 분하여.[64] 예배에서의 가인의 실패와 이어지는 분노는 그의 비윤리적 행동의 토대가 된다. 택자와 비택자는 하나님을 향한 그들의 기본적 태도로 구별된다. 아이러니하게도 가인은 그의 분노를 아시는 전능한 하나님께 자신의 내면의 생각을 감추려 한다.

6절. 어찌 됨이냐? 앞에서 그렇게 하신 것처럼 하나님은 듣는 자가 자신의 실패를 인정하도록 의도된 질문을 던지며 훈계를 시작하신다(참조. 3:9).

7절. 네가 선을 행하면. 이 서사는 원죄를 예증한다. 가인은 잘못된 것으로부터 바른 것을 분별하는 신-의식(God-consciousness)을 가지고 있으나 그것에 반항한다.

어찌 낯을 들지 못하겠느냐?(NIV-"네가 받아들여지지 않겠느냐?"). 이 질문은 답변을 요구한다. 믿음은 하나님께서 항상 옳은 일을 하심을 신뢰하는 것이다. 그러나 가인은 이 질문에 답변하지 않음으로써 그에게 하나님을 기쁘시게 하는 믿음이 없음을 보여준다.

죄가 문에 엎드려 있느니라. 죄를 마귀로, 또는 잡아먹기 위해 숨어서 기다리는 사악한 짐승으로 묘사하는 것은 발꿈치를 물려고 기다리는 뱀에 대한 암시일 수 있다(3:15; 참조. 벧전 5:8).

죄가 너를 원하나 너는 죄를 다스릴지니라. "프로이트가 최초로 죄를 '이드'라 명명했을지도 모른다. 그러나 그가 최초로 죄를 간파하지는 않았다. 창세기 저자는 죽음으로까지 몰아가는 죄의 힘에 대해 이미 알고 있다."[65]

---

64 "화나다"를 의미하는 아프(אף)가 없이 사용된 하라(חָרָה)의 의미에 대해서는 *HALOT*, 351을 보라.

65 Brueggemann, *Genesis*, 58.

형제 살해(4:8-9)

8절. 가인이 …아벨에게 말하고. 하나님의 질문에 대한 가인의 대답은 하나님께 전한 그의 말이 아니라, 그가 자기 동생에게 한 말과 행동에 기록된다.

그의 아우. 핵심 단어인 **형제**가 창세기 4:2-11에 일곱 번 나타난다. 이것은 형제 간 경쟁의 위기 상황, 즉 앞으로 창세기에서 각각의 신실한 가문에 타격을 입히게 될 문제다. 가인은 증오심을 품고 최초의 종교 전쟁을 시작한다. 그는 하나님을 단념하기 때문에 그분의 형상도 버린다.

쳐 죽이니라. 하나님에 대한 가인의 악감은 비이성적인 행동과, 아우에 대한 정당치 못하고 질투 어린 광기로 터져 나온다. 3장에서 시작된 가족 연대의 분열은 불과 한 세대 만에 형제 살해로 치닫는다.

9절. 내가 내 아우를 지키는 자니이까? 그의 질문은 터무니없다. 자신의 아우를 해치운 후 이제 그는 책임조차 부인한다. 무고함을 주장하는 그의 행동은 은폐를 시도한 자기 아버지의 행동을 반복한다.

하나님의 심문, 가인의 추방(4:10-12)

10절. 네가 무엇을 하였느냐? 하나님께서 재차 심문하신다. 하나님의 노여움이 분명해졌다.

11절. 저주를. 하나님은 저주를 선포하심으로써 이제 가인을 뱀과 연결시키신다(3:14).

11-12절. 땅에서 저주를 …유리하는 자가 되리라. 가인은 자기 아우와 하나님으로부터 멀어졌으며, 그로 인해 하나님은 가인을 경작지인 땅으로부터 멀어지게 하신다. 그는 집도 피난처도 없는 방랑자가 될 것이다.

12절. 다시는 그 효력을 네게 주지 아니할 것이요(NIV-"더 이상 생산하지 아니할 것이요"). 다시 땅의 생태계가 인간의 도덕성에 영향을 받는다(3:17을 보라).

가인의 응답(4:13-14)

13절. 내 죄벌이 지기가 너무 무거우니이다. 가인은 회개하는 대신 자기 연민으로 응답한다. 그는 타인의 눈에 드러날 사회적인 노출을 두려워할 뿐 자신을 만드신 보이지 않는 하나님을 두려워하지 않는다.

14절. 내가 주의 낯을 뵈옵지 못하리니(NIV-"내가 당신의 면전으로부터 숨었나이다"). 이 반역자는 이성을 잃은 채 그를 만드시고 중심을 보시는 하나님이 그의 상황을 알 수 있으며 이 세계를 무정부 상태가 되지 않도록 통치하심을 믿지 않는다.

나를 만나는 자마다. 내레이터는 추방과 인류의 번성 사이에 시간의 간격을 비워둔다. 예를 들어 가인이 두려워해야 하는 사람들은 누구인가? 가인은 어디서 그의 아내들을 얻는가? 분명히 이런 정보는 그의 형제자매와 그들의 후손에 대한 언급으로부터 유추될 수 있다(4:17, 25-26; 5:4). 그러나 내레이터의 초점은 역사 자체가 아닌 인간의 형편에 있다.

나를 죽이겠나이다. 아이러니하게도 아무도 "그의 보호자"가 되지 않을 것이다. 이 살인자는 죽음을 두려워한다(참조. 민 35:19).

하나님의 보호하시는 은혜(4:15-16)

15절. 칠 배나 받으리라. 일곱은 완전한 순환을 의미하며, 따라서 여기서는 완전한 심판을 가리킨다.

표를 주사. 이것은 분명히 보호를 위한 문신이며 가인이 자연 수명까지 살도록 보장한다.

16절. 놋 땅에 거주하더니. 놋은 "방황"을 의미하는 상징적 이름이다. 하나님으로부터 멀어진 사람은 거할 장소가 없는 사람이다.

제2장 가인의 후손: 라멕(4:17-24)

도시와 관련된 최초의 일들(4:17-18)

17절. 가인. 뒤따라 나오는 것은 가인의 족보와 그의 후손의 업적들이다. 족보는 수직적이다. 즉 가인을 포함한 일곱 세대가 마지막에 라멕의 네 자녀로 세분화된다. 그의 계보는 우리에게 최초의 금속 제련술, 최초의 시, 그리고 최초의 도시에 대해 말해준다. 그의 계보는 위대한 문명을 가졌으나 하나님 없는 인간의 문화를 상징적으로 보여준다. 동시에 내레이터는 문화 명령의 진취적 성취를 신적이거나 반(半)신적 인물들의 공으로 돌리는 이방 신화를 암묵적으로 공박하고 있다.[66]

아내와 동침하매[67] **…에녹을 낳은지라.** 하나님의 일반 은총을 통해 신자들뿐 아니라 불신자들도 가정생활을 향유한다. 남매 간의 결혼을 금지하는 규칙과 같은 율법은 아직 존재하지 않는다(5:4을 보라).[68]

성(עִיר, 이르)**을 쌓고.** 성은 요새화된 형식의 도읍을 말한다. 헐스트(Hulst)는 이렇게 설명한다. "어떤 정착지, 곧 다소간의 주민이 항구적으로 거처하고 '성채'나 간단한 성벽으로 방어되는 마을을 이르(עִיר)라 부를 수 있다."[69] 지상의 성읍은 문명과 보호의 혜택을 제공하지만, 결국 11:4에서 하나님의 존엄에 도전하는 도시의 건축으로 끝에 이른다.[70] 도시는 방랑과 소외의 고통을 줄이는 완화 수단이자 인간의 비이성과 보복

---

66 예를 들어 우가릿 문헌들은 철 제련의 발견을 기술공이자 대장장이 신인 코샤르(Koshar)의 은덕으로 돌린다. 키프로스 섬의 신 키니라스(Cinyras)는 수금의 발명자로, 그리스의 신 판(Pan)은 통소의 발명자로 인정된다.

67 문자적으로 "알았다"(4:1을 보라).

68 모세 율법 이전과 이후에 수용된 종교적·사회적 관행 사이의 많은 다른 차이점들에 대해서는 서론의 "역사성과 문학적 장르"를 보라.

69 A. R. Hulst, "עִיר," *TLOT*, 2:881.

70 대조적으로 믿음의 사람들은 하늘 도성을 바라본다(빌 3:20; 골 3:1-4; 히 11:10, 16; 12:22; 13:14).

을 방어하는 보호막 역할을 한다. 하나님 없는 인간 문화의 애매성은 문명과 폭력이 함께 발전하는 모습에서 나타난다.

성을 이름하여. 불경한 자는 하나님을 높이는 대신 인간을 높인다. 이런 고집스러운 반역은 자기를 우상화하는 마키아벨리적 상태로 치달을 것이다.

17-18절. 가인 … 에녹 … 이랏 … 므후야엘 … 므드사엘 … 라멕. 이 이름들은 창세기 5장에 있는 이름들과 비슷한데, 이는 같은 자료의 상이한 판본을 보여주기 위해서가 아니라 아담의 두 갈래 후손을 나란히 배치하고 대조하기 위함이다. 아담으로부터 가인과 셋을 거친 제7대는 각각 불경한 라멕(4:19-24)과 신실한 에녹(5:24)인데, 그들은 서로 날카롭게 대조된다. 전자는 죽음을 초래하지만 후자는 죽지 않는다.

폭군 라멕(4:19-24)

19절. 라멕을 낳았더라. 라멕은 죄의 점진적 악화―일부다처(참조. 2:24; 마 19:5-6)와 지독히 불의한 복수―와 더불어 문화 명령의 확대―목축(4:20)으로부터 예술(4:21)과 과학(4:22)으로의 확대―를 모두 보여준다.

두 아내. 죄의 악화는 이제 결혼 관계로 확대된다. 일부다처제는 하나님의 결혼 계획을 거부하는 것이다(2:24).

21-22절. 유발 … 두발가인 … 나아마. 유발이라는 이름은 다산성과 관련이 있으며 **나아마**는 기쁨과 관련이 있다. 이 가족의 계보에는 죄로 인한 비극적인 왜곡과 파멸의 이미지가 있다. 예술과 과학은 하나님의 문화 명령의 적절한 확대지만, 여기서 그것들은 자기 확신과 폭력의 수단인 타락한 문화로 표현된다. 이는 라멕의 폭군의 노래에서 절정에 이른다.

21절. 수금과 퉁소를. 비록 불경한 자들이 발명했을지라도 이 악기들은 경건한 자들이 야웨를 찬양하기 위해 사용하는 것이다(삼상 16:23).

23절. 내 말을 들으라. 이 단락은 하나의 시로 마무리된다. 즉 라멕의 복수의 노래다.[71] 가인의 후손은 더 큰 폭력과 보복을 자행한다. 가인은 하나님의 권위를 두려워했지만, 라멕은 두려움 없이 자신의 개인적 이득을 위해 권위를 취한다.

24절. 칠십칠 배이리로다. 형식문으로 사용되는 이 숫자는 무제한적인 폭력을 나타낸다. 가인은 극악무도하고 가혹한 보복으로 자신의 명성을 떨친다. 그리하여 폭력으로 **훼손된** 가인의 신분은 그의 후손의 신분이 폭력으로 **특징지어지는** 원인이 된다(6:1-6도 보라).

종막: 신실한 남은 자(제2부로의 전환)(4:25-26)

25절. 아담이 다시 자기 아내와 동침하매.[72] 분명히 이 이야기는 연대기적 순서를 벗어나 있다. 폭군 라멕으로 이어지는 가인의 계보가 제시되어 보복하는 죄의 결과를 예시한다. 이제 이 이야기는 경건한 씨의 확대 속에서 희망을 드러내고자 셋의 출생 장면을 회상하여 보여준다. 역사의 흥망성쇠에도 불구하고 하나님은 뱀을 파멸할 씨를 주시겠다는 자신의 약속을 지키신다(3:15).

셋이라 하였으니. 그의 이름은 "두다, 놓다"를 의미하면서 "주었다"(granted)로 번역되는 히브리어 동사에서 유래한다. 이 이름은 죽음에도 불구하고 언약 가족을 이어가시는 하나님에 대한 하와의 믿음을 표현한다.

하나님이 다른 씨를 주셨다. 앞선 가인의 작명과 대조적으로 하와는 이제 자신에게 자식을 주신 것을 합당하게 오직 하나님의 공으로 돌린다.

26절. 에노스라 하였으며. 그의 이름은 "약함"을 의미한다. 그는 약함

---

71 라멕의 칠십칠 배의 복수와 그리스도의 일흔일곱 번의 용서를 대조하라(마 18:22). 즉 라멕의 끝없는 복수와 하나님의 무한한 용서가 대조된다.
72 문자적으로, "알았다"(4:1을 보라).

가운데서 하나님을 향해 자신의 청원과 찬양을 올린다(시 149:6을 보라). 사르나는 이렇게 주석한다. "하나님께 전적으로 의존해야 한다는 인간의 깨달음은 에노스라는 이름으로 상징되는 인간의 약함을 인식할 때 더욱 강화된다"[73] (아래 "신학적 고찰"을 보라).

야웨의 이름을 불렀더라. 이것은 기도의 이미지다. 즉 "부르는 자로서 더 깊은 관계로 들어가는 것이다."[74] 야웨의 이름으로 기도와 찬양을 드리면서 언약 가족은 인간이 아니라 하나님께 영광을 돌린다(참조. 4:23-24).

---

73 Sarna, *Genesis*, 40.
74 *HALOT*, 1130, 9c. *HALOT*은 이 표현을 창세기에서 사용된 것과 같은 뜻으로 한정한다.

제1부에 대한 신학적 고찰 ————————

성전[75]

에덴동산은 하늘의 물이 지상의 안식처로 흐르는 성전이다. 이것은 그리스도의 생명과, 성전 된 그분의 교회를 예고하는 그림자다. 성령의 생명수가 신자들의 성전으로부터 쏟아져 나온다(참조. 요 2:19-22; 7:37-39; 고전 3:16; 6:19; 고후 6:16; 엡 2:21-22; 히 3:6).

타락

이 동산은 낙원이다. 즉 만일 인간이 이 이상적 환경에서 실패한다면, 그 밖의 다른 곳에서 인간이 믿음을 지키리라는 희망이 없다. 에덴동산에서 아담과 하와의 실패는 심오한 신학적 의미를 지닌다. 아담은 유혹에 저항할 수 있었던 유일한 인간이었기 때문에 그의 실패는 인간이 하나님과의 언약을 지킬 수 없음을 암시한다. 만일 아담이 타락하기 전에 낙원에서 하나님을 불신했음이 증명된다면, 하물며 이스라엘이 타락한 가나안 족속들에게 둘러싸인 그 땅에서 실패하는 것은 오죽할까?(참조. 신 31:20; 수 24:19) 사람들은 율법을 지킬 수 없다. 그들의 유일한 희망은 하나님께 구원해달라고 요청하는 길뿐이다. 많은 사회학적 사고, 즉 인간을 진보시키는 방법이 그들의 환경을 개선하는 것이라는 신념과는 대조적으로 인간은 완전한 환경 속에서도 기껏해야 반역질을 한다. 소돔과 고모라는 가장 저급한 수준의 폭력과 성적 타락의 도시로 전락했는데, 당시에 이 도시들은 "야웨의 동산"(창 13:10)과 같다는 평을 들었다. 우리가 사는 현대 세계도 더 나을 것이 없다.

아담과 하와의 원죄는 그들이 하나님께 불순종한 직후 두려워하는 모

---

75 2:18-23에 대한 주해와 제8부 2막 1장에 대한 신학적 고찰을 보라.

습에서 보였던 바와 같이 그들의 본성의 부패로 이어진다. 이런 부패는 원래의 온전함으로부터 인간 본성의 근원적 부패로의 전환을 수반한다. 아담과 하와는 자신들의 죄의 오염과 죄책을 그들의 후손에게 넘겨준다. 죄는 가인과 그의 후손을 오염시킨다(창 4장). 죄의 결과인 죽음은 의로운 셋의 후손 중에서도 마찬가지로 삶의 마지막 단어를 장식한다(창 5장). 홍수 이후에도 인간은 정결케 되지 않는다. 하나님은 이렇게 말씀하신다. "이는 사람의 마음이 계획하는 바가 어려서부터 악함이라"(창 8:21; 왕상 8:46; 시 58:3; 130:3; 143:2; 잠 20:9; 전 7:20; 렘 17:9; 요 3:3; 롬 3:23; 8:7; 엡 2:3; 4:17-19; 딛 1:15-16; 약 3:2도 보라).

정통 교리를 고수하는 신학자들은 "원죄"에 대해 말한다. 원죄는 죄가 아담과 더불어 기원했고 아담의 모든 후손의 생각 속에 죄의 근원을 갖는다는 진리를 반영한다. 내레이터와 그의 청중은 아담이 후손의 대표 역할을 한다고 이해한다. 신약에서 바울 역시 아담을 스스로 하나님께 불순종하기로 선택한 모든 사람의 대표로 묘사한다(롬 5:12-21; 고전 15:21-22). 이와 대조적으로 예수 그리스도는 하나님께 대한 능동적인 복종 속에서, 죽은 자들로부터의 부활과 더불어 그를 믿는 모든 사람의 대표가 되신다. 그럼에도 불구하고 타락한 인간은 가인의 후손의 업적에서 나타난 바와 같이 자신들의 문화 명령을 계속해서 어정쩡하게 성취한다 (4:17-18에 대한 "주해"를 보라).

사탄과 천사들

유혹자의 모습이 창세기 3:1a에서 드러났기에("주해"와 각주들을 보라) 우리는 그에게 속지 않을 것이다(고후 11:3; 벧전 5:8). 천사들이 빈번히 등장하는 장면은 창세기에서 원역사의 남은 부분과 비교해볼 때 특이하다. 이름 없는 이 신적 존재들이 하나님을 시중든다(1:26에 대한 "주해"를 보라). 즉 그들은 하나님처럼 선과 악을 안다(3.22). 그리고 그들은 직무를 수행하는 영들이다(참조. 16:7-9; 18; 19:1, 15; 21:17; 22:11, 15; 24:7, 40;

28:12; 31:11; 32:1-2; 48:16). 그룹들은 보좌 위에 앉으신 하나님의 초월적 임재를 상징하며(출 25:18-20; 37:7-9; 삼상 4:4; 왕상 6:23-28) 그 보좌를 지킨다. 그들은 다양한 모습으로 등장한다. 즉 불타오르며(창 3:24), 날개가 달려 있고(출 25:18-20), 다면적이다(겔 1:5-28).

유혹

사탄의 유혹 방식이 3:1b-5에서 묘사된다("주해"를 보라). 아담과 하와는 생명나무를 포함하여 동산의 놀라운 나무들과 먹거리에 둘러싸여 있다. 그러나 하와의 눈에 띄는 나무는 오직 그들이 딸 수 없는 한 나무다. 일단 사탄이 우리가 할 수 없는 것에 우리의 눈을 고정하게 만들면 우리는 그것을 행하고야 만다. 그리스도인의 초점은 우리가 알지 못하는 유익을 제공하는 소수의 제한된 것들이 아니라 하나님께서 주시는 온갖 좋은 것들에 놓여야 한다.

죄

죄는 본질적으로 신뢰의 배반, 즉 사악한 불신 행위이자 자치권의 선언이다. 아담과 하와의 영적 죽음은 소원해진 그들의 관계에서 드러나며, 무화과 나뭇잎을 엮어 만든 가리개와 하나님으로부터의 분리 및 나무 사이에 숨는 그들의 모습으로 상징된다. 죄는 하나님의 경계선을 넘으며 소외와 생태계의 혼란과 육체의 죽음을 초래한다. 브루그만은 "인간 생명의 경계선을 분별하지 않는 자유는 우리에게 근심을 남긴다"라고 말한다.[76] 우리의 문화 속에서 염려를 해결하려는 시도들은 크게 심리적이고 경제적이며 표면적인 것이다. 이런 시도들은 염려의 근원에 접근하지 않기 때문에 실패로 귀결된다. 우리의 공공 생활은 크게 보면 사람들의

---

[76] Brueggemann, *Genesis*, 54.

공통적인 염려를 이용하는 데 근거한다. 뱀이 했던 것과 같은 소비를 위한 광고들과 탐욕 사회의 조장은 우리를 현혹하여 하나님의 현실로부터 동떨어진 안전장치들이 있다고 믿도록 만든다.

아담과 하와처럼 우리는 "나무들" 사이에 숨는다. 신학자들과 사역자들은 웅장한 교회의 기둥 사이에 숨는다. 사회 운동가들은 선동적 구호를 적은 피켓 사이에 숨는다. 우리는 바쁘다. 그러나 하나님의 성령과 함께 호흡하지는 않는다.

지배하는 죄에 대해 가인에게 전달된 하나님의 말씀에서(4:7) 우리는 이스라엘을 훈육하는 모세의 목소리를 듣는다. 죄는 문지방에 도사리고 있는 사자와 같다. 즉 죄는 치명적이다. 죄는 삼키려고 한다. 죄는 가인보다 더 크며 가인은 죄를 통제할 수 없다(참조. 롬 7:17). 오직 그리스도만이 그렇게 하실 수 있다. 죄가 즉시 믿음으로 제어되지 않는다면, 죄는 들불과 같이 번진다(위의 "문학적 분석: 점층적 발전"을 보라; 4:1-24; 6:1-8; 롬 1:28-31; 고전 5:6-7; 약 1:14-15; 3:5-6).

옷 입기

아담과 하와의 벌거벗음(2:25)은 알몸을 이상화하는 것이 아니라 왜 인간이 옷을 입어야 하는지를 보여준다. 타락과 더불어 인간은 비극적으로 순전함을 잃었다(이와 더불어 수치심이 찾아왔다). 사람들의 생각이 복음으로 계몽될 때 그들은 자신의 도덕적 연약함을 이해하고 성적 유혹에 맞서 자신들을 감추는 복장 관습을 따르게 된다.

씨와 둘째 아담

땅을 다스리게 될 씨는 이제 둘로 분화된다. 한 무리는 그 여자의 회복된 마음, 곧 사탄에 대한 증오심을 품은 종교적 열정을 공유하는 사람들이며, 다른 무리는 하나님의 선하신 성품과 그분의 말씀의 진실성을 폄하하는 사탄의 종교적 열정을 공유하는 사람들이다(서론의 "창세기의 주제와 성경신학"을 보라). 기독교 교리사에서 일찍부터 교회는 예수 그리스도 안에서 그 씨의 근원적 발현을 인지했다.[77]

인간은 죄와 죽음이 없는 동산으로 돌아와야 한다. 이 일에는 두 번째 아담이 필요하다. 그분은 자신의 의로 우리를 옷 입히심으로써 우리를 그 동산으로 인도하실 것이다. 모든 사람을 대표하는 첫 번째 아담은 실패하고 모두에게 죽음을 가져온다. 마지막 아담의 능동적 순종은 하나님의 요구를 만족시키며 믿는 자들에게 영생을 준다(롬 5:12-19; 고전 15:45-49). 복낙원에 대한 이야기는 오직 그리스도를 통해서만 사실이 된다. 장차 올 하늘의 아담은 나무 위에서 고통과 수고, 걱정거리와 갈등, 죽음의 저주를 짊어지고 그룹들이 수놓아져 있는 성전의 휘장을 찢음으로써 낙원을 되찾을 것이다(출 26:1; 마 27:51; 히 6:19; 9:3; 계 22:1-3, 14). 이는 타락한 세상에서 새로운 영적 경주를 계획하는 약속된 후손을 통해 실현될 세상, 곧 현재의 세상과 구별되는 완성된 세상을 암시한다.

믿음

아담과 하와는 사탄과의 대면에서 실패한다. 왜냐하면 그들이 하나님의 선하신 성품과 그분의 말씀의 진실성을 믿지 못하기 때문이다. 둘째 아담도 비슷한 유혹에 직면한다. 그러나 그는 하나님의 말씀과 결부된 믿음으로 사탄을 제압한다(눅 4:1-13). 성도는 그분을 믿음으로써 둘째 아담의 능동적 순종의 혜택을 받는다(제6부 1막 5장의 "믿음에 대한 신학적 고찰"을 보라). 에덴에는 생명나무가 있다. 이 생명은 자연의 영역을 초월한 가장 높은 잠재력을 지닌 생명이다. 아담과 하와의 죄는 그들을 이 나무로부터 단절시키지만, 둘째 아담을 통해 동산에 재진입한 사람들에게는 이 나무가 허용될 수 있다(창 3:22; 계 2:7; 22:14을 보라; 참조. 요 6:53). 이는 믿

---

77 H. P. Ruger, "On Some Versions of Genesis 3.15, Ancient and Modern," *BT* 27 (1976): 106.

음으로 먹어야 하는 열매다. 하나님이 그분의 주권적 은혜로 하와의 마음에 뱀에 대한 적대감을 심으신 것처럼, 그분은 은혜와 자비로 타락한 인간으로부터 선택된 자신의 씨의 마음속에 순결한 믿음을 심으신다(엡 2:8-9; 약 1:17).

희생의 고통

하나님의 심판은 승리가 희생과 더불어 온다는 것을 드러낸다. 믿음의 보상이 희생과 별개로 주어진다면, 우리는 자기만족을 위해 하나님을 섬기려는 유혹에 빠질 것이다. 그러나 희생을 통해 승리를 얻음으로써 은혜가 주어진다(롬 5:3-5을 보라). 고난 받는 그리스도는 승리하신다. 그는 구원받은 자들에게 속죄를 부여하심으로써 십자가에서 이미 승리를 거두셨으며(골 2:13-15), 그의 재림에서 승리의 정점을 찍을 것이다(살후 1:5-10).

남편과 아내

선물로 주어진 신부에 대한 이야기(2:18-23에 대한 "주해"를 보라)는 타락 전의 이상적인 결혼을 묘사하면서 간음을 금지하는 법에 대한 토대를 제공한다(출 20:14; 히 13:4). 이는 교회 안에서 결혼에 대한 모본이며(마 19:3-12), 가정과 교회의 질서를 위한 토대가 되고(고전 11:3-12; 딤전 2:9-10), 그리스도와 교회의 관계의 모형이 된다(엡 5:22-32). 그리스도와 교회의 관계는 복음의 은유로 표현된다. 그리스도가 자신의 교회를 위해 죽으셨듯이, 남편은 아내를 위해 죽는다. 교회가 매사에 그들의 주님께 복종하듯이, 아내는 남편에게 복종한다. 타락 후에 남자와 여자는 분리되고 그들의 관계 속에서 싸움을 벌인다(창 3:16). 그러나 하나님은 "복음"이 가르쳐주는 관계로 그들이 회복되도록 믿는 자들 속에서 일하신다.

우리 안에 있는 가인

우리는 유다서 11절에서 거짓 교사들을 주의하라는 경고를 받고, 요한1서 3:12에서는 가인과 같이 되지 말라는 경고를 받는다. 유다는 가인을 자유의지론을 옹호하는 거짓 교사의 전형으로 삼는다. 요한1서 3:12의 경고는 **모든** 그리스도인이 가인과 같이 되지 말라는 것이다. 진정한 그리스도인은 자신의 성향이 무책임하다는 것과 형제자매를 향해 미운 감정을 지니고 있음을 인정한다. 하지만 가인과 달리 그들은 하나님께서 의로운 일을 행하심을 알기 때문에 회개한다.

약함

이름의 뜻이 무상함을 의미하는 아벨은 믿음으로 하나님이 받으실 만한 희생제물을 바친다. 약함을 의미하는 에노스는 믿음으로 받으실 만한 기도를 드린다. 이 두 사람은 모두 진정한 종교의 표상이다. 아이러니하게도 우리는 스스로 약할 때 주님 안에서 우리의 잠재력이 강함을 발견한다.

추기: 창세기의 족보들 ─────────────

이 계보에 대한 책(2:4을 보라)에 들어 있는 족보들은 부분적으로 족보의 특성에 의존하면서 몇 가지 목적에 기여한다.[78] **넓이를 보여주는** 족보들은 단지 첫 세대의 후손만을 제시한다(예. 창 35:23-26에 있는 "레아의 아들들…라헬의 아들들…"; 참조. 6:9-10; 25:13-15). **깊이를 보여주는** 족

---

[78] D. Howard, *An Introduction to the Old Testament Historical Books* (Chicago: Moody Press, 1993), 249-50을 보라.

보들은 순서에 따른 후손을 나열하며 창세기에서는 보통 2대부터 10대까지 센다.[79] 수직적(Linear)족보들은 단지 깊이만을 보여준다(예. "가인이 …에녹을 낳고 에녹이 이랏을 낳고…", 4:17-18; 참조. 5:1-31; 11:10-26; 36:31-39, 40). 수평적(Segmented)족보들은 넓이와 깊이 둘 다를 펼쳐 보여준다(예. "셈과 함과 야벳의 족보는 이러하니라. …야벳의 아들은 고멜과…고멜의 아들은…", 10:1-29; 참조. 11:27-29; 19:36-38; 25:19-26; 36:1-5, 10-30; 46:8-25).[80] 넓고 깊고 수직적이면서 수평적인 족보들의 특징은 족보의 다양한 기능을 설명하는 데 도움을 준다. 존슨(M. D. Johnson)이 제시한 성경 족보의 아홉 가지 목적 중 다섯 가지는 특별히 창세기에서 중요하다.[81]

첫째, 넓고 수평적인 족보들은 자신들의 가계를 공통의 조상까지 추적해감으로써 현재의 가문들 사이의 관계를 보여준다. 부족 사회들은 엄격한 생물학적 혈통 관계를 설명하기 위해서라기보다는 자신들의 권리와 특권을 가진 사회적 관계들을 드러내기 위해 족보를 사용한다. 열국의 목록(창 10장)은 이스라엘과 열국 간의 혈통 관계와 차이를 보여준다. 이스라엘은 열국 중에서 선발되어 그들을 복되게 해야 할 운명을 지닌다(창 12:3). 창세기 46:8-25의 수평적인 민족의 목록은 이스라엘 전체의 단일성과 각 지파의 독특성을 모두 보여준다.

둘째, 창세기 4:17-18, 5:1-31, 11:10-26에 있는 수직적 족보들은 서사의 형식을 벗어나 시간의 흐름과 함께 연속성을 확립한다. 족보들은 이야기에 탄력을 불어넣고 상호 관계의 연결 고리를 확증하는 데 관심이 있

---

79 아담으로부터 셋을 거쳐 노아에 이르는 열 세대가 존재한다. 열한 번째 세대에서 족보는 수평적으로 분산된다.

80 "에돔의 왕들"의 족보(36:31-43)와 별도로 수직적 족보들은 마지막 세대에서 수평적 족보로 분산된다(참조. 4:19-22; 5:32; 11:26).

81 M. D. Johnson, *The Purpose of the Biblical Genealogies* (Cambridge: Cambridge Univ. Press, 1969), 77-82.

기 때문에 엄격한 연대기를 계산하기 위해 사용될 수는 없다. 이는 다음과 같은 정보로 증명된다. (1) 비록 창세기 5:1-31의 홍수 이전의 족보와 11:10-26의 홍수 이후의 족보가 아버지가 아들을 낳고 죽는 연령을 기록하고 그들의 수명을 계산한다 할지라도, 이는 완전한 연대의 합산을 제공하지는 않는다. 만일 내레이터의 목표가 엄격한 연대기 구축에 있었다면 이 족보에는 놀랄 만한 생략이 존재한다. (2) 동일한 기간을 다루면서 성경의 다른 곳에 나타나는 긴 족보들과 짧은 족보들을 비교해보면 더 짧은 족보들은 공백을 포함하고 있음을 보여준다. 예를 들어 출애굽기 6:14-25은 레위부터 모세까지 네 세대를 적시하지만, 역대상 7:23-27은 동일 기간에 대해 더 실제적인 열 세대를 제시하고, 에스라 7:1-5은 역대상 6:3-14에서 명시된 여섯 개의 이름을 빠트린다. (3) 아담과 아브라함 사이의 인류의 분산은 두 갈래로 열 세대에 걸쳐 진행되는데, 이는 문학적 기법으로 보인다. 마태복음 1장에서 역사를 열네 세대 단위로 묶어 세 부분의 기간으로 구분한 것도 의도적으로 창안된 것으로 알려진 동일한 기법이다(17절을 보라). (4) "아들"(히브리어 בֵּן, 벤)은 창세기 31:28, 55에서 볼 수 있듯이 "손자"를 의미하거나, "이스라엘의 아들들"이라는 표현과 같이 "후손"을 의미할 수도 있다.[82] 이에 상응하여 그 단어의 동사 상당어인 "낳다" 역시 유동적일 수 있다.

셋째, 존슨이 설명한 대로 수직적 "족보들"은 한 개인의 지위가 합법적임을 증명하거나 고귀한 신분인 한 개인이 과거의 명망 있는 가문이나 사람과 맺은 인연을 보여주기 위해서도 사용된다.[83] 이런 목적은 빠진 이

---

82 고대 근동의 왕명록은 "한 왕과 그의 선조 사이의 몇 세대를(수메르 왕명록에서는 일흔 세대까지도) 생략할 수 있다. 그러나 심지어 많은 세대로 분리되었을 때에도 후대의 왕은 여전히 자신을 '아들'로 지칭할 수 있다"("Genealogy," *EBD*, 407). 이집트에서 "티르하카(Tirhakah, 기원전 670년경) 왕은 자신의 '아버지' 세소스트리스 3세(Sesostris III, 기원전 1870년경)에게 경의를 표한다"(Mitchell, "Genealogy," *TNBD*, 400).
83 Johnson, *Purpose*, 79.

름에 아무런 영향을 받지 않는다. 제2부의 족보는 노아를 아담에서 셋에 이르는 합법적인 후손으로 설정한다. 노아의 가계를 하나님의 형상대로 지음을 받은 아담과 더불어 시작함으로써 이 족보는 노아와 그의 가계를 땅을 다스리라는 위임을 받은 하나님의 형상을 소중히 간직한 사람들로 소개한다. 윌슨(Wilson)은 이렇게 말한다. "따라서 전체적인 수직적 족보 는 일련의 장자들을 통한 하나님의 형상과 축복의 승계를 다룬다."[84] 나 아가 셋은 노아를 뱀을 파멸하도록 예정된 여자의 씨와 연결한다.

넷째, 홍수 이전과 이후의 열 세대 후손으로 이어지는 수직적 족보를 열한 번째의 수평적 족보와 더불어 마무리함으로써 내레이터는 선택된 씨를 더 구체적으로 묘사하기 위한 작업을 준비한다. 그리하여 노아의 세 아들(5:32) 중에서는 셈이(11:10-25), 데라의 세 아들(11:26) 중에서는 아 브라함이 선택될 것이다.

다섯째, 창세기 저자는 아마도 한때 독자적으로 존재했을 족보들을 한 데 엮어 일관되고 포괄적인 족보 체계를 창안했다("서론: 편찬과 저작권"을 보라).[85] 족보들을 톨레도트(תוֹלְדוֹת)로 연결하고 이스라엘의 열두 지파를 노아의 아들 셈과 관련시킴으로써 내레이터는 이스라엘의 열두 지파가 땅을 정복하도록 예정된 하나님의 형상의 합법적 담지자이며, 뱀을 정복 할 여자의 소중한 씨임을 증명한다. 이 지파들로부터 유다가 창세기의 마

---

84 아르박삿은 한 족보에서 셋째로, 다른 족보에서 합법적 상속자로 언급되는데, 이는 Wilson 이 아르박삭을 "첫째"라고 명시하여 말할 때 그가 본문을 과도하게 읽고 있음을 말해준다(R. R. Wilson, *Genealogy and History in the Biblical World* [New Haven, Conn.: Yale Univ. Press, 1977], 164).

85 이 족보들에 대한 상이한 자료의 증거가 존재한다. 창 26:34; 28:9에서 에서의 아내들은 유딧, 바스맛, 마할랏이다. 36:2에서는 그들이 아다, 오홀리바마, 그리고 바스맛이다. 이런 차이는 아 마도 서로 다른 자료를 반영하며 우리는 단지 왜 그것들이 다른지 추론할 수 있을 뿐이다. 그들 은 다른 아내들인가, 아니면 같은 여자들에 대한 다른 이름들인가? 창 11:10에서 아르박삿은 셈의 아들 중 유일하게 이름이 붙은 아들이다. 10:22에서 그는 셈의 셋째 아들이다. 두 구절의 차이에 대한 해명이 불가능한 것은 아니지만 그것이 상이한 자료를 반영할 수도 있다.

지막에 지도자로 등장한다. 유다의 최후의 아들이 열국을 영원히 지배할 것이다(창 49:8-12). 다음 페이지에 제시된 도표는 이 족보들의 연관성을 보여준다.[86]

---

86 Alexander, *From Paradise*, 10; Johnson, *Purpose*, 23.

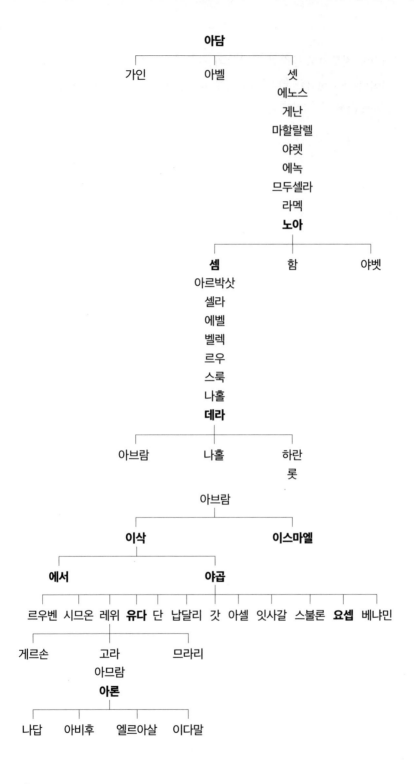

창세기 주석

제2부

아담의 후손의 계보
(5:1-6:8)

제2부의 주제

창세기는 땅을 다스리고(창 1:26-28) 뱀을 짓밟을(3:15) 씨가 누구인지를 밝히는 과정을 시작한다. 제2부는 아담으로부터 노아에 이르는 혈통을 추적한다. 이는 나중에 이 계보에 부합하는 제5부의 열 세대 족보가 셈에서 아브라함에 이르는 혈통을 추적하는 방식과 동일하다. 제2부는 점진적이고 급격한 죄의 심화와 더불어 제힘으로 그것을 뒤집을 수 없는 여자의 경건한 씨의 무능을 보여주면서 끝을 맺는다. 죄는 뱀과 마찬가지로 그들이 감당하기에는 너무 강하다.[1] 인간의 상황은 분명히 하나님의 심판과 구원이 모두 필요하다.

제2부의 개요

제2부에 대한 문학적 분석

책의 구조

이 기사의 두 막은 각각의 마지막 구절에 있는 노아에 대한 언급으로서로 연결된다(5:32; 6:8). 제1막은 아담으로부터 노아에 이르는 세대들을

---

1   오순절에 하나님의 성령의 선물은 이를 뒤집을 것이다. 그분의 교회는 온 세계로 나아가고(행 1:8) 하데스 문(개역개정-"음부의 권세")이 그것을 이기지 못할 것이다(마 16:18).

추적하는데, 이는 노아가 하나님을 기쁘시게 하는 문화를 구축하는 합법적인 씨임을 증명한다. 이 막은 족보의 배경을 제시하는 서론, 곧 아담이 하나님의 형상으로 창조됨(5:1b-2), 아담부터 노아까지 열 세대에 걸친 수직적 족보(5:3-31), 그리고 수평적인 열한 번째 후손(5:32)에 대한 설명으로 구성된다. 배경과 더불어 에녹과 라멕에 대한 특별한 인용은 이 혈통을 하나님과 연결한다.

제2막은 노아를 그 자신의 세대와 비교함으로써 노아의 특권을 확증한다. 온 세상이 철저히 타락하여 하나님은 인간을 쓸어버리시기로 결심하신다. 그러나 노아는 하나님의 은혜를 입는다(6:8). 또한 제2막은 제3부, 즉 노아의 기사(6:9-9:29)로의 전환점을 마련한다.

제2막은 두 장으로 나뉜다. 제1장은 땅의 통치자들 사이에 자행된 죄, 특히 극악한 범죄를 구체적으로 명시한다. 제2장은 보스(Vos)가 주석한 바와 같이 다음과 같은 내용을 보여준다. "첫째, 악의 강도와 범위('세상에 가득했다'), 둘째, 악의 내면성('그의 마음으로 생각하는 모든 계획'), 셋째, 모든 선을 배척하는 악의 절대적 지배('악할 뿐이고'), 넷째, 악의 습관적이고 지속적인 활동('항상')이다."[2] 하나님은 자신의 큰 근심을 해소하고자 인간의 생명을 거두어들이는 데 그치지 않고 피조물 전체를 쓸어버리는 더 강한 해결책을 사용하기로 작정하신다. 이 두 장은 등장인물인 "야웨"와 "사람"(6:1, 5) 및 표현된 하나님의 결심(6:3,7)으로 연결된다.

족보의 구조

서막인 5:1-2에 이어 창세기 5장은 동일한 방식으로 작성된 열 개의 단락을 포함한다. 이는 아담으로부터 셋을 거쳐 노아에 이르는 아담의 세대별 계보에 대한 것이다. 각 단락은 다음과 같은 패턴으로 되어 있다.

---

2   G. Vos, *Biblical Theology: Old and New Testaments* (Grand Rapids: Eerdmans, 1948), 51.

(1) 이름, (2) 나이, (3) 아들 출생 이후의 추가된 연수, (4) 다른 자녀들에 대한 언급, (5) 수명, (6) 후렴구인 "그다음에 죽었더라"(위의 "추기: 창세기의 족보"를 보라).

먼저 내레이터는 창세기 1:26-28을 반복하면서 하나님께서 사람(אָדָם, 아담)을 자신의 형상을 따라 남자와 여자로 창조하셨음을 강조한다. 이어서 그는 아담이 "자기의 모양 곧 자기의 형상과 같은 아들을 낳아"라고 진술한다(5:3). 이는 이 서사의 남은 부분에서 나타나는 "그는 ~의 아버지가 되었다"라는 표현과 다르다. 이 독특한 변형문은 이어지는 각 세대로 하나님의 형상을 생식의 방법을 통해 전수함으로써 인간이 하나님의 창조 행위에 참여함을 드러낸다. 더욱이 내레이터는 형상의 창조를 가인이 아닌 셋과 연결시킴으로써 하나님의 형상을 위한 그분의 목적이 셋과 그의 후손을 통해 실현되리라고 암시한다. 나아가 후렴구 "그다음에 죽었더라"는 인간의 원죄와 하나님의 은혜의 달고도 쓴 되울림이다. 인간은 각 세대에게 생명과 죽음을 유산으로 남긴다.

구조화된 패턴으로부터의 이탈은 중요한 인물 및 사실들을 강조한다. 단순히 라멕이 "노아의 아버지가 되었다"(노아를 낳았다)라고 말하는 대신 "그는 그의 이름을 노아라고 지었다"라는 표현이 사용된다. 이 진술은 아들이 위로해줄 것이라는 어원학적 설명을 내포한다. 내레이터는 노아를 소개할 때 상투적인 표현인 "노아는 오백 세에"가 아니라, 독특한 표현인 "노아는 오백 세가 된 후에 ~를 낳았다"를 사용한다. 또 다른 중요한 이탈은 에녹과 노아의 기록들이 죽음의 후렴구로 끝나지 않는다는 것이다. 에녹의 삶에 대한 이례적인 마무리는 셋의 계보에서 의로움의 소망에 대한 증언이다. 마무리되지 않은 노아의 삶의 기록은 홍수 이야기를 열기 위함이다.

또한 내레이터는 족보들을 창의적으로 체계화함으로써 역사 속의 위대한 순간들 및 중요한 인물들을 강조한다.[3] 홍수 이전과 이후의 열 세대를 나열함으로써 내레이터는 홍수를 아담과 아브라함 사이의 커다란 분기점으로 설정한다. 노아는 홍수 이전의 역사에서 마지막 시기의 구원자이며 아브라함은 홍수 이후의 역사를 마무리하는 시기의 구원자다. 창조주 하나님은 자신의 피조물을 구원하기 위해 노아와 언약을 맺으신다. 역사의 주인이신 하나님은 민족들을 구하기 위해 아브라함과 언약을 맺으신다. 숫자 열은 단순히 완전성과 편의를 위한 대략적인 숫자를 가리킨다.[4] 일곱은 성경에서 가장 중요한 상징적 숫자이며 종종 신적 완전성을 의미한다.[5] 이 족보에서 에녹은 아담으로부터 일곱 번째 후손으로 나타나며(유 14절을 보라), 이런 방식으로 그는 자신의 의로움 때문에 하나님의 은혜를 입은 자로 묘사된다.

숫자의 사용

홍수 이전에 살던 사람들의 믿기 어려운 엄청난 수명은 몇몇 사람으로 하여금 족보에 나타나는 숫자의 상징적이고 시적인 기능을 탐구하게 만들었다. 열과 일곱에 대한 내레이터의 도식화된 사용에 비추어볼 때 만일 이 족보의 다른 숫자들 역시 상징적 의미를 지닌다면, 이는 그리 놀랄 일

---

3 에스라는 자신의 제사장 족보를 솔로몬 성전의 첫 번째 제사장인 아사랴를 중심으로 체계화한다. 그는 자신과 아사랴 사이에 일곱 제사장을, 또한 아론과 아사랴 사이에 일곱 제사장을 제시한다. 이런 방식으로 그는 자신을 아론의 지도 아래 최초로 실천된 모세의 제의 체계를 재건하는 데 적격인 인물로 합법화한다(스 7:1-5).

4 참조. 열 가지 재앙(출 7:8-11:10), 십계명(20:2-17), 십일조(신 26:12), 열 명의 정족수(창 18:32).

5 참조. 여섯 날 동안의 창조와 일곱째 날의 하나님의 안식(창 2:3; 출 20:8-11), 안식년, 일곱 번의 안식년 후의 희년(레 25장), 칠 일간의 초막절(23:34)과 무교절(출 34:18), 일곱 분지의 등잔대(25:31-39), 일곱 명의 제사장과 칠 일간 여리고성 주위를 돌 때 칠 일째에 일곱 번을 돌면서 절정에 이름(수 6:3-4), 자존심이 강한 나병 환자 나아만이 피부를 치료하기 위해 몸을 강에 일곱 차례 담금(왕하 5:14). 또한 일곱은 단순한 완전성을 의미할 수 있는데, 예컨대 가인의 일곱 배의 복수나 허세를 띤 라멕의 일흔일곱 배의 복수와 같은 것이다.

은 아닐 것이다.

바누인(M. Barnouin)은[6] 홍수 이전의 인간의 연령과 바빌로니아 사람들에게 알려진 천문학적 주기 사이의 연관성을 제시했다. 예를 들어 에녹의 삼백육십오 세(5:23)는 한 해의 날 수와 동일하고, 라멕의 칠백칠십칠 세(5:31)는 목성과 토성의 회합 주기(synodic period)와[7], 야렛의 구백육십이 세(5:20)는 금성과 토성의 회합 주기와 일치한다. 또한 만일 아버지가 자식을 보는 연수의 총계와 아담부터 라멕에 이르는 인간의 수명 전체의 합계를 각각 육십으로 나눈다면―바빌로니아의 육십진법을 토대로―남은 숫자들의 총계는 삼백육십오인데, 아마도 이는 완전한 인간 수명을 다시 한번 나타낸다.[8] 사람의 연수의 주기는 천문학적 주기와 일치하는데, 이는 인간의 삶이 의미 있는 일정한 패턴을 따르고 완성된 주기와 더불어 마무리된다는 것을 보여주기 위함일 수 있다. 상징성은 중대한 의미를 전한다!

그러나 이런 숫자의 상징적 사용이 가능하다고 해도 이를 역사적인 사용과 대립시키는 것은 바람직하지 않을 것이다. 제1부에서 내레이터는 한 가지 이야기를 역사적인 동시에 상징적인 것으로 제시하는 자신의

---

6   M. Barnouin, "Recherches numèriques sur la gènéalogie de Gen. V," *RB* 77 (1970): 347-65.
7   회합 주기(synodic period)는 한 행성이 하늘에서 같은 장소로 돌아오는 데 걸리는 시간이다.
8   R. K. Harrison은 이와 병행을 이루는 대홍수 이전의 수메르 왕명록에 나타난 숫자의 비슷한 상징적 사용을 기록한다. 수메르 왕명록은 왕의 통치 연한을 "이상적인" 상수 60^2로 나눔으로써 이해될 수 있다. "아마도 결국 밑수 60의 제곱이 상대적인 세력과 중요도를 나타내는 상징으로 사용되도록 의도되었다. 고대 수메르 왕명록의 편찬자들은 왕들의 통치 기록을 남길 때 이런 상징적 숫자들을 그들과 관련시켰다"("Reinvestigating the Antediluvian Sumerian King List," *JETS* 36 (1993): 7. 또한 Harrison은 수메르-바빌로니아의 육십진법이 숫자 단위 60^2을 포함했다고 언급한다. 이 숫자 단위를 확인해주는 단어는 "우주"를 의미하는 선행사를 가졌다(보충해서 설명하자면, 각 숫자가 고유의 단어로 표현되는데, 60은 *susu*, 60^2[=3,600]은 *saru*, 60^3[=216,000]은 *sussaru*라 불린다. 여기서 *saru*와 *sussaru*는 선행사 *sar*를 갖는데, 이 단어는 이상적인 숫자 3,600이면서 "우주"를 의미한다―역주). O. Neugebauer, *The Exact Sciences in Antiquity*, 2d ed. (New York: Harper, 1957), 141도 보라.

역량을 보여주었다. 이와 같은 숫자의 문학적 사용이 실제 역사와 무관하다고 생각해야 할 이유는 없다. 숫자의 역사성은 수메르의 왕명록과 비교하고 대조해보면 더욱 강화된다. 수메르의 왕명록에 자세히 설명된 여덟 왕의 전체 연수는 241,000년이다. 반면에 창세기 5장에 있는 전체 연수는 간소하게 1,656년이다. 이어서 수메르 왕명록은 24,510년, 3개월, 3일 반을 통치한 스물세 명의 왕을 상술하는데, 이는 11:10-26의 더 짧은 세대들과 병행한다.[9]

내본문적 연결

제2부의 족보는 주변의 기사들과 더불어 복잡한 관계의 그물망을 형성한다. 창세기 5:1-3과 1:26-28 사이의 반복들은 의심할 여지 없이 셋의 계보와 하나님의 형상대로 지어진 최초의 인간 창조 사이의 연결을 확립한다.

또 하나의 의미 있는 연결 고리는 제2부와 가인의 족보 사이에 존재한다. 두 족보(4:17-24; 5:1-32)는 AB/A′B′ 구조를 보여주면서 대조된다. 둘 다 수직적 계보로 시작한 뒤 그 계보를 세 아들로 나누면서 끝난다(4:20-22; 5:32을 보라).[10] 그러나 두 족보가 주제 면에서는 날카롭게 상반된다. 하나님을 사랑하는 셋은 아벨을 대체하며, 자기 자신을 사랑하는 가인과 나란히 병치된다. 가인의 족보가 살인자가 살인자를 낳는 저주로 점철된 계보를 보여주는 반면(4:17-24을 보라), 셋의 족보는 약속의 씨의 진행을 보여주면서 인류의 시조인 아담과 후에 새로운 시조가 된 노아를 연결한다(4:25, 26의 해당 주해를 보라). 비록 두 족보 모두 몇 가지 이름을 공유하지만(에녹, 4:17; 5:21-24; 라멕, 4:18; 5:25), 등장인물들은 근본적으

---

9   T. Jacobsen, "The Sumerian King List" in *ANET*, 265을 보라.
10   11:10-26에서도 동일한 사항이 적용된다.

로 다르다. 셋의 계보인 에녹과 라멕이 드러내는 의로움과 희망은 가인의 계보에서 나타나는 폭력 및 절망과 극명하게 대조된다. 셋의 칠대 손 에녹은 가인의 계보의 칠대 손 라멕과 달리 하나님과 동행한다. 라멕은 셋과 달리 여러 번 결혼하고 자신의 폭력적 행위를 뻔뻔하게 자화자찬하는 복수심에 사로잡힌 살인자로 등장한다(5:24). 셋의 계보에 있는 다른 라멕은 땅에 내려진 야웨의 저주로부터 구원을 기대한다(5:29). 가인의 아들 에녹이 자신의 이름을 딴 성읍을 가진 반면(4:17), 셋의 아들 에노스는 야웨의 이름을 부른다(4:26). 가인의 계보는 도시 건설자와 더불어 시작해서 양을 키우는 목축인, 음악가, 대장장이,[11] 시인과 같은 다양한 모습의 유목 문명과 도시 문명의 문화 창조자들로서 하나님의 형상을 간직하며 살아가는 세 아들과 더불어 마무리된다(4:20-24). 그러나 셋의 계보와 달리 그들은 장수했다는 특징을 보이지 않으며 그들과 그들의 문화는 너무 사악해서 홍수에서 살아남을 수 없었다. 대조적으로 하나님을 기쁘시게 하는 문화 창달자로서 아담의 형상을 간직한 자들은 예술과 과학보다는 오랜 수명으로 유명하며, 노아는 홍수 가운데 살아남을 자격이 있었다. 가인의 계보는 심판으로 이어지고 셋의 계보는 구원으로 이어진다.

마지막으로 9:29에서 단지 노아의 족보만을 완성함으로써 내레이터는 능숙하게 제3부를 제2부에 붙여 연결한다. 이런 방식으로 그는 노아의 세 아들이 아니라 노아를 홍수 이야기의 주역으로 내세운다.

---

11 Johnson(*Purpose*, 12 n. 4)은 앞의 세 가지 명칭이 Mowinckel을 따른 것이라고 밝힌다. S. Mowinckel, "The Two Sources of the Predeuteronomic History (JE) in Gen. 1-11" (1937), 11, 21.

제2부에 대한 주해 ─────────────

표제(5:1a)

1절. 적은 책이니라(2:4을 보라). 기록된 족보 문서에 대한 언급은 저자가 몇 가지 자료를 사용했음을 암시한다(11:10-26을 보라). 이 자료는 더 오래된 구전의 기록된 형태를 포함했을 가능성이 있다.

아담의 계보(תּוֹלְדֹת, 톨레도트)**를 적은 책.** 저자는 아담보다는 그의 아들들과 언약적 계보에 관심이 있다("제1부에 대한 주해"에서 톨레도트를 보라). 이는 이 족보가 실제로 "아담의 후손에 대한 기사"임을 의미한다.

제1막 셋의 언약적 계보(5:1b-32)
─────────────

서론(5:1b-2)

하나님의 모양대로. 창세기의 서막에 대한 이 언급은 아담의 계보와 창조를 위한 하나님의 계획 사이에 확고한 연결점을 확립한다. 신실한 셋의 계보는 가인의 계보와 충돌하면서(4:1-24) 최초의 창조와 연결된다.

2절. 남자와 여자를. 아담과 하와의 이름은 개인적이면서 동시에 총칭적 의미를 지닌다. 그들의 창조는 하나님이 모든 인류를 창조하셨음을 대표한다. 하나님은 명시적으로 언약적 씨의 아버지시며(눅 3:38을 보라) 암시적으로 모든 인류의 아버지시다(창 10:1을 보라).

자기의 모양 곧 자기의 형상. 타락으로 인한 불순종이 하나님의 형상을 파괴하지는 않았다. 1:26-28과의 언어적 연결은 인간의 번성이 하나님의 계속적인 창조 행위임을 알려준다. 하나님의 형상은 생육을 통해 각 계보 내에서 지속된다(참조. 전 12:7). 비록 하나님의 숨/영이 생육을 통해 후대로 전달된다고 하더라도(창 5:1-3을 보라), 하나님은 숨을 쉬는 모든 사람에게 자신의 숨/영을 불어넣으시고 그렇게 각 사람을 창조하신다(시

104:29-30).

일컬으셨더라. 이런 하나님의 주권 행사는 서막에서 언급되지 않았으나 1:26에 암시되어 있다. 각 세대가 최초의 인간 창조의 연속임을 보여준다는 것이 여기서 명백해진다.

족보(5:3-32)

3절. 아들을 낳아 이름을 셋이라 하였고. "출생"과 "작명"의 패턴은 하나님의 활동에 인간이 연결되어 있음을 한층 더 분명하게 보여준다. 하나님과 최초의 부모 및 그들의 자녀 사이의 연관성은 5:1-2과 1:26-28의 유사성, 곧 "후손"의 이름을 작명하는 일(5:2)과 "모양…형상"의 반복(5:3)으로 확증된다.

셋. 이 이름 역시 현재의 단락을 이전의 기사(4:25-26)와 연결한다.

4절. 팔백 년을 지내며. 홍수 이전 사람들의 계보에서 감소되지 않는 긴 수명은 홍수 이후 점점 짧아지는 사람들의 수명과 날카롭게 대조된다.[12] 추정컨대 홍수 이후의 세계는 홍수 이전의 세계보다 더욱 생명에 적대적이다(위의 "문학적 분석: 숫자의 사용"을 보라).

5절. 구백삼십 년을 살고. 숫자들은 오경 본문의 상이한 판본들에서 근본적으로 다르게 나타난다. 대표적인 세 가지의 오경 텍스트, 즉 전통적인 마소라 텍스트, 그리스어 본문인 70인역, 그리고 사마리아 오경은 홍수 이전 사람들의 연령에서 차이를 보인다. 즉 마소라 텍스트에서 홍수는 아담 창조 후 기원전 1656년에 발생하고, 사마리아 오경에서는 기원전 1307년에, 70인역에서는 기원전 2242년에 발생한다. 마소라 텍스트에서는 홍수가 나는 그해에 므두셀라가 죽는다. 사마리아 오경에서는 그

---

12 D. Patten, *The Biblical Flood and the Ice Epoch* (Seattle, Wash.: Pacific Meridian, 1996), 215을 보라.

해에 야렛, 므두셀라, 그리고 라멕이 죽는다. 70인역에서는 므두셀라가 홍수 이후 십사 년을 더 산다! 마소라 텍스트는 전반적으로 다른 두 문헌에 대한 텍스트의 우월성과[13] 우연이라 보기 힘든 숫자의 상징적 사용으로 인해[14] 신빙성이 부여된다(위의 "문학적 분석: 숫자의 사용"도 보라).

죽었더라. 아담의 범죄를 통해 죽음이 모든 사람에게 임했다(롬 5:12-14도 보라). 다른 한편으로 하나님의 축복은 창조 질서의 안정성을 보장한다. 심판과 죽음에도 불구하고 심지어 죄가 땅에서 넘치는 동안에도(4:17-24) 하나님의 은혜는 메시아의 계보를 보존하신다(창 3:15).

18절. 에녹. 에녹에 대한 묘사는 그의 의로움을 강조하면서 족보의 패턴에서 벗어난다. 이 계보에서 에녹은 성경 족보들에서 자주 선호되는 일곱 번째 순서에 올라가 있다(5:1-32에 대한 주해; 히 11:5; 유 14절을 보라). 에녹은 이 계보 안에서 언약이 얼마나 견고한지를 보여주는 상징적 인물이다.

22절. 하나님과 동행하며. 이 희귀한 표현(5:22, 24; 6:9; 말 2:6에만 나옴)은 단순히 경건한 삶을 사는 것이 아니라 하나님과 초자연적이고 친밀한 교제를 누리는 것을 의미한다.[15] 에녹의 삶은 이 타락한 세상 속에서 "하나님과 동행하는"(5:22, 24) 사람들이 마지막에 진술된 말대로 죽음이 아

---

13 B. K. Waltke, "The Samaritan Pentateuch and the Text of the Old Testament," in *New Perspectives on the Old Testament*, ed. J. B. Payne (Waco, Tex.: Word, 1970), 212-39을 보라.

14 Barnouin, "Recherches." 유감스럽게도 이 논문은 Klein의 다음 글에서 간과되었다. R. W. Klein, "Archaic Chronologies and the Textual History of the Old Testament," *HTR* 67 (1974): 255-63.

15 경건은 일반적으로 "야웨와의 교제 속에서 걷다"라는 말로 표현된다(17:1; 24:21을 보라). BDB, 236b.2와 *IBHS* §26.1.2b가 그렇게 설명한다. 여기서 이 동사의 히트파엘 어간은 지속-반복의 개념을 표현한다. D. J. Wiseman은 여기서 이 말이 자신의 백성 가운데 거하는 하나님의 역동적인 임재를 함축한다고 생각하지만, 그는 다른 전치사들을 수반하는 할라크(הָלַךְ)의 히트파엘 형의 용법들의 차이를 주의 깊게 구분하지 않는다("Abraham Reassessed," in *Essays on the Patriarchal Narratives*, ed. A. R. Millard and D. J. Wiseman [Downers Grove, Ill.: InterVarsity, 1980] 155 n. 31).

닌 생명을 체험할 것임을 확증한다(신 30:15-16; 왕하 2:1, 5, 9-10; 시 49:15; 73:24; 히 11:5을 보라).

23절. 삼백육십오 세를 살았더라. 아마 이 상징적 숫자는 태양력에 상응하고 특권적 삶을 의미할 것이다(위의 "문학적 분석: 숫자의 사용"을 보라). 비록 장수가 흔히 하나님의 사랑을 나타내는 표지이지만(시 91:16), 복을 받은 에녹이 상대적으로 짧은 수명이라는 것은 그의 아들 므두셀라와 비교되면서 하나님의 임재 안에 있는 것이 훨씬 더 큰 특권이라는 사실을 보여준다.[16]

24절. 하나님이 그를 데려가시므로 세상에 있지 아니하였더라. 이 구절은 갑작스럽고 신비로운 사라짐을 묘사한다. 구약에 기록된 모든 성인 중에 단지 에녹과 엘리야만이 육체적 죽음을 경험하지 않은 사람으로 묘사된다(왕하 2:1-12; 히 11:5). "그를 데려갔다"(לָקַח, 라카흐)라는 표현은 때에 맞지 않는 죽음을 지시하는 "어떤 사람의 생명을 취하다"(참조. 욘 4:3) 또는 어떤 사람의 생명을 빼앗음을 지시하는 "~로부터 취하다"(לָקַח מִן, 라카흐 민)와는 근본적으로 다르다. 슈미트(Schmidt)는 창세기 5:24과 열왕기하 2:3, 5에 나오는 "그를 데려갔다"를 "공중으로 들려 올라갔다"라고 옳게 번역한다.[17]

29절. 우리를 이 아들이 안위하리라. 가인의 계보인 라멕이 복수를 통해 잘못을 시정하려고 했던 반면(4:24을 보라), 셋의 계보인 라멕은 저주로부터의 구원을 추구한다. 노아는 포도 재배와 포도주 양조를 시작함으로써 이 예언을 성취한다(9:20을 보라).

32절. 노아는 오백 세 된 후에. 세 아들이 태어났을 때 노아의 정확한 나이는 불확실하다. 나중에 나타나는 연대기 틀의 자료는 현재 나열된 아

---

16 요 17:24도 보라. 동일한 단어가 부활에 대해 사용된다(시 49:15; 시 73:24).

17 Schmidt, "לָקַח," *TLOT*, 2:651. 또한 그는 길가메시 서사시에서 우트나피쉬팀(Utnapishtim)의 하늘로 들림이 비슷한 아카드어 동사 *legu*와 더불어 보고된다는 점에 주목한다.

들들의 순서가 출생 순서가 아님을 시사한다(10:21과 11:10을 보라).

셈과 함과 야벳. 이들의 이야기가 재개되는 9:18을 보라.

제2막 전환: 홍수 전의 죄의 심화(6:1-8)

제1장 하나님의 아들들의 폭정과 하나님의 해결책 (6:1-4)

1절. 사람이 … 시작할 때에. 이 단락은 제1부와 2부, 그리고 3부 사이를 이어주는 연결 고리 역할을 하면서 가인의 계보의 끝에 있는 음울한 상황을 상기시키고(4:17-24을 보라) 셋의 경건한 계보로부터 홍수 이야기로의 전환점을 형성한다(6:9-9:17).

2절. 하나님의 아들들이. 문제의 "하나님의 아들들"이라는 표현은 이들이 셋의 후손이거나 천사들, 아니면 라멕을 계승한 폭군들의 가문이라고 해석되었다.[18] 이 세 가지 해석은 히브리어 문법적으로 모두 가능하다.[19] 루터와 칼뱅이 지지하는 3세기 이후 기독교의 전통적 해석은 하나님의 아들들과 사람의 딸들을 셋의 아들들과 가인의 딸들로 이해하는 것이다. 이때 죄는 셋의 계보를 망쳐놓는 두 씨 간의 혼합이다.[20] 표면적으로 이는 저주받은 가인의 계보를 셋의 경건한 계보와 대조하는 당장의 문맥에 가장 잘 부합한다. 그러나 이런 해석은 몇 가지 언어적 이유로 거

---

18 비록 많은 학자가 이 이야기를 신화나 "탈신화화된" 신화로 간주하지만, 나는 영감 받은 내레이터가 이를 역사로 간주했기 때문에 그런 견해를 거부한다.

19 호 1:10에서는 인간이 "하나님의 아들들"로 불리고, 욥 1:6에서는 천사들/천상의 존재들이, 삼하 7:14; 시 2:7; 82:6에서는 신적인 왕들이 그 이름으로 불린다. 천사들이 "하나님의 아들들"로 불리는 이유는 그들이 엘로힘(אֱלֹהִים)의 세계에 속하기 때문이다. 비록 그들이 신화적·육체적·혈통적 의미에서 그렇게 불리는 것은 아니지만 말이다.

20 Calvin, *Genesis*, 10.

부되어야 한다. 창세기 6:1은 "사람(הָאָדָם, 하아담)이 땅 위에 번성하기 시작할 때에 그들에게서 딸들(בָּנוֹת, 바노트)이 나니"라고 기록한다. 하아담 (הָאָדָם)은 인간에 대한 총칭어이고 바노트(בָּנוֹת)는 그들의 여자 후손을 가리킨다. 만일 다음 구절에서 아담(אָדָם)을 셋의 후손으로 제한하고 바노트(בָּנוֹת)를 가인의 후손으로 한정한다면, 이는 자의적이다(즉 거증 책임이 의미의 변화를 밝혀야 하는 주석가에게 있다). 현재의 문맥에서 "딸들"은 셋의 후손을 가리키는데, 왜냐하면 셋의 혈통에서 딸의 출생이 아홉 번 반복되며(5:4, 7 등등), 내레이터는 가인의 혈통의 딸들을 전혀 언급하지 않기 때문이다. 천사들이 유한한 인간들과 성관계를 갖는다는 개념은 대단히 오래된 고대의 것이다. 이런 해석은 초기의 묵시문학과 랍비 유대교에서 발견되었고 초기 교회 교부들에 의해 주장되었다.[21] 이 해석은 아마도 베드로전서 3:19-20과 유다서 6-7절의 배경일 수 있다.[22] 그러나 이 해석은 홍수의 문맥에 어울리지 않는다. 왜냐하면 홍수 심판은 천상계가 아닌 인간을 향한 것이기 때문이다(창 6:3-5). 하나님은 구체적으로 6:3에 있는 범법자들을 "육체"(בָּשָׂר, 바사르; NIV-"mortal")로 칭하신다. 또한 이런 해석은 천사가 결혼하지 않는다는 예수의 말씀과도 상충된다(마 22:30; 막 12:25). 천사들이 먹고 마시는 것과(창 19:1-3을 보라) 결혼하고 자녀를 낳는 것은 전혀 별개의 문제다.

"하나님의 아들들"이 라멕을 잇는 폭군 왕조의 계승자들을 지시한다고 보는 해석은 이 명칭이 지체 높은 사람이나 귀족들, 그리고 자신들의 사회적 신분 밖의 여자들과 결혼하여 많은 후궁을 거느렸던 왕족들이라

---

21 참조. *1 Enoch* 6:1-7; *Testament of Reuben* 5:6; Jubilees; 사독파의 문서 단편들(Zadokite Fragment); 아마도 벧후 2:4; 유 6-7절의 "자기 지위를 지키지 아니한 천사들"이라는 표현은 외경 문헌의 강한 영향을 보여준다.

22 W. A. VanGemeren, "The Sons of God in Genesis 6:1-4," *WTJ* 43 (1981): 345-46. 유다서는 교만함으로 특징지어진 타락한 천사들을 소돔과 고모라의 성적 부도덕 및 완악함과 비교한다.

는 고대 유대교적 해석에서 역사적 근거를 발견한다.[23] 클라인은 "하나님의 아들들"이 "신적" 왕들을 의미하는 것이라고 자신의 입장을 바꿨을 때 새로운 근거를 제시했다.[24] 그의 견해에 따르면 가인의 저주받은 계보의 연속인 이 폭군들은 정의를 시행해야 했지만 대신에 스스로 신적 존재라고 자처했으며, 후궁들을 궁에 맞아들임으로써 하나님의 질서를 위반했고 하나님 아래서 땅을 다스리라는 명령을 곡해했다. 클라인은 이어서 다음과 같이 주석한다. 즉 그들의 후손은 "육체적 힘과 군사-정치적 지배력으로 분명하게 특징지어진"(창 10:8-10을 보라) 네피림-용사들(גִּבֹּרִים-נְפִלִים, 네필림-기보림, 6:4)이었다는 것이다.[25] 이 해석은 "자기들이 좋아하는 모든 여자를"(6:2)이라는 어구를 가장 잘 설명한다. 예를 들어 이집트 왕 파라오는 자신이 원하는 여자를 침대로 들였고(12:10-20) 다윗도 마찬가지였다(삼상 11장). 또한 이 해석은 창세기의 주제인 곧 발생할 홍수 이야기의 문맥에도 들어맞을 뿐만 아니라 6:4의 네피림과 용사들에 대한 언급을 6:1-3과 연결한다. 하지만 "천사들"이란 해석은 잘 정립된 반면, "신적 통치자"라는 의미는 다소 의심스럽다. 게다가 클라인의 견해는 최신의 것이고 베드로전서 3:19과 유다서 6-7절의 해석을 약화시키는 것 같다. 최상의 해결책은 "천사들"이라는 해석을 "신적 왕"이라는 견해와 결합하는 것이다. 폭군들은 악령에 사로잡혀 있었다. 기스펜(Gispen)은 "본문이 타락한 천사들에게 통제받는 사람들을 우리에게 제시한다"라고 단언한다.[26] 그들의 삐뚤어진 심령은 이렇게 악령이 들어

23 U. Cassuto, "The Episode of the Sons of God and the Daughters of Man," in *Biblical and Oriental Studies*, vol. 1, trans. I. Abrahams (Jerusalem: Magnes, 1973), 18.

24 M. G. Kline, "Divine Kingship and Sons of God in Genesis 6:1-4," *WTJ* 24 (1962): 187-204.

25 Kline, *Kingdom*, 115.

26 W. H. Gispen, *Genesis 1: Kommentaar op het Oude Testament* (Kampen: J. H. Kok), 221은 VanGemeren, "The Sons," 348에서 호의적으로 인용되었다. 나 역시 독자적인 조사를 통해 동일한 결론에 이르렀다.

오는 것을 허용했다. 아이히로트의 주장에 따르면 "하나님의 힘은 피조물의 의지가 뒤틀리면서 시작된 사악함 속에서 작동한다."[27]

아름다움을 보고 자기들이 좋아하는 모든 여자를 … 삼는지라. 이 히브리어 문장의 문자적 의미는 "보았다 … 좋았다 … 취했다"이다. 그들의 죄는 3:6에 있는 원죄의 패턴을("보았다 … 좋았다 … 취했다") 반복한다. 그들은 영적인 분별력이 아닌 육욕에 사로잡힌다.

아내로 삼는지라. 문자적으로 "그들은 아내를 취했다." 이는 간음이 아닌 항구적인 통혼을 지시한다.

3절. 나의 영이. 하나님의 영은 자연적 생명의 근원이다(시 104:29-30).

다투지(יָדוֹן, 야돈; 개역개정-"함께하지") **아니하리니**. 히브리어 야돈의 의미는 불확실하다. 비록 그리스어 번역자만이 "다투다"라는 의미로 추론했지만, 가장 최근의 권위 있는 사전은 이 의미에 호의적이다.[28] 스파이저(Speiser)는 아카드 동족어를 토대로 "보호하다/막다"라는 의미라고 주장한다.[29] 브루그만은 그 의미를 이렇게 설명한다. "심판이란 하나님께서 생명을 주는 당신의 영이 당신의 세계를 무질서하게 만드는 자들에게 끝없이 영원토록 생명력을 주도록 허용하지 않으신다는 것이다. 생명의 호흡(창 2:7; 시 104:29-30)은 여전히 그분의 것으로서 주기도 하시고 거두기도 하신다."[30]

백이십 년이 되리라. 이것은 인간 개인의 수명이라기보다는 아마도 이 선언과 홍수 사이의 시간 간격일 것이다(5:32; 7:6을 보라).[31] 하나님의 심판이 은혜로 누그러진다(참조. 벧전 3:20). 백이십 년의 연기는 인간이 회

---

27 Eichrodt, *Theology*, 2:179.
28 *HALOT*, 217.
29 E. A. Speiser, "יָדוֹן". Gen 6:3," *JBL* 75 (1956): 128.
30 Brueggemann, *Genesis*, 72.
31 이것은 한 개인의 수명을 지시할 수 있으나, 처음에 훨씬 더 오래 살았다가(창 11장을 보라) 훨씬 덜 살게 된(시 90:10을 보라) 홍수 이후 시대 사람들의 나이로 인해 반박되는 것 같다.

개하도록 시간을 주고 노아와 그가 만든 거대한 방주를 통해 다가올 심판의 증거를 제공한다.

4절. 네피림(נְפִלִים, 네필림). "용사들"로도 불리는 이들은 마귀에 사로잡혀 폭력으로 땅을 채우고 있던 폭군들의 후손이다(6:11; 민 13:33을 보라). 네피림의 히브리어 어근(נָפַל, 나팔)은 "떨어지다"를 의미하는데, 이는 그들의 운명을 암시한다(겔 32:20-28을 보라). 하나님은 어떤 폭군이든 땅을 영원히 압제하고 유린하도록 허용하지 않으실 것이다.

그 후에도. 이 삽입된 논평은 이 책의 청중에게 동일한 부류의 무서운 사람들이 홍수 이후에도 존재한다는 것을 상기시킨다(민 13:32-33을 보라).

그들은 용사라(גִּבֹּרִים, 기보림). 이 히브리어 단어는 니므롯과 그의 야수적인 국가를 지칭하는 데에도 사용된다(10:8-11).

명성이 있는 사람들이었더라. 이 영웅들은 길가메시와 같은 신화 속의 반신(半神)적 영웅들에 대한 이야기 배후에 놓인 역사적 근거를 제공하고 있는지 모른다. 흔히 단정적으로 주장되는 바와 같이 성경이 신화를 역사로 묘사하고 있다기보다는 아마 고대인들이 역사를 신화로 바꾸었다고 보는 것이 옳을 것이다.

제2장 죄의 보편성과 하나님의 해결책(6:5-8)

5절. 야웨께서 사람의 죄악이 …항상 악할 뿐임을 보시고. 이 진술을 창세기 1장(여기저기)과 비교하라. 이전에 야웨께서 보신 것은 좋았다. 이제 인간의 "창조"가 땅을 망쳐놓았다. 또한 땅을 바라보는 이런 행위는 하나님께서 상황을 완전히 파악하지 않은 채로 심판을 행하시지 않는다는 것을 말해준다(참조. 3:8-14; 19:21).

모든 계획이 항상 악할 뿐. 이것은 인간 타락의 깊이와 폭을 생생하게 보여주는 그림이다(8:21을 보라). 이 상황은 그리스도의 재림 시에 올 역사의 종말을 미리 알린다(눅 17:26-27; 18:8; 딤후 3:1-5; 계 20:7-10, 그리고 유대 묵시문학).

마음. 현대인에게는 이 히브리어에 상응하는 단어가 없다. 이는 지·정·의, 그리고 도덕성의 중심이 되는 곳을 지칭한다.[32]

6절. 한탄하사 마음에 근심하시고. 5:29에서 "안위"와 "수고로움"과 더불어 나타나는 언어유희를 주목하라. 하나님과 인간이 죄로 인해 고통을 받는다.[33] 노아는 둘 다에게 안위를 준다.

한탄하사. 여기서 이 히브리어는 "그의 마음을 바꾸었다"라고도 번역된다. 이는 태도와 행동의 변화를 지시한다. 변치 않으시는 하나님은 항상 죄로 인해 고통 받으신다. 더구나 그분은 변함이 없으시기 때문에 만일 인간이 자신들의 죄 가운데 고집을 부린다면 선을 행하기 위해 **언제나** 그분의 계획을 바꾸실 것이다. 즉 "만일 그들이[어느 민족] 나 보기에 악한 것을 행하여 내 목소리를 청종하지 아니하면 내가 그에게 유익하게 하리라고 한 복에 대하여 뜻을 돌이키리라"(렘 18:10; 또한 출 32:12, 14; 삼상 15:11; 삼하 24:16; 렘 18:11; 암 7:3, 6도 보라).[34] 대홍수의 시기에 인간을

---

32 O. R. Brandon, "Heart," in *Evangelical Dictionary*, ed. W. Elwell (Grand Rapids: Baker, 1984), 498-99.

33 하나님은 스스로 고통 받기를 감수하신다. 하나님이 요지부동한 분이라고 말하는 것은 하나님이 감정을 지니지 않으셨다는 것이 아니라 감정이 그분을 지배하지 못함을 의미한다. 다음을 보라. J. I. Packer, "Theism for Our Time," in *God Who is Rich in Mercy: Essays Presented to Dr. D. B. Knos*, ed. P. T. O'Brien and D. G. Peterson (Grand Rapids: Baker, 1986), 7-8; D. A. Carson, *The Gagging of God: Christianity Confronts Pluralism* (Grand Rapids: Zondervan, 1996), 236-37.

34 R. Pratt("Historical Contingencies and Biblical Predictions," in *The Way of Wisdom: Essays in Honor of Bruce K. Waltke*, ed. By J. I. Packer and S. K. Soderlund [Grand Rapids: Zondervan, 2000], 108-203)은 설득력 있게 예언자의 예언을 다음의 세 범주로 분석한다. (1) 조건적 예언 (predictions qualified by conditions, 청자의 반응에 따라 성취 여부가 결정되는 예언-역주), (2) 확증적 예언(predictions qualified by assurances, 이미 결정된 것이 변경될 수 없음을 거듭 확증하는 말과 더불어 선포하는 예언-역주), (3) 중립적 예언(predictions without qualification, 조건이나 확증이 수반되지 않고 단순하게 선언된 예언이지만 추후 인간의 행동에 따라 변경이 가

향한 하나님의 변심은 전적으로 그분의 변치 않으시는 속성과 일관된다. 하나님은 변덕쟁이가 아니시다. 그분은 당신의 마음을 바꾸지 않으시며 재고하는 마음을 가질 때도 그러하시다(민 23:19; 삼상 15:29). 사람들은 언제나 인간의 반응에 따라 선이나 악을 행하려는 자신의 원래 의도를 재고하시는 하나님을 신뢰할 수 있다.

근심하시고. 이 히브리어는 여기서 "격한 분노"를 의미한다. 그리스도의 희생은 죄에 대한 하나님의 무서운 분노를 누그러뜨릴 것이다(8:21을 보라).

7절. 내가 지면에서 쓸어버리되. 첫 번째 세상에 대한—창조로부터 홍수에 이른—하나님의 심판은 현재의 두 번째 세상에 대해—홍수로부터 불에 의한 파멸에 이르게 될—다가올 두 번째 심판의 예언적 범례다(벧후 3:5-7을 보라).

가축과…공중의 새까지. 땅이 자신의 통치자가 저지른 죄의 결과를 감수해야 하는 것처럼 동물들도 그렇게 해야 한다(3:17을 보라).

8절. 은혜를 입었더라. 이 진술은 아담의 후손의 계보에 대한 기사의 끝에서 극적으로 나타난다. 노아는 새로운 시작을 나타내는데, 이는 5:29에서 예견되었던 반전이다. 노아는 그의 죄에도 불구하고 하나님의 은혜를 입은 것이 아니라 그의 의로움 때문에 은혜를 입었다(6:9을 보라). 내레이터는 그것을 독자들의 몫으로 남겨놓아 그들로 하여금 노아의 의로움이 그 자신의 것이 아닌 하나님의 은혜의 선물임을 깨닫게 한다. 이는 하와의 마음속에 뱀에 대한 증오심을 심어둔 것이 주권적인 은혜의 선물인 것과 마찬가지다. 하나님은 그분의 기쁘신 뜻을 따라 소원을 품고 행하는 모든 성도 안에서 일하시는 것처럼(빌 2:13) 노아 안에서 일하신다.

능하다. 그러나 그런 인간의 행동을 조건으로 내세우지 않는다는 점에서 조건적 예언과 차별화된다-역주).

제2부에 대한 신학적 고찰 ─────────

하나님의 자비, 정의, 그리고 주권

거룩한 자들과 죄인들이 메시아 계보에서뿐만 아니라 아담의 모든 자녀 중에서도 발견되었다. 하나님은 당신과 교제하며 그들의 세대를 향해 설교했던 에녹과(유 14-15절을 보라) 노아와 같은(벧후 2:5을 보라) 예언자들을 일으키셨다. 세상은 하나님의 인내하심을 의지의 약함으로 이해할지 모르지만 사실 하나님의 오래 참으심은 은혜다. 하나님의 심판과 백이십 년의 유보는(창 6:3) 하나님께서 사람들에게 회개할 시간을 주시는 동안 죄인들을 쓸어버리지 않으신다는 것을 증명한다(벧후 3:9). 궁극적으로 심판은 올 것이다. 그러나 셋으로부터 절정의 인물인 노아에 이르기까지 열 세대는 셈부터 아브라함까지의 열 세대에 부합하면서(11:10-26) 역사를 무의미한 세대의 계승으로서 전시하지 않는다. 그들은 역사란 때가 찼을 때 구원 사역을 절정에 이르게 하시는 하나님의 손길 아래 이루어지는 인간의 활동이라는 사실을 드러낸다.

하나님의 형상

하나님의 형상은 타락과 홍수와 상관없이 보존된다(창 5:2-4). 비록 죄가 항상 묻어 있을지라도 하나님의 형상으로 지음 받은 모든 인생은 여전히 귀중하다. 그러나 성도들과 죄인들은 각기 다른 방식으로 그 형상을 표현할 것이다. 자기애에 빠진 채 땅을 통치하는 가인의 후예는 땅을 부패시킨다. 하나님의 사랑 안에 걷는 셋의 후예는 땅을 보존한다. 그럼에도 불구하고 양쪽 모두 하나님께서 보시기에 그분의 형상을 지닌 자들로서 가치를 지니며 무고한 생명을 해하는 죄를 짓지 않는 한, 둘 다 보호받아야 한다(9:6).

믿음

악인들의 폭력이 난무하는 세상 속에서 노아의 의로운 삶은(6:18) 경건한 인내와 헌신의 모본이다. 진정한 의인들은 큰 위험을 당해도 믿음 안에서 기꺼이 감수하려 할 것이다. 인간의 죄악에도 불구하고 그들은 궁핍한 자들에게 손을 내민다. 거대한 장부들의 틈에서 살지만 그들은 선을 행하고 자신들을 연약한 존재로 받아들인다. 물론 스스로 의인된 자들은 가인의 계보에서 그랬던 것처럼, 또한 홍수 당시에 인간의 상황이 그랬던 것처럼, 급격히 진행되는 죄의 확산과 심화를 막을 수 없다. 성도는 그 흐름을 바꿔놓기 위해 성령의 능력이 필요하다.

희망

에녹의 삶에서 관찰된 바와 같이 "하나님과의 교제가 회복된 곳에서는 죽음으로부터의 구원이 뒤따르게 되어 있다."[35]

---

35 Vos, *Biblical Theology*, 47.

제3부

노아와 그의 가족의 계보
(6:9-9:29)

제3부의 주제

아담과 아브라함 사이의 족보에서 정확히 중앙에 놓인 노아는 창세기 1-11장에서 중심인물이다. 또한 아담의 창조와 아브라함의 부름 사이의 분책들 중앙에 위치한 노아와 그의 가족의 계보에 대한 기사는 그 역사 속에서 중심 사건을 기록한다. 내레이터는 아담과 노아 사이, 그리고 노아와 아브라함 사이의 천년 기간을 관통하며 달려가는 반면에, 속도를 늦춰 한 권의 분책 전부를 노아의 육백 년 동안의 삶에 할당한다.

그해에 하나님은 파국적인 홍수를 통해 전적으로 타락한 뱀의 씨를 쓸어버리신다. 신적으로 특수 제작된 방주를 수단으로 하나님은 노아와 그의 가족을 통해 여자의 의로운 씨를 구하시고 그들과 더불어 당신의 피조물을 축소해서 구하신다. 노아와 그의 가족은 심판과 청소의 수단인 홍수에서 살아남아 방주로부터 땅으로, 즉 이제 우리가 아는 대로 새롭게 되어 종말의 때까지 지속될 세상으로 나온다. 그러나 노아와 그의 가족은 비록 여자의 후손으로서 계보를 이어가지만 비극적으로 다시 뱀의 후손을 낳는다(8:21을 보라).

제3부의 개요

---

1   Frame은 영화 촬영술에서 차용된 용어다. 여기서 이것은 부분적 장면을 의미한다(이를 편의상 "컷"으로 번역한다 —역주).

제3부에 대한 문학적 분석 ───────────

플롯

제1컷(6:9b-12)은 청중에게 제1막의 특징, 즉 의로운 노아 및 그의 가족(6:9b-10)과 그가 살던 타락한 땅의 부패한 사람들(6:11-12)과의 대립을 소개한다. 이 대조는 제2컷(6:13-22)에서 나타나는 제1막의 두 가지 긴장 관계를 설정한다. 하나님은 홍수를 수단으로 부패한 사람들과 땅을 파괴하고, 의로운 자들과 그들이 다스리도록 창조된 생물들을 방주 안에 보존하기로 결심하신다. 이를 위해 야웨는 홍수를 조절해야 했는데, 먼저 홍수를 일으키신 뒤 계획에 맞춰 그것을 억제하셨다. 야웨와 부패한 땅 사이의 긴장은 제5컷에서 절정에 이른다(7:17-24). 이 컷에서 홍수는 가장 높은 산들을 덮어 "승리하며" 모든 생물을 쓸어버린다. 중심축이 되는 제6컷(8:1a)은 한 긴장으로부터 다른 긴장으로의 전환점을 형성한다. 두 번째 긴장은 제9컷(8:15-19)에서 대단원을 이루며 풀리기 시작한다. 이 컷에서 노아와 모든 생존한 것들이 방주로부터 새롭게 된 땅으로 하선한다. 제10컷(8:20-22)의 마지막 대단원에서 야웨는 노아가 드리는 속죄의 희생을 받으시고 만족하시며, 인간은 치료가 불가능할 정도로 원죄로 더럽혀져 있기 때문에 다시는 땅과 모든 사람을 파멸하지 않으리라고 결심하신다. 제11컷(9:1-7)과 12컷(9:8-17)은 그 결심을 구체화한다.

그러나 더욱 중대한 것은 언약 당사자들인 야웨와 노아 사이의 흥미로운 긴장이다. 쟁점은 그들이 위기 가운데서 서로 신뢰할 수 있는가 아닌가다. 중대한 신학적 용어인 **언약**(히브리어 בְּרִית, 베리트)은 성경에서 처음으로 6:18에 등장한다. 이는 언약의 수립자가 자신에게 스스로 부여한 책무를 이행하겠다고 다짐하는 것을 의미한다. 언약 수혜자의 변함없는 충절을 조건으로 그렇게 하든지, 아니면 약속의 보상으로 그렇게 하든지 간에 말이다(수 9:11, 15-16).[2] 첫 번째 방식의 협약은 현재의 1-9컷에서 나타나고 두 번째 방식의 협약은 10-12컷에서 관찰된다.

6:18에 따르면 하나님은 홍수가 나던 해인 노아가 육백 세가 되기 이전에 언약 관계를 위해 그를 선택하신다. 야웨는 임박한 홍수로부터 노아를 보존하겠다고 약속하신다. 노아 편에서는 생명을 부지하기 위해 방주를 짓고 야웨의 지시를 따라 거기에 들어가야 한다.

하나님은 노아를 신뢰할 수 있을까? 분명히 하나님은 그 언약의 창시자이지만, 이 언약은 노아의 충실한 이행 없이는(7:1을 보라) 효력이 발휘될 수 없다. 만일 노아가 방주를 지어 승선하지 않는다면 노아와 모든 생물은 멸망할 뿐만 아니라 아담을 통해 땅을 정복한다는 하나님의 목적과 여자의 씨를 통해 뱀을 무찌르겠다는 그분의 약속도 소멸될 것이다. 구원

---

2   E. Kutsch, "בְּרִית," *TLOT*, 1:259.

사의 미래는 노아의 믿음에 달려 있다.

한편 노아는 하나님을 신뢰할 수 있을까? 하나님은 노아를 부르셔서 땅을 쓸어버리겠다는 당신의 으름장을 이행하고 그와 그의 가족, 그리고 숨을 쉬는 모든 생물을 보존하리라는 약속을 지키신다는 것을 믿게 하신다. 만일 하나님께서 으름장을 놓았던 홍수를 보내지 않으신다면, 노아는 방주를 짓느라 그 자신과 세 아들의 인생에서 여러 해를 낭비하고, "노아의 어리석음"은 역사의 웃음거리가 될 것이다. 그리고 만일 하나님께서 노아와 그의 가족을 홍수로부터 보존하겠다는 약속을 지키지 않으신다면, 그들의 충실한 섬김은 헛될 것이다. 이 플롯은 언약 당사자들인 하나님과 인간이 서로 헌신적으로 약속을 이행하면서 전개된다.

언약 당사자들의 특징이 이 플롯을 유도하고 있음이 이제 분명해진다. 내레이터는 하나님을 의롭고 자비로우시며 자신의 말씀에 충실하신 분이라고 명시적으로 묘사해야 할 필요를 전혀 느끼지 않는다. 하나님의 행동은 그분이 홍수를 때에 맞게 보내시고 노아를 제때에 구하실 때 저절로 분명하게 드러난다. 하나님께서 노아를 기억하신다는 진술이 중심축에 놓여 있다는 것은 전혀 놀랍지 않다. 그러나 언약 당사자인 인간의 특징은 이야기가 시작될 때 더욱 오리무중인 상태다. 그리하여 내레이터는 명시적으로 그리고 강제적으로 노아를 제1막의 처음 몇 단어로 특징 짓는다. 즉 내레이터는 노아의 신실한 덕목에 대해 "의로움"에서 "흠 없음(완전함)"으로, 나아가 최고의 칭찬인 "그는 하나님과 동행했다"(6:9b)에 이르는 표현까지 사용해가며 그를 치켜세운다. 이어서 내레이터는 야웨의 말을 직접 인용한다. 즉 "네가 내 앞에 의로움을 내가 보았음이니라"(7:1). 이 단어들은 노아의 선행 자체를 가리키는 것이 아니라 진정한 믿음이 무엇인지를 표현하는 방식을 특징짓는다. 내레이터는 후렴구를 사용하여 그의 인물 묘사를 한층 강화한다. "노아가 하나님이 자기에게 명하신 대로 다 준행하였더라." 이 후렴구는 방주를 짓고(6:22) 거기에 들어가는(7:5) 중대한 두 가지 행동과 연결되어 나타난다. 또한 노아는 동물에 대한 관심으로 자신의 믿음-의로움을 보여준다. 노아는 상상할 수 있는 가장 열악한 환경 속에서, 즉 자신의 동물원-함선(zoo-boat)에서 꽉 찬 한 해를 살 뿐 아니라 마지막에 발붙일 곳을 찾지 못해 불안에 떠는 비둘기를 여전히 부드럽게 맞아들인다(8:9). 심지어 노아는 땅이 이미 말랐음을 알게 된 후에도 인내심을 가지고 땅이 하선하기에 안전하다는 하나님의 말씀이 주어질 때까지 두 달을 더 기다린다.

구조

제1막은 노아를 인류와 육상 동물을 구한 의로운 영웅으로 그린다. 제2막은 노아를 인류의 삼중 분화를 초래한 술 취한 죄인으로 묘사한다. 이 삼중 분화는 저주받은 가나안의 계보, 복 받은 셋의 계보, 그리고 셋 안에서 구원의 길을 발견하는 야벳의 계보다.

제1막은 크게 두 장으로 분석될 수 있다. 제1장(6:9b-8:22)은 노아와 맺은 하나님의 언약, 곧 홍수 이전 세계와 홍수 이후 세계를 잇는 다리로서 노아를 보존하겠다는 약속을 묘사한다. 제2장은 인류와 맺은 하나님의 언약, 곧 땅이 존속하는 한 다시는 땅을 파멸하지 않겠다는 약속을 묘사한다. 제1장의 끝에 나오는 시(8:22; 참조. 1:26-28; 2:22b-23; 3:14-19; 4:23-24; 9:24-27)는 열매 맺는 땅에 대한 하나님의 보존의 약속을 노래하며, 두 장 사이에 낀 야누스다. 이는 마치 제2막의 끝에 있는 시가 제4부에 대한 야누스인 것과 같다. 1막 1장은 열 개의 컷으로, 2장은 두 개의 컷으로 분석될 수 있다(모든 컷의 구체적인 문학적 분석에 대해서는 주해를 보라).

9:18-19의 계보에 대한 보고는 6:10과 병행을 이루고 있는데, 제3부 제2막에 대한 서론으로 기능한다.[3] 제2막은 1막의 마지막 세 개의 컷

---

3   K. A. Mathews, *Genesis 1-11:26* (NAC; Broadman & Holman, 1996), 349-50.

(8:20-22; 9:1-7, 8-17)을 보완하면서 미래의 역사적 과정에 대한 전조를 나타내고 예견한다. 편집적 서문(9:18-19)에 이어서 제2막은 두 개의 장으로 펼쳐진다. 산문체로 쓰인 제1장은 술에 취한 채 자신의 막사에서 벌거벗은 노아와, 이 상황에 대한 그의 아들들의 대처를 이야기한다. 제2장은 한 편의 시인데, 이는 노아의 아들들이 어떻게 대처했는지를 토대로 그들의 미래에 대한 노아의 예언을 묘사한다. 제2막은 제4부로의 전환점을 구성한다(10:1-11:9). 이는 이어지는 열국의 목록에 나타나는 대로 노아의 세 아들을 분류하기 위한 신학적 토대를 놓는다(10장).

삽입

홍수 전 족장들의 족보가 5:1-32에 제시되는데, 이는 9:28-29에 가서야 결론에 이른다. 내레이터는 노아와 그의 가족의 계보에 대한 기사(6:9-9:27)를 제2부 안에 삽입된 이야기로 끼워 넣고 이런 방식으로 제3부를 노아의 아들들이 아니라 주로 노아에 대한 기사로 변형시킨다.

구조의 패턴

자료비평가들은 노아와 그의 가족의 계보에 대한 기사를 자료비평의 가치를 보여주는 모델로 삼는다.[4] 신명(예. "하나님"[6:9-22]과 "야웨"[7:1-5])의 변화, 그리고 때로 당연한 것으로 주장되는 불일치와 결부되는 이중적 단편들의 존재(예. 사십 일간의 홍수[7:17]와 백오십 일간의 홍수[8:3]의 대립)에 주목하면서, 이 비평가들은 이 기사를 적어도 두 자료로 나눈다. 고대 근동에서 내레이터들은 통상적으로 자신의 작품을 작성하

---

4   J. Skinner는 이렇게 쓴다. "이 복합적인 서사를 이런 사례에 있는 여러 구성 요소로 분해하는 것은 순수한 문학비평의 가장 빛나는 업적의 하나로 정당하게 간주되며 문서 분석의 기법에서 특히 교육을 위한 교본과 같다"(*A Critical and Exegetical Commentary on Genesis*, rev. ed. [ICC; Edinburgh: T. & T. Clark, 1930], 147).

기 위해 여러 자료를 사용했기 때문에 아마도 몇몇 상이한 본문은 저자의 자료로 인해 발생한 것이다.[5] 그러나 본문에 대한 이런 접근은 방향이 잘못되었다. 즉 주장되는 자료들은 독자적으로 존재할 수 없다. 반복은 히브리어 서사시 문체 때문이라고 설명될 수 있다. 주장되는 불일치들은 설명이 가능하다. 그리고 내레이터가 자신의 자료에 대해 전적인 재량권을 갖는 것이지, 자료가 내레이터를 통제하는 것은 아니다. 마무리된 편집, 즉 완성된 기사는 최소한 네 가지 특정한 방식으로 예시되는 능숙하게 짜인 구조를 보여준다(서론의 "편찬과 저작권"을 보라). 첫째, 제1막과 더불어 제2막으로 전환시키는 서론은 교차 구조(즉 거울 이미지)의 패턴을 다음과 같이 보여준다.[6]

A 전환적 서론: 표제 6:9a

  B 노아와 홍수 당시의 그의 세계 6:9b-12

    C 홍수를 위한 대비, 그리고 노아와 인간의 행위를 관찰한 뒤 노아를 보존하겠다는 하나님의 언약의 확증과 독백 6:13-22

      D 승선 7:1-5

        E 홍수의 시작: 주역인 노아와 동물들 7:6-16

          F 기세등등한 홍수 7:17-24

            X 하나님께서 노아를 기억하시다 8:1a

          F′ 물러가는 홍수 8:1b-5

        E′ 홍수의 끝: 주역인 노아와 새들 8:6-14

---

5   Tigay, "Evolution," 20-52; idem, "Conflation," 53-94; idem, "Stylistic Criterion," 149-74.

6   이 제안은 다음 논문에 근거한다. B. W. Anderson, "From Analysis to Synthesis: The Interpretation of Genesis 1-11," *JBL* 97 (1978): 23-29; R. E. Longacre, "The Discourse Structure of the Flood Narrative," *JAAR* 47 Sup (1976): 89-133; Wenham, *Genesis 1-15*, 157-58.

D′ 하선 8:15-19

C′ 홍수 후를 위한 대비, 그리고 인간의 행위를 관찰하고 땅을 보
존하겠다는 하나님의 독백 8:20-22

B′ 노아와 홍수 후의 세상의 상태 9:1-17

A′ 전환적 서론 9:18-19

교차 배열은 홍수 전의 세상과 홍수 후의 세상 사이에 다리를 구축하
는 데 도움을 준다. A와 A′가 이 막의 틀을 잡아준다. B와 B′는 인간의 타
락이 홍수 이후에도 지속됨을 보여준다. 그러나 하나님은 타락한 홍수
전의 세상을 끝내시는 반면, 땅이 존속하는 한 다시는 땅을 저주하지 않
겠다고 모든 인류와 언약을 맺으신다. 이 목적을 달성하기 위해 하나님
은 "이 (새로운) 오래 참으심의 계획을 가능하게 만들고 지켜내기 위한"[7]
규례들, 특별히 극형 제도를 마련하신다. C와 C′는 둘 다 노아에 대한 하
나님의 독백을 포함한다. 이는 인간의 타락을 반추하면서(6:13; 8:21) 원
죄에도 불구하고 노아와 그의 가족을 보존하기 위한 대비책을 마련한다.
그러나 C와 C′는 차이점을 내포한다. 6:13의 상황(참조. 6:5, 11-12)은 역
사의 진행 속에서 하나님의 심판을 초래하는 인간의 점진적 타락의 절정
을 가리키는 반면, 8:21은 그런 역사적 심화와 별개로 인간 마음의 자연
적 상태를 묘사한다.[8] 더구나 방주를 짓는 일에 착수하는 노아의 순종이
홍수로부터 인류의 구원을 가져온 반면(6:22), 그의 향기로운 희생제사는
홍수 후의 구원을 제공한다(8:20-21). D와 D′는 노아에게 내려진 하나
님의 명령을 포함한다. 첫 번째는 방주에 들어가라는 명령이고(7:1-4) 두
번째는 방주에서 나오라는 명령이다(8:15-17). 둘 다 노아의 순종을 특징

---

7   Vos, *Biblical Theology*, 52.

8   앞의 책.

적으로 묘사하면서(7:5; 8:18-19) 노아의 신실함이 홍수로부터 생명을 보존함을 보여준다. E와 E′는 앞선 짝들과는 달리 순수하게 해설로 되어 있으며 노아를 보존자로 묘사한다. E에서 동물들은 노아에게 와서 방주로 들어가 목숨을 부지한다. E′에서 노아는 방주의 승객들이 하선하는 것이 안전한지를 살펴보기 위해 새들을 날려 보낸다. 노아는 심지어 물이 물러 갔음을 파악한 뒤에도 확실한 안전을 위해 다시 칠 일을 기다린다. 웬함은 "이 짝을 이루는 두 장은 홍수의 시작일(7:6, 11)과, 노아의 수명을 언급하는 방식으로 지시된 홍수의 종료일(8:13, 14)을 구체적으로 명시하는 표현들,[9] 곧 오랜 기간을 가리키는 형식문들을 포함한다"라고 주석한다. 이 두 장에서 숫자 일곱이 특징적으로 나타난다(7:4, 10; 8:10, 12). F와 F′는 홍수와 방주를 플롯에서 주된 역할을 하는 매개물로 묘사한다. 홍수는 하나님의 창조세계의 전멸을 불러왔고 방주는 그 세계를 보존했다. 홍수 드라마는 F에서 절정에 이른다. 여기서 기세등등한 홍수가 온 땅을 뒤덮어 방주 안에서 희미하게 남아 있는 생명의 빛줄기들을 제외하고 모든 생명의 호흡을 꺼트린다. 생명의 보존은 F′에서 극에 달한다. 여기서 방주의 모든 승객이, 건조되어 경작이 가능해진 땅으로 나온다. 문학비평가들은 중심축(X)을 "급전"(peripeteia), 즉 극에서 갑작스러운 상황의 역전이라 칭한다. 하나님께서 노아를 기억하실 때 제1막의 컷들은 서로 거울이 되기 시작한다.

둘째, 전체적으로 제1막이 교차 구조 패턴만을 드러내는 것은 아니다. 제1장에서 날의 숫자는 동심원적 패턴을 다음과 같이 보여준다(Wenham).[10]

---

9   Wenham, *Genesis 1-15*, 158.
10 앞의 책, 157.

칠 일간 홍수를 기다림(7:4)

　칠 일간 홍수를 기다림(7:10)[11]

　　사십 일간 홍수가 진행됨(7:17a)

　　　백오십 일간 물이 창궐함(7:24)

　　　백오십 일간 물이 물러감(8:3)[12]

　　사십 일간 기다림(8:6)

　칠 일간 기다림(8:10)

칠 일간 기다림(8:12)

셋째, 제1장(8:20-22)과 제2장(9:1-17)의 야누스 구도는 다음과 같이 교차적이다.

A 다시는 땅이나 인간을 파멸하지 않겠다는 하나님의 결심 8:20-22[13]

　B 번성하라는 명령 9:1

　　C 피와 관련된 법의 제정 9:2-6

　B′ 번성하라는 명령 9:7

A′ 다시는 모든 육체를 파멸하지 않겠다는 하나님의 언약과 징표
　　9:8-17

마지막으로 제1막과 2막은 교호적 패턴을 다음과 같이 보여준다.

11　홍수를 기다리는 칠 일에 대한 최초의 언급(4절)은 하나님의 말씀을 가리키고, 두 번째 언급
　　(10절)은 그것의 성취를 가리킨다.

12　홍수의 시작으로부터 방주의 안착에 이르는 백오십 일은 두 가지 관점에서 이해된다(백오십 일
　　간 "물이 창궐했다"와 백오십 일간 "물이 물러갔다"는 같은 현상에 대한 두 관점이라는 의미-
　　역주).

13　이 야누스 단락은 제1장 또는 제2장의 일부로 간주될 수 있다.

A 족보의 서론 6:9-10

  B 배경 6:11

    C 서사 6:12-8:21

      D 시 8:22

        E 종막 9:1-17

A 족보의 서론 9:18

  B 배경 9:19

    C 서사 9:20-24

      D 시 9:25-27

        E 종막 9:28-29

비교와 대조

내레이터는 아담과 노아 사이에, 즉 하나님의 창조와 재창조의 활동 사이에, 그리고 아마도 날에 대한 시간의 지표 사이에 존재하는 두드러진 병행들을 골라냄으로써 홍수의 주제를 재창조로서 강조한다.

아담 및 원창조와 노아 및 재창조 사이의 병행[14]

홍수는 아담이 머리가 된 원창조를 지워내고 노아가 머리가 된 재창조를 위해 땅을 청소한다. 워런 게이지(Warren Gage)[15]는 홍수 전과 홍수 후의 세계의 두드러진 병행에 주목한다. 이는 각각 아담을 온 인류의 아버지로, 노아를 홍수 후 세상에서 온 인류의 아버지로 만든다. (1) 두 "세상" 모두 밀접한 병행 속에서 물의 혼돈으로부터 창조된다

---

14 서론에서 "구조와 내용"을 보라.

15 W. Gage, *The Gospel of Genesis: Studies in Protology and Eschatology* (Winona Lake, Ind.: Carpenter, 1984), 9-15. 여기서 Gage의 견해는 Mathews, *Genesis 1-11:26*, 351로 약간 수정되고 보완된다.

(아래 재창조의 국면들을 보라). (2) 아담과 노아 둘 다 특유하게 "하나님의 형상"[16]과 관련되는데, 이는 각각 "아담 서사에서는 인간의 정체의 토대로서, 노아 서사에서는 인간의 보호의 토대로서"[17] 나타난다(창 1:27; 5:1-3). (3) 둘 다 "하나님과 동행한다"(3:8; 6:9). (4) 둘 다 동물들을 지배한다. 즉 아담은 이름을 지어주고(2:19), 노아는 보존해준다(7:15). (5) 하나님은 거의 똑같은 말로 생육하고 번성하고 땅을 지배하라는 자신의 위임 명령을 반복한다(1:28-30; 9:1-7).[18] (6) 둘 다 "토지"를 경작한다(참조. 3:17-19; 9:20). (7) 아담은 먹음으로써 노아는 마심으로써 죄를 짓는다는 점에서 둘 다 비슷한 패턴의 죄를 짓는다(3:6; 9:21). (8) 그들의 죄에 대한 즉각적 결과는 수치스러운 벌거벗음이며(3:7; 9:21), "아는 것"과 관련이 있고[19] (3:5; 9:24), 다른 이가 옷을 입혀준다(3:21; 9:23). (9) 둘 다 자신이 이름을 지어준 세 아들이 있다(4:1-2, 25; 6:10). (10) 아담의 죄의 여파로 모든 인류에게 심판이 떨어진다. 노아의 죄로 인해 가나안에게 저주가 내려진다. (11) 그들의 세 아들 사이에는 심판과 희망이 공존하고 선택과 유기로의 분리가 발생한다. 뱀의 씨(즉 저주받은 가인의 후예)와 여자의 씨(즉 야웨를 예배하는 셋의 후예) 사이의 갈등은 이제 가나안의 저주받은 씨와 야웨가 그들의 하나님이신 셈의 씨 사이에서 계속된다.[20] 게다가 각각 원역사의

---

16 이에 대한 정확한 표현은 창 1:26-28; 5:3; 9:6에서만 발견된다.

17 Gage, *Gospel*, 11.

18 내레이터는 노아를 독특하게 "땅"의 사람으로(문자적으로, "대지"[אֲדָמָה], 아다마, 9:20) 지칭함으로써 이 둘을 절묘하게 연결한다(개역개정은 "노아가 농사를 시작하여"인데, 원문은 "노아가 땅의 사람이 되기를 시작했다"이다-역주). 이는 2:7, 즉 "야웨 하나님이 땅(אֲדָמָה, 아다마)의 흙으로 사람을 지으시고"의 의도적 반향이다.

19 "발견했다"(found out, NIV)는 히브리어 동사 "알다"의 번역이다.

20 연이어 아담에게서 나온 가인 족속이 도시에서 자신들의 안전을 추구했던 것처럼, 노아의 아들 함에게서 나온 가나안 족속은 탑에서 그들의 안전을 추구할 것이다. 셋에게서 나온 택자들은 아브라함이 장차 그런 것처럼(12:8; 히 11장), "야웨의 이름"을 불렀다(4:26).

절반을 구성하는 두 이야기(1-3부와 4-6부)에서 인간의 불순종은 천계를 침해하고, 하나님은 1인칭 복수를 사용하면서 응답하시며("우리 중 하나같이"; "우리가…하자"; 3:22; 11:7), 이간(離間)은 그분의 사법적 판결의 일부다(에덴동산으로부터 그리고 시날로부터; 3:24; 11:9; 참조. 4:12).

창조와 재창조의 점진적인 일곱 단계

일곱 단계의 점진적인 새로운 창조는 최초의 한 주간의 점진적 창조 과정과 병행을 이룬다.[21]

1단계: 창조 전. 하나님의 영이 심연 위에 배회하는 것처럼(1:2), 하나님은 땅(earth)을 새롭게 하기 위해 집어삼키는 물 위에 바람을 보내신다(이후 저자는 "땅"[earth]과 "지면"[ground]을 구분한다-역주).

1:2   "땅", "깊은", "영"(רוּחַ, 루아흐), "물"

8:1b-2   "바람"(רוּחַ, 루아흐), "땅", "물", "깊은"[22]

2단계: 둘째 날. 하나님께서 처음에 물을 나누신 것처럼(1:6-7), 그분은 물을 다시 모으시고 하늘과 땅 사이의 경계를 재설정하신다.

1:6-8   "물", "하늘"

8:2b   "하늘"

3단계: 셋째 날. 하나님께서 식물이 자랄 수 있도록 물로부터 경작 가능한 마른 지면(ground)을 구분하신 것처럼, 건조한 지면은 그렇게 연속

---

21 Mathews는 이 도해에 나타난 비교 단어들을 개괄적으로 제시한다(*Genesis 1-11:26*, 383).
22 홍수 후에 빛을 재창조할 필요는 없다(참조. 첫째 날의 창조, 1:3-6).

적인 과정을 거쳐 드러난다.

1:9[23]   "물", "마른 지면",   "드러나라"

8:3-5   "물", "산들의 봉우리", "보였더라"[24]

4단계: 다섯째 날. 하나님께서 처음에 그렇게 선포하셨던 것처럼 하늘은 재차 날개 달린 피조물들의 거처가 된다.

1:20-23[25] "새들",   "지면(NIV, "땅") 위에(עַל, 알)"

8:6-12   "까마귀", "비둘기", "지면으로부터"

5단계: 여섯째 날. 하늘과 땅의 생물이 처음 창조될 때 하나님의 음성으로부터 생겨난 것처럼, 이제 그들은 방주에서 나오라는 말을 듣는다.

1:24-25   "생물", "가축", "기는 것", "땅의 짐승"

8:17-19   "생물", "새",   "짐승",   "기는 것"

6단계. 하나님의 형상을 간직한 핵가족이 인류의 머리 및 대표자로 다시 등장한다. 이는 아담(אָדָם), 곧 남자와 여자를 하나님의 형상대로 창조한 일의 반복으로서 기능한다.

---

23 "그 입에 감람나무 새 잎사귀가 있는지라"(8:11)에서 관찰되듯이 식물을 새롭게 만들 필요는 없다(1:11-13).

24 NIV, "볼 수 있게 되었다"(become visible). 또한 홍수 후에 광명체들을 재창조할 필요도 없다. 이것들은 원래 넷째 날에 창조되었다(1:14-19). Kline(*Kingdom Prologue*, 139)은 방주의 덮개를 제거한 일이 하늘의 덮개를 벗기는 결과를 낳으면서 광명체들의 창조에 상응한다는 가능성을 제안한다. 그는 방주를 우주가 축소된 상징적 시현으로 간주한다.

25 물고기를 새롭게 만들 필요가 없다.

1:26-28	"사람", "하나님의 형상", "남자와 여자"
8:16, 18	노아와 그의 아내
9:6	"사람", "하나님의 형상"

7단계. 하늘의 왕은 자비로운 마음으로 인간에게 자신의 축복을 베풀고, 회복된 땅의 열매로 그들을 먹이며, 문화 명령을 새롭게 하달하고, 그들을 피조물 위의 지배자로 복귀시킨다.

| 1:28 | "복을 주셨다", "생육하라", "번성하라", "땅에 충만하라", "모든 생물을 다스리라" |
| 9:1-2[26] | "복을 주셨다", "생육하라", "번성하라", "땅에 충만하라", "모든 생물이 … 너희를 두려워하리라" |

창조 기사와 홍수 기사에서 날의 표시

웬함은 이 기사의 특이할 만큼 정확한 연대기가 「희년서」(*Jubilees*)에서 사용된 364일 체계 달력을 따라 작성되었다는 쟈버트(Jaubert)의 가설을 사용하면서 열 가지 사건의 연대를 다음과 같이 설정한다(별표는 연대가 주어지지 않았으나 컴퓨터로 계산되었음을 지시한다).[27]

1. 홍수의 선언	(7:4) 600년 2월 10일*	일요일
2. 홍수가 시작되다	(7:11) 600년 2월 17일	일요일
3. 홍수가 사십 일간 지속된 뒤 끝나다	(7:12) 600년 3월 27일*	금요일
4. 물이 승리하다	(8:4) 600년 7월 17일	금요일

---

26 8:17도 보라.
27 Wenham, *Genesis 1-15*, 100.

5. 산꼭대기들이 나타나다	(8:5) 600년 10월 1일	수요일
6. 까마귀를 보내다	(8:6-7) 600년 11월 10일*	일요일
7. 비둘기의 두 번째 비행	(8:10) 600년 11월 24일*	일요일
8. 비둘기의 세 번째 비행	(8:12) 600년 12월 1일*	일요일
9. 물이 마르다	(8:13) 601년 1월 1일	수요일
10. 노아가 방주를 떠나다	(8:14-18) 601년 2월 27일	수요일

홍수가 일요일, 즉 창조가 시작되었던 날에 창조물을 "붕괴시키기" 시작하고 창조가 끝난 금요일에 승전가를 부르며 활동을 종료한다는 점은 주목할 만하다. 그러나 이 가설에서 재창조의 활동이 최초 창조의 일주일에서 두 개의 삼조(triad)를 시작한 두 날, 즉 일요일과 수요일에 나타난다는 점도 마찬가지로 인상적이다.

노아와 롯 사이의 병행

신약은 사악한 도성 소돔의 파멸을 홍수 심판과 연결한다(눅 17:26-30; 벧후 2:5-8). 이 관련성 속에서 홍수로부터 노아의 구원은 소돔으로부터 롯의 구원의 전조가 된다.[28] 최초의 창조와의 병행이 노아가 홍수 후 세상에서 아담의 재현임을 강조하는 반면, 이어지는 롯 및 소돔과의 병행은 죄인을 심판하시고 성도를 구원하시는 하나님의 손길의 흔적을 다음과 같이 선명하게 드러낸다. (1) 심판은 부분적으로 성적 부도덕에 기인한다(6:1-4; 19:1-11). (2) 하나님은 택자들을 기억하신다(8:1; 19:29). (3) 신적 경고가 심판에 앞서 주어진다(6:13-22; 19:15-22). (4) 야웨는 택자들을 피난처로 이끄신 뒤 문을 닫으신다(7:16; 19:10). (5) 야웨는 심판의 "비를 내

---

28 W. M. Clark, "The Flood and the Structure of the Pre-patriarchal History," *ZAW* 83 (1971): 184-211, 특히 194-95; I. M. Kikawada, "Noah and the Ark," *ABD* 4:1129-30.

리신다"(מָטַר, 마타르)(7:4; 19:24). (6) 악한 자들은 파멸된다(שָׁחַת, 샤하트)(6:17; 19:13). (7) 노아와 마찬가지로 롯도 하나님의 은혜를 입는다(6:8; 19:19). (8) 한 가족만이 탈출한다(7:21-23; 19:15, 25-29). (9) 생존자가 술에 취하고 이는 가족의 범죄를 초래한다(9:22-23; 19:30-38).

핵심 단어들 및 후렴구

이 기사의 핵심 단어 및 구절들은 "물"과 "홍수"(מַבּוּל, 마불, 참조. 7:6, 17; 9:11, 15), "방주"(תֵּבָה, 테바, 6:14을 보라), "생명/살리다"(חָיָה, 하야, 6:17, 19, 20; 7:3, 11, 14, 15, 22; 8:21; 9:3, 5, 10, 12, 15, 16), "너와 너와 함께 하는 너의 아들들, 아내, 그리고 자부들"(6:18; 8:16, 18; 참조. 7:1, 13), 그리고 히브리어 어근 나바흐(נוּחַ, 노 חַ, 노아흐, "노아"[6:9 등 여러 곳]; נוּחַ, 누아흐, "쉬다"[8:4]; מָנוֹחַ, 마노아흐, "쉬는 곳"[8:9]; נִיחֹחַ, 니호아흐, "향기로운, 기쁘게 하는"[8:21])이다. 핵심 후렴구는 "그리고 노아가 야웨께서 명하신 대로 다 준행하였다"와 그것에 상응하는 "하나님께서 그에게 명하신대로"이다(6:22; 7:5; 참조. 7:9, 16; 주해와 신학적 고찰을 보라).

수미상관

제1막의 수미상관인 "내가 (이제) 너와 함께 내 언약을 세우리니"(6:18, וַהֲקִמֹתִי אֶת־בְּרִיתִי אִתָּךְ, 바하키모티 에트 베리티 이타크; 9:9, וַאֲנִי הִנְנִי מֵקִים אֶת־בְּרִיתִי אִתְּכֶם, 바아니 힌네니 메킴 에트 베리티 이트켐)는 신학적으로 첫 번째 행위를 견고하게 만들면서 구원사에서 진전을 표시한다. 6:18의 단수 "너(와 함께)"(אִתָּךְ, 이타크)로부터 9:9의 복수 "너희(와 함께)"(אִתְּכֶם, 이트켐)로의 전환은 홍수에서 노아를 보존하겠다는 노아와 하나님의 언약으로부터 땅을 보존하겠다는 인류와 하나님의 언약으로의 의미심장한 진전을 표시한다.

공백과 여백

내레이터는 방주의 형태에 대한 묘사와 어떻게 노아와 그의 가족이 그렇게 많은 동물을 위해 한 해 동안 음식을 공급했는지 또는 요동치는 폭풍우 속을 항해하는 도중에 배설물을 어떻게 처분했는지는 자신의 서사에서 필요하지 않다고 여기면서 공백으로 남겨두었다.[29] 또한 그는 하나님께서 어떻게 노아에게 말씀하셨으며(6:13) 노아는 정결한 짐승과 부정한 짐승을 어떻게 구별했는지를 공백으로 남겨둔다(7:8).

그러나 내레이터는 홍수 전의 예술과 학문이 방주에 보존되었음을 알 수 있도록 의도적으로 또한 의미 있게 여백을 만든다. 내레이터는 노아가 공예품들을 실어서, 또는 기억에 의존하여 고대 문화의 기술을 방주에 옮겨놓았음을 암시한다. 왜냐하면 내레이터는 가인의 후손이 양치기, 음악가, 대장장이인 모든 사람의 "조상"(즉 직업의 창립자들)이라고 말하기 때문이다(4:22). 이 여백은 병행을 이루는 바빌로니아 기사와 날카롭게 대조된다. 거기서 홍수 이야기의 영웅은 이렇게 말한다. "내가 은으로 된 것을 배에 실었고 금으로 된 것은 무엇이나 배에 실었다.…내가 부양한 내 모든 가족과 친지들이 배에 오르리라. 들의 가축과 들의 야생 동물들과 **내가 만든 모든 장인이 오르리라.**"[30] 성경의 내레이터는 아마도 이 정보에 대해 생각해볼 여지, 곧 여백을 남겨둔다. 왜냐하면 비록 이상적으로는 예술과 과학이 문화 명령에 뿌리를 두고 있을지라도(1:26을 보라), 사실 이는 인간의 자만심으로부터 발전되었고 구원사와 적대적인 사람들과 관련되어 있기 때문이다. 그러나 하나님은 거룩한 역사의 진전 속에서 구속의 손길로 자신의 문화 명령이 성취되도록 하신다. 바로 구원의

---

29 Morris와 Whitcomb은 동물들이 동면에 들어갔다고 제안한다(H. M. Morris and J. C. Whitcomb, *The Genesis Flood: The Biblical Record and Its Scientific Implications* [Philadelphia: Presbyterian & Reformed, 1961], 70).

30 *ANET*, 94, 81-86행, 강조는 덧붙여진 것임.

방주를 지은 노아와 같은 사람들을 통해, 또한 하나님의 영광을 드러내기 위해 각각 성막과 성전을 지은 브살렐(출 36:1)과 후람(왕상 7:14)과 같은 사람들을 통해서 말이다.

역사성

엘리아데(Eliade)는 이렇게 말한다.

앙드레(R. Andree)와 유스너(H. Usener)와 프레이저(J. G. Frazer)가 편찬물들을 만든 이래 잘 알려진 바와 같이, 홍수 신화는 거의 전 세계에 퍼져 있었다. 이는 모든 대륙에서(비록 아프리카에서는 드물지만), 다양한 문화층에서 문서로 발견된다. 상당수의 변형본들은 메소포타미아로부터, 뒤이어 인도로부터 확산된 결과인 것으로 보인다. 한 가지 혹은 몇몇 홍수 재난이 전설적인 홍수 서사들을 일으켰다는 것이 동일하게 가능하다. 그러나 그렇게 광범위하게 퍼진 신화를 아무런 지질학적 흔적이 발견되지 않은 현상으로 설명하는 것은 위험할 것이다. 홍수 신화의 다수는 어떤 의미에서 우주적 리듬의 일부를 형성하는 것 같다. 즉 타락한 인간이 점유한 옛 세상은 물속으로 잠기고 얼마 후에 새로운 세상이 수중의 "혼돈"으로부터 출현한다. 엄청나게 많은 변형본에서 홍수는 인간의 죄(혹은 제의적 잘못)의 결과다. 때로 그것은 단순히 인류를 끝장내려는 신적 존재의 소망에서 비롯된다.[31]

분명히 대홍수의 이야기들은 세계 도처에서 발견된다. 예를 들어 제우스가 일으킨 홍수에서 살아남은 유일한 생존자인 프로메테우스의 아들

---

31 M. Eliade, *A History of Religious Ideas*, trans. W. R. Trask (Chicago: Univ. of Chicago Press, 1985), 62.

듀칼리온은 메돈에서 그랬던 것처럼 제우스에게 희생을 바치는데, 이는 기쁘게 받아들여진다. 그 기사에서도 신들이 등장하는데, 그들은 희생제물[32] 또는 불타는 기름에서 올라오는 연기를 흠향한다.[33]

그러나 고대 메소포타미아 지역의 홍수 설화들처럼 노아 홍수 기사와 놀라울 정도로 비슷한 홍수 이야기는 없다. 세 가지 이야기, 즉 (1) 영웅 지우스드라가 등장하는 수메르 기사, (2) 영웅 아트라하시스가 등장하는 고대 아카드 기사, (3) 영웅 우트나피쉬팀이 등장하는 길가메시 서사시의 11번 토판에 포함된 고대 바빌로니아 기사의 병행이 가장 놀랍다. 비록 이 기사들이 성경 기사와 많은 유사성을 공유하지만, 성경 기사는 몇 가지 중대한 차이를 보인다. 메소포타미아 이야기들에서 하급 신들은 인구 과잉을 막기 위해, 혹은 인간들의 성가신 소음을 없애기 위해 홍수를 일으킨다. 일단 홍수가 닥치면 그들은 홍수에 겁을 먹고, 그 후에 게걸스럽게 희생제물 주위로 모여든다. 이와 대조적으로 하나님은 인간의 악함 때문에 주권적으로 홍수를 일으키시고 노아의 희생제사에 반응하여 다시는 땅을 멸하지 않겠다고 맹세하신다. 아트라하시스 서사시에서는 홍수로 인구 과잉이라는 문제가 해결된 반면, 창세기에서는 생명이 조건 없는 선으로서 주어진다(다른 구체적인 비교에 대해서는 아래 주해를 보라).[34]

---

32 *Iliad* 1.423-24; 8.548-52.

33 *Iliad* 1.66-67.

34 홍수의 보편성과 관련하여 상세한 찬반 논쟁에 대해서는 S. A. Austin and D. C. Boardman, *The Genesis Debate*, ed. R. Youngblood (Grand Rapids: Baker, 1991), 210-29을 보라. Youngblood 와 다른 많은 복음주의자들은 국부적 홍수를 선호한다(Youngblood, *Genesis*, 105-15). 그러나 내레이터는 동양적 과장법을 허용하기까지 하면서 심중에 전 세계적 홍수를 염두에 두고 있는 것 같다. 국부적 홍수를 선호하는 지질학적 주장들은 지구의 지질학적 역사는 획일하다고 상정하지만, 본문은 지질학적 대격변과 땅의 재창조를 묘사한다. 나는 과학적 자료가 전 세계적 홍수를 뒷받침하는지 아니면 허용하지 않는지를 판단할 적임자는 아니다(Morris and Whitcomb, *Genesis Flood*; F. A. Filby, *The Flood Reconsidered: A Review of the Evidences of Geology, Archaeology, Ancient Literature and the Bible* [London: Pickering, 1970]과, 이에 반대하는 D. A. Young, *Creation and the Flood: An Alternative to Creation and Theistic Evolution* [Grand

제3부에 대한 주해 ―――――――――――――

표제(6:9a)

9절. 노아의 족보(חֹלְדוֹת, 톨레도트)**니라.** 이 히브리어는 문자적으로 "노아의 후손"을 의미한다. 이 기사는 1막에서는 노아, 2막에서는 그의 자녀에 대한 것이다(위의 "문학적 분석: 삽입"을 보라).

제1막 노아와 홍수: 생명의 보존(6:9b-9:17)

제1장 홍수(6:9b-8:22)

제1컷: 노아와 홍수 당시의 그의 세상(6:9b-12)

각각 두 구절로 이루어진 이 두 폭의 그림에서 내레이터는 노아를 순백색으로(6:9b-10), 그의 세상을 칠흑 같은 검정색으로 그린다(6:11-12). 노아는 적대적인 세상 속에서 경건한 사람의 모본으로 그 사회를 섬긴다. 이런 대조는 여자의 씨와 뱀의 씨의 대결로 거슬러 올라가 그것에 주목하게 만든다.

9b절. 의인이요. 이것은 성경에서 최초로 사용된 **의로움**과 **흠 없음**이란 표현이다. 의로움은 경건과 윤리를 한데 엮는다. 올리(Olley)는 이렇게 설명한다. "[물리적이고 영적인 영역에서] 모든 사람을 위해 올바르고 조화로운 삶을 일궈내려는 역동적인 관심이 자리 잡고 있다.… 이는 세상에

――――――

Rapids: Baker, 1977]을 보라). "노아방주학"(arkeology, 아라랏산 위의 방주 목격)에 대한 증거는 설득력이 없다.

대한 하나님(혹은 신들)의 통치에서 그 토대를 발견한다."[35] 피조물(창 8:9; 12:10을 보라)을 위하고 그들의 이웃(참조. 겔 18:5-9)과 그들의 왕 되신 분을 섬기기 위해 의인들은 다른 사람의 이익을 생각하며 자신의 불이익을 기꺼이 감수한다. 무엇이 옳은지에 대한 표준은 생래적인 도덕법(즉 양심 [창 3:10])과 특별계시 속에서 드러난다.

완전한(흠 없는) **자라.** 이것은 문자적으로 "완전한, 온전한"을 의미하며 전심 어린 헌신과 관계의 온전성을 나타낸다.[36] 짝을 이루는 "흠 없음"과 "의로움"은 노아가 "자신의 행동을 변호하기 위해 그의 동시대 사람들에게 아무런 변명도 하지 않으면서"[37] 전적으로 의로운 삶에 자신을 바쳤음을 시사한다(참조. 신 32:4; 시 18:30; 19:7-8). **흠 없음**은 죄 없는 상태가 아니라 죄를 멀리함을 함축한다. 다윗은 비록 간음한 자요 살인자였지만 여전히 "내가 또 그의 앞에 완전하여 스스로 지켜 죄악을 피하였나니"(삼하 22:24)라고 주장할 수 있다.

하나님과 동행하였으며. 이 어구는 경건한 셋의 계보 속에서 노아를 에녹과 연결한다(5:24). 에녹은 죽음으로부터, 노아는 홍수로부터 구원받는다.

10절. 노아가 세 아들을 낳았다. 족보와 관련된 이 진술은 다음과 같은 몇 가지 기능을 담당한다. 즉 (1) 1막과 2막을 소개한다(9:18-19을 보라). (2) 노아를 아담 및 그의 세 아들과 연결한다. (3) 노아를 핵가족의 가장으로 등장시킨다. (4) 인류의 공통 조상이 될 노아와 그의 세 아들의 운명을 미리 보여준다.

11절. 부패하여(שָׁחַת, 샤하트). 이것은 "부패해졌다"로 번역될 수 있다.

---

35 J. W. Olley, "'Righteous' and Wealthy? The Description of the Ṣaddiq in Wisdom Literature," *Australian and New Zealand Theological Review: Colloquium* 22 (May 1990): 38.

36 von Rad, *Genesis*, 193.

37 Youngblood, *Genesis*, 89.

이 서사에서 일곱 차례 발생하는 이 표현은 "망쳐놓다 또는 손상하다"를 의미한다. 일반적으로 이 동사는 폭넓게 다양한 문제를 묘사한다. 즉 샘 (잠 25:26), 띠(렘 13:7), 성읍(창 18:28), 국가(렘 4:7) 및 땅과 관련되어 나온다. 여기서 병행하는 "포악함"은 도덕적 행위와 그 결과들이 문제임을 보여준다.

포악함(חָמָס, 하마스). 하그(Haag)의 정의에 따르면 하마스(חָמָס)는 "타인의 개인적 권리에 대한 냉혹하고 파렴치한 침해이고 탐욕과 증오가 원인이 되며 종종 물리적 폭력과 야만적 행위를 사용한다."[38] 그는 "하마스의 주된 도구는 중상모략과 불의한 판결이다"라고 덧붙여 말한다.[39] 매튜스(Mathews)는 이렇게 주석한다. "하나님께서 땅을 채우도록 번식력으로 인간 가족을 축복하신 반면(1:28; 9:1), 이 범죄자들은 '폭력'을 양산함으로써 '땅을 채웠다'(참조. 13절; 겔 8:17; 28:16)."[40]

12절. 하나님이 보신즉. 이 진술은 사실의 검토와 행동에의 즉각적인 돌입을 암시한다(6:5을 보라).

모든 사람(개역개정-"모든 혈육 있는 자"). 이 서사의 여기저기에서 이 어구(문자적으로 "모든 육체")는 일관되게 사람뿐만 아니라 동물들을 지시하며(6:19; 7:16; 8:17; 9:11, 15-17), NIV의 이 독특한 용례("모든 사람")를 불가능하게 만든다. 들이받는 기질이 있는 황소와 같이 동물들도 존재의 계급을(하나님-인간-동물-식물) 넘어서는데, 고의적이든지 그렇지 않든지 간에 그런 행동을 하는 자는 누구든지 극형을 면할 수 없다(창 9:6; 출 21:28).[41] 내레이터는 인간의 도덕성을 동물계와 자연계의 상태와 결부시킨다(창 3:17-19; 롬 8:20-21을 보라). 이 연관성에 대해 구체적인 몇 가지

---

38 Haag, "חָמָס," *TDOT*, 4:482.

39 앞의 책, 483.

40 Mathews, *Genesis 1-11:26*, 359.

41 D. Patrick, "Studying Biblical Law as Humanities," *Semeia* 45 (1989): 27-47을 보라.

예시가 다음과 같이 제시될 수 있다. 즉 투우사들은 황소를 흥분시킨다. 잔인한 아이들이 개를 화나게 한다. 악랄한 사람들이 닭싸움을 부추긴다. 그러나 이런 예시적 유비들보다 더욱 심각한 것이 눈에 띈다. 인간과 동물 둘 다 그들의 질서의 한계와 하나님이 정하신 계급의 경계를 넘었다.[42] 덤브렐(Dumbrell)이 말한 대로 "이는 창조물들 사이에 조성된 관계의 전적인 파열을 보여주는 그림이다."[43] "육체"는 그들의 도덕성을 강조한다. 홍수 후의 세상을 대비한 새롭고 신적인 준비, 즉 동물들에게 인간에 대한 두려움을 부여하고(9:2) 동물들을 인간의 음식으로 허락하시는(9:3) 하나님의 조치는 여기서 동물들 역시 그들의 경계선을 위반했음을 암시한다.

제2컷: 홍수에 대한 대비, 그리고 노아와 인간의 행위를 관찰한 뒤 노아를 보존하겠다는 하나님의 언약의 확증과 독백(6:13-22)

13절. 하나님이 노아에게 이르시되. 바빌로니아 홍수 기사의 신들이 모든 사람을 멸절하려는 자신들의 결정을 누구에게도 발설하지 않고 비밀로 지키는 반면,[44] 하나님은 노아에게 자신의 계획을 털어놓으신다(창 18:17; 대하 20:7; 시 25:14; 사 41:8; 암 3:7; 요 15:15; 약 2:23). 본문은 어떻게 이런 소통이 이루어지게 되었는지를 공백으로 남겨둔다. 이는 신현을 통해 일어났을까? 그것이 무엇이었든지 간에 노아의 경험은 성경을 통해 올바르게 하나님의 말씀을 듣고 그대로 살기 위해 기꺼이 위험을 감수하는 그리스도인의 경험과 다를 바가 없다. 하나님은 항상 말씀 속에 임재

---

42 D. J. A. Clines, "Noah's Flood: I: The Theology of the Flood Narrative," *Faith and Thought* 100 (1972-1973): 133-34.

43 W. J. Dumbrell, *Covenant and Creation* (Exeter: Paternoster, 1984), 14.

44 *ANET*, 95, 170-87행.

하시며 눈에 보이는 임재는 드물다. 하나님의 백성은 눈으로 보지 않고 귀로 듣는 사람들이다.

멸하리라(שָׁחַת, 샤하트). 이것은 6:12에서 "부패했다"로 번역된 것과 같은 단어다. 사람들이 땅을 부패시킨 것처럼, 시적 정의를 통해 하나님께서 땅을 파멸하시므로 땅은 더 이상 그들을 부양하지 못할 것이다. 사르나는 이렇게 주석한다. "그런 생각은 인류가 도시 문명이라는 현실을 위험에 빠트리지 않고는 사회의 도덕적 기반을 침식할 수 없다는 것이다. 사실 땅의 부패를 통해 사회는 불가피한 자멸의 과정을 향한 시동을 건다."[45]

14절. 너를 위하여 만들되. 야웨는 성막의 축조 방법을 상세히 가르쳐 준 것과 같이 방주의 건조 방법을 구체적으로 알려준다. 그분은 구원의 방법을 인간의 구상에 맡기지 않으신다.

방주. 이 핵심 단어는 방주를 지으라는 지침에서 일곱 번, 물이 빠짐을 알리는 보고에서 일곱 번 사용된다(8:1-14). 그 외 성경에서는 아기 모세의 구출 이야기에서 단 한 차례 나타난다(출 2:3-5).[46] 내레이터는 조종 키나 항해술의 이용을 언급하지 않는다. 이는 방주의 운명이 오로지 하나님의 뜻에 달려 있음을 의미한다. 이와 달리 메소포타미아의 홍수 신화에서 영웅은 항해를 책임지는 선원을 고용한다.[47]

고페르 나무(עֲצֵי גֹפֶר, 아체 고페르; NIV-"삼나무, cypress wood"). 히브리어 고페르는 알려지지 않은 수종이다. NIV는 "삼나무"를 선택하는데, 이는 서로 비슷한 자음을 가진 단어가 존재하고(כֹּפֶר, 코페르/גֹפֶר, 고페르),

---

45 Sarna, *Genesis*, 51.
46 "만일 모세가 실제로 창세기와 출애굽기의 저자라면, 자신의 구출 이야기와 노아의 구출 이야기의 이런 놀라운 유사점들이 틀림없이 그에게 깊은 인상을 남겼을 것이다"(Youngblood, *Genesis*, 89).
47 *ANET*, 94, 944행.

고대인들은 방부력을 지닌 그 나무를 선박 건조에 사용했기 때문이다
(여기서 코페르는 "역청"이란 뜻이며 따라서 고페르 대신 코페르가 선택되면 아
체 코페르[כֹּפֶר עֲצֵי]가 "역청의 나무"라는 뜻이 되면서 "삼나무"로 번역이 가능
하다 —역주).

칸들. 이 히브리어는 문자적으로 "보금자리들, 둥우리들"을 의미한다.

15절. 길이는 삼백 규빗, 너비는 오십 규빗, 높이는 삼십 규빗이라(NIV
는 현대 도량형으로 번역함: 길이 450피트[135m], 넓이 75피트[22m], 높이 45피
트[13m]). 내레이터는 배의 정확한 모양에 대해서는 공백으로 남겨두지
만 현대의 선박을 방불케 하는 그것의 길이(축구장 한 배 반의 길이) 및 다
면체 모양은 필요한 짐을 싣기에 충분한 공간을 제공하고 바다를 항해하
기에 적합하다. 손으로 제작한 이 목선의 엄청난 크기는 상상력을 불러일
으키고 항해에 적합한 설계는 경탄을 자아낸다. 비슷한 바빌로니아 홍수
서사시에 나오는 배는 불안정한 180피트의 입방체(cube)이고 노아의 방
주보다 용적은 네 배나 더 크다.[48]

17절. 홍수(מַבּוּל, 마불)**를 일으켜.** 이 히브리어는 홍수와 관련된 "하늘
의 바다"를 지칭하는 전문 용어이며[49] "이 사건의 비교 불가능한 대변동
의 특성을 나타낸다."[50] 홍수는 세상에 대한 징벌인 동시에 정화다. 바빌
로니아 전승에서는 홍수가 통제 범위를 벗어나 두려움에 사로잡힌 신들
이 "개처럼 겁을 먹었다."[51] 그러나 하나님은 주권적으로 홍수를 다스리
신다(시 29:10).

모든 육체를 천하에서. 전 세계적 홍수가 암시되어 있다고 볼 수 있다
(7:19-23; 8:21; 9:11, 15; 벧후 3:5-7을 보라). 그러나 이런 포괄적 언어는 제

---

48 *ANET*, 93, 57, 58행.
49 *HALOT*, 541.
50 Sarna, *Genesis*, 53.
51 *ANET*, 94, 105-23행, 특히 115행.

한된 상황에 대해서도 사용될 수 있다(창 41:56-57; 신 2:25; 왕상 4:34; 10:24; 대하 36:23; 단 2:38; 4:22; 5:19; 눅 2:1을 보라).

기운(רוּחַ, 루아흐)**이 있는**. 이것은 6:3에 있는 하나님의 영을 가리키는 히브리어와 같은 단어이다(1:2, 해당 주해를 보라).

18절. 세우리니. "맺었다, 만들었다"(כָּרַת, 카라트)가 아닌 "세웠다/확증했다"(קוּם, 쿰)라는 동사는 앞서 나온 여러 단어, 즉 약속(민 23:19), 서약(민 30:14), 맹세(창 26:3), 언약(창 17:7, 19, 21; 왕하 23:3) 또는 그와 비슷한 것들의 확정을 의미한다. 언약은 이미 존재하고 있는 사회적 관계를 엄숙하게 만들고 확증한다. 청중은 6:8에서 관계를 확증하는 이 언약에 앞서 노아가 하나님의 은혜를 누리고 있음을 안다. 거의 확실하게 하나님은 노아가 당신의 언약의 상대가 되도록 출생부터 그를 선택하셨다. 이는 아마도 고통스러운 노동을 하며 사는 인간에게 위안을 주는 사람이 되라는 의미로 노아의 아버지가 믿음과 소망 가운데 그의 이름을 지었다는 사실에서 알 수 있다(5:29).[52] 우리는 야웨께서 자신이 사랑하고 선택한 종을 축복하시고 번성케 하리라 다짐하셨다고 추론할 수 있다. 그러나 노아가 육백 세 되던 해에 하나님은 더욱 구체적으로 곧 닥칠 홍수로부터 그를 보존하기로 작정하신다.

내. 여기서 인칭 대명사는 하나님이 언약의 주체이심을 강조한다. 그분은 선물을 준비하시고 제재 규정들을 두신다.

언약(בְּרִית, 베리트) 중요한 신학적 단어인 **언약**은 성경에서 6:18에 처음으로 나타난다(위의 "문학적 분석: 플롯"을 보라).

너와는. 하나님은 노아와 언약을 맺으신다. 그분의 선물은 노아의 방주 건조와(6:14-16) 준비물의 마련 및 승선이라는 방식을 통해(6:19-21) 주

---

52 위경인 「에녹 1서」는 출생 시에 노아가 "눈을 뜨고 집 전체를 환하게 밝혔으며", "입을 열고 하늘의 주님을 찬양했다"라고 말한다(*1 En.* 106.2, 11; Mathews, *Genesis 1-11:26*, 356 n. 12에서 인용됨).

어진다.

네 아들들과 네 아내와 네 며느리들과 함께. 이 핵심적 표현은(7:7, 13;
8:16, 18; 참조. 7:1) 하나님께서 기본적인 가족 구조 안에서 인간을 보존하
심을 강조한다. 그분의 구원은 자녀에게 확대된다. 바빌로니아 홍수 기사
는 승객 목록에 다른 친족, 기술자 및 선원들을 추가한다.[53]

20절. 그 종류대로. 이것은 틀림없이 창세기 1:20-23의 반향이다.
6:19-21의 언어는 홍수를 통과한 모든 종류의 동물들의 연속성을 나타
낸다.

네게로 나아오리니. 하나님의 능력은 동물들이 본능적으로 노아에게
다가오는 것에서 인식될 수 있다(7:8-9을 보라).

21절. 모든 양식을. 식물계가 계속해서 방주 안에서 식물의 포식자들을
먹여 살린다(참조. 1:26, 29-30). 노아가 하선하기 전에 새로워진 땅에서
"새로 자라나 뜯긴 감람나무 잎사귀"는 홍수에도 불구하고 식물이 방주
밖에서 살아남았음을 보여준다(8:11을 보라).

22절. 노아가…다 준행하였더라. 이 몇 개밖에 안 되는 단어가 노아가
믿음을 따라 살았음을 강조하지만(히 11:7) 거기에 수반되는 엄청난 수고
와 투자에 대해서는 침묵한다. 노아는 막대한 양의 필요한 나무들을 베
어 그것을 작업장으로 옮기고 거대한 목판들을 끼워 맞추어 연결하는 작
업을 하느라 틀림없이 수년의 세월을 보냈을 것이다. 더구나 그는 그렇게
거대한 배를 건조하느라 또한 그렇게 많은 동물을 위해 충분하고 다양한
식량을 방주에 채우느라 재산을 탕진해야 했을 것이다.[54] 메소포타미아
이야기들은 홍수 영웅의 행동에 초점을 맞춘다.[55] 이와 달리 창세기의 초
점은 하나님의 행동과 노아의 순종에 있다.

---

53 *ANET*, 94, 84-85, 94행.
54 Calvin, *Genesis*, 260-61을 보라.
55 *ANET*, 93-94, 53-86, 131-37행.

제3컷: 승선(7:1-5)

1절. 네가 내 앞에 의로움을. "네가"는 단수지만 다른 일곱 명의 가족 구성원이 의롭지 않았다고 추론할 수는 없다. 에스겔(14:20; 18:20)에 따르면 노아의 의로움이 그의 가족을 구할 수는 없다. 오히려 하나님은 각 가족 구성원이 책임을 지도록 하신다. 틀림없이 함이 홍수 후에 수치스러운 행동을 하겠지만 노아 역시 죄를 짓는다. 하나님은 홍수로부터 함을 구원하시고 그다음에 그를 축복하신다. 노아의 저주는 함의 아들이자 노아의 손자인 가나안에게 내려진다.

내가 보았음이니라. 이 히브리어는 6:5, 12과 두드러진 대조를 보이면서 문자적으로 "내가 보았다"로 읽는다.

의로움. 야웨는 노아에 대한 내레이터의 인물 묘사를(6:9) 확증하신다. 노아의 의로움은 하나님의 환심을 얻기 위한 공로가 아니라 하나님을 신뢰한 그의 믿음의 산물이다. 그의 믿음은 앞서 나온 컷들에서 보았던 그의 선박 건조와 방주의 물품 준비에서 확인된다.

이 세대에서. 그의 세대에서 노아의 의로움은 그의 의로운 가족과 생물들을 구한다. 홍수 후에 드려진 그의 희생제사는 미래의 세대에게 구원을 제공한다(8:21을 보라).

2절. 네게로 데려오며 …. 이 지시는 6:19-20의 지시와 상충되는 것이 아니라 그것을 명료하게 만든다.

일곱씩. 전형적인 셈어 문체로 동물을 짝을 지어 방주로 이끌라는 요약된 명령이 이제 일곱 쌍씩 정결한 동물을 취하라는 더 구체적인 명령으로 발전된다. 위트콤(Whitcomb)과 모리스(Morris)의 주장에 따르면 방주의 용적을 모든 종류의 육상 동물과 새들을 구할 수 있을 만큼 더욱 효율적으로 활용하려면, 이 히브리어는 각 종류별로 정결한 짐승이 열네 마리가 아니라 일곱 마리임을 의미해야 하고, 이를 초과하는 수의 짐승은 노아가 홍수 후에 바친 것이어야 한다.[56] 그러나 이어지는 어구 "암수"(7:3도 보라)는 그들의 해석에 의문을 제기한다.

정결한(טָהוֹר, 타호르). 이 히브리어는 "순수한"(즉 "순수한 형태를 지닌")을 의미한다. 이것은 이 어근이 최초로 사용된 사례다(레 11장과 신 14:3-12을 보라). 땅의 미래는 이 전형적인 희생짐승들에게 달려 있다. 노아는 하나님과 동행하는 과정에서 정결과 부정함의 구별을 알고 있었는지도 모른다. 기초적인 "의식법" 제도인 안식일(2:1-3을 보라)과 희생제사(3:21; 4:3-5)는 여타 족장들의 종교적·사회적 관행들과 달리 최초의 창조로 거슬러 올라간다(서론에 있는 "역사성과 문학적 장르"를 보라).

3절. 암수. 이 구체적인 명시는 생육하고 번성하여 땅을 채우라는 명령을 예견한다(8:17; 9:1).

새. 사마리아 오경과 70인역은 "정결한 새"를 덧붙이나 까마귀는 부정하다(8:7, 20; 레 11:15).

4절. 칠 일이면. 칠 일은 동물이 방주에 승선하여 그 자리에 적응하기 위해 필요한 날짜다.[57] 그러나 노아와 그의 가족은 홍수가 시작되던 날에 방주로 들어간다(7:13).

사십 주야. 사십은 긴 기간에 대한 관례적인 숫자이며 새로운 시대의 시작을 표시한다.[58]

---

56 Morris and Whitcomb, *Genesis Flood*, 65. 부분적으로 그들의 주장은 다음에 근거한다. Koenig, *Syntax*, 85, 316b과 Gesenius' *Grammatik*, rev. by Kautzsch, 134g).

57 백이십 년은 방주를 짓는 데 필요했고 그것을 채우는 데 한 주가 필요했다. 길가메시 서사시는 노아의 배보다 훨씬 더 큰 선박 건조에 칠 일이 요구된 것 같으며 홍수는 칠 일간 계속된다(*ANET*, 94. 127-31행).

58 이삭과 에서는 사십 세에 결혼한다(25:20; 26:34). 모세는 사십 일간 산 위에 있다(출 24:18). 이스라엘 정탐꾼들은 사십 일간 땅을 탐문하며, 그들의 불신으로 인해 하나님은 그들에게 가나안 땅에 들어가기 전까지 사십 년간 광야 방랑의 심판을 선고하신다. 엘리야는 시내산으로 돌아오기까지 사십 주야가 걸리고(왕상 19:8), 부활하신 그리스도는 승천하기 전 사십 일 동안 제자들에게 나타나신다(행 1:3).

5절. 명하신 대로. 이 단어는 핵심적인 후렴구를 확인해준다(6:22을 보라).

제4컷: 홍수의 시작: 주역인 노아와 동물들(7:6-16)

이 컷에서 세부적인 내용이 점차 증가되는 것은 긴장의 고조를 느끼게 한다. 내레이터는 먼저 이 컷의 필수적인 요소들을 나열한다(7:6-10). 즉 노아의 나이인 육백 세에 준하는 연대, 광범위한 방주 승선자들의 분류, 그리고 홍수 전 칠 일의 시간이다. 이 역사적 순간을 담은 컷은 더욱 상세하고 풍성한 묘사들과 더불어 계속된다(7:11-16). 정확한 연대는 노아가 육백 세 되던 해의 둘째 달 열이렛날이다(7:11). 비가 내리기 시작하여 사십 일간 계속된다(7:12). 홍수가 시작되던 바로 그날에 함장인 노아와 그의 아내가 배에 승선하며 그들의 아들들과 며느리들이 뒤따라 방주에 들어간다. 동물들이 둘씩 짝을 지어 방주 안으로 줄지어 들어갈 때—사실 이는 앞서 한 주간 동안 발생한 일이다—내레이터는 더욱 구체적으로 승객들의 이름을 점검한다. 그는 이 컷을 절정의 결론으로 이끈다. 즉 "야웨께서 그를 들여보내고 문을 닫으시니라"(7:16b).

9절. 암수 둘씩 노아에게 나아와. 이는 하나님이 동물들을 아담에게 데려와 이름을 짓도록 하셨던 때를 기억나게 한다(2:19). 하나님은 이제 동물들을 노아에게 데려와 그들을 보존하게 하신다.

11절. 둘째 달 열이렛날.[59] 정확한 날짜의 표기는 창세기에서 특유하며 다른 곳에서는 통상적으로 왕들을 위해 명기되는데, 이는 이야기의 중요성과 역사적 사실성을 신뢰하게 만든다(위의 "창조 기사와 홍수 기사에서의

---

[59] 이스라엘은 두 체계의 달력을 사용했다. 하나는 가을에 시작되고 다른 하나는 봄에 시작된다. 어느 것이 이 기사에 사용되었는지는 불확실하다.

날의 표시"를 보라).

샘들이 터지며 하늘의 창문들이(floodgates)[60] **열려**. 내레이터는 무제한
적인 물의 방출을 위해 시적인 표현을 쓴다(시 78편; 사 24:18; 말 3:10을
보라). 앞서 위에 가두어놓은 물의 방류와 지하수의 분출로 인해 땅은 창
조 이전의 혼돈의 상태로 돌아가고 있다(1:2, 6-9; 8:2을 보라). 매튜스는
이렇게 주석한다. "예언자들도 야웨의 심판의 날을 묘사하기 위해 창조
의 역전이라는 이미지에 호소한다"(예. 사 24:18b; 렘 4:23-26; 암 7:4).[61] 이
렇게 간략하면서도 강력한 묘사는 바빌로니아의 비슷한 이야기에 나오
는 세부적인 내용과 대조를 이룬다. 하나님은 당신의 말씀을 믿는 사람들
에게 당신이 신뢰할 만한 분임을 증명하고 계신다.

12절. 사십 주야. 이것은 홍수가 엄습한 기간을 명시한다. 반면에 백
오십 일(7:24을 보라)은 홍수가 땅에 머문 기간을 나타낸다. 하늘의 바다
에서 쏟아지던 비가 멈춘 뒤 백십 일이 지나서야 땅은 완전히 마른다.

13절. 곧 그날에. 이 어구는 기억할 만한 사건을 함축한다(17:23, 26; 출
12:41, 51; 신 32:48을 보라).

15절. 생명의 기운(רוּחַ, 루아흐)이 있는. 이것은 "영"으로도 번역된다
(6:17과 해당 주해를 보라).

16절. 야웨께서 ⋯ 문을 닫으시니라. 하나님의 행동은 제4컷의 절정에
이른 결말을 보여준다. 메소포타미아 홍수 이야기에서는 영웅들이 배의
뚜껑을 닫는다. 노아의 구원은 신의 은총 덕분이다. 하나님의 행동은 격
노하는 홍수가 배를 전복시키지 못하도록 막는 신적 보호를 의미한다. 하
나님의 은혜 사역은 주권적이면서도 특별하다.

---

60 NIV는 자유롭게 히브리어 아루바(עֲרֻבָּה)를 "구멍"으로 번역한다. 이는 벽에 생긴 구멍에 대
해 사용되고 한 번은 굴뚝에(호 13:3), 다른 한 번은 비둘기가 나는 장소에 대해 사용된다(사
60:8). 여기서 이 단어는 비가 쏟아져 내리는 하늘에 난 구멍을 가리킨다.

61 Mathews, *Genesis 1-11:26*, 376.

제5컷: 기세등등한 홍수(7:17-24)

역사적 홍수 자체와 그에 대한 서사적 묘사는 둘 다 이 컷에서 절정에 이른다. 7:23의 요약 진술은 적대적인 홍수가 득세하고 오직 방주 안의 노아 및 그와 함께 승선한 사람과 동물만이 남는다는 것이다. 이는 침울한 이 컷의 주제를 진술한다. 핵심 단어인 "넘쳤다"(גָּבַר, 가바르)와 "모든"(כֹּל, 콜)은 홍수의 타격으로 인한 전면적 파괴를 잘 담고 있다. 공포의 사십 일 기간을 설명하는 서사는 무시무시했으나 이제 조용해진 재난을 묘사하기 위해 잠시 완전히 멈춘다. 단지 작은 방주만이 파도를 타고 있을 뿐이다. 하나님이 제2컷에서 위협하고 약속하셨던 모든 것이 이제 성취된다.

18절. 물이 넘치매(גָּבַר, 가바르). 이 핵심 단어는 "(전투에서) 승리하는" 것을 표현한다(NIV에서는 "일어났다"[rose; 7:18, 19, 20]와 "넘쳤다"[flooded; 7:24]). 태초에 땅을 덮었던 이 가공할 혼돈의 물은 암시적으로 하나님의 창조를 공격하고 무위로 돌리려는 적대적인 전사들과 연결된다. 점점 강해지는 물과 "모든 생물"의 반복과 더불어 리듬을 타는 이 동사의 반복은 물의 넘쳐남과 방주의 동요를 흉내 낸다.

19절. 모든(כֹּל, 콜). 이 핵심 단어는 "모든, 전체의, 각양, 그리고 온갖"으로 번역되는데(7:19[2회], 21[3회], 22[2회], 23절), 홍수가 일으킨 포괄적 재난과 죽음을 함축한다.

20절. 십오 규빗(20피트)**이나 오르니.** NIV의 이십 피트(약 6m)는 대략적인 계산이다. 이것은 방주의 높이의 절반이다(즉 15규빗 혹은 22.5피트). 산들이 십오 규빗의 깊이로 잠기는데, 이는 방주가 바닥에 닿지 않도록 하기에 충분한 높이이다.

21절. 새와 … 사람이라. 창조물들이 그들이 창조된 순서대로 나열된다.

23절. 오직 … 그와 함께. 물은 죽음 및 악한 세상에 대한 심판일 뿐만 아니라 선택된 남은 자들을 위한 신적 정화와 보존이다.

제6컷: 하나님께서 노아를 기억하시다(8:1a)

내레이터의 간결한 신학적 평가인 "그러나 하나님이 노아를 기억하셨다"라는 구절은 제1장을 구성하는 두 폭짜리 큰 그림의 경첩 역할을 한다(6:13-8:22). 제1-5컷은 더 어두운 색조로 홍수와 그것이 야기한 재난을 그리지만(6:13-7:24), 제7-9컷은 더 밝은 빛으로 땅의 갱신을 그린다(8:1b-19). 서사의 긴장은 물이 빠질 때 느슨해진다. 이 세 컷의 장면에서 내레이터는 최초의 창조 주간에 밀접히 상응하는 일곱 단계를 통해 창조의 진행을 시간 순서대로 나열한다(위의 "창조와 재창조의 점진적인 일곱 단계"를 보라).

1a절. 기억하사(זָכַר, 자카르). 영어 번역 "기억하사"는 단순히 정신적 회상을 가리키거나 어떤 일의 망각과 관련된다. 이와 달리 히브리어 자카르는 특별히 하나님과 관련되며 이전에 언약의 상대방에게 위탁했던 명령에 근거한 행동을 가리킨다(9:14-15; 19:29; 30:22; 출 2:24; 6:5; 32:13; 삼상 1:19; 삿 16:28; 욥 14:13; 시 8:4; 9:12; 74:1-3; 98:3; 105:8; 106:45; 111:5; 렘 15:15을 보라). 하나님은 노아에게 하신 이전의 약속에 근거하여 행동하심으로써(6:18을 보라) 당신이 신뢰할 만한 언약의 상대자임을 보여주신다. 이 중대한 표현은 점점 빠지는 홍수의 물이 하나님의 확고한 의지에 복종하는 것임을 보여준다. 대조적으로 바빌로니아 기사들에서는 "신들이 자신들이 내보낸 홍수의 위력으로 인해 공포에 사로잡힌다. 그들은 자신들의 행동으로 인해 발생하여 더 이상 통제할 수 없게 된 상황에 쩔쩔 맨다."[62] 희망을 주고 새로운 생명을 가능하게 만드는 것은 오직 하나님의 기억하심뿐이다.

---

62 Sarna, *Genesis*, 56-57.

제7컷: 물러가는 홍수(8:1b-5)

1b절. 바람(רוּחַ, 루아흐). 이 히브리어는 1:2의 비슷한 문맥에서 "영"으로 번역된다.

4절. 아라랏산에. 방주는 고대의 우라르투(Urartu) 지역에 안착했다(왕하 19:37). 그곳은 현재 터키의 동부, 러시아의 남부, 그리고 이란의 북서부 지역이다. 이 언급은 산의 위치를 구체화하기에는 너무 부정확하며 내레이터 자신이 확신하지 못했음을 암시해준다.

제8컷: 홍수의 끝: 주역인 노아와 새들(8:6-14)

7-8절. 까마귀 … 비둘기. 노아가 새들을 공중에 날려 보내는 행위는 새롭게 된 생명에 대한 최초의 징표다. 바빌로니아 기사에서는 영웅이 비둘기와 참새를 내보낸 다음에 까마귀를 보낸다.[63] 이 순서에서의 차이점은 성경 기사의 우월성을 재차 내비친다. 까마귀는 폭풍우를 두려워하지 않고 사체를 뜯어먹을 수 있으며 더욱 강인한 새로서 훨씬 더 오랫동안 비행할 수 있다. 성경 기사에서처럼 온순하고 겁이 많으며 낮게 비행하는 비둘기를 보내기 전에 더 강한 까마귀를 보내는 것이 타당하며, 바빌로니아 서사시에서처럼 이 순서를 바꾸는 것은 이치에 맞지 않는다.

9절. 손을 내밀어 … 비둘기를 자기에게로 받아들이고. 한 구절 안에 여러 주간에 걸친 이야기를 풀어낸 서사의 속도가 여기서 한 가지 간략한 사건에 초점을 맞추기 위해 인상 깊게 느려진다. 이 일련의 동사들은 노아로 하여금 카메오(cameo) 역할을 하게 만든다. 그는 창조세계를 보존하는 데 대한 하나님의 관심을 모방하면서 생태보호론자의 마음을 간직하

---

63 *ANET*, 94-95, 145-54행.

고 있다(잠 12:10을 보라). 스키너(Skinner)는 이렇게 말한다. "비둘기의 복귀 및 이를 받아들임에 대한 묘사는 상상해볼 수 있는 자상함과 아름다운 품격에 대한 탁월한 표현이다."[64]

11절. 그 입에 감람나무 새 잎사귀가 있는지라. 나무와 식물이 다시 자라고 있다.

13-14절. 땅이 말랐더라. NIV에서 "말랐다"로 번역된 8:13과 8:14의 히브리어 동사들은 서로 다르다. 노아는 심지어 땅이 마른(חָרֵב, 하레브 [8:13]) 것을 본 후에도 인내심을 가지고 땅이 완전히 마를(יָבֵשׁ, 야베쉬 [8:14]) 때까지 거의 두 달을 더 기다린다. 그러면서 그는 하선하기에 안전하다는 하나님의 말씀을 기다린다.

제9컷: 하선(8:15-19)

17절. 생육하고 번성하리라. 새로워진 땅에서 다산과 생명에 대한 희망찬 기대는 바빌로니아 홍수 이야기와 차이를 보인다. 바빌로니아의 어두운 서사시에서 영웅은 홍수 후의 세상을 쳐다볼 때 "온 인류가 진흙으로 돌아간 것을"[65] 목격한다.

15, 18절. 하나님이 말씀하셨다 ⋯ 노아가 나왔다. 8:16-17과 18-19의 단어 사용의 패턴에 나타나는 대부분의 단어는 노아의 일관된 순종을 예증한다. 칼뱅은 이렇게 주석한다. "그 사람의 불굴의 정신이 얼마나 대단했을까. 홍수가 멈추고 새로운 생명이 빛처럼 솟아났을 때 그는 연중 내내 누적된 믿을 수 없는 피로 속에서도 하나님의 명령이 없이는 자신의 무덤으로부터 아직 한 발자국도 떼지 않고 있다."[66]

---

64 Skinner, *Genesis*, 156.
65 *ANET*, 94, 133행.
66 Calvin, *Genesis*, 280.

제10컷: 홍수 후를 위한 준비, 그리고 인간의 행위를 관찰하고 땅을 보존하겠다는 하나님의 독백(8:20-22)

20절. 노아가 제단을 쌓고. 의미심장하게도 방주에서 나온 뒤 노아가 행한 최초의 일은 하나님을 예배하는 것이다. 하나님은 노아의 의로움을 토대로 땅을 보존하신 반면(참조. 6:9, 18), 이제는 노아의 희생을 토대로 인간의 죄에도 불구하고 다시는 땅을 멸하지 않겠다고 결심하신다.

번제. 제물인 짐승은 가죽을 제외하고 전체가 제단 위에서 태워져 야웨께 바쳐진다. 이는 야웨를 부르는 방법이며 예배자에게 속죄의 효과를 일으킨다(레 1:4; 욥 1:5).

21절. 향기를 받으시고. 이 묘사는 히브리어의 가나안 어근에서 기원한다. 이는 더 이상 신화적인 표현이 아닌 전문 용어로서 희생제물과 예배자를 향한 하나님의 호의와 기쁨을 표현한다(참조. 출 29:18; 레 1:9; 3:16; 민 15:3).

기쁘게 하는. 번제물을 향기로운 냄새로 만드는 것은 제물 태우기다. 이 단어의 어근에 기초한 언어유희는(이는 노아의 이름의 어근과 동일하다) 하나님께서 그의 백성의 순종과 예배에서 표출하신 기쁨을 나타낸다("기쁘게 하는"에 해당되는 히브리어 니호아흐[נִיחֹחַ]의 어근은 노아의 이름의 어근과 동일한 누아흐[נוּחַ]다 —역주). 이 향기로운 제물은 죄에 대한 하나님의 분노를 진정시킨다(6:6을 보라). 이는 메소포타미아 신들이 "파리처럼" 희생제물 주변으로 달려드는 다른 홍수 기사들과 날카롭게 대조된다.[67]

그의 중심에. 70인역의 의역인 "음미하시면서"(having considered)는 희생제물과 하나님의 결심 사이의 의도된 연관성을 분명하게 설명해준다. 홍수 때에 하나님의 마음은 인간의 죄로 인해 고통으로 가득 찬다(6:6).

---

67 *ANET*, 95, 158-61행.

오로지 하나님께서 인간의 일에 전적으로 관여하시기 위해 자비롭게도 자신을 낮추셨기 때문에 인간의 죄는 하나님의 마음에 고통을 가한다. 이제 그 고통과 분노가 속죄의 희생으로 진정된다.

다시는…저주하지 아니하리니. 하나님은 3:17의 저주를 들추어내지 않으시며 다시는 땅을 멸하지 않겠다고 약속하신다(6:13; 사 54:9을 보라). 3:17에서 "저주하다"는 히브리어 아라르(אָרַר)를 옮긴 것으로 "반(反) 축복(anti-blessing)과 재앙으로 타격하다"(즉 풍작이 아닌 흉작, 지배가 아닌 종살이)를 의미한다. 여기서는 그 단어가 히브리어 칼랄(קָלַל)의 번역으로 "멸시하다"를 의미한다.[68]

비록…할지라도(이것은 NIV의 번역이며 대부분의 영어성경과 개역개정은 "이는, 왜냐하면"으로 번역한다 ─역주). 심판받아 마땅한 인간의 여전한 죄의 현실에도 불구하고 소위 노아 언약이라 불리는 이 언약의 은혜로운 특징이 신적 약속으로 강조된다.[69]

사람의 마음이 계획하는 바가 …악함이라. 홍수는 인간성에 아무런 근본적 변화도 가져오지 못하지만, 노아의 희생은 죄에 대한 하나님의 의로운 분노를 진정시킴으로써 그분의 마음에 변화를 일으킨다.

어려서부터. 아담의 원죄는 홍수 이후의 모든 사람에게 생득적으로 계속 전수된다. 홍수 전에 죄의 심화가 역사 속에서 절정에 달했다(6:5). "어려서부터"라는 진술은 역사 속에서 죄의 점차적 증가가 아닌 죄의 자연적 상태와 관련된다. 사르나의 의견에 따르면 이 단어가 암시하는 바는 "악의 성향이 율법의 훈련을 통해 억제되고 개선될 수 있다는 것이다. 따라서 다음 부분은 홍수 후의 인간에게 부여된 율법을 다룬다."[70]

---

68 참조. H. N. Wallace, "The Toledot of Adam," in *Studies in the Pentateuch*, ed. J. A. Emerton (VTSup 41; New York: Brill, 1990), 26-27.
69 하나님의 놀라운 은혜 역시 그분이 이스라엘을 보존하는 토대가 된다.
70 Sarna, *Genesis*, 59.

22절. 땅이 있을 동안에는. 이 표현은 8:21에 있는 "결코 다시는"을 수식한다. 하나님은 자신의 섭리를 따라 최후의 심판이 있을 때까지 땅과 생태계를 보존하실 것이다(벧전 3:20-21; 벧후 2:5-12).

심음과 거둠. 이는 1:11-12에 대한 암시인데, 이를 통해 하나님은 인간에게 끊임없는 식량의 제공을 약속하심으로써 역사의 종말이 올 때까지 인간의 존속을 보장하신다.

낮과 밤. 이것은 1:14에 대한 암시다.

쉬지 아니하리라. 제1막이 한 편의 시와 더불어 마무리된다. 제2막 역시 마찬가지다(9:24-27; 참조. 제1부, 1막[2:23], 2막[3:14-19], 그리고 3막[4:23-24]).

제2장 노아와 홍수 후의 세상의 상태(9:1-17)

제2장(9:1-17)은 제10컷, 즉 홍수 후의 세상을 위한 하나님의 준비를 토대로 상세하게 전개된다. 이는 다음과 같은 두 컷으로 구성된다. 즉 하나님은 죄로 물든 인간을 축복하려는 당신의 관대한 계획을 안전하게 실행하기 위해 율례를 제정하시고(9:1-7) 오래 참으시겠다는 당신의 약속을 보증하기 위해 징표를 제공하신다(9:8-17).

제11컷: 오래 참으시려는 계획의 안전한 실행을 위한 하나님의 율례 (9:1-7)

보스는 이 컷에서 제시된 세 가지 율례를 이렇게 요약한다. (1) 생명의 번식(9:1, 7), (2) 동물과 인간 모두를 위한 생명의 보호(9:2a, 4-6), (3) 생명의 부양(9:2b-3).[71] "생육하고 번성하라"는 명령이 바깥을 둘러치는 틀을 구성하며(9:1, 7) 인간의 생명에 내려지는 신적 축복이라는 주제를 강조한다. 내부의 핵심 내용은 생명을 지탱하고 동물과 인간 모두의 생명을 보호하기 위한 필수적인 법을 제시한다. 인간의 생명을 보호하고 폭력을 제어하기 위해 하나님은 유죄한 동물과 인간 모두에게 극형을 규정하신다(9:5). 이는 하나의 합리적 원리와 더불어 기억할 만한 시로 간결하게 요약된다(9:6). 이 법은 인간의 타락에 맞서 생명을 보존하기 위해 필요하다. 홍수 전에는 극형이 존재하지 않아 피의 복수가 발생했다(창 4장을 보라). 그리고 본능적인 두려움 없이 짐승들은 그들의 습관을 타락시켰다. 따라서 사르나는 이렇게 말한다. "옛 세상의 파멸은 땅에서 인구의 재번성과, 홍수를 일으킨 해악의 치료를 요청한다. 사회는 이제부터 계속해서 더욱 안전한 도덕적 토대 위에 안착해야 한다."[72]

1절. 복을 주시며. 이 진술은 재창조하시는 하나님의 절정에 이른 일곱 번째 행동을 요약한다(문학적 분석을 보라). 하나님이 인간을 축복하시고 (1:28; 5:2을 보라) 그들에게 생육하고 번성하라고 명령하신 것은 이번이 세 번째다(1:28; 8:17을 보라). "책임 있는 돌봄과 사회적 보호"가 칭송받아야 할 하나님의 축복의 방편이다.[73]

생육하고 번성하여. 메소포타미아의 병행 기사들과 달리 창세기 1-11장은 인간의 생명을 무조건적인 선으로 드러낸다. 고대 메소포타미아의 홍수 기사인 아트라하시스 서사시에서는 인구 과잉이 홍수를 초래한다. 이 문제가 더 이상 재발하는 일이 없도록 하기 위해 신들은 여자들을 불임 상태로 만들고 유아 사망률을 높이며 제의적 관행을 통해 인위

---

71 Vos, *Biblical Theology*, 52.
72 Sarna, *Genesis*, 60.
73 Mathews, *Genesis 1-11:26*, 399.

제3부 노아와 그의 가족의 계보 **249**

적인 불임 상태로 유도하는 방식으로 타협하기에 이른다.[74]

2절. 너희를 두려워하며. 이 군사적 용어는 1:28의 "다스리라"보다 더 강한 단어로 보이며 인간과 동물 사이의 상호 관계가 평화롭지 않을 것임을 암시하는데, 9:6은 인간에 대해 동일한 상황을 말하고 있다. 인간이 자발적으로 하나님께 복종하고 동물들이 인간에게 복종하는 것은 하나님의 의도였다(사 11:6-8을 보라). 그러나 오만불손한 인간과 동물 둘 다 자신들에게 주어신 역할을 위반했다. 분명히 홍수 전 모든 육체의 행위가 타락했을 때(6:12을 보라), 동물들은 통제를 벗어나 인간을 전혀 두려워하지 않았다. 인간의 죄에도 불구하고 하나님은 이제 동물에 대한 인간의 지배권을 확증하시고 더욱 공고히 하신다.

너희의 손에 붙였음이니라. 하나님은 인간의 생명을 보호하시기 위해 동물을 인간의 먹거리에 추가하신다. 인간은 동물계를 다스리는 생명과 죽음의 권세를 지닌다.

3절. 모든 산 동물은 …다 너희에게. 인간의 음식에 관한 한 하나님은 이번에 정결한 짐승과 부정한 짐승 사이에 아무런 구별을 두지 않으신다.

산 동물. 추정컨대 스스로 죽은 짐승은 허용되지 않는다. 추후에는 언약 백성만이 죽은 채 발견된 짐승을 먹는 일이 금지된다(레 11:40; 신 14:21을 보라).

4절. 生命 되는 피째 먹지 말 것이니라. 구약성경에서 피는 생명과 같다(레 17:11). 여기서 피는 짐승의 "혼"(즉 짐승의 강한 생명력)과 동일하다.[75] 피의 섭취를 금지함으로써 이 규정은 생명에 대한 경외심을 주입시키고 짐승을 잔인하게 학대하지 못하도록 막는다(레 3:17; 7:2-27;

---

74 Kikawada and Quinn, *Before Abraham*, 47.

75 B. K. Waltke, "נֶפֶשׁ," *TWOT*, 2:258-91을 보라; 또한 참조. Johnson, *Vitality*, 1949.

19:26; 신 12:1-24; 삼상 14:32-34을 보라).[76] 인간의 음식에 고기를 추가하는 것은 "야만적 도살을 위한 허가증이 아니다."[77] 노아의 후손은 먹이 사슬의 최상위 포식자들이다. 그러나 동물들이 육식 기질을 따라 인간을 잡아먹어서는 안 되는 것과 마찬가지로 인간은 생명을 신성한 것으로 여겨 그에 합당한 경외심을 보여주어야 한다(9:10을 보라).[78]

5절. 내가 반드시 결산을 요구하리라(개역개정-"내가 반드시 … 그에게서 그의 생명을 찾으리라"). "결산"은 9:6이 명료하게 밝히는 바와 같이 엄격한 배상을 의미한다. 법은 인간의 공격으로부터 그들의 생명을 보호한다. 만일 짐승의 생명이 신성하다면 하나님의 형상을 지닌 인간의 생명은 더 말할 나위가 없다. 짐승의 생명을 해치는 위반자에 대한 제재 조치는 아무것도 진술되지 않는다. 그러나 인간의 생명을 취하는 것과 관련하여 이 어구의 삼중 반복은 하나님이 그것에 부여하신 특별한 가치에 주목하게 만든다. 우선 일반적인 원칙이 진술되고 뒤이어서 이 원칙이 구체적으로 인간들에게, 마지막으로 짐승들에게 적용된다. 짐승의 피는 음식으로 섭취하기 위해 흘릴 수 있지만 인간의 피는 절대 흘릴 수 없다. 예외가 있다면 살인을 복수하여 그 피를 보상할 때뿐이다(9:6을 보라). 9:6에서 보상의 문제가 인간에게 넘겨지지만 궁극적으로 하나님은 예외 없이 각 개인으로부터 대가를 받아내실 것이다. 살인의 경우에 하나님은 살해된 사람의 생명을 신원하실 것이다(신학적 고찰을 보라).

짐승이면 그 짐승에게서. 인간의 생명은 심지어 짐승에게도 생명으로의 배상이 요구될 정도로 그렇게 가치가 있다(6:12의 "모든 사람", 즉 "모든 육체"를 보라; 참조. 출 21:28-29).

---

76 Vos, *Biblical Theology*, 53.

77 Sarna, *Genesis*, 60.

78 G. M. Tucker, "Rain on Land Where No One Lives: The Hebrew Bible on the Environment," *JBL* 116 (1997): 11 and n. 22.

동료(개역개정-"사람의 형제"). 이 히브리어 단어는 4:8-11에서 "형제"로 번역되는데, 이는 이 명령과 하나님께서 아벨의 피를 복수하시는 방식의 연관성을 암시한다. 여기서 하나님은 피에 대해 피로 앙갚음하지 않으시는데, 이제부터 줄곧 그렇게 하실 것이다.

6절. 다른 사람의 피를 흘리면 그 사람의 피도 흘릴 것이니. 이 교차 대구의 표현은 시적 정의, 즉 생명에는 생명으로라는 개념에 부합한다(아래 신학적 고찰의 "극형"을 보라). 고대 세계의 다른 법 조항들과 달리 돈은 살인자를 속량할 수 없다(민 35:31).

사람에 의해(개역개정에는 번역되어 있지 않다-역주).[79] 인간은 극형으로 보상을 집행하는 하나님의 대행자들이다. 그들은 통치자로서 하나님을 대신하는 자리에 서 있다(1:26을 보라). 법률은 국가의 정부를 위한 토대를 놓는다. 매튜스가 말한 대로 "징벌의 실행은 개인적인 문제가 아니라 사회적 의무다"[80](참조. 롬 12:19; 13:1-5; 벧전 2:13-14).

자기 형상대로. 창조물을 구하시려는 하나님의 결심은 하나님께서 자신의 형상에 부여한 가치와 뗄 수 없이 연결되어 있다. 하나님의 형상은 타락한 인간 속에서 계속 이어지며(8:21을 보라), 왜 피의 살인이 짐승의 피와 달리 반드시 보상되어야 하는지를 설명해준다.

---

79 이 전치사(ב, 베)는 "~과 교환해서, ~대신"(in exchange of)으로 해석될 수 있다. 대부분의 영어성경은 이 전치사가 대리/대신을 지시한다고 바르게 이해한다. 이는 니팔 동사와 함께 쓰인 베(ב)의 통상적인 의미다. 이는 9:5에서 동어 반복을 피하고, 나중에 모세 율법에서 시행된 극형을 위한 견고한 토대를 마련한다(참조. 출 21:12-14; 민 35:16-32; 신 17:6-7; 19:15).

80 Mathews, *Genesis 1-11:26*, 405.

제12컷: 땅을 결코 다시 멸망시키지 않겠다는 하나님의 언약의 징표
(9:8-17)

수미상관 구조(9:8-11과 17절)가 하나님의 언약의 징표인 무지개에 대한 언급(9:12-16)을 에워싸고 있다.

9절. 내가 내 언약을…세우리니(אֲנִי הִנְנִי מֵקִים אֶת־בְּרִיתִי, 아니 힌네니 메킴 에트 베리티). 이 구절은 6:17의 핵심 단어들을 반복하며 따라서 제1막을 크게 둘러치는 수미상관 구조를 형성한다. 이 언약은 노아의 제사에 대한 보답으로 주어진 하나님의 무조건적인 약속이다(위의 "문학적 분석: 플롯"을 보라). 하나님은 땅과 그것의 완전한 생태계를 영원히 보존하여 자신의 형상을 지닌 인간을 부양할 전적인 책임을 일방적으로 떠맡으신다(8:20-22). 이 언약은 하나님이 창조에서 모든 피조물을 축복하실 때 이미 그분과 피조물 사이에 맺어졌던 관계를 확증한다.[81]

10절. 모든 생물. 이 어구의 반복(9:10a, 10b, 12b)과 그것에 상응하는 "모든 생명"(9:11b, 15b, 17b)과 "온갖 종류의 모든 생물"(9:15a, 16b)은—현재의 제2장에서 도합 여덟 번—땅 위의 모든 생물의 종을 보존하고 돌보려는 하나님의 열정 어린 관심을 확증하고 그 일에 대한 그분의 의무를 포함한다(신학적 고찰을 보라).

11절. 다시는…멸하지 아니할 것이라. "멸하다"(cut off, 잘라내다)는 하나님께서 누군가를 죽음의 영역, 곧 하나님의 섭리적 돌보심 바깥에 놓인 영역으로 넘기심을 지시한다(참조. 17:14; 레 7:20; 17:4; 그리고 미 5:10-13[히. 9-12]에 있는 "파괴하다"[문자적으로 "잘라내다"]).

12절. 언약의 증거. 하나님은 다음과 같은 징표로 자신의 언약을 확증

---

81 마찬가지로 하나님은 창 12:1-3에서 아브라함에게 맹세하신 자신의 약속을 창 15장과 17장에서 반복적 언약과 그에 대한 징표를 주시면서 계속 이행하신다. 이 패턴은 약속, 언약의 확증, 그리고 언약의 징표다.

하신다. 즉 아브라함과의 언약을 위해서는 할례(창 17:11), 시내산에서 이스라엘과의 언약을 위해서는 안식일(출 31:13, 17), 그리스도 및 새 이스라엘과의 언약에서는 잔(눅 22:20)이 징표가 된다.[82]

13절. 무지개. 이 히브리어는 단순하게 "활"로 읽힌다. 이는 전쟁의 무기요 사냥 도구다. 고대 근동 신화에서 활 모양의 별은 신들의 적개심과 관련되어 있었다.[83] 여기서 용사의 활이 땅에서 들려 공중에 걸려 있다.[84] 클라인은 이렇게 말한다. "신적 호전성과 적대감의 상징이 하나님과 사람 사이의 화해의 표시로 바뀌었다."[85] 느슨해진 활이 땅으로부터 하늘로 뻗어 나와 지평선에서 지평선으로 펼쳐져 있는데, 이는 하나님께서 자신의 우주적 임무를 기억하시도록 만든다. 델리취(Delitzsch)의 다음과 같은 주석은 유용하다. 즉 "하늘과 땅 사이에 길게 뻗은 무지개는 양자 사이를 묶는 평화의 띠다. 또한 지평선을 둘러치고 있는 무지개는 모든 것을 감싸는 신적 자비의 보편성을 지시한다."[86] 무지개(활)를 비롯한 성경 언약의 다른 징표들은 이미 있는 일상의 사건들을 성별하고 거기에 새롭고 성스러운 의미를 부여한다.

15절. 기억하리니. 8:1과 거기 있는 주해를 보라. 초월해 계시는 하나님은 전지(全知)하시나, 내재하시는 가운데 땅의 일에 관여하신다. 하나님에 대한 후자의 관점이 여기에 나타난다.

---

82   아무 징표도 다윗에게는 필요하지 않았다. 왜냐하면 그 약속은 한 아들의 탄생을 포함했기 때문이다.

83   Sarna, *Genesis*, 63을 보라.

84   Kline은 이렇게 쓴다. "전쟁의 활이 하나님의 진노의 병기고에서 언급된다. … (참조. 예. 신 32:42; 시 7:12[13]; 18:14[15]; 64:7[8]). 하지만 무지개 징표에서 활은 수직으로 떠서 적의 면전에 팽팽하게 당겨진 것이 아니라 수평 상태로 느슨하게 시위가 풀린 채 걸려 있다"(Kline, *Kingdom*, 152).

85   앞의 책.

86   F. Delitzsch, *A New Commentary on Genesis*, trans. S. Taylor (Edinburgh: T. & T. Clark, 1899), 2:290.

16절. 내가 보고. 이것은 6:12에서 하나님이 "보셨던" 악의 현실과 대비된다. 초월적인 하나님은 사람의 일에 관여하기 위해 스스로 낮추시면서 의도적으로 인간의 악보다는 이렇게 색채가 풍부한 광경을 감상하기를 선택하신다.

영원한 언약을. 종말론적이고 언약적인 이 중요한 용어인 올람(עוֹלָם)은 문맥에 따라 상대적으로 취급될 수 있다(창 17:13). 여기서는 "땅이 있을 동안에는"(8:22)으로 제한된다.

제2막 노아의 아들들에 대한 예언(9:18-27)

편집상의 서문(9:18-19)

18절. 노아의 아들들. 이 두 구절은 초점을 노아로부터 그의 아들들 및 미래의 세대로 옮긴다. 9:18-19(참조. 6:9)과 9:28-29의 족보는 제2막의 틀을 형성한다. 이어지는 이야기는 셈과 야벳의 후손의 경건과 미덕을, 이집트 족속, 바빌로니아 족속, 가나안 족속을 포함하는 함의 후손의 도덕적 쇠락을 예시한다.[87] 노아의 아들들은 뱀의 씨와 여자의 씨를 둘 다 이어간다.

가나안의 아버지라. 내레이터는 가나안 족속에 대한 중요한 주제를 전하기 위해 청중을 준비시킨다. 그들의 조상의 부도덕한 행위는 그들의 영적 퇴보를 예견하고 그런 죄에 오염되지 않도록 이스라엘을 무장시킨다.

19절. 세 아들로부터 …온 땅에 퍼지니라(흩어졌다). "흩어짐"은 하나님이 그들을 축복하고 번성케 하는 결과를 수반한다. 세 아들의 흩어짐에

---

[87] 레 18:3은 이집트 족속과 가나안 족속을 역겨운 성적 타락을 일삼는 부류로 한데 묶는다(창 12:10-20; 19:5-8; 20장; 26:7-11; 34장; 38-39장도 보라).

대한 언급은 노아와 그의 가족의 계보에 대한 기사(6:9-9:29)와 셈, 함, 야 벳의 후손에 대한 기사(10:1-11:9) 사이의 전환점으로 기능한다. 전자에서 그들은 하나님의 언약으로 무장된 채 방주로부터 새롭게 된 땅으로 나온다(8:16, 18; 9:8-17). 후자에서 그들은 흩어진다(10:18; 11:4, 8-9).

제1장 노아의 벌거벗음(9:20-23)

20절. 노아가. 이 장은 노아가, 이어서 그의 아들들이 주인공으로 등장하는 장면들이 펼쳐진다.

농사(הָאֲדָמָה, 하아다마 "땅, 대지"; 문자적으로 "대지를 경작하기를"-역주). 내레이터는 노아를 하아다마(הָאֲדָמָה)로부터 빚어진 아담과 연결하고 (2:7; "문학적 분석: 아담 및 첫 창조와 노아 및 재창조 사이의 병행"을 보라), 나아가 라멕의 예언과 연결하기 위해 불필요한 확장을 시도한다. 라멕은 그의 아들을 노아(נוֹחַ, 노아흐, "쉼")라고 이름 짓는다. 왜냐하면 그는 야웨의 저주가 내려진 땅(הָאֲדָמָה, 하아다마)에 나함(נָחַם), 곧 "위로"(즉 "구호, 구원")를 가져올 것이기 때문이다(5:29). 노아가 포도주 제조법을 개발하기 전에 땅은 인간의 고통스러운 수고를 통해 생계를 위한 식량을 제공하지만, 다른 것은 미미하다. 이제 그는 포도주를 생산하기 위해 땅을 다스린다. 포도주는 특유하게 마음을 활기 있게 하고 위로하며 기쁘게 할 것이다(삿 9:13; 시 104:15).[88]

진행하여(개역개정-"시작하여"). 문자적으로 "그가 시작했다"[89]를 의

88　포도주 제조는 고대의 서사시 전승에서 대단히 중요한 위치를 차지하는데, 그 전승들은 포도주 제조의 기원을 어떤 신이나 반신반인의 존재에게로 돌린다. 성경 이야기는 포도주 양조법이 인간의 창안임을 강조한다(Cassuto, *From Noah*, 160).

89　NIV는 할랄(חָלַל)을 4:26; 11:6; 41:54에서는 "시작하다"를 의미하는 동사형으로, 다른 곳에서는 "처음으로 …를 하다"를 의미하는 단어로 번역한다(삼상 14:35; 참조. 창 10:8에서는 "자랐다").

미하는 이 동사는 갱신된 활동이 아닌 전혀 새로운 활동을 암시한다.[90] 본문은 노아가 포도 재배법과 포도주 제조법을 개발했음을 암시한다. 4:17-22에서와 같이 인간의 기술적 진보가 인간의 타락으로 왜곡된다.

심었더니. 노아가 이제 훌쩍 자란 손자를 데리고 있다는 사실은 추정컨대 두 막 사이의 암시된 시간의 흐름을 한층 더 강조한다.

포도나무를. 포도나무는 방주가 정박했던 아르메니아에서 유래한다 (8:4을 보라).

21절. 마시고 취하여. 월터 브라운(Walter Brown)은 샤카르(שָׁכַר), 곧 "취하다"가 구약에서 반드시 부정적 암시를 내포하는 것은 아니라고 설득력 있게 주장한다(참조. 창 43:34; 아 5:1; 학 1:6). 그러나 이 동사가 여기서 "그가 완전히 만족했다" 혹은 감탄의 의미로 "그가 만족하여 잠들었다"라고 번역되어야 한다는 그의 주장은 설득력이 떨어진다. 이 동사는 부정적 의미를 포함할 것이다(애 4:21; 사 29:9; 49:26; 렘 25:27; 나 3:11). 브라운은 네 개의 예언서 구절은 "이 본문들에서 만취의 묘사가 분명히 상징적이기 때문에" 관련이 없는 것으로 치부한다. 그러나 이 본문들에서의 술 취함은 백성에 내려진 축복이 아니라 야웨의 심판을 그리고 있다. 더욱이 비록 다윗은 실패하긴 했으나 때에 맞지 않고 부적절한 성관계를 기피하는 우리아의 종교적 양심을 마비시키기 위해 그를 술에 취하게 만들려고 한다(삼하 11:13). 롯의 딸들은 근친상간을 범하기 위해 롯을 술 취하게 만든다(창 19:31-35). 브라운은 노아의 심적 만족을 위한 음주는 부정적이고 추한 것이 아니라 긍정적이고 건전한 것이라고 주장한다. 그는 자신의 주장을 유지하기 위해 노아의 벌거벗음이 공적인 문제가 아닌 사적인 문제라고 변명한다.[91] 그럼에도 불구하고 최소한 노아의

---

90 Mathews, *Genesis 1-11:26*, 416과 비교하라.
91 W. Brown, "Noah: Sot or Saint?" in *The Way of Wisdom: Essays in Honor of Bruce K. Waltke*, ed. J. I. Packer and S. K. Soderlund (Grand Rapids: Zondervan, 2000), 36-60.

노출은 그의 막내아들의 죄를 유발했다. 그러나 노아의 아들 둘은 그들의 아버지가 조심하지 않아 노출한 벌거벗음을 덮어드릴 필요가 있다고 느꼈다. 비록 하박국 2:15과 예레미야 애가 4:21의 정밀한 묘사가 창세기 9:21과 다소 온도 차이가 있지만, 예언자들은 포도주의 만끽과 관련지어 벌거벗음을 규탄한다. 이는 현재의 내레이터 역시 노아의 술 취함과 노출을 칭찬하는 것이 아니라 비난하고 있음을 암시한다. 포도주는 적당히 마실 때 기쁨을 줄 수 있으나(위의 "농사"를 보라) 과음을 하면 도덕적 해이와 슬픔을 불러일으킬 수 있다.

벌거벗은지라. 이것은 "그가 자신을 노출했다"로 이해하는 것이 더 낫다.[92] 하박국은 천둥 같은 소리로 "이웃에게 술을 마시게 하되 자기의 분노를 더하여 그에게 취하게 하고 그 하체를 드러내려 하는 자에게 화 있을진저"(합 2:15)라고 외친다. 하박국은 술 취함을 통해 누군가를 노출시키는 행위를 "호색적 관음증",[93] 즉 그/그녀의 존엄과 품위에 대한 욕구를 찬탈하는 행위와 연결한다(참조. 애 4:14). 벌거벗음은 수치와 관련되고(창 3:7, 21) 공개적으로 품위를 손상시키며(삼하 6:16, 20) 하나님의 임재 속에서 사는 삶과 양립할 수 없다(출 20:26; 참조. 신 23:12-14). 인간이 죄에 빠졌을 때 그들은 자신들의 벌거벗음을 통해 선악을 행할 수 있는 잠재력을 깨닫게 되었다. 벌거벗음을 금지하는 규정은 사람이 죄를 짓지 못하도록 보호하는 것을 목표로 한다. 노아의 벌거벗음은 함의 죄를 유발한다.

그의 장막 안에서. 비록 노아가 술에 취해 자기 몸을 드러내는 죄를 지었다고 해도 이 노출은 공적으로 일어난 것이 아니라 사적인 것이다. 이는 함이 저지른 사생활 침해를 더욱 비난할 만하게 만들고 그의 죄책을

---

92 *HALOT*, 192. 이 히트파엘 형은 수동태인 "그가 노출되었다"(*IBHS* §26.3a)일 수 있지만, 여기서는 통상적인 재귀적 의미로 보는 것이 더 그럴듯하다(*IBHS* §26.2).

93 H. C. Leupold, *Exposition of Genesis* (Grand Rapids: Baker, 1942), 1:346.

가중시킨다.

22절. 그의 아버지의 하체를 보고. 여기서 히브리어 라아(רָאָה)는 악의 없는 우연한 목격이 아닌 "(자세히) 관찰하다"를 의미한다(아 1:6; 6:11b). 랍비 문헌들은 그가 아버지를 거세했거나 동성애를 범했다고 생각한다.[94] 그러나 이 문헌들은 본문에 없는 것을 추가하는 잘못을 범하고 있다. 몇몇 사람은 본문에서 원래의 추악한 내용이 윤색되었다고 주장하면서 특이한 변론을 늘어놓는 우를 범한다. 아마도 본문의 의도는 단순히 함의 "호색적 관음증"을 드러내려는 것이다(합 2:15을 보라). 그러나 함의 관음증은 더 나쁜 종류의 것이다. 일반적인 관음증은 다른 사람의 존엄을 침해하고 그/그녀에게서 사생활과 품위를 지키고자 하는 본능적 욕구를 찬탈한다. 이것은 지배의 한 유형이다. 그러나 함은 더욱 완악하다. 왜냐하면 그의 사례는 동성애 관음증이기 때문이다. 더 나쁜 것은 그가 어떤 경우라도 존경심을 품어야 하는 아버지를 불명예스럽게 만든다는 점이다(출 21:15-17; 신 21:18-21; 막 7:10). 나아가 그는 이 일을 다른 사람들에게 알림으로써 불명예를 가중시킨다. 함의 형제들은 단순히 아버지의 벌거벗은 몸을 보는 것만으로도 죄라고 생각했으며 그런 죄를 범하지 않기 위해 애썼다. 가나안 세계의 이념을 반영하는 가나안 서사시에서 바알은 자신의 아버지 엘에게 다니엘이라는 인물을 한 아들을 통해 축복해주기를 기도한다. 그 아들은 "아버지가 취했을 때 손으로 그를 부축하고, 그가 포도주를 흠뻑 마셨을 때 그를 부축해서 옮긴다."[95] 몸을 노출한 노아의 죄의 누룩은 함의 동성애와 부모를 수치스럽게 하는 관음증으로 확산되고, 나중에 완전히 부패하여 가나안의 광포한 성적 타락으로 이어지며, 결국 땅은 그들을 토해낼 것이다(레 18:24-30; 신 12:29-32을 보라).

---

94   Sarna, *Genesis*, 66.
95   *ANET*, 150, 32-33행.

23절. 옷을 가져다가 …그들의 아버지의 하체를 보지 아니하였더라. 내레이터는 셈과 야벳의 행동을 상세히 묘사함으로써 그들의 고귀한 성품을 부각한다. "수치를 모르는 함의 관능적 욕구와 야벳과 셈의 정중함은 일반적 도덕성에서의 차이를 표시했다."[96]

제2장 노아의 예언적 기원(9:24-27)

24절. 행한 일을 알고. 셈과 야벳이 노아에게 말한 것일까?

25절. 이에 이르되. 이어지는 단어들은 노아가 전체 기사에서 발설한 유일한 말이다. 비록 기도의 탄원이라는 형식 속에서 사용되고 있을지라도 이 말은 예언의 기능을 한다(창 49:1; 신 33:1을 보라). "이는 사실상 그의 마지막 소원과 유언이다."[97] 하나님의 말씀(9:1-17)은 인간의 일반 역사에 적용된다. 노아의 말은 구속사에 적용된다. 그의 예언은 홍수 이전의 역사를 반복한다. 아담의 세 아들이 불경건한 가인의 후예와, 셋과 그의 후손으로 대체된 신실한 아벨의 후예로 나뉘었던 것처럼, 노아의 자손은 사악한 가나안 족속과, 야벳 족속이 계승하게 될 신실한 셈 족속으로 나뉜다.

저주를 받아(אָרַר, 아라르; 참조. 8:21). 가나안 족속은 저주받은 뱀의 후손으로서 가인의 계보를 잇는다(3:14-15; 4:11). 가나안에게 내려진 이 저주는 본질적으로 각 축복의 기도와 관련되어 반복된다(9:26, 27).

가나안은. 왜 함이 아니라 가나안인가? 세 아들에게 선언된 저주와 축복은 그들의 후손과 결부되어 있기 때문에 이 저주가 함 자신보다 함의 아들에게 내려진 것은 이상하지 않다(9:18-22). 특히 하나님은 이 의로운

---

96 Vos, *Biblical Theology*, 56.

97 Mathews, *Genesis 1-11:26*, 415.

홍수의 생존자에게 이미 복을 주셨음을 기억할 필요가 있다(9:1). 노아의 막내아들이 아버지에게 잘못을 범한 것처럼 이 저주도 추정컨대 그의 도덕적 부패를 이어받는 막내에게 내려질 것이다(레 18:3; 신 9:3을 보라). 가나안 족속에 덧붙여 함의 후손은 이스라엘의 가장 고통스러운 적들의 일부, 즉 이집트, 블레셋, 아시리아, 바빌로니아를 포함한다(10:6-13을 보라). 노아의 예언의 배후에는 공동 연대의 개념이 있다. 조상은 다름 아닌 자신과 같은 부류의 인간을 재생산한다(서론에 있는 "창세기의 주제와 성경신학"을 보라). 노아의 의로움은 셈과 야벳에게서 재생되고, 그의 부도덕함은 함에게서 재생된다. 자기 아버지를 대적하는 함의 오만은 그의 후손에게서, 셈과 야벳의 정중함은 그들의 후손에게서 온전히 드러날 것이다.

종들의 종이 되기를. 카수토는 이렇게 설명한다. "가나안 족속은 저주와 속박의 고통을 겪어야 한다. 그 이유는 함의 죄 때문이 아니라 그들 스스로가 함과 같이 행했기 때문이다. 즉 그들 자신이 죄를 범했기 때문이다."[98] 가나안의 노예 신분은 그저 정치적인 것만이 아니라 영적인 것이다. 가나안에게 내려진 저주는 그를 뱀에 대한 저주(3:14) 및 가인에 대한 저주(4:11)와 연결한다. 그러나 이 일반적인 저주에 예외가 없지는 않다. 제1장이 명료하게 보여준 대로 조상의 형제들 사이에 존재하는 미래 전망의 차이는 그들의 인종이 아니라 바로 그들의 도덕성과 결부되어 있다. 가나안의 창녀 라합의 가족은 언약 백성의 일부가 되고(수 2:14; 6:17, 22-25; 마 1:5; 히 11:31), 유다 지파 아간의 가족은 제명될 것이다(수 7장). 이스라엘이 가나안 족속처럼 행동할 때 땅 역시 그들을 토해낼 것이다(왕하 17:20).

26절. 또 (그가) 이르되. 두 번 반복되는 도입문 "(그가) 이르되"(9:25, 26)는 가나안에 내려진 비참한 노예 신분의 저주(9:25)를 셈과 야벳에게

---

[98] Cassuto, *From Noah*, 155.

임할 축복(9:26, 27)과 구별한다.

찬송하리로다. 이 축복의 영광송을 통해 노아는 언약을 지키시는 하나님이 인정받으시고 셈의 삶과 승리의 주관자로서 찬송받으시기를 원한다.

셈의 하나님. 셈은 하나님과 그의 관계를 통해 신분이 확인되고, "야웨"는 셈의 하나님이 되심을 통해 신분이 확인된다. 모든 생명의 창조자로 찬양을 받으시고 모든 역사의 주가 되신 분께서 셈에게 열심을 기울이신다. 이는 하나님께서 땅을 다스리도록(창 1:26-28) 셈의 계보를 선택하시고 뱀을 짓밟으신다는(창 3:15; 4:26) 최초의 암시다. 하나님의 주권적 은혜는 항상 복된 미래의 문을 연다. 이는 하나님께서 선택하신 셈의 계승자들, 즉 나홀이 아닌 아브라함, 이스마엘이 아닌 이삭, 에서가 아닌 야곱, 요셉이 아닌 유다를 통해 확인된다.

셈의 종. 히브리어 본문은 "그들의 종"이다[99](다음 절을 보라).

27절. 하나님이. 노아는 하나님과 셈의 언약적 관계를 위해 하나님의 개인적 이름인 "야웨"를 사용한다. 그러나 노아는 야벳의 후손을 주관할 그분의 초월성을 위해 "하나님"을 사용한다.

야벳을. "창대하게 하사"(יַפְתְּ, 야프트)와 더불어 이루어지는 언어유희에 주목하라. 야벳의 후손은 주로 아나톨리아와 그리스에서 확산되었다(창 10:2-5을 보라).

장막에 거하게 하시고. "거하다, 살다"는 히브리어 샤칸(שָׁכַן)의 번역이다. 이 모습은 위치 이동을 암시한다. 이 해석은 욥기 18:14-15에서 지지를 확보한다. "그가 의지하던 것들이 장막에서 뽑히며 … 유황이 그의 처소에 뿌려질(שָׁכַן, 샤칸) 것이며."

---

99 히브리어 라모(לָמוֹ, 9:26b, 27b)는 3인칭 남성 단수가 아니라(GKC §103g, n. 3; *IBHS* §11.1.2d), 3인칭 남성 복수 대명사 "그들에게"로 보는 것이 가장 타당하다(GKC §103f, k). 왜냐하면 이는 9:25에서 "그의 형제들"과 병행을 이루기 때문이다.

그의 종. 이것은 "그들의 종들"로 해석되는 것이 가장 좋다. 세 번의 기원 모두에서 노아는 가나안이 그의 형제들의 종으로 지배받게 되기를 기원한다. 그는 셈과 야벳이 함께 가나안을 다스릴 것이라고 여긴다. 복수 "그들의"는 아마도 셈과 야벳의 후손을 가리킬 것이다.

종막 노아의 비문(碑文)(9:28-29)

그가 죽었더라. 5:32에서 시작된 족보 기록은 이제 5장의 패턴을 따르면서 완성된다. 제3부는 제2부 안에 있는 삽입부다.

제3부에 대한 신학적 고찰 ─────────

하나님의 심판

영블러드는 홍수 서사가 하나님의 심판에 대해 다음과 같은 다섯 가지 진실을 예시한다고 제안한다. 즉 하나님의 심판은 자의적이다. 사전에 통보된다. 회개할 시간을 주지만 회개하지 않을 경우 실행된다. 죽음으로 끝난다. 그분의 정의에 근거한다.[100]

세상의 종말과 성도의 부활에 대한 전조

이 톨레도트(חֹלְדוֹת)의 주제는 뱀의 후손이 부패시킨 그들의 나라 및 땅은 멸절되고, 여자의 후손이 새롭게 된 땅에 이를 때까지 그 씨가 보존된다는 것이다(제3부의 주제를 보라). 이 주제는 현재의 이 악한 세상은 미래에 불로 파멸되고 신자들은 그리스도 안에서 특별한 구원을 받

---

100 Youngblood, *Genesis*, 99-100.

고 보존되어 다시는 없어지지 않을 새로운 땅을 상속하게 된다고 예고한다(마 24:30-31, 37-39; 눅 17:26-32; 살후 1:5-9; 벧후 3:6-7). 선택된 언약의 가족은 죽음의 바다를 통과하고 그들의 묘실에서 밖으로 나온다(사 26:19-21). 이것은 구원받은 자들이 최후 심판의 대격변을 통과해 살아남을 것이라는 보증이다.

뱀의 씨(즉 노아의 악한 세대)는 그들의 머리인 사탄과 같이 스스로 보좌에 오른체하는 사들인 반면, 여자의 씨(즉 노아와 그의 가족)는 그 보좌의 합법적 상속자들이다(참조. 마 4:8; 살후 2:1-12; 벧전 1:4; 벧후 3:13; 계 11:15; 12:10).[101] 홍수 기사는 가짜 상속자들이 최후에 파면되고 합법적 상속자들이 승자가 될 것임을 보장한다.

이스라엘 역사의 전조

구약성경의 나중 이야기들은 노아의 의로움과 하나님의 신실하심을 계속 되울릴 것이다. "방주"를 가리키는 특유의 히브리어와 "역청"에 대한 언급은(창 6:14을 보라) 출애굽기 2:3에서 모세를 보호하는 (갈대) 상자를 지시하는 데 사용될 것이다. 하나님께서도 심판 아래 놓인 세상으로부터 새로운 인류를 이끌어내기 위해 이 상자를 사용하신다.

나아가 야웨께서 방주의 건조를 위해 특별히 설계도를 상세하게 알려주신 것처럼(창 6:14) 그분은 광야의 성막과 솔로몬 성전의 건축법을 구체적으로 지시하신다. 방주가 노아의 언약 가족을 혼돈의 바다로부터 보존했다면, 나중에 등장하는 이 구조물들은 혼돈의 민족들 가운데서 언약 백성을 보존할 것이다.

특별히 방주의 문은 그들의 역사의 모형으로 기능한다. 하나님께서 방

---

101 노아 시대의 악인들이 적그리스도의 나라를 대표한다는 이 표현과 관점에 대해, 나는 M. Kline, *Kingdom*, 132-33에 빚지고 있다.

주의 문을 굳게 닫으실 때 그분은 철저히 의인과 악인을 나누셨다(7:16을 보라). 성경의 다른 곳에서 문은 심판의 시기에 하나님의 백성을 위한 피난처를 제공한다. 롯(19:10)과 이스라엘(출 12:23) 및 라합(수 2:19)은 하나님께서 악한 자들에게 심판의 비를 퍼부으시는 동안 닫힌 문 뒤에서 피난처를 발견한다. 예수는 주님의 재림의 날에 의인들이 기거할 피난처를 묘사하는 데 있어 이런 분리의 상징을 사용하신다(마 25:10-13).

기독교 세례

기독교 세례에서 그런 것처럼 언약 가족은 옛 세상의 죽음을 상징하는 물에서 빠져나와 새 생명을 얻는다(벧전 3:20-21).

미래 역사의 과정

자기 아들들에 대한 노아의 예언은 하나님의 언약 백성의 미래와 장차 전개될 역사의 과정을 예견하는데, 이는 신약에서 성취된다. 가나안과 그의 후손과는 별개로 노아는 함의 다른 아들들과 그들의 후손의 미래에 대해서는 공백으로 남겨둔다. 그러나 내레이터는 그들이 이집트인들과 바빌로니아인들을 포함하고 있음을 명확하게 밝힌다(시 78:51; 105:23). 이집트인들은 이스라엘 역사의 시초에 아브라함의 자녀를 노예로 삼고, 바빌로니아인들은 이스라엘 역사의 마지막에 그들을 노예로 삼는다. 정치적으로 셈이 가나안을 예속시켜 비참한 노예로 삼기를 기원하는 노아의 기도는 가나안 족속에게서 실현된다(창 15:18-21; 50:24-25; 출 3:8; 신 7:1-2; 수 12장; 삿 1:1; 대상 13:5). 하지만 성경의 셈족은 정치적으로 결코 이집트와 바빌로니아를 정복하지 못한다. 심화된 도덕적 타락을 저지한 셈을 통한 하나님의 승리는 궁극적으로 영적이며, 셈족 중 가장 위대한 분인 예수 그리스도가 개시하는 메시아 시대에 성취된다.[102] 그 시대에 이집트와 바비로니아 둘 다 예루살렘에서 새로운 탄생을 목격하며 하나님의 백성의 대열에 합류한다(시 87편; 사 19:19-25; 66:19-20). 나아가 메시아의 나라에서 야벳의 후손은 확대되고 악을 누르는 승리자로서 셈의 후손을 대체한다.

정치적으로 야벳의 후손은 구약 시대 이후에 페르시아, 마케도니아, 그리고 로마의 정복으로 셈의 후손(즉 이스라엘)을 대체한다. 그러나 셈족에 대한 그들의 정치적 승리는 거의 고려될 수 없는데, 왜냐하면 하나님께서 셈을 축복하기 위해 열심을 다하셨기 때문이다. 신학적으로 보자면, 승리를 거둔 예수 그리스도의 죽음, 부활, 승천과 영화롭게 되심을 이어 이스라엘의 택자들 위에 그분의 성령이 부어졌고, 그 후 야벳의 후손은 바울이 믿지 않는 이스라엘로부터 이방인에게로 돌아설 때 이스라엘을 대체한다. 당시 이방인 대부분은 아나톨리아와 그리스에서 살고 있었다(행 13:44-52; 14:27; 18:6). 교부들이 인식했던 대로 하나님의 복을 상속하기 위한 영적인 대체가 엿보인다. 따라서 오늘날 여자의 씨와 아브라함의 언약의 상속자들은 대부분 이방인, 곧 원래 아나톨리아, 그리스 및 로마에 거주했던 사람들이다(롬 16:20을 보라). 로마서 11:16-24에 나오는 바울의 은유를 사용하자면, 감람나무(역사적 언약 공동체)의 자생적 가지들(즉 인종적 이스라엘)은 대부분 잘려나간 반면에 야생의 싹(즉 이방인)이 접붙임이 되어 나무의 양분(즉 하나님과의 언약적 관계로부터 흘러나오는 그분의 영적인 생명)을 공급받는다(갈 3:26-29; 엡 2:11-22; 벧전 2:9-10). 델리취

---

102 몇몇 학자는 야벳의 확장이 아나톨리아와 그리스에서 온 해양 민족들이 기원전 1225년에, 그리고 재차 기원전 1175년에 가나안에 들어왔을 때 성취되었다고 본다. 또한 그중 많은 사람이 이스라엘의 가나안 땅 정착 연대를 동일한 시기로 잡는다. 하지만 이는 내레이터의 의중일 수 없다. 그는 블레셋 족속을 함족으로 확인하며(10:14을 보라), 해양 민족들의 확장을 원하지 않았을 것이다. 더욱이 우리가 블레셋 족속에 대해 아는 사실로부터 판단하자면(삿 14-16장을 보라), 내레이터는 그들을 덕을 갖춘 민족으로 간주하지 않았을 것이다.

는 "우리는 모두 셈의 장막에 거하는 야벳의 후손이다"[103]라고 말한다.

인종적 이스라엘 안에 선택된 남은 자의 보존과 별개로 이런 인종적 구분은 하나님의 통치 안에서 더 이상 존재하지 않는다. 오늘날 그분의 교회는 에티오피아 내시(함), 베드로와 바울(셈), 그리고 고넬료(야벳)를 포함한다. 하나님은 한 개인의 인종적 기원을 차별하는 분이 아니며 단지 그/그녀의 영적 상태를 주목하신다. 하나님의 가족 안에서는 누구도 부정한 사람이 없으며(행 10장) 그리스도 안에서는 유대인도 헬라인도 없다. 왜냐하면 모두가 아브라함의 씨이기 때문이다(갈 3:26-29).

하나님의 언약

선택되어 복을 누리는 사람들은 하나님께서 그분의 언약의 약속을 성취하실 것을 신뢰하는 믿음으로 살았다. 노아는 자신의 편에서 해야 할 일, 곧 "야웨께서 그에게 명하신 모든 것을 준행했다"(7:5). 그는 방주를 짓고(6:22) 거기에 하나님이 지시하신 모든 것을 싣는다(7:5). 야웨께서는 그분의 편에서 언약을 지키는 하나님이심을 친히 증명하신다. 하나님께서 친히 노아가 탄 방주를 닫으시고(7:16) 홍수가 창궐할 때 그를 기억하신다(8:1). "나는 나의 진정한 구원자가 되시는 분을 경배하나이다"라는 칼뱅의 찬송가는 노아의 이 믿음을 잘 표현해준다.

우리의 희망은 당신 외에 어디에도 없나이다.
우리의 믿음은 당신의 자유로운 약속 위에 세워집니다.
주님, 우리에게 평화를 주시고 요동치 않는 확신을 주소서.
그것은 우리가 언제나 견디게 하는 당신의 힘입니다.

---

103 C. F. Keil and F. Delitzsch, *The Pentateuch*, trans. J. Martin (Grand Rapids: Eerdmans, n.d.), 1:160.

땅이 존속하는 한 다시는 땅을 멸하지 않겠다는 야웨의 언약은 모든 인류와 맺은 일방적인 언약으로(8:20-22; 9:8-17), 과거의 신실한 섬김에 대한 보상으로 주어진다. 이 경우에 그 언약은 하나님을 기쁘시게 한 노아의 제사에 대한 보답이다(8:21). 아브라함, 다윗 및 교회와 맺은 하나님의 언약들도 마찬가지로 일방적이며, 신실한 섬김에 대한 보상으로 주어진다. 그러나 그분의 "보상"은 투자한 것보다 백배나 많다. 즉 이 보상은 말할 수 없이 큰 은혜로 풍성해진다. 모든 성도는 예수 그리스도의 능동적 순종에 의존한다. 그분만이 그들을 위해 하나님의 의로운 기준을 만족시키신다.

의로움의 모범인 노아

노아는 사악했던 그의 시대와 구별된다. 그는 고대 세계에서 의로운 삶에 전적으로 헌신했던 유일한 인물이었다(6:9을 보라).[104] 욥과 일명 고대의 다니엘이라는 사람과 더불어 노아는 이스라엘 밖에서 의로운 사람의 사례가 되는 전설적 인물이다(겔 14:14, 20, 에스겔에서 언급된 이 다니엘은 다니엘서의 주인공이 아닌 다른 인물이다-역주). 히브리서 저자는 믿음으로 살았던 의인의 사례로 노아를 치켜세운다. "믿음으로 노아는 아직 보이지 않는 일에 경고하심을 받아 경외함으로 방주를 준비하여 그 집을 구원하였으니, 이로 말미암아 세상을 정죄하고 믿음을 따르는 의의 상속자가 되었느니라"(히 11:7). 베드로는 노아에게 "의의 전파자"라는 독특한 호칭을 부여한다(벤후 2:5).[105] 하나님의 말씀을 준수하기 위해 그분을 의

---

104 유대 문헌은 그의 의로움을 찬미한다(예. Sirach 44:17; *Jubilees* 5:19; Wisdom of Solomon 10:4; *1 Enoch* 67:1).

105 노아에 대한 이런 묘사는 성경에서 특이하지만, 유대 문헌에서는 그렇지 않다. 유대교 및 기독교 전승 역시 노아가 박해를 당했다고 가르쳤다. Mathews는 이렇게 요약한다. "노아는 파멸을 경고하는 불굴의 설교자로 묘사되지만, 사람들은 '각자 그를 비웃으며 정신 나간 미치광이라고 불렀다'(*Sib. Or.* 1.171-73). Josephus의 기사는 그 족장이 자신의 생애 동안 위협을 느끼

존하는 언약의 파트너가 여기 있다. 또한 그는 하나님께서 그분의 말씀을 따라 살 것이라고 기대하실 수 있는 사람이다. 죄의 쇠고랑에 묶인 채 갱생되지 않은 사람은 그런 덕행의 열매를 생산할 수 없다. 그런 믿음은 하나님께서 언약의 파트너로 삼으신 사람들에게 주시는 선물이다. 하나님은 그런 확대된 은혜를 받은 그 사람을 알고 계셨다.

히브리서에 처음 열거되어 교훈이 될 만한 세 명의 믿음의 영웅이 창세기 4-6장에 등장한다. 즉 아벨, 에녹, 그리고 노아다. 그들은 모두 하나님을 믿었으나 그들의 운명은 의미심장하게 달랐다. 아벨은 하나님을 믿고 죽었다. 에녹은 하나님을 믿고 죽지 않았다. 노아는 하나님을 믿었고 그 외에 다른 모든 사람이 홍수로 죽었다. 마침내 그는 구백오십 세의 향년을 누리고 자연사했다. 우리는 믿음이 우리를 어디로 인도하는지를 단정할 수 없다. 인간의 성향은 단지 에녹만을 믿음의 본보기로 보려고 하지만 아벨 역시 우리의 본보기로 제시된다.[106] 이 세 사람의 공통점은 그들이 믿음을 따라 걸으며 하나님을 기쁘시게 했다는 것이다. 그 믿음이 우리에게 본보기가 된다.

그러나 노아는 완전하지 않았다. 홍수 이전과 홍수 기간에 신실했던 (6:8-9) 노아와 홍수 후에 자신의 하체를 노출한 술 취한 죄인인(9:21) 노아 사이에는 놀랄 만한 병행과 대조가 나타난다. 이런 노아의 모습은 독

고 가족과 함께 그 땅을 떠났을 것으로 상상한다(*Ant.* 1.3.1). Luther는 '경건치 못한 자들이 그를 에워싸 죽이지 못하도록 막기 위해 한 가지 이상의 기적이 필요했다'고 추측했다"(*Genesis 1-11:26*, 357). 하지만 그가 박해를 받았다는 개념은 성경 본문을 과도하게 읽고 해석한 것이다. 신약에 따르면 그의 설교와 삶의 방식은 죄인들을 꾸짖었다. 우리가 여기서 논쟁이 되어온 "그(그리스도)가 또한⋯옥에 있는 영들에게 선포하시니라.⋯전에 노아의 날⋯"(벧전 3:19-20)을 주석하느라 씨름할 필요는 없다.

106 자주 간과되어온 한 가지 사실은 하나님께서 엘리야를 통해 굉장한 기적을 수행하셨던 것과 동시에 신실한 믿음의 사람 오바댜는 하나님의 방법에 대해 의문부호를 달았다는 점이다. 엘리야가 하늘로부터 불이 떨어지기를 요청하고 있었을 때 이세벨은 예언자들을 죽이고 있었으며 오바댜가 그중 백 명을 두 군데의 굴에 숨겨주었다(왕하 18장). 히브리서 저자는 믿음의 모본들로 승리자뿐만 아니라 순교자들도 내세운다(히 11:35-38).

자들로 하여금 구원을 위해 인간이 아니라 하나님을 바라보게 만든다.

생태학

제3부는 생태학적 문제들과 오늘날 그리스도인의 관계에 대해 많은 것을 이야기해준다. 첫째, 방주 안의 삶은 하나님께서 의도하신 사회적 계급을 나타낸다. 창조주가 고안한 이 축소판 우주 안에서(6:15을 보라) 인간은 하나님 아래 창조물을 돌보고(6:18) 동물은 복종하는 가운데 각자의 공간에 머물며(6:20) 식물은 자신의 주인들을 부양한다(6:21). 본문은 인간이 자신의 경계선을 넘어 하나님의 영역을 찬탈할 때 동물도 마찬가지로 그렇게 침범한다는 것을 암시한다(6:12을 보라). 하나님은 동물들이 각자의 공간에 머물도록 하려고 두려움과 공포심을 그들에게 주입하고 인간과 동물 사이에 적대감이 흐르게 하셨다.

그러나 사람은 동물을 돌보고 보존할 책임이 있다. 인간은 동물계를 다스리는 생명과 죽음의 권세를 지닌다(9:2). 제12컷에서만 여덟 번 나타나는 어구인 "모든 생물"(또한 "모든 생명")의 의도적 반복은(9:10을 보라) 모든 생물 종을 보존하려는 하나님의 열망을 확증한다. 인간이 생물 종을 멸절하게 되는 일이 창조주에게는 중대한 염려거리다. 만일 그분이 생물 종을 멸종시키지 않으신다면, 하물며 피조물은 그분의 열심을 얼마나 더 존중해야 하겠는가! 이런 열망과 관심은 그리스도인들이 오늘날 생물 종의 파괴를 막기 위해 반대의 목소리를 높이고 적절한 행동을 취할 것을 요구한다. 그리스도인들은 이 일을 비그리스도인들에게 맡겨놓지 말고 주도적으로 나서야 한다. 생물 종은 하나님을 영광스럽게 하고 기쁘시게 하기 위해 보존되어야 한다. 의로운 노아는 그런 삶의 이상형이다(8:9).

땅과 땅의 식물의 보살핌과 관련하여 우리는 탐욕에 사로잡힌 인간이 땅을 망쳐놓았기 때문에 하나님께서 최초의 땅을 쓸어버리셨음을 기억해야 한다(6:13). 만일 하나님께서 땅 위의 생물이 생명을 유지하도록 번식을 또다시 보장하신다면(8:22을 보라), 그리스도인들은 미래 세대를 위해 땅과 온갖 종류의 생물의 번식을 보존할 동일한 의무가 있다. 이는 벌목을 금지하라는 요청이 아니라—노아는 방주를 짓기 위해 작은 숲 하나를 통째로 베어내야 했을 것이다(6:22을 보라)—책임 있는 관리에 대한 요청이다.

가족 구원

비록 믿음에 따른 노아의 의로움이 그의 세대를 구원하지는 못했을지라도, 그의 가족은 그와 더불어 구원을 받았다. 만일 노아의 이웃 중 일부가 자신들의 광포한 죄를 회개하고 노아와 그의 가족이 방주를 짓고 있는 동안 믿음으로 그 가족과 더불어 방주에 들어갔다면, 그들은 라합이 그녀의 세대 중에서 분명히 그랬던 것처럼 구원받았을 것이다(수 2장). 이런 내용이 그들을 향한 노아의 설교에 암시되어 있지 않았을까? 대조적으로 후렴구 "너와 네 아들들과 네 아내와 네 며느리들"은(위의 핵심 단어들을 보라) 야웨께서 가족별로 구원을 베푸신다는 증거를 제공한다. 이는 하나님께서 노아의 의로움을 각 가족 구성원에게 적용해서 합산했음을 의미하지 않으며(겔 14:14, 20을 보라) 오히려 각자 자신의 믿음을 간직했음을 뜻한다. 믿음으로 성장한 그의 아들들과 며느리들은 그들의 이웃들과 달리 방주에 들어가기를 자유롭게 선택했다(7:1을 보라). 거룩한 가족에 속해 있다는 것은 분명히 이득을 주지만, 각 구성원은 개인적으로 하나님께 책임을 다해야 한다(창 19:26; 수 24:15; 행 16:31; 고전 7:14; 벧전 3:1-2을 보라).

공동 연대의 교리는 개인의 책임과 긴장 속에 놓여 있을 수밖에 없다. 조상의 씨는 그/그녀를 재생산한다. 따라서 셈과 야벳의 후손은 함의 후손과 다르다(9:24-27을 보라). 이는 롯의 후손이 아브라함의 후손과 다른 것과 마찬가지다.

인구 과잉

인간의 생명과 자녀 출산에 대한 구약의 평가는 다른 고대 근동의 관점들과 날카롭게 대립한다. 이방인들은 불임과 높은 유아 사망률을 희망했으며 인공 피임법을 사용했다(주해에서 9:1을 보라). 다른 홍수 기사들의 변덕스러운 신들은 사람이 붐빈다는 이유로 가차 없이 땅을 쓸어버린다. 성경 기사는 전혀 다른 그림을 보여준다. 하나님은 크게 고통스러워하시면서 단지 인간들이 자신들과 땅을 파괴하고 있기 때문에 그들을 파멸하신다. 또한 인간에 대한 희망을 복원하고자 한 명의 남은 자를 선택하신다. 홍수 후에 하나님은 인간을 향한 이전의 명령, 곧 "생육하고 번성하라. 땅에 충만하라"는 명령을 반복하신다(9:1, 7). 하나님은 가능한 한 많은 사람이 생명의 향연을 베푼 그분의 식탁에서 먹기를 원하신다. 인구 과잉을 둘러싼 현대의 염려에 관한 기독교적 토론이라면 이런 신적 명령과 하나님께서 모든 인간의 생명 위에 부여하신 가치를 고려해야 한다. 우리는 아이(baby)에 대한 칼 샌드버그(Carl Sandburg)의 정의, 곧 아이는 "세상이 계속 유지되어야 한다는 하나님의 뜻"이라는 말을 진지하게 받아들여야 한다.[107]

선택된 남은 자

방주에 승선한 여덟 사람은 주권적이며 자비로우신 야웨께서 역사의 가장 어두운 위기 동안 언약 백성 중에서 의로운 남은 자를 보존하신다는 증거를 제공한다(사 54:9-10). 비록 타락한 온 세상은 홍수로 멸망할지라도 하나님은 자신을 위해 한 가족을 보존하신다(벧전 3:20). 마찬가지로 비록 엘리야 시대에 온 나라가 배교의 길을 갈지라도 하나님은 바알에게 무릎 꿇지 않은 칠천 명을 남겨놓으신다(왕상 19:18). 그분은 아시리

---

107 Youngblood, *Genesis*, 57에서 인용됨.

아의 침공(사 1:9; 10:20)과 바빌로니아 유배(미 4:7; 5:3, 7; 7:18)를 뚫고 남은 자들을 보존하신다. 또한 그분은 스룹바벨, 에스라, 느헤미야 아래 남은 자들을 모으신다(스 9:8). 오늘날 그분은 인종적 이스라엘의 남은 자를 그분의 교회의 일부로 보존하신다(롬 11:5).

극형

극형에 대한 지침(창 9:5-6)은 야웨의 약속(8:20-22)과 언약(9:8-17)의 틀 안에서 마련된다. 이는 모든 인간의 생명을 보존하기 위해 온 인류에게 주어진다. 그 문맥에서 극형을 실행하는 법은 모든 사람에게 적용된다(9:5-6). 극형 제도는 모든 인간이 하나님의 형상을 지니며 나머지 생물과 구별된다는 사실 위에 세워진다.[108] "형제에게 상처를 입히는 것은 곧 하나님 그분을 해하는 것이다."[109] "그 공격 자체는 살해된 사람이나 그의 가족이나 크게는 사회에 대한 것이 아니라(분명히 공격이 그들에게도 영향을 주지만)" 하나님을 향한 것이다.[110] 인간의 생명은 하나님의 형상의 담지자로서 소중하며 그만큼 하나님은 그들의 생명의 피를 흘린 것에 대해 살인자뿐만 아니라 심지어 동물들에게도 엄중한 배상을 요구하실 것이다. 분명히 살인자는 무고한 생명을 취하는 것을 금지하는 여섯 번째 계명의 보호를 받지 않는다(참조. 민 35장).

동해보복법(*lex talionis*)의 원칙(즉 생명에는 생명으로)은 살인자와 관련하여 자신의 언약 백성에게 주신 야웨의 명령(민 35:16-21) 및 그리스도인과 정부에 대한 바울의 가르침에서 명료하게 드러난다. 과실치사의 경우

---

108 인간은 자신을 하나님의 형상으로 간주하지 않으면서 존엄성을 상실한다.

109 Calvin, *Genesis*, 295-96. 인간 안의 하나님의 형상에 대한 공격이 이런 극단적 형벌을 받을 만한 이유를 제공한다는 해석이 인간이 하나님의 형상이기 때문에 하나님은 그들에게 인간의 생명을 취할 권한을 부여한다는 해석보다 더 낫다. 9:6의 시는 하나님이 인간의 생명을 보호하기 위해 조치를 취한다는 9:5을 상세히 설명해주는 것 같다.

110 Mathews, *Genesis 1-11:26*, 403.

유죄한 자들은 대제사장이 죽을 때까지 형무소가 아니라 도피성에 맡겨진다(민 35:22-28). 그러나 고살(故殺)인 경우에는 극형이 집행된다.

신약에서 그리스도인들은 어떤 잘못에 대해서도 복수하지 말아야 하며, 그것을 갚으실 하나님의 진노를 위한 여지를 남겨두어야 한다(롬 12:19). 한편 하나님은 시민 정부를 자신의 행정관, 곧 악을 행하는 자에게 진노를 쏟을 보복자로 임명하신다(롬 13:4). 지존의 주님이시자 왕이신 분께서 악인들을 벌하도록 시민 정권을 죽음의 도구인 검으로 무장하게 하신다. "다른 사람의 피를 흘리면 그 사람의 피도 흘릴 것이다"라는 법의 제정은 하나님의 행정관으로서의 시민 정권이 이제 중범죄자들에 대해 극형을 실행할 책임이 있다는 근거를 제공한다.

이는 선택사항이 아닌 의무다. 하나님은 세 번이나 "내가…찾으리라"(책임을 요구할 것이다)라고 말씀하신다(9:5). 살인을 통한 피 흘림은 정당하게 다루어져야 한다. 이는 범죄자를 피 흘림의 오염으로 더럽히는데(민 35:33; 시 106:38), 살인자의 죽음으로(창 9:6; 왕상 2:32을 보라) 혹은 속죄를 통해(신 21:7-9을 보라) 피에 대한 보상을 확보할 수 있다. 과실치사를 범한 사람은 대제사장이 죽은 뒤에야 자유하게 된다. 만일 피가 극형이나 속죄를 통해 보상되지 않는다면 그 피가 땅에 야웨의 심판을 가져올 것이다(신 19:13; 삼하 21장; 왕상 2:9, 31-33).

이 법은 무고한 자를 주의 깊게 보호한다. 한 사람의 범죄를 입증하려면 적어도 둘 혹은 세 명의 증인이 있어야 한다(신 19:15). 더구나 만일 한 증인이 위증을 저지른다면 소송을 심사하는 판사는 피고인에게 원래 내리려고 했던 징벌—생명에는 생명으로를 포함하는—을 위증자에게 내릴 것이다(신 19:16-21). 결국 증인들 자신이 형의 집행에 참여해야 한다(신 17:2, 7).

그러나 진심으로 범행을 뉘우치는 살인자에게는 자비를 베풀었음이 분명하다(잠 28:13). 비록 다윗이 밧세바의 정절을 취하고 그녀의 남편을 죽였다고 할지라도 그는 하나님의 숭고한 성품인 은혜와 변치 않는 사랑과 자비에 기반하여 용서를 받는다(삼하 12:13-14; 시 51편). 실로 그리스도의 피는 그의 모든 택자의 죄를 영원히 속죄한다(히 7:23-28).

음식

이와 동일한 맥락에서 하나님은 동물을 먹는 것과 관련하여 세 가지 지침을 내리신다. 첫째, 모든 동물을 먹을 수 있다(창 9:2). 노아는 방주 안에서 정결한(즉 순수한 형태의) 짐승과 부정한(즉 혼합된 형태의) 짐승을 구분한다. 그러나 하나님은 고기를 인간의 음식으로 추가하실 때 짐승을 구별하지 않으신다(창 9:2-3). 정함과 부정함의 구별은 구약의 법제에 특유하다(레 11장; 신 14:3-21). 이는 옷을 짤 때 양털과 베실을 섞지 말고 밭에 두 종류의 씨를 뿌리지 말라는 이스라엘의 법들과 마찬가지로 이스라엘을 이방 환경과 구별하는 것을 목표로 한다. 모든 인종을 받아들이는 교회에서 그런 구별은 철폐된다(막 7:19; 행 10:9-16; 딤전 4:3). 비록 영적인 구별의 원칙이 여전히 남아 있지만 말이다(고후 6:14-18).

둘째, 모든 종류의 동물이 먹거리로 주어질 때 그것은 살아 있어야 한다. 다시 말해 동물은 그것을 먹을 목적으로 도살되어야 한다(창 9:3). 그러나 추후에 모든 인간을 위한 그 법은 수정된다. 이스라엘은 스스로 죽은 동물은 이방인에게 주거나 팔 수 있었다(신 14:21; 참조. 레 17:15-16). 이 법은 이스라엘을 하나님께 성별하는 것을 목표로 한다.

마지막으로 짐승의 피를 먹는 것은 금지된다. 이는 사람들에게 속죄할 수 있는 피의 가치를 가르치고 인간이 스스로 야만적이 되지 않도록 막기 위함이다(창 9:4). 이 법은 이스라엘을 위해 반복된다(레 17:10-14; 19:26).

이 세 가지 법은 모두 본질적으로 신약에서 폐지된다. 간략히 말하면 그리스도인은 더 이상 음식법에 매이지 않는다. 음식법의 준수는 종교를 외형적 행위로 전락시키고 자랑과 거짓된 종교적 관념을 주입하기 쉽다. 더욱이 음식법은 죄 있는 인간의 마음과 탐욕을 변화시킬 수 없다(골 2:20-23). 필요한 것은 인간의 마음의 갱생이다(막 7:19-23). 그러나 양심상 피를 먹는 것과 목매어 죽은 짐승의 고기를 금하는 유대인을 자극하지 않기 위해 그들과 동료인 그리스도인들은 이 일을 삼간다(행 15:19-21).

포도주

노아는 자기 아버지의 희망, 곧 아들이 땅의 고통스러운 수고로부터 위로를 가져다줄 것이라는 희망을 성취한다. 이 일은 포도 재배법과 사람들에게 특별한 기쁨을 가져다주는 포도주 제조법을 개발함으로써 이루어진다(9:18-20을 보라). 그러나 동일한 본문은 그 기술의 위험성을 예시한다. 마찬가지로 성경의 남은 부분은 포도주를 우호적으로 보기도 하고(민 15:5-10; 신 14:26; 시 104:15; 요 2:1-11), 냉정하게 그것의 위험성을(잠 21:17; 23:20-21, 29-35; 사 5:22; 28:7), 특히 자기 노출에서 드러나는 바와 같은 도덕적 해이를 경고한다(애 4:21; 합 2:15). 거룩한 나실인(민 6:3-4), 직무를 수행하는 제사장(레 10:9), 그리고 결정을 내리는 통치자(잠 31:4-5)는 포도주를 삼가야 한다. 요한은 포도주를 삼가지만 예수는 그렇게 하지 않으신다(마 11:17-19).

희생

제사장 노아와 그의 번제물은 이스라엘의 제사장들과 그들의 희생제물의 원형이며(참조. 욥 1:5; 42:8) 대제사장이신 예수 그리스도와 그분의 희생에 대한 모형이 된다. 매튜스는 예리하게 이렇게 진술한다. "그리스도의 나타나심은 이런 과거의 그림자들을 제거했다."[111] 하나님께서 그리스도의 희생에 부여하신 가치는 노아의 제물에 대한 그분의 반응으로부

---

111 앞의 책, 281.

터 추론될 수 있다. 속죄의 효력을 지닌 노아의 희생제물은 인간의 원죄에도 불구하고 하나님의 마음을 누그러뜨리고, 그 결과 하나님은 다시는 땅을 파괴하지 않으리라 결심하신다(8:21). 하나님의 언약 백성을 위해 그리스도의 희생은 그들을 모든 죄로부터 깨끗하게 하고 그들을 위해 준비된 하나님과의 영원한 삶을 보증한다(히 10:11-24).

제4부

셈, 함, 야벳, 그리고 그들의 후손의 계보
(10:1-11:9)

제4부의 주제 ─────────────────

제4부는 제5부, 곧 노아의 아들인 셈의 후손을 위한 무대를 설치하면서 노아의 아들들의 후손이 하나님의 축복 아래 번성하고 그들이 하나님의 진노 아래 많은 언어로 흩어진다고 묘사한다.

제1막, "열국의 목록"은 민족들이 한 혈연에서 기원하여 하나님의 축복 아래 구별된 부족 및 민족으로 번성했다고 제시한다. 이 목록은 단지 이스라엘만이 아니라 모든 민족에 대한 하나님의 폭넓은 관심을 보여준다. 이는 이 목록에서 이스라엘이 누락되었다는 사실에서 확인된다. 내레이터는 민족적·지리적·언어적·정치적 요인들에 근거한 상징적인 칠십 민족을 나열한다.

제2막, "바벨탑"은 예전에 하나님을 대항하여 집단적인 대규모 반란을 일으키며 탑을 건축하기 위해 통합을 이룬 사람들을 폭로한다. 그들을 통합한 힘은 단일한 언어와 통합의 상징물인 탑이다.

자긍심으로 가득 찬 그들의 죄는 삼중적이다. 그들은 "우리가 흩어짐을 면하자"라는 자신들의 목표를 따라 땅을 채우라는 하나님의 명령에 불복한다(11:4). 또한 그들은 "우리가 우리 이름을 내자"라는 계획을 세움으로써 하나님으로부터 독립하여 자신들의 의미를 찾으려 한다. 마지막으로 교만한 그들은 창세기 1:6-7에서 확립된 하늘과 땅의 경계선을 침범한다. 하나님께서 설명하신 대로 어떤 것도 그들이 "하고자 하는 일을 막을 수 없을 것"이다(11:6). 하나님의 통치를 침해한 그들의 대대적인 사회적 반란을 저지하기 위해 야웨께서는 그들의 언어를 혼잡하게 하신다.

시간의 순서로 보면 제2막은 제1막의 목록을 설명하는 회상 기법(flashback)이다. 시간을 이탈하여 내레이터는 가장 우선적으로 민족들을 바벨의 저주가 아닌 하나님의 축복 아래(9:1을 보라) 번성하는 한 혈연으로 묘사한다.[1] 제2막에서 민족들에 대한 심판은 아브라함을 부르셔서 그들의 빛이 되고 그들을 위한 구원의 길을 예비하게 하시려는 하나님의 계획을 위한 적절한 배경을 마련할 것이다.

─────────

1   Clines, *Pentateuch*, 74가 그렇다.

제4부의 개요 ─────────────

제4부 1막

열국의 목록(10:1-32)

제4부 1막에 대한 문학적 분석 ───────

비록 여기서 두 개의 막이 명료한 이해를 위해 따로 분석되지만, 우리는 두 막을 함께 읽어야 한다. 왜냐하면 이 두 막은 하나님의 축복 아래 한 혈연에서 기원한 부족 및 민족의 단일성과, 하나님의 진노 아래 여러 언어로 갈리는 그들의 다양성을 긴장 속에서 다루고 있기 때문이다.

구조

열국의 목록은 노아의 세 아들의 분화된 족보를 제시한다. 이는 니므롯과 벨렉에 대한 두 개의 자서전적 설명을 포함하는데, 둘 다 바벨탑 서사의 전조가 된다. 이 목록의 목적은 모든 민족에 대한 완전한 일람표를 제공하기 위함이 아니다(10:5을 보라). 오히려 이 목록의 의도는 신학적이다(아래를 보라).

전통적인 자료비평에 따르면 이 목록은 파편적 자료의 혼합물이다. 확실히 분별이 가능한 문체적 특징이 존재하지만 내레이터는 자신이 수집한 자료에 얽매이지 않고 그것을 사용하여 분명하게 통합된 문서를 창작한다. 매튜스는 후렴구가 표시하는 작품의 거대 구조를 다음과 같이 분명

하게 제시한다.[2]

> 서론: "이것은 홍수 후의 … 노아의 아들들 … 의 족보(תּוֹלְדוֹת, 톨레도트)
> 에 대한 기사다"(10:1).
> - "야벳의 아들들 … "(10:2)
>   "지방들", "족속들", "나라들", "언어"(10:5)
> - "함의 아들들 … "(10:6)
>   "족속들", "언어들", "지방들", "나라들"(10:20)
> - "셈에게도 아들들이 출생하였으니 … "(10:21)
>   "족속들", "언어들", "지방들", "나라들"(10:31)
> 결론: "이들은 백성의 족보(תּוֹלְדוֹת, 톨레도트)에 따르면 노아 자손의 족
> 속들이요 홍수 후에 … "(10:32).

노아의 세 아들과 각각 연결하여 도입부를 시작하고 마무리를 짓는 후
렴구들은 분명하게 삼중적 배열을 보여주면서 종족 및 민족들을 노아
의 예언적인 기원(祈願)과 연결한다(9:24-27을 보라). 역대기 저자(대상
1:5-23)는 이와 동일한 순서를 따라 이 목록의 편리한 요약을 제공한다.

수미상관

내레이터는 비슷한 도입과 마무리로 민족들의 목록의 틀을 구성한다
(10:1과 32; 위의 구조를 보라). 이 틀은 모든 민족이 "홍수 후에 … 노아의
아들들"로부터 유래함을 강조한다. 초점은 모든 민족의 단일성에 놓여
있다. 수미상관 사이에서 분화된 족보들은 민족들 상호 간의 관계를 보여

---

2   Mathews, *Genesis 1-11:26*, 433-34.

준다(5장을 보라).[3]

핵심 단어들 및 전조

1막과 2막은 근본적으로 각기 다른 구조와 주제를 보여주지만 그럼에
도 불구하고 표제와 연결되는 핵심 단어들은 독자들로 하여금 이 두 막
을 하나의 분책(제4부)으로 읽게 만든다. 각 막의 후렴구에 나오는 두 개
의 핵심 단어, 곧 "지방/땅"(אֶרֶץ, 에레츠, 10:5, 20, 31-32; 11:1, 8-9)과 "언
어"(לָשׁוֹן, 라숀, 문자적으로 "혀", 10:5, 20, 31 그리고 이에 상응하는 "말"[שָׂפָה,
사파, 문자적으로 "입술"], 11:1, 6-7, 9)는 두 막을 단단하게 하나로 묶는다.

내레이터는 더욱 기교를 부려 니므롯에 대한 자서전적 기록에서 핵심
단어를 이용하여 바벨탑 서사를 예고한다(10:8-12). 니므롯과 탑 건축가
들은 각각 "바벨론"과 "시날" 땅에(10:10; 11:2, 9) "성들"(עִיר, 이르, 10:11-
12; 11:4-5)을 쌓는다(בָּנָה, 바나). 나아가 이 두 서사에서 내레이터는 "야
웨"에 대한 유일한 두 번의 언급을 그 책에 끼워 넣는다. 두 서사 모두 불
경한 인간과 그들의 도시를 다스리시는 하나님의 주권에 중점을 둔다. 니
므롯의 행위는 "야웨 앞에서"(10:9) 만들어졌으며 "야웨께서는 그 도시
[바벨론]를 보려고 내려오셨다"(11:5; 참조. 6, 8-9절).[4] 내레이터는 저주받
은 가나안 족속을 위해 심판에 대한 핵심 단어인 "흩어졌다"(פּוּץ, 푸츠)를
남겨놓는다(10:18; 11:4, 8-9). 또한 그는 벨렉의 시대에 땅이 나뉘었다고
언급함으로써 바벨탑 사건의 전조를 내비치는데, 이는 명료한 이해를 원
하는 독자의 호기심을 일으킨다.

---

3 대조적으로 제5부의 수직적 족보의 목표는 이스라엘이 셈의 하나님이신 "야웨"의 합법적 상속
   자임을 보여주는 것이다.
4 Mathews, *Genesis 1-11:26*, 428.

언어유희(Paronomasia)

"이름이 곧 운명이다"(*nomen est omen*)라는 말처럼, 제1막에서 벨렉이라는 이름(10:25)으로 의미 있는 말장난이 만들어진다. 벨렉("분열")이란 이름은 그의 당대에 세상이 나뉘었기(פֶּלֶג, 팔라그) 때문에 그렇게 지어졌다. 결과적으로 에벨의 아들 벨렉이 그의 형제 욕단과 분리된 것은 구원사에서 중대하다. 욕단의 후손이 아닌 아브라함을 통한 벨렉의 후손이 땅을 다스리는 하나님의 형상의 합법적인 담지자들이 되고 나아가 승리를 거둘 여자의 씨의 담지자들이 될 것이다.

절정

민족들의 목록이 이스라엘과 가장 동떨어진 야벳 족속으로부터, 가장 가깝지만 가장 쓰라린 이웃인 함의 족속으로, 마지막에는 이스라엘이 유래한 셈 족속으로 옮겨간다.[5] 내레이터가 행한 다른 방식의 일관된 배열, 즉 셈, 함, 야벳의 순서(5:32; 6:10; 9:18)의 뒤집기는 의도적인 것 같다. 이는 9:24-27에서 내레이터가 가나안에게 내려진 저주를 강조하기 위해 의도적으로 순서를 변경한 것과 마찬가지다.

그러나 셈의 후손이 마지막에 배치되었다고 할지라도 이 계보가 아브라함의 부르심 이전에 절정에 이른 것은 아니다. 셈의 계보 자체는 선택되지 못한 자들(예. 욕단에서 요밥까지, 10:26-30)과 선택된 자들(예. 벨렉에서 아브라함까지, 11:18-26)로 나누어져야 한다. 내레이터는 욕단을 통해 거부된 셈의 후손을 바벨탑 서사와 연결하고 벨렉을 통해 선택된 셈의 후손을 독자적인 분책으로 분리함으로써 선택되지 못한 자들을 바벨탑의 심판 아래 놓인 사람들로, 또한 벨렉의 유명한 후손인 아브라함을 통

---

5   마찬가지로 아모스는 이스라엘의 먼 이웃으로부터 더 가까운 이웃으로, 마지막에는 이스라엘 자체로 한 바퀴를 돌아 이동한다(암 1-2장을 보라).

해 선택된 자들로부터 나올 구원이 필요한 사람들로 규정한다.

일반화와 특수화

노아는 그의 예언적 기원에서 가나안의 저주를 강조하면서 의도적
으로 셈의 축복에 참여하는 함에 대한 언급을 메워야 할 여백으로 남겨
둔다. 민족들의 목록에서 내레이터는 함의 아들인 구스의 후손 니므롯
을 별도로 취급하여 특별하게 언급한다. 그렇지만 놀랍게도 니므롯은 노
예가 아닌 권세 있는 정복자다. 이런 방식으로 내레이터는 셈과 야벳을
향한 노아의 축복의 성취를 아브라함의 부르심 이후인 미래의 일로 미
룬다.

비교와 대조

수평적이고 수직적인 이 족보는 이스라엘에게 알려진 당시의 세계에
대한 대단히 짜임새 있는 기사라 할 수 있다. 일흔 개의 민족이 등장한다.
곧 야벳으로부터 열넷, 함으로부터 서른, 셈으로부터 스물여섯 개의 민
족이다. 일곱과 열(둘 다 완전성을 함의한다)의 배수인 일흔은 크고(삿 8:30;
왕하 10:1을 보라) 완전함(아래를 보라)을 나타낸다.[6] 이 숫자는 이 4부의 끝
에서 아브라함의 씨의 숫자와 비교된다. 그들이 이집트로 내려가던 시
기에 그들 역시 상징적이고 완전하며 충만한 숫자에 이른다.[7] 그리하여
주권적인 하나님은 여러 민족의 축소판인 하나의 민족, 곧 장차 땅을 축
복할 수 있는 민족을 일으키기 위한 확고한 토대를 마련하셨다(참조. 창

---

6   예를 들어 U. Cassuto는 이렇게 주석한다. "가나안 족속의 만신전에 있는 신들의 기원과 족보에
     관한 그들의 개념에 따르면, 신들의 가족—엘의 아들들과 아세라의 아들들—은 일흔 명으로 구
     성된다"(*From Noah*, 175).
7   내레이터는 다시 숫자 일흔을 사용하여 이집트로 내려간 야곱의 자녀들과의 연관성 속에서 완
     전함을 보여준다(창 46:27; 출 1:5; 신 10:22; 참조. 삿 8:30; 9:2, 5; 왕하 10:1, 6, 7).

46:27; 출 1:5).

　의도적인 요약의 숫자 "일흔"에 더하여 내레이터는 "일곱"과 그것의 배수들을 선호함을 보여준다. 야벳은 일곱 아들과 일곱 손자를 얻는다. 함은 구스의 일곱 자손(10:6-7)과 미스라임의 일곱 자손(블레셋을 제외하고)을 얻게 된다(10:13). 게난을 숫자에 포함시킴으로써(아래를 보라) 열네 개의 구별된 명단이 셈으로부터 에벨에 이르는 족보에 등장한다. 셈의 계보 이전에 선택된 조상의 마지막 인물들은 에벨의 두 아들 벨렉과 욕단으로 나뉜다. 이 숫자는 야벳의 이름을 집어넣음으로써 만들어진다(10:21-24). 에벨의 두 아들에 이르는 셈의 거명된 아들의 숫자 역시 게난을 재차 셈하면서 열넷이다. 내레이터는 셈, 욕단, 그리고 요밥의 "막다른" 계보에서 열네 개의 명단을 제시한다(10:26-29). "~의 아들들"(בְּנֵי, 베네)은 총 열네 번, 곧 니므롯 이전의 10:1-7에서 일곱 번, 10:20-32(즉 함의 계보 이후)에서 일곱 번 나온다.[8] 카수토 역시 다음과 같이 주석한다. "만일 우리가 족보에 특징적인 다른 용어들을 이 계보에 추가한다면─아비[אֲבִי, '~의 아버지'] ··· 바님[בָּנִים, '아들들'], 톨레도트[תּוֹלְדוֹת, '~의 계보들', '~의 역사'], 그리고 여러 형태의 동사 얄라드[יָלַד, '낳다']─우리는 숫자 스물여덟, 즉 **일곱**의 네 배수를 얻는다."[9] 이와 대조적으로 가나안의 족보의 구조 속에는 특이하게 숫자 일곱이 전혀 나타나지 않는다. 민족들의 목록에서 가나안에 대한 묘사는 별도로 그들의 혼란에 부합하는 비대칭의 특징을 보인다.

8　Cassuto, *From Noah*, 179.
9　Cassuto는 가나안의 열두 아들을 발견하지만, 그는 가나안을 숫자에 포함시켜야 한다(앞의 책).

제4부 1막에 대한 주해

표(10:1)

1절. 셈과 함과 야벳의 족보(nihꞓ뉴, 톨레도트)**는 이러하니라.** 2:4에 있는 톨레도트에 대한 논의를 보라.

그들이 아들들을 낳았으니. 이 히브리어는 문자적으로 "아들들이 그들에게 태어났다"로 읽으며 그들을 행위자가 아닌 수령인으로 만든다. **아들들**이라는 단어와 그것의 동의어들은 폭넓은 의미를 지닌다. 후렴구들은 "종족", "지방", "언어", "민족"을 언급하면서 노아의 세 아들의 후손이 각자의 민족, 지역, 언어, 정치로 나뉘고 있음을 보여준다. 이 족보에 있는 명단 중에 몇몇은 개인(예. 야벳, 니므롯)이고 다른 것들은 민족 집단(예. 루딤 족속…갑도림 족속)과 지명이다(예. 이집트[미스라임], 시돈, 스바). 이런 관심에 어울리게 **~의 아들들**이나 **낳았다**(아버지가 되었다)라는 단어는 정치적·지리적·사회적 혹은 언어적 관계를 지시할 수 있다(4:20, 22; 10:31도 보라).[10] 예를 들어 "야완의 아들들"은 첫 번째로 엘리사와 달시스(즉 지명들)이며[11] 두 번째로 민족들(깃딤 등등)이다. 몇몇(예. 하윌라와 스바)은 10장에서 두 번 나타난다.[12]

---

10 A. P. Ross, "Studies in the Book of Genesis, pt. 2: The Table of Nations in Genesis 10—Its Structure," *BSac* 137 (1980): 343-44.

11 비슷하게 역대기 저자는 소발이 기럇여아림의 아버지였으며(대상 2:52), 살마는 베들레헴의 아버지였다고(대상 2:51) 말한다.

12 Cassuto는 이렇게 설명한다. "비록 한 사람이 단지 한 명의 아버지만을 가질 수 있을지라도, 한 종족은 다양한 요소로 구성될 수 있다. 그런 사례들에서 성경은 분명히 이 종족들을 구성하는 어떤 인종적 요소들은 구스와 관련되고 다른 인종적 요소들은 욕단에게 속한다는 것을 가리키려는 의도를 지닌다. 이는 마치 역대기에 언급된 마나핫 종족과 같다. 즉 그들 중 절반은 소발의 자손으로(대상 2:52; 창 36:23과 비교하라), 다른 절반은 살마의 자손으로(대상 2:54) 할당되었다"(Cassuto, *From Noah*, 182).

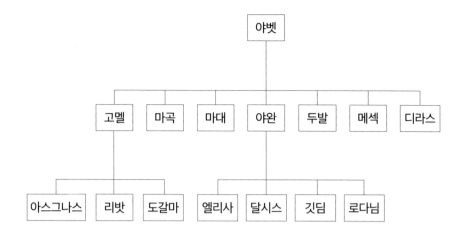

목록 1: 야벳의 아들들(10:2-5)

야벳의 일곱 아들(10:2)

2절. 야벳의 아들들. 모든 명단이 일정 수준까지 아나톨리아 지역으로 배치될 수 있다. 에스겔은 "곡, 마곡의 땅"을 메섹 및 두발(겔 38장의 여러 곳에서), 고멜 및 도갈마 족속(겔 38:6), 그리고 연안 지역들(39:6; 개역개정 -"섬")과 관련시킨다.

야벳. 9:27과 해당 주해를 보라.

고멜. 이것은 후대의 키메르족을 가리킨다. 그들은 흑해 북쪽의 유목인들로서 기원전 7세기에 아나톨리아 일대를 누볐다.

마곡. 리디아.[13]

마대. 이들은 후대의 메데 사람들로서 현대의 북서부 이란 지역에 거주했다(왕하 17:6; 렘 51:11; 단 5:28을 보라).

---

13   A. Millard, "Gog and Magog," *NIDOTTE*, 4:685-87을 보라.

야완. 이오니아 그리스인들.[14]

두발. 예언자들은 종종 두발을 메섹과 더불어 언급한다(겔 27:13; 38:2).[15]

메섹. 프리지아.

디라스. 디라스의 정체는 다소 불확실하나 아마도 에게해 지역에서 건너온 해양 민족 중의 하나인 투르크샤(Turcsha)를 가리킬 것이다. 어떤 사람들은 그들을 트라키아(Thrace)와 관련시키고 다른 사람들은 음운치환이 발생한 것으로 추정하면서 최종적으로 이탈리아에 정착한 에트루리아인들과 관련시킨다.

고멜과 야완의 일곱 손자(10:3-4)

3절. 아스그나스. 스키타이족(Scythians).

리밧. 정체가 불확실하다. 이 단어는 역대상 1:6의 마소라 텍스트에서 디밧(Diphath)이지만 동일 구절에 대해 많은 히브리어 필사본, 70인역, 그리고 불가타는 리밧(Riphath)을 지지한다. 히브리어에서 레쉬(ר)와 달렡(ד)의 상호 변경은 흔한 사본상의 오류다(10:4의 로다님을 보라).

도갈마. 이는 우라라투(Uraratu) 지역(아르메니아)의 어느 곳에 위치한다.

4절. 엘리사. 이것의 정체는 논란이 되어왔지만 아마도 키프로스(Cyprus)일 것이다.

달시스. 이는 지중해 지역과 동일시되지만 그 위치는 불확실하다. 제안된 장소는 카르타고로부터 스페인 남서부 타르테수스(Tartessus)에 이르기까지 다양하다.

---

14 J. Brinkman, "The Akkadian Words of 'Ionia' and 'Ionian,'" *Daidalikon* (1989): 53-71.
15 그리스어 본문은 그들 사이에 엘리사를 끼워 넣지만, 10:4에 따르면 엘리사는 적절하게 야완의 아들에 속한다.

깃딤. 이는 키프로스 남부의 사람들을 가리킨다.

로다님(개역개정-"도다님"). 이들은 로도스(Rhodes) 섬의 사람들이다. 이 히브리어는 도다님(Dodanim)으로 읽지만 "로다님"(Rodanim)이라는 독법은 역대상 1:7, 사마리아 오경 및 70인역의 지지를 받는다(10:3의 리밧을 보라).

지중해 연안과 섬들에 정착한 거주민들(10:5)

5절. 이들로부터. 대명사 "이들"은 야벳의 후손 전체를 가리킨다 (10:32을 보라). 이런 일반화는 현재의 목록이 총망라한 것이 아니라 선택적임을 보여준다.

바닷가의 땅(אִי, 이). 이 히브리어 단어는 "섬들"을 의미한다.

나뉘어서 각기 언어와 종족과 나라대로. 이 일은 바벨탑 사건 이후에 실제로 발생한다(11:1-9).

목록 2: 함의 아들들(10:6-20)

네 아들(10:6)

6절. 함의 아들들. 이스라엘의 가장 쓰라린 원수이자 영향을 끼친 이웃들인 이집트 족속, 바빌로니아 족속, 아시리아 족속, 가나안 족속이 이 목록에서 언급된다. 비록 단지 가나안만이 저주를 받았지만, 야웨의 복은 아무것도 이들에게 임하지 않는다.

구스. 확인이 가능한 후보는 다음과 같다. 즉 누비아와 북 수단, 홍해 남단에 접했던 국가, 아락세스(Araxes)와 나란히 존재했던 카슈(Kassu)의 땅, 혹은 멀리 동부까지 이른 남부의 광대한 지역이다.

미스라임. 이는 처음에 이스라엘의 주인(시 78:51을 보라)이었고 그다음에 이스라엘을 노예 신분으로 삼은 악명 높은(10:13-14을 보라) 이집트다.

붓. 이것은 리비아다. 내레이터는 그의 자녀를 아무도 언급하지 않는다. 만약에 있다면 말이다(참조. 구스, 미스라임, 가나안).

가나안. 이것은 시리아 남부로부터 레반트 남부에 이르는 지역을 가리킨다. 따라서 가나안은 페니키아와 요르단 서쪽의 팔레스타인 전체를 포함한다.

구스의 다섯 아들과 라아마의 두 아들(10:7)

7절. 구스의 아들들. 이들은 대부분 남부 아라비아에 정착했다.

스바(Seba). 이것은 북부 아프리카에 있다(사 43:3을 보라; 참조. 45:14). 요세푸스에 근거하면 스바는 일반적으로 에티오피아의 고대 수도인 메로에(Meroe)에 위치한다.

하윌라. 남서부 아라비아.

삽다. 남부 아라비아, 가능한 곳으로 하드라마우트(Hadramaut)의 수도인 샤브와트(Shabwat)가 있다.

라아마. 나즈란(Najran) 지역에 있는 남부 아라비아.

삽드가. 남부 아라비아의 알려지지 않은 지역.

스바(Sheba). 이것은 아마도 북부 아라비아에 무역 식민지를 확보했던 남부 아라비아 지역이다.

드단. 북부 아라비아.

구스를 조상으로 한 니므롯의 자서전(10:8-12)

8절. 구스는 ~의 아버지였다(개역개정-"구스가…낳았으니"). 이어지는 자서전적 해설은 바벨탑 사건을 예견하고 바빌로니아와 아시리아의 인종적·정치적·영적 기원을 설명한다. 이들은 이스라엘을 정복하여 그들을 포로로 잡아갔던 메소포타미아의 두 제국이다. 니므롯은 가차 없는 침략으로 자신의 제국을 건설한다(10:8). 그는 너무 강력해서 그의 힘이 이스라엘 안에서 속담이 될 정도였다(10:9). 그의 제국은 메소포타미아 전체, 곧 남쪽의 바빌로니아(10:10)와 북쪽의 아시리아(10:10-12) 둘 다를 포함했다. 제국의 중심으로서 니므롯은 바빌로니아의 거대한 도성이자 가장 유명한 바벨론(10:10)에 이어 아시리아로 이동하면서 더욱 큰 니느웨 성을 건설한다(10:11). 그가 알려진 어떤 역사적 인물과 일치하는지는 논쟁 중이다. 가장 가능성이 높은 후보는 아카드의 사르곤 왕이다(기원전 2350-2295년).

니므롯. 그의 이름은 "우리가 반역하리라"를 의미한다(11:1-9을 보라).

첫 용사가 되었다(개역개정-"첫 용사라"). 히브리어 "~하기/이기 시작했다"(4:26; 6:1; 9:20; 11:6을 보라)는 역사 속의 중요한 변화와 발전을 함의한다. 니므롯은 가공할 침략으로 지배권을 달성한다. 그는 영토 확장으로 특징지어지는 인물이 아니다.

세상에 용사라(גִּבֹּר בָּאָרֶץ, 기보르 바아레츠). 이 히브리어는 "폭군, 독재자"를 의미하면서 니므롯을 6:4의 악명 높은 폭군들과 관련시킨다.

9절. 용감한 사냥꾼. 고대 근동의 왕들은 자신의 사냥 무용담으로 스스로를 높였다. 그들은 목자와 같은 왕은 아니었다.

야웨 앞에서. 다중 의미를 지닌 앞에서가 여기서는 "~의 평가에서"를 의미한다(즉 하나님의 평가에서조차 니므롯은 용사이자 폭군이다).[16] 이 어구는 최상급의 표현으로서 니므롯을 가장 두려워할 사냥꾼으로 묘사하고 있다.

10절. 최초의 중심지들이었으며(개역개정-"시작되었으며"). 이 히브리어는 "최초의 중심지들" 혹은 "주요 중심지들"로 읽을 수 있다. 이는 그 도성들의 역사적 우선성과 정치적 우월성을 보여준다.

바빌로니아. 바빌로니아는 유프라테스에 위치하는데, 그곳의 남부에서 유프라테스와 티그리스 강이 만난다. 제국 바빌로니아는 이스라엘의 세계에서는 마치 중세 시대까지 세계를 호령한 로마와 같았다. 이는 예루살

---

16 다음 사전들도 그렇다. BDB, 817, 4.a(g); *HALOT*, 942, 4e; Jenni, *TLOT*, 2:1003.

렘에 대해 영적이며 정치적인 대적으로 묘사된다. 이 제국은 결국 유다를 멸망시켜 자치권을 지닌 한 속국으로 전락시켰다.[17]

에렉. 이는 현대의 바르카(Warka)에 해당한다. 이곳은 고고학자들이 문명의 발생지로 지정하는 남부 이라크 지역에 위치한다. 이 지역의 거주민들은 나중에 아시리아에 의해 사마리아로 유배된다(스 4:9-10).

아카드(개역개정-"악갓"). 유명한 사르곤 1세(기원전 2350-2295년)의 고향으로 그곳의 위치는 불확실하다.

갈레. 아카디아 자료로부터 확인되지 않고 알려지지 않은 이 지역은 시리아의 칼노(Calno)가 아니다(사 10:9; 암 6:2). 어떤 사람들은 마소라 텍스트의 모음 구두점을 칼네(כַּלְנֵה)로부터 쿨라나(כֻּלָּנָה, "그들 모두")로 수정한다. 이 경우 본문은 "…에서 에렉과 악갓—그들 모두"로 읽을 수 있다.

시날 땅. 이는 메소포타미아 전체를 가리킨다.[18]

11절. 아시리아. 미가(기원전 700년경)는 메소포타미아의 북쪽 일부인 아시리아를 니므롯의 땅으로 명명한다(5:6). 아시리아인들은 가장 잔인했던 민족은 아닐지 모르나 적어도 그런 민족 중 하나로서 고대에 위세를 떨친 정복자들이자 이스라엘의 북 왕국을 멸망시킨 악명 높은 파괴자들이다.

건설했다. 니므롯은 야웨를 위한 제단이 아니라 도성들을 지었다.

니느웨. 이 거대한 도성은 북부 이라크 지역에 있는 모술의 맞은 편, 곧 티그리스강의 동쪽 유역에 위치한다.

르호보딜. 이 히브리어 단어는 "도성의 광장들"을 의미하는데, 니느웨

---

17 바빌로니아에 대한 예루살렘의 승리는 예수 그리스도의 오심과 그분의 하늘 예루살렘으로의 승천을 기다려야 한다.
18 *HALOT*, 1485. 단 1:2에서 이것은 바빌로니아를 의미하는데, 이는 예외다.

의 근교 혹은 가까이 위치했던 한 장소를 가리킨다.[19]

갈라. 현대의 텔 님루드(Tell Nimrud)로서 니느웨 남쪽 약 20마일 지점에 위치한다.

12절. 레센. 아마도 현대의 셀라미예(Selamiyeh)로서 님루드의 북서쪽 약 2.5마일 지점에 위치한다.

큰 성읍이라. 이는 갈라 혹은 니느웨를 가리킬 수 있다(욘 1:2; 3:2-3; 4:11을 보라).

이집트의 일곱 아들(10:13-14)

13절. 루딤. 이들은 아마도 북부 아프리카의 리디아족이며 소아시아의 리디아족은 아닐 것이다(참조. 10:22).[20]

아나밈. 이들의 정체는 불확실하다. 어쩌면 이집트인일 수 있다.

르하빔. 확인되지 않는다.

납두힘. 중간 또는 하부(즉 북부) 이집트의 거주민들.

14절. 바드루심. 이들은 상부 이집트(즉 이집트 남부)의 파트로스족 (Pathros)이다.

가슬루힘. 확인되지 않는다.

블레셋. 이들은 아마 민족 중 하나로 분류되지 않고 사사 시대의 마지막과 왕정 초기에 이스라엘의 쓰라린 원수의 정체를 밝히기 위해 삽입하는 방식으로 언급되었을 것이다. 이집트와 크레타 문화는 연결되어 있다. 아마도 블레셋인들은 갑돌(크레타)로 이주하여 기원전 1,200년경에 거기서 가나안 남서쪽으로 옮겨 정착했을 것이다. 아모스 9:7은 마치 야웨가 이스라엘 민족을 이집트로부터 끌어낸 것과 같은 방식으로 블레셋인

---

19 *HALOT*, 1213.
20 *HALOT*, 522.

들을 크레타로부터 이주시켰다고 말한다. 이는 크레타가 블레셋의 궁극적인 유래지가 아님을 암시한다. 창세기 21장과 26장의 블레셋에 대한 언급은 본문을 현대화하는 서기관의 경향으로 인한 시대착오일 수 있다(서론에 있는 "편찬과 저작권"을 보라). 혹은 더 그럴듯하게는 이것이 이미 족장 시대에 해변으로 건너와 간헐적으로 거기에 살았던 해양 민족들의 소규모 정착에 대한 언급일 수 있다.[21] 어떤 경우라도 그들은 후대의 블레셋인들과는 다르다. 초기의 블레셋인들은 왕의 지배를 받았지만 후대에는 다섯 군주의 통치 아래 놓인다. 초기의 블레셋인들은 평화롭고 이성적인 반면 후대의 블레셋인들은 매우 공격적인 전사들이다.

갑도림. 크테타인들이다.

가나안의 열한 명의 후손과 그들의 땅(10:15-20)

15절. 시돈. 이는 가나안의 장자로 시돈에 정착했다.

헷 족속. 이 히브리어는 문자적으로 헤트(חֵת)로 읽는다. 아마도 이들은 성경의 헷 족속의 조상으로 예루살렘을 태동시킨 초기 정착민들 중 하나다(겔 16:3). 족장 시대에 헷 족속은 유다의 영토 안에, 특히 헤브론 주변에 산다(창 23장을 보라). 그들의 부도덕성은 결국 이삭과 리브가를 떠나게 했지만 에서는 그들과 통혼한다(창 26:34-35; 27:46).

16절. 여부스 족속. 이들은 이스라엘 이전의 예루살렘 거주민들이다(삿 19:10-11; 삼하 5:6-9).

아모리 족속. 에스겔 16:3에 따르면 아모리 족속은 예루살렘의 또 다른 초기 정착민들이다. 그들은 요단강 양편의 이스라엘의 산지 전역에 흩어져 살았다(민 13:29). 야곱의 시대에 그들은 세겜에서 발견된다(창 48:22).

---

21 K. A. Kitchen, *Ancient Orient and Old Testament* (Downers Grove, Ill.: InterVarsity, 1996), 80-81; T. C. Mitchell, "Philistines, Philistia," *IBD*, 3:1222; N. Bierling, *Giving Goliath His Due: New Archaeological Light on the Philistines* (Grand Rapids: Baker, 1992), 24.

모세 시대에는 아르논으로부터 헐몬산에 이르는(신 3:8), 그리고 광야로부터 요단강에 이르는(삿 11:22) 트랜스요르단 일대에 거주한다. 여호수아 시대에는 유다의 다섯 성읍에 거주하고(수 10:5), 다음 세대에서는 세 곳의 성읍에 거주한다(삿 1:35). 사사 시대에 그들은 길르앗에서도 산다(삿 10:8).

기르가스 족속. 이들은 거의 알려지지 않은 가나안 부족이다(창 15:21; 신 7:1; 수 3:10을 보라).

17절. 히위 족속. 가나안 거주민의 일부이면서 할례를 받지 않았던 이들은(창 34:13-24), 세겜(창 34장), 기브온(수 9:1, 7), 레바논(삿 3:3), 그리고 헐몬산 근처에서 살았다(수 11:3; 삼하 24:7).

알가 족속. 트리폴리(Tripoli) 북서쪽의 텔 아르카(Tell ʹArqa)로 확인된다.

신 족속. 우가릿 남부의 도시국가의 거주민들이다(페니키아에 소재하는 현대의 라스 샤므라[Ras Shamra]).

18절. 아르왓 족속. 페니키아 북부의 섬 루아드(Ruad)에 살던 거주민들.

스말 족속. 이들은 대략 아르와드(Arwad) 남쪽 12마일 지점에 위치한다.

하맛 족속. 이들은 현대 하마(Hama)의 거주민들이었다. 이곳은 오론테스강(Orontes)에 위치한 고대의 시리아 도성으로서 가나안 땅 최북단의 경계선을 표시한다(민 34:8; 수 13:5; 삼하 8:9-10; 왕상 8:65; 왕하 14:25-28).

흩어져 나아갔더라. 이 핵심 단어는 제2막에 있는 바벨탑 건축자들에 대한 징벌을 예견한다.

19절. 가나안의 경계. 이 경계선은 이집트와 메소포타미아를 연결하는 남북으로 이어진 해안 대로인 비아 마리스(Via Maris)를 따라 그어진다. 이 국경은 북쪽의 시돈에서 남쪽의 가자까지 이르며 거기서부터 사해 동쪽이나 남동쪽인 소돔과 고모라까지 이어진다. 내레이터가 가나안 국경을 측량하는 이유는 그곳이 야웨께서 이스라엘을 위해 몰수할 땅이기 때문이다(더 상세한 묘사에 대해서는 민 34:2-12을 보라; 참조. 창 15:18; 겔 47:15-20; 48:1-28).

그랄. 이곳은 가자 남동쪽 11마일 지점인 현대의 텔 아부 후레이라(Tell Abu Hureira)이거나 브엘세바 서쪽의 텔 에쉬-쉐리아(Tell esh-Sheri´a)일 수 있다.

가사. 현대의 가자 지역.

소돔, 고모라, 아드마, 그리고 스보임. 소돔과 고모라는 시해 동쪽이나 남동쪽에 위치한다. 이 두 도성은 둘이 함께 열다섯 번 나타나는데, 여기서와 창세기 14:2, 8과 신명기 29:23에서는 아드마 및 스보임과 연결되어 나온다. 아드마와 스보임 역시 호세아 11:8에서 함께 나타난다. 네 도성 모두 하나님께서 유황불을 그들에게 비처럼 내릴 때 파괴된다(창 19장).

라사. 이곳은 사해 지역, 아마 그곳의 북쪽 끝일 것이다.[22]

목록 3: 셈의 아들들(10:21-31)

서론(10:21)

21절. 그에게도 자녀가 출생하였으니. 10:21-24의 수평적 족보는 에벨로 이어지는 셈의 계보를 추적한다. 내레이터는 셈의 다섯 아들 중 엘람, 앗수르, 룻의 계보를 공백으로 남긴다. 아람의 족보는 폭이 넓은데 네 명의 후손으로 구성된 제1세대만을 제시한다. 복을 받는 계보는 아르박삿을 거쳐 에벨에 이른다. 에벨의 두 아들 벨렉 및 욕단과 더불어 중대한 분열이 발생한다. 선택되지 못한 욕단의 계보는 10:26-29에서 추적되고 바벨탑에서 하나님께 대항한 반역과 연결된다. 선택된 벨렉의 계보는

---

22 *HALOT*, 537.

제5부를 구성하며 수직적 계보를 아브라함까지 이어가 그를 셈의 축복의 합법적 계승자로 만들 것이다.

셈. 선택된 계보가 마지막으로 제시된다(위의 문학적 분석을 보라).

그의 형은 야벳이라(개역개정-"셈은…야벳의 형이라"). 이 히브리어 문장은 모호하여 셈을 형으로 가리킬 수도 있다. 그러나 셈의 족보에 지시된 시간의 틀에 비추어볼 때(제5부의 11:10을 보라), 야벳이 형일 것 같다.

조상이요. 이 히브리어 단어는 다른 곳에서는 "아버지"로 해석된다. 실제로 셈은 적어도 에벨의 고조부다(10:24; 11:13-14을 보라).

온 자손의. 내레이터는 에벨의 아들들의 중요성을 부각한다.

에벨. 이 족보는 다음의 세 가지 방식으로 에벨을 강조한다. 즉 순서를 이탈하여 그를 언급하고(10:21, 24을 보라), 셀라의 아들로서 또한 벨렉과 욕단의 아버지로서 그의 이름을 반복하며, 그리고 처음부터 셈이 그의 모든 아들의 아버지라고 언급함으로써 에벨을 강조한다. 내레이터가 이렇게 한 이유는 에벨의 아들들 사이의 분리, 즉 욕단을 통한 비택자들과 벨렉을 통한 택자들 사이의 분리 이전에 에벨이 셈으로부터 아브라함에 이르는 수직적 계보의 마지막 조상이기 때문이다.

셈에서 에벨까지의 계보 속의 열두 명의 아들과 열네 개의 이름(10:22-24)

22절. 엘람. 현대의 이란 남서부(14:1, 9; 스 4:9; 사 11:11을 보라).

앗수르. 이 아들의 이름이 아시리아 땅의 이름의 기원이 되었을지 모른다(2:14; 10:11을 보라). 고고학적 증거에 따르면 가장 초기의 아시리아 땅 정착민들은 수메르인들(함족)이었으며, 나중에 메소포타미아 전역에 퍼진 셈족 문화가 그들을 밀어냈다.

아르박삿. 이 지역은 불확실하다. 아르박삿의 수직적 계보는 11:12-17에서 확장된다.

룻. 소아시아의 리디아인들과 관련된다(참조. 창 10:13).

아람. 이는 한 장소의 이름으로서 아람 종족의 왕국 전체나 시리아와 메소포타미아에 있는 다양한 지역을 가리킨다. 아모스 9:7은 아람인들을 아마도 엘람 인근의 남부 바빌로니아에 위치했던 기르(Kir)까지 추적한다. 그러나 이 남부 지역으로 그들이 이동한 것은 이집트에서의 이스라엘과 크레타에서의 블레셋과 같이 이차적일 수 있다.

23절. 아람의 아들들. 이들에 대해서는 거의 알려진 바가 없으나 족장들은 이들과 밀접한 관계가 있다(25:20; 31:20; 신 26:5을 보라).

우스. 이 사람은 아람 부족의 대표다. 지명으로서의 우스는 욥의 고향이지만 그 위치는 알 수 없다. 구약에서 제안된 후보지들은 요단 동편(에돔)의 남부 지역이나 아람 영토에 있는 요단 동편의 북부 지역을 포함한다.

훌과 게델. 확인되지 않는다.

메섹(개역개정-"마스"). 그리스어 번역과 역대상 1:5은 메섹(Meshech)으로 읽는다(10:2을 보라). 만일 그렇다면 야벳과 셈에게는 둘 다 메섹이라는 이름의 아들이 있다. 현재 본문의 히브리어는 "마쉬"(Mash)로 읽는다. 만일 이것이 정확하다면 이는 메소포타미아 북부의 마시우스산(Mount Masius)이나 레바논과 안티레바논의 산들과 관련될 수 있다.

24절. (가이난의 아버지). 70인역은 여기와 11:12-17에서 "가이난의 아버지"를 덧붙인다. 이 추가로 셈과 아브라함 사이에 예견된 열 개의 이름이 제공된다. 이를 추가된 내용으로 설명하기보다는 중복오사(haplography)로 인한 본문상의 누락으로 설명하는 것이 더 쉽다. 가이난의 이름은 예수 그리스도의 계보의 일부다(눅 3:35-36).

셀라. 정체가 불확실하다(참조. 창 38:5, 11). 이는 아마도 "싹, 가지, 후손"을 의미할 것이다. 온전한 이름은 므두셀라일 수 있다.

에벨. 형용사형인 "히브리"(Hebrew)란 단어가 이 이름에서 유래했을 수 있다.[23] 내레이터가 셈의 계보를 분리하기 전에 하나님의 복을 받는 이 마지막 후손은 아마도 족장들과 이스라엘에 자신의 이름을 전수한다 (예. 14:13; 39:14; 40:15; 41:12; 출 2:11; 3:18).

에벨의 두 아들(10:25)

25절. 벨렉. "분열"을 의미하는 그의 이름은 아마도 바벨에서의 민족들의 분산을 예견할 것이다(5:29에 있는 라멕의 예언을 보라). 또한 이는 비택자 계보로부터 셈의 택자 계보가 분리됨을 의미할 수도 있다.

세상이 나뉘었음이요. 이는 아마도 제2막에서 발생한 민족들의 분리에 대한 언급일 수 있다. 시 55:9에서 동일한 히브리어 동사가 "그들의 말(혀)을 혼동케 하소서"(개역개정-"그들의 혀를 잘라버리소서")라는 어구에서 사용된다. 형제들은 역사 속에서 그리고 제4부와 5부의 서사 속에서 바벨탑으로 인해 나뉜다.

욕단. "살피는, 조심스러운"이라는 의미의 아람어 이름을 지닌 욕단은 남부 아라비아 부족들의 조상이다.[24] 아브라함으로 이어지는 형제의 계보와 대조적으로(11:16-26을 보라) 욕단의 비택자 줄기는 막다른 골목에 이를 것이다.

에벨로부터 욕단을 통해 등장하는 셈의 아들들: 열네 개의 이름(10:26-30)

26절. 알모닷.[25] 예멘에 있었던 조상, 지역, 혹은 부족.

---

23 몇몇 학자는 이 단어의 어원("across, 건너서")에서 "히브리"(Hebrew)의 기원을 찾아낸다(즉 건너편에서 넘어온 사람). 다른 사람들은 이 단어의 기원을 아카드어 *abiru/apiru*로 돌린다. 이 아카드어 단어는 용병으로 복무했던, 그리고 서로 상이한 민족성을 지녔던 사회적 추방자들을 가리킨다.

24 이스마엘의 후손은(25:13-16) 북부 아라비아에 거주했다(F. V. Winnett, "Studies in Ancient North Arabian Genealogies," *JAOS* 107 [1987]: 239-44).

25 이어지는 여러 정체 확인은 *HALOT*에서 가져왔다.

셀렙. 예멘 부족.

하살마웻. 남부 아라비아 지역의 하드라마우트(Hadramaut).

예라. 알려지지 않은 지역.

27절. 하도람. 아라비아 부족.

우살. 전통적으로 예멘의 수도 사나(Sana'a)의 이슬람 이전의 이름.

디글라. "야자수 땅"을 의미하는 남부 아라비아의 오아시스.

28절. 오발. 아라비아 남서부의 호데이다와 사나 사이의 지역.

아비마엘. 확인되지 않았다.

스바(Sheba). 이곳은 아마도 10:7에 나오는 스바(Seba)와 같은 장소일 것이다.

29절. 오빌. 아라비아 남서부의 스바(Sheba)와 하윌라 사이에 위치하며 이곳의 와디에는 금이 있다(욥 22:24). 아마도 이곳은 반대편의 아프리카 연안, 즉 이집트 문헌들에 나오는 푼트(Punt) 땅을 포함했을 것이다.

하윌라. 이는 아마 10:7의 하윌라와 같은 장소일 것이다.

요밥. 남부 아라비아에 위치한다. 더욱 정확한 위치는 논쟁 중이다.

30절. 그들이 거주하는 곳은. 욕단의 아들들의 지역에 대한 언급은 내레이터에게 셈족이 중요하다는 것을 보여준다.

메사에서부터. 메사는 하드라마우트 남부에서 멀리 떨어진 북부 아라비아 지역이다.

스발로 가는. 스발은 전통적으로 하드라마우트 남부에 있는 이스파르(Iṣfar)와, 또는 오만이나 예멘에 있는 항구 도시 자파르(Ẓafar)와 동일시된다.

제1막의 결론, 제2막으로의 전환(10:32)

32절. 노아의 아들들(개역개정-"노아 자손의 족속들"). 이 어구는 10:1과 수미상관을 이루면서 제1막의 틀을 구성한다.

그 땅의 백성. 70인역과 사마리아 오경은 "이 민족들의 섬들"이라고 읽는다.

나뉘었더라. "아들들을 낳았다"(10:1)로부터 "흩어졌다(나뉘었다)" (10:32)로의 전환은 11장에서 시작될 제2막을 위한 길을 예비한다.

제1막에 대한 신학적 고찰 ─────────────

열국에 대한 하나님의 주권

열국의 목록에 나오는 숫자 일곱과 칠십은 그들이 창조주에 의존하며 그분의 주권 아래 놓여 있음을 나타낸다. 그 민족들이 그분을 인정하든지 않든지 간에 말이다. 이와 같은 열국의 목록이 구약성경의 문헌에서 특유하다는 것은 매우 흥미롭다. 상형문자의 세계에서도 쐐기문자의 세계에서도 열국의 목록과 병행하는 문서는 아무것도 발견되지 않았다. "열국의 목록의 신학적 가치는 이스라엘이 한 분 하나님이 다스리시는 단일한 세상의 일부임을 이 목록이 확증해준다는 것이다."[26] 또한 이 목록은 이스라엘을 누락함으로써 하나님이 이방인들의 하나님이심을 강조한다.[27] 고반(Gowan)은 이렇게 주석한다. "우리는 11장을 언급하지 않고서 이스라엘이 열국의 목록에 속할 것이라는 실마리를 얻을 수 없다. 여기서 우리는 각자 고유의 권리를 가진 모든 민족에 대한 관심을 표현했다."[28] 매튜스는 덧붙여서 이렇게 말한다. "아브라함이 부르심을 받기 이전에 민족들의 세계가 존재했으며, 궁극적으로 아브라함의 하나님께 주목하게 만드는 것은 민족들의 지도다. 열국의 구원에 대한 관심에서 하

---

26 Hamilton, *Genesis 1-17*, 346.
27 또한 이 목록은 암(עַם, "백성")이 아닌 고이(גּוֹי, "민족")를 사용한다.
28 D. E. Gowan, *Genesis 1-11: From Eden to Babel* (ITC; Grand Rapids: Eerdmans, 1988), 114.

나님은 아브라함과 그의 후손을 부르신다."[29]

비록 이 목록이 언급하지는 않지만, 열국은 하나님의 주권적 사역을 위한 각자의 때와 장소를 부여받는다. 모세와 신명기 사가(즉 룻기를 제외하고 신명기-열왕기하의 최종 저자)에 따르면, 하나님은 민족들에게 각자의 영토를 할당하신다. "지극히 높으신 자가 인종을 나누실 때 민족들에게 기업을 주셨다"(신 32:8; 참조. 암 9:7). 바울은 "(하나님께서) 그들의 연대를 정하시며 거주의 경계를 한정하셨으니"(행 17:26)라고 말한다. 니므롯이 건설한 하나님이 없는 도성들, 곧 바벨론과 니느웨는 궁극적으로 이스라엘의 남 왕국과 북 왕국을 그들 앞에 무릎 꿇게 만들 도성들임을 기억하는 것이 중요하다. 이 두 왕국으로부터 끌려온 신실한 포로들이, 언약을 지키시는 그들의 하나님께서 니므롯의 도성들을 다스리신다는 사실을 아는 것은 얼마나 큰 위로인가!("제2막의 신학적 고찰"도 보라)

인간의 도성 대 하나님의 도성

내레이터는 저주받은 가나안 족속의 경계선을 설정함으로써(창 10:19) 땅과 관련된 이야기를 위한 무대를 마련한다. 즉 하나님은 가나안 족속의 죄악으로 인해 그들로부터 탈취한 가나안 땅을 그의 택한 백성에게 주어 거룩하게 하신다. 또한 칠십 민족은 이스라엘의 칠십 아들의 대척점에 선다. 이스라엘은 확대판 세계와 형식적으로 비슷한 축소판 세계로 존재한다. 하나님은 확대판 세계를 축복하기 위해 축소판 세계를 구별하셨다.

---

29 Mathews, *Genesis 1-11:26*, 430.

제4부 2막

바벨에서의 죄의 심화(11:1-9)

제4부 2막에 대한 문학적 분석 [30]

시간 이탈

제2막은 왜 노아의 세 아들이 셈의 아들 벨렉의 시대에 나뉘게 되었는지를 설명하는 회상 기법(flashback)이다(10:25; 위를 보라).

구조와 플롯

바벨탑 서사는 네 개의 장면으로 나뉠 수 있다. 즉 시날 평지에서 최초의 배경(11:1-2), 한 도성과 탑을 쌓자는 인간의 말(11:3-4), 언어를 혼합함으로써 파멸시키자는 하나님의 말씀(11:5-7), 그리고 최종적 배경인 흩어진 민족들(11:8-10)이다. 이 이야기는 인간과 하나님 사이에서 균등하게 양분된다. 첫 번째 배경과 대화는 인간이 주역이다. 두 번째 대화와 최종적 배경은 하나님이 주역이다.

이 간결하고 짧은 이야기의 구조는 교호적 또는 교차적 구조로 다음과

---

30 바벨 이야기의 연대는 적시되지 않지만, 비슷한 요소들이 기원전 2천년기의 초기 아카드 문헌에서 발견된다(참조. 언어의 혼잡[Enmerkar]과 신들을 숭배하길 거절하는 인간[Atrahasis]).

같이 분석될 수 있다.

교호 구조:

사람들의 말 11:1-4

A 하나의 언어와 하나의 공용어

  B "자!"(come) + 2개의 권고형

    C "우리가 성읍과 탑을 건설하자"

      D 우리 "이름을 내자"

        E 온 지면에 흩어짐을 면하자

야웨의 말씀 11:5-9

A′ 하나의 민족과 하나의 언어

  B′ "자!" + 권고형

    C′ 건축 중단

      D′ 그 "이름"(히. 셈[שֵׁם])을 바벨이라 하니

        E′ 야웨께서 그들을 온 땅 위에 흩으셨다

이 구조는 막의 긴장을 드러낸다. 즉 하나님께 대항하려고 애쓰는 인간의 분투와 그에 부합하는 하나님의 응답인 징벌이 나온다. 플롯은 하나님의 말씀과 인간의 말을 겨루게 한다. 이는 하나님께서 인간의 말을 혼란케 하실 때 절정에 이른다. 플롯의 대단원은 백성의 흩어짐에서 나타난다.

교차 구조:[31]

A 온 땅(כָּל־הָאָרֶץ, 콜 하아레츠)의 한 언어

---

31 I. M. Kikawada, "The Shape of Genesis 11:1-9," in *Rhetorical Criticism: Essays in Honor of James*

B 사람들이 거기에(םָשׁ, 샴) 함께 거주하다

  C 서로 말하되(רֵעֵהוּ, 레에후)

    D 자, 우리가 벽돌을 만들자(הָבָה נִלְבְּנָה, 하바 닐베나)

      E 한 성읍과 한 탑

        X 그리고 야웨께서 내려오셨다

      E′ 그 성읍과 그 탑

    D′ 자, 우리가… 혼잡하게 하자(נָבְלָה[32]…הָבָה, 하바…나벨라)

  C′ 서로(רֵעֵהוּ, 레에후) (알아듣지 못하게 하자)

 B′ 사람들이 거기로부터(םָשׁ, 샴) 흩어졌다

A′ 온 땅의(כָּל־הָאָרֶץ, 콜 하아레츠) 언어

이 교차 구조는 중심축인 "야웨께서 내려오셨다"를 기점으로 역전의 주제를 드러낸다. 플롯은 인간이 도성과 탑을 건축함으로부터 하나님께서 그것을 파괴하심으로 옮겨간다. A/A′는 대조적인 배경을 펼친다. 이 막은 하나의 공용어를 말하는 온 세상과 더불어 시작하여 서로 다른 언어들을 구사하면서 혼잡하게 된 온 세상과 더불어 끝을 맺는다. B/B′는 시날 땅에 연합된 채로 남으려고 하는 인간의 구심적 의지와 그들을 흩으시려는 하나님의 원심적 의지를 대조한다. C/C′는 하나님을 대적하는 인간의 강한 결속력과 그들의 갈라진 소통 및 그에 따른 분열을 대조한다. D/D′는 하나님께 적대적인 자만심으로 탑을 세우려는 인간의 결심과, 그들을 혼란하게 하려는 하나님과 그분의 천상 법정의 결심을 대조한다. 이 반전은 하나님과 인간의 결심이 깨지는 순서가 반전됨과 더불어 효과적으로 강조된다. 이는 닐베나(נִלְבְּנָה, "우리가 벽돌을 만들자")와

Muilenburg, ed. J. J. Jackson and M. Kessler (Pittsburgh: Pickwick, 1974), 18-32.

32 마소라 텍스트는 메텍을 생략한다.

나벨라(נִבְלָה, "우리가 혼잡하게 하자")의 대조를 통해 이루어진다. E/E´는 도성과 탑을 바라보는 인간의 관점과 하나님의 관점을 대조한다. 반역자들에게 도성과 탑은 하늘의 지배에 도전하는 인간의 집단적 능력을 상징한다. 신적 법정의 관점에서 볼 때 그것들은 신적 통치에 대한 인간의 사회적 위협을 상징한다. X는 서사가 전환되는 중심점이다. 이 전환은 천상의 법정이 보잘것없는 탑과 도성을 보려고 내려와야 한다는 극적인 아이러니를 수반한다.

수미상관

제2막의 수미상관은 땅과 언어에 초점을 맞추면서 하나로 통일된 언어로 시작하여(11:1) 사람들을 서로 분리하는 혼잡한 언어의 불협화음으로 마무리된다(11:9).

핵심 단어들과 언어유희

이 막의 핵심적 표현인 "온 세상/땅"(כָּל־הָאָרֶץ, 콜 하아레츠, 11:1, 4, 8, 9[2회])은 온 땅이 인간의 죄로 물든 것으로 묘사한다. "언어" 역시 다섯 번 나타나면서 이 막의 초점이 된다. 막의 배경은 인간이 언어(11:1)와 거주지(11:2) 둘 다에서 통일된 것으로 설정된다. "모든"(כֹל, 콜) 땅과 "한"/"공통의"(אֶחָת, 에하트) 언어/말은 그들의 통일성을 강조한다.

비교

중요한 것은 바벨 사람들과 그들의 오만이 그들에 앞서 존재했던 사람들과 비교된다는 점이다. 인간이 쌓은 탑의 꼭대기가 구름층에 도달한 것은 최종적이자 절정에 이른 인간의 오만에 대한 표현이다. 아담과 하와가 인간의 지혜의 한계선을 넘어 금지된 열매를 먹음으로써 하나님처럼 되기를 추구했던 것처럼(창 3:22), 또한 하나님의 아들들이 결혼의 경계선을 위반했던 것처럼(6:1-2, 4), 탑 건설자들은 하나님이 거하시는 곳을 침범함으로써 의미를 찾고 명성을 얻으려 한다. 그들이 신적 영역을 침해하자 하나님은 "그들이 하고자 하는 일을 막을 수 없다"는 결론을 내리신다.

홍수 후의 탑 건설자들은 셋이 아니라 가인의 계보의 영적인 상속자들이다. 다음 비교점들은 이를 잘 보여준다. 둘 다 동쪽으로 이주한다(4:16; 11:2). 둘 다 안전한 장소를 확보하고 하나님 없이 의미 있는 존재로 살기 위해 도성을 건설한다(4:17; 11:4). 둘 다 자랑할 만한 제조 기술자들이다 (4:19-24; 11:3-4). 둘 다 강제로 이주를 당하는 심판을 받는다(4:12-13; 11:8). 둘 다 야웨의 축복 아래 계속 번성한다(4:17-24; 10장).

아이러니

고대 근동에서 바벨은 로마가 중세 시대에 신성 로마 제국의 종교적 중심지로 폭넓게 받아들여진 것과 동일한 방식으로 스스로 세계의 중심임을 자처했다. 바벨탑 이야기는 이런 자랑을 풍자한다. 탑의 설립자들에게 "바벨"은 "신들의 문/거처"를 의미했지만 내레이터는 "혼란하게 되다"라는 뜻을 지닌 비슷한 형태의 히브리어 발랄(בָּלַל)을 사용함으로써 그 의미를 풍자적으로 조롱한다(참조. 영어 "왁자지껄한 목소리들"[a babel of voices]). 탑의 건설자들은 그들의 신전 탑이 하늘에 이른 것으로 생각한다. 그러나 이는 야웨께서 고작 그것을 보려고 하늘에서 내려오셔야 할 만큼 낮다!

제4부 2막에 대한 주해 ─────────────

제1장 첫 번째 배경: 시날 평지에서(11:1-2)

1절. 온 땅. "온"은 상대적 개념의 용어일 수 있다(참조. 13:9, 15; 신 11:25;

19:8; 34:1). 그러나 현재의 문맥에서 "온"의 제한적 용법을 암시하는 것은 전혀 없다(참조. 창 19:31; 출 19:5; 민 14:21). "온 땅"의 이와 같은 이미지는 인간의 통일성을 강조한다.

언어가 하나요. 이 히브리어는 문자적으로 "한 입술"이다(11:7; 시 81:5; 사 19:18도 그렇다).[33]

말이 하나(한 공용어). 본문은 문자적으로 "한 말"로 읽는다. 말은 전체적으로 언어와 어휘가 통일된다.

2절. 옮기다가. 이 이미지는 여행을 위해 "길을 떠나는" 사람들을 연상케 한다. 홍수의 생존자들은 처음에 불안한 유목민들로 묘사된다.

동방으로. 매튜스가 주석한 대로 "(동쪽은) 창세기에서 **분리**의 사건들을 나타낸다. 또한 내레이터는 이 공간적 용어를 사용함으로써 바벨 사람들이 하나님의 축복 밖에 있음을 의미하는 은유적인 뜻을 전달한다"[34](참조. 창 3:24; 4:16; 13:10-12; 25:6; 29:1).

시날 평지. 10:10의 주해를 보라.

거기 거류하며. 이는 땅에 충만하라는 하나님의 명령(9:1)에 대한 신학적 반대이며, "거기로부터 흩어지다"(11:8)에 대한 사전적 의미의 반대를 표현한다.

제2장 인간의 말: 도성과 탑을 세우기 (11:3-4)

3절. (그들이) 서로 말하되. 그들을 인용함으로써 내레이터는 사람들이

---

33 엔메르카르와 아라타의 군주(Enmerkar and the Lord of Aratta)라는 제목이 붙은 수메르 서사시 역시 "하나 된 우주 전체가 한 언어로 엔릴(Enlil)에게 말을 했던" 한 시기에 대해 언급한다. 그다음에 이 서사시는 언어가 두 신 사이의 질투와 분쟁의 결과로 혼잡하게 되었다고 보고한다. 여기서 언어의 혼잡은 인간의 오만에 대한 신의 심판이다.

34 Mathews, *Genesis 1-11:26*, 478.

자신들의 삶에 불만을 품고 있음을 말해준다.

벽돌을 만들어(נִלְבְּנָה לְבֵנִים, 닐베나 레베님) **견고히 굽자**(נִשְׂרְפָה לִשְׂרֵפָה, 니스레파 리스레파)…**역청으로 진흙을 대신하고**(חֵמָר…לָהֶם לַחֹמֶר, 헤마르…라헴 라호메르). 비슷한 소리들이 그들의 비슷한 말과 잘 어울린다 (다음의 음가 순서를 주목하라; 첫 번째 어구에 있는 ל, ב, נ; 두 번째 어구에서 שׂ, ר, פ; 그리고 세 번째 어구에서 ח, מ, ר; 이 셋을 하나로 묶는 ל). 그들의 건축 재료에 대한 상세한 설명은 그것을 제조하려는 그들의 결심이 얼마나 중요한지를 추론케 한다.[35]

(그들이) …돌을 대신하며. 내레이터는 당장 구할 수 있는 돌을 사용했던 자신의 이스라엘 청중에게 메소포타미아의 건축 관행을 설명해야 한다.[36]

4절. 자, 우리가 건설하자. 그들은 드문 감탄사인 하바(הָבָה, "자[이제]")로 강조되는 완고한 결심의 서법을 연이어 사용한다.

성읍. 방호벽은 성읍의 영역 표시다(4:17을 보라). 고대 근동의 도성들은 안에서 살도록 계획된 것이 아니라 종교적이고 공적인 목적을 수행하기 위해 지어졌다.

탑(מִגְדָּל, 믹달). 어근 가달(גָּדַל, "크다")에서 나온 이 히브리어는 폭넓은 의미를 지닌다. 여기서 가나안과 달리 돌로 쌓은 방어용 망대가 없었던 메소포타미아에 대한 언급과 더불어 이 탑은 메소포타미아의 지구라트(ziggurat)를 지시한다.[37] 지구라트는 단단한 벽돌로 지은 거대하고 높은 계단 구조물이었다. 그것은 분리할 수 없는 도성의 일부였으며, 때로는

---

35 Sarna는 이렇게 주석한다. "위대한 왕들의 치적을 칭송하는 아카드의 건물 비문들은 반복적으로 벽돌 생산을 강조한다. 실로 첫 번째 벽돌을 찍는 일은 중요한 의례로 간주되어 정성을 들인 예식이 수반되었다(*Genesis*, 82).

36 내레이터는 인증된 문법적-역사적 해석 방법을 교훈적으로 사용한다.

37 아카드어 *zaqāru*, 곧 "높이 짓다"에서 유래한다.

신전 단지가 도성 전체이기도 했다.

하늘에 닿게 하여. 야곱이 보았던 계단과 같이(창 28:12을 보라) 땅에 기반을 두고 꼭대기가 구름층에 이른 지구라트 산은 신화적 사고 속에서 하늘로 들어가는 문 역할을 했다. 인간이 만든 이 인공산은 인간으로 하여금 하늘에 접근하게 만들었으며(28:17) 신들이 그들의 신전으로 강림하여 도성 안으로 들어오는 편리한 계단으로 기능했다. 예를 들어 라르사에 있는 지구라트는 "하늘과 땅 사이를 연결하는 집"이라는 이름이 붙었으며, 바벨론에 있는 가장 유명한 지구라트는 "하늘과 땅의 토대가 되는 집"으로 불렸다. 지구라트는 꼭대기의 작은 신당에서 정점에 이른다. 이 신당은 종종 천상에 있는 신들의 집과 어우러지도록 푸른색의 유약으로 칠했다. 여기서 삽입된 어구인 "하늘에"는 그들이 하나님과 겨루고 있음을 보여준다. 인간이 아니라 야웨께서 하늘에 거주하고 계신다(창 19:24; 21:17; 22:11, 15; 신 26:15; 시 115:16).

우리 이름을 내고. 이 막에서 두 번 나타나는 "이름"(שֵׁם, 셈)은 다섯 번 사용된 "거기"(שָׁם, 샴)와 더불어 언어유희를 구성한다. **이름**은 명성과 번성을 함축하기 때문에 이 도성 건축가들은 자신들의 업적에서 인생의 의미와 영생불멸을 찾으려 헛된 시도를 하고 있다(6:4을 보라). 바벨 사람들은 자업자득으로 수치스러운 이름인 "혼란"을 얻는다. 야웨를 분노케 한 것은 도성의 건축이 아니라 인간의 자만심과 인간들이 도성에 부여한 안전성이었다(창 4:12-14, 17).[38]

면하자(פֶּן, 펜). 이 단어는 "우리가…하지 않도록"이라는 뜻이다. 그들의 죄는 아담과 하와의 죄와 비슷하다. 그들은 하나님으로부터 독립하여 물질적 욕망과 영적 갈망을 해소하기 위해 경계선을 넘어 하나님의 금지 명령을 위반한다.

---

[38] 이와 대조적으로 이스라엘은 거룩한 도성 예루살렘을 칭송한다.

흩어짐을. 이 마천루는 "땅에 충만하라"(9:1)고 그들에게 명하신 하나님께 대항하는 그들의 통합되고 거대한 사회의 자신감을 나타내는 상징이다. 가인처럼 이 자만심에 찬 죄인들은 하나님으로부터 분리되고 아마도 인간들 서로 간에 멀어진 상황 속에서(4:14을 보라) 장소(즉 존재의 의미)의 상실을 두려워한다. 가인처럼 그들은 하나님과 경쟁하는 거주용 도성에서 의미 있는 그들의 해결책을 발견한다.

제3장 하나님의 말씀: 언어를 혼잡하게 함으로써 파멸시킴 (11:5-7)

5절. 내려오셨더라. 창세기 전반에 걸쳐 관찰되는 바와 같이, 하나님은 사법적 판결을 내리시기 전에 상황을 철저히 조사하신다(3:8-13; 4:9-10; 18:21). 지구라트 건축가들은 자신들이 하늘로 올라가고 있고 그들의 신들은 계단을 통해 내려오고 있다고 상상한다. 그들은 진정한 하나님이 내려올 것으로 예상하지 않는다.

보려고. 아이러니하게도 탑이 너무 작아서 하나님께서 그것을 보려고 내려오셔야 한다(1:4; 사 40:22을 보라). 사르나는 이렇게 설명한다. "이런 비유적 그림의 사용은 하나님의 전능성에 제한이 없음을 암시한다. 왜냐하면 신적 '강림'은 높은 곳에서 관찰된 인간의 일상에 대한 하나님의 사전 지식을 전제하고 그에 따른 하나님의 대응은 고스란히 그분의 절대적 주권을 드러내기 때문이다."[39]

사람들이. 이 히브리어는 문자적으로 "인간의 아들들"이다. 이는 그 건축가들이 단지 연약하고 유한한 땅의 존재에 지나지 않음을 강조한다.

건설하는. 11:8이 가리키는 바와 같이 이 건축 계획은 불완전하다. 그

---

[39] Sarna, *Genesis*, 83.

럼에도 불구하고 그들이 건축한 만큼 완전했다는 것이 이 히브리어의 문자적 의미를 통해 묘사된다. 즉 "그들이 건설했다."

6절. 한 족속이요. 이 어구는 그들의 혈족 관계를 강조한다.

언어도 하나이므로. 그들의 공용어는 탑으로 상징되는 그들의 힘과 일체성의 근원이다.

시작하였으니. 기술력을 통해 명성과 존재의 의미 및 통일성을 찾으려는 노력은 홍수 이후의 역사에서 경계선 침범의 새로운 혁신이다. 이 건축 계획을 그저 갓 시작했다고 묘사하는 것 역시 논박의 의미를 지닌다. 이는 바벨론을 처음 창조의 때에 건립된 것으로 묘사하는 바빌로니아의 창조 신화를 반박한다.[40]

그 하고자 하는 일을 막을 수 없으리로다. 문자적으로 "그들이 실행하려고 계획한 모든 일이 그들로부터 저지되지 않을 것이다." 하나님은 탑 건설에서의 인간의 죄는 하나님께서 정하신 경계 내에서 살기를 거부하는 그들의 불순종임을 분명하게 폭로하신다.

7절. 자, 우리가 내려가서. 한데 모아진 하늘의 목소리는 유한한 인간들의 일치를 위한 목소리에 부합한다. "우리"란 천상의 어전 회의를 가리킨다(1:26을 보라).

혼잡하게 하여. 그들의 언어의 혼잡은 닐베나(נִלְבְּנָה, "우리가 벽돌을 만들자", 11:3)로부터 나벨라(נָבְלָה,[41] "우리가 혼잡하게 하자", 11:7)에 이르는 자음 순서의 혼잡과 잘 어울린다.

알아듣지 못하게 하자. 공용어의 부재는 공통적 이해의 결여로 이어지고, 이는 이 계획을 끝장내고 만다.

---

40 Berossus에 따르면 바벨론은 태초에 건설되었고 홍수 후에 재건되었다(참조. Josephus, *Contra Apionem* 1.19).

41 마소라 텍스트는 메텍을 생략한다는 점에 주목하라.

제4장 마지막 배경: 흩어진 민족들(11:8-10)

8절. 야웨께서 거기서 그들을 흩으셨으므로. 그분은 "그리고 (그들이) 거기에 거류하며"(11:2)를 뒤집으신다.

온 지면에. 그들의 반역에도 불구하고 주권자는 사람들을 땅에 충만케 하려는 자신의 계획을 성취하신다.

9절. 바벨. 내레이터는 히브리어의 음성학적 상당어로서 "혼잡"을 의미하는 바벨(בָּבֶל)을 가지고 "신의 문"을 의미하는 아카드어 밥일루(*bāb-ilu*)를 패러디한다. 바벨은 아마도 바벨론 도성을 가리킬 것이다(참조. 동일한 히브리어 단어가 나타나는 10:10). 시날(10:10; 11:2)과 바벨/바벨론에 대한 언급은 이 도성과 성의 탑을 하나님을 반대하는 니므롯의 왕국과 연결한다. 니므롯은 최초의 바벨과 그것의 지구라트를 모방한 여러 도성을 건축했다.

언어를 혼잡하게 하셨음이니라. 이는 "언어가 하나요 말이 하나였더라"(11:1)를 뒤집는다.

제4부 2막에 대한 신학적 고찰 ───────

하나님의 주권

제2막은 열국에 대한 야웨의 주권에 초점을 맞춘다. 내레이터는 2막의 마지막 장면을 다음과 같은 수미상관으로 결론을 맺는다. 즉 "야웨께서⋯그들을 온 지면에 흩으셨다"(11:8a, 9b). 내레이터는 둘 사이에 이것을 끼워 넣는다. 즉 "야웨께서 온 땅의 언어를 혼잡하게 하셨다"(11:9a). 열국에게 그들의 영토를 할당해주기 전에 하나님은 먼저 그들의 언어를 혼잡하게 만드시고 그들을 흩으신다.

열국의 통합과 분열

한편으로 열국의 목록의 수평적 족보들은 모든 민족의 상호 연관성을 보여준다. 그들은 모두 아담과 노아의 후손이고, 하나님께서 선언하신 번성의 축복 아래 있으며, 땅을 정복하는 하나님의 형상의 담지자로서 존엄성을 지닌다. 이런 강조는 부정적인 종족주의의 정서를 억제한다. 매튜스는 이렇게 말한다. "창세기 10-11장은 우리의 현 세계에서와 같이 '종족'에 대해 균형을 잃은 사고가 우리 안에 내재된 통합성을 빼앗아가고 전쟁을 부추기는 원시적 종족주의로 이끌 수 있음을 보여준다."[42] 열국의 시초의 통합은 그들의 궁극적 통합, 곧 나라와 나라가 대적하여 검을 들지 않고 그들이 더 이상 전쟁을 배우지 않을 때 이루어질 통합에 대한 전조가 된다(사 2:4; 미 4:3).

한편 바벨탑 서사는 분열의 필요성을 보여준다. 타락한 인간은 기술 문명을 통해 하나님을 배제한 자신의 존재의 의미와 자신에게 주어진 경계를 벗어나기 위한 수단을 찾으려는 그들의 영적 노력을 통해 하나가 된다. 하나님이 개입하여 인간의 언어를 혼잡하게 함으로써 그들을 나누지 않으신다면, 어떤 방식으로도 과도한 자긍심과 자치권의 열망에 사로잡힌 그들을 막을 수는 없다. 그들은 창조주께서 확립해놓으신 경계를 넘어 질주할 것이다. 아담과 같이 그들은 신적 어전 회의 자체의 통치를 찬탈하려고 한다. 포켈만은 이렇게 말한다. "암묵적으로 그러나 아마도 무의식적으로 그들은 구원사를—성경의 메시지에 따르면 구원사는 본질적으로 하나님과 인간의 가슴 떨리는 대화다—불가능하게 만들기를 원한다. 암묵적으로 그들은 신적 영역을 침입하여 스스로 신적 존재가 되기를 원한다. 그들을 몰아붙이는 것은 오만이다."[43]

---

42 Mathews, *Genesis 1-11:26*, 429.
43 Fokkelman, *Genesis*, 17.

포켈만은 계속해서 이런 오만이 긍정적이면서도 부정적인 측면을 모두 지닌다고 이렇게 설명한다. "우리는 어떻게 내레이터가 오만이란 개념을 말로 간결하게 전하는지를 살펴볼 수 있다. 말하자면 오만은 '긍정적인' 요소, 즉 하나님처럼 되기를 바라는 과대망상을 포함할 뿐 아니라 부정적인 요소, 즉 사방으로 흩어지는 데 대한 두려움과 안전과 생존의 보장 없이 살아야 하고 공격에 노출된 채 홀로 지내야 한다는 두려움을 포함한다."[44] 뉴욕에 있는 유엔 빌딩이 바벨탑의 기다란 그림자일까?

그러나 열국으로 분열된 결과는 재난이었다. 수직적 축에서 하나님께 대항한 그들의 오만은 인간관계의 수평적 축에 놓인 경계를 그들이 인정하기를 거부하는 데서 표현된다. 양심과 십계명에 표현된 대로 창조주의 경계에 복종하기를 거부하는 각 개인은 상대방을 죽이고 빼앗고 약탈하고 파괴하기 위해 서로의 경계를 침범한다. 하나님께 대항하는 반역자이자 사람들 위에 군림하는 독재자로서의 니므롯에 대한 인물 묘사는 하늘의 경계를 침범하는 것과 땅의 경계를 침범하는 것 사이의 연결을 보여준다. 니므롯의 도성들은 하나님께 대항하는 그들의 반역에서 바벨탑을 복제하고 있을 뿐만 아니라 수평적 축에서의 폭정도 나타낸다. 스스로를 우상화하려는 인간의 정신은 20세기에 들어와 거대한 세계대전들로 이어졌다. 제2차 세계대전에서는 5천만 명이 죽었다.

따라서 하나님을 떠난 사회는 전적으로 불안정하다. 한편으로 인간은 자신들의 집단적 일체감 속에서 진지하게 존재의 의미와 안전을 추구한다. 다른 한편으로 인간은 만족을 모르는 탐욕을 품고 타인의 소유를 집어삼키려 한다. 이런 긴장 때문에 유엔은 평화의 왕이 없이는 추구하는 평화의 목표에 이르지 못하고 운명적으로 좌절하고 실패할 수밖에 없다.

---

[44] 앞의 책.

인간의 도성 대 하나님의 도성

니므롯이 건축한 도성들은 바벨과 그곳의 탑을 복제한다. 그것들은 하나님으로부터 독립하여 자신들의 집단적 기술 문명을 통해 나름의 의미와 안전을 성취하려는 인간의 정신을 대표한다. 인간의 도성의 한복판에는 자신에 대한 사랑과 하나님에 대한 증오가 놓여 있다. 이 도성은 인간의 정신이 하늘에 계신 하나님의 보좌를 찬탈할 때까지 어떤 경우에도 멈추지 않으리라는 것을 드러낸다. 오늘날 인간의 자기 우상화는 심지어 천체까지도 정복하기를 희망하면서 우주 밖의 공간을 휘젓고 다닌다. 또한 그들은 유전자 조작 기술을 통해 자신의 상상력에 따라 인간을 복제하고 창조할 잠재력을 지니고 있다. 역사적으로 하나님의 독점적 특권이었던 것이 이제 타락한 인간의 통제 아래 놓여 있다. 전망은 위협적이다.

도성들을 건설하는 것 그 자체는 야웨를 불쾌하게 만들지 않는다. 예를 들어 이스라엘은 거룩한 예루살렘을 경축한다. 오히려 하나님은 인간들이 자신들의 도성에 부여한 인간의 오만과 안도감을 견책하신다(창 4:12-14, 17). 대조적으로 아브라함은 하나님과 동행하며 방랑하는 아람 사람이라는 데 만족한다(신 26:5). 그는 기초가 튼튼한 한 도성, 즉 "하나님이 그것의 설계자이자 건축자가 되시는 도성을 찾아 배회한다(히 11:10). 하나님은 그에 대한 보상으로 아브라함에게, 그리고 그와 같이 하나님의 이름을 공경하는 모든 사람에게 영속적인 이름을 부여하신다. 바벨 사람들은 인간의 수단으로 축조된, 결국 인간을 영화롭게 하는 도성을 열망하지만 그로 인한 자업자득으로 "혼잡"이라는 수치스러운 이름을 얻는다.

기술 문명

인간이 땅을 정복하고 부분적으로 동물들 위에 군림할 수 있게끔 해주는 기술 문명은 인간에게 주신 하나님의 좋은 선물이다. 그러나 인간은 그것을 왜곡한다. **이름**이라는 단어가 명성과 번성을 함축하기 때문에 도성 건축가들은 그들의 기술과 업적에서 삶의 의미와 영생불멸을 찾으려는 헛된 시도를 하고 있었다. 그러나 기술 문명은 신적 축복을 가져다줄 수 없다. 오직 하나님만이 영원한 이름을 주실 수 있으며(창 12:2을 보라), 그분은 자신의 업적이 아니라 그분의 이름을 높이는 사람들에게 그 이름을 부여하신다(4:26; 삼하 7:8-9; 8:13; 사 63:12, 14을 보라). 오늘날 도시와 도시 문명은 인간이 하나님으로부터 분리됨을 나타내는 표시다. 도시는 잃어버린 낙원에서의 하나님과의 친밀함을 새롭게 할 수 없다.

인간이 세운 계획의 불완전성은 세속적인 기술 문명의 실패를 상징한다. 하나님이 완전한 숫자의 열국을 확립하신 반면 신적 진노 아래 있는 탑 건설자들은 그들의 계획을 완료할 수 없다. 폭스(Fox)는 이렇게 말한다. "미완성된 탑을 묘사하고 건설자들을 흩어놓으며 근본적으로 바벨론이라는 강대한 이름을 웃음거리로 만듦으로써, 본문은 이스라엘 백성이 기원한 문화를 효과적으로 거부하는 기능을 한다."[45]

언어

인간은 지배를 위해 받은 기술 문명이라는 하나님의 선한 선물을 남용한 것과 마찬가지로 언어도 남용한다. 하나님은 인간에게 언어를 주셔서 창조물에 이름을 붙이고 세계를 그들의 지배하에 두게 하셨다. 그러나 그들은 언어를 사용하여 하나님과 겨룬다. 하나님은 그들의 언어를 혼잡하게 하고 그들을 서로 분리시킴으로써 심판하신다. 앞서 언급한 대로 그 결과는 고삐 풀린 열국이 서로를 대항하여 전쟁으로 치닫는, 지배가 아니라 비극적 파멸이었다. 충격을 준 혼잡과 재앙을 초래한 파괴는 오순절에 뒤집힌다(행 2:5-18). 성령은 다양한 언어를 없애지 않으시고 거듭

---

45 E. Fox, *In the Beginning: A New English Rendition of the Book of Genesis* (New York: Schocken, 1983), 43.

난 사람들이 서로의 말을 듣고 이해할 수 있게 만드신다. 성령은 공동체를 해체하여 새로운 교회 공동체를 재구성함으로써 그들의 언어들이 가져온 결과를 바꾸신다. 성령과 더불어 우리는 듣고 이해한다. 즉 그분이 없다면 우리는 우리의 두려움과 의심과 야망을 통해 오해한다. 연합은 기술을 부려 조작될 수 없다. 그것은 성령이 다루실 문제다.[46] 성령으로 충만케 될 때 우리는 듣고 이해하고 사랑 가운데 서로 희생한다.

---

46 E. F. Roop, *Genesis* (Scottdale, Pa./Kitchener, Ont.: Herald, 1987), 84-85을 보라.

제5부

셈의 후손의 계보

(11:10-26)

제5부의 주제

제5부에서 열 명의 이름이 등장하는 수직적 계보는 홍수로부터 아브라함으로의 전환점을 구성한다. 하나님의 복을 받은 셈으로부터 그의 합법적 상속자, 곧 모든 종족과 민족을 축복하는 하나님의 수단이 될 아브라함에 이르는 계보를 추적함으로써, 이 족보는 자만심에 찬 인간 가운데 계시는 하나님의 은혜로운 현존을 드러낸다고 추론할 수 있다. 하나님께서 모반하는 인간을 지면 위에 흩으시는 문맥에서(11:1-9), 야웨는 자신이 그들의 하나님이 되리라고 공언했던 씨를 보존하신다. 도르시는 이렇게 설명한다. "운율이 깃든 대단히 잘 구성된 형식은 다시 한번 질서가 회복된 느낌을 전달한다. 이는 구조적으로 (그리고 주제적으로) 파편화된 앞선 단위와 대조된다. 이런 질서정연한 느낌은 이스라엘의 존경받는 조상인 아브라함의 출생이라는 이 단락의 긍정적인 결론으로 확증된다."[1] 하나님의 형상을 간직한 이들은 하나님의 창조세계의 합법적 통치자들이며 뱀을 파멸시킬 씨다. 이는 예수 그리스도와 그분의 교회의 계보다(눅 3:34-35; 갈 3:29). 비록 홍수 전에 폭군들이 결혼 서약을 어겼고 홍수 후에 인간이 집단적으로 땅과 하늘을 갈라놓는 경계선을 침범했을지라도 인간을 구원하기 위한 하나님의 프로그램은 중단될 수 없다.

제5부의 개요

---

1   Dorsey, *Literary*, 53.

제5부에 대한 문학적 분석 ─────────

구조와 플롯

이 기사는 전형적인 표제(11:10a), 서두의 연대기적 배경인 "홍수 후 이 년에"(11:10b), 수직적 족보(11:10b-25), 데라의 수평적 족보(11:26)로 구성된다. 이 막의 긴장은 셈의 하나님이 되시겠다는 그분의 약속과 관련된다. 각 세대는 하나님께서 그분의 선택의 목적을 성취하시는지를 보려고 기대감을 가지고 기다린다. 그분은 실패하지 않으신다. 족보는 탁월한 믿음의 사람, 곧 불신의 세계에 맞서는 아브라함의 출생과 더불어 마무리된다.

야누스

제5부는 3-4부와 6부 사이에 놓여 양쪽을 바라보는 야누스의 책이다. 이는 홍수(11:10)와 셈(참조. 9:27)을 언급하고, 야웨께서 신임하셨던(9:27) 셈의 족보를 독특하게 묘사함으로써 제3부를 뒤돌아본다. 또한 벨렉에 이르는 셈의 족보를 반복함으로써 제4부를 뒤돌아본다(참조. 10:22-25; 11:10-16).

또한 제5부는 데라와 그의 가족에 대한 언급(11:26)과 더불어 끝을 맺음으로써 제6부의 주제를 미리 내다본다(11:27-25:11). 게다가 데라의 죽음은 제6부의 서론의 끝에 가서야 언급되며(11:32) 그렇게 해서 이 두 분 책을 서로 잇는다.

비교와 대조

이 족보는 아담으로부터 홍수로의 전환점이 되는 제2부의 족보(창

5장)와 유사하다.[2] 둘 다 오랜 세월을 빠르게 스케치한다. 둘 다 수직적이면서 하나님께 선택받은 합법적인 후손을 보여주는 것을 목표로 한다. 둘 다 동일한 어휘와 문학적 패턴을 사용하면서 첫아들이 출생할 때 족장의 나이, 첫아들의 탄생 후에 그가 살았던 연수, 그리고 그 후의 많은 자녀의 출생을 알린다. 둘 다 결론부에서 선택된 후손을 첫 번째로 거명하면서 (예. 노아와 아브라함) 세 아들로 나뉘는 수평적 족보로 마무리된다. 둘 다 닫혀 있지 않고 개방되어 있으며 각각을 열(완전수) 명의 이름에 제한함으로써 수반된 장기간의 세월을 체계화한다(아래를 보라).

마지막으로 일곱 번째 세대가 두 족보에서 두드러진 인물로 부각된다. 에녹은 하나님과 동행했던 사람으로서 아담부터 노아까지의 족보에서 특별한 일곱 번째 위치를 차지한다. 에벨은 "히브리인들"의 아버지로서 (참조. 10:21, 24-25) 셈부터 아브라함까지의 족보에서 끝에서 일곱 번째다. 더구나 결합된 족보에서 에벨은 창조 이후 열네 번째(일곱의 두 배) 세대로 나열되고, 70인역에 따르면 아브라함은 스물한 번째(일곱의 세 배)에 자리한다(11:12에 대한 주해를 보라).[3]

그러나 셋의 족보는 셈의 족보와 달리 선택된 후손의 출생 전과 후의 족장의 연령을 함께 추가하여[4] 그의 총수명을 알리고 "그리고 그가 죽었다"는 선언을 추가한다.[5] 이런 추가된 내용은 홍수 전의 족장들이 장수하는 복이 축소되지 않고 완전하고 꽉 찬 삶을 영위했음을 강조한다.[6] 이

---

2   병행을 이루는 수메르 왕명록도 마찬가지로 홍수 이야기로 저명한 왕들의 족보를 중간에 끊어 방해하며 홍수 이후 왕들의 수명이 점차적으로 축소됨을 보여준다. 비록 그들의 수명은 여전히 상대적으로 엄청나지만 말이다(ANET, 265을 보라).

3   마소라 텍스트에서 아브라함은 에벨의 칠대 손으로 계산된다. J. M. Sasson, "Generation, Seventh," IDBSup, 354-56을 보라.

4   사마리아 오경은 제5부에서 두 인물에 대한 총평을 제시한다.

5   R. S. Hess, "The Genealogies of Genesis 1-11 and Comparative Literature," BSac 70 (1989): 243-44.

6   예를 들어 아담은 구백삼십 세를 살았고 므두셀라(8대손)는 구백육십칠 세를 살았다.

와 비교해서 첫아들의 출생 시 홍수 후의 족장들의 나이와 남은 수명 기간은 홍수 이후에 줄어드는 장수의 복의 대수학적(logarithmic)[7] 감소를 보여준다.[8] 셈은 단지 노아의 수명의 약 2/3만 살 뿐이며(600세와 950세; 참조. 11:10-11과 9:29), 아르박삿의 연령은 단지 셈의 연령의 2/3에 불과하다(438세; 11:12-13).

또한 셈의 족보에서 이 두 가지의 생략은 독자들로 하여금 아브라함으로의 "빠른 독서"를 하게 만든다. 후렴구인 "그리고 그가 죽었다"의 생략으로 셈의 족보는 피할 수 없는 죽음이 아니라 출생과 미래의 희망에 초점을 맞추면서 더욱 낙관적인 색채를 띤다.

이와 같은 셈의 수직적 족보는 10:22-25에 있는 셈의 수평적 족보와 겹친다. 셈의 이 두 족보는 에벨의 두 아들인 벨렉과 욕단이 나타나는 지점에서 두 패로 나뉜다. 창세기 10:26-29은 요밥의 거부된 계보와 더불어 막다른 골목에 다다르나, 11:10-26은 데라의 죽음을 언급하지 않음으로써 구원사의 미래를 향해 열린 채 마무리된다. 셈의 두 족보의 도식은 다음과 같다.

셈
10:22-24(참조. 11:14-15)
에벨

벨렉(11:16-26)	바벨의 시대에	욕단
아브라함	(11:1-9)	(10:25-31)
무자녀		요밥

제4부에서 욕단을 거치는 셈의 족보 다음에 바벨탑에서의 인간의 죄

---

7 Patten, *Biblical Flood*, 214-16을 보라.
8 셈은 오백 세를 살았고 나홀(9대손)은 백십 세를 살았다.

와 하나님의 심판이 뒤따른다. 제5부의 셈의 족보는 아브라함의 출생에 대한 약속과 더불어 끝을 맺는다. 히브리어로 셈은 "이름"을 의미한다. 아이러니하게도 탑 건설자들은 "이름을 내기를" 추구했지만 명성을 얻지 못한다. 또한 그들이 건축한 도성은 부끄러운 이름인 "혼잡"이라는 이름을 얻는다. 하나님은 이 족보에서 셈의 택자들에게 영원한 이름을 주시며 무엇보다 신실한 후손인 아브라함의 이름을 높이실 것이다(12:2을 보라).

제5부에 대한 주해 ──────────────

표제(11:10a)

10a절. 셈의 족보(תּוֹלְדֹת, 톨레도트). 제1부에 있는 2:4에 대한 주해를 보라.

셈. 이 히브리어의 의미는 "이름"이다. 이름은 11:4과 12:2을 잇는 핵심 단어다(위를 보라).

셈으로부터 데라까지의 수직적 족보(11:10b - 25)

내레이터는 의도적으로 전환점이 되는 이 족보를 단지 열 개의 이름에 맞춰 체계화한다. 그는 엄격한 연대기를 확립하기 위해 모든 후손의 이름을 거명하지 않는다. 만일 우리가 마소라 텍스트를 폐쇄적인 것으로 간주한다면(즉 연대기적 공백이 없는 것으로), 창세기 9-11장의 사건들은 겨우 3세기의 기간도 아우르지 못하게 되며[9] 아브라함의 모든 조상은 그가 태

───────

9   사마리아 오경과 70인역의 본문 개정은 첫 번째 아들의 출생 시점에 해당하는 아르박삿에서 스룩까지의 족장들의 연령에다 백 세를 더 추가한다. 아마도 이 역본들이 그렇게 개정한 목적은 아브라함을 셈으로부터 멀리 떼어놓기 위해, 또한 단지 아브라함의 가까운 조상만이 그가 태

어났을 때 살아 있어야 할 것이다. 또한 셈은 아브라함보다 삼십오 세를 더 살게 될 것이며, 셈과 에벨은 야곱과 동시대 인물이 될 것이다![10] 창세기 5장과 11:10-26의 족보들을 체계화함으로써 내레이터는 효과적으로 아담부터 아브라함까지의 원-역사를 통합한다. 아브라함은 구원사에서 그리고 이 책에서 전환점을 구성하는 인물이다.

10b절. 홍수 후 이 년에. 이 배경 진술은 제5부를 제3부와 연결한다. 그러나 이 진술과 더불어 주어진 시간의 틀인 "셈은 백 세에 … 낳았고"는 연대기적 문제를 발생시킨다. 창세기 5:32, 7:6에 따르면, 노아는 세 아들을 낳았을 때 오백 세였으며 홍수가 발생했을 때 육백 세였다. 만일 셈이 첫아들이라면 그의 아들 아르박삿은 홍수가 난 지 이 년 후가 아니라 홍수가 난 해에 태어났을 것이다. 가장 간단한 해결책은 창세기 10:21의 모호한 히브리어를 야벳이 형이라는 진술로 읽는 것이다. 그러면 셈의 출생시에 노아의 정확한 나이는 불확실하다. NIV는 5:32에서 "노아가 오백 세 된 이후에"라고 번역함으로써 이 해석을 성립시킨다.[11]

셈으로부터 벨렉까지(10b-17절)

10-16절. 셈…벨렉. 이 수직적 족보에서 처음 다섯 개의 이름은 10:21-25의 수평적 족보와 겹친다.

10b절. 자녀를 낳았으며(아버지가 되었으며). "낳았다(아버지가 되었다)"

어났을 때 아직 살아 있었음을 확증하기 위함이었을 것이다. 전체적으로 마소라 텍스트는 매끄럽게 개정된 다른 두 역본보다 더 믿을 만하다는 것을 보여주지만, 이 텍스트가 아르박삿과 셀라 사이의 가이난을 누락한 것은 아마도 이차적일 것이다. 다음을 보라. Waltke, "Samaritan Pentateuch," 212-39; G. Larsson, "The Chronology of the Pentateuch: A Comparison of the MT and LXX," *JBL* 102 (1983): 401-9.

10 참조. D. V. Etz, "The Numbers of Genesis V 3-31: A Suggested Conversion and Its Implication," *VT* 43 (1993): 171-89, 특히 188-89.

11 10:32에 있는 오백 세도 11:10에 있는 백 세도 어림수일 것 같지는 않다. 왜냐하면 두 족보에서 다른 숫자들이 모두 정확하기 때문이다.

의 히브리어 동사는 "조상이 되었다"를 의미할 수 있다.

아르박삿. 10:22에서 아르박삿은 셈의 네 아들 중 셋째로 언급된다. 여기서 그는 혼자 나타나는데, 이는 계보에서의 우선권이 장남이 아니라 하나님의 선택을 토대로 삼고 있음을 제시한다.

11절. 자녀를. 다른 자녀들에 대한 언급은 후손을 주시는 하나님의 축복과 수직적 족보의 선택적 특징을 모두 보여준다.

12절. 아르박삿은 삼십오 세에 셀라를 낳았고. 이는 다음과 같이 읽어야 한다. 즉 "아르박삿은 삼십오 세가 되었을 때 가이난의 아버지가 되었다. 그리고 가이난의 아버지가 된 후 아르박삿은 사백삼십 년을 살았고 다른 아들들과 딸들을 낳았다. 가이난은 삼십사 세가 되었을 때 셀라의 아버지가 되었다. 그리고 셀라의 아버지가 된 후에 가이난은 삼백삼십 년을 살았고 다른 아들들과 딸들을 낳았다." 이 독법은 그리스어 본문과 누가복음 3:35-36에 근거한다(창 10:24을 보라). 본문비평의 관점에서 볼 때 이는 이름이 추가되었다기보다 우연한 누락으로 설명하는 것이 더 간단하다. 이 누락은 두 명부의 유사성으로 쉽게 설명될 수 있는데,[12] 이는 서기관의 흔한 실수다. 그렇다면 십중팔구 마소라 텍스트는 이 누락을 조정할 필요가 있어서 교정되었다. 이는 서기관이 확정된 족보에 하나의 이름을 추가했다는 설명보다 더욱 그럴듯하다. 마소라 텍스트를 지지하는 몇몇 학자는 아브라함이 열 번째 세대라고 주장하나 병행 본문은 애매하다. 왜냐하면 그들은 창세기 5장에 있는 열 개의 수직적 명단과 달리 그 계보의 일부로서 수평적 족보를 포함하기 때문이다.

---

12 70인역은 백삼십 세로 읽지만, 추가적인 백 세는 추정컨대 그 개정에 대한 전형적인 후대의 수정이다(위의 각주 9를 보라).

벨렉으로부터 데라까지(11:18-25)

18절. 벨렉. 벨렉의 대에 이르러 에벨을 거친 셈의 계보는 비택자와 택자로 양분된다.

19절. 이백구 년. 벨렉과 더불어 시작되는 수명은 훨씬 더 급격히 감소한다(위의 "문학적 분석: 비교와 대조"를 보라). 아르박삿으로부터 에벨까지 족장들은 약 사백오십 년을 산다. 벨렉으로부터 스룩까지의 수명은 이백오십 년에 못 미치고 나홀은 단지 백사십팔 년을 산다.

20절. 르우. 성경의 족보를 벗어나면 이 이름은 발견되지 않는다. 벨렉의 후손이 메소포타미아 상부에 정착했기 때문에 르우도 그랬을 것으로 생각된다.

22절. 스룩. 이는 아카드의 지명으로 메소포타미아 상부의 하란 서쪽 45마일(60km)에 위치한다.

24절. 나홀. 이 역시 메소포타미아 상부에 있는 한 장소의 이름으로 파악된다(22:23과 24:10을 보라).

데라의 수평적 족보(11:26)

데라. 결론부의 이 수평적 족보는 데라의 후손의 계보에 대한 기사로의 자연스러운 전환점을 형성한다. 또한 데라는 하란 근처의 발릭강에 위치한 지명이다. 데라와 그의 아들들은 먼저 메소포타미아 남쪽의 우르로(11:28), 이어서 가나안으로(11:31) 이주한다.

칠십 세. 아르박삿으로부터 나홀에 이르는 데라의 조상들이 이른 나이인 삼십 대에 첫아들을 낳은 반면, 데라는 추가로 사십 년을 더 기다려야 한다. 이런 시간의 연장은 아들을 낳을 때 백 세인 그의 아들 아브라함과 육십 세인 그의 손자 이삭의 운명을 예고한다. 더구나 칠십은 완전수로

하나님의 손길의 흔적을 드러낸다.[13]

～를 낳았다(NIV-～의 아버지가 되었다). 선택된 셈과 그의 형제들과의 관계를 보여주기 위해 노아의 세 아들의 족보가 부분적으로 선별된 것처럼 데라의 계보도 그의 가족으로부터 선택된 아브라함을 강조하기 위해 부분적인 족보로 제시된다.

아브람. 사마리아 오경에 나타나는 일부 수정에 근거하면 아브람은 데라의 장남이다. 나중에 아브라함으로 개명되는(17:5을 보라) 아브람은 "높임 받는 아버지" 혹은 "아버지는 높임을 받으신다"를 뜻한다. 이는 그의 귀족적 계보를 암시한다. 아브람은 셈과 같이(5:32) 가장 먼저 언급될 뿐만 아니라 그의 믿음으로 인해 그의 형제들과 구별된다. 그의 가족은 이방의 우상에 빠져 있었다(수 24:2). 이는 데라의 증손자이자 나홀의 손자인 라반의 사례에서 분명하게 드러난다(22:22; 25:20; 29:5; 31:19을 보라). 매튜스는 「희년서」(*Jubilees*)에서 아브람이 자기 아버지의 우상숭배를 질책했음을 언급한다.[14]

나홀. 아브람의 형제 나홀의 이름은 할아버지의 이름을 따라 붙여졌다(11:22-24을 보라). 이는 창세기 5, 10, 11장의 족보에서 조상을 따라 작명한 유일한 사례로 그 가족이 매우 끈끈한 관계였음을 제시하고 있을 가능성이 있다. 만일 그렇다면 아브라함이 가족을 떠나는 것은 훨씬 더 힘든 일이었을 것이다. 나홀과 하란은 그들의 후손인 리브가와 롯에게 중요한 인물이 된다.

---

13 칠십 개의 민족과 야곱의 칠십 명의 아들에 대한 주석을 보라. 칠십은 완전성과 충만함을 상징하는 두 숫자 칠과 십의 배수다(제4부 1막에 대한 문학적 분석에서 "비교와 대조"를 보라).

14 Mathews, *Genesis 1-11:26*, 499 n. 32.

제5부에 대한 신학적 고찰 ───────────

죄와 은혜

학자들은 창세기의 원-역사에서 하나님의 구원의 은혜에 비례하여 죄가 점차 증가하는 패턴에 주목해왔다. 다음에 나오는 도표는 이런 교차하는 패턴을 도식화해서 보여준다.

	아담	가인	노아	바벨
법	선악과를 제외하고 모든 나무의 열매를 먹으라	일반 은총: 양심에 새겨진 옳음과 그름 (4:7)	일반 은총: 양심에 새겨진 옳음과 그름	흩어져 땅에 충만하라
반역	금지된 나무의 열매를 먹기로 선택: 자치권을 확보하려는 사악한 시도	명목주의와 형제 살인	마음으로 생각하는 모든 계획이 항상 악할 뿐임	순종의 거부: 안전을 위해 그들의 연합과 자기 결정에 의존함 (탑으로 상징됨)
심판	영적인 죽음: 하나님과의 관계 및 서로 간의 관계의 상실; 동산으로부터의 추방	땅으로부터 추방되어 유목민과 방랑자가 됨	홍수: 파멸된 땅	언어의 혼잡: 폭압적 나라들의 시작
감면	구원을 가져오고 뱀을 정복할 씨의 약속	가인을 보호하고 그가 자신의 수명대로 살도록 그에게 붙여진 표	하나님과 인간의 희망으로서 방주 안의 노아와 피조물들	아브라함의 부르심-구원을 모든 가족에게 가져올 한 민족

각 이야기에서 하나님의 통치는 그분의 직접적인 명령(즉 그 나무의 열매는 먹지 말라)을 통해, 혹은 각 사람이 옳고 그름을 분별하도록 하는 그분의 일반 은총이라는 선물을 통해 표현된다. 그것에 근거하여 내레이터는 노아를 그의 악한 세대와 반대되는 의인이라고 평가할 수 있다. 가인이 형제를 살인하는 죄를 저지르기 전에 하나님은 가인에게 이렇게 경고

하신다. "네가 선을 행하면 어찌 낯을 들지 못하겠느냐? 선을 행하지 아니하면 죄가 문에 엎드려 있느니라. 죄가 너를 원하나 너는 죄를 다스릴지니라"(4:7). 여기서 옳고 그름에 대한 의식이 전제된다.

그럼에도 불구하고 인간은 자신의 오만 속에서 하나님께서 설정해놓으신 경계선을 깨부순다. 각각의 이야기와 더불어 반역이 점점 늘어나고, 무너지는 윤리와 증가하는 폭력은 이를 상징한다. 자치권을 확보하려는 사악한 시도 속에서 아담과 하와는 무엇이 옳은지를 스스로 결정한다. 이 근본 없는 자기 결정으로 인해 그들의 후손은 침체의 소용돌이로 빠져들기 시작한다. 그들은 심지어 자기 형제를 살인하고서도 자신들의 선택권을 주장할 것이다. 결국 마음으로 생각하는 모든 계획이 악해져서 인간은 땅에 충만하라는 하나님의 명령에 맞서 탑을 건설하고 하늘에 닿기로 결심한다.

그들의 악은 그들 위에 내려진 하나님의 정당한 심판을 불러온다. 그들이 하나님으로부터 소외된 것은 서로 간의 소외로 이어지고, 마침내 그들의 언어가 분열되고 별개의 민족으로 흩어지는 결과를 낳는다. 형제와 형제의 대립이 민족과 민족의 대립이 되며, 이 소란은 지금도 계속되고 있다(열국 간에 행해진 세계대전으로 인해 5천만 명이 죽었다).

그러나 하나님의 은혜는 그분의 백성이 완전히 파멸하도록 방관하지 않을 것이다. 인간이 아직 에덴동산에 있을 때 그분은 희망의 씨앗을 심으셨다. 여자로부터 악을 무찌를 한 사람이 나올 것이다. 열국으로부터 하나님은 자신의 특별한 백성이 될 한 민족을 부르셔서 모든 민족을 구원으로 이끄실 것이다. 제5부는 바벨탑에서 있었던 인간의 실패에 대한 하나님의 은혜로운 반응이다. 셈의 씨는 아브라함으로 이어질 축복의 계보를 보존한다. 아브라함은 역사 속에서 새로운 혁신에 착수한다. 곧 열국을 축복할 한 민족이 시작된다.

은혜와 역사적 죄책

　비록 하나님이 각 경우에 새로운 은혜의 수단을 시작하셨다고 할지라도 죄의 역사적 결과는 고통스럽게도 명백하다. 하나님은 우리아를 죽이고 밧세바와 간음한 다윗을 용서하시지만, 살해당한 그 남편은 되살아날 수 없으며 그 아내의 순결은 회복될 수 없다. 제5부의 족보는 복을 받는 셈의 후손을 보존하는 데 있어 하나님의 은혜를 보여주지만, 급감하는 족장들의 수명은 인간에게 내려진 홍수의 무서운 결과를 보여준다. 홍수 전의 마지막 인물인 노아는 구백오십 세를 살았으나, 이 족보에 나이가 인용된 홍수 후의 마지막 인물인 나홀의 수명은 백사십팔 세에 불과하다 (11:24-25).

제6부

데라의 후손의 계보

(11:27-25:11)

제6부의 주제 ——————————

하나님께서 세상을 민족들로 분열시키신 것은(제4부를 보라) 우주적 구원을 이루기 위해 셈의 계보로부터 특별한 한 백성을 선택하시는 하나님의 새로운 일(제5부)을 위한 배경을 제공한다. 확장되었으나 통합된 제6부의 서사는 아브라함과 맺는 하나님의 언약의 선물을 묘사한다.

하나님 편에서 보자면, 야웨는 이 특별한 언약 관계를 위해 셈의 후손을 선택하신다. 아브라함을 부르심으로써 하나님은 이스라엘―옛 이스라엘과 새 이스라엘 모두(즉 교회)―을 그분의 언약 백성으로 창조하는 이야기를 시작하신다. 모든 인류에게 하나님이 주신 처음의 축복은(1:28) 이제 아브라함과 그를 통해 생길 그의 민족을 통해 성취된다. 이와 같이 아브라함과 그의 백성을 부름에 있어 야웨는 이스라엘에게 자비를 베푸심으로써 그분의 자유를, 그들이 불순종할 때 그들을 심판하심으로써 그분의 거룩함을, 그들을 회복시키심으로써 그분의 신실하심을 드러내시고, 모든 역사에 대한 그분의 절대적인 주권을 나타내신다.

아브라함의 편에서 보자면, 그는 하나님께서 그분의 약속을 지킬 것이라는 믿음으로 살아야 한다. 내레이터는 아브라함이 하나님께서 언약을 맺으시는 특별한 사람임을 보여주기 위해 아브라함의 믿음을 특징적으로 묘사한다.

첫째, 아브라함은 결점이 없는 사람이 아니다. 믿음의 영웅들이 각각 그렇듯이 그의 단점은 그의 장점만큼이나 교훈이 될 것이다. 신실한 족장들은 축복과 빛의 땅인 약속의 땅 안에서 또한 그곳을 이탈해서 방랑하지만, 각 단계에서 인도하시는 하나님의 손길은 명백해질 것이다. 왜냐하면 "우리는 미쁨이 없을지라도 주는 항상 미쁘시니 자기를 부인하실 수 없으시기"(딤후 2:13) 때문이다.

아브라함의 믿음이 성숙해짐에 따라 하나님은 점점 더 아브라함을 신뢰하신다. 하나님은 특별한 약속, 곧 아브라함을 축복하여 그를 한 민족으로 만들고(창 12:2) 그를 통해 땅을 축복하겠다는 약속과 더불어 시작하신다(창 12:2-3). 이어서 하나님은 아브라함을 한 민족으로 만들겠다는 약속을 변개될 수 없는 언약의 형식으로 내놓으시고(15장) 계속해서 언약을 재확인하심으로써 아브라함을 통해 열국을 축복하신다는 그분의 약속을 확증하신다(17장). 최종적으로 야웨는 그 언약에 대해 맹세하신다(22장).

아브라함이 **바로 그** 성경적인 믿음의 영웅이다. 믿음의 영웅들의 명부에서 히브리서 저자는 보통 한 영웅에게 한 구절을 할당하지만 모세에게는 여섯 구절을 할당한다. 그러나 히브리서 저자는 아브라함에게 꽉 채운 열두 구절을 할애한다(히 11:8-19). 창세기에 나오는 아브라함 및 다른 믿음의 영웅들—이삭, 야곱, 요셉, 유다—은 주 예수 그리스도가 그로부터 싹이 나오고 이방인들이 접목되는(롬 11:17-21) 거룩한 뿌리다. 아브라함은 모든 믿는 자들의 아버지다(롬 4:16-17).

아브라함의 이야기는 "인간의 도성"과 가족의 안정을 버리고 하나님의 도성을 찾으러 위험을 무릅쓰고 떠나라는 하나님의 부르심으로 시작된다. 이는 모든 성도가 들어야 하는 부르심이며, 하나님의 백성이 하늘의 도성을 향해 가는 순례에서 그들을 인도하시는 부르심이다. 독자들은 자신을 이런 책무 혹은 약속의 직접적인 행위의 수령인이나 수신인으로 이해한다. 그들은 이 공동체의 구성원들이다.

제6부의 개요 ────────────────

제3막: 이삭으로의 전환   22:20-25:11

제1장: 리브가의 가정 배경, 22:20-24

제2장: 사라의 죽음과 막벨라 굴의 입수, 23:1-20

제3장: 이삭이 받은 선물인 리브가, 24:1-67

제4장: 유일한 상속자인 이삭, 25:1-6

제5장: 아브라함의 죽음, 25:7-11

제6부에 대한 문학적 분석 ─────────

제6부는 여러 이야기가 결합된 서사로서 폭넓은 몇 가지 문학적 특징
으로 통일된다(장과 막의 상세한 문학적 양상에 대해서는 각 장과 막에
대한 논의를 보라.

구조와 플롯

제6부는 비록 뚜렷한 여러 장으로 구성되어 있다고 할지라도 촘촘하
게 엮여 있는 단일한 서사다. 이는 아브라함의 출생과(11:27) 불임인 그의
아내 사라의 등장으로부터(11:29-30) 사라와 아브라함의 죽음까지를 포
함한다(23:1-20; 25:7-11).

창세기의 열 편의 책을 구별하는 전형적인 표제에 이어(11:27a) 제6부
는 분명한 경계가 있는 세 개의 분할, 즉 도입부(11:27b-32), 몸통(12:1-
22:19), 그리고 다음 책과 세대로의 전환(22:20-25:11)으로 구성된다. 도
입부는 이 분책의 특징을 보여준다. 몸통은 아브라함의 믿음에 대한 시
험을 통해 플롯의 긴장을 발전시킨다. 결론부의 전환점은 사라의 죽음과
아브라함의 죽음의 장면 사이에(23:1-20; 25:1-11) 이삭의 신부를 확보하
는 장면을 끼워 넣는다. 이는 이삭의 기사를 위한 필수적인 배경을 제공
한다(즉 이삭과 리브가의 후손에 대해; 25:19-35:29).

자신의 믿음을 시험하는 일련의 갈등에 직면해서 하나님을 신뢰하려

는 아브라함의 필사적인 노력이 플롯을 이끌어간다. 아브라함의 믿음은 다음과 같은 일련의 상황들에도 불구하고 그가 하나님을 신뢰할 때 더욱 성장해간다. 즉 그는 아내가 불임이고, 약속의 땅에서 기근을 만나며, 적대적인 땅에서 볼모로 잡힌다. 자기 아내를 이방 왕의 후궁으로 빼앗기고, 자신을 위해 땅을 차지한 조카는 감사를 모른다. 강력한 왕들과 전쟁을 치르고, 경쟁하는 아내들과 그들의 자녀들 사이에는 가정불화가 생기며, 그의 몸은 계속 노쇠해가고, 약속이 성취되지 않을 때 죽음이 찾아온다. 게다가 아브라함의 하나님은 이해할 수 없게도 그에게 아들을 희생 제물로 바치라고 요구하신다. 그의 후손이 이 아들을 통해 생겨날 것인데도 말이다.

게리 렌즈버그(Gary Rendsburg)는 내레이터가 아브라함 이야기를 동심원 패턴으로 통합한다고 설득력 있게 주장한다(서론에 있는 "구조와 내용"을 보라).[1] 이 패턴은 바흐의 푸가에서처럼 플롯 구조에 맞춘 대위법으로 기능한다.

수미상관

서사의 중심인 몸통 부분(서론의 "구조와 내용"에서 B에서 B′를 보라)은 아브라함을 향한 하나님의 과격한 요청과 아브라함과 그의 후손을 통해 열국을 축복하시겠다는 하나님의 약속으로 시작하고 끝을 맺는다.

- "너는 너의…아버지의 집을 떠나(לֶךְ-לְךָ, 레크 레카) 내가 네게 보여줄 땅으로 가라"(12:1).
- "땅의 모든 족속이 너로 말미암아 복을 얻을 것이라"(12:3).
- "모리아 땅으로 가서(לֶךְ-לְךָ, 레크 레카) 내가 네게 일러준 한 산"

---

1   Rendsburg, *Redaction*, 28-29.

(22:2).**²**

- "네 씨로 말미암아 천하 만민이 복을 받으리니"(22:18).

이 서사의 시작과 끝에서(B와 B′) 아브라함은 그가 알지 못하는 곳으로 출발하기 위해 친숙한 모든 것을 떠나야 한다. 창세기 12장에서 아브라함은 하나님의 약속에 대한 단순한 믿음으로 자신의 과거를 떠나라고 요구받고, 창세기 22장에서는 하나님에 대한 단순한 믿음으로 자신의 미래를 포기하라고 요구받는다. 급진적인 순종을 바라는 각각의 요구 다음에 하나님의 풍성한 약속들이 뒤따른다.

몸통인 12:1-22:19은 두 개의 막으로 구성되는데, 구별되는 주제들과 관련된 수미상관과, 아브라함이 한 민족이 되어가는 두 양상이 이를 표시한다. 첫 번째 막은 약속의 땅과 관계가 있다(12-15장). 이 막은 "내가 네게 보여줄 땅으로 가라"(12:1)는 명령으로 시작하며 자신의 약속을 보장하시는 하나님의 언약, 즉 "내가 이 땅을…네 후손에게 주리니"(15:18)로 끝을 맺는다.

두 번째 막은 씨와 관계가 있다. 이는 "아브람의 아내 사래는 출산하지 못하였고"(16:1)로 시작한다. 이 막은 "사라가 임신하고…아들을 낳으니"(21:2)라는 선언과 더불어 부분적인 해결에 이르며, "내가 네게 큰 복을 주고 네 씨가 크게 번성하여 하늘의 별과 같고 바닷가의 모래와 같게 하리니"(22:17)라는 극적인 결론으로 막을 내린다.

절정

이 긴장은 창세기 22장에서 웅장한 절정에 도달한다. 아브라함은 이삭

---

2   구약의 다른 곳에서 정확히 이런 형태로 발생하지 않는 문구인 레크-레카(לֶךְ-לְךָ)는 이 두 단락을 연결해준다.

을 희생으로 바침으로써 그의 믿음이 완전히 성숙해졌음을 증명하며, 흡사 죽은 자 가운데서 그 아들을 도로 받는다. 하나님은 처음에 아브라함에게 했던 약속을 지키겠다고 맹세하신다. "여호와께서 이르시기를 '내가 나를 가리켜 맹세하노니 네가 이같이 행하여 네 아들 네 독자도 아끼지 아니하였은즉, 내가 네게 큰 복을 주고 네 씨가 크게 번성하여 하늘의 별과 같고 바닷가의 모래와 같게 하리니, 네 씨가 그 대적의 성문을 차지하리라. 또 네 씨로 말미암아 천하 만민이 복을 받으리니, 이는 네가 나의 말을 준행하였음이니라' 하셨다 하니라"(22:16-18; 히 6:13-20도 보라).

인물 묘사: 발전과 대조

이 서사는 믿음의 학교에서 훈련받는 아브라함에 대한 연구다. 이 서사는 하나님의 순종하는 종으로서 실패와 성공을 통한 아브라함의 성장을 허심탄회하게 묘사한다. 아브라함은 "초등학교"에서 시작한다 (12:1-3). 여기서 그는 하나님이 주신 환상(즉 없는 것을 마치 있는 것처럼 보는 것) 속에서 산다. 이는 하나님의 말씀, 특별히 그분의 약속을 통해 그에게 전해진다. 히브리서 저자는 아브라함이 하나님의 약속의 씨와 땅을 "보았으며" "멀리서 보고 환영했다"라고 말한다(히 11:13b).

그러나 "대학생"으로서 아브라함은 다음의 사실을 배워야 한다. 즉 하나님의 언약 파트너들은 모질고 적대적인 현실에 비추어 하늘의 이상이 불가능하게 보일 때 이 환상 속에서 살아야 한다는 것이다(창 15장을 보라). 아브라함이 칠십오 세에 이런 믿음의 모험으로 부름을 받았을 때, 그는 자신의 몸이 수액이 마른 죽은 나무처럼 굳어지고 사라의 태가 시든 꽃처럼 쇠약해짐을 지켜보아야 했다. 한때 그는 "주 여호와여, 무엇을 내게 주시려 하나이까? 나는 자식이 없사오니"(15:2)라고 소리친다. 그의 환상에 확신을 심어주기 위해 하나님은 밤중에 그를 밖으로 데려나가신 뒤 "은하수"가 흐르는 별이 총총한 하늘을 가리키면서 이렇게 약속하신다. "네 자손(문자적으로 '씨')이 이와 같으리라"(15:5). 그러나 아브라함이 항상 흔들림 없이 이 믿기 어려운 약속을 신뢰하는 것은 아니다. 그는 반복적으로 하나님의 보호하심을 신뢰하지 못하고 넘어진다(12:10-13; 20:11-13). 또한 마침내 약속의 씨를 받기 전에 아브라함과 사라는 그들 스스로 조작하여 이 일을 성취하려고 하지만 이는 결국 파괴적인 결과로 이어진다(16:1-4).

"대학원"에서 아브라함은 하나님으로부터 받은 환상을 품으며 사는 삶은 철저한 순종을 수반한다는 것을 배운다(창 22장). 내레이터는 아브라함과 사라의 믿음의 초점을 이삭에 맞춘다. 그들의 삶이 절정에 이를 때 하나님은 아브라함에게 이삭을 바치라고 명령하시고, 그리하여 오랜 세월 느껴온 그들의 실망을 역전시켰던 희망을 무효로 돌리신다. 아브라함의 행동은 하나님에 대한 충직한 신뢰 속에서 그의 무르익은 성숙함을 보여준다. 모든 이성적 판단과 관례와는 반대로 아브라함은 순종하며 하나님께서 어떻게든 희생제물을 준비하시리라고 확신한다(22:1-19). 히브리서 저자는 이렇게 기록한다. "그가 하나님이 능히 이삭을 죽은 자 가운데서 다시 살리실 줄로 생각한지라. 비유컨대, 그를 죽은 자 가운데서 도로 받은 것이니라"(히 11:19).

아브라함의 이런 성숙한 믿음은 심지어 그의 생애의 노년에 땅에 대한 하나님의 약속이 성취되는 것을 여전히 목도하지 못했을 때에도 한결같았다. 그 땅에서 아브라함의 소유지는 자기 아내를 매장하기 위해 비싼 값으로 매입한 묘지뿐이었다(창 23장). 하지만 그의 아낌없는 토지 매입은 이 땅이 그와 그의 후손에게 주어졌다는 그의 믿음을 나타낸다.

이 서사는 사라의 성품과 믿음의 발전도 기록한다. 사라는 비록 휘청거리는 여러 단계를 거치지만, 단순히 불임이었던 아내의 신분에서 아름다운 여인으로, 계획을 꾸미는 질투심 많은 아내로, 그리고 하나님을 공경하고 자기 아들을 보호하며 하나님께서 그녀의 충언을 인정해주시는 대단한 어머니로까지 변모하며 출현한다(21:12).

다른 많은 조연급 인물들이 이 서사에 기여한다. 그들의 특징은 아브라함과 사라를 보완하고 그들과 대조되는 역할을 하는 것이다. 예를 들어 롯의 어리석음은 아브라함의 믿음을 부각하며, 하갈과 그녀가 낳은 자식인 이스마엘은 사라와 그녀의 초자연적 자손인 이삭을 돋보이게 만든다.

주요 인물이 종종 별다른 주목을 받지 않고 지나간다. 아브라함이 주연으로 등장하지만, 그를 포함한 각 등장인물의 발전은 서사를 이끄는 가장 중요한 지휘자인 하나님과의 조우를 통해 이루어진다. 특별히 현재의 서사에서(참조. 창 37-50장) 하나님의 친밀한 임재가 전반적으로 쉽게 간파될 수 있다. 그분은 서사 전체를 통해 자신의 뜻과 큰 기쁨과 심판을 다양한 형식으로, 즉 구두로 전하는 말씀, 신체적 모습, 환상, 꿈, 야웨의 사자들을 통해 전달하신다. 심지어 하나님의 말씀, 특히 아브라함을 향한 말씀이 없는 의미심장한 침묵마저도(예. 12:10-20) 하나님의 의도를 전달한다.

핵심 단어들

아브라함을 향한 하나님의 약속과 관련된 핵심 단어는 "보다",[3] "땅", 그리고 "씨"다.

전조

"사래는 임신하지 못하므로"라는 진술과 "자식이 없었더라"(11:30)는 강조적 어구와 더불어 서론은 아브라함에 대한 서사를 이끌어가는 불임의 긴장 상태를 예고한다. 게다가 가족을 동반한 데라의 이주(11:31)는 약속의 땅을 향한 아브라함의 여정에 대한 전조가 된다.

---

3 Martin Buber는 "보다"를 이 서사의 핵심 단어로 주목했다("Abraham the Seer," in *On the Bible*, ed. N. N. Glanzer (New York: Schocken, 1982), 42.

모형론

아브라함과 맺은 하나님의 약속 및 언약들은 예수 그리스도의 복음에 대한 모형이다. 개럿은 이 약속과 언약을 "아브라함의 복음"이라 칭한다.[4] 구원을 향한 아브라함과 열국의 소망은 아들을 주시겠다는 자신의 약속을 성취하시는 하나님께 달려 있다(창 15:1-6; 눅 2:28-32). 이 목적에 도달하기 위해 이삭과 예수의 탄생은 둘 다 기적적으로 일어난다(창 17:15-18; 18:12-14; 마 1:18-25). 그렇지만 역설적으로 두 아들 모두 죽어야 하고 죽음으로부터 일으킴을 받은 후라야 자신의 과업을 완수할 수 있다. 말하자면 이삭은 모형이고 예수 그리스도는 문자 그대로 이루신다(히. 11:19). 나아가 하나님은 희생제물과 관련하여 아브라함과 맺은 자신의 언약을 실행하시며(창 15:18), 예수의 십자가 희생의 행위를 통해 교회와 맺은 새 언약을 시작하신다(눅 22:20). 덧붙여 할례는 아브라함 언약의 징표다(창 17장). 성찬의 잔은 새 언약의 징표다(눅 22:20). 나아가 아브라함은 자신의 공동체를 이방인 및 거류민의 무리로 만들기 위해 자신의 고향을 떠나야 하며(창 12:1), 오늘날 교회는 이 세상이 아니라 하늘의 시민권을 가졌음을 고백해야 한다(요 15:19; 빌 3:20). 마지막으로 아브라함과 교회는 모두 새 하늘과 새 땅의 종말론적 희망에 기반을 둔다(히 11:39-40).

---

4   Garrett, *Rethinking*, 164-68을 보라.

제6부

서론(11:27-32)

제6부, 서론에 대한 문학적 분석 ————————————

구조

서론은 서문의 표제(11:27a), 데라의 수평적 족보(11:27b-30), 그의 이주 (11:31), 사망 통지(11:32)로 구성된다. 도르시는 다음과 같은 동심원 패턴에 주목한다.[5]

A 서론: 데라와 그의 후손(11:27)

  B 가족이 **갈대아 우르에 살다**; 하란이 사망하다(11:28)

    C 아브라함이 **사래를 아내로 취하다**(לָקַח, 라카흐); 나홀이 **하란의 딸** 밀가와 결혼하다(11:29)

      X 사래가 임신하지 못하다; 그녀에게 자녀가 없다(11:30)

    C′ 데라가 **아내 사래** 및 **하란의 아들** 롯과 더불어(11:31a) 아브라함을 **취하다**(לָקַח, 라카흐)

  B′ 가족이 **갈대아 우르를 떠나다**; 하란에 정착하다(11:31b)

---

5   Dorsey, *Literary*, 54.

A′ 결론: 데라의 삶의 요약; 그의 죽음(11:32)

야누스

서론은 첫 번째 구절에서 제5부의 마지막 구절을 거의 축자적으로 반복함으로써 제5부와 6부 사이의 전환점을 이룬다(11:26, 27을 보라). 더욱이 서론은 변형된 형태로 제5부의 족보 패턴을 완성한다. "데라가 다른 자녀들을 낳았다"와 같은 요약 진술 대신(참조. 11:12-25), 서론은 자녀들의 이름을 거명하고(11:27-30) 인생 역정을 덧붙이며(11:31) "그리고 그가 하란에서 죽었다"라는 말로 독특하게 마무리한다. 이 사망 통지는 원-역사의 문을 단단히 잠근다. 창세기 12:1-3은 구원사의 새로운 문을 열 것이다.

제6부, 서론에 대한 주해 ───────────

표제(11:27a)

27절. 데라 자손의 족보(개역개정-"데라의 족보"). 2:4에 있는 톨레도트(תּוֹלְדֹת)에 대한 주해를 보라.

데라. 11:26을 보라. 중심인물(아브라함)의 아버지인 데라는 그 이름이 가족에 붙어 있으며 여기에 그 가정의 역사가 기록되어 있다. 그는 다시 언급되지 않을 것인데, 왜냐하면 그가 아브라함의 믿음을 공유하지 않기 때문이다. 서론은 데라의 가족이 달의 신인 신(Sin)을 섬긴 것으로 추론한다. 데라는 우르와 하란에 정착한다(11:31을 보라). 이 두 도성은 모두 달의 신을 섬기는 중요한 제의의 중심지였다. 사래와 밀가는 아마도 각각 신(Sin)의 배우자 및 딸의 이름과 직책을 따라 지어진 이름일 수 있다(11:29을 보라). 그 자신의 이름인 데라는 "달"을 뜻하는 히브리어 예라흐(יֶרַח)와 관계가 있을 수도 있다. 이런 해석은 여호수아 24:14과 잘 어울린다.

<h2 style="text-align:center">수평적 족보(11:27b-30)</h2>

데라는 … 낳았으니(NIV-"데라는 아버지가 되었다"). 11:26의 반복은 명시적으로 제6부를 앞의 분책과 연결한다. 이 수평적 족보는 데라의 자녀들과 그들의 관계를 소개한다. 아브라함, 사라, 롯은 주역이자 발전하는 등장인물들이다. 다른 인물들은 보조적인 인물들이다.

28절. 하란은 … 죽었더라. 그의 때 이른 죽음이 아브라함이 우르로부터 이주한 데에 영향을 주었을지 모른다(12:4-5을 보라). 이는 끈끈하게 결속된 이 가문 안에서 지낼 하란의 자녀들의 운명을 설명한다(24:3; 27:46; 31:50을 보라). 나홀은 하란의 딸인 밀가와 결혼하여(11:29) 여덟 아들을 낳는데, 그중 하나가 라반과 리브가의 아버지인 브두엘이다. 데라와 아브라함은 고아가 된 롯을 돌본다(11:31; 12:4).

갈대아인의 우르. 이곳은 현대의 텔 엘-미카야르(Tell el-Miqayyar)로 하부메소포타미아에 위치한다. "갈대아"라는 이름은 아마도 창세기의 후대의 편집을 반영하는 현대화 작업일 것이다(서론에 있는 "편찬과 저작권"을 보라). 갈대아인들은 기원전 천 년경에 메소포타미아 남부 지역에 들어와 기원전 7세기에서 6세기에 그곳에서 지배 계급이 되었다. 어떤 이들은 우르가 메소포타미아 북부의 우르파(Urfa; 에데사[Edessa]) 또는 하란 가까이에 위치한 다른 우르를 가리킨다고 생각한다. 하지만 이런 해석들은 사도행전 7:2과 상충된다.

그가 출생한 땅(개역개정-"고향"). 동일한 히브리어 단어가 11:28에서는 "땅"으로, 12:1에서는 "나라"(country; 개역개정-"고향")로 번역되면서 갈대아 우르를(하란이 아니라) 아브라함이 부르심을 받은 장소로 확증한다(참조. 15:7; 느 9:7; 행 7:2).

29절. 사래. 히브리어에 근거하면 그녀의 이름은 "공주"를 의미한다. 만일 아카드어 샤라투(*sharratu*)를 어근으로 한다면, 이는 "여왕"을 의미한다. 샤라투는 우르의 주신이었던 달의 신, 즉 신(Sin)의 여성 배우자였다. 사래는 아브라함의 어머니가 아닌 다른 어머니에게서 태어난 데라의 딸이었다(20:12). 이런 종류의 근친상간을 금지하는 법은 족장 시대에는 알려진 바가 없다(서론에 있는 "역사성과 문학적 장르"를 보라).[6]

나홀의 아내. 당시의 법은 조카딸과의 결혼을 금지하지 않았다.

밀가. 이 이름은 "여왕"을 의미하는 히브리어 말카(מַלְכָּה)의 변형이다. 아카드어 말카투(*malkatu*)는 달의 신인 신(Sin)의 딸, 즉 여신 이쉬타르(Ishtar)의 칭호다.

이스가. 그녀는 아브라함 서사에서 아무런 역할도 하지 않는다.

30절. 임신하지 못하므로. 브루그만은 이것이 "희망 없는 상황…미래를 조종할 수 없는 인간의 무력함에 대한 효과적인 은유"라고 주장한다.[7] 사라의 불임은 아브라함의 믿음을 시험하고 전체 이야기를 이끌어간다. 상징적 불임을 극복하는 하나님의 목적이라는 주제는(사 54:1을 보라) 리브가(창 25:21), 라헬(29:31), 그리고 한나(삼상 1:2)에게서 반복되며 동정녀 잉태의 전조가 된다(눅 1:26-38). 이 모든 여성이 능동적으로 하나님의 은혜에 자신을 맡긴다.

우르로부터 하란으로의 이주(11:31)

31절. 데라가…데리고. 가나안으로의 이주는 환상을 따라가는 순례로 시작된 것이 아니라 가족의 결정에 따른 것이었다. 창세기 12:1은 아브라함이 혼자서 가나안을 향해 떠나라는 말을 듣는다고 제시하지만, 그는 아

---

6 레 18:9; 20:17; 신 27:22을 보라. 나중에 이런 관행은 금지될 것이다. 율법은 배다른 형제의 무절제한 정욕으로부터 여성을 보호하려는 목적이 있었을 개연성이 있다. 친형제가 자신의 친누이의 보호자 역할을 했을 가능성은 더욱 크다. 그는 그녀의 처녀성을 보호했을 것이나 배다른 형제는 태생적으로 이런 동일한 염려를 하지 않았을 것이다. 이런 차이는 배다른 남매였던 암논이 다말을 겁탈하고 그녀의 친오빠인 압살롬이 그녀를 보호한 데서 잘 예시된다(삼하 13장).

7 Brueggemann, *Genesis*, 116.

버지가 죽기 전까지는 떠나지 않는다. 이 서론은 아브라함이 믿는 데 더 딘 것으로 묘사한다.

하란. 개인의 인명과 혼동하지 말아야 한다. 장소인 하란은 우르 북서쪽 550마일(885km)에 있는 발릭강(Balikh)의 언덕에 위치하며 오늘날의 시리아-터키 국경에 가깝다. 우르와 같이 이곳은 달 숭배의 주요 중심지였다.

거기 거류하였으며. 가나안을 향해 가는 일을 강행하기 전에 데라와 그의 가족은 달 숭배의 중심지에 정착한다.

데라의 죽음(11:32)

32절. 이백오 세. 원문은 아마도 "백사십오 세"였을 것이다. 이 독법은 초기의 본문 형태를 보존하고 사도행전 7:2-4에 영향을 끼친 사마리아 오경에서 입증된다. 만일 마소라 텍스트가 원문이라면 아브라함이 태어났을 때 데라는 백삼십 세였다(11:26; 12:4을 보라). 이는 다음 세 가지 이유로 가능성이 없어 보인다. 즉 (1) 이는 셈부터 데라에 이르는 족보의 나머지 부분과 조화가 되지 않는다. 왜냐하면 첫아들을 낳을 때 그들의 나이는 삼십 대 초반이기 때문이다. (2) 백세가 되었을 때 아브라함이 이삭을 낳은 것은 예외적인 일로 다른 사례는 없었을 것이다. (3) 스데반은 아브라함이 자기 아버지가 죽은 뒤에 하란을 떠났다는 사실을 몰랐을 수가 없는데, 왜냐하면 아브라함이 자기 아버지가 죽기 전에 하란을 떠났을 리가 없기 때문이다(행 7:2-4을 보라).[8]

---

8   Waltke, "Samaritan Pentateuch," 212-39을 보라.

제6부 서론에 대한 신학적 고찰 ————————

주권적 은혜

이 어두운 서론은 제6부의 남은 부분에서 이어질 하나님의 은혜를 개괄적으로 묘사한다. 데라는 이방의 우상숭배에 심취해 있다. 그의 아들 중 하나가 두 고아(죽은 하란의 자녀인 롯과 밀가-역주)를 남긴 채 죽는다. 다른 아들은 불임인 아내와 결혼하고 데라는 아브라함의 하늘 이상과는 무관한 한 땅을 찾아 정착한 뒤 죽을 것이다. 이 희망의 부재와 맞서 하나님이 주권적으로 아브라함을 부르심은 환한 희망의 빛을 비춘다. 실로 사라의 불임은(15:2-3; 17:17을 보라) 하나님의 은혜가 인간의 생각을 초월한다는 사실을 강조한다. 그녀는 자연적 방식의 출생이 아닌 믿음이 잉태하는 초자연적 생명으로 자녀를 낳을 것이다. 자녀가 없는 이 부부를 통해 하나님은 남편의 뜻이 아닌 하나님의 뜻에 따라 새로운 인류를 탄생시킬 것이다.

제6부 1막

아브라함과 약속의 땅(12:1-15:21)

제6부 1막에 대한 문학적 분석 ────────────

이 막의 다섯 장은 모두 약속의 땅과 관련된다. 즉 아브라함이 믿음으로 약속의 땅에 들어오고 거기서 아브라함의 믿음을 시험하는 여러 갈등이 발생한다. 아브라함은 이 땅을 향해 출발하며(12:1-3), 그가 도착했을 때 세겜과 아이에서 제단을 쌓아 하나님의 이름을 부르며 땅에 대한 권리를 표현한다(12:4-9). 기근에 대한 두려움 속에서 그는 네게브(Negev)로부터 위험한 땅 이집트로 이주하며 거기서 사라를 빼앗긴다(12:10-20). 그가 네게브로 돌아왔을 때 롯과 아브라함의 목자들 사이에 갈등이 발생하여 롯은 그의 축복받은 삼촌과 결별하게 된다(13:1-18). 이 장면은 아브라함이 헤브론에서 제단을 쌓는 일과 더불어 마무리된다. 그때 타국의 왕들이 사해 지역을 침공하여 롯을 납치한다. 아브라함은 맹렬한 전투를 수행하여 롯을 구출해낸 후에 예루살렘에 가까운 소돔과 살렘의 왕들에게 감사의 인사를 받는다(14:1-24). 제1막은 하나님께서 족속들을 하나씩 헤아리시면서 가나안 족속의 땅을 아브라함에게 주신다는 언약을 맺으시는 장면과 더불어 절정에 이르며 마무리된다(15:1-21). 앞서 주석한 대로 핵심 단어인 "땅"은 이 막을 둘러치는 틀을 형성한다.

제6부 1막 1장

아브라함의 부름 받음과
약속의 땅으로의 이주(12:1-9)

제6부 1막 1장에 대한 문학적 분석 ─────────

플롯과 주제

은혜로우신 하나님은 땅을 축복하기 위해 크고 새로운 일을 시도하신다. 이 일은 성스러운 역사의 화폭 위에 갑자기 그리고 찬란하게 펼쳐진다. 야웨는 땅을 축복하고 다시는 땅을 결코 정죄하지 않겠다고 노아와 언약을 맺은 이후로 그의 성도들에게 말씀하지 않으셨다(8:20-9:17). 이제 갑자기 그분이 흩으셨던 종족과 민족들을 축복하겠다는 새로운 창조의 말씀이 역사의 진행 방향을 새롭게 설정한다. 축복의 말씀은 탑 건설자들을 향한 적대적인 저주의 말씀과 균형을 맞춘다.

이에 상응하여 아브라함은 놀라운 파격적 행보를 보여주면서 순종과 믿음으로 전진한다. 아브라함의 순례에 대한 묘사는 매우 선택적인 일정표를 따라 다음과 같이 구성된다. (1) 하란으로부터 가나안으로의 여행(12:4-5)—아브라함의 순종이 특징을 이룬다. (2) 북부로부터 남부, 즉 세겜으로부터 네게브로 땅을 관통한 여행(12:6-9)—그의 예배가 특징을 이룬다. 후자는 일련의 이동을 수반한다. 즉 (a) 세겜이라는 종교적 중심지로—여기서 그는 제단을 쌓는다(12:6-7). (b) 아이(Ai) 성으로—여기서 그는 또 다른 제단을 쌓는다(12:8). 그리고 (c) 네게브로(12:9)의 여행을 수반한다.

내본문성

하나님이 아브라함을 부르심은 앞의 분책들을 되울린다. 하나님이 구원의 은총으로 세상을 축복하시려고 아브라함을 부르신 것은 하나님이 일반 은총으로 창조세계를 위해 노아를 지명하셔서 동일한 일을 행하신 것과 병행을 이룬다(8:1과 해당 주해를 보라). 하나님이 아브라함을 부르시는 패턴은 창조에 대한 하나님의 패턴을 상기시킨다. 즉 선언하고 명령하며(12:1) 보고하는(12:4-9) 패턴이 나오고("서막의 문학적 분석"을 보라), 아브라함의 믿음의 순종을 북돋기 위한 하나님의 약속이 덧붙여진다(12:2-3).

인류에 대한 "축복"(이는 12:1-3에서 다섯 번 나오는데, 1-11장에서의 다섯 번과 비교된다. 1:22, 28; 2:3; 5:2; 9:1을 보라[9])과 "저주"의 반복 역시 창조 기사에 대한 암시다. 이런 연결은 아브라함이 여자의 씨에 속함을 확증해 준다.

하나님이 아브라함을 부르심은 이처럼 축복과 저주를 동반하며, 이는 모세 언약에 동반되는 축복과 저주를 예견한다(참조. 레 26장; 신 28장). 더구나 하나님은 주권적 은혜로 자신의 축복을 중재할 특별한 개인 혹은 민족을 부르신다. 이 부르심은 다른 사람들은 선택되지 못하는 결과를 수반한다. 이런 패턴은 하나님께서 이스마엘이 아니라 이삭을, 에서 대신 야곱을, 그리고 유다의 형제들이 아닌 유다를 왕이 되도록 선택한 데서 반복될 것이다.

핵심 단어들

핵심 단어인 **복**을 다섯 번 반복한 것은 이 장의 주제를 가리킨다. 이는 적어도 열두 번 반복되는 또 하나의 핵심 단어인 **너**로 인해 좁혀진다. 한

---

9 창 9:26에서는 백성이 하나님을 축복한다(개역개정-"찬송하리로다").

개인이 보편적인 복과 구원을 가져올 것이다.

상징주의

하나님의 부르심은 다음의 일곱(즉 완전함을 상징하는 숫자) 가지 요소를 포함한다. 즉 (1) "내가 너를 큰 민족으로 만들 것이다." (2) "내가 너를 축복하리라." (3) "내가 네 이름을 크게 만들 것이다." (4) "너는 복이 될 것이다." (5) "내가 너를 축복하는 자를 축복하리라." (6) "너를 저주하는 자들을 내가 저주할 것이다." 그리고 (7) 주목을 끄는 일곱 번째 지점에서 절정으로 치달으면서 "땅의 모든 민족이 너를 통해 복을 받을 것이다."

절정

이 일곱 가지 약속은 확장되는 세 개의 지평선과 관련된다. 이 장은 자신의 가족을 떠나라고 아브라함을 부르시는 좁은 범위 내에서 시작된다 (12:1). 이 부르심은 아브라함을 복의 민족으로 만들겠다는 야웨의 약속으로 확장되는데, 아브라함이 처음의 네 가지 복을 경험하는 것은 이런 맥락 안에서다(12:2). 끝으로 아브라함을 부르심에 대한 마지막 세 가지 요소는 아브라함의 복의 지평을 모든 시대의 땅 전체로 확대시킨다(12:3).

대조

아브라함이 처음에 그의 아버지 및 이교도 가족의 주도로 이주한 일 (11:31)과 야웨의 명령에 대한 고독한 반응 속에서 실행된 현재의 이주 사이에는 놀라운 대조가 있다.

공백과 여백

아브라함 가족의 결속된(11:27-32) 관계와는 별개로 내레이터는 아브라함의 생애에서 처음 칠십오 세를 공백으로 남기고 그의 더딘 믿음의 행보를 베일로 가린다. 대신에 내레이터는 아브라함을 축복의 수단으로 삼으시려는 하나님의 부르심과 아브라함의 순종하는 믿음의 단계에 초점을 맞춘다. 그의 믿음은 역사의 노정을 영원히 바꾸어 결코 닫히지 않을 희망의 문을 열 것이다.

또한 내레이터는 아브라함이 의심하지 않고 그의 여정에서 통과하는 하란과 거대한 종교적·경제적 중심지들로 가기 위해 왜 데라가 고향을 떠나는지를 공백으로 남겨둔다. 왜냐하면 이 이주 및 중심지들은 내레이터의 목적에서 벗어나게 할 뿐이기 때문이다. 내레이터는 왜 아브라함이 자신의 여정을 산지로 제한하는지를 설명하지 않는다. 비록 "가나안 사람들이 그 땅에 거주하였다"(12:6)라는 그의 진술이 아브라함이 그들의 국경을 침범하는 것을 피했음을 암시하지만 말이다. 아브라함의 여정에 대한 묘사는 단지 아브라함의 믿음과 신앙에 통찰력을 제공하는 종교적 지역이나 장소들만을 선택적으로 강조한다.

전조

하나님의 부르심(12:1-3)은 이 서사에서 뒤이어 나오는 모든 것을 설명해준다. 즉 약속의 땅을 향한 아브라함의 이주와 그 땅에서의 체류, 그리고 그의 후손에 대한 예견이다(아래 신학적 고찰도 보라).

제6부 1막 1장에 대한 주해 ─────────────

아브라함을 향한 하나님의 명령(12:1)

1절. 이르시되.[10] 여기서 과거완료 시제가 사용되는데, 이는 하나님께서 아브라함의 아버지가 죽기 전에 하란이 아닌 우르에서 아브라함을

---

10 과거완료 시제를 지시하는 바이크톨(וַיֹּאמֶר) 형태의 용법에 대해서는 *IBHS* §33.2.3을 보라.

부르시기 때문이다(11:28, 31; 15:7; 행 7:4을 보라). 혹은 하나님께서 예레미 야에게 그렇게 하셨던 것처럼(1:4-19; 15:19-21) 아브라함을 두 번 부르신 걸까? 우주를 불러내어 존재케 했던 동일한 말씀이 이제 아브라함을 불러내어 한 민족을 구성하신다. 내레이터는 하나님께서 어떤 방식으로 아브라함에게 말씀하셨지를 설명하지 않기로 결정하지만,[11] 이는 아마도 신현은 아니었을 것이다. 신현은 "그리고 야웨께서 나타나 이르시되"라는 형식문을 사용하기 때문이다(12:7을 보라). 아브라함은 자신이 어디로 가는지를 알지 못한다(히 11:8; 아래 신학적 고찰을 보라.)

아브람에게. 하나님의 특별한 선택은 오직 하나님의 주권과 신적 지혜로만 설명될 수 있다. 아브라함은 신실한 언약 파트너임을 증명하지만, 당시에는 또 다른 의로운 사람들, 곧 분명히 멜기세덱(창 14:18-20), 그리고 아마도 욥과 다니엘이라는 인물(겔 14:14)이 있었다.

떠나(לֶךְ-לְךָ, 레크-레카). 이 히브리어 표현은 "작정하여 자신을 떠나보내다",[12] 문자적으로 "스스로 떠나다"를 의미한다.[13] 칼뱅의 다음과 같은 패러프레이즈는 믿음을 요구하는 이 명령의 본질을 잘 포착하고 있다. "나는 눈을 감고 떠나라고 네게 명령한다. ~까지. 너의 고향을 포기하고 너는 네 자신 전부를 내게 줄 것이다."[14]

땅. 이것은 이 막의 핵심 단어다(12:7을 보라).

보여줄. 이것은 핵심 단어인 "보다"의 한 형태다(12:7을 보라).

---

11 참조. G. Martin, *Reading Scripture As the Word of God: Practical Approaches and Attitude*, 2d ed. (Ann Arbor, Mich.: Servant, 1982), 3-4, 96-97.

12 T. Muraoka, "On the So-Called *Dativus Ethicus* in Hebrew," *JTS* 29 (1978): 495, *IBHS* §11.2.10d에서 인용됨.

13 하나님의 부르심은 "나를 따르라"는 예수의 부르심에서 반복된다(눅 9:57-62을 보라).

14 Calvin, *Genesis*, 344.

민족에 대한 하나님의 약속(12:2)

2절. 내가 …만들 것이다. 이 히브리어는 문자적으로 다음과 같이 읽는다. "내가 너를 … 만들고 너를 축복하고 … 네 이름을 창대하게 할 것이다."[15] 여기서 언약 구조가 뚜렷하다. 하나님은 아브라함에게 임무를 부여하시면서 당신 스스로 아브라함에 대한 의무를 지신다. 하나님의 명령은 아브라함의 순종하는 믿음 안에서 성취된다(12:4의 "떠났다"에 대한 주해를 보라; 참조. 6:9-22; 17:1-2). 사실 이 약속은 믿음으로 그 임무를 받아들일 만한 역량을 갖도록 만든다.

큰. 이것은 숫자와 중요성 둘 다를 지시한다. 불임인 아내가 있는 남편에게 맹세한 약속의 중대함은 아브라함의 믿음을 한계치까지 시험한다. 아브라함은 불신앙에 굴복하지 않음으로써 언약 백성의 모범 역할을 한다(사 51:2).

민족. 서론에 있는 "창세기의 주제와 성경신학"을 보라.

복을 주어. "복을 주다"라는 표현이 창세기 1-11장에서 다섯 번 나왔는데, 이제 12:1-3에서 다섯 번 나온다. 이는 아마도 이 본문들을 서로 연결하기 위함일 것이다(위의 문학적 분석에 있는 "내본문성"을 보라). 복에 대한 세 가지 뉘앙스, 즉 번영(13:2, 5; 14:22-23; 24:35; 26:12-13; 30:43; 32:3-21), 다산/번성(1:28; 13:16; 15:5; 22:17; 26:4; 28:3, 14; 35:11) 및 승리(참조. 1:22)는 22:17에 구체적으로 요약되어 있다.[16] 호스트(Horst)는 이렇게 말한다. "복은 생명을 위한 힘과 생명의 고양과 생명의 증가를 가져온다."[17]

---

15 아가델라(אֶעֶשְׂךָ)는 분명히 의지법(cohortative)이기 때문에 우리는 모호한 동사형에 대해 동일한 용법을 추론해볼 수 있다. 마지막 절의 의미를 함의하는 의지적 동사들에 뒤이어 등장하는 바브 + 의지법(ו + cohortative)에 대해서는 *IBHS* §34.6a를 보라.

16 신약의 연결점들에 대해서는 행 3:25-26(그리스도는 이스라엘을 축복하도록 먼저 그들에게 보내신 바 되었다); 갈 3:14(이방인에게)을 보라. 참조. 마 5:3-12; 눅 1:42-45; 6:20-26.

17 F. Horst, *Gottes Recht: Gesammelte Studien zum Recht im Alten Testament* (Munich: Chr. Kaiser

네 이름을 창대하게 하리니. 고대 근동에서 이름은 단순히 명칭 붙이기가 아니라 인물을 드러내는 기능을 한다. 따라서 위대한 이름은 명성뿐만 아니라 "지체 높은 인물로서" 사회적 존경심을 수반한다.[18]

복이 될지라. 하나님은 아브라함을 축복하셔서 그가 하나님이 주시는 복의 담지자가 되게 하신다. 생육의 번성을 의도하는 신적 축복은 항상 미래 세대의 충실한 영적 변화의 맥락 내에서만 유효하다.

보편적 축복에 대한 하나님의 약속(12:3)

3절. 내가 복을 내리고…내가 저주하리니. 여기서 하나님의 건설적인 "나" 화법은 인간의 파괴적인 "나" 화법과 대조된다(창 3:10-13; 11:3-4). 저주보다는 축복을 내리려는 하나님의 은혜로운 열망의 크기는 창세기 12:3에 있는 두 어구의 문법적 차이에서 나타난다. 첫째, 이 진술은 형식상 복수 수령자들을 향해("축복하는 자들에게는"; 개역개정은 단수지만 히브리어 본문은 복수다 –역주) 의도된 결심을 지시한다("내가 복을 내리고"). 둘째, 이는 사실에 대한 단순한 진술("내가 저주하리니")과 단수 수령자("저주하는 자에게는")로 전환된다(27:29; 민 24:9도 보라).

너를 축복하는 자들에게는. 이는 기도를 통해 축복의 대행자인 아브라함과 그의 신실한 후손 위에 내려진 하나님의 복을 중개하기를 추구하는 사람들을 가리킨다.[19] 그리스도가 오실 때까지 아브라함과 그의 후손

Verlag, 1961), 194, Roop, *Genesis*, 98에서 인용됨.

18 Sarna, *Genesis*, 89.

19 신적 "축복"은 족장(창 27:7)이나 제사장(참조. 레 9:23), 왕(삼하 6:18), 죽어가는 사람(욥 29:13)과 같은 성스러운 사람과 거룩한 회중을 통해 중개될 수 있다. 아마도 "복"은 기도하는 사람들이 의인들의 머리 위에 소리를 발하는 축복의 말씀을 가리킬 것이다. 룻기에서 야웨의 복은 신실한 사람들의 기도로 중개된다. 여기에는 보아스를 위한 일꾼들의 기도(룻 2:4), 보아스를 위한 나오미의 기도(2:19-20), 룻을 위한 보아스의 기도(3:10), 그리고 보아스와 룻을 위한 회중의 기도(참조. 4:11)가 있다. 축복이 다른 사람들을 통해 중개될 때, 은덕을 베푸는 말과 힘은 혼합된 개념이 된다. 축복을 베푸는 사람은 네페쉬 베라카(נֶפֶשׁ בְּרָכָה)이지만(잠 11:25),

은 대표성을 지닌 메시아적 역할을 수행하고 그리스도를 미리 보여준다. 이 약속은 오늘날 그리스도를 믿지 않는 인종적 "이스라엘"과 관련되는 것이 아니라(롬 9:6-8; 갈 6:15을 보라) 예수 그리스도와 그의 교회에 적용된다(12:7; 13:16과 해당 주해; 갈 3:16, 26-29; 6:16을 보라).

복을 얻을 것이라. 이는 모호한 히브리어 형태로 재귀형일 수 있다. 즉 "너를 통해 그들을 축복할 것이다." 대안적 번역은 사람들이 아브라함의 복을 각자 자신들의 복을 위한 바람직한 표준으로 삼을 것이라는 의미일 수 있다. 때로 22:18의 병행 본문에 있는 동사형이 재귀형이 틀림없다고 주장되지만, 그것 역시 수동태이거나 재귀형일 수 있다.[20] 그러나 재귀형은 민족들이 아브라함을 위한 그들의 기도를 통해 복을 중개함으로써 스스로를 축복한다는 것을 의미할 수도 있다. 그런 뜻이라면, 이 문장의 의미는 수동태와 많이 다르지 않다. 어느 경우이건 하나님은 자신의 복을 아브라함을 통해 열국에게 중개하신다(제10부 4막 2장, "축복과 보응"에 대한 신학적 고찰도 보라).[21]

하란으로부터 가나안으로의 여행(12:4-5)

4절. 따라갔고. 아브라함의 반응을 묘사하는 첫 번째 단어인 할라크 (הָלַךְ, "가다, 걷다")는 하나님의 명령(12:1)의 첫 번째 동사와 잘 부합한다.

야웨의 말씀을 따라. 그의 "발걸음"은 일반적 이주에서 하늘의 도성을 찾아가는 믿음의 여정으로 변형된다.

"북서부 셈족은 항상 신을 진정한 축복의 시여자로 이해했다. 심지어 그들이 그 신을 명시적으로 언급하지 않을 때도 말이다"(Sharbert, "בָּרַךְ," *TDOT*, 2:283).

20 *IBHS* §26.3a. 22:8에 있는 히트파엘 형으로의 변화는 후대의 편집 단계를 반영할 수 있는데, 왜냐하면 수동태의 히트파엘이 수동태의 니팔형을 밀어내는 경향이 있기 때문이다.

21 고대 역본들은 더욱 가능성이 많은 이 수동태 의미를 지지한다(*Targum Onqelos*, LXX, and Vulgate).

롯도 그와 함께 갔으며.[22] 데라가 아브라함과 롯을 데리고 갔을 때와 달리, 롯은 스스로의 결정으로 삼촌의 믿음의 모험에 동행하기로 합의한다. 아브라함이 홀로 그 길을 떠나라는 명령을 위반하고 있는 것은 아니다.

칠십오 세였더라. 현대의 은퇴 연령을 십 년 넘긴 시점에 아브라함은 새로운 모험을 시작한다. 본문은 홍수 이후의 감소하는 수명에 대한 이유를 설명하지 않고 공백으로 남겨둔다. 인간의 수명은 아르박삿(438세, 11:13)으로부터 아브라함(175세, 25:7), 야곱(147세, 47:28), 그리고 요셉(110세, 50:22)에 이르기까지 줄어든다. 모세 시대 즈음에는 칠십 또는 팔십 세가 보통이다(시 90:10).

5절. 그가 … 이끌고. 동사의 변화는 아브라함이 이 일행에 대해 책임을 지고 있음을 가리킨다. 그들은 자신들의 의지를 거스르며 가지 않는다.

그들이 떠나 … 들어갔더라. 히브리어 동사 야차(יצא, "나가다")와 보(בוא, "오다, 들어오다")가 11:31에서 반복된다. 데라의 인도 아래 가나안으로의 첫 번째 이주는 실패했다. 하나님의 인도 아래 현재의 이주는 성공을 거둔다.

그 땅으로의 여행(12:6-9)

6절. 그 땅을 지나. 이 왕 같은 유목민은 산지를 고수하는데, 거기서 그는 다른 사람들의 권리를 침해하지 않을 것이다.

세겜 땅(מָקוֹם, 마콤). 히브리어 마콤은 "성스러운 장소"를 의미한다.[23] 세겜의 언급은 그곳이 고대의 성소였음을 시사한다.

큰 나무(개역개정-"상수리나무"). 이것은 아마도 상수리나무(oak)일 것

---

22 Hamilton은 롯에 대한 이중적 언급(12:4-5)은 롯과 연루될 논쟁과 난관을 암시할 수 있다고 제안한다(*Genesis 1-17*, 376).

23 *HALOT*, 627, 6번을 보라.

이다. 이 나무는 거대한 높이 때문에 예배 처소로 선호되었다(13:18; 14:13; 18:1; 21:33을 보라). 이방인들은 그런 나무 아래서 다산의 신들을 예배했다. 하늘로 높이 뻗은 이 나무는 하늘과 땅 사이를 연결하는 축이자 계시를 위한 장소로 간주되었을 것이다. 그곳에 자리한 아브라함의 제단은 후손을 보장한 하나님의 약속에 대한 그의 희망과, 하나님께서 다시 자신에게 말씀하실 것이라는 그의 희망을 의미할 수 있다. 비록 아브라함이 여전히 그의 시대의 종교적 관례를 따라 예배를 드렸다고 할지라도, 그의 예배의 내용은 의미심장하게 다르다. 하늘의 도성을 갈망하는 신실한 아브라함의 예배는(히 11:10) 한 분이신 참된 하나님께 드려지고 오랜 불임의 기간 동안에도 여전히 계속될 것이다. 그가 소망하는 씨는 거룩할 것이다. 그는 의로움으로 자신의 씨를 훈육하고(창 18:19) 그의 씨는 열국에 구원을 가져올 것이다.

모레. 이 이름은 "선생"을 의미하며, 이곳은 아마도 신탁을 위한 이교도의 제의 처소였을 것이다. 야웨는 아브라함에게 나타나심으로써 그곳을 성스럽게 만드신다(12:7).

세겜. 이 고대의 도시는 가나안의 중심에 위치한 것으로 간주된다(수 20:7을 보라).

그때에. 이것은 "비모세적"인 어구다. 또다시 후대 편집자의 손길이 드러난다. 이와 같은 언급은 모세에게는 불필요했을 것이다. 왜냐하면 가나안 족속들은 모세 시대에 여전히 그 땅에서 살고 있었기 때문이다(서론에 있는 "편찬과 저작권"을 보라).

가나안 사람이. 이것은 이스라엘 이전의 거주민 전체를 지칭하는 총칭어다. 두 가지 장애물이 하나님의 약속이 성취되는 것을 방해한다. 곧 사라의 불임(11:30)과 아브라함의 정착을 가로막는 그 땅의 가나안 사람들이다.

7절. 아브람에게 나타나. 다시 한 가지 핵심 단어가 중대한 순간에 사용된다(12:1을 보라). 하나님은 아브라함에게 그 땅을 보여주겠다고 말씀하셨고 이제 그분은, 아마도 신현 가운데 나타나, 아브라함이 약속의 땅에 도착했음을 확인해주신다.[24] 하나님은 아브라함에게 세 번(17:1; 18:1), 이삭에게 두 번(26:2, 24), 야곱에게 한 번(35:9) 나타나신다.

주리라. 이 거룩한 땅은 신성한 선물이다. 이 땅은 이제 법적으로 아브라함의 것이지만 실제 소유권은 하나님께서 정하신 때까지 기다려야 한다.

자손. 비록 아브라함이 아직 이해하지 못한다고 할지라도, 이 자손은 자연적 태생이 아닌 초자연적 태생의 후손일 것이다. 즉 이 자손은 노쇠하고 사실상 죽은 것과 같은 아브라함과 사라의 몸을 통해 나온다(롬 4:18-21을 보라).[25]

땅. 이 중요한 핵심 단어는 12:1에서 암시된 약속을 되돌아보게 한다.

제단을 쌓고. 아브라함은 가나안의 제단을 사용하지 않는다. 그의 제단은 하나님께 대한 감사와(8:20을 보라) 그분께 약속의 땅을 바친다는 봉헌의 표현이다(12:8; 13:18; 22:9; 26:25; 35:7; 출 20:24; 수 22:19도 보라).[26] 여기서도 아브라함은 그의 시대의 종교적 관례를 거룩하게 만든다. 이방 종교에서 땅과 신은 분리될 수 없다. 아브라함은 자신이 소유하기로 선택한 땅의 주님이 하나님이심을 인정한다(레 25:23).

8절. 벧엘. 이 도성은 전에 루스(Luz)라 불렸다(28:19을 보라). 이곳은 예루살렘에서 북쪽으로 약 10마일(17km) 지점에 있는 현대의 베이틴(Beitin)으로 확인된다. 구약에서 벧엘보다 더 자주 언급되는 곳은 예루살

---

24 어근 라아(רָאָה)는 하자(חָזָה)와 마찬가지로 "보다"를 의미하는데, 예언과 관련되는 용어에 속하며 "심사"(auditions)를 함축할 수 있다(삼상 3:15; 사 1:1; 암 1:1을 보라).

25 문법적으로 "자손"은 집합명사 단수다. 즉 이 자손은 독특하게 예수 그리스도와 관련되며(갈 3:16), 죽은 자를 일으키시는 하나님에 대한 아브라함의 믿음을 공유하는 모든 사람과 관련된다(롬 4:16; 갈 3:26-29). 구약의 성도들은 오실 그리스도를 고대했으며(15:6; 요 8:56; 갈 3:6-9를 보라), 신약의 우리는 그분을 숙고한다(요 3:11-21).

26 족장들은 결코 약속의 땅을 벗어나 제단을 쌓지 않는다.

렘뿐이다. 벧엘은 북 왕국의 수도이자 제의 중심지인 두 도성 중 하나가 될 것이다.

아이. 이곳은 보통 벧엘 동쪽의 큰 도성인 엣-텔(et-Tell)로 확인된다. 그러나 여호수아는 이곳을 작은 성이라고 말한다(수 7:2-8:28). 이는 이 도성의 위치에 대한 전통적인 확인에 의문을 품게 한다. 내레이터는 왜 아브라함이 벧엘과 아이 사이에 제단을 쌓는지 그 이유를 말하지 않는다.

제6부 1막 1장에 대한 신학적 고찰 ─────────

구원의 진행

이 장은 오경의 주제와 관련된 중심이다. 아브라함이 약속의 땅으로 부름을 받은 것은 그에게 그 땅을 주겠다는 약속을 수반하며, 이는 오경의 각 책의 끝에 나타나는 지리적 이동을 설명해준다. 창세기는 요셉의 유언과 더불어 끝나는데, 그는 자신의 형제들로 하여금 한 가지 일을 하기로 맹세하게 한다. 그것은 그들이 아브라함과 이삭과 야곱에게 주어진 하나님의 약속을 성취하기 위해 이집트를 떠날 때 요셉의 뼈를 함께 가져가라는 것이다(창 50:22-26). 출애굽기는 하나님의 영광인 구름이 그들을 시내산으로부터 약속의 땅으로 인도하리라는 기대와 더불어 마무리된다(출 40:34-38). 레위기는 다음과 같은 요약 진술과 더불어 결론에 이른다. 즉 "이것은 여호와께서 시내산에서 이스라엘 자손을 위하여 모세에게 명령하신 계명이니라"(27:34). 이 진술은 민수기 36:13에서 시내산 대신 "모압 평지"라는 표현으로 대체되면서 반복된다. 신명기 역시 모압 평지에서 끝나지만 여호수아가 약속을 성취하기 위한 지도자로 임명된다(신 34장).

아브라함을 향한 하나님의 부르심은 성경의 남은 부분을 위한 예고편이다. 이는 자신의 거룩한 백성을 통해 모든 종족과 나라에 구원을 베푸시는 하나님에 대한 이야기다. 이 일은 먼저 모세 언약으로 시행되며, 그다음에 주 예수 그리스도가 새 언약을 통해 이를 수행하신다. 아브라함의 부르심이 지닌 요소들은 아브라함 자신에게(12:7; 15:5-21; 17:4-8; 18:18-19; 22:17-18), 이삭에게(26:24), 야곱에게(28:13-15; 35:11-12; 46:3), 유다에게(49:8-12), 모세에게(출 3:6-8; 신 34:4), 그리고 이스라엘의 열 지파에게(신 33장) 재확인된다. 그 요소들은 요셉(창 50:24)에 의해, 베드로에 의해 유대인들에게(행 3:25), 바울에 의해 이방인들에게(갈 3:8) 재확인된다.

12:1-3의 약속은 개인적 구원으로부터 민족적인 구원으로 더 나아가 우주적인 구원으로 확대되는데, 이는 성경의 본질적인 움직임이다. 성경은 선교 안내서다. 즉 성경은 땅의 모든 가족에게 구원을 전하는 데 관심을 갖는다. 복된 구원의 담지자인 아브라함은 복을 지니신 그리스도를 예견한다. 그리스도께서 하늘로 승천하실 때, 그분은 못 박힌 손, 곧 아이들을 축복하시고 소경의 눈을 뜨게 하신 두 손을 뻗으시어 자신의 교회를 축복하신다(눅 24:50-53).

믿음과 순례

믿음의 삶은 계시되고 인식된 환상을 따라 순례의 길을 가는 동안 하나님의 말씀에 대한 즉각적인 순종을 수반한다(신 26:5; 시 105:12-15). 믿음은 과거를 거침없이 포기할 것을 요구한다. 아브라함은 친숙함과 전통이 주는 위안을 뒤에 남기고 멀리 떠나야 한다. 그는 가족, 고향, 그리고 예배의 오랜 방식을 버려야 한다.[27] 그러나 이 포기는 그의 성취로 이어진다. 브루그만은 "안전한 것들로부터의 떠남이 불임으로부터 벗어날

---

27 참조. Armstrong, *Beginning*, 55.

유일한 길이다"[28]라고 주장한다. 순례자의 시민권은 하늘에 있으며, 그는 하나님이 설계자와 건축자가 되시는 도성을 찾는다(빌 3:20; 히 11:9-10, 13-16).

계시와 조명

현대의 그리스도인의 경험은 아브라함과 다르지 않다. 아브라함은 하나님께서 소명과 약속을 말씀하시는 것을 듣는다. 오늘날 신자들은 성경을 펼쳐 하나님의 말씀을 듣는다. 그리스도인들은 눈의 사람이 아니라 귀의 사람들이다. 하나님은 눈에 보이게 나타나시지 않고 귀로 듣도록 말씀하신다. 하나님은 언제나 말씀 속에 현존하신다. 믿음의 공동체는 이런 언어 행위를 토대로 세워진다.

후손

후손에 대한 약속은 단일한 성취와 집단적 성취로 나타난다. 세계가 그를 통해 복을 받는 단일한 후손은 예수 그리스도시다(갈 3:16). 집단적 후손은 옛 이스라엘에서 부분적인 성취로 나타나고(민 23:10; 왕상 4:20; 대하 1:9; 행 3:25을 보라) 유대인과 이방인들로 구성된 새 이스라엘에서 정점에 이른다(창 12:3과 해당 주해; 롬 4:16-18; 갈 3:29; 계 7:9을 보라). 하나인 하나님의 백성은 두 개의 합창단으로 구성된다. 즉 구약의 성도들은 그리스도의 고난과 영광을 미리 보면서 노래했으며(눅 24:45-46; 요 5:46; 8:56; 고전 15:4; 벧전 1:10-12; 벧후 1:21), 신약의 성도들은 그분의 삶, 죽음, 부활 및 승천을 기억하고 그분이 영광으로 재림하시기를 고대하면서 경축하며 노래한다. 하나님의 언약 백성에 관한 이 약속은 예수 그리스도에 대한 믿음 밖에 있는 아브라함의 후손에 대한 약속과 혼동되지 말아야

---

28 Brueggemann, *Genesis*, 118.

한다(창 16:10을 보라).

땅

땅의 약속은 몇 차례 성취되지만 결코 절정에 이르지는 않는다.[29] 하나님은 여호수아를 통해 약속을 성취하시나(수 21:43-45) 완전하지는 않다(수 13:1-7). 다윗과 솔로몬을 통해 성취하시나(왕상 4:20-25; 느 9:8) 여전히 완전하지는 않다(시 95:11; 히 4:6-8; 11:39-40을 보라).

---

29 서론에서 "두 번째 모티프: 땅"을 보라.

제6부 1막 2장

이집트로부터의 구원(12:10-13:2)

제6부 1막 2장에 대한 문학적 분석 ——————

구조

이 장의 형식과 내용은 여족장이 이방 왕의 첩이 되는 다른 두 장의 형식 및 내용과 어울린다(20:1-18; 26:1, 7-17). 개럿은 다음과 같은 유익한 병행점을 나열한다.[30]

장면 A (12:10-20)		
문단	구절	내용
이주	10절	아브라함이 기근 때문에 이집트로 가다.
속임수	11-13절	아브라함이 사라가 아름답다는 것을 알기 때문에 사라에게 그녀가 그의 누이라고 대답하라고 말하다.
납치	14-16절	파라오가 사라를 취하고 아브라함에게 보답하다.
구원	17절	야웨가 파라오를 괴롭히다.
대면	18-19절	파라오가 아브라함을 꾸짖다.
결론	20절	아브라함이 부를 얻어 떠나다.[31]

---

30 참조. Garrett, *Rethinking*, 132.
31 우리의 분석에서 13:1은 1막 2장과 3장 사이의 야누스이며, 2장에서 수미상관 역할을 하고 3장의 배경이 된다.

장면 B (20:1-18)		
문단	구절	내용
이주	1절	아브라함이 그랄로 가다.
속임수	2a절	아브라함이 아비멜렉에게 사라가 자기 누이라고 말하다.
납치	2b절	아비멜렉이 사라를 취하다.
구원	3-8절	야웨가 꿈에서 아비멜렉을 꾸짖다.
대면	9-13절	아비멜렉이 아브라함을 꾸짖다.
결론	14-18절	아비멜렉이 아브라함에게 보답하고, 아브라함은 아비멜렉을 위해 기도하다.

장면 C (26:1, 7-17)		
문단	구절	내용
이주	1절	이삭이 기근 때문에 그랄로 가다.
속임수	7절	그랄 사람들이 리브가에 대해 물을 때 이삭이 리브가를 자기 누이라고 말하다.
납치		없음
구원	8절	아비멜렉이 이삭과 리브가가 껴안은 것을 목격하다.
대면	9-16절	아비멜렉이 이삭을 꾸짖으나 하나님께서 이삭을 보호하시다; 야웨가 이삭을 축복하시다.
결론	17절	경쟁이 심해지자 이삭이 아비멜렉에게서 갈라서다.

개럿 역시 이 세 장면이 눈에 띄게 한 가지 패턴으로 묶인다고 설명한다. 이 패턴에는 한 가지 서사적 요소가 일관되게 세 장면 중 두 장면에서 나타난다. A와 C는 기근으로 시작하나 B는 그렇지 않다. A와 B에서 족장 부부는 아브라함과 사라지만 C에서는 이삭과 리브가다. A에서는 장소가 이집트지만 B와 C에서의 장소는 그랄이다. A와 C는 아내의 미모를 언급하나 B에서는 그렇지 않다. A와 C에서는 주인장의 종들이 먼저 그 아름다운 여인을 알아보지만 B에서는 그렇지 않다. A와 B에서는 아내가 첩으로 취해지나 C에서는 그렇지 않다. A와 B에서는 구원이 하나

님의 직접적인 개입을 통해 오지만 C에서는 구원이 섭리적 사건을 통해 온다. A와 B에서는 주인장이 족장에게 보답하지만, C에서는 하나님께서 족장을 축복하신다. A와 C에서는 하나님이 "야웨"라고 불리나 B에서 그분은 엘로힘이다. A와 C에서 족장은 명시적으로 떠나지만 B에서 그의 떠남은 암시적이다.[32] 이런 패턴은 이 이야기들이 동일한 사건의 다양한 판본이라는 견해를 수용할 수 없게 한다.[33]

플롯과 주제

창세기의 막들을 초월하는 패턴을 보이는 이 세 장면은 주제로도 연결된다. 통일성을 갖춘 이 장면들은 거룩한 씨에 대한 삼중적 위협을 묘사한다.[34] 그러나 이 장면들은 서로 단절되어 있기 때문에 각각의 막에서 다르게 기능한다. 이 막에서 제2장은 땅의 쟁점과 관련된 갈등을 보여주는 세 장면 중 첫 번째다. 즉 아브라함 대 기근과 파라오(12:10-20), 아브라함 대 롯(13:1-18), 그리고 아브라함 대 동방의 왕들(14:1-24)의 갈등이 나온다. 약속의 땅을 받은 뒤 아브라함은 이제 고난과 갈등에도 불구하고 하나님께서 그 땅 안에서 그를 위해 필요한 것을 공급하시고 그 땅 밖에서 그를 보호하실 것을 믿어야 한다. 땅이 메말랐을 때 하나님께서 열매를 맺게 하실 것을 믿어야 하는 첫 번째 도전에서 아브라함은 올곧게 행하지 못하고 실패할 것이다.

플롯의 긴장은 기근의 위험으로부터(12:10) 점차 아브라함의 생명에 대한 위협으로(12:11-12), 그의 어리석은 책략으로(12:13), 그리고 파라오

---

32 Garrett, *Rethinking*, 133.
33 예를 들어 H. H. Rowley, *The Growth of the Old Testament* (New York: Harper & Row, 1986), 17-18을 보라.
34 Garrett은 창세기 자료의 발전에 있어서 이른 단계에 이 장면들이 하나의 문학적 단위로 존재했다고 추론한다.

의 첩이 된 사라의 절망적 상황으로(12:14-16) 심화된다. 하나님의 선택을 받은 부부의 세속적 책략은 그들의 믿음의 순례를 거의 파선에 이르게 한다. 하지만 야웨의 은혜로운 개입으로 플롯은 해결의 국면으로 전환되고 그들은 구출된다(12:17-20). 교훈을 얻은 그들은 약속의 땅으로 돌아와 하나님과의 친밀한 교제를 회복한다(13:1-2).

수미상관과 장면 묘사

이 장의 지리적 틀은 믿음으로 전진하지 못하는 아브라함의 실패를 상징한다. 이 장은 이집트로의 이동과 이집트로부터의 이동으로 틀이 짜여 있다. 즉 "이집트로 내려갔다"(12:10)와 "이집트에서 올라왔다"(13:1)가 나온다. 비록 동사 "내려갔다"와 "올라왔다"가 이런 이동에 대한 통상적인 어휘라고 할지라도,[35] 이 동사들은 하나님의 축복으로부터 이탈했다가 돌아온 그의 영적이면서 물리적인 순례를 상징적으로 묘사한다. 비록 이전의 장면에서 아브라함이 하나님으로부터 땅과 후손에 대한 위대한 약속을 받았다고 할지라도, 여기서 아브라함의 순환적 유랑은 그를 어디로도 인도하지 못했다.

여백과 대조

내레이터는 제단 또는 말과 약속을 통한 하나님의 함께하심에 대한 언급을 의도적으로 여백으로 남겨둔다. 하나님과 아브라함의 직접적인 소통의 부재는 그분의 불합격 판정을 의미한다. 하나님께서 특별히 그분의 음성으로 아브라함에게 호감을 품으셨던 반면, 아브라함은 이제 이방 왕으로부터 질책을 받아야 한다.

---

35 Sarna(*Genesis*, 358 n. 1)는 "올라왔다"와 비슷한 용어가 이집트에서 아시아로 가는 여행을 기록한 이집트 변방의 한 관리의 일기에서(기원전 1225년경) 발견된다고 설명한다(*ANET*, 258, no. 1).

제6부 1막 2장에 대한 주해

이주 : 아브라함이 기근 때문에 이집트로 가다(12:10)

10절. (그때에) …들었으므로. 12:9에서 아브라함의 여행과 12:10에서 그의 떠남 사이에 급격한 내레이션의 전환은 그가 약속의 땅을 곧바로 통과하여 그곳을 벗어났다는 인상을 준다.

그 땅에 기근이. 기근은 메뚜기 재앙(신 28:38; 욜 1-2장), 적들의 포위(신 28:49-52; 왕하 6:25; 25:3), 그리고 가뭄(신 28:22-24; 왕상 17:1-18:3)이 원인일 수 있다.

이집트로 내려갔으니.[36] 이집트는 아브라함에게 매력적이었을 것이다. 왜냐하면 그는 장기간의 식량 조달의 수단이 없었고, 이집트는 나일강에 믿을 만한 수자원을 확보하고 있었기 때문이다. 그러나 아브라함이 이집트로 이동한 것은 13:1에 나오는 그의 귀환과 병행을 이룬다. 그는 이집트에 머물라는 아무런 계시도 받지 않았기 때문에(참조. 12:1; 26:2-6; 46:2-3),[37] 식량을 구하기 위해 하나님의 뜻 안에 마련된 징검다리를 벗어나 발걸음을 내딛는다.

거류하려고(נגור, 구르). 이 동사는 야샤브(יָשַׁב, "거하다")와 비슷하며 11:31에서는 "거기 정착했다"(거류했다)로 번역된다(20:1; 렘 49:18, 33; 50:40을 보라). 또한 구르(נגור)는 사사기 5:17에서 "머물다" 혹은 "거주하다" 혹은 "체류하다"로 번역된다. 콩켈(Konkel)은 "이 단어가 삶의 여정에 대한 은유로 적합하다"[38]라고 주장한다. 내레이터는 아브라함이 본

---

36 람세스 2세 시대에(기원전 1300-1250년경) 이집트 변방의 한 관리는 다음의 전갈을 그의 상관에게 보냈다. "우리는 에돔의 베두인 종족이 요새를 지나도록 허용했습니다. … 그래서 그들이 목숨을 부지하고 그들의 가축이 살 수 있게 했습니다"(ANET, 259).

37 또한 이스라엘 족속은 그들이 축복의 땅을 벗어나면 저주 아래 놓인다는 것을 알게 될 것이다 (참조. 26:1; 47:4; 룻 1:1).

38 A. H. Konkel, "נגור," NIDOTTE, 1:837.

국 시민으로서가 아니라 생존을 위해 이집트로 간다고 묘사한다.

기근이 심하였음이라. 이 추가문은 아브라함이 단지 큰 압력을 받아 떠나고 있을 뿐임을 암시한다.

속임수: 아브라함이 사라에게 그녀가 그의 누이라 대답하라고 말하다
(12:11-13)

11절. 그가 …말하되. 아브라함은 사람을 두려워하여 말한다. 이는 하나님에 대한 믿음과 양립할 수 없다.

아리따운 여인. 육십오 세임에도(12:4을 보라) 사라는 미모를 유지하고 있다.

12절. 이집트 사람들이 그대를 볼 때에. 아브라함은 파라오의 관료들이 무슨 일을 할지를 정확히 예상할 수 없었을 것이다(12:14-15). 그가 자신의 목숨을 부지하기 위해 어쩔 수 없이 사라의 명예를 팔아넘기는 것은 아니다. 그는 아마도 사라를 실제로 내어주는 일 없이 구혼자들을 이용하기 위해 속임수로 지연 전술을 쓰고 있다(리브가를 데리고 있던 라반[24:55]과 디나를 데리고 있던 이스라엘 형제들을[34:13-17] 보라).

나는 죽이고. 이 상황은 노아의 시대와 비슷하다. 즉 첩들과 폭력이 나온다(6:1-8을 보라). 하지만 아브라함의 두려움은 하나님께서 최근에 주신 약속에 대한 신뢰의 부족을 드러낸다. 하나님께서 아브라함의 씨를 번성케 하신다고(여전히 성취되는 중인 약속), 또한 아브라함을 저주하는 사람들을 저주하신다고 약속하셨음에도 불구하고 아브라함은 자신의 생명을 염려한다.

13절. (누이라) 말하라. 이는 명령이 아닌 부탁으로 "제발 말하라"라고 번역하는 것이 더 낫다. 사라는 실용적 관점에서 요구에 동의한다. 그들의 철학은 "죽는 것보다야 더럽혀지는 게 낫다"는 것이다. 하지만 이는 이방의 세계에서 하나님 나라를 세우는 철학은 아니다.

누이. 아브라함은 애매한 반쪽짜리 진실을 말하고 있다. 그녀는 실제로 그의 누이였으며, 아내의 사회적 지위를 높이기 위해 그녀를 누이로 입적시키는 것은 후르리인(Hurrian)의 관행이기도 했다.[39] 하지만 그는 이 형식적인 사실을 자신에게 유리하게 이용하기 위해 자신의 명예와 아내의 정절을 위험에 빠트리려고 한다.

납치: 파라오가 사라를 취하고 아브라함에게 보답하다(12:14 – 16)

14절. 그 여인이. 신분이 특정되지 않은 이 호칭은 사라가 한낱 물건 취급을 받을 것을 의미한다.

15절. 파라오. 파라오는 사실 개인의 인명이 아니라 "위대한 집"을 의미하는 칭호다. 이는 영국의 군주를 가리키는 "왕관"과 같은 환유법이다.

파라오의 고관들도 … 파라오 앞에서 그녀를 칭찬하므로. 이는 아마도 아브라함이 예상하지 못한 일이었을 것이다. 오직 하나님의 개입만이 이 상황을 바꿀 수 있다.

이끌어들인지라. 이 히브리어는 모호하긴 하지만 여기서 그 의미가 반드시 성관계를 수반하는 것은 아니다(20:2, 6을 보라). 성관계를 의미하려고 했다면 본문은 "그녀를 강간했다"(34:2을 보라) 혹은 "그녀와 동침했다"(38:2을 보라)를 포함했을 것이다.

16절. 아브람을 후대하므로. 각각의 아내-누이 일화는 족장의 속임수와 관련하여 그가 부요케 된다는 모티프를 포함한다(20:14-16; 26:12-14). 하지만 이 첫 번째 이야기에서 파라오는 여족장이 피랍된 후에 아브라함을 부요케 한다. 아비멜렉과 사라의 사례에서는 그 블레셋 사람이 자신의 잘못을 배상하기 위해 사라에게 보답한다(20:14-16). 아비멜렉과 리브가의 사례에서는 야웨께서 이삭을 축복하신다(26:12-14). 믿음에 대한 족장의 실패에도 불구하고 하나님은 그들에게 더 큰 은혜를 주시며, 우리가

---

39 E. A. Speiser, *Genesis* (AB; New York: Doubleday, 1964), 91-93.

추측하기로 자신의 탐욕을 채우기 위해 아브람을 죽였을 수도 있는 그 진범의 부를 약탈하신다(12:12-13과 아래 12:17에 대한 주해를 보라).

양. 이 히브리어 단어(צאן, 촌)는 염소를 포함할 수도 있다.

소. 이 히브리어 단어는 가축으로 기르는 소를 의미한다.

숫나귀 … 여종들(개역개정-"노비와 암수 나귀와"). 이 히브리어 문장은 "숫나귀들, 남종들, 여종들, 그리고 암나귀들"의 순서로 되어 있다. 내레이터는 아브라함의 대열을 줄을 지어 이동하는 순서에 따라 정확하게 예시한다. 나귀 몰이꾼은 숫나귀들을 암나귀들로부터 분리시켜 전방에 배치하고 사람인 종들은 그 사이에 배치해 질서를 유지할 수 있게 조치했다. 왜냐하면 숫나귀들은 암나귀들의 냄새에 강한 성적 충동을 받아 날뛰기 때문이다.

나귀. 나귀는 이동 수단과 쟁기질을 위해 중요한 짐승이었다. 사르나는 이렇게 주석한다. "그것의(숫나귀의) 중요성은 숫나귀가 첫 새끼의 대속을 요구하는 유일하게 부정한 짐승이라는 사실로부터 가늠해볼 수 있다"(참조. 13:13).[40]

남종들과 여종들. 이 히브리어 단어는 "노예"도 의미한다. 이런저런 이유로 재정적으로 파탄한 사람들은 계약을 통해 약정 노예가 되었다. 어느 정도 부유한 사람은 적어도 몇 명의 종을 데리고 있었다(참조. 삿 6:15과 6:27). 심지어 "보잘것없는 사람"도 적어도 한 명의 종을 소유했다(잠 12:9). 한편 율법에서 사람을 납치해서 그나 그녀를 노예로 파는 행위는 중대한 범죄였으며(출 21:16) 종이 된 이스라엘 사람은 육 년 뒤에는 주인의 아량으로 자유를 되찾았다(신 15:12-15).

낙타. 이 히브리어 단어는 아라비아의 단봉낙타와 이란의 쌍봉낙타를 구별하지 않는다. 족장 서사들에서 낙타에 대한 언급은 그 이야기의 역사

---

40 Sarna, *Genesis*, 96.

성에 대한 의심을 불러일으켜왔다. 몇몇 학자는 고고학적 증거로부터 실제적인 낙타의 사육은 기원전 12세기 이전에는 이루어지지 않았다고 주장한다. 하지만 스파이저는 이렇게 주장한다. "낙타는 이른 시기에 제한적으로 이용되었을 수 있으며(말 역시 그랬던 것처럼) 몇 세기가 지나서야 그것이 더 이상 사치품으로 간주되지 않게 되었다."[41] 키친 역시 일찍이 기원전 3천년경의 제한적인 낙타 사육을 입증하는 상반된 고고학적 증거를 인용한다.[42] 사르나는 고대 바빌로니아 시대에 단봉낙타에 대한 지식을 증명하는 증거를 인용한다(기원전 2000-1700년경).[43] 희귀한 짐승의 소유는 부와 지위의 표지였다(창 24장). 부유하고 존귀한 가족의 식구들은 행진 대열의 뒤에서 낙타에 높이 올라탄 채 눈앞에 일렬로 펼쳐진 그들의 복을 감사한 눈으로 바라보았다.

구원, 대면, 그리고 해결:
야웨가 파라오를 괴롭히다; 파라오가 아브라함을 꾸짖다;
그리고 아브라함이 부를 얻어 떠나다(12:17 - 20)

17절. 야웨께서 ⋯ 내리신지라. 재앙을 통해 파라오는 사라에게 내려진 섭리적 축복과 보호를 인정한다. 그러나 하나님은 나중에 아비멜렉을 다루는 태도(20:6)와는 대조적으로 파라오를 무죄로 사면해주시지 않는다. 십중팔구 파라오의 평소 행동이 아브라함이 두려움을 가지게 된 원인이었을 것이다.

심각한 병(개역개정-"큰 재앙"). 비록 병의 성격이 설명되지는 않지만, 이는 아마도 사라가 병의 원인임을 파라오에게 암시해주기 위해 성(sex)과 관련된 질병이었을 수 있다. 아브라함은 복과 생명을 가져오는 대신에

---

41 Speiser, *Genesis*, 90.
42 K. A. Kitchen, "Camel," *NBD*, 162.
43 Sarna, *Genesis*, 96.

이집트에 죽음을 가져온다(12:3을 보라).

18-19절. 어찌하여 … 어찌 … 데려가라! 아브라함의 침묵은 그의 유죄를 드러낸다.

18절. 어찌하여 내게 말하지 아니하였느냐? 내레이터는 사라가 의심을 품는 파라오에게 틀림없이 말했을 것이라는 사실을 공백으로 처리한다.

땅으로의 귀환(13:1 - 2)

1절. 이집트에서 … 네게브로 올라가니. 위의 문학적 분석을 보라.

롯과 함께. 이는 다음 장면을 위한 무대를 마련하는 데 필수적인 언급이다. 사르나는 이렇게 주석한다. "롯을 아브라함의 소유물에 이어 목록의 마지막에 둠으로써 본문은 롯이 멀어진 거리가 어느 정도인지를 암시해준다."[44]

2절. 풍부하였더라. 히브리어 카베드(כָּבֵד)는 12:10에서 "심하다"로 번역된다. 이는 이집트로 가기 전과 후에 아브라함의 대조적인 상황에 주목하게 만든다. 또한 이것은 다음 장면에서 아브라함의 목자들과 롯의 목자들 간의 분쟁을 위한 무대를 마련한다.

가축과 은과 금. 가축만을 파라오가 준 선물로 돌릴 수 있다. 내레이터는 은과 금을 언급함으로써 야웨를 궁극적인 축복자로 암묵적으로 지목한다. 비록 당장의 원인은 다양한 방식의 상업적 거래였을 수 있지만 말이다. 귀금속은 기근의 시기에 안전과 보호의 수단으로 기능한다.

---

44 앞의 책, 97.

역경과 믿음의 시험

순례하는 언약 파트너들에게 주시는 하나님의 약속은 평안과 휴식을 제공하는 것을 의도하지 않는다. 역경은 순례자들의 성숙을 위해 필수적인 부분이다. 하나님의 복이 아무런 고난 없이 주어졌다면, 이 성도(아브라함)는 도덕과 쾌락을 혼동했을 것이다. 성도는 자신들이 얻을 수 있는 것을 위해 하나님을 섬긴다. 이는 행복론(eudaemonism)으로 알려진 윤리 체계다. 하나님은 그들의 믿음의 행위를 고난으로 보답하여 방해하심으로써 자신의 백성을 이기심으로부터 구해내시고 믿음, 소망, 인내, 올바른 성품과 같은 미덕으로 발전시키신다(롬 5장을 보라).

제2장은 하나님의 뜻 안에서 기근과 돌을 선택할 것인지, 아니면 그분의 뜻을 떠나 떡을 선택할 것인지로 성도를 시험한다. 아브라함은 시험에 실패하나 우리 주님은 그렇지 않다(눅 4:1-4). 하나님은 예수를 광야로 인도하시고, 그곳에서 예수는 사십 일간 배고픔을 견뎌내신다. 비록 예수는 하나님의 뜻 안에서 돌을 떡으로 변화시키실 능력이 있었지만, 그 유혹을 거부하신다. 유혹이 끝났을 때 하나님의 천사들이 예수를 먹인다. 믿음의 삶을 사는 우리도 그런 유혹에 직면하게 될 것이다. 우리는 하나님의 뜻 안에서 돌과 함께 머물 것인가, 아니면 하나님의 뜻을 벗어나 떡을 찾아 나설 것인가? 우리는 하나님의 뜻을 벗어나 떡을 발견할 수 있을지도 모른다. 그러나 우리는 험악한 사탄의 세계에서 살아가며 영적으로 굶주리게 될 것이다.

윤리

이 순례자는 빈번히 어려운 도덕적 선택에 직면한다. 아브라함은 거짓말로 자신의 명예를 더럽히고 아내의 명예와 정절을 위험에 빠트림으로써 죽음을 모면할 수 있다는 사실을 두려워한다. 모욕당하는 것이 죽음보다 더 나은 걸까? 만일 우리가 두려움에서 비롯된 행동을 한다면, 우리는 믿음으로 행동하지 않고 있는 것이다. 믿음이 없이는 하나님을 기쁘시게 할 수 없다(히 11:6). 또한 믿음을 따라 하지 않은 것은 무엇이든지 죄다(롬 14:23). 나아가 이 겁쟁이는 하나님께서 자신을 영화롭게 해주실 기회를 거절한다. 예수는 우리가 죽음의 상징인 십자가를 지지 않는다면 제자가 될 자격이 없다고 말씀하신다(마 16:24-27). 예수는 베드로에게 자신의 목숨을 부지하기 위해 주님을 부인하도록 사탄이 유혹할 것이라고 미리 경고하셨다(눅 22:31-34). 그 후 베드로는 자신의 비겁함을 회개한다(눅 22:54-62).

하나님의 은혜

비록 아브라함은 믿음과 윤리의 시험에서 실패하지만, 하나님은 자신의 신실함을 증명하신다. 우리는 신실하지 못하나 그분은 신실하시며(딤후 2:13) 자신의 자녀들을 불쌍히 여기신다(시 103:13). 하나님은 비록 항상 그렇게 하시는 것은 아니지만(왕상 18:13; 히 11:35b-38) 자신의 백성을 보호하기 위해 초자연적으로 개입하시며 아브라함을 물질적으로도 부요케 하신다. 그럼에도 불구하고 아브라함은 대가를 지불한다. 그는 하나님의 음성을 잊고 제단을 쌓지 않으며 다른 사람들에게 아무런 복도 가져오지 않는다. 그는 복 대신에 자신을 향한 비난을 초래한다.

정경적 전조

성경에서 이집트에 대한 최초의 언급은 "미래의 관계―한편으로 고난의 시기에 피난처와 원조자로서, 다른 한편으로 치명적인 위험이 도사리는 장소로서―의 모호함을 미리 예시한다."[45] 아브라함이 이집트로부터

---

45 같은 책, 93.

탈출한 것은 나중에 있을 민족의 출애굽 사건의 모형이 된다. 즉 하나님께서 기근을 보내신다(창 12:10; 47:4). 이집트 사람들이 그들을 학대한다(12:12-15; 출 1:11-14). 하나님께서 이집트 사람들에게 재앙을 내리신다(창 12:17; 출 7:14-12:30). 이집트 사람들이 그들을 많은 재물과 함께 나가게 한다(창 12:16, 20; 출 12:33-36). 그들은 광야를 통과할 때 여러 곳을 지나 그 땅으로 돌아간다(창 13:3; 출 17:1). 그리고 마침내 그들은 야웨를 예배했던 그 땅에 귀착한다(창 13:3-4; 출 15:17; 시 105:14-15; 고전 10:1-4도 보라).[46]

또한 위에서 언급한 바와 같이 이것은 여족장이 이방 왕의 첩으로 피랍되는 세 가지 유형 장면 중 첫 번째다(창 20:1-18; 26:1, 7-11).[47] 이 반복은 그 상황의 모형이 되고 그것을 미래로 투사한다. 에스더 역시 이방 왕의 첩이 될 것이다. 성도들은 온갖 방법으로 폭군들에게 유린당하지만 아브라함과 같이 자신의 생애에서 그토록 풍부한 공급을 누리는 사람은 거의 없다.

이방인들을 향한 은혜

사르나가 주석한 대로 놀랍게도 "성경에는 이집트에 대한 증오가 없다. 반대로 이스라엘은 '너는 애굽 사람을 미워하지 말라. 네가 그의 땅에서 객이 되었음이니라'(신 23:7)라는 명령을 받는다. 국제 관계에서 이

---

46 눈에 띄는 다른 병행에 대해서는 Sailhamer, *Pentateuch*, 142을 보라.

47 이 반복된 경험이 동일한 사건을 서술하는 다른 상충된 자료 때문이라는 것은 놀랍지도 않고 그럴듯하지도 않다. 아브라함은 그가 첫 번째 장소에서 자신의 순례를 떠나려고 준비했을 때 그런 대우를 예견하고 미리 준비했다. 그가 사라를 가로챈 아비멜렉에게 설명한 대로 말이다. "하나님이 나를 내 아버지의 집을 떠나 두루 다니게 하실 때에 내가 아내(사라)에게 말하기를 '이후로 우리의 가는 곳마다 그대는 나를 그대의 오라비라 하라. 이것이 그대가 내게 베풀 은혜라' 하였었노라"(20:13). 더욱이 성경 내레이터들은 한 가지 요점을 강조하기 위해 반복을 즐겨이 사용한다. 마지막으로 우가릿과 그리스 서사시들은 영웅의 아리따운 아내의 유괴를 모티프로 하는 병행을 제공한다(Sarna, *Genesis*, 94을 보라).

집트의 표리부동함과 변덕스러움으로 인해 예언자들이 반복적으로 이집
트를 비난했음에도 불구하고, 이사야는 미래에 있을 이스라엘과 이집트
의 동반자 관계를 내다볼 수 있었으며, 하나님께서도 이렇게 말씀하신다.
'내 백성 애굽이여 … 복이 있을지어다'(사 19:25)."[48]

48 Sarna, *Genesis*, 93.

약속의 땅으로부터 롯의 이탈(13:3-18)

제6부 1막 3장에 대한 문학적 분석 ———————

구조

이 장면의 사건들은 다음과 같이 교차적으로 배열될 수 있다.

A 투쟁적인 롯과 함께 벧엘 제단에 있는 아브라함(13:3-7)

  B 아브라함의 발언: 땅에 대한 그의 제안(13:8-9)

    X 롯이 소돔을 선택함(13:10-13)

  B´ 하나님의 발언: 땅에 대한 그의 제안(13:14-17)

A´ 헤브론 제단에 홀로 있는 아브라함(13:18)

A/A´는 이 장면의 물리적이고 영적인 분위기를 설정한다. 지리적으로 이 장면은 북쪽의 벧엘/아이로부터 남쪽의 헤브론으로 옮겨간다. 영적으로 아브라함은 약속의 땅의 중심부에 있는 그의 제단으로 돌아온다. 롯이 그렇게 어리석은 선택을 했기 때문에, 우리가 그에 대해 추론할 수는 있겠지만, 롯의 영적 상태는 공백으로 남아 있다.

B/B´에서 아브라함은 놀라운 자비심으로 자신의 권리를 포기하면서 롯에게 땅의 선택권을 부여한다. 야웨는 당시의 법률적 언어로 자신의 약

속을 재확인하심으로써 아브라함의 평화 구축을 지지하신다.

X에서 존경받는 삼촌에게 양보하지 않는 롯의 악한 결정은 그들의 결정적인 분리에 방점을 찍는다. 즉 한 사람은 저주받는 번영을 택하고(참조. 행 8:20), 다른 사람은 영생과 진정한 번영을 택한다.

개럿은 이 분책에 있는 롯에 대한 세 가지 장면의 병행 구조를 다음과 같이 보여준다.

장면 A (창 13:1-18)		
단락	구절	내용
A	13:1-4	서두의 배경: 벧엘/아이에서 아브라함의 부와 경건
B	13:5-7	롯에게 닥친 위협: 아브라함의 목자들과 롯의 목자들 사이의 분쟁
C	13:8-13	아브라함이 롯을 구하다: 매우 악한 소돔
D	13:14-18	야웨께서 아브라함을 축복하시다

장면 B (창 14:1-24)		
단락	구절	내용
A′	14:1-11	서두의 배경: 전쟁
B′	14:12	롯에게 닥친 위협: 전쟁 포로로 잡혀가다
C′	14:13-16	아브라함이 롯을 구하다
D′	14:17-24	멜기세덱이 아브라함을 축복하다: 매우 악한 소돔

장면 C (창 18:1-19:38)		
단락	구절	내용
A″	18:1-15	서두의 배경: 모압 및 암몬의 탄생과 흥미롭게 대조되는 이삭 탄생의 예고
B″	18:16-21	롯에게 닥친 위협: 야웨께서 소돔을 위협하시다
C″	18:22-19:29	아브라함/야웨가 롯을 구하다: 매우 악한 소돔
D″	19:30-38	롯의 비극적 종말[49]

플롯과 등장인물의 발전

앞 장에서 플롯의 긴장이 심각한 기근에서 비롯되는 반면, 이 장에서 플롯의 긴장은 역설적으로 아브라함과 그의 조카 롯의 번영에서 발생한다. 더 깊은 수준에서 보면 플롯의 긴장은 두 인물의 성격에 대한 시험과 관련된다. 롯이 자신을 뒷바라지해주는 존경받는 삼촌에게 양보할 것인가, 아니면 자신의 실리를 주장할 것인가? 아브라함은 그의 친족과의 평화를 유지하기 위해 자신의 선택권을 포기하고 약속의 땅을 주시겠다는 하나님을 신뢰할 것인가? 롯이 아니라 아브라함이 합당한 언약 파트너임이 증명된다.

수미상관

이 장은 예배와 교제의 상징인 제단에 있는 아브라함으로 시작하고 끝난다. 앞 장에서 그랬던 것처럼, 이 장은 이동을 기준으로 틀이 짜이지만, 약속의 땅의 북쪽과(13:3) 남쪽에(13:18) 세워진 중요한 제단들이 추가된다.

제단 모티프

이 장에서 제단의 축조는 아브라함의 영적 승리의 열쇠다. 이집트에서 아브라함이 자신의 목숨을 염려하고 하나님의 약속을 의심했을 때, 거기에는 아무런 제단이 없었다. 이 장에서 제단은 아브라함의 믿음의 회복과 하나님의 이름으로 땅을 주장하는 그의 선언을 의미한다. 내레이터는 다음과 같은 반복 어구를 통해 믿음과 예배의 장소로 돌아온 아브라함의 귀환을 강조한다. "그가… 전에 장막 쳤던 곳에 이르니 그가 처음으로 제

---

49   참조. Garrett, *Rethinking*, 138.

단을 쌓은 곳이라"(문자적으로 13:3-4).[50]

대조

이 장에서 세 가지 대조가 아브라함의 믿음을 강조한다. 첫째, 축복의 땅을 벗어나 파라오의 궁전에 있는 아브라함과(12:15) 축복의 땅에서 유목민의 막사에 있는 아브라함 사이의 대조다.

둘째, 그 땅에서 아브라함의 믿음은 이집트에서 그의 비겁함과 대조된다. 아브라함은 그 땅과 그의 제단을 멀리 떠나 여행했으며 하나님을 신뢰하지 않았다. 그 장에서 아브라함을 향한 하나님의 음성은 침묵하고 상징적인 제단들은 보이지 않는데, 이는 아브라함의 믿음의 부재를 암시했다. 대조적으로 이 장에서 하나님에 대한 아브라함의 믿음은 평화를 이루기 위해 롯에게 땅을 내어줄 수 있을 정도로 아주 확고하다. 믿음과 예배하는 마음으로 아브라함은 야웨를 위한 제단들을 세우며, 하나님은 그에게 땅을 주겠다는 약속의 목소리로 보답하신다.

셋째, 아브라함의 믿음은 롯의 어리석음과 대조된다. 롯과 아브라함은 둘 다 온 땅을 바라보고(13:10, 14) 모든 땅을 부여받으며(13:9, 15-17) 각자 할당된 구역으로 떠난다(13:11-12, 18)—그러나 롯은 눈에 보이는 것을 따라 선택하여(27:18-27을 보라) 나중에 겨우 파멸을 면하게 될 것이다(14:12, 16; 19:1-29을 보라). 롯은 아브라함을 돋보이게 만드는 역할을 한다. 아브라함은 믿음을 따라 선택하여 영원한 풍요로움의 약속과 더불어 하나님의 확증을 받는다.

전조

내레이터는 롯의 결정을(13:10-13) 소돔과 고모라의 파멸에 대한 전조

---

50 NIV는 이 두 절을 연결하기 위해 "그리고"를 추가함으로써 병치의 효과를 감소시킨다.

가 되는 두 개의 삽입된 논평으로 둘러싸인 틀로 구성함으로써 그의 선택이 어리석음을 강조한다. 첫 번째 논평은 롯이 선택한 평지의 도성들을 하나님이 파괴하실 것이라고 예견한다(13:10). 두 번째 논평은 파멸을 부른 도성들의 악함과 불신 속에 사는 롯이 그 죄악을 무시하기로 선택했다고 설명한다(13:13).

제6부 1막 3장에 대한 주해 ────────────

투쟁적인 롯과 함께 벧엘 제단에 있는 아브라함(13:3 – 7)

3절. 네게브에서부터. 이 언급은 앞 장의 결론으로부터 자연스럽고 거의 이음매가 없는 전환점을 만든다. 3장은 북쪽의 아이/벧엘과(13:3) 남쪽의 헤브론(13:18) 사이에서 펼쳐진다.

그가 … 떠나. 사회적 측면에서 아브라함은 부유한 유목민이며 가나안 사람들 가운데 사는 이방인 거주민이다. 영적인 측면에서 그는 거룩한 땅과 도성에 대한 하늘의 환상을 찾는 순례자다.

이리저리로(개역개정–"길을 떠나"). 히브리어 레마사아브(לְמַסָּעָיו)는—마콤(מָקוֹם)이 아니다—"단계별로 이동하다"를 의미한다(즉 한 수원지에서 다음 수원지로).

곳(מָקוֹם, 마콤). 이는 "신성한 장소"로 번역되는 것이 더 낫다(12:6을 보라).

장막. 이는 유목민–나그네의 거처다(13:12을 보라).

3–4절. 전에 … 처음으로. 동의어의 반복은 아브라함이 물리적으로 또한 영적으로 처음의 믿음을 회복했음을 강조한다.

4절. 제단. 이것은 이야기와 담론의 두 차원에서 모두 중요하다. 이 물리적 상징물은 아브라함으로 하여금 하나님이 주신 약속과 그가 이전에 지녔던 믿음을 생각나게 해준다. 이 이미지에 대한 내레이터의 설명은 독자들에게 아브라함이 믿음의 장소, 즉 독자들 역시 살아야 하는 곳으로 돌아왔음을 암시해준다.

거기서. 이 히브리어는 문자적으로 "그 장소(מָקוֹם, 마콤)로"라는 의미다(12:6을 보라).

롯도 … 있으므로. 아브라함은 자신과 함께 있는 사람들에게 복을 중재한다.

6절. 그 땅이 넉넉하지 못하였으니. 아이러니하게도 문제는 가족 간에 분쟁을 일으키는 축복의 "엄중함"이다.

7절. 가나안 사람과 브리스 사람. 브리스 사람들은 가나안의 후손 목록에 들어 있지 않다(10:15-18). 브리스 사람이란 인종적 용어라기보다 아마도 가나안의 후손이 속했던 한 사회적 계층을 함의할 것이다. 그들은 "마을에서 밀려나 성벽이 없는 시골에서 사는 부류의 주민들이다"(신 3:5; 삼상 6:18; 에 9:19을 보라).[51] 만일 그렇다면 가나안 사람들은 성벽이 둘러쳐진 성읍들과 연관된 주민들을 대표할 수 있다.[52] 두 집단은 함께 목축지와 수원지들을 통제하는 본토 주민들을 구성한다. 이는 아브라함과 롯의 양 떼와 소 떼가 그들의 가축과 함께 풀을 뜯으며 지속적으로 번식하도록 만드는 일을 불가능하게 만든다(21:25; 26:13-22을 보라).

아브라함의 발언: 땅에 대한 그의 제안(13:8 - 9)

8절. 우리는 형제라(개역개정-"한 친족이라"). 아브라함은 고아가 된 그의 조카를 동등하게 대접한다. 그는 개인의 번영에 앞서 가족 간의 평화를 선택한다.

9절. 네 앞에 온 땅이 있지 아니하냐. 몇몇 주석가는 땅을 롯에게 준 것

---

51 *HALOT*, 965.
52 집합적인 고유명사가 되는 것에 덧붙여서 **가나안 족속**은 "상인들"을 의미할 수 있다.

을 아브라함의 잘못으로 설명한다. 하지만 롯에 대한 내레이터의 비판과 아브라함에게 주신 약속에 대한 하나님의 확증은(참조. 앞 장에서 아브라함에 대한 파라오의 비판, 12:18-19) 내레이터가 아브라함의 선택을 승인한다는 증거다.

나를 떠나가라. 때로 형제들은 평화를 위해 분리되어야 한다(행 15:39; 고전 7:10-16을 보라).

네가 좌하면… . 혈족의 족장이자 고아의 삼촌인 아브라함의 위대함이 참으로 놀랍다. 사회적인 상급자 신분의 사람이 평화를 유지하기 위해 하급자 앞에서 자신을 낮춘다. 그리하여 그는 자신이 영적인 상급자임을 증명한다. 아브라함의 믿음은 그에게 자유를 주어 아량을 베풀게 한다(14:20을 보라).

롯의 나쁜 선택(13:10 - 13)

10절. 롯이 눈을 들어 바라본즉. 그는 아마도 벧엘(2,886피트[880m]) 근처의 높은 분지에 서 있었고 남동쪽에 있는 요단 계곡의 장엄한 풍경을 보고 있었을 것이다.

요단 평지. 이곳이 약속의 땅의 일부인지, 그 땅의 변두리인지, 아니면 그 땅 너머의 지역인지가 전적으로 분명하지는 않다(10:19; 민 34:2-12을 보라). 이곳은 13:12에 있는 가나안과 대비된다.

물이 넉넉하니. 나일강이 있는 이집트와 같이, 요단 단층의 하부에서 흘러나오는 여러 하천과 개울과 샘과 오아시스가 그 지역에 물을 공급했다. 이와 대조적으로 벧엘과 헤브론이 위치한 중앙 산마루는 비를 내려 주시는 야웨께 의존한다(신 11:10-12를 보라).

야웨의 동산 같고. 2:10과 아래 신학적 고찰에 있는 "거듭남"을 보라.

이집트 땅과 같았더라. 아브라함이 이집트로 가기로 결정했던 참담한 선택 이후부터 이집트와의 유사성은 경고를 의미할 것이다(문학적 분석을 보라).

야웨께서 소돔과 고모라를 멸하시기 전이었으므로. 내레이터는 이 땅을 하나님의 맹렬한 심판을 불러일으킬 정도로 악한 도성들과 동일시함으로써 청중으로 하여금 롯이 어리석은 선택을 했음을 분명하게 이해하도록 한다.

소알. 이곳은 아마 사해 남단 끝에 위치할 것이다.

11절. 롯이 자기를 위해 택하고. 롯은 자기 삼촌에게 불이익을 끼치면서까지 이기적으로 이득을 얻으려 한다.

동으로. 암스트롱이 주해한 대로 아담과 하와가 에덴으로부터 추방됨으로써 "동쪽 방향은 신적 현존으로부터의 간격과 유배를 상징하게 되었으며(11:2을 보라) 신성이 없는 곳에는 아무런 축복도 있을 수 없었다."[53]

옮기니. 이것은 13:3에서 "이리저리로"로 번역된 단어와 동일한 어근을 갖는다. 롯은 파멸의 도성을 향해 가는 유목민이다.

12절. 아브람은 가나안 땅에/롯은 …소돔까지. 내레이터는 두 사람의 선택을 비교하기 위해 잠시 진행을 멈춘다.

그의 천막을 쳤다(개역개정-"그 장막을 옮겨"). "쳤다"라는 단어는 13:3에 있는 "천막"의 동사형이다. 아브라함의 장막은 벧엘 제단에 있는 반면에 롯의 막사는 악한 소돔을 향해 떠난다(14:12과 해당 주해를 보라).

소돔. 이 이야기는 창세기 14, 18, 19장의 일화들을 예견한다.

법률적 언어로 재확인된 야웨의 약속(13:14 - 17)

14절. 야웨께서 …이르시되. 하나님은 고대 근동의 법률적 언어를 사용하여 아브라함에게 약속의 땅을 하사하신다(아래를 보라).

롯이 …떠난 후에. 이 논평은 구원사에서 새로운 혁신을 표시한다. 언약과 무관한 상대방은 하나님의 백성으로부터 스스로 분리해나간다.

---

53 Armstrong, *Beginning*, 59.

너 있는 곳. "곳"의 히브리어는 마콤(מָקוֹם)이다(12:6; 13:3-4을 보라).

너는 눈을 들어 … 바라보라. 내레이터는 13:10에 있는 롯의 대지 관찰에 비교되는 장면을 등장시킨다. "바라보다"(즉 보다)는 이 분책의 핵심 단어다.

북쪽과 남쪽, 그리고 동쪽과 서쪽을 바라보라. 이것은 "시각과 의도"를 따라 재산권을 이전하는 법률적 관행을 반영할 수 있다.[54] 야웨는 파노라마로 펼쳐진, 비슷한 대지 관찰을 하도록 모세를 초대하신다(신 34:1-4). 각각의 경우에 이 초대는 가나안 족속의 소유권을 찬탈하는 일에 참여하지 않을 사람에게 주어진 약속을 확증한다.

15절. 땅을 … 영원히. 12:1, 7을 보라.

네 자손에게. 12:7을 보라.

16절. 티끌 같게 하리니. 32:12과 느헤미야 9:23을 보라.

17절. 일어나 … 다녀보라. 아브라함이 그 땅을 돌아다니는 것은 그가 그곳을 합법적으로 획득했음을 상징한다. 왕들은 자신이 다스리는 영토의 경계를 상징적으로 둘러봄으로써 그 영토를 통치하는 자신의 권리를 단언했다.[55] 이집트에서 (기원전 3,000년경부터) 새로운 파라오는 자신의 즉위식 날에 열리는 "성벽 순방"으로 알려진 축제 행진에서 요새화된 성벽을 두루 돌아본다. 히타이트 왕은 (기원전 1,300년경) 해마다 열리는 눈타리야샤스(Nun-ta-ri-ya-shas)의 겨울 축제에서 자신의 영토를 돌아다녔다. 우가릿(기원전 1,400년경의 시리아 해안 지역)의 어떤 시(poem)에서 바알은 신들과 인간들에 대한 자신의 새로운 왕권을 확언하기 위해 "일흔

---

54 D. Daube, *Studies in Biblical Law* (Cambridge: Cambridge Univ. Press, 1947), 28-36. 이것은 이스라엘이 그 땅을 합법적으로 소유하도록 이끄는 구체적인 방식이다(참조. 신 3:27; 사 39:1-4; 눅 4:5; 막 11:11).

55 T. H. Gaster, *Myth, Legend, and Custom in the Old Testament* (New York: Harper & Row, 1969), 2:411-12.

일곱 개의 고을과 여든여덟 개의 도성"을 순시했다. 비슷하게 여호수아 군대 내의 제사장들은 자신들의 권리를 확증하기 위해 야웨의 보좌를 들고 칠 일 동안 여리고 성벽 둘레를 돌았다(수 6장). 사르나는 이렇게 주석한다. "초기의 유대 주석가들은(Targ. Jon.) 이렇게 땅을 가로세로로 횡단하는 것을 상징적인 행위로 이해했는데, 이런 행위는 랍비 히브리어로 하자카(ḥazakah)라고 불리는 법적 취득의 형식으로 여겨진다"[56](12:7b과 해당 주해; 수 1:3; 18:4; 24:3을 보리).

아브라함이 헤브론에 정착하다(13:18)

18절. 장막을 옮겨. 추정컨대 아브라함은 그의 소유권을 주장한 땅을 둘러본 후에 자신의 장막을 옮겼을 것이다.

큰 나무들(개역개정-"상수리 수풀"). 마소라 텍스트 역시 14:13과 18:1에서 동일한 히브리어를 복수형으로 제시하나 12:6에서는 단수형이다. 그리스어 및 시리아어 본문과 불가타에서는 이 단어가 일관되게 단수형이다.

마므레. 여기서 이 단어는 한 장소를 가리키는 고유명사다. 이 장소와 연관되는 이름의 마므레(Mamre)라는 인물은 아브라함과의 동맹 속에서 안전을 추구하던 아모리 사람이다. 그는 아브라함을 통해 복을 받을 것이다(14:13, 24을 보라).

헤브론. 이 히브리어는 "연맹"을 의미하며 많은 부족이 일종의 동맹체를 이루어 연합되어 있음을 반영할 수 있다.[57] 팔레스타인의 가장 높은 고을인(해발 약 3,050피트[927m]) 헤브론은 예루살렘과 브엘세바 사이에 있는 "산마루길"(Ridge Route)의 중간 지점에 전략적으로 위치한다. 이곳

---

56 Sarna, *Genesis*, 100.
57 그것의 더 오랜 이름은 "넷의 도성"이란 뜻의 기럇 아르바다(수 14:15; 삿 1:10).

에는 기원전 제3천년기에 사람이 정착해 살았던 고고학적 증거가 있다. 이곳의 토대는 이집트의 요새화된 행정의 중심지로서 기원전 1,737년에 건축되었다(참조. 민 13:22). 아브라함 시대에 이곳의 거주민은 헷 족속(Hittites)이었다(창 23장을 보라). 가나안 정복의 시대에 이곳에는 아낙 자손이 거주했다(민 13:22, 28, 33). 아브라함과 사라, 이삭과 리브가, 그리고 야곱과 레아가 여기에 묻혔다(창 49:31; 50:13).

제단을 쌓았더라. 아브라함은 갱신된 하나님의 언약에 대한 적절한 응답(참조. 12:7-9)과 이 장에 어울리는 결론을 제시한다(13:3-4을 보라).

제6부 1막 3장에 대한 신학적 고찰

성경적 경제학

역설적으로 기근이 아니라 하나님의 증여가 땅의 빈곤의 문제를 불러일으키고 아브라함의 너그러운 양보는 평화와 더 큰 하나님의 축복을 가져온다. 오늘날 빈곤의 경제와 필연적인 소비자중심주의는 자본주의와 공산주의 양자 모두의 배후에 놓여 있다. 그러나 진정한 기독교는 소비자중심주의를 단념한다. 대신 그리스도인은 공급하시겠다는 하나님의 약속을 신뢰하면서 타인을 부요케 하기 위해 자신의 권리를 내놓아야 한다. 하나님 안에서 안전한 아브라함은 그의 땅을 포기할 수 있다. 그리스도 안에서 안전할 때 우리는 소유를 탐하면서 거머쥘 필요가 없다.

믿음 대 육신의 눈

육신의 눈을 따라 선택함으로써 축복의 담지자로부터 스스로 떨어져 나간 롯은 아브라함을 돋보이게 만드는 역할을 한다. 칼뱅은 이렇게 설명한다. "(롯)은 자신이 낙원에 거하고 있다고 착각했다. (그러나 그는) 지옥의 심연 속으로 던져진 것이나 다름없었다."[58] 아브라함은 자신의 권리를 포기하고 암묵적으로 타락한 모압과 암몬 족속에게 약속의 땅을 내어주는 위험을 감수하지만(19:37-38; 신 23:3-6; 스 9:1) 믿음으로 "온 땅"과 "티끌과 같은 후손"을 영원히 상속받는다(창 13:15-16을 보라). 아브라함은 그리스도를 미리 보여준다. 그리스도는 십자가에 못 박히기까지 자신을 낮추시고 그다음에야 비로소 하늘과 땅의 모든 이성적 존재가 그의 이름 앞에 무릎을 꿇기까지 높임을 받으신다.

평화의 구축

자신의 권리를 기꺼이 내어주는 것과 결부된 아브라함의 관대함은 롯과의 갈등을 화해로 이끈다(13:9을 보라). 이 이야기의 주된 신학적 관심은 형제 간의 평화의 우선성이다. 그리스도인들은 사람들 사이의 관계를 회복하기 위해 자신의 권리와 번영을 포기해야 한다. 관대함과 평화의 구축은 서로 짝을 이룬다(잠 25:21-22). 웬함이 설명한 대로 "이 사례에서 아브라함이 보여준 관대함과 평화로움은 성경의 한쪽 끝에서 다른쪽 끝까지 박수를 받는다(예. 레 19:17-18; 시 122편; 133편; 잠 3:17, 29-34; 히 12:14; 약 3:17-18). 실로 평화의 조성과 화해는 그리스도 안에서 드러난 하나님의 성품에 핵심적이어서(참조. 마 5:22-26, 43-48) 바울은 자주 하나님을 '평강의 하나님'으로 부른다(예. 롬 15:33; 고후 13:11; 빌 4:9; 살전 5:23; 참조. 엡 2:14-17)."[59]

오경의 전조

롯을 향한 아브라함의 관대함은 롯의 후손인 모압과 암몬을 향한 이

---

58   Calvin, *Genesis*, 373.
59   Wenham, *Genesis 1-15*, 300.

스라엘의 관대함의 모형이 된다(신 2:8-19을 보라). 요단 평지를 "이집트 땅과 같이"라고 표현하며 그곳을 선택한 롯의 결정과 그에 따른 비참한 결과는 이집트로 돌아가려는 이스라엘의 반역자들이 지닌 욕망에 대한 전조가 된다(출 16:3; 민 11:5; 14:2-3을 보라).

거듭남

평화는 이상적 환경을 조성함으로써 보장되지 않는다. 에덴의 이상적 환경 속에서 죄가 발생했으며, "야웨의 동산 같은"(13:10) 땅을 배경으로 하는 이 장에서는 갈등이 증폭된다. 오직 마음과 뜻을 하나님께 내어드리는 것만이 평화를 이룩한다.

제6부 1막 4장

동방 왕들에게서 거둔 승리(14:1-24)

제6부 1막 4장에 대한 문학적 분석 ──────────

플롯

플롯의 긴장은 동방의 네 폭군이 사해 지역의 다섯 왕이 일으킨 반란을 진압할 때 시작된다. 이 긴장은 그들이 반역자들을 벌하고자 역습을 가해 트랜스요르단 전역과 그 도상에 있는 팔레스타인 남부를 정복할 때 고조된다. 나아가 이 긴장은 그들이 반역자들을 제압하고 이제 부유한 롯을 그의 소유물과 더불어 그들의 전리품의 일부로 납치함으로써 아브라함을 그 장면에 등장시킬 때 절정에 이른다. 아브라함은 자신의 집의 무장된 군사들을 소집하여 그의 동맹군들과 더불어 군사 작전을 이끈다. 가장 문학적인 측면에서 보면 우리는 아브라함이 성공적으로 공격하여 적들을 제압하는 데서 절정이 이루어질 것이라고 예상할 수 있다. 그러나 이 이야기는 실제로 하나님에 대한 인정—이 장에서는 앞서 하나님이 이 전쟁의 진정한 승자로서 언급된 바가 없다—이 절정에 이르도록 발전하며, 그다음에 제사장이자 왕인 멜기세덱을 통해 이루어지는 아브라함에 대한 축복과 확증이 이어진다. 이 대단한 경배 장면과 정반대가 되는 또 다른 절정에서는 소돔의 이방 왕이 아브라함에게 무례하게 말하면서 자신의 존재감 없는 권위를 주장하려고 애쓰는 가운데 아브라함을 전리품으로 유혹한다. 그러나 신실한 아브라함은 쉽게 설득되어 하나님을 영화롭게 하는 것을 그만둘 사람이 아니다.

아브라함은 땅에 대한 하나님의 약속을 신뢰하는 그의 믿음을 시험하는 많은 갈등과 유혹에 계속해서 직면한다. 이 장에서 아브라함의 리더십은 직전의 두 장에서 자신의 아내를 위험에 빠트린 겁쟁이와는 사뭇 다른 그의 모습을 보여준다. 어리석은 조카를 위한 그의 충실한 방어는 그의 존경할 만한 형제애의 깊이를 드러낸다. 소돔 왕에게서 전리품 수령을 거부한 그의 태도 역시 축복을 주시는 하나님께 대한 ─ 전리품이 아니라 ─ 그의 끊임없는 신뢰를 증명한다.

구조[60]

전투는 교호적 패턴 속에서 다음과 같이 전개된다.

A 사해의 왕들이 동방의 왕들에게 반역하다   1-4절
B 동방의 동맹군이 트랜스요르단과 남부를 정복하다   5-7절
A′ 사해의 왕들이 동방의 왕들에게 약탈당하다   8-12절
B′ 아브라함과 동맹군이 동방의 동맹군을 제압하다   13-16절

아브라함과 소돔 왕의 만남과 아브라함과 제사장-왕인 멜기세덱의 조우는 교호적이며 교차적 패턴의 구조를 이룬다. 이는 아브라함을 문안한 왕들의 인사와(14:17-18) 그들의 발언 및 아브라함의 답변들을(14:19-24) 번갈아 배치한다. 그러나 내레이터는 소돔 왕과 더불어 영접 인사를 시작하는 반면에 멜기세덱과 더불어 말문을 연다. 결과적으로 아브라함과 소돔 왕의 관계는 바깥의 틀을 만들고 아브라함과 멜기세덱의 관계는 안쪽

---

60 Garrett이 제시한 구조, 곧 앞의 제3장에서 인용된 롯에 대한 장면과의 병행 구조를 보라.

의 핵심을 구성한다.

A 소돔 왕과 멜기세덱이 아브라함을 만나다   14:17-18
  말이 없고 빈손인 소돔 왕, 14:17
  멜기세덱의 연회, 14:18
A′ 멜기세덱이 축복하고 소돔 왕은 요구하다   14:19-24
  멜기세덱의 축복과 아브라함의 십일조, 14:19-20
  소돔 왕의 요구와 아브라함의 맹세, 14:21-24

14:21-24의 소돔 왕에 대한 언급 역시 14:2의 그에 대한 최초의 언급과 더불어 문체적 수미상관 구조를 만든다. 그리하여 이 구조는 14장 전체에 통일성을 부여한다.

핵심 단어

왕이란 단어는 14장에서 스물여덟 번 나온다. 일군의 왕족이 이 장을 장식한다. 즉 가나안의 다섯 왕, 메소포타미아의 네 왕, 아브라함, 제사장-왕인 멜기세덱, 그리고 암묵적으로 야웨가 등장한다. 하지만 이스라엘의 하나님인 야웨는 왕들 중의 왕으로서 모든 왕 위에 계신다("공백과 여백"을 보라). 야웨는 블레셋(창 20장; 26장), 이집트(출 1-15장), 시혼과 옥(민수기), 그리고 가나안(신명기)을 다스리는 주권자이시다. 내레이터는 정확하게 왕들과 그들의 국가 이름을 비옥한 초승달 지역 전반과 그 너머까지 거명하면서 **왕**이라는 단어를 반복한다. 또한 그는 이 전투를 트랜스요르단 전역과 남부 팔레스타인으로 확대한다. 그렇게 함으로써 내레이터는 그의 영웅 아브라함의 위대함을 더욱 크게 만든다. 땅 위에서 하나님의 신실한 용사는 비록 **왕**이라는 칭호는 붙지 않았지만 사실 더 위대한 왕이다.

비교와 대조

아브라함은 제2장의 끝에서 매우 부유한 사람이 되어 이집트로부터 나왔다(13:1-2). 제3장의 끝에서(13:14-18) 야웨는 자신의 손을 가나안 땅으로 옮기신다. 이 장의 마지막에서 하나님은 트랜스요르단과 바란까지의 먼 남쪽 지역에 사는 여섯 민족, 그리고 사해 주변의 다섯 도성의 재물을 노획하여 아브라함의 손에 쥐어주신다. 이 재물은 롯의 재산까지도 포함한다.

마므레에서 작심하여 용기를 낸 이 용사는 이집트에서 우유부단하고 겁이 많던 남편의 모습에서 완전히 탈바꿈하여 선봉에 서서 지휘한다. 이 믿음의 사람은 과거의 거듭된 실패에 속박된 것이 아니라 그것으로부터 구출된다. 자신의 친족에 대해 평화의 사람이었던 그는 자신을 약탈한 사람들에 대해서는 전쟁의 사람이 된다.

이 장은 두 번의 출정을 대조함으로써 동쪽의 네 왕의 강함(14:5-7)과 사해 지역의 다섯 왕의 약함(14:8-12), 그리고 그 양자에 대한 아브라함의 우월함(14:13-16)을 대조한다. 다섯 도성의 왕들의 전열은 아브라함의 기습 공격과 대조된다. 약탈을 자행하던 그 왕들은 통상적이지 않은 방식으로 패배한다.

또한 이 장은 언약에 대한 아브라함의 충절을 앞선 장에 나타난 그의 조카의 배신과 대조한다. 심지어 롯은 악한 소돔에 바로 정착한 것에서 드러나듯이 현재 달라진 것이 없다(14:12). 서로 잇댄 구절들에서 내레이터는 비전의 사람과 육안의 사람이 사는 거주지들을 대조한다. 이 장면 묘사에서 롯은 소돔 성에 거주하고(יֹשֵׁב, 야샤브; 14:12) 아브라함은 "제단을 쌓았던"(13:18; 14:13) 마므레의 큰 나무들(개역개정-"상수리나무") 근처에 천막을 친다(שֹׁכֵן, 샤칸).

전리품을 대하는 멜기세덱과 아브라함의 태도는 소돔 왕의 태도와 근본적으로 대조된다. 소돔 왕은 "나왔고"(14:17), 멜기세덱은 "가지고 왔다"(14:18). 멜기세덱의 첫마디는 "아브람에게 복을 주옵소서"였고, 소돔 왕의 첫마디는 "나에게 달라"였다.

공백과 여백

내레이터는 사해 지역의 왕들과 그들의 군주와의 봉신 관계의 성격에 대한 자세한 내용을 공백으로 남겨둔다. 그는 전쟁에 대한 상세한 설명 역시 공백으로 처리한다. 그는 많은 주석가와 근동 지역의 전쟁을 기록한 고대 사가들의 흥미를 끄는 내용에 아무런 관심이 없다.

하지만 이 전투들에서 내레이터는 흥미롭게도 야웨에 대해 아무런 언급도 하지 않으면서 그저 세속적인 느낌을 전해주는데, 이는 다분히 의도적이다. 이런 누락은 내레이터의 제한된 자료로 인해 발생한 어쩔 수 없는 공백일 수가 없다.[61] 성경의 내레이터들은 자신의 자료를 재량껏 이용하여 이스라엘의 하나님을 높이는 데 목적을 둔다. 그러나 여기서 이 내레이터는 있는 그대로의 전쟁 이야기를 기술하면서 하나님의 존재를 외투로 덮어 숨긴다. 그는 정밀한 자료와 고대의 이름들을 제시하고 자신의 청중을 위해 그들의 현대화된 이름들을 추가로 삽입하면서 자신의 서사를 정확한 역사로 색칠한다. 그러나 이 외투는 안이 비치지 않는 베일이다. 이 베일은 아브라함을 향해 멜기세덱이 베푼 절정의 축복에서 위로 들추어진다. 이 축복의 선포에서 멜기세덱은 적들 위에 계시는 하나님의 주권을 찬양한다. 아브라함이 취한 행동은 이 진리를 확증한다. 첫째, 아브라함은 마므레에 있는 자신의 성소를 떠나 전쟁에 출정한다(14:13-14). 둘째, 가장 중요한 점으로서 아브라함은 전리품의 십일조를 멜기세덱, 즉 예루살렘의 지극히 높으신 하나님의 제사장-왕에게 바친다(14:18-20). 그는 하나님께 전리품의 첫 열매를 바침으로서 야웨를 승리자로 표명

---

61 지명에 대한 일관된 현대화를 포함하여 다양한 범주의 문학적 특징들은 내레이터가 고대의 기록을 최신 정보로 바꾸고 있음을 암시한다.

한다. 이 섭리의 애매성은 왜 아브라함이 승자로서 자신의 정당한 몫인 전리품을 거절하는지를 설명해준다. 아브라함은 자신의 정당한 상금을 마다한다. 왜냐하면 허세를 부리는 소돔 왕이 엉뚱하게도 야웨가 아니라 자신이 아브라함을 부유하게 만들었다고 생각할 것이기 때문이다(14:23).

내레이터는 전투를 피해 달아난 소돔 왕의 도피와(14:10) 아브라함과의 조우 사이에 있었던 그의 비운은 구원사에 중요하지 않은 내용으로서 공백으로 남겨둔다. 추정컨대 북쪽 시리아의 깊숙한 곳까지 이른 아브라함의 군사 작전은 몇 주가 소요되었을 것이다. 그 와중에 소돔 왕은 약탈되었던 자신의 도성에 대한 통제권을 다시 얻는다(14:10을 보라).

그러나 멜기세덱에 대한 내레이터의 침묵은 의도적이라고 보기 어렵다. 여기에 열국에 복을 전하는 하나님의 중재자인 아브라함에게(12:3) 하나님의 복을 중재할 수 있는 지극히 높으신 하나님의 왕-제사장이 있다. 따라서 멜기세덱은 어떤 지상의 왕보다 위대하다. 그러나 멜기세덱은 그의 출생이나 계보에 대한 아무런 설명도 없이 내레이터의 그림판에 갑자기 등장한다. 마찬가지로 그는 그의 운명이나 죽음에 대한 아무런 언급 없이 순식간에 사라진다. 창세기의 최종 편집자는 아마 시편 110편을 알고 있었을 것이다. 이 시편에서 다윗은 열국을 다스리고 재판하는 멜기세덱의 서열을 따라 나올 미래의 왕-제사장을 예견한다. 추정컨대 내레이터는 이런 예상되는 정보를 고의로 누락한 것이 아니라 그것을 생각할 여지가 있는 여백으로 남겨두면서, 다윗이 "나의 주님"(시 110:1)이라고 부른 이 신비로운 하늘의 인물에 대해 경외심을 품고 있다.

제6부 1막 4장에 대한 주해 ─────────────

사해의 왕들이 동방의 왕들에게 반역하다(14:1 - 4)

1-2절. 이때(개역개정-"당시에")…**싸우니라.** 이는 "당시에 아므라벨
과…전쟁에 나갔다"로 번역하는 것이 더 낫다.[62] 14:1의 히브리어 문법
(즉 바예히[וַיְהִי] + 부사구와 서사 동사형의 부재)은 이 단락이 배경 정보를
제시하고 있음을 보여준다. 우리는 이 이야기가 제3장과 거의 같은 시기
에 발생한다고 추론할 수 있다. 왜냐하면 두 장에서 아브라함이 마므레에
있기 때문이다(참조. 13:18; 14:13). 그러나 내레이터는 연대를 확립하지 않
는다.

1절. 아므라벨…디달. 그돌라오멜이 총사령관이지만 네 명의 동방 왕
이 알파벳순으로 나열된다.[63] 이 왕들 중 아무도 성경 밖의 자료에서 분
명하게 확인된 바는 없다. 시도는 있었지만 전혀 설득력이 없었다. 그들
의 이름은 흑해로부터 페르시아만, 넓은 메소포타미아 협곡, 나중에 바
빌로니아와 아세르(Asher) 제국이 된 지역 전체에 이르기까지 넓은 지역
을 암시한다. 분명 한 명은 엘람(Elam; 현대 이란의 일부)에서 왔고 다른 한
명은 시날(Shinar; 현대의 이라크) 출신이다. 다른 두 명은 아마도 터키에서
왔을 것이다. 한 국가가 아닌 여러 세력에 대한 이 역사적 상황은 중기 청
동기에만 들어맞는데 바로 아브라함의 시대다(서론에 있는 "역사성과 문학
적 장르"를 보라).

아므라벨. 그는 예전에 바빌로니아의 함무라비/피(Hammurab/pi)일 것
으로 생각되었다.

시날. 10:10, 11:2을 보라.

─────────

62 NIV는 이 시점을 동시대로 정하는데("이때에") 이는 히브리어에 대한 지나친 독법이다.

63 Sarna, *Genesis*, 102.

아리옥. 이는 마리의 왕 짐릴림(Zimrilim of Mari)의 아들의 이름이기도 하다(기원전 1,750년경).

엘라살. 「창세기 외경」(*Genesis Apocryphon*)은 이 고대 바빌로니아 도성을 카파도키아(터키)와 동일시한다. 반면에 심마쿠스(Symmachus)와 히에로니무스는 이곳을 흑해에 있는 폰투스로 확인한다.

그돌라오멜. 이 이름의 첫 번째 요소는 쿠두르(*kudur*)에서 왔는데 몇몇 엘람족 이름의 부분으로 나타난다. 두 번째 요소는 여신 라가마르(Lagamar)와 비슷한 소리로 들린다. 만일 그렇다면 이 이름은 "라가마르의 종"을 의미한다.

엘람. 10:22을 보라.

디달. 이는 히타이트식의 왕족 이름이다.

고임. 이 히브리어는 문자적으로 "이방 민족들"을 의미한다. 이들은 아마 메소포타미아 북쪽의 야만족 무리인 움만 만다(Umman Manda)일 것이다(수 12:23을 보라). 디달이 이 무리를 이끌고 왔을 수 있다.

2절. 싸우니라. 성경에서 최초로 종족들과 나라들이[64] 죄의 심화와 바벨로부터의 혼돈 속에서 이제 서로 대적하여 싸운다.

베라…비르사…시납…세메벨. 두운법이 사용되어 짝을 이룬 단어들을 보라.[65] 소돔과 고모라 역시 보통 함께 등장한다. 현재의 고고학적 증거는 밥 엣-드라(Bab edh-Dra)에 있는 다섯 지역(그곳의 동쪽에 있는 사해 방향으로 돌출된 곶 지형의 땅)과 그 근처를 이 다섯 도성의 가장 유력한 위치로 지적한다.

베라. 이 이름은 "승리하다"를 의미할 수 있다.

소돔…스보임. 10:19을 보라.

---

64 가나안에서는 왕들이 종족과 나라들을 다스리기보다는 이런 가나안 연맹에서처럼 도시국가들을 통치했다.

65 Sarna, *Genesis*, 102.

벨라 곧 소알. 지명을 당대의 이름으로 바꿀 필요가 있었다는 것은 이 기사가 정확한 역사 자료에 토대를 두고 있음을 시사한다.

소알. 13:10을 보라.

3절. 군대에 합류했다(개역개정-"모였더라"). 이 연합 작전은 이어지는 여러 세기 동안 더욱 강화되기만 할 것이다.

싯딤 골짜기. 이 지리적 기록은 14:8의 전조가 된다. 사해 남쪽 끝에 위치한 이 계곡은 현재 해수면 이하 약 20피트 가량이다. 그곳의 북쪽 끝은 대략 1,300피트(400m) 깊이다.

염해. 사해는 염해라 불린다. 왜냐하면 이곳의 평균 32퍼센트의 염도는 바다의 평균 3퍼센트의 염도보다 약 열 배나 높기 때문이다.

4-5절. 십이 년 동안…제십삼 년에…제십사 년에. 이 상세한 연대는 정확한 역사 자료에 대한 또 다른 암시다.

4절. 섬기다가. 이 히브리어는 "섬겼다"를 의미한다. 그들은 그돌라오멜에게 조공을 바치라는, 즉 그가 무엇을 원하든지 그에게 올리라는 요구를 받아왔다.

배반한지라. 그들은 분명 매년 내는 조공을 바치기를 거부했을 것이다.

동방의 왕들이 트랜스요르단과 가나안 남부를 정복하다(14:5-7)

5절. 나와서. 이 히브리어는 "왔다"로 읽는다. 내레이터는 요단 동편이 아닌 서편 사람의 관점에서 전쟁 이야기를 꺼낸다. 동방의 왕들이 싯딤 골짜기를 향해 군사 작전을 펼쳐서 트랜스요르단의 네 종족을 정복한다. 그들은 십중팔구 트랜스요르단의 산지를 통과해서 뻗은 "왕의 대로"를 따라 횡단했을 것이다.

제십사 년에. 위를 보라.

그돌라오멜. 이 왕은 동방의 연합군을 이끈다.

르바 족속. 이 히브리어는 관사가 없다(참조. 15:20). 비록 70인역이 "거인들"로 번역하지만, 이 단어의 의미는 불확실하다. 그들은 트랜스요르단의 최북단 지역인 바산에 거주했다(신 3:13). 암몬 족속은 그들을 삼숨밈(Zamzummites)이라고 불렀다(신 2:20).

아스드롯 가르나임. 가르나임 근처 아스드롯은 바산의 수도지만 그곳의 정확한 위치는 알 수 없다.

수스 족속. 이 민족은 다른 방식으로는 언급되지 않는다. 「창세기 외경」은 그들을 르바 족속의 분파일 수도 있는 삼숨밈과 동일시한다.

함. 텔 함(Tell Ham)은 벧산(Beth Shean) 동쪽 약 19마일(30km) 지점에 위치한다.

엠 족속. 모압의 원주민이었던 그들은 강하고 인구가 많았으며 거인들이었다(신 2:10-11). 그들의 이름은 "공포"를 의미한다.

사웨 기랴다임. 이곳은 아마도 모압 분지의 잘 알려진 도성으로 메데바 정남쪽 6마일(10km) 지점인 기랴다임의 평지일 것이다.

6절. 호리 족속. 그들의 정체는 불확실하다. 아마 세일산의 원주민이었던 호리 족속은 기원전 제2천년기의 고대 근동의 문헌에서 알려진 후르리족일 가능성이 있다(신 2:12, 22을 보라). 혹은 만일 그 이름이 "동굴"을 의미하는 히브리어 어근에서 왔다면, 그들은 동굴의 거주민들이었을 수도 있다.

세일. 이곳은 아라바(Arabah)와 나란히 뻗은 사해 남동쪽의 산지다.

엘바란. 이곳은 홍해 동부 연안의 북단에 위치한 항구인 엘랏(Elath)과 같은 이름일 가능성이 있다. 바란은 시내 반도 동쪽의 광야를 지칭하는 일반적 이름이다.

7절. 갔다(went; 개역개정-"돌이켜"). 히브리어 동사는 "왔다"(came)를 의미한다(14:5을 보라).

엔미스밧 곧 가데스. 가데스는 가데스바네아로도 알려져 있다. 이곳은 브엘세바 남쪽 46마일(75km)에 위치한 일군의 샘이 있는 지역이다.

아말렉 족속. 주로 네게브에 살던 반(半) 유목민인 그들은(민 13:29) 야비하기 짝이 없어 결국 그들을 몰아낸 것은 이 호전적인 백성을 향한 적절한 응답이었을 뿐이다. 그들은 하나님의 백성을 상대로 부당한 공격을 감행했고 약자들을 갈취했다(신 25:17-18; 삼상 27:8-11; 30:1-20). 이 단어는 때로 하나님의 목적에 반항하는 백성의 무리를 지칭하게 된다(참조. 출 17장).

아모리 족속. 10:16을 보라.

사해의 왕들이 동방의 왕들에게 약탈당하다(14:8 - 12)

8절. 나와서. 이 동사는 두 번의 트랜스요르단 전투를 소개했던 "왔다"의 반대말이다. 그러므로 이는 저항에 대한 최초의 언급이다. 이 동사는 단수이며 소돔 왕이 사해 동맹군의 수장임을 시사한다.

전쟁을 하기 위하여 진을 쳤더니. 내레이터는 서로 힘으로 맞서는 전통적인 전투 대열을 묘사한다. 그들의 본거지에 진을 친 다섯 왕이 본국을 멀리 떠나온 네 왕과 맞선다. 이 대조는 동방의 왕들의 강한 세력을 강조해준다.

10절. 역청(חֵמָר, 헤마르). 이것은 검은색의 아스팔트 물질로서 고대에 시멘트와 회반죽으로 사용되었다(11:3을 보라). 오늘날 이것은 자연 지반에서 발견될 뿐만 아니라 석유 정제 과정의 잔류물을 가지고 제조된다.

달아날 때에. 이 표현의 핵심은 그들이 전쟁터에서 빠져나온다는 의미인 것 같다(14:17을 보라).

그들이 거기 빠지고. 히브리어 "그들이 그것들에 빠졌다"는 모호하다. 이는 "[왕들이] 스스로 구덩이들에 몸을 던졌다"를 의미할 수 있다. "떨어지다" 역시 흔하게 전쟁에서 사용되는 용어지만, "스스로 몸을 던지다"를 지지하기 위해 자주 인용된 구절들은 의미를 명료하게 만드는 전치사를 추가로 포함한다. 이 구절은 아마도 왕들이 아니라 군대를 가리킬 것이다. 왜냐하면 (군대의) "나머지"가 "그들"과 병치되기 때문이다. 그렇다면 여기서의 의미는 왕들이 도피하는 동안 군대가 구덩이로 빠졌다는 것이다. 보이지 않는 섭리의 손길 아래서 자연의 세력 역시 소돔의 악한 사람들을 패배로 이끌기 위해 그들에 맞서 공모한다.

나머지는…도망하매. 이는 소돔 왕을 포함하는 것인가?(14:17)

12절. 아브람의 조카 롯도. 내레이터는 아브라함이 이 사건에 엮이게 된 상황을 확인해준다(14:14을 보라).

소돔에 거주하는. 롯은 여전히 어리석다. 롯이 점차 소돔에 동화되어 가고 있음을 주목하라. 즉 그곳을 선택하고(13:11), 그 근처에 장막을 치며(13:12), 거기에 거주하고(14:12), 거기서 존경받는 시민이 된다(19:1, 6; 시 1:1을 보라). 그는 나중에 세 차례나 더 자신의 어리석음을 심화시킴으로써 도합 일곱 차례나 어리석은 행동을 한다. 즉 그는 소알로 피하고 (19:18-23), 동굴에 정착하며(19:30), 술에 취해 인사불성인 상태에서 근친상간을 범해 모압과 암몬을 낳는다(19:31-38).

아브라함과 동맹군이 동방의 왕들을 정복하다(14:13 - 16)

13절. 도망한 자가. 이는 또다시 보이지 않는 섭리의 손길을 보여준다.

히브리 사람(עִבְרִי, 이브리; 참조. 10:21). 이 시기에 이 단어가 무엇을 의미했는지는 불확실하다. 어떤 사람들은 이 단어가 지리적 의미, 곧 히브리어 어근 아바르(עָבַר, "건너오다")에서 유래하여 "저 너머에서 온 사람"이라는 의미를 지닌다고 생각한다(참조. 수 24:2). 다른 사람들은 이 단어가 사회적인 용어, 즉 서부 셈족 지역에서 아피루('apiru)로 알려진 다양한 인종적 배경을 지닌 땅이 없는 사람들을 지칭하는 용어라고 생각한다. 아피루는 노예나 용병으로 고용되었으며 사회 속에서 반사회적인 파괴적 세력일 수 있었다. 비록 아브라함이 동맹군의 덕망 있는 지도자이자 수장이었지만[66] 그에게 땅은 없었다(창 23장을 보라). 다른 사람들은 이 단어가 인종적 용어라고 생각한다. 이는 땅이 나뉘기 전 셈의 계보에서

---

66 Wiseman, "Abraham Reassessed," 144-49.

마지막 조상인 에벨과 관련이 있다(10:21-25). 맨 나중의 의미가 다음의 몇 가지 이유에 근거해서 선호된다. 즉 (1) 단어 형태(עִבְרִי, 이브리)는 영어 단어 Israel(이스라엘)에서 Israeli(이스라엘 사람) 혹은 Israelite(이스라엘 민족)가 나온 것처럼 에베르(עֵבֶר) + 인종의 어미 이(ִי)로 구성된다. (2) 이 형태는 아피루가 아니라 고유명사 에벨과 잘 어울린다. (3) 이 단어는 항상 다른 인종 그룹, 특히 이집트와 블레셋 족속과 대치해서 나타난다. (4) 비록 땅은 없을지라도 아브라함의 다른 특징들은 아피루에 부합하지 않는다. 성경은 이 용어를 단지 아브라함과 그의 후손에게만 적용하여 그들이 에벨을 통한 셈의 합법적 후손임을 보여준다.

거주하였더라(שָׁכַן, 샤칸). 히브리어 샤칸은 야샤브(יָשַׁב)보다 더욱 임시적인 거주를 함축한다(14:12을 보라).

마므레의 큰 나무들(개역개정-"상수리나무"). 12:6, 18:1을 보라. 내레이터는 아브라함이 여전히 "마므레 큰 나무들 가까이" 거주하고(13:18; 14:13) 롯은 소돔으로 옮겨갔다고 언급함으로써 이 장을 앞선 장과 연결한다. 실로 이 두 장은 아브라함과 그의 조카 롯의 관계와 관련된다.

아모리 족속. 10:16을 보라. 때로 이들은 팔레스타인의 더 이른 정착민들을 지시하는 총괄적 단어다(48:22; 신 1:44; 수 2:10을 보라).

마므레 … 에스골 … 아넬. 이 세 형제는 아마도 헤브론의 귀족 가문들의 수장들이었을 것이다. 그들의 친족이 공격을 받았기 때문에 그들 역시 아브라함과 맺은 그들의 조약을 지켜야 할 이유가 있었다.

동맹한 사람들. 이 히브리어는 문자적으로 "조약으로 결속된 사람들"을 지시한다. 몇 세기 후에 율법은 이스라엘이 아모리 족속과 조약을 맺는 것을 금지한다. 왜냐하면 그들은 이스라엘의 믿음에서 나온 언약의 자녀들을 찬탈할 것이기 때문이다. 이 본문에는 아브라함이 여기서 그들과 조약을 맺어 어리석은 행동을 하고 있음을 암시하는 것이 전혀 없다. 오히려 그들은 아브라함을 축복의 중개자로 인정했던 것으로 보인다. 그들은 전쟁에서 아브라함과 동행하여(14:24을 보라) 축복을 받았다

(14:19-20을 보라; 참조. 12:3).

14절. 친족이(개역개정-"조카가"). 여기서 사용된 히브리어는 보통 13:8에서처럼 "형제"로 번역된다. 이 단어는 아브라함의 행동을 다음과 같이 설명해준다. 즉 경건한 사람들은 그의 친족을 향해 "애정 어린 신의"를 보여준다.

불러냈다(called out; 개역개정-"거느리고"). 우리는 사마리아 오경을 따라 바야데크(וַיָּדֶק)로 읽어 이것을 "소집하다"로 번역해야 한다. 마소라 텍스트는 "바야레크"(וַיָּרֶק, 텅 비우다, 모조리 꺼내다)로 읽는다. 이런 차이는 흔하게 발생하는 서기관의 오류인 달레드(ד)와 레쉬(ר)의 혼동을 반영한다(창 10:3과 10:4을 보라).

삼백십팔 명. 이 인원은 아브라함 시대에 상당한 규모의 군대이기 때문에(참조. 삿 7장의 기드온), 이는 아브라함이 약탈당한 것들을 되찾아오기 전에도 이미 엄청난 재력가였음을 분명하게 암시해준다. 이 숫자가 상징임을 암시해주는 이집트 자료와 「일리아스」(*Iliad*)로부터의 몇몇 증거가 존재한다.[67]

훈련된 자. 이 특이한 히브리어 용어의 의미는 "보유자"를 의미하는 이집트 근족어로부터 유래한다.

집에서 길리고. 이들은 아브라함의 가장 믿을 만한 종들일 것이다.

단. 이 이름은 모세 시대 이후의 라이스(Laish)로부터 현대화되었다(삿 18:29과 서론에 있는 "편찬과 저작권"도 보라). 텔 단(Tell Dan)은 헐몬산 남쪽 기슭에 위치한다. 이곳은 팔레스타인의 북쪽 끝을 표시한다(삿 20:1; 삼상 3:20).

15절. 밤에. 아브라함은 가장 예상을 못하고 있을 때 공격한다.

나뉘어. 이 히브리어는 아마도 전문적인 군사 용어로서 "그들을 대항

---

67   Wenham, *Genesis 1-15*, 314.

하여 나뉘었다"는 의미일 것이다.

가신들이. 그들은 문자적으로 그의 "종들" 혹은 "하인들"이다.

그들을 쫓아가. 루프(Roop)가 말한 대로 "파라오가 우연히 알게 된 바와 같이 하나님의 축복에 대항하는 힘을 행사할 수 있는 이방 왕은 아무도 없다."[68]

소돔 왕이 아브라함을 만나다(14:17)

17절. 나와(אצי, 야차, 칼형) **그를 영접하였고.** 히브리어 본문에서 이 표현은 이 장면을 소개한다. 그 의미는 모호하다. 이는 "인사하다, 영접하다"(삼상 18:6) 혹은 "맞닥트리다"(민 20:20 ["against them", NIV])를 의미할 수 있다. 소돔 왕은 멜기세덱과 달리 승전을 거둔 사람들을 말없이 또한 빈손으로 만나기 때문에 첫 번째 의미는 실제로 가능하지 않다. 부자연스럽게도 감사가 없고 전리품을 선점하는 소돔 왕의 태도는 소돔의 사악함의 지표를 제공해준다.

그돌라오멜과 그와 함께 한 왕들을 …후에. 내레이터는 아브라함의 위대함을 강조하고 소돔 왕의 무례함과 건방진 요구에서 보이는 그의 사악함을 강조하는 이 연대기적 언급을 추가한다.

사웨. 내레이터의 설명과 별개로 이 단어의 의미는 불확실하다. 이 왕의 골짜기는 아마도 예루살렘에 인접했을 것이다(삼하 18:18).[69] 어떤 사람들은 이곳을 예루살렘 북쪽의 상당히 평평한 지역으로 보지만 대부분의 학자는 예루살렘에 있는 다윗 성의 서쪽 계곡을 지목한다.[70]

---

68 Roop, *Genesis*, 107.
69 Josephus, *Antiquities* 7.10.13.
70 L. Jonker, "שׁוה," *NIDOTTE*, 4:60.

멜기세덱의 연회(14:18)

18절. 그때에. 이 히브리어는 단순히 "그리고"이며, 멜기세덱이 소돔 왕과 동시에 나왔음을 암시한다.

멜기세덱. 이 이름은 "의의 왕" 혹은 "내 왕은 의로우시다"를 의미한다 (히 7:2을 보라).[71] 이는 마치 아도니세덱이라는 이름이 "의로운 주" 혹은 "내 주는 의로우시다"를 의미하는 것과 마찬가지다(수 10:1).[72]

살렘. 이는 아마도 예루살렘이겠지만(시 76:2)[73] 정체가 확실하지는 않다. 이 이름은 샬롬, 즉 "평화"와의 관련성을 암시하기 위해 짧아졌을 수 있다.

가지고 나왔으니(יֹצֵא, 야차, 히필형). 14:17과 더불어 만들어지는 이 히브리어 언어유희는 대조를 강조한다.

제사장. 이것은 성경에서 제사장에 대한 최초의 언급이다. 이 히브리어는 정관사를 지니지 않는데("그 제사장"이 아니라 "한 제사장"), 이는 하나님의 다른 제사장들의 존재를 암시해준다. 비록 제사장과 왕의 직책의 통합이 아시리아에서 그리고 헷 족속 가운데서 증명되지만, 이런 통합이 우가릿(즉 기원전 1,400년경의 시리아)에서는 나타나지 않는다.

떡과 포도주. "떡"은 아마도 "음식"을 의미할 것이다. 이 두 단어의 조합은 풍성한 저녁 식사, 곧 왕실 연회를 지시하는 총칭어법이다(삼하 17:27-29; 잠 9:5을 보라).[74]

지극히 높으신 하나님(אֵל עֶלְיוֹן, 엘 엘룐). 히브리어 엘(אֵל)은 본질상

---

[71] 아마도 이 의미가 "말키(Malki)는 의롭다" 혹은 "내 왕은 세덱(Zedek)이다" 혹은 "합법적인 왕"보다는 개연성이 있을 것이다(*IBHS* §8.2c를 보라).

[72] *HALOT*, 16.

[73] *Jeru* + *salem*은 "살렘의 도시"를 의미한다.

[74] 우가릿 문헌은 다음의 흥미로운 병행을 보여준다. "자, 음식을 먹으라! 여기 발효된 포도주도 마시라!"(J. Gray, *The Legacy of Canaan: The Ras Shamra Texts and Their Relevance to the Old Testament* [Leiden: Brill, 1965], 94).

"신"을 가리키는 일반 호칭이며 따라서 거기에 구체성을 띤 단어들이 붙을 수 있다. 예를 들어 야곱은 자신이 세겜에 쌓은 제단을 엘 엘로헤 이스라엘이라 부른다(33:20). 엘의 배경은 가나안 만신전의 우두머리를 가리키는 가나안식 이름일 수 있다. 그러므로 어떤 사람은 멜기세덱의 하나님이 가나안의 우두머리 신인 엘이라고 주장한다.[75] 단어 엘(אל)은 가나안과 구약에서[76] 복합명사 형태로 나타나지만, 엘 엘룐으로는 전혀 나오지 않는다.[77] 사실 여기서 전적으로 나타나지 않는 것으로서 이에 상응하는 다른 이름들은 정체를 확인해주지 않는다. 아브라함이 개인적 이름인 **야웨**를 특정하게 언급하는데(14:22), 이는 분명 나중에 본문에 삽입된 것이다. 하지만 이 이름은 내레이터의 의도와 사건들에 대한 이해를 정확히 반영한다. 모벌리(Moberly)의 주장에 따르면 창세기의 내레이터가 비록 야웨가 모세에게 자신의 이름을 최초로 계시한다는 것을 알고 있을지라도(출 6:2-3), 그가 여기서 야웨라는 이름을 사용하는 것은 족장들이 엘, 엘 샤다이, 그리고 그와 비슷한 이름으로 예배하는 하나님이 진정으로 야웨임을 주장하기 위함이다.[78] 모벌리의 논지가 개연성은 없지만(서론에 있는 "편찬과 저작권"을 보라), 그가 족장들의 하나님이 가나안 만신전의 엘이 아니라 야웨라고 한 점은 확실히 옳다. 기원전 1,400년경의 문헌으로부터 판단하자면, 가나안의 엘은 가나안 족속만큼이나 타락했다. 내레이터는 분명 그런 타락한 신의 이방 제사장이 아브라함에게 신적 축복을 부여할 수 있다고 생각하지 않았을 것이다. 또한 그 땅을 야웨께 봉헌하고 있는 아브라함도(12:7; 13:3을 보라) 이와 같은 축복을 영예롭게 여

---

75 F. M. Cross, "אל," *TDOT*, 1:256.

76 참조. 엘 로이(El Roi, 나를 보시는 엘, 16:13); 엘 올람(El Olam, 영원한 엘, 21:33).

77 엘과 엘룐은 북서부 셈족의 비문들에서 독자적인 신들로 나타나지만, "가장 높으신 분"은 입증된 이름인 바알 엘룐(Baal Elyon)처럼 엘의 호칭 중 하나일 개연성이 있다.

78 R. W. L. Moberly, *The Old Testament of the Old Testament: Patriarchal Narratives and Mosaic Yahwism* (OBT: Minneapolis: Fortress, 1992), 177.

겨 그런 제사장에게 십일조를 바치지는 않았을 것이다. 내레이터의 의도와 동떨어져서 역사적으로 다른 이스라엘의 종교를 재구성하는 일은 해롭다. 이는 내레이터의 도덕적 고결성에 먹칠을 하고 불필요하게 그의 역사적 신빙성을 의심하게 만든다. 비록 야웨(יהוה)가 원문에는 없었을 가능성이 있지만, 두말할 필요도 없이 내레이터는 엘 엘론을 "야웨"와 동일시했다.[79]

멜기세덱의 축복과 아브라함의 십일조(14:19 - 20)

19절. 아브람에게 축복하여. 제사장-왕으로서 멜기세덱은 하나님의 이름을 아브라함을 위해 사용함으로써 하나님의 능력과 힘과 보호하심을 중재한다(1:22; 민 6:22-27; 대상 16:2을 보라). 우리는 이 사실로부터 멜기세덱이 아브라함보다 더 위대하다고 추론할 수 있다(히 7:7).

복을 주옵소서. 노아가 셈에게 내린 영광스러운 축복이(9:26을 보라) 이제 아브라함에게 구체화된다. 즉 야벳의 후손은 아브라함 안에서 구원을 얻고 가나안 족속은 그의 노예가 될 것이다.

천지의 창조자(개역개정-"주재이시여").[80] 하벨(Habel)은 이 호칭이 모든 기원의 원천일 뿐만 아니라 일상의 시련 속에서의 생명과 활력 및 기쁨

---

79 다니엘서는 "가장 높으신 하나님"이라는 호칭을 흔히 사용한다(3:26; 4:17, 24-25, 32, 34; 5:18, 21; 7:18, 22, 25, 27). 이는 가나안의 엘을 가리키는 것이 아니라 이스라엘의 하나님에 대한 호칭이다. "엘 엘론은 이 하나님에 대한 보편적인 요청을 만들기 위해 믿음의 시야가 이스라엘의 역사 너머로 펼쳐지는 문맥에서 사용된다"(Brueggemann, *Genesis*, 136). 신약에서 "가장 높으신 하나님"이란 호칭은 예수와 연결된다(막 5:7; 눅 8:28).

80 NIV는 별도의 "소유자"(Possessor)를 제안한다(이 단어는 코네[קנה]다). 하지만 동사 카나(קנה)는 "만들어내다, 산출하다"를 의미하며(창 4:1; 신 32:6[참조, 신 32:18; 사 64:8; 말 2:10]; 시 139:13; 잠 8:22[참조, 8:24]), 때로 그리스어 크티조(κτίζω, "창조하다")로 번역되었다. 이는 아마도 북서부 셈족의 비문에 있는 코네의 의미일 것이다. 이 비문에서 코네는 엘의 호칭으로 사용된다. 여기서도 마찬가지로 성경 저자들은 고대 근동 종교들의 예전(liturgical) 전통을 수용하여 그것을 이스라엘의 유일신 종교에 적용한다.

의 원천이신 하나님에 대한 환유법이라고 설득력 있게 주장한다.[81] 비슷한 표현이 시편 115:15, 121:2, 124:8, 134:3, 146:6에서 나타나는데, 이는 창조주로서의 하나님뿐만 아니라 작금의 현실에 친밀히 관여하시는 하나님에 대해서도 말한다. 이 표현은 시편 121:2, 124:8, 146:6에서는 아자르(עָזַר, "돕다")와 함께 사용된다.

20절. 복 받을지어다(개역개정-"찬송할지로다"). 이는 "그리고 찬양받을지어다"가 더 니은 번역이다(삼상 25:32-33도 보라).

주었더라. 여기서 이 히브리어는 15:1의 "방패"와 동일한 어근으로, 두 장을 연결하는 핵심 단어 역할을 한다.

십일조. 이는 제사장에게 매년 바치는 십일조가 아니라(참조. 레 27:30-33; 민 18:21) 전리품의 십분의 일이다(참조. 민 31:25-41). 십일조는 성경의 세계에서 오래된 고대의 관행이다(7:2을 보라). 그돌라오멜이 받던 조공은 이제 야웨께 십일조로 바쳐진다! 군주 제도가 시작된 후 탐욕스러운 왕은 제사장과 더불어 매년 바치는 십일조를 요구한다(삼상 8:15, 17).[82] 본문은 멜기세덱이 자신의 십일조를 걷기 위해 왔다는 암시를 주지 않는다. 비록 어떤 사람들은 여기에 그런 암시를 집어넣으려고 하지만 말이다. 멜기세덱은 아브라함을 하나님의 용사로 찬사하고 축복한다. 아브라함은 멜기세덱을 자신이 섬기는 하나님의 합법적 제사장이자 왕으로 인정한다.

얻은 모든 것에서(개역개정-"그 얻은 것에서"). 이는 전리품을 가리킨다.

소돔 왕의 요구와 아브라함의 서약(14:21 - 24)

21절. 내게 보내고. 소돔 왕은 아브라함을 칭송하고 높이기보다는 오히

---

81 N. Habel, "Yahweh, Maker of Heaven and Earth: A Study in Tradition Criticism," *JBL* 91 (1972): 321-37.

82 왕실 십일조는 우가릿에서 입증된다.

려 그에게 명령을 하달한다.[83] 이는 감사할 줄 모르는 마음을 반영한다.

사람(נֶפֶשׁ, 네페쉬)…**물품**(רְכֻשׁ, 레쿠쉬). 비록 네페쉬가 사람뿐만 아니라 동물을 지칭할 수도 있지만(1:24, 30; 서막에 대한 신학적 고찰에 있는 "하나님의 형상"을 보라), 그 의미는 레쿠쉬로 선명해진다. 레쿠쉬는 때때로 가축을 구체적으로 의미한다. 가축은 아브라함의 농경적 삶의 정황에서 경제적 중추다. 여기서 레쿠쉬는 더욱 폭넓은 의미에서 가축을 포함하여 운반이 가능한 모든 재산을 나타낸다.

네가 가지라. 그의 제안은 공정하고 아마도 너그럽다고 할 수 있다. 승자는 자기 목숨과 운명의 위험을 감수한 데 대해 마땅히 자신의 몫을 분배받아야 한다. 만일 도둑맞은 재산을 되찾는 일이 잘못이라면(참조. 출 22:9), 약탈된 전리품의 소유권을 되찾는 일도 잘못이다. 하지만 전리품의 경우에는 도덕적 모호함이 있다. 왜냐하면 정작 승자가 약탈품을 되찾기 위해 그의 목숨과 운명을 걸기 때문이다. 소돔 왕의 제안에서 나쁜 점은 그의 뻔뻔한 태도다. 패배한 왕이 아니라 승자인 아브라함에게 되찾은 전리품을 어떻게 처분할지를 결정할 권리가 있다. 더구나 이 왕의 태도는 기만적이고 치졸하다. 그는 기쁨과 감사로 아브라함에게 인사하지 않는다. 아브라함은 소돔 왕이 이렇게 주장하리라고 예견한다. 즉 아브라함이 그 제안을 받아들인다면, 소돔 왕은 아브라함이 이익을 얻게 하려고 자신이 손해를 감수했다고 주장할 것이라고 말이다.

22절. 내가 손을 들었다(I have raised my hand). 우리는 이 구절을 "내가 내 손을 든다(I raise my hand)"로 번역할 수도 있다.[84]

야웨께. 하나님의 이름은 원래의 그리스어 사본, 시리아어 사본, 그리고 사해 사본에는 누락되어 있다. 사마리아 오경은 "하나님"으로 읽는다.

83　그는 간청에 대한 불변사(particle)인 "원하건대"(please)를 덧붙이지 않는다(참조. 12:13).
84　*IBHS* §30.5.1d.

십중팔구 "야웨"는 마소라 텍스트에 첨가된 이차적 삽입이다.

23절. 네게 속한 것은 아무것도. 아브라함은 피해자의 약탈물을 가지려는 도덕적 모호함으로 자신을 더럽히지 않을 것이다.

실 한 오라기나 들메끈 한 가닥도. 얇은 끈과 두꺼운 끈에 대한 언급은 모든 약탈물을 지칭하는 총칭어법이자 제유법이다.

내가 아브람으로 치부하게 하였다. 아브라함은 자신의 모든 소유물에 대해 분명하고도 모호하지 않은 도덕적 권리를 주장하길 원한다.

24절. 나와 동행한 사람들에게. 그 전리품은 그들의 정당한 몫이다(참조. 삼상 30:16-25). 이 물품의 분배는 아브라함의 공정성과 너그러움을 강조한다.

제6부 1막 4장에 대한 신학적 고찰 ────────

믿음과 형제애

아브라함은 평화를 유지하려고 겸손과 자비로움에서 비롯된 자신의 친족 형제에 대한 책무에서 한발 나아가 그를 구하려고 자신의 목숨과 운명을 걸기까지 한다. 소돔을 선택한 롯의 어리석음은 그를 위험으로 내몬다. 지금 그는 납치되어 재산을 잃고 노예가 될 상황에 직면해 있다. 자기 조카에 대한 아브라함의 태도는 "문제를 일으켰으면 자신이 책임을 지라"는 것이 아니다. 중대한 위험에도 불구하고 의리 있는 삼촌 아브라함은 롯을 구하기 위해 출정한다. 이와 같은 형제애는 성경 전체를 통해 확인된다. 유다가 왕관을 쓰게 된 이유는 부분적으로 자신의 가문에 대한 충성 속에서, 베냐민이 요셉의 술잔을 훔친 것으로 드러났음에도 불구하고, 형제 대신 스스로 노예가 되기를 자처했기 때문이다(창 44:33). 그리스도는 그들이 여전히 죄인 되었을 때에 그의 영적인 형제자매들을 위해 죽으신다(롬 5:8). 그는 제자들에게 자신이 그들을 사랑한 것처럼 서로 사랑하라고 명령하신다(요 15:12-13).

믿음과 정의로운 전쟁

족장들은 약속된 씨와 땅을 위해 전쟁하러 나가지 않는다. 그들은 여족장들이 이방 왕들의 첩이 된 위기 속에서 여족장들과 거룩한 씨를 보호하시는 하나님의 섭리적 간섭하심에 전적으로 의존한다(창 12:10-20; 20:1-18; 26:1-11). 야곱은 심지어 검으로 세겜 사람들을 쳐부순 것에 대해 시므온과 레위를 책망하기까지 하면서(창 34장) 그들의 다혈질적이고 성마른 기질 때문에 그들을 왕권에서 배제한다(창 49:5-7). 그러나 족장들은 평화주의자들이 아니다. 롯이 부당하게 납치될 때 아브라함은 그를 구하려고 전력을 다해 군사 행동을 감행한다.

믿음과 희박한 승산

아브라함은 승리를 거둔 네 왕 앞에서 겁내지 않는다. 믿기 어렵게도 그는 위험을 감수하여 여섯 종족을 유린하고 다섯 왕을 격파한 동맹군에 맞서 승리를 거둔다. 이는 하나님의 백성에게 심지어 포로가 된 상황 속에서도 큰 격려가 된다. 아무리 강대국이라고 할지라도 그들은 믿음을 지닌 의로운 사람들에게 패배할 수 있다.

믿음과 수단

믿음은 때때로 수동적이다. 즉 아브라함이 롯에게 땅의 선택권을 넘겨줄 때 그랬던 것처럼 믿음은 인간의 수단을 배제하고 전적으로 하나님만 의존한다. 그러나 여기서 아브라함의 믿음은 능동적이다. 그는 승리를 거두기 위해 통상적인 전쟁의 수단을 동원한다. 그는 이미 헤브론의 통치자들과 동맹을 맺고 있었으며 자신의 종들을 전쟁을 위해 훈련시켜 놓았다. 그는 밤중의 어둠을 이용할 줄 알았고 전쟁으로 지쳐 체력이 고갈된 동방의 군대라는 점을 고려하여 기운이 넘치는 자신의 군사를 둘로 나눈다. 그는 계속적인 공격을 가해 그들을 완전히 패주하게 만들고 모든 약탈물을 되찾아온다(14:14-16). 성도는 하나님의 계획에 민감해야 한다. 때로는 수동적인 상태를 유지하기보다 행동을 취하는 것이 더 큰 믿음을 요구한다.

믿음과 섭리

위의 문학적 분석에 있는 "공백과 여백"을 보라.

믿음과 동맹

땅을 정복한 이후에 율법은 가나안 족속이 이스라엘의 거룩함을 뒤엎으려고 할 것이기 때문에 그들과의 통혼과 조약을 금지한다(신 7:1-6). 아브라함은 비록 자기 아들이 그들과 통혼하는 것을 허용하지 않지만(창 24:3) 그들과의 동맹이 자신의 믿음을 훼손한다는 염려는 하지 않는다. 이는 아브라함이 마므레에 있는 그들의 땅 한복판에서 자신의 제단을 쌓는 것에서 나타난다(13:18; 14:13). 사실 그들과의 동맹을 통해 아브라함은 그들에게 축복을 중재한다.

불신과 죄의 점진적인 악화

롯은 소돔 사람들의 악함에 대해 영적으로 눈이 어두운 나머지 육신의 눈을 따라 선택한다. 그는 그들의 죄에 대해 점차 무뎌진다. 그는 먼저 소돔 **가까이** 정착하고 이어서 그 안에 살게 되며 마침내 능동적인 시민이 되어(14:12; 19:1을 보라) 그들을 "내 형제들"이라고 부른다(문자적으로 19:7을 보라). 그는 이런 불행한 일로부터 그곳을 떠나야 한다는 교훈을 얻었어야 했다. 그러나 비참하게도 그는 그렇게 하지 않았고 결국 자신의 가족마저 잃는다. 그러나 소돔 사람으로 점차 동화되었음에도 불구하고 롯은 기본적인 의로움을 간직하고 있었기 때문에 그들은 그를 그들 중의 하나로 여기지 않는다(19:9; 벧후 2:6-8).

믿음과 재산

정복한 영웅으로서 아브라함은 소돔 왕으로부터 약탈된 재산에 대한 몫을 분배받을 권리가 있다. 그러나 그는 이 이방 왕이 마지못해 자신에게 주려는 물품을 분배받기를 원치 않는다. 아브라함은 이방 이웃의 눈에 나무랄 것이 없는 사람이 되기를 원하며 그가 섬기는 하나님의 이름이 도덕적 모호함으로 더럽혀지는 일을 용납하지 않으려고 한다. 그리스도인은 타인을 향한 사랑 때문에 자신의 권리를 기꺼이 양보할 준비가 되어 있어야 한다. 따라서 바울은 자신의 사역을 방해하지 않기 위해 사역에 필요한 경비를 요구할 자신의 권리를 포기한다(고전 9:7-19; 고후 2:17; 11:7-12; 참조. 왕하 5:15-27).

불신과 재산

사탄의 씨였던(3:15을 보라) 소돔 왕은 자신이 전리품을 처분할 권리를 지니고 있다고 에둘러 말한다. 아브라함은 장차 그의 더 위대한 "씨"가 그렇게 한 것처럼(눅 4:1-12; 22:25을 보라) 그 거짓된 요구를 단호히 거절한다. 불신자들은 교만하게도 자신들이 이 땅에서 재산을 소유하고 그것의 처분을 마음대로 지시할 수 있다고 생각한다. 하나님만이 홀로 수많은 산지 위에 거니는 가축을 소유하신다. 우리는 단순히 그분의 은총으로 기껏해야 백 년쯤 그것을 사용할 수 있을 뿐이다. 그분만이 홀로 그것의 사용과 분배를 지시할 권리를 지니신다.

성육신 신학

하나님은 아브라함이 이해할 수 있는 수준에서 그를 만나신다. 아브라함의 종교는 겉으로는 이방의 예배 방식과 비슷해 보인다. 그들은 풍요로운 나무 밑에서 예배를 드리고, 성스러운 경험을 기념하기 위해 제단을 쌓으며, 이방 신화로부터 나온 호칭을 하나님께 붙인다. 그럼에도 불구하고 이스라엘의 윤리적 일신론은 비록 외적인 모양새로 표현된다고 할지라도 고대 근동의 종교들과 밀접한 관계에 있는 연결점이 아무것도 없다. 하나님은 그 시대의 언어와 문화 속에서 성육신하신다. 히브리어는 가나안의 말이다. 그러나 이 땅의 가죽 부대에 담았을지라도 그 속의 포도주는 하늘의 것이다. 예수 그리스도는 그저 다른 여느 사람처럼 보이고 그분이 속한 문화 속의 언어를 사용하신다. 그러나 그분의 말을 듣는 사람들은 지금까지 이처럼 말했던 사람은 아무도 없었다고 털어놓는다. 성경의 종교적 형태는 그들의 문화 속의 다른 종교들과 같지만, 그 종교적 실체는 근본적으로 다르다.

정경적 전조

멜기세덱에 대한 묘사는 히브리서 7장에 있는 신약 해석의 전조가 된다.[85] 히브리서 저자는 바로 이 본문으로부터 예수 그리스도가 이 제사장-왕의 반열에 속한다고 주장한다.[86]

---

85 Carson, *Gagging*, 249.
86 쿰란의 분파 공동체는 성경 본문과는 무관하게 멜기세덱이라는 인물을 종말론적 구원자와 동일시한다(V. Woude, "Melchisedek als Himmlische Erlösergestalt in den Neugefundenen Eschatologischen Midraschim aus Qumran Höhle XI," *OtSt* 14 (1965): 354-73.

제6부 1막 5장

아브라함과 맺은 하나님의 언약(15:1-21)

제6부 1막 5장에 대한 문학적 분석 ─────────

구조

5장은 두 개의 신적 만남으로 구성되는데(15:1-6과 7-21), 이 만남은 야웨와 아브라함의 대화 및 하나님의 임재와 약속을 상징하는 강력한 이미지들을 포함한다. 첫 번째 만남은 밤에(15:5) 환상으로 발생하며(15:1) 약속된 씨(자손)와 관련된다. 두 번째 만남은 해 질 무렵에(15:12) 부분적으로 깊은 수면 중에(15:12) 이루어지며 약속된 땅과 관련된다.

내레이터는 이 분리된 만남을 병행을 이루는 ABC/A′B′C′ 구조를 통해 다음과 같이 통합한다.

A 야웨께서 "나는⋯이다"라는 형식문을 사용하여 아브라함에게 약속하시다(15:1).

  B 아브라함이 "주권자 야웨"라는 드문 호칭을 사용하여 포괄적으로 야웨께 묻다(15:2-3).

    C 야웨께서 상징적 행위들을 통해 아브라함에게 재확증하시다: 씨에 대한 언급과 더불어 보여주신 별들의 전시(15:4-6).

A′ 야웨께서 "나는⋯이다"라는 형식문을 사용하여 아브라함에게 약

속하시다(15:7).

    B′ 아브라함이 "주권자 야웨"라는 드문 호칭을 사용하여 포괄적으
      로 야웨께 묻다(15:8).

    C′ 야웨께서 상징적 행위들을 통해 아브라함에게 재확증하시다:
      땅에 대한 언급과 더불어 보여주신 사체들을 통과한 타는 횃
      불과 연기 나는 화로(15:9-21).

야누스

내레이터의 신학적 평가(15:6)는 두 만남 사이의 야누스 역할을 한다.
인간 파트너는 자신에게 후손을 주시겠다는 하나님을 의뢰하고 신적 파
트너는 그 믿음을 의롭다고 인정한다. 이 토대 위에서 야웨는 아브라함에
게 변치 않는 언약을 베푸신다(15:7-21). 또한 제5장(15:1-21)은 아브라함
서사의 처음 두 막 사이에서 야누스로 기능하며 두 가지 핵심 주제, 즉 씨
(15:1-6; 16-22장)와 땅(15:7-21; 12-14장)을 연결한다.

점증과 내본문적 연결

5장은 땅과 관련된 막을 절정의 결론으로 이끈다. 지금까지 가나안 땅
에 대한 하나님의 약속은 아브라함의 순종에 따라 조건적이었으며, 야웨
는 아브라함의 마음이 신실함을 보셨다. 아브라함은 후손과 가나안 땅을
주신다는 하나님의 약속을 믿으면서 행동한다(12장). 그는 자신의 믿음
에 대한 여러 도전에 맞서며(13-14장) 보상하시는 하나님을 신뢰하는 자
신의 믿음을 온전히 표현한다(14:22-23). 이제 이 장에서 야웨는 아브라
함에게 재확증하기 위해 변할 수 없는 언약을 무조건적으로 친히 다짐하
신다. 아브라함의 자손은 가나안을 점유하고 있는 열 민족의 땅을 받을
것이다(느 9:7-8을 보라).

하나님이 아브라함 서사에서 선언하신 언약은 두 단계로 드러난다. 이
두 단계는 아브라함을 한 민족으로 만들고(12:2), 그를 열국을 위한 복으

로 삼겠다는 앞선 언약들에(12:3) 부합한다. 1막 5장은 민족, 그 민족의 씨와 땅과 관련된 언약의 측면을 드러낸다. 열국과 관련된 언약의 다음 측면은 제2막에서 드러날 것이다(17:1-27).

핵심 단어들

몇 가지 핵심 단어가 제1막의 마지막 두 장을 통합하고 선명히 드러나게 한다. 자신에 대한 야웨의 주장, 곧 "나는 네 방패다"(מָגֵן, 마겐, 15:1)는 멜기세덱이 하나님을 아브라함의 적들을 그의 손에 "붙이신"(מִגֵּן, 미겐, 14:20) 분이라고 묘사하는 진술에 상응한다. 야웨의 언약(בְּרִית, 베리트, 15:18)은 아모리족 "동맹군"(בַּעֲלֵי בְרִית, 바알레 베리트, 문자적으로 "약속[언약]의 주인들", 14:13)을 대체한다. 15:14에 있는 "재물"(רְכֻשׁ, 레쿠쉬)은 14:11, 12, 16, 21에서 "물품"과 "소유물"로 번역된 동일한 단어다. 아브라함의 신실함은 더럽혀진 전리품이 아니라 헤아릴 수 없는 하나님의 유산으로 보상받는다.

제6부 1막 5장에 대한 주해 ─────────

하나님과의 첫 대면: 씨에 대한 언약(15:1 – 5)

보상에 대한 하나님의 약속(15:1)

1절. 이 후에 ⋯. 비록 "이 후에"가 창세기 12-14장의 모든 장면을 가리킬 수 있다고 할지라도 가장 가깝게는 14장과 관련된다. 클라인(M. Kline)은 다음과 같이 적절하게 주석한다. "전쟁에 바로 이어서 아브라함에게 전달되는 야웨의 말씀은(창 15:1) 충성스럽게 군 복무를 마친 군인에게 주는 왕실 하사품의 성격을 지닌다."[87] 그는 덧붙여 이렇게 말한다. "'보상'(שָׂכָר, 사카르)은 군사 작전을 수행한 사람들에게 마땅히 지급되는 수당에 사용되는 단어다."[88] 하나님의 보상은 거절된 전리품을 대신한다(14:22-24). 더구나 "두려워하지 말라"는 하나님의 명령은 아브라함이 전장에서 패배시킨 왕들의 보복을 예상하고 있음을 시사한다.

야웨의 말씀이 … 임하여. 이 어구는 구약의 다른 곳에서 예언자에게 알려지는 계시의 시작을 의미하지만 창세기에서는 특이하다. 아브라함이 예언자라는 추론은 창세기 20:7과 시 105:15에서 명확해진다.

환상. 이 드문 단어는 예언자에게 알려지는 계시와 관련한 어근에서 유래한다(참조. 민 24:4, 16; 겔 13:7).

두려워하지 말라. 이는 예언자가 전쟁 전에 승리의 확증으로서 왕에게 말하는 방식이다.[89] 폰 라트에 의하면 "믿음의 개념—다른 말로 야웨의 행동을 확신하여 믿는 것—은 그것의 실제적인 기원을 거룩한 전쟁에 두고 있으며, 믿음 고유의 특별하며 역동적인 성격을 그 전쟁으로부터 취했음이 거의 확실하다."[90] 비록 폰 라트의 진술이 성급하고 무모할지라도, 이는 전쟁과 관련지어 믿음의 중요성을 강조한다. 이와 같은 맥락에서 이스라엘은 자주 두려워하지 말라는 권면을 받는다(출 14:13-14; 신 20:3; 수 8:1; 10:8, 25; 11:6; 삿 7:3; 삼상 23:16-17; 30:6). 만일 믿음이 승리를 의미한다면 두려움은 패배를 의미한다.

방패(מָגֵן, 마겐). 이 은유는 하나님을 자신의 용사를 보호하시는 분으로 그린다. "붙이신(מִגֵּן, 미겐)"과 함께 만들어진 언어유희는(14:20과 해당 주

---

87 Kline, *Kingdom*, 216.

88 앞의 책, 216.

89 J. Van Seters, *Abraham in History and Tradition* (New Haven, Conn.: Yale Univ. Press, 1975), 254. "Oracles Concerning Esarhaddon," *ANET*, 449-50도 보라.

90 G. von Rad, *Holy War in Ancient Israel*, trans. and ed. M. J. Dawn (Grand Rapids: Eerdmans, 1981), 71.

해를 보라) 야웨께서 멜기세덱의 축도를 확증하시고 있음을 시사한다. 아브라함이 보상을 받지 못할 수도 있겠지만 그는 보상의 하나님을 간직하고 있다.

상급(רָכָשׂ, 사카르). 이는 아마도 장사꾼의 지불을 지시하는 용어다(사 40:10; 62:11; 겔 29:19을 보라). 충실한 직무에 대해 아브라함이 받은 보상은 소돔 왕이 제안했던 때 묻은 약탈물보다 훨씬 더 크다. 오직 하나님만이 아브라함에게 셀 수 없이 많은 자손과, 다른 사람들이 점유하고 있는 땅으로 보상하실 수 있다. 하지만 아브라함의 가장 큰 보물은 야웨 그분을 자신의 하나님으로 간직하는 것이다(창 17:8; 신 10:21).

아브라함의 불평(15:2-3)

2절. 주권자 야웨(개역개정-"주 여호와여"). "주권자 야웨"는 하나님께 탄원할 때 사용되는 그분에 대한 드문 호칭이다(참조. 신 3:24; 9:26). "주권자"는 "지배자, 주인"을 의미한다. 아브라함은 불평을 늘어놓으면서도 야웨의 종이라는 자신의 역할을 소홀히 하지 않는다. 15:6에 있는 내레이터의 신학적 설명은 아브라함이 불신이 아닌 그의 믿음에서 비롯된 불평을 토로하고 있음을 그의 청중에게 확신시킨다. 불평을 털어놓는 것은 침묵 속에서 절망하는 것과 대조적으로 믿음의 영적 에너지가 필요하다.

지내고 있으니(remain). 여기서 이 히브리어 동사는 "걷고 있다, 가고 있다"를 의미하며 삶을 여행으로 묘사한다. 동일한 동사가 12:1, 4, 5, 9, 13:3에서 사용된다. 믿음은 눈에 보이는 상황이 불가능하게 보일지라도 하나님의 말씀 안에서 이상을 품고 살아가는 것이다.

자식이 없이. 자녀가 없다는 것은 하나님의 심판의 표시(예. 근친상간[레 20:20-21] 혹은 악행[렘 22:30] 때문에)이거나 하나님이 표적과 기사를 행하시는 기회일 수 있다(삿 13:2; 삼상 1:1-2:10; 사 54:1-5).

나의 상속자(בֶּן־מֶשֶׁק, 벤 메셰크). 이 히브리어 표현은 비록 전통적으로 "내 집을 책임지는 사람"으로 번역되어왔지만(Targums, Vulgate, Saadiah,

Ibn Janah, Rashi) 아직까지 설명되지 않는다.

다메섹. 히브리어로 다메세크(דַמֶּשֶׂק)인 이 단어의 의미와 그곳의 위치는 논쟁 중이다.[91]

3절. 내 집에서 종(개역개정-"길린 자")**이 내 상속자가 될 것이니이다.** 이는 설명되지 않는 벤-메세크(בֶּן-מֶשֶׁק)를 이해할 수 있도록 돕는다. 누지 토판(기원전 2천년 중엽)의 몇몇 증거에 의하면 아브라함이 속한 문화에서는 자녀가 없는 자는 누군가를 입양하여 그 사람이 아들의 임무를 수행하는 데 대한 보답으로 그를 자신의 재산에 대한 보호자와 상속자로 삼을 수 있었다. 만일 나중에 아들이 태어난다면 입양된 사람은 친아들의 상속권을 뺏을 수 없었다. 그러나 누군가가 자신의 노예를 입양하는 일은 단지 고대 바빌로니아의 한 편지에서만 발견된다.[92]

확증: 야웨의 약속과 징표(15:4-5)

4절. (그때) 야웨의 말씀이 그에게 임하여. 영어 "그때"(then)는 히브리어의 강조 불변사 힌네(הִנֵּה, "보라")를 제대로 반영하지 못한다. 이 불변사는 청중의 이목을 서사로 끌어들이는 목적을 지닌다.[93]

5절. 하늘을 우러러 뭇 별을 셀 수 있나 보라. 22:17, 26:4을 보라. 13:16, 22:17, 28:14, 32:12도 참조하라. 후손을 셀 수 없는 별처럼 묘사한 것은 놀라운 약속일 뿐만 아니라 하나님의 창조적이고 주권적인 권능의 확증이기도 하다.

자손. 12:7, 13:16을 보라.

91 　토론에 대해서는 Sarna, *Genesis*, 382-83을 보라.

92 　다음을 보라. E. A. Speiser, "Notes to Recently Published Nuzi Texts," *JAOS* 55 (1935): 435-36; C. H. Gordon, "Biblical Customs and Nuzu Tablets," *BA* 3 (1940): 2-3; 논증들의 평가에 대해서는 Wenham, *Genesis 1-15*, 328-29을 보라.

93 　S. Kogut, "On the Meaning-Syntactical Status of *hinneh* in Biblical Hebrew," in *Studies in Bible*, ed. S. Japhet (ScrHier 31; Jerusalem: Magnes, 1986), 133-54을 보라.

야누스 구절: 아브라함의 믿음(15:6)

6절. 믿으니(אָמַן, 아만). 이 "믿었다"(believed)의 히브리어는 "신뢰했다"(trusted)로 번역되는 것이 더 낫다. 아브라함은 하나님을 참되고 의지할 수 있으며 믿을 가치가 있는 분으로 여긴다. 아브라함은 모든 믿는 자의 아버지다(롬 4:11; 갈 3:7을 보라).

야웨께서 이를 그의 의로 여기시고. "~로 여기다"라는 동사(חָשַׁב, 하샤브)는 "가치 평가에 의한 사람들의 범주화"[94]를 의미한다. 주어는 하나님이시고 지시된 목적어는 약속된 후손에 대한 아브라함의 믿음이다. 이 표현은 하나님께서 약속을 믿는 아브라함의 믿음을 의롭다고 평가하심을 의미한다.

의. 이 단어는 하나님의 규범에 따라 공동체를 섬기는 행동을 가리킨다(6:9; 7:1을 보라). 폰 라트는 이 신학적 평가에 대한 제의적 배경을 그럴듯하게 제안한다.[95] 예배자가 성소에 들어가기 원할 때 제사장은 그들의 생활 방식에 관해 그들을 심문한다. 입장을 위한 요구 조건 중 하나는 예배자가 자신이 아니라 공동체를 섬겨야 한다는 것이다(시 15편). 자격을 갖춘 사람은 하나님이 임재하시는 생명과 축복 속으로의 입장이 허락된다. 하나님께서도 사람이 믿음으로 행하고 공동체의 복지를 세우는지 아닌지를 판단하신다. 하나님은 행악자들로 인한 공동체의 파멸을 막으려는 피 흘림이 수반된 비느하스의 개입을 "대대로 영원까지 인정되는 의"(시 106:31)와 동일하게 여기신다. 하나님은 자신의 약속을 신뢰하는 아브라함의 믿음을 의로 여기신다. 현재의 문맥에서 이 하나님의 인정은 아브라함으로 하여금 그의 후손에게 전수될 땅을 하사받을 수령자가 될 자격을 갖추게 한다.

---

[94] Schottroff, "חָשַׁב," *TLOT*, 2:480.

[95] G. von Rad, *Problem of the Hexateuch and Other Essays*, trans. E. W. Trueman Dicken (London: SCM, 1984), 125–30.

하나님과의 두 번째 대면: 땅에 대한 언약(15:7-21)

땅에 대한 하나님의 약속(15:7)

7절. 나는 야웨니라. 이 서론적 형식문 "나는 ~이다"는 다른 고대 근동의 궁중 선언문 및 하사품 칙령들에서 발견된다. 이 형식문은 이어지는 선언의 훼손될 수 없는 권위를 내포한다.

너를⋯이끌어냄. 고대 궁중의 언약들은 역사적 서언을 포함했다. 이 언약에서 "나는 야웨니라"와 함께 나타나는 역사적 서언은 뒤따라 나오는 출애굽기와 십계명의 전조가 된다(출 20장). 아브라함의 고향으로부터의 탈출과 이스라엘의 이집트로부터의 탈출은 민족적 이스라엘의 형성에서 두 가지 중심적 사건이다.

땅. 12:1-2, 7, 13:15을 보라.

소유를 삼게 하려고(יָרַשׁ, 야라쉬). 이 히브리어 단어는 15:4에서 "상속자"로 번역된 단어와 동일한데, 여기서는 강탈에 의한 소유의 의미를 함축한다.

아브라함의 보증 요구(15:8)

8절. 내가⋯무엇으로 알리이까? 이 질문은 불신앙으로 이해될 수 있지만, 그런 해석은 아브라함이 하나님을 신뢰한다는(15:6) 내레이터의 평가에 어울리지 않을 것이다. 징표를 달라는 아브라함의 요구는 믿음의 동기에서 비롯되었다고 보는 것이 더욱 그럴듯하다(15:6을 보라; 참조. 사 7:10-14). 불평과 믿음은 상반되는 것이 아니다. 불평은 하나님을 진지하게 인정하는 데 기반을 둔다.

언약 체결 의식의 준비(15:9)

9절. 암소⋯비둘기. 희생제물이 고려되지 않았다고 할지라도 이 짐승들은 야웨의 제단에 바쳐질 수 있는 모든 종류의 동물들이다.

삼 년 된. 이 짐승들은 모두 완전히 자라서 제물로 바쳐지기에 가장 적합한 연령에 이르렀다(참조. 삼상 1:24).

아브라함의 제물 준비(15:10-11)

10절. 그 모든 것을 가져다가 그 중간을 쪼개고(בָּתַר, 바타르). 내레이터는 아브라함이 어떻게 짐승을 토막 내는 방법을 알게 되었는지를 공백으로 남겨둔다. 아마도 짐승들의 목록이 야웨께서 아브라함과 언약을 막 맺으려(히브리어 "자르다"[כָּרַת, 카라트]) 하신다는 것을 그에게 암시해주었을 것이다.

새는 쪼개지 아니하였으며. 새들이 너무 작았던 걸까?(참조. 레 1:17)

11절. 맹금류 새들(개역개정-"솔개"). 이것의 동사 어근은(עַיִט, 이트-역주) 소리를 지르며 위를 덮치는 것을 의미할 수 있다(삼상 15:19). 이 명사는 사체 위에 덮치듯 내려앉는 강하고 **빠른** 맹금류를 함축하며 이사야 46:11에서는 정복자를 가리키는 은유로 사용된다. 여기서 이 명사는 단수명사일 수도 집합명사일 수도 있으므로(사 18:6; 렘 12:9을 보라), 민족의 출현을 위협할 파라오[96] 또는 이집트 사람들을 나타낸다.

그것들을 쫓았더라. 아브라함은 상징적으로 이방의 침략자들에 맞서 자신의 약속된 유산을 지키고 있다(창 14장에서 그의 행동도 보라).

이집트에서의 체류와 고통에 대한 예언(15:12-16)

12절. 해 질 때에. 이는 두 번째 조우의 시작을 표시한다. 어둠을 더욱 짙게 하는 이 음산한 장면은 이집트에서 어두워져가고 침체해가는 이스라엘의 운명과 어울린다. 스데반은 사도행전 7:6-7에서 이 환상을 요약한다.

---

[96] 이집트에서 매는 파라오가 자신과 동일시했던 호루스(Horus) 신을 상징했다.

깊은 잠. 이것은 신이 유도한 비정상적인 깊은 잠으로서(2:21을 보라) 신적 계시와 관련되며(단 8:18; 10:9) 죽음을 상징할 수도 있다.

큰 흑암과 두려움. 이것은 이집트에서 겪을 이스라엘의 노예 신분과 학대의 상징이다.

13절. 객이 되어. 12:10에 있는 "거류하려고"를 보라.

사백 년 동안. 이것은 더 정확한 숫자인 사백삼십 년의 대략적인 숫자다(출 12:40-41; 행 7:6; 13:20을 보라). 홍수 전 백이십 년의 유예와 비교하라(창 6:3을 보라). 하나님의 백성은 유예 기간 중에 사는 법을 배워야 한다(벧후 3:8-10).

14절. 나라를. 분명히 이 나라는 이집트다(출 6:6; 7:4; 12:12).

징벌할지며…큰 재물을 이끌고 나오리라. "큰 재물"의 약속은 노예 신분과 학대에 대한 보응으로 주어진다(15:13).

큰 재물. 출 12:35-39을 보라.

15절. 복된 장수를 누리다가(개역개정-"장수하다가 평안히"). "장수"는 문자적으로 "머리가 희어진"이다. 슬픔과 비애가 노년에 찾아올 수 있기 때문에(창 42:38; 44:29, 31; 왕상 2:6), "복된"(good)이라는 말이 번영을 누리는 삶을 함축하기 위해 추가된다(삿 8:32; 대상 29:28). 하나님은 자신의 약속을 지키시면서(창 25:7-8) 족장들에게 그들의 후손과의 약속도 지키실 것을 보장하신다.

16절. 사 대 만에. "세대"(דור, 도르)는 "시간의 주기, 수명"을 의미하며, 이는 여기서 백 년으로 계산된다(참조. 시 90:10; 사 65:20). 족장 시대에 이집트에서 백십 세는 이상적 수명이었다(창 50:22를 보라).

아모리 족속의 죄악이 아직 가득 차지 아니함이니라. "아모리 족속"(10:16; 14:13을 보라)은 여기서 15:19-21에 나열된 열 족속을 위한 제유법으로 사용된다. 하나님은 세계에 대한 자신의 도덕적 통치에 온전히 부합하게끔 선택된 자신의 백성의 편을 들고 아모리 족속의 소유권을 박탈하실 것이다. 실로 하나님이 그들의 소유권을 빼앗는 것은 그 민족들이 총체적으로 악에 물들게 될 때다(레 18:24-28; 20:23). 그래서 하나님은 땅이 완전히 부패할 때까지 홍수를 보내지 않으셨으며(창 6:5, 12) 소돔과 고모라에 의인의 최소 정족수조차 남아 있지 않음을 확인할 때까지 그 도성들을 멸망시키지 않으셨다. 이스라엘의 가나안 정복과 정착은 무차별한 공격이 아니라 하나님의 절대적인 공의에 기반을 둔다. 나중에 이스라엘의 악행이 가득 차게 될 때 하나님은 자신의 선택된 민족조차도 그 땅으로부터 내쫓을 것이다(신 28:36-37; 왕하 24:14; 25:7). 1929년에 시리아 해변에서 발견된 우가릿 문헌(기원전 1,400년경)은 아모리 족속의 죄악을 기록해놓았다. 그들이 섬겼던 신들은 폭압적인 잔혹한 행위와 성적인 난잡함으로 인해 스스로 타락했다.[97]

야웨께서 언약을 맺다(15:17-21)

17절. 타는 횃불을 담은 연기 나는 화로. 이 두 가지는 하나님의 경이로운 임재의 상징이다. 아마도 도자기처럼 생긴, 진흙으로 만든 화로에서 올라온 연기 같은 구름과 횃불에서 솟구치는 불줄기는 출애굽기에서 하나님의 임재를 상징하는 구름기둥과 불기둥을 예고할 것이다(참조. 출 19:18; 20:5; 24:17; 34:5-7; 신 4:11, 24, 33).

쪼갠 고기 사이로 지나더라. 오직 하나님만이 이 조각들 사이로 지나가시기 때문에 이 언약은 앞서 확인된 아브라함의 믿음에 기반을 둔다(6:18을 보라). 고대 근동의 문헌들과 예레미야 34:18로부터 판단하자면, 하나님은 만일 당신이 그 언약을 지키지 않으실 경우 당신에게 내려질 저주를 부르고 있다. 북시리아에서 발견된 8세기의 아시리아 문헌은 다음과 같은 문장을 포함한다. "이 머리는 양의 머리가 아니다. 그것은 마틸

---

97 W. F. Albright, *Archaeology and the Religion of Israel*, 4th ed. (Baltimore: Johns Hopkins Univ. Press, 1956), 71-84.

루(Mati'lu, [그의 아들들과 관료들과 백성])의 머리다. 만일 마틸루가 이 조약을 위반하여 죄를 범한다면, 이 뛰는 양의 머리가 잘린 것처럼…마틸루의 머리가 잘려나가야 한다. 그리고 그의 아들들이."[98] 일단 짐승이 도살되면 언약을 맺는 사람은 그가 언약을 위반할 경우에 그 짐승과 동일한 운명이 될 것을 예상할 수 있었다. 따라서 짐승의 희생은 서약의 제정이다.

18절. 언약을 세워(כָּרַת, 카라트). 이 히브리어는 문자적으로 "자르다"를 의미한다.

언약. 아브라함과 맺은 하나님의 언약은 고대 근동의 관행, 곧 왕들이 충성스러운 신하들과 그들의 후손에게 영구히 하사한 왕실 토지 양도와 몇 가지 병행점이 있다.[99]

이 땅을. 땅이 지리적이고(15:18) 민족지학적인(15:19-21) 용어로 묘사된다. 하지만 여기에 나타난 지리적 차원이 민족지학적 차원보다 훨씬 더 크다.

이집트 강에서부터. 본문은 계절천(נַחַל, 나할)이 아니라 "강"(נָהָר, 나하르)이라는 단어를 사용하기 때문에[100] 가나안을 시내반도로부터 구분하는 와디 엘-아리쉬(Wadi el-ʾArish)는 고려되고 있지 않다(민 34:3-5; 수 15:2-4과 반대). 다른 한편으로 나일강(יְאֹר, 예오르)도 고려되지 않는다. 아마도 본문은 나일강 동쪽 끝의 지류를 지시할 수 있다. 이 하천은 세이드항(Port Said)에서 멀지 않은 시론비스호(Lake Sironbis)로 흘러 들어간다. 그러나 심지어 솔로몬 시대에도 이스라엘의 국경이 이 지점까지 확대되

---

98 "Treaty Between Ashurnirari V of Assyria and Mati'ilu of Arpad," *ANET*, 532.

99 M. Weinfeld, "בְּרִית," *TDOT*, 2:270-72을 보라.

100 어떤 사람들은 이 본문을 나할(נַחַל)로 수정한다. 계절천(와디)은 우기에 엄청난 힘으로 일시적으로 흐르는 강이 되고 다른 때는 마른 바닥을 드러내는 강이다.

었을 것 같지는 않다.[101]

유프라테스까지.[102] 이 지리적 경계선은 이스라엘의 역사와 일치될 수 없는 이상적인 국경을 나타낸다. 다윗의 제국은 절정에 이르렀을 때 유프라테스에 대한 정치적·경제적 통제권을 행사했다(삼하 8:1; 대상 18장). 그러나 이스라엘은 가나안의 지리적 지계를 넘어 거기 살던 사람들을 침략하려고 하지 않았다(창 10:19). 이 지리적 묘사는 민족지학적 묘사보다 훨씬 더 방대하다. 민족지학적 묘사는 이스라엘 역사에 잘 들어맞는 반면 지리적 묘사는 그렇지 않다. 지리적 묘사는 이상화된 것으로 간주하는 것이 가장 바람직하다. 내레이터는 이스라엘을 고대 근동의 강대국들과 나란히 두고 그 땅의 영적 중요성을 전달하는 것을 목표로 삼는다.[103] 비슷하게 시온산은 주변 환경 속에서 가장 높은 산이 아닐지라도 하나님의 산으로서의 중요성 때문에 세상에서 "가장 높은" 산으로 언급된다(참조. 시 48:2-3; 사 57:15-16; 미 4:1 [=사 2:2]). 마찬가지로 요단강의 물리적 실체는 유대교와 기독교에서의 형이상학적 실체보다 훨씬 더 작다.

19절. ~의 땅. 가나안 땅에 거주하는 열 족속의 목록은 신명기 7:1에 나열된 일곱 족속보다 더 많다. 두 숫자는 모든 것을 총망라하는 일람표라기보다는 완전성을 나타내려는 목적이 있다. 가나안의 다채로운 지형은 아프리카와 아시아를 잇는 육교와 같은 이 땅을 통해 이동했던 여러 인종의 고립을 초래했다.

겐 족속. 이것은 한 부족이나 종족을 가리키는데, 그 이름은 그들이 금속 제련공이었음을 암시한다. 그들은 민수기 24:20-22에서 아말렉 족속

---

101 A. Malamat, "Aspects of the Foreign Policies of David and Solomon," *JNES* 22 (1963): 1-17.
102 W. C. Kaiser Jr.는 큰 강이 현대의 Nahr el-Kebir(="Great River")라고 생각한다. 이 강은 레바논과 시리아 사이에 있는 현대의 국경을 형성하는 계곡을 따라 흐른다. 하지만 현대의 이름이 큰 강을 유프라테스 강으로 명시하는 성경의 증거보다 우위에 있을 수는 없다("The Promised Land: A Biblical-Historical View," *BSac* 138 [1981]: 304).
103 M. Gorg, "Egypt, River of," *ABD*, 2:378.

과 나란히 등장한다(참조. 삼상 15:5-6, 32). 그들은 아랏 남동쪽의 유다와 에돔의 국경 근처에서 살았다.[104]

그니스 족속. 그들은 헤브론과 드빌 근처에 거주하던 유목민이었다.[105]

갓몬 족속. 이 히브리어는 문자적으로 "동쪽 사람들"을 뜻한다.[106] 이는 그들에 대한 유일한 언급이다. 이 목록에 나오는 그들의 위치에 근거하여 이쉬다(Ishida)는 목록에서 처음에 나오는 세 이름이 "남쪽의 외래적 요소들을 보여주며 이 요소들의 유다 지파로의 흡수는 다윗 시대에 완료되었다"[107]라고 제안한다.

20절. 헷 족속. 10:15, 23:3을 보라.

제6부 1막 5장에 대한 신학적 고찰 —————

아브라함 언약

하나님은 아브라함 및 그의 후손과 맺은 자신의 언약을 단계별로 점차 드러내신다. 창세기 12:1-3은 하나님과 아브라함의 광범위한 언약 관계를 예고한다. 약속하신 바와 같이 하나님은 이제 아브라함을 큰 민족으로 만드는 일에 전념하신다. 아브라함과 그의 후손을 이방인들의 빛이 되게 하신다는 하나님의 추가적인 언약의 맹세는 17장에서 구체적으로 실현될 것이다. 아브라함, 이삭, 야곱과의 잇따른 언약적 약속 및 갱신에 대한 (참조. 창 26:3-4; 28:13-15; 35:11-12) 시편 저자의 진술은 통일된 언약 행

---

104 B. Halpern, "Kenites," *ABD*, 4:18-19.
105 *HALOT*, 1114.
106 앞의 책, 1002.
107 T. Ishida, "The Structure and Historical Implications of the Lists of Pre-Israelite Nations," *Bib* 60 (1979): 461-90.

위에 대해 하나님을 찬양한다(시 105:8-15; 참조. 미 7:20). 이 점진적인 약속과 갱신은 은혜로운 언약에 대한 완전한 준수를 말해준다.

이신칭의

창세기 15:6은 행위가 아닌 믿음에 의한 칭의, 즉 이신칭의 교리의 근거다(갈 3:6-14을 보라). 아브라함은 죄 없는 사람이 아니지만 죽은 자들에게서 한 상속자가 탄생하리라는 약속을 믿는다(롬 4:17-21; 히 11:11-12을 보라). 그리고 하나님은 이를 나중에 모세 언약에서 규정된 도덕적 요구를 충족시키는 것과 동등하게 여기신다(시 15편을 보라). 느헤미야에 따르면(느 9:8) 하나님은 아브라함의 마음이 신실함을 보셨기 때문에 그와 언약을 맺으신다. 아브라함은 예수 그리스도의 부활을 믿는 우리의 믿음, 곧 하나님이 우리를 의롭다고 인정하실 믿음을 위한 모범이다.

믿음

아브라함의 삶은 그리스도인을 위해 믿음의 진면목을 보여준다. 아브라함은 자신이 그 땅을 차지할 것이라는 확증을 요구한다. 왜냐하면 아브라함은 그 땅을 점유하려면 이방 민족들의 소유권을 빼앗는 일이 필요함을 알고 있기 때문이다. 하나님은 아브라함의 믿음을 뒷받침하면서 자신의 언약을 구체화하신다. 그 땅은 하나님께 속한다. 그리스도인이 그리스도 안에서 생명을 얻기 위해서는 옛 "왕들"과 "신들"이 추방되어야 한다. 이 목적을 위해 하나님은 그의 성령을 우리의 상속에 대한 보증으로 약속하셨다(엡 1:11-14을 보라).

하나님은 인간 파트너의 연약함에도 불구하고 자신의 언약에 변함없이 열심을 다하실 것이다. 아브라함 이야기의 다음 장면(창 16장)이 보여주는 대로 아브라함과 사라의 믿음은 "결함을 지닌다." 마찬가지로 노아, 이스라엘, 다윗 및 베드로도 그들과 하나님 간의 언약 이후에 실패한다. 그럼에도 불구하고 하나님의 언약은 여전히 그대로다. 그분은 변함없이 신실하시다.

예언

하나님은 아브라함에게 이집트에서 겪을 사백 년의 압제, 큰 부유함이 수반된 구원, 그리고 가나안의 점유를 구체적으로 예언하신다. 아브라함은 신임을 얻어 그의 후손이 당할 미래의 시련과 영광에 대해 미리 알게 된 하나님의 예언자로서 기능한다. 이 예언적 신임으로 하나님은 그분의 백성을 위해 자신의 생명을 내어주기까지 스스로 낮추신다. 하나님은 짐승의 사체들을 통과하시면서 만일 자신의 말이 허위일 경우 죽음의 책무를 다하시겠다고 다짐하신다. 이스라엘의 하나님께서 자신의 백성이 드리는 탄원과 찬양 중에 거하시는 이유는 그분이 자신의 예언적 약속들을 지키시기 때문이다. 또한 하나님의 예언은 역사에 대한 그분의 주권적 통제를 드러낸다. 분명히 다른 종교들에도 선견자와 예언자들이 있지만, 어느 종교에도 이스라엘의 예언자들과 같이 그런 포괄적인 역사관과 구체적인 내용을 전달하는 예언자는 존재하지 않는다. 고대 근동의 다른 신은 아무도 살아남지 못했다. 모든 신이 사라졌다. 왜냐하면 어느 신도 이스라엘의 하나님처럼 역사를 계시하고 진리를 말할 수 없었기 때문이다(참조. 사 41:21-29).

아브라함과 약속의 씨(16:1-22:19)

제6부 2막에 대한 문학적 분석 —————————

주제와 갈등

제1막이 땅에 관심을 두었던 반면에 제2막은 땅에 대해 거의 언급하지 않으면서 씨에 대한 약속이라는 주제가 이 막을 지배한다. 2막의 플롯은 하나님이 주신 약속의 성취가 고통스럽게 지연됨으로써 발생하는 갈등들을 굽이치며 통과한다. 2막은 "그때 아브람의 아내 사래는 출산하지 못하였고"(16:1)로 시작하며 21:2의 "사래가 아들을 낳았다"는 진술이 등장하고 나서야 갈등이 해결되기 시작한다. 심지어 그때에도 씨에 대한 긴장은 완전히 가라앉지 않다가 2막에서 마지막 절정의 장면, 곧 아브라함이 약속의 아들을 희생으로 바치라는 도전에 직면할 때에 이르러서야 비로소 해결된다. 이 막 전반에 걸쳐 내레이터는 그의 이야기의 우회로를 제시하고 시간을 표시해줌으로써 이 지연을 강조한다(16:16; 17:1, 17, 24; 18:12; 21:5).

등장인물들과 갈등

제1막에서와 같이 등장인물들은 그들 나름의 조작으로 하나님의 약속을 성취하고 믿음을 간직하려고 애쓰는 가운데 서로 충돌하고 스스로 갈등한다. 이런 문제들과 그 문제들의 의의는 사라와 하갈의 갈등으로 집약된다. 두 어머니와 그들의 아들들이, 미래의 세대로 이어지는 긴장을 특징짓는다. 하갈과 그녀의 아들은 인위적 방법으로 얻은 자연적 태생의 씨를 의미한다. 이들은 사라와 그녀의 아들을 돋보이게 하는 역할을 한다. 사라와 그녀의 아들은 믿음으로 받아들여야 하는 선택된 약속의 씨와 하나님의 개입을 나타낸다. 하갈과 사라의 외적 갈등은 약속의 지연에도 불구하고 약속을 신뢰하며 믿음을 유지하려는 두 사람, 곧 사라와 아브라함의 내적 갈등을 상징한다.

제2막 역시 아브라함과 사라의 성격에 있어서의 중대한 발전을 보여 준다. 첫 번째 장면은 아브라함의 임시적인 믿음을 묘사한다. 그의 희망과 믿음은 결국 가정 내의 갈등을 유발한 의문과 의심, 인간의 계획 및 소극성으로 인해 흔들린다. 이 갈등으로부터 의로운 믿음의 사람이 만들어져 나온다. 그는 귀감이 되는 호의를 베풀고 하나님 앞에서 담대히 발언하며 놀라운 믿음으로 아무런 의심 없이 하나님의 가장 큰 요구에 직면한다. 사라의 믿음과 기력 역시 커진다. 지연된 약속에 대한 그녀의 초기 반응은 책략과 분노와 불신이었다. 하지만 이 막의 끝에서 그녀는 믿음으로 충만한 결단력 있는 여성이다. 하나님은 그녀의 조언을 인준하신다.

제6부 2막 1장

거절된 하갈과 이스마엘(16:1-16)

제6부 2막 1장에 대한 문학적 분석 ─────────

구조

2막을 시작하는 이 장은 언약을 받은 아브라함과 사라가 하나님의 지시에 순종하여 오직 철저한 믿음으로 행동해야 한다는 단호한 주장이다. 이 장의 틀은 "아브람", "하갈" 및 동사 "낳다"라는 단어들로 표시되는데, 그들의 믿음 없는 조작의 결과를 다음과 같이 묘사한다.

- "아브람의 아내 사래는 출산하지 못하였고, 그에게 한 여종이 있으니 애굽 사람이요, 이름은 하갈이라"(16:1).
- "하갈이 아브람에게 이스마엘을 낳았을 때에 아브람이 팔십육 세였더라"(16:16).

이 장은 두 사건으로 구성되는데 첫 번째는 사라 및 하갈과, 두 번째는 야웨의 천사 및 하갈과 관련된다. 첫 번째 사건(16:2-6)은 다음과 같이 교호 구조를 따른다.

A 사라가 제안하다(16:1-2a)

B 아브라함이 동의하다(16:2b)

  C 사라의 행동(16:3)

   D 하갈의 반응(16:4)

A′ 사라가 제안하다(16:5)

B′ 아브라함이 동의하다(16:6a)

  C′ 사라의 행동(16:6b)

   D′ 하갈의 반응(16:6c)

두 번째 사건(16:7-14)은 다음과 같이 동심원 구조를 따른다.[108]

A 천사가 샘에서 하갈을 발견하다(16:7)

B 천사와 하갈의 대화(16:8-9)

  C 천사의 첫 번째 예언(16:10)

  C′ 천사의 두 번째 예언(16:11-12)

B′ 경배를 올리는 하갈의 반응(16:13)

A′ 하갈이 샘의 이름을 붙이다(16:14)

이 두 사건은 동사 "도망하다/달아나다"(בָּרַח, 바라흐, 16:6, 8)와 호칭인 "여주인"과 "여종"으로 연결된다(다른 가능한 구조에 대해서는 아래 "비교와 대조"를 보라).

---

108 Wenham의 대형 교차 구조(palistrophic structure)의 수정이다(G. J. Wenham, *Genesis 16-50* [WBC 2; Waco, Tex.: Word, 1994, WBC 성경주석 『창세기 하』, 솔로몬 역간], 4).

호칭

이 장에서 사라와 하갈에 대한 묘사는 이 두 사람의 관계에 대한 하나님의 의도를 확인해준다. 사라는 아브라함과 관련해서 "아브라함의 아내"(16:1, 3)로 불리고, 하갈과 관련해서는 "여주인"이라 불린다(16:4, 8, 9). 반면에 하갈은 "여종"이라 불린다(16:1, 2, 3, 5, 6, 8). 사라의 호칭인 "아내"는 아브라함의 양자가 아니라 그의 허리에서 나온 자손을 통해 그를 큰 민족으로 만든다는 야웨의 약속이 그와 한 몸으로 간주되는 사라에게도 적용됨을 시사한다(2:24). 이 장면에 앞서 사라와 아브라함은 분명 이를 사실로 수락한 것으로 보이며, 내레이터는 창세기 17장에서 이렇게 수락된 내용을 확증한다.

사라의 호칭인 "여주인"과 하갈의 호칭인 "여종"은 하나님을 포함하여 모든 등장인물의 입에서 나오는데, 이 호칭들 역시 하갈이 사라 위에 자신을 높여 사회적 경계선을 넘으려고 시도할 때 잘못을 범하고 있음을 확증해준다.

공백과 여백

연대표로 볼 때 사라의 연령은 약 칠십오 세로 결정될 수 있다. 나중에 내레이터는 사라가 구십 세가 되어 가임기를 훌쩍 지났음을 분명하게 진술한다(18:11을 보라). 이 장에서 나이를 고려할 때 사라는 최소한 갱년기가 시작되었다고 가정하는 것이 합리적이다. 여기서 그녀는 "야웨께서 내 출산을 허락하지 아니하셨으니"(16:2)라고 말한다. 그러나 극단적인 믿음이 내레이터에게 너무 중요하기 때문에 그는 사라의 연령에 주목하거나 동정심을 품도록 만들지 않는다.

비교와 대조

개럿은 두 개의 하갈 장면 사이에 있는 다음의 놀라운 구조적 유사성에 주목한다(16:1-16; 21:1-21).

창세기 16:1-16		
단락	구절	틀의 내용
A	1	사래의 불임
B	2-3	사래의 대응: "내 여종과 동침하라"
C	4	하갈이 임신하고 사래를 능욕하다
D	5-6	사래가 불평하고 하갈을 내쫓다
E	7-9	야웨의 천사가 말하여 하갈을 돌려보내다
F	10	약속: "내가 네 씨를 번성하게 하리라"
G	11-14	천사의 두 번째 언질: "이스마엘이 광야에서 홀로 방랑객이 되리라"
H	15	이스마엘이 아브라함에게 태어나다
I	16	이스마엘이 하갈에게서 태어나다

창세기 21:1-21		
단락	구절	틀의 내용
A′	1-5	사라의 불임
B′	6-8	사라의 대응: 찬양과 웃음
C′	9	형 이스마엘이 이삭을 능욕하다
D′	10	사라가 불평하다: "하갈을 내쫓으라"
E′	11-12	하나님이 말씀하시다: "하갈을 내보내라"
F′	13	약속: "내가 네 여종의 아들로 한 민족을 이루게 하리라"
G′	14-18	외로이 광야에 있는 하갈과 이스마엘; 하나님의 두 번째 언질
H′	19-20	이스마엘이 구제되다
I′	21	하갈이 이스마엘에게 아내를 얻어주다[109]

---

109 Garrett, *Rethinking*, 144.

두 장면 모두에서 하갈은 엄청난 역경 속에서 하나님의 자비를 받는 영웅적 인물로 등장한다. 추정컨대 이는 그녀 자신의 불의에도 불구하고 그녀와 아브라함 및 사라와의 관계 때문일 것이다.

또한 눈에 띄는 많은 비교점이 창세기 16장에 나오는 인물들과 창세기 서사에 등장하는 다른 인물들 사이에서 발견될 수 있다. 예를 들어 하나님께 구하지 않고 고안된 사라의 계획은 앞서 아들을 입양하는 조건에 대해 하나님께 여쭌 아브라함과 대조된다. 만일 사라 역시 하나님의 조언을 구했다면, 우리는 그분이 그녀를 위해 대리모를 배제했을 것이라고 확신할 수 있다. 마치 하나님께서 아브라함을 위해 입양을 배제하셨던 것처럼 말이다(창 15:1-4; 참조. 17:19; 18:9-15).

덧붙여 아브라함이 가나안으로 떠난 후인 1막과 이어지는 2막은 모두 약속을 성취하기 위해 주도권을 행사하는 족장과 더불어 시작된다. 기근이 약속의 땅에 엄습할 때 아브라함은 하나님의 재가 없이 그곳을 떠난다. 또한 하나님이 그에게 약속의 씨를 주시기를 지체하실 때 아브라함은 또다시 하나님의 자문을 구하지 않고 사라의 계획에 귀를 기울인다. 어느 경우든 그런 주도권 행사에서 좋은 일이 생길 리는 없다.

아브라함과 사라는 아담과 하와와도 유사성을 지닌다. 아담과 아브라함 둘 다 믿음에서 비롯되지 않은 아내의 제안을 따라 행동한다(3:17; 16:2). 결과적으로 그들은 자신의 가정에 갈등을 초래한다.

제6부 2막 1장에 대한 주해 ―――――――――――

배경: 불임인 사라와 여종인 하갈(16:1)

1절. 사래는 출산하지 못하였고. 내레이터는 11:30에 있는 이 기사의 서막에서 사라가 불임이라는 문제를 예고한 바 있다. 이 문제가 이제 절정에 이른다. 씨의 복잡한 상황은 12:10에 나오는 땅의 복잡한 상황과 닮왔다. 이 딜레마는 이 막의 거의 끝인 21:2에 가서야 비로소 해결될 것이다.

아브람의 아내. 사라에 대한 이 칭호는 그녀의 정당한 지위를 강조한다. 약속의 아들은 그녀에게서 나와야 한다.

이집트 사람이요. 하갈은 아브라함이 파라오의 보호 아래 얻은 여종들 중에 하나였을 가능성이 있다(12:16).

여종. 여종은 남자 주인에게 시중드는 소녀 노예가 아니라 부유한 여성이 소유하는 개인적인 몸종이다. 사라와 하갈의 관계는 아브라함과 엘리에셀의 관계와 비슷하다(15:2을 보라). 하갈은 사라의 시중을 든다. 야웨의 천사는 이 신분을 다시 분명히 할 것이다(16:8).[110]

사건 1: 사라와 하갈(16:2-6)

불신앙: 사라의 계획과 아브라함의 동의(16:2)

2절. 야웨께서 … 허락하지 아니하셨으니 … 내가 혹. 아브라함이 그의 아버지와 고향을 떠났을 때 사라의 나이는 육십오 세쯤 되었다. 사라는 십년 후에도 여전히 자녀가 없고 아마도 이미 갱년기에 접어들었을 것이다. 따라서 그녀는 야웨께서 아브라함에게 약속하셨던 후손이 자신의 몸에서는 나올 수 없을 것이라고 결론 내린다. 그녀는 야웨가 생명의 창조자이심을 인정한다. 그러나 그녀는 하나님의 약속의 견지에서 자신의 불임을 이해하지 않는다.[111] 그녀의 불평에서 야웨의 손으로부터 주도권을 탈취한 그녀의 죄가 드러난다. 사라의 계획을 인준하신다는 하나님의 언질이 없는 가운데 그녀는 신인협동론적 사고를 취하는 잘못을 저지

---

110 A. Jespen, "Ama^h und Schiphcha^h," *VT* 8 (1958): 293-97.

111 Roop, *Genesis*, 118.

른다. 문제를 다루는 그녀의 계획은 12:11-13에 나타난 아브라함의 사례와 비교된다(참조. 4:1에서 하와의 신인협동론적 사고).

가서 동침하라(개역개정-"들어가라"). 본문은 문자적으로 "들어가라"로 읽는데, 이는 성관계에 대한 히브리식 표현이다.

내가 가문을 세울 수 있다(개역개정-"자녀를 얻을까 하노라"). 문자적으로 "내가 세워질 수 있다"로 번역되는 이 구절은 "자녀를 얻다"에 대한 히브리식 표현이다(30:3을 보라).

그로 말미암아. 불임인 아내를 위해 그녀의 여종을 대리모로 이용하는 일은 용인되었던 사회적 관행으로 보인다. 이는 창세기 30:3-12, 함무라비 법전(기원전 1,700년경),[112] 누지(Nuzi) 문헌(기원전 1,500년경), 고대 아시리아 혼인 계약(기원전 19세기), 그리고 신아시리아 문헌에서 판단할 수 있다.[113] 고대 아시리아 혼인 계약에 따르면 본부인은 자신의 남편을 위해 대리모로부터 아이를 얻은 후에 그 대리모를 자신이 원하는 대로 팔 수 있었다. 하지만 함무라비 법전에 따르면 그녀는 대리모를 팔면 안된다(아래 6절의 "당신의 눈에 좋을 대로"를 보라).

사래의 말을 들으니라. 여기서 사용된 이 히브리어는 창세기 3:17에서만 나타난다. 아담처럼 아브라함도 아내의 믿음 없는 제안에 동의한다. 아브라함의 분별없는 수동성은 롯을 위해 취했던 그의 용감한 행동과 날카롭게 대조된다(창 14; 19장).

사라와 하갈: 가정 내의 갈등(16:3-4)

3절. 십년 후였더라. 12:4, 16:16을 보라.

사래가 … 데려다가(לָקַח, 라카흐) … **그녀의 남편에게 준**(נָתַן, 나탄) **때는**.

---

112 "The Code of Hammurabi," *ANET*, 172, par. 146.
113 모두 Hamilton, *Genesis 1-17*, 444에 인용되어 있다.

이는 3:6의 타락에서 사용된 동사들의 동일한 전개다. 하갈은 아무런 개인적 권리가 없는 재산으로 취급된다.

그의 아내. 이 칭호(16:1)의 반복은 정곡을 찔러 사라의 계획이 어리석음을 드러낸다.

4절. 멸시한지라(קָלַל, 칼랄). 이 히브리어는 12:3에서 "저주하다"로 번역된다. 이미 계획은 엉망이 되었다. 이 태도는 하갈에게 있어 중대한 실수이기도 하다. 그녀는 거만하게 그녀의 도움을 요청했던 사람을 공격한다.[114] 우르-남무(Ur-Nammu) 법 22-23조와 함무라비 법은 이런 본성적 반응에 맞서 첫 번째 아내를 보호한다.[115] 사라에게 모멸감을 주었기 때문에 하갈은 롯이 그랬던 것처럼 축복의 가정으로부터 멀어진다(잠 30:21-23을 보라).

사라와 아브라함: 사라가 아브라함에게 불평하여 하갈을 쫓아내다 (16:5-6)

5절. 당신이 책임져야 한다(개역개정-"당신이 받아야 옳도다"). 하와처럼 지금 사라 역시 비난의 화살을 남에게 돌리며, 아브라함은 아담처럼 책임을 회피한다. 아브라함은 변화를 줄 수 있는 사법적 권위를 단독으로 지니고 있지만 여태껏 그들의 결혼을 보호하기 위해 아무런 행동도 취하지 않았다.

모욕(חָמָס, 하마스). 이 히브리어는 "법에 대한 노골적 위반"을 암시한다 (6:11을 보라).

내가 받는. NIV가 비록 "내가 받는 모욕"을 의미하는 표현으로 히브리

---

114 참조. 앞의 책, 447.
115 함무라비 법전은 이렇게 말한다. "만일 나중에 그 여자 노예가 자녀를 낳았다는 이유로 그녀의 여주인과 동등함을 주장한다면, 그녀의 여주인은 그녀를 팔지 않아도 된다. 여주인은 그녀에게 노예 마크를 표시하여 그녀를 노예들 중 하나로 간주할 수 있다"(*ANET*, 172, par. 146).

어를 의역했다고 할지라도 이 표현은 올바른 의미를 담고 있다. 사라는 부당함을 바로잡기 위해 재판관에게 그렇게 하는 것처럼 아브라함에게 불평을 늘어놓는다. 아굴의 잠언은 그녀의 말에 암시된 의미를 이렇게 확인해준다. "세상을 진동시키며 세상이 견딜 수 없게 하는 것 서넛이 있나니…여종(שִׁפְחָה, 쉬프하)이 주모(גְּבִרְתָּהּ, 게비르타)를 이은 것이니라"(잠 30:21-23).

멸시하니. 이 사건에서 내레이터의 동정심은 사라에게 있다. 그러나 다음 사건에서는 하갈을 향한다. 이것이 분명한 이유는 16:4에서 내레이터가 본 절에서 사라가 사용한 것과 동일한 어휘를 사용함으로써 그녀의 상황에 대한 판단을 확증해주기 때문이다. 스턴버그는 이렇게 말한다. "독자는 언어의 동등성으로부터 시각적인 동등성을 추론한다. 그렇지 않다면 여기서 등장인물의 개입은 그녀의 객관성에 의심을 던질 수 있다."[116]

당신과 나 사이에 야웨께서 판단하시기를 원하노라. 사라는 여전히 더 높은 하늘의 법정에 호소하며(31:53; 출 5:21; 삼상 24:12, 15을 보라)[117] 하나님에 대한 자신의 믿음을 고백한다. 만일 아브라함이 사라가 마땅히 얻을 자격이 있는 법적 보호를 제공하지 않는다면, 그녀는 야웨께서 그렇게 해주시리라는 확신을 갖고 희망하고 있다.

6절. 당신의 눈에 좋을 대로. 함무라비 법전에 따르면 이런 상황에서 멸시받은 여주인은 자신의 여종을 팔 수 없었지만 여종에게 노예라는 표시를 붙여서 자신의 노예 중 하나로 간주할 수 있었다. 우르-남무 법은 무례한 첩에게 "소금 한 쿼트(quart: 약 0.3리터)로 입을 박박 문질러 닦

---

116 Sternberg, *Poetics*, 402.
117 C. Mabee, "Jacob and Laban: The Structure of Judicial Proceedings (Genesis xxxi 25-42)," *VT* 30 (1980): 206을 보라.

으라"고 규정했다.[118]

학대하였더니(עִנָּה, 아나). 이는 15:13에서 이집트 사람이 이스라엘 족속을 학대하는 데 사용된 것과 동일한 히브리어 동사다(참조. 출 1:12). 사라의 반응은 너무 가혹하다. 불임과 하갈로 인해 학대받은 사라가 이제는 학대하는 자가 된다. 사라도 하갈도 여기서 잘 처신하지 못하고 있다. 즉 여주인은 거칠고 횡포를 부리며, 여종은 회개하지 않고 고분고분하지 않다.[119]

도망하였더라. 이스라엘처럼 하갈은 사라의 학대를 피해 도망간다(출 14:5). 내레이터의 동정심은 이제 학대받는 여종의 편에 있다.[120] 그럼에도 불구하고 하갈이 살길은 그녀의 조국인 이집트로 돌아가는 것이 아니라 이스라엘의 어머니인 사라에게 복종하고 그녀를 멸시하지 않는 데 있다.

사건 2: 하갈과 야웨의 천사의 조우(16:7-14)

배경: 천사가 광야에서 하갈을 발견하다(16:7)

7절. 야웨의 사자. 모든 천사와 같이 그는 하늘의 법정으로부터 하나님의 개인적 대행자로서 땅으로 파견된 하늘의 존재다. 고대 근동에서 왕실의 전령은 왕의 대리인 대접을 받았다(삿 11:13; 삼하 3:12-13; 왕상 20:2-4). 야웨의 전령 역시 그렇게 하나님처럼 그러나 여전히 하나님과 구별된 존재, 즉 하나님의 천사로서 대접받는다(참조. 창 21:17; 22:11; 31:11; 출 3:2;

---

118 "The Laws of Ur-Nammu," *ANET*, 525, par. 22.
119 A. Brenner, "Female Social Behaviour: Two Descriptive Patterns within the 'Birth of the Hero' Paradigm," *VT* 36 (1986): 257-73, 특히 261을 보라.
120 모세 율법은 도주한 노예가 학대당했다고 추론한다. 이는 신 23:15의 규정에서 증명된다. "종이 그의 주인을 피하여 네게로 도망하거든 너는 그의 주인에게 그를 돌려주지 말고."

14:19; 23:20; 32:34). 예를 들어 마노아와 그의 아내는 하갈처럼 그들이 본 사람이 하나님이라고 생각한다(삿 13:21-22; 참조. 6:22-23; 참조. 출 33:20). 이 천사의 이름은 지식의 범위 밖에 있으며(삿 13:18), 그는 예배와 결부되어 있다(삿 13:15). 어떤 사람은 그를 삼위일체의 제2격인 분과 동일시하지만 신약은 결코 이런 확인을 해준 바가 없다. 만일 우리가 그를 신약의 ἄγγελος κυρίου(주님의 사자)와 동일시한다면, 그는 세례 요한(눅 1:11) 및 예수의 출생을 고지하고(마 1:20, 24; 눅 2:9) 자신의 신분을 가브리엘로 확인해준다(눅 1:19).

하갈을 만나. 하나님의 개입은 우연한 사건이 아니라 목적이 있고 의도적이다(참조. 창 12:17).

샘물. 광야에서 생명의 신호인 이 샘물은 고통에도 불구하고 희망의 상징이다.

술(Shur). 이 명칭은 "벽"을 의미하며 아마도 이집트의 국경 요새를 가리킬 것이다. 이 요새는 아시아인들의 침공으로부터 이집트를 보호하기 위해 수에즈의 이스트무스(Isthmus)의 경계선을 따라 구축되어 있었다(25:18; 삼상 15:7을 보라). 하갈은 이집트에 있는 자신의 집을 향해 도피하는 중이었다.

천사의 말과 하갈의 응답(16:8-14)

▎ 첫 번째 대화(16:8-9)

8절. 하갈아. 이는 고대 근동의 문헌에서 신이 한 여성에게 이름을 부르며 말을 건네는 유일한 사례다. 이 인사는 믿을 만한 응답을 가능하게 만든다.

사래의 종. 동일한 히브리어 단어가 16:2에서는 "여종"으로 번역된다(개역개정은 둘 다 "여종"). 천사가 부르는 하갈의 이 호칭은 하갈의 지정된 지위를 확증한다.

어디. 이 수사학적 질문은 그녀를 대화에 참여하게 만든다(3:9을 보라).

내 여주인. 하갈은 정직하고 겸손한 반응을 보인다.

9절. 돌아가서. 그녀가 낳은 아이는 아브라함에게 속한다.

복종하라. 이는 "학대하다"(עָנָה, 아나)와 동일한 어근이다. 존중받고 자유를 얻기를 원했던 그 여자는 자신을 복종시켜야 한다. 종은 사회적 경계선을 폐기하는 것이 아니라 그것을 존중함으로써 자신의 가치를 높인다(잠 17:2; 27:18).

▌천사의 통보(16:10-12)

10절. 야웨의 사자가 또 그에게 이르되. 이는 하늘의 전령이 전달하는 몇 번의 출생 통보 중 첫 번째 것이다(참조. 17:19; 삿 13:3, 5, 7; 눅 1:11-20, 26-38). 이 통지들은 구원사에서 중요한 역할을 하는 사람들의 출생과 운명을 예견한다.

네 씨를 번성케 하리라. 하나님이 하갈에게 내린 복종하라는 명령에는 은혜롭게도 한 가지 약속이 수반된다. 이 약속은 창세기 17:20에서 재확인되고 25:13-16에서 성취된다. 아브라함은 택자와 비택자를 모두 포함하는 많은 후손의 아버지가 될 것이다(13:16). 비택자들도 하나님의 보호하심을 받고 큰 민족을 이루게 될 것이다(17:20).

11절. 네 고통(עָנְיֵךְ, 온예크)을 들으셨음이니라. 이 히브리어 단어는 "고통"으로 번역되는데, "학대받다"(16:6) 및 "복종하다"(16:9)와 동일한 어근의 명사형이다.[121] 하나님이 아브라함에 대해 헌신적 책무를 다하신다고 해서 하나님의 계획 속에서 미래를 간직하고 있는 비택자들에 대한 그분의 책무가 무효가 되는 것은 아니다. 야웨는 압제받는 자들을 돌보시고(29:32; 출 3:7; 4:31; 신 26:7; 삼상 1:11) 인간의 실수를 속량해주시며 부

---

121 *HALOT*, 856.

당한 일을 당하는 사람을 보호하신다.

이스마엘. "하나님이 들으신다"를 의미하는 이 이름은 "야웨께서 네 고통을 들으셨음이니라"는 말로 더욱 구체적으로 설명된다.

12절. 들나귀 같이 되리니. 겁이 없고 발이 빠른 시리아산 야생 나귀는 사회적 관례의 족쇄가 채워지지 않은 개인적 생활 방식에 대한 은유다 (욥 24:5-8; 39:5-8; 렘 2:24; 호 8:9). 이스마엘은 그의 씨로 열국이 복을 받을 것이라고 한 그 아이는 아니다. 이스마엘의 축복은 약속의 땅으로부터 동떨어진 채 자신의 자원에 의지해서 살아가는 것이다.

대항해서 살리라. 자유를 향한 그의 열정은 모든 사람과의 갈등 속으로 그를 이끈다. 이스마엘 족속의 맹렬한 공격성은 족장들의 유목민 생활 방식과 대조된다.

모든 형제와 대항해서. 아브라함 서사의 끝에서 이스마엘과 이삭은 분리해서 산다(창 25:18).

▎ 하갈의 예배와 원인론(16:13-14)

13절. 하갈이 야웨의 이름을 ~라 불렀다. 이는 성경에서 인간이 하나님께 이름을 부여하는 것으로 나타나는 유일한 사례다. 하갈은 자신에게 각별한 그분의 의미를 표현하는 이름을 하나님께 부여한다. 그녀는 약속에 대해서가 아니라 인격적인 그분께 응답한다. 그녀는 더 이상 자신이 임신한 것을 우쭐대지 않으며 하나님이 자신을 돌보심을 경탄한다.

당신은 나를 살피시는 하나님이시다. 문장으로 된 이 이름은 "당신은 엘-로이(El-Roi)이시다"(문자적으로 "내가 보는 하나님")이다. 이 이름은 문맥에 부합하는 "나를 살피시는 하나님"(NIV처럼)을 의미하거나 그녀의 설명에 부합하는 "내가 보는 하나님"을 의미하는 언어유희다. 전자는 하나님이 하갈을 돌보심에 대해 말하고, 후자는 하나님의 현현에 대한 그녀의 경험에 대해 말한다.

내가 나를 살피시는 분을 이제 뵈었다. 이 히브리어는 어려우며 문자적

으로 이렇게 읽는다. "내가 또한/심지어 여기서 나의 감찰하는 분의 등을
¹²²/뒤를¹²³ 보았습니까?" 강조적 단언을 요구하는 그녀의 질문은 아마도
그녀가 하나님을 뵈었고 그분이 그녀를 보았다는 뉘앙스를 둘 다 수반할
수 있다.

14절. 샘(בְּאֵר, 베에르). 이것은 지하수가 솟는 우물이지만, 16:7에서는
"샘물"(עַיִן, 아인)로 불린다. 아마 우물은 편의를 위해 천연 샘물 근처에
팠을 것이다.

(브엘)라해로이. 이 히브리어는 "살아 계신 분, 나의 감찰하는 분에게
속한"을 의미한다. 따라서 이는 위와 동일한 언어유희를 지시한다(참조.
24:62; 25:11).

(여전히 거기에) 있더라. 오늘날 그 위치는 불확실하다.

가데스. 14:7에 대한 주해를 보라.

아브라함의 장막에서(16:15-16)

15절. 하갈이 아브람의 아들을 낳으매. 이것을 16:1과 비교하라. 거기서
사라는 아브라함에게 아무 자녀도 낳지 못했다고 진술된다. 사라의 인위
적 조작의 대가는 하갈이 아브라함을 위해 아이를 낳고 키우는 것을 지
켜보는 것이다. 약속의 아들에 대한 긴장이 더 심화되었을 뿐이다.

이스마엘. 그의 족보는 25:12-18에서 제시된다.

---

122 BDB, 907, 6a.
123 *HALOT*, 35, B.1.

제6부 2막 1장에 대한 신학적 고찰 ——————

신인협동설

이 장은 하나님의 주권적 은혜 및 자유와 인간의 노력 및 예속 사이의 대조를 예증한다(갈 4:21-31을 보라). 언약 백성은 하나님의 주권적 사역과 목적에 의존한다. 하나님께서 자신의 목적을 성취하시는 것을 독자적으로 도우려는 시도는 신학자들이 신인협동이라고 부르는 행위다. 신인협동은 단지 파국으로 이끌 뿐이다. 하갈과 이스마엘은 하나님의 약속에 대한 믿음으로 사는 것을 돋보이게 하는 역할을 한다. 사라는 자신의 주도권과 성급함으로 몸종 하갈을 통해 하나님의 약속을 성취하려 한다. 즉각적인 결과는 가정불화다. 장기간의 불화로 인한 결과는 하갈의 반항 정신을 상속할 수많은 후손이라는 뒤섞인 축복이다. 신인협동을 통해 집안 전체가 많은 것을 잃는다. 즉 사라는 존경을 상실하고, 하갈은 가정을 잃으며, 아브라함은 잃어버린 아내와 거절된 아들로 인해 상심한다. 이 자연적 태생의 세대는 미래 세대에 평화가 아닌 불화를 일으킬 것이다. 그럼에도 불구하고 하나님은 비록 오만했지만 자신을 낮추는 자를 긍휼히 여기신다. 그는 학대받는 하갈을 돕기 위해 개입하신다. 아브라함과 사라는 의존을 통해 약속을 발견해야 하고 하갈은 복종을 통해 자유를 발견해야 한다.

은혜

하나님은 죄 많고 거절된 사람들을 찾아내신다. 반항심이 컸던 이집트 여인 하갈에 대한 하나님의 관심과 그녀에게 준 계시는 예수가 죄 많은 사마리아 여인을 다루시는 방식을 예견한다(요 4장). 둘 다 아브라함의 가문에 속하지 않은 죄 많은 여인이다. 그럼에도 불구하고 야웨는 큰 긍휼을 품고 두 사람에게 손을 내미신다. 하갈은 고대 근동 문헌에서 신에게 이름이 불린 유일한 여성이다. 또한 그녀는 구약에서 하나님께 이름을 부여한 유일한 인물이다. "나를 살피시는 분"과 "내가 보는 그분"이라는 이름은 둘 사이의 특별한 관계를 집약적으로 보여준다.

출애굽기의 전조

하갈의 수태고지와 그녀가 경험한 일 역시 이스라엘의 출애굽(신 26:6-7), 광야로의 도주(출 14:3, 5) 및 거기서 야웨의 천사와의 조우(출 14:19; 32:34)에 대한 전조가 된다. 만일 자비로우신 하나님이 하갈의 울부짖음에 대답하셨다면, 이스라엘의 울부짖음에는 얼마나 더 그러셨을까?

출생 통보

하갈에게 전달된 천사의 통보는 마리아에게 전달된 고지와 놀라운 유사점을 지닌다(눅 1:28-33, 46-56). 즉 전령의 인사(창 16:8; 눅 1:28), 임신에 대한 통보(창 16:11; 눅 1:31), 하나님의 자비(창 16:11; 눅 1:30b), 어원과 더불어 나오는 아이의 이름(창 16:11; 눅 1:31), 아이의 미래에 이루어질 성취(창 16:12; 눅 1:32-33)와 그에 수반되는 감사의 반응(창 16:13; 눅 1:48)이다. 이런 점에서 이 두 후손 사이의 대조는 더욱 주목할 만하다.

제6부 2막 2장

아브라함과 사라의 씨를 통해
열국을 축복하기 위한 하나님의 언약(17:1-27)

제6부 2막 2장에 대한 문학적 분석 ────────

구조와 플롯

하나님과 아브라함이 나눈 이 언약의 대화 장면에서 하나님은 자신의 약속을 갱신하신다. 아브라함 서사의 주인공이자 초자연적 약속을 주시는 하나님은 대화 내용의 대부분을 하달하신다.

사르나는 이 장면의 교호적인 AB/A´B´ 구조를 다음과 같이 언급한다.[124]

A 열국과 왕들의 아버지인 아브라함; 그의 이름이 바뀌다(17:1-8)

　B 할례법이 제정되다(17:9-14)

A´ 열국과 왕들의 어머니인 사라; 그녀의 이름이 바뀌다(17:15-22)

　B´ 할례법이 실행되다(17:23-27)

하나님의 언약적 약속의 확대는 아브라함의 완전한 헌신과 복종을 요

---

124 Sarna, *Genesis*, 122.

구한다. 이 장의 암시적인 질문—"아브라함은 의로움과 언약에의 충실성으로 응답할 것인가?"—은 기저에 흐르는 긴장을 조성한다. 이를 토대로 이 장은 야웨의 언약 부여(17:1-22)와 아브라함의 수용(17:23-27)으로 양분될 수도 있다. 야웨의 언약 부여는 "야웨께서 그에게 나타나셨다"라는 도입문(17:1)과 "하나님께서 그를 떠나 올라가셨다"(17:22)라는 마무리로 표시된다. 반복적인 형식문인 "~에 대해서는"(As for …)이 지시하는 세 부분이 이 언약 부여를 꾸민다. 아브라함이 신속하게 수용하는 데서(17:23) 이 장은 절정에 이른다. 그의 복종하는 응답의 세부 사항(17:24-27)이 대단원을 구성한다.

핵심 단어들

다음의 두 단어가 이 언약의 대화 속에서 신적 임재와 언약 규정을 특징짓는다. 첫 번째 단어인 **언약**(בְּרִית, 베리트)은 열두 번 이상 나타나는데 그중 아홉 번은 "내 언약"이다. 두 번째 단어인 히브리어 동사 나탄(נָתַן, "주다")은 "확정하다"(17:2), "되다/만들다"(17:5, 6, 20), "주다"(17:8, 16)로 번역된다.

호칭

호칭은 이 장의 중요한 장치로서 각 인물의 성격 또는 발전을 드러낸다. 내레이터는 하나님을 "야웨"로 부름으로써 이 장을 연다. 야웨는 특별히 이스라엘과의 관계 속에서 언약을 지키시는 하나님의 이름이다(17:1). 이어서 내레이터는 그분을 "전능한 하나님"으로 부른다. 이 이름은 아마도 초자연적 후손을 생기게 하시는 하나님의 능력을 확인해준다. 그 후로 또한 제6부에서 처음으로 내레이터는 하나님을 엘로힘(אֱלֹהִים)으로 지칭한다. 엘로힘은 열국 위에 군림하시는 하나님의 초월성을 지시한다. 하나님에 대한 이런 언급은 적절하게도 하나님이 다시 지으신 아브라함이라는 이름, 즉 "열국의 아버지"와 관련하여 나타난다(서론에 있는 "원-창세기의 자료"를 보라). 하나님이 족장과 여족장의 이름을 다시 지으신 것은 하나님의 지배권을 지시하고(1:5; 2:19을 보라), 그들의 신실함을 승인하며, 그들의 새로운 운명 및 사명을 드러낸다. **이삭**이라는 이름은 웃음을 의미하는데, 아브라함과 독자들에게 하나님의 놀라운 축복의 경이로움과 기쁨을 상기시킨다.

공백, 야누스 및 수미상관

제2막의 1장과 2장에는 아브라함의 연령에 대한 언급이 연속적으로 경첩처럼 끼워져 있다. 제1장은 아브라함의 연령이 팔십육 세라고 밝히면서 마무리된다(16:16). 제2장은 아브라함의 연령을 이제 구십구 세로 계산하면서 시작한다. 공백으로 처리된 십삼 년의 중요성은 약속의 씨가 그만큼 지연되었다는 의미일 것이다. 제2장에서 아브라함의 연령을 구십구 세로 표시한 것 역시 이 장을 둘러싸는 수미상관을 형성한다(17:1, 24).

제6부 2막 2장에 대한 주해 ────────

열국과 왕들의 아버지인 아브라함, 그의 이름이 바뀌다(17:1-8)

1절. 구십구 세. 위의 "공백, 야누스 및 수미상관"을 보라. 열두 살 혹은 열세 살이 된 이스마엘은 성인기로 접어들고 있다(참조. 16:16). 하나님은 이스마엘이 축복의 담지자가 아니라는 사실을 아브라함에게 분명히 밝히셔야 한다.

나는 전능한 하나님이라(שַׁדַּי אֵל, 엘 샤다이). 모세 이전 시대의 하나님의 주요한 이름인 엘 샤다이(참조. 출 6:2-3)는 그분의 우주적 지배권을 의미할 수 있다. 샤다이는 주로 창세기와 욥기에서 증명되는데, 출애굽 당시에는 세 명의 지파 대표자들의 이름에 들어 있는 신명의 요소로(민 1-2장), 기원전 14세기 후반의 아마도 셈족으로 보이는 한 이집트인

종의 이름에서도 증명된다. 이 이름의 고대성 때문에 그 의미는 번역자들의 시대에는 소실되었다. 70인역은 다른 여러 방식 가운데서 이 이름을 "네 하나님"으로 번역한다. 히에로니무스는 자신의 번역인 "전능한 하나님"(deus omnipotens)과 그것에 상당하는 단어들의 근거를 70인역에 있는 또 다른 번역인 κυρίου παντοκράτορος(욥 15:25)에 둔다. 타르굼은 종종 이 단어를 음역했다. 고대 번역자들과 마찬가지로 현대의 학자들은 언어학을 토대로 아무 합의에도 이르지 못하고 있다. 가장 그럴듯한 가정은 (1) 어근 샤다드(šdd)에서 기원한 "권능 있는 분, 강한 분", (2) 셰(še)와 다이(day)에서 기원한 "충만하신 분"이다.[125] 그것의 정확한 의미가 무엇이든지 간에 이 이름의 문맥적 사용은 웬함이 말한 대로 다음의 사실을 시사한다. 즉 "샤다이는 하나님이 불임녀를 임신케 하여 자신의 약속을 성취하실 수 있다는 개념을 생각나게 한다."[126]

내 앞에서 행하여 완전하라. 6:9을 보라. 전적인 복종은 언약의 약속을 경험하기 위한 필수적인 조건이다. 하나님 앞에서 걷는다는 것은 한 사람의 인생 전체가 그분의 현존과 약속 및 요구를 향해 방향을 설정함을 의미한다. 베스터만(Westermann)은 이렇게 진술한다. "하나님은 아브라함(지금 이스라엘을 대표하는)에게 매 발걸음마다 하나님과 관련지어 내딛고 매일 바로 가까이에서 그분을 경험하는 그런 방식으로 하나님 앞에서 자신의 삶을 살라고 명령하신다."[127] 이 의미심장한 명령은 나중에 이스라엘의 왕들에게 반복된다(솔로몬, 왕상 9:4-5; 히스기야, 왕하 20:3).[128] 이와 같은 높은 표준은 왕들의 아버지가 될 아브라함에게 어울린다(참조. 창

---

125 M. Weippert, "שַׁדַּי," *TLOT*, 3:1306.
126 Wenham, *Genesis 16-50*, 20.
127 C. Westermann, *Genesis 12-36: A Commentary*, trans. J. J. Scullion (Minneapolis: Augsburg, 1985), 311.
128 이런 사례들로 인해 어떤 사람들은 이 명령이 "왕실" 언어라고 주장한다. 그러나 이를 배타적으로 왕실의 의무로만 간주하는 것은 지나친 견해일 것이다.

24:40; 48:15).

완전하라. 이 히브리어 단어는 죄가 없다기보다는 관계의 온전성과[129] 진실성을 의미한다(6:9을 보라).

2절. 내가 … 확증할 것이다(I will confirm; 개역개정-"내가 … 두어"). 이것은 "내가 (언약을) 주어서"(that I might give)로 번역하는 것이 더 낫다. 비록 아브라함이 하나님과의 사귐 속에서 걸으며 죄를 삼가야 할 책임이 있을지라도 언약은 여전히 전적으로 하나님의 선물이다.

내 언약. 이 언약의 세 부분-"나에 대해서는 …"(17:4-8), "너에 대해서는 …"(17:9-14), 그리고 "사라에 대해서는 …"(17:15-16)-은 모든 계약 파트너의 의무를 인정한다. 하나님은 아브라함과 그의 후손에 대한 책무를 약속하신다(17:4-8, 15-16). 그들은 그분의 명령을 따른다(17:9-14). 이 불균형한 동반자 관계는 항상 신적 현존과 언약 규정에 의존한다.

3절. 아브람이 엎드렸더니. 이것은 전형적인 예배 행위다(레 9:24; 수 5:14; 겔 1:28).

4절. 나에 대해서는. 이 형식문은 언약 의무의 첫 번째 부분으로 하나님의 책임에 대해 말한다.

5절. 아브람 … 아브라함. 11:26을 보라. 그의 예전 이름은 그의 존귀하신 하나님에 대해, 그의 고귀한 조상이나 자기 자신의 고결함에 대해 말한다. 반면 그의 새로운 이름은 그의 많은 후손에 대해 말한다. 이는 하나님께서 위대하게 만드실 이름이다(12:2). 아브람은 아브(אָב, "아버지")와 람(רָם, "높다")의 조합으로 "높임을 받는 아버지"를 의미한다. 이 이름은 하나님이나 데라 혹은 자기 자신에 대한 언급이다.[130] 그의 새로운 이

---

129 von Rad, *Genesis*, 193.

130 D. Wiseman의 주장에 의하면 성경의 서사는 아브라함을 그의 지역에서 권위와 지위를 지닌 사람으로 제시한다. 아브라함의 부와 행동 및 그에 대한 사람들의 반응은 그가 이미 지도자요, 아마도 지방의 통치자였음을 시사한다("Abraham Reassessed").

름인 아브라함은 아브(אָב, "아버지")에 함/하몬(הֲמֹון/הָם, "북적거림")이 추가된 언어유희인데 "군중의 아버지"처럼 들린다. 비록 이 어원론은 논란이 되고 있지만 본문이 어떻게 그의 이름을 설명하는지를 말해준다. "왜냐하면 내가 너를 여러 민족의 아버지(אַב הֲמֹון, 아브 하몬)가 되게 할 것이기 때문이다"(17:4과 5절).

너를 만들었다(개역개정-"너를 …되게 함이니라"). 이 히브리어는 "내가 너를 되게 할 것이다"로 번역하는 것이 더 낫다.[131]

여러 민족의 아버지. 15:5, 28:3을 보라. "창세기의 주제와 성경신학"에서(서론을 보라) 나는 아브라함을 여러 민족의 아버지로 만드신다는 하나님의 약속이 생물학적 의미와 영적인 의미 모두의 측면에서 이해되어야 한다고 주장했다. 성경적 해석은 그두라(25:1-4), 이스마엘(제7부, 창 25:12-18) 및 에돔의 족보(제9부, 창 36장)로 정당화된다. 아브라함이 자신의 믿음을 재생산하는 여러 민족의 아버지가 될 것이라는 해석은 인접한 본문과 정경 안에서 모두 지지를 얻는다. 왕들이 그의 허리에서 나올 것이라는 약속과 대조적으로 그를 아버지로 삼는 민족들이 그렇게 믿음을 재생산하는 후손으로 태어난다는 말은 없다. 더구나 언약의 징표인 할례는 아브라함의 가족에서 "너희 집에서 난 자든지 너희 돈으로 산 자든지" 모든 남자에게 확대된다(17:12-13; 아래 신학적 고찰도 보라). 시편 저자와(시 87:4-6) 사도 바울은(롬 4:16-17; 참조. 갈 3:15-19) 모두 이 본문을 아브라함의 후손이 되는 이방인들과 관련지어 해석한다. 이 영적인 해석에 따르면 "아버지"는 영적인 관계를 가리킨다. 아버지라는 단어는 요셉과 파라오의 관계(창 45:8)와 레위와 미가와의 관계(삿 17:10)를 묘사할 때도 그렇게 사용된다.[132]

---

131 이런 접미어 활용의 용례에 대해서는 *IBHS* §30.5.1d를 보라.

132 Sarna(*Genesis*, 124)도 아버지라는 단어가 세계 종교들의 역사에 비추어볼 때 보편적 의미를 지닌다고 생각한다. 즉 "'여러 민족의 아버지'는 인류의 더 큰 부류가 아브라함을 영적인 아버지

6절. 왕들이. 일차적으로 이스라엘의 왕들이 고려되나(35:11; 49:10; 삼하 7:8-16을 보라) 메시아적인 왕도 포함된다(아래 신학적 고찰을 보라).

네게로부터 나오리라. 이것은 육체적 자손에 대한 언급이다.

7절. 영원한 언약을 삼고. 12:3, 15:5을 보라. 하나님의 언약은 그분이 신실하시고 변함이 없으시기 때문에 영원히 지속된다(아래 신학적 고찰을 보라).

나와 너 및 네 대대 후손 사이에. 이 법적 형식은 땅의 주인이 죽을 때 그 땅이 영구히 다음 세대로 넘어간다는 것을 보증한다.

너와 네 후손의 하나님이 되리라. 이는 언약의 핵심으로서 하나님이 그분의 백성을 보호하시고 그들에게 생명과 번영을 주심을 보증한다(참조. 17:8; 렘 24:7; 31:33; 겔 34:30-31; 호 2:1; 슥 8:8).

8절. 온 땅을 주어 영원한 기업이 되게 하고. 13:15을 보라. 나중에 "영원한 언약의 이 선물"(하나님, 씨, 땅)은 "바빌로니아 유배기에 이스라엘을 위한 중대한 확언"[133]이 되어 그들로 하여금 미래를 위한 희망을 품을 수 있게 할 것이다.

가나안. 약속의 땅과 관련하여 12:1, 7, 13:15, 15:18을 보라.

할례법이 제정되다(17:9-14)

9절. 너에 대해서는. 이것은 언약 의무의 두 번째 부분인 아브라함의 책임을 표시한다.

내 언약을 지키고. 웬함은 이렇게 설명한다. "언약을 맺는 것이 전적으로 하나님이 주도하신 결과라면, 그 언약을 확증하는 것은 인간의 반응을 수반한다. 이는 1절의 '내 앞에서 행하여 완전하라'는 표현에서 요약되고

로 바라본다는 점에서 더욱 보편적인 적용점을 지닌다."

[133] Roop, *Genesis*, 122.

모든 남자에게 할례를 실행하라는 요구에서 명확히 설명된다."[134]

10절. 할례를 받으라.[135] 이 의례는 어떤 것이 구별되었다고 표시해 준다. 여기서 생식 기관이 하나님께 봉헌된다(참조. 신 30:6; 렘 4:4). 루프 는 할례 역시 연대(solidarity)의 표시라고 주장한다. 할례를 받은 사람은 하나님께서 영원한 관계를 지속하시는 공동체의 일원이 된다[136](아래 신 학적 고찰을 보라).

12절. 팔 일 만에. 몇몇 문화권은 공동체에서 아이가 성인이 되는 통과 의례의 일환으로 사춘기에 그들의 자녀에게 할례를 행한다. 하나님은 믿 음을 고백하는 부모의 권위 아래 태어난 자녀가 "거룩함"(즉 그들은 세속 의 세상으로부터 분리되고 언약 공동체에 속한다; 롬 11:16; 고전 7:14을 보라)을 보여주기 위해 유아들을 위한 징표를 마련하셨다. 폭스의 주장에 따르면 유아에게 행하는 할례는 "대담한 재해석이다. 즉 오직 성적 만족을 위한 행위를 즉시 제어하는 동시에 언약이 평생의 책무임을 제시하는 것이다. 부족의 남자들은 단순히 결혼을 위해 거룩하게 되지 않는다. 그들은 자 신의 사명을 기억나게 하는 성스러운 수단으로 몸에 표시를 남긴다."[137] 팔 일째에 갓난아이는 창조의 과정에 상응하는 시간의 주기를 완료한다 (참조. 출 22:30; 레 22:27).[138]

난 자나 또는 너희 자손이 아니라…돈으로 산 자를. 언약의 약속은 믿 는 가족의 일원으로 인정된 모든 할례 받는 남자들에게 확대 적용된다 (참조. 14:14).

---

134 Wenham, *Genesis 16-50*, 20.
135 추정컨대 이 할례는 서부 셈족의 관행을 따랐을 것이다. 이 할례는 포피를 찢는 데 그치는 이 집트의 관행과 대조적으로 포피를 완전히 제거했다(B. K. Waltke, "Circumcision," in *The Complete Book of Everyday Christianity*, ed. R. Banks and R. P. Stevens [Downers Grove, Ill.: InterVarsity, 1997], 143-44도 보라).
136 Roop, *Genesis*, 121-23.
137 Fox, *Beginning*, 70.
138 Sarna, *Genesis*, 125.

13절. 내 언약이 너희 살에 있어 … 영원한 언약이. 유한한 육체의 표시는 아브라함의 영적 아버지 자격과 더불어 영원한 언약의 약속으로 지시된 바와 같이 영적인 실체를 상징한다. 히브리어 올람(עוֹלָם)은 "영원한"으로 번역되는데 "가장 먼 시간"을 의미하며 본문의 지평에서 보면 상대적 개념이다(참조. 출 12:14; 27:21; 레 3:17; 민 10:8; 신 15:17). 하나님이 아브라함과 이삭과 야곱에게서 나온 그들의 육체적인 계보를 통해 자신의 민족을 관할하시는 한, 육체적 할례의 표시는 지속되었다.

14절. 백성 중에서 끊어지리니. 하나님은 충성하지 않는 후손을 언약 공동체 및 축복과 생명의 혜택으로부터 끊어내실 것이다. 충성하지 않는 사람들은 멸망을 당하게 되며 이른 죽음을 면하기 어렵다.

배반하였음이니라. 이것은 하나님의 언약 준수와 정반대되는 행동을 표현한다(17:9).

열국과 왕들의 어머니인 사라, 그녀의 이름이 바뀌다(17:15-22)

15절. 사래에 대해서는. 이것은 언약 의무의 세 번째 부분인 사라와 아브라함의 씨의 책임이다.

사래 … 사라. 구원사에서 사라의 중요성은 그녀가 성경에서 이름이 바뀌고 사망 연령이 세부적으로 명시된 유일한 여성이라는 사실에서 드러난다(23:1).[139] 그녀의 개명에 대한 정확한 의미는 분명하지 않다. 70인역이 새로운 이름인 **사라**를 "다툼"을 의미하는 히브리어와 관련시키지만, **사래**와 **사라** 둘 다 아마도 "공주"를 의미하는 방언의 변형일 수 있다. 그녀가 왕을 낳을 것이라는 약속은 이 해석을 뒷받침해준다. 그녀의 본명인 **사래**는 아마도 그녀의 고귀한 가문을 되돌아보는 반면, 그녀의 언약적 이름인 **사라**는 그녀의 고귀한 후손을 내다본다(17:5의 "여러 민족의 아버지"

---

139 Fox, *Beginning*, 73.

를 보라).

16절. 그(그녀)에게 복을 주어 …네게 아들을 낳아주게 하며. 1:22,
12:2을 보라.

여러 민족의 … 여러 왕 … 그에게서 나리라. 우선적으로 그녀의 영적 어
머니 자격이 고려된다(17:5의 "여러 민족의 아버지"를 보라).

17절. 엎드려. 아브라함의 이 겸손한 자세(17:3을 보라)는 그의 내적 의
구심의 은폐인가?

웃으며. 아브라함은 언약이 주어진 이후 또다시 불신으로 비틀거린다
(참조. 12:10-20). 이삭은 "그가 웃는다"를 의미한다. 이 이름은 18:12-15,
21:6에서 언어유희로 사용된다.

18절. 이스마엘이나. 루프가 묘사한 대로 "아브라함은 … 기쁨과 축하
가 아니라 당황함으로 반응한다. 이는 그의 삶에서 복잡한 사건이다."[140]

19절. 너는 그 이름을 이삭이라 하라. 이삭이라는 이름은 "그가 웃
는다"를 의미한다. 이는 마치 하나님께서 아브라함의 회의적인 웃음에
응답하면서 "너는 웃지만 나는 내 약속을 기쁨으로 이룰 것이다"라고 말
씀하시는 것 같다. 아브라함과 사라가 모두 처음에는 불신 가운데 웃지만
(18:12을 보라), 이삭이 출생할 때에 사라는 은혜의 초자연적인 역사로 인
해 기쁨으로 웃을 것이다(21:1-7; 롬 4:19-21).

20절. 이스마엘에 대하여는 … 열두 두령을 … 큰 나라가 되게. 하나님은
목자답게 이스마엘이 축복에서 배제되지 않을 것이라고 아브라함을 안
심시키신다. 진실로 이스마엘 역시 이스라엘의 열두 지파에 상응하여 열
두 종족으로 구성된 큰 나라의 아버지가 될 것이다(참조. 25:12-16).

21절. 이삭과 세우리라. 이삭은 불임에 대한 살아 계신 하나님의 승리
를 나타낸다. 자신의 주권적 결정으로 야웨는 이스마엘이 아니라 이삭을

---

140 Roop, *Genesis*, 124.

선택하신다. 야웨의 선택된 종족은 자연적 방식의 태생이 아닌 정해진 때에 초자연적인 은혜의 방식으로 등장할 것이다(롬 9:6-13을 보라).

할례법이 실행되다(17:23-27)

23절. 이날에. 이 표현은 중대한 순간을 표시한다(7:13도 보라). 즉 아브라함이 즉각 자기 의무를 성취함으로써 자신이 충실한 언약 파트너임을 보여줄 때 이 장면은 절정의 순간에 이른다.

26절. 이스마엘. 택자와 비택자가 모두 언약의 징표를 받는다.

제6부 2막 2장에 대한 신학적 고찰 ─────────

언약 신학

여기서 야웨는 몇 가지 방식으로 아브라함과 맺은 언약을 확대하신다. 창세기 15장에 기록된 대로 아브라함과 맺은 하나님의 언약은 아브라함을 한 민족으로 만들고(12:2) 특별히 그의 후손에게 가나안 땅을 주신다는 약속과 관련된다. 창세기 17장의 보충은 땅(17:8)과 후손(17:7, 16, 19-20)이라는 모티프를 강화한다. 야웨는 자신이 영원히 아브라함과 그의 후손의 하나님이 될 것이며(17:7) 그들의 하나님으로서 그들에게 가나안 땅을 영원히 주겠다고 다짐하신다(17:8). 그들의 하나님이 되신다는 약속은 그가 염두에 둔 후손이 새 언약에 동참한다는 사실을 수반한다(렘 24:7; 31:31-34; 겔 34:25-31; 호 2:23; 슥 8:8). 그러나 창세기 15장과 달리 창세기 17장에서 주어진 약속은 아브라함과 그의 후손이 열국을 위한 복이 되게 하신다는 약속과의 연관성 속에서 이루어진다(12:3). 하나님은 수많은 육체적·영적 자손을 통해 아브라함을 여러 민족의 아버지로 만드실 것이다(17:4-6). 그의 몸에서 난 왕들이 열국을 다스릴 것이다(참조. 신 17:14-20). 느헤미야는 15장과 17장에 있는 언약들을 아브라함 언약의 두 가지 양상으로 다룬다. 그는 15장에 나오는 땅의 선물을 17장에 나오는 아브라함의 개명과 연결하고 아브라함 언약을 이미 성취된 것으로 간주한다(느 9:7-8).

비록 15장에서의 아브라함은 하나님이 그를 위해 무조건적으로 자신의 책무를 다하시는 수동적인 언약 파트너였지만, 17장의 보충된 내용은 아브라함을 능동적인 동반자 관계로 들어오도록 요청한다. 노아가 의롭게 살아 야웨께서 주신 노아 언약으로 보상을 받았던 것처럼, 아브라함은 언약의 축복을 향유하기 위해 야웨 "앞에서 행하고"(그와 교제하며 살고 그의 가르침을 받는 것) 흠이 없어야 한다(완전하게 사는 것). 사실 아브라함이 이삭을 기꺼이 희생으로 바치겠다고 결단하며 자신의 의지로 야웨께 전적인 헌신의 모습을 보여준 뒤에야 하나님은 이 언약을 성취하겠다고 맹세하신다(22:15-18). 이후로 이 언약의 보충된 내용은 줄곧 무조건적이다. 그럼에도 불구하고 이 형식은 아브라함의 후손이 번성하고 복이되기 위해서는 그들도 마찬가지로 하나님 앞에서 행하고 완전해야 함을 암시한다. 이 암시는 모세 언약의 축복과 저주의 형식문에서 뚜렷해진다(레 26장; 신 28장).

믿음

이 언약의 자비로운 규정을 홀로 충족시킬 수 있는 하나님은 신실하시며 반드시 약속을 지키셔서 아브라함에게 그분의 선물을 주실 것이다. 그뿐 아니라 이 언약을 준수하는 분을 믿는 사람들도 예비된 것들을 향유할 것이다. 아브라함처럼 이 언약에 참여하는 모든 사람은 초자연적인 씨, 즉 죽은 자로부터 일으킴을 받는 씨에 대한 하나님의 약속을 믿어야 한다. 그럼에도 불구하고 아브라함의 믿음은 때로 의심으로 흔들린다. 하나님의 은혜는 우리의 의심보다 더 크다.

할례와 세례

할례는 아브라함 언약의 핵심적인 상징이다(참조. 창 21:4; 눅 1:59; 빌 3:5). 할례는 후손과 관련된 언약이 하나님께 속하기 때문에 생식을 위한 신체 기관에 시행되었다. 그러나 육체의 할례는 그것이 상징했던 실재인 할례 받은 마음이 수반되지 않는다면 아무런 영적 가치가 없다. 구원사를 통해 하나님은 오직 할례 받은 마음만이 언약 관계의 조건을 만족시킨다는 사실을 분명히 보여주셨다(신 10:16; 30:6; 렘 4:4; 겔 44:7-9).[141]

오늘날 하나님은 자신의 백성을 아브라함의 계보에 속한 육신적 후손을 따라 정의하지 않으신다. 하나님의 백성이 되는 자격은 그분의 언약을 위반하지 않고 지킨 유일한 아브라함의 후손인 예수 그리스도와의 관계로 주어진다. 더구나 하나님은 새 언약으로 그들을 통치하신다. 이 새 언약에서 하나님은 자신의 백성에게 성령을 주시고 마음판에 율법을 새기시며 그들의 할례를 보장하신다(렘 31:31-34; 특히 33절; 롬 2:28-29; 고후 3:2-6; 갈 6:15). 할례, 즉 언약 공동체로의 입문을 나타내는 옛 징표는 새로운 징표인 세례로 대체된다. 이 의례는 성도가 "사람의 손이 행하는 할례가 아니라 그리스도가 행하신 할례로 죄 많은 본성을 제거함으로써 할례를 받는다"는 것을 상징한다(골 2:11). 또한 할례는 그들이 자연적 방식이 아니라 초자연적 방식인 믿음으로 산다는 것을 상징한다. 그들은 "세례로 그리스도와 함께 장사되고 또 죽은 자들 가운데서 그를 일으키신 하나님의 역사를 믿음으로 말미암아 그 안에서 함께 일으키심을 받았느니라"(골 2:12). 세례는 그리스도의 교회로 입문하는 데 대한 상징이요, 하나님의 언약 백성을 나타내는 새로운 표현이며 죄 씻음의 상징이다(롬 6:1-14; 11:16; 고전 7:14; 골 2:11-12; 벧전 3:20).

세례식에서 하나님은 계속적으로 가족 제도를 사용하신다(창 7:1; 행

---

141 Waltke, "Circumcision," 143-44을 보라.

16:31을 보라). 그리스도의 몸 안에서는 남자도 여자도 없기 때문에 모든 사람, 곧 남자와 여자, 부모와 자녀가 그 몸으로 나아올 수 있다(눅 18:15-17; 갈 3:26-29; 골 2:11-12; 참조. 눅 1:59; 2:21; 빌 3:5). 그러나 거듭해서 공동체는 하나님의 새 언약의 삶을 살지 않은 채 입회식에 참여하는 위험을 방지해야 한다.[142]

새로운 출생을 통해 누릴 열국의 복

시편 87:4-6은 회심한 라합(즉 이집트)과 바벨론, 즉 악명 높은 이스라엘의 두 대적이 예루살렘에서 "태어날" 것이라고 말한다. "나는 라합과 바벨론이 나를 아는 자 중에 있다 말하리라.…'이것들도 거기서 났다' 하리로다.…시온에 대하여 말하기를…'이 사람, 저 사람이 거기서 났다'고 말하리니." 열국을 위한 복이 될 것이라는 아브라함 언약의 조항과 상호 관련되는 이 예언은 전적으로 예수 그리스도 안에서, 또한 그분 안에서 세례를 받는 사람들과 더불어 성취된다(참조. 요 1:13; 롬 4:16-17; 15:8-12; 갈 3:29; 계 7:9; 21:24). 아브라함이 할례를 받기 전에 믿음으로 의롭다 여김을 받은 것처럼 이방인들은 할례를 통해서가 아니라 믿음을 통해 아브라함의 자녀가 된다(롬 4:11, 16-17을 보라).

메시아

왕들이 아브라함으로부터 나올 것이라는 하나님의 약속은 진정한 왕이신 메시아 예수 그리스도를 예고한다. 바로 그분이 하늘의 시온산에서 통치하시고(히 12:22-24) 다른 모든 왕의 경배를 받으실 것이다(사 52:15; 서론에서 "네 번째 모티프: 통치자"도 보라).

---

142 Roop, *Genesis*, 123.

제6부 2막 3장

야웨와 그의 사자들의 방문: 예언자인 아브라함

(18:1-33)

제6부 2막 3장에 대한 문학적 분석 ─────────

반복과 핵심 단어

몇 가지 문학적 장치가 제3장을 2장과 연결해준다. 아브라함 이야기 (cycle)의 핵심 단어인 "보다"는 18:2, 21에서 다시 나오고, 18:1에서는 (17:1도 보라) 수동태인 "보여지다"(출현했다)로 나타난다. 또한 하나님이 전하시는 말씀, 곧 아브라함(17:5; 18:5)과 사라에게(17:15; 18:10-15) 전하시는 말씀과 그들의 아들에 대한 하나님의 통보 역시 제2장과 3장을 서로 연결한다(17:15-16; 18:10-11).

구조와 플롯

아브라함과 하나님의 놀라운 관계는 2장에서 환상과 언약의 확증으로 강조되었다. 이 관계는 제3장에서 아브라함이 하나님 앞에 예언자로 세워질 때 더욱 심화된다. 아브라함과 제4장에 나오는 등장인물들의 대조는 단지 아브라함에 대한 이와 같은 인물 묘사를 확인해줄 뿐이다.

제3장의 두 가지 사건은 하나님의 선포를 연달아 전해준다. 즉 그분의 축복과 심판이 나온다. 헤브론의 장막에서 발생한 첫 번째 사건에서 나중에 "야웨"와 두 천사로 확인되는 세 사람이 아브라함과 사라에게 이삭

의 출생을 통보한다(18:1-15). 두 번째 사건에서 소돔이 내려다보이는 산지를 향해 걷는 중에 하나님과 아브라함은 소돔과 고모라의 파멸을 두고 논쟁한다(18:16-33).

첫 번째 사건은 신적 방문객들의 출현(18:1-2), 아브라함의 환대(18:3-8), 그리고 이삭의 출생 통보(18:9-15)로 구성된다. 얼마 전에 야웨는 아브라함에게 나타나서 언약을 약속하고 완전하게 행하라고 요구하셨다. "야웨께서 나타나셨다"는 이 장면의 시작은 암시적인 질문, 곧 "왜 야웨께서 돌아오셨는가? 이 약속에 대해 무슨 일이 일어날까?"라는 질문을 발생시킨다. 중대한 순간에 의심할 여지가 없는 이삭의 출생 통보와 더불어 이 질문들에 대한 답변이 주어진다. 또한 이 장면에서 아브라함의 행동은 그가 진정으로 하나님 앞에서 흠 없이 걷고 있음을 증명한다. 아브라함의 호화로운 환대는 그의 고귀한 성품을 예증하고 그가 신적 방문객들이 드러내는 예언적 계시를 받을 자격이 있음을 보여준다(17:1을 보라).

두 번째 사건은 두 부분으로 구성된다. 즉 아브라함과 소돔에 대한 하나님의 생각(18:17-21)과, 소돔을 중재하기 위한 아브라함과 하나님의 협상이다(18:23-32). 여행 기록이(18:16, 33) 이 대화들을 마무리한다. 아브라함은 너그러운 환대를 통해 자신의 고귀한 성품을 보여주었다. 이제 그는 땅을 축복할 큰 민족의 "아버지가 될" 자격이 있음을 증명해야 한다(18:18). 아브라함은 이 사건에서 행동을 통해, 즉 바르고 정당한 일을 행함으로써 야웨의 길을 지키도록 그의 후손을 가르친다(18:19).

인물 묘사

아브라함은 환대의 모범으로 그려진다. 그의 자비심 넘치는 접대는 손님들을 섬기기 위한 그의 빠른 실행—"달려나가", "급히", "속히 가서"—과 그가 제공한 아낌없는 식사에 집약되어 있다. 이 인물 묘사는 나중에 손님 접대에 실패하는 롯 및 소돔과의 대조로 더욱 부각된다(제6부 5막

4장에 대한 문학적 분석을 보라). 하나님은 아브라함의 성품을 확증하면서 그에게 축복과 심판에 대한 자신의 계획을 계시하신다.

제6부 2막 3장에 대한 주해 ————————

사건 1: 이삭의 출생 통보(18:1-15)

신적 방문객들의 등장(18:1-2)

1절. 나타나시니라. "나타나다"와 "보다"는 이 장면의 핵심적 열쇠다 (18:1, 2[2회], 21; 19:1, 28도 보라).

야웨께서…나타나시니라. 야웨는 재등장과 더불어(17:1을 보라) 17:19에서의 자신의 계시를 확증하고, 분명하면서도 빠른 성취를 선언하신다. 또한 이 출현은 아브라함이 하나님의 계획과 심판에 대한 예고를 받는 예언자임을 분명하게 확인해준다.

마므레의 큰 나무(개역개정-"상수리나무"). 13:18, 14:13을 보라.

그가 장막 문에 앉아 있다가. 이를 19:1과 대조하라. 아브라함은 여행자들을 환대하는 장소인 체류민의 천막 그늘에 앉아 있다. 롯은 사악한 도성의 문, 즉 거기에 들어가는 나그네들에게 위협적인 장소에 앉아 있게 될 것이다.

날이 뜨거울 때에. 아브라함은 시간과 분침에 맞춰 사는 것이 아니라 주관적으로 경험한 낮의 내리쬐는 빛, 정오의 열기 및 시원한 저녁 바람에 맞추어 생활한다. 낮의 열기가 뜨거울 동안 여행객들은 그늘과 쉴 곳을 찾는다. 아브라함은 자신의 낮잠을 방해받았다고 해서 또는 낮의 열기 속에서 나그네를 접대해야 하는 일거리 때문에 불편해하는 것 같지 않다.

2절. 사람 셋이. 이들은 실제로 야웨와 두 천사다(18:1, 10; 19:1을 보라).

나중에 확인되는 이 "사람들"의 정체는(18:10, 13, 16-17, 33; 19:1) 그들의 분명한 차이를 확증한다. 이들 중 한 사람은 18:2-3과 특히 10, 13-15절에서 명백하게 밝히는 바와 같이 다름 아닌 야웨다. 하지만 야웨와 그의 천상의 동반자들은 사람의 형상으로 나타난다(16:7을 보라).

가까이 서 있는(개역개정-"맞은편에 서 있는지라"). 내레이터는 문밖에서 문을 두드리는 것에 상응하는 동양의 관행을 묘사한다.

그가 그들을 보자 곧 … 달려가서. 아브라함의 발 빠른 손님 영접이 즉시 실행된다.

몸을 땅에 굽혀. 아브라함의 말인 "내 주여"(아래를 보라)와 그가 자신을 가리켜 "당신의 종"이라고 언급하는 것은 경외심과 겸손함을 지닌 적절한 태도에 수반된다.

아브라함의 환대(18:3-8)

3절. 주께 은혜를 입었사오면. 이는 항상 상급자에게 올리는 표현이다.

내 주여(my lord). 이는 "내 주님"(my Lord)으로 번역되는 것이 더 낫다. "내 주"(my lord)라는 번역은 오해를 일으킨다. 왜냐하면 이 히브리어 본문은 지금 하나님에 대한 호칭을 지시하기 때문이다.[143] NIV는 18:27에 있는 동일한 히브리어를 "주님"(the Lord)으로 번역한다(18:1, 13, 17을 보라). 이 단어가 위에 있는 사례에서 쓰였어야 함에도 불구하고 말이다. 아브라함은 18:3에서는 "주님"(the Lord, 단수)에게, 18:4-5에서는 세 사람 모두에게(복수) 말을 건다.

당신의 종. 더할 나위 없이 자비로운 이 주인은 자신을 낮추면서 접대한다.

---

143 이 히브리어는 아도니(אֲדֹנִי, 즉 "lord" 또는 "sir")가 아니라 아도나이(אֲדֹנָי, "Lord")로 읽는다 (참조. *HALOT*, 13, B.2).

4-5절. 당신들의 발을 씻으시고 … 쉬소서 … 먹고 … 상쾌하게 하신 후에. 아브라함은 손님들이 말하지 않은 모든 필요를 채워 시중든다.

6-7절. 급히 … 속히 … 달려가서 … 급히 요리한지라. 내레이터는 인정이 넘치는 아브라함의 모습을 그린다. 그는 자신의 손님들을 위해 큰 연회를 준비하느라 서두르는 더할 나위 없이 훌륭한 접대자다. 이야기 전반을 통해 아브라함은 그들을 완전하게 섬기고 있다.

6절. 세 스아를. 한 스아는 곡식 두 갤런(8리터)이다.

고운 가루. 아브라함의 급한 식사 준비를 고려해볼 때, 그는 누룩이 들어 있지 않은 빵을 제공했지만 내레이터가 이 사실을 공백으로 남겼을 가능성이 짙다. 이는 아마도 누룩 없이 만든 롯의 빵과 대조적으로(19:3을 보라) 아브라함의 빵이 고운 가루로 구워졌다는 특징을 드러내기 위함이었을 것이다.

7-8절. 기름지고 좋은 송아지를 … 엉긴 젖과 우유와. 아브라함의 "먹을 것" 제공은 왕실 연회 수준으로 밝혀진다. 고대 근동에서 염소젖은 영양가가 높고 소화가 잘 되기 때문에 특별히 귀한 음식으로 간주되었다.

8절. 그들이 먹으니라. 내레이터는 행동에서 대화로 이야기의 흐름을 늦춘다. 주도권이 나그네들에게, 특히 주된 발언자인 "주님"께로 넘어간다.

이삭의 탄생 고지(18:9-15)

9절. 어디 있느냐? 이것은 수사학적 질문이다. 왜냐하면 야웨는 사라가 그의 뒤에서 무엇을 하고 있는지 알고 있기 때문이다(18:13-15을 보라). 이 질문은 야웨의 관심을 전달하고 이 통보에 사라가 주목하도록 만든다.

10절. 내가 반드시 네게로 돌아오리니. 이것은 발언자가 야웨라는 분명한 지시다. 왜냐하면 그분만이 홀로 불임과 쇠퇴로부터 생명을 신실하게 약속하실 수 있기 때문이다.

내년 이맘때. 이 약속(15:4)과 언약(17:16-21)은 이제 정확한 시기를 지정하며 점점 구체화된다.

사라에게 아들이. 하나님은 믿음을 요구하는 약속을 내거신다(아래 신학적 고찰에서 "하나님의 약속과 믿음"을 보라).

11절. 임신 연령이 지났는지라(개역개정-"여성의 생리가 끊어졌는지라"). 이 히브리어는 문자적으로 "사라는 더 이상 여성의 주기를 겪지 않고 있었다"로 읽는다. 그녀의 몸은 출산이란 측면에서는 죽었다(롬 4:19; 히 11:11-12을 보라; 아래 "하나님의 약속과 믿음"도 보라).

12절. 사라가 속으로 웃고. 아브라함과 사라 둘 다 하나님의 약속을 못 믿겠다는 듯이 웃는다(17:17을 보라).

내 주인. 베드로전서 3:6을 보라. 사라는 아브라함과의 관계에서 자신의 사회적 신분과 중요성을 이해한다.

즐거움. 이 히브리어 단어(עֶדְנָה, 에드나)는 의미가 불확실하며 독특한 용어다. 고대 아람어 번역본은 이 단어를 "임신"으로, *HALOT*은 "성욕",[144] 프라이스(J. D. Price)는 "기쁨"으로 번역한다.[145]

13-14절. 사라가 왜 웃으며…능하지 못한 일이 있겠느냐? 자신의 놀라운 권능에 대한 확증으로 야웨는 사라의 은밀한 생각을 발설하신다. 야웨의 수사학적 질문은 자신이 하나님이기 때문에 모든 일이 가능하다고 선언한다(15:4-6; 히 11:11을 보라; 참조. 렘 32:17; 막 10:27; 눅 1:37).

15절. 거짓말을 하여(개역개정-"부인하여 이르되"). 성경은 믿음의 남녀 영웅들의 죄를 윤색해서 숨기지 않는다(참조. 12:13).

네가 웃었느니라. 이는 회복을 위한 질책이면서(잠 28:13) 확증의 징표다. 즉 그녀의 생각을 읽으시는 분은 그녀의 태를 여실 수 있다.

---

144 *HALOT*, 793.
145 J. D. Price, "עֶדֶן," *NIDOTTE*, 3:329.

사건 2: 아브라함이 소돔을 위해 탄원하다(18:16-33)

소돔을 내려다보는 여행 기록(사건 1과 2를 위한 야누스 구절)(18:16)

16절. 그들이 소돔을 내려다보았고(개역개정-"그들이 일어나 소돔으로 향하고"). 나그네들은 아브라함과 사라를 위한 희망과 생명의 전령으로서, 또한 소돔과 고모라 사람들에게는 심판과 죽음의 전령으로서 시작과 끝을 장식한다(신 32:39; 삼상 2:6; 시 76:7; 사 45:7).

아브라함과 소돔에 대한 하나님의 생각(18:17-21)

17절. 야웨께서 이르시되(혹은 "생각하시길"). 내레이터는 독자들을 위해 하나님의 내면의 대화를 기록한다. 이는 이어지는 대화의 진실한 성격을 설명하기 위함이다. 야웨와 아브라함의 이 대화는 아브라함의 유익을 위한 것이며, 그가 공의를 위해 지혜롭고 품위 있게 행하도록 도전을 주기 위함이다. 여기서 내레이터는 마땅히 예언자다(서론에 있는 "모세와 원-창세기"를 보라).

내가…숨기겠느냐? 하나님은 자신의 종들, 즉 예언자들을 존귀하게 여겨 그들에게 "자신의 계획을 드러내지 않고는 아무 일도 행하지 않으신다"(창 20:7; 렘 23:16-22; 암 3:7; 요 15:15을 보라).

18절. 강대한 나라. 12:2-3을 보라. 그런 나라는 그들의 아버지인 아브라함과 더불어 시작된 공의를 배워야 한다(18:17-19). 야웨는 소돔 사람들을 다루시는 일에서(18:20-23), 또한 아브라함의 온전함을 이끌어내시는 이 주목할 만한 대화를 통해 아브라함에게 공의의 모본이 되신다.

19절. 내가…그를 택하였나니. 본문은 문자적으로 "내가 그를 알았다"로 읽는다(즉 "나는 그와 친밀한 관계를 맺고 있다"; 4:1을 보라).

명하여. "명령하다, 지시하다"를 의미하는 동일한 단어가 모세의 율법과 관련되어 사용된다. 고대 이스라엘에서 교수법은 엄격했으며 즉각적인 실행을 요구했다.

그 자식과 권속에게. 하나님의 영감으로 주어진 이스라엘의 영적·윤리적 유산은 가정 내에서 세대를 거쳐 전달되었다(예. 신 6:6; 잠 1:8을 보라). 이 유산은 계시된 하나님의 뜻에서 기원하여 모세와 솔로몬 같은 은사를 받은 개인을 통해 전달된다. 이어서 계시를 받은 자들은 그들의 법과 지혜를 다음 세대에게 가르치라고 부모에게 넘겨주었다. 신구약 중간기 후반 이전에는 이스라엘에 학교가 있었다는 기록이 존재하지 않는다. 즉 가족이 직업을 포함하여 모든 교육의 원천이었다.[146]

야웨의 도. 이 어구는 사람의 옳은 행동이 야웨와의 관계 때문에 올바른 운명으로 이어지는 데 대한 전문적인 은유다. 유진 메릴(Eugene H. Merrill)은 이렇게 설명한다. "이 도(דֶּרֶךְ, 데레크)는… 언약의 의무에 순응하며 살아가는 삶의 전반적 과정이다."[147]

공의와 정의를(צְדָקָה וּמִשְׁפָּט, 체다카 우미쉬파트; 개역개정-"의와 공도를"). 의로움은 모든 구성원의 더 나은 삶, 즉 하나님의 통치를 인식하면서 사회적 질서를 더욱 강화하기 위한 공동체 안에서의 삶의 방식을 의미한다(6:9을 보라). 공의로운 사람은 올바르게 공동체의 질서를 도모하고 정의로운 사람은 파괴된 공동체를 회복시킨다. 특히 압제자를 징벌하고 압제당하는 사람을 구출하는 방식으로 그런 일을 행한다.

행하게 하려고. 아브라함 언약의 조건적 측면이 여기서 분명해진다(17:2; 22:15-18; 26:4-5을 보라).

20절. 부르짖음(זַעֲקָה, 제아카). 18:21과 19:13에서는 체아카(צְעָקָה)라는 단어가 사용된다. 반면에 여기서는 그것의 동의어가 나타난다. 이 땅의 심판자로서 야웨는 사악한 행위에 대한 모든 부르짖음을 들으신다(18:25;

---

146 B. K. Waltke and D. Diewert, "Wisdom Literature," in *The Face of Old Testament Studies: A Survey of Contemporary Approaches*, ed. D. Baker and B. T. Arnold (Grand Rapids: Baker, 1999), 308-9을 보라.
147 E. H. Merrill, "דֶּרֶךְ," *NIDOTTE*, 1:989.

4:10을 보라). 아브라함의 "의로운"(צְדָקָה, 체다카) 행동과 더불어 만들어지는 이 히브리어 언어유희는 소돔의 도덕적 타락을 강조한다.

그 죄악이. 내레이터는 앞서 소돔의 사악함에 대해 말한 바 있다(13:13; 19장, 특히 4-5절과 해당 주해; 겔 16:49-50도 보라).

21절. 내려가서 … 보고. 이는 하나님께서 항상 판결을 선고하시기 전에 그 죄를 엄중히 조사하신다는 사실을 말하는 내레이터의 비유적 방법이다(3:11-13; 4:9-12; 11:5을 보라).

소돔을 위한 아브라함의 중재(18:22-33)

22절. 그 사람들이. 이들은 추정컨대 두 명의 천사/전령이다(18:1; 19:1). 적절하게도 두 사람이 범죄를 확증하기 위해 내려가는데, 이는 나중에 모세 율법에서 중형을 위해서는 두 증인이 필요한 것과 마찬가지다.

아브라함은 야웨 앞에 그대로 섰더니. 비록 서기관들이 본문을 "정확히" 간직하려고 애썼다 할지라도(*b. Ned.* 37b-38a), 그들은 때로 본문을 변형시켰다.[148] 그들의 주석에 따르면 원문은 "야웨가 아브라함 앞에 그대로 서 있었다"라고 읽는다. 하나님의 겸양에 대한 이 표현은 너무 지나쳐서 서기관들에게 불경스럽게 보였다. 만일 원문에 대한 서기관들의 주석이 정확한 독법이라면, 이는 야웨가 아브라함이 의로운 재판관의 역할을 담당하도록 도전하고 계심을 시사한다.

23절. 아브라함이 그분께 가까이 나아가. 훌륭한 접대자였던 아브라함은 중재를 통해 정의를 지켜내는 긍휼이 많은 예언자이기도 하다. 그는 에녹과 노아의 계보 속에서 "보존자"로 자리한다. 폭스는 이렇게 주장한다. "이 이야기가 없다면 아브라함은 단지 믿음의 사람일 뿐, 모세와 이

---

148 B. K. Waltke, "Textual Criticism of the Old Testament and its Relations to Exegesis and Theology," *NIDOTTE*, 1:58-59.

스라엘 예언자들에 부합하는 모범인 긍휼과 도덕적 분노를 품은 사람은 아닐 것이다."[149]

주께서 의인을 악인과 함께 멸하려 하시나이까? 소돔을 구해주시기를 간청하는 아브라함의 주장은 단순히 자신의 조카 롯이 그 도성에 있기 때문이 아니라 공의에 대한 관심에 기초하고 있다. 루프는 이렇게 말한다. "아브라함은 삶을 고양시키도록 선택된 사람으로서 행동하면서… 공동체 중에 있는 사악한 사람들이 아니라 의로운 사람들이 모든 사람의 미래를 결정해야 한다고 (제안한다)."[150] 하나님은 이에 동의하신다. 하나님은 한 나라를 심판하실 때 라합(수 2장), 아시리아(욘 3-4장) 및 이스라엘(겔 14:12-20을 보라)의 사례에서 볼 수 있듯이 의로운 자들을 살려주신다. 하지만 사법적 판결이 아닌 자연재해의 사례에서는 상황이 상당히 다르다(욥 9:22; 12:4, 16; 눅 13:4을 보라).

24절. 오십 명. 이 숫자는 대략 작은 성읍 인구의 절반이다(암 5:3).[151]

25-32절. 이같이 하사 …부당하오며 …나는 티끌이나 재와 같사오나…. 이는 깊은 존중과 겸손의 표현이다. 아브라함은 그의 대범함과 도덕적 지혜 및 하나님께 대한 능숙한 언변을 통해 그의 지도자 자질을 입증한다.

25절. 죽이심은. 이 말은 사법적 판결의 분위기를 전달한다(레 20:4; 민 35:19, 21).

세상을 심판하시는 이가 정의를 행하실 것이 아니니이까? 이 히브리어는 문자적으로 "공의를 행하다"(즉 약자를 압제하여 공동체를 파괴하는 자들을 처벌하고 압제받는 자들을 구출함으로써 하나님의 통치하에 공동체의 바른 질서를 회복하는 것)를 의미한다. 이 질문은 하나님에 대한 도전으로 읽힐

---

149 Fox, *Beginning*, 67.
150 Roop, *Genesis*, 130.
151 백 명은 작은 규모의 고대 근동 도성들의 일반적인 인구수다.

수 있다.[152] 그러나 신학적으로 바르게 이해하자면 이를 하나님의 공의로운 성품에 대한 믿음을 확증하는 신중한 기도이자 "신적 성취를 위한 통로"로 읽을 수 있다.[153]

26절. 내가 만일 소돔 성읍 가운데에서 의인 오십 명을 찾으면. 노아 시대의 사람들과 같이 소돔 사람들은 회개하고 그들의 사악한 삶의 방식을 돌이킬 기회를 부여받았다. 모든 사람에게 그렇듯이 그들이 회개할 수 있는 은혜의 시간은 종료된다.

내가 용서하리라. 이 히브리어는 문자적으로 "들어 올리다"를 의미한다. 이것이 은혜를 보여주는 "얼굴을 들어 올리다"를 의미하는지 아니면 용서를 의미하는 "죄를 들어 올리다"를 의미하는지는 분명하지 않다.

32절. 열 명. 열 명은 여전히 하나의 사회 공동체다. 창세기 19장에서 발생한 사건에서 볼 수 있듯이 열 명 이하는 개별적으로 구원받을 수 있다.

33절. 야웨께서 … 가시니. 소돔과 고모라에 대한 심판, 즉 미래에 있을 하나님의 심판에 대한 범례가 되는 이 심판이 정당하다는 사실이 이제 확증된다. 야웨는 기소 내용을 철저히 조사하고(18:22), 두 명의 객관적인 증인을 확보하며, 믿는 자들을 자신의 심판에 개입시키고, 고통 받는 자들을 위해 적극적인 긍휼을 드러내며, 분노보다는 자비를 우선 베푸신다(즉 의인 열 명이라도 있다면 파멸하지 않으신다). 야웨는 이 막에서 더 이상 나타나지 않으실 것이다. 그는 다음 장에서 하늘로부터 심판을 쏟아부으실 것이다(19:24을 보라).

---

152 C. S. Rodd, "Shall Not the Judge of All the Earth Do What Is Just?" *Exp Tim* 83 (1971-1972): 137-39에서 그렇게 해석한다.

153 S. E. Balentine, "Prayers for Justice in the Old Testament: Theodicy and Theology," *CBQ* 51 (1989): 597-616.

제6부 2막 3장에 대한 신학적 고찰 ─────────

예언자 아브라함

이 장은 아브라함을 고귀한 예언자로 제시한다. 아모스는 이렇게 선언한다. "주 여호와께서는 자기의 비밀을 그 종 선지자들에게 보이지 아니하시고는 결코 행하심이 없으시리라"(암 3:7). 하나님은 일 년 후에 사라를 통해 이삭이 탄생할 것이라고 아브라함에게 통보하신다. 하나님은 마치 노아에게 홍수를 미리 경고했던 것처럼 소돔과 고모라의 임박한 파멸을 계시하신다. 아브라함의 동정심과 의로움과 공의에 대한 감각은 그의 예언자 자격을 증명한다. 그는 눈물의 예언자 예레미야처럼 소돔과 고모라에 사는 의인들의 구원을 위해 탄원한다.

환대[154]

아브라함의 정중한 환대는 하나님의 임재를 맞아들이는 방식에 대한 모범이다. 아브라함은 "종을 떠나 지나가지 마시옵고"(18:3)라고 말하면서 세 방문객이 그와 함께 머물기를 요청한다. 마찬가지로 교회도 그리스도께서 사귐을 위해 초대되기를 바라실 때 응답해야 한다(마 25:31-46; 요 6:53-58; 계 3:20; 19:7을 보라).

하나님의 약속과 믿음

아들에 대한 하나님의 약속은 사라가 기뻐하기는커녕 의심을 품고 반응할 만큼 믿기 어려운 것이었다(창 18:11-15). 그러나 하나님께 능치 못할 일은 없으며(18:14) 동정녀 탄생과 부활도 마찬가지다. 약속의 말씀은 그것의 특성상 이성의 범주를 벗어난다. 사라의 몸은 출산의 측면에서

---

154 제10부 3막 4장에 대한 신학적 고찰도 보라.

는 이미 죽었다(롬 4:19; 히 11:11-12을 보라). 부활을 믿는 것은 합리적이지 않다. 그러나 믿음은 이성을 초월한다. 이스라엘의 존재는 자연적이지 않고 초자연적이다(요 1:13을 보라). 믿음으로 받아들이는 하나님의 약속은 소망과 미래의 문을 연다(창 11:30; 15:2-4; 16:11; 17:15-16을 보라). 하나님의 능력에 대한 아브라함의 인정은 하나님께서 우리 주 예수를 죽은 자들로부터 일으키셨음을 믿는 것과 같은 그런 믿음, 곧 의롭다 함을 얻는 믿음이다(롬 4:22-25; 참조. 삿 13:18-25; 눅 1:37-38, 45). 우리는 불임의 삶 속에 갇혀 있지 않다.

개인의 필요가 아니라 하나님의 약속과 목적에 따라 행하는 그런 믿음이 불가능을 향해 건너갈 수 있는 가교가 된다(막 14:36). 롯의 딸들은 그런 믿음을 갖지 못할 것이다(아래 제6부 2막 4장을 보라). 아브라함을 떠나기로 한 아버지 롯의 결정으로 인해 하나님의 약속으로부터 단절된 채 그 딸들은 추정컨대 짐승들의 번식 방법을 포함하는 "온 세상의 도리를 따라" 자신들의 출산에 대한 생각을 할 뿐이다. 그들은 사회적 불멸에 대한 자신들의 갈망에 속박되어 독자적인 계획에 의존했다. 이 계획은 결국 그들이 술 취한 아버지와 근친상간하여 곤혹스러운 미래를 맞이하게 될 민족들을 낳는 결과로 이어졌다.

출생 통보

이삭의 초자연적 출생을 알리는 기쁜 통보는 예수 그리스도의 탄생에 대한 신적 통보를 미리 예시한다(사 9:6; 눅 2:10-11을 보라). 천사들이 전해 주었으나(창 18:1-15) 실현되기 불가능해 보였던 이 통보는 결실을 맺고 하나님의 계획을 성취하게 될 것이다.

제6부 2막 4장

소돔과 고모라에 대한 심판(19:1-38)

제6부 2막 4장에 대한 문학적 분석 ─────────

구조와 플롯

제3장과 4장의 밀접한 연결은 즉각 분명해진다.[155] 4장이 시작될 때 3장의 사건들 이후로 사십팔 시간보다 짧은 기간이 지났다. 이 심판의 장면도 두 사건으로 구성된다. 롯의 집에서 일어난 첫 번째 사건에서 두 사자(使者)가 소돔과 고모라에 대한 하나님의 심판을 선언한다(19:1-29). 두 번째 사건은 종결부(coda) 혹은 종막(epilogue)으로 기능하는데, 소알 근처의 한 동굴에서 일어난 롯과 두 딸의 근친상간 및 롯의 두 손자인 모압과 암몬의 탄생을 보고한다(19:30-38).

사르나는 첫 번째 사건의 세 가지 움직임을 두운 법칙을 사용하여 이렇게 분석한다. "소돔 사람들이 저지른 구원 불가능한 악행을 스스로

---

155 이 두 장은 서로 밀접하게 엮여 있다. 창 18:16은 제3장의 첫 번째와 두 번째 사건 사이의 야누스로 기능하며 제3장의 두 번째 사건은 제3장과 4장 사이의 야누스로 기능한다. 내레이터는 제3장의 두 번째 사건과 제4장의 첫 번째 사건을 통합한다. 이는 야웨와 아브라함을 언급하고 그들이 헤브론 산지에서 소돔을 내려다보는 것을 언급하는 수미상관(18:16; 19:28)과, 내레이터 자신의 다음과 같은 요약 진술을 통해 이루어진다. "하나님이 그 지역의 성을 멸하실 때…하나님이 아브라함을 생각하사 롯을 그 엎으시는 중에서 내보내셨더라"(19:29).

증명함(demonstration, 19:1-11), 롯의 구출(deliverance, 19:12-22), 그 지역의 파멸(devastation, 19:23-26)."[156] 이 장은 야웨가 소돔과 고모라에 비처럼 내리는 유황불로 심판의 위협을 실행에 옮기실 때 절정에 달한다(19:24-25). 대단원에서 롯의 아내는 뒤를 돌아본 대가를 치르고 내레이터는 이 파멸을 요약한다. 내레이터는 아브라함이 소돔의 정당한 파멸을 목격할 때 아브라함에 대한 관점으로 되돌아옴으로써 사건의 결론에 이른다(19:27-29).

두 번째 사건은 이스라엘의 이웃들인 모압과 암몬의 의심스러운 기원을 설명함으로써 이 기사를 최신식으로 만드는 종결부로서 기능한다. 또한 이 기원론은 이 장의 역사성을 확립하는 것을 목적으로 삼는다(서론에 있는 "역사성과 문학적 장르"도 보라).

비교와 대조

롯은 또다시 아브라함과 비교되고 대조된다. 제3장에서 천사들이 뜨거운 한낮에 방문했고 순례자 아브라함은 자신의 천막 입구에 있었다. 제4장에서 천사들은 저녁에 소돔에 도착했으며 아마도 그 도성의 지도층 중의 하나였을 롯은 성문에 있었다. 아브라함은 하나님께 대한 헌신에서 "완전했던"(참조. 17:1의 "완전") 반면 롯은 그의 도시 생활에서 "완전하게" 되었다.

두 장면 모두 사자들의 도착, 주인의 인사, 집으로의 영접 및 식사 대접과 더불어 시작된다. 이렇게 나란한 두 사람의 행동은 그들의 환대가 소돔의 나머지 사람들과 다름을 보여준다. 이는 롯을 구한 의로움의 지표다. 그러나 아브라함이 모범적인 접대자였던 반면 롯은 신실하나 머뭇거리는 실패자다. 아브라함의 모범적인 접대는 자신의 손님들을 시중

---

156 Sarna, *Genesis*, 134.

들기 위한 그의 빠른 실행—"급히", "빠르게", "달려나가"—과 그가 제공한 호화스러운 음식에서 집약적으로 드러난다. 반면에 롯은 자신의 손님들에게 인사하기 위해 "일어나고" 그들이 그의 문 앞에서 강간범들을 피해 "속히" 떠나게 하며 그들에게 누룩이 없는 무교병을 대접할 뿐이다(참조. 18:6과 해당 주해). 아브라함이 식사를 대접한 후에 천사들은 사라가 어디 있는지를 묻는다. 반면에 롯이 식사를 대접한 후에 천사들은 그 집에 자신들 외에 다른 친척은 없는지를 묻는다. 사라는 그녀가 아이를 가질 것이라는 말을 들었을 때 웃지만, 롯의 사위들은 야웨께서 그 도성을 파멸하려 한다는 말을 들었을 때 롯이 농담을 하고 있다고 생각한다. 사라는 자신의 불신의 웃음을 회개하여 단지 꾸중을 들을 뿐이지만, 롯의 사위들은 회개하지 않고 목숨을 잃는다. 그들과 대조적으로 롯의 직계 가족은 구원받는다. 제3장은 자신을 낮추고 아들을 약속받은 사라와 더불어 마무리된다. 반면에 제4장은 소금 기둥으로 변한 롯의 아내와 더불어 이야기를 마친다.[157] 3장에서 심지어 하나님과 논쟁하는 데까지 이르는 아브라함의 지도력과 웅변술은, 자신의 가족조차 파멸의 운명에 처한 도성을 떠나도록 설득하지 못하는 롯의 지나친 우유부단함 및 무능력과 대조된다. 아브라함은 공의에 근거하여 소돔과 고모라의 의인들을 위해 탄원했다. 반면 롯은 자신의 이익에 근거하여 소알을 위해 기도했다(19:18-20, 30). 롯은 땅과 씨 모두와 관련하여 정반대의 역할을 수행한다. 그는 육신의 눈을 따라 선택하고 이제 동굴에서 근친상간으로 나온 후손과 더불어 끝에 이른다.

소돔과 고모라 역시 완벽한 접대자인 아브라함과 대조된다. 아브라함의 의로움/공의(צְדָקָה/מִשְׁפָּט, 체다카/미쉬파트)와 하나님께 도달한 소돔의 폭력/불의에 대한 부르짖음(צְעָקָה, 체아카) 사이의 언어유희는 양자의

---

157 제3장과 4장 사이의 이런 대조들에 대해서는 Garrett, *Rethinking Genesis*, 142을 보라.

분명한 차이점을 보여준다. 아브라함은 손님들을 대접하기 위해 넓은 아량을 베풀었으나 소돔 사람들은 자신들을 대접하려고 손님들을 삼키려 한다. 소돔은 선의를 뒤집는다. "알다"는 불법적인 강제적 성관계를 가리킨다. "문"은 접촉점이 되어야 하지만 대척점이 되었다.[158]

이름이 명시되지 않은 롯의 아내도 사라와 대조를 이룬다. 두 여인 모두 하나님의 말씀을 믿지 못한다. 사라의 불신은 자기 남편을 "내 주인"이라고 부름으로써 자신의 믿음과 신실함을 보여주었던 한 여인의 삶에서 발생한 한 사건이었을 뿐이다(벧전 3:1-6을 보라). 야웨가 사라에게 말로 행한 책망은 교정을 위함이었다. 나중에 그녀는 이삭을 "웃음"이라고 이름 짓는데, 이는 불신이 아니라 믿음으로 인한 기쁨의 표현이었다. 대조적으로 소돔 사람인 롯의 아내의 불신은 뒤돌아 소돔을 바라보는 것에서 나타나는데, 이는 아마도 믿음이 없는 삶의 전형적 사례가 될 수 있다. 야웨가 물리적으로 행한 책망은 징벌을 위함이었다. 즉 그녀는 소금 기둥이 된다.

장면 묘사

장면 묘사는 시간을 표시할 뿐만 아니라 소돔의 도덕적 상황 및 하나님의 심판의 이미지 역할을 한다. 천사들은 해가 지고 있는 저녁 무렵에 소돔 성에 들어가는데, 이는 소돔 주민들의 도덕적 어둠과 잘 어울린다. 그들은 해가 뜨는 무렵에 성을 떠난다. 이 심판의 시간에 야웨는 그 도성 위에 지옥의 전조인 유황불을 비처럼 내리신다.

아이러니

롯은 복을 주는 사람이 되려고 하지만 얼간이와 광대와 같은 모습을

---

158 참조. Fox, *Beginning*, 73.

보인다.[159] 그는 접대자로서도 시민으로서도 남편으로서도 또한 아버지로서도 역할을 제대로 하지 못한다. 그는 손님들을 보호하길 원하지만 오히려 그들이 그를 보호해준다. 그는 가족을 구하려 하지만 그들은 그가 농담을 하고 있다고 생각한다. 그는 산으로 도망가기를 두려워하면서 작은 마을로 가게 해달라고 간청하지만 정작 그 마을이 두려워 산으로 도망간다. 그의 구원은 하나님의 자비와(19:16) 아브라함의 축복에(19:29) 의존한다.

제6부 2막 4장에 대한 주해 ──────────────

사건 1: 소돔과 고모라의 파멸(19:1-29)

소돔 사람들이 증명한 그들의 구원 불가한 악행(19:1-11)

1절. 두 천사. 내레이터는 이전 장에서의 "사람들"(18:2, 16, 22)과 두 천사의 상응에 대해 공백으로 남겨둔다. 비슷하게 그는 그 사람들과 그들 중 한 명인 "야웨"(참조. 18:10-15, 17-21, 22-33)의 연관성도 공백으로 처리한다. 그의 의도는 분명히 자신의 청중이 스스로 현상적인 것과 신학적인 것을 연결하도록 하기 위함이다. 그는 내레이터이자 역사가로서 지상의 관점에서 그들을 묘사한다. 즉 그들은 "사람"으로 나타난다(18:2, 8; 19:16을 보라). 그는 내레이터이자 예언자로서 하늘의 관점으로 그들을 묘사한다. 즉 그들은 하나님의 전령들이다. 히브리서 저자는 두 관점 모두를 이렇게 반영한다. "손님 대접하기를 잊지 말라. 이로써 부지중에 천사

---

159 G. Coats, "Lot: A Foil in the Abraham Saga," in *Understanding the Word: Essays in Honour of Bernhard W. Anderson*, ed. James T. Butler et al. (JSOTSup 37; Sheffield: JSOT Press, 1985), 128.

들을 대접한 이들이 있었느니라"(히 13:2).

저녁때에. 아브라함의 야영지와 소돔 사이의 거리를 고려해볼 때(20마일), 같은 날은 아닐 것이다. 어원론적으로 "저녁"에 해당하는 히브리어는 "검다"를 의미한다. 해가 질 무렵 그 도성의 물리적 어둠은 이어지는 사건의 도덕적 어둠과 잘 어울린다.

성문에 앉아 있다가. 성문은 보통 도성 입구의 좁은 통로를 그늘지게 하는 기념비적 건축물들과 몇 개의 딸린 방으로 만들어진다. 여기서 장로들과 관리들이 돌로 만든 긴 의자에 앉아 법적인 문제들을 판결하고 지역의 현안들을 논의했다. 성문은 집단적 권위와 권세의 물리적 상징물이었다. 롯이 여기에 앉아 있었다는 것은 그가 정치적으로 그들 무리의 지도자는 아니었을지라도 소돔 사람들 중의 하나가 되었음을 암시해준다. 묘하게도 롯은 공동체적 삶의 핵심 문제에 있어 혼자다. 이는 그만이 홀로 공동체의 이익과 복지에 관심을 두고 있었음을 암시한다. 이어지는 사건들은 이를 실증해준다. 정치적으로 그는 그들 중 하나였지만, 신학적으로는 구별되어 있다.

엎드려 절하며. 비록 롯이 서툴고 상황에 무딘 얼간이로 보이지만, 이 이야기 전반에서 나그네들에 대한 그의 환대는 의를 행하려는 그의 열망을 증명한다(18:2; 벧후 2:6-8을 보라). 환대는 거의 종교적 특징을 지니는 법이다.[160] 영적으로 롯은 자신의 이웃들과 다른 옷을 입은 채 단절되어 있었다.

2절. 내 주여…. 롯의 발언과 아브라함의 발언을 비교하라. 롯이 나눈 대화는 비슷하나 아브라함의 사려 깊은 접대에서 보인 정성은 결여되어 있다.

종의 집. 롯의 거처는 이전에 소돔 도성 **근처**에 쳤던 천막에서 소돔 안

---

160 B. Vawter, *On Genesis: A New Reading* (Garden City, N.Y.: Doubleday, 1977), 235.

에 있는 집으로 변경되었다(13:12을 보라).

3절. 간청하매. 롯은 단순히 관례적인 환대를 보여주고 있는 걸까? 아니면 그의 이웃들이 행할 패악질을 예상하는 걸까? 후자의 해석이 이어지는 사건들과 그들이 아침 일찍 길을 떠나야 한다는 권고—추정컨대 그들이 그 도성에 눈치채지 못하게 슬쩍 들어왔다 나갈 수 있도록—와 기브아에서 베냐민 족속이 일으키는 병행을 이루는 사건으로 확증된다. 기브아 사건에서 손님을 접대한 노인 역시 자신의 손님에게 악한 장소인 도성의 광장에서 밤을 지내는 위험성에 대해 경고한다(삿 19:18-20).

식탁(מִשְׁתֶּה, 미쉬테)**을 베풀고.** 이 히브리어는 연회, 곧 음식과 음료를 대접하는 성대한 손님 환대를 함축한다(창 21:8; 26:30; 29:22을 보라).[161] 아브라함처럼 롯은 그의 방문객들에게 친절한 환대를 베푼다. 그러나 두 사건에 대한 내레이터의 묘사에서 롯의 식탁 및 환대의 행동은 아브라함의 아낌없고 풍성한 섬김에는 미칠 수 없다.

무교병. 이것은 예상치 못한 손님들을 위해 빠르게 준비될 수 있었다.

4절. 노소를 막론하고 원근에서 다 모여. 이 세부적인 설명은 파멸된 모든 사람이 사악하다는 것을 드러내기 위해 필요하다(18:16-33; 6:5; 8:21; 롬 1:26-32도 보라). 그럼에도 불구하고 이 문구와 더불어 롯의 사위들이 그 폭도 중에 포함된다는 해석이 강요될 수는 없다(창 19:14). 천사들은 롯의 사위들을 당연하게 소돔이 아닌 롯의 가족의 일부로 간주한다(19:12).

소돔. 이 도성은 여기서 두 가지 범죄로 유죄다. 즉 손님들에 대한 폭력과 비정상적인 성욕이다. 성읍 주민들은 동성애뿐만 아니라 강간 때문에 울부짖는다. 다른 곳에서는 소돔과 고모라의 다음과 같은 또 다른 범죄가 보고된다. 즉 사회적 압제(사 1:10, 17), 간음, 거짓말, 범죄 선동(렘 23:14),

---

161 R. H. O'Connell, "שָׁתָה," *NIDOTTE*, 4:260-62.

교만, 무사안일과 궁핍한 자들에 대한 무자비(겔 16:49) 등이다.

5절. 우리가 그들을 상관하리라. 이 히브리어는 문자적으로 "우리가 그들을 알 수 있으리라"이다(4:1을 보라; 참조. 18:19). 이 사람들은 결혼의 친밀함을 가장 천박한 수준의 성적 결합으로 격하시켰다. 그들은 진정으로 소중한 결혼의 책무를 전혀 알지 못한다. 그들은 마음과 감정과 몸을 유린하며 성스러운 것을 하찮게 만들고 저속한 것을 합법화한다. 동성애는 구약성경에서 중대한 범죄다(레 18:22; 20:13). 소돔이 저지른 죄는 추정컨대 최악의 성범죄다. 즉 동성애 집단 강간이다(참조. 삿 19장; 유 7절). 그들의 공공연한 부도덕성은 공의와 환대를 위한 아브라함의 열심과 정반대다(아래 신학적 고찰에 있는 "동성애"를 보라).

6절. 나가서 뒤로 문을 닫고. 이것은 아마도 위험을 감수하고 손님을 보호하기 위한 롯의 용감한 행동일 뿐, 도덕적으로 문제가 될 만한 자신의 제안을 그들로부터 은폐하려는 속임수는 아닐 것이다.

7절. 친구들아(개역개정-"형제들아"). 이 히브리어는 문자적으로 "형제들"을 의미한다. 롯은 그들의 호의를 얻기 위해 그들을 동료로 여기면서 호소한다(29:4을 보라).

이런 악을. 롯의 호소는 그의 의로움을 추정케 한다(벧후 2:6-7을 보라). 롯은 양심을 따라 또한 아브라함을 통해 옳고 그름을 알았다. 사르나는 이렇게 설명한다. "내레이터는 넌지시 그러나 분명하게 사회적으로 용인된 모든 행동과 모든 사회적 가치가 더 높은 의무, 곧 신적으로 정해진 도덕적 질서의 의무에 복속되어야 한다고 선언한다."[162]

8절. 내게 … 두 딸이 있노라. 롯 자신은 이제 하나님의 축복받은 삼촌보다 소돔과 한패가 되기를 선택한 비극적 결과에 직면한다(13장을 보라). 그는 저주받을 부도덕한 선택들 앞에 마주 선다. 그가 무엇을 선택하든지

---

162 Sarna, *Genesis*, 135.

잘못된 일이 될 것이다. 한편 그는 자신의 집을 보호해야 할 의무를 지고 있는데, 이는 아마도 결혼 서약을 한 것으로 추정되는 그의 딸들의 고귀함을 포함한다(19:14). 모세 율법에서 약혼한 여자의 순결을 해치는 자는 돌에 맞아 죽임을 당한다(신 22:23-27). 가장 중요한 것으로서 하나님의 형상을 지닌 그 여성들의 인격은 지극히 고귀하다. 아마도 롯의 제안은 그 남자들의 악한 계획의 심각성과 치명적 결과를 그들에게 강조하기 위한 의도였을 수 있다. 그럼에도 불구하고 롯은 자신의 딸들을 강간당하도록 넘겨주겠다고 함으로써 자신이 그 범죄에 연루되었음을 보여준다. 다른 한편으로 롯은 자신의 집의 보호 아래 놓인 그 손님들을 보호해야 할 의무를 지닌다. 그들도 하나님의 형상을 간직한 자들이다. (롯은 언뜻 보기에 이 순간 자신이 천사들을 대접하고 있음을 알지 못한다.) 만일 그가 자신을 넘긴다면, 그의 가족과 손님들은 보호자 없이 방치될 것이다. 거룩한 천사들은 이에 앞서 이 일에 개입할 수도 있었기 때문에 롯을 압박해 선택하게 만든다. 추정컨대 만일 롯이 천사들을 넘겼다면 그의 가족은 소돔에 대한 심판에서 살아남지 못했을 것이다. 그는 구원받지만 간신히 살아남는다(아래 신학적 고찰에 있는 "결과"를 보라).

9절. 이 자가. 이 히브리어는 문자적으로 "자(者)"(the one)로 읽는다. 그들은 롯의 이름을 경멸적이고 불특정한 "자(者)"로 바꿈으로써 그의 정체성과 의미를 빼앗아 하찮게 만들려 한다. 감사를 모르는 이 폭도는 약 십오 년 전에 그들이 롯과 아브라함의 관계 때문에 구출되었음을 잊었단 말인가?(창 14:14-16을 보라) 그들은 롯이 도성에서 살도록, 심지어 성문에 앉도록 허용했다. 그 사회의 남자들도 그의 딸들과 약혼을 했지만 롯의 의로움을 거절한다. 도덕적으로 또한 영적으로 구별된 롯의 삶은 그의 명예가 된다(눅 6:26).

법관이 되려 하는도다. 이는 문자적으로 번역하자면 "이제 그가 심지어 판관 노릇까지 하려고 한다"로 읽는다.[163] 모욕적 언사를 퍼붓는 한 이스라엘 사람이 모세를 두고 이와 동일한 "잘못"을 저지른다고 비난한 바 있다(출 2:14; 행 7:27).

10절. 손을 내밀어 …문을 닫고. 아래 신학적 고찰에서 "정의와 자비"를 보라.

11절. 눈을 어둡게 하니(סַנְוֵרִים, 산베림). 눈이 먼 상태를 지칭하는 통상적인 히브리어는 이베르(עִוֵּר)다. 여기서 사용된 이 히브리어 단어가 다른 곳에서는 단지 열왕기하 6:18의 비슷한 문맥에서만 발생한다. 유대 아람어의 특징과 이 두 본문에 비추어 판단해볼 때 이 단어는 "눈을 부시게 하다" 혹은 "속이다"를 의미한다. 이는 그들이 환한 빛으로 인해 잠시 눈이 멀게 되었음을 암시한다.

롯의 구원(19:12-22)

12절. 네 사위나 자녀나. 하나님은 집안 전체의 구원에 관심을 가지신다(7:1을 보라). 내레이터는 독특하게 아들들에 앞서 사위들을 언급하는데, 이는 아마도 하나님의 은혜를 강조하기 위함일 것이다. 심지어 롯의 사위들도 구원받을 수 있는 가족의 일원으로 간주된다.

13절. 부르짖음이 …우리가 멸하리라. 이 부르짖음은 이제 두 명의 믿을 만한 증인에 의해 확증된다(18:22, 33을 보라).

멸하리라. 6:13에 있는 것과 동일한 히브리어의 사용은 홍수 시대의 심판을 되울린다.

14절. 사위들. 그들은 아마도 눈이 먼 폭도의 일부는 아니었을 것이다(19:4을 보라).

딸들과 결혼할. 이 히브리어는 "결혼한"을 의미할 수도 있다. 만일 그

---

163 이는 부정사 절대형의 절정의 후치사 용법 때문에 그렇게 번역되었다(*IBHS*, §35.3.1f를 보라).

렇다면 롯은 사위들에게 아무 권한도 행사할 수 없으며, 따라서 롯은 자신의 딸들을 사위들과 더불어 남겨둔 채 떠나야 했을 것이다. 그러나 더욱 그럴듯한 해석은 이 딸들이 롯이 이미 "내게 남자를 가까이하지 아니한 두 딸이 있노라"라고 언급했던 바로 그 딸들이라는 것이다. 이 언어는 고대 근동의 문헌에서 결혼 서약을 한 여자에게 사용된다.

농담으로 여겼더라. 롯은 도덕적 설득력을 전혀 지니지 못했다. 이는 하나님과 함께 논의하며 판단하는 아브라함과 크게 대조된다(벧후 3:3-4을 보라).

15절. 네 아내와 두 딸을. 가족이 한 단위로 구원을 얻는다.

16절. 롯이 지체하매. 롯은 하나님과 그 성읍 밖에 있는 것보다 악한 성읍 안에서 더 안전하다고 느꼈다.

자비를 더하심이었더라. 내레이터는 롯의 구원이 롯 자신의 의로움이 아니라 하나님의 자비에 달려 있다는 사실을 분명하게 밝힌다. 이는 모든 인간에게 적용된다(딛 3:5).

17절. 도망하여(מָלַט, 말라트). 이는 롯의 이름인 로트(לוֹט)에 대한 언어유희다. 도망하라는 명령은 누군가에게 전쟁의 파괴를 피하라고 알려주는 일반적 경고다(삼상 19:11; 렘 48:6; 51:6, 45).

18절. (그러나) 롯이 그들에게 이르되. 그의 구출은 격앙된 상태에서 진행되었다. 여기서 그의 장황한 발언이 귀중한 시간을 허비하고 있다.

19절. 은혜를 입었고. 이 말과 18:3에 있는 아브라함의 발언을 비교하라.

재앙을 만나. 롯의 두려움은 불신으로 인한 분별력의 상실을 잘 조명해준다. 하나님은 롯을 구하기 위해 자신의 사자들을 보내셨으나 롯은 여전히 자신이 보호받지 못할까 봐 염려한다. 그의 표면적인 염려 배후에는 다른 동기들도 숨어 있다. 뒤이어 나오는 그의 청원이 보여주는 대로 그는 도시에서의 삶을 떠난 생활을 감수할 수 없다.

20절. 이는 작은 성읍이 아니니이까? 롯은 하나님께서 벨라(소알)를 남겨두시기를 간청하고 있다(14:2을 보라). 벨라는 하나님께서 그렇게 하지 않으시면 그분의 심판 아래 놓일 평지의 성읍들 중 하나다(19:25). 롯은 성벽이 둘러쳐진 그 마을이 작기 때문에 죄의 분량이 적고 그곳이 괴롭힘을 당할 만하지 않다고 주장한다. 그의 주장은 그의 믿음 없음과, 공의에 대해 희미해진 영적 분별력과, 타락한 도시의 삶에 대한 무감각을 여실히 드러낸다(19:18에 대한 주해를 보라). 의에 대한 관심은 전혀 보이지 않은 채 하나님께 소알을 살 곳으로 남겨달라는 롯의 이기적인 호소는, 하나님의 자비와 의로우심에 기초하여 소돔을 위해 구했던 아브라함의 간청을 더욱 돋보이게 하는 역할을 한다.

21절. 내가…멸하지 아니하리니. 형편없이 불완전한 사람들을 향한 하나님의 은혜는 놀랍고 크시다(16:9을 보라).

그 지역의 파멸(19:23-26)

23절. 소알. 이 마을은 내레이터와 그의 청중에게 알려져 있으나 고고학자들은 이 장소를 아직까지 확인하지 못했다.

해가 돋았더라. 고대 근동에서 법정은 상징적으로 일출 무렵에 열렸다(참조. 욥 38:12-15; 시 5편). 아카드의 태양신인 샤마쉬(Shamash)는 공의의 신이었다.

24절. 야웨께서…유황과 불을…비같이 내리사. 과학적으로 소돔과 고모라에 내려진 불과 엄청난 파괴는 지진으로 설명될 수 있다. 맹렬한 지진이 발생하는 동안 고열, 가스, 유황 및 역청이 갈라진 지층의 틈새를 통해 뿜어져 나왔을 것이다(14:10을 보라). 흔히 지진에 동반되는 벼락이 가스와 역청에 불을 붙였을 것이다.

야웨께서. 내레이터는 당장의 원인인 "타오르는 유황"을 궁극적인 원인이신 야웨의 탓으로 돌린다. 신학적 설명 때문에 역사적 사건의 과학적 원인을 무시하거나 그 반대의 입장에 서는 것은 신학적으로 해롭다.

25절. 온 들과…땅에 난 것을. 이곳의 들에 대해서는 13:10을 보라. 이는 홍수로 인한 완전한 파멸과 같다(7:21-23을 보라).

26절. 롯의 아내. 내레이터는 롯의 아내의 출신에 대해 밝히지 않는다. 그녀는 아마도 롯의 사위들과 마찬가지로 소돔 주민이었을 것이다.

뒤를 돌아보았으므로. 롯의 아내는 아마도 자신이 남겨놓고 떠나야 했던 것에 미련을 두면서 망설이다가 그녀가 동일시했던 그 도시와 운명을 같이한다(눅 17:32).

소금 기둥. 성경의 세계에서 한 지역이 정죄를 받아 영원한 불모와 황폐의 땅이 되도록 소금으로 뒤덮인다(예. 신 29:23; 삿 9:45; 시 107:34; 렘 17:6).[164]

결론: 아브라함이 소돔을 바라보다(19:27-29)

27절. 그곳에 돌아왔다(개역개정-"서 있던 곳에 이르러"). 내레이터는 수미상관 구조로 제2막의 3장과 4장을 통합한다. 이 수미상관은 소돔을 바라보는 야웨와 아브라함의 대화를 가리킨다(18:16; 19:27-28).

29절. 생각하사. 하나님은 노아와 그의 의로움을 기억하셨던 것처럼 아브라함을 기억하시고 그를 위해 롯을 구하신다. 아브라함은 복을 받은 자이며 그의 복은 롯에게까지 미친다. 아브라함은 두 차례나 롯을 구해주었다(14:1-16; 19:1-29).

사건 2: 모압과 암몬의 출생(19:30-38)

30절. 두려워하여. 내레이터는 왜 롯이 소알에 머물기를 두려워하는지를 공백으로 남긴다. 어쩌면 롯은 소돔과 비슷한 소알의 생활 방식을 인식하고 미래에 닥칠 그곳의 파멸을 예견했을 것이다.

---

[164] F. C. Fensham, "Salt As Curse in the Old Testament and the Ancient Near East," *BA* 25 (1962): 48-50을 보라.

굴에 거주하였더니. 이는 13:1-13에 있는 롯의 번영 및 전망과 정반대다.

31절. 큰 딸이. 내레이터는 딸들의 이름을 거명하지 않음으로써 그들을 간접적으로 비난한다. 이는 룻기에서 내레이터가 나오미의 가장 가까운 친족에게 한 것과 마찬가지다(참조. 룻 4:1).

이르되. 롯의 딸들은 자신들의 눈에 옳은 것을 행하는 사람들의 본보기다.

우리 아버지. 내레이터는 아브라함과 롯을 대조한다. 아브라함은 자신의 자녀들에게 의로움과 공의를 가르칠 것이나(18:18-19), 롯의 자녀들은 그에게서 거의 아무것도 얻지 못할 것이다. 롯의 사위들은 그를 조롱하고 그의 딸들은 자녀의 출산을 "온 세상의 도리"로 생각한다(19:31).

늙으셨고. 추정컨대 그녀의 말은 롯이 재혼하기에는 너무 늙어 자녀를 낳게 해줄 아들을 얻을 수 없다는 뜻이다(참조. 룻 1:12-13).

배필 될 사람이 이 땅에는 없으니. 롯의 딸들은 약혼 상태에 있었다. 큰 딸의 이 말은 자신의 가족이 그들의 사회적 삶이 파괴된 후에 그런 약혼을 위한 사회적 관계를 맺고 있지 않음을 뜻할 수 있다.

온 세상의 도리를 따라. 그녀의 평가 기준은 사회 일반이지, 하나님의 통치하에서 삶에 대해 그분의 축복에 의존하는 언약 공동체가 아니다.

32절. 우리가 우리 아버지에게 …. 롯은 상황을 통제하기 위한 주도권을 전혀 갖지 못했다. 롯의 딸들은 소돔의 부도덕을 실천하고, 그녀들의 딸들 역시 계속해서 성적 부도덕 가운데 지내며 이스라엘 남자들을 유혹할 것이다(민 25장을 보라).

술을 마시게 하고. 9:21을 보라. 롯의 딸들은 아버지가 자신들의 계획에 동의하지 않으리라는 것을 알고 있다. 큰 딸은 아버지의 권위를 대체하려는 음모를 꾸민다.

우리 아버지로 말미암아 후손을 이어가자. 이 히브리어는 문자적으로 "우리 아버지의 씨로부터 보존하자"로 읽는다. 믿음이 아니라 두려움에서 비롯된 그녀의 부도덕한 계략은 자기 아버지에 대한 칭찬받을 만한 효심과 사회적 부도덕에 대한 염려를 흐려놓는다. 그녀는 태를 여시는 야웨에 대해서는 일언반구도 없다(16:2과 대조하라). 그녀가 스스로 결정한 부도덕한 선택은 아브라함과 사라의 믿음, 곧 자신들의 죽은 몸으로부터 생명을 잉태케 하신다는 야웨의 약속에 대한 그들의 믿음과 대조된다.

33절. 깨닫지 못하였더라. 이는 19:35에서 반복된다. 롯은 완전히 수동적이다. 강간을 일삼는 폭력배들이 자신의 딸들을 "알도록" 내어주려 했던 롯은 이제 심지어 자신의 딸들을 임신시킬 때에도 그녀들을 알지 못한다.

37-38절. 모압…암몬. 이 전형적인 혈통에 대한 결론은 이스라엘에 대항하는 모압과 암몬의 뿌리 깊은 적대감에 대한 이야기를 시작한다(민 23-25장; 왕하 3장을 보라). 하지만 하나님이 모압 족속과 암몬 족속을 거부하시는 것은 문제가 될 만한 그들의 계보 때문이 아니라 이스라엘에 대한 그들의 학대 때문이다(신 23:3-6을 보라). 하지만 이 계보로부터 룻이 나오고 예수 그리스도가 탄생할 것이다(룻 4:18-22; 마 1:5을 보라). 룻은 그녀의 믿음 때문에 유다 지파로 여겨지게 될 것이다.

제6부 2막 4장에 대한 신학적 고찰 ─────────

환대[165]

아브라함은 아낌없는 유목민의 연회를 베풀어 야웨를 융숭하게 대접한다(18:1-7). 야웨는 아브라함의 환대에 대해 사라의 임박한 출산을 통보하심으로써 보답하신다(18:9-10). 마찬가지로 롯도 그 성읍 내에서 유

---

165 제6부 2막 3장과 제10부 3막 4장에 대한 신학적 고찰을 보라.

목민의 미덕을 지켜 천사들을 대접하고 야웨는 그와 그의 딸들을 구해주심으로써 그에게 보답하신다. 나그네와 이방인을 대접하는 것은 훌륭한 미덕이며 아브라함은 환대의 본보기가 된다. 대접하라는 신약의 권면(히 13:2을 보라)은 이와 같은 사건들에서 그 동기를 찾을 수 있다(삿 6장; 13장도 보라).

동성애

사도 바울은 이 성적 왜곡의 영적인 근원이 하나님께 감사치 않는 인간의 태도에 있다고 보고 다음과 같이 추적한다. "하나님을 알되 하나님을 영화롭게도 아니하며 감사하지도 아니하고…그러므로 하나님께서 그들을 마음의 정욕대로 더러움에 내버려두사 그들의 몸을 서로 욕되게 하게 하셨으니…이 때문에 하나님께서 그들을 부끄러운 욕심에 내버려두셨으니…그와 같이 남자들도 순리대로 여자 쓰기를 버리고 서로 향하여 음욕이 불 일듯 하매"(롬 1:21-27). 유다는 교회가 거짓 교사들에 대항하여 싸우도록 격려하기 위해 이렇게 편지를 쓴다. "이는 가만히 들어온 사람 몇이 있음이라. 그들은…우리 하나님의 은혜를 도리어 방탕한 것으로 바꾸고 홀로 하나이신 주재, 곧 우리 주 예수 그리스도를 부인하는 자니라"(유 4절). 그는 수신자들에게 소돔과 고모라를 상기시킨다. "소돔과 고모라와 그 이웃 도시들도 그들과 같은 행동으로 음란하며 다른 육체를 따라가다가 영원한 불의 형벌을 받음으로 거울이 되었느니라"(유 7절).

공의와 자비

제3장은 하나님께서 악인들과 함께 의인을 벌하지 않으심을 확증했다. 정반대로 하나님은 의를 위하여 악인들을 남겨두신다. 제4장은 하나님께서 사려 깊은 탐문 없이 심판을 행하지 않으심을 확증한다(18:20-21; 19:13). 또한 이 장은 다음과 같은 사실들을 확증해준다. 즉 하나님은 모든 압제자를 벌하심으로써 압제받는 자들의 한을 분명하게 갚아주시

고(19:4, 24), 신실한 자들의 기도는 심판을 흘려보내는 통로이며, 하나님은 죄인을 심판하시기 전에 그들에게 회개할 기회를 주신다는 것이다(19:7-8). 신자들에 대한 하나님의 심판은 치유를 위함이지만(잠 3:11-12을 보라), 하나님의 최후 심판이 홍수와 소돔 가운데 있던 사람들처럼 회개치 않은 자들에게 떨어질 때는 징벌을 위함이다.

다음 도표는 하나님의 공의를 도식화한다.

	소돔	롯
판정	유죄(19:13)	대접/의로움(19:2-3)
심판	파멸(19:24-28)	구출(19:15-29)

동시에 하나님은 자비를 베푸시는 데 있어서도 주권을 행사하신다. 그분은 롯의 사위들을 포함하여(19:14) 롯의 가족에게까지 자비를 확대하여 베푸신다(19:16; 제3부 "가족의 구원"에 대한 신학적 고찰도 보라).[166] 하나님은 심지어 롯이 가까운 작은 성읍에서 살도록 허용하심으로써 롯의 도시 체질을 수용하시지만 롯의 아내는 소돔에 집착했다는 이유로 심판하신다. 그녀는 하나님의 심판이 임박할 때 흔들리지 않도록 깨어 있어야 한다는 교훈이 되었다(눅 17:28-37; 벧후 2:6을 보라).

소돔/고모라 대(對) 롯의 사례에서 하나님이 악인들을 파멸시키시고 의인들을 구원하시는 것에 대한 놀라운 병행을 노아의 이야기에서 찾아볼 수 있다. 즉 포악한 죄로 물든 두 사회 위에 대격변이 수반된 신적 "파멸"이 임하는 두 장면에서 의인들과 그들의 가족만이 살아남는 것은 하나님이 성도들을 "기억하시기" 때문이다. 두 서사에서 야웨는 하늘로부

---

166 우리가 개인의 구원에 대해 생각하는 경향이 있는 반면 성경은 가족 구원의 견지에서 생각한다 (그러나 겔 18장을 참조하라).

터 그의 심판을 "비처럼 쏟으시고", 하나님 또는 그의 천사들은 악인들로부터 의인들을 구별하기 위해 문을 닫는다(7:16; 19:10). 두 서사에서 모두 보호를 제공하기 위해 누군가가 손을 내민다(8:9; 19:10을 보라). 두 서사 모두 술 취함과 성적 방종과 더불어 결론에 이른다. 이 병행은 하나님께서 악인들을 심판하실 때 자비를 베풀어 의인들을 살려주심을 강조한다. 이는 죄에 대한 하나님의 심판에서 범례가 된다(벧후 2:5을 보라).

결과

롯은 앞서 믿음이 아닌 육신의 눈으로 선택한 그의 어리석은 결정으로 인해 마침내 농담거리가 되고 만다. 그는 숲이 우거진 골짜기의 땅에 현혹되어 축복의 담지자를 떠나 마침내 사악하고 불의한 도성에 집을 마련한다. 그는 접대자와 아버지가 되려고 애쓰지만 정작 자신의 손님들에게 진정한 안전을 제공하지도 못하고 자기 가족에게 결정적인 지도력을 행사하지도 못한다. 롯이 자신의 딸들을 내주려고 한 이야기는 롯이 의를 행하려고 진심으로 애썼으나 비참하게 실패한 사람임을 드러내는 것 같다. 그렇게 롯은 자신이 끌어안았던 도성에 물들어 타락했기 때문에 그들의 잔학 행위를 중단시키기 위해 똑같이 비도덕적인 행동을 취한다.

술 취한 아버지로부터 씨를 보존하려는 롯의 딸들의 필사적인 책략은 아브라함과의 결별로 시작된 롯의 비극적 이야기를 결론으로 이끈다. 롯과 소돔의 결속 관계와 그의 가족의 불신앙에도 불구하고 야웨는 자비를 베푸시어 그의 혈통과 땅을 보존해주신다(신 2:16-19를 보라). 이는 소돔 사람의 악행에 대한 롯의 비난(벧후 2:7-8), 나그네들에 대한 그의 접대, 그리고 그와 아브라함의 관계 때문이다.

제6부 2막 5장

블레셋으로부터 구출된 여족장과 족장

(20:1-18)

제6부 2막 5장에 대한 문학적 분석 ────────

구조와 플롯

하나님의 약속으로 가득 찬 선언과 아브라함의 예언자적 리더십을 지켜본 우리는 당장에 탄생 서사가 뒤따르리라고 예상할 수 있다. 하지만 그 대신 긴장이 고조되는 이야기, 즉 아브라함이 또다시 여족장 사라를 위험에 빠트리는 내용이 이어진다. 그러나 단순한 플롯의 뒤틀림을 넘어 제5장은 야웨와 그분이 택하신 인간 파트너의 언약이 지니는 성격을 시험하는 중요한 주제적 기능을 수행한다(아래 "인물 묘사"를 보라). 또다시 인간 파트너는 신실하지 못하나 하나님은 신실하시다. 그분은 결함이 있는 자신의 성도를 버리지 않고 그를 회복시켜 자신이 선택한 목적을 그를 통해 달성하고자 하신다.

제5장은 다음과 같은 교차 구조로 나눌 수 있다.

A 아비멜렉이 사라를 자신의 후궁으로 취하다(20:1-2).

  B 하나님께서 아비멜렉을 추궁하시다(20:3-7).

    X 아비멜렉과 관료들이 두려워하다(20:8).

  B′ 아비멜렉이 아브라함을 추궁하다(20:9-13).

A´ 아비멜렉이 아브라함과 사라에게 보상하고, 아브라함이 아비멜렉을 위해 기도하다(20:14-18).

비교와 대조

아브라함이 순례를 시작하고 이야기가 절정의 마무리에 이를 즈음에 야웨는 자신을 따르기 위해 고향을 떠난 아브라함을 축복하고 그가 느낀 두려움을 눈감아주신다(창 12:1-20). 현재의 장면에서 아브라함은 암묵적으로 자신의 믿음 없음을 고백한다. 그는 하나님께서 약속의 땅을 향한 모험적 여행에서 맞닥뜨리게 될 약탈하는 왕들로부터 자신을 보호하신다는 혹은 보호하실 수 있다는 사실을 믿어야 했다. 그러나 두려움 가운데 아브라함과 사라는 속임수를 획책했다(20:12-13). 주목할 만한 사실은 이것이다. 즉 죄 많고 믿지 못하는 그들의 기만술에도 불구하고 하나님은 강제로 잡혀간 여족장을 이방의 후궁들로부터 구출해내시고, 탐욕에 사로잡힌 왕들을 꾸짖으시며, 그의 흠 있는 성도들의 실패를 눈감아주신다.

제1막 2장에서 야웨는 이집트에서 아브라함의 속임수에도 불구하고 그를 축복하셨다(12:10-20). 이제 제2막에서 하나님은 그랄에서 동일한 거짓말에도 불구하고 아브라함을 다시 부요케 하신다. 사실상 하나님은 자신이 선택하신 자에 대한 보호와 축복을 증대하신다. 파라오가 사라와 간음을 저질렀는지 아닌지는 모호하다(12:15-16). 하지만 아비멜렉은 분명히 그녀와 성관계를 갖지 않았다(20:6). 파라오는 아브라함이 이집트에 있는 동안 그에게 종들과 가축을 하사하여 그를 부요케 했지만, 사라가 아브라함의 아내라는 사실을 알게 되었을 때 그들을 이집트의 풍요한 목초지로부터 추방했다. 이와 대조적으로 아비멜렉은 진상을 파악하게 되었을 때 아브라함과 사라 두 사람에게 종들과 가축에 더하여 막대한 현금을 하사했으며(20:14, 16) 아브라함에게 목초지 한 구획을 떼어주었다. 나아가 아브라함과 사라가 이집트로부터 구출된 후 무자녀인 채 지냈던 반면 이어지는 장면에서 하나님은 그들에게 복을 내려 이삭을 주신다(21:1-7). 하나님은 결함이 있는 순례객들을 벌하시는 대신 그들을 위협했던 왕들을 벌하신다(시 105:12-15). 비록 그의 성도들이 신실하지 못하다고 할지라도 하나님은 여전히 신실하시다(딤후 2:13). 하지만 하나님은 파라오에게 했던 것처럼 질병으로 아비멜렉을 치지 않으신다. 왜냐하면 아비멜렉은 사라를 더럽히지 않았기 때문이다. 파라오와는 달리 하나님을 두려워했던 이 왕은 아브라함의 결혼 사실을 사전에 알았더라도 그를 죽이지는 않았을 것이다. 왜냐하면 그에게 간통은 큰 죄였기 때문이다(창 20:9). 우리의 추론에 따르면 아브라함은 파라오의 불경건과 폭력은 정확히 판단했지만(12:12) 아비멜렉의 경건함과 윤리는 오판했다.

하지만 비록 아브라함이 아비멜렉의 종교와 도덕적 행위를 오판했다고 할지라도, 그는 여전히 야웨의 언약 파트너로 남아 있으며 하나님은 그를 통해 자신의 복을 열국에 전하실 것이다(창 12:2-3). 하나님은 아비멜렉의 생명을 보존하기 위해 중재하셔야 한다. 왜냐하면 그 왕은 지금 유부녀를 자신의 후궁으로 취했기 때문이다(20:7).

인물 묘사

아브라함의 약점에 대한 제시는 아브라함이라는 인물을 그리는 데 있어서 중요하다. 성경의 영웅들, 즉 하나님의 언약 파트너들은 결코 초인들이 아니다. 그들의 위대한 믿음의 행위는 자주 실패와 두려움에 매여 있다. 아브라함은 분명히 자신의 반복되는 결함과 싸운다. 그가 털어놓는 여러 번의 두려움은 여기서 실제로 그의 순종과 믿음을 두드러지게 한다. 아브라함의 믿음과 지도력이 발휘되는 위대한 순간에 내레이터는 그의 내면의 생각을 드러내지 않는다. 그러나 이 장에서 묘사된 이 사람은 자신의 두려움을 극복해야 했다. 앞서 그가 하나님의 명령에 따라 고향을 떠났을 때처럼, 그가 형제애와 정의감으로 전투를 무릅썼을 때처럼, 혹은 그가 의인들을 보호하기 위해 감히 하나님 앞에 나섰을 때처럼 말이다. 아브라함은 방금 대단한 지도력을 증명했으며(제2막 3장) 곧 하나님의 가장 도전적인 명령에 믿음으로 순종하게 될 것이다(제2막 7장). 이 중대한 사건들의 한복판에서 아브라함의 약점을 드러냄으로써 내레이터는 아브라함의 위대한 순종에 주목하게 만들고 독자들에게 믿음의 싸움을 독려한다. 덧붙여 아브라함의 거듭된 실패가 적나라하게 드러남으로써 하나님의 주권과 권능이 확증된다. 그분은 선택에 있어 은혜로우시고 그분의 종인 사람들을 통해 자신의 선한 목적을 능히 성취하실 수 있다.

수미상관과 핵심 단어들

이방 왕들의 후궁으로 취해져 여족장이 위험에 처하게 된 이야기들은 22:20-25:11에 있는 다음 이야기(cycle)로의 전환에 앞서 아브라함 이야기를 둘러치는 내적인 틀을 구성한다. 아브라함이 큰 민족이 되도록 약속의 땅으로 최초의 부르심을 받은 이후에 그는 사라를 파라오의 후궁으로 넘겨줌으로써 그녀를 즉시 위험에 빠트린다. 이제 약속의 씨가 탄생하기 직전에 아브라함은 이 여족장을 아비멜렉의 후궁으로 넘겨주어 위험에 처하게 만든다.

제5장에서 핵심 단어인 "그의 아내 사라"/"아브라함의 아내 사라"가 수미상관 구조를 형성한다(20:2, 18). 동일한 의미의 셈어적 표현이 20장 전체를 통해 나타난다(20:3, "이 여인"; 20:7, "그 사람의 아내"; 20:11, 12, "내 아내"; 20:14, "그의 아내"). 이 표현들은 그들이 자신들의 꾀로 위험에 빠트린 부부의 중대한 관계를 강조한다.

심화

우리는 이 장에서 야웨와 사라의 발전된 관계를 발견한다. 제1막 2장에서 사라는 함축적으로 임신이 가능한 여자라고 암시되어 있지만 거의 언급이 되지 않는다. 심지어 파라오의 후궁이 되었을 때에도 보호를 받았지만 그녀의 역할은 조연에 지나지 않았다. 제2막에서 그녀는 명시적으로 아브라함 언약(17:15-16)과 출생 통보(18:13-15)에 포함되고 이제 막대한 돈을 받고 그녀의 더럽혀진 명예를 회복한다(20:16; 아래 주해를 보라).

제2막 5장은 가나안 최남단의 오아시스에 정착한 아브라함과 더불어 시작된다. 이곳은 연간 강우량이 4인치 이하에 불과하다. 그다음에 아브라함은 왕의 도읍지인 그랄을 방문한다(20:1). 이 장은 그랄 주변에 있는 왕의 목초지에 정착한 아브라함과 더불어 끝난다.

제6부 2막 5장에 대한 주해

아비멜렉이 사라를 자신의 후궁으로 취하다(20:1-2)

1절. 거기서. 아브라함은 마므레 근처에 있었다(18:1).

네게브 땅으로 옮겨가…거류하며. 내레이터는 아브라함이 파라오와 만났을 때 "남방으로 옮겨갔더라(12:9)", "애굽에 거류하려고"(12:10)라고 말한 것과 동일하게 불길한 시작을 제공한다.

가데스와 술 사이. 이곳은 가데스의 오아시스와 술의 이집트 방어벽 사이에 있는 지역이다(14:7; 16:7을 보라). 비록 아브라함이 목초지인 가데스와 술에 정착할지라도 그는 잠시 블레셋의 왕도인 그랄 근처에 머문다. 그랄은 브엘세바와 가사 사이의 도상에 위치한 마을이다.

2절. 자기 누이라 하였으므로. 아브라함이 절반의 진실을 내세운 이유가 그의 목숨에 대한 두려움 때문이라는 것이 20:11과 12:11-13에서 드러난다. 하지만 믿음이 아닌 두려움에서 비롯된 자신의 행동에 대해 변명할 여지는 없다. 하나님은 약속의 씨가 사라를 통해 나올 것이라고 맹세하셨다. 이 약속은 그들이 이집트로 여행했을 때보다 훨씬 더 확고해졌다(17:18; 18:9-15).

아비멜렉. 이는 다른 곳에서 기드온의 아들(삿 8:31), 다윗 시대의 블레셋 왕(시 34편 표제), 이스라엘 제사장(대상 18:16), 그리고 엘-아마르나(El-

Amarna) 서신에서 두로 왕의 이름이기도 하다. 이 흔한 서부 셈족의 이름은 "내 아버지는 왕이시다"를 의미한다. 아마도 현재의 이 아비멜렉은 이삭이 만나게 될 아비멜렉의 아버지나 할아버지일 수 있다(26:1을 보라).

사람을 보내어. 사라는 젊은 시절의 미모를 되찾은 상태다(12:11; 18:11, 13을 보라). 왕은 구십 대의 여인을 자신의 첩으로 취한다(12:4; 17:17; 18:12; 21:6-7을 보라).

사라를 데려갔더니. 6:2, 12:15을 보라.[167] 이삭을 임신하기 직전에 (18:10-14; 21:1-2을 보라) 구원에 대한 계획표가 위태롭게 되었다. 구원이 신실하지 못한 인간이 아니라 신실하신 야웨께 달려 있다는 사실은 의심할 여지가 없다.

하나님이 아비멜렉을 추궁하시다(20:3-7)

3절. 하나님이. 내레이터는 언약 백성에 대해서는 "야웨"라는 하나님의 이름을 사용하지만, 일반 백성과 관련해서는 "하나님"이라는 호칭을 사용한다(2:4과 제6부 2막 2장의 문학적 분석에 있는 "호칭"을 보라).

현몽하시고. 꿈은 심지어 언약 밖의 사람에게도 계시의 한 방식이었다 (28:12; 31:24; 37:5-9; 40:5; 41:1; 민 22:9, 20을 보라). 창세기 1-11장과 초기 족장들의 생애에서 하나님은 신현과 꿈 그리고 환상을 통해 말씀하신다. 창세기의 끝에서는 단지 섭리를 통해 뜻을 알려주신다. 이런 발전은 히브리 정경과 닮았다. 토라에서 하나님은 단순히 모세에게 말씀하신다. 예언자들에게는 환상과 꿈을 보여주신다. 그리고 성문서에서는 대부분 섭리를 통해 일하신다.

네가 죽는 게 합당하니(개역개정-"네가 죽으리니"). 일반계시로 인해 사

---

[167] R. Polzin, "'The Ancestress of Israel in Danger' in Danger," *Semeia* 3 (1975): 81-97과는 반대다.

람들은 결혼의 성스러운 특징을 깨닫는다(참조. 레 20:22; 신 22:22). 간음은 우가릿과 이집트 결혼 계약서에서 입증되듯이 많은 셈족 그룹 사이에서 "큰 죄"로 간주되었다(26:10; 39:9을 보라; 아래 20:5에 있는 "깨끗한 양심"도 보라).

4절. 주께서. 아비멜렉은 하나님에 대한 호칭이 아닌 공경심을 표현하는 일반 용어(즉 "주")를 사용한다. 아비멜렉은 참된 하나님을 알았지만 아브라함의 씨를 통한 그분의 구원에 대해서는 알지 못했다(창 14장에 있는 멜기세덱도 보라).

주께서 의로운 백성도 멸하시나이까? 아브라함과 마찬가지로 아비멜렉의 논증은 하나님께서 의롭고 선한 일만을 행하신다는 신념에 기반을 둔다(4:7; 18:25을 보라). 만일 하나님이 열 명의 의인을 위해 악한 성 소돔을 살려주신다면, 하물며 무고한 나라는 더욱 그러하시지 않겠는가? 아비멜렉과 하나님의 온전한 관계는 백성에 대한 그 왕의 도덕적 청렴에 기초한다.

백성. 왕과 그의 백성은 뗄 수 없는 관계다. 그는 그들의 콧김이다(애 4:20).

5절. 온전한 마음. 이 히브리어는 문자적으로 "마음의 완전함(흠 없음)"이다(참조. 왕상 9:4; 욥 1:1; 시 78:72). 하나님은 율법이 없이 그들의 양심을 따라 그들을 심판하신다(3:8; 롬 2:14-15을 보라; 창 6:9의 "흠 없음"도 보라).

6절. 나도 알았으므로. 이 진술은 하나님의 전지성을 암시한다.

너를 막아 내게 범죄하지 아니하게. 시편 51:4을 보라.

7절. 그는 예언자라. 이는 성경에서 예언자라는 단어가 사용된 최초의 사례다. 계시를 받은 아브라함은 하나님의 말씀을 사람들에게 전하고(출 4:15; 7:1) 그들을 위해 간구하는(창 12:7; 15:1; 18:18; 참조. 민 11:2; 14:13-19; 21:7; 신 9:20; 삼상 7:8-9; 12:19, 23; 왕상 17:20; 욥 42:8; 렘 7:16; 37:3; 42:2;

창세기 주석

암 7:2, 5) 하나님의 사람이다.[168]

기도하리니. 모세는 미리암이 그를 부끄럽게 했을 때 그녀를 위해 기도했으며(민 12:13) 욥은 자신의 얼굴에 먹칠했던 세 친구를 위해 간구했다(욥 42:8).

살려니와⋯죽을 줄 알지니라. 삶과 죽음은 하나님의 말씀에 대한 복종에 달려 있다(참조. 신 30:15; 수 24:15).

아비멜렉과 관리들이 두려워하다(20:8)

8절. 아침에 일찍이. 이는 즉각적인 순종에 대한 또 다른 모범 사례다.

모든 종들을 불러. 왕궁 전체가 하나님을 두려워한다. 선한 왕은 좋은 나라를 만든다(왕상 2장; 잠 25:4-5을 보라).

그들이 심히 두려워하였더라. 이는 이교도들이 하나님에 대해 먼저 보이는 반응이다. 이 반응은 그들이 하나님을 두려워하지 않는 자들이었을 것이라는 아브라함의 염려와는 상반된다(20:11을 보라; 참조. 욘 1:10).

아비멜렉이 아브라함을 추궁하다(20:9-13)

9절. 아비멜렉이 아브라함을 불러서. 아비멜렉은 하나님의 사면을 받은 뒤 아브라함에게 시선을 돌린다. 이전과 같이 아브라함은 하나님을 신뢰하지 못한 데 대해 이방 왕의 책망을 감수해야 한다.

네가 어찌하여 우리에게 이렇게 하느냐? 파라오와 아비멜렉은 둘 다 "당신이 도대체 무슨 일을 한 것인가?"라고 묻는다. 하지만 아비멜렉은 더 큰 지도력을 보여준다. 그는 "내게"(삼하 24장; 시 72편)가 아니라 "우리에게"(나라를 의미함)라고 말한다. 그는 도덕률, 죄 및 "합당하지 않은 일"에 큰 관심을 갖는다. 그는 아브라함이 스스로 설명하도록 허락한다

---

[168] 더 많은 참고문헌에 대해서는 Sarna, *Genesis*, 361, ch. 20 n. 6도 보라.

(20:10을 보라). 그는 아브라함에게 그의 땅 중 가장 좋은 것을 제공한다. 또한 그는 사라의 명예를 보호한다.

큰 죄. 3절을 보라.

11절. 아브라함이 이르되. 아브라함은 자신의 죄를 경감시키려고 애쓰면서 에둘러 자신의 죄를 인정하고 아비멜렉이 무죄임을 밝힌다. 아브라함은 상황 파악에 실패했으며 하나님을 신뢰하지 않았다.

생각하였음이요. 이 아이러니에 주목하라. 아비멜렉은 아브라함보다 하나님을 더 두려워했다.

하나님을 두려워함이. 이 어구는 "야웨를 두려워함"과 구별되어야 한다. 후자는 성경의 특별계시에 대한 존중을 가리키는 반면 "하나님을 두려워함"은 일반계시와 관련된다. 일반계시는 인간이 양심을 통해 알고 있으며 하나님의 심판을 두려워함으로 인해 받아들이는 도덕적 표준과 관련된다.[169]

12절. 내 누이(개역개정-"나의 이복누이"). 11:29, 12:11-12을 보라. 이런 종류의 족내혼을 반대하는 법이 아직 주어지지 않았다(레 18:9, 11; 신 27:22; 겔 22:11). 심지어 이 율법이 수여된 이후에도 이 법의 위반은 다른 잘못들에 비해 더 가볍게 여겨졌다(삼하 13:13; 겔 22:11).

13절. 두루 다니게(הִתְעוּ 히트우) **하실 때에.** 만일 이 어근이 타아(תָּעָה)라면 주어인 하나님이 왜 복수인지를 설명하기가 곤란하다. 아마도 어근은 아바(עָוָה)일 수 있으며 이 경우 그것의 형태는 단수로 읽힌다.

우리의 가는 곳마다. 아브라함은 타국 여인에 대한 납치가 자신이 지나가야 하는 나라들에서 통상적인 일이라고 생각했다. 그는 딱히 아비멜렉을 모욕할 의도는 없었다.

---

169 인간의 양심은 하나님의 특별계시를 이방인들에게 권장한다(신 4:6; 미 4:2; 고후 4:2을 보라).

아비멜렉이 아브라함과 사라에게 보상하고 아브라함은 아비멜렉을 위해 기도하다(20:14-19)

14절. 아비멜렉이 양과 …이끌어 아브라함에게 주고. 아비멜렉은 아브라함과(20:14-15) 사라에게(20:16) 선물을 하사한다. 이는 하나님을 공경하고 그들과 하나님의 관계를 칭송하기 위한 것이지 죄를 배상하기 위함은 아니다(참조. 12:19-20). 하나님은 자신의 택자들을 두려운 위험으로부터 구출하실 뿐만 아니라 예상치 못한 과분한 풍요로 그들을 축복하신다(12:16과 해당 주해를 보라).

15절. 거주하라. 동일한 단어가 20:1에서 아브라함이 최남단에 정착한 데 대해 사용된다.

16절. 네 오라비에게 주어서. 사회적 관례에 따라 사라에게 준 선물은 가장을 통해 하사되어야 한다.

은 천 개. 이는 막대한 금액이다. 바빌로니아 노동자 한 명이 보통 한 달에 반 세겔의 임금을 받았는데, 그런 액수의 돈을 벌려면 백육십칠 년간 일해야 했다.

수치를 가리게 하였노니. 아비멜렉의 목적은 무고함에도 불구하고 더럽혀진 사라의 명예를 다른 사람들이 보는 가운데 회복시키는 것이다.

17절. 아브라함이 하나님께 기도하매. 아브라함은 열국에 복이 되어야 하는 책임을 진 하나님의 예언자로서 기도한다. 이 막에서 아브라함은 그의 삶에서 역사하시는 하나님의 능력과, 그의 부름 받음에 비추어서 자신의 행동 하나하나가 주변 열국에 미치는 엄청난 영향력을 분명히 생각하게 되었을 것이다.

그들이 다시 출산하게 하셨으니(개역개정-"아비멜렉과 그의 아내와 여종을 치료하사 출산하게 하셨으니"). 만일 하나님께서 불임인 이방 여인들을 위한 아브라함의 기도에 응답하실 수 있다면, 하물며 아브라함의 아내를 위한 기도는 더욱 그렇지 않을까?

18절. 모든 태를 닫으셨음이더라. 아브라함과 사라는 야웨께서 임신케

하신다는 믿을 만한 증거를 확보한다(16:2; 21:1-2을 보라). 여기서도 인상
적인 아이러니가 나타난다. 사라가 그들 가운데 있을 때 그들은 불임 상
태가 되었다. 사라가 떠날 때 그들의 태가 열리나 그녀는 여전히 불임인
채로 남아 있다.

제6부 2막 5장에 대한 신학적 고찰 ─────────

택자들에 대한 은총

칼뱅은 이렇게 선언한다. "이 역사 속에서 성령은 인간의 무력함과
하나님의 은총에 대한 주목할 만한 한 가지 사례를 우리에게 제시하
신다."[170] 하나님의 주권적 은혜가 창세기 20장에서 분명하게 드러난다.
이삭을 임신하기 직전에(18:10-14; 21:1-2을 보라) 아브라함은 구원의 계
획표를 위기에 처하게 만든다. 하나님은 아비멜렉에게 공의를 실행하시
나 아브라함과 사라에게는 자비를 베푸신다. 구원은 신실치 못한 종들이
아니라 신실하신 야웨께 달려 있다.

그리스도인과 다원주의

창세기는 하나님의 형상으로 사람을 창조하신 이야기로 시작한다. 바
울에 따르면 하나님은 모든 사람에게 자신에 대한 일반계시를 알려주
셨다(롬 1:19-20). 하나님의 길에 대한 이 기본적 인지는 폭넓게 "하나님
에 대한 두려움"으로 이해될 수 있다. 와이브레이(Whybray)가 설명한 대
로 모든 사람이 고수하는 일반적인 "도덕적 표준"이 있다.[171] 이를 기반으

---

170 Calvin, *Genesis*, 521.
171 R. N. Whybray, *Wisdom in Proverbs: The Concept of Wisdom in Proverbs 1-9* (SBT 24; London:
　　SCM, 1965), 95.

로 하나님은 인간을 심판하시고 그들과 교류하신다. 하나님의 언약 백성, 즉 하나님의 말씀이라는 "특별계시"에 반응해온 사람들은 다른 민족들과의 상호 교류 속에서 바로 이런 일반적 이해에 호소할 수 있다. 십계명 중 인간관계를 위해 주어진 여섯 가지 계명에 대해서는 어떤 합리적 이유도 제시되지 않는다. 이 계명들은 모든 사람에게 폭넓은 호소력을 지닌 것으로 이해된다.

아브라함은 현대의 다원주의 세계에서 사는 그리스도인들을 위한 모범을 보여준다. 이 세계에서 하나님은 각 사람으로 하여금 하나님에 대한 근원적 두려움과 인간관계에서 필수적인 중대한 문제에 대해 책임지게 하셨다. 그리고 이런 눈높이에서 하나님은 "이교도들"에게까지 은혜를 확대하신다. 하나님은 심지어 아브라함에 따르면 살인을 범할 수도 있었던 이집트의 왕 파라오에게까지 잘못된 선택에 대해 경고를 보내신다. 또한 하나님은 아브라함을 꾸짖기 위해 파라오를 사용하신다. 하나님을 두려워하던 아비멜렉에게 그분은 환상 중에 말씀하시고 아비멜렉의 결백을 확증하신다. 신비하게도 하나님은 제사장-왕인 멜기세덱을 선택하여 아브라함에게 그분의 특별한 복을 기름 붓게 하신다. 마지막으로 하나님은 신중한 판정을 내리시어, 공공연하게 하나님을 대적하고 인간의 존엄성을 악랄하게 무시하며 타인들을 해치는 소돔과 고모라 사람들을 파멸하신다.

이 다원주의 세계에서 아브라함은 하나님에 대한 신적 민감성으로 그분과 동행했으며 자신과 하나님 간의 관계의 눈높이를 사람들이 하나님과 맺고 있던 관계의 수준에 맞추었다. 제사장-왕인 멜기세덱의 배경은 수수께끼지만, 아브라함은 그가 하나님의 기름 부음 받은 자임을 인지하고 그를 공경했다. 자신의 조카를 적대시한 악한 소돔과 고모라에 대해 아브라함은 의인들을 구할 목적으로 그 성읍들을 살려달라고 애원했다. 아브라함은 정당하게 이교도 왕들의 책망을 받아들여야 하지만 하나님 앞에서 아비멜렉을 위해서도 탄원해야 한다.

중재

하나님을 두려워하는 가나안 왕 아비멜렉은 오히려 아브라함보다 더 의롭게 사라를 대우한다. 그에 대한 보답으로 하나님은 간음의 위기에서 그를 저지하심으로써 하나님을 경외하는 이방 왕을 공정하게 대우하신다. 그러나 하나님이 이처럼 아비멜렉을 공정하게 대우하셨음에도 불구하고 그는 아브라함의 택정을 믿음으로 받아들이지 않았으며 구원사의 일부가 되는 권리를 상실한다. 아비멜렉은 아브라함이 언약의 축복을 매개하는 인물임을 인식하지 못한다. 공의와 구원은 구별되어야 한다. 비록 아브라함이 잘못했지만 아비멜렉은 하나님이 선택하신 구원의 도구인 아브라함에게 자신을 위해 탄원해달라고 요청해야 한다. 하나님의 언약의 인간 파트너는 자신의 계략으로 아비멜렉을 거의 죽음에 이르게 했으나(20:3) 여전히 하나님께서 생명과 복을 주시는 수단이다(20:17-18). 아브라함은 잘못을 저지른 사람으로서가 아니라 예언자로서 중재의 역할을 담당한다(민 12장이나 욥 42장과는 다름). 이방인들을 위한 중재자인 그의 역할에서 아브라함은 예수 그리스도를 미리 보여준다(사 53:12; 롬 8:34). 교회에 속한 우리는 종종 죄를 짓고 넘어진다. 하지만 우리는 여전히 예수 그리스도를 영접하지 않은 사람들을 위해 중재자가 되라는 요청을 받는다.

제6부 2막 6장

땅에서 이삭의 출생과 축복(21:1-21)

제6부 2막 6장에 대한 문학적 분석 ──────────

21:8-28:4의 교차 구조

데이비드 도르시는 자신의 학생인 데이비드 카르(David Carr)를 인용하면서 이삭의 출생을 묘사하는 이 장이 이삭을 특징으로 삼고 이어지는 교차 구조를 펼치는 하나의 새로운 단위를 시작한다고 다음과 같이 제안한다.[172]

A 야웨께서 동생인 이삭을 선택함(21:8-19)

- 형 이스마엘과 동생 이삭과 관련된 가족의 불화
- 총애하는 작은아들을 보호하기 위해 여족장이 큰아들의 출가를 제안함
- 여족장이 남편에게 호소함
- 추방된 아들에게 주어진 축복과 위대한 후손에 대한 약속

  B 비택자인 형 이스마엘(활 쏘는 자)과 이방 여자와의 결혼(21:20-21)

---

172 Dorsey, *Literary Structure*, 58.

C 아브라함의 우물을 둘러싼 그랄 왕 아비멜렉과의 분쟁
(21:22-34)

- 브엘세바에서 군대 장관 비골이 연루된 아비멜렉과의 조약
- 그랄에서 이전과 달리 왕이 여족장을 취하지 않음
- "브엘세바"의 작명

D 언약을 위해 모든 위험을 감수함(22:1-19)

- 아브라함이 야웨의 언약을 위해 모든 것을, 심지어 자신의
  사랑하는 아들의 생명마저 기꺼이 포기하려 함

E 비택자의 족보: 나홀의 가문(22:20-24)

F 아브라함의 아내 사라의 죽음(23:1-20)

- 사라를 막벨라 굴에 매장함

G 중심축: 야웨께서 리브가를 선택된 여족장 및 이삭
의 아내로 정하심(24:1-67)

F´ 아브라함의 죽음; 아브라함의 두 번째 아내(25:1-10)

- 그의 죽음과 막벨라 굴에 매장함

E´ 비택자의 족보: 이스마엘의 가문(25:11-18)

D´ 언약을 멸시함(25:19-34)[173]

- 에서에게는 언약보다 자신의 생명이 더 중요함; 그가 자신
  의 장자권에 대한 경멸을 드러냄

C´ 아브라함의 우물을 둘러싼 그랄 왕 아비멜렉과의 갈등
(26:1-33)

- 브엘세바에서 군대 장관 비골이 연루된 아비멜렉과의 조약
- 그랄에서 아브라함이 처음 겪었던 것처럼 왕이 여족장을 취함
- "브엘세바"의 작명

---

173 단락 D´는 단락 D와의 강한 연결을 보여주지는 않는다.

B´ 비택자인 형 에서(활 쏘는 자)와 이방 여자들과의 결혼(26:34-35)
A´ 야웨께서 동생을 택하심(27:1-28:4)

- 형 에서와 동생 야곱이 연루된 가족의 불화
- 총애하는 작은아들을 보호하기 위해 여족장이 작은아들의 출가를 제 안함
- 여족장이 남편에게 호소함
- 추방된 아들에게 주어진 축복과 위대한 후손에 대한 기도

이 문학적 단락은 제6부와 8부를 뛰어넘어 아브라함의 거룩한 족장 직의 상속자들을 특징으로 삼는다. A와 A´는 이삭의 삶을 시작하고 그가 족장의 복을 야곱에게 넘길 때 사실상 그의 삶을 마무리한다. 이삭과 야 곱은 둘 다 순리적인 장자권에 의해서가 아니라 하나님의 선택을 받는, 관례를 벗어난 방식으로 족장직을 이어받는다. 이삭은 "죽었던" 부모에 게서 태어난 아기이며, 야곱은 "눈이 먼" 이삭으로부터 가문에 내려진 복 을 받는다. 이삭은 눈이 멀어 야곱의 세속적인 형을 축복하고 있다고 생 각한다.

B와 B´는 비택자의 후손이, 족내혼을 하는 선택받은 이삭 및 야곱과 달리 이방 여자들과 결혼하는 것을 보여준다. 그들의 족외혼은 그들이 선택받지 못했고 언약의 책무와 무관함을 표시해준다. C와 C´는 이삭 이 아브라함의 복을 상속함을 알린다. D와 D´는 비록 이 교차 구조에서 가장 약한 병행이라 할지라도 언약의 하나님에 대해 철저하게 충성하는 아브라함과 충성심이 결여된 에서를 대조한다. 동시에 D´는 언약의 하 나님에 대한 야곱의 충성심도 표시해준다. E와 E´는 심지어 아브라함의 비택자 후손까지도 번성케 함으로써 아브라함에게 내리신 하나님의 복 을 돋보이게 한다. 만일 그들이 복을 받는다면, 하물며 택자들은 더욱 그 렇지 않으랴! F와 F´는 최초의 족장과 여족장이 이 신성한 역사의 무대 에서 내려가는 것을 묘사한다. G는 리브가가 이 신성한 역사에서 세대를

잇도록 여족장으로서 놀라운 선택을 받는 것을 특징으로 한다.

21:1-21의 구조와 플롯

고통스러운 긴장과 지연이 지난 뒤 약속된 탄생이 도래한다. 그러나
놀랍게도 탄생 이야기는 서사가 더 다양한 갈등 국면으로 들어가기 전에
단 몇 줄로만 보고될 뿐이다(제6장의 신학적 고찰과 아래 제7장에 대한 문학
적 분석도 보라). 우리가 탄생 이야기를 이 막의 절정으로 예견할 수 있을
지라도 아브라함이 하나님과 동행함과 그의 씨에 대한 믿음과 관련한 이
서사는 그가 자신의 믿음에 대한 궁극의 도전, 즉 그의 아들을 희생으로
바치라는 도전에 직면하게 된 후에야 최고조에 달한다.

그렇지만 이삭의 탄생은 데라 기사의 서두와(11:27-32) 제2막에서
(16:1을 보라) 시작된 딜레마에 대한 해결책을 가져온다. 이제까지 그저
다른 여자들의 다산을 지켜보기만 했던 사라는 이제 더 이상 불임이 아
니다.

하지만 씨의 갈등은 기적적인 후손의 기다림뿐만 아니라 하나님께서
그 씨를 선택하신 데 대한 믿음의 반응과 관련된다. 아브라함은 아들의
이름을 "이삭"이라 짓고(21:3; 참조. 17:9) 그에게 할례를 시행함으로써
(21:4; 참조. 17:10) 믿음으로 반응한다. 또한 사라는 하나님의 선의에 웃음
을 터트리는 찬양으로 응답한다(21:6). 그러나 이스마엘—이삭을 두드러
지게 하는 인물—은 사라를 대적하는 자기 어머니의 반항심을 반영하며
하나님의 기적적인 선물을 조롱한다(21:9).

우리는 제2막의 틀을 구성하는 장들의 구조적 유사성을 이미 주목한
바 있다. 이 장들은 사라와 그녀의 아들이 선택받고 하갈과 그녀의 아들
이 거부되는 내용을 담고 있다(제2막 1장인 16:1-16을 보라). 제2막 6장은
사라를 위한 야웨의 은혜롭고 권능 있는 행동과, 하갈과 이스마엘을 위한
그분의 공급하심과 돌보심을 묘사한다. 이 장은 두 사건으로 구성된다.
즉 이삭의 탄생(21:1-7) 및 하갈과 이스마엘이 아브라함의 가족과 유산으

로부터 추방됨(21:8-21)을 다룬다. 이 일화들은 이삭의 탄생으로부터 젖떼는 시기로의 순차적 전환으로 연대기적 결합을 이루며 "이삭"이라는 이름의 언어유희를 통해(아래를 보라) 어휘로 함께 묶여 있다. 하지만 충돌하는 두 일화는 하나님의 말씀이 성취되는 데 있어서는 일관된다(21:1, 12). 즉 이삭의 탄생은 "(야웨께서) 약속하신 것"의 성취로서 발생하고(21:1), 하갈과 그녀의 아들의 배제는 하나님이 "이삭에게서 나는 자라야 네 씨라 부를 것임이니라"(21:12)라고 아브라함에게 주신 말씀의 결과로 발생한다. 나아가 두 일화 모두 사라를 위한 야웨의 은혜롭고 권능 있는 행동과, 하갈과 이스마엘을 위한 그분의 돌보심과 공급하심을 묘사한다.

핵심 단어와 호칭

핵심 단어인 어근 차하크(צָחַק)가 첫 번째 사건의 여덟 구절에서 다섯 번 나타난다(יִצְחָק, 이츠하크-이삭, 21:3, 4, 5; צָחַק, 차하크, "웃다", 21:6[2회]). 두 번째 사건에서는 이 핵심 단어가 언어유희에서 나타난다(21:9). 이스마엘은 하나님을 향한 찬양으로 웃는 대신에 이삭을 "비웃는다"(מְצַחֵק, 메차헤크).

내레이터는 조롱하는 자의 이름을 거명하지 않음으로써 야웨의 구원으로부터의 그의 배제를 문체적으로 조화시킨다. 대신 그는 "하갈의 아들"(문자적으로, 21:9), "그녀의 아들"(21:10), "그의 아들"(21:11), "여종의 아들"(21:13; 참조. 11절), 그리고 "아이"(נַעַר, 나아르, 21:12, 17, 18, 19, 20; יֶלֶד, 엘레드, 21:14, 15, 16)로 호칭하며 말한다. 그러나 본문은 모호하다. 비택자인 아들이 소중한 대우를 받는다. 사라를 제외한 모든 등장인물(즉 야웨, 천사, 하갈, 아브라함)이 이스마엘의 소중함에 동의한다. 이스마엘은 하나님의 약속(21:13, 18), 공급하심(21:19) 및 임재(21:20)를 경험한다.

비교

아브라함의 자연적인 씨와 초자연적인 씨는 둘 다 하나님의 시험과 축복을 경험한다. 하갈과 이스마엘의 험난한 여정은 아브라함과 이삭이 맞닥뜨려야 할 도전과 여러 가지 눈에 띄는 병행이 있다. 즉 (1) 야웨의 명령에 따라 미지의 장소로 이동함, (2) 여행을 위한 공급하심, (3) 죽음의 순간에 놓인 아이, (4) 하나님의 사자가 개입함, (5) 부모가 출구를 발견함, (6) 미래의 축복이 약속됨이다. 아브라함은 하나님의 초자연적 약속을 품기 위해 자신의 자연적 태생의 씨를 단념해야 한다. 그러나 하나님께서 초자연적 태생의 씨를 위해 비상한 미래를 주도하실 때조차도 그는 자연적 씨가 겪을 운명의 방향을 결정한다.

제6부 2막 6장에 대한 주해 ─────────

사건 1: 이삭의 탄생(21:1-7)

야웨께서 아들을 주시고 언약을 지키시다(21:1-2)

1절. 사라에게 은혜를 베푸셨고(פָּקַד, 파카드; 개역개정-"사라를 돌보셨고"). 이 히브리어는 문자적으로 "방문했다"이며 하나님의 직접적인 개입을 함의한다. 여기서 이 히브리어는 50:24에서는 "당신들을 돌보시고"로 번역된다. 하나님은 운명을 통제하려고, 때로는 심판을 위해, 그리고 여기서와 같이 자주 구원을 위해 개입하신다.

사라에게. 아브라함이 아니라 사라가 먼저 언급되며 바로 그녀가 이 첫 번째 일화에서 주도적인 발언을 하는 인물이다. 사라의 역할이 의미심장하게 커진다.

야웨께서 약속하신 대로(개역개정-"말씀하신 대로"). 이는 "하나님이 그에게 명령하신 대로"(21:4)와 짝을 이룬다. 하나님의 약속은 믿음과 순종으로 실현되어야 한다(위의 문학적 분석에 있는 "21:1-21의 구조와 플롯"을 보라).

2절. 사라가 임신하고…아들을 낳으니. 이는 오래전에 11:30에서 언급된 불임의 문제가 해결된 것이다.

노년의 아브라함에게. 17:17, 24, 18:11-14을 보라.

아브라함이 언약을 지키다(21:3-4)

3-4절. 아브라함이…아들을 이름하여…하나님이 명령하신 대로…. 이삭의 작명(17:19을 보라)과 할례(21:4; 17:9-12을 보라)에서 아브라함은 언약을 지킨다.

3절. 이삭. 이 이름은 "그가 웃는다"를 의미하는데, 아브라함과 사라가 표현했던 불신 및 기쁨의 웃음과 관련된 말장난이다.

4절. 팔 일 만에. 17:12을 보라.

아브라함의 나이와 사라의 웃음(21:5-7)

5절. 백 세. 홍수 이후에 사람들의 연령은 실질적으로 점차 낮아졌다(참조. 11:10-26). 백 세와 구십 세에 출산하는 것은 기적이다(17:17을 보라).

6절. 사라가 이르되. 이 진술과 앞에서 하나님에 대한 그녀의 비난을 비교하라(16:2). 내레이터는 이 탄생 이야기에서 사라의 발언만을 기록하면서 그녀를 강조한다(21:1-7).

하나님이 나를 웃게 하시니. 사라는 자신의 불신의 웃음을 희락으로 바꾸어놓으신 분이 하나님이심을 믿는다(17:17-19; 18:12-15). 이제 모든 사람이 사라와 더불어 기뻐하고 놀라며 웃을 것이다.

7절. 자식들을. 예상치 못한 복수 명사는(참조. 21:2)[174] 그녀가 이삭을 넘어 땅을 축복하도록 예정된 그의 후손을 바라보고 있음을 암시한다.

---

[174] 이 명사는 복수 가산명사다. 이는 결과의 복수나 확장의 복수와 같은 그런 집합명사의 복수를 지시한다고 설명될 수 없다(*IBHS*, §7.4.1을 보라; Sarna, *Genesis*, 146에 반대하여).

사건 2: 하갈과 이스마엘의 추방(21:8-21)

위기 상황의 배경(21:8-9)

8절. 아이가 자라매. 이 연대기적 고지와 더불어 두 번째 사건이 자연스럽게 첫 번째 사건으로부터 발생한다.

젖을 떼고. 위험한 유아기로부터 아동기로 가는 이 통과 의례는 보통 약 세 살에 실행된다(삼상 1:22-25; 마카베오하 7:27). 자신의 제자에게 전한 이집트의 「아니의 교훈」(*Instruction of Any*, 7.19)은 "삼 년 동안 네 입에 어머니의 가슴을"이라고 말한다.[175]

9절. 사라가 본즉. 사라는 하갈에게서 얻은 자신의 경험으로부터(창 16장을 보라) 이삭에 대한 이스마엘의 멸시와, 자기 아들이 상속받는 데 있어 이스마엘의 위협이 중대함을 감지한다.

하갈의 아들. 이스마엘은 이 장에서 실제로 이름이 전혀 언급되지 않는다. 이는 이스마엘이 이삭 다음의 이차적인 지위임을 시사하며, 아마도 다른 등장인물들을 통해 그를 객관화하려는 의도일 것이다. 이스마엘에 대한 언급은 여러 화자와의 관계 속에서 다양하게 나타난다. 사라에게 이스마엘은 "하갈이 낳은 아들" 혹은 "그 여종의 아들"이다(21:9, 10). 아브라함에게 이스마엘은 "그의 아들" 혹은 "그 아이"다(21:11, 14). 하나님께 이스마엘은 "그 아이"다(21:12, 17, 18, 20).

놀리는지라(מְצַחֵק, 메차헤크). 이 히브리어 어근은 "웃다"를 의미한다(위의 문학적 분석에 있는 "핵심 단어와 호칭"을 보라). 그러나 여기서 이 형태는 단순히 순수하게 장난치는 것이 아니라 "악의를 가지고 웃다"를 의미한다(창 19:14; 출 32:6; 삿 16:25).[176] 사라는 자신의 기쁨과 희망에 대해 십

---

175 M. Lichtheim, *Ancient Egyptian Literature. Volume 2: The Old and Middle Kingdoms* (Berkeley, Los Angeles, London: University of California Press, 1975), 141.

176 이는 NRSV와 반대다. *HALOT*(1019, no. 1 abs.)은 이 어근을 "농담하다"(19:14), "놀

대 아이가 비웃는 반응에서 실제적인 위협을 감지한다. 그 아이를 내보내는 야웨의 반응은 이 해석을 타당하게 만든다. 여종의 아들이 자유인의 아들을 박해한다(갈 4:29을 보라). 이삭을 멸시하는 이스마엘은 사라를 멸시한 자기 어머니를 흉내 낸다.

다른 아들의 추방을 둘러싼 사라와 아브라함의 갈등(21:10-11)

10절. 내쫓으라. 사라의 요구는 이스마엘의 상속권을 박탈하여 그가 유산을 분배받지 못하게 하라는 것이다(25:5-6을 보라).

11절. 그의 아들로 말미암아 ⋯ 근심이 되었더니. 도덕적 또는 법적인 염려가 아니라 부모의 사랑만이 아브라함의 근심을 설명해준다(16:6; 17:18을 보라). 리피트-이슈타르(Lipit-Ishtar) 법전(기원전 1875년경)에서 한 가지 조항은 다음과 같은 법을 규정한다. 만일 노예가 아이를 임신하고 아버지가 그녀와 그녀의 자녀에게 자유를 하사한다면, "그 노예의 자녀는 (전) 주인의 자녀와 재산을 나누어 가질 수 없다."[177] 유산 분배에서 하갈과 이스마엘을 배제하라는 사라의 요구는 도덕적이자 법적인 토대에서 비롯된 것으로 보인다.

그의 아들로 말미암아. 하물며 이삭의 희생에 대한 아브라함의 근심은 얼마나 더 크겠는가?

해결: 하나님이 사라를 승인하시다(21:12-13)

12절. 하나님이 ⋯ 이르시되. 12:1, 15:1, 17:1을 보라.

여종(maidservant). 동일한 히브리어 단어 아마(אָמָה)가 21:10에서는 "여자 노예"(slave woman)로 번역되는데, 이는 16:1에서 "여종"(maidservant,

---

리다"(21:90), 혹은 "야단법석하며 즐기다"(출 32:6)로 정의한다. 하지만 이 의미는 전치사를 가진 그 단어의 의미와 구별되어야 한다.

177 *ANET*, 160, no. 25.

שׁפחה, 쉬프하)으로 번역된 단어와 다르다. 전자는 하갈을 아브라함과 결혼한 것으로 여기는 반면에 후자는 하갈을 사라의 재산이자 일꾼으로 간주한다.

사라가 네게 이른 말을 다 들으라. 사라의 성격은 변화를 겪었다. 하갈과의 첫 번째 갈등에서 그녀는 믿음이 없었고 아브라함을 비난했으며 자신의 여종을 학대했다. 이제 하나님은 그녀의 염려를 인정해주신다. 하나님은 두 가지 토대 위에서 아브라함의 망설임을 극복하신다. 아브라함의 계보는 이삭을 통해 이어질 것이며, 이스마엘의 후손은 추방과 광야에서의 방랑에도 불구하고 큰 민족이 될 것이다.

네 씨라 부를 것임이니라. 영원불변한 축복은 오직 약속의 사람들에게만 부어진다(17:7, 19; 히 11:17-19; 아래 신학적 고찰도 보라).

13절. 한 민족을. 아브라함을 향한 하나님의 큰 사랑 때문에 심지어 구원의 나라에 직접 참여하지 않을 그의 자연적 태생의 자녀들도 땅에서 복을 받는다(17:6을 보라). 아브라함이 이스마엘을 부양할 수 없기 때문에 하나님께서 그를 부양하실 것이다(21:18; 참조. 16:10).

아브라함이 순종하다: 하갈과 이스마엘의 추방(21:14)

14절. 아침에 일찍이 일어나. 또다시 아브라함의 즉각적인 순종은(참조. 22:3) 하나님의 약속(21:12)에 잘 부합된다.

물 한 가죽 부대. 이것은 대략 3갤런 혹은 24파운드의 용량이다.

그 아이를 데리고 가게 하니. 이 히브리어는 문자적으로 "그가 하갈에게 갔다. 그는 그녀의 어깨 위에 놓았다. 그리고 그 아이와 함께(혹은 그리고 그 아이), 그리고 그가 그녀를 보냈다"를 의미한다. 앞의 번역은 아브라함이 물이 아니라 그 소년을 하갈의 어깨 위에 놓았다는 제안을 허용하고 있는데, 이는 혼동을 일으켜 자료비평가들이 선호하는 독법이 되었다. 그러나 그런 독법은 불필요하며 부적절하다.

아이. 소년에 해당하는 히브리어 나아르(נַעַר)는 단순히 경험이 부족한 상태를 의미하며 따라서 연령을 적시할 수 없다. 심지어 사십 세의 솔로 몬조차도 "나는 불과 아이(소년)일 뿐입니다"라고 말할 수 있다(왕상 3:7). 따라서 이 단어는 다소 오해의 소지가 있다. 왜냐하면 십육 세의 이미지를 떠올리게 하지 않기 때문이다(다음 주해를 보라). NIV는 두 개의 다른 히브리어 단어를 "소년(boy)"으로 번역하는데, 즉 나아르(נַעַר, 21:12, 17, 18, 19, 20)와 옐레드(יֶלֶד, 21:14, 15, 16)이다. 해밀턴은 양자를 구분한다. 즉 하나님과 관련해서 이스마엘은 항상 나아르("소년")로 번역된다(21:12, 17, 18, 20). 하갈과 관련해서 이스마엘은 옐레드("아이"[child], 21:14, 15, 16)로 불린다. 19절에서 나아르의 용례는 모호하다. 왜냐하면 하나님께서 나아르에게 물을 주도록 하갈의 눈을 여셨기 때문이다. "이 단락으로부터 우리는 옐레드와 나아르가 의미론적으로 구별된다고 결론지을 수 있다. 즉 옐레드는 생물학적 관계를 말하는 반면 나아르는 보살핌과 관심을 암시한다."[178]

브엘세바. 21:31과 해당 주해를 보라.

죽음이 임박한 이스마엘(21:15-16)

15절. 아래에 두고. 자료비평가들은 이 일화가 16:14에 기록된 동일한 사건, 곧 하갈이 광야로 도피한 사건의 중복이라고 생각한다. 그들은 만일 이 일화들이 별개의 사건일 경우 수용된 연대기에 따르자면 이스마엘은 약 십육 세에 두 번째 도피의 시간을 보내고 있는 것이 된다고 설명한다(참조. 16:16; 21:5, 8). 그들은 21:14을 잘못 해석하여 아브라함이 어린 "소년"을 하갈의 어깨 위에 두었다는 의미로 여기면서 이는 십육 세의 청년과는 어울리지 않는 개념이라고 한다(21:14의 주해를 보라). 나아가 그들은 하갈이 십육 세 청년을 수풀 아래에 "두지" 않았을 것이라고 주

---

178 V. P. Hamilton, "יֶלֶד," *NIDOTTE*, 2:457.

장한다. "두다"로 번역된 이 동사의 히브리어 형태는 더욱 문자적으로는 "던지다"를 의미한다. 이 동사가 37:20, 22, 24에서 그렇게 번역되어 있는 것처럼 말이다. 하지만 이 단어는 "노출시키다, 버려두다"와 같은 더 폭넓은 의미를 지닐 수 있다(창 21:15; 렘 38:6; 겔 16:5).[179] 비슷하게 코간(Cogan)도 이 단어를 "버려두다"로 옮긴다.[180] 이는 자신의 사랑하는 십대 아들을 뜨거운 사막 한복판에서 앙상한 관목 덤불의 그늘 아래 내버려두어야 했던 사랑이 가득 찬 어머니에게 적절한 개념이다.

하나님께서 개입하시다(21:17-19)

17절. 하나님의 사자가. "하나님"이라는 단어는 비택자들에 대한 그분의 역할을 반영한다(2:4; 20:3을 보라).

하늘에서부터. 이 사자는 신적 권위를 가지고 말한다(참조. 22:11, 15).

하갈아, 무슨 일이냐? 16:8, 18:9을 보라.

하나님이 …들으셨나니. 하나님의 은혜는 이삭의 계보로 제한되지 않는다(16:11을 보라; 참조. 출 2:23; 삼상 7:8-9; 시 107:19).

아이의 소리를. 이스마엘은 그들의 곤경을 유발했다. 그러나 그의 기도는 이제 그들의 구원을 이끈다.

19절. 하갈의 눈을 밝히셨으므로. 하나님은 공급하심으로 자신의 약속을 확증하신다(창 22:13; 왕하 6:17을 보라).

이스마엘의 삶에 대한 요약(21:20-21)

20-21절. 하나님이 …그를 위하여 …아내를 얻어. 이삭을 박해했던 자의 운명이 확증된다. 즉 그는 땅과 세상을 축복할 후손에 대한 하나님의

---

179 F. Stolz, "שׁלך," *TLOT*, 3:1335.
180 M. Cogan, "A Technical Term for Exposure," *JNES* 27 (1968): 133-35.

약속을 이어받지 못할 것이다.

활 쏘는 자. 이스마엘은 자신의 무기로 살아남는다.

21절. 바란 광야. 14:6 및 해당 주해를 보라.

애굽 땅에서. 16:1과 24:3-4을 보라.

제6부 2막 6장에 대한 신학적 고찰 ———

하나님의 역사

가정사에 대한 이 간략한 장면은 아브라함과 아비멜렉 간의 국제적 분쟁이라는 더 큰 무대 위에서 펼쳐진다. 이는 우선 씨와 관련되고(제5장, 20:18), 이어서 땅과 관련된다(제7장, 21:22-34). 이 정치적 사건들을 배경 삼아 탄생 서사가 등장하는데, 이는 만일 우리가 하나님의 계획표를 이해하지 못한다면 불길한 조짐이다. 이삭의 출생과 그리스도의 탄생은 둘 다 중대한 정치적 긴장 속에서 발생한다. 두 출생은 역사의 넓은 무대 위에서 사소한 순간들처럼 보인다. 여기서 직면해야 할 도전은 하나님의 계획을 분별하는 것이다. 오늘날에도 우리에게 대수롭지 않게 보이는 사건들이 하나님의 원대한 계획의 일부일 수 있다.

언약

탄생 서사는 언약 협정을 강조한다. 하나님은 사라를 통해 아브라함에게 아들을 주겠다는 약속을 지키시며(21:1-2; 참조. 17:1-6, 15-16; 18:1-15), 아브라함은 그의 이름을 이삭으로 짓고(21:3; 참조. 17:16) 그에게 할례를 시행함으로써(21:4-5; 참조. 17:9-14) 순종한다. 이때 사라는 찬양으로 화답한다(21:6-7).

초자연적 사건 대 자연적 사건

하나님의 계획표는 이스마엘의 유전적 연결이나 이삭의 의로움이 아니라 하나님의 선택에 달려 있다(롬 9:6-8). 하나님은 주도적으로 언약의 약속을 발의하셨다("말씀하셨다", "선언하셨다"). 믿음 안에 있는 약속의 담지자들은 언약을 믿고 지킨다. 미래는 하나님의 손에 달려 있으며, 그 손이 잉태치 못한 여인들로 하여금 출산하게 만든다. 미래는 앞일을 추정하고 계획하며 감히 조종하려 하는 인간의 손에 달려 있지 않다(참조. 갈 4:4). 갈라디아서 4:21-31에서 바울은 이 이야기를 풍유적으로 해석하면서 유대교를 하갈과 이스마엘에, 기독교를 사라와 이삭에 연결한다. 하갈과 이스마엘은 인간적 노력의 방식으로 실패에 이르고, 사라와 이삭은 믿음으로 받아들이는 주권적 은혜와 약속의 방식으로 성공에 이른다. 하갈과 사라는 다음과 같은 모형 역할을 한다.

하갈	사라
시내산	예루살렘산
궁핍과 속박	선물과 자유
결정과 계획	선물과 은혜

하나님의 약속은 자연적인 계획이 아니라 초자연적 태생의 후손을 통해 성취에 이를 것이다(롬 9:7-8을 보라).

씨들의 분쟁

약속을 상속받는 자들은 자연적 태생의 자녀들이 아니다(롬 9:8). 오히려 그들은 약속의 아들들을 학대한다(창 21:9; 갈 4:29-30을 보라). 그들은 사라를 통한 아브라함의 씨와 대척점에 서 있다(창 17장). 이스마엘의 후손은 비록 아브라함의 후손일지라도 이스라엘의 후손에게 적개심을 품으며 뱀의 씨에 속한다.

그러나 야웨와 하갈 및 그녀의 아들의 관계는 모호하다. 하갈은 사라를 모욕했고 이제 하갈의 아들은 이삭을 경멸한다. 야웨는 구원사에서 그들을 배제하고 그들에게 땅을 상속해주지 않는다. 그럼에도 불구하고 그분은 그들의 기도를 들으시고 그들과 아브라함의 관계로 인해 그들에게 보호와 번성의 약속을 베푸신다. 이스마엘은 이 이야기에서 전혀 이름이 언급되지 않는다. 그의 미래는 아브라함 및 하갈과 그의 관계에 달려 있다.

제6부 2막 7장

아비멜렉과의 조약(21:22-34)

제6부 2막 7장에 대한 문학적 분석 ————————

플롯과 구조

이 장은 제6장의 사건들과 동시에 발생하지만 다른 등장인물들과 몇 가지 긴장된 상황에 초점을 맞춘다. 아비멜렉과의 이 두 번째 갈등은 이삭의 탄생 서사를 에둘러 괄호로 묶는다. 첫 번째 갈등인 제5장(20:1-18)이 씨의 위험한 상황에 관심을 가졌던 반면, 두 번째 갈등인 제7장 (21:22-34)은 땅의 위험한 상황(즉 우물에 대한 권리)에 관심을 갖는다. 각 장에서 하나님은 아브라함과 그의 후손에 대한 보호 및 공급하심을 확실하게 하신다. 이 장에서 아브라함은 블레셋 왕 아비멜렉과 대등한 자격 이상의 우월한 인물로서 그와 협상에 나선다.

이 장은 두 번의 언약 체결 사건으로 구성된다. 먼저 아비멜렉이 아브라함과의 영구적인 불가침 조약을 제안한다(21:22-24). 두 번째로 아브라함은 아비멜렉과 협약을 맺어 브엘세바 우물에 대한 아브라함의 권리를 인정하고 보장할 것을 요구한다(21:25-34).

이 두 사건은 아비멜렉의 종들이 아브라함에게서 빼앗은 우물로 인해 아브라함이 불평하는 것으로 연결된다. 위협을 받은 왕이 원했던 불가침 조약에 비추어볼 때 자신감 있는 아브라함은 이제 자신이 판 우물에 대한 권리를 주장하여 거리낌 없이 문제를 해결한다.

수미상관

　세 가지의 수미상관이 이 장의 틀을 구성한다. 즉 시간에 대한 언급("그때에", 21:22; "여러 날을", 21:34), 아비멜렉과 비골의 접근과 떠남(21:22, 32), 그리고 하나님에 대한 인정이다(21:23, 33). 내레이터는 하나님을 인정하는 진술로 기사의 틀을 짜면서 아브라함의 승승장구와 성공적인 협약이 하나님의 은혜로 인한 것임을 의심할 수 없게 만든다. 아비멜렉과 그의 군대 장관은 "네가 무슨 일을 하든지 하나님이 너와 함께 계시도다"(21:22)라고 인정함으로써 아브라함과 영구적인 불가침 조약을 위한 자신들의 요구사항을 내놓는다. 아브라함은 우물터를 구별해 영존하신 야웨 하나님을 위한 예배 처소로 지정함으로써 암묵적으로 하나님으로부터 우물을 선물받은 데 대해 응답한다.

핵심 단어

　두 번의 조약은 히브리어 어근 샤바(שׁבע)로 통합된다. 이 어근에서 동사 "맹세하다"와 숫자 "일곱"이 유래했는데, 이 어근은 이 장의 열세 구절에서 아홉 번 나타난다. 동사 "맹세하다"는 세 번 나오는데, 불가침 조약 사건에서 두 번(21:23, 24), 우물 사건에서 한 번(21:31) 나타난다. 동일한 어근에서 파생된 다른 단어 "일곱"(שֶׁבַע, 쉐바)은 두 번째 사건에서 세 번 나타난다(21:28, 29, 30). 더불어 언어유희가 지명 "브엘세바"에서 나타난다(21:31, 32, 33). 주요 인물인 아브라함과 아비멜렉의 이름이 각각 정확히 일곱 번씩 사용된다.

제6부 2막 7장에 대한 주해

아비멜렉이 불가침 조약을 제안하다(21:22-24)

22절. 그때에. 이는 제7장의 사건들이 제6장의 사건들과 동시에 발생했음을 시사한다(위의 문학적 분석을 보라).

아비멜렉. 아브라함과 아비멜렉의 첫 번째 만남은 후손 및 목초지 소유권과 관련되었다(20:1-18). 여기서의 두 번째 만남은 우물의 소유권과 관련된다. 이 블레셋 왕의 방문은 이삭이 약속의 땅을 유산으로 받을 것이라는 추가적 보증을 제공한다.

비골. 이는 아나톨리아의 이름이다.

군대 장관. 브엘세바에서의 조약은 강한 군대들 사이에서 체결되었다.

23절. 이제 … 내게 맹세하라. 아비멜렉은 불가침 조약을 제안한다. 이 조약을 맺으러 아브라함을 찾아온 이 왕과 그의 군대 장관은 이방인 목자인 아브라함에게 임한 초자연적 축복을 가늠해볼 수 있었다(14:23; 23:6을 보라).

하나님 앞에서(개역개정-"하나님을 가리켜"). 이 형식문은 중대한 맹세를 표시해준다(21:31, 33을 보라).

내 후손(개역개정-"내 아들과 내 손자"). 이 언약은 영구히 지속되며 아비멜렉이 아브라함의 지속적인 번성을 믿고 있음을 시사한다. 그럼에도 불구하고 이 언약은 다른 인간의 문서보다 더 믿을 만하지는 않다. 다음 세대는 이삭에게 적대적으로 바뀌고 질투심 때문에 이삭의 우물을 메워버릴 것이다(26:15-31을 보라).

거짓되이 행하지 아니하기를 … 후대한 대로 너도 … 행할 것이니라. 헤세드(חֶסֶד, "자비, 친절")는 약자의 필요를 채우는 강자의 자발적 헌신을 함의한다. 이 단어는 아비멜렉이 하나님께서 함께하시는 이 목자가 자신 및 군대 장관과 최소한 동등하다고 생각했음을 분명히 보여준다.

아브라함이 그에게 브엘세바를 선사하는 조약을 제안하다(21:25-34)

25절. 책망하매(חֹכַ, 야카흐). 이 동사는 "옳은 것을 결정하다"를 의미한다. 이 목자가 왕의 종들의 잘못에 대해 왕에게 간언하고 왕이 그들의 행동에 대해 유감을 표명했다는 사실은 왕이 아브라함에게 지녔던 존경심을 보여준다.

우물. 물은 생존과 가축을 위해 소중한 필수품이다.

26절. (그러나) 아비멜렉이 이르되. 그는 정말로 몰랐을 수 있다. 아니면 이 말이 협상을 위한 전술일 수도 있다. 아마도 영민한 통치자는 신하들의 활동을 훤히 알 것이다. 사실 아비멜렉은 그의 종들과 아브라함 간의 긴장으로 인해 불가침 조약을 맺자는 요청을 서둘렀을지도 모른다.

아브라함이 양과 소를 가져다가. 웬함에 따르면 "아브라함만이 선물을 줬다는 사실은 그가 약자의 입장이고 조약의 주요 수혜자임을 암시한다."[181] 그러나 사실상 이 파트너 관계에서는 아브라함이 강자이며, 그는 자신의 권리를 더 이상 훼손하는 일이 없도록 보장하기 위해 약자인 왕에게 선물을 주고 있다(21:23을 보라).

30절. 일곱을 받아. 선물을 받고 증인들 앞에서 맹세함으로써(21:31을 보라) 아비멜렉은 우물에 대한 아브라함의 권리를 인정하지 않을 수 없다.

31절. 브엘세바. 이 이름은 "맹세의 우물" 혹은 "일곱의 우물"을 의미하며 핵심 단어로 이루어진 언어유희다. 이 이름은 두 사람 사이의 조약과 우물에 대한 아브라함의 권리를 표시하는 증거가 된다. 브엘세바는 왕정 시대에 이스라엘의 남쪽 경계선을 표시했다.

맹세하였으므로. 구두 협약은 충분치 않다(21:23-24). 이는 맹세로 인준되어야 한다(21:31).

---

181 Wenham, *Genesis 16-50*, 93.

32절. 블레셋 사람. 10:14을 보라.

33절. 에셀 나무(NIV-"tamarisk, 위성목"). 네게브 지역의 이 작은 나무를 심는 행위는 하나님의 은혜와, 아브라함이 그 땅에 머물 것이라는 서약에 대한 표시 역할을 하며 아마도 하나님이 나무 그늘에 내려오시는 임재의 상징으로 기능한다(12:6의 주해를 보라).

불렀으며. 12:8을 보라.

영원하신 하나님. 14:19을 보라. 다른 때에 그랬던 것처럼 아브라함은 이 특별한 행위에 적합한 이름으로 하나님을 가리킨다. 이 브엘세바 우물은 번영을 누릴 아브라함의 삶을 상징한다.

34절. 지냈더라. 여기서의 히브리어가 다른 곳에서는 "그가 잠시 머물렀다"로 번역된다. 이는 이방인, 이 경우에는 순례자를 나타낸다. 비록 이방인이었지만 그는 정착지를 제공받는다(20:15을 보라).

제6부 2막 7장에 대한 신학적 고찰 ─────────

축복

"한 사람의 행실이 야웨를 기쁘시게 할 때, 그는 심지어 그의 원수라도 그와 더불어 평화를 제안하게 만든다"(잠 16:7; 저자 번역).[182] 아비멜렉과의 조약은 상속자에 대한 이야기에서 중간에 끼어든 일화인데 땅의 주제로 되돌아온다. 아브라함 및 그의 후손과의 영구적인 불가침 조약을 제안하는 블레셋 왕과 그의 군대 장관에 대한 이 보고는 아브라함에게 내릴 하나님의 축복과 그의 씨가 그 땅을 소유할 것이라는 지속적인 보증

─────────

182 NJPS는 다음과 같이 의역한다. "야웨께서 한 사람의 행동을 기뻐하실 때, 그는 그의 원수라도 협력자로 변하게 할 수 있다."

에 대한 구체적인 증거를 제공한다. 비록 그곳이 네게브라 할지라도 아브라함은 마르지 않는 우물곁의 머물기 좋은 안전한 장소를 발견했다. 이 조약은 훨씬 더 큰 축복의 작은 시작에 불과하다. 이 협약을 기념하여 지어진 장소의 이름과 기념 식수 및 "영원하신 하나님"이라는 야웨의 이름은 약속의 땅으로 순례 여행 중에 있는 그들의 믿음을 지속적으로 강화한다.

제6부 2막 8장

이삭의 희생과 하나님의 맹세(22:1-19)

제6부 2막 8장에 대한 문학적 분석 ─────────

절정과 수미상관

데라의 후손의 계보(11:27-25:11)는 아브라함의 믿음이 성장하는 데 전념하는 서사다. 이 믿음의 성장은 하나님의 부르심과 아브라함을 큰 민족으로 만들겠다는 약속의 맥락 속에서 이루어지며 이제 절정에 이른다. 제2막과 아브라함의 후손 및 그의 믿음에 대한 서사 전체의 여러 긴장이 감동적으로 이 장에서 집중된다. 야웨와 아브라함, 이 두 주인공의 열심이 이제 한계점에 이르도록 검증된다. 아브라함에게 그의 아들을 희생으로 바치라는 이해할 수 없는 명령이 주어진다. 하나님은 이 명령과 더불어 아브라함이 땅에 복을 가져올 큰 민족이 되게 하시겠다는 자신의 공언을 어떻게 성취하실까? 이처럼 감당하기 어려운 희생의 요구에 직면한 아브라함은 어떻게 언약에 대한 열심을 유지할 수 있을까? 이 장은 진정한 믿음의 근본적 성격, 즉 가공할 요구와 믿기 어려운 축복을 보여준다. 아브라함의 믿음 및 하나님의 약속과 공급하심에 닥친 위기는 아브라함에게 들이닥친 이 시험의 위기보다 결코 더 크지 않을 것이다(아래 신학적 고찰을 보라).

여기에 나타나는 하나님의 요구와 아브라함의 철저한 순종은 데라의 후손의 계보가 시작하는 장면과 잘 어울리며 이 서사의 몸통을 마무리한다. 하나님께서 아브라함을 최초로 부르실 때 "내가 네게 지시할 땅으로 가라(לֶךְ-לְךָ, 레크 레카)"고 말씀하셨다(12:1). 그분의 마지막 부르심에서는 "모리아 땅으로 가라(לֶךְ-לְךָ, 레크 레카) … 내가 네게 일러준 한 산에서"라고 명령하신다(22:2). 히브리어 어구 레크 레카(לֶךְ-לְךָ)는 구약에서 이 두 단락에만 나타나며, 내레이터가 자신의 청중에게 틀을 보여주려고 의도하고 있음을 강하게 암시한다. 아브라함에게 부과된 과중한 요구는 이 명령의 삼중 수식어에서 명백히 드러난다. 처음에 아브라함은 "네 고향과 친척과 아버지의 집을 떠나라"는 요구를 받았다. 이제 그는 "네 아들, 네 사랑하는 독자 이삭"을 희생으로 바치라는 명령을 받는다(22:2). 각각의 경우에 하나님은 아브라함의 순종에 영광스러운 약속으로 보답하신다. 즉 먼저 "땅의 모든 민족이 너를 통해 복을 받을 것이다"(12:3)라고 약속하시고 이어서 더 구체적으로 "네 후손을 통해 땅의 모든 민족이 복을 받을 것이다"(22:18; 아래 "비교"도 보라)라고 말씀하신다.

구조와 플롯

이삭의 복종이 아니라 아브라함의 믿음이 이 장면의 초점이다. 따라서 22:1과 19절에서 나타나는 아브라함의 이중적 반복 행위가 이 장면의 틀을 이룬다. 아브라함의 시험에 대한 이 이야기는 세 부분으로 나뉘어 발전하는데, 이에 대해서는 로스(Ross)의 제안이 도움을 준다. 즉 "시험의 제시(22:1-2), 지시사항을 따름(22:3-10), 순종을 인정받음(혹은 인정받지 못함; 22:11-19)"으로 전개된다.[183] 이 장면의 긴장은 내레이터가 각각

---

[183] A. P. Ross, *Creation and Blessing: A Guide to the Study and Exposition of the Book of Genesis* (Grands Rapids: Baker, 1988), 392.

의 움직임을 상세히 묘사하느라 보폭을 늦춤으로써 강화된다. 내레이터
는 단순히 아브라함이 갔다고(참조. 12:4) 말하지 않고 아브라함이 "나귀
에 안장을 지우고", "두 종과 그의 아들 이삭을 데리고", "번제에 쓸 나무
를 쪼개어 가지고 떠나"라고 설명한다. 희생이 실행되기까지 장면의 나
머지 부분도 비슷하게 진행되는데 다섯 구절에 걸쳐 희생을 위한 아브라
함과 이삭의 준비 과정을 묘사한다(22:6-10). 이 장면의 극적인 절정에서
아브라함은 순종하여 자기 아들을 희생으로 바치려고 칼을 움켜쥔다.

핵심 단어

"아들"(בֵּן, 벤)이라는 단어의 계속적인 반복(10회)은 이 시험의 심각성
을 되풀이한다. 아브라함은 자기 아들, 그것도 "독자"(יָחִיד, 야히드, 3회;
22:2, 12, 16)를 희생으로 바치라는 요구를 받는다.

공백

내레이터는 아브라함과 이삭의 나이, 사라의 역할, 아버지가 자신을 묶
어 희생제단 위에 올릴 때 보인 이삭의 반응에 대한 청중의 호기심을 만
족시켜주지 않는다. 사라는 여기서 전적으로 공백으로 있기 때문에 이 극
적인 장면에서 그녀의 역할을 추론하지 않는 것이 최상이다.[184] 마찬가
지로 이삭의 반응도 근본적으로 공백 상태다. 그러나 내레이터는 이삭
을 순종의 습관이 배어 있고 자기 아버지에 대한 신뢰와 하나님의 예비
하심에 대한 믿음을 지닌 아들로 묘사하기에 충분한 정보를 여기에 포함

---

184 "초기의 주석은 아브라함이 그의 여행의 진정한 목적을 아내에게 숨기고 있다고 본다. 그녀가
아브라함이 하나님의 명령을 행하는 것을 방해하지 않도록 말이다"(Sarna, *Genesis*, 151). Søren
Kierkegaard(*Fear and Trembling*, ed. and trans. by H. V. Hong and E. H. Hong [Princeton, N. J.:
Princeton Univ. Press, 1983], 82-120)는 아브라함이 사라에게 그의 임무를 숨기는 것이 윤리
적으로 옹호될 수 있는지 아닌지를 두고 씨름한다.

시킨다. 희생에 필요한 한 묶음의 장작을 등에 질 만큼 충분히 강한 아들이라면 분명 자신이 싫을 경우 연로한 아버지에게 저항할 수 있다. 그러나 이삭은 마다하지 않고 아브라함의 뜻에 동의한다. 데트(Deathe)는 이렇게 주석한다. "우리는 족장의 용감한 마음 또는 소년의 온순한 체념 중 무엇에 감탄해야 할지 알기 어렵다. 아들은 극단의 '겸허한 인내심'을 보여준다."[185] 하지만 요세푸스는 이삭의 반응을 추론하면서 너무 멀리 나간다. 와이트(Whyte)는 명백히 외경적인 요세푸스의 설명을 다음과 같이 요약한다. "이삭은 만일 그가 이제 하나님과 자기 아버지가 내린 결정을 거절한다면, 또한 그가 두 분의 기쁨이 되도록 기꺼이 포기하지 않는다면 자신은 애초에 태어날 가치가 없었다고 지체 없이 대답했을 만큼 너그러운 심성의 소유자다. 그래서 그는 희생으로 바쳐지도록 즉시 제단 위로 올라갔다."[186]

비교

이 장면에서 아브라함의 철저한 순종이 절정을 이루지만, 제2막의 주요 관심사였던 아브라함의 후손에 대한 하나님의 보증 역시 절정에 이른다. 제2막의 결론으로서 이 장은 제1장 및 6장과 병행을 이룬다(창 16장; 21장). 아브라함은 자신의 "자연적" 씨와 "초자연적" 씨 모두를 포기하라는 요구를 받는다. 하나님은 아브라함의 순종에 따라 각각의 아들을 위해 공급하심과 축복으로 응답하신다.

제2막 1장과의 병행에는 다음과 같은 내용이 포함된다. 즉 고통스러운 여행 중에 있는 부모와 아이가 나오고(하갈과 이스마엘, 16:6; 아브라함과 이삭, 22:4-8), 야웨의 사자가 많은 후손에 대한 약속을 수반하여 개입

---

185 Deathe, "Abraham," 145, George Rawlinson, *Men of the Bible: Isaac and Jacob: Their Lives and Times* (New York: Revell, n.d.), 24에서 인용됨.

186 A. Whyte, *Bible Characters: Adam to Achan* (Edinburgh & London: Oliphants, 1900), 153.

한다(16:7; 22:11). 여기서 핵심 어구인 "내가 크게 번성케 하리라"(אַרְבֶּה הַרְבָּה, 하르바 아르베 16:10; 22:17)가 사용된다. 그리고 하나님의 예비하심이 있었던 장소에 이름 붙이기가 나온다. 여기서는 핵심 어구인 라아(רָאָה), 즉 "보다/준비하다"가 사용된다("나를 보시는 살아 계신 하나님", 16:14; "야웨께서 준비하실 것이다", 22:14).

웬함 역시 제6장에서 아브라함의 시험 및 하갈과 이스마엘의 여정 사이에서 발견되는 의미 있는 유사점들을 다음과 같이 나열한다. 즉 하나님이 주인공들에게 길을 떠나라고 명령하신다(하갈과 이스마엘, 21:12-14; 아브라함과 이삭, 22:4-8). 여행을 위한 채비가 갖추어진다(21:14; 22:3). 하나님이 아브라함에게 아들을 포기하라고 명령하신다(이스마엘, 21:12-13; 이삭, 22:2). 아들은 죽음 직전으로 몰리며(21:16; 22:10) 이때 야웨의 사자가 구원을 위해 개입한다(21:17; 22:11). 이 사자는 핵심 단어인 "두려워하다"를 사용한다("두려워 말라", 21:17; "하나님을 두려워하라", 22:12). 주인공의 "눈"이 야웨의 예비하심을 보는 것과 관련하여 언급된다(21:19; 22:13[187]). "듣다"가 핵심 단어로 나타난다(21:17; 22:18).[188] 이어서 이 장은 "잃은" 아들을 통해 나올 큰 후손에 대한 약속과 더불어 마무리된다(21:18; 22:17).[189] 하나님의 공급하심과 축복을 얻기 위해 아브라함은 믿음으로 자기 아들들을 하나님께 양도해야 한다.

---

187 "보았다"는 히브리어 "그가 눈을 들어 올려다보았다"의 번역이다.
188 "내게 복종하다(준행하다)"는 히브리어 "내 말을 들었다"의 번역이다.
189 Wenham, *Genesis 16-50*, 99-100.

제6부 2막 8장에 대한 주해 ────

시험의 제시(22:1-2)

1절. 그 일 후에 …아브라함을. 사르나는 이렇게 설명한다. "이 정보가 아브라함에게는 누설되지 않고 독자들에게 전달된다. 이는 하나님이 인간의 희생 자체를 요구하신다는 오해의 가능성을 제거하기 위함이다. 그러므로 이 신적 요구의 순수한 시험적 특징이 강조된다. …지금 독자들은 아들이 도살되지 않을 것이라는 사실을 알고 있다."[190]

그 일 후에. 15:1을 보라. 이삭이 젖을 뗐다는 마지막 연대기적 통지 이후로(21:8을 보라) 적어도 십 년의 세월이 흘렀다. 그는 이제 짐승의 희생에 필요한 한 묶음의 장작을 지기에 충분한 나이가 되었다.

하나님(אֱלֹהִים, 엘로힘). 이 이야기에서 하나님의 이름을 둘러싼 논쟁이 있다. 22:10까지 이 이야기의 전반부에서 하나님은 엘로힘으로 언급되고 후반부에서는 야웨로 언급된다. 이를 토대로 자료비평가들은 이 이야기가 뚜렷한 신학을 지닌 다른 자료로 구성되어 있다고 주장해왔다. 하지만 그런 독법은 불필요하다. 앞서 입증된 바와 같이(2:4을 보라; 제6부 2막 2장에 대한 문학적 분석에 있는 "호칭"과 20:3도 보라), 하나님의 이름은 하나님과 그분의 백성의 관계에서 드러나는 특별한 측면들을 강조하기 위해 주의 깊게 선택된다. 엘로힘(אֱלֹהִים), 곧 하나님이란 이름은 창조주로서의 하나님께 초점을 맞춘다(창 1:1-2:3을 보라). 반면에 야웨(יהוה)란 이름은 아브라함 및 그의 후손과 맺는 하나님의 언약 관계를 강조한다. 이 이름은 아브라함에 대한 자신의 언약적 의무를 지키시겠다는 하나님의 맹세와 어울린다.

시험하시려고. 이 이야기의 초점은 이삭에게 닥친 위험이 아니라 하나

───
190 Sarna, *Genesis*, 151.

님과의 관계에 있어서 아브라함에게 닥친 위험에 있다. 히브리어 "시험했다"(נסה, 니사)는 "잘못된 일을 하도록 유도하다"를 의미하지 않는다. 인칭 목적어를 수반하는 이 단어는 "다른 사람이 가치 있는지를 알아보기 위해 또 다른 사람을 시험하는 것"을 의미한다(왕상 10:1; 대하 9:1; 단 1:12, 14).[191] 영블러드는 다음과 같이 요약한다. "사탄은 우리를 파멸하려고 유혹하나(벧전 5:8; 약 1:15; 롬 6:23), 하나님은 우리를 강하게 하려고 시험하신다(출 20:20; 신 8:2)."[192] 여기서 신실한 성도인 아브라함의 마음은 신적 약속에 대한 자신의 믿음과 그 약속을 무효로 만드는 명령 사이에서, 또한 하나님에 대한 애정과 그분의 선물에 대한 애정 사이에서 찢긴다. 믿음이란 하나님과 그분의 약속에 대한 신뢰를 마음에 품으며 살아가는 것이다.

그가 이르되. 내레이터는 어떻게 하나님께서 아브라함에게 말씀하셨는지를 상술하지 않는다. 즉 그 방법이 환상인지, 현현인지, 아니면 사자(전령)인지 알 수 없다(참조. 15:1; 18:1; 22:11). 그러나 아브라함은 자신이 하나님의 말씀을 듣고 있음을 안다(12:1을 보라).

내가 여기 있나이다. 이 형식문은 "일상의 언어로 관례적으로 사용되는 대답이며 특별히 친밀함이나 존경심으로 맺어진 사람들 사이에서 사용된다(아버지-아들, 왕-신하)."[193] 이 강조의 불변사 힌네니(הנני)는 제8장에서 아브라함이 하나님께 발언하는 유일한 단어다(22:11). 비록 아브라함이 항상 신실했던 것은 아니지만, 이 단어의 반복은(1절과 11절에서) 절정에 이른 그의 믿음에 대한 시험에서 그가 하나님의 말씀에 주의를 기울이며 수용적임을 보여준다(참조. 사 6:8). 랜디(Landy)는 이렇게 주석

191 G. Gerleman, "נסה," *TLOT*, 2:742.
192 Youngblood, *Genesis*, 186.
193 A. Jenks, *The Elohist and North Israelite Traditions* (SBLMS 22; Missoula, Mont.: Scholars, 1977), 25.

한다. "아브라함과 하나님의 편한 대화 속에서 잔인한 명령이 갑자기 튀어나온다. 여기에는 그들이 특별한 친분 관계라는 배경적 인식이 깔려 있다. 그러나 일차적으로 이 대화는 아브라함을 발언하는 주체로 불러들인다. 추상적인 거리감을 주는 묘사가 이 이야기를 둘러싸고 있는데(하나님-시험-아브라함), 자신이 여기 있음을 선언하는 아브라함과 그와 마주치는 한 목소리가 이 분위기를 대체한다."[194]

2절. 이삭을 데리고(원컨대 취하라[קַח־נָא, 카흐나]). 소위 간청의 불변사("원컨대"[נָא, 나])가 "취하라"는 명령에 뒤따르는데 이런 형식이 신적 명령에서는 드물다. 사르나는 이 간청이 다음 두 가지 의미 중 하나를 뜻할 수 있다고 본다. 즉 하나님께서 아브라함의 대답에서 석연찮은 것을 간파하셨다는 의미이거나 아브라함이 그 명령을 자유롭게 거부할 수 있다는 뜻이라고 한다.[195] 하지만 램딘(T. O. Lambdin)은 힌네(הִנֵּה)와 더불어 사용된 불변사는 "해당 명령이 논리적 결과임을 함의한다"고 주장한다(22:1에 있는 힌네니 [הִנֵּנִי]를 보라).[196] 그렇다면 이 불변사 나(נָא)는 아브라함의 주의 깊고 수용적인 반응의 결과적인 성격을 전달한다. 다시 말해 "너는 내게 복종할 준비가 되어 있으니 네 아들을 취하라."

독자. 어떤 사람은 그리스어 역본과 다른 고대 역본들을 토대로 이 단어가 가치를 지시할 수 있으며 더 나은 번역은 "네 아끼는 아들"일 수 있다고 주장한다. 하지만 구약에서 이 형용사의 열두 가지 용법은 그런 해석을 지지하지 않는다.[197] *HALOT*에 따르면 이 단어는 "유일한"(독자를 가리키는 구절, 창 22:2, 12, 16; 잠 4:3; 렘 6:26; 암 8:10; 슥 12:10; 혹은 독녀를 가

---

194 F. Landy, "Narrative Techniques and Symbolic Transactions in the Akedah," in *Signs and Wonders: Biblical Texts in Literary Focus*, ed. J. Cheryl Exum (Atlanta: Scholars, 1989), 11.

195 Sarna, *Genesis*, 151.

196 T. O. Lambdin, *Introduction to Biblical Hebrew* (New York: Charles Scribner's Sons, 1971), 170; *IBHS*, §34.7a도 보라.

197 사실상 이는 많은 것들 중에 "호감을 얻는" 또는 "특유한"을 결코 의미할 수 없다.

리키는 구절, 삿 11:34), 혹은 "외로운, 버림받은"(시 25:16; 68:6; 괴로워하며 애통하는 영혼, 시 22:20; 35:17)을 의미할 수 있다.[198] 이스마엘은 추방되었고 아브라함의 후손은 이삭을 통해 이어질 것이기 때문에 야웨는 이삭을 "독자"로 명시하신다. 로버트 알덴(Robert Alden)은 이렇게 주석한다. "'독자를 위한 애곡'이라는 표현(렘 6:26; 암 8:10; 슥 12:10[참조. 삿 11:34])은 죽음과 가계의 종말과 관련된다. 그러므로 아들의 죽음은 끔찍한 재난을 의미한다."[199]

네 아들, 네 사랑하는 독자 이삭. "아들"이라는 단어가 이 기사 전반에 걸쳐 반복된다(22:2, 3, 6, 7, 8, 9, 10, 12, 13, 16). 이는 아들에 대한 강조가 아닐 수 없다. 아브라함은 중대한 시험에 직면한다.

가서. 히브리어에는 "혼자서"가 덧붙여져 있다. 아브라함은 그의 친숙한 환경으로부터 자신을 "작심하여 분리시키라"는 요구를 받는다.[200] 아브라함은 야웨께서 지시하신 땅으로 가기 위해 소중히 여겼던 모든 것을 떠나야 했던 것처럼(12:1을 보라) 자신이 가장 소중히 간직하는 것을 야웨께 드리고 그분이 선택하신 곳에서 예배해야 한다(신 12:5을 보라). 랜디는 다음과 같이 제안한다. "두 가지 주요 명령인 '취하라'와 '가라'는 정반대의 움직임을 시사한다. 하나는 이삭을 자신에게로 붙들어두는 행동이고, 다른 하나는 자신으로부터, 곧 그가 '내가 여기 있나이다'라고 말한 곳으로부터 미지의 장소로 가는 여행이다. 하나는 단단히 움켜쥐는 행동이고, 다른 하나는 자신의 손해를 암시하는 위험한 모험이다. 이 이야기는 피곤할 정도로 두 명령의 역동적 움직임을 그려낸 작업이다."[201] 믿음은 고독

---

198 *HALOT*, 406.

199 R. Alden, "יָחִיד," *NIDOTTE*, 2:435.

200 T. Muraoka는 라메드의 윤리적 여격 용법에 대해 말한다("On the So-called," 497); *IBHS*, §11.2.10d도 보라.

201 Landy, "Narrative," 11.

한 순례의 여정이다.

모리아 땅. 비록 본문상의 난제들이 있다고 할지라도 이곳은 십중팔구 예루살렘을 지시할 것이다(Josephus, Targums, 그리고 Talmud[*b. Ta'an*. 16a] 의 지지를 받는 대하 3:1을 보라). 사르나는 고대 역본들 중 아무것도 모리 아를 음역하지 않고 어원학에 따라 이를 번역했다고 설명한다. 이는 라 아(רָאָה, "보다"; 참조. Aquila, "분명하게 목격된"; Vulgate, "환상") 또는 야레 (יָרֵא, "두려워하다"; 참조. Targums, "예배하다"), 혹은 야라(יָרָה, "가르치다"; 몇 몇 유대교 해석)일 것이다. 사르나는 브엘세바로부터 예루살렘까지의 여행 은 삼 일이 소요되지 않고 땔감 운반이 요구되지도 않았을 것이라는 점 에 근거하여 전통적인 장소 확인을 문제 삼는다.[202] 하지만 브엘세바로부 터(22:19을 보라) 예루살렘까지의 거리는 대략 50마일(80km)로서 삼 일의 여행길이라고 해도 무방한데, 특별히 하루의 일부분이 하루 종일로 간주 되었기 때문이다.[203] 사르나 본인도 미리 땔감을 준비할 필요를 설명한다. "정확한 목적지가 그에게 아직 알려지지 않은 곳이었기 때문에, 그는 거 기서 땔감을 발견하리라고 확신할 수 없었다."[204] 미첼(T. C. Mitchell)은 이렇게 말한다. "아브라함의 희생제사가 성전산에서 있었던 일이 아니 더라도 나중에 예루살렘이 된 장소에서 이루어졌다는 것은 의심할 필요 가 없다."[205]

그를 번제로 드리라. 이는 구약성경에서 신학적으로 가장 난해한 본문 중 하나다. 하나님의 명령은 도덕법과 상충되지 않았는데, 왜냐하면 첫 태생은 항상 야웨께 속하기 때문이다(출 13:11-13). 그러나 이 명령은 도

---

202 Sarna, *Genesis*, 391-92.

203 예를 들어 예수는 금요일 일부, 토요일 온종일, 그리고 일요일 일부 시간 동안 무덤에 있었지 만, 이는 삼 일로 간주된다. 마찬가지로 요 20:26에서(문자적으로, "팔 일 후에", NIV, "한 주 후 에") 부분적인 두 일요일이 암시되고 팔 일로 계산된다.

204 Sarna, *Genesis*, 151.

205 T. C. Mitchell, "Moriah," *NBD*, 794.

제6부 데라의 후손의 계보   **543**

덕적으로나 신학적으로나 통상적인 것이 아니었다. 키르케고르는 이 본문과 씨름했는데, 하나님의 명령이 비논리적이고 터무니없는(비이성적인) 것이라고 보았다.[206] 노인에게 독자는 지팡이나 막대기와 같은 존재다. 노인의 지팡이가 자신이 죽은 후 홀로 남겨진다면, 이는 슬픈 일이다. 그러나 지팡이가 사라지고 노인이 홀로 남겨진다면 이는 더욱 슬픈 일이다. 아브라함에게 자신의 지팡이를 부러트리라는 하나님의 요구는 얼마나 비논리적인가! 아브라함에게 오랜 낙심의 세월을 뒤바꾸어놓은 현실을 이제 와서 단념하라니 얼마나 터무니없는가! 아브라함에게 나중에 그분의 십계명 중 여섯 번째 계명이 될 도덕법, 즉 "너는 무고한 생명을 해하지 말라"는 법을 어기라는 요구는 얼마나 도덕적으로 문제가 될 만한가! 아마도 우리는 야웨가 이삭의 생명에 대한 소유권을 지녔다는 데 근거하여 이 명령을 정당화하려고 시도해볼 수 있다. 그럼에도 불구하고 이 명령은 도덕성의 가장자리에서 위태한 상태에 놓여 있다. 우리는 믿음이 급진적인 순종을 요구한다는 설명 불가하고 엄중한 깨달음 앞에 서게 된다. 아브라함은 비논리적이고 불합리한, 최소한으로 말한다고 해도 인간의 관점에서 관례를 벗어난 방식으로 행동하라는 요구를 받는다. 하지만 성경의 세계관에서는 그런 급진적인 행동이 성경적 믿음의 진정한 특징을 증명한다. "아브라함은 언약에 따라 야웨께 순종하기 위해 혼신을 기울였으며, 자기 아들 이삭을 할례를 통해 야웨께 봉헌했다. 야웨는 자신의 종의 믿음과 충성심을 극단의 시험대에 올려놓았다. 그렇게 함으로써 야웨는 아브라함과 이삭 및 그들의 후손에게 그분의 언약이 요구하는 전적인 봉헌에 대해 가르치신다."[207]

산들(the mountains, 개역개정-"한 산"). 웬함은 "그 산들"(הֶהָרִים, 헤하림)

---

206 Kierkegaard, *Fear and Trembling.*
207 NIV study notes, 22:2(p. 38).

창세기 주석

이 모리아(הַמֹּרִיָּה, 하모리야)의 자음치환이라고 주석한다.[208]

내가 네게 일러줄. 아브라함에게 내려진 하나님의 마지막 명령은 그분의 첫 번째 명령을 되울린다(12:1).

아브라함이 지시에 따르다(22:3-10)

3절. 아침에 일찍이. 이는 아브라함이 즉각적으로 순종한 또 다른 사례다(20:8을 보라). 족장들은 하나님의 말씀에 따라 산다(신 8:3).

아브라함이 … 일어나. 아들을 넘겨주는 매도인이 된 아브라함은 침묵에 빠진다. 즉 (이스마엘[창 17:18]이나 롯[18:22-33]의 문제에 봉착했을 때와는 달리) 아무런 논쟁도 하지 않고 단지 움직일 뿐이다. 다시 말해 그는 단지 서두르고 안장을 지우고 취하고 쪼개고 일어나서 떠날 뿐이다.

두 종. 이는 아브라함이 높은 신분이라는 표시다.

번제에 쓸 나무를 쪼개어. 내레이터의 기술적인 동사 나열은 독자들로 하여금 긴장을 풀지 못하게 하면서 간접적이며 심리적인 인물 묘사의 기능을 한다. 동작 목록의 마지막에 나오는 이 행동과 더불어 독자들은 아브라함이 여행을 시작할 때 그의 어깨 위에 지워진 짐의 무게를 잊을 수 없게 된다. 아브라함이 만감이 교차하는 이 부담스러운 행동을 마지막까지 지체한다는 사실은 그의 심리적 딜레마를 암시한다.

4절. 제삼일에. 성경의 세계에서 삼 일은 중요한 일을 위한 전형적인 준비 기간이었다(참조. 31:22; 42:18; 출 3:18; 15:22; 19:11, 15, 16; 민 10:33; 19:12, 19; 31:19; 33:8; 에 5:1; 호 6:2; 욘 3:3; 마 12:40; 고전 15:4; Gilgamesh Epic 1.2.44; 1.3.48[209]). 확장된 시간 간격은 아브라함이 서둘러 행동하지 않고 의연한 믿음으로 일을 진행하고 있음을 보여준다. "이는 차분히 심사숙

---

208 Wenham, *Genesis 16-50*, 106.
209 *ANET*, 74-75.

고할 시간적 여유를 제공한다. 그러나 그의 결심은 약해지지 않는다."[210]

5절. 여기서 기다리라. 랜디는 이렇게 주석한다. "종들은 뒤쳐져서 동행하고 있었다. 이것이 그들의 역할, 즉 어떤 서사에서든 매우 이상한 역할이다. 그들은 서사에 들어오지 않도록 소개만 되는 배역들이다. 이는 우리가 느끼는 아브라함의 고독감을 가중시킨다."[211] 아브라함은 모든 것을 뒤에 남겨두어야 한다. 산꼭대기를 홀로 향하는 그의 등반은 희생의 장소로 가는 고독하고 심리적인 믿음의 여행을 상징한다.

아이. 21:12을 보라.

우리가…돌아오리라. 비록 아브라함은 하나님께서 일을 어떻게 처리하실지 알 수 없었지만 그의 믿음은 이삭 안에서 그의 후손이 보장될 것이라는 하나님의 약속과(21:1-13) 이삭을 바치라는 하나님의 명령이 조화를 이루게 한다. 히브리서 11:17-19에 따르면 그는 "부활" 신앙이 무엇인지를 보여주며, 로마서 4:16-25에 따르면 그의 믿음은 그리스도가 죽은 자들로부터 부활하셨음을 믿는 그리스도인으로서의 믿음의 분량 및 특질과 다를 바 없다.

6절. 나무…아들 이삭에게 지우고. 이삭은 희생제사에 충분한 양의 땔감을 등에 지고 산 위로 올라갈 수 있는 십대 후반이었음이 분명하다. 이는 가슴 떨리게 긴장되는 순간이다—이삭은 자신을 파멸시킬 장작을 운반하고 있다.

자기는 불과 칼을 손에 들고. 이 상세한 내용은 아브라함이 진 짐의 무게를 느끼게 해준다. 그는 자기 아들에게 휘둘러야 하는 무기들을 운반하고 있다. "칼"(מַאֲכֶלֶת, 마아켈레트)이라는 단어는 다른 곳에서는 제사장이 자신의 첩을 토막 내려고 사용한 그 칼에 대해서만 사용되고(삿 19:29) 검

---

210 Sarna, *Genesis*, 152.
211 Landy, *Narrative*, 14.

과 나란히 언급될 뿐이다(잠 30:14).

7절. 이삭이 그 아버지 아브라함에게 말하여 이르되. "아버지"와 "아들"의 반복을 통해 내레이터는 쉴 새 없이 이 소중한 관계를 강조한다.

8절. 어린양은…준비하시리라. 하나님의 말씀에 대한 아브라함의 믿음은 그로 하여금 약속에 비추어 하나님의 명령을 이해할 수 있게 만든다.

9절. 결박하여. 위의 문학적 분석에 있는 "공백"을 보라. 이 단어는 성경의 다른 곳에서는 제의적 희생의 문맥에서 발견되지 않는다. 랍비들은 이 이야기를 아케다(Aqedah)라고 불렀다. 이는 "결박"에 해당하는 히브리어 단어다.

9-10절. 제단 나무 위에 놓고…손을 내밀어…아들을 잡으려 하니. 내레이터는 느린 동작의 카메라로 보는 관점에서 이 순간을 전개해나간다.

아브라함의 순종을 하나님이 인정하시다(22:11-19)

11절. 야웨의 사자. 16:7을 보라.

아브라함아! 아브라함아! 이 반복은 긴급함을 함축한다(참조. 창 46:2; 출 3:4; 삼상 3:10; 행 9:4).

12절. 내가 이제야…아노라. 내레이터는 아브라함이 믿음으로 결단할 것을 하나님께서 미리 알고 계셨다는 사실을 수반하는 하나님의 전능성에 대한 문제와 씨름하지 않는다. 대신 내레이터는 아브라함의 믿음이 역사의 무대에서 펼쳐질 때까지는 하나님께서 그가 지닌 믿음의 자질을 경험하지 못하신다는 현실에 초점을 맞춘다(참조. 신 8:2).

하나님을 경외하는 줄을. 20:11을 보라. "하나님에 대한 경외"는 양심을 통해서나 성경을 통해 계시된 그분의 도덕적 뜻에 복종하는 태도를 수반한다. 이 복종은 하나님께서 순종하는 자에게는 생명을, 불순종하는 자에게는 죽음을 준비해놓고 계신다는 사실을 인식하는 데서 비롯된다. 아브라함은 순종함으로써 인정을 받는다. 이에 대해 루프는 "가장 소중한 것조차도 지키려 하지 않고 미래를 바라보고 하나님을 신뢰하는 순

종"이라고 묘사한다.[212]

네가 아끼지 아니하였으니. 아브라함의 믿음은 말이 아닌 행동에 있다 (약 2:21-22).

13절. 눈을 들어 살펴본즉…수풀에 걸려 있는지라. 분명히 하나님의 섭리가 역사하고 있다.

한 숫양이. 몇몇 마소라 텍스트는 "(그의) 뒤에 한 숫양"으로 읽는다.

대신하여. 이는 성경에서 한 생명을 위한 다른 생명의 대체적 희생을 최초로 명시적으로 언급한다. 비록 그것이 노아의 희생제사에서 암시되었지만 말이다(8:20-22).

14절. 야웨 이레. 아브라함 서사의 핵심 단어인 라아(רָאָה)는 흔히 "보다" 를 의미하는데, 여기서는 "공급하시다, 준비하시다"로 번역된다.

오늘날까지. 이 표현은 모세 이후의 시기를 가리키며(서론에서 "편찬과 저작권: 모세 후의 삽입"을 보라) 이야기의 역사성에 권위를 부여한다(서론에서 "역사성과 문학적 장르"를 보라). 다윗이 예루살렘을 취한 후부터 "야 웨의 산"은 예루살렘에 있는 성전산을 가리킨다(시 24:3; 사 2:3; 30:29; 슥 8:3을 보라).

16절. 내가 나를 가리켜 맹세하노니. 언약을 확증하는 짐승들의 사체 사이를 지나가시고 그것을 확증하기 위해 할례를 지시하신 하나님이 이 제 자신의 언약의 약속을 맹세하신다. "하나님은 약속을 기업으로 받는 자들에게 그 뜻이 변하지 아니함을 충분히 나타내시려고"(히 6:17) 그렇 게 맹세하신다.

17절. 큰 복을 주고. 1:22과 12:2의 주해를 보라.

네 씨. 13:16, 15:5을 보라.

18절. 네 씨로 말미암아. 12:3, 13:16, 15:5, 17:5-6, 15-16, 18:18을

---

212 Roop, *Genesis*, 148.

보라.

천하 만민이. 12:2-3을 보라.

이는 네가 나의 말을 준행하였음이니라. 이는 언약의 확실성을 강조한다. 모벌리는 이렇게 말한다. "앞서 오직 야웨의 뜻과 목적에만 기반을 둔 약속이 변화되어 이제는 야웨의 뜻과 아브라함의 순종 모두에 기반을 두게 된다"[213](17:9을 보라).

19절. 이에 아브라함이. 아브라함이 홀로 언급되는 이유는 이것이 이삭의 순응이 아니라 아브라함의 믿음을 시험하는 이야기이기 때문이다. 아브라함의 이름이 22:1에서와 같이 두 번 반복되면서 서사를 둘러싸는 수미상관 구조를 형성한다.

제6부 2막 8장에 대한 신학적 고찰 ────────

행동하는 믿음

폭스는 성경의 문학적 스타일에 대한 에리히 아우어바흐(Erich Auerbach)의 고찰로부터 끌어와서 다음과 같이 논평한다. 성경의 문학적 스타일은 "한 가지 중심적인 관심사에 몰두한다. 즉 하나님과의 관계 속에서의 인간의 결정이다."[214] "이삭의 결박"은 아브라함과 하나님의 관계에서 결정적 순간이다. 이 장면에서 야웨와 아브라함의 서로에 대한 열심이 각자의 한계점에 이르도록 검증된다. 야웨는 아브라함을 열국 중의 큰 민족으로 만들어 그를 통해 땅을 축복하는 일에 열중하신다. 아브라함은 하나님의 말씀에 따라 걷는 일에 열중한다. 아브라함의 열심은 그가 자신

---

213 R. W. L. Moberly, "The Earliest Commentary on the Akedah," *VT* 38 (1988): 320.
214 Fox, *Beginning*, 81.

에게 씨와 땅을 주신다는 하나님의 약속을 통해 품은 믿음의 상상력 속에서 철두철미하게 사는 것을 의미했다. 비록 그와 사라가 더 이상 후손을 낳을 수 없었음에도 불구하고 말이다. 또한 이 열심은 하나님의 명령에 철저히 순종하여 사는 것을 의미했다. 산꼭대기를 향한 아브라함의 고독한 발걸음은 복종과 희생의 장소로 가는 고독하고 심리적인 믿음의 여정을 상징한다. 그는 상반되는 가시적 증거에도 불구하고 하나님의 약속을 믿었던 것과 같이 하나님께 순종하는 그의 헌신에서도 흔들리지 않는다. 진정한 믿음은 하나님의 말씀, 즉 그분의 약속과 명령에 순응하는 행동으로 표현된다. 하나님께서 부르실 때 아브라함은 "내가 여기 있나이다"라고 응답한다. 아브라함은 항상 듣고 순종할 준비가 되어 있다(다음의 인물들도 그렇다. 모세, 출 3:4; 사무엘, 삼상 3:4; 이사야, 사 6:8; 무엇보다 예수 그리스도, 히 10:7). 아브라함은 그리스도인이 본받아야 할 믿음의 응답에 대한 뛰어난 모범이다.

시험과 믿음

하나님은 종종 역경이나 고난을 통해 그분의 백성인 성도들을 시험하신다. 이는 우리가 "역사"라고 부르는 실제 시공간의 연속적 흐름 속에서 성도들이 순종을 통해 믿음의 자질을 증명하게 하기 위해서다(출 20:20; 신 8:2; 대하 32:31; 마 4:1-11을 보라). "이삭이 결박되는" 순간에 성도의 마음은 하나님의 약속에 대한 자신의 믿음과 그것을 무효로 만드는 명령 사이에서, 또한 하나님의 선물에 대한 애정과 하나님에 대한 사랑 사이에서 나뉜다. 몇 가지 이유로 하나님은 현실을 타당하게 만들기 위해 이 역사를 선택하셨다. 그분은 우리를 죄로 이끌기 위해서가 아니라 우리가 어떤 사람인지 자질을 알아보기 위해 우리를 시험하신다. 우리의 실체에 대한 증거는 우리의 행함이다(약 2:14-24). 우리는 하나님을 시험할 수 없으며(출 17:2, 7; 신 6:16; 눅 4:12) 하나님께서 부르실 때 단지 겸손하게 복종함으로 응답할 뿐이다. 이것이 아브라함이 "내가 여기 있나이다"라고 대답할 때 취한 태도다. 아브라함의 겸손과 복종은 그리스도인의 믿음에 대한 본보기다.

하지만 완전한 믿음을 지닌 사람은 아무도 없다. 우리가 살펴본 바와 같이 아브라함의 믿음은 몇몇 사례에서 흔들린다(참조. 12:10-20; 16:1-2; 20:1-13). 그러나 야웨는 하나님 앞에서 걸어가는 아브라함의 기본적인 헌신의 삶에 응답하신다(17:1). 교회의 가장 오래된 신앙고백 중 하나는 이렇게 말한다. "우리는 미쁨이 없을지라도 주는 항상 미쁘시니 자기를 부인하실 수 없으시리라"(딤후 2:13). 그러나 교훈이 되는 것은 아브라함이 복종할 때 그가 다른 사람들을 복되게 하고 하나님의 약속을 받는다는 사실이다(12:1-3; 17:1-16; 22:15-18). 그가 불순종할 때 그는 열국의 목에 걸어놓은 멍에가 된다. 믿음은 비전이 필요하고 하나님의 말씀에 대한 철저한 복종을 요구한다.

전조 또는 모형론

오경에서 모리아산으로 가는 아브라함의 여정과 그의 희생제사는 시내산에서 이스라엘의 예배에 대한 전조가 된다. 삼 일의 여정과 순종하여 자기 아들을 기꺼이 희생으로 바치려고 한 결단 이후 아브라함은 모리아산 위에서 하나님께 대한 예배의 행위로 망설임 없이 양을 바치려고 한 최초의 인물이 되었다. 후일에 이스라엘 족속은 추정컨대 하나님의 산 위에서 하나님께 예배하기 위해 광야로 삼 일의 여행을 원한다(출 3:18; 4:27; 5:3). 거기서 야웨가 그들에게 현현하여 율법을 부여하고 이를 지키는 자들에게 축복을 약속하신다. 이스라엘의 모든 아버지는 짐승을 대체물로 바침으로써 자신의 장남을 구속한다(출 13:12-13). 이는 마치 야웨의 사자가 유월절 어린양의 대체물로 인해 처음 난 것을 살려주었던 것과 같다(출 12:12-13).

정경 안에서 자기 아들을 기꺼이 순종함으로 바친다는 아브라함의 이야기는 그리스도의 희생에 대한 모형이다. "하나님이 친히 양을 준비하시리라"(22:8)는 아브라함의 선언은 세상을 구원하기 위해 "어린양"을 내놓으신다는 하나님의 선언을 되울린다(마 10:45; 요 1:29, 36; 고후 5:17-21; 벧전 1:18-19). 모리아산 위에서 하나님께서 준비하신 양은 하나님께서 희생시키신 예수 그리스도의 모형이다. 궁극적으로 하나님은 인간을 대신하는 흠 없는 진정한 어린양을 내어주신다. 이 하나님의 어린양이 택한 자들을 대신하여 죽음으로써 그들이 살 것이다(창 22:13-14).

이삭과 아브라함의 순종은 진정한 "고난 받는 종"이신 하나님의 아들의 모형이다. 이삭처럼 그리스도는 도살자에게 끌려가는 어린양이지만 그의 입을 열지 않는다. 이삭이 가파른 산 위로 제단에 쓸 자신의 장작을 메고 올라간 것처럼 그리스도는 골고다를 향해 자신의 나무 십자가를 메고 가신다(요 19:17을 보라).[215] 아브라함이 희생과 순종으로 제단 위에 이삭을 눕힌 것처럼(창 22:9), 그리스도도 그렇게 희생과 순종으로 아버지의 뜻에 자신을 내어드린다(롬 8:32; 빌 2:6-8; 벧전 2:21-24). 아브라함의 헌신("네가 이같이 행하여 네 아들 네 독자도 아끼지 아니하였은즉", [창 22:16])은 요한복음 3:16과 로마서 8:32에 반영된 바와 같이 그리스도 안에서 우리를 향하신 하나님의 사랑과 병행을 이룬다. 아마 신약의 이 두 구절은 창세기 22:16을 암시할 것이다. 상징적인 의미로 아브라함은 이삭을 죽음으로부터 되찾는데, 이는 십자가의 죽음으로부터 다시 사신 그리스도의 부활에 대한 모형이다(히 11:19). 아브라함을 축복하고 그를 통해 열국을 축복하겠다고 맹세하면서 하나님은 아브라함의 후손에 대한 약속을 보증하신다(창 22:15-18). 아브라함의 순종은 그리스도의 능동적 순종을 미리 보여주며, 그리스도는 아브라함의 셀 수 없는 후손에 대한 언약의 축복을 확증하신다.

---

215 추가로 *ANF*, vols. 1, 3, 4에 있는 Irenaeus와 Tertullian을 보라.

제6부 3막

이삭으로의 전환(22:20-25:11)

제6부 3막에 대한 문학적 분석 ──────────

구조와 플롯

제2막의 절정에 이른 결론 이후에 이제는 족장들의 혈통 계승을 위한 준비로서 모든 일이 전개된다. "데라의 후손의 계보"에서 이 마지막 막은 아브라함으로부터 이삭으로 족장직이 전환됨을 제공한다. 비록 야곱으로의 족장직 전환이 더욱 크지만 말이다(제8부에 대한 문학적 분석을 보라).

이 막은 제6부의 관심, 즉 아브라함에게 맹세한 씨와 땅에 대한 언약의 약속을 마무리한다. 땅과 관련하여 제2장에서(창 23장) 사라의 죽음에 대한 보고는 약속의 땅에서 아브라함이 최초로 땅 한 필지를 확보하기 위해 벌인 그의 협상을 서술하는 확장된 서사를 촉발한다. 아브라함이 브엘세바 우물에 대한 권리를 확증한 것은 별개로 하고 말이다(21:22-34을 보라). 씨와 관련하여 더욱 확장된 서사인 제3장(창 24장)은 이삭을 위해 여족장의 지위를 확증하려고 아브라함의 종이 벌인 협상을 묘사한다. 이 장면은 창세기에서 가장 긴 장(chapter)을 차지한다. 족보들과 죽음에 대한 통보들이 제3장의 틀을 짜고 있다. 아브라함의 형제 나홀의 족보인 제1장(22:20-24)이 약속의 씨를 특징으로 삼고 있는(두 번째 "이스라엘의 어머니"인 리브가의 탄생에 초점을 맞추면서) 반면에 그두라를 통한 아브라함의 족보인(비택자의 아들들) 제4장은(25:1-6) 이삭에게 독점적으로 주어진 아브라함의 상속을 특징으로 한다. 제2장이 사라의 죽음과 땅을 확보하기 위한 아브라함의 협상을 기록하는 반면 제5장(25:7-11)은 아브라함의 죽음과 그 땅에서의 그의 매장에 대해 다룬다.

제1장: 리브가(택자)를 포함한 나홀의 족보(22:20-24)

제2장: 사라의 죽음, 아브라함이 도지를 확보함(23:1-20)

　제3장: 약속의 씨를 위한 신부 확보(24:1-67)

제4장: 그두라(비택자)를 통한 아브라함의 족보(25:1-6)

제5장: 아브라함의 죽음(25:7-11)

이 막은 이삭의 지도권으로의 전환을 위한 서사를 준비한다. 창세기 23장과 24장은 사라의 죽음 및 이삭과 리브가의 결혼에 대해 이야기한다. 25:1-6은 아브라함의 다른 자녀들의 자격이 박탈되고 이삭이 유일한 상속자로 남는 내용을 이야기하고, 25:7-11은 아브라함의 죽음에 대해 다룬다.

비교

아브라함의 생애에서 마지막 시기에 제3막의 느슨한 마무리들을 에둘러 묶는 작업이 이루어진다. 그럼에도 이 마무리들이 느슨하게 함께 배치되지는 않는다. 내레이터의 기교는 주요 족장들(아브라함, 이삭 및 야곱)에 대한 각 기사의 결론에서 관찰될 수 있다. 이 기사들은 모두 실질적으로 동일한 순서로 동일한 문제들을 다룬다. 웬함은 이 기사들을 다음과 같이 유용한 도표로 비교한다.[216]

---

216 Wenham, *Genesis 16-50*, 156.

아내의 죽음과 장례	23:1-20	35:18-20	48:7
아들의 "결혼"[217]	24:1-67	35:21-22	49:3-4
후손의 목록	25:1-6	35:23-26	49:5-28
족장의 죽음과 장례	25:7-10	35:27-29	49:29-50:14
후손의 목록	25:12-17	36:1-43	———
"~의 족보는 이러하니라"	25:19	37:2	———

---

217 따옴표는 추가된 것이다.

리브가의 가정 배경(22:20-24)

제6부 3막 1장에 대한 문학적 분석 ──────────

수미상관

아브라함의 희생제사에 대한 시험이(22:1-19) 아브라함의 떠남에 대한
부르심(12:1-8)을 되울리는 것처럼, 나홀의 이 족보(22:20-24)는 데라의
족보(11:27-31)에 대한 반향을 불러일으킨다. 이는 아브라함과 관련한 주
요 서사를 둘러싸는 수미상관을 형성한다(12:1-22:19).

 A 데라의 족보(11:27-31)

  B 아브라함의 떠남에 대한 부르심(12:1-8)

  B′ 아브라함의 희생제사에 대한 시험(22:1-19)

 A′ 데라의 아들 나홀의 족보(22:20-24)

형식

비록 이 단락의 내용이 족보라고 할지라도 이는 앞서 서사의 도입문에
지시된 바와 같이 서사의 형식으로 제시된다. 즉 "이 일 후에 어떤 사람
이 아브라함에게 알리어 이르기를"이라고 언급된다.

구조

서사의 도입문(22:20)에 이어서 나홀의 족보가 열두 아들의 수평적 족보로 펼쳐진다. 수평적 족보는 가족 관계의 확립을 목표로 하는 반면 수직적 족보는 마지막 후손을 최초의 합법적 조상의 적통으로 확인하는 것을 목표로 함을 기억하라(제1부 "추기: 창세기의 족보들"을 보라). 이 족보는 두 부분으로 나뉜다. 즉 첫 번째 부분은 나홀의 아내 밀가가 낳은 여덟 아들을 제시하고(22:20-23), 두 번째 부분은 나홀의 첩 르우마가 낳은 네 아들을 나열한다(22:24). 여덟 아들은 수미상관 구조로 첩의 아들들과 분명하게 구별된다. 즉 "밀가가 당신의 형제 나홀에게 자녀를 낳았다 하였더라"(22:20, 보고자의 목소리)와 "이 여덟 명은 아브라함의 형제 나홀의 아내 밀가의 소생이며"(22:23b, 내레이터의 보고)라고 언급된다. 이런 방식으로 첫 번째 여덟 아들의 우선성이 특징적으로 드러난다. 이 첫 번째 족보에 내레이터가 첨부한 해설, 즉 "브두엘은 리브가를 낳았고"(22:23a)라는 말은 내레이터가 이삭과 리브가의 결혼(24:24) 및 야곱과 레아 및 라헬과의 결혼(28:5)의 배경을 제공하기 위해 이 족보를 작성했음을 암시한다.

전조

이 족보는 나홀과 밀가의 후손의 상세한 목록을 완성하며(11:29) 리브가가 족장의 가계로 진입하는 이야기를 끌어내기 위한 무대를 마련한다(24:1-67; 참조. 25:20). 스턴버그는 이렇게 주석한다. "하나님의 축복과 나란히 배치되고 이스마엘의 결혼에 구조적으로 상응하는 이 보고는 사실상 예비 신부의 이름을 거명한다."[218]

---

218 Sternberg, *Poetics*, 133.

비교

아마도 나중에 종족을 이루는 비택자들인 나홀의 열두 아들은 아브라함이 자신의 손자 야곱을 통해 얻는 선택받은 열두 아들과 병행을 이룬다. 각 경우에 본부인/부인들로부터 여덟 명, 둘째 부인/부인들로부터 네 명이 태어난다(22:20, 24; 29:31-30:24; 35:16-18). 숫자 열둘은 이스마엘의 열두 아들/종족과도 부합한다(17:20; 25:12-16을 보라).

제6부 3막 1장에 대한 주해 ─────────

서사의 틀(22:20a)

20절. 이 일 후에. 다른 곳에 나타나는 시간 전환에 대해서는 15:1, 22:1을 보라.

알리어 이르기를. 이 족보는 아브라함에게 전달된 말로 보고된다. 아브라함의 형제의 자녀들에 대한 이 보고는 그에게 아직 끝나지 않은 임무를 상기시킨다. 즉 약속의 가문의 제2세대를 확보하는 일이다.

밀가가 낳은 나홀의 여덟 아들(22:20b-23)

20b절. 밀가가 (또한) …자녀를 낳았다. 이 본문은 청중이 11:29을 알고 있다고 전제한다.

나홀. 11:26을 보라.

21절. 우스. 10:23을 보라.

부스. 예레미야 25:23로부터 판단하자면, 부스 종족은 북부 아라비아에 정착했다. 그러나 쐐기문자 문헌들은 동부 아라비아에 위치한 바주/

수/(Bazu/su)를 언급한다.[219]

그므엘(아람의 아버지). "아람의 아버지"를 덧붙임으로써 내레이터 혹은 후대의 서기관은 여기서의 그므엘을 에브라임 지파의 두령인 (민 34:24) 그므엘과, 혹은 레위 지파의 두령의 아버지인(대상 27:17) 그므엘과 구별하려고 의도했을 수 있다. 그므엘의 아들 아람은 나홀의 손자로서 셈의 아들인(창 10:22-23; 대상 1:17) 아람 및 아셀의 후손인(대상 7:34) 아람과도 구별되어야 한다.

22절. 게셋. 그는 카스딤(Kasdim, 갈대아인)의 이름을 딴 영웅이다 (11:31을 보라).

하소. *HALOT*은 이곳을 "바레인 반대편 아라비아 연안에 위치한 현대의 알-하사(al-Ḥasa)"와 동일시한다.[220]

빌다스와 이들랍. 이들은 알려져 있지 않다.

23절. 브두엘. 창세기 24:15, 47, 25:20, 28:5을 보라.

리브가. "이 이름의 뜻은 불확실한데, 가장 개연성 있는 것은 리브카 (רִבְקָה)가 아랍어 바카라트(*baqarat*, '암소')에 상응하는 비크라(בִּקְרָה)의 지방 사투리라는 것이다."[221] 리브가는 이 족보에서 언급되는 유일한 딸로서 이삭의 아내에 대한 예측을 불러일으킨다. 리브가는 아브라함의 두 형제 모두와 관련된다. 그녀의 아버지 브두엘은 밀가의 아들이고, 밀가는 하란의 딸이자 나홀의 아내다(11:29을 보라). 다음 세대에서 레아와 라헬이 비슷한 조상을 갖는데, 이는 그들의 아버지인 라반이 리브가의 오빠이기 때문이다(29:10을 보라).

---

219 *HALOT*, 115.
220 앞의 사전, 301.
221 같은 사전, 1182.

첩 르우마가 낳은 나홀의 네 아들(22:24)

24절. 첩. 이 인도-유럽어에서 온 외래어는 둘째 부인을 가리킨다. 첩은 신부값을 지불할 필요 없이 얻을 수 있었고 법적인 권리가 적었다 (30:4; 삿 19:1-4을 보라).

데바. 그의 이름은 "도살"을 의미한다(즉 "도살할 때에 태어난").[222] 이 이름은 엘-아마르나 서신의 투비히(Ṭubiḫi ; 이집트어 다바흐[Dbḫ])와 관련되어 있을지 모른다. 이곳은 남부 시리아의 중요한 도성이었다. 어떤 사람은 이곳이 사무엘하 8:8(MT)의 베다(Betah) 및 역대상 18:8(MT)의 디브핫과 동일한 장소라고 추론한다.

가함. 이는 아라드 비문(기원전 7세기)에 있는 한 개인의 이름이기도 하다.

다하스. 이는 아마도 가데스 남쪽 오론테스(Orontes)의 계곡에 있는 타흐시(Ta-ḫ-śi)라 불리는 이집트의 지명과 관련되어 있을 수 있다(참조. 엘-아마르나 서신에 나타나는 상응어 타흐시[Taḫ-śi]).[223]

마아가. 이는 첩의 아들들의 이름 중 최남단에 위치한 지명이다. 마아가는 헐몬산 남쪽의 그술에 인접한 자그마한 아람인 자치국을 가리킨다 (수 13:13; 삼하 10:6, 8; 대상 19:7). 마아가족(개역개정-"마아가 사람" 혹은 "마아갓 족속")은 요단 동편에 있는 므낫세 반 지파의 북쪽 경계선에 위치한 작은 나라에 속했다(신 3:14; 수 12:5을 보라). 그들의 영토는 므낫세 반 지파에게 넘겨졌는데, 이 지파는 그들을 내쫓을 수 없었다(수 13:11-13).

---

222 같은 사전, 368.
223 같은 사전, 1721.

제6부 3막 1장에 대한 신학적 고찰 ————————

역사적 신빙성

이 이름들에 대해 알려진 지리적 증거들은 족보의 역사성을 지지하는 편이다. 궁극적으로 증거의 진정성은 인간적 표준이 아니라 영감에 의존한다.

장자권

우스를 장남으로 인용하는 이름들의 서열로 판단하자면, 리브가의 아버지인 브두엘은 밀가가 낳은 여덟 명의 저명한 아들 중 가장 어리다. 내레이터는 계속해서 하나님의 가족은 선택에 근거하지, 장남의 태생적 권리에 있지 않다고 강조한다.

제6부 3막 2장

사라의 죽음과 막벨라 굴의 입수(23:1-20)

제6부 3막 2장에 대한 문학적 분석 ────────

구조와 플롯[224]

영예로운 여족장 사라의 죽음은(23:1에 대한 주해를 보라) 약속의 땅에서 아브라함의 첫 토지 확보로 이어진다. 그 땅에서 "이방인이요 나그네"인 아브라함이 그의 죽은 자를 매장할 장소를 마련하지 못한다는 사실이 위기를 심화시킨다. 플롯의 긴장은 자신과 후손을 위해 묘지를 보장해줄 확실한 계약을 성사시키려는 아브라함의 신중한 협상을 중심으로 회전한다. 거류하는 이방인으로서 아브라함은 통상적으로는 땅을 구입할 자격이 없다. 처음에 헷 족속은 아브라함이 그의 죽은 자를 매장해야 하는 당장의 필요를 채우도록 그에게 무덤을 제공하지만 영구적인 묘지는 아니었다. 추정컨대 아브라함은 고대 근동 지역의 지주들이 자신의 땅을 분

---

[224] Garrett(*Rethinking*, 150-56)은 이를 창세기에 있는 세 개의 협상 담화 중 하나로 분류한다. 그에 따르면 이 담화들은 다음과 같은 공통 구조를 갖는다. 즉 위기(23:1-2; 24:1-4; 34:1-2), 상황(23:3-6, 10-11; 24:1-4; 34:1-2), 결정적 행동(23:7-9, 12-13; 24:5-9; 34:3-12), 행동의 결과(23:14-16; 24:15-16; 34:18-29), 그리고 그 여파가 나온다(23:17-20; 24:62-67; 34:30-31).

배하기를 꺼리는 광범위한 반감에 직면한다. 협상은 에브론이 아브라함에게 그의 죽은 자를 묻도록 토지와 더불어 굴을 주기로 제안할 때 더욱 복잡해진다. 아브라함이 이 제안을 받아들였다면, 굴과 토지에 대한 그의 권리 주장은 다툴 여지가 없지 않았을 것이다. 긴장은 굴과 토지에 대한 아브라함의 성공적인 **매입**과 더불어 해소된다. 협상을 위한 대화에 이어 내레이터의 진술, 곧 인수 협약과 지불의 형식문(23:16), 토지에 대한 설명을 포함한 토지의 양도(23:17), 그리고 증인들에 대한 진술이 뒤따른다. 구두 계약 형식은 막벨라 굴과 토지에 대해 아무런 하자가 없는 아브라함의 권리를 확립한다.

이 장에 대한 내레이터의 도입과 결론(23:1, 20), 사라의 죽음(23:2)과 매장(23:19)에 대한 내레이터의 요약은 확장된 "구두 계약"의 틀을 형성한다.[225] 이 계약으로 에브론의 굴과 토지가 족장들을 위한 영구적인 묘지로 아브라함에게 양도된다(23:3-18). 이 계약은 아브라함과 에브론의 헷 사람들 간의 세 가지 대화로 구성된다(23:3-6, 7-11, 12-16). 각 대화는 참여자들과 소유지의 측면에서 더욱 구체화된다(첫 번째: 헷 족속과 무덤; 두 번째: 그 땅의 사람들과 에브론의 굴; 세 번째: 에브론과 그의 굴과 토지).

문체

내레이터는 법률 용어와 더불어 사람이 확고하게 맺는 협약에서 기대하는 상세한 문체를 사용한다. 각 발언은 적어도 한 구절 전체로 구성된 도입문으로 시작된다(23:3, 5, 7, 10, 12-13a, 14). 두 번은 내레이터가 협상이 "성문에서" 발생한다는 것을 덧붙인다(23:10, 18). 성문은 고대 근동 도시의 법적 중심지였다.

---

225 이는 신바빌로니아 시대에서 입증되는 형식이다. G. M. Tucker, "The Legal Background of Genesis 23," *JBL* 85 (1966): 80-84을 보라.

플롯, 편집적 요약인 "구두 계약 형식" 및 문체는 내레이터의 관점이 사라의 죽음이 아니라 확고하고 법적 구속력이 있는 아브라함의 묘지 확보에 초점을 두고 있음을 보여준다. 이 묘지는 아브라함의 후손을 약속의 땅에 정박시킬 것이다.

핵심 단어들

사라에 대한 환유법인 "그의/나의/당신의 죽은 자"라는 어구가 총 여덟 번 나타난다(23:3, 4, 6[2회], 8, 11, 13, 15). 이 구절들은 대부분 발언의 마지막에서 절정에 이르며 나타난다. 히브리어 성경에서 내레이터는 동사 "죽었다"(23:2)로 본격적인 서사를 도입한다. 반복이 전면에 나타나 협상의 긴급한 이유를 유지시킨다. 아브라함은 "나의 죽은 자"에 "내 앞에서"를 덧붙임으로써 긴급성을 강조한다(23:4, 8 MT).

상호 관련 속에서 어근 카바르(קָבַר)가 열세 번 등장하는데, 여덟 번은 동사 "묻다"(23:4, 6[2회], 8, 11, 13, 15, 19)로, 다섯 번은 명사로 사용된다. 명사로 사용될 때 이는 오직 "무덤"(23:6[2회])이거나 아니면 어구 "묘지를 위한 (소유지)"(אֲחֻזַּת קֶבֶר, 아후자트 케베르, 23:4, 9, 20)로 나온다. "묘지를 위한 (소유지)"와 "무덤" 사이의 구별은 협상에 핵심 요소다. 헷사람들은 아브라함에게 무덤을 기꺼이 주려고 하지만, 아브라함은 자신의 후손이 그들의 신분을 약속의 땅에 뿌리내리도록 하기 위해 영구적인 묘지를 매입하기를 원한다. 작용 동사(operative verb) 나탄(נָתַן), 곧 "주다"가 일곱 번 나타난다. 이 동사는 아브라함의 입에서 "팔다"와 "지불하다"(23:4, 9, 13)로, 에브론의 입에서는 "주다"(23:11[3회])로 번역된다. 내레이터는 문서 사회(literary society)가 아닌 청문 사회(aural society) 속에서 핵심 단어인 "듣다/경청하다"(23:6, 8, 11, 13, 15, 16), "귀"(23:10, 13, 16), 그리고 "눈"(23:11, 18)을 통해 구매의 적법성과 번복될 수 없는 특징을 강조한다.

창세기 주석

도입부: 사라의 죽음(23:1-2)

1절. 살았으니. NIV는 도입부를 둘러싸고 있는 수미상관 구조를 보여 주지 못한다. 이 구절의 처음과 끝에서 히브리어는 "사라의 생애"를 언급 한다. 이는 그녀의 연령에 대한 이와 같은 독특한 지시와 이 이스라엘 어 머니의 위대함을 강조하기 위함이다(참조. 사 51:2).

백이십칠 세를. 사라는 성경에서 수명이 제시된 유일한 여성으로, 이는 그녀의 중요성을 말해준다. 사라는 이삭이 결혼하기 삼 년 전, 즉 이삭이 삼십칠 세가 되던 해에 죽는다(17:17; 21:5; 25:20; 참조. 24:67). 아브라함은 사라보다 삼십팔 년을 더 산다(25:7).

2절. 기럇아르바. 13:18을 보라. 이 이름은 "넷의 성읍"을 의미한다. 아 마 헷 족속은 "넷의 성읍"의 혼합 지역에서 1/4을 차지했을 것이다.

헤브론. 내레이터는 브엘세바(21:34; 22:19), 헤브론(23:2), 그리고 네 게브(24:62)와 관련하여 족장들의 정확한 관계와 이동을 공백으로 남겨 둔다.

가나안 땅. 이 반복적인 상세한 묘사는 이 이야기를 아브라함에게 그 땅을 주시겠다는 하나님의 초기 약속과 연결하는 역할을 한다.

들어가서. 이 히브리어는 문자적으로 "들어가다, 가다"이다. 이 동사의 의미는 여기서 모호하다. 애곡 의식은 시신 앞에서 수행되기 때문에 아 브라함은 애곡하러 사라의 천막에 "들어간" 것인가?(23:3을 보라) 아니면 그는 브엘세바로부터 헤브론으로 애곡하러 "간" 것인가? 아니면 이는 다 른 동사와 결부된 숙어로 "나아가다"를 의미하는가?(참조. 신 32:44)

슬퍼하며 애통하다가. 애곡에 대한 상세한 내용(예. 기간과 방식)의 누락 은 땅 매입에 대한 많은 양의 상세한 내용과 뚜렷한 대조를 이룬다. 이는 이 장면에서 내레이터의 초점을 보여준다.

헷 족속과의 협상의 첫 번째 흥정:
아브라함이 영구적인 묘지를 요구하다;
헷 족속이 그에게 가장 좋은 무덤을 제안하다(23:3-6)

3절. 일어나. 아브라함은 아마도 땅에 앉아 곡을 하고 있다가 일어났을 것이다(참조. 욥 2:8; 사 3:26; 애 2:10). 히브리어 본문에서 이 첫 번째 동사 바야콤(יָּ֫קָם)은 대화들을 감싸는 수미상관의 역할을 한다. 이는 요약 진술(23:17-18)에서 나타나는데 "확정되었다"로 번역된다.

헷 족속. 10:15, 15:19-21을 보라. 팔레스타인 남부의 산지에 거주했던 이 헷 족속은 히타이트 제국과 분명한 연관성은 없다. 히타이트 제국은 기원전 1,200년경에 해양 민족들에게 멸망했다. 히타이트 제국은 오론테스(Orontes)에 있는 카데쉬(Kadesh) 왕국의 북쪽 지역에 국한되었다. 더구나 이 헷 족속은 히타이트 제국의 관습과 풍속을 반영하지 않는다. 나아가 족장 기사들에 나오는 헷 족속은 히타이트족 인명이 아니라 셈족 인명을 지니고 있으며, 아브라함은 통역자 없이 그들과 대화를 나눈 것으로 보인다.[226] 또한 이 헷 족속은 왕정 시대 동안 이스라엘과 접촉했던 시리아의 신히타이트 도시국가들과도 아무런 연관성이 없다(왕상 10:29; 11:1; 대하 1:17).

4절. 나그네요 거류하는 자이니. 이는 "거류하는 이방인"을 의미하는 중언법으로, 아브라함이 전혀 땅을 소유하지 못한 신분이며 통상적으로 땅을 살 자격이 없음을 강조한다. 창세기 34:20-22에 따르면 토지의 공유는 종족 간 결혼에 달려 있는 것으로 보인다. 헷 족속의 도덕적 관행은 신실한 족장들에게 반감을 품게 했는데, 그들과의 결혼이란 아브라함으로서는 생각할 수 없는 일이었다(참조. 26:34-35; 27:46; 신학적 고찰을 보라).

---

226 H. A. Hoffner, "The Hittites and Hurrians," in *Peoples of Old Testament Times*, ed. D. J. Wiseman (Oxford: Clarendon, 1973), 213-14.

내게 …주어(NIV, "팔아"). 위의 문학적 분석에서 "핵심 단어"를 보라. 약속의 땅에 한 장소를 설정하는 것은 믿음의 적절한 진행 단계다. 땅에 대한 하나님의 온전한 선물은 아브라함과 사라의 생애를 넘어 존속한다.

매장할 소유지(property)**를 주어.** 우리는 이를 "묘지로 쓸 소유 (possession)"로 번역할 수 있다. 거래에 대한 이 핵심 단어는 영구적인 묘지를 함축한다(레 14:34; 25:25-28; 수 21:12). "소유지"로 번역된 단어는 17:8, 48:4에서 가나안에 대한 이스라엘의 영구적인 "소유"에 대해서도 사용된다.

6절. 하나님이 세우신 지도자(NIV-"mighty prince, 권세 있는 귀인"). 히브리어 네시 엘로힘(נְשִׂיא אֱלֹהִים)은 문자적으로 "하나님의 제후, 귀인"이다.[227] 헷 족속은 이 이방인을 향한 하나님의 축복과 보호를 인지한다 (21:23과 해당 주해를 보라). 모든 약속을 품고 희망 속에서 사는 사람은 정작 땅이 없는 그 사람이다.

우리 가운데 있는. 그들의 말은 더욱 개인적인 표현으로 바뀐다. 즉 "거류하는 이방인"으로부터 "하나님이 세우신(권세 있는) 지도자"로, "당신들 중에"(문자적으로 "당신들과 함께")로부터 "우리 가운데"로 바뀐다. 루프는 이렇게 말한다. "아브라함은 사회적 지위의 맨 밑에 자신을 두고, 그들은 그를 맨 위에 올려놓는다."[228]

우리 묘실 중에서 좋은 것을 택하여 당신의 죽은 자를 장사하소서. "매장할 소유지"로부터 "묘실"로의 단어 변화가 시사하는 바는 헷 족속이 이 권세 있는 귀인에게 기꺼이 그들의 땅에 그의 죽은 자를 매장할 권리를 주면서도 거기에 영구적인 소유지를 주기를 꺼린다는 것이다.

---

227 이는 아마도 최상급 경칭일 것이다(*IBHS*, §14.5b).
228 Roop, *Genesis*, 154.

그 땅의 사람들과의 협상의 두 번째 흥정:
아브라함이 에브론의 굴을 요구하다;
에브론이 자신의 굴과 밭을 제공하다(23:7-11)

7절. 일어나 …몸을 굽히고. 이는 방금 "하나님이 세우신 지도자"(권세 있는 귀인)라는 말을 들었던 사람으로서는 의외의 행동이다. 아브라함의 인사는 그들의 호의에 대한 감사와 신뢰를 표시한다.

그 땅 주민. 비록 몇몇 후대 사본에서 이 표현이 한 지역의 인구 전체를 일반적으로 가리킬 수 있을지라도, 이는 종종 한 지역의 정치적 행동에 책임을 질 수 있는 사람들의 단체, 혹은 시민권을 지닌 상류층에 대한 전문 용어로 사용된다. 헐스트(A. R. Hulst)는 여기서 이 표현의 의미를 "온전한 자치권을 획득하고 토지를 소유한 시민들"로 해석한다.[229] 어느 해석이든 지지를 받는데, 왜냐하면 "그 땅의 사람들"은 첫 번째 흥정에서 대화를 나눈 일반적인 헷 족속과는 구별되는 것으로 보이기 때문이다 (23:3).

8절. 에브론에게 구하여(בְּפַגַע, 파가). 이 히브리어는 "아무개에게 가서 탄원하다" 혹은 "아무개를 압박하다"를 의미한다.

소할의 아들 에브론. 비이스라엘 사람에 대해 부친의 이름을 거명함으로써 신분을 확인해주는 경우는 드물다(참조. 34:2). 이는 소할이 헷 족속 가운데서 걸출한 인물이었음을 시사한다.

9절. 막벨라. 이 이름은 "두 개의 굴" 혹은 "갈라진 굴"을 의미한다. 굴 속의 공간들이 나란히 있었는지 아니면 위아래 층을 이루고 있었는지는 분명하지 않다. 유명한 아브라함의 언약을 포함하여 땅과 후손을 주겠다는 아브라함에 대한 하나님의 많은 약속(13:14-18:15)이 이 장소에서 생겨났다. 오늘날 헤브론의 북동쪽인 이곳에는 하람 엘-칼릴(Ḥaram El-Khalil,

---

229 A. R. Hulst, "עַם," *TLOT*, 2:902.

"[신의] 친구의 신성한 구역")이라는 모스크가 세워져 있다.

그의 밭머리에 있는. 이는 아마도 아브라함이 굴을 소유하는 일이 에브론의 활동을 방해하진 않을 것임을 보여주기 위한 법적인 세부 사항이거나 매입지의 표시일 수 있다. 에브론이 밭을 추가한 것은 아브라함이 요청한 것, 혹은 어쩌면 희망한 것 이상이다.

내게 주도록 하되(NIV-"내게 주도록 그에게 요청하소서"). 아브라함은 에브론의 호의를 확보하려면 지도층 주민들의 지지가 필요하다고 생각했거나, 그것이 아니라면 이런 종류의 협상이 그 지역 사회를 통해 진행되어야 한다고 추정했을 것이다.

충분한 대가. 이는 십중팔구 물릴 수 없는 매매를 위한 충분한 지불을 가리키는 법률 용어일 것이다. 이 용어는 매매가 현금으로 이루어지고 최종적임을 가리키는 수메르와 아카드(그리고 좀 더 드물게는 우가릿)의 일상적인 법률 용어에 상응한다고 간주되어왔다. 이 용어들은 항상 구매 취소의 불가를 확증하는 문구들을 수반했다.[230]

10절. 에브론이 …대답하여 이르되. 에브론은 지도자들이 중재자로 나서기를 기다리지 않는다. 그의 직접적인 답변은 그가 아무런 사회적 압력을 받지 않고 자신의 뜻대로 굴과 밭을 판다는 것을 보여준다. 이로써 그는 소유지를 팔라는 아브라함의 요청을 더욱 다툴 여지가 없게 만들고 있다.

모든 자가 듣는 데서. 이 세부 사항은(23:13, 16, 18도 보라) 거래가 적절한 증인들이 있는 곳에서 타당하고 합법적으로 이루어졌음을 확증한다.

---

230 G. Tucker("Legal Background," 79-80)는 이 해석에 의문을 품는다. 왜냐하면 동일한 표현이 대상 21:22(참조. 삼하 24:24)에 나타나며 단순히 "충분한 대가를 제공하다"를 의미하기 때문이다. 하지만 그의 주장은 설득력이 없다. 다른 고대 근동 문헌들은 충분한 대가인 가격을 배제하지 않는다. 이 용어가 매매 취소의 불가를 확증하는 충분한 대가가 지불된 구매를 의미한다는 것이 더 그럴듯하다.

성문. 법적인 거래가 동방의 도성들에서는 통상적으로 성문에서 이루어졌다(룻 4:1-11을 보라).

11절. 내가…드리고. 그가 정말로 아브라함에 대한 존경의 표시로 굴과 밭을 선물로 주기를 원하는지, 아니면 굴을 팔려는 의지를 보여주려고 정중한 말을 쓰고 있는지 분명히 알기는 어렵다. 후자가 더 개연성이 있다. 대화는 극진한 정중함으로 채워져 있다(예. "몸을 굽혔다", 23:7, 12; "하나님의 지도자", 23:6; "내 주여"[NIV에서는 "선생(sir)이여"], 23:6, 11, 15). 그중 현재의 "드린다"는 말은 단지 또 하나의 사례일 뿐이다. 사무엘하 24:22-23a(= 대상 21:23)에 있는 병행 본문은 판매자 역시 구매자에게 그가 요구한 것 이상을 주겠다고 제안하는 것을 보여준다. 다윗이 아라우나에게 그의 타작마당을 달라고 부탁했을 때 아라우나는 번제를 위한 황소와 장작으로 쓸 마당질하는 도구와 소의 멍에를 추가로 드린다! 아마도 터커(Gene Tucker)가 주장한 대로 "증여물과 극진한 공손함의 전반적인 목적은 상대방을 수세적 입장에 처하도록 만들기 위함이다.…요구받은 것 이상의 것을 제공함으로써 그(판매자)는 간접적으로 더 높은 가격을 요구한다."[231] 이런 해석을 지지하여, 아브라함이 에브론의 제안을 받아칠 때 에브론은 높은 가격을 부른다.

그 밭을. 레만(Lehmann)은 기원전 1,200년 이전의 중기 아시리아와 히타이트 법전에서 도출된 자료에 근거하여 에브론이 아브라함에게 소유지 전체에 수반된 봉주의 의무를 떠넘기기 위해 밭을 덤으로 줬다고 주장한다.[232] 사무엘하 24:22-23a에 있는 병행 본문은 이 해석에 제동을 건다. 아라우나는 왕에게 봉주의 의무를 넘기려고 하지 않는다! 더욱이 우리는 이 헷 족속이 제국 시대(기원전 1,600-1,200년경)의 히타이트 민족

---

231 앞의 논문, 78.
232 M. R. Lehmann, "Abraham's Purchase of Machpelah and Hittite Law," *BASOR* 129 (1953): 15-18.

과 분명한 연관성이 없음을 이미 살펴보았다.

에브론과 증인들인 헷 족속이 동석한 협상의 세 번째 흥정:
아브라함이 밭을 사겠다고 제안하다;
에브론이 값을 부르다(23:12-16)

13절. 그 밭값을 당신에게 주리니. 문자적으로 "내가 은을 지불할 것이다"이다. 아브라함은 헷 사람들이 수용한 바와 같이 소유지에 대해 최종적이며 물릴 수 없는 매매를 원한다.

밭. 아브라함은 밭과 묘지를 둘 다 매입하기 위해 더 높은 가격을 지불할 용의를 내비치면서 밭에 대해 이야기한다.

15절. 은 사백 세겔. 고대의 땅값과 소유지의 크기가 알려져 있지 않기 때문에 시장 가치에 따라 이 가격을 분명하게 평가하기란 불가능하다. 한편으로 이 가격은 시장 가치에 따른 것일 수 있다. 사르나는 "우가릿…에서 나온 세 개의 문헌이 은 사백 세겔의 매매가를 수반한 부동산 거래를 기록한다"[233]라고 주석한다. 다른 한편으로 이 가격은 다윗이 성전을 위해 오십 세겔로 매입한 토지와 비교할 때 비싸 보인다(삼하 24:24).[234] 아브라함과 예레미야 둘 다 땅이 미래를 내포한다는 표시로서 땅을 매입한다.[235]

나와 당신 사이에. 흥정에 연루된 실제 당사자들은 단지 에브론과 아브라함이다. 이는 두 사람 사이의 문제일 뿐이다(참조. 창 16:5; 삿 11:10["우리의 증인", 문자적으로 "우리 사이의 증인"]; 삼하 21:7). 사르나는 이렇게 설

---

233 Sarna, *Genesis*, 160.

234 예레미야는 예루살렘 밖의 한 필지의 땅을 십칠 세겔의 값에 구입했다(렘 32:9). 이 구매가는 아마도 바빌로니아가 예루살렘을 포위하고 있었기에 터무니없이 낮았을 것이다. 아브라함의 구매가가 사라의 죽음 때문에 높았던 것처럼 말이다.

235 Brueggemann, *Genesis*, 196.

명한다. "판매자가 자진해서 분명하게 수용한 단 한 번의 지불로 이 매매의 물릴 수 없는 성격이 확증된다. 이는 바로 아브라함이 아니라 에브론이 먼저 값을 불러야 하고 일단 값이 결정되면 왜 더 이상의 흥정이 없는지에 대한 이유다."[236]

16절. 아브라함이 …말을 따라(שָׁמַע, 샤마; NIV-"동의하여"). 이 히브리어는 문자적으로 "아브라함이 들었다"이다. 구두 계약 형식에서 이 단어는 동의를 함의한다(위의 문학적 분석에서 "핵심 단어"를 보라). 아브라함은 하자가 없는 매입과 안전한 평화를 바라면서 공정한 가격 이상을 지불하고 굴을 산다. 흥정을 하지 않은 것은 고대 근동의 관례에 반하지만 (잠 20:14을 보라) 이제 아무도 굴에 대한 아브라함의 권리를 문제 삼을 수 없다.

달아주었더니. 당시에 사람들은 동전 화폐를 사용하지 않았다.

상인이 통용하는(NIV-"상인들 사이에서 통용하는 무게를 따라"). 고대 근동의 계약 조항들은 비슷한 언어를 사용한다.[237]

내레이터가 매매 행위를 설명하다(23:17-18)

17절. 그 주위에 둘린 모든 나무가. 나무들도 부속된 매매품으로 간주되었다. 고대 근동의 몇몇 계약서는 심지어 나무의 수까지도 기록한다.

18절. 확정된지라. 히브리어 본문에서 이 동사, 즉 쿰(קוּם)의 미완료형 야쿰(יָקֻם)이 가장 서두에 나타난다. 이는 정확히 구두 계약 방식을 따른 형식이다. 문자적으로 이 동사는 "~에게로 일어나 (그리고 건너갔다)"이다. 즉 이 구두 증서가 "일어나 아브라함에게 갔다"는 것이다. 이 상세한 계약 형식은 아브라함이 막벨라에 있는 밭에 대해 아무런 문제가 없

---

236 Sarna, *Genesis*, 157.
237 앞의 책, 160.

는 법적 권리를 갖는다는 것을 증명한다. 선의와 신뢰 및 진실함이 셋으로 구성된 계약 당사자들 사이에 존재한다.

서사의 틀(23:19-20)

19절. 그 아내 사라를…굴에 장사하였더라. 이 두 구절의 틀 구조에 대해서는 위의 23:1-2을 보라. 아브라함은 자신의 후손을 약속의 땅에 뿌리내리게 하는 것을 목표로 한다(24:6-9; 25:9; 49:30; 50:13). 아브라함은 사라에게 걸맞은 무덤을 구입함으로써 그녀에게 마땅히 돌릴 만한 명예를 입혀준다. 그의 애곡은 관례적인 애곡 의례를 크게 넘어선다. 즉 "그녀의 무덤은 이 민족의 어머니에게 적합한 것으로서, 한 위대한 여성에 대한 인상적이고 합당한 가치를 지닌 기념물이었다."[238]

20절. 그 밭과 거기에 속한 굴. 이 자그마한 한 뙈기의 땅은 전체 땅에 대한 약속이다. 이는 이방인들과 나그네들이 정착할 고향을 찾고 있음을 명백하게 만든다(히 11:13-14).

매장할 소유지로 확정되었더라. 아브라함과 사라, 이삭과 리브가, 야곱과 레아, 이들은 모두 여기에 묻힘으로써 그들의 믿음을 표현할 것이다(창 49:29-32, 50:4-14; 히 11:13-16).

제6부 3막 2장에 대한 신학적 고찰 ─────────

믿음

하나님은 아브라함에게 그 땅을 주시겠다고 약속하셨으나 아브라함은 그의 아내가 죽을 때 전혀 땅을 갖지 못했고 심지어 자신의 죽은 자를

---

238 Wenham, *Genesis 16-50*, 130.

매장할 장소조차 마련하지 못했다. 하지만 아브라함은 믿음의 위기일 수 있는 순간을 소유지를 확보하는 기회로 사용한다. 심지어 아브라함은 하나님께서 약속하신 바 자신에게 주어질 소유지를 사야 할 때에도 믿음과 긴 안목의 비전을 품고 행동한다. 그는 단지 헷 족속이 제안한 대로 그들의 묘지에 자신의 죽은 자를 매장할 수 있었을 뿐이다(23:6). 하나님께서 약속하신 그 땅에 한 필지의 부동산을 확실하게 확보함으로써 아브라함은 그 약속에 대한 그의 흔들림 없는 열심을 증명한다.

외견상 하나님의 부재

비록 이 이야기가 하나님을 전혀 언급하지 않으면서 상당히 세속적으로 보이지만,[239] 이는 고도의 신학적인 내용을 담고 있다. 문체상 하나님의 부재는 죽음에서 언뜻 그렇게 보이는 하나님의 부재에 부합한다. 아브라함은 심지어 자신의 죽은 자를 묻을 땅조차 마련하지 못했다(23:4, 13; 참조. 19절). 믿음으로 그는 약속의 땅에서 최초로 한 필지의 소유지로서 묘지 한 곳을 매입한다. 그의 믿음은 약속을 획득하지 못한 상태에서도(히 11:39-40을 보라) 여전히 온유한 자가 땅을 상속할 것이라고(마 5:5) 믿고 있는 모든 신자에게 믿음에 대한 본보기가 된다.

이방인(거류민)과 나그네

아브라함은 그 땅에서 이방인(거류민)과 나그네로서 하나님의 은혜로운 공급하심에 그들의 삶을 의존하는 모든 성도의 모형이다(대하 29:15; 시 39:12; 히 11:13). 하나님의 백성은 종종 "나그네요 거주하는 자"(23:4)라는 어구를 그들이 하나님의 도성을 향해 가는 땅에서의 순례를 의미하

---

239 아마도 23:6에 있는 "하나님이 세우신 지도자"라는 표현을 제외하면 말이다. 참조. Wenham, *Genesis 16-50*, 124.

는 데 사용한다. 그들은 지극히 일시적인 거주지인 "장막에 거하는" 아브라함처럼 땅에 거주할 집이 없다(히 11:9). 그들은 약속된 하늘의 집, 즉 설계자와 건축가가 하나님이신 "지으실 터가 있는 도성"을 고대한다(히 11:10).

기억

성경에서 말하는 믿음이란 크게 보면 기억의 문제다. 기억을 통해 신자들의 각 세대는 조상의 믿음을 충성스럽게 간직한다. 아브라함 조슈아 헤셸(Abraham Joshua Heschel)은 이렇게 말한다. "성경이 요구하는 것 중 많은 것이 한 단어로 요약될 수 있다. 즉 기억하라는 것이다."[240] 기억하는 것은 단순히 공허한 정신 작용이 아니다. 헤셸의 주장에 의하면 "'기억하는 것'은 문자적으로 몸을 재결합(re-member)시키고 진리 공동체의 분리된 부분들을 한데 묶으며 전체를 재통합하는 일이다. 재결합의 반대는 망각이 아니라 분산(dis-member)이다."[241] 상징적인 유형물들이 기억의 보조 수단 역할을 한다. 아브라함은 이어지는 세대들이 그들의 믿음을 기억할 수 있게 하는 묘지가 필요함을 깨닫는다. 그들이 토대를 이루는 족장 및 여족장들과 자신들 사이에 유지되는 동질성을 기억하도록 말이다. 이 점에서 아브라함은 뛰어난 통찰력을 지닌 인물이다. 오늘날 유대인은 막벨라를 성지로 여긴다. "예루살렘에 있는 통곡의 벽 다음으로 그것은 역사 속에서 유대 민족의 가장 신성한 기념물로 남아 있다."[242] 하지만 그리스도인들은 더 이상 이 묘지가 아니라 그리스도와 함께하는 그들의 신분을 기억하면서 성찬을 기대한다.

240 A. J. Heschel, *Man Is Not Alone* (New York: Farrar, Strauss & Giroux, 1951), 61.
241 앞의 책, 103.
242 Sarna, *Genesis*, 159.

매장 관행

사라의 매장은 겉치레가 아닌 예우를 갖추어 치러진다. 아브라함이 그녀를 성의껏 매장한 것은 그녀의 생명과 몸과 죽음에 대한 극진한 존중을 보여준다. 이와 같은 존중이 정확히 그리스도인의 사고방식이다. 그리스도인은 하나님의 신성한 선물인 몸을 존귀하게 여긴다. 예수를 따르는 자들은 죽은 자의 몸에 대해 동일한 예우와 존중을 보여주고 적절한 매장을 통해 몸을 존귀하게 여기려고 애써야 한다(막 15:42-16:1).

제6부 3막 3장

이삭이 받은 선물인 리브가(24:1-67)

제6부 3막 3장에 대한 문학적 분석 ─────────

문제

창세기에서 가장 긴 일화로 구성된 이 장은 대화와 반복을 비롯하여 많진 않으나 생생하고도 중요한 정보를 담은 세부 사항을 전달하는 히브리 문학의 솜씨를 놀라운 방식으로 증명한다. "이 장의 느슨한 진행, 세부 사항에 대한 관심, 행동뿐만 아니라 대화에의 집중은 이야기되고 있는 것의 중요성을 다르게 보게 만든다."[243] 이 솜씨 좋은 낭만적인 이야기는 하나님의 섭리에 대한 신학적 사색이다(신학적 고찰을 보라). 줄거리의 측면에서 이 장은 이삭의 족장직으로의 전환 및 이삭의 결혼으로 이어지는 기적의 모험담을 보여준다. 신학적 측면에서 이 장은 인간의 책임 있는 상호 간의 행위(행동하는 믿음)와 신적인 주도권(완전하게 통합 조정된 상황들)을 붙들고 씨름한다. 문학적으로 세부적인 문제는 눈을 떼지 못하게 하는 흥미로운 이야기를 만드는 역할을 한다. 신학적으로 세부 사항에 대한 관심은 하나님의 섭리가 이 특별한 내용 속에 들어 있음을 시사한다.

---

243 Fox, *Beginning*, 87.

구조와 플롯

밧단아람에 살던 나홀의 가족에 대한 보고, 특히 제1장에서 그의 손녀 리브가와 제2장에서 사라의 죽음에 대한 보고는 제3장을 위해 적합한 배경을 꾸민다. 리브가를 이삭의 아내로 선물하는 하나님의 섭리를 이야기하는 이 장은 완벽한 시기 선택과 신실한 사람들을 통해 하나님께서 구원의 역사를 더욱 진전시키고 있음을 특징적으로 보여준다. 아브라함이 자신의 종에게 내린 "가서 … 아내를 택하라"(24:4)는 명령은 "리브가가 당신 앞에 있으니 데리고 가라"(24:51)는 라반과 브두엘의 허락으로 응답되며 "그 종이 리브가를 데리고 가니라"(24:61)는 진술로 성취된다.

아브라함의 연령에 대한 서론적 진술(24:1)은 아들을 위해 신부를 구하려고 안달인 아버지의 다급한 처지를 말해준다. 이어서 이 장은 지리적으로, 연대기적으로, 그리고 논리적으로 네 개의 무대를 통해 발전된다. 아브라함은 자신의 집에서 일하는 종에게 임무를 맡긴다(24:2-9). 이 종은 섭리적으로 아람 나하라임의 나홀 성에 있는 한 우물에서 리브가를 만난다(24:10-27). 브두엘의 집에서 그 가족은 혼사에 동의한다(24:28-61). 네게브에서 리브가와 이삭이 만나고 그들은 부부가 되어 사라의 장막에 들어간다(24:62-67).

아브라함 서사의 각 장면을 진행시키는 것은 다음과 같이 암시된 질문이다. 즉 "하나님께서 어떻게 자신의 신뢰할 만한 약속들을 성취하실까?" 아브라함은 땅을 축복할 셀 수 없는 자손을 약속받았다. 야웨는 이 약속을 진행시키기 위해 이삭의 아내로 어떤 여자를 찾으실까? 그분은 어떻게 불가피한 인간적 장애물을 극복하실까? 뛰어난 기법으로 기록된 이 장은 고전적인 러브 스토리의 모든 긴장을 담고 있다. 독자들은 남주인공과 여주인공이 어떻게든 서로 만나게 되리라는 사실을 결코 의심하지 않지만 각 플롯의 전환점마다 숨죽이며 읽는다. 아브라함은 시종으로 하여금 가나안 사람들이 아니라 아브라함 자신의 가문에서 이삭을 위한 신부를 확보하겠다고 "야웨"를 가리켜 맹세하게 만든다. 종의 첫 번째 발언, 곧 "여자가…오려고 하지 아니하거든"은 성경 서사에서 항시 나타나는 긴장을 표현한다. 각 등장인물은 어떤 믿음을 간직하고 있을까? 또한 하나님은 어떻게 인간의 어리석음을 극복하실까? 종은 아브라함에게 다짐한 맹세와 더불어 길고도 위험한 모험, 곧 성공은 "야웨의 사자"에게 달려 있다고 아브라함이 말한 여행을 감행한다. 나홀의 성에 있는 우물에서 이루어진 종의 성공은 그의 기도에 응답하여 신부를 확인하게 하시는 야웨께 달려 있다. 브두엘의 집에서 종은 자신과 리브가의 만남이 자신의 기도에 대한 섭리적인 응답이었음을 그 가족에게 납득시켜야 한다. 그들은 확실하게 받아들인 듯 보이나 결국 지속적인 확신을 갖지 못한 채 결정을 리브가에게 떠넘긴다. 흥미진진한 긴장이 도는 순간에 그들은 리브가에게 "네가 이 사람과 함께 가려느냐?"고 묻는다. 그녀가 "가겠나이다"라고 답변하며 긴장은 해소된다. 이는 우리가 줄곧 알고 있었던 내용에 대한 유쾌한 확증이다. 이 서사는 이삭과 리브가가 서로 만났을 때 섭리에 따라 그들의 눈이 맞은 것으로, 즉 이 일이 하나님께서 계획하신 결혼임을 확증한다.

장면 묘사

내레이터는 이 장을 통해 아브라함의 족장직이 이삭에게로 승계되었음을 분명히 보여주려 한다. 늘 기도하며 신실한 아브라함의 종은 이 전환의 매개자로 기능한다. 이 장은 종에게 신부를 구해오라는 아브라함의 위임과 더불어 시작되며(24:2-9) 이삭에게 직접 전하는 종의 보고와 더불어 마무리된다(24:66). 족장의 권한을 넘겨주는 이 장은 세 가정을 배경으로 삼는다. 즉 아브라함의 가정(24:1-9), 브두엘의 가정(24:28-60), 그리고 이삭과 리브가의 새로운 가정이다(24:66-67). 이 세 가정 사이의 전환점들은 절묘하게 우물에서 나타나며, 이는 창세기에서 전형적으로 결혼 서약들을 표시한다. 첫 번째 우물 배경은 리브가를(24:10-27), 두 번째는 이삭을(24:62-65) 특징적으로 그린다. 섭리적 인도하심이 항상 나타난다. 이 가정의 배경들은 믿음을 통해 성취되는 인간의 협상을 다음과 같이 드러낸다. 즉 이 협상은 우물을 배경으로 하며 믿음에 대한 응답에 있어서 섭리적인 시기가 있다는 것이다

인물 묘사

이 장에서 네 명의 등장인물이 하나님의 섭리적 계획 속에서 중요한 배역을 맡는다. 즉 믿음의 사람 아브라함, 그의 기도하는 종, 마음씨 고운 리브가, 그리고 그다지 고결하지 않은 그녀의 가족이다. 하나님의 섭리는 불신의 사람들이 있음에도 불구하고 그분의 신실한 사람들을 통해 이루어진다.

아브라함은 계속해서 신실하다. 그는 일편단심 약속의 땅에 전념하고 타락한 가나안 사람들을 거부하며 자신의 종을 인도하실 야웨를 확고히 신뢰한다. 아브라함은 설사 그의 종이 임무에 실패한다고 하더라도 자기 아들이 안전한 옛 고향 땅으로 돌아가도록 허락하지 않는다(24:5).

무명의 종은 영민함과 경건함의 모본이다. 간접적인 인물 묘사―말과 행동―를 통해 내레이터는 이 현명한 종의 재능에 대해 풍성한 그림을 발전시킨다. 이 종의 성실함과 신중함은 다양하게 예증된다. 즉 다름 아닌 환대하는 태도와 건강을 확인하려는 그의 엄중한 시험, 리브가에게 전한 그의 재치 있는 요청, 설득을 위한 그의 대화술, 그리고 사려가 없는 가족으로 인해 자신의 임무가 지체되기를 거절하는 그의 단호함이다. 종에게 위임할 때 엿보이는 아브라함의 치밀함은 종이 행하는 각 행동의 기반이 되는 기도와 감사의 표현을 통해 가장 뚜렷하게 드러난다. 리브가의 가족에게 말하는 종의 긴 발언―이전의 사건들을 재차 설명하는―을 통해 내레이터는 종의 성격에 대해 많은 것을 보여준다. 사건들(24:1-33)과 종이 말한 사건들의 재진술(24:34-49)을 비교해보면 종의 영민함은 그의 청중에게 자신의 이야기를 풀어가는 방식, 곧 그가 이야기에 포함하고 생략하는 내용을 통해 드러난다(주해를 보라). 로스(Roth)는 종이 이 이

야기에서 중심인물이며 그의 행동은 신실하고 지혜로운 전령의 말을 듣는 독자들에게 교훈적 모범을 제공한다고 이렇게 주장한다. 즉 "본보기가 되는 이야기를 담은 창세기 24장은 유복하고 특권 있는 가정에 소속되어 신임을 얻은 나이 든 시종이 사심을 품지 않고 인내하면서 신중하게 자신의 사명을 다했을 때 전형적으로 무슨 일이 발생하는지를 예증한다."[244]

내레이터는 리브가를 "아름다운 처녀"로 묘사한다. 그녀의 행동은 그녀가 환대와 믿음의 모범임을 드러낸다. 즉 그녀는 사람과 가축에 대한 동정심(24:18-20), 강하고 열정적이며 근면한 태도(24:19-20), 그리고 융숭한 대접(24:25)을 보여준다. 그녀는 결정적으로 이방 땅에서 이삭과 결혼하기 위해 자신의 직계 가족을 떠남으로써 아브라함의 하나님에 대한 믿음을 선언한다(24:58).

라반과 그녀의 다른 친척들은 그녀를 돋보이게 하는 역할을 한다. 리브가의 환대는 "코걸이를 보자마자"(24:30) 그 종에게 달려갔던 라반과 날카롭게 대조된다. 그녀의 결연한 믿음은 그들의 망설임, 약속과는 다른 속내를 드러내는 그들의 태도와 대조된다(24:50-58).

핵심 단어들

"야웨"는 제3막에서 전혀 말씀하시지 않지만 그럼에도 불구하고 주연이시다. 그분은 제3장에서 열여덟 번 언급되는데, 각각 아브라함이 두 번(24:3, 7), 내레이터가 세 번(24:1, 26, 52), 종이 열 번(24:12, 27[2회], 35, 40, 42, 44, 48[2회], 56), 그리고 라반과 브두엘이 세 번(24:31, 50, 51) 언급한다. 라반과 브두엘의 언급은 그들이 이교도임에도 불구하고 아브라함

---

[244] W. M. W. Roth, "The Wooing of Rebekah: A Tradition-Critical Study of Genesis 24," *CBQ* 34 (1972): 181. Roth는 자신의 논문에서(177-87) 종의 지혜로운 행동과 교훈적인 잠언 구절들 사이의 연결에 주목한다.

에게 내려진 야웨의 복을 고백한다는 점에서 주목할 만하다.

이 서사는 충실한 특사의 여행기로서 다음과 같은 단어들을 즐겨 사용한다. 즉 "가다"(24:4, 10, 42, 56), "축복하다"(24:1, 31, 35, 60), "인도하다"(24:27, 48), "평탄케 하다"(24:21, 40, 56; 참조. 요셉의 경우 39:3, 23), "인자하심"(24:12, 14, 27, 49), 그리고 "성실하심"(24:27, 48, 49) 등이 나온다.

핵심 동사인 할라크(הָלַךְ), 곧 "가다"(24:4, 38, 51, 55, 56, 58[2회]), "돌아왔다/갔다"(24:5, 8, 39, 61), "떠났다"(24:10, 61), "출발했다"(24:10), "온다/오고 있다"(24:42, 65) 역시 열일곱 번 나타난다. 그중 일곱 번은 리브가에 대한 언급과 더불어 사용된다(24:5, 8, 39, 51, 55, 58[2회]). 이는 사르나가 주석한 대로 그 동사가 지시하는 "씨의 중요성에 대한 분명한 표시"다.[245]

비교와 대조

이 장은 야웨께서 아브라함을 부르셨음을 암시하는 많은 언어적 표현을 내포한다. "내 고향", "내 족속", "내 아버지의 집"으로 돌아가라는(24:4, 7, 참조. 24:40) 아브라함의 명령과, 이삭은 그곳으로 돌아갈 수 없다는 아브라함의 강조된 지시는 제1막 1장에 있는 그의 최초의 떠남(12:1-4)을 되울린다. 하나님께서 아브라함을 축복하셨다는 내레이터의 평가(24:1)와 아브라함의 시종의 입을 통해 나온 축복(24:35) 역시 12:2에 나오는 약속의 성취를 표시한다. 부패한 가나안 족속에 대한 아브라함의 거절(24:3)은 그들에 대한 하나님의 거절과 더불어 아브라함의 후손에게 그들의 땅을 주겠다는(15:16-20) 하나님의 약속을 반영한다. 리브가의 확고한 결심, 곧 "내가 가겠나이다(הָלַךְ, 할라크)"(24:58)는 그 땅을

---

245 Sarna, *Genesis*, 161.

향한 아브라함의 모험적 여행, 곧 "이에 아브라함이 … 떠났고(הָלַךְ, 할라크)"(12:4)에 부합한다. 이어서 리브가에게 내려진 축복, 곧 "너는 번성할 것이며"와 "네 씨로 그 원수의 성문을 얻게 할 것이다"(24:60)라는 축복은 야웨께서 복종하는 아브라함에게 선언하셨던 축복(22:17)과 병행을 이룬다.

비록 야웨께서 아브라함과 리브가를 둘 다 선택하셨다고 해도 그들에게 계획을 드러내시는 그분의 방식은 놀라우리만치 다르다. 그분은 아브라함에게 환상과 소리를 통해 말씀하시고(12:7), 리브가에게는 기도의 응답과 섭리적 행위를 통해 알려주신다(24:27, 48, 50).

제6부 3막 3장에 대한 주해 ─────────

도입(24:1)

1절. 나이가 많아 늙었고. 고령은 위대한 사람에 대한 축복의 표시지만(참조. 수 13:1, 23:1; 왕상 1:1) 죽기 전에 가정사를 해결하는 데 있어 시간 압박과 제한을 겪어야 하는 어려움이기도 하다.

복을 주셨더라. 1:22, 12:2-3, 15:15을 보라. 아브라함을 축복하시겠다는 하나님의 약속은 이제 실현되었다고 선언된다. 비록 몇몇 축복이 미래의 것으로 남아 있지만 말이다.

가나안에서 아브라함과 그의 종(24:2-9)

2절. 감독 종(chief servant; 개역개정-"모든 소유를 맡은 늙은 종"). 이 무명의 종은 루프의 말을 빌리자면 "이 이야기의 조용한 주인공"이다.[246] 아

---

[246] Roop, *Genesis*, 155.

브라함은 중대한 사명을 오로지 그가 가장 신뢰하는 일꾼에게 맡긴다. 엘리에셀로 추정되는(15:2-3을 보라) 이 종은 아브라함의 믿음을 완전하게 공유한다(17:12-13).

내 허벅지 밑에 네 손을 넣으라. 이는 남성의 성기에 대한 완곡어법이다(창 46:26; 출 1:5; 삿 8:30[247]). 죽음이 임박했을 때 족장들은 생명의 근원에 손을 넣고 맹세함으로써 자신들의 유언을 확증한다(창 47:29을 보라). 이 행동의 이유는 불확실하나, 아마도 성기가 선택된 이유는 맹세가 하나님이 약속하신 번성의 확실성과 관련되기 때문일 것이다.

3절. 하늘의 하나님, 땅의 하나님이신 야웨. 14:22을 보라. 이 칭호는 머나먼 땅으로의 위험한 여행의 시작에 적절하다.

이 지방 가나안 족속의 딸 중에서 내 아들을 위하여 아내를 택하지 말고. 성경의 세계에서는 부모가 보통 혼사를 결정한다. 아브라함은 자신의 후손이 저주받은 가나안 족속이 아니라 축복받은 셈족으로부터 아내를 얻어야 한다는 본보기를 제시한다(9:24-27; 15:16; 18:18-19; 신 7:1-4을 보라).

4절. 내 고향 내 족속. 12:1을 보라. 아브라함의 가족은 남다른 가족애의 특징을 보여준다(11:27-32; 22:23; 31:50을 보라).

6절. 내 아들을 그리로 데리고 돌아가지 아니하도록 하라. 아브라함은 고향 땅을 뒤에 두고 떠나라는 하나님의 부르심을 여전히 충실하게 따른다(12:1, 7; 23:19을 보라). 이제 그는 자신의 후손 역시 그렇게 해야 한다는 사실을 확고히 한다.

7절. 야웨께서 … 나를 … 떠나게 하시고. 아브라함은 자신의 삶 전체를, 심지어 죽음의 순간에도 하나님의 약속에 붙들어놓는다(12:1-3, 7을 보라).

이 땅을 네 씨에게 주리라 하셨으니. 마지막으로 기록된 족장의 말

---

247 이 구절들에서 "후손"에 대한 문자적 번역은 "그의 몸(יְרֵכוֹ, 예레코)에서 나온 사람들"이다. 창 24:2에 있는 "내 허벅지"라는 단어는 예레키(יְרֵכִי)다.

(24:6-8)은 하나님의 약속의 핵심을 표현한다(12:7을 보라). 그 땅에 이삭이 머물고 있다는 것은 하나님의 약속의 성취를 상징한다.

그 사자를. 16:7에 있는 "야웨의 사자"를 보라. 하갈 및 파라오들과의 문제에 대한 해결책을 마련하려고 애썼던 아브라함은 이제 크게 성숙해졌다. 그는 약속을 위한 하나님의 초자연적인 예비하심을 신뢰하는 법을 배웠다(참조. 창 16장).

8절. 만일 여자가 너를 따라오려고 하지 아니하면. 그는 하나님을 신뢰할 수 있으나 인간은 신뢰할 수 없다. 아브라함은 여자 역시 믿음의 선택을 해야 함을 인식한다. 만일 여자가 거절한다면, 그녀는 자격이 없다.

이 맹세가 너와 상관이 없나니. 아브라함은 하나님의 약속을 토대로 행동하지만, 그 약속에 근거하여 일의 결과를 멋대로 예단하지 않는다. 아브라함은 만일 야웨께서 종의 임무를 형통케 하시지 않는다면 종을 자신의 맹세로부터 자유롭게 해주겠다고 말한다. 아브라함은 하나님의 약속을 토대로 역사의 무대에 입장하고 퇴장한다.

9절. 그에게 맹세하였더라. 맹세에 대한 언급은 이 대화를 둘러싸는 수미상관을 형성한다(24:3, 9).

아람 나하라임의 우물에서의 신실한 종과 리브가(24:10-27)

10절. 이에 종이. 여행에 관한 세부 사항은 만남과 종의 기도에 대한 응답과 관련한 세부 사항과 비교해볼 때 빈약하다. 하나님의 섭리는 일상적인 것과 비상한 것을 포함한다.

낙타 중 열 필을. 12:16을 보라. 이는 의심할 여지 없이 인상적인 규모를 갖춘 사절단이었다. 낙타 및 종들에 대한 세부 사항은(24:32, 59을 보라) 아브라함의 부와 여행의 성공에 대한 믿음을 강조한다. 낙타들에 대한 언급 역시 우물가에서 리브가의 시험을 위한 무대를 제공한다.

떠났는데. 위의 문학적 분석에 있는 "핵심 단어들"을 보라.

아람 나하라임. 이곳은 유프라테스강과 하부르(Habur)강의 경계인 아람 지역이다. 70인역은 쌍수형 나하라임을 두 강에 대한 언급으로 받아들이면서(즉 티그리스와 유프라테스강 사이의 유역) 그 이름을 메소포타미아("두 강 사이")로 칭한다.

나홀의 성. 이는 마리 석판에 나후르(Nahur) 지역으로 기록된 이름이다(기원전 18세기). 이곳은 하란 지방의 발릭강 동쪽에 위치한다.

11절. 저녁때라. 때는 섭리에 있어서 중대한 순간이다. 종은 저녁때가 여인들이 우물가로 오는 시각임을 알았다.[248]

12절. 그가 기도하기를(개역개정-"이르되"). 이는 성경에서 특별한 인도하심을 비는 기도로는 최초로 기록된 사례다. 리브가와의 만남은 기도로 둘러싸여 있다(24:26-27을 보라). 이 종의 기도는 이 이야기와 그의 임무의 성취에 있어서 중대하다.

오늘 나에게 순조롭게 만나게 하사. 이 히브리어는 문자적으로 "내 앞에서 발생하게 하소서"이다. 종은 하나님의 섭리에 의존한다. 인간의 관점에서 우연으로 보이는 것이 하나님의 관점에서는 잘 짜인 계획의 일부다(룻 2:3을 보라).

은혜(חֶסֶד, 헤세드). 이 종의 기도(24:12, 14)와 찬송(24:26-27)에서 핵심 단어인 히브리어 단어 헤세드(חֶסֶד)는 언약 관계의 충실한 유지를 수반한다. 낮은 신분의 언약 파트너는 절박한 필요를 채우기 위해 높은 신분의 언약 파트너의 은혜에 의존한다. 자신의 궁핍한 백성을 향한 하나님의 신뢰할 만한 은혜가 언약 관계의 기반을 이룬다(사 54:10을 보라).

14절. 내가 당신의 낙타들에게도 마시게 하리라. 미모와 처녀성에 덧붙여 환대가 결정적 요소다(24:16). 낙타 한 마리당 25갤런의 물을 마실 수 있기 때문에 종이 염두에 둔 판별법은 현명했다. 이는 여자의 친절, 환대, 근면성, 그리고 기꺼이 나그네를 도우려 하는지를 시험하는 척도였다. 스

---

248 사마리아 여인은 정오에 갔는데, 이는 그녀가 버림받은 여인이었기 때문이다(요 4:6-7).

턴버그는 이를 "영특한 성품 시험"이라고 부른다. 그는 이렇게 말한다. "환대의 귀감이 되는 가정에 혼인하여 들어올 만한 여인의 적합성을 결정하는 데 있어 어떤 잣대가 여행자에 대한 영접보다 더 적절할 수 있었을까? 또한 이는 엄격한 시험이다. 왜냐하면 자원해서 '열' 마리의 목마른 낙타에게 물을 주는 것은 일반적인 시민 의식을 훨씬 능가하는 마음이 필요하기 때문이다."[249]

이로 말미암아 … 내가 알겠나이다. (야웨가 정하신 여자라는) 징표를 구하는 요청은 땅을 축복하기로 예정된 가정을 그 목적으로 이끌기 위한 종의 임무와 관련하여 적절하다(사 7:10-14을 보라). 그는 보이지 않는 하나님의 사자의 존재를 의식하고 있다(창 24:7을 보라).

15절. 말을 마치기도 전에. 하나님의 섭리에 맞는 때가 이 이야기와 족장들의 삶에서 발생한 다른 사건들의 핵심이다(창 37-50장의 요셉 이야기를 보라; 참조. 사 65:24).

리브가. 22:23을 보라.

밀가의 아들 브두엘. 이는 리브가의 사회적 지위를 시사한다. 그녀는 첩의 손녀가 아니었다(22:20-24을 보라).

16절. 심히 아리땁고. 미모는 구약에서 가치 있게 평가된다(참조. 잠 6:25). 존경을 받는 여성들에 대한 많은 이야기는 그들의 성적인 매력 혹은 미모를 언급한다. 즉 사라(창 12:11; 참조. 20:2), 라헬(29:17), 다말(38:13-19), 라합(수 2:1), 룻(3:1-9), 그리고 왕비(시 45:11-15).

처녀(בְּתוּלָה, 베툴라). 이 본문에서 "처녀"는 순결함을 뜻하지 않는다. 이는 혼기가 찬 청소년기의 소녀를 의미한다(즉 결혼할 연령에 이른 소녀).[250]

---

249 Sternberg, *Poetics*, 137.

250 아람어 주문 문서는 베툴라(בְּתוּלָה)의 "산통을 겪으나 출산하지 않은 상태"에 대해 말한다. 에 2:17-19은 이 단어를 왕과 밤을 보내기 전과 후 모두에서 왕의 신참 후궁들에게 적용한다. 욜 1:8에 나오는 베툴라는 남편이 있다(G. J. Wenham, "בְּתוּלָה," *VT* 22 [1972]: 326-48을 보라).

지금까지 남자가 가까이하지 아니한. 이는 그녀의 자녀가 의심할 여지 없이 이삭의 자녀일 것임을 보장하는 중요한 미덕이다.

내려가서 … 올라오는지라. 이 진술은 리브가의 근면성을 강조한다.

17절. 물을 내게 조금 마시게 하라. 이 지혜로운 종은 간단하지만 전적으로 가능한 요구를 내놓는다. 그는 하나님의 섭리를 위한 여지를 남겨두면서 그녀의 성품을 시험하는 중이다.

19절. 마시게 하기를 다하고. 분명히 역량 있는 여성으로부터 받은 이 넉넉한 제공은 종의 요구를 훨씬 능가한다.

20절. 급히 … 우물로 달려가서. 리브가의 행동은 "한 가지 단일한 초점을 흥미롭게 표현한다. 즉 이 젊은 여성의 임무 수행은 심지어 가장 낙관적인 예상마저 훌쩍 뛰어넘는다는 것이다."[251]

21절. 묵묵히 주목하며. 상황 파악이 빠른 종은 조급하게 반응하지 않고 야웨의 인도하심을 확인하기 위해 신중하게 지켜본다. 그의 다음 행동은 리브가에게 금을 제공하는 것이다. 이는 리브가가 시중들 때 종이 그녀의 감복할 만한 성품을 식별하고 있음을 의미한다.

22절. 금 코걸이 한 개와 … 금 손목고리 한 쌍을 그에게 주며. 종이 이렇게 한 이유는 그녀에게 보답하고 그녀의 호의를 얻으며 그녀의 가족에게 깊은 인상을 심어주기 위함이다.

베카(בֶּקַע, 개역개정-"반 세겔"). 베카는 약 1/5온스다(5.5그램).

열 세겔. 금 4온스(110그램)는 상당히 많은 양이다.

24절. 밀가가 나홀에게서 낳은 아들 브두엘의 딸. 브두엘은 이삭의 사촌이다. 이는 친족에 대한 아브라함의 요청을 넘어선 섭리다.

25절. 우리에게 짚과 사료가 족하며. 내레이터는 환대와 재력 및 이 사람을 위한 리브가의 극진한 돌봄에 대한 추가적인 표시를 보고한다.

---

251 Sternberg, *Poetics*, 138.

26절. 야웨께 경배하고. 이 만남은 기도와 예배의 틀로 짜여 있는데 (24:12을 보라), 이는 종의 신실함과 하나님의 자비를 구하는 태도의 표시다.

27절. 야웨를 찬송하나이다. 하나님은 자신의 예배자들을 번영케 하신다.

나를 인도하사(נָחַה, 나하). 이 히브리어는 "어려움 속에서 이끌다"라는 의미를 함축한다. 오경의 다른 곳에서 이 단어는 광야를 거쳐 자신의 백성을 약속의 땅으로 이끄시는 하나님의 특별한 인도하심을 묘사한다(출 13:17, 21; 15:13; 32:34; 아래 신학적 고찰도 보라).

브두엘의 집에서 아브라함의 종(24:28-61)

28절. 어머니 집. 이 문화권에서 소녀의 일차적인 가족 관계는 어머니와의 관계다(룻 1:8; 아 3:4; 8:2).

29절. 라반. 라반은 가족을 부양할 책임을 졌다. 가족 제도가 족장 체제가 아니라 형제 연맹체였기 때문이든, 아니면 브두엘이 무능했기 때문이든 말이다(24:50을 보라; 참조. 20:16). 라반의 이름은 "흰색"을 의미하고 다른 곳에서는 달(הַלְּבָנָה, 할레바나)에 대한 시적인 환유법으로 사용되는데 (사 24:23; 30:26; 참조. 아 6:10), 아마 이는 그의 가족이 달 숭배 제의와 관련되어 있다는 추가적인 암시일 수 있다.

30절. 그의 누이의 코걸이와 그 손의 손목고리를 보고. 리브가가 순전한 마음으로 서둘러 나그네에게 환대를 베푼 반면 라반은 탐욕에 사로잡힌다. 금에 눈길을 주는 라반의 이 모습은 그가 야곱을 어떻게 대우할지를 미리 내비친다.

31절. 야웨께 복을 받은 자여. 라반의 진술은 그의 가장 큰 관심이 물질의 축복에 있어 보이므로 진실하지 않다.

33절. 먹지 아니하겠나이다. 종은 그의 필요와 안락함보다 자신의 임무를 우선시한다. 자신의 임무를 말하기 전에 먹지 않겠다는 그의 신중한 거절은 그가 이 상황을 통제하게 만들며 접대하는 사람들에 대해 아무런 의무감을 품지 않도록 만든다.

34절. 그가 이르되. 이런 종류의 문구 반복은 고대 근동의 서사 문학에서 표준적 특징이다. 종은 이 위급한 상황에 대처하기 위해 설명에 변화를 준다(이어지는 주해를 보라). 그의 선별적이고 창의적인 이야기의 반복은 하나님의 섭리적 인도하심에 대해 리브가의 가족을 설득하기 위함이다. 이는 성경의 이야기에서 내레이티가 설득을 위해 "반복 진술하는" 기법의 본보기가 된다.

35-38절. 창성하게 하시되…내 족속에게로 가서. 이 구절들 역시 중요한 세부 사항이다(25:5-6을 보라). 종은 우선 자신의 주인이 소유한 부(24:34-35)와 이삭의 유일한 상속자 지위를(24:36) 언급함으로써 자신의 말을 듣는 사람들의 재물 중심적 성향에 호소한다. 이삭이 족내혼을 해야 한다는 주인의 요청을 전달하고 또한 주인이 가나안 족속과의 결혼을 거절했음을 언급함으로써 종은 리브가의 자녀들이 유일한 상속자들이 될 것이라는 사실을 그들에게 확신시킨다(24:37; 참조. 29:26-27; 31:50).

36절. 사라가 노년에. 종은 능숙한 언변가로서 그 가족의 마음을 움직이게 하고 관심을 끌게 하는 세부적 내용을 신중하게 선택한다. 여기서 자녀를 출산할 때에 사라의 늦은 나이에 대한 종의 언급은 그들에게 이삭이 너무 나이 든 사람이 아님을 확신시킨다. 뒤에 나오는 가나안 족속에 대한 그의 언급은 왜 이삭이 미혼 상태인지를 설명해준다.

그의 모든 소유를. 이는 다음 장에서 확증될 것이다(25:1-6, 특별히 6절).

37절. 나에게 맹세하게 하여 이르되. 아브라함이 그토록 진지하게 자신의 친족 중에서 자기 아들의 혼사를 치르는 일에 몰두한 것은 그 가족에 대한 예우의 표시다. 종은 아브라함이 가족으로부터 떠난 일에 대한 언급을 재치 있게 생략한다.

40-48절. 내가 섬기는 야웨께서…나의 주인의 동생의 딸을. 이야기의 반복은 그 가족이 야웨의 손길을 인정하도록 설득하는 데 필요하다. 아

브라함의 믿음과 종 자신의 기도 및 리브가와의 섭리적 만남에 대한 종의 상세한 재진술은 그의 말을 듣는 사람들로 하여금 이 결혼에 대한 하나님의 승인을 인정하게끔 만든다.

45절. 리브가. 내레이터는 종이 어떻게 그녀의 이름을 알게 되었는지를 공백으로 남겨둔다.

49절. 당신들이 인자함과 진실함(חֶסֶד וֶאֱמֶת, 헤세드 베에메트)**으로 … 그렇지 아니할지라도.** 마지막으로 종은 아브라함에 대한 약속의 충실한 준수를 위해 그들에게 호소한다. 만일 그들이 응답하지 않는다면 그는 다른 곳에서 신붓감을 찾을 것이다.

50절. 라반과 브두엘이 대답하여 이르되. 24:53과 55에서 아버지에 앞서 아들을 언급하는 이례적인 순서와, 단순히 형제와 어머니만이 언급되는 점은 브두엘이 무능하다는 것을 암시한다.

이 일이 야웨께로 말미암았으니. 그들은 섭리의 손길을 인정한다.

가부를. NIV는 이 히브리어 표현을 의역하여 "좋은지 나쁜지"로 제안한다(참조. 31:24). 그들은 이 문제에서 선택의 여지가 없다.

52절. 땅에 엎드려 야웨께 절하고. 이 신실한 종은 하나님을 신뢰하고 감사하는 일을 결코 잊지 않는다.

53절. 은금 패물과 의복을 꺼내어. 리브가에게 준 개인적 선물에 덧붙여 종은 이제 그 가족에게 선물을 주는데, 이는 아마도 신부값일 수 있다. 신부값은 신부의 노동력의 손실과 그녀의 잠재적 후손에 대한 대가의 지불이었다(창 34:13; 출 22:16을 보라).

55절. 이 아이로 하여금 … 우리와 함께 머물게 하라. 이는 관례였다(Tobit 9:20을 보라).

며칠 또는 열흘을. 이 히브리어는 문자적으로 "날들 혹은 열"이다. 이 시간의 양은 모호하다. 타르굼은 이 어구가 "일 년 혹은 십 분"을 의미한다고 해석했다. 70인역은 "며칠, 말하자면 열흘"로 해석한다. 이는 며칠 혹은 몇 년을 의미할 수도 있다. 후일에 야곱은 예상치 못하게 이십 년

을 머무르게 될 것이다!(창 31:38)

56절. 야웨께서 내게 형통한 길을 주셨으니. 종은 만일 그들이 자신을 지체하게 하면 하나님의 섭리를 거슬러 행동하는 것이라고 은근히 경고한다.

58절. 네가 이 사람과 함께 가려느냐? 그들은 이미 결혼에 합의했기 때문에(24:51) 이 질문은 부도덕하다. 이 이야기는 라반의 신중치 못한 행동과 탐욕을 귀범해준다. 이것이 후일에 야곱을 힘들게 할 것이다(29:23; 31:41을 보라). 종과 리브가가 머물렀다면, 그들은 결혼 지참금과 결혼을 둘 다 잃었을지도 모른다.

가겠나이다. 이 말은 이 서사에서 가장 결정적인 발언이다. 가족의 여망과 어긋나게 리브가는 야웨의 지시에 순응하는데, 이는 가족을 떠난 아브라함의 믿음에 부합한다(12:1, 4을 보라).

59절. 그 누이 리브가. 여기서 "누이"라는 언급은 다소 불분명하다. 이는 친족을 의미하는가?

그의 유모. 이 히브리어는 리브가의 "유모"를 가리킨다. 병행하는 아카드어로부터 판단하자면, 유모가 아이에게 젖을 먹인 후에 아이를 양육하고 돌보는 책임을 졌다. 가족의 일원으로 존중받은 이 유모가 지금 리브가를 수행한다. 나중에 이 유모, 곧 드보라가 리브가의 이야기에서 결정적인 역할을 할 것이다(35:8을 보라).

60절. 너는 천만인의 어머니가 될지어다…그 원수의 성문을 얻게 할지어다. 22:17을 보라. 또다시 "여족장은 축복을 함께 나눈다."[252]

61절. 여자 종들. 이는 리브가의 사회적 지위를 표시한다.

리브가가 일어나(NIV-"채비를 갖췄다"). 아마도 여행을 준비하는 데 며칠이 소요되었을 것이다. 종은 대략 삼 년 동안 가나안 남부로부터 멀리

---

252 Fox, *Beginning*, 95.

떠나 있었다(23:1; 25:20을 보라).

낙타를 타고. 왜 열 마리의 낙타가 필요했는지 이제 분명해진다.

그 종이 리브가를 데리고 가니라. 이 믿음의 종은 자신에게 부여된 임무를 훌륭히 수행했다.

네게브에서 이삭, 리브가, 그리고 종(24:62-67)

62절. 브엘라해로이. 이 이름은 "나를 보시는 살아 계신 분의 우물"이라는 뜻이다. 이는 그곳에서 하갈이 야웨를 섭리적으로 만난 일을 기념하여 지은 이름이다(16:14을 보라). 이삭이 결혼을 위한 상징적 만남의 장소인 우물로부터 오고 있다는 사실은 의미심장하다(위의 문학적 분석의 "장면 묘사"를 보라).

네게브 지역에 거주하였음이라. 서사는 지도권과 초점이 이삭에게로 전환됨을 반영한다. 이 여행을 주도했던 아브라함은 언급되지 않으며 이삭이 네게브에 거주하는 것에 대한 아무런 설명도 제시되지 않는다. 종은 이제 이삭을 자신의 주인으로 칭할 것이다(24:65을 보라; 참조. 24:36, 39, 42, 44, 48).

63절. 저물 때에 들에 나가. 이 상황과 시점에 야웨의 섭리적 손길이 있음을 또다시 부인할 수 없다.

묵상하다가(שׂוּחַ, 수아흐). 이 특이한 히브리어의 의미는 불확실하다. 고대 역본들은 다음과 같이 상이하게 번역한다. 즉 70인역은 "한담을 나누려고", 불가타는 "묵상하기 위해", 시리아역은 "일의 결말을 보려고", 타르굼은 "기도하기 위해"라고 번역한다. 현대의 역본들도 그에 따라 다양하다. 이 단어는 24:65에서 "(들판에서) 배회하다가"(הָלַךְ, 할라크)로 다르게 표현되고 있는데, 이는 "걷다, 산보하다, 떠돌다"라는 의미를 시사한다. 한 아랍어 동족어는 "여행하다, 배회하다, 어슬렁거리다"라는 의미를 갖는다. 만일 이 단어가 그 의미라면 그것은 섭리에 대한 개념을 심화할 것이다.

눈을 들어 보매. 이 진술은 리브가가 처음으로 이삭을 흘끗 보는 장면과 병행한다("리브가가 눈을 들어 이삭을 바라보고", 24:64). 이는 동시성의 개념을 전해준다.

64절. 낙타에서 내려. 히브리어 숙어 "~로부터의 낙하"를 의역한 것이다(왕하 5:21을 보라).[253] 리브가는 자신의 남편이 될 사람에게 존경심을 나타내기 위해 낙타에서 내린다(수 15:18; 삼상 25:23을 보라).

65절. 자기의 얼굴을 가리더라. 리브가의 얼굴 가리기는 이삭에게 그녀가 신부라는 것을 상징적으로 알린다. 이스라엘 여인들은 보통 때에는 얼굴을 가리지 않았다(12:14; 38:14을 보라). 그러나 결혼식에서는 신부의 얼굴을 가리는 것이 관례였다.

66절. 이삭에게 아뢰매. 아브라함은 삼십오 년을 더 살았으나(21:5; 25:7, 9, 20을 보라) 서사는 종이 아브라함에게 전한 보고를 생략하고 이삭에게 초점을 맞춘다. 이런 선택적 편집으로 이삭이 주인이자 아브라함의 후계자로, 심지어 리브가도 어머니이자 사라의 후계자로 나타난다.

67절. 그의 어머니 사라의 장막으로. 리브가는 구원사에서 사라의 뒤를 따른다.

사랑하였으니. 하나님은 이 여행이 완전한 성공을 거두게 하셨다.

그의 어머니를 장례한 후에 위로를 얻었더라. 폭스의 결론에 의하면 "이삭의 아버지가 마지막으로 활동하는 순간에 이 이야기가 그 아버지와 더불어 시작된 것처럼 이야기는 그의 어머니에 대한 기억과 더불어 마무리된다. 이삭은 홀로 주연이 된다."[254]

253 M. Delcor, "Quelques cas de survivances du vocabulaire nomade en Hébreu biblique," *VT* 25 (1975):313-14.

254 Fox, *Beginning*, 108.

제6부 3막 3장에 대한 신학적 고찰 ─────────

인도하심

이 이야기는 아브라함에 대한 하나님의 약속이 어떻게 성취되는지를 반영한다. 이 성취는 아브라함의 믿음과 헌신을 통해(24:12, 14, 27), 야웨의 사자 안에서 하나님의 임재를 통해, 무명의 충실한 종의 기도와 신중한 행동을 통해, 야웨의 섭리를 통해, 그리고 약속의 가족에 합류하기 위해 자신의 땅을 기꺼이 떠나기로 한 리브가의 결심을 통해 이루어진다. 이런 방식으로 야웨는 약속의 씨의 탄생을 조율하신다. 무명의 종은 성경에서 섭리적 징표를 통한 직접적인 인도하심을 위해 기도하는 최초의 인물이다. 이 신실한 종은 중단 없이 모든 상황에 대한 감사와 더불어 계속 기도하는데, 신약에서는 이와 병행을 이루는 장면, 즉 징표를 구하는 사도들이나 교회의 모습이 발견되지 않는다.[255]

기도

종의 기도는 중재하는 거룩한 사제의 도움이나 지정된 장소 또는 희생 제물과 같은 제의가 없이 직접 하나님께 드리는 자발적이고 마음에서 우러나오는 기도다. 위에 언급한 요소들은 형식적 예배에서는 적절할 수 있으나 신자와 하나님의 직접적인 관계를 위해서는 필요하지 않다.

섭리

여행에 대한 세부 사항은 등장인물들의 만남 및 종이 받은 기도의 응답에 대한 세부 사항과 비교해볼 때 빈약하다. 하나님의 섭리는 일상적인

─────────

255 B. K. Waltke with J. MacGregor, *Knowing the Will of God* (Eugene, Ore.: Harvest House, 1998)을 보라.

것과 비상한 것을 포함한다(위의 문학적 분석에 있는 "구조와 플롯"을 보라). 하나님은 섭리적 행동을 통해 그분의 언약 파트너들이 당신의 계획을 이룰 수 있도록 예비하신다(50:20; 룻기를 보라). 이 목적을 위해 자신의 백성에 앞서 행하는 야웨의 사자(24:7) 역시 이스라엘에게 땅을 주심과 연결되어 언급된다(출 23:20, 23; 민 20:16; 창 16장도 보라).

믿음

믿음으로 아브라함은 자신의 전 생애의 방향을, 심지어 죽음의 순간에도 하나님의 약속에 둔다(12:1-3, 7을 보라). 아브라함은 땅에 대한 하나님의 약속과 세상을 복되게 할 많은 후손에 대한 그분의 약속을 믿었기 때문에 이삭이 가나안 사람들과 통혼하는 것도, 그가 약속의 땅을 떠나는 것도 허용하지 않는다. 비록 약속에 기반을 두고 **행동**하지만 아브라함은 그것을 **이용하지는** 않는다. 좋은 설사 야웨께서 그의 임무를 형통케 하지 않으신다고 해도 그의 맹세로부터 자유롭다. 아브라함은 하나님을 믿을 뿐만 아니라 미래에 이삭의 아내가 될 신붓감 역시 믿음의 선택을 해야 한다는 사실도 인식한다. 아브라함의 믿음은 보상을 받는다. 하나님 나라를 추구하는 데 헌신한 인생은 하나님의 선하신 도움의 손길을 경험할 것이다(마 6:33을 보라).

리브가는 이삭과의 결혼을 위해 가족을 떠나 이방 땅으로 가기로 단호히 결정함으로써 아브라함의 하나님에 대한 그녀의 믿음을 증명한다. 야웨는 가족에 대한 리브가의 배반을 그녀가 자신의 믿음을 확증하는 중대한 순간으로 바꾸신다. 그녀의 믿음은 땅을 축복하기로 예정된 가족의 계보로 그녀가 입적될 때 보상받는다.

결혼

이삭과 리브가의 결혼은 하늘에서 결정되었을지 모르지만 이는 이 결혼이 실패하지 않을 것이라는 분명한 표시는 아니다. 그들의 쌍둥이 아들들이 결혼 적령기에 이를 즈음에 정작 그들의 결혼에 문제가 발생한다. 그들은 각자 편애하는 아들이 하나님의 축복을 보장받도록 간계를 꾸미고 서로를 대적하며 은밀하게 말하고 행동한다. 복된 결혼은 좋은 시작을 요구할 뿐만 아니라 꾸준한 지도력, 좋은 성품 및 경건함을 요구한다.

제6부 3막 4장

유일한 상속자인 이삭(25:1-6)

제6부 3막 4장에 대한 문학적 분석 ────────────

구조

아브라함의 이야기를 마무리하기 전에 내레이터는 아브라함의 자녀들과 아브라함의 가정 문제의 해결에 대한 마지막 세부 내용을 설명한다. 이 장은 24:36에서 예견되었다. 아브라함은 이삭에게 자신이 소유한 모든 것을 넘겨준다. 초자연적으로 얻은 후손인 이삭에 덧붙여 아브라함은 자연적으로 많은 후손을 얻는다. 이 자녀들이 아브라함의 후손으로서 중요하기 때문에 그들의 족보 목록이 제시된다. 그러나 그들은 약속의 상속자들은 아니다. 이 약속은 아브라함의 초자연적 태생의 후손을 위해 의도되었고 따라서 상속권 확립의 중요성이 강조된다(아래 신학적 고찰을 보라). 제4장은 다음과 같이 두 부분으로 나뉜다. 첫 번째 부분은 그두라를 통해 낳은 아브라함의 자녀들에 대한 수평적 족보를 제시한다(25:1-4). 두 번째 부분은 유산의 분배에 대한 것으로서 이삭을 땅과 약속의 유일한 수혜자로 지명한다(25:5-6). 첩들을 통해 얻은 아들들에게 아브라함은 단지 선물만을 제공한다(25:6). 이삭은 심지어 아브라함이 죽기 전에 그 소유지를 상속받았으며, 아브라함이 죽은 후에는 미래에 약속된 땅에 대한 유일한 상속자가 된다.

수평적 족보는 모든 후손의 조상이 되는 그두라에 대한 진술로 틀이 짜여 있다. 즉 "그두라가 ∼를 낳았고"(25:1-2)와 "다 그두라의 자손이었더라"(25:4)라는 언급이 나온다. 이 족보는 열여섯 명의 후손을 제시한다. 즉 아들들, 손자들과 증손자들이 나온다.

다음은 이 족보의 도표다.

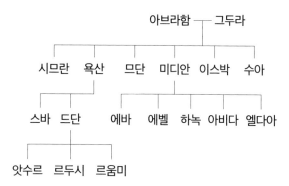

그두라는 아브라함에게 여섯 아들을 낳았다(25:2). 욕산을 통해 아브라함은 두 명의 손자와 세 명의 증손자(25:3), 합해서 욕산의 다섯 자녀를 얻는다. 그두라의 넷째 아들 미디안을 통해 아브라함은 다섯 명의 손자를 얻는다(25:4).

비교와 대조

비록 그두라(참조. 대하 1:32)와 하갈이 둘 다 첩이지만 내레이터는 하갈을 통해 낳은 아브라함의 자녀에 대한 독자적인 족보를 제공한다(25:12-18). 이는 사라의 존귀한 지위와 더불어 아브라함과 하갈에 대한 하나님의 은혜를 시사한다. 이집트인 여종이자 첩이었던 하갈과, 역시 첩이었던 그두라의 차이는 대리모인 하갈과 사라의 특수한 관계, 아브라함의 이스마엘에 대한 애착 및 하갈을 향한 하나님의 약속에 있다. 그럼에도 불구하고 두 족보는 모두 아브라함의 죽음 및 장례를 기록하는 제3막의 마지막 장을 둘러싸는 수미상관을 이룬다.

시간 이탈

본문은 제4장이 시간 순서대로 제3장을 따른다는 오해를 방지한다. 제3장에서 아브라함의 종은 아브라함이 이미 자신의 모든 소유를 이삭에게 넘겼다고 확언한다(24:36). 이는 아브라함에게 다른 자녀들이 있음을 전제하는 진술이다. 또한 아브라함은 자신의 몸이 백 세가 되어 자녀를 낳기에는 너무 늙었다고 이미 판단했다(17:1, 17). 그가 생물학적으로 사십 세를 더 먹고 "나이가 많아 늙었을 때"(24:1) 여섯 아들을 낳았을 것 같지는 않다. 하나님께서 아브라함의 몸을 젊게 하셨을 수 있지만, 만일 그가 백사십 세가 된 후에 그들을 낳았다면 그들은 이삭보다 더욱 초자연적으로 얻은 자녀들이 된다. 따라서 이는 신학적으로도 개연성이 없다.

제6부 3막 4장에 대한 주해 ─────────────

그두라를 통해 낳은 아브라함의 후손(25:1-4)[256]

1절. 맞이하였으니(took). 이는 "맞이했었다"(had taken)가 더 나은 번역이다(위의 문학적 분석, "시간 이탈"을 보라). 아브라함의 이 이차적 후손의 연대가 지정되지 않는데, 이 사건은 시간 이탈일 가능성이 가장 높다. 아브라함 이야기의 마지막에 놓인 이 족보의 배치는 약속의 아들 이삭이 선택된 족장이며 약속된 땅의 유일한 상속자임을 보여주는 기능을 한다.

후처. 이 아내는 아마도 사라에 이어서 그리고 하갈 이전에 아브라함

---

256 편집을 시사하는 흔적들과 이 자료의 고대성에 대해서는 Wenham, *Genesis 16-50*, 156-57을 보라.

의 후처가 된 것으로 추정된다.

처. 여기서 그녀는 아내로 호칭되나 25:6b에서는 첩으로 불린다 (30:4의 빌하를 보라). 이런 차이가 그녀의 아들들의 법적 지위에 영향을 끼쳤을 것이다. 아래에 나오는 "그가 이삭에게 자신의 모든 소유를 주었고"(25:5)라는 진술을 보라.

그두라. 이 첩(25:6; 대상 1:32)의 이름은 "향기로운 연기/분향에 둘러싸임"을 의미한다. 이는 아마도 그녀의 아들들의 직업으로 설명될 수 있을 것이다. 성경과 아카드 문헌들은 그들을 향료의 생산 및 무역에 종사했던 아라비아의 민족들이나 주민들로 거명한다.

2절. 시므란. 이 이름은 메카의 서쪽 지역의 지명이기도 하다.[257]

욕산. 그는 욕단(창 10:25-28)과 구별되어야 한다. 비록 둘 다 스바 (Sheba)의 조상이긴 하지만 그들의 이름과 부계는 다르다.

므단. 이 사막의 거주자들은 이스마엘 족속 및 미디안 족속과 한 무리로 취급된다. 이 상인들은 길르앗으로부터 이집트로 향신료와 향품 및 몰약을 팔던 무역상들이며 이스마엘 족속(37:25), 미디안 족속(מִדְיָנִים, 미드야님, 37:28) 및 므단 족속(מְדָנִים, 메다님, 37:36)으로 확인된다. 만일 이 이름이 데마 남쪽의 바다나(Badana)라 불리는 지명의 변형된 형태가 아니라면 다른 방식으로는 그 이름의 흔적을 찾아볼 수 없다.

미디안. 이는 아카바만과 홍해 동쪽의 잘 알려진 아라비아 부족으로 모압에서 시내 반도와 에바(Ephah)까지 분포했던 종족이다(민 22:4, 7; 삿 6-8장). 그들은 황금과 유향을 무역했다(사 60:6; 참조. 창 37:25, 28). 모세의 아내 십보라는 미디안 족속이었으며 그녀의 미디안 형제 호밥은 이스라엘이 시내 광야를 통과할 때 그들을 인도했다(민 10:29-32).

---

257 *HALOT*, 274.

제6부 데라의 후손의 계보

이스박. 이는 북부 시리아의 부족으로 쐐기문자 문헌에서 발견된다.[258]

수아. 우리는 아마 이 이름을 쐐기문자 문헌에서 나온 지명과 동일시 해야 할 것이다. 이곳은 하부르강 입구 아래 유프라테스 중부 지역에 위치해 있다(참조. 욥 2:11).[259]

3절. 스바. 이는 아라비아 반도 남부 지역에 있는 알려진 지역과 종족이다.[260] 그들은 아카드어 문헌과 구약성경에서 모두 향품 및 향신료 무역과 관련된다(사 60:6; 렘 6:20; 겔 27:22).

드단. 이는 잘 입증된 도성—타이마(Taima) 남서쪽 약 68마일(110킬로미터) 지점에 위치한 현대의 엘-울라(el-'Ulla) 오아시스—으로 이동 무역으로 유명한 북서 아라비아 부족이다(사 21:13; 겔 27:20). 이 도성은 남부 아라비아부터 시리아와 지중해에 이르는 유명한 "향료 교역로"에 위치한다. 스바와 드단은 둘 다 함의 증손자들로도 언급된다(창 10:7). 해밀턴은 이렇게 설명한다. 즉 "우리는 스바와 드단에 대해 상이한 부계가 사용된 것은 아라비아의 다른 지역들에 사는 다른 인물들 및 부족들이 동일한 이름을 사용했거나 아니면 더욱 가능성이 높은 것으로서 남부 아라비아에서 함과 셈의 계보가 분리되었기 때문이라고 설명할 수 있다."[261]

앗수르 족속과 르두시 족속과 르움미 족속. 이 예외적인 종족 이름의 형태들은(즉 고유명사의 형용사형) 이 형태들이 전혀 고유명사가 아니라—아람어 번역이 그렇다—드단의 아들들의 직업 또는 사회적 지위에 대한 묘사라는 것을 암시할 수 있다. 만일 그렇다면 이는 다음과 같이 번역될 것이다. 즉 "그들은 농부, 대장장이, 그리고 반유목민들이었다." 그렇지만

---

258 앞의 사전, 445.

259 같은 사전, 1439.

260 같은 사전, 1381.

261 V. P. Hamilton, *The Book of Genesis: Chapters 18-50* (NICOT; Grand Rapids: Eerdmans, 1995, 『NICOT 창세기 II』, 부흥과개혁사 역간), 166.

종족들 역시 열국의 목록에서 나타나며, 나는 그들이 고유명사라는 전제 하에 *HALOT* 사전과 동일한 입장을 고수할 것이다.

앗수르 족속. 이들은 구아시리아 혹은 아라비아 부족이다.[262] 비록 히브리어 성경에서는 그 이름이 악명 높은 아시리아인들과 동일하지만 (10:22을 보라) 이 아시리아인들(Assyrians/Asshurites)은 아마도 남부 아라비아 비문에서 알려진 이집트 근처의 한 종족을 가리킬 수 있다. 동일한 설명이 민수기 24:22, 24과 시편 83:8에 있는 아시리아 족속에 대해서도 적용되는데, 그들의 정황은 아시리아에 맞지 않는다.

르두시 족속(Letushites). 이들은 아라비아의 알려지지 않은 부족이다. 만일 이 이름이 로테쉬 족속(Loteshites)으로 이해된다면 "수공예자들"을 의미할 것이다.[263]

르움미 족속. 이들은 아라비아 부족이지만 몽고메리(Montgomery)는 이 단어의 의미를 "무리"(hordes)로, 올브라이트(Albright)는 "부족민"(tribal people)으로 이해한다.[264]

4절. 에바 … 엘다아. 미디안 족속은 아마도 이 다섯 아들 혹은 부족으로 구성되었을 것이다. 민수기 31:8(수 13:21)은 미디안의 다섯 왕을 언급하는데 아마도 각각의 왕이 이 다섯 부족에 속한 인물들일 것이다.

에바. 몽고메리는 이 사람을 쐐기문자 문헌의 하이파(Ḫaippa)와 동일시하는데 그의 거주지는 홍해 지역이었다. 쐐기문자 문헌과 구약 모두에서 에바/하이파의 땅은 향신료 및 향품과 관련된다(사 60:6).[265]

에벨과 하녹과 아비다와 엘다아. 이들에 대한 증거가 다른 곳에서는 발견되지 않는다.

---

262 *HALOT*, 94, no. 4.
263 앞의 사전, 528.
264 같은 사전, 513.
265 *ANET*, 283b, 286a.

그두라. 그녀의 이름의 반복이 이 족보를 둘러싸는 틀을 형성한다 (25:1과 문학적 분석을 보라).

이삭에 대한 재산 상속(25:5-6)

5절. 이삭에게 자기의 모든 소유를 주었고. 24:36을 보라. 아브라함은 하갈을 통해 이스마엘을 얻었을 때처럼 그두라가 낳은 그의 후손에게 재산을 넘겨주지 않았다(21:10을 보라). 그두라가 낳은 그의 아들들의 지위가 불확실하기 때문에 아브라함의 행위가 모세의 율법과 상충되었던 것인지와 고대 근동의 법에 부합했던 것인지를 평가하기란 어렵다. 25:1에서 그두라는 아내로 호칭되지만 25:6에서는 첩으로 불린다. 만일 그녀가 정실부인으로 간주되었다면, 그리고 그두라가 사라가 이삭을 낳기 전에 아들들을 낳았다고 추정된다면, 모세법을 따라 아브라함은 실제 장자인 시므란의 유산 상속권을 박탈할 수 없었을 것이다. 하지만 그녀는 첩이라고도 불리기 때문에 아마 이 법은 적용될 수 없었을 것이다. 어쨌든 아브라함은 모세 율법 이전에 살았으며, 다른 많은 사례에서 족장들의 종교적·사회적 관행은 이스라엘의 후대의 법과 달랐다(서론에서 "역사성과 문학적 장르"를 보라). 아브라함의 행위는 알려진 고대 근동의 법에 부합했을 수도 있다. 함무라비 법전에 따르면 만일 한 남자가 종으로부터 얻은 후손을 자신의 아들로 삼지 않는다면, "아버지가 (그의) 운명을 다하고 죽은 뒤에 종의 자녀는 첫 번째 부인의 자녀와 나란히 아버지의 부동산을 분배받을 수 없다."[266] 아브라함은 아마도 이삭을 유일한 상속자로 정하고 다른 아들들을 자신이 죽기 전에 내보냄으로써 그들을 법적인 아들로 삼지 않았을 것이다.

6절. 자기 생전에. 아브라함은 직접 그 땅에서의 이삭의 상속을 확고히

---

[266] 앞의 책, 173.

한다.

재산을 주어. 이는 그들의 유산이다. "정실부인의 아들들은 유산의 명확한 몫을 예상할 수 있었다(신 21:15-17; 참조. 민 27:1-11). 첩의 아들들은 전적으로 그들의 아버지의 선의에 의존했다."[267] 아브라함은 아마도 법적으로 그들에게 선물을 줘야 할 이유가 없었기 때문에 그가 준 재산(선물)은 선의의 행동이다. 이 행동의 결과는 비록 그 목적이 아니었을지라도 아마 땅을 정복할 시기에 이르기까지 이삭에 대한 그들의 선의를 얻도록 해줄 것이다.

첩들. 복수 "첩들"은 그두라와 아마도 하갈을 가리킬 것이다. 비록 하갈은 "하녀"(16:2)와 "여종"(21:10)으로 묘사되지만 아마도 "첩"으로 호칭될 수 있었을 것이다. 이와 비슷하게 빌하는 "하녀"(30:3)와 "첩"(35:22) 둘 다로 불린다.

동쪽 땅(קֶדֶם, 케뎀). 이 독특한 어구 "케뎀의 땅"은 특정 지역에 대한 고유명사로 아마도 이집트 문헌에서 알려진 시리아 사막일 수 있다. 아니면 이 땅은 중부 유프라테스로부터 아라비아에 이르는 광활한 이스라엘 동쪽 지역에 대한 일반 명칭일 수도 있다. 그두라의 아들들을 이 방대한 지명들과 동일시하는 것은 후자의 해석에 무게를 두게 한다.

제6부 3막 4장에 대한 신학적 고찰

후손

본문은 하나님께서 땅을 축복하시기 위해 중재적 역할을 할 민족으로 이스라엘을 선택하심과 열국을 품는 그분의 자비하심 사이의 뚜렷한 긴

---

[267] Wenham, *Genesis 16-50*, 159.

장을 제공한다. 아브라함의 죽음(25:7-11) 앞에 배치된 족보(25:1-4)와 죽음 뒤에 첨부된 족보(25:12-18)는 아브라함이 자연적으로 낳은 아들들에 대한 것이다. 이 족보들은 자연적 아들들이 비록 택자들과 혈연관계를 갖고 있다 할지라도 약속된 기업의 축복을, 특별히 아브라함의 축복과 관련된 약속의 땅을 상속받지 못함을 보여준다. 이 상속은 정당하게 사라의 아들, 즉 아브라함이 초자연적 방식으로 얻었고 하나님께서 유일하게 인정하신 아들에게 독점적으로 부여된다. 한편 첩들의 아들들은 약속의 땅으로부터 영구히 배제된다.

역사성

현대가 아닌 고대 문헌에서 이 이름들 중 많은 이름이 입증된다는 사실은 추정컨대 아브라함 서사에 있는 다른 사건들이 실제 역사 속에서 발생했음을 뒷받침한다(서론에 있는 "역사성과 문학적 장르"를 보라). 게다가 족보는 고대의 것으로 보인다. 비록 이 종족들 대부분이 아라비아에 위치하지만 아랍이라는 이름은 사용되지 않는다. 그 이름은 기원전 9세기까지는 고대 자료에 나타나지 않는다. 또한 이삭의 이복형제인 미디안이 나중에 이스라엘의 쓰라린 대적이 될 것이라는 암시가 전혀 없다. 그래서 사르나는 이렇게 결론짓는다. "두 민족 사이의 이와 같은 증오의 역사를 고려해볼 때 내레이터가 확실한 사실에 근거하지 않고 혈통 관계에 대한 기록을 창안했을 가능성은 거의 없다."[268]

일부다처제

일부다처제는 구약에서 경건한 사람들의 관행이었다. 사실 구약의 내레이터는 다윗의 여러 아내가 낳은 많은 아들을 사울의 집의 불임과 비

---

[268] Sarna, *Genesis*, 171.

교함으로써 다윗이 축복받은 것으로 제시한다(삼하 3장을 보라). 또한 내레이터는 다윗이 그의 아내들을 빼앗김으로써 하나님의 진노 아래 놓인다고 말한다(삼하 12:8, 11). 그러나 이 관행은 자주 아내들 간에, 또한 여러 아내의 후손 사이의 분쟁으로 이어졌다(참조. 창 37:2; 삼하 13장). 비록 한 아내와의 결혼을 통해 얻은 자녀들에 대해서도 동일한 이야기를 할 수 있지만 말이다(창 4장). 율법은 일부다처를 금지하지는 않았으나 규제했다. "만일 상전이 다른 여자에게 장가들지라도 그 여자의 음식과 의복과 동침하는 것은 끊지 말 것이요"(출 21:10). 율법은 한 남자가 첩을 두는 것과(참조. 신 17:17; 왕상 11:3) 아내의 권리를 고려하지 않고 자신의 육적 쾌락에 탐닉하는 것을 금지했다(에 1장과 반대). 그렇지만 분명히 일부다처제는 "간음(즉 다른 사람의 배우자를 취하는 것; 출 20:14; 참조. 창 39:9) 하지 말라"는 명령에 대한 위반은 아니었다. 그럼에도 불구하고 일부다처제는 하나님의 원래 의도가 아니었다. 하나님은 아담에게 여럿이 아니라 한 아내를 주셨다(창 2:18-25). 그런 풍속은 타락한 라멕이 시작했다(4:19). 그리스도는 자신의 교회에서 원래의 이상을 회복하는 것을 목표로 삼으셨다. 왜냐하면 율법은 단지 인간의 완고한 심성의 수준에 맞춰 완화되었기 때문이다(마 19:1-9). 그러므로 교회에서 장로나 집사는 오로지 한 아내의 남편이어야 했다(딤전 3:2, 12).

제6부 3막 5장

아브라함의 죽음(25:7-11)

제6부 3막 5장에 대한 문학적 분석 ─────────────

주제

아브라함의 죽음과 장례는 제6부 "데라의 후손의 계보"의 자연스러운 결론을 구성한다. 이 사망 보고는 아브라함이 죽을 무렵(그리고 죽을 때) 축복받은 그의 상태와 다음 세대와 계속해서 함께하시는 하나님의 임재를 특징적으로 드러낸다.

구조

제3장과 부합하게 아브라함이 죽을 때의 연령에 대한 서론적 진술에 이어(참조. 25:7과 23:1), 이 서사는 아브라함의 죽음에 대한 세 가지 연대기적 측면을 기록한다. 즉 죽음을 앞둔 그의 상태(25:8), 막벨라에서의 그의 매장(25:9-10), 이삭에 대한 하나님의 축복(25:11)을 다룬다.

시간 이탈

이삭은 아브라함이 죽기 삼십오 년 전에 결혼하며 아브라함의 손자들은 아브라함이 죽을 때 십오 세였다. 이는 제8부의 1장(창 25:19-34)이 현재 5장 이전에 일어났음을 의미한다.

제6부 3막 5장에 대한 주해 ─────────

죽을 때의 연령에 대한 서론적 진술(25:7)

7절. 백칠십오 세. 아브라함은 약속의 땅에서 정확히 백 년을 산다(참조. 12:4). 이삭은 이제 칠십오 세가 되었으며(21:5을 보라) 아브라함의 손자들은 십오 세다(참조. 25:26).

죽음을 앞둔 아브라함의 축복받은 상태(25:8)

8절. 기운이 다하여. 그의 죽음은 세 개의 동사와 더불어 점진적으로 진행된다. 즉 기운이 다하여 죽어 자기 열조에게로 돌아갔다. 첫 번째 동사의 불필요한 첨가는 이 기사에 엄숙함을 더한다(참조. 25:17; 35:19; 49:33).

그의 나이가 높고. 이는 바로 하나님께서 약속하셨던 그대로다(15:15을 보라).

늙어서 연수가 다 차(개역개정–"늙어서"). "연수"의 추가가 몇몇 필사본과 고대 역본들에서 발견된다. 대다수 필사본들은 단순히 "다 차"(즉 많은 나이를 먹었다)라고 읽는다. 그는 죽을 무렵에 인생의 양적이며 질적인 풍부함을 모두 누렸다.

자기 열조에게로 돌아가매. 아브라함이 자기 열조에게 돌아간 일은 그의 죽음과 매장 사이에 발생한다. 이는 그의 매장을 가리키지 않는다. 왜냐하면 아브라함은 그의 조상들과 함께 묻히지 않았기 때문이다. 동일한 설명이 아론(민 20:26)과 모세(신 32:50)에게도 적용된다. 사르나는 이렇게 주장한다. "그러므로 (오경에 특유한) 이 숙어의 존재는 이에 상응하는 숙어, 곧 '아무개의 조상들과 함께 눕다'라는 표현이 그렇듯, 인간은 자신의 유한함과 죽을 운명에도 불구하고 생명의 상실을 넘어 생존하는 불멸의 요소를 소유한다는 믿음을 증명한다."[269]

아브라함이 막벨라에 매장되다(25:9-10)

9절. 그의 아들들인 이삭과 이스마엘. 야곱과 에서 역시 그들의 아버지의 장례식에서 재결합한다. 여기서 이삭과 이스마엘은 예상할 수 있는 대로 나이가 아니라 신학적 중요성의 순서에 따라 나열된다. 단지 사라와 관련된 아들들만이 여기서 이 영예를 공유한다. 그들은 그들의 부모와 공통으로 결속되어 있기 때문에 장례에 함께 참여했다(35:29도 보라). 이스마엘도 그만의 이야기와 미래를 가지고 있다.

막벨라 굴에. 창세기 23장, 35:27-29, 49:29-32을 보라.

이삭이 받은 하나님의 축복(25:11)

11절. 하나님이 그의 아들 이삭에게 복을 주셨고. 이는 이삭에 대한 기사인 25:19-35:29로의 전환점 역할을 하며 아브라함 이야기를 마무리한다. 하나님은 마지막 말을 남기신다.

브엘라해로이. 야웨의 사자가 하갈이 아들을 낳게 될 것이라고 약속했던 장소를(16:14을 보라) 이제 이삭이 점유한다. 이 암시는 이스마엘의 후손에 대한 족보로 전환되며 이삭이 이스마엘의 자리를 대신할 것임을 시사한다.

---

269 앞의 책, 174.

제6부 3막 5장에 대한 신학적 고찰 ——————————

죽음

전도서 12:1은 노령의 나이를 "곤고한 날"("곤고함"은 라아[הָעָר], 즉 "선"과 반대되는 "악"이다)로 묘사한다. 하지만 아브라함이 죽을 때 그의 상태는 이 진리가 특정하게 변할 수 있음을 보여준다. 그는 연수가 다 차고 자신의 삶에 전적으로 만족하면서 또한 여전히 "선"(즉 유익하고 바랄 만한)이라고 불릴 수 있는 상태에서 죽는다.

불멸

"자기 열조에게로 돌아갔다"에 대한 위의 주해를 보라.

믿음과 약속의 성취

히브리서는 믿음의 사람들의 목록에서 신앙의 영웅들에게 각각 한 구절씩을 보통 배당한다. 아브라함은 뛰어난 믿음의 모범으로 열두 구절을 할당받는다. 모세는 여섯 구절로 제시된다. 족장들은 약속들을 얻지 못하고 죽는다. 마찬가지로 새 언약 아래 있는 신자들은 비록 그 약속의 성취를 맛볼지라도 아직 그 절정은 경험해보지 못하고 죽는다. "이 사람들[믿음에 대한 구약의 영웅들]은 다 믿음으로 말미암아 증거를 받았으나 약속된 것을 받지 못하였으니, 이는 하나님이 우리를 위하여 더 좋은 것을 예비하셨은즉 우리가 아니면 그들로 온전함을 이루지 못하게 하려 하심이라"(히 11:39-40). 그들과 더불어 우리는 신적 완성, 곧 새 하늘과 새 땅을 기대하고 있다.

이스마엘의 후손의 계보

(25:12-18)

제7부의 주제

이스마엘의 후손을 다루는 이 책은 아브라함과 하갈에게 주신 하나님의 약속을 끝까지 추적한다(16:10, 12). 이스마엘은 아브라함과 사라를 섬긴 여종의 후손이기 때문에 미래와 운명이 없는 사람이 아니다.

제7부의 개요

제7부에 대한 문학적 분석

구조

상투적인 표제어(25:12)에 이어 제7부는 A, B, A′ 패턴을 따르는 세 부분으로 구성된다. 즉 열두 종족을 제시하는 이스마엘의 수평적 족보(25:13-16), 이스마엘의 사망 고지(25:17), 그리고 이스마엘 종족들의 정착과 운명이다(25:18). 이스마엘의 사망 고지는 그의 후손 사이에 끼어 있다. 첫 부분은 수미상관을 이루는 "이들은⋯이스마엘의 아들들이다/이었다"(25:13, 16)로 뚜렷하게 구분된다. 세 번째 부분은 문자적으로 "그들이 정착했다"로 시작하면서 독자들이 이스마엘의 죽음을 넘어 열두 종족의 두령들 안에서 그들의 조상을 발견하도록 이끈다. NIV는 "그의 후손이 정착했다"를 제안함으로써 색다른 구문을 평이하게 만든다. 이 구조를 통해 내레이터는 이스마엘을 경홀히 여기지 않으면서도 이스마엘 개인보다는 이스마엘 족속을 특징적으로 묘사한다.

비교와 대조

이스마엘의 족보는 아브라함의 부르심에서 약속된 축복과 저주 둘 다를 드러낸다(12:2-3을 보라). 아브라함의 아들로서 이스마엘은 자손의 육적 축복을 경험하지만, 영적으로는 아브라함의 계보 및 그에 수반되는 하나님의 축복으로부터 배제된다. 아브라함과 이스마엘은 둘 다 그들이 죽은 후 자기 백성에게로 돌아갔다고 언급된다. 내레이터는 이스마엘을 위한 묘지에 대해서는 전혀 기록하지 않지만, 아브라함과 이스마엘의 분리는 그들이 서로 다른 두 부류의 백성에게 돌아가 합류했음을 시사한다.

비록 내레이터가 그두라의 경우(25:2-4)와 마찬가지로 이스마엘의 수평적 족보를 제시함에도 불구하고, 이 폭넓은 족보는 전체적으로 제1세대인 열두 명의 이름으로 구성된다. 이 족보가 "매우 강력한 일차적인 부족 연맹체"[1]를 지시한다는 사르나의 제안은 본문에서 첨부된 "이들은…열두 지도자들이었더라"(25:16)라는 설명으로 지지된다. 이런 첨언은 그두라의 족보에서는 공백으로 남아 있던 것이다.

이스마엘의 열두 종족은 숫자상 나홀(22:20-24를 보라)과 에돔(36:10-14)의 각 열두 종족과 이스라엘의 열두 지파(35:23-26)에 상응한다. 만일 거부된 이스마엘과 그로부터 기원한 열두 종족이 자신의 미래와 운명을 간직하고 있다면, 하물며 이삭은 그를 통해 아브라함의 계보가 인정될 것이니 얼마나 더 그러하겠는가? 이런 의미에서 이스마엘은 이삭을 돋보이게 하는 역할을 한다. 하나님은 이스라엘 족속에게 땅을 주시고 그들을 열국에 비치는 빛으로 만드시는 반면 이스마엘 족속에게는 전혀 땅을 주지 않으시며(비록 그들이 하윌라부터 이집트 국경에 이르기까지 정착

---

1   Sarna, *Genesis*, 175.

하지만), 그들은 그들의 모든 형제와 적대적 관계 속에서 산다. 그럼에도 불구하고 나홀과 그두라 및 이스마엘에게서 기원한 종족들이 후대에 이스라엘 지파들에 맞서 싸우지만 이스라엘은 그들을 향한 복의 근원이 되도록 선택되었다.

반복과 절정

제7부는 그두라에게서 얻은 아브라함의 아들들의 족보(25:1-4, 13-16)와 같이 수평적 족보를 반복한다. 이는 그들의 정착 및 형제(들)와의 관계에 대한 언급(25:5-6, 18)과, 아브라함의 경우와 같이 사망 고지(즉 수명, 숨을 거두었다, 죽었다, 열조에게 돌아갔다[그러나 매장은 언급 없음]; 25:7-8, 17)와 더불어 마무리된다. 각 장은 아들들과의 관계에 대한 진술과 더불어 끝난다. 아브라함은 그두라의 아들들을 이삭으로부터 멀리 내보내고, 이삭과 이스마엘은 함께 아브라함을 매장하며, 이스마엘의 아들들은 그들의 모든 형제와 적대적 관계 속에서 산다.

제7부에 대한 주해 ————————————

표제(25:12)

12절. 이스마엘의 족보는 이러하고(NIV–"이것은 ~에 대한 기사다").
2:4과 해당 주해를 보라.

이집트인 하갈. 우리는 이 족장 사회의 족보에 아버지들에 대한 언급만 있으려니 예상하지만, 거기에는 많은 아내와 여종과 첩이 족보 기록의 적절한 자리에서 제시된다(22:24, 25:1을 보라). 그러나 더욱 놀랍게도 내레이터는 족보 한 권 전체를 첩의 계보에 할당한다. 내레이터가 이렇게 하는 이유는 하갈이 사라의 대리모로서 아브라함의 아들을 낳아주었기 때문이고, 또 하나님께서 이 여종에 대한 그분의 약속을 지키셨음을 보여주기 위해서다(16:10, 12).

이스마엘의 수평적 족보(25:13-16)

13절. 그 이름과 그 세대대로(NIV-"그들의 출생 순서대로"). 역대상 1:29-31도 보라. 수직적 족보와 대조되는 수평적 족보의 기능에 대해서는 "추기: 창세기 족보"와 제5부에 대한 문학적 분석을 보라.

느바욧. 이 종족은 아랍인들을 치기 위한 아슈르바니팔(기원전 668-633년경)의 군사 원정 기록에서 다양한 철자로 언급된다.[2] 이 종족은 하일(Ha'il) 부근에 위치했다. 그들은 나바트 족속의 조상으로 엉뚱하게 추정되기도 했다.

게달. 이들은 성경(시 120:5; 아 1:5; 사 21:16-17; 42:11; 60:7; 렘 2:10; 49:28; 겔 27:21)과 아시리아 왕실의 비문들(Qadr, Qadari, Qidri, Qidir로 나타남)에서 흔하게 발견된다. 이들은 시리아-아라비아 사막의 유목민이었는데, 더 엄밀히 말하면 이집트와 드단-에돔 사이의 지역에 혹은 다른 대안으로는 계절천 아스-시르한(aṣ-Ṣirhan)에 거주했다.[3]

앗브엘. 아랍 부족 이디-바일라이(*Idi-ba'ilai*)는 디글랏 빌레셀 3세에게 정복되었다(아래 "맛사"를 보라). 그들은 고대 남부 아라비아 비문들에서도 압드알(*'bd'l*)이라는 이름으로 입증된다.[4]

밉삼. 이 이름이 비록 "향신료"를 의미하는 단어와 관련되어 있을지라도 다른 자료들에서는 입증되지 않는다. 이 인물은 시므온 계보에 나오는 미스마의 아버지와 구별되어야 한다(대상 4:25).

14절. 미스마. 쐐기문자 자료에 나오는 아랍 부족 이삼메(*Isamme*)를 가

---

2   *ANET*, 298.
3   *HALOT*, 1072.
4   앞의 사전, 12.

리킨다. 그들의 위치는 알려져 있지 않다.[5]

두마. 이는 쐐기문자 아둠무(*Adummu*), 아둠마/아둠마우투(*Adum[m]a/autu*), 그리고 나바트어 두마트(*dwmt*)와 동일하다. 이는 북부 아라비아의 오아시스 엘-조프(el-Jof)에 있는 두마트 엘-얀달(*Dumat el-Jandal*, "돌들의 두마")로 확인된다.[6]

맛사. 이는 성경의 다른 곳, 즉 역대상 1:30에서 발견된다(아마도 잠 30:1; 31:1은 아니다).[7] 아랍 부족 마수(*Mas'u*, 종족 명칭은 마사이아[*Mas'aia*])는 디글랏 빌레셀 3세(기원전 744-727년)에게 정복되었다. 그들의 거주지는 타이마(Tayma)였다. 디글랏 빌레셀 3세는 그들에게서 "금, 은, 낙타 암수 및 온갖 종류의 향신료"를 거두어들였다.[8]

15절. 하닷. 후다두(*Hudadu*)라고 불리는 한 아람 부족이 발견되지만 아라비아 부족은 아니다.[9]

데마. 맛사와 마찬가지로 그들은 디글랏 빌레셀 3세에게 정복되었다(위에 나온 맛사를 보라). 데마는 드단 북동쪽의 유명한 오아시스를 가리키는 지명이기도 하다(욥 6:19; 사 21:14; 렘 25:23을 보라).

여둘. 이 이름은 보통 하우란(Hauran)에서 발견된 나바트 인명 이아토우로스(*Iatouros*)와 동일시된다. 역대상 5:19에서 여둘 사람은 나비스 사람(Naphishites)과 함께 이름이 나타나며 둘 다 하갈 사람(Hagrites)으로 간주된다. 하갈과 하갈 사람의 관계는 불확실하다.

나비스. 앞의 주해를 보라.

게드마. 이 이름은 다른 곳에서는 입증되지 않는다.

---

5   같은 사전, 649.
6   같은 사전, 216.
7   B. K. Waltke, *The Book of Proverbs, Chapters 15-31* (NICOT; Grand Rapids: Eerdmans, 2005).
8   *ANET*, 283-84.
9   *HALOT*, 291.

16절. ~대로 된 이름이며. 여기서 이 이름들은 그들의 종족들과 정착지 둘 다에 자신의 이름을 부여했던 시조의 이름을 가리키는 것이 분명하다. 개인 인명과 지명과의 이와 같은 동일시는 다른 성경의 개인 인명들과 고대 문헌에 나오는 지명들과의 동일시를 정당화하는 데 일조한다.

열두 지도자. 이는 17:20의 성취다.

그 족속대로는. 동일한 히브리어 단어가 25:3에서 "르움미 족속"으로 번역된다. 이 단어는 종종 고임(נּוֹיִם, "민족들")과 나란히 등장한다(참조. 25:23; 시 2:1; 사 34:1).

그 촌과 부락대로. 이 단어는 담이 없는(즉 방어책이 없는) 영구적인 정착지들을 가리킨다. 친족어인 아랍어 하자라(ḥazara)는 "접근불가하게 만들다, 담장 안에 소를 가두다"를 의미한다.[10] 이 용어는 목축하는 유목민의 정착지들을 지시한다.

이스마엘의 사망 고지(25:17)

17절. 향년이 백삼십칠 세에. 이 비이스라엘인의 수명에 대한 보고는 이례적이다. 이는 아브라함 후손의 중요성을 시사한다(참조. 23:1). 이스마엘은 그의 아버지가 죽은 뒤 사십팔 년을 더 살았다(참조. 16:16; 25:7).

기운이 다하여 …자기 백성에게로. 아브라함의 죽음을 알릴 때 사용된 이 형식문의 반복(25:7-8을 보라) 역시 이스마엘의 중요성을 시사한다. 내레이터는 이스마엘을 홀대하지 않는다.

이스마엘 종족들의 정착과 운명(25:18)

18절. 그 자손들은 …거주하였더라. 이 히브리어는 문자적으로 "그들이 정착했다"라는 말이다(위의 문학적 분석에서 "구조"를 보라).

---

10 앞의 사전, 345.

하윌라에서부터 …술까지. 하윌라에 대해서는 2:11과 10:7을 보라. 술에 대해서는 16:7을 보라. 이스마엘 족속은 나중에 아말렉 족속에게 내쫓기며(삼상 15:7을 보라), 예언서들과 아시리아 왕실 비문에 수록된 인명과 지명에 따르면 대부분 아라비아에 정착했다.

앗수르. 25:3을 보라.

맞은편에 거주하였더라(NIV-"적대감을 품고 살았다"). 이는 16:12의 성취다.

제7부에 대한 신학적 고찰 ─────────────

하나님의 놀라운 신실하심

아브라함의 비택자 계보들에 대한 두 기사에서 확증된 대로 하나님은 아브라함에게 하신 말씀을 지키신다(제7부, 25:12-18; 25:1-4; 위의 문학적 분석의 "주제"를 보라). 하지만 이스마엘에 대한 기사는 두려움 속에 고통받는 여종 하갈에 대한 하나님의 약속의 신실성도 확증해준다.

열두 종족과 하나님의 주권

분명히 아람, 이스마엘, 에돔 각각의 열두 종족과 이스라엘의 열두 지파에 대한 언급은 우연이 아니다. 심지어 그리스도께서도 열두 제자를 택하시는데, 이는 이스라엘의 열두 지파에 대한 상징이다(마 19:28; 눅 22:30; 계 21:12-14). 숫자 열둘은 창조 및 역사에서 하나님의 정연한 배열을 표현하는 것으로 보인다. 열둘이라는 숫자가 시간을 측정하고 역사를 배열하는 기본 단위라는 사실이 이를 증명한다(예. 24시간[12×2]과 종말론적 왕국의 이상적 숫자 144[12×12]). 이는 이 종족들 모두가, 즉 아브라함의 형제 나홀로부터 한 종족, 그의 허리로부터 나온 세 종족이 하나님의 일반 은총과 선택의 목적에 참여함을 시사한다. 자비로운 하나님은 그들 모두가 번성하게 하시고, 유일하게 이스마엘에게는 장수와 큰 민족의 축복을 베푸신다(창 17:20). 더구나 주권자 하나님은 나중에 자신의 택한 백성을 훈련하기 위해 이 종족 연맹체를 사용하실 것이다. 그들 역시 그들의 투쟁심과 호전적 자긍심으로 인해 호된 훈련을 받을 것이다(참조. 사 21:13-17; 렘 49:28-33). 궁극적으로 자비로우신 주권자는 모든 민족을 예수 그리스도의 나라의 지배 아래 놓을 것이다(참조. 행 15:16-17과 더불어 암 9:11-12; 사 42:11; 60:1-9).

형제들의 영적·정치적 상황

이 형제들은 데라로부터 나온 같은 혈육일지라도 죽어서 같은 백성(열조)에게 돌아가지 않는다. 약속의 땅에 사는 이스라엘은 분리되어 있다. 이삭과 이스마엘은 비록 처음부터 영적으로 구별된다 할지라도 정치적으로는 그들의 아버지의 장례에서 함께 출발한다. 그러나 역사의 본줄기는 이스라엘과 "형제들" 사이에서 점차 커지는 정치적 적대감을 추적한다. 이 형제들은 아브라함에게서(즉 그두라와 이스마엘을 통해 나온 다양한 아라비아 부족; 참조. 삿 8:24), 아브라함의 형제 나홀에게서(즉 아람인들; 참조. 예. 왕상 20장; 왕하 5장; 6:24-7:20), 그리고 하란에게서(즉 롯에게서 나온 암몬 족속과 모압 족속; 참조. 예. 민 20:14-21; 21:4; 22:1; 삿 3:12-13; 11:1-18; 삼상 14:47; 삼하 8:2, 12-14; 왕상 11:14-22; 왕하 13:20) 나온다. 교훈적 측면에서 비록 장수와 번성이 축복의 표시라고 할지라도 창세기 17:20과 별개로 내레이터는 **축복**이란 단어를 대부분 이삭과 그의 후손을 위해 사용한다(25:11; 26:3; 28:3). 왜냐하면 이 단어 역시 누군가의 대적에 대한 승리를 포함하기 때문이다(22:17; 27:29을 보라).

제8부

이삭의 후손의 계보

(25:19-35:29)

제8부의 주제 ─────────────────

이 계보에 대한 기사의 핵심에는 하나님의 보호하심을 위한 임재의 약속(28:15; 31:42; 32:9, 12; 35:3)과 아브라함이 받아(24:7) 이삭과 야곱에게 이양되는(28:3-4; 31:1-5; 35:11-12) 축복이 놓여 있다. 이야기 전체를 지배하는 것은 야곱에 대한 하나님의 주권적인 호의와(롬 9:10-12) 축복이다. 그분은 임신하지 못하는 리브가의 태를 여시고 에서에 대한 야곱의 우월성을 예견하시며 인간의 장자 상속권을 위반하실 뿐만 아니라 이삭의 족장 권한과 라반의 사회적 지위와 에서의 군사적 권력을 무시하신다.

선택은 신실한 언약 파트너를 통해 성취된다. 하나님의 선택은 에서가 아니라 야곱에게 부여된 믿음의 선물을 수반한다(창 25:27-34). 에서와 대조적으로 야곱은 장자권과 축복을 열망함으로써 그리고 약속된 씨와 땅에 대한 불변의 충실함을 간직함으로써 언약에 대한 충실함과 비전을 보여준다. 하지만 언약은 하나님의 신실하심에 달려 있다. 선택된 사람이 종종 신실하지 못할지라도 하나님은 항상 자신의 택자를 향해 신실하시다.

동시에 상호성을 지닌 도덕법이 실행된다. 즉 각 사람은 뿌린 대로 거둔다(참조. 이삭, 리브가, 야곱). 이삭의 육적인 성향은 그로 하여금 족보 기사에서 자신의 가족과 자신의 온전한 명예의 자리를 대가로 지불하게 만들 것이다. 에서의 조급함, 탐욕, 언약적 비전의 결여는 그로 하여금 자신의 장자권과 축복을 대가로 지불하게 만들 것이다. 리브가는 자신의 속임수로 인해 익명의 여자로 전락할 것이다. 야곱의 속임수는 그 자신이 속고 소외되도록 만들 것이다. 이 기사 전체를 통해 하나님의 손길이 자신의 택한 백성을 축복하시고 책망하신다.

루프는 이렇게 주장한다.

이 영웅담은 분노와 분열뿐만 아니라 약속과 희망에 대한 이야기다. 가장 위험한 순간에 하나님이 나타나신다. 하나님은 형제의 정당한 분노로부터 도피하는 도둑에게 찾아오신다(창 28장). 하나님은 현재의 분노한 세계(라반)와 과거에 발생했던 살인적 증오(에서) 사이에 갇힌 도망자를 보호하신다(창 31-33장). 하나님은 또다시 그 가족을 부르신다. 심지어 그들이 자신의 이웃들에게 악을 악으로 갚은 후에도 말이다. 그 가족을 불러내서 존재하게 했던 약속은 이제 이 세대의 드라마에서 거의 사라진 것처럼 보인다─완전히는 아니지만 거의 말이다. 약속이 한밤중에 꿈을 꾸는 야곱에게(창 28장), 순례자 가족이 드린 예배에서(창 35장) 다시 들린다. 하나님의 끝나지 않은 이야기는 믿음의 공동체를 위해 끊임없는 희망을 제공한다. 하나님은 갈등과 소외 때문에 침묵하지 않으시

며 착취와 속임수 및 폭력 때문에 내몰리지도 않는 분이시다.[1]

비슷하게 바울도 자신의 편지에 이렇게 썼다. "우리가 이 보배를 질그릇에 가졌으니, 이는 심히 큰 능력이 하나님께 있고 우리에게 있지 아니함을 알게 하려 함이라"(고후 4:7).

제8부의 개요 ──────────────

───────

1   Roop, *Genesis*, 229.

제8부에 대한 문학적 분석 ────────────

여백

아브라함의 계보에 대한 기사(이삭에 대한 서사) 대신에 제8부는 이삭의 계보에 대한 기사(야곱에 대한 서사)를 제시한다. 이삭의 기사는 여백으로 남겨져 있으며 그의 삶은 다른 기사들로부터 가져온 파편들을 함께 이어 붙여야 한다. 심지어 이스마엘과 에서와 같은 비택자들도 짧지만 독자적인 기사(25:12-18; 36:1-43)로 취급된다는 점을 고려해볼 때, 이삭의 여백은 의도적인 것으로 보인다. 왜 이삭은 그런 경이로운 시작을 했음에도 여백으로 남았을까? 이삭의 삶의 전반부는 하나님의 섭리와 이삭의 믿음으로 채워져 있다. 즉 하나님의 기적적인 출생의 선물(21:1-7), 이삭의 특출한 신학 교육(참조. 18:17-19), 죽음에 직면했을 때 이삭의 믿음과 복종(22:1-19), 하나님의 섭리적인 결혼 선물(24:1-67), 하나님에 대한 이삭의 신뢰(25:20-21), 그리고 하나님이 아브라함의 축복을 전달하심(26:1-24)을 볼 수 있다. 그러나 제8부에서 나이 든 이삭의 일차적 인상은 입으로는 사냥한 짐승을 탐하고 눈으로는 하나님의 주도하심을 인식하지 못하는 남자일 뿐이다(25:28; 26:34-27:46). 고령의 나이에 이삭은 주로 앉아서 지내고 완고하며 가족 간의 불화를 주도적으로 해결하려 하지 않고 자신의 욕구에서 벗어난 하나님의 계획에 복종하려 하지 않는다.[2] 이삭의 여백은 어쩌면 믿음을 간직하지 못한 그의 실패를 반영할 수 있다.

내본문적 연결 고리

이삭의 계보에 대한 기사와 데라의 계보에 대한 기사는 믿음의 영웅들

─────────────

2 B. K. Waltke, "Reflections on Retirement from the Life of Isaac," *Crux* 32 (December 1996): 4-14을 보라.

에 대한 긴 이야기로 유사성이 있다. 신앙과 언약의 책무와 관련된 등장인물들의 내적 갈등과, 씨와 땅의 약속을 방해하는 장벽으로 보이는 외적 갈등이 두 기사를 이끌어간다. 두 기사의 절묘한 시점은 하나님의 섭리적인 인도하심과 함께하심을 보여준다.

두 기사는 방향과 주된 관심사에서 구별된다. 데라의 계보에 대한 기사는 아버지로부터 아들로의 약속의 전이에 관심을 가지면서 수직적 방향으로 진행되는 반면에, 이삭의 계보에 대한 기사는 가족 구성원들 간의 갈등을 극복하는 데 관심을 두면서 수평적 방향으로 진행된다. 데라의 계보에 대한 기사는 약속을 확립하는 것을 중시하는 반면에, 이삭의 계보에 대한 기사는 축복을 받는 것을 중시한다.

구조

"이삭의 계보에 대한 기사"는 믿음의 여정 속에 있는 야곱에 대한 서사다. 이 분책의 구조는 야곱의 시험과 변화를 서사의 초점에 두면서 이 내용을 반영한다.[3] 야곱과 야웨의 천사들과의 두 번의 만남은 야곱이 밧단아람에서 체류하기 전과 후에 발생하면서 그가 시험받은 시점의 틀을 짜고 그의 성품의 변화를 기록한다.

   A 출생과 족보: 가족 내의 경쟁 관계, 야곱의 탄생(25:19-34)
     B 이탈: 타국의 궁전에 있는 리브가, 타국인들과의 조약(26:1-33)
       C 야곱이 에서의 축복을 훔치다(26:34-28:9)
         D 야곱에 대한 언약의 축복과 그의 망명(28:10-32:32)
           1 벧엘에서 천사들과의 만남(28:10-22)

---

3   Brueggemann, *Genesis*, 211-13; Roop, *Genesis*, 166; 특히 Fishbane, "Composition," 15-38; and Rendsburg, *Redaction*, 53-69도 보라.

2 하란 도착과 라반과의 갈등(29:1-30)

3 라헬과 레아: 종족의 조상들의 출생(29:31-30:24)

2′ 야곱의 번영과 라반으로부터의 도망(30:25-31:55)

1′ 마하나임과 브니엘에서 천사들과의 만남(32:1-32)

C′ 에서와 고향으로 향하는 야곱의 화해(33:1-17)

B′ 이탈: 타국인의 궁전에 있는 디나, 타국인들과의 조약

(33:18-34:31)

A′ 출생과 죽음(35:1-29)

이 기사는 대립 및 한 가지 신탁과 더불어 시작된다(A). 여기에 이 기사를 이끌어갈 주제 및 긴장의 그림자가 드리워져 있다. 이 언약의 가정은 불임과 자발적 결정과 편애로 악화된 가족 간 불화의 장벽을 피할 길이 없다. 기사를 여는 신탁 역시 이 가족을 훈련시키고 풍성하게 축복하시는 하나님의 지속적인 임재를 확증한다. 기사의 결론에서(A′) 하나님의 신탁과 그 땅에서 야곱의 가정이 풍성한 삶을 살고 있다는 사실은 하나님께서 자신의 기쁘신 뜻을 이루기 위해 불임과 가정불화를 해결하셨음을 선언한다. 이삭의 죽음과, 에서가 언약의 약속으로부터 배제됨과 더불어 야곱은 아브라함에게 주어진 약속의 확정적 계승자가 된다.

B와 B′(창 26장; 34장)는 플롯과 주제적 기능을 모두 지닌다. 이 막간의 장면들은 긴장을 조성하고 유지시킨다. 둘 다 더 폭넓은 기사와 관련되는 주제의 유사점이 있다. 둘 다 경건한 가족의 여성들, 곧 아내와 딸의 성적 순결을 위험에 빠트리는 일이 포함된다. 두 사건 모두 할례 받지 않은 사람들인 왕과 왕의 아들의 궁전에서 발생한다. 그리고 두 긴장은 모두 조약과 더불어 해결된다. 게다가 둘 다 아브라함 언약이 약속한 축복의 상속과 관련된다. 이삭이 얻은 부요함은 그가 아브라함의 언약을 상속했다는 실제적인 증거를 제공한다. 야곱은 벧엘에서 아브라함과 이삭의 언약을 이어받는다.

형제들의 갈등은 C와 C′ 기사를 이끌어가는 긴장이다. 야곱은 그의 형을 속인 후에 목숨을 부지하기 위해 도망가야 한다. 야곱의 그 땅으로의 귀환은 그가 잘못을 범한 형제와의 화해를 수반한다. 이 단락들 역시 에서에 대한 내레이터의 평가를 제공한다. 에서의 축복을 훔친 야곱의 도둑질은 가나안 족속 및 이스마엘 족속의 여자와 에서의 결혼으로 둘러싸여 있다. 어떤 사람의 관점에서는 야곱을 돋보이게 만드는 역할을 하는 에서가 야곱보다 훨씬 더 좋아할 만하다. 하지만 하나님의 관점에서 에서는 하나님께 받은 조상의 비전을 상속할 자신의 권리를 거절하기 때문에 거부된다.

D와 관련하여 피쉬베인은 이렇게 말한다. "야곱은 홀로 아람으로 왔으나 라헬과 함께 떠났다. 그는 그녀가 임신치 못함을 알았으나 그녀의 출산과 더불어 떠났다. 그는 자신이 속인 형제로부터 도망쳐왔다가 그렇게 떠났다."[4] 제8부의 서사와 전체의 중심에는 이스라엘의 열두 지파라는 선물을 통해 언약의 약속을 지키시는 하나님의 성실하심이 놓여 있다. 야곱과 라반의 조우 역시 다음과 같은 교차 구조의 패턴을 따른다.

A 도입: 평화 속에서 형제들의 만남(29:1-14a)

  B 라헬에 대한 라반의 속임수(29:14b-30)

    C 갈등에도 불구하고 야곱의 씨 위에 임한 하나님의 축복

    (29:31-30:21)

      X 요셉의 출생: 떠남을 위한 전환점(30:22-24)

    C′ 갈등에도 불구하고 야곱의 자산 위에 임한 하나님의 축복

    (30:25-31:30)

---

4   Fishbane, "Composition," 31.

B´ 라반의 신들에 대한 라헬의 속임수[5](31:31-42)

A´ 결론: 평화 조약 속에서 형제들의 이별(31:43-55)

야곱과 하나님의 만남 및 야곱과 천사들의 만남이 라반과 더불어 이 서사의 틀을 구성한다. 이 만남들에서 야곱은 언약의 약속들을 받는다. 제8부의 중심은 이스라엘의 열두 지파의 탄생에 초점이 맞춰지며, 하나님께서 임신치 못한 라헬에게 아들을 선물로 주시는 데서 정점에 이른다.

갈등

데라의 계보에 대한 기사와 마찬가지로 일련의 갈등이 이 기사의 플롯을 이끌어간다. 이번에는 갈등이 가족 구성원 사이에서 발생한다. 즉 이삭과 리브가(25:19-27:46), 야곱과 에서(25:19-34; 27:1-46; 32:1-33:17), 야곱과 라반(29:1-31:55), 출산하는 레아와 출산치 못하는 라헬(29:31-30:24), 야곱과 라헬(30:1-2), 야곱과 그의 아들들(34:30-31), 마지막이자 결정적으로 야곱과 야웨의 천사(32:22-32) 사이에서 갈등이 생긴다. 이 기사는 넘치는 활력과 숨 막히는 장면들로 채워진다. 잠을 이루지 못하던 한밤중의 강독은 절정에 이르는 씨름이 펼쳐지는 무대다.[6]

야곱은 계속적인 싸움에 놓이는데 특히 문화적 관례와 장자권을 두고 다툰다. 그는 에서, 라헬과, 나중에는 요셉과도 싸운다(므낫세에 앞서 에브라임을 축복함). 장자권에 대해 브루그만은 이렇게 말한다. "그것은 권리와 특권을 한정하고 치고받는 논쟁을 위한 해결책을 제시하는 사회적·법적 체계 전반의 핵심이다. 그러나 사회의 질서를 보호하는 동일한 관

---

5   라헬은 심지어 야곱을 농락하며 허를 찌르는 수를 두지만 그는 인식하지 못한다(앞의 책).
6   Roop, *Genesis*, 167.

행 역시 운명적으로 어떤 사람은 이익을 얻고 다른 사람은 불이익을 당하게 하는 방안이기도 하다. '천하고 무시되는 사람들'과 함께 머무시는 축복의 하나님은 여기서 특권과 배제의 그 세계를 파괴하신다(참조. 눅 7:34).…이야기를 지배하는 신탁과 그것으로부터 진행되는 서사는…대안적 방식으로 축복을 배열하려는 시도다."[7]

핵심 단어

이 이야기의 핵심 단어인 "형제"(אָח, 아흐)는 자주 분쟁 및 속임수와 연결되며 그렇게 해서 이 기사를 이끌어가는 가족 간의 여러 갈등과 축복을 특색 있게 보여준다.[8]

---

7 Brueggemann, *Genesis*, 209.

8 Fishbane, "Composition," 23을 보라.

제8부 1막

가나안에서의 가족 분쟁(25:19-28:9)

제8부 1막에 대한 문학적 분석 ─────────────

구조와 플롯

제8부 1막은 가나안에서 발생하는데, 이삭이 결혼한 때로부터 이 혼인 관계에서 얻은 작은아들이 밧단아람으로 도망할 때까지의 시기를 다룬다. 밧단아람은 가나안에 체류하고 있는 족장들이 떠나온 원래 고향이다. 제1장은 기도의 응답으로 얻은 쌍둥이가 벌인 태중에서의 싸움과, 형이 동생을 섬길 것이라는 예언과 더불어 시작된다. 제2장에서 능청맞은 동생은 짜디짠 사업 수완을 발휘하여 형으로부터 장자권을 속여 빼앗는다. 쌍둥이의 대조적 성격─동생은 교양을 갖춘 목자로 미성숙한 믿음을 지녔고, 형은 거친 사냥꾼으로 믿음이 없다─과 둘에 대한 부모의 편애는 부모를 양극으로 나누어놓는다. 이 막은 제4장에서 아버지가 형을 축복하려고 하는 영적으로 신중치 못한 계획을 어머니와 동생이 좌절시킬 때 절정에 이른다. 이 장은 쌍둥이 동생이 자신을 죽이려는 의도를 품은 분노한 형으로부터 도망하는 피신과 더불어 마무리된다.

수미상관

제1막의 도입은 가나안에 체류하는 이 가족의 본거지인 밧단아람에 대한 언급으로 시작한다. 이는 이야기의 결론, 곧 거기로 도망간 야곱의 피신으로 마무리되는 결론을 위한 길을 닦는다. 도입에 이어 곧바로 한 예언이 뒤따른다. 즉 "두 민족이 네 복중에서부터 나누이리라"(25:23). 이 예언은 야곱이 에서를 피해 도망갈 때 성취된다. 더욱 중요한 것은 다음과 같은 사실이다. 즉 형이 동생을 섬기리라는(25:23) 야웨의 예언이 "만민이 너를 섬길 것이다"(27:29)라는 동생에 대한 족장의 축복 선언으로 인해 제4장의 절정에 부합한다는 점이다. 이런 틀 구조는 그 가족의 권모술수와 악행에도 불구하고 하나님의 목적이 굳게 서 있음을 보여준다.

삽입

제3장은 시간의 순서를 깨트려 가족 갈등을 잠시 중단하고 이삭을 그 가족의 축복의 수혜자로서 묘사한다. 이삭은 번성한 가축을 소유하고 토지를 점유하며 적대적인 블레셋 족속의 한복판에서 안전을 확보한다. 단절된 장면은 장자권과 축복을 차지하려는 다툼이 전적으로 무엇에 대한 것인지를 통찰하게 만들며, 가정불화는 신적 파트너이신 야웨의 축복이 없는 상태가 아니라 인간 파트너인 이삭의 가정에 흠잡을 데 없는 믿음이 없음을 보여준다.

전조

태중에서 서로 우열을 다툰 쌍둥이의 싸움은 이어지는 장면들에서 나타나는 분쟁들의 전조가 된다. 더구나 25:28은 이삭은 사냥한 짐승의 고기 맛을 좋아해 비택자이며 거친 에서를 사랑하는 반면 리브가는 택자이며 교양 있는 야곱을 사랑한다고 말한다. 이는 제4장에서 드러나는 부모의 갈등을 예고한다. 비극적이게도, 팥죽을 좋아하는 에서의 취향은 사냥감을 좋아하는 그의 아버지의 입맛에 대한 전조가 된다.

반복과 대조

제1장과 4장 모두에서 야곱은 쌍둥이 형인 에서를 속이고 에서는 쓰라린 불만을 내쏟는다(27:36). 야곱은 분별없는 형의 성격을 이용해 장자권을 찬탈하고 그의 아버지의 약한 시력을 이용해 축복을 훔친다. 이런 반복은 흠 있는 야곱의 믿음과 장자권과 축복 사이의 연관성을 강조한다. 비록 이삭과 에서는 축복과 장자권이 분리될 수 있다고 믿었을지라도 야웨는 그런 구분을 인정하지 않으신다(히 12:16-17).

제1장은 불임인 아내를 중보하면서 실질적인 기도를 드리는 족장과 더불어 시작된다. 제4장은 그들을 기도도 소통도 하지 않는 부부로 묘사한다. 그러나 결국 그들은 가나안 여자가 아닌 아람 여자를 야곱의 아내로 얻기를 바라면서 다시 대화를 나눈다.

출생과 족보(25:19-26)

제8부 1막 1장에 대한 문학적 분석 ———————————

구조와 플롯

이 장은 이삭의 연령을 표시함으로써 틀이 짜인다(25:20, 26). 플롯을 구성하는 갈등들은 제8부 전체를 위한 무대를 제공한다. 첫 번째 위기는 리브가의 불임이다. 이 위기는 아내를 위한 이삭의 기도에 하나님께서 응답하실 때 해결된다. 하나님은 씨를 주시고 신실한 언약 파트너들에게 응답하여 씨의 운명을 견고케 하겠다고 확언하신다. 두 번째 위기는 첫 번째 위기에서 유래하여 심각해진다. 즉 이 위기는 리브가의 태중에서 벌어진 쌍둥이의 주도권 싸움에서 비롯된다. 이 긴장은 제8부의 마지막에 가서야 가라앉을 것이다. 약속된 해결책은 "큰 자가 어린 자를 섬기리라"(25:23)는 것이다.

전조

태중에서 벌어진 쌍둥이의 싸움은 이어지는 장면들에서 야곱과 에서의 싸움에 대한 전조가 된다. 즉 그들은 야곱이 장자권을 확보할 때 (25:27-34), 에서의 축복을 찬탈할 때(27:1-40), 그리고 에서를 설득하여 그의 호의를 얻어낼 때(32:1-33:16) 싸운다. 그들의 싸움은 확전되어 리브가와 이삭의 분쟁으로(27:1-46), 야곱의 아내들끼리의 분쟁뿐만 아니라 야곱과 그의 아내들의 분쟁으로(30:1-24), 그리고 야곱과 라반의 분쟁으로(29:14b-31:55) 진행된다.

호칭

쌍둥이의 두 이름은 모두 언어유희를 만든다. 형은 **에서**(즉 동물적 특징을 암시하는 "털이 많은")[9]라는 이름을 받는데, 나중에 **에돔**(즉 열정을 의미하는 "붉은")으로 불린다. 동생은 **야곱**(즉 움켜잡는 것을 암시하는 "뒤꿈치")이란 이름을 받는데, 이 이름은 그가 그 땅으로 돌아오는 중에 천사와 씨름할 때까지 사용된다. 나중에 그는 **이스라엘**(즉 "하나님 및 사람들과 씨름하여 이긴 자")이라는 이름으로 불린다.

시간 표시와 인물 묘사

내레이터는 이삭의 믿음에 대한 이미지를 강화하려고 상세한 내용에 대한 제시를 사려 깊게 배열한다. 이 장의 서두에서 내레이터는 이삭의 나이를 사십 세라고 기록한다. 이어지는 구절은 단순히 "이삭이 야웨께 기도했다.…야웨는 그의 기도에 응답했다"(25:21)라고 진술한다. 이 장의 마지막에 가서야 우리는 이십 년 후 이삭이 육십 세가 되었을 때 이 기도가 응답되었음을 알게 된다. 이런 문예적 기교를 발휘한 세부 내용의 구성은 두 가지 방식으로 이삭의 믿음을 보여준다. 웬함은 이렇게 주장한다. "(서두에서) 시간에 대한 언급의 부재는 강력한 중보자로서 이삭의 인상을 강화한다. 이삭의 아버지 아브라함의 기도와 같이 불임 여인을 위한 이삭의 기도가 하나님께 응답된다."[10] 이 장의 끝에서 내레이터가 이

---

9 Ross, *Creation*, 440.
10 Wenham, *Genesis 16-50*, 175.

삭의 나이만으로 시간을 표시하는 것은 이삭의 믿음에 대한 묘사를 강화한다. 이십 년간 계속 기도하는 그 사람은 강한 믿음의 소유자다.

제8부 1막 1장에 대한 주해

제8부의 표제(25:19a)

19절. 아브라함의 아들 이삭의 족보는 이러하니라. 톨레도트(תֹּלְדוֹת) 형식문에 대해서는 2:4을 보라. "이것은 아브라함의 아들 이삭의 후손에 대한 기사다"가 더 나은 번역이다. 족보 기사는 이삭이 능동적인 족장일 때 만들어진다. 그러나 이 이야기는 야곱을 주역으로 내세운다. 즉 야곱은 은혜로 택함을 받아 약속을 상속받으며 여러 갈등을 경험하고 가나안에서 변화되며(25:19-27:40) 약속의 땅으로부터 밧단아람으로 떠나 있다가(27:41-33:17) 가족의 품과 가나안으로 돌아온다(33:18-35:29). 이삭이 야곱을 향한 하나님의 축복을 가로막으려고 한 뒤에(27:1-40), 이삭이 죽을 때까지 그에 대한 이야기는 다시 들리지 않는다(35:27-29).

족보 기사에 대한 서론: 가족의 족보(25:19b-20)

19b절. 아브라함이 ~을 낳았고. 이 "이삭의 톨레도트(תֹּלְדוֹת), 곧 아브라함이 ~을 낳았다(~의 아버지가 되었다)"는 이례적이다. 6:9, 10:1, 11:10, 27에 있는 병행구들은 우리로 하여금 "아브라함의 톨레도트(תֹּלְדוֹת), 곧 아브라함이 ~을 낳았다"를 예상하게 만든다. 또한 이삭의 탄생에 대한 기사도 이례적이다. 다른 곳에서 톨레도트(תֹּלְדוֹת) 패턴은 일반적으로 시조가 되는 당사자의 탄생을 포함하지 않는다. 이런 변화의 발생은 아브라함의 계보에 이삭에 대한 여백이 생겼기 때문이다("제8부의 문학적 분석: 여백"을 보라).

20절. 사십 세에. 아브라함은 이제 백사십 세가 되었다(21:5을 보라).

브두엘. 22:22을 보라.

아람 족속. 신명기 26:5을 보라. 이 무대는 밧단아람으로의 야곱의 도피와 그와 라반과의 갈등을 위해 마련된다(28:1-31:55).

밧단아람. 이는 아람 나하라임("두 강의 아람", 24:10을 보라)을 가리키는 다른 이름이다. 밧단은 "밭, 들"(호 12:12)[11] 혹은 "길"(아카드어가 그렇다)[12] 을 의미한다.

불임

21절. 간구하매. 기도에 해당되는 히브리어 아타르(עָתַר)는 기도를 지칭하는 일반적인 단어다(이는 20:7, 17에 나오는 동사 히트팔렐[הִתְפַּלֵּל]과 다르다). 또한 이 단어는 특정하게 "중보하다, 중재하다"를 의미할 수도 있다. 알베르츠(Albertz)는 이렇게 요약한다. "이삭은 불임 아내를 위해 야웨께 간구한다. … 그리고 모세는 역병에서 벗어나고자 바로를 대신하여 탄원한다(출 8:4f, 24f, 26; [기타 등등]). … 이곳에서 아타르(עָתַר)는 신실한 사람이 하나님께 탄원하여 강력하게 분노를 진정시키는 효과를 묘사한다. 이 기도는 항상 사적으로 드려진다."[13] 이삭은 자기 아버지의 모범을 따른다(20:7을 보라). 아브라함의 종이 기도로 이삭의 아내를 구했을 때와 같이 이삭 역시 그렇게 자신의 후손을 얻을 것이다(아래 신학적 고찰을 보라). 이삭과 리브가는 첩에게 의존하지 않는다(참조. 아브라함과 사라; 야곱과 레아 및 라헬).

그의 아내. 이삭은 일부일처제를 따르는 유일한 족장이다.

---

11 NIV의 "아람의 농촌"(country of Aram)은 "아람의 들"(field [שְׂדֵה, 사데] of Aram)의 의역이다.

12 밧단(פַּדָּן, 파단)은 "황소의 멍에" 또는 "보습, 쟁기날"을 뜻한다—따라서 황소 한 마리가 하루에 쟁기질을 하는 땅의 범위다(즉 밭). 하지만 아카드어 *padānu*는 "오솔길(path), 작은 길(track), 도로(road)"를 뜻한다.

13 R. Albertz, "עָתַר," *TDOT*, 2:962.

임신하지 못하므로. 의로운 여인이 다시 임신하지 못한다. 불임이라는 모티프는 극복하기 어려운 역경에도 불구하고 아브라함에게 많은 자손을 주신 야웨의 능력을 두드러지게 한다. 여기서 불임은 걱정해야 하는 상황이 아니라 주권적인 은혜를 경험할 기회다(참조. 요일 1:1-13; 갈 1:15; 약 1:18). 이 세대 역시 믿음의 교훈을 배워야 하며(참조. 창 12:10; 16:1) 자신들의 열매가 자연적인 것이 아니라 초자연적으로 얻은 씨임을 깨달아야 한다(11:30; 17:15-16; 18:1-15; 21:1-7을 보라).

임신 중의 문제, 리브가의 질의, 그리고 야웨의 예언(25:22-23)

22절. 싸우는지라. 아이들이 서로 거의 짓이기고 있는 것이나 다름없다. 리브가는 다음 세대뿐만 아니라 그들에게 수반될 분쟁과 걱정거리까지 낳는다. 태중에서 우위를 점하기 위한 야곱과 에서의 싸움과 야웨의 주권적 선택은 경쟁 관계라는 표지가 붙은 이 기사의 적절한 도입을 구성한다. 이 분쟁은 태중에서부터 쌍둥이의 고통스러운 출산으로 이어지고(25:26), 나아가 직업의 차이(25:27) 및 대립되는 부모의 편애에 이르기까지 지속된다(25:28). 또한 이 싸움은 야곱과 하나님의 사자와의 씨름에 대한 전조가 된다(32:22-32).

이럴 경우에는 내가 어찌할꼬?(NIV-"내게 왜 이런 일이 발생합니까?") 이 히브리어는 까다롭다(문자적으로 "왜 이것, 나"이다). 이 근심 어린 질문은 인간 역사의 여러 순간을 가로질러 이어져왔다. 이 질문에 대한 답은 이 모든 일의 배후에 하나님의 지혜와 주권이 변함없이 서 있음을 받아들이는 데 있다(롬 11:29-36).

가서 야웨께 묻자온대. 리브가는 야웨로부터 예언의 말씀을 받기를 원한다. 아마도 이 장소는 족장들이 쓰던 제단이었을 것이다(12:6-8을 보라).

23절. 야웨께서 그에게 이르시되. 하나님은 각 가정사의 서두에서 결과를 예언하신다(12:1-3; 27:27-29, 39-40; 37:1-11). 웬함은 이렇게 주장한다. "각 '가정사'의 서언은 하나님께로부터 나온 말씀과 더불어 시작되며 따라서 족장사의 각 단계가 하나님의 인도하심을 받는다는 사실을 부각하는 역할을 한다. 이 허점투성이 인간들의 형편없는 잘못에도 불구하고 하나님의 목적은 궁극적으로 성취되었다."[14]

두 국민이. 민수기 20:14, 신명기 23:7-8, 오바댜 10절, 말라기 1:2, 로마서 9:11-13을 보라.

큰 자가. 여기서 장남을 가리키는 이 히브리어는 지금까지 오직 기원전 제2천년기 중반의 아카드 동족어에서만 발견되었다. 이는 공인된 본문의 놀라운 보존성을 말해준다.

어린 자를 섬기리라("어린 자"[צָעִיר, 차이르]; 참조. 세아르[שֵׂעָר], "털이 많은 자"; "섬기리라"[יַעֲבֹד, 야아보드]; 참조. 야아코브[יַעֲקֹב], "야곱"). 야곱의 우월성은 태생적 권리가 아닌 주권적 선택에 기인한다(37:2; 38:29; 48:5, 19; 신 21:15-17을 보라). 하나님의 은혜는 인간의 관례를 넘어선다(아래 신학적 고찰에 있는 "소망"을 보라).

쌍둥이의 탄생: 어느 아들도 칭찬할 만하지 않다(25:24-26)

24절. 쌍둥이. 그들에 대한 묘사에서 둘 다 언어유희가 만들어진다. 즉 "털북숭이 야수와 발꿈치 잡는 자."

25절. 털옷 같아서. 이는 에서의 동물적 특징을 상징한다. 또한 이 히브리어는 에서가 앞으로 살게 될 세일(Seir)과 비슷한 소리를 갖는다(32:3; 36:8을 보라).

에서. 그의 이름의 어원은 불확실하다. 세아르(שֵׂעָר, "털이 많은", 27:11을

---

14 Wenham, *Genesis 16-50*, 169.

보라)와 에사브(עֵשָׂו, "에서") 사이의 연관성은 분명하지 않다.[15]

26절. 야곱(יַעֲקֹב, 야아코브). 야곱의 이름은 여러 가지 방식으로 그의 성격을 드러낸다. 그의 이름의 어원은 아마도 전형적인 서부 셈어 이름인 "하나님이 보호하시기를", 혹은 "하나님이 보호하신다/보답하신다"의 축약형일 수 있다.[16] 그의 이름의 이 측면은 하나님의 신적 선택을 인정한다. 그러나 야곱은 하나님의 선하신 뜻을 성취하기 위해 속임수와 스스로를 과신하는 노력으로 이 명예로운 이름을 얼룩지게 할 것이다(27:36; 호 12:3-4을 보라). 그래서 이 이름은 아카브(עָקַב), "아무개의 발꿈치를 잡다, 속이기 위해…아무개의 뒤로 가다"로 언어유희를 만든다.[17]

육십 세. 내레이터가 어떤 사람의 연령을 언급할 때는 그의 씨를 번성하게 하는 중요한 사건을 배경으로 삼는다(창 5:3-32; 11:12-26을 보라). 여기서 이 언급 역시 이삭이 소망을 잃지 않고 불임인 아내를 위해 이십 년 동안 간구한다는 것을 보여준다(위의 문학적 분석에서 "시간 표시"를 보라). 이삭은 자신의 씨를 통해 약속된 씨가 보장될 것을 알고 있으며, 자신의 부모가 겪은 실패로부터 인간적인 노력으로 하나님의 약속을 성취하려 해서는 안 된다는 사실을 배웠다. 리브가의 나이가 누락된 이유는 그녀가 사라와 달리 가임기를 넘어서지 않았기 때문이다.

제8부 1막 1장에 대한 신학적 고찰 ─────────

전적 의존

그리스도인은 그리스도 안에서 택함 받은 가족의 일부로서 하나님의

---

15 *HALOT*, 893.
16 앞의 사전, 422.
17 같은 사전, 872.

공급하심과 약속을 위해 인간의 노력이 아니라 하나님께 전적으로 의존해야 한다. 브루그만은 자녀를 얻기 위해 하나님께 간구하는 이삭의 모습을 고찰하면서 이렇게 말한다. "미래를 위해 자연적인 보증이 아무것도 마련되지 않았고 가족의 상속을 담보해줄 방안도 없다. 오로지 하나님의 능력만을 믿어야 한다. … 약속은 이해와 납득에 종지부를 찍고 불안정성을 끌어안으라고 요구한다. 생명을 주시는 분은 오직 하나님뿐이시다. 미래가 가족의 권리나 주장으로 담보된다는 어떤 허울 좋은 말도 기만이다."[18]

하나님의 주권

역사의 마당에 펼쳐진 예언을 통해 하나님은 아담과 하와(3:15), 노아의 후손(9:25-27), 아브라함의 삶의 여정(12:1-3), 야곱과 에서(27:27-29, 39-40을 보라), 그리고 요셉(37:1-11)에 대한 그분의 주권적 통제를 보여주신다. 또한 족장들의 역사를 진두지휘하시는 하나님의 주권은 우리에게 하나님께서 역사 전체를, 심지어 우리 자신의 개인사까지도 통제하신다는 사실을 확증해준다.

창세기에서 하나님의 반복적인 장자권 뒤집기는 하나님의 주권적 통제와 은혜로운 선택을 표시한다. 이는 제자들을 향한 그리스도의 말씀에서도 증명된다. "너희가 나를 택한 것이 아니요, 내가 너희를 택하여 세웠나니"(요 15:16). 이를 토대로 바울은 그리스도께 감사해야 할 온갖 자연적 이점을 지닌 유대인을 넘어 이방인의 선택을 설명한다(롬 9-11장). 모든 찬양이 "원하시는 모든 것을 행하시는"(시 115:3) 하나님께 돌려진다.

---

18 Brueggemann, *Genesis*, 212, 214.

자비

하나님의 주권은 그분의 자비와도 관련된다. 당신이 원하는 사람에게 자비를 확장하여 베푸시는 그분의 주권은 이 장에서 가장 두드러진다. 다음에 나오는 바울의 영감 있는 논평은 이를 잘 드러낸다.

그뿐 아니라 또한 리브가가 우리 조상 이삭 한 사람으로 말미암아 임신하였는데, 그 자식들이 아직 나지도 아니하고 무슨 선이나 악을 행하지 아니한 때에 택하심을 따라 되는 하나님의 뜻이 행위로 말미암지 않고 오직 부르시는 이로 말미암아 서게 하려 하사 리브가에게 이르시되 "큰 자가 어린 자를 섬기리라" 하셨나니 기록된 바 "내가 야곱은 사랑하고 에서는 미워하였다" 하심과 같으니라.
그런즉 우리가 무슨 말을 하리요? 하나님께 불의가 있느냐? 그럴 수 없느니라. 모세에게 이르시되
"내가 긍휼히 여길 자를 긍휼히 여기고 불쌍히 여길 자를 불쌍히 여기리라" 하셨으니(롬 9:10-15).

소망

하나님의 선택은 실제로 우리에게 소망을 준다. 하나님의 세상에서는 관습이 통상적으로 허용하는 것보다 경이로운 일이 더 많이 일어난다. 루프는 이렇게 주장한다. "공평함, 신적 약속, 교훈적 목적 중 아무것도 이와 같은 장남 자리의 역전을 적절하게 설명해줄 수 없다─이는 오직 하나님의 세계를 특징짓는 놀라운 개방성이다."[19] 하나님의 주권적 은혜와 자비가 없다면 개방성은 전혀 존재하지 않으며 그저 소망 없는 율법과 공의만이 있을 뿐이다. 브루그만은 이렇게 말한다. "신탁은 모든 관습적

---

19 Roop, *Genesis*, 172.

지혜에 맞선다. 그것은 심오한 신학적 주장을 내세운다. 이는 우리가 모든 가능성이 열려 있고 우리가 원하는 대로 우리의 태도를 선택할 수 있는 세상 속에서 사는 것이 아님을 단언한다. 신탁은 자유를 부정하지 않는다. 그러나 그것은 우리에게 **운명**에 대해 말하라고 요구한다.… 이 신탁은 **역전**에 대해 말한다. 그것은 세상이 현재 구성된 방식대로 **우리의 운명이 결정되어 있지 않다**고 천명한다."[20]

인간의 신실함

이 자녀들은 초자연적으로 얻은, 즉 하나님의 약속에 근거하여 신실한 기도를 드린 사람의 후손이다. 하나님은 완전하지는 않지만 신실한 언약의 파트너들을 통해 당신이 선택한 목적을 성취하신다. 이삭은 자신 안에서 아브라함의 씨가 이어질 것이라는 야웨의 말씀을 그분이 지키시기를 이십 년 이상 인내하며 기다린다(21:12). 이삭은 자기 부모가 하갈을 통해 겪은 경험으로부터 신인협동론적 사고를 버리는 법을 배웠다. 리브가는 그녀의 편에서 하나님이 계시하신 말씀을 통해 자신의 삶의 의미를 추구한다.

믿음의 시험

하나님은 아브라함의 아내의 태를 막으심으로써 그를 시험하셨던 것과 마찬가지로 이삭의 믿음을 시험하신다(25:21). 또한 동일한 방식으로 하나님은 가나안 정복 후 이스라엘 세대를 시험하고 그들에게 어떻게 싸울지를 가르치기 위해 약속의 땅에 가나안 족속을 남겨놓으신다(삿 2:22-3:4). 교회의 각 세대는 바울을 통해 믿음의 선한 싸움을 싸우는 법을 배워야 한다(딤후 4:7).

---

20 Brueggemann, *Genesis*, 215.

예언

쌍둥이와 관련한 예언은 그들의 출생 너머로 연장된다. 이 예언은 이스라엘의 역사 전반을 관통하여 성취되고(삼하 8:13), 나아가 에서의 후손인 헤롯이 통치하던 시대에 그리스도가 탄생하는 사건으로까지 이어진다.

제8부 1막 2장

에서가 야곱에게 장자권을 팔다(25:27-34)

제8부 1막 2장에 대한 문학적 분석 ──────

플롯

앞서 제1장이 우리가 예상하도록 준비시켰던 것처럼, 제2장은 가정불화로 채워져 있다. 두 아이 사이의 긴장은 그들의 상반된 직업과 양극화된 부모를 통해 즉각 드러난다. 이 장을 이끌어가는 질문은 이 갈등이 과연 어떻게 펼쳐질 것인가와 관련된다. 야곱은 어떻게 장자권을 뒤집을까? 그리고 하나님의 목적은 그와 같은 불화를 통해 어떻게 실현될까?

이 긴장은 야곱이 놀라운 술책으로 에서의 장자권과 팥죽의 거래를 요구할 때 더욱 고조될 뿐이다. 제2장은 에서가 자신의 장자권을 팔겠다고 맹세할 때 절정에 이른다. 짧게 끊듯이 이어지는 에서의 행동과 더불어—"그가 먹으며 마시고 일어나 갔으니"(25:34)—이 장은 갑자기 끝난다.

인물 묘사

이 장의 중심이 되는 특징은 야곱과 에서에 대한 인물 묘사다. 이 짧은 장은 두 사람의 복잡한 성격과 각 사람의 주요한 영적 특징을 포착한다.

내레이터는 직접적이고(25:27) 간접적인(25:29-34) 인물 묘사를 문학적 기교를 사용하여 전개한다. 그는 에서를 충동에 이끌리는 우둔한 사람으로, 야곱을 선견지명이 있는 교활하면서도 교양을 갖춘 사람으로 드러낸다. 이 인물 묘사는 야곱의 가치를 과장하지 않으면서도 에서의 무가치함을 증명하는 역할을 한다.

내레이터는 명시적 인물 묘사를 통해 에서의 사냥 기술과 야곱의 품위 있는 태도를 대조하는가 하면, 에서의 들판 생활과 목자인 야곱의 장막 생활을 대조한다. 율법은 사냥감을 먹는 규정을 마련해놓았지만 성경 저자들은 목축하는 자에게 호의를 보이며 사냥꾼은 비난한다(주해를 보라).

에서의 행동—내레이터의 간접적인 인물 묘사—은 세속적인 인격을 드러낸다. 그는 상스럽게 말하고 분별력 없이 당장의 필요에 따라 행동한다(25:30-34의 주해를 보라). 청중이 이런 판단 기준을 놓치지 않도록 내레이터는 에서의 행동을 분명하게 해석해준다. 즉 그는 가문의 상속권(장자의 명분)을 가볍게 여긴다(25:34b). 이 인물 묘사를 통해 에서는 진정한 이스라엘의 본질을 돋보이게 하는 역할을 한다.

대조적으로 야곱은 앞일을 내다보며 행동한다. 청중은 야곱이 자신의 형제가 처한 비참한 상황에 동정심을 품지 않는 것을 못마땅해하는데, 내레이터는 야곱이라는 인물을 자신의 유산과 미래를 가치 있게 여기는 "교양 있는 사람"으로 묘사함으로써 야곱에 대한 청중의 이런 심적 반감을 희석한다. 야곱은 적실하게 말할 뿐만 아니라 신중하게 생각하는 사람으로서 행동하며 당장의 육적 만족을 넘어 미래의 보상을 선택한다. 그러나 이런 대조적 인물 묘사가 단순하거나 도덕적이지는 않다. 알터는 야곱의 미래 지향성에 대해 말하면서 이렇게 설명한다. "이것은 그를 장자권을 간직할 적합한 인물로 특징짓는다.…그러나 이렇게 용의주도하게 계산하는 특징이 필연적으로 야곱을 한 가지 성격을 지닌 인물로서 강조하도록 만들지는 않는다. 사실 야곱의 성격은 그에 대해 몇 가지 도덕적 의문까지도 불러일으킨다. 이 장에서 충동적이면서 처량하게 굶은 에서와 민첩하게 장사꾼 기질을 발휘하는 야곱 사이의 대조는 전적으로 야곱에게 유리하게 작용하지는 않는다."[21] 야곱은 여전히 하나님께서 그를 변화시켜 주셔야 한다.

이 두 자녀는 부모를 양쪽으로 갈라놓는 역할도 한다. 이삭은 사냥한 짐승을 좋아해서 에서를 사랑한다. 반면에 리브가는 야곱을 사랑하는데, 이는 추정컨대 야곱의 성격 때문에, 그리고 그가 지배하도록 야웨께서 그를 택하셨기 때문이다.

전조

이삭의 사냥감 선호에 대한 사소한 세부 내용을 사용하여 내레이터는 축복을 하사하는 장면을 위한 무대를 능수능란하게 마련한다. 27장에서 포도원을 망치게 될 작은 여우는 바로 사냥감을 좋아하는 이삭의 입맛이다.

제8부 1막 2장에 대한 주해 ───────────

서설: 쌍둥이를 둘러싼 이삭과 리브가의 갈등(25:27-28)

27절. 그 아이들이 장성하매. 아브라함은 아이들이 십오 세가 되었을 때 죽었기 때문에(25:7), 그들은 여심할 여지 없이 어린 시절에 그 족장을 알고 있었다. 우리는 아브라함이 자기 무릎에 그들을 앉히고 하늘과 땅을 가리키며 자신의 가족이 받을 축복을 이야기해주는 모습을 상상해볼 수 있다. 그러나 이 아이들은 그들의 선택권을 행사하여 자신의 시험에 직면해야 한다. 에서는 세속적이고 충동적이며 현재의 필요에 직면하여 미

---

21   Alter, *Biblical Narrative*, 45.

래에 대해 생각하지 않는다. 야곱은 상속을 소중히 여기는 안목 있는 믿음의 눈을 지녔으나 그의 형제를 이용하여 자신의 이익을 취하는 장사꾼 노릇을 함으로써 그 눈을 더럽힌다.

익숙한 사냥꾼이었으므로 들사람이 되고. 이는 성경적 표준에 따르면 대체로 비호의적인 묘사다. 율법은 사냥감을 위한 규정을 마련해놓았지만, 성경 저자들은 목축업자들을 칭찬하고 사냥꾼은 비난한다. 하나님을 대적했던 도성들의 건립자인 니므롯은 용감한 사냥꾼으로 간주된다(10:9을 보라). 나중에 에서는 칼을 믿고 생활하는 사람으로 묘사된다(27:40). 성경적인 이상적 지도자는 목자의 모습으로 상징된다(시 23편; 겔 34장; 요 10:1-18; 벧전 5:3-4). 진정한 이스라엘은 자신의 하나님과 같이 사냥꾼이 아닌 목자처럼 행동한다.

조용한(םָתּ, 탐). 이 표현은 "교양 있는" 혹은 "세련된"으로 번역하는 것이 더 낫다. 히브리어 어근 타맘(םַמָתּ)의 기본 개념은 "완전하다, 완료되다, 완벽하다"는 뜻이다.[22] 형용사 탐(םָתּ, "완전한")은 솔로몬의 아가서에서 사랑하는 연인에게 사용된다("흠 없는 자", 5:2; "완전한 자", 6:9). 야곱이 굶어서 지친 형으로부터 장자권을 꼬드겨서 빼앗은 방법은 비난받을 만하다. 이런 점에서 판단하자면 이 형용사는 도덕적 행위를 가리킬 수 없다. 이 서사에서 이 형용사가 이례적으로 사용된 것은 아마도 야곱이 "세련된", "교양 있는" 인물임을 의미할 것이다.[23] 코흐(Koch)는 "세련된 사람"을 제안한다.[24] 야곱의 "완전성"은 에서의 특별한 사냥 기술과 대비된다.

장막에 거주하니. 야곱은 목축하는 자다(4:20을 보라).

28절. 이삭은 … 사냥한 고기를 좋아하므로. 아담은 먹는 일에서, 노아

---

22 K. Koch, "םַמָתּ," *TLOT*, 3:1424-28.

23 Westermann, *Genesis 12-36*, 415.

24 Koch, "םַמָתּ," 3:1427.

는 마시는 일에서, 음식을 탐하는 이삭은 식도락에서 실패한다. 하나님의 주권적 은혜가 이제 신적 의도를 가로막으려는 이삭의 노력을 무위로 돌리며 상황을 평정한다(24:36; 25:5; 27:4을 보라).

이삭은 그를 사랑하고 … 리브가는 야곱을 사랑하였더라. 부모의 편애는 나아가 가족을 분열시킨다. 이삭의 사랑은 자연적 감각에 기초하나, 리브가의 사랑은 신적 선택과 한결같은 자질에 근거한다(27:1-46을 보라). 하늘에서 성한 결혼은(24:1-67을 보라) 배우자 한쪽이 마음의 소리보다 입과 혀의 맛에 우선순위를 둘 때 역기능 가정으로 끝날 수 있다(26:35을 보라).

에서가 팥죽을 얻으려고 장자권을 팔다(25:29-34)

29절. 심히 배가 고파(개역개정-"심히 피곤하여"). 이는 과장법이 아니다. 에서는 음식과 음료가 간절히 필요한 상황이며 야곱은 이런 그를 이용하지 말았어야 했다.

30절. (빨리) 내가 먹게 하라. 에서는 충동적이다.

붉은 죽(הָאָדֹם, 하아돔; 개역개정-"붉은 것"). 이 히브리어는 사실상 "붉은 것, 이 붉은 것!"으로 읽는다. 그의 말은 상스럽다.

에돔. 이 이름은 히브리어 동사 아돔(אָדֹם, "붉다")에서 파생되었다.

31절. 오늘 내게 팔라. 야곱은 자기 형의 비참한 형편을 이용한다. 동정심과 환대가 없는 그의 모습은 그의 할아버지 아브라함(18:1-8) 및 삼촌 롯(19:1-8)과 극명하게 대비된다. 야곱이 추구한 가치는 옳으나 그가 사용한 방법은 잘못되었다. 나중에 하나님은 그의 야망을 미덕으로 변화시키실 것이다(32:28을 보라).

장자의 명분(בְּכֹרָה, 베코라). 이 단어는 장남의 권리를 지시한다(참조. 출 4:22; 렘 2:3). 장남은 가족 내에서 명예로운 지위를 얻는다. 하나님의 장남인 이스라엘은 열국 가운데서 명예와 특권의 지위를 받는다(출 4:22; 렘 31:9). 태에서 처음 난 것(출 13:2; 신 15:19)과 땅의 첫 소산물(신 18:4;

느 10:38-39)은 특별히 야웨께 속한다. 체밧(Tsevat)이 설명한 대로 "그것은 하나님께 속한 최상의 것일 뿐 아니라 첫 번째 것이다."[25] 첫 태생 또는 첫 소산물을 야웨께 바치는 것은 생명이 야웨의 좋은 선물임을 인정하는 일이다. 결과적으로 첫 태생의 수컷은 첫 태생의 나귀로 대속되어야 한다(출 13:11-13). 장남은 특권이 부여된 신분(창 43:33; 49:3을 보라)과 승계의 권리(대하 21:3)를 갖는다. 장자권으로 인해 장남은 아버지의 상속물로부터 두 몫을 받는다(신 21:17). 아버지의 상속물은 아들의 수에 맞춰 분배되며 장남은 항상 그들의 몫의 두 배를 받을 권리가 있다. 따라서 예를 들어 만일 아홉 명의 아들이 있다면 장남은 두 몫을 받고 나머지 여덟이 일곱 몫을 나누어 갖는다. 만일 아들이 둘만 있다면, 장남이 모든 것을 상속받는다.[26] 또한 장자권의 축복에 동반되는 것은 가족의 보호자요 가장이 되어야 할 책임이다. 이 장자권은 양도될 수 있다. 요셉/유다와 르우벤, 에브라임/므낫세, 모세/아론, 다윗/그의 여섯 형들, 그리고 솔로몬/아도니야의 경우와 같이 막내가 첫째의 자리를 대체할 수도 있다. 장자권은 미래와 관련되기 때문에 이 가치는 믿음으로 헤아려진다. 아브라함의 가족 안에서 장자권을 소유한 사람은 아브라함의 언약을 이어받는다. 히브리서 저자는 이 사람들을 하나의 통일체로 취급한다. 에서는 자신의 상속권을 팔았기 때문에 축복을 박탈당한다(히 12:16-17). 요컨대 야곱은 가족이 소유한 재산의 상속자가 될 권리와 가족의 운명을 결정할 권리를 교묘히 찬탈한다.

32절. 내가 죽게 되었으니. 에서는 믿음이 없으며 충동에 이끌려 산다. 그의 근시안적인 안목에서 장자의 명분은 무의미하게 보인다.

33절. 내게 맹세하라. 이는 거래를 물릴 수 없게 만든다.

25　M. Tsevat, "בְּכוֹר," *TDOT*, 2:216.

26　앞의 책을 보라.

장자의 명분을 야곱에게 판지라. 야곱과 에서의 차이점의 중심에는 충돌하는 두 세계관이 자리 잡고 있다. 즉 미루어놓은 번영 대 당장의 만족이다.

34절. 팥죽(lentil). 렌틸의 종류는 다양하며 적갈색을 띤다. 그러나 이 콩은 요리하면 종종 붉은색이 사라진다. 이 때문에 어떤 사람은 야곱이 특이하게 붉게 만드는 재료를, 어쩌면 심지어 "선짓국"(blood soup)이라고 불리는 것을 가미했다고 제안한다.[27] 하지만 이런 이론들은 아마 불필요할 것이다. 왜냐하면 브레너(Brenner)의 철저한 연구가 증명한 대로 붉은색에 해당하는 히브리어 단어는 실제로 현대의 **붉다**라는 단어보다 훨씬 더 넓은 범위의 의미를 지니기 때문이다.[28]

먹으며 마시고 일어나 갔으니. 동사들을 짧게 끊듯이 나열한 이 문체는 에서의 행동이 그의 말만큼이나 상스럽고 분별력이 없음을 드러낸다.

장자의 명분을 가볍게 여김이었더라. 그리산티(Grisanti)는 이렇게 말한다. "어떤 사람이나 물건을 멸시하는(בָּזָה, 바자) 이는 자기가 얕보는 사람/물건을 불경하게 취급하고 거부하며 깎아내린다. 이 바자라는 단어는 비록 내면의 태도를 뜻하지만 분명히 관계에 영향을 준다."[29] 하나님은 당신의 약속을 업신여기는 자를 미워하신다(말 1:3; 히 12:16-17).

---

27 Daube, *Studies*, 191-96.

28 A. Brenner, *Colour Terms in the Old Testament* (JSOTSup 21; Sheffield: JSOT Press, 1982), 60-62, 79-80.

29 M. A. Grisanti, "בָּזָה," *NIDOTTE*, 1:628.

제8부 1막 2장에 대한 신학적 고찰 ──────

은혜

보스는 이렇게 말한다. "(야곱의) 비난받을 만한 모습이 오히려 눈에 띄게 나타난다. 이는 하나님의 은혜가 존귀한 성품에 대한 보답이 아니라 그런 성품의 근원임을 보여주기 위한 시도다. 인간의 죄를 극복하고 성품을 변화시키는 은혜가 여기서 계시의 핵심 요소다."[30]

언약의 씨와 믿음

창세기의 내레이터는 언약의 씨가 지닌 특징을 규정하는 것을 목표로 한다. 그는 택함 받은 씨인 야곱과 비택자인 에서를 대조함으로써, 선택된 민족은 눈에 띄는 그들의 불완전성에도 불구하고 믿음의 사람인 아브라함의 상속자가 되는 책무를 위임받는 특징이 있음을 보여준다. 비택자들은 약속의 씨와 땅에 담겨 있는 이런 희망에 몰두하지 않는다. 야곱은 하나님의 약속과 축복에 대한 그의 믿음으로 에서와 구별된다. 야곱은 아브라함과 이삭의 계보에서 장자권이 엄청난 축복과 약속을 포함한다는 사실을 분명히 믿기 때문에 자기 형에게 잘못된 계략을 꾸민다. 그의 모든 약점에도 불구하고 야곱은 믿음의 비전 안에서 산다.

---

30 Vos, *Biblical Theology*, 93.

제8부 1막 3장

이탈: 타국인의 궁전에 있는 리브가, 타국인들과의 조약(26:1-33)

제8부 1막 3장에 대한 문학적 분석 ————————

구조와 플롯[31]

창세기에 있는 비슷한 장면들과 마찬가지로 이삭과 블레셋 족속과의 만남은 마찰과 축복이라는 특징이 있다. 제3장은 불안정한 삶으로부터 안정과 부귀로 진행되는데, 기근으로부터(26:1) 풍성한 우물로(26:33, "우리가 물을 얻었다!"), 그랄 사람들의 폭력에 대한 두려움으로부터(26:6-7) 그들과의 조약으로(26:28-31), 그리고 마찰과 대치로부터 평화로(26:31) 이동한다.

제3장은 이삭과 블레셋 족속의 세 번에 걸친 만남으로 구성된다(특별히 아비멜렉 왕과의 만남). 이 세 번의 만남은 배경의 변화로 구분된다. 즉 그랄에서(26:1-16), 그랄 골짜기에서(26:17-22), 브엘세바에서(26:23-33) 만난다.

첫 번째와 세 번째 만남은 다음과 같은 교호 구조를 따른다(A B C // A′ B′ C′).

———————
31 1막 2장도 보라.

이주: 이삭이 기근으로 인해 그랄로 가다, 26:1

A 그랄에서의 신현(신적 독백): 예라 엘라브 아도나이
    (יֵרָא אֵלָיו יהוה), 26:2-6

　1 그 땅에 머무는 것을 조건으로 한 축복, 26:2-5

　2 이삭이 그 땅에 머물다, 26:6

　　B 축복(대화): 여족장의 보호, 26:7-11

　　　C 축복(서사): 곡식의 풍작과 가축의 번성, 26:12-16

A′ 브엘세바에서의 신현(신적 독백): 예라 엘라브 아도나이
    (יֵרָא אֵלָיו יהוה), 26:23-25

　1′ 조건 없는 축복, 26:23-24

　2′ 이삭이 예배하다, 26:25

　　B′ 축복(대화): 조약을 통한 족장의 보호, 26:26-31

　　　C′ 축복(서사): 브엘세바 우물에서의 번성, 26:32-33

두 번째 만남은 이 두 만남 사이의 야누스로 기능한다. 이는 블레셋 족속이 이삭이 파던 우물을 저지하는 행동으로 첫 번째 만남과 연결되며(26:15, 20-21) 평화 중의 우물 파기와 더불어 절정에 이른 결론에 도달함으로써 두 번째 만남과 연결된다(26:22과 32-33). 두 번째 만남은 다른 두 번의 만남과 마찬가지로 다음과 같이 세 부분으로 구성된다.

이삭이 자기 아버지의 우물들을 다시 파다, 26:17-18

블레셋 족속이 두 우물을 두고 싸움을 걸다, 26:19-21

이삭이 싸우지 않고 르호봇을 파다, 26:22

비교와 대조

이 서사의 상세한 내용은 하나님의 축복이 이삭과 그의 계보로 양도됨을 추가로 확언해준다. 아브라함에 대한 서사로부터 시작된 놀라운 반

복이 제3장을 관통한다. 즉 기근, 누이-아내 모티프, 부와 다툼, 분리, 제단, "야웨"의 이름을 부름이 반복된다. 야웨는 아브라함과 이삭 모두에게 신현을 통해 나타나고, 독백의 말씀으로 후손과 땅의 선물을 강조하며, 그들에게 복을 주겠다고 약속하신다. 그분은 두 족장 모두에게 그들을 큰 민족으로 만들어 열국이 그 민족을 통해 복을 받게 하겠다고 약속하신다. 하나님은 복의 조건으로 족장들의 순종을 요구하신다. 그분은 그들이 순종할 때 부조건적으로 복을 반복해서 베푸실 것이다. 이삭은 자기 아버지의 우물들을 다시 파서 그에 동일한 이름을 부여하며, 내레이터는 브엘세바라는 이름을 붙일 때 이 점을 부각한다. 이 반복을 통해 내레이터는 이삭이 자기 아버지의 축복을 넘치도록 상속받았다고 단언한다. 웬함은 이렇게 주석한다. "따라서 이삭이 블레셋 족속을 다루는 장면을 담은 이 기사는 이삭이 상당 부분 자기 아버지의 발자취를 따라 걷고 있다고 묘사한다. 이삭은 비슷한 약속을 받고 비슷한 시험을 당하며 비슷하게 실패하지만 궁극적으로 비슷한 방식으로 승리한다. 실로 어떤 측면에서 이삭은 약속 안에서 더 많이 받으며 더 많이 성취한다. 그는 '이 모든 땅'을 약속받고 이 이야기의 끝에서 안전하게 브엘세바에 정착하며 그의 우월성을 인정하는 블레셋 족속과 조약을 맺는다."[32] 개럿은 아브라함과 이삭 이야기 사이에 나타나는 눈에 띄는 병행 부분의 총괄적 개요를 작성하는데, 이는 아브라함의 약속된 계보로서 이삭의 합법성을 강화한다.

아브라함		
A	12:1-3	하나님의 부르심과 약속을 받음
B	12:10-20	아내-누이 속임수 일화
C	13:1-12	롯의 종들과의 분쟁; 아브라함이 열등한 땅을 취함

---

32 Wenham, *Genesis 16-50*, 196.

D	15:1-21	하나님의 재보증과 희생제사
E	21:22-24	브엘세바에서 아비멜렉과의 조약

이삭

A′	26:2-6	하나님으로부터 동일한 부르심과 약속을 받음
B′	26:7-11	아내-누이 속임수 일화
C′	26:14-22	아비멜렉의 종들과 다른 지역민들과의 분쟁; 이삭이 싸움을 피해 이동함
D′	26:23-25	하나님의 재보증과 희생제사
E′	26:26-33	브엘세바에서 아비멜렉과의 조약[33]

이 모든 것이 이삭의 하나님이 아브라함의 하나님이라는 사실을 확증한다(26:24).

이 서사는 여족장인 리브가를 위험에 빠트리는 이야기로서 위험에 빠진 사라에 대한 서사와 밀접하게 병행을 이룬다(12:10-20과 특별히 20:1-18을 보라). 이 병행에 대해 자료비평가들은 세 개의 기사가 동일한 역사적 사건의 변형이라고 주장한다. 그러나 이 기사들은 두 번 이야기된 동일한 사건이라고 생각할 이유가 없을 만큼 충분히 다르다(아래 주해와 제6부 1막 2장에 대한 문학적 분석에 있는 "구조"도 보라).

핵심 단어들

두 가지 핵심 표현, 즉 "축복"(26:3, 12, 24, 29)과 "그의 아버지 아브라함" 혹은 그것의 상당어(26:3, 5, 15, 18, 24)가 두드러진다. 이 표현들은 이 장의 주제를 지시한다. 이삭은 자기 아버지의 신적 축복을 상속받는다.

---

33 Garrett, *Rethinking*, 136.

시간 이탈

명백히 이 이야기는 시간이 맞지 않는다. 왜냐하면 만일 이삭과 리브가에게 자녀가 있었다면 블레셋 사람들은 처음부터 그들의 결혼을 분명하게 인지했을 것이기 때문이다. 내레이터는 종종 연대기보다는 문학적·신학적 관심에 따라 장을 배열한다.[34] 현재의 장은 주도면밀하게 장자권과 축복에 대한 속임수 이야기들 사이에 배치되어 있다. 이 장에서 이삭에 대한 하나님의 명백한 축복은 그 복의 상속에 수반되는 보호와 번영을 예시한다. 앞서 쌍둥이의 분쟁은 이 일화를 건너뛰어 진행되었던 셈이다. 게다가 젊은 시절 이삭의 믿음은 분쟁을 일삼는 가족과 대비된다(창 27장). 여기서 이삭은 평화를 사랑하는 사람, 곧 속임수와 분쟁이 없이 가장 큰 복을 받은 사람이다.[35] 만일 이삭이 속임수를 쓰지 않고 그렇게 많은 것을 얻을 수 있었다면, 리브가와 야곱 역시 에서를 속이거나 소외시키지 않고서도 동일한 복을 받을 수 있었을 것이다.

제8부 1막 3장에 대한 주해 ────────────

서론: 블레셋에 체류하도록 이끈 기근(26:1)

1절. 흉년. 아브라함의 생애에서 나타난 바와 같이 하나님의 섭리의 모호함과 가혹한 현실 속에서 기근이 반복된다. 후대 역사에 비추어볼 때 기근은 하나님께서 신자들을 완전케 하고 대적들을 훼파하시는 등 자신의 목적을 위해 사용하시는 기회로 해석될 수 있다.

아브라함 때에 첫 흉년이 들었더니 그 땅에 또 흉년이 들매. 이 장에서

---

34 다른 예들에 대해서는 창 10-11장(열국의 목록과 바벨탑)과 창 25장(그두라의 자녀들)을 보라.

35 심지어 자기 아내와 관련된 그의 속임수도 불필요했다고 판명된다.

하나님은 아브라함에게 했던 방식과 아주 유사하게 이삭에 대한 자신의 열심을 확증하신다. 내레이터는 이를 통해 흉년이라는 사건을 눈에 띄도록 만든다.

아비멜렉. 이는 아마도 즐겨 쓰는 왕조의 이름일 수 있다(20:2을 보라).

블레셋 왕. 블레셋은 아브라함이 소통했던 동일한 민족이다(20:1-18). 적어도 사십 년의 세월이 지났기 때문에 그들이 다음 세대라는 사실만 예외로 하면 말이다. 아마도 이 민족은 10:14에 나오는 갑돌 족속의 후손과 동일시될 수 있다. 그들은 거주 지역과 통치 방식에서 사사기에 나오는 블레셋 족속과는 다르다(10:14을 보라).

그랄. 이삭은 이집트로 가는 도중에(12:10을 보라) 이곳의 왕궁 목초지에서 머물렀을 것이다(20:1을 보라).

그랄(26:2-16)

그랄에서의 신현(26:2-6)

2절. 야웨께서 이삭에게 나타나. 자기 아버지와 마찬가지로 이삭은 예언자의 환상을 체험한다(12:7을 보라). 야웨의 명령과 약속 및 이삭의 순종은 문체상 또한 실제로 아브라함이 하나님과의 만남에서 겪은 일들과 연관된다(12:1-4을 보라).

거주하라(שְׁכָן, 샤칸). 히브리어 샤칸(명사 "천막, 장막"의 동족어)은 야샤브(יָשַׁב, "체류하다, 거주하다")보다는 더 일시적인 방식으로 머물거나 쉬다가는 것을 의미한다(26:6을 보라).

3절. 거류하면(גּוּר, 구르). 이 히브리어는 예속을 의미하는 방식으로 이방인 거주자로서 사는 것을 지시한다. 이집트는 전통적인 식량 자원의 보고이기 때문에 그랄에 머무는 일은 믿음이 필요하다.

그리고 내가 너와 함께 있어. "그리고"라는 접속사는 목적(= "…하기 위하여")이나 결과("그래서 … 했다")를 의미한다. 언약의 조건적 성격은

12:2 및 17:2과 동일하다.

너와 함께. 아브라함을 위한 당장의 약속은 아들의 초자연적인 탄생에 관한 것이다. 이삭을 위한 약속은 초자연적인 보호다. 보호는 야곱의 이야기에서도 중대한 주제가 될 것이다(26:24; 28:15, 20; 31:3, 5, 42; 32:10을 보라).

네게 복을 주고. 1:22을 보라. 이삭이 야곱을 위해 하나님의 축복을 중재하고(27:27-29) 야곱이 열두 지파를 위해 그렇게 하는(창 49장) 반면에 야웨는 아브라함과(12:2; 22:17) 이삭을 직접 축복하신다.

이 모든 땅을…주리라. 13:15을 보라.

맹세한 것을 이루어. 15:18, 17:21, 그리고 특별히 22:16-18을 보라. 아브라함을 향한 하나님의 반복적인 맹세는 이삭에게 하나님의 신실하심을 확증해준다.

4절. 하늘의 별과 같이. 15:5을 보라.

네 자손을. 12:2-3을 보라.

복을 받으리라. 12:3, 18:18, 22:18, 28:14을 보라.

5절. 이는…지켰음이라. 22:18을 보라. 이는 이삭에게 그가 축복에 참여하는 것은 그의 순종 여부에 달려 있음을 상기시킨다.

내 명령과…내 법도를. "법"과 동의어인 여러 단어는 아브라함을 통제하시는 하나님에 대한 그의 포괄적인 순종을 함의한다. 내레이터는 모세 이전에 족장들에게 알려진 경건과 윤리에 대한 교훈이라는 뜻으로 말하거나 더 그럴듯하게는 모세의 율법 전체를 의미하고 있다. 창세기는 오경의 일부이며 그 문맥 속에서 해석되어야 한다. 신명기 11:1에서 동일한 용어 목록은 모세의 율법 전체를 가리킨다.[36] 본문은 믿음의 사람은 율법에 수동적으로 의존하는 것이 아니라 율법을 준행한다는 것을 보여준다(창

---

36 Sailhamer, *Pentateuch*, 66-71을 보라.

15:6; 22:1-19; 히 11:8-19을 보라).

6절. 이삭이 … 거주하였더니. 아브라함은 믿음으로 떠났다(12:4). 이삭은 이제 믿음으로 머문다. 아브라함이 그랬던 것처럼 이삭은 축복의 조건을 충족시킨다.

축복: 여족장을 보호하심(26:7-11)

7절. 그곳 사람들이 … 물으매. 여족장 리브가가 위험에 처하게 되는 이 서사는 사라가 위험에 처했던 기사와 밀접하게 병행을 이룬다(12:10-20; 그리고 특별히 20:1-18). 하지만 이 두 기사는 충분히 다르기에 동일한 사건이 두 번 기록되었다고 생각할 이유는 없다(제6부 1막 2장에 대한 문학적 분석에 있는 "구조"를 보라).

누이. 이 계략에 대해서는 12:13과 20:13을 보라.

리브가로 말미암아 자기를 죽일까 하여. 이삭은 하나님이 리브가를 그의 아내가 되도록 하셨음을 알고 있음에도 불구하고 하나님의 보호에 대한 믿음이 여전히 부족하다.

8절. 아비멜렉. 20:2을 보라.

창으로 내다본지라. 아브라함은 하나님이 아비멜렉에게 보여주신 특별한 계시로 목숨을 부지할 수 있었던(20:3을 보라) 반면에 이삭은 하나님의 섭리로 살아남는다.

껴안은 것을(מְצַחֵק, 메차헤크). 이 히브리어 단어는 동사 "웃다"(צָחַק, 차하크)의 변형이다. 동일한 변형어가 21:9에서 "놀리다, 조롱하다"로 번역된다. 이삭의 이름을 둘러싼 이 언어유희는 그의 삶에서 일어난 여러 갈등과 승리를 조명하는 역할을 할 수 있다. 사라는 이삭의 탄생 고지를 믿지 못하고 "웃었으며"(18:12-15), 이후 그가 탄생할 때 기쁨으로 "웃었다"(21:6; צָחַק-תִצְחַק, 차하크-티츠하크). 이스마엘은 이삭이 젖을 뗄 때 그를 가지고 "희롱하며 놀았는데"(21:9), 이제 이삭은 그의 아내와 "기쁨 속에서 논다".

10절. 백성 중 하나가. 사라의 경우에 왕은 그녀를 자신을 위해 취했다 (20:2을 보라). 여기서 왕은 무죄하며 어떤 보상물도 지급할 필요가 없다.

죄를 … 입혔으리라. 이 동사는 개인이 범법 행위에 대해 감당해야 하는 죄책이나 책임을 지시한다. 아비멜렉은 하나님을 두려워한다(20:9, 11을 보라).

우리에게. 아비멜렉은 집단의 연대성을 알고 있다. 한 사람의 행동은 공동체 전체에 영향을 준다. 아간의 죄는 하나님의 진노가 온 이스라엘에 임하게 한다(수 7:1). 마찬가지로 사라에 대한 파라오와 아비멜렉의 범죄 는 그들의 백성에게 하나님의 진노를 부른다(12:17; 20:7-9).

축복: 풍년과 가축의 번성(26:12-16)

12절. 그 땅에서 농사하여. 고대 근동에서 목축하는 유목민은 종종 소 규모의 농사를 지었다.[37] 그랄 지역의 유리한 농업 여건이 이삭으로 하여 금 농사일을 시작하도록 고무했을 것이다.

백 배나 얻었고 야웨께서 복을 주시므로. 기근 동안에 그의 순종은 엄 청난 복을 불러온다. 하나님의 선하신 손길이 하나님의 약속을 받은 첫 수령자에 이어 선택된 계승자에게 머물고 있음이 분명하다(21:22을 보라).

14절. 블레셋 사람이 그를 시기하여. 아브라함이 겪었던 것과 마찬가지 로 물질의 축복이 분쟁으로 이어진다.

15절. (그들이) 모든 우물을 막고. 아브라함이 죽은 지금 블레셋 족속 은 그들의 불가침 조약을 사실상 파기한다(21:23을 보라). 그들은 하나님 을 두려워할지 모르지만 그들에게 진정한 믿음은 없다.

16절. 우리를 떠나라. 13:17을 보라. 참조. 20:15.

---

37 V. Matthews, *Pastoral Nomadism in the Mari Kingdom, ca. 1830-1760 B.C.* (ASORDS 3; Cambridge, Mass.: American Schools of Oriental Research, 1978); idem, "Pastoralists and Patriarchs," *BA* 44 (1981): 215-18.

네가 우리보다 크게 강성한즉. 21:23도 보라. 이스라엘 민족은 이방 제국인 이집트와 비슷한 관계를 경험한다(출 1:9을 보라). 하나님께서 이삭을 신실하게 보호하신다는 이 이야기는 이삭의 믿음이 더욱 견고해져야 했음을 말해준다.

그랄 골짜기: 우물 파기(26:17-22)

17절. 이삭이 그곳을 떠나. 족장들 중 아무도 약속의 땅을 위해 무모하게 전쟁을 감행하지 않는다. 대신 그들은 하나님께서 그들의 후손에게 적절한 시기에 그 땅을 주시리라고 믿는다(15:13-14을 보라).

18절. 그의 아버지 아브라함 때에 팠던. 고대 역본들(예. LXX와 Vulgate)은 "그의 아버지 아브라함의 종들이 팠던"이라고 명확하게 번역한다(21:25, 30을 보라).

그의 아버지가 부르던 이름으로. 우물에는 재산권을 확보하기 위해 이름이 붙여졌다. 우물들에 아버지가 붙였던 동일한 이름을 부여함으로써 이삭은 자신의 소유권을 논쟁의 여지가 없게끔 만든다. 이는 블레셋 족속의 부당성을 강조하지만(21:23-33을 보라) 하나님의 공급하심과 보호하심도 높이 드러낸다.

19절. 샘 근원. 이 히브리어는 문자적으로 "생수"(즉 질 좋은 암반수)를 의미한다.

20절. 에섹. 이 히브리어는 "분쟁"을 의미한다. 그런 건조한 목초지에서 물을 둘러싼 분쟁은 흔히 있는 일이었다.

21절. 싯나. 이 단어는 "반대, 적대"를 의미한다. 광야에서 이스라엘은 물 근원에 쓰라린 사건에서 연유한 이름들을 붙일 것이다.

22절. 르호봇. 이 히브리어는 "공간"을 의미한다. 아마도 이는 브엘세바 남서쪽 약 19마일(30km)에 위치한 레하이베(Reheibeh) 지역을 말할 것이다.

이제는 야웨께서 우리를 위하여 넓게 하셨으니. 공간은 하나님의 축복의 일부다. 하나님이 이삭을 돌보심은 아브라함과 롯 사이에 분쟁이 발생했을 때 아브라함에게 주신 하나님의 보상과 닮았다(13:1-12).

브엘세바에서 신현(26:23-25)

23절. 브엘세바. 이곳은 원래 아브라함이 블레셋과 불가침 조약을 맺은 장소다(21:22-34). 하나님의 축복을 찬미하는 표시들이 여전히 거기에 있었다. 이는 이삭이 아브라함의 축복을 상속받을 자임을 확증해준다.

24절. 나는 네 아버지의 하나님이니. 이 칭호는 족장 시대에 국한되지만 성경에서만 사용된 것은 아니다. 아버지가 경험했던 하나님과의 특별한 관계를 이제 그의 아들이 경험할 것이다. 이 칭호는 아브라함의 아버지인 데라와 관련해서는 전혀 사용되지 않는다. 데라는 우상숭배자였다 (11:27).

내가…네게 복을 주어. 여기서 이 복은 보호(26:8-9, 11, 31), 그의 아내의 기쁨(26:8, 11), 백배의 증산(26:12-13), 많은 가축과 종들(26:14), 풍부한 물(26:17-22, 32), 공간(26:22), 그리고 대적들에 대한 승리(26:26-31)를 포함한다.

내 종. 18:3을 보라. "야웨의 종"은 모세(신 34:5), 여호수아(수 24:29), 갈렙(민 14:24), 다윗(삼하 7:8), 무명의 고난 받는 종(사 42:1; 49:3; 50:10; 52:13)과 같은 이들에게 사용된 대단히 영예로운 칭호다.

25절. 제단을 쌓고. 아버지와 마찬가지로 이삭은 하나님의 계시에 응답하여 제단을 쌓는다(12:7-8; 21:33을 보라). 브엘세바에 있는 아브라함의 성소가 이삭의 것이 되었다(21:32-33을 보라).

축복: 조약을 통해 족장을 보호하심(26:26-31)

26절. 그 친구(NIV-"그의 개인적 조언자") **아훗삿.** 이 히브리어는 문자적으로 "그의 친구 아훗삿"이다. 왕의 친구는 궁중에서 최고위직의 하나였다. 왕의 최측근이 일원으로 합류했다는 것은 협상에 더욱 큰 무게감을 부여한다(참조. 21:22).

28절. 우리가 분명히 보았으므로. 이삭의 상황이 부유한 목축업자에서 유목민으로 전환되었음에도, 분명 그가 성공적으로 파낸 우물로 인해 우려되었던 경제적 파탄의 결과로는 이어지지 않는다. 그는 왕궁 목초지 때문에 그곳으로 갔다. 만일 그가 하나님의 섭리로 우물을 발견하지 못했다면, 가축지기들(개역개정-"종들")을 광야로 보낸 것은 이삭에게 큰 경제적 파탄을 초래했을 것이다.

28-29절. 야웨께서 너와 함께 계심을 ···너는 야웨께 복을 받은 자니라.[38] 그들의 진술은 야웨의 약속이 타당함을 인정한다(26:3-4).

맹세하여(אָלָה, 알라). 이는 문자적으로 "맹세(창 24:41), 약조(창 26:8) 및 언약(신 29:19f)을 보장하기 위한 법적 조치로서의 저주다. 각 경우에 이 단어는 발언자 자신이 받아들이거나 다른 사람에게 내리는 조건적 저주와 관련된다."[39] 이 맹세는 계약 조항을 최종적으로 완성하고 계약을 확정한다.

30-31절. 잔치를 ···맹세한 후에. 아버지와 마찬가지로 이삭은 왕과 동등하다(21:22-32을 보라).

31절. 평안히. "사람의 행위가 여호와를 기쁘시게 하면 그 사람의 원수라도 그와 더불어 화목하게 하시느니라"(잠 16:7).

축복: 브엘세바 우물에서의 번성(26:32-33)

32절. 우물. 우물에 대한 언급은 브엘세바와 26:17-22에서 이야기된 하나님의 공급하심을 연결한다.

33절. 세바(שִׁבְעָה, 쉬브아). 이 히브리어는 "맹세" 혹은 "일곱"을 의미

---

38 시바 여왕이 솔로몬에게 비슷한 진술을 할 것이다(왕상 10:9을 보라).

39 C. A. Keller, "אָלָה," *TLOT*, 1:113.

할 수 있다. 여기서 이 단어는 아마도 직전에 서약한 맹세를 가리킬 것이다.

그 성읍 이름이 오늘까지 브엘세바더라. 창세기 21:25-31에서 그 마을의 이름은 어근 쉬브아(שִׁבְעָה)에 대한 언어유희와 연관이 있었다. 쉬브아는 "일곱"과 "맹세"를 의미하는 동음이의어다. 여기서 이 단어는 이삭과 블레셋 사람들이 이삭의 종들이 우물을 팠던 바로 그날에 서약한 "맹세"와 관련된다. 이전과 마찬가지로 이삭은 아브라함의 우물을 다시 파서 그것에 동일한 이름을 붙였다.

제8부 1막 3장에 대한 신학적 고찰 ──────────

아브라함 언약의 축복

제3장은 아브라함을 위한 하나님의 약속과 그의 믿음 및 순종과의 연결 고리들을 의식하게 만든다. 하나님은 이삭이 받은 축복이 아브라함이 하나님의 계명과 율례와 법도를 지킨 결과라고 분명하게 진술하신다. 아브라함은 그리스도의 모형이다. 그리스도는 자신의 순종으로 율법의 의로운 요구를 충족시키고 자신의 씨를 위해 율법의 축복을 보장하신다.

아브라함 언약의 조건적이며 무조건적인 양상

아브라함이 스스로 신실한 언약 파트너임을 증명한 후에 하나님이 그를 무조건적으로 축복하기로 결정하신 것처럼 하나님은 이제 이삭에 대한 자신의 축복에 그 아들의 순종을 조건으로 삼으신다(26:2-4). 이삭은 기근이 있는 동안에 그 땅에 머무름으로써 스스로 신실한 언약 파트너임을 증명한다(26:6). 하나님은 이삭을 축복하기 위해 그와 무조건적인 언약을 맺으심으로써 그에게 보답하신다(26:24).

믿음

믿음은 많은 방식으로 드러난다. 아브라함은 하나님의 법도를 지킴으로써 자신의 믿음을 보여준다. 내레이터는 아브라함이 율법 전체를 지켰다는 포괄적인 용어로 아브라함의 믿음을 묘사한다(26:5). 이삭은 하나님의 뜻 밖에서 떡을 구하기보다는 하나님의 뜻 안에서 "돌"(즉 기근)을 기꺼이 받아들임으로써 자신의 믿음을 증명한다. 하나님의 위대한 아들은 양자 모두의 방식으로 그분의 믿음을 보여주셨다(마 4:3-4을 보라).

연약함

족장 중 아무도 완전하지 않다. 이삭은 자기 아버지의 약점 중 일부를 공유하지만 아버지처럼 자신의 실패가 계속적으로 자신의 믿음에 영향을 끼치도록 허용하지는 않는다. 그리스도의 나라를 소유한 사람들은 때때로 강하나 때로는 약하다. 신자들은 하나님의 은혜를 찬양하며, 스스로 자책감에 빠지거나 자괴감으로 파멸되지 않는다.

역사적 과오

이삭은 하나님의 축복을 받지만 다음 장에서 드러나는 것처럼 충분한 복을 누리지 못한다. 이삭은 하나님의 계획에 순종하는 삶을 유지하지 못할 것이고, 그의 가족이 치러야 할 대가는 클 것이다.

야곱이 에서의 복을 훔치다(26:34-28:9)

제8부 1막 4장에 대한 문학적 분석 ──────────

플롯

가정불화가 이제 족장의 축복을 둘러싸고 본격화된다. 질투와 속임수 및 세력 다툼으로 난파된 가족은 약속이 보장하는 미래를 희미하게 할 수도 있다. 긴장은 에서를 축복하려는 이삭의 은밀한 계획과 더불어 시작 되며(27:1-4) 리브가의 속임수(27:5-17) 및 야곱이 이삭의 면전에서 행한 술책(27:18-26)으로 절정에 이른다. 감지할 수 있었던 몇 차례의 순간에 이삭은 야곱의 정체를 의심하지만, 그다음에 이 장은 이삭이 에서를 위해 염두에 두었던 비옥한 땅과 정치적 지배권으로 야곱을 축복할 때 절정에 이른다(27:27-29). 에서는 한발 늦은 시점에 도착하여 축복과 상반되는 약속을 받을 뿐이다(27:30-40). 종막에서 리브가는 야곱이 에서의 손을 피해 목숨을 부지하도록 도피를 계획한다(27:41-28:5).

구조

주요 서사는 야곱이 에서의 복을 탈취하고(27:1-40) 에서로부터 도피 하는(27:41-28:5) 이야기다. 이 서사의 구조는 거의 전반적으로 갈등을 빚는 양측의 대화로 형성된다. 가족의 일원이 일곱 개의 대화 속에서 둘씩 짝을 지어 나온다. 즉 이삭과 에서(27:1-4), 리브가와 야곱(27:5-17), 이삭과 에서로 가장한 야곱(27:18-29), 이삭과 에서(27:30-40), 리브가와 야곱(27:41-45), 리브가와 이삭(27:46), 이삭과 야곱(28:1-5)이 짝을 이룬다. 야곱과 에서는 전혀 만나지 않으며 리브가와 이삭은 단지 짧게 조우한다. 보통 히브리 서사에서는 한 번에 두 등장인물만이 대화를 나눈다. 하지만 여기서 별도로 이루어지는 만남의 횟수 및 방식은 의도적인 배제를 암시하고 가족 내의 깊은 분열을 반영한다.

에서와 헷 여인의 결혼 및 그의 부모가 낙심한 이야기는 느닷없는 것처럼 보인다. 그러나 나중에 이 이야기는 중간에 끼어 있는 서사의 여러 가지 발전을 이해하는 데 필수적인 내용을 제공하는 서사의 틀(26:34-35과 28:6-9)임이 드러난다. 이 틀은 믿음을 간직한 야곱의 축복을 추구하고 믿음 없는 에서가 축복을 받지 못하게 막으려는 리브가의 책략을 이해할 수 있게 만든다. 더욱이 이 틀은 아브라함과 이삭의 대조적인 인물상을 묘사한다. 즉 아브라함은 믿음 안에서 하나님이 택하신 목적을 따라 이삭의 미래를 준비했던(24:1-67) 반면에 이삭은 하나님의 선택을 가로막으려고 애쓴다(25:23). 이는 이삭이 자신의 마음이 아니라 입맛을 따르기 때문에 실패함을 보여준다. 이삭은 에서가 맛있는 사냥감을 잡아와 자신의 입에 넣어주는 것을 좋아하기 때문에 에서를 축복하려 하고, 에서의 고집스러운 결혼과 영적 분별력의 부재로 인한 자신의 쓰라린 마음을 애써 외면한다. 25:28에서 등장한 작은 여우는 이제 이삭의 전망 있는 포도원을 집어삼킨다.[40]

호칭

내레이터와 등장인물들이 다른 등장인물들의 동태를 살피는 방법 역

---

[40] Waltke, "Reflections," 4-14을 보라.

시 가족의 불화를 알려준다. 내레이터는 중대한 순간에 이렇게 말한다. "이삭이 그의 아들 에서에게 말할 때에 리브가가 들었더니…리브가가 그의 아들 야곱에게 말하여 이르되"(27:5-6; 28:5, 14의 주해도 보라).

아이러니와 인물 묘사

이 장에서 독특한 등장인물들의 말과 행동은 그들의 약점을 확연하게 드러낸다. 즉 쉽게 속고 난폭한 에서, 감각적이고 쇠약한 이삭, 속임수에 능하고 교묘한 리브가, 기회주의적이고 파렴치한 야곱(주해를 보라).

여기서 이삭은 아이러니한 인물이다. 출생 전 신탁을 통해 제시되고 에서의 장자권 판매에서 예견되었던 하나님의 계획을 이삭이 가로막으려고 한다. 그러나 이삭 자신의 속임수는 리브가와 야곱의 기만으로 가로막힌다. 극적인 아이러니의 중대한 순간에 이삭은 자신이 지금 에서를 축복한다고 믿으면서 야곱에게 축복을 베푼다. 그가 야곱에게 베푼 축복이 너무 큰 나머지 자신이 편애하던 큰아들을 위한 진정한 복은 남지 않았다.

내레이터는 의도적으로 아브라함의 족보에 여백을 남긴다. 이런 방식으로 내레이터는 이삭을 비난한다. 이삭은 노년에 자기 아들 에서와 같은 인물로 전락하고 영적인 분별력보다 육체적 식탐을 더 우선시한다. 위대한 아버지의 소중한 아들인 이삭은 책략을 꾸미는 아들에게 속는 아버지가 된다. 그는 하나님의 말씀을 가로막고 에서에게 복을 내리려 함으로써 자신을 망친다. 성경 인물들의 전기 작가로 가장 널리 알려진 알렉산더 와이트(Alexander Whyte)는 이삭의 삶에 대한 통절한 아이러니를 포착한다. 비록 그가 다음과 같이 너무 모질게 표현하고 있지만 말이다.

족장 이삭은 두 인물 사이에 선 채로 그저 창백한 모습으로 나타난다. 한편으로 그의 아버지 아브라함과 다른 한편으로 그의 아들 야곱이라는 위풍당당하고 인상적인 두 인물 사이에 낀 채로 말이다.…이삭이라는 인물이 지닌 특징의 슬픈 쇠락을 마지막까지 따라갈 때, 우리는 정말로 아브라함이 들어 올린 손을 야웨의 사자가 저지하지 않았더라면 그것이 이삭에게 그리고 이삭과 관련된 모든 사람에게 차라리 좋았을 것이라는 생각을 하지 않을 수 없다.[41]

에서는 자기 아버지처럼 분별력이 없다. 그가 자신의 두 가나안 아내가 가족에게 몹쓸 짓이었음을 뒤늦게 깨닫는 것은 그의 어리석음과 비극을 요약해서 보여준다. 에서는 야곱을 돋보이게 만드는 역할을 한다. 가인을 따라 에서 역시 뱀의 씨에 속한다. 가인이 그의 종교성으로 일반 청중에게 깊은 인상을 남긴 것처럼, 할례 받은 에서는 그의 인간미로 우리에게 깊은 인상을 남긴다. 그는 독수리의 눈과 곰의 팔과 사슴의 발을 가진 유능한 사냥꾼이다. 그의 아버지는 이 남자 중의 남자를 점찍어놓고 그의 맛있는 고기 요리를 좋아한다. 나중에 에서는 심지어 용서하는 남자로도 나타날 것이다. 하지만 그는 하나님을 기쁘시게 하는 본질적인 미덕이 없다. 그는 하나님께서 불어넣어주신 꿈도, 초월적인 것에 대한 비전도 전혀 상속받지 못한다. 그는 미래에 대한 숙고 없이 당장 눈앞에 있는 것에 반응한다. 그는 아브라함의 약속된 운명에 참여할 자신의 권리를 경시한다.

핵심 단어들

반복되는 단어인 "사냥감"(8회)과 "별미"(6회)는 이삭의 약점을 크게 드러낸다. 히브리어 명사 베라카(בְּרָכָה, "축복")는 일곱 번, 그것의 동사형은 스물한 번 나타난다.

---

41 A. Whyte, *Bible Characters: Adam to Achan* (Edinburgh and London: Oliphants, 1900), 151.

보응

비록 축복이 하나님의 기뻐하심에 따라 부여된다고 할지라도 그 가족의 행위에 대한 하나님의 판결은 그 행위에 따른 여러 가지 재앙에서 선고된다(창 4장도 보라). 또한 야곱은 약속의 땅으로부터 달아나야 하고 밧단아람에서 귀양객이 되며 거기서 라반은 그를 반복해서 속인다. 나중에 야곱은 자기 아들들의 속임수로 인해 막내아들을 잃고 애통해한다. 리브가는 두 아들을 잃었으며, 사망했다는 기록이 없이 죽는다(35:8을 보라). 이삭은 줄곧 중요하지 않은 인물로 산다(35:28을 보라). 내레이터는 이삭이 자기 아내가 모의에 가담했다는 사실을 알았는지 여부를 공백으로 남겨둔다.

제8부 1막 4장에 대한 주해 ────────

틀: 에서가 헷 여인과 결혼하여 부모를 근심케 하다(26:34-35)

34절. 에서가…. 에서와 헷 여인의 결혼에 대한 보고(28:6-9도 보라)가 서사의 틀을 구성한다(위의 문학적 분석을 보라).

사십 세에. 아브라함은 이삭이 사십 세가 되었을 때 이삭의 아내를 준비했다(25:20을 보라). 야곱이 축복을 훔친 후에 이삭과 리브가는 야곱이 결혼할 아내를 가나안 족속이 아닌 자신들의 혈통의 여자로 예비한다(28:6). 에서의 경우에는 이삭이 무관심해서 그랬을까? 아니면 에서의 의지가 강했고 그가 부모에게 하찮은 인물이었기 때문이었을까? 어떤 경우든지 간에 에서는 자신만의 결혼 서약을 맺음으로써 족장의 규칙이었던 관행을 깨트렸다.

아내로 맞이하였더니. 세속적인 에서는 하나님이 아브라함에게 주신 비전, 곧 그의 후손을 통해 땅을 거룩하게 하겠다는 약속을 경시하고 있음을 보여준다. 에서가 자신의 중혼 때문에 비난받을 수는 없다. 비록 중

혼이 창조주의 이상적인 결혼 형식은 아닐지라도 구약의 성도들은 종종 한 명 이상의 아내를 얻었다(예. 25:1). 나아가 그는 족외혼(즉 다른 혈족과의 결혼) 때문에 비난받을 수도 없다. 왜냐하면 가나안의 기생 라합과 결혼한 살몬이나 룻과 결혼한 보아스와 같이 다른 성도들도 족내혼을 포기했기 때문이다.[42] 하지만 아브라함의 손자인 에서는 사악한 가나안 족속의 목록에 끼어 있는 헷 여인과 결혼한 데 대해 변명할 여지가 없다. 그는 분명히 하나님께서 그 족속들의 사악함으로 인해 그들을 비난하셨고 결국에 아브라함의 후손에게 그들의 땅을 주실 것이라는 사실을 알았을 것이다(15:16-20). 그는 자기 아버지가 이방 여인들과 결혼하지 못하도록 할아버지가 얼마나 간절하게 막으셨는지를 틀림없이 잘 알고 있었을 것이다(24:3). 에서는 자기 할아버지의 솔선수범과 축도를 아랑곳하지 않고 이 이방 여인들과 결혼함으로써 자신이 이스라엘의 운명에 대한 아브라함의 비전에 헌신하려는 태도가 전혀 없으며 축복받을 만한 가치가 없음을 또다시 드러낸다.

헷 족속 브에리의 딸 유딧과 헷 족속 엘론의 딸 바스맛을. 이 이름들은 36:1-2에 제시된 에서의 족보 목록과 다르다. 본문을 조화시키려는 사람들이 다음과 같은 세 가지 제안을 내놓았다. 즉 족보 목록이 전달 과정에서 훼손되었다. 몇몇 이름은 예명이다. 혹은 에서는 세 명 이상의 아내와 결혼했다. 하지만 현재 이 차이에 대해 만족할 만한 설명은 존재하지 않는다(서론에 있는 "원-창세기의 자료"를 보라).

헷 족속. 그들은 가나안 족속 중 하나로 간주된다(10:15; 15:16-21; 23:3; 28:1).

35절. 그들이 이삭과 리브가의 마음에 근심이 되었더라. 그들은 문자

42 　예수 그리스도의 계보에 참여한 이스라엘 바깥 출신의 모든 여성(즉 다말, 라합, 룻, 헷 사람 우리아의 아내)은 선택된 가족에게 충실했다(마 1:3-6을 보라).

적으로 "이삭과 리브가에게 마음의 쓰라림"이다. 우리는 헷 족속의 생활 방식이 거룩한 가족의 영적 성향 및 규율과 근본적으로 달랐다고 추론할 수 있다(참조. 15:16, 20; 18:19; 24:3; 27:46). 이삭은 에서의 영적 천박성을 알았어야 했다. 하지만 그는 축복을 베풀 시간이 되었을 때 자신의 육적 감각과 미각에 집착할 것이다.

이삭과 에서: 이삭이 에서에게 축복의 음식을 준비하라고 지시하다
(27:1-4)

1절. 이삭이 나이가 많아. 그는 출산 연령을 넘은 백 세로(25:26; 26:34 을 보라) 이미 눈이 어두워졌다. 하지만 그는 팔십 년을 더 살 것이다.

눈이 어두워 잘 보지 못하더니. 실명 혹은 거의 시력을 잃은 상태는 흔히 나이 든 사람들을 괴롭힌다(참조. 48:10).[43] 이 언질은 야곱이 에서로 분장하도록 한 리브가의 계획을 설명해준다. 덧붙여 이삭의 상태는 아마도 상징적이다. 이삭의 육적인 시력 상실은 영적으로 어두운 그의 눈에 부합한다(25:23; 26:35; 27:3을 보라). 폭스는 이렇게 주석한다. "'보다'라는 동사는 예언적 능력과 관련된 단어다.… 따라서 여기서 이삭의 어두운 눈은 아이러니하게도 속임수와 축복의 적절한 전이 둘 다로 이어진다."[44]

에서를 불러 이르되. 왜 그는 사적으로 한 아들에게만 복을 주는가? 축복은 공적인 일이었다(49:1, 28; 50:24-25; 신 33:1). 창세기 27:36에서 이삭의 은밀한 계획은 역효과를 낳는다. 그에게는 에서를 위해 남겨놓은 복이 없다.

내가 여기 있나이다. 22:1의 주해를 보라.

2절. 어느 날 죽을는지 알지 못하니. 이삭이 앞으로 팔십 년을 더 산다

---

43 모세는 주목할 만한 예외다(신 34:7).
44 Fox, *Beginning*, 107.

고 할지라도 그는 여기서 건강해 보이지 않는다. 내레이터는 이삭을 나이가 많아 눈이 먼 사람으로 소개하며, 이삭의 아들들은 와서 그에게 앉으라고 요청한다(27:19, 31). 에서는 그의 아버지의 죽음이 임박했다고 추론한다(27:41).

기구(כֵּלִים, 켈림; NIV-"무기"). 이 히브리어는 "그릇, 장비"를 의미한다. 에서의 활과 화살통은 그의 남성다움의 상징일 수 있다. 왓슨(W. G. E. Watson)은 우가릿 문헌의 한 구절을 인용하는데, 이 문헌에서 한 젊은이는 사냥에 참여할 자격을 부여하는 성인식을 거친다.[45]

3-4절. 나를 위하여 사냥하여(사냥감을) … 별미를. "사냥감"이라는 단어가 여덟 번, "별미"는 여섯 번 반복된다. 내레이터는 "내가 즐기는 별미"라는 어구와 그것의 변형문들(27:4, 9, 14)과 관련하여 이 단어들을 반복적으로 사용한다. 이는 내레이터의 초점이 축복 의례에서 음식이 담당했던 역할이 아니라 이삭의 육욕에 있음을 시사한다.[46]

4절. 내가 즐기는(אָהֵב, 아헤브). 이 히브리어는 "내가 사랑하는"으로 옮기는 것이 더 낫다. 이 단어는 통상적으로 남녀 간의 애정과 같은 개인적 관계를 위해 사용된다(24:67; 29:18, 20, 30, 32; 34:3). 심지어 이 단어는 비인격적 대상에 대해서도 열정 어린 어조를 풍기면서 하파츠(חָפֵץ)와 라촤(רָצָה), 즉 "좋아하다, 기뻐하다"보다 더 강한 의미를 지닌다.[47] 이삭이 자신의 예전 영성을 버리고(25:21을 보라) 팥죽 한 그릇에 자신의 장자권을 판 에서와 같은 사람이 된 것으로 이해될 수 있다(25:32-34).

내가 … 축복하게 하라. 이 히브리어는 문자적으로 "그래서 내 생명(נֶפֶשׁ, 네페쉬)이 … "이다. 하나님은 열정에 찬 족장의 생기를 통해 축복을 전하실 것이다(2:7을 보라).

---

45 W. G. E. Watson, "The Falcon Episode in the Aqhat Tale," *JNSL* 5 (1977): 75.
46 D. Pardee, "An Emendation in the Ugaritic Aqhat Text," *JNES* 36 (1977): 55 n. 25을 보라.
47 Jenni, "רָצָה," *TLOT*, 1:49.

축복. 1:28을 보라. 복(בְּרָכָה, 베라카)과 장자권(בְּכֹרָה, 베코라)의 관계는 분명하지 않다. 에서의 마음속에는 이 두 가지가 분리되어 있다. 왜냐하면 그는 자신이 장자권 상실을 받아들인다 해도 복을 받으리라고 예상하고 있기 때문이다(27:36). 하지만 영감을 받은 히브리서 저자에게 그리고 하나님께 이 둘은 분리될 수 없다. 히브리서 저자는 에서가 자신의 상속권을 팔았다고 설명한 후에 이렇게 덧붙인다. "그가 그 후에 축복을 이어받으려고 눈물을 흘리며 구하되 버린 바가 되어 회개할 기회를 얻지 못하였느니라"(히 12:17). 복과 장자권은 모두 장자의 상속권에 포함되는 것이다. 장자권은 유산의 상속에 관한 것이며(25:31을 보라), 복은 신적 권위, 번영, 지배권(27:27-29)에 관한 것이다. 이 두 가지가 함께 상속자를 가족 유산(경제적·사회적·종교적)의 일차적인 수령자로 만든다. 루프는 이렇게 설명한다. "장자는 가족의 전통을 넘겨받는 가장이 된다. 즉 그는 가족이 자신들의 정체성을 이해하도록 규정해주고 가족을 대변하여 이야기하며 가족을 지도하는 일을 수행한다."[48] 신학적으로 이 가족에 대해 말하자면 그들은 다음 세대에 대한 하나님의 약속도 간직하고 있다. 에서는 처음에는 장자권과 그것에 암시된 축복을 멸시하지만 마음을 바꾼다. 하지만 이미 너무 늦었다. 에서는 복을 받기 원하나 전제조건이 되는 생활 방식은 원하지 않는다. 하나님은 이 복이 그에게 임하도록 허락하지 않으실 것이다.

리브가와 야곱: 리브가가 야곱에게 아버지를 속이도록 지시하다
(27:5-17)

5절. 리브가. 그녀는 주역이다. 그녀의 영적 가치관은 건전하지만 (25:23, 29-34; 26:35; 27:46을 보라) 그녀의 방법은 개탄스럽다. 폰 라트는

---

48 Roop, *Genesis*, 183.

이렇게 말한다. "사람의 눈먼 상태를 악용하는 것은 인간성의 측면에서 금지되었을 뿐만 아니라 하나님께서도 직접 시각 장애인과 청각 장애인들을 어떻게 대우하는지를 감시하셨다(레 19:14; 신 27:18)."[49]

들었더니. 이 가족은 함께 동역하는 것이 아니라 서로를 대적하여 음모를 꾸미고 있다. 이는 족장이 영적인 지도력을 갖추지 못했기 때문이다. 상속과 관련하여 서로 영적인 조언을 주고받았던 아브라함과 사라와 달리(16:5-6; 21:8-14을 보라), 이삭과 리브가는 소통하지 않는다.

5-6절. 그의 아들…그녀의 아들. 내레이터는 에서를 이삭의 아들로 야곱을 리브가의 아들로 명명함으로써 가족의 경쟁 관계와 부모의 편애를 강조한다(27:6). 리브가는 야곱에게 말할 때 이삭을 "네 아버지"("내 남편"이 아니라)로, 에서를 "네 형"("내 아들"이 아니라, 27:6; 그러나 27:15을 참조하라)으로, 야곱을 "내 아들"(27:8)로 부른다.

7절. 내가…네게 축복하게 하라. 족장 시대에 가족의 축복은 이별할 때(24:60을 보라) 혹은 임박한 죽음을 앞두고 베풀어진다. 이는 변경될 수 없었다. 축복은 강제력을 지녔는데, 왜냐하면 야웨께서 그들 시대의 합법적인 사회적 관습을 사용하면서 족장의 믿음을 통해 복을 부여하셨기 때문이다(히 11:20을 보라). 율법이 주어진 후에 하나님의 축복은 제사장을 통해 그분의 온 백성에게 하달되었다(민 6:22-27을 보라).

야웨 앞에서. 리브가는 27:4에 있는 이삭의 진술에 이 어구를 덧붙인다. 이는 그들의 가족사에서 이 중대한 순간의 중요성을 야곱에게 각인시키기 위함이다. 두 사람은 지금 아브라함의 비전을 따라 가족을 인도하기 위해 행동해야 하며 믿음이 없는 이삭과 에서로부터 가족을 구해야 한다.

8절. 명하는 대로(NIV-"말하다"). NIV는 히브리어 샤베(שָׁוֶה, "명령

---

[49]   von Rad, *Genesis*, 277.

하다")를 약하게 번역한다. 그녀는 아들이 자기 말에 복종하도록 제안하지 않고 명령한다.

9절. 그가 즐기시는. 이는 "그가 사랑하는"으로 번역하는 것이 더 낫다 (27:4을 보라).

11절. 털이 많은 사람이요…매끈매끈한 사람인즉. 25:25, 27을 보라.

12절. 아버지께서 나를 만지실진대. 야곱은 계획의 도덕성은 아랑곳하지 않고 그것의 실효성만을 따진다. 해밀턴은 이렇게 주석한다. "나중에 하나님과 씨름할 정도의 능력을 갖춘 그는 자기 어머니와 혹은 자신의 양심과는 별다른 씨름을 하지 않는다."[50]

13절. 너의 저주(קִלְלָה, 켈랄라, 12:3을 보라)**는 내게로 돌리리니.** 마태복음 27:25도 보라. 리브가는 자신의 확신에 목숨을 건다. 그녀는 자신이 받은 신탁, 곧 형이 아우를 섬길 것이라는 예언을 알고 있기 때문에 야곱의 두려움을 없앨 수 있다. 비록 그녀의 믿음이 성공하며 아무 저주도 그녀에게 임하지 않을지라도 그녀는 자신의 속임수에 대한 대가를 지불한다. 불길하게도 그녀는 이 장 이후 제8부에서 사라진다. 내레이터는 독자들로 하여금 리브가가 아니라 그녀의 유모인 드보라를 기억하게 만들고(35:8) 그녀의 죽음에 대해서는 아무런 언질을 주지 않는다(참조. 23:1-2). 하지만 창세기의 마지막에서 내레이터는 그녀가 다른 족장들 및 여족장들과 함께 막벨라 굴에 명예롭게 매장되었음을 알린다(49:31을 보라).

14절. 그의 아버지가. 내레이터는 이삭을 "그녀의 남편"으로 언급하지 않는다(27:5의 "그의 아들"을 보라).

15절. 좋은 의복을. 나중에 야곱 역시 옷 때문에 속게 될 것이다(37:31-33을 보라).

---

50 V. Hamilton, *Genesis 18-50*, 217.

이삭과 야곱: 이삭이 눈이 어두워 야곱을 축복하다(27:18-29)

18절. 내 아버지여. 야곱의 말은 그의 두려움과 망설임을 드러내면서 27:31에 나타나는 에서의 거창한 등장과 뚜렷하게 대비된다.

19절. 맏아들(בְּכֹר, 베코르). 히브리어 베코르(בְּכֹר, "장남")와 베코라 (בְּכֹרָה, "장자권")는 이 장에서 중요한 명사 베라카(בְּרָכָה, "축복")와 더불어 언어유희를 만든다.[51]

아버지 마음껏. 이는 문자적으로 "당신의 네페쉬(נֶפֶשׁ)"다(27:4을 보라).

20절. 야웨께서. 야곱은 자신의 거짓말에 신성모독을 더한다(출 20:7을 보라).

아버지의 하나님. 이는 "다른 곳의 야곱의 말투와 일치한다(31:5, 42; 32:9). 그는 하란으로부터 자신이 안전하게 귀환하기 전까지 야웨를 자신의 하나님으로 말하지 않는다(참조. 28:20-22; 33:18-20)."[52] 족장들의 하나님은 야곱이 스스로 하나님의 보호를 경험할 때까지 그의 하나님이 아니다(28:20-22; 33:18-20을 보라).

22절. 음성은…손은. 듣는 것이 성경에서 진리의 원천으로 간주되지만(신 4:12) 이삭은 이 감각을 무시한다. 그는 자신의 목적을 달성하지 못하는데, 왜냐하면 그는 영적인 분별력보다는 자신의 다른 감각―그의 더 듣는 손, 후각 및 미각―에 의존하기 때문이다(아래 신학적 고찰을 보라; 참조. 13:8-17).

23절. 축복하였더라(בֵּרַךְ, 바라크). 이 단어는 단순히 "인사하다" 혹은 "경례하다/정중히 맞이하다"를 의미할 수 있다.[53] 여기서 이 단어가 두 번(27:23, 27) 나온 것은 이것이 상속의 축복이 아니라 야곱이 이삭과 대

---

51 Fokkelman, *Genesis*, 106-7.
52 NIV Study Bible(『NIV 스터디 바이블』, 부흥과개혁사 역간), 46.
53 J. Scharbert, "בָּרַךְ," *TDOT*, 2:291.

면하도록 하는 축복임을 암시한다.[54]

25절. (그래서) 내 마음껏(NIV-"so that I"). 27:4을 보라.

26절. 입 맞추라. 이 신체 접촉은 의례의 일부였을 수 있다. 만일 그렇지 않다면 이는 배신자의 입맞춤일 것이다(참조. 마 26:48-49).

27절. 내 아들의 향취는. 감각을 통해 감지되는 것이 축복에 형식을 부여한다(27:27-28을 보라; 참조. 3:14-15; 민 24:5). 축복은 다산(창 27:28) 및 지배권(27:29; 1:22; 22:15-18; 48:15-19; 민 24:3-9을 보라)과 관련된다. 해밀턴은 축복에 묘사된 세 부분을 다음과 같이 확인한다. 즉 야곱에 대한 묘사(27:27), 그가 받을 것에 대한 묘사(27:28), 그리고 그의 미래 관계에 대한 묘사(27:29).[55]

28절. 하늘의 이슬. 이슬은 지중해 서쪽과 북서쪽 바람의 영향으로 만들어지는데, 팔레스타인의 많은 지역에서 곡식을 위한 수분 공급에 중요한 역할을 한다. 사르나는 이렇게 주석한다. "현대에 이르기까지 우기의 끝과 건기인 여름의 시작은 유대인의 예전에서 이슬을 위한 기도로 표시된다."[56]

땅의 기름짐. 이는 문자적으로 "땅의 기름"이며 비에 대한 환유법이다.[57]

곡식과 새 포도주(개역개정-"포도주"). 이 이미지는 잔치에 대한 것이다. 유사한 축복이 이스라엘 민족이 약속의 땅에 정착할 때 그들에게 부여될 것이다(신 7:13).

29절. 만민이. 개인적인 발언으로 표현되었다고 할지라도 축복은 민족적 운명 및 지배권과 관련된다. 복수형은 이스라엘의 지배권이 지닌 포괄성을 가리킨다. 우주적 지배권의 축복은 궁극적으로 그리스도와 그분의

---

54 이는 진입의 의미로도 해석될 수 있다. 즉 "그가 그에게 축복하기를 시작했다"(*IBHS*, §33.3.1a).
55 Hamilton, *Genesis 18-50*, 221.
56 Sarna, *Genesis*, 193.
57 M. A. Grisanti, "שֶׁמֶן," *NIDOTTE*, 4:174를 보라.

교회에 내려진다(마 28:18-19).

네가 형제들의 주가 되고. 야곱에게 정치적 우월성이 주어진다는 이 축복의 내용은 리브가가 그녀의 목숨을 담보했던 신탁을 확증한다(25:23을 보라).

형제들…네 어머니의 아들들. 나란히 나열된 이 단어군은 "친족들… 어머니의 자녀들"로 번역되는 것이 더 낫다. 이 진술은 리브가에게 쌍둥이 외에 다른 자녀가 있었음을 의미하는 것이 아니라 에서를 통한 그녀의 모든 후손을 포함할 것이다(36:1-43을 보라).

~하는 자는 저주를 받고. 야곱은 아브라함의 축복과 운명을 상속한다(12:3; 민 24:9을 보라).

이삭과 에서: 이삭이 에서에게 반-축복(Antiblessing)을 예언하다
(27:30-40)

30절. 축복하기를 마치매. 나중에 야곱은 하나님께로부터 직접 받는 축복을 비는데, 이는 아마도 책략을 써서 얻은 이 복에 추가되거나 이를 능가하는 복일 것이다(32:26).

곧 (그의 형제 에서가). 이 시점의 절묘함은 이 족장 가족의 삶 내내 섭리의 징표다(예. 24:15; 37:25).

32절. 너는 누구냐? 비극적인 아이러니가 어김없이 발생했다.

33절. 심히 크게 떨며. 브루그만은 이렇게 설명한다. "자신의 삶을 평화롭고 적절하게 마무리하려는 그의 아름다운 꿈 전체가 돌이킬 수 없게 산산조각이 났다."[58]

그가 반드시 복을 받을 것이니라. 비록 이삭이 겉으로 보기에 잘못된 아들을 데리고 있을지라도, 그는 여전히 믿음을 따라 행하고 있으며 하나

---

[58] Brueggemann, *Genesis*, 233.

님께서 계획하셨던 것을 성취했다. 신적 축복을 전해주는 말은 하나님께 맹세한 서약과 마찬가지로 돌이킬 수 없다(아래 신학적 고찰을 보라).

34절. 소리 내어 울며. 에서는 자신의 장자권을 멸시한 데 따른 고통스러운 대가를 치르지만 동생의 속임수로 인해 다시 한번 부당하게 고통을 당한다(아래 신학적 고찰을 보라).

내게 축복하소서, 내게도 그리하소서. 이 더듬거리는 말투는 에서의 충격과 고통을 잘 포착한다. 에서는 야곱에 대한 축복이 무효가 될 수 없음을 알고 있다. 그는 다만 다른 축복을 구할 뿐이다.

35절. 속여. 이와 같은 속임수는 야곱 역시 큰 대가를 치르게 할 것이다(29:15-30을 보라).

네 복을 빼앗았도다. 하나님은 자신의 목적을 달성하기 위해 인간의 죄를 이용하실 수 있다. 이스라엘이 왕을 선택함(삼상 8장; 12장), 아시리아의 자랑(사 10장), 그리스도의 죽음(고전 2:8)과 비교해보라.

36절. 그 이름을 야곱이라 함이 합당하지 아니하니이까? 25:26을 보라. 우가릿어 아카브('qb)는 "속이다, 방해하다"를 의미한다.

나의 장자의 명분을 빼앗고. 그는 심지어 아담이 여자를 비난했던 것처럼(3:12) 자신의 책임을 받아들이기를 거부한다.

37절. 내가 네게 무엇을 할 수 있으랴. 비록 이삭이 하나님께서 야곱을 택하셨음을 알고 있을지라도 그는 에서에게 모든 것을 주고 야곱에게는 아무것도 주지 않으려 했다. 아이러니하게도 이제 그가 사랑하는 아들에게 줄 것이라고는 반(反) 축복 외에 아무것도 없다.

39-40절. 네 주소는…네 아우를. 에서는 반 축복을 상속한다. 즉 그는 아우에 대한 지배권과 그 땅의 풍요를 둘 다 거부당한다(27:28-29을 보라; 참조. 가인과 이스마엘). 반 축복은 야곱의 축복에 대한 패러디다. 재미있는 언어유희를 통해 두 차례 첨가된 히브리어 전치사 "~에서"(away from)는 마찬가지로 27:28에서 두 차례 첨가된 "~의"(of)와 동일한 전치사다(즉 "하늘의", "땅의"). 또한 "이슬"과 "기름짐"의 순서가 뒤바뀌어 있는데, 이

는 뒤바뀐 축복을 표시하고 심화하는 수사학적 장치다.[59]

40절. 너는…생활하겠고. 에서는 거친 삶을 연명해야 하지만 살아남을 것이다.

칼을 믿고. 에서의 후손은 사람들을 사냥함으로써 살아갈 것이다. 마치 에서가 짐승을 사냥함으로써 살아왔던 것처럼 말이다.

네 아우를. 이스라엘 족속은 포식자의 먹이로 전락하지 않을 것이다.

멍에를 네 목에서 떨쳐버리리라. 이는 열왕기하 8:20, 22에서 성취된다. 이스라엘 역사에서 예언의 성취는 야곱에 대한 이삭의 축복이 이스라엘의 궁극적인 운명 속에서도 성취될 것이라는 사실을 인준한다.

리브가와 야곱: 리브가가 야곱에게 도피하도록 조언하다(27:41-45)

41절. 아버지를 곡할 때가 가까웠은즉. 27:2의 "어느 날 죽을는지 알지 못하니"도 보라. 에서가 그를 꿰뚫어보는 자기 어머니와 달리(27:45을 보라) 전혀 심리적 통찰력을 갖추지 못한 것은 아이러니하다.

야곱을 죽이리라. 에서의 마음속에 있는 살의는 살인이 가인과 라멕을 특징지었던 것만큼이나 분명하게 에서를 뱀의 씨로 확인해준다(3:15; 4:8, 23; 요 8:44).

44절. 몇 날 동안. 아마도 그녀는 야곱의 타향살이가 이십 년간(31:41) 지속되리라고는 생각하지 않았을 것이다.

45절. 네 형의 분노가 풀려. 리브가는 심리적으로 사람을 파악하는 안목을 갖췄다.

내가 곧 사람을 보내어. 그러나 리브가는 예언자가 아니다. 그녀는 자신의 소망을 전혀 성취하지 못한다.

너희 둘을 잃으랴(שָׁכֹל, 샤칼). 이 히브리어는 "사별하다"를 의미한다.

---

59   참조. Grisanti, "שָׁכֵן," 4:173.

그녀는 필시 심중에 에서가 야곱을 죽인다면 에서는 피의 복수를 당해 죽거나 무고한 생명을 취했기 때문에 사형을 요구하는 법령에 의해(참조. 창 4:14; 삼하 7:14) 죽게 되리라고 생각했을 것이다.[60] 아이러니하게도 그녀는 심리적으로는 아니더라도 적어도 사회적으로 자신이 예상했던 것보다 훨씬 더 많은 고초를 겪는다. 에서와 리브가의 관계는 (어느 정도의 관계였든지) 틀림없이 돌이킬 수 없이 손상되었음이 분명하다. 또한 그녀는 밧단아람에서 귀양객이 된 야곱을 데려오기 위해 사람을 전혀 보내지 않는다. 마지막으로 그녀는 심지어 성경에서 기념되지도 않는다(창 35:8). 리브가가 에서의 난폭한 결심을 슬쩍 피하긴 했지만, 그럼에도 불구하고 그녀는 자기가 행한 속임수의 쓰라린 결과를 맛보아야 한다.

리브가와 이삭: 리브가가 이삭을 교묘히 조종하다(27:46)

46절. 리브가가 이삭에게 이르되. 사라가 이삭을 부양하기 위해 주도적으로 일을 도모했던 것처럼(21:10을 보라), 리브가는 야곱을 위해 행동한다. 리브가는 합법을 가장해서 야곱의 피신을 대비한다. 리브가의 조언은 27:41-45과 28:2-5에 있는 이유 모두에 비추어 읽어야 한다.

헷 사람의 딸들로 말미암아. 26:34을 보라. 여기서 **헷 사람**은 언약의 규율 아래 있지 않은 민족을 말한다. 아람인 아내들은 남편을 자신의 삶의 방식에 합류하도록 유혹하는 가나안의 아내들과 달리 그들의 남편의 믿음을 받아들인다(24:4; 26:34-35; 31:50을 보라). 쟁점은 순전함 대 혼합주의에 있다(고후 6:14-18; 참조. 창 34장).

내 삶이 싫어졌거늘 … 내 삶이 내게 무슨 재미가 있으리이까. 야곱을

---

60 Hamilton, "שָׂכַל," *NIDOTTE*, 4:106. R. Youngblood(*The Book of Genesis: An Introductory Commentary* [Grand Rapids: Baker, 1992], 216)는 다음과 같이 생각한다. 즉 리브가는 이삭이 죽으면 에서가 야곱을 죽이리라는 것을 뜻하고 있으며 두 명의 가족을 동시에 잃어 슬퍼하기를 원하지 않고 있다는 것이다. 그러나 이삭은 "너희"의 인접한 선행사가 아니다.

살리려는 리브가의 술수가 담긴 언어는 이삭과 리브가의 결핍된 관계를 또다시 보여준다. 이전의 속임수로 드러난 바와 같이 이삭과 리브가는 중요한 영적 문제에 대해 정직하게 서로 소통할 수 있는 관계는 아닌 듯하다. 하지만 그녀의 진술은 이삭의 정곡을 아프게 찔렀을 것이 분명하다. 왜냐하면 이삭 역시 에서가 아브라함의 언약에서 벗어났다는 사실을 리브가만큼 잘 알고 있기 때문이다(26:34-35을 보라). 사르나는 이렇게 주석한다. "리브가의 말에는 지나치게 에서를 편애한 이삭에 대한 교묘한 질책이 암시되어 있는 것 같다. 이는 이삭이 부지중에 야곱을 축복한 일을 두고 계속해서 느끼는 불편한 감정을 누그러트리려는 계산 역시 깔린 질책이다."[61]

이삭과 야곱: 이삭이 야곱을 축복한 뒤 그를 밧단아람으로 보내다
(28:1-5)

1절. 축복하고. 죽음에 임박해서 선언된 27:27-29의 축복이 족장의 승계를 결정했다. 여행을 위한 작별 인사로서의 이 축복은(24:60; 27:7을 보라) 아브라함의 축복과 연결된다. 이 행동으로 이삭은 야곱을 아브라함의 축복을 잇는 진정한 상속자로 공적으로 인정한다.

1-2절. 아내를 맞이하지 말고…아내를 맞이하라. 부정적인 명령과 긍정적인 명령 둘 다 아브라함이 받은 명령에 상응한다(24:2-4을 보라). 믿음은 핍박 또는 동화로 인해 위험해진다(아래 신학적 고찰을 보라).

2절. 가서. 이 말을 리브가의 "피신하라"(27:43)는 말과 대조해보라. 분명히 이삭은 리브가가 야곱의 도피를 의도한 다른 이유를 전혀 간파하지 못한다.

밧단아람. 22:23, 25:20을 보라.

---

61   Sarna, *Genesis*, 195.

3절. 전능하신 하나님이. 17:1을 보라. 이 축복은 17:1-8에 있는 아브라함 언약에 대한 새로운 표현이다.

여러 족속을 이루게 하시고. 17:5에 있는 "여러 민족의 아버지"를 보라. 35:11에서 이 표현은 족장으로부터 유래한 민족들의 집합체를 의미하며 17:6의 새로운 표현이다. 이 축복은 이스라엘이 심판 아래 있을 때 뒤집힐 것이다. 곧 이스라엘이 여러 족속에게 복을 받고 그들이 이스라엘에 동참하는 것이 아니라 오히려 이스라엘이 그들의 공격을 받을 때에 말이다(겔 23:24; 32:3을 보라). 이 축복의 성취는 그리스도와 그분의 교회 안에서 발견된다(서론에 있는 "첫 번째 모티프: 씨"를 보라).

4절. 아브라함에게 허락하신 복을. 이삭은 자신의 임종 자리에서 베풀었던 축복과 대조적으로 지금 아브라함의 축복(창 17장을 보라)에 명시된 중다한 후손과 땅을 명백하게 언급한다.

네가 차지하게 하시기를. 이 히브리어는 "소유권을 빼앗다"라는 뜻을 수반하며 가나안 족속과의 거룩한 전쟁의 개념을 이해하도록 이끈다(15:16도 보라).

네가 거류하는(מְגֻרֶיךָ, 마구르). 이 히브리어 명사는 "나그네로서 살다"(גּוּר, 구르, 12:10; 26:3을 보라)를 의미하는 동사의 파생어다.

5절. 이삭이 야곱을 보내매. 아내의 채근을 받은 아버지가 이제 아들을 멀리 보낸다.

야곱과 에서의. 내레이터는 야곱이 장남이 아님에도 그에게 우선하는 위치를 배정한다(참조. 25:9).

틀: 에서가 이스마엘 여자와 결혼하다(28:6-9)

8절. 에서가 또 본즉. 에서는 루프가 말한 대로 비극적인 아이러니의 인물이다. 즉 "그는 가족에 소속되기를 깊이 원했으나 가장자리로 밀려난 식구다."[62] 소속되기를 원하고 아버지를 기쁘게 하고 싶었던 그의 열망에도 불구하고 그에게는 자신과 가족을 연결해줄 영적 분별력이 부족하다. 믿기 어렵게도 이제야 그는 가나안 여인들과 결혼하는 것이 자기 가족에게 부적절하다는 사실을 깨닫는다. 브루그만은 에서를 항상 핵심에서 벗어나 있는 가족으로 묘사한다.[63]

9절. 이에 에서가 이스마엘에게 가서. 시편 83:6은 에돔 족속과 이스마엘 족속의 연맹을 이스라엘에 적대적인 무리로 묘사한다. 또다시 에서는 비극적 아이러니의 인물이다. 그의 여행은 야곱이 했던 여행의 패러디다. 이스마엘은 자연적 방식으로 태어난 아브라함의 아들로서 거부된 후손이다.

마할랏. 그녀와 이스마엘의 딸 바스맛과의 관련성은 불확실하다(36:3).

느바욧. 25:13을 보라.

그 본처들 외에. 31:50을 보라.

제8부 1막 4장에 대한 신학적 고찰 ─────────

믿음과 동기

이삭의 동기는 의심스럽고 그의 의도는 분명히 방향이 잘못되었다. 하지만 그는 야곱을 에서라고 믿으면서 하나님의 복과 공급하심에 대한 충만한 믿음으로 야곱에게 축복을 선포한다. 우리들 대부분은 이삭에게서 우리 자신의 모습을 발견할 수 있다. 우리는 종종 불순한 동기와 방향이 잘못된 의도를 가지고 사역을 수행한다. 하지만 우리는 믿음으로 일하며

---

62 Roop, *Genesis*, 187.
63 Brueggemann, Genesis, 234-35도 보라.

하나님은 종종 일의 진행 과정 중에 우리를 꾸짖으실지라도 계속해서 당신의 선하신 목적을 성취하신다.

축복

축복, 곧 하나님의 임재와 풍요와 지배권에 대한 그분의 약속은 말을 통해 전달된다. 축복의 양도는 하나님이 능력 주심을 신뢰하면서 믿음을 가지고 말로 선포되어야 한다. 하나님의 제사장인 아론은 자신의 축도에서 백성이 하나님의 택함 받은 민족으로서 번성하고 땅을 정복할 것이라고 축복한다(레 9:22). 나중에 그리스도는 승천하실 때 자신의 손을 펼쳐 교회에 축복을 내리시고 교회가 생명을 양산하고 땅을 채울 수 있게 하신다(눅 24:50-51).

은혜

하나님의 계획을 성취하는 이들은 믿음과 더불어 실패를 겸비한 가족이다. 즉 오류를 범하기 쉬운 자신의 감각에 의존하고 결연함이 부족한 이삭, 지배권을 행사하고 교묘한 속임수를 쓰는 리브가, 남을 속이고 신성모독의 거짓말을 하는 야곱이 하나님의 계획을 이룬다. 이는 교회를 위한 희망의 메시지다. 왜냐하면 하나님 나라의 침입은 인간의 신실함이 아니라 궁극적으로 하나님의 주권적 은혜에 달려 있기 때문이다. 희망에 대한 하나님의 약속은 궁극적으로 자신의 선한 목적을 성취하기 위해 이렇게 허물 많은 사람들을 사용하며 이 모든 실패를 뛰어넘는다. 웬함은 이렇게 단언한다. "이 가족의 모든 구성원, 곧 각자 자기중심적으로 자신만의 이익을 추구했던 가족이 그렇게 원칙 없는 행동들을 자행하는 맥락에서 내레이터는 구원사에서의 새로운 진일보를 제시한다. 그렇게 함으로써 내레이터는 하나님의 택한 백성이 자신들의 미덕을 자주 악덕으로 변질시키는 허물을 지적할 뿐만 아니라 하나님의 은혜를 다시 주장하고 있다. 구원의 궁극적 토대는 바로 그분의 자비다."[64]

역사적 과오

축복이 하나님의 기뻐하심을 따라 전달되었지만 이 가족의 이기적 행동에 대한 하나님의 판결이 뒤따르는 비참한 결과를 통해 선고된다. 에서는 야곱을 죽일 결심을 한다(창 4장도 보라). 야곱은 약속의 땅을 떠나 밧단아람으로 도피해 귀양객이 된다. 거기서 그는 라반에게 연이어 속는다. 나중에 야곱은 자기 아들들의 속임수에 넘어가 막내아들을 잃고 슬퍼한다. 리브가는 두 아들과 더 이상 만나지 못하며 기념되지 못한 채 죽는다(35:8을 보라). 이삭은 중요하지 않은 인물로 산다(35:28을 보라). 이스라엘 백성 역시 이 교훈을 배워야 할 것이다. 그들은 다른 민족들처럼 지상 왕을 선호하여 하나님의 왕권을 거부할 때 그들의 타락한 왕들로 인해 축복과 고통을 모두 경험한다. 하나님께서 우리의 실패에도 불구하고 우리를 사용하실 것이라는 사실은 우리를 격려해준다. 하지만 우리 역시 우리의 죄와 교만으로 인한 실질적인 결과가 뒤따른다는 사실을 인식해야 한다.

장자권에 대한 도전

제8부의 문학적 분석에 있는 "갈등"에 대한 논의를 보라.

핍박과 동화

야곱은 밧단아람으로의 도피를 통해 두 가지 위협, 즉 핍박과 동화를 피해 달아난다. 그의 형제로부터의 물리적 위협이 가장 분명하게 해를 입힐 수 있지만 가나안의 생활 방식에 동화되는 위협 역시 중대한 위험과

---

64   Wenham, *Genesis 16-50*, 216.

같았다. 동화는 믿음의 공동체에게 핍박만큼이나 큰 위협이다.

예언

신적 축복을 통해 이 가족은 미래를 볼 수 있으나 희미하게 얼룩진 유리잔을 통해서 볼 뿐이다. 이 가족의 궁극적 운명의 견지에서 볼 때 그들은 미래를 보지만 역사적 우발성을 간파하지 못한다. 예언은 씨앗이나 콩과 같다. 예언은 앞으로 크게 펼쳐질 운명을 결정짓는 자체의 유전 정보를 갖지만 시간 속의 변수들이 그것에 특정한 형태를 부여한다. 축복을 베풀 때 이삭은 예언자지만 상세한 내용은 알지 못한다.

제8부 2막

야곱에게 내려진 언약의 축복과
밧단아람에서 그의 타향살이(28:10-33:17)

제8부 2막에 대한 문학적 분석 ———————————

구조와 플롯

우리의 내레이터는 언어유희(즉 다양한 방식으로 같은 단어를 사용함)를 즐기고 "장면 놀이"(즉 한 가지 이상의 연관성 속에서 여러 장면을 사용함)를 좋아한다. 그의 작품은 무늬와 무늬를 가로지르는 자수와 같다. 이런 작업으로 만든 커다란 융단 위에서 우리는 교호적인 패턴을 아래와 같이 파악한다.

A 하나님의 사자들이 벧엘에서 야곱을 만나다(제1장)
B 이스라엘이 아람과 대등하게 되다(제2-6장)
A´ 하나님의 사자들이 마하나임에서 야곱을 만나다(제7장)
B´ 이스라엘이 에돔과 대등하게 되다(제7-8장)

이 패턴은 발전하는 열국 중에서 구별된 민족이 되어가는 이스라엘을 특징짓는다. 비록 이스라엘이 아람과 에돔에 비해 군사력은 열세지만, 하나님께서 야곱을 선택하시고 그와 함께하심으로써 이스라엘을 열국 가운데 대등한 국가로 자리매김하게 하신다.

우리는 다음과 같은 교차 구조도 볼 수 있다.[65]

A 야곱이 에서로부터 도피하다(27:42-28:9)

  B 하나님의 사자들이 벧엘에서 야곱을 만나다(28:10-22)

    C 밧단아람에서의 귀양객 야곱(29:1-31:55)

  B´ 하나님의 사자들이 마하나임에서 야곱을 만나다(32:1-2)

A´ 야곱이 에서와 화해하다(32:3-33:17)

바깥 틀(A/A´)에 에서와 관련된 긴장이 놓여 있다. 내부의 중심(C)에는 라반과 관련된 긴장이 나타난다. 라반과의 긴장은 라반이 평화 협정을 제안할 때 해소된다. 에서와의 긴장은 에서가 야곱에게 입 맞출 때 해소된다.

이 막의 중심부(C)는 사실상 제8부의 중심부이자 야곱이 변하는 시작점을 나타낸다. 이는 다음과 같은 교차 구조로도 분석될 수 있다.[66]

a 빈털터리가 된 도망자가 도착하다(29:1-30)

  b 불임 상태의 어머니(29:31-30:21)

    x 하나님께서 기억하시다(30:22)

  b´ 하나님께서 아들을 주시고 라헬이 기뻐하다(30:23-24)

a´ 야곱이 능력과 권위를 지닌 자로 활약하다(30:25-31:55)

이 구조의 중심에는 라헬과 야곱을 향한 하나님의 호의가 자리 잡고 있다. 사실 야웨는 야곱의 삶에서 중대한 순간마다 나타나서 그에게 여

---

65 제8부의 문학적 분석도 보라.
66 Brueggemann, *Genesis*, 211-13; Roop, *Genesis*, 166; Fishbane, "Composition," 15-38; Rendsburg, *Redaction*, 53-69도 보라.

러 가지 약속을 주신다. 즉 야웨는 야곱이 그 땅으로부터 도피하는 중에(28:10-22), 에서를 만나러 귀향할 때(32:1-2, 22-32), 라반의 아들들과(31:1-3) 가나안 사람들로부터의(35:1-15) 위협에 직면했을 때 나타나신다.

인물 묘사

이런 전경이 펼쳐진 플롯의 이면에서 내레이터는 하나님의 언약 백성이 된다는 것이 무엇을 의미하는지에 대해 청중의 이해를 돕고 있다. 그의 책은 택한 백성을 통해 자신의 규칙을 확립하시는 하나님에 대한 것이다(서론에 있는 "창세기의 주제와 성경신학"을 보라). 하나님의 편에서 그분은 자기 백성을 선택하시되 심지어 그들이 아직 태중에 있을 때에도 선택하신다(제8부 1막 1장을 보라). 제1막에서 그분은 섭리를 통해 야곱에게 축복을 베풀기 위해 개입하시는 반면 에서에게는 반(反) 축복을 주시며 손을 떼신다. 제2막의 서두에서 하나님은 야곱이 안전히 그 땅으로 돌아올 것이라고 약속하신다.

그러나 택자들은 태에서 나올 때 지배자가 되기에는 부적격하다. 하나님의 언약의 약속을 성취하는 데 있어 장애물은 그분의 백성이다. 또한 불임인 아내들과 불모지 및 다른 종족들의 적개심 등이 약속을 성취하는 데 장애물로 나타난다. 이와 같은 방해물들은 현실 속에서 하나님께서 자기 백성의 믿음을 성숙하게 하고 그들이 경건한 삶을 통해 지도력을 발휘할 수 있도록 그들을 훈련시키는 하나님의 수단이다. 이 막에서 하나님은 라반과 에서와의 갈등을 통해 야곱을 훈련시키신다. 폭스가 관찰한 대로 "야곱의 여행은 그를 이방 땅으로 데려갔을 뿐만 아니라 성숙의 문으로 이끌었다."[67] 이 막에서 야웨는 자신의 능력과 사악한 꾀로 승리하던

---

[67] Fox, *Beginning*, 128.

야심찬 야곱을 변화시키신다. 야곱은 이제 하나님께 기도하고 자기 백성을 다루시는 그분의 손길에 겸손하고 명민하게 반응하여 승리하는 야심찬 이스라엘이다.

천사들이 벧엘에서 야곱을 만나다(28:10-22)

제8부 2막 1장에 대한 문학적 분석 ─────────

반복

제1막에서처럼 이 두 번째 막도 플롯을 예견하는 신적 계시와 더불어 시작된다.

구조

장엄한 환상 속에서 하나님은 도망자 야곱에게 말씀하신다. 심지어 자신의 죄와 약함 가운데서도 야곱은 놀라운 하나님의 임재를 인식하고 열정과 겸비함으로 응답하는 영적인 민감성을 보인다. 그는 예배하는 마음가짐으로 이 사건을 기념하는 상징물을 선택한다. 내레이터가 주의를 기울여 조직한 이 사건의 이야기 구조는 야곱이 택한 상징물의 중요성을 부각한다.

하나님의 계시는 야곱의 반응과 나란히 병행을 이룬다(아래 "핵심 단어

들"도 보라).**68**

I 하나님의 계시(28:10-15)

A 한 곳(28:10-11)

- 야숙

- 돌베개

B 꿈(28:12-13a)

- 땅에 "세워진"(נִצָּב, 나차브) 계단

- 하늘에 있는 꼭대기(רֹאשׁ, 로쉬)

- 계단을 오르내리는 하나님의 천사들

- 그 위에/곁에 서 계시는(נִצָּב, 나차브) 야웨

C 말씀(28:13b-15)

- 나는 "야웨", 조상의 하나님이다

- 내가 너와 함께하고 너를 돌아오게 할 것이다

I′ 야곱의 반응(28:16-22)

A′ 장소에 대해: 두려움(28:16-17)

- 여기에 "야웨"가 계시다

- 두려운 장소

- 하나님의 집, 하늘 문

B′ 꿈에 대해: 기념석(28:18-19)

- 기둥으로 세워진 돌베개**69**(נִצָּב, 나차브에서 파생된 מַצֵּבָה, 마체바)

- 돌 위에(רֹאשׁ, 로쉬) 기름을 부음

- 그곳을 벧엘("하나님의 집")이라 칭함

---

68 이 병행 중 많은 부분은 Fokkelman, *Genesis*, 46-80에 나오는 유용한 분석이다.

69 이 돌은 아마도 하늘과 땅을 연결하는 계단에 대한 실질적인 증거를 제공할 것이다(앞의 책, 66을 보라).

C´ 말씀에 대해: 맹세(28:20-22)

- 만일 (심사의 상황화) 당신이 나의 하나님이시라면
- 돌이 성소가 될 것이다
- 내가 십일조를 바칠 것이다

핵심 단어들

이 환상(28:11-13)의 핵심 단어들은 야곱이 이 일을 기념하는 데서 반복된다. 즉 "장소", "취했다", "돌", "세웠다", "위에", "눕다/서다/마체바(מַצֵּבָה)", "하늘", "땅", "하나님", "야웨."[70]

장면 묘사

하나님과 야곱이 조우한 배경은 야곱의 심리적 상태에 부합한다. 태양의 안전성은 밤의 위험으로 대체되었다. 부모의 장막 아래 있는 안락함은 바위로 바뀌었다. 그의 뒤쪽에는 브엘세바, 즉 에서가 그를 죽이려고 기다리고 있는 장소가 위치한다. 그의 앞쪽은 하란, 곧 라반이 그를 이용하고 부려먹기 위해 기다리는 곳이다. 그는 죽음의 처소와 중노동의 처소 사이에 위치해 있다. 조상의 하나님이 그와 함께하시겠다는 보증과 더불어 그에게 나타나신 후에 예배하는 야곱의 머리 위로 태양이 떠오른다.

공백과 여백

야곱이 하란에 도착하기 위해 틀림없이 견뎌야 했을 기나긴 여행 중에서 내레이터는 단지 이 사건 하나만을 뽑아낸다. 그 이유는 이 사건이 그의 여행에 새로운 의미를 부여하고 여기서 야곱의 성품이 변화되기 시작하기 때문이다.

---

70 앞의 책, 71.

처음에 이 장의 배경은 단지 "한 곳"으로만 확인된다. 비록 여기가 나중에 가나안의 주요 성읍인 루스로 드러나지만 여기서 내레이터는 이곳이 성읍이라는 사실을 포함하여 장소에 대한 모든 정보를 의도적으로 공백으로 남겨둔다. 이는 하나님께서 자신을 그곳에서 드러내실 때에만 이 장소가 의미를 지닌다는 것을 암시한다(아래 주해와 신학적 고찰을 보라).

제8부 2막 1장에 대한 주해 ──────────

하나님의 계시: 한 곳(28:10-11)

10절. 야곱이 …떠나. 아버지를 떠나는, 특히 자기 어머니를 떠나는 이 행동은 권한을 행사하는 족장으로서 야곱의 순례에서의 시작을 표시한다.

브엘세바에서 떠나 하란으로 향하여 가더니. 그는 아브라함이 앞서 백이십오 년 전에 지나왔던 길고도 험한 그 길을 되돌아간다. 하지만 그의 상황은 자기 할아버지의 상황보다 훨씬 더 불확실하다. 뒤로는 브엘세바에서 에서가 성난 사자와 같이 기다리고 있다. 앞으로는 하란에서 라반이 희생자를 포획해 그의 생명을 갉아먹으려고 거미줄을 쳐놓고 기다리고 있다.

11절. 이르러는(פָּגַע, 파가). 이는 32:1의 "만났다"로 번역된 히브리어와 같은 동사로서 두 기사를 연결한다.

한 곳. 위의 문학적 분석과 아래 신학적 고찰을 보라.

유숙하려고. 해가 진 뒤에는 여행이 불가능하기 때문에 그는 멈춰야 했다.

밤. 밤이라는 상황은 야곱이 그 땅을 떠날 때와 그곳으로 돌아올 때 밤에 이루어진 야웨와의 두 번에 걸친 만남을 연결하는 또 다른 이미지다.

해가 진지라. 일몰과 일출은 고통과 구원에 대한 일반적인 이미지다(참조. 15:12, 17; 19:1; 요 13:30). 현재의 일몰은 밧단아람을 향한 야곱의 어두운 여행의 시작을 가리킨다. 이 여행 중에 그는 사람들 및 하나님과 씨름을 해야 한다. 그의 영혼의 진정한 "새벽"은 그의 이십 년 타향살이의 마지막에 가서야 도래할 것이다(32:26).[71]

한 돌. 평범해 보이는, 곧 이름 없는 장소와 단순한 바위는 더 이상 평범하지 않을 것이다. 이 돌은 성소가 될 건물을 예견한다(아래 신학적 고찰을 보라).

그의 머리 아래(개역개정-베개로 삼고).[72] 이 모호한 표현은 추정컨대 보호를 위한 조치로 "그의 머리맡에"(삼상 26:7을 보라), 아니면 더욱 그럴듯하게는 "그의 머리 받침"을 의미할 수 있다.[73] 이집트에서 머리 받침은 때로 금속으로 제작된다.[74]

하나님의 계시: 꿈(28:12-13a)

12절. 꿈에. 이 상황은 단지 표면적으로는 몇몇 학자가 이 꿈의 배후에 있다고 제안했던 격실 의례(incubation ritual, 이는 꿈으로 계시를 받거나 병 치료를 위해 일정 기간 신전의 특정한 별채에서 격리되어 잠을 자는 의례를 말한다-역주)와 비슷하다. 고대 근동에서 열렬한 신자는 신전의 성스러운 구역으로 가서 신이 꿈으로 자신의 뜻을 알려주기를 기다렸다(참조. 왕상 3:4-5). 여기서 야곱은 자신이 신전터에 있다는 사실을 모른다. 하나님은 주도권을 쥐고 야곱의 꿈에 나타나 그를 놀라게 하신다. 하나님의 계시는 야곱에게서 나온 계획이 전혀 필요하지 않다. 브루그만은 이렇게 주석

71　같은 책, 49.
72　명사 "머리"는 복수형으로 복수 전용(*pluralia tantum*) 명사다(즉 기대고 있는 동안 머리 주변 부분; *IBHS*, §7.4.1c).
73　*HALOT*, 631.
74　다음을 보라. C. Aldred, *The Egyptians* (New York: Frederick A. Praeger, 1961), plate 8; P. Montent, *Eternal Egypt* (New York: New American Library of World Literature, 1964), plate 90.

한다. "꿈과 더불어 그의 삶에 변화가 시작된다. 꿈은 부끄러운 과거에 대한 우울한 반추가 아니다. 꿈은 오히려 하나님과의 새로운 미래에 대한 현시다."[75] 이름 없는 장소에서 발생한 이 예상치 못한 사건에서 하나님은 주권적으로, 그리고 야곱의 계획과 상관없이 야곱에게 자신을 드러내신다.

본즉 사닥다리가. 이 히브리어는 문자적으로 "보라(הִנֵּה, 힌네), 계단이로다"이다. 출현 용법의(presentative, 즉 지금 발생하고 있음을 의미하는 ["present-izing"]) 히브리어 힌네는 이 꿈의 세 가지 이미지를 지시한다. 즉 하늘과 땅을 잇닿는 계단, 오르락내리락하는 천사들, 그리고 주권자로 위에 계시는 야웨(29:2과 해당 주해를 보라).[76]

사닥다리(סֻלָּם, 술람; NIV-"계단, stairway"). 이 특이한 히브리어 단어의 정확한 의미는 불확실하다.[77] 문맥과 아카드 동족어 시밀투(simmiltu), 그리고 70인역의 번역어 클리막스(κλίμαξ)로부터 판단하자면, 이는 사닥다리나[78] 지구라트의 경사로에 놓여 있었던 것과 같은[79] 일정 높이의 계단을 가리킨다(참조. 창 11:1-9).[80] 사닥다리보다는 계단이 천사들이 오르락내리락하기에 더 용이했을 것이다.[81] 이집트 및 히타이트 문헌에서 사닥다리와 계단은 죽은 사람들과 신적 존재들이 지하 세계로부터 하늘로 올라갈 수 있도록 해주는 수단이었다. 메소포타미아에서 지구라트 위의

---

75 Brueggemann, *Genesis*, 243.
76 힌네(הִנֵּה)는 자주 등장인물의 지각을 표시하고 관점의 전환을 지시한다(Berlin, *Poetics*, 62-63을 보라).
77 참조. C. Houtman, "What Did Jacob See in his Dream at Bethel?" *VT* 27 (1977): 337-51.
78 참조. *ANEP*, plates 96, 306, 359.
79 *HALOT*, 758.
80 *ANEP*, plate 747.
81 그러나 H. Hoffner Jr.에 따르면 이 병행은 난제들이 없지 않다(H. Hoffner Jr., "Second Millennium Antecedents to the Hebrew 'ŌB," *JBL* 86 [1967]: 397 n. 30). 제사장들은 계단을 통해 성전 탑 꼭대기로 올라갔으나 신들은 결코 계단으로 내려오지 않았다.

경사진 계단은 꼭대기가 "하늘"에 닿을 때까지 탑의 각 단계를 다음 단계와 연결해준다.

땅 위에 서 있는데. 이 히브리어는 문자적으로 "땅을 향해 놓여 있다"이다. 창세기 11:4에서 사악한 반역자들이 하늘을 향해 치솟는 탑을 건설하는 반면에 여기서 계단은 하늘로부터 땅으로 펼쳐져 내려오는 것으로 묘사된다. 하우트만(Houtman)은 이렇게 설명한다. "내레이터는 하늘과 땅 사이의 왕래가 높이 계신 하나님의 주도권으로 확립된다고 표현하길 원한다는 인상을 준다. 하늘과 땅의 접촉은 하나님의 은혜로 가능하다."[82]

하나님의 사자들. 이 천사들은 야곱이 약속의 땅을 떠나고 그 땅으로 귀환하는 것과 관련하여 제8부에서 특이하게 등장한다(32:1을 보라). 천사들은 하나님이 보내신 전령으로서 지키고(3:24을 보라) 소통하며(18:2) 보호하기(19:1-22) 위해 보냄을 받는다. 요컨대 그들은 "섬기는 영으로서 구원받을 상속자들을 위하여 섬기라고 보내진"(히 1:14) 존재들이다. 또한 천사들은 벧엘에서 자신의 존재를 알리신 야웨가 천상의 전령을 통해 야곱에게 자신을 현시하심을 암시해준다.

오르락내리락하고. 이 동작은 신적 영역과 인간적 영역 사이에 이루어지는 교류의 이미지를 내포한다. 에덴과 같이 이 장소는 하늘과 땅 사이의 연결축 역할을 한다. 브루그만은 이렇게 말한다. "지금 땅이 가능성의 장소임이 확증된다. 왜냐하면 땅은 하나님의 관리에서 배제되지 않았고 또한 배제되지 않을 것이기 때문이다."[83] 또한 이 동작은 하나님께서 약속의 땅과 야곱을 돌보신다는 이미지를 내포할 수 있다. 라쉬는 위로 오르는 천사들은 야곱의 고향을 책임지고 아래로 내려오는 천사들은 야곱이 향하여 가고 있는 새로운 땅을 책임지고 있다고 추정한다.[84]

---

82 Houtman, "What did Jacob See," 351.

83 Brueggemann, *Genesis*, 243.

84 Wenham, *Genesis 16-50*, 222.

13절. 그 위에. 이 히브리어는 "그 위에" 혹은 "그/그것 곁에"로 읽을 수 있다. 거의 동일한 표현이 18:2과 24:13에서 "가까이/곁에 서 있다"로 번역된다. 이 전치사의 의미는 (그것이 계단을 지시하든 혹은 야곱을 지시하든지 간에) 이미 랍비 시대에 토론되었다.[85] NIV 번역은 하나님을 하늘과 땅의 주권자(Master)로 표현한다. 이는 지구라트의 꼭대기에 마련된 작은 성소의 이미지에도 부합한다(11:4을 보라). 이 대안적 견해는 야곱과 친숙하게 소통하시는 주권적 하나님을 드러낸다(참조. 룻 2:5-6). 이 대안은 "불렀다"가 아닌 "말했다"라는 동사(참조. 창 22:11, 15) 때문에, 또한 "야웨께서 이곳에 계신다"는 야곱의 해석 때문에 더 선호할 만하다.[86]

하나님의 계시: 말씀(28:13b-15)

13절. 야웨께서 … 이르시되. 사르나는 이렇게 주석한다. "신적 약속의 말씀은 13:14-17에서 아브라함과 맺은 약속에 대한 분명한 의존성을 보여준다."[87]

나는 야웨니. 15:7을 보라. 참조. 26:2. 현재의 본문은 출애굽기 6:3과 상충되지 않는다. 거기서 하나님은 자신이 본인의 이름인 야웨로 알려지지 않았다고 말씀하신다(서론에 있는 "원-창세기의 자료"를 보라).

너의 조부 아브라함의 하나님이요, 이삭의 하나님이라. 야곱에게 준 계시는 이삭의 축복을 확증한다(창 28:3-4). 이 신현은 다음의 약속을 상기시킨다. 이 약속은 잉태하지 못한 여자(사라)로 하여금 자녀를 잉태하게 했고(창 21장), 땅이 없는 유랑객(이삭)을 강하고 부요케 했으며(창 26장) 심지어 약속을 지닌 조상과 연결된 사람(롯)까지도 재난으로부터 구출될 수 있도록 했다(창 19장). 야곱은 축복을 간직한 자로서 아브라함 언약의

---

85 Sarna, *Genesis*, 364 n. 6.
86 Houtman, "What did Jacob See," 349을 보라.
87 Sarna, *Genesis*, 198.

상속자다.

내가…주리니. 구원은 하나님의 놀라운 선물이지 인간의 노력으로 얻어지지 않는다.

네 자손에게. 12:3, 7, 13:15, 28:14을 보라. 이것은 아브라함에게 주어졌던 동일한 약속이다. 아브라함이 약속을 받았을 때, 그는 결혼했으나 자녀가 없었다. 야곱은 아직 신부를 찾지도 못했다.

네가 누워 있는 땅을. 아브라함에게 가나안 땅을 주신다는 언약의 축복은 여기서 당장의 상황에 맞게 각색된다.

14절. 땅의 티끌 같이 되어. 이는 아브라함에게 맹세했던 풍요한 땅과 씨에 대한 약속을 한층 강화한다(참조. 창 22:17).

퍼져나갈지며. 이것은 13:16에 있는 약속의 새로운 확장이다. 여기서 이 히브리어는 파괴력을 지닌 "터지다, 갑자기 발생하다"를 의미한다. 이는 거룩한 전쟁을 함축한다.

땅의 모든 족속이 …복을 받으리라. 택함 받은 씨의 특별한 선택은 항상 보편적 의미와 연결된다(12:3; 17:4-6; 18:18; 22:18을 보라).

15절. 내가 너와 함께 있어. 창세기 26:3, 출애굽기 3:12, 시편 23편, 46편, 마태복음 1:23, 히브리서 13:5을 보라. 이는 야곱에게 맹세한 세 가지 개인적 약속 중 첫 번째 것이다. 첫째, 하나님은 먼 미래를 위한 약속에 더하여 야곱이 믿음을 유지할 수 있도록 은혜를 베풀어 그에게 친밀한 관계를 확증하는 표시를 주신다. 브루그만은 이렇게 단언한다. "이 형식문의 도입이 함부로 진부한 표현처럼 취급되어서는 안 된다. 이는 야곱의 하나님에 대한 새롭고 놀라운 측면을 보여준다. 즉 하나님은 이 사람과 기꺼이 내기를 하고 위협적인 장소에서 그와 함께하시는 분이다."[88] 이 약속이 다른 모든 약속을 한데 묶는다.

---

88 Brueggemann, *Genesis*, 245.

너를 지키며. 둘째, 하나님은 보존과 보호를 약속하신다(시 91:11-15).

너를 이끌어 …돌아오게 할지라. 셋째, 하나님은 귀향을 약속하신다. "그의 부모는 그를 가나안으로부터 떠나도록 떠밀었다. 야웨는 그의 가나안으로의 귀환을 결정하고 지도하실 것이다."[89]

내가 …너를 떠나지 아니하리라.[90] 고대 근동의 이방 신들과 달리 하나님은 특정한 땅에 속박되지 않는다. 이 개인적인 약속, 곧 하나님께서 지속적이고 친밀하게 함께하시겠다는 약속은 야곱이 자신의 삶의 방향을 적절하게 결정할 수 있도록 도울 것이다.

내가 …다 이루기까지. 히브리어 "~까지"는 하나님께서 자신의 약속을 성취하신 후의 상황 변화를 수반하지 않는다.

그 장소에 대한 야곱의 반응: 두려움(28:16-17)

16절. 과연. 야곱은 자신의 꿈에서 받은 약속을 받아들인다. 그가 꾼 꿈의 세계가 두려움과 죄로 채워진 그의 세계보다 더 신뢰할 만하다(롬 8:38-39).

여기. 히브리어에서 이는 32:2에 있는 "이것은 ~이다"와 같은 어구로서 두 장면 사이의 추가적인 연결 고리를 제공한다.

내가 알지 못하였도다. 이 표현은 마치 야곱이 "내가 내 무지에 대해 스스로 자책할 수 있었더라면"이라고 말하는 것 같다.

17절. 이에 두려워하여. 야곱의 반응은 하나님이 아브라함과 이삭에게 현현하셨을 때 그들이 보였던 반응과는 다르다(12:1; 15:1; 17:1; 22:1; 26:1). 아마 야곱의 두려움은 그가 자기 아버지와 형에게 잘못을 범했다는 사실을 깨달음으로써 시작되었을 것이다. 아담 역시 그가 범죄한 후에 하나님

---

89 Hamilton, *Genesis 18-50*, 243.
90 고대 근동의 종교에서 신들은 지역적이었으며 그들의 지리적 경계 내에 있는 자기 백성을 보호한다고 이해되었다.

의 임재를 두려워했다(3:10). 하나님의 임재와 더불어 야곱은 자신이 죄 많은 피조물임을 깨닫는다(사 6:5; 눅 5:8을 보라). 이는 하나님의 면전에 서야 하는 예배자에게 적절한 두려움이다(출 3:6; 19:16; 삿 6:23; 13:22; 시 2:11을 보라). 또한 이 두려움은 자기 목숨을 부지하려고 떠난 그의 도피와 적절한 대조를 이룬다. 여기에는 그의 형보다 더 큰 세력—믿음과 의로움에 대한 개인적이며 영적인 문제—이 있다는 사실이 고려되어야 한다.

하나님의 집. 앞서 확인되지 않고 언뜻 보기에 대수롭지 않았던 장소가 하나님의 집이 되었다.

하늘의 문. 셈 족속은 바벨론(Babylon)이라는 이름이 "신의 문"이라는 뜻의 밥-일리(*bāb-ili*)에서 유래했다고 이해했다(11:9). 벧엘을 "하늘의 문"으로 확인하는 것은 바벨론에 대한 대척점으로 의도되었을 수 있다.

꿈에 대한 야곱의 반응: 기념석(28:18-19)

18절. 기둥(מַצֵּבָה, 마체바). 마체바는 곧게 세워진 하나의 돌을 의미하며 "서 있다"(מוּצָב, 무차브, 28:12) 및 "서서"(נִצָּב, 니차브, 28:13)와 언어유희를 만든다. 이 기둥은 증거로 기능하며(31:45-59을 보라) 하늘로부터 내려온 계단과 거기 서 계신 야웨에 대한 기념비다. 포켈만은 이렇게 말한다. "사다리가 하나님의 출현에 대한 예시(prefiguration)였던 것처럼 지금 야곱은 세워진 돌을 신현의 후시(postfiguration)로 전환시킨다."[91] 가나안 족속에게 기둥들은 신들의 집합소로 생각되었고 아마도 그 신들의 번영을 상징하는 기능을 했을 것이다.[92] 이와 대조적으로 야곱의 기둥은 야웨의 신현과 약속을 기념한다. 적절하게 이스라엘이 그 땅으로 들어갈 때, 이스라엘 민족은 가나안의 기둥들을 부수고(출 23:24; 34:13; 신 7:5;

---

91 Fokkelman, *Genesis*, 66.
92 이는 보통 제단들과 아세라 기둥들이 있었던 신전 경내에서 발견된다.

12:3) 야웨께 가증한 이 기둥들을 세우지 말라는 지시를 받는다(신 16:22; 서론에서 "역사성과 문학적 장르"를 보라). 하지만 마르텐스(Martens)가 설명한 바와 같이 "야웨에 대한 기념물로서(28:18; 35:14) 혹은 증거물로서(창 31:45; 참조. 출 24:4[수 24:27]) [혹은 무덤을 표시하기 위해(창 35:20)] 기둥들을 세우는 일은 또 하나의 명령이며 적절한 행위다."[93]

기름을 붓고. 이 행위는 기둥을 성별한다(출 30:25-29을 보라).

그 위에(ראש, 로쉬). 계단(28:12)의 꼭대기(로쉬)와의 언어유희는 기념비와 환상을 연결한다. 포켈만은 이렇게 말한다. "야곱은 사다리가 하늘까지 닿은 것을 기념한다. 마치 그가 마체바(מַצֵּבָה)를 세움으로써 이 사다리가 땅에 무차브(מוּצָב)하고 있다는 것을 기념하듯이 말이다."[94]

19절. 그곳 이름을 ⋯ 하였더라. 이것은 32:2에 있는 동일한 형식문과의 언어적 연결이다.

벧엘. 이 이름은 "하나님의 집(בֵּית אֵל, 베트 엘)"을 의미한다. 내레이터는 "나는 야웨다"라는 하나님의 자기 계시를 도입함으로써 이스라엘의 하나님을 가나안의 높은 신 엘과 관련짓는 모든 가능성을 제거한다.

루스. 고고학은 이 가나안 도성이 매우 거대했음을 드러낸다. 하지만 이는 하나님의 계시와 비교하면 무의미했다. 포켈만은 이렇게 주장한다. "신현은 마콤(מָקוֹם, '장소')을 벧엘로 변화시키기 전에 이미 또 다른 일을 달성했다. 신현에 의해 가나안의 도성 루스는 실체가 드러나고 거품이 걷히며 그저 '한 곳'이라는 제로 상태로 전락했다. 하나님은 가나안의 도성에서 야곱에게 나타나기를 원치 않으시고 아무것도 아닌 장소에서 나타

---

93 E. Martens, "נצב," *NIDOTTE*, 3:135. 사르나는 기념석과 증거석에 대한 두 가지 기둥의 개념을 혼동하면서 돌기둥이 여기서 야곱의 맹세에 대한 증거로 기능한다고 주장한다(Sarna, *Genesis*, 201). 하지만 이는 "전적 전가의 오류"다(즉 한 본문에서 사용된 어떤 단어의 쓰임새에 대한 정보를 다른 본문에 넣어 읽는 법). 이 본문에서 야웨의 말씀이나 야곱의 말에 대해 증거 역할을 하는 돌을 지시하는 것은 아무것도 없다.

94 Fokkelman, *Genesis*, 67.

나기를 원하신다. 오직 그분의 나타나심만이 그곳을 의미 있는 장소로, 다름 아닌 하나님의 집으로 전환시킬 것이다. 야웨와 그의 백성 사이에 언약의 역사가 시작되는 곳에서 앞서 있던 모든 것은 무력해진다. 가나안은 체면을 잃고 루스는 신분증을 빼앗긴다."[95]

말씀에 대한 야곱의 반응: 서원(28:20-22)

20절. 서원하여. 이는 구약에서 가장 긴 서원이다. 브루그만의 말에 따르면 "서원은 계약이나 제한된 협정이 아니라 삶의 방향을 재설정하는 양보 행위다."[96] 야곱의 서원에 대해 루프는 이렇게 주석한다. "이 서원은 야곱의 여행의 방향을 재설정한다. 이 여행은 원래 암살을 피하기 위한 도망이자 그의 부모에게 적합한 아내를 찾기 위한 여행으로 계획되었다. 하지만 지금 야곱의 여행은 신학적 내용을 지닌 순례로 바뀐다. 그는 동일한 목적을 위해 같은 장소로 가지만 지금은 하나님의 약속을 간직한 자로서 신적 도움에 대한 확신을 가지고 여행한다. 이어서 하나님께서 '여행 중에 베푸신 자비로운 일들'을 경험한 야곱은 야웨를 자신의 하나님으로 모시며 사는 일에 열심을 냈다(21절).…약속과 서원은 확실히 야곱의 여행을 뒤바꿔놓는다. 하나님과의 만남이 돌이 나뒹구는 장소를 성소로 변화시키는 것처럼 말이다."[97]

20-21절. (만일) 하나님이 ~하시오면. 야웨께서 아브라함 및 이삭과의 언약에서 자신의 언약이 성취되는 데 족장들의 순종을 조건으로 내걸었던 반면에 여기서 야곱은 이 장소에서 야웨께 드리는 예배를 그분이 약속을 성취하는 조건으로 만든다. 야웨는 옛 이스라엘에서 서원을 좋게 보셨기 때문에, 야곱이 이렇게 서원했다고 해서 비난받을 필요는 없다(아

---

95 앞의 책, 69.

96 Brueggemann, *Genesis*, 248.

97 Roop, *Genesis*, 193.

래 신학적 고찰을 보라).

21절. 야웨께서 나의 하나님이 되실 것이요. 야곱은 안전히 귀환할 때 자신이 맹세한 서원의 이 부분을 성취하지만(33:2) 벧엘로 돌아오기 전에 세겜에서 오래도록 유랑하며 갖은 고생을 한다(제8부 3막 1장을 보라).

22절. 이 돌이 하나님의 집이. 이는 구체적인 제의 형식이다. "돌은 기념물이자 사닥다리 및 하나님의 현현에 대한 상징물로 기능할 뿐만 아니라 이 거룩한 땅의 구심점이자 봉인물이 될 것이다 — 돌이 없이는 하나님의 집도 없다."[98]

기둥. 28:18을 보라.

십분의 일을 … 하나님께. 십일조에 대한 야곱의 서약은 그의 변화에 있어 중대한 순간을 나타낸다 — 그는 더 이상 움켜쥐는 자가 아니라 주는 자다. 포켈만은 이렇게 설명한다. "야곱이 실행하려고 떠맡은 바로 그 일, 즉 십일조 봉헌은 그 자체가 오직 하나님께서 행하고 공급하시는 것을 통해 규정되고 가능할 뿐이다. 이것이 바로 야곱이 자기 자신을 서원의 맨 마지막 구절에서 언급하는 이유다."[99] 신전에(즉 제사장들과 신들에게), 혹은 왕실에(즉 왕에게) 십일조를 바치는 관행은 고대 근동에서 잘 입증된다.[100] 아브라함은 제사장-왕에게 십일조를 바쳤다(창 14:20). 이곳의 히브리어 동사형(피엘)의 용례와 다른 두 군데에서 발생한 이 동사의 용례로부터 판단하자면(신 14:22; 느 10:37[히. 38절]), 여기서 이 표현은 다른 형태(칼)와 대조적으로 야곱이 단 한 번의 서원 예물을 바치는 것이 아니라 자신의 늘어난 재산의 십일조를 정기적으로 바치려고 했음을 가리킬 수 있다.[101]

---

98   Fokkelman, *Genesis*, 79.
99   앞의 책, 80.
100 참조. R. E. Averbeck, "מַעֲשֵׂר," *NIDOTTE*, 2:1035-36.
101 *IBHS*, §24.4i를 보라.

제8부 2막 1장에 대한 신학적 고찰 ─────────

언약

언약의 파트너이신 하나님은 자신이 택한 순례하는 신자가 약속의 땅으로 무사히 귀환할 때까지 그와 함께하고 돌보며 보호하기 위해 열심을 내신다(참조. 마 28:20). 순례자는 하나님의 집으로 돌아와서 직접 십일조를 바치며 하나님을 예배할 의무를 스스로 진다. 이 열심이 제2막의 플롯을 시작한다. 야곱은 신붓감을 찾아 떠나지만 하나님이 먼저 그를 찾아내신다.

위기와 크로노스

내레이터는 야곱의 여행 중에서 단지 이 이야기만을 끄집어내는데, 이는 이 사건이 야곱의 성품이 변화되는 시작점이기 때문이다. 삶은 크로노스(*chronos*)의 시간(즉 규칙적으로 정해진 시간, 참조. 창 1:14)과 위기의 시간(삶을 변화시키고 규정하는 순간)으로 구성된다. 한편으로 크로노스의 시간의 규칙성은 등장인물의 배역을 확정하고 결정적인 순간을 위해 사람을 준비시킨다. 다른 한편으로 위기의 시간은 크로노스의 시간의 국면을 변화시킨다. 하나님과의 만남은 삶의 양상을 결정짓는 중대한 순간이다. 믿음으로 위기에 반응하는 것은 선하고 영원한 의미가 있는 유익한 열매를 맺는다. 불신으로 위기에 반응하는 것은 악하고 무의미한 쓰디쓴 열매를 맺는다.

변화를 일으키는 하나님의 임재

하나님께서 벧엘에서 현현하실 때까지 야곱이 있던 장소는 어둡고 돌투성이인 불편한 곳이었다. 하지만 그의 눈이 열려 자신의 물리적 환경 너머의 초자연적인 상황을 보게 되자 그의 고난의 장소는 경외심을 불러일으키는 성소, 즉 하늘과 땅 사이의 연결축이 되는 장소로 변화된다. 이스라엘 역사에서 나중에 이 성소(즉 "하나님의 집")는 이스라엘의 광야 유랑에 적합하며 운반 가능한 성막으로 대체되고, 이어서 약속의 땅에서 견고하게 자리를 잡는 이스라엘에 적합한, 곧 돌과 백향목으로 지은 성전으로 대체된다. 이 그림자로서의 성전들은 그리스도 안에서(요 2:19-22) 또한 그분의 교회 안에서(요 7:37-39; 고전 3:16-17; 6:19) 원형적으로 성취된다. 이는 새 하늘과 새 땅으로 구성된 하늘의 예루살렘에서 절정에 이른다. "이는 주 하나님 곧 전능하신 이와 및 어린양이 그 성전이심이라"(계 21:22).

교회는 자주 하찮아 보이고(고전 1:26-31) 우리의 삶은 어둡고 힘들 뿐이다. 하나님께서 우리의 눈을 열어 하늘과 땅 사이의 축, 다시 말해 하나님께로 나아가는 통로로 우리를 변화시키는 하나님의 임재를 보게 하시기 전까지는 말이다(아래 "중재"를 보라). 교회는 하나님의 말씀을 듣고 그분의 성례전에 참여함으로써 하나님을 경외케 하는 이 계시를 받는다(참조. 눅 24:30-32). 하지만 만일 교회가 스스로를 루스 성읍과 같이 세속적으로 의미 있는 장소로 생각한다면 이런 통찰을 얻지 못할 것이다(빌 3:7-11).

하나님의 임재는 우리의 정체성에 영원한 존엄성과 의미를 부여할 뿐아니라 무엇인가를 얻으려는 탐사에서 시작된 우리의 세속적인 여행을 성스러운 순례의 여정으로 변화시킨다(히 11:13; 벧전 1:17; 2:11). 하나님의 임재를 경험한 후에 야곱의 삶은 그의 환상과 서원을 통해 재설정된다. 비록 그가 여전히 동일한 여행을 하고 있다 할지라도 그의 영적 민감성은 달라졌다. 단순히 하나님의 임재를 깨닫게 되는 것만으로도 우리의 계획된 행로의 의미와 중요성이 달라진다. 우리의 삶은 단순히 외로운 방랑이 아니라 거룩하신 하나님과 함께 거룩한 도성을 향해 가는 여행이다(히 12:22-24).

요컨대 이 이야기는 하나님의 임재로 인한 여러 가지 변화로 채워져 있다. 즉 고향으로부터 도망가며 달음질하는 한 사람이 하나님께로 달려간다. 자기 형제를 두려워하던 한 사람이 하나님을 두려워한다. 그저 어떤 한 곳이 다름 아닌 하나님의 장소가 된다. 바위가 성소가 된다. 밤이 아침으로 바뀐다. 가나안의 루스가 벧엘(즉 "하나님의 집")이 된다. 꿈이 성취될 때 야곱("발꿈치/움켜쥐는 자")은 이스라엘("하나님과 사람을 이긴 자")이 될 것이다.

시련

하나님의 임재는 평안한 삶이 아니라 신자로 하여금 온전함에 이르게 하는 고난의 삶을 수반한다. 야곱은 타향에서의 이십 년 세월을, 심지어 하나님이 그와 함께하셨던 그 시간을 극한의 육체적 고통을 경험하고 라반에게 끝없이 어려움을 당했던 시기로 묘사한다(창 31:38-42). 만일 하나님께서 즉시 고통을 감하는 방식으로 우리의 선한 삶에 보답하신다면, 우리는 도덕과 쾌락을 혼동하게 될 것이다. 우리는 우리의 이기적 방종을 위해 하나님을 이용할 것이다. 우리의 윤리는 사회를 섬김으로써 하나님을 기쁘게 하는 것이 아니라 행복주의(eudaemonism-선을 먼저 행하면 좋은 것을 얻는다)를 토대로 삼게 될 것이다. 하나님은 선에 대한 보상을 비워놓음으로써 신자들이 믿음, 인내, 성품 및 소망과 같은 여러 가지 영적 은혜를 진전시킬 수 있게 하신다. 그리하여 신자는 고난 중에 영광을 돌린다(롬 5:3; 벧전 2:20-23; 3:8-22).

중재

벧엘, 곧 하늘의 영역과 땅의 영역 사이에 있는 하나님의 문은 예수 그리스도의 모형이다(요 1:47-51). 그분은 "하나님과 사람 사이에 유일한 중보자"(딤전 2:5)이시고, "한 성령 안에서 아버지께 나아감을 얻게 하시며"(엡 2:18), 자신의 천사들을 "구원받을 상속자들을 위해 섬기는" 영으로 보내신다(히 1:14).

예배

진정한 종교는 내면의 영적 감정 이상의 것으로 구성된다. 이는 공동체의 공적이며 구체적인 예배 행위로 표현된다. 현재의 제1장은 족장들이 공적으로 기도를 올리고 희생제물을 바쳐 하나님을 찬양했던 제단에, 또한 가족의 운명을 그들이 이해했다는 사실을 공적으로 증명했던 할례에 다음과 같이 새로운 것들을 이제 추가한다. 즉 하나님께서 특별하게 자신의 성소(즉 하나님의 집)에서 그분의 백성과 함께하심을 기념하는 기념석과 더불어 하나님의 임재와 보존과 보호를 인정하는 표시로 자신의 모든 소유의 십일조를 바치는 신실한 행위가 추가된다.

기념물과 기억

제6부 2막 2장의 신학적 고찰에 있는 "할례와 세례"를 보라.

서원[102]

구약은 심사숙고하여 결정한 현실적인 서원을 하는 것을 좋게 여긴다. 이사야는 이집트인들이 "야웨를 알고 제물과 예물을 그에게 드리고 경배할 것이요, 야웨께 서원하고 그대로 행하게 될" 황금시대에 대해 예언한다(사 19:21). 주로 위기 속에서 야웨의 도움을 확보하는 것을 목표로 하는 서원은 이스라엘이 드리는 예배의 중대한 부분이다. 모세 율법은 봉헌하는 희생제물을 규정하고(레 7:16; 민 30:1-15) 제왕시편의 저자들은 종종 그들의 간구와 감사(서원)의 일부로서 서원하거나 서원물을 바친다(예. 시 22:25; 50:14; 56:12-13; 66:13-15). 또한 이 서원은 역경으로부터 구출된 뒤에도 하나님과의 관계를 지속하겠다는 헌신을 표명한다.[103] 야웨

---

102 이 논의의 많은 부분은 R. Wakely, "נדר," *NIDOTTE*, 3:38-42에서 가져왔다.
103 C. Westermann, H. Kraus, *Psalms 1-59: A Commentary*, trans. H. C. Oswald (Minneapolis: Augsburg, 1988), 299에 인용됨.

는 한나의 서원을 선하게 여기셨다. 그녀는 만일 하나님께서 자신의 불임으로 인한 비난을 없애주신다면, 아들을 일평생 하나님께 바치겠다고 서원했으며(삼상 1:10-20) 이 서원과 더불어 그녀는 간접적으로 이스라엘을 블레셋 족속으로부터 구출했다. 비록 서원이 요구되지 않았다고 할지라도 일단 서원하면 반드시 서원을 지켜야 한다(신 23:21-23[히. 22-24a]; 잠 20:25; 전 5:4-5[히. 3-4]). 컨리프-존스(Cunliffe-Jones)의 말을 빌리면 구약은 "의도의 정직성과 실행"을 요구한다.[104] 자신을 하나님께 구별해서 드리는 나실인의 서약은 서원하는 또 하나의 동기를 반영한다(민 6:1-21). 이와 같은 헌신의 서원들은 사회의 부패한 영향력**으로부터** 야웨**께로** 분리됨을 표현한다. 바울은 고린도에서 이런 종류의 서원을 한다(행 18:18). 하지만 개인적인 간구와 관련해서 서원하는 기독교적 가르침이나 관행은 존재하지 않기 때문에(참조. 행 21:23), 교회는 이런 관행을 삼가야 한다.

십일조

고대로부터 사람들은 적어도 수입의 십일조와 같은 일정량을 하나님께 바칠 몫으로 인정했다. 말라기는 십일조보다 적게 바치는 것을 그분의 것을 도둑질하는 것으로 간주한다(말 3:6-12). 예수는 십일조를 바치기보다 정의와 긍휼과 믿음을 간직하는 일이 더 중요하다고 여기지만 그럼에도 불구하고 "그러나 이것도 행하고 저것도 버리지 말아야 할지니라"(마 23:23)고 말씀하신다. 하지만 그리스도께서 성령을 보내신 후에 그의 사도들은 더 높은 영적 표준을 위해 십일조 원칙을 약화시킨다. 하나님의 백성은 먼저 하나님께 자신을 바친다(롬 12:1-2; 고후 8:5). 그다음에 그들은 자신들의 물질의 축복을 영적 축복을 위해 일하는 사람들에게

---

104 H. Cunliffe-Jones, *Deuteronomy: Introduction and Commentary* (London: SCM, 1951), 134.

돌려주고(고전 9:6-18; 갈 6:6) 궁핍한 신자들에게 자신의 선물을 나눈다 (롬 15:25-28; 고전 16:1-3; 고후 8:1-15; 갈 6:10; 엡 4:28). 이제 원칙은 이것 이다. 즉 "이것이 곧 적게 심는 자는 적게 거두고 많이 심는 자는 많이 거 둔다 하는 말이로다"(고후 9:6; 참조. 갈 6:9). 그리스도인들은 열심을 다해 풍성하게 또한 기쁜 마음으로 자신의 생활 수준에 따라 일정액의 헌금을 바칠 수 있어야 한다. 사도들은 결코 사람들이 십일조를 의무적으로 바 치도록 가르치지도 장려하지도 않는다. 아버벡(Averbeck)은 이렇게 주석 한다. "신약의 저자들은 그리스도인들을 설득하기 위해 구약의 십일조를 이용할 수 있는 황금 같은 기회가 많이 있었으나 어느 누구도 그렇게 하 지 않았다."[105] 우리의 헌금 생활은 신약에서 요구하는 넉넉한 아량을 교 훈으로 삼아야 한다. 하지만 그리스도인들은 흔히 많이 바치고 싶지 않아 십일조에 그치는가 하면, 목회자들은 충분한 헌금을 보증하려고 사람들 에게 십일조를 드리라고 가르친다!

모형론

예수는 계단을 오르락내리락하는 천사들을 하늘과 땅 사이의 진정한 축이신 자신에 대해 묘사하는 그림으로 언급하신다(요 1:51). 그는 하나님 과 인간 사이의 유일한 중보자시다(딤전 2:5).

---

105 Averbeck, "מַעֲשֵׂר," *NIDOTTE*, 2:1054.

야곱이 라반의 집에 도착하다

(야곱이 우물가에서 라헬을 만나다)(29:1-14a)

제8부 2막 2장에 대한 문학적 분석 ─────────

구조

이제 제2장은 벧엘로부터(28:10-22) 하란에서 가까운 우물로(29:1-2) 배경이 바뀐다. 이 이동을 나타내는 동사들이 제1장과 2장을 구별해준다 (28:10과 29:1).

제2장에서는 야곱의 세 차례 만남이 이 장의 세 부분을 형성한다. 즉 목자들과의 만남(29:1-8), 라헬과의 만남(29:9-12), 그리고 라반과의 만남 (29:13-14a)이다. 야곱은 신부를 얻기 위해 하란으로 여행한다. 아브라함 의 종처럼 야곱은 섭리적으로 우물가에서 그녀를 발견한다.

비교와 대조

알터가 유형 장면이라 부른 여기서 야곱은 우물가에서 미래의 아내 라 헬을 만난다. 24:11-33[106]에 있는 전형적인 우물 장면과 이 우물가에서

---

106 Alter(*Biblical Narrative*, 51-57). 24:11-33에 나온 기본적인 우물 유형-장면은 다음과 같다. (1) 주인공(혹은 그의 대리자)이 먼 거리에 있는 친족의 땅으로 간다. (2) 그는 한 우물에 도착 한다. (3) 예비 신랑의 사촌인 한 소녀가 우물에서 물을 길으러 온다. (4) 주인공 혹은 사촌이 다

이루어진 만남의 유사성은 신적 섭리의 혜택을 강조하지만 기도하는 종과 기도하지 않는 족장 사이에 뚜렷한 대조를 완화해준다.

이 장은 야곱과 함께하겠다는 하나님의 약속에 비추어 읽어야 한다(28:15). 밧단아람에 도착했을 때 야곱은 예상치 못했으나 섭리적으로 설정된 시간에 바로 그 목자들을 만난다. 그리고 "그가 그들과 말하는 동안에"(29:9) 그의 예비 신부가 그곳에 도착하는 일이 발생한다(참조. 룻 2:3). 하지만 비록 이 일이 섭리로 진행되고 있었다 해도 야곱의 우연한 만남은—아브라함의 시종이 경험한 만남(창 24장)과 룻과 보아스의 우연한 만남과 달리—그를 극한 곤궁 속으로 이끈다. 하나님의 섭리는 야곱의 성품을 변화시키는 훈련 수단이 된다(참조. 잠 3:12).

아브라함의 종과 야곱의 여행은 사뭇 다르게 시작된다. 사르나는 이렇게 설명한다. "짐을 가득 실은 할아버지의 낙타 여행과 홀로 빈손으로 걸어서 도착한 야곱 사이의 대조는 얼마나 인상적인가!"[107] 그들이 경험하는 우물가 만남도 현저한 차이를 보여준다. 아브라함의 종이 보인 행동은 기도로 특징지어진다. 반면에 야곱의 행동은 그 자신의 노력으로 특징지어진다. 아브라함의 시종은 하나님의 인도하심을 바라며 간구하는 기도로 시작한다. 이 시종은 하나님의 인도하심을 확증하기 위해 그가 만난 여자를 시험하는 묘책을 짠다. 리브가가 섭리적으로 거기에 도착하여 시험을 통과할 때 그 종은 하나님께 찬양을 드리며 응답한다.

내레이터는 아내를 준비해달라고 하나님께 탄원하는 야곱의 구체적인 기도를 전혀 기록하지 않는다. 대신에 야곱은 하나님의 임재를 깨닫지 못한 채 우연히 행운을 만나게 되는 것 같다. 라헬은 섭리적으로 우물에 도

른 사람을 위해 물을 긷는다. (5) 그 소녀가 집으로 돌아와 남자 형제나 아버지에게 그 만남을 알린다. (6) 주인공이 소녀의 집으로 안내된다. (7) 차후에 주인공과 우물에서 만난 소녀가 결혼한다.

107 Sarna, *Genesis*, 201.

착하지만 지금 라헬에게 깊은 인상을 준 것은 그녀의 성품을 알아보려는 야곱의 행동이 아니라 그가 일하고 있는 모습이다. 이어서 야곱이 그 가족의 영접을 받을 때 봉헌물로 찬양을 올린다거나 하나님께 감사를 드린다는 언급은 전혀 없다.

공백

내레이터는 이삭이 왜 야곱을 빈손으로 멀리 보내 자력으로 살아가도록 했는지를 설명해주지 않는다. 이삭은 야곱에게 축복을 선언했지만 그에게 실질적인 재산을 아무것도 주지 않는다. 결과적으로 야곱은 지불할 신부값도 없으며, 라헬을 얻기 위해 자신을 고용된 일꾼 신세로 전락시켜야 할 것이다.

상징: 돌

이야기꾼은 우리로 하여금 돌의 이미지를 지나쳐 가도록 하지 않을 것이다(29:2, 3[2회], 10). 야곱의 머리맡에 있는 돌은 그와 하나님의 만남의 일부가 되었다. 현재의 돌은 그와 라헬의 만남에서 역할을 한다. 앞서 말한 머리맡의 돌은 하나님의 임재에 대해, 여기서의 돌은 야곱의 기력에 대해 말해준다.

인물 묘사

이 장은 이 복잡한 인물인 야곱의 특징—열정과 놀라운 기력—을 더 많이 보여주는데, 이는 야곱이 걸어가는 변화의 여행을 통해 다듬어질 것이다. 인상적인 육체적 괴력을 발휘하여 야곱은 우물을 덮은 돌을, 곧 평상시에 여러 장정의 힘을 요구하는 그 돌을 치운다. 이 계산적이고 괴력을 지닌 남자가 한 아름다운 여성에게 감동을 받고 자신의 친족을 껴안을 때 눈물을 흘린다. 이 힘과 열정은 라반을 위한 야곱의 오랜 노동에서, 또한 야곱을 변화시키는 하나님과의 씨름에서 중요한 역할을 할 것이다.

반면에 라반은 평면적 인물이다. 앞에서와 마찬가지로(24:30) 그는 사람을 이용하는 야망에 찬 욕심 많은 인물이다.

제8부 2막 2장에 대한 주해 ─────────

야곱이 우물가에서 목자들을 만나다(29:1-8)

1절. 야곱이 길을 떠나. 이 히브리어는 문자적으로 "그때 야곱이 자신의 발을 들어 올렸다"로 읽는다. 이 독특한 표현은 "(그의 첫 번째 여행)을 행동으로 옮기다"를 의미한다.[108]

동방 사람의 땅에. 이는 팔레스타인의 동쪽 지역에 대한 일반적인 명칭이다. 다른 본문들은 이 장소를 밧단아람(25:20; 28:7)과 "아람의 들"(호 12:12[히. 13절])로 구체적으로 명시한다. 내레이터는 훨씬 더 구체적으로 진술할 수 있었으나 이 명칭을 사용함으로써 야곱이 자신의 정확한 위치를 알아차리지 못하고 있으며 위험한 장소에 있음을 암시한다(2:8에 있는 "동방"을 보라).

2절. 본즉. 문자적으로 "그는 살폈으며 보라(הִנֵּה, 힌네)"라고 읽는다. 내레이터는 자신의 청중을 야곱 곁으로 데리고 온 뒤 장면을 정지시킨다(28:12의 주해를 보라).

우물. 야곱이 부분적으로는 아내를 구하러 밧단아람으로 왔음을(28:2을 보라) 알아차리면서 독자들은 이 장면을 아브라함의 기도하는 종의 우물 장면과 비교하도록 만드는 이 우물로 인해 긴장하게 된다(위의 문학적 분석을 보라).

큰 돌로 우물 아귀를(29:3, 8, 10). 드라이버(Driver)는 이렇게 설명한다.

───────

108 A. B. Ehrlich, *Randglossen zur Hebraeischen Bibel* (1901, repr.; Hildesheim: Olms, 1968), 52.

"샘은—때로는 우물도—중간에 동그란 구멍이 파인 널찍하고 두꺼운 평평한 돌로 덮는다. 그다음에 구멍을 종종 무거운 돌로 덮어놓는데, 그 돌을 밀어내려면 두세 남자가 필요하며 특정 시간에만 치운다."[109] 거대한 바위가 이 장면에서 두드러지는 특징이며(29:2, 3[2회], 10), 특별히 야곱의 기력을 말해준다(위의 문학적 분석을 보라).

3절. 모든 떼가 모이면 … 우물 아귀에서. 상당한 분량의 세부 내용은 독자에게 미래의 중요성을 알려준다.

그들이(목자들이) **돌을 옮기고.** 이 돌은 우물을 깨끗이 유지하고 누군가 사고로 우물에 빠지지 않도록 보호하는 기능을 한다. 하지만 더욱 중요한 것은 이 돌의 크기와 무게 때문에 우물의 사용이 돌을 함께 치우는 선발된 목자 무리로 제한된다는 점이다.

4절. 내 형제(אָח, 아흐). 이 히브리어는 "친족, 혈육"을 포함하는 매우 폭넓은 의미를 지닌 단어다. 이는 일상적인 인사인 "내 친구여"이거나(참조. 19:7) 환심을 사기 위한 더욱 개인적인 인사일 수 있다.

어디서 왔느냐? 야곱은 자신이 목적지에 도착했다는 사실을 분명히 알지 못한다.

5절. 손자. 이 히브리어는 "아들"도 의미한다(참조. NASB 24:15, 29; 참조. 11:24).

6절. 그의 딸 라헬이 지금 … 오느니라. 라헬이 하나님의 섭리로 도착한다.

7절. 모일 때가 아니니. 이것은 놀라운 섭리의 장면을 보여준다. 잘못된 때로 보이는 시간에 야곱은 만나야 할 사람들과 소녀를 만난다.

양에게 … 가서 풀을 뜯게 하라. 그들이 있는 것은 한참 돋워진 흥을 깨는 것과 같다. 하란에 사는 친족 중에서 신부를 구하는 이 남자는 이미 그

---

109 S. R. Driver, *The Book of Genesis* (London: Methuen, 1916), 269.

의 관심을 끈 소녀와 단둘이 대화하기를 원한다.

8절. 우리가 그리하지 못하겠노라. 그들의 변명은 이치에 맞지 않다. 야곱이 은근히 눈치를 줄 때 그들은 딴청을 부린다. 이 목자들은 야곱의 야심과 열정 및 기력을 두드러지게 하는 역할을 한다.

떼가 다 모이고. 세 명의 목자가 양 떼를 몰고 이미 모였기 때문에 그들은 그 거대한 돌을 밀어내기 위해 더 많은 사람이 필요하다는 것을 넌지시 말해준다. 더구나 그들은 느린 작업 습관을 바꾸고 싶은 마음이 전혀 없다(29:2-3을 보라).

야곱이 라헬을 만나고 돌을 치우다(29:9-12)

9절. 그가 양들을 치고. 라헬은 그 우물물을 마시는 한 무리의 양 떼를 친다. 그러나 이는 여성에게 거친 직업일 수 있다(참조. 출 2:16-19).

10절. 야곱이 …라헬과 …보고. 불행히도 야곱은 기도에 기반을 두지 않고 오로지 육체적 매력(29:17)에 이끌려 행동한다(위의 문학적 분석을 보라).

그의 외삼촌 라반의 딸. 반복적인 신분 확인(29:10, 12, 13, 14)은 야곱의 부모가 지녔던 바람과 그의 사명의 성취를 확정한다(24:43; 28:2).

돌을 옮기고. 야곱은 목자들이 치울 수 없었던 돌을 밀어낸다(29:8을 보라). 유대 전승에서 야곱은 거인이다. 29:10의 사건 순서는 그의 초인적 괴력이 라헬에 대한 사랑과 오랜 여행 후에 그의 친족과의 재결합에서 비롯됨을 암시한다.

돌. 포켈만은 이렇게 주석한다. "하나님은 진정 그와 함께하셔서 그를 친족들이 사는 곳으로 인도하신다. 거기서 그는 그의 신부가 될 여자를 만난다. 이를 인정할 때마다 또한 하나님의 특별한 보호 아래 있음을 느낄 때에 야곱은 돌을 가지고 이 사실을 분명하게 만든다."[110] 하지만 벧엘에서 하나님과의 만남을 기념하는 돌기둥(28:16-19)과 달리, 또한 하나님이 보시는 가운데 라반과의 협약에 대한 증거물로 세운 돌무더기(31:42-45)와 달리, 이 장면에서 돌은 야곱에 의해서든 내레이터에 의해서든 하나님과 연결되지 않는다. 이 대조는 야곱이 분명한 섭리를 깨닫지 못하고 있음을 시사한다.

물을 먹이고. 이는 이전의 우물 장면의 반전이다. 거기서 현명한 종은 리브가의 환대와 미덕을 시험하기 위해 그녀가 자신의 가축에게 물을 먹이도록 일을 꾸몄다(24:14, 19). 야곱은 라헬의 가축에게 물을 먹이고 그녀의 성격을 전혀 파악하지 않는다. 반면에 야곱의 예상치 못한 행동은 아마도 라헬이 그에게 끌리도록 만들었을 것이다.

11절. 입 맞추고. 입맞춤은 친족 사이에 관례적 인사다(29:13; 31:28, 55을 보라).

소리 내어 울며. 야곱은 아마도 자신의 힘든 여행을 성공적으로 완수한 것에 대해 기쁨의 감정이 북받쳐 이렇게 울었을 것이다. 그는 자신이 예상치 못하게 적당한 때에 바로 그 정확한 장소에 있음을 알게 된다. 하지만 아브라함의 종과 달리 야곱은 기도한 적이 없기 때문에 아무런 찬양도 올리지 않는다. 표면적으로는 만사가 형통한 것처럼 보이나 그 아래에는 음울한 고난이 잠복해 있다.

야곱이 라반을 만나 머물다(29:13-14a)

13절. 라반이 … 달려와서 그를 영접하여. 앞서 아브라함의 종이 가져온 금패물이 라반의 관심을 끌었다(24:30을 보라). 이제는 야곱이 제공할 수 있는 일종의 부역과 더불어 그의 기력이 라반에게 깊은 인상을 남긴다.

---

110 Fokkelman, *Genesis*, 125.

포켈만이 말한 대로 "교활한 라반은 심지어 야곱을 보기도 전에 금에 못지않은 가치가 있는 일꾼이 오고 있음을 안다."[111]

14절. 너는 참으로 내 혈육이로다. 라반은 야곱이 그들과 함께 머물러야 함을 암시해준다(2:23을 보라).

제8부 2막 2장에 대한 신학적 고찰 ————————

섭리

이 장은 주로 하나님의 섭리와 기도하지 않는 야곱의 태도를 대조하는 내용이다(위의 문학적 분석에 있는 "비교와 대조"를 보라). 위기 속의 하나님의 섭리는 이삭과 리브가가, 또 보아스와 룻이 결혼한 사례에서처럼 전적으로 뜻밖에 발생하거나, 야곱과 라헬의 사례에서처럼 연단을 거쳐 이루어진다. 야웨의 선하신 손길 아래 야곱은 통상적이지는 않지만 하나님의 섭리로 예정된 시간에 바로 그 목자들을 만난다. 또한 "그가 그들과 대화하고 있는 동안" 그의 예비 신부가 도착하는 일이 발생한다. 하지만 야곱의 우연한 만남들은 라반의 책략 아래 극한의 역경으로 이어진다. 중대한 만남에서 이루어진 상이한 결과들은 부분적으로 이전의 부부들처럼 지혜를 따라 자신의 삶을 통솔한 데서 비롯되거나, 야곱의 경우에서와 같이 어리석게 행동한 데서 연유한다.

영적 민감성

우물가에서 라헬과 관련된 야곱의 행동은 영적 각성에 대한 교훈이다. 지혜로우며 늘 기도했던 아브라함의 종과 달리 야곱은 이 아름다운 여성

———————
111 앞의 책, 126.

에 대해 아무것도 알지 못한다. 왜냐하면 그는 영적인 것보다는 육적이고 감정적인 것에 더 장단을 맞추기 때문이다. 이는 육적이고 감각적인 것을 우선시하지 말고 영적으로 민감해져야 한다는 중요한 교훈을 준다.

기도

기도와 예배가 있었느냐의 문제가 두 우물 장면 사이의 핵심적인 대조점이다. 중대한 순간마다 아브라함의 종은 하나님의 인도하심을 위해 기도하고 그분의 예비하심에 대해 감사드린다(24:12-14, 26-27). 반면에 우물가에서 일어난 야곱의 만남과 관련하여 찬양의 기도나 간구는 전혀 기록되어 있지 않다. 기도가 없었던 결과는 이어지는 장면에서 고통스럽고 기만적인 야곱의 결혼 협상과 더불어 분명해지는 것 같다. 이 서사는 믿음의 공동체의 삶 속에서 기도의 가치를 소중하게 여긴다.

제8부 2막 3장

라반이 야곱을 속이다: 라헬 대신 레아(29:14b-30)

제8부 2막 3장에 대한 문학적 분석 ————————

구조

하나님께서 야곱의 성품을 변화시키는 일은 낭만적 사랑의 아름다움이 이제 무심한 아버지로 인해 좌절되고 모호해짐으로써 시작된다. 야곱이 칠 년 동안 행한 고단한 노동은 그의 뜨거운 사랑으로 누그러진다. 은혜로운 훈련의 섭리를 통해 그는 야곱이 아닌 이스라엘로서 그 땅에 돌아올 것이다. 야곱은 낮아짐으로써 하나님께서 제시하신 종의 리더십이라는 모범을 따라 그의 형을 다스리기에 적합한 인물이 된다.

이 장은 야곱이 라반의 집에 도착한 지 한 달 뒤에 발생한다(29:14b). 처음 두 장은 24시간 주기로 발생했지만(제1장: 저녁과 아침; 제2장: 오후와 저녁), 이 세 번째 장은 두 번의 칠 년으로 나뉘는 십사 년에 걸쳐 발생한다. 첫 번째 기간 동안 야곱은 라헬과의 약혼을 위한 대가로 칠 년간 라반을 위해 일하기로 동의한다(29:14b-20). 두 번째 기간에 야곱은 속아서 레아와 결혼한 후 라헬을 얻기 위해 또다시 칠 년간 일한다(29:21-30; 제4장도 보라).

핵심 단어들

어근 아바드(עָבַד, "일하다, 섬기다")가 제2막을 지배하는데, 이 동사는 하란에서의 야곱의 타향살이를 묘사한다. 현재의 제3장에서만 이 동사가 일곱 번(29:15, 18, 20, 25, 27[2회], 30) 사용되는데 항상 라반의 딸들과 결혼하기 위해 섬기는 야곱과 관련해서 나타난다. 이 핵심 단어가 이 장을 시작하고 끝을 맺는다. 야곱은 노예 신분이라는 어두운 밤 속으로 들어갔다. 이는 장차 이집트에서 있을 이스라엘 백성의 삶에 대한 전조가 된다. 라반은 야곱을 약삭빠르게 속이고 가족을 경제적 협상체로 전락시킨다.

의미심장하게도 이 핵심 단어는 야곱을 섬기는 에서에 대해 사용된 동일한 단어다(25:23; 27:29, 37, 40). 포켈만은 이렇게 설명한다. "질적인 측면에서도 '일하다, 섬기다'는 가장 중요한 단어다. 이는 정확히 창세기 25장과 27장에 있는 '지배하다'와 '섬기다'의 대립에서 핵심과 균형을 이루는 평형추다."[112]

보응

한편으로 하나님은 보응의 도덕률을 이루신다. 즉 "사람이 무엇으로 심든지 그대로 거두리라"(갈 6:7). 야곱이 눈속임으로 자기 아버지를 속였던 것처럼 이제 그가 속을 것이다. 포켈만은 다시 이렇게 설명한다. "창세기 27장에서 두 형제가 한 눈먼 사람 앞에서 속임수로 바뀌었다. 창세기 29장에서는 두 자매가 야곱의 시야를 가리는 늦은 밤의 어둠 속에서 베일로 가려진 채 속임수로 바뀐다."[113] 반면에 인간의 논리를 거스르는 방식으로 하나님은 "잘못된" 아내를 통해 자신의 주권적인 목적

---

112 같은 책, 130.
113 같은 책, 129.

을 이루신다. 그녀는 유다, 다윗, 그리고 예수 그리스도의 어머니가 될 것이다!(제4장을 보라)

비교

또다시 야곱은 장자권을 놓고 투쟁한다. 제1장에서 그는 사회적 관행에 반항했다. 이는 문자 그대로 그의 어머니의 태중에서 시작하여 속임수로 장자권을 거머쥠으로써 점점 심해지더니 축복의 갈취에서 절정에 이른다. 이제 그는 바로 그것으로 인해 상처를 입는다. 이는 그로 하여금 칠년간의 중노동으로 대가를 치르게 할 것이다.

인물 묘사

야곱의 성격은 그의 삼촌 라반과의 모진 시련의 삶 속에서 연단되고 정제된다. 라반은 교활하고 속임수에 능하며 인정머리가 없고 탐욕스러우며 야심 많은 인물이다. 야곱은 자신이 라반과 동일한 많은 약점을 지니고 있음을 이미 보여주었다. 하지만 그는 자신이 믿음의 소유자임도 보여주었다. 이 장에서 그는 자신이 낭만적인 사랑을 할 수 있는 남자이자 좋은 일꾼이며 그가 계약을 달성하리라고 라반이 믿게 할 만큼—심지어 그가 잘못했을 때에도—준수한 사람임을 보여준다. 라반과 야곱 둘 중 누구에 의해서든 이 장에서 하나님은 전혀 언급되지 않는다. 내레이터는 그분이 섭리의 그림자 속에 서 계시도록 만든다. 야곱은 여전히 기도와 찬양의 삶을 배워야 한다.

공백

내레이터는 라헬이 그녀에게 첫눈에 반한 야곱과의 만남에서 그에 대해 어떤 감정을 느끼는지를 우리에게 말해주지 않는다. 내레이터는 라반이 돈 때문에 물건처럼 취급한 두 딸이 어떤 감정을 품었는지도 무시한다. 내레이터는 31:14-16에 가서야 두 딸이 아버지에 대해 불편한 감정을 터뜨리게 만든다.

제8부 2막 3장에 대한 주해 ─────────────

첫 번째 칠 년의 노역: 야곱이 라헬과 약혼하다(29:14b-20)

15절. 네가 비록 내 생질이나. 이 말은 문자적으로 "네가 분명히 내 혈육이기에 나를 위해 무임으로 일해야 한단 말이냐!"이다.[114] 그럴 수 없다는 답변이 예상된다. 가족의 일원은 무임으로 일하기 때문에 라반은 그와 야곱의 혈연관계(29:14a)를 경제적 협약 관계로 강등시키고 있다. 라반이 사랑하는 친족으로서 마땅히 해야 했던 일은 야곱이 자신의 가정을 세우기 시작하도록 그를 돕는 것이었다. 야곱이 30:25-34에서 라반에게 부탁한 대로 말이다(특히 26, 30, 33절을 보라). 그러나 라반은 그렇게 하는 대신에 야곱이 31:38-42에서 강하게 불평을 터뜨린 바와 같이 야곱을 계속해서 일꾼에 불과한 존재로 여긴다.

일. 이는 제2막, 특히 현재의 3장에서 핵심 단어다(위의 문학적 분석을 보라).

거저(NIV-"무임으로"). 라반의 부드러운 말은 야곱을 계약하에 일하는 하급 일꾼으로 낮춘다.[115] 향후 이십 년 동안 그들의 관계는 혈육을 돕는 삼촌과 생질이 아니라 신부값을 지불하려고 노예 계약을 맺은 머슴과 압제하는 주인의 관계다.

내게 말하라. 그는 친족인 야곱을 귀하게 여기고 마땅히 도움의 손길

─────────────

114 참조. D. Daube and R. Yaron, "Jacob's Reception by Laban," *JSS* 1 (1956): 61-62. 이는 실제 그대로의 질문이거나(참조. 삼하 9:1), 부정적인 답변을 요구하는 수사학적 질문일 수도 있다(참조. 삼하 23:19; 욥 6:22).
115 이와 같은 경제적 서열 구분은 고대 근동의 문헌들에서 입증된다. Sarna, *Genesis*, 204을 보라.

을 주기보다 임금을 주려 한다.

16절. 레아…라헬. 이 이름들은 각각 "암소"와 "암양"을 의미하는데 목축하는 가족에게 적절했다. 하지만 슬프게도 라반은 실제적으로 레아와 라헬을 목자의 가축, 즉 매매하려고 내놓은 물건처럼 취급한다. 나중에 이 여인들은 아버지가 그들을 어떻게 대우했는지를 묘사하는 데 상업적 언어를 사용한다(31:15).

17절. 약하고. 문자적으로 "부드럽다"라는 의미다. 이 묘사는 레아의 눈이 동양 사람들이 미의 기준으로 높이 평가하는 총기와 생기가 부족함을 암시할 수 있다.

18절. 야곱이 라헬을 더 사랑하므로. 야곱은 돈에 관심이 없다. 그는 신부를 구하러 왔으며 야웨는 은혜로 그에게 돈보다 훨씬 더 좋은 것, 즉 특별한 여성을 향한 낭만적인 사랑의 선물을 주셨다.

19절. 그녀를 네게 주는 것이…더 나으니. 라반의 답변은 교활하게도 야심에 차 있다. 그는 야곱에게 칠 년 후에 라헬을 주겠다고 명시적으로 동의하지 않는다. 이 기도하지 않는 족장은 자기 삼촌의 성격을 꿰뚫어보거나 "그녀"의 모호성을 간파할 만큼 충분한 분별력이 없다.

20절. 며칠 같이 여겼더라. 내레이터는 흔히 알려진 문구를 사용하여 라반의 기만적 바꿔치기로 인한 야곱의 괴로움을 독자들이 경험하게 만든다.

두 번째 칠 년의 노역: 야곱이 레아 및 라헬과 결혼하다(29:21-30)

21절. 내 아내. 비록 약혼만 했을지라도 그녀는 그의 아내로 간주된다(참조. 신 20:7; 22:23-25).

내가 그에게 들어가겠나이다(NIV-"그녀와 동침하다"). 이는 낭만적 사랑의 신비롭고 자석 같이 끌리는 유명한 목표로, 아가서가 이에 대해 노래한다(참조. 잠 30:18-19).

22절. 잔치(מִשְׁתֶּה, 미쉬테). 이 히브리어 단어는 술자리가 마련된 잔치를 암시한다. 야곱은 아마도 그가 결혼한 날 밤에 자신의 모든 기능을 통제하지 못했을 것이다. 라반은 야곱을 포도주로 취하게 하고(참조. 19:32-35) 면사포로 신부의 얼굴을 가리게 함으로써 심야의 어둠을 이용하여 야곱을 속이는 데 성공한다. 마치 라반의 누이가 털북숭이 피부와 옷 냄새와 맛있는 고기 요리로 이삭을 속였던 것처럼 말이다.

23절. 저녁에. 야곱이 자기 아버지를 속이기 위해 그의 흐린 시야를 이용했던 것처럼 라반은 야곱을 현혹하기 위해 야밤을 이용했다(위의 문학적 분석의 "보응"을 보라).

그의 딸 레아를 야곱에게로 데려가매. 신부의 얼굴을 면사포로 가리고 (24:65을 보라) 언니를 먼저 결혼시키는 관습은 라반의 이기적 목적에 악용된다. 라반은 부끄러운 줄도 모르고 사랑받지 못하는 딸을 이용하고, 라반이 부추긴 경쟁심은 야곱과 라반의 다른 딸 사이에 사랑이 활짝 필 가능성을 부인한다(30:1-2; 31:15).

24절. 여종. 딸이 결혼할 때 아버지가 여종을 딸려 보내는 관습은 고대 근동의 자료에서 잘 입증된다. 이 정보는 다음 장면을 예상하게 만든다. 즉 실바가 갓과 아셀의 어머니가 된다.

실바. 아랍어 동족어는 "작은 코를 가진"을 의미한다.[116]

25절. 아침에 보니 레아라. 극적인 아이러니를 통해 야곱은 잘못된 여인과 결혼한다. 그런데 또 다른 극적 아이러니를 통해 하나님은 이 사랑받지 못한 딸이자 아내를 이용하여 세상의 구주가 탄생케 하실 것이다.

나를 속이심은(רָמָה, 라마). 이는 에서가 야곱의 속임수를 묘사하기 위해 사용한 것과 동일한 단어다(27:35-36을 보라).

26절. 우리 지방에서 하지 아니하는 바이라. 포켈만에 따르면 이는 "도덕적인 관점에서 대단히 바람직하지 않은 행위를 가리키는 상투적인 형

---

116 *HALOT*, 272.

식문이다"(참조. 창 34:7; 삼하 13:12).[117] 라반은 화난척하면서 자신이 도덕
적임을 주장한다. 마치 야곱이 무언가 잘못한 것처럼 말이다! 정직한 사
람이라면 원래 계약에서 이 관습을 분명하게 확인해주었을 것이다. 라반
의 자기 의는 위선적이다.

언니보다 아우를 먼저 주는 것. 이 어휘들은 29:16과 다르다. 내레이
터는 29:16에서 히브리어 하게돌라(הַגְּדֹלָה, "언니")와 하케타나(הַקְּטַנָּה,
"동생")를 사용하지만, 라반은 이 극적 아이러니의 상황에서 하베키라
(הַבְּכִירָה, "장녀")와 하체이라(הַצְּעִירָה, "차녀")를 사용하는데, 후자는
25:23에 나타난다.

27절. 이를 위하여 칠 일(NIV-"신혼 주간, bridal week"). 한 주간의 축제
는(29:22을 보라) 라반의 꼼수와 야곱의 굴욕감 및 라반의 딸들의 수치심
을 잊게 만든다(참조. 삿 14:12, 17).

우리가 그도 네게 주리니. 이 약속은 라반의 가족이 야곱이 계약을 존
중하리라고 믿고 있음을 수반한다.

28절. 야곱이 그대로 하여. 야곱은 힘없는 약자이며 여전히 그가 사랑
하는 여인을 얻지 못했다. 그래서 그는 아무 말도 하지 않는다. 사르나는
이렇게 주석한다. "이 서사의 고대성은 야곱의 행동이 레위기 18:18의 금
지 규정에 상반된다는 사실로 입증된다. 이 규정은 남자가 자기 아내가
살아 있는 동안에는 그 아내의 자매와 결혼하는 일을 금지한다. 후대의
도덕과 율법에 맞추어 전통을 고쳐 쓰려는 시도는 전혀 이루어지지 않
았다."[118]

29절. 빌하. 한 아랍어 동족어는 "근심 없는"을 의미한다.[119] 그녀는 단
과 납달리의 어머니가 된다.

---

117 Fokkelman, *Genesis*, 129.
118 Sarna, *Genesis*, 205.
119 *HALOT*, 132.

30절. 레아보다 라헬을 더 사랑하여. 두 번의 혼인 약정이 우물에서의 만남과 더불어 시작된다. 아브라함의 지혜롭고 기도하는 종이 주선하여 이루어진 이삭과 리브가의 첫 번째 결혼은 평온하고 섭리적인 사랑으로 시작된다. 도피하며 기도하지 않는 야곱이 성사시킨 두 번째 결혼은 자매 사이의 다툼과 경쟁 속에서 시작된다(29:31-30:24을 보라). 첫 번째 결혼에서 가족 한 명을 다른 누구보다 더 우대했던 일이 이제 다음 세대에서 반복된다. 야곱의 가족 역시 분열된다.

섬겼더라(NIV-"일했다"). 비슷한 히브리어 표현이 27:29에서 야곱을 받드는 열국과 관련하여 "섬기다"로 번역되었다. 이 족장은 그가 뿌린 속임수와 고통의 열매를 거둔다(아래 신학적 고찰과 갈 6:7을 보라).

제8부 2막 3장에 대한 신학적 고찰 ────────

섭리

죄는 죽음에 이르게 하고, 무지는 손실로, 그리고 이기심은 제 살 깎기로 이어진다. 그리하여 사람은 소외된 채 홀로 생을 마친다. 이는 도덕적 보응의 법칙이다. 갈라디아서는 이렇게 말한다. "스스로 속이지 말라. 하나님은 업신여김을 받지 아니하시나니 사람이 무엇으로 심든지 그대로 거두리라. 자기의 육체를 위하여 심는 자는 육체로부터 썩어질 것을 거두고 성령을 위하여 심는 자는 성령으로부터 영생을 거두리라"(갈 6:7-8; 위의 문학적 분석에서 "보응"도 보라).

모형론

밧단아람에서의 야곱의 경험은 노비로 전락한 타향살이다. 이는 이집트에서 겪게 될 이스라엘의 노예 생활에 대한 전조가 된다. 야곱은 라반의 의도에도 불구하고 큰 재산을 모아 빠져나온다. 야웨가 야곱을 낮추신 것처럼 이집트에서도 이스라엘을 그렇게 하실 것이다. 이 모든 것은 하나님의 개입을 통해 죄와 죽음의 세상으로부터 구원받게 될 교회에 대한 그림이다.

제8부 2막 4장

야곱의 자녀들의 출생(29:31-30:24)

제8부 2막 4장에 대한 문학적 분석 ——————————

구조와 플롯

이 장은 하란에서 계속되는데, 결혼 계약의 조항에 따라 적어도 칠 년의 기간을 다룬다(29:27, 30; 31:41). 야곱이 미혼인 상태로 첫 번째 칠 년이라는 계약 기간을 보냈던 반면에 이제 그는 두 명의 아내와 그들이 각자 데려온 몸종을 함께 얻었다. 남아 있는 결혼 계약의 칠 년 동안 그는 자신의 가정을 세우기 시작한다.[120] 칠 년에 걸쳐 열한 명의 아들과 한 명의 딸이 태어났는데, 그들의 출생은 연속적이지 않고 네 명의 어머니 중 둘 또는 그 이상이 동시에 임신했다.

제2막 4장은 야곱이 가족을 세우는 일을 절정으로 이끈다(제2장: 신부와의 만남; 제3장: 결혼 계약; 제4장: 야곱의 자녀들의 출생).

한편 이 장에서 산모들은 다음과 같이 쉽게 나뉠 수 있다. 즉 레아(29:31-35), 빌하(30:1-8), 실바(30:9-13), 레아(30:10-21), 라헬(30:22-24)이다. 각 단락은 다음과 같은 동일한 패턴을 따른다. 곧 (a) 출산의 이유,

---

120 이 기간은 제3장, 29:30에서 서술된 칠 년이다.

(b) 임신과 출산, (c) 작명이다. 하지만 이 어머니들이 자녀를 낳는 상황은 이 장을 이끌어가는 갈등을 반영하는 세 부분으로 다음과 같이 나뉜다.

1. 야웨께서 레아만 임신케 하시다(29:31-35)
2. 라헬과 레아가 빌하와 실바를 수단으로 자녀를 놓고 싸우다(30:1-13)
3. 레아와 라헬이 합환채와 기도를 수단으로 싸우다(30:14-24)

각 단락마다 네 명의 자녀가 태어나 총 열한 명의 아들과 한 명의 딸이다. 이 장은 하나님께서 라헬을 기억하실 때 절정에 이르고 또 다른 아들에 대한 희망과 더불어 마무리된다(30:24). 열두 번째 아들은 야곱의 타향살이 이후에 태어날 것이다.

틀

이 장은 하나님께서 자매의 태를 여시는 내용으로 틀이 짜인다. 하나님은 서두에 레아의 태를 여시고(29:31) 마지막에 라헬의 태를 여신다(30:22). 자매의 모든 노력에도 불구하고 태를 여시는 분은 여전히 하나님이시다.

핵심 단어들과 호칭

구조를 통해 분명하게 드러나는 핵심 단어들은 "야웨", 그리고/혹은 "하나님", "속이다", "낳다", "~로 이름을 불렀다" 등이다. 여기 나오는 이름들은 문장의 축약형이다. 예를 들어 "찬양하다"라는 뜻의 유다는 더 완전하게는 "내가 야웨를 찬양하리라"를 의미한다. 이와 같이 많은 이름이 그 자체로 신명(즉 하나님의 이름)을 가리키는 요소를 포함한다. 자녀의 이름을 지을 때 아내들은 각자의 영적 상태를 드러낸다. 이 영적 상태는 그들의 갈등과 인식, 즉 그들이 사랑받지 못하거나 자녀를 낳지 못하는 상황에서 하나님이 도우신다는 그들의 인식을 반영한다. 긍지와 자화

자찬을 통해 그들은 서로에게 악의적인 비수를 날리기 위해 이름을 사용한다. 암스트롱은 이렇게 말한다. "그 집안의 분위기는 두 자매가 각자 연속적으로 아들이 태어날 때마다 서로 상대를 향해 승리의 찬가를 부르고 이로 인해 긴장과 질투의 전류가 흐르고 있는 상황이다."[121]

인물 묘사

야곱은 그의 이름이 이스라엘로 바뀔 때까지 자신의 노력을 통해 하나님의 축복을 확보하려고 발버둥친다. 비극적이게도 야곱은 자기 삶의 중요한 국면에서 계속 기도하지 않는다. 그는 육체적 힘으로 열심히 일하고 한 가족을 일으킬 능력이 있지만 영적으로는 무능하다. 그는 기도도 하지 않고 찬양도 드리지 않으면서 섭리적인 결혼 계약으로 휘말려 들어간다. 그는 라반에게 속아 결혼 계약을 맺고 결혼식 당일에 라반에게 농락당한다. 그의 아내들이 자신들의 결혼을 정당화하기 위해 하나님의 출산 축복을 얻으려고 경쟁할 때, 야곱은 일종의 종자 가축으로 전락한다.

내레이터는 야곱에게 할당된 최소한의 대화에 그의 가련한 처지를 반영한다. 그는 라헬에게서 한 차례 "내게 자식을 낳게 하라"는 말을, 레아에게서 한 차례 "내가 당신을 샀노라"는 말을 듣는다. 두 진술 모두 영적 지도자가 없는 역기능 가정을 보여준다. 게다가 야곱은 라헬에게 단 한 번 이렇게 반응할 뿐이다. "그대를 임신하지 못하게 하시는 이는 하나님이시니 내가 하나님을 대신하겠느냐?"

비교와 대조

내레이터는 최소 세 가지의 비교와 대조를 의도한다. 첫째, 야곱의 화난 말대꾸는 비록 신학적으로 옳다고 할지라도 아브라함과 이삭이 불

---

121 Armstrong, *Beginning*, 86.

임인 아내를 위해 드린 기도(20:17; 25:21)와 날카롭게 대조된다. 둘째, 제2장에서 야곱은 라반에게 고용된다. 이 장에서 그는 아내에게 고용된다!(30:26의 주해를 보라)

셋째, 각자 자신의 방법으로 서로를 제압하려는 자매의 싸움은 에서를 이기려는 야곱의 싸움을 투영한다. 포켈만은 이렇게 주장한다. "29:31-30:24의 이야기 전체의 의미는 다음과 같다.…이 자매의 안달난 싸움의 진정한 쟁점은 형제인 에서와 야곱이 싸운 쟁점과 동일하다. 즉 누가 주도권을 거머쥘 것인가? 누가 먼저 되고 누가 섬기는 자가 될 것인가?"[122] 레아는 사랑받지 못하는 불리한 처지이지만 야웨는 이 사랑받지 못한 자를 선택하여 먼저 어머니가 되게 하신다. 라헬은 남편의 사랑을 통해 가정에서 우선권을 가졌으나 임신하지 못하고 자리가 뒤바뀔 위협을 받는다. 라헬의 수치는 자기 남편에게 접근하기를 단념하고 오직 기도에 전념할 때 제거된다. 야곱은 차남으로 태어난 불리한 처지이지만 야웨는 그를 먼저 된 자로 선택하신다. 야곱은 자기 육체의 힘이 기도하는 힘으로 대체될 때 마침내 이긴다(32:25-26). 라헬과 야곱 둘 다 경쟁하여 이긴 인물로 언급된다(참조. 30:8).[123]

제8부 2막 4장에 대한 주해 ────────

야웨께서 레아만 임신케 하시다(29:31-35)

31절. 야웨께서 …보시고. 1:4을 보라. 이 단락은 처음 네 명의 출산을 보고한다. 자비로우신 하나님은 은혜를 베푸시어 사랑받지 못한 아내 레

---

122 Fokkelman, *Genesis*, 140.
123 "레아와 벌인 라헬의 투쟁은 사실 하나님의 총애를 얻기 위한 싸움이며 이런 측면에서 그녀의 남편이 벌인 투쟁과 비교될 수 있다"(앞의 책, 136).

아에게 첫아들과 더불어 야곱의 아들 중 절반을 주신다. 그녀의 자녀는 제사장 계보인 레위와 메시아 계보인 유다를 포함한다. 레아는 한 명의 딸을 낳음으로써(30:21) 다른 세 여인을 합한 것보다 더 많은 일곱이라는 완전수의 자녀를 갖게 된다.

사랑받지 못함을. 이 히브리어는 문자적으로 "미움 받은"이다. 또한 레아에 대한 남편의 감정적 거절은 가족 내에서 그녀의 열등한 사회적 지위를 수반한다. 계약 조항에 따르면 야곱은 레아와 이혼할 수 없다.

그의 태를 여셨으나. 위의 문학적 분석을 보라.

자녀가 없었더라. 사라와 리브가가 그랬던 것처럼 이 사랑받는 아내도 불임이다. 미래를 위해 쉽고 자연적인 방법은 아무것도 존재하지 않는다. 미래는 인간의 조종으로 심지어 합환채로도 달성되지 않는다.

32절. (이는) …돌보셨으니. 즉 이것은 그 이름의 의미다.

르우벤. 이 히브리어는 문자적으로 "보라! 아들이로다"이다. 그녀는 이 이름을 "야웨께서 나의 괴로움을(בְּעָנְיִי, 베오니) 돌보셨다(רָאָה, 라아)" 또는 "내 남편이 나를 사랑할 것이다(יֶאֱהָבַנִי, 예에하바니)"의 축약형으로 창의적으로 재해석한다.

야웨께서 나의 괴로움을 돌보셨으니. 하갈과 마찬가지로 종속되었던 레아는 자녀의 출산을 통해 자비를 얻는다(16:11을 보라). 밧단아람에서 태어난 자녀 중 첫째와 막내는 굴욕을 당한 아내들을 보상해주기 위해 야웨께서 주신 자녀들이다. 즉 먼저 레아, 그다음이 라헬이다(30:22-23을 보라). 레아의 응답은 출산에 대한 영감 받은 내레이터의 해석에 부합한다. 그녀는 하나님의 자비로운 선물이 자신의 노력과 상관없이 주어졌음을 인정한다. 레아는 처음 네 명의 자녀 중 세 명의 이름을 "야웨"와 관련지어 짓는다(29:32-33, 35). 이렇게 이름을 지음으로써 레아는 라반의 신들이 아니라 아브라함과 이삭과 야곱의 하나님에 대한 자신의 믿음을 고백하며 야곱을 타향으로 보낸 일에 대해 리브가와 이삭의 믿음과 사고를 정당화한다.

이제는 내 남편이 나를 사랑하리로다. 레아는 거절당하는 아내에서 총애를 받는 아내로 자신의 신분을 바꾸기를 열망한다(참조. 29:34). 그러나 암스트롱은 다음과 같이 표현한다. "하지만 우리는 레아가 자녀에게 붙인 이름에서 그녀의 고통의 깊이를 본다. 르우벤이 태어났을 때 그녀의 승리는 비통함과 쓸쓸해 보이는 희망과 더불어 뒤섞여 있었다.…임신할 때마다 그녀는 여전한 열망을 키웠으나 언제나 헛될 뿐이었다."[124]

33절. 사랑받지 못함을. 이 반복되는 어구는 문자적으로 "미움 받은"(29:31을 보라)이며, 29:32에 있는 그녀의 희망과 두드러진 대조를 보여준다.

시므온(שִׁמְעוֹן, 쉬므온). 이 이름은 "야웨께서 내가 사랑받지 못함을(שְׂנוּאָה, 세누아) 들으셨다(שָׁמַע, 샤마)"에서 왔다. 사르나는 이렇게 주석한다. "레아의 처음 두 아들의 이름은 이 불행한 여자를 향한 하나님의 섭리적 관심과 돌보심을 표현하는 한 쌍의 동사('보다', '듣다')를 되풀이한다."[125]

34절. 레위. 이 이름은 "내 남편이 나와 연합할 것이다"(יִלָּוֶה אִישִׁי, 일라베 이쉬)에서 나왔다. 야웨의 호의와 선물에도 불구하고 그녀의 소망은 실현되지 않는다(30:15-16을 보라). 그녀는 오직 야웨의 은혜로만 그녀의 감정적 만족감을 채울 수 있음을 배워야 한다. 레위의 이름은 레위 지파가 언약궤에 배속될 때 구원의 의미를 취할 것이다(민 18:2을 보라).

35절. 유다. 그의 이름은 "내가 야웨를 찬양할 것이다(אוֹדֶה, 오데)"를 의미한다. 사랑받지 못한 아내는 자신의 비통함을 넘어설 수 있다. 야곱은 유다 본인을 향한 찬양으로 그 의미를 보충한다(49:8). 이 찬양의 아이는 가족을 치료하고 축복과 화해의 근원이 될 것이다.

---

124 Armstrong, *Beginning*, 85.
125 Sarna, *Genesis*, 207.

그의 출산이 멈추었더라. 내레이터는 이유를 공백으로 남긴다. 아마도 야곱은 부부의 의무를 중단했을 것이다(30:15; 출 21:10을 보라). 만일 그렇다면 이는 라헬을 향한 그의 사랑에서 비롯되었을까? 하지만 그가 레아를 떠난 기간은 짧다. 왜냐하면 레아는 칠 년 동안 여섯 자녀를 낳기 때문이다(30:20을 보라).

라헬과 레아가 빌하와 실바를 수단으로 싸우다(30:1-13)

1절. 라헬이 …보고. 이 일화는 연대기적으로 앞선 이야기와 중첩되었음이 분명하다. 라헬의 질투와 사회적 존경을 얻어내려는 열망, 그리고 불임인 자기 아내를 위해 기도로 문제를 해결하려고 하지 않는 야곱의 태도는 그들의 여종들을 통해 네 자녀가 출산되는 원인을 제공한다.

시기하여. 26:14, 37:11을 보라. 자기 언니를 향한 라헬의 시기심은 아이를 낳지 못하는 아내라는 그녀의 사회적 수치에 뿌리를 두고 있다(30:23을 보라). 그녀는 존경을 얻고 자신의 결혼을 공적으로 정당화하기를 원한다. 아이러니하게도 라헬은, 자신을 사랑하지도 않는 남편에게 팔려온 언니를 질투한다. 두 여자는 각각 상대방이 갖고 있는 것을 원할 뿐 둘 중 아무도 자신의 가치대로 받은 것을 소중히 여기지 않는다.

내게 자식을 낳게 하라. 야곱은 라헬과 레아의 경쟁 속에서 일종의 종자 가축 신세로 전락하며 라반이 자신에게 떠안긴 편애의 결과로 고통을 당한다(30:16도 보라).

내가 죽겠노라. 이는 라헬의 극심한 번민에 대한 과장법이다(25:32; 27:46을 보라). 비록 남편의 사랑을 받지만 그녀는 자녀가 없는 삶을 무가치하다고 여긴다(참조. 삼상 1:7-12). 아이러니하게도 그녀는 자녀를 낳을 때 죽는다(창 35:16-19).

2절. 내가 하나님을 대신하겠느냐? 이 수사학적 질문은 사실상 가장 부정적인 확언이다. 이는 신학적 확증일 뿐만 아니라 신실한 지도자로서 그의 역할에 대한 포기 선언이기도 하다(위의 문학적 분석을 보라).

3절. 내 여종 빌하. 16:2, 29:29을 보라. 이 서사에서 여종들은 플롯을 구성하는 데 일조하는 인물들이다. 그들의 배역은 발전되지 않는다.

나를 위해(개역개정-"내 무릎에"). 이 히브리어는 문자적으로 "내 무릎에"이다. 이 상징적 의례는 고대 근동에서 폭넓게 발견된다(참조. 창 48:12; 50:23; 욥 3:12). 부모나 조부모, 혹은 심지어 증조부가 취하는 이 행위는 새로 태어난 아이를 환영하고 집안으로 합법적으로 받아들인다는 것을 의미한다.

4절. 아내로. "아내"와 "첩"이란 단어는 족장 시대에 더욱 느슨하게 사용된다. 족장 시대에 다음의 세 여자가 **아내**이면서 동시에 **첩**이라고 불린다. 즉 하갈(창 16:3; 25:6 간접적으로), 그두라(25:1; 참조. 25:6; 대상 1:32) 및 빌하(창 30:4; 35:22)가 그들이다. 이 첩들은 각자 종이 아니라 족장의 후처지만 본부인에게 예속되어 그녀를 여주인으로 섬긴다. 족장 시대 이후에 **아내**라는 단어는 첩과 동의어로 전혀 사용되지 않는다. 실바는 첩으로 불린 적이 전혀 없지만(참조. 30:9), 빌하와 동일한 사회적 지위를 갖는다(참조. 37:2).

6절. 하나님이 …내 호소를 들으사. 이삭의 사례로부터 판단하자면 남편은 가족 안에서 출생을 위해 기도로 중재할 책임이 있다. 라헬은 남편이 그녀의 임신을 위해 기도의 중재를 하지 않는 가운데 한나처럼 자신을 위해 기도한다. 그녀는 "야웨"라는 이름을 사용하는 대신에 "하나님"을 사용한다. "야웨"는 하나님과 그분의 백성 간의 언약적 관계를 위한 하나님의 개인적 이름이고, "하나님"은 인간의 여러 제한과 대조되는 그분의 초월성을 담고 있는 이름이다.

단. "하나님께서 나를 신원해주셨다(דָנַנִּי, 다난니)." 라헬은 자신의 자녀 출산을 단순히 하나님께서 주신 축복으로만이 아니라 소망 없는 희생자인 자신에 대한 정당한 공의의 실현으로 간주한다. 그녀는 그다음에 태어난 아들의 이름으로 자신의 신원을 설명한다. 즉 하나님께서 다산하는 언니와의 경쟁에서 그녀의 권리를 증명해주셨다. 언니인 레아가 라헬의 불임 상태를 악용하여 그녀로부터 남편의 사랑을 빼앗아 독차지하려고 애써왔지만 말이다(참조. 29:31, 33-34; 30:15).

8절. 크게 경쟁하여. 이 히브리어는 문자적으로 "하나님의 싸움"으로 읽을 수 있으며, 이는 "하나님과의 싸움에서(내가 내 자매와 싸웠다)"로 번역되는 것이 더 낫다.

내가 … 이겼다. 이는 32:28의 "겨루어 이겼다"로 번역된 히브리어와 동일한 단어다. 이는 문자적으로 "내가 승리했다(יָכֹלְתִּי, 야콜티)"를 의미하며 이 이야기에서 핵심 단어다. 포켈만은 이렇게 주장한다. "그녀와 레아의 싸움은 사실 하나님의 지지를 두고 벌인 싸움이며 이 점에서 그녀의 남편의 싸움과 비교될 수 있다."[126]

납달리. 이 이름은 "하나님을 위한 싸움으로(נַפְתּוּלֵי, 나프툴레) 내가 씨름했다(נִפְתַּלְתִּי, 니프탈티)"에서 유래한다. 라반은 자기 딸들을 금전적 싸움판의 저당물처럼 취급했으며, 이제는 그의 딸들이 자신의 자녀들을 가족 분쟁에서 저당물로 여기는 것 같다.

9절. 레아가 자기의 출산이 멈춤을 보고. 29:35의 장면을 되돌려서 보여주는 회상 기법(flashback)은 다투는 자매의 여종들을 통해 이루어진 자녀들의 출생이(30:1-8과 9-13) 연속적으로가 아니라 동시에 발생했음을 시사한다.

아내. 30:4을 보라.

11절. 갓. 그의 이름은 "복된 것(בְּגָד, 베가드)"에서 유래한다.[127] 레아는 이 출산을 하나님이 아니라 운수/행운 탓으로 돌리는가?[128] 레아가 자신

---

126 Fokkelman, *Genesis*, 136.
127 *HALOT*, 176.
128 성경 외의 문헌에서 갓(גָד)은 한 개인의 비범함이나 운명으로 인격화되었다(예. 반인반신적 존재). 다음을 보라. J. Tigay, "Israelite Religion: The Onomastic and Epigraphic Evidence," in *Ancient Israelite Religion: Essays in Honor of Frank Moore Cross*, ed. P. D. Miller Jr., P. Hanson, and S. D. McBride (Philadelphia: Fortress, 1987), 163, 167, 185 n. 39.

의 친자녀를 낳을 때와 달리 기도나 찬양을 드리는 모습은 나타나지 않는다.

13절. 기쁘도다! 레아의 행복은 자기 동생을 상대로 거둔 승리에 근거한다. 하지만 레아는 그녀가 진정으로 열망하는 것을 얻지 못한다. 바로 야곱의 사랑과 인정이다.

아셀(אָשֵׁר). 이 이름은 "여자들이 나를 행복하다고 부를 것이다(בָּנוֹת אִשְּׁרוּנִי, 이쉬루니 바노트)"에서 유래한다. 사실상 레아는 "내가 부러움을 받을 것이다"라고 말하고 있다.

레아와 라헬이 합환채를 수단으로 싸우다(30:14-24)

이 싸움에서 레아는 합환채 없이 자신의 여종을 통해 낳은 자녀들에게 하나님의 보답과 선물이라는 뜻의 이름을 붙임으로써 마지막 두 아들을 정당화한다(30:16-21). 라헬은 암시적으로 합환채가 아니라 하나님께서 자녀를 주신다고 고백한다(30:22-24).

14절. 합환채(הַדּוּדָאִים, 두다임). 이 히브리어 단어 "사랑의 열매"는 "사랑하는 자"(דּוֹד, 도드) 혹은 "사랑"(דּוֹדִים, 도딤)을 가리키는 단어처럼 발음된다. 합환채는 고대 세계에서 최음제로 사용되었다(아 7:13). 사랑과 미와 성의 그리스 여신 아프로디테는 "합환채의 여인"으로 불렸다.[129] 팔레스타인과 지중해 연안의 들판과 거친 땅에서 자라는 합환채는 구토제이자 통변제이며 마취 성분을 갖고 있는 것으로 알려져 있다. 그 열매는 두통을 일으키는 독특한 향을 발산하고, 거대하고 통통하며 여러 갈래로 나뉜 뿌리는 사람의 몸통을 닮았다.[130] 합환채의 매매는(30:14-15) 이 일화가 발생하는 원인을 제공한다(위의 문학적 분석을 보라).

---

129 Sarna, *Genesis*, 209.
130 *Fauna and Flora of the Bible: Helps for Translators*, vol. 11 (London: United Bible Societies, 1972), 139; F. N. Hepper, *NBD*, 946도 보라.

15절. 내 남편이 언니와 동침하리라. 영블러드는 이렇게 제안한다. "분명히 라헬은 야곱의 사랑받는 아내로서 야곱의 아내나 첩 중 누가 어느 날 밤에 그와 동침할지를 결정할 수 있는 의심스러운 특권을 지녔다."[131] 경쟁 관계 속에서 치고받던 자매는 서로의 필요를 채우는 합의에 이른다. 포켈만은 이렇게 설명한다. "두 아내 모두 심각한 '결함'—레아는 사랑과 인정을 받지 못하고 라헬은 자녀를 갖지 못하는—을 지니고 있다. 그들은 서로를 위해 창의적인 타협으로 이 결함을 제거하려고 계획한다."[132]

언니의 아들의 합환채 대신에. 라헬은 자신의 이교도적 배경으로부터 자유롭지 않다(참조. 31:19).

16절. 당신을 샀노라. 이는 문자적으로 "내가 분명하게 당신을 고용했다"로 읽는다. 30:16-18에서 이 핵심 단어(שָׂכַר, 사카르, "고용하다, 임금을 주다, 보답하다")의 네 차례 발생은[133] 이 결혼 계약 장면(29:15)을 출산 장면과 연결한다. 야곱과 라반의 관계가 "혈육"으로부터 "고용" 관계로 바뀐 것처럼, 지금 야곱과 레아의 결혼은 상업적 계약으로 전락한다. 라반이 계약을 통해 야곱을 자신의 가족에 포함되지 않는 목자로 강등시킨 일이 이제는 라반 자신의 가족 내부로부터 그를 타격한다! 포켈만은 이렇게 설명한다. "그 가족의 삶은 노역-임금의 비인간적인 분위기로 인해 부패하고 깨진다."[134] 야곱은 레아의 권리를 문제 삼기에는 무력한 것처럼 보인다. 이는 실제로 야곱 이야기에서 네 번째 "상업적인" 거래다(참조. 장자권 교환, 축복 교환, 아내 교환, 고용으로 성관계를 위한 남편 교환). 처

---

131 Youngblood, *Genesis*, 225.
132 Fokkelman, *Genesis*, 137.
133 30:16에 있는 "내가 당신을 샀노라"는 이 동사를 중복 사용한 표현이다. 사코르 세카르티카 (שָׂכֹר שְׂכַרְתִּיךָ, "내가 진정으로 당신을 샀노라"). 이 어근은 인명 "잇사갈"에서 한 차례 사용된다.
134 Fokkelman, *Genesis*, 137.

음의 두 경우에는 야곱이 희생시키는 자인 반면에 나중의 두 경우에서는 그가 희생자다.

내 아들의 합환채로. 하지만 레아는 최음제의 도움 없이 두 명의 아들과 한 명의 딸을 더 낳았다. 라헬은 자녀 없이 삼 년을 더 보냈다. 이 극적 아이러니를 통해 내레이터는 이 다산 식물에 대한 민속적 미신을 제거한다.

야곱이 그와 동침하였더라. "잠을 자다"(שָׁכַב, 샤카브)는 성관계에 대한 완곡어법으로 창세기에서는 사랑하는 부부간의 성관계에 대해서는 결코 사용되지 않으며 단지 불법적이고 강제적인 성관계를 가리킨다. 즉 롯의 딸들과 롯(19:32-35), 블레셋 사람들과 리브가(26:10), 세겜과 디나(34:2, 7), 르우벤과 빌하(35:22), 보디발의 아내와 요셉(39:7, 10, 12, 14)에 대해 사용된다.

18절. 그 값을 주셨다(שְׂכָרִי, 세카리). 이 히브리어는 30:16에서 "고용했다"로 번역된 단어와 동일하다. 이는 마치 "하나님께서 내게 내 고용료를 주셨다"라고 말하는 것처럼 들린다. 레아의 언어유희는 야곱의 안쓰러운 지도력 결여와 하나님의 은혜의 부재를 요약한다.

내 시녀를 내 남편에게 주었으므로. 라헬은 총애를 받으려고 여종을 통해 벌인 싸움에서 자신을 하나님을 통해 승리를 거둔 자로 간주했다. 이제 이 싸움에서 하나님을 언급하지 않았던 레아가 자신의 출산을 합환채 매매가 아닌 하나님과 결부시키면서 자신과 하나님의 관계를 입증한다. 싸우는 아내들 각자에게 베푸신 하나님의 은혜가 하나님이 이렇게 일하시는 이유인 것 같다.

잇사갈. 히브리어 이사카르(יִשָּׂכָר, "그가 보답하다")[135]는 "하나님께서 내

---

135 이 이름의 몇몇 변이형이 마소라 전승 속에서 발견되는데, 몇 가지 의미를 지닌다(*HALOT*, 443).

게 보답해주셨다(שְׂכָרִי, 세카리)"에서 유래한다.

20절. 내게 후한 선물을 주시도다. 히브리어 제바다니 … 제베드(זֶבֶד … זְבָדַנִי)는 "내게 넉넉한 혼인 지참금을 주셨다"로 번역될 수 있다. 이 단어는 구약에서 단지 여기서만 나타나지만, 사밧(Zabad)이라는 이름이 다른 개인 인명으로 나타난다(예. 대상 2:36과 스 10:33; 참조. 왕하 12:2).

그가 나를 높일 것이다(זָבַל, 자발; 개역개정-"그가 나와 함께 살리라). 이 단어는 "높이다(칭송하다), (한 여자를) 아무개의 합법적 아내로 인정하다"를 의미한다.[136] 그녀는 자신이 바라던 것, 곧 남편이 자신을 존중하게 만드는 일을 이뤄내기 위해 남편을 고용해야 한다.

여섯 아들. 이는 레아가 자신의 셋째 아들을 낳은 후에 내뱉은 항변을 반복한다(29:34).

스불론. 이 단어는 "하나님이 내게 선물하셨다"(זְבָדַנִי, 제바다니)와 "내 남편이 나를 합법적 아내로 인정할 것이다"(יִזְבְּלֵנִי, 이즈벨레니)의 창의적인 조합일 수 있다.

21절. 그 후에. 이 출생은 칠 년의 계약 기간 동안에 일어나지 않은 것이다.

디나. 29:31의 주해를 보라. 디나는 야곱의 유일한 딸이다(46:7을 보라). 그러나 그녀의 이름에 대한 어원론은 아무것도 설명되지 않는다. 디나는 34장의 끔찍한 사건에서 다시 등장할 것이다.

22절. 하나님이 라헬을 생각하신지라. 하나님은 자신의 수치를 없애 달라는 라헬의 기도를 기억하신다. 이 동사는 그녀가 계약의 딸임을 추정케 한다.[137] 이는 29:31-30:24(8:1; 출 2:24을 보라)의 절정이며 라헬이 자신의 남편을 단념한 후에 발생한다. 내레이터와 라헬 둘 다 요셉의 출생

---

136 앞의 사전, 263, Albright, *JPOS*, 16:18을 인용함.
137 B. S. Childs, *Memory and Tradition in Israel* (London: SCM, 1962), 41을 보라.

을 최음제가 아니라 하나님의 공으로 돌린다. 포켈만이 주석한 대로 "우리는 두다임(הדּוּדָאִים, '합환채')에 대해 다시 듣지 못한다. 따라서 그것은 하찮은 것이 되고 심지어 하나님께서 라헬에게 출산을 선물하기 위해 사용하신 도구로도 규정될 수 없다."[138]

23절. 내 부끄러움(חֶרְפָּה, 헤르파). 이는 비난과 수치를 지시하며[139] 사람이 느끼는 부끄러움을 포함한다. 마침내 29:31의 수치가 극복된다.

하나님이 내 부끄러움을 없애셨다(אָסַף, 아사프, 개역개정-"씻으셨다"). 라헬은 그의 이름을 요셉(יוֹסֵף, 요세프)이라 짓고 "야웨는 다시 다른 아들을 내게 더하시기를(יֹסֵף, 요세프) 원하노라"고 말한다. 이 이름은 베냐민의 출생(35:17)을 예고한다. 이는 "없애셨다"와 "그가 더하시리라"라는 어구로 이루어진 언어유희일 수 있다. 만일 그렇다면 이는 예언일 수도 있다. 요셉은 "없어진" 다음에 나중에야 비로소 "더해지는" 아들이 될 것이다.[140]

제8부 2막 4장에 대한 신학적 고찰 ————

보응

두 자매는 이스라엘의 하나님이신 "야웨"가 그들을 임신케 하셨음을 인정하며 그들에 대한 하나님의 호의를 깨달음으로써 자신들의 정체성을 입증한다. 그럼에도 불구하고 자녀 출산을 수단으로 각각 남편의 애정과 사회적 지위에서 우위를 점하려는 그들의 이기적인 투쟁은 가정을 파

---

138 Fokkelman, *Genesis*, 139.

139 이는 사람이 위험에 처하거나 실패할 때 그리고 지위를 잃을 때 느끼는 부끄러움을 지시하는 보쉬(בּוּשׁ)와 대조된다.

140 Fox, *Beginning*, xvi.

괴한다. 그들의 부끄러운 경쟁은 뼈가 썩는 것처럼 느끼는 야곱의 머리 위에 수치심을 쌓아놓으며(잠 12:4), 그들 자신의 뼈를 썩게 하는 집안의 분란으로 그들을 몰아가고, 미래에 이스라엘의 아들들을 망치게 될 파괴적 종족주의의 씨앗을 뿌린다. 르우벤은 경쟁자에 맞서 싸우는 자기 어머니를 돕기 위해 합환채를 가져온다. 이는 사사 시대와 분열 왕국 시대의 참화를 불러온 지파 간 전쟁의 전조가 된다.

야곱 역시 신적 훈련을 거친다. 야곱이 장자권과 축복을 찬탈하여 "교환한" 것처럼 라반은 야곱의 아내를 바꾸고 레아는 남편을 취하기 위해 삯을 주고 아내의 권리를 교환한다.

은혜

하나님은 가장 결함이 많고 타락한 사람들을 자신의 은혜로운 계획 속에 편입시키신다. 브루그만이 표현한 대로 "두 경쟁하는 자매, 그들 사이에 낀 남편, 착취하는 장인은 믿음의 서사를 위해 가장 그럴듯한 자료는 아니다."[141] 이스라엘의 열두 지파는 압제와 사회적 고통 및 경쟁 관계 속에서 시작된다. 야곱의 기도하지 않는 태도를 비롯하여 라헬과 레아가 집안과 사회에서 우위를 점하려고 행한 경쟁에도 불구하고 하나님은 열두 아들을 주시어 그 가족을 축복하신다. 그분의 은혜는 우리의 죄보다 크며 그분의 목적은 우리의 죄로 인해 좌절되지 않을 것이다.

소망

사람들의 공허함과 스스로 자초한 고통에 대한 이 괴로운 이야기에 박혀 있는 것은 소망이라는 하나님의 은혜로운 선물이다. 이 사람들은 슬픔과 증오 및 경쟁에 붙들린 채 반평생을 산다. 레아는 자녀를 갖지만 남

---

141 Brueggemann, *Genesis*, 253.

편의 사랑을 받지 못한다. 라헬은 남편의 사랑을 받지만 자녀를 갖지 못한다. 루프는 이렇게 제안한다. "반평생을 매여 살던 그들에게 성경은 비난이나 진부한 잔소리가 아닌 하나님의 기억하심을 선사한다. 사랑을 열망하고 메마른 세상으로 인해 침체에 빠진 그들에게 믿음은 비난이나 허튼 소리가 아닌 우리가 완전한 생명을 얻을 수 있도록 찾아오신 분을 선사한다(요 10:10). … 어떤 사람들은, 어쩌면 모든 사람이, 생명의 충만함에 이르지 못하도록 자신을 가로막는 상황 속에서 살고 있음을 깨닫게 될 것이다. 그들은 레아의 번민과 라헬의 적개심을 알고 있다. 성경과 마찬가지로 사역의 현장 역시 그와 같은 번민을 완전히 진지하게 받아들인다. 심지어 소망이라는 단어를 선사하고 있는 동안에도 말이다."[142]

자비

주권적인 하나님은 사랑받지 못한 자와 궁핍한 자의 편을 드심으로써 은혜롭게 이스라엘을 세우신다(29:31; 30:22). 레아는 진정한 남편을 원하나(29:34) 하나님의 자비로우신 은혜를 받아 제사장과 메시아 계보를 포함하여 이스라엘의 열두 지파 중 여섯 지파를 낳는다. 라헬은 자녀를 낳아 사회적 존경을 얻기를 원하며(30:23) 마침내 하나님께서 그녀를 "기억하신다." 놀랍게도 상스러운 질투심과 미신적 행위가 그들의 믿음을 더럽힐지라도 자비로우신 하나님은 그들에게 이스라엘의 열두 지파를 주신다. 반복하지만 하나님 나라를 세우는 것은 인간의 공로가 아니라 하나님의 은혜와 자비다.

불임

불임에 대한 라헬의 번민은 이해할 만하다. 그러나 성경적 관점에서

---

142 Roop, *Genesis*, 206.

불임은 시련이나 두려운 일이 아니라 오히려 주권적 은혜를 위한 기회다. 예를 들어 한나의 태도와 라헬의 태도를 대조해보라. 먼저 한나는 비통함으로 금식하며 마음을 하나님께 쏟아내면서 자신이 금식하는 이유를 나실인 법에 맞춰 재설정한다. 하나님은 성경에서 여러 차례 그렇게 하신 것처럼 은혜를 베푸시어 한나에게 자녀를 선사하신다. 믿음이란 우리의 두려움과 약함을 하나님께 가져가서 하나님께서 어떻게든 우리의 고통을 은혜의 순간으로 변화시키실 것이라고 확신하는 것이다. 라헬은 자신의 남편과 합환채를 단념할 때라야 자신의 불임 상태를 변화시킬 수 있다. 포켈만은 이렇게 설명한다. "라헬이 그녀의 우선순위를 보여주는 유일한 것, 즉 야곱에게 가까이 갈 수 있는 권리를 단념하자 그 후에 하나님께서 자비를 베푸신다."[143] 그녀의 불임은 부분적으로 그녀의 고집과 질투, 그리고 그녀가 레아를 압박한 데 대한 상징이다. 라헬이 야곱의 방침에 대한 고압적 태도를 단념하고 굽힐 준비를 하자마자 하나님은 그녀에게 자녀를 주신다.

---

[143] Fokkelman, *Genesis*, 140.

야곱이 라반을 속이다(30:25-43)

제8부 2막 5장에 대한 문학적 분석 ——————

비교

생소하고 겉으로 보기에 이방의 것으로 보이는 의식들이 등장하는 이 특이한 장은 이어지는 6장에서 진행되는 사건들에 대한 야곱의 상세한 설명과 연계해서 읽어야 한다(제6장을 보라). 이 비교는 자주 감추어지는 하나님의 손길을 통찰할 수 있게 해준다.

구조와 플롯

벧엘에서 현현하신 하나님은 야곱과 함께하겠다고 약속하신다. 그분의 함께하심은 갈등의 해결이라는 축복이 아니라 자녀와 번영의 축복을 수반한다. 이전의 장들에서 하나님이 야곱의 집을 세워가셨다면 이 장에서는 야곱의 재산을 일으키신다. 사람은 자신의 가족을 세우기 전에 신중히 재산을 모아야 한다(잠 27:23-27). 하지만 라반은 자기 혈육의 사려 깊은 행동을 방해한다. 그들의 결혼 계약에서 처음 칠 년 동안 라반은 야곱이 자신의 집을 준비하도록 허용해야 했다. 그러나 라반은 야곱을 빈손으로 놓아두었다. 이제 야곱은 자신의 손으로 재산을 모은다.

이 장은 야곱의 타향살이의 마지막 육 년 동안에 하란에서 발생한 사건을 다룬다(31:41). 이는 다음의 두 사건으로 구성된다. 즉 가축 떼를 위한 계약과(30:25-34) 두 계약 당사자 사이의 경쟁이다(30:35-43).

인물 묘사

라반의 성격은 평면적이다. 그는 언제나 이기적인 모사꾼이요 속이는 자다. 하지만 야곱은 언제나 변한다. 야곱은 그의 결혼 및 자녀들과 관련하여 라반과 자기 아내들의 수동적인 희생자였지만 이제 또다시 공격적이고 약삭빠르다. 그는 먼저 말을 꺼내 라반에게 자신의 결혼 계약을 존중해달라고 요구하고(30:26) 가축 거래의 계약 조항을 제안한다(30:31-33). 조종당하는 자였던 야곱이 다시 조종하는 자가 된다.

다음 장면은 하나님께서 꿈에 야곱에게 영감을 주시는 것을 보여준다. 이를 통해 야곱은 하란에서 이십 년을 지내는 동안 여러 번에 걸쳐 다양한 방법으로 자신을 속였던 교활한 장인의 재산을 어떻게 정당하게 탈취해야 하는지를 알게 된다(참조. 31:38-42). 하지만 야곱은 쓸데없는 나뭇가지 재주를 통해 라반을 속이려 함으로써 자신의 부정직성을 드러낸다. 불행히도 야곱은 라반의 결혼 계약과 관련해서 의롭게 거래하지만, 지금 이 어리석은 일에서는 사악하게 행동한다. 구약에서 "의로움"이란 자신을 섬기는 것이 아니라 "하나님 아래서 공동체를 섬기는 것"을 의미하고, "악함"이란 "타인을 희생시켜 자신을 섬기는 것"을 의미한다. 결혼 계약과 관련하여 그는 얼마든지 도망갈 수 있었음에도 불구하고 남은 칠 년의 기간을 채웠다. 또한 그는 오늘날이라면 혼인 무효 소송이 가능한 경우임에도 불구하고 레아와 이혼하지 않았다. 하지만 야곱은 자신의 가축 계약과 관련하여 "맞불 작전"과 "로마에서는 로마법을 따른다"라는 신실하지 못한 철학을 따른다. 그러나 협잡꾼 라반을 재치 있게 속여서 거둔 야곱의 성공은 그의 어리석음이 아니라 하나님의 은혜에서 나온다(31:9에 대한 주해를 보라).

핵심 단어들

이 막에 있는 장들을 연결하는 핵심 단어들은 "섬기다"와 "고용하다, 임금을 주다, 보답하다"이다(제8부 2막 3장의 문학적 분석을 보라; 또한 참조. 29:15; 30:16, 28).

제8부 2막 5장에 대한 주해 ─────────

가축 떼를 위한 계약: 기회와 동의(30:25-34)

25절. 낳았을 때에. 야곱은 십사 년의 결혼 계약 기간을 채웠다(29:30; 31:41). 야곱은 밧단아람에서 이십 년(31:38), 즉 아내들을 위해 고용된 십사 년과 가축 떼를 위한 육 년을 보냈다.

라헬이 요셉을 낳았을 때에. 요셉의 출생 후 야곱은 가족을 데리고 밧단아람을 자유롭게 떠날 생각을 하는 것 같다. 왜냐하면 라헬이 자녀를 낳아 이제 야곱과 온전히 묶였기 때문이다. 분명히 그 여인들은 야곱과 함께 떠날지 아니면 남을지를 선택할 수 있었다(30:26; 참조. 31:1-16). 아마 라반은 수치스럽게 불임인 자기 딸 라헬이 야곱 및 레아와 함께 떠나는 것을 막으려고 애써왔을 것이다.

나를 보내어 …가게 하시되. 만일 노예의 주인이 약정서를 쓴 노예를 넉넉한 가축 떼와 곡식 및 포도주와 더불어―아마도 그 노예가 자기 집을 세우기 위해 새롭게 출발하도록―내보내야 했다면(참조. 신 15:12-14), 하물며 라반은 얼마나 더 자신의 혈육(창 29:14)을 충분한 지원과 더불어 내보내야 했겠는가?(31:38-42) 그러나 그 대신 라반은 계속해서 야곱을 착취하려 했고 그것이 먹히지 않자 그를 빈손으로 내보내려고 했다(31:42). 야곱은 나중에 자기 아내들에게 말한 것을 라반에게는 말하지 않는다. 즉 하나님께서 꿈에 나타나 야곱이 라반을 약탈할 것이라고 말씀하신 그대로 행동하고 있다는 사실을 말이다(31:10-13). 야곱은 라반이 자신을 착취하려고 애쓰지 않고 순순히 내보내줄 리가 없다고 제대로 예견한다.

내 고향 나의 땅으로. 야곱은 자신의 서원, 곧 자신의 타향살이를 순례로 재설정하게 만든 서원을 이제 이행하려고 한다(28:20-22). 축복을 받았으나 허물 많은 이 사람은 항상 믿음을 간직했고 그 땅 및 아브라함과 이삭의 하나님께 헌신적이었다(28:4, 13; 31:13을 보라).

26절. 내게 주시어. 야곱의 요구, 곧 "내가 내 처자를 위해 당신을 섬겼는데 그들을 내게 달라"는 요구가 앞선 장들로부터 현재의 장으로의 전환점을 구성한다.

내 처자를. 야곱은 자신의 처자식을 요구한다. 왜냐하면 정당한 권리로 그들이 자신에게 속할지라도(출 21:3-6; 참조. 레 25:35, 45-46), 사실상 라반이 여전히 그들을 자신의 소유로 간주하기 때문이다(창 31:43). 야곱은 라반의 동의 없이 그에게서 그들을 빼내 달아날 수도 있었다. 그러나 라반과 그의 아들들이 검을 들고 야곱을 따라잡았을 것이다(31:22-25). 더구나 야곱은 마치 도망가는 도둑처럼 보였을 것이다.

내가 외삼촌에게 한 일은. 어근 아바드(עָבַד, "섬기다")가 이 한 구절에서 세 번 반복된다. 야곱은 라반과 보낸 자신의 시간을 노역의 기간으로 특징짓는다. 계약 조항 아래서 야곱의 지위는 약정서를 쓴 노예의 지위와 다르지 않다.

27절. 라반이 그에게 이르되. 이집트인들이 이스라엘을 노예로 잡아두려고 애쓰게 되는 것과 마찬가지로, 라반은 야곱이 거기서 야웨께 예배하겠다고 맹세한 고향으로 귀환하는 것을 저지하려고 한다. 그러나 이스라엘이 이집트인들을 약탈하게 되는 것처럼, 이제 야곱이 그렇게 라반을 약탈할 것이다(아래 신학적 고찰을 보라).

네가 나를 사랑스럽게 여기거든. 이는 협상에서 정중함을 표현하는 형식문이다.

점을 쳐서 알게 되었으니(개역개정-"깨달았노니").[144] 탐욕스럽고 어리석은 라반은 야곱의 수고와 자신의 늘어난 재산으로부터 무엇이 가장 분명해져야 하는지를 점술을 통해 깨달을 뿐이다. 성경 외에 메소포타미아에서 발견된 문헌 대부분은 점술과 관련되어 있다. 하지만 점술은 이스라엘에서 금지된다(레 19:26; 신 18:10, 14을 보라). 왜냐하면 점술은 다른 영적 세력들이 세계를 통제하고 따라서 하나님의 통제 아래 있지 않다고 전제하기 때문이다. 이 사례에서 야웨는 라반의 마법에 응하셨으며, 따라서 라반 자신은 야곱에게 임한 야웨의 축복을 고백해야 한다. 심지어 블레셋 왕들조차도 아브라함(21:22)과 이삭(26:28-29)에게 임한 하나님의 축복을 인정해야 했던 것처럼 말이다.

야웨께서 … 내게 복 주신 줄을. 1:22, 28:14을 보라. 라반은 부지중에 아브라함과 맺은 야웨의 약속을 확증한다(12:3; 22:18을 보라). 심지어 아브라함의 후손을 축복하지 않는 사람들도 그들 때문에 복을 누린다면, 하물며 그들을 축복하는 사람들은 얼마나 더 그러하겠는가? 하지만 야웨의 "저주"가 야곱을 축복하지 않은 대가로 라반에게 떨어지려고 한다.

28절. 네 품삯을 정하라. 라반은 항상 경제에 초점을 맞춘다. 그의 진술은 그가 야곱에게 제안했던 첫 번째 협상을 되울려 머리에 떠오르게 한다. 독자들은 그가 다시 야곱을 속이려고 한다는 것을 예상해야 한다.

30절. 번성하여. 이 히브리어는 28:14에서 "퍼져나가다"(즉 분출하다)로 번역된다(30:43도 보라).

내 발이 이르는 곳마다 야웨께서 외삼촌에게 복을 주셨나이다. 이는 처음으로 야곱이 하나님께서 자신에게 베푸신 축복을 증언하는 진술이다. 그는 아마도 방금 꾼 꿈을 통해 이런 깨달음에 이르렀을 것이다

---

144 한 아카드어 동족어는 "내가 부하게 되었다"를 의미한다. 다음을 보라. *HALOT*, 690; N. M. Waldman, "A Note on Genesis 30:27b," *JQR* 55 (1964): 164-65; J. J. Finkelstein, "An Old Babylonian Herding Contract and Genesis 31:38f.," *JAOS* 88 (1968): 34 n. 19.

(31:10-13). 비록 복이 야곱에게 직접 임하지 않고 라반에게 임했을지라도 이제 운명이 막 뒤바뀌려는 참이다.

31절. 이 일을 행하시면. 야곱의 제안은 하나님의 꿈에 의존한다(31:10-13을 보라). 하지만 그는 출산 전의 생생한 느낌이 태어나지 않은 가축에게 영향을 준다는 그릇된 관념으로 이 꿈을 얼룩지게 한다. 야곱의 계획에도 불구하고 그를 축복하려는 하나님의 의도는 가로막히지 않는다.

지키리이다. 이 히브리어는 "돌보다, 시중들다"로도 번역될 수 있다. 양 떼는 그들을 보호하는 목자의 보살핌에 맡겨진다(참조. 삼상 17:20, 28; 호 12:12[히. 13절]).

32절. 아롱진 것과 점 있는 것. 보통 고대 근동의 염소는 검거나 진한 갈색이고(참조. 아 4:1; 6:5) 양은 하얗다(참조. 시 147:16; 아 4:2; 6:6; 사 1:18; 단 7:9). 그의 품삯은 비정상적으로 얼룩무늬를 띤 양과 염소였다. 정상적으로 목자의 임금은 가축의 이십 퍼센트였으며, 아롱진(얼룩진) 것들이 그렇게 큰 비중을 차지했을 가능성은 거의 없다.[145]

양 떼(צֹאן, 세). 이 히브리어는 "작은 가축, 양이나 염소"를 의미한다.[146]

검은 것을 가려내며…. 이는 "그것들로부터 모든 아롱진 것이나 점 있는 동물, 즉[147] 모든 검은 양을 제하며…"가 더 나은 번역이다.

두 모사꾼의 머리싸움(30:35-43)

35절. 그날에 그가…가리고. 라반은 다시 상대를 속이고 있다. 계약서대로라면 비정상적인 무늬를 가진 가축은 야곱이 가져가 그것으로 시작해야 했다. 야곱은 그렇게 특이한 무늬를 가진 가축을 아무것도 얻지 못

---

145 Finkelstein, "An Old Babylonian Herding Contract," 33-35.
146 *HALOT*, 1310.
147 NIV는 설명의 바브(*waw explicativium*, "즉")를 빠트린다.

한 채 출발하는데, 이는 그에 대한 초자연적 축복을 강조한다.

35-36절. 자기 아들들의 손에 맡기고 …사흘 길이 뜨게 하였고. 라반의 두 가지 예방 조치는 초자연적 축복을 더욱 인준하고 야곱이 선택적 교배를 시도하게 만들며 나중에 야곱이 가축 떼를 몰고 달아날 기회를 제공한다.

37절. 버드나무와 살구나무와 신풍나무. 사르나는 이 세 종류의 나무가 고대 세계에서 의학적으로 사용된 독성 물질을 함유하고 있으며 "발정기를 앞당겨 (짐승이) 흥분하여 교배할 준비를 갖추게 하는 효과를 지녔다"고 말한다.[148] 하지만 야곱은 공감주술(sympathetic magic)의 견지에서 생각하고 있다. 마치 라헬이 합환채를 가지고 그랬던 것처럼 말이다. 이 두 사람이 모두 고백한 대로(30:23-24; 31:5) 미신이 아니라 오직 하나님만이 후손을 번식케 하신다.

흰 무늬(לָבָן, 라반). 라반의 이름은 "하얗다"를 의미하는데, "버드나무"(לִבְנֶה, 리브네)도 그렇다. 야곱은 "백마술"(white magic)을 사용하고 있다. 야곱은 붉은 죽으로 에돔(즉 붉다)을 갈취했던 것처럼 흰색 가지를 이용해 라반을 갈취한다.

38절. 가축 떼(개역개정-"양 떼"). 이는 아마도 염소들일 것이다. **가축 떼**라는 단어가 여기서는 속(genus)의 범주를 가리키는 제유법으로 사용되었을 수 있다(즉 특정한 종에 대해 더 넓은 개념의 단어를 사용하고 있다).[149]

39절. 새끼를 배므로. 이 계획이 효과가 있었던 이유는 이방의 마법이나 출산 전에 형질 유전적 특징에 미치는 영향에 대한 잘못된 가정 때문이 아니라 하나님의 주권적인 은혜 때문이다(31:10-13).

40절. 이는 번역하기 어려운 구절이다. NIV의 "가축 떼 중 어린 것"은

---

148 Sarna, *Genesis*, 212.

149 E. Bullinger, *Figures of Speech* (1898, repr.; Grand Rapids: Baker, 1968), 614-23을 보라.

30:32에서 "어린양"으로 번역된 히브리어 단어를 표현한다. NIV의 "나머지"는 30:32에서 "가축 떼"로 번역된 히브리어 단어에 해당한다. 일관된 번역은 다음과 같다. "야곱은 어린양(혹은 양)을 따로 분류했다. 그는 (이) 가축 떼를 마주보게 했다"(NJPS와 NRSV가 이렇게 번역한다). 그럼에도 불구하고 줄무늬가 있고 검은 색깔을 띤 가축 중 일부를 라반의 것으로 분류하는 것은 혼동을 일으킨다. 왜냐하면 계약 조항에 따르면 이 짐승들은 야곱에게 속하기 때문이다. 라반은 줄무늬가 있는 가축의 일부를 자신의 것으로 돌리기 위해 계약을 변경시켰음이 분명해 보인다 (31:7-8을 보라).

41절. 튼튼한 양. 야곱은 30:37-39의 교배 방법을 선택적으로 튼튼한 가축에게 적용한다. 사르나는 혈기왕성한 가축은 잡종이며 이런 가축이 서로 혼합 교배를 할 때 열성의 색깔 유전자가 발생한다고 제안한다.[150] 야곱은 열성 유전자가 없는 나약한 가축에 앞서 교배시킴으로써 그런 유전자를 지닌 튼튼한 가축을 선별할 수 있었다.

42절. 약한 것은 라반의 것이 되고. 루프는 이렇게 제안한다. "이전의 합의는 야곱에게 두 아내를 남겼다. 한 명은 아름다웠고 다른 한 명은 '총기가 없는 눈'을 가졌다. 그는 총기가 없는 눈을 가진 아내를 원치 않았다. 이 합의는 라반에게 부실한 염소가 돌아가게 하면서 야곱을 크고 근사한 가축 떼와 더불어 부유하게 만든다(43절)."[151]

43절. 매우 번창하여. 이는 이 장면의 절정이다. 이 히브리어 동사는 "터지다, 갑자기 발생하다"를 의미하는데 벧엘에서 주신 하나님의 약속에 사용된 동사와 동일하다(28:14을 보라). 이는 그 약속이 성취되었음을 보여준다.

---

150 Sarna, *Genesis*, 212.
151 Roop, *Genesis*, 201.

많았더라. 야곱은 튼튼한 양과 염소들을 종, 낙타 및 나귀들과 맞교환한다.

제8부 2막 5장에 대한 신학적 고찰 ─────────

하나님의 주권적 은혜

야곱과 라헬은 같은 부류의 사람들이다. 둘 다 미신적 행위로 그들의 믿음을 얼룩지게 한다. 즉 라헬은 합환채를 사용하고 야곱은 "백마술"을 사용한다. 그러나 그들의 어리석은 수법에도 불구하고 은혜로우신 하나님은 라헬의 기도에 응답하시고 그녀에게 요셉을 주시며 사악하게 이용당한 야곱에게 큰 가축 떼로 보상하신다. 주권자 하나님은 야곱과 라반 두 사람의 변명할 여지가 없는 모략에도 불구하고 라반에게 대가를 치르게 하시면서 야곱의 가축 떼를 축복하신다(25:19-35:29을 보라). 야곱은 라반을 재치 있게 속이고 라반이 자신을 속인 것과 균형을 맞춘 것으로 보이지만, 하나님의 주권적 은혜로 가족과(29:31-30:24을 보라) 재산을 얻는다. 심지어 라반도 야곱에게 내려진 하나님의 축복을 인정해야 한다. 하나님은 이 흠 많은 믿음의 사람에게 열심을 내셨다. 웬함은 이렇게 말한다. "그리하여 이 서사는 그 자체로 또한 더 긴 족장 이야기의 일부로서 민족의 삶에서 언제나 적실했던 다음의 사실을 분명하게 만든다. 즉 하나님은 속임수로 인해 좌절하시는 분이 아니라는 것을, 공의가 실현되는 모습을 마침내 보게 된다는 것을, 또한 여기서 야곱 개인에게 주어진 하나님의 백성에 대한 그분의 약속, 곧 땅과 보호하심 및 열국을 위한 축복의 약속이 모든 반대에도 불구하고 궁극적으로 승리할 것이라는 사실을 말이다."[152]

윤리

내레이터는 야곱의 계획을 칭찬하지 않는다. 다음 장에서 야곱은 자신의 복을 현재의 장에서 드러나는 그의 비윤리적이고 결함 있는 계획이 아니라 하나님 덕분으로 돌린다(31:9). 하나님은 야곱에게 보답하시고 이 막에서 현재의 장과 다른 장들에 나타나는 라반의 압제에 대해 징계하신다. 그분은 야곱의 단편적인 속임수에 대해서가 아니라 라반에 대한 그의 온전한 행동에 대해 그에게 보상하신다(31:4-9, 36-42을 보라).

고백 대 진정한 종교

라반은 야곱을 통해 자신에게 임한 하나님의 축복을 증언하지만 그 고백은 그의 마음의 변화로 옮겨지지 않는다. 라반은 계속해서 야곱을 속이고 암묵적으로 야곱의 하나님을 거역한다.

---

152 Wenham, *Genesis 16-50*, 260.

야곱이 라반에게서 달아나다(31:1-55)

제8부 2막 6장에 대한 문학적 분석 ─────────

시간 이탈과 대조

야곱에게 꾸게 하신 하나님의 꿈은(31:10-13) 제5장에서 묘사된 가축 분할 조약에 합의하도록 그에게 영감을 불어넣었는데 시간 순서로는 제5장보다 앞선다. 이런 시간 이탈 기법을 통해 내레이터는 어떻게 하나님께서 야곱을 축복하시고 라반을 약탈하시는지에 대해 두 가지 관점을 제시한다. 제5장에서(30:25-43) 내레이터는 사건들에 대한 현상학적 해석을 묘사한다. 제6장에서 내레이터는 야곱 자신이 그것의 신학적 해석을 증명하도록 만든다. 두 관점 사이의 대조는 요약 진술에서 다음과 같이 생생하게 예증된다. 즉 "이런 방식으로(선택적 교배를 통해) 그 사람은 매우 번창하게 되었다"(30:43)와 "하나님이 이처럼 그대들의 가축을 빼앗아 내게 주셨다"(31:9; 신학적 고찰도 보라)로 대조된다.

제5장에서 내레이터는 라반이 계약 조항을 열 번이나 변경했던 사실을 공백으로 남겨둔다. 그 정보를 야곱의 입에서 나오게 함으로써 내레이터는 또다시 야곱 자신이 하나님의 놀라운 보호하심과 공급하심을 증언하게 만든다. "하나님이 그를 막으사 나를 해치지 못하게 하셨으며"(31:7).

구조

야곱의 도주는 다음의 여섯 단계를 거쳐 진행된다.

1. 야곱의 도주 사유(31:1-3)
2. 아내들에게 들려주는 야곱의 말과 도주에 대한 그들의 합의(31:4-16)
3. 야곱의 도주와 라반의 추적(31:17-24)
4. 라반과의 논쟁에서 야곱의 변명(31:25-42)
5. 라반과 야곱의 불가침 조약(31:43-54)
6. 가족의 이별(31:55)

플롯

제2막 전반에 걸쳐 야곱과 라반 사이의 긴장 관계가 지속적으로 형성된다. 이는 제2장과 3장에서, 곧 라반이 야곱과의 결혼 계약에서 그를 속일 때 시작된다. 십사 년의 이 계약 기간 동안 라반은 갑의 위치에 있었으며 야곱을 압제하는 동안 그를 통해 축복을 경험했다. 이 긴장은 가축 분할 계약에 야곱이 호의적인 태도를 가지면서 전환된다. 마지막 육 년의 기간 동안 야웨는 야곱으로 하여금 라반을 약탈케 함으로써 그를 축복하신다. 이 장에서는 긴장이 절정에 이르렀다가 그 상태를 유지하는 것이 반복된다. 이 긴장은 라반과 그의 아들들의 야곱에 대한 적개심에서 고조되고 야곱의 아내들이 남편의 편을 들어 아버지와 관계를 끊겠다고 결정할 때까지 계속 이어진다. 또한 육체적 도주와 라반의 추적에서 커지고 라반에게 야곱을 해치지 말도록 경고하는 야웨의 꿈과 더불어 유지된다. 그리고 그들의 법적 분쟁에서 한층 고조되었다가 라반이 우상을 찾으려고 야곱의 막사를 하나씩 뒤질 때 거의 견디기 어려울 정도가 된다. 그 우상이 발견되면 야곱은 처절하게 파멸될 것이다. 이 긴장은 라헬의 속임수로 인해 라반이 아무것도 찾지 못할 때에도 계속해서 평형을 유지한다. 제2막은 굴욕을 당한 라반이 불가침 조약을 맺자고 제안할 때 절정에 이른다. 계속해서 이 긴장은 조약 체결 과정의 묘사와 더불어 유지된다. 대단원에서 두 무리는 입맞춤으로 헤어지고 각자 자신들의 땅으로 돌아간다. 비록 야곱은 수적으로는 크게 열세지만 어느 모로 보나 그 아람 사람과 동등하게—도주가 아니라—길을 떠난다.

인물 묘사

야곱이 이십 년간 겪은 시련과 마지막 몇 년 동안 그를 번성케 하려고 나타나신 하나님의 분명한 동행은 그에게 변화를 일으킨다. 야곱은 이 막에서 처음으로 공적인 믿음의 사람으로 등장하며 자기 가정의 지도권을 취한다. 그는 약속의 땅으로 돌아가라는 하나님의 약속을 따라 재빠르게 움직이며(31:3-4) 하나님의 함께하심과 공급하심에 대해 먼저 자기 아내들에게 이어서 마지막에 라반의 온 가족에게 간증하며, 하나님께 순종하여 위험하고 험난한 여행을 기꺼이 시작한다. 처음으로 야곱의 아내들이 그의 통솔을 따른다.

이 장에서 라헬과 레아는 자신들을 라반의 딸이 아닌 야곱의 아내로 규정한다. 이 선택에서 그들은 더욱 충실하게 자신들을 야웨의 언약의 딸로 규정한다. 라헬은 생리 중에 라반의 우상 위에 앉음으로써 자신의 이방 배경으로부터 깨끗해진다(주해를 보라; 라반에 대해서는 신학적 고찰에서 "죄"를 보라).

핵심 단어

핵심 단어 "품삯"(31:8)이 2막의 장들을 서로 연결한다(제5장을 보라). 현재 제6장의 핵심 단어는 가나브(גָּנַב), 곧 "훔치다"(31:19, 20, 26, 27, 30, 32, 39)와 동의어인 가잘(גָּזַל), 곧 "강제로 가져가다"이다.[153] 라반은 야

---

153 훔친다는 것은 다른 사람에게서 무엇을 은밀하게 취하는 행동을 지시한다. 야곱은 라반을 향한

곱이 자신의 마음을 훔치고(즉 그를 속인 것, 31:26) 자신의 우상을 도둑질했다고(31:30; 참조. 30:33) 비난한다. 하지만 라반은 야곱이 자신의 가축 떼를 훔쳤다고 비난하지는 않는다. 라반의 침묵은 그가 잘못했음을 말해주며 야곱의 해석을 확증해준다.

제8부 2막 6장에 대한 주해 ————————

야곱의 도주 사유: 라반과 그의 가족의 적개심, 야곱의 두려움, 동행에 대한 야웨의 약속(31:1-3)

1절. 야곱이 …말을 들은즉. 이는 제5장과 6장 사이에서 양쪽을 바라보는 야누스 구절이다. 야곱의 막대한 부에 대한 라반의 아들들의 질투는 야곱이 가축을 정성껏 돌본 데 대한 적절한 결과를 구성한다. 라반의 아들들의 말을 듣고 라반의 안색을 관찰한 야곱은 하나님의 섭리에 따라 서둘러 떠날 채비를 갖춘다.

야곱이 …빼앗고. 그들의 비난이 부분적인 진실로 이해될 수도 있다. 야곱은 야웨께 올바른 찬양을 드리지 않으면서 모사를 꾸민다. 이는 아브라함의 태도와 날카롭게 대조된다(14:23; 27:36을 보라). 하지만 라반의 아들들의 입에서 나온 비난은 거짓이다. 라반은 야곱을 속였고 그들의 아버지를 약탈한 장본인은 바로 야웨이시다(31:4-9). 야웨와 야곱의 아내들은 이 상황에 대해 라반의 아들들이 아니라 야곱의 해석에 동의한다.

2절. 라반의 안색. 이 히브리어는 문자적으로 "그의 얼굴이 그와 함께 있지 않았다"로 읽는다. 이는 야곱에게 주신 "내가 너와 함께하리라"는

그의 비난에서 동의어 가잘(גָּזַל, "강제로 취하다", 31:31)을 사용한다. 가장이었던 라반은 단순히 자신의 권력을 휘두르며 가잘(גָּזַל)을 저지를 수 있었을 것이다.

하나님의 약속과 날카롭게 대조된다. 라반의 안색은 이삭을 향한 블레셋 사람들의 시기와 같다(26:14).

전과 같지 아니하더라. 처음에 물리적으로 삼 일 길의 거리로 표현된 간격이 이제 심리적으로 완성된다. 라반은 불이익을 수동적으로 받아들이지 않을 것이다. 재앙이 야곱을 위협하고 있다.

3절. 야웨께서 야곱에게 이르시되. 야곱에게 떠나라는 야웨의 명령은 출애굽의 전조가 된다. 하나님의 계시로 경고가 주어졌을 때 믿음의 사람들은 노역의 땅에서 또다시 도망가야 할 것이다(아래 신학적 고찰을 보라).

돌아가라. 야곱과 그의 가족은 아브라함과 리브가가 행했던 믿음의 행위를 반복한다(참조. 12:1-2).

네 조상의 땅. 아브라함에게 미지의 땅이었던 그곳은(12:1) 이제 조상의 땅이 된다.

네 족속에게로. 이를 하나님이 아브라함에게 친족들을 떠나라고 하셨던 명령과 대조해보라(12:1).

내가 너와 함께 있으리라. 이 구절은 벧엘에서의 계시를 상기시킨다(28:15). 야웨께서 야곱이 타향에서 체류하는 동안 당신의 임재와 보호 그리고 도주를 확신시켜주셨듯이 이제 야곱이 귀환할 때 그분의 보호하시는 임재를 확증하신다.

아내들에게 들려주는 야곱의 말과 도주에 대한 그들의 합의(31:4-16)

4절. 야곱이 사람을 보내어. 야곱은 하나님께 순종하여 즉시 행동한다. 라반의 가족이 그에게 집단으로 몰려와 대적할 때, 야곱은 이 속박의 집에서 도주하기 전에 자기 가족의 결속을 확보하는 일이 필요했다. 그는 도주의 정당성(31:6-7) 및 그들과 함께하신다는 하나님의 주권적인 섭리를(31:8-9) 그들에게 납득시켜야 한다.

라헬과 레아. 사랑받는 아내에게 우선권을 부여하는 이 순서는 야곱이 이제 자신의 집을 주관한다는 것을 시사한다. 자녀 출산의 장면에서 야곱은 경쟁하는 아내들에게 전당물로 취급되었다. 여기서 작심한 그의 발언은 그가 마침내 영적인 지도력을 확보했음을 증명한다. 그는 하나님의 공급하심과, 하나님의 명령에 순종하여 이 고난의 여행을 떠나기로 한 자신의 의지를 간증한다(위의 문학적 분석에 있는 "인물 묘사"를 보라).

들로 불러다가. 하나님의 축복에 대한 증인이 들판에 서 있다. 더욱이 그는 여기서 남은 가족이나 종들이 전해들은 것에 대해, 또한 사람들의 의심을 불러일으킨 것에 대해 두려움 없이 말할 수 있다.

5절. 그들에게 이르되. 이 장황한 발언은 야곱의 성격을 파악하는 데 있어 중요한 순간이다. 이전에 기록된 그의 발언과 대조적으로 여기서 야곱은 공개적으로 자신의 믿음을 선언하고 자신의 축복에 대한 모든 공적을 하나님께 돌린다.

내 아버지의 하나님은 나와 함께 계셨느니라. 하나님은 야곱에게 필요한 복을 그의 믿음에 대한 보증물로 은혜롭게 채워주셨다(아래 신학적 고찰을 보라). 야곱의 발언은 라반에게 거둔 하나님의 승리로 시작하여 계속되며 끝을 맺는다. 즉 라반이 야곱을 대적하지만 하나님은 야곱과 함께하신다(31:5). 라반이 야곱을 속이지만 하나님은 해를 입히지 못하게 하신다(31:6-7). 라반이 품삯을 바꾸지만 하나님은 가축 떼를 바꾸신다(31:8-9).

6절. 그대들의 아버지를. 야곱은 지속적으로 라반을 "그대들의 아버지"로 언급한다. 그는 아마도 "내 아버지"의 친근성과 "그대들의 아버지"의 거리감을 대조할 것이다.[154]

내가 힘을 다하여. 이는 그의 육체적 힘을 고려하면 놀라운 섬김이었다(29:10을 보라).

7절. 나를 속여. 이 히브리어는 문자적으로 "나를 웃음거리로 만들

---

154 Hamilton, *Genesis 18-50*, 288.

었다"로 읽는다(29:23; 30:25을 보라). 야곱이 라반의 것을 약탈한 것은 정당하다(31:38-42을 보라).

열 번. 완전성을 가리키는 이 상징적인 숫자는 "반복해서 계속"을 말하는 수사학적 방법이다. 이 숫자는 "그만하면 충분하다!"(더 이상은 안 된다)를 암시한다.

하나님이 그를 막으사. 야곱은 라반의 수법에도 불구하고 야웨께서 자신을 축복하셨음을 인정한다.

나를 해치지 못하게 하셨으며. 31:24, 29도 보라.

8절. 점 있는 것. 30:31-35을 보라.

9절. 하나님이 ⋯ 빼앗아 내게 주셨느니라. 이는 재산의 증여와 양도에 대한 아람어의 법적 문구에 상응한다.[155] "여기서 야곱의 설명은 지난 수년간의 일에 대한 냉철한 고찰을 보여준다."[156] 하나님은 아브라함의 씨를 저주하는 자들을 저주하신다(12:3; 27:29을 보라). 야곱은 자신의 선택적 교배에서 비윤리적으로 행동했는가? 라반은 야곱에게 레아를 줄 때 법대로 행하지만 사실 야곱을 속인다. 그래서 야곱 역시 가축 분할 협정대로 행하지만 라반을 속인다. 그러나 라반은 협약을 여러 차례 변경하고 야곱의 품삯을 줄이려고 자신과 야곱을 분리한다. 이 윤리적 문제는 하나님의 섭리로 해결된다. "라반이 네게 행한 모든 것을 내가 보았노라"(31:12). 라반을 속인 자, 곧 라반의 가축을 찬탈한 당사자는 사실 하나님이시다. 야곱은 많은 계획을 짰으나 결과를 가져온 유일한 요인은 바로 하나님이시다.

10절. 꿈에. 야곱이 자신의 성공에 대해 내린 해석을 누군가가 다음과 같이 무너뜨리려 할 수도 있다. 즉 30:37-43에서 야곱의 번영에 대해 내

---

155 J. Greenfield, "*Naśû-nadānu* and Its Congeners," in *Essays on the Ancient Near East in Memory of J. J. Finkelstein*, ed. M. de Jong Ellis (Hamden, Conn.: Archon, 1977), 87-91.

156 Hamilton, *Genesis 18-50*, 288.

레이터가 설명한 이유와 하나님의 영감 덕분으로 돌리는 야곱의 변론을 대조함으로써 말이다. 하지만 내레이터는 그렇게 되지 않도록 야곱과 함께하신다는 하나님의 계시와(31:3) 야곱에게 해를 끼치지 않도록 라반에게 주신 경고를(31:24) 자세히 이야기하고 또한 그들의 아버지에게 맞선 두 아내와 야곱의 동의를 기록함으로써 야곱의 변론을 정당화한다.

11절. 하나님의 사자. 16:7을 보라. 이 장면의 배후에 하나님의 섭리가 있다. 수평적 활동이 아니라 수직적 사건이 결정적이다.

12절. 네 눈을 들어 보라. "네 눈을 들어" 보라는 명령은 하나님의 섭리의 징표다(24:63을 보라).

가축 떼와 교배하는 숫염소는(개역개정-"양 떼를 탄 숫양은") **다 얼룩무늬 있는 것.** 여기에 야곱의 모략이 아니라 그가 라반에게 거둔 승리의 진정한 원인이 있다(30:31과 해당 주해를 보라).

내가 보았노라. 이 원인의 환유법은[157] 고난에 대한 하나님의 긍휼을 표현한다(참조. 창 16:13; 29:31; 31:42; 출 3:7, 9; 4:31).

13절. 나는 벧엘의 하나님이라.…네 출생지로 돌아가라. 야곱은 두 가지 꿈을 하나로 합쳐놓고 있는 것 같다. 첫 번째 꿈에서 야웨의 사자들이 야곱에게 가축 분할 협약의 영감을 불어넣어주었다(31:11-12). 두 번째 꿈은 하나님의 자기 확인 형식문, 즉 "나는 ～이다"와 더불어 시작되는데, 야곱은 이 꿈에서 즉각 고향으로 돌아가라는 지시를 받는다. 이는 31:3에서 내레이터가 언급한 꿈속에서 야곱이 본 환상일 수 있다.

벧엘의 하나님. 그리스어 및 아람어 역본은 이를 확대하여 "벧엘에서 네게 나타나신 하나님"으로 번역한다. 이 번역은 내레이터가 하나님의 임재를 벧엘로 국한하지 않는다는 사실을 전하기 위함이다.

서원. 하나님은 야곱에게 이 서원을 상기시키신다.

---

157 Bullinger, *Figures*, 539-60.

이곳을 떠나서 …돌아가라. 이는 하나님의 말씀의 절정이다. 떠나라는 명령은 야곱의 뜻이 아니라 하나님의 뜻이다.

14절. 라헬과 레아가 그에게 대답하여 이르되. 야곱의 아내들은 아버지에게 앙갚음을 하려고(31:14-15), 또한 하나님의 섭리를 인정하여(31:16) 야곱을 뒤따른다. 그들의 불만은 과거, 현재 및 미래와 관련된다. 과거에 라반은 딸들을 팔았고, 그들을 위해 지불된 것을 다 써버렸다. 현재 라반은 그들을 외국인으로 여긴다. 그들과 자녀들의 미래는 그들이 지금 보유한 재산, 곧 정당하게 그들에게 속하지만 라반이 빼앗아갈까 봐 염려하는 재산에 의존한다.

15절. 외국인처럼. 그들은 라반의 혈족의 일원으로 취급되기보다는 야곱이 당했던 동일한 수법으로 착취당한다.

우리를 팔고. 그들은 자신들의 "매매된 결혼"을 비난한다.

다 써버렸으니(개역개정-"다 먹어버렸으니"). 이 어구는 문자적으로 "돈을 소비하다"이며 누지 문헌(기원전 1,500년경)의 비슷한 문맥에서 나타난다. 법적으로 결혼할 때 받는 수입금 총액은 최소한 부분적이나마 딸들에게 할당되어야 했다. 야곱이 아내들을 위해 일한 십사 년 치 품삯의 일부 역시 딸들에게 속해야 했다. 더구나 최근 육 년 동안 라반은 야곱을 속임으로써 지속적으로 그들을 속인 셈이다.[158]

우리를 위해 지불된 것을(개역개정-"우리의 돈을"). 이는 돈으로가 아니라 야곱의 노동을 통해 지불되었다.

16절. 취하여 가신. 이 히브리어는 "약탈하다"의 개념을 내포한다(출 12:36을 보라).

우리와 우리 자식의 것이니. 하나님은 라반 대신에 그들의 요구를 인정하신다. 라반은 그들의 요구를 결코 정당하게 다루지 않을 것이다

---

158 M. Burrows, "The Complaint of Laban's Daughters," *JAOS* 57 (1937): 259-76을 보라.

(31:43을 보라).

하나님이 당신에게 이르신 일을. 그들은 하나님의 축복을 인정하고 약속의 땅으로의 여행을 감행한다.

야곱의 도주와 라반의 추적(31:17-24)

17절. 야곱이 일어나. 야곱은 시간을 허비하지 않고 결의에 찬 행동을 지속적으로 이어간다.

낙타들에게 태우고. 성경 서사에서 세부 사항이 아무 이유 없이 묘사되는 법은 없다. 이 낙타들 중에서 한 낙타 안장이 라반으로부터의 도피에서 중대한 역할을 할 것이다(31:34).

18절. 그 모은 바 모든 가축과. 라반에게서 도주하는 일은 에서로부터의 도주보다 훨씬 더디게 진행된다. 그렇지만 라반은 아주 빠르게 이동한다(31:23을 보라).

모든 소유물 곧…모은 가축을. 15:14과 46:6을 보라.

밧단아람. 아람의 평원은 하란의 남쪽에 위치한다(25:20을 보라).

19절. 양털을 깎으러. 이때가 도주하기에 이상적인 시기다. 양털 깎기는 봄에 진행되었다. 이 일은 오랜 기간 집에서 멀리 떨어진 곳에서 일하는 엄청난 인력 동원을 수반했다.[159] 결과적으로 라반과 그의 사람들은 멀리 떠나서 양털을 깎는 일에 몰두하고 있었다. 이로 인해 라반이 알아차리기 전까지 라헬이 우상(드라빔)을 훔칠 수 있었고 야곱이 삼 일 동안 길을 갈 수 있었다(31:22).

라헬은…도둑질하고. 이 일은 야곱이 거의 파멸되었다가 구출되는 절정의 상황으로 이어질 것이다(31:33-35). 해밀턴은 이렇게 말한다. "고대

---

159 R. Frankena, "Some Remarks on the Semitic Background of Chapters xxix-xxxi of the Book of Genesis," *OtSt* 17 (1972): 57을 보라.

의 독자들은 이 이야기에 들어 있는 풍자를 놓치지 않았을 것이다. 왜냐하면 여기서 신선한 범죄, 즉 '신의 납치'(godnapping)가 발생했기 때문이다!"[160]

그의 아버지의 신들(개역개정-"드라빔"[תְּרָפִים, 테라핌]). 이 히브리어 단어의 의미와 다른 곳에서 "신들"이라 불리는(31:30, 32) 이 물건들의 성격과 기능은 모호하다. 이 단어는 성경에서 우상을 가리키는 다른 단어들, 즉 엘릴림(אֱלִילִים, "무가치한 것들")이나 길룰림(גִּלּוּלִים, "똥 덩어리들")과 같이 패러디일 수 있다. 만일 그렇다면 이는 "무능한 것들" 혹은 "지저분한 것들"일 수 있다. 70인역과 타르굼은 이를 우상으로 부른다. 우리는 고고학으로부터 그것의 크기와 형태에 대한 지식을 아무것도 얻지 못하며, 그것의 크기 역시 획일적이지 않았다. 그 우상들은 낙타 방석 밑에 혹은 낙타 안장 안에 감추기에 충분할 만큼 작거나(31:34) 다윗의 키와 비슷하게 보일 정도로 상당히 컸을 수 있다(삼상 19:13, 16). 그것은 아마도 신들이나 조상의 형상이었을 것이다. 가족 신들은 보호와 축복을 제공했고,[161] 몇몇 학자는 상속권과 가족 신들과 대면할 수 있는 권리 사이에 연관성이 있다고 생각했다.[162] 라헬은 바로 이런 이유로 그것을 훔쳤는지 모른다. 아니면 그녀는 앙심을 품고 행동했는지도 모른다. 라반이 야곱으로부터 라헬을 훔치고 그녀의 재산을 도둑질한 것처럼(31:16) 그녀 역시 이제 라반의 소중한 신들을 훔친다. 라헬 자신이 아마도 그녀의 다신론적 배경과 신앙으로부터 아직 완전하게 자유롭지 않을 수도 있다(30:14; 34장; 35:2을 보라).

20절. 라반을 속이고(개역개정-"라반에게 말하지 아니하고"). 이는 "마음

---

160 Hamilton, *Genesis 18-50*, 292.

161 이 신들의 의미와 관련한 논의에 대해서는 M. Greenberg, "Another Look at Rachel's Theft of the Teraphim," *JBL* 81 (1962): 239-48을 보라.

162 여러 견해의 요약에 대해서는 Hamilton, *Genesis 18-50*, 294-95 nn. 18-20을 보라.

을 훔쳤다"가 더 나은 번역이다. "마음을 훔치다"는 "속이다"를 의미할 수 있지만 다른 곳에서는 분별하고 적합하게 행동할 수 있는 사람의 능력을 없애는 일과 관련된다(삼하 15:6; 왕상 12:27).[163] "속였다"와 "허를 찔렀다"(outwitted, NASB, NIV, RSV)라는 번역은 라헬의 도둑질과 야곱의 도둑질 사이의 병행을 놓치고 있다. 두 사람은 모두 라반으로부터 훔친다. 즉 라헬은 라반의 점술 수단을, 야곱은 이성적으로 행동할 수 있는 라반의 능력을 훔친다.

아람 사람. 여기서 라반에 대한 내레이터의 호칭을 29:10에 나오는 내레이터의 호칭 및 29:14에 나오는 라반의 자기 신분 확인과 대조해보라. 이 인종적 정체성은 야곱과 라반의 전적인 간격을 강조한다. 즉 그들은 별개의 두 민족을 대표한다. 이는 그들 사이의 조약을 예고한다.

21절. 그의 모든 소유를 이끌고 … 도망한 지. 아이러니하게도 야곱은 자신이 처음에 안전한 곳을 찾아 도망 나왔던 고향으로 도주한다(27:43을 보라).

길르앗산. 트랜스요르단의 이 비옥한 고원 지대는 갈릴리 바다 바로 남단에 위치한 요단강으로 흐르는 야르묵강과 사해의 북쪽 해변 사이에 위치한다.

23절. 그의 친족을(개역개정-"형제를") **거느리고.** 29:5을 보라. 이는 어쩌면 그의 혈족 전체일 수 있다. 라반은 군사적으로 우월하지만(31:29을 보라) 하나님의 축복과 보호 아래 있는 야곱이 궁극적으로 승리할 것이다.

쫓아가. 이 군사 용어는 위협적인 전쟁의 분위기를 묘사한다(31:26, 31을 보라).

---

163 H. W. Wolff, *Hosea*, trans. G. Stansell, ed. P. D. Hanson (Philadelphia: Fortress, 1974), 83-84; Johnson, *Vitality*, 79.

칠 일 길을. 스키너(Skinner)는 하란에서 길르앗까지의 거리가 "일직선으로 약 350마일"이라고 말한다.[164] 이는 야곱이 수행원들을 거느리고 칠일 만에 가기에는 불가능한 거리로 보인다. 하지만 야곱은 하란 남서쪽으로 여러 날을 가야 하는 거리이자 아마도 최남단 지역인 밧단아람에서 출발했을 것이다(30:26; 31:18을 보라). 또한 그의 행진이 하루에 약 육 마일을 걷는, 즉 목자가 통상적으로 걷는 속도로 측정될 수도 없다. 그는 자신의 미래를 위해 도망가는 중이다. 그러나 "일곱"은 대략 일주일을 가리키는 어림수일 수 있다.

24절. 하나님이 … 현몽하여. 하나님은 야곱에게 맹세한 자신의 약속을 성취하신다(28:15). 그분은 아브라함과(12:17; 20:3을 보라) 이삭을(26:8을 보라) 보호하셨던 것처럼 주권적으로 야곱을 보호하신다.

현몽하여. 20:3을 보라. 하나님은 일찍이 섭리 속에서 라반에게 자신을 드러내셨고(24:50을 보라) 이제 꿈을 통해 그렇게 하신다. 하나님께서 으름장을 놓아 라반이 아브라함의 종과 함께 직접 보았던 것을 이제 보도록 만드셔야 한다.

삼가 … 말하지 말라. 말과 행동이 거의 일치하게 된다.

선악 간에. 24:50을 보라. 라반은 야곱에게 해를 끼칠 법적 행동을 취하지 말아야 한다(31:29을 보라).[165]

라반과의 논쟁에서 야곱의 변명(31:25-42)

25절. 장막을 친지라. 창세기에서 천막을 치는 것(12:8; 26:25; 33:19; 35:21)에 대한 통상적인 히브리어는 나타(נָטָה)인데, 여기서는 대신 타카(תָּקַע)가 사용된다. 타카는 물체를 두드리거나 무언가에 밀어 넣는 것을

---

164 Skinner, *Genesis*, 397. Sarna(*Genesis*, 217)는 "대략 400마일"이라고 말한다.
165 W. M. Clark, "A Legal Background to the Yahwist's Use of 'Good and Evil' in Genesis 2-3," *JBL* 88 (1969): 269을 보라.

의미하며 종종 적개심을 함축한다. 이곳과 예레미야 6:3에서 이 단어는 천막 말뚝을 땅에 박아 넣는 망치 소리를 의미한다. 내레이터는 이와 같은 언어로 긴장감 넘치는 장면을 설정한다. 모종의 적개심이 뒤따랐던 것일까?

길르앗산에. 실제로 이 히브리어는 "산에 ⋯ 길르앗 산지에"로 읽는다. 십중팔구 미스바와 길르앗산과 같은 두 고지대가 의도되었을 것이다.

26절. 라반이 ⋯ 이르되. 커틀러(Kutler)는 라반이 싸움을 하려고 도전장을 내밀고 있다고 생각한다.[166] 하지만 라반은 하나님께서 그에게 야곱을 해하려고 우월한 힘을 행사하지 말라고 으름장을 놓았기 때문에 싸움을 수행할 수 없다. 라반은 야곱을 규탄한다. 즉 야곱이 속임수를 썼고 자신의 "딸들"을 전쟁 포로로 취급하고 있으며 자신이 아버지로서 합당한 예우를 받지 못하게 했고 자신의 신들을 훔쳤다고 말이다. 비록 라반의 수사학적 표현이 가까운 혈육에게 깊은 인상을 남겼을지 모르나 그의 말은 기막힌 아이러니의 전형적인 사례다. 라반은 청중이 이미 알고 있는 것을 깨닫지 못하고 있다. 그는 자기 딸들이 야곱을 대적하여 자신의 편에 서는 모습을 그린다. 반면에 우리는 사실은 권리를 침해당한 딸들이 남편의 편을 들면서 아버지와 의절했음을 알고 있다. 이 장면에서 라헬과 레아의 침묵은 라반에게 불리한 증거를 남긴다. 하지만 라반은 그들의 조용한 외침을 알아차리지 못할 정도로 자기 의로 가득 차 있다. 결과적으로 라반은 딸들이 자신을 속이고 더 큰 웃음거리로 만들 것을 예상하지 못한다.

어찌 이같이 하였느냐? 이는 라반이 야곱을 속였을 때 야곱이 라반에게 말했던 비난의 단어들과 동일하다(29:25). 라반은 자신이 뿌린 대로 거둔다.

---

166 L. W. Kutler, "Features of the Battle Challenge in Biblical Hebrew, Akkadian and Ugaritic," *UF* 19 (1987): 96, 99.

나를 속이고(בנג, 가나브). 이는 이 기사에서 핵심 단어이며 동일한 표현이 31:20에서 사용된다. 라반은 야곱이 자기 딸들과 신들을 훔쳤다고 비난하지만(31:30a) 그의 가축 떼는 언급하지 않는다. 이에 대한 라반의 침묵은 그의 잘못을 증명한다.

내 딸들을. 라반은 잘못된 생각에 사로잡힌 나머지 야곱이 결혼 계약 조항을 완전히 충족시켰음에도 불구하고 라헬과 레아를 야곱의 아내로 인정하지도 않는다.

전쟁 포로(개역개정-"칼에 사로잡힌 자 같이"). 오히려 라반이 딸들을 포로로 취급해왔다.

27절. 가만히 도망하고. 라반은 관례를 들먹이며 은밀한 도주를 반대하는 자신의 입장을 내세운다(29:26을 보라). 라반의 발언은 순전히 가식적이며 야곱과 그의 가족 역시 이를 잘 알고 있다(31:30을 31:42과 대조하라).

즐거움과 노래. 이 단어들은 야곱의 가족에게 공허하게 들렸을 것이다. 그들은 라반 방식의 흥겨운 축제를 이미 경험했다(29:22-27). 축제의 파티와 송별의 입맞춤과 같은 관습을 꺼내 드는 라반의 주장은 이제 그를 조롱거리로 만들 뿐이다.

수금. 이는 "리라"나 "기타라"로 이해되는 것이 더 낫다. 이 악기들은 쉽게 운반할 수 있고 여섯 개에서 열두 개의 줄이 있다.[167]

28절. 네 행위가…어리석도다. 라반은 이 일이 야곱 자신을 그의 아내들 앞에서 폄하하는 행위라고 말한다.

29절. 너를 해할 만한 능력이. 라반은 아마도 야곱을 약정서를 쓴 노예로 만들었을 것이다. 하지만 라반의 다음 발언이 확증하는 대로 그에게는 단지 하나님께서 허락하신 만큼의 힘이 있을 뿐이다. 그는 야곱에게 해를

---

167 *ANEP*, plates 191-93, 199, 205-7을 보라.

가하도록 허락받지 못했다(31:7, 24을 보라).

너희 아버지의. NIV의 "you"는 히브리어로 복수, 즉 "너희 각자의"를 말한다. 이는 손자 및 딸들을 포함한다(31:28).

30절. 어찌 내 신을 도둑질하였느냐? 우상이 발견된다면 야곱은 도덕적 권위를 잃고 유죄로 판명날 것이다. 라헬의 속임수로 인해 야곱은 그의 자유와 미래를 잃기 직전이고 그녀는 목숨을 잃을 판이다. 하지만 일이 드러난 바와 같이 그녀의 속임수가 위기를 넘기게 한다.

31절. 야곱이 라반에게 대답하여 이르되. 야곱은 자신의 도주를 간결하게 변호하고, 딸들과 야곱의 무례한 처사를 들먹이는 라반의 비난을 논박한다. 청중은 야곱의 말이 진실임을 안다(31:31). 하지만 훔친 신들에 대한 야곱의 변론과 라반에게 막사를 뒤지라는 허락 및 저주의 선포는 야곱을 파멸시키기 직전이다(31:32, 참조. 44:9). 야곱의 과거와 미래의 의미는 이 중대한 수색에 달려 있다.

억지로 빼앗으리라(גָּזַל, 가잘). 동사 "압류해서 빼앗다"는 야곱이 딸들을 전쟁 포로로 삼았다는 라반의 비난과 어울린다.

32절. 그는 살지 못할 것이요. 도둑질이 노예 신분 혹은 중형의 선고를 수반하는 44:9을 보라. 신전 재산을 도둑질하는 것은 함무라비 법전에서 중죄였다. 라헬은 이제 더 이상 나타나지 않고 젊을 때 출산 중에 사망할 것이다(35:16-18을 보라).

알지 못함이었더라. 야곱과 라헬은 다시 동일한 종류의 사람으로 등장한다. 이번에 두 사람은 각자 위험을 감수한 행동으로, 즉 라헬은 무모한 도둑질을 하고 야곱은 경솔한 맹세를 함으로써 가족을 파멸 직전으로 몰고 간다(참조. 44:6-12에서 야곱의 아들들의 경솔한 맹세).

라헬이 그것을 도둑질한 줄을. 라반이 자기 가족을 속인 것처럼, 이제 동해보복법(*lex talionis*)의 원리로 그의 딸이 그를 속인다. 라헬은 이미 어리석은 라반을 웃음거리로 만든다.

33절. 야곱의 장막에 …레아의 장막에 …두 여종의 장막에. 언제나 능숙한 이야기꾼인 내레이터가 긴장을 일으킨다.

34절. 안장. 북부 시리아의 텔 할리프(Tell Halif)에 있는 부조는(기원전 900년경) 낙타를 탄 사람이 오른손에 막대기를 들고 상자처럼 보이는 안장에 든든하고 안전하게 앉아 있는 모습을 보여준다. 이 상자는 길이가 약 18인치, 높이가 약 14인치의 크기로 가죽끈으로 낙타에 묶여 있으며 승객용과 화물용 둘 다로 기능한다.[168]

그 위에 앉은지라. 야곱의 하나님과 라반의 우상 사이의 대조는 웃음을 선사한다(사 46:1-2을 보라). 라헬은 이 우상을 깊이 존경하여 모시지는 않는다. 사르나는 이렇게 설명한다. "이는 라반의 제의 대상이 어떤 종교적 가치를 지녔다는 개념을 의도적으로 더럽히고 모욕적으로 거부하는 태도를 암시한다."[169]

찾다가(31:34과 37을 보라). 이 히브리어 단어가 27:22에서는 "만졌다"로 번역된다. 이삭도 라반도 자신의 육체적 감각만을 신뢰하는 가운데 진실을 발견하지 못한다.

35절. 라헬이 … 이르되. 이는 자신의 결혼을 망치고 신부값을 취득한 아버지에게 맞선 라헬의 마지막 앙갚음이다. 창세기 27장에서와 마찬가지로 젊은 자녀가 자기 아버지를 속인다.

마침 생리가 있어. 신들은 생리대와 동급으로 다루어졌다. 후대에 율법은 여성이 생리할 때 제의적으로 부정하다고 규정했다(레 15:19-30, 특히 20절을 보라).

두루 찾다가 찾아내지 못한지라. 발(Bal)이 지적한 대로 "여자라도 건성으로 점검했을 것이고, 남자는 수색을 시도할 꿈도 꾸지 못했을 것이다."[170]

---

168 *ANEP*, 59, plate 188을 보라.
169 Sarna, *Genesis*, 219.
170 M. Bal, "Tricky Thematics," *Semeia* 42 (1988): 151; N. Steinberg, "Israelite Tricksters, Their

36절. 책망할새(ריב, 리브). 이 히브리어는 논쟁이나 말다툼을 묘사한다(13:7-8; 26:20-22을 보라). 창세기에서 이 단어는 목초지 소유권(13:7-8을 보라), 우물 소유권(26:20), 여기서의 가축 소유권(31:36)을 둘러싼 무리 사이의 분쟁을 지시한다. "분쟁은 국가 태동 이전 영토에서의 '전쟁'이다."[171] 그러나 하나님은 라반과 야곱 사이의 물리적 갈등을 가로막으신다. 사법적 영역에서 리브(ריב)는 법정 앞에서 전반적인 사법 절차를 통한 심리를 지시한다.[172] 바로 이것이 여기서 뜻하는 의미의 일부일 수 있는데, 왜냐하면 야곱이 친족에게 자신과 라반 사이를 판단해 달라고 요구하고(31:37) 하나님께서 이미 자신의 편에서 평결하셨다고 결론을 내리시기 때문이다(31:42). 야곱은 피고인 신분에서 피해자로 상황을 반전시킨다. 라반과의 이십 년 세월을 요약한 야곱의 발언은 포괄적이고 거의 시와 같다. 야곱은 신들을 훔쳤다고 부당하게 고발당하는 현재 상황과(31:36-38) 과거의 잘못된 상황으로부터(31:39-40) 자신의 무고함을 증명한다. 과거는 물론 지금도 라반의 꿈속에서(31:41-42) 자신을 신원해주시는 하나님께 호소하면서 말이다. 더구나 균형과 병행은 점차 고조되는 수사학적 산문의 효과를 창출한다. 웬함의 말을 빌리면 "여기서 이십 년 묵은 분노의 좌절감이 맹렬하게 퍼부어지는 비난과 더불어 폭발한다."[173]

내 허물(פֶּשַׁע, 페샤)이 무엇이니이까? 이 히브리어는 통상적으로 반역죄, 곧 정치적 영역에서 상급자에 반항하는 하급자의 의도적인 도발을 암시한다. 비록 싸움이 두 혈족 사이의 전면전으로 보이지는 않지만, 야곱의 발언은 확고한 도덕적 발판 위에 밧단아람에서의 자신의 평판을 확실

Analogues and Cross-Cultural Study," *Semeia* 42 (1988): 7도 보라.
171 G. Liedke, "ריב," *TLOT*, 3:1234.
172 앞의 책, 1235.
173 Wenham, *Genesis 16-50*, 277.

하게 하는 데 필요하다. 야곱이 에서와의 일에서 생겼던 것과 같은 빚을 갚아야 할 필요는 더 이상 없을 것이다.

무슨 죄(הַטָּאת, 하타트)[174]**가** 있기에. "과녁을 빗나가다"라는 뜻의 이 단어의 어근은 그 용례를 말해준다. "과오"의 영역은 보통 신학적이고 드물게는 정치적이다(42:22; 43:9; 왕하 18:14). 비록 사실상 성스러운 영역과 세속의 영역이 엄격하게 구별될 수는 없지만 말이다. 여기서 야곱은─적어도 뒤따르는 상세한 내용으로부터 판단하자면─하나님과 사회가 옹호하는 타인에 대한 행동 규범을 염두에 둔다.[175]

37절. 무엇을 찾아내었나이까? 야곱의 첫 번째 변호는 결백함이다. 그는 아무것도 훔치지 않았다.

우리 둘 사이에 판단하게 하소서(יָכַח, 야카흐; 21:25; 31:42을 보라. 참조. רִיב, 리브, 31:36). 이는 문제를 바르게 정리한다는 의미의 법률 용어다. 이 고소인은 친족에게 재판관과 배심원 역할을 해달라고 요청한다. 가족 신들에 대한 송사는 여기서의 문제를 상징한다. 야곱은 이와 비슷하게 이십년 동안 라반에게 부당한 일을 당했다.

38절. 외삼촌의 암양들이나 암염소들이. 라반이 자신의 신들을 야곱이 도둑질해갔다고 정당하게 고발할 수 없는 것과 마찬가지로 라반은 자신의 양 떼를 보살피는 일에 있어 야곱을 비난할 수 없다.

낙태하지 아니하였고. 이는 야곱의 능숙하고 양심적인 목축 때문이다.

39절. 내가 스스로 그것을 보충하였으며. 야곱은 후대에 함무라비 법전에 명시된 의무를 넘어섰다(출 22:10-11도 보라). 목자는 공격받은 가축

---

174 R. Youngblood, "A New Look at Three OT Roots for 'Sin,'" in *Biblical and Near Eastern Studies: Essays in Honor of William Sanford Lasor*, ed. G. A. Tuttle (Grand Rapids: Eerdmans, 1978), 201-5.

175 Mabee는 "범죄"(crime)가 "재산과 관련된 범죄"를 지칭하고, "죄"(sin)는 "법률적 위반"을 가리킨다고 생각한다(Mabee, "Jacob," 203 n. 32).

에 대해서는 보통 책임을 지지 않았다.

외삼촌이 그것을 내 손에서 찾았으므로. 야곱은 법이 요구하는 그 이상을 실행했기 때문에 신용을 얻은 것이 아니다. 그는 잃어버렸거나 도둑질당한 양들에 대해 책임을 져야 했다.[176]

도둑을 맞았든지. 이 언쟁에서의 핵심 단어인 이 표현은 틀림없이 야곱의 말문을 막히게 했을 것이다. 라반은 재물에 사로잡혀 있다.

41절. 외삼촌의 두 딸을 위하여 십사 년. 자기 아내들을 배려해서 야곱은 눈치 빠르게 뒤바뀐 결혼을 언급하지 않고 넘어간다.

내 품삯을 열 번이나 바꾸셨으며. 31:7을 보라. 야곱은 큰 고초를 견뎠고 보답을 받는 대신에 반복적으로 속았다.

42절. 우리 아버지의 하나님 …나와 함께 계시지 아니하셨더라면. 28:15, 시 124:1을 보라.

이삭의 두려움이신(개역개정-"이삭이 경외하는 이"). 이는 "이삭이 경외하는 이"로도 번역될 수 있다. 즉 그분은 두려움을 불어넣으시는 이삭의 하나님이시다(31:24, 53을 보라).[177] 이는 하나님에 대한 특이한 별칭이다. 라반이 알고 있는 바와 같이 이삭을 위해 섭리적으로 채워주셨던 하나님은 라반이 지금 인식하고 있는 바와 같이 섭리적으로 야곱도 보호해주신다.

나를 빈손으로 돌려보내셨으리이다마는. 30:25-27을 보라. 여기서 라반의 진짜 죄가 드러난다. 즉 그는 일꾼들에게 삯을 제대로 주지 않았다 (출 3:20-21; 신 15:13-14을 보라).

---

176 참조. "만일 그 [목자]가 자신에게 위탁된 [소]나 양을 잃어버렸다면, 그는 주인에게 [소]에 대해서는 좋은 소로, [양]에 대해서는 양으로 갚아야 한다"(Code of Hammurabi, *ANET*, 177, no. 263). 다음도 보라. S. M. Paul, *Studies in the Book of the Covenant in the Light of Cuneiform and Biblical Law* (Leiden: Brill, 1970), 93; J. N. Postgate, "Some Old Babylonian Shepherds and Their Flocks," *JSS* 20 (1975): 1-21; Mabee, "Jacob," 192-207.

177 Sarna, *Genesis*, 366 n. 17을 보라.

내 고난과 … 보시고. 이 어구는 구약에서 단지 두 번 더 사용될 뿐인데, 두 사례 모두 이집트의 압제를 묘사한다(출 3:7; 신 26:7).

책망하셨나이다(יכח, 야카흐, "판단하다", 31:37을 보라). 하나님은 야곱의 송사를 처리하셨다(30:33도 보라).

라반과 야곱의 불가침 조약(31:43-54)

라반은 거창하지만 무의미한 재산권 주장을 하고 그에 따라 야곱이 제기한 불만에 동의하기를 거절하며(31:43) 조약을 맺자고 제안한다(31:44). 이후에 벌어지는 이 일화의 남은 내용은 조약 수립 과정에 대한 것이다 (31:44-54).

43절. 네가 보는 것은 다 내 것이라. 야곱의 불만에 대한 라반의 공허한 거절은 재산 및 라반의 딸들과 관련된다. 전자와 관련하여 라반은 자신이 동의하고 야곱이 모두 이행했던 계약을 무시하면서 그간 있었던 일에 대해 계속 말을 바꾼다. 후자와 관련하여 그의 딸들은 반대 입장에 서 있다(31:16을 보라). 라반은 마치 소돔 왕과 같이(14:21) 거드름을 피우며 아무 소유권이 없는 대상에 대한 권리를 주장한다. 라반의 뻐기는 태도는 이 세상의 모든 나라가 자신의 것이라는 사탄의 자랑만큼이나 공허하다.

내가 오늘 … 무엇을 하겠느냐? 딸들과 관련하여 라반은 그들이 도주와 침묵을 통해 야곱 편에 서 있다는 현실에 눈이 먼 채 자신의 힘으로 어찌할 도리가 없다고 푸념한다. 진실은 하나님께서 야곱에게 모든 것을 주셨다는 사실이다.

내 딸들과. 라반의 딸들은 자신을 외국인처럼 느끼고(31:15) 라반의 누이처럼 단호한 결심으로 그를 떠난다.

44절. 이제 오라. 라반은 일을 주도하면서 조약을 제안하고(31:44) 먼저 돌과(31:47) 장소에(31:49) 이름을 붙인다. 블레셋 족속이 아브라함 및 이삭과 불가침 조약—블레셋의 열세를 수반하는—을 원했던 것처럼 이제 라반은 야곱의 독립적인 지위, 즉 다른 혈족들과 동등한 입장에 있는 야곱의 권리를 인정한다. 라반은 조약을 제안함으로써 자신이 소송에서 패소했음을 인정한다. 라반이 야곱에게 이야기하고 야곱은 단지 자신의 친족에게 답하고 말할 뿐이다. 하나님이 야곱을 신원해주셨고 따라서 야곱은 아무것도 두려워하지 않으며 조약도 필요하지 않다. 이와 대조적으로 이제 열등한 자가 되어 이삭이 경외하는 분에게 약탈당한 라반은 그분에게 위협을 받고 있다고 느낀다(참조. 31:42, 53).

나와 네가 언약을 맺고. 여기서의 히브리어는 21:27과 26:28에서 "조약을 맺다"로 번역된다. 이는 아브라함 및 이삭과 블레셋 족속 간에 맺은 불가침 조약과 같으며, 하나님이 아브라함과 맺은 언약(15:8-21)과는 다르다. 조약의 과정은 쌍을 이루는 여러 요소와 더불어 진행된다. 즉 조약에 대한 두 증거물(조약 자체, 31:44; 기념석, 31:45-48), 두 기념석(돌무더기와 기둥, 31:51-52), 돌무더기에 대한 두 이름(아람식과 가나안식 이름[= 히브리 이름], 31:47), 두 번의 식사(처음에, 31:46; 마지막에, 31:54), 두 가지 조항(타지에서 딸들에 대한 보호, 31:50; 부족의 경계들, 31:53), 조약을 감시하는 두 신(아브라함의 하나님과 나홀의 신, 31:53)이 나온다.[178] 사르나는 라반이 "야곱이 동등한 지위를 지닌 개별적인 독립적 주체로서의 사회적 존재임을 암묵적으로 인정한다"고 말한다.[179]

증거. 원문은 에드(עֵד, "증거")가 아니라 아드(עַד, "조약, 협약")이었을지도 모른다.[180]

45절. 기둥. 이는 하나님의 임재로 종의 속박에서 풀려난 한 남자의 기념물이다. 야곱은 하나님의 임재와 보호를 기념하는 기둥들(מַצֵּבָה, 마체바)을 가지고 자신의 삶의 두 주기, 곧 가나안에서의 생활과 현재 하란

---

178 비록 동등한 지위의 두 사회적 실재로 맺어진 한 쌍의 조합은 아니지만, 참되신 하나님 역시 아브라함의 하나님과 이삭이 경외하는 이라는 두 이름을 지닌다(31:42).

179 Sarna, *Genesis*, 221.

180 *HALOT*, 787.

에서의 생활의 끝을 표시한다(28:18-19을 보라). 그는 이 돌을 가지고 자신의 이야기가 그의 아내들과 라반에게 잊히지 않도록 만든다.

46절. 친족들에게(개역개정-"형제들에게"). 이 단어는 아마도 양쪽 진영에 있는 사람들을 지칭하기 위해 사용된다.

47절. 여갈사하두다. 이는 "증거의 무더기"를 의미한다.

야곱은 그것을 …불렀으니. 제단의 이름을 짓는 일에 대해서는 여호수아 22:10-12, 34을 보라. 야곱은 아람어보다는 가나안어를 사용함으로써 자신의 신분을 약속의 땅과 결정적으로 일치시킨다. 야곱과 라반은 각자 자신의 언어를 말하는 구별된 민족이다.[181]

갈르엣. 이 역시 "증거의 무더기"를 의미한다.

48절. 오늘. 이 연대기적 형식문은 조약의 완성과 영속적인 유효성을 가리킨다.[182]

49절. 미스바. 이는 "망대"를 의미한다. 라반은 하나님께 대한 두려운 마음에서 이름을 짓는 반면에 야곱은 감사한 마음으로 이름을 짓는다.

야웨께서 …살피시옵소서. 이는 축복이 아니라 야웨께서 조약을 감시해달라는 기원이다. 각자 듣는 입장에서 하나님의 지켜보심에 대한 이미지에 온도차가 있다. 라반은 야웨께서 자신과 야곱을 지켜보신다는 사실을 꿈속에서 겪은 하나님의 위협을 통해 알게 되었다. 야곱은 이 사실을 자신을 향한 하나님의 축복을 통해 배웠다.

50절. 만일 네가 내 딸을 박대하거나. 이 아이러니는 라반이 할 말은 아니다. 정작 그들을 박대한 사람은 바로 라반이다(참조. 31:14-16).

---

181 D. I. Block, "The Role of Language in Ancient Israelite Perceptions of National Identity," *JBL* 103 (1984): 338 n. 74.

182 G. M. Tucker, "Witnesses and 'Dates' in Israelite Contracts," *CBQ* 28 (1966): 42-45; S. J. DeVries, *Yesterday, Today and Tomorrow: Time and History in the Old Testament* (Grand Rapids: Eerdmans, 1975), 156-57.

내 딸들 외에 다른 아내들을 맞이하면. 다른 아내들은 가족의 재산에 대한 라반의 딸들의 몫과 그들의 자녀의 몫을 축소시킬 위험이 있었을 것이다. 한 누지 계약서는 이렇게 말한다. "만일 울루(Wullu)가 다른 아내를 맞아들인다면, 그는 나쉬위(Nashwi, 그의 장인)의 땅과 집들을 내놓아야 할 것이다."[183]

51절. 내가 … 사이에 둔 … 이 기둥을 보라. 라반은 언제나 자신이 하지 않은 일 혹은 자신에게 속하지 않은 것에 대한 권리를 주장한다. 착각에 빠진 라반에 따르면 돌무더기를 쌓은 여인들과 자녀를 포함한 친족은 자신에게 속한다.

52절. 증거. 조약의 조항들은 전승을 통해 세대를 거쳐 충실하게 전해질 것으로 추정된다(미 1:2을 보라).

이 무더기를 넘어 네게로 가서 해하지 않을 것이요. 이는 경계선의 표시다. 이스라엘의 정착 시기에 접경 지역의 주민들은 뒤섞여 있었다. 아스리엘(Asriel)은 므낫세가 그의 아람인 첩을 통해 낳은 후손이었다(대상 7:14). 분열 왕국 시대에 아람인들과 이스라엘 백성은 길르앗을 두고 싸웠다(왕상 22:3; 왕하 9:14). 내레이터가 후대의 이스라엘 역사에서 이 조약을 작성했을 것 같지는 않다. 그는 고대의 협약을 기록한다.

53절. 아브라함의 하나님, 나홀의 하나님. 이는 "아브라함의 하나님과 나홀의 신"으로 번역하는 것이 더 낫다. 동사 "판단하다, 심판하다"는 복수이며 라반이 두 신을 염두에 두고 있음을 시사한다(이어지는 주해를 보라; 수 24:2도 보라).

그들의 조상의 하나님. 문맥상 이는 "그들의 아버지의 신들"로 번역되어야 한다(수 24:2을 보라). 하지만 70인역은 이 어구를 완전히 누락한다.

---

183 또 다른 결혼 계약 조항은 이렇다. "질리꾸슈(Zilikkushu)는 날루야(Naluya)에 더하여 다른 아내를 취하지 말지어다"(R. Yaron, *Introduction to the Law of the Aramaic Papyri* [Oxford: Clarendon, 1961], 60 and n. 4; Van Seters, *Abraham*, 84에 있는 인용문을 보라).

그의 아버지 이삭이 경외하는 이. 야곱은 아브라함의 하나님을 나홀의 신과 동등하게 여기지 않으면서 "이삭이 경외하는 이"로 맹세한다. 그분은 이삭이 아브라함의 하나님과 동등하게 여기는 분이시다(31:42을 보라). 야곱은 이제 그분을 자신의 하나님으로 인정한다.

54절. 제사를 드리고. 기념석을 세우고 조약을 봉인하는 희생제사를 바치는 일은 언약 수립 과정에서 중요한 두 절차다(참조. 출 24:5-8, 11).

형제들을 불러 떡을 먹이니. 28:20을 보라. 야곱은 이제 지도자이며 접대하는 자다. 이 식사는 방금 희생으로 바친 짐승으로 이루어지며 의례의 일부를 구성한다.

산에서 밤을 지내고. 지난밤에 적대적인 양 진영은 서로에게 맞서 각자의 막사를 쳤다. 이 밤에 그들은 불가침 조약을 축하한다.

혈족의 분리(31:55)

55절. 축복하고. 24:60, 28:1을 보라.

제8부 2막 6장에 대한 신학적 고찰 ─────────

섭리

30:25-43에서 야곱이 기른 가축 떼의 번성에 대한 묘사와 31:4-13에서 그 사건들에 대한 해석은 신자들의 삶 속에서 날마다 일어나는 사건들에 대한 교훈적 그림이다. 30장에서 사건들에 대한 최초의 발언은 청중이 가질 수 있는 관점이다. 31장에는 해석적 재구술이 없는데, 우리는 하나님께서 역동적으로 개입하지 않으시고 단지 야곱 자신이 계획을 세우고 있었다고 추론할 수 있다. 31장에서 야곱의 개인적 관찰과 해석은 자신의 택한 백성을 위한 하나님의 지속적인 임재와 활동을 어렴풋하게 보여준다. 이제 우리는 하나님의 손길을 깨닫게 되었다. 우리가 사건

을 관찰할 때 해석은 드물게 주어진다. 청중의 관점에서 하나님은 개입하지 않으시는 것처럼 보일 수 있지만 겉으로 보이는 것은 좀처럼 모든 것을 드러내지 않는다.

야곱과 라반이 벌인 싸움의 배후에는 야웨가 자리하신다. 야곱이 꾼 야웨의 꿈은 이 장면을 시작하며 라반으로부터 "즉시" 도주하라고 야곱에게 지시한다(31:3, 13). 라반이 꾼 하나님의 꿈은 라반에게 야곱을 해치지 말라고 하며, 불가침 조약에 대한 라반의 요청으로 이어진다. 섭리는 라헬로 하여금 절정에 이른 속임수를 실행하도록 만들고 이 속임수로 라반의 가족 신은 철저하게 유린당한다. 야웨는 아브라함과 이삭으로 하여금 자신들을 블레셋과 대등한 별개의 민족으로 세우게 하셨다. 마찬가지로 이제 야웨는 야곱으로 하여금 아람 민족과 동등한 지위를 확립할 수 있게 하신다. 집을 떠나든지 그곳으로 돌아오든지 간에 야곱은 홀로 여행하지 않는다.

하나님은 우리의 강점과 약점을 모두 사용하시면서 각자의 인생을 은혜로써 다르게 지도하신다. 아브라함의 믿음은 그로 하여금 미래를 응시하고 오직 하나님의 음성과 비전을 기반으로 하나님의 길을 걸을 수 있게 만들었다. 이 믿음으로 인해 하나님은 아브라함에게 큰 복을 주셨다. 야곱은 자신의 믿음을 더욱 견고하게 하기 위해 하나님의 축복에 대한 확신이 필요했다. 하나님은 은혜로 축복을 야곱에게까지 확장하시고 느리게 발전하는 그의 믿음을 강하게 하신다.

하나님의 섭리는 부정적인 인간의 감정과 행동까지도 주관하여 그분의 주권적 목적을 성취한다. 야곱의 아내들의 질투가 이스라엘 지파의 탄생으로 이어진 것처럼, 라반과 그의 아들들의 시기는 야곱이 자기 조상의 땅으로 귀환하는 결과로 이어진다. 가족 신들을 훔친 라헬의 어리석음은 야곱이 자신의 소송에서 승리하도록 만든다.

보응

또한 하나님의 섭리는 정의를 수반한다. 라반은 야곱과 자기 딸들을 십사 년 동안 착취했지만 자신에게 선물로 주어진 조카로 인해 여전히 하나님의 축복을 경험한다. 하지만 마침내 하나님은 상황을 역전시키신다. 야곱과 그의 아내들은 그들이 얻은 재산을 가지고 길을 떠났으며 칼을 쓰지 않고도 라반을 상대로 압도적인 승리를 거둔다. 라반의 탐욕은 그 자신을 망하게 하여 그에게는 재산도 딸들도 그들의 자녀들도 아무것도 남지 않는다(잠 16:7을 보라).

하나님의 인도하심과 믿음

이 장의 서막에서(31:1-3) 인도하심에 대한 하나님의 계획이라는 인상적인 대목이 우리에게 제시된다.[184] 야곱은 도주하라는 하나님의 말씀을 들었고, 라반의 가족이 자신을 해하려는 계획을 스스로 간파했으며, 적개심을 품은 그들의 대화를 섭리적으로 들었다(31:1-3). 바로 이런 이유 때문에 야곱은 지금이 떠날 시점이라는 결정을 내린다. 게다가 그는 가족 공동체의 동의를 얻는다. 그의 아내들은 그들 자신의 원한을 품고 있다. 야곱은 라반이 막강한 군대를 이끌고 자신을 추적할 것이라는 사실을 알면서도 하나님께서 도피 중에 자신을 보호하시리라 믿고 즉시 응답한다.

모형론

이스라엘의 열두 지파는 아브라함이 밧단아람으로부터 약속의 땅으로 이주하고(12:1-9; 35:23-26을 보라) 나중에 많은 재산과 더불어 이집트로부터 이주한(12:10-20을 보라) 여정을 반복한다. 또한 이스라엘 지파가 속박의 집으로부터 탈출한 일은 출애굽의 전조가 된다(신 26:5-8; 호

---

184 Waltke with MacGregor, *Knowing*, 52-135.

12:12-13을 보라). 그들은 가나안 땅에서 예배하라는(31:13, 17-18) 하나님의 부르심에(창 31:3) 응답하여 길을 떠난다. 그들은 적들로부터 재산과 신들을 약탈한다(31:17-21). 그들은 우월한 군대에게 추적당해 따라잡힌다(31:22-23). 그리고 그들은 하나님의 개입을 통해 구출된다(31:24). 이 모두는 새로운 이스라엘이 하늘의 땅을 향해 가는 순례의 모본이다(고전 10:1-4을 보라).

죄

라반은 죄의 불합리성을 보여주는 전형적 사례다(잠 16:2; 렘 17:9). 반복적으로 야곱을 속이고 착각에 빠진 이 불량배는 뻔뻔하게 야곱이 자신에게 잘못을 범했다고 불평한다!(창 31:26-30) 라반은 자신을 비난하고 야곱을 변호하는 꿈의 의미를 깨닫지 못한다. 또한 그는 자신의 기만적 행각에 대항한 딸들의 침묵, 사실은 소리를 지르고 있는 그 침묵에 귀를 기울이지 않는다. 라반은 야곱이 결백하다는 증거를 논박하려는 시도조차 하지 않은 채 계속 뻐기는 태도로 자신의 재산권을 주장하고 아무런 사과도 하지 않는다. 모든 증거와는 반대로 라반은 자신을 자비심이 가득하고 사랑을 베푸는 아버지로 제시한다. 즉 향수병에 걸린 조카와 가족을 송별의 노래를 부르며 떠나보내는 사람으로 말이다. 그는 터무니없이 자신의 딸들에게 잘못을 범했으면서도 야곱으로 하여금 그들에게 해를 끼치지 않겠다고 맹세하게 한다! 라반은 사과할 줄 모르는 사람이다. 라반은 몇 번의 사례에서 아브라함의 하나님께서 아브라함의 가족에게 베푸시는 섭리적 보호와 공급하심에 대해(24:50; 30:30), 또한 자신에게 주신 하나님의 꿈에 대해 증언한다(31:29). 라반은 자기를 사랑한 나머지 하나님께 대항하여 마음을 완악하게 한 일에 대해 용서를 구하지 않는다.

천사들이 마하나임과 브니엘에서 야곱을 만나다: 에서를 만나기 위한 야곱의 준비(32:1-32)

제8부 2막 7장에 대한 문학적 분석 ─────────

구조와 플롯

야곱의 도망은 이제 가족과의 과거 및 하나님과의 미래에 직면해야 한다. 에서를 만나기 위한 야곱의 준비에 대한 이야기는 두 번의 예상치 못한 신적 존재와의 만남으로 둘러싸인다. 이 만남들은 야곱과 에서의 만남을 변화시키는데, 야곱의 삶에서 이 수직적 차원은 그의 개인적 변화를 알리는 신호다.

제2막의 문학적 분석에서 설명된 바와 같이 이 제2막의 구조는 여러 사자를 기준으로 살펴볼 수 있다. 제2막의 교차 구조는 도망자인 야곱이 약속의 땅을 떠났다가 돌아올 때 하나님께서 그와 함께하심을 특징으로 한다(제2막의 문학적 분석을 보라). 이 구도에 따르면 제7장과 8장은 실제로는 한 장면에 대한 두 일화다. 즉 "야곱이 에서와 화해하다." 두 장은 한 장면으로 간주되며 교호 구조를 따른다.

A 하나님의 사자들이 "두 진영"(개역개정-"마하나임")에서 야곱과 만나다(32:1-2)
B 야곱이 "두 진영"에서 에서를 만날 준비를 하다(32:3-21)

A′ 하나님의 사자들이 브니엘에서 야곱을 만나다(32:22-32)

B′ 야곱이 에서를 만나다(33:1-17)

이 패턴은 마하나임("두 진영"을 가리키는 히브리어)에서 일어난 야곱과 하나님의 사자들의 조우를 야곱이 두 진영에서 에서를 만나기 위해 준비하는 일부로 특징짓는다. 더욱이 하나님의 사자들과[185] 야곱의 만남은 이어지는 에서와의 만남의 일부다. 야곱 자신은 에서와의 만남을 하나님과의 만남과 동등하게 여긴다(33:10). 두 만남은 모두 적개심에서 시작해서 야곱이 그의 깨어짐과 더불어 승리하는 것으로 끝난다.

나는 이 주석에서 32장 전체를 33:1-17과 구별되는 장면으로 간주하는 해석을 택했다. "에서를 만나기 위한 야곱의 준비"라는 부제는 의도적인 언어유희다. 즉 야곱은 직접 에서를 만나기 위해 준비하고 하나님도 그를 준비시키신다. 구별된 장면으로 간주되는 32장 역시 다음과 같은 교호 구조를 따른다(ABC//A′B′C′).

서론/배경: 하나님의 사자들이 마하나임에서 야곱과 만나다(32:1-2)

A 야곱이 에서에게 전령들을 보내다(32:3-6)

B 야곱이 가족을 둘로 나누다(32:7-8)

  C 야곱이 하나님의 언약의 약속을 의지하여 기도하다(32:9-12)

A′ 야곱이 에서에게 선물을 보내다(32:13-21)

B′ 야곱이 가족을 얍복강 건너편으로 보내다(32:22-23)

  C′ 야곱이 신-인(God-man)과 씨름할 때 기도하다(32:24-32)

---

185 "신-인"(God-man)이라는 용어는 이 장의 문맥에서 그 "사람"에게도 적절하다. 나중에 호세아는 그를 "천사/사자"로 확인하지만(12:4; 참조. 히 5장), 물론 하나님의 사자는 하나님 본인과 동등하다(16:7을 보라). 나는 야곱이 만난 신적 존재에 대해 "하나님의 사자"와 "신-인" 둘 다 사용한다(32:24에 있는 "사람"에 대해서는 각주에 있는 논의도 보라).

이 교호 구조의 두 번째 병행부는 첫 번째 병행부를 극적으로 고조시킨다(예. 전령들/선물; 양분하다/보내다; 기도하다/씨름하다).

A/A´와 B/B´는 전반적인 상황을 조종하려는 야곱의 신중한 행동을 조명한다. A/A´에서 야곱은 정보를 얻기 위해 전령들을 보내고 이어서 선물 공세로 상대를 진정시키기 위해 신중하게 시도한다. B/B´에서 야곱은 에서가 상당한 규모의 군사를 동반해서 자신을 만나러 오고 있다는 소식을 듣고 바짝 긴장하면서 추가적인 예방 조치를 취한다. 먼저 그는 가족을 두 진영으로 나눈다. 이어서 그는 그들을 밤중에 얍복강 건너편으로 보낸다. 추정컨대 이는 살아남은 진영이 라반에게 돌아오지 못하도록 하고, 또한 그들이 야곱의 조상의 땅에서 그들의 운명을 확실하게 성취하도록 준비하는 조치였을 것이다. 하지만 C/C´는 야곱이 성공을 위해 하나님의 축복을 얻으려고 그분께 의지하는 것을 보여준다. 첫째, 야곱은 자신의 미래를 하나님의 언약의 약속에 의탁하면서 창세기에서 가장 긴 기도를 드린다. 이어서 하나님은 그의 허벅지 관절을 비틀어 꺾으신다. 따라서 야곱은 이제 하나님만을 의지해야 한다. 강함 속에서 결단력 있고 신중한 행동을 통해 승리했던 그 사람은 이제 약함 속에서 기도로 승리한다.

이 주제를 추가적으로 뒷받침하면서 이 장면은 하나님께서 그에게 개입하시는 내용으로 틀을 구성한다. 먼저 마하나임에서 사자들의 개입이 나오고 그다음에 브니엘에서 야웨의 사자가 개입하는 내용이 이어진다.

야곱은 한 가지 갈등 곧 라반과의 갈등에서는 벗어나지만 또 다른 갈등 곧 해결되지 않은 에서와의 분쟁으로 되돌아갈 뿐이다(27:45). 잠재적 위험이 도사리고 있는 에서와의 만남의 불확실성이 이 장면을 움직여 가고 야곱을 변화시키는 촉매제를 만들어내며 독자를 긴장 속에 몰아넣는다.

야곱이 약속의 땅을 떠날 때 만났던(28:10-22) 하나님의 사자들은 그의 귀환길에 그를 만난다. 내레이터는 이 이야기의 수평적 차원에 앞서 수직적인 차원을 열어 보여주기 시작한다. 폭스는 이렇게 설명한다. "이 출발점으로부터 모든 것은 순차적으로 '두 진영'(8절) 혹은 두 차원, 즉 신적 차원과 인간의 차원의 문제. 이는 야곱과 그의 형제 사이의 만남을 전체적으로 이해하도록 하는 열쇠다. 야곱은 에서와의 문제를 해결하기 전에 하나님을 상대해야 할 것이다."[186] 더구나 야곱에게 찾아온 하늘의 전령들은 야곱이 에서에게 보낸 전령들의 모본 역할을 하며, 두 진영의 가족과 재산에 대한 야곱의 개념을 형성하는 데 일조한다.

플롯의 긴장은 야곱이 에돔의 영역으로 접근할 때 그가 예상치 못하게 위험한 사자들과 만나는 데서부터 에서가 완전 무장한 군사를 거느리고 오고 있다는 보고에 이르면서 점차 고조된다. 이 긴박한 느낌은 가족이 두 진영으로 양분되고 한밤중에 위험한 얍복강을 건너며 야곱이 신-인과 씨름하는 일로 인해 더욱더 커질 뿐이다. 또한 씨름 장면은 야곱의 내적 싸움을 내포한다. 폭스는 이렇게 주석한다.

> 얍복강에서의 대단한 씨름 장면은 야곱과 에서의 만남을 상징할 뿐 아니라 사전에 해결한다. 마치 셰익스피어가 쓴 전쟁 전의 꿈 장면들이 등장인물들의 역할을 설정하는 것처럼 말이다(예. 줄리어스 시저, 리처드 3세, 맥베스). 어머니의 태중에서 이미 시작된 싸움이라는 모티프가(창 25장) 여기서 다시 되살아나지만 그것이 유일한 고려 사항은 아니다. 쟁점은 야곱의 삶 전체와 성품이 그가 최근에 얻은 물질적 성공에도 불구하고 에서의 저주의 보자기 아래 여전히 있다는 것이다(27:36).[187]

이 장면은 야곱의 이름이 이스라엘로 바뀔 때 최고조에 이른다. 대단

---

186 Fox, *Beginning*, 131.
187 앞의 책, 135.

원에서 이 족장은 새로운 날에 비치는 아침 햇살 아래 절룩거리면서 씨름장을 떠난다.

호칭과 핵심 단어들

폭스는 재차 이렇게 설명한다. "이때 핵심은 29절에 있는 개명이다. 이는 씨름에서 거둔 승리와 새로운 힘의 소생을 모두 지시한다. 이는 나아가 히브리어 소리를 통한 언어유희로 지지를 받는다. 즉 야아코브(יַעֲקֹב, '야곱'), 야보크(יַבֹּק, '얍복'), 그리고 예아바크(יֵאָבֵק, '씨름하다')."[188]

또한 내레이터는 지명인 마하나임(מַחֲנָיִם, "두 진영"), 명사 마하네(מַחֲנֶה, "진영")와 민하(מִנְחָה, "선물")를 가지고 언어유희를 한다. 이 단어들이 에서를 만나기 위한 야곱 자신의 준비에서 핵심이 되는 용어들이다.

또 다른 핵심 단어 "얼굴"(פָּנִים, 파님)이 여섯 번 나타나는데(32:20[3회], 21, 30[2회][히. 32:21, 22, 31]),[189] 이는 야곱의 만남들에서 초점이 된다. 포켈만은 이렇게 설명한다. "야곱은 자신이 구출되었다는 사실을 그가 하나님의 얼굴을 맞대고 볼 때 실감한다. 야곱은 이제 하나님을 대면해서 보았기 때문에 형 에서를 더 이상 두려워할 필요 없이 얼굴을 맞대고 원만하게 만나게 될 것과 따라서 자신이 구출되었음을 이해한다."[190]

비교와 대조

야곱은 야웨의 사자들과 세 번 만나는데 각 만남마다 그 장소를 기념한다. 즉 벧엘(28:19), 마하나임(32:2), 그리고 브니엘이다(32:30).

사자들과의 첫 번째 만남은 라반과의 만남을 위해 야곱을 준비시키고

---

188 같은 책.
189 이는 네 번 나오는 전치사 리프네(לִפְנֵי)를 포함하지 않는다(32:3, 16, 17, 20[히. 32:4, 17, 18, 21]).
190 Fokkelman, *Genesis*, 220.

두 번째 만남은 에서와의 만남을 준비시킨다. 매켄지(McKenzie)는 라반이 아람 민족을 대표하고 에서는 에돔 민족을 대표한다고 제안한다. 창세기 32:22-32의 사건들은 주로 상징적이다. 즉 "저자가 설정한 초점은 이스라엘 민족이 득세했는데, 에돔과 아람뿐만 아니라 모든 대적을 상대로 득세했다는 것이다."[191]

마하나임에서의 야곱과 사자들의 만남은 뻰엘에서의 야곱과 그들의 만남과 짝을 이룬다. 복수 "하나님의 사자들"은 28:12과 32:1에 제한된다. "이는 하나님의 군대(진영)다. 그래서 야곱이 그 장소를 마하나임이라 불렀다(וַיִּקְרָא, 바이크라)"(32:2[히. 3절])라는 말은 "이것은 다름 아닌 하나님의 집이요"(28:17, 19)를 되울린다. 하지만 이 장면들은 대조적이다. 전자에서 하나님은 야곱에게 자신의 임재를 확신시키시고 그에게 언약의 약속을 주심으로써 그를 격려하신다. 반면에 이 장면에서는 사자들이 야곱의 생명을 위협하고 야곱은 그들의 약속을 받아들인다.

장면 묘사[192]

야곱과 사자들의 첫 만남에서처럼(28:10-22, 특히 16절), 한밤중에 하나님을 만난 야곱은 아침에 인생의 방향이 새롭게 설정된다. 마찬가지로 이 병행을 이루는 장면에서도 야곱이 보낸 두려움의 밤이(32:7) 이스라엘이 맞이한 희망의 아침으로 바뀐다(32:31). 하지만 이 장면에서 야곱의 변화는 더욱 단계적이다. 야곱은 밤중에 "그 사람"과 씨름한다. 새벽에(혹은 "동틀 녘에"; 즉 햇살이 막 비치기 시작할 무렵) 야곱의 적수는 야곱의 이름을 개명하며 야곱은 그 사람이 다름 아닌 하나님이심을 이해한다. 마침내 해가 자신의 위로 떠오르자 야곱은 길을 떠난다. 더욱 나은 표현으로는

---

191 S. McKenzie, "You Have Prevailed: The Function of Jacob's Encounter at Peniel in the Jacob Cycle," *ResQ* 23 (1980): 230.

192 주해도 보라.

새사람이 되어 절룩거리며 떠난다.

인물 묘사

아래 신학적 고찰에서 "야망, 인내, 그리고 기도"를 보라.

제8부 2막 7장에 대한 주해 ──────────

사자들이 마하나임에서 야곱을 만나다(32:1-2)

1절. 하나님의 사자들이 그를 만난지라. 이는 야곱에게 보여주시는 하나님의 보호를 위한 임재와 "내가 너와 함께하겠다"(28:15)라는─심지어 에서와 맞닥트릴 때에도─하나님의 약속의 성취에 대한 징표다.

만난지라(פָּגַע, 파가[히. 32:2]; 이는 32:6[히. 7절]과는 달리 카라[קָרָא]가 아니다). 본문은 사자들이 나서서 야곱을 만난 것이지 그 반대가 아니라고 말한다. 덧붙여 이 표현은 으름장을 놓는 만남을 함의한다.[193] 실제로 다음에 이어지는 야곱과 하나님의 사자의 만남은 적개심을 수반한다. 하지

---

193 동사 파가(פָּגַע)가 나오는 마흔여섯 번의 경우 중 스물여섯 번은 32:2에 있는 구문처럼 전치사 베(בְּ)를 가진 칼(Qal) 어간으로 나타난다. 이 조합은 다음의 상황에서 사용된다. 즉 (1) 한 경계 선이 다른 경계선에 "맞닿다"(수 16:7; 19:11[2회], 22, 27, 34[2회]. (2) 한 사람이 하나님이나 사람들에게 "끼어들다, 간청하다"(룻 1:16; 욥 21:15; 렘 7:16; 27:18). (3) 어떤 사람이 다른 사람을 "치다, 죽이다"(민 35:19; 삿 15:12; 삼상 22:17, 18; 삼하 1:15; 왕상 2:25, 29, 32, 34, 46). 그리고 (4) 어떤 사람이 자신에게 "해를 끼치는" 사람을 만나다(민 35:21; 수 2:16; 룻 2:22). 뒤의 두 가지 의미는 약화되고 있다. 민 35:21에서 피의 보복자가 살인자를 "만나서" 그를 죽인다. 수 2:16에서 추적자들이 정탐꾼들을 "발견하면" 그들을 죽일 것이다. 룻 2:22에서 엉뚱한 밭에서 룻을 "발견한" 사람들은 그녀를 괴롭힐/학대할/해할 것이다. 창 32:1은 문법적으로 또한 문맥상 네 번째 의미에 가장 잘 어울린다. 대조적으로 파가 에트(פָּגַע אֵת)의 조합은 다음을 의미한다. "치다"(출 5:3), 또는 "위험한 상황에서 예기치 않게 맞닥트리다"(암 5:19), 또는 "우호적인 상황에서 만나다"(출 5:20; 삼상 10:5; 사 64:5[히. 4절]) 또는 심지어 "사람을 만나서 구해주다"(사 47:3). 그러나 그런 모호한 조합은 여기서 사용되지 않는다.

만 두 만남 모두 야곱을 위한 것이다. 하나님의 군대와 야곱의 밀접한 접촉은 야곱으로 하여금 조심스럽고 주도면밀하게 이 위험한 지역으로 접근하도록 부추기려는 의도가 있다(참조. 미 6:8). 창세기 28:10-22에서 그랬던 것처럼 사자들은 두 가지 방식으로 야곱에게 심리적 타격을 주는 것 외에는 다른 역할을 하지 않는다. 야곱이 사자들을 안전하게 통과한 것은 야곱이 방어책을 준비하는 동안 하나님의 보호를 위한 임재를 확신하게 한다(32:7). 이 만남은 "놀람과 위험 및 공격"의 분위기를 설정한다.[194]

2절. 이는. 이 어법은 앞서 나온 야곱과 천사들의 만남과 언어적으로 연결된다(28:16-17).

군대(מַחֲנֶה, 마하네; NIV-"진영"[camp]). 이 히브리어 단어는 32:7, 8, 10에서 "떼"(group)로도 번역된다. 아마도 야곱은 벧엘에서 본 계단(개역개정-"사닥다리") 위에 있는 천사들을 염두에 두고 있을 것이다(28:12).

하나님의 군대(מַחֲנֵה אֱלֹהִים, 마하네 엘로힘). 이는 "큰 군대"로도 번역된다(문자적으로 "하나님의 군대", 대상 12:22). 벧엘이 하늘의 문이었던 것처럼(28:17), 마하나임은 땅에 있는 하나님의 진영이다.

그 땅 이름을 … 하였더라. 이는 앞서 나온 야곱과 천사들의 만남과 언어적으로 연결되는 또 다른 표현이다(28:19).

마하나임. 이곳의 위치는 분명하게 확인되지 않았다. 이름은 "두 진영" 혹은 단순히 "진영"을 의미한다.[195] 그러나 나중의 두 진영에 대한 언급들은(32:7-8, 10) 쌍수를 지지한다. 만일 쌍수라면 그 의미는 모호하다. 이 이름은 하나님의 진영 및 야곱의 진영을 의미하는가? 아니면 야곱의 진영과 에서의 진영의 만남을 미리 예고하는가? 또는 두 천사의 진영, 곧

---

194 Roop, *Genesis*, 209.
195 *IBHS*, §7.3d를 보라.

이곳과 벧엘에 있는 진영을 지시하는가? 혹은 두 천사의 진영 때문에 야곱은 자신의 가족을 두 떼로 나누었는가?(32:8, 10) 야곱이 얼룩무늬 있는 것과 점 있는 것과 아롱진 염소에 대한 꿈을 꾼 것이 그로 하여금 자신의 가축 계약 조항을 작성하게 만든 동인이 된 것처럼 말이다(31:10-12). 아마도 언어유희를 좋아하는 내레이터는 한 가지 이상의 함축적 의미를 떠오르게 하려는 의도를 가졌을 것이다. 아무튼 내레이터는 이 장면 전반에 걸쳐 둘이라는 수를 사용한다. 즉 두 진영, 두 가족, 두 만남—하나님과의 만남 및 에서와의 만남—그리고 두 형제가 나온다. 우리는 라반과 야곱 사이에 맺은 불가침 조약에서 이와 비슷한 짝을 관찰했다.

야곱이 에서에게 전령들을 보내다(32:3-6)

3절. 전령들(개역개정-"사자들")**을 보내며.** 이는 32:1에서 "사자들"로 번역된 것과 동일한 단어다. 하나님께서 사자들을 야곱에게 보내신 것처럼, 야곱은 지금 에서에게 전령을 보낸다.

세일 땅. 에서는 이십 년에 걸친 야곱의 타향살이 동안 세일산 일대의 호리 족속을 쫓아내 이미 그곳을 차지했거나, 그렇게 하고 있는 중이다 (신 2:12). 이는 그의 군사력을 시사한다.

세일 땅 에돔 들(שָׂדֶה, 사데). 어원론적으로 세이르(שֵׂעִיר, 히. 32:4)는 "털이 많은"을 의미한다(25:25과 주해를 보라). 사사기 5:4에 대한 고대 본문에서 "세일"과 "에돔 땅(שָׂדֶה, 사데)"은 서로 병행을 이룬다. 사르나는 이렇게 주석한다. "세 개의 히브리어 단어 세이르(שֵׂעִיר), 사데(שָׂדֶה), 그리고 에돔(אֱדוֹם)이 에서와의 적대적 관계를 기억하도록 의도적으로 사용된다. 에서는 털(שֵׂעָר, 세아르)로 뒤덮인 사람이자 집 밖(שָׂדֶה, 사데)의 사람이며, 피부가 붉고(אַדְמוֹנִי, 아드모니), 들(שָׂדֶה, 사데)에서 집안으로 들어와 붉은 죽(אָדֹם, 아돔)을 구걸했던 사람이고, 야곱이 라반에게로 도주하게 만든 속임수에서 그의 수북한 털(שֵׂעִיר)이 중대한 역할을 했다

(25:25, 27, 29-30; 27:11을 보라).”[196]

4절. 내 주 에서에게 이같이 말하라. "주의 종 야곱이 …". 비록 이 소개의 인사가 고대 근동의 관례적인 서신 형식을 따랐다고 할지라도 야곱은 이 정중한 인사를 통해 형을 향한 오만함을 바로잡기 시작한다. 형으로 인해 야곱의 삶은 약속된 미래와는 정반대 방향으로 내몰리게 되었다(27:29). 아브라함이 롯에게 그랬던 것처럼 야곱은 하나님께서 약속을 성취하시리라고 믿으며 축복에 대한 그의 선택권을 포기하는 쪽으로 첫 걸음을 뗀다(13:1-12). 야곱과 에서의 경쟁 관계가 끝나기 직전이다.

야곱이 이같이 말하기를. 이 히브리어는 문자적으로 "따라서 야곱이 말한다"이며 예언문학의 위탁 형식문(commissioning formula)이다. 전령들은 그들이 마치 야곱인 것처럼 말해야 했다(16:7에 대한 주해에서 "야웨의 사자"를 보라).

내가 … 머물러 있었사오며(נּגוּר, 구르; 12:10을 보라). 야곱은 자신이 라반에게 갔던 이유에 대한 언급을 교묘하게 생략한다. 해밀턴은 "야곱은 이십 년 이상의 세월을 여섯 단어로 짧게 만들 수 있다"고 말한다.[197]

지금까지. 이것이 에서가 그의 쌍둥이 동생에 대해 듣지 못했던 이유다.

5절. 내게 … 있으므로. 여기에는 에둘러 표현된 선물에 대한 암시가 있다. 만약에 선물이 필요하다면 말이다. 야곱은 값비싼 낙타를(참조. 32:15) 언급하지 않으면서 자신의 재산을 축소해서 말한다.

내 주께 은혜 받기를 원하나이다. 이 어구는 33:8, 10, 15에서 반복된다. 이 사람은 새로운 야곱이다(25:31을 보라). 그는 자신을 에서의 은혜에 맡겨 받아들여지길 원한다.

---

196 Sarna, *Genesis*, 224.
197 Hamilton, *Genesis 18-50*, 321.

6절. 만나려고 오더이다(הֹלֵךְ לִקְרָאת, 홀레크 리크라트). 이 히브리어 표현은 모호하다. 때로 이 표현은 적의를 함축하지만(왕상 20:27; 왕하 23:29) 다른 경우에서는 그렇지 않다(창 24:65; 수 9:11; 왕하 8:8, 9; 9:18). 야곱이 틀림없이 모호함을 느꼈던 것처럼 청중이 모호함을 느끼게 하려는 의도가 엿보인다. 야곱은 에서의 엄청난 병력에 겁을 먹는다. 그러나 만약 에서의 의도가 악했다면 그가 왜 전령들을 해치지 않고 돌려보냈을까? 에서가 그들을 죽일 수도 있었고 기습 공격을 감행할 수도 있었을 텐데 말이다. 뒤이어 청중은 이 아이러니를 알아차린다. 에서는 야곱을 호위하기 위해 오는 중이다(33:12).

사백 명을 거느리고. 이는 표준적인 군대 규모를 지시하는 어림수다(삼상 22:2; 25:13; 30:10; 참조. 창 14:14).

야곱이 가족을 나누다(32:7-8)

7절. 심히 두렵고 답답하여. 매우 강한 이 단어들은 비참한 곤경 가운데 있는 사람들에게 사용된다. 야곱은 두려워할 이유가 있지만(14:14; 27:40을 보라) 라반의 강한 위세와(31:29을 보라) 야웨의 사자들의 군대를 이겨냈다(32:1-2). 양심의 죄책으로 야곱은 최악의 상황을 상상한다.

두 떼로 나누고. 후퇴는 라반과의 협약을 위반하는 일이고 그의 진노를 불러일으킬 것이다. 그래서 사르나의 말을 빌리면 "야곱이 할 수 있는 최선은 자신의 손해를 최소화하는 것이다."[198] 야곱의 생각이 가리키는 바와 같이(32:8), 그는 최소한 자기 가족의 일부만이라도 구하기를 희망하고 있다.

---

[198] Sarna, *Genesis*, 224.

야곱이 하나님의 언약의 약속을 의지하여 기도하다(32:9-12)

9절. 야곱이 기도하되(개역개정-"야곱이 또 이르되"). 이는 처음으로 기록된 야곱의 기도이며(32:9-12) 창세기에서 유일하게 길게 드린 기도다.[199] 결국 그는 하나님과의 올바른 관계를 발전시키고 있으며, 따라서 그의 형과의 올바른 관계도 진전시킬 수 있다. 구조적으로 이 기도는 에서에게 보내는 두 사절단의 중간에 놓여 있다(32:3-8, 13-21). 이는 야곱이 에서에게 보낸 자신의 두 번째 선물이 성공을 거두도록 하나님께 의탁했음을 시사한다. 야곱의 기도는 하나님을 부름(32:9), 고백(32:10), 청원(32:11), 확신과 동기로(32:12) 구성된다. 이 형식은 이른바 "참회시"와 비슷하다.

내 조부 아브라함의 하나님, 내 아버지 이삭의 …. 하나님을 부름. 하나님께 드린 그의 기도문은 28:13에 있는 하나님의 자기 알림과 동일하다. 그의 의도는 하나님을 약속에 붙들어놓는 것이다.

돌아가라. 31:3을 보라. 참조. 28:15. 하나님께 대한 복종과 야곱의 복은 분리될 수 없다.

10절. 나는 …**조금도 감당할 수 없사오나.** 야곱의 고백은 그에게 영적인 변화가 발생하고 있음을 나타낸다. 그는 에서에게 굴복하고 약한 자의 운명을 받아들이면서 하나님 앞에서 자신의 무가치함을 인정한다(참조. 삿 6:15-18; 삼상 16:11; 마 10:42; 18:6-14; 고전 1:18-25).

모든 은총(חֶסֶד, 헤세드)**과 모든 진실하심**(אֱמֶת, 에메트). 헤세드는 자비로운 성품으로 어쩔 줄 모르는 언약 파트너의 필요를 채워주는 상급자에게 부합한다(21:23을 보라). 에메트는 상급자가 필요를 채울 의무가 없을지라도 상급자는 항상 신뢰할 수 있는 분이라는 것을 의미한다. 자켄펠트 (Sakenfeld)는 이렇게 주석한다. "야곱은 자신의 번영을 하나님의 신실하심 덕분으로 돌리고 자신이 이 위험한 시기에 그분을 끝까지 따르기 위

---

199 28:20-22에 있는 그의 서원은 기도의 형식으로 표현되지 않는다.

해 야웨를 신뢰할 수 있기를 기도한다. 가족과 가축 떼에서 드러난 신실성은 만일 이들이 갑자기 끊어진다면 무의미해진다.…신적 신실성은 삶을 의미 있게 만드는 모든 것의 근간이며 야곱의 안녕이 위협받을 때 특별한 의미를 지니게 된다."[200]

주의 종에게. 야곱은 이제 타인을 섬길 준비가 된 야웨의 종이다(26:24을 보라). 성경 저자들은 지극히 선별된 소수의 종들에게만 "야웨의 종"이라는 영예로운 호칭을 붙인다. 즉 모세, 여호수아, 갈렙, 다윗, 그리고 이사야서에 나오는 무명의 종이 있다.

이 요단을. 야곱은 얍복강을 요단강으로 흘러 들어가는 지류로 생각한다. 이는 그가 약속의 땅에 돌아와 있다는 것을 암시할 수 있다.

11절. 나를 건져내시옵소서(נַצַּל, 나찰). 이 표현은 야곱의 탄원의 시작을 표시한다. 하나님의 구원과 보호는 예상치 못한 방식으로 찾아올 것이다(32:30에서 "[생명이] 보전되었다"로 번역된 이 히브리어 어근의 반복을 주목하라).

12절. 주께서 말씀하시기를. 야곱은 이 탄원을 위한 확신과 동기를 제시한다. 그는 자신의 미래를 하나님의 약속의 기반 위에 놓는다.

네 씨로 바다의 셀 수 없는 모래와 같이 많게 하리라. 22:17, 28:14을 보라. 야곱은 자신만이 아니라 후손의 생존까지도 걱정한다.

야곱이 에서에게 선물을 보내다(32:13-21)

13절. 밤을 지내고…예물을 택하니. 32:13과 21에 있는 교차 구조의 수미상관을 주목하라(밤을 보냈다//선물을 보냈다). 이것이 이 일화의 틀을 이룬다.

---

[200] K. D. Sakenfeld, *Faithfulness in Action: Loyalty in Biblical Perspective* (OBT: Philadelphia: Fortress, 1985), 86.

예물(מִנְחָה, 민하). 야곱은 손해를 끼친 형에게 양을 크게 늘린 풍부한 선물을 보내 화난 형의 마음을 외교적으로 누그러트리려 한다(잠 25:21-22). 이 선물은 무상으로 보내진다(4:4-5; 43:11, 15, 25-26; 왕상 10:25을 보라). 여기서 선물은 잘못을 배상하기 위함이지 군주에게 강제로 바치는 공물이 아니다(삼하 8:2, 6; 왕상 5:1; 왕하 17:4). 그럼에도 불구하고 선물은 종이 자신의 부를 주인의 덕택으로 돌리며 주인에게 올리는 공물에 부합한다. 33:11에서 야곱은 자신의 선물을 "복"이라 부른다(NIV에서는 "선물"[בְּרָכָה, 베라카]). 그는 하나님께서 언약의 약속을 지키시리라고 믿으면서(창 13장; 32:9-12을 보라) 그 복을 에서에게 되돌려주고 그를 주인으로 모실 준비가 되어 있다(잠 25:21-22을 보라).

14-15절. 암염소가 이백이요 …. 도합 오백오십 마리의 가축은 매우 큰 선물이다. 에서의 분노를 누그러트리려고 시도하면서 야곱은 에서를 선물로 에워싸서, 심리학적 측면에서 말하자면 에서는 다른 생각을 해볼 도리가 없게 된다.

19절. 셋째와 각 떼를 따라가는 자에게. 에서에게 종의 태도를 보이는 야곱의 반복적인 말은 야곱이 말하는 발언의 진실성을 강조한다.

20절. 형의 감정을 푼(כִּפֶּר, 키페르) **후에**. 이 히브리어는(32:21) 문자적으로 "그의 얼굴을 덮다"이다. 키페르의 목적어인 "얼굴"은 구약에서 특이하다. 이 단어에 상당하는 아카드어 "얼굴을 없애다"(*kuppur panê*)는 "얼굴에서 [분노를] 없애다"를 의미한다.[201] 야곱의 언어는 종교적 희생 제사와 닮았다(예. "내가 그의 얼굴을 누그러트릴 것이다.…아마도 그는 나를 받아들일 것이다"). 감정이 상한 형을 달래는 것은 하나님의 진노를 진정시키는 일만큼이나 적절하다.[202]

---

201 J. Milgrom, "Atonement in the OT," *IDBSup*, 81.
202 잠 16:1-15의 단락은 하나님을 진정시키는 일(16:6, "속죄하다")과 왕을 진정시키는 일(16:14, "달래다")을 결합한다.

혹시 나를 받아주리라. 문자적으로는 "그는 내 얼굴을 들 것이다"이다. 이는 "나를 용서하다"를 함축할 수도 있다.

야곱이 가족을 얍복강 건너편으로 보내다(32:22-23)

22절. 밤에. 위의 문학적 분석과 32:26에 있는 "장면 묘사"를 보라. 저녁은 종종 번민의 이미지를 나타내며 하나님의 경외로운 계시를 위한 시간이다(28:11-22을 보라). 이 밤은 야곱이 에서를 피해 도주한 이후 시작된 야곱의 어두운 밤을 진짜로 끝낼 것이다.

열한 아들. 디나가 누락되어 있는데, 이는 그녀가 내레이터의 관심사인 민족의 설립에 아무런 역할을 하지 않기 때문이다.

얍복 나루. 오늘날의 나흐르 에즈 자르카강(Nahr ez-Zarqa, "푸른 강")이다. 이 강은 수원지에서 서쪽으로 약 50마일 길이의 깎아지른 협곡을 통과하는데 해발 1900피트에서 해수면 아래 115피트의 저지대로 흐른다. 이는 사해 북단 약 20마일 지점에서 요단강으로 흘러들어간다. 이 자연적이며 인상적인 경계선은 나중에 이스라엘이 모세의 영도 아래 점령한 영토의 국경을 형성한다(민 21:24; 신 2:37; 3:16; 수 12:2; 삿 11:13, 22). 하지만 족장 시대에는 에서가 그 강을 자유롭게 통과해 행진한다. 신-인은 야곱이 부적절하게 이 위험한 영토 안으로 들어오지 못하도록 막기 위해 이 경계선에서 야곱과 씨름할 것이다. 사기꾼 야곱이 그곳에 들어와 세를 떨치는 것은 적절치 않다.

야곱이 신-인과 씨름할 때 기도하다(32:24-32)

24절. 홀로 남았더니. 서사는 야곱이 홀로 있음을 강조한다. 이야기의 연속적인 세부 내용에서 보호받지 못하는 야곱의 상태는 긴장을 유발하는 기능을 한다. 생명이 위험에 처한 사람이 홀로 남는다. 신학적 회상 속에서 야곱의 고독은 중요한 영적 목적에 일조한다. 야곱은 소유물도 보호막도 없이 홀로 하나님을 만나야 한다.

어떤 사람이. 제대로 설명되지 않은 진술이 이야기의 긴장을 고조시킨다. 도대체 누가 야곱과 싸우러 왔는가? 나중에 가서야 독자들은 그 사람이 눈에 볼 수 있게 나타나신 하나님이심을 인지한다.[203]

야곱과 씨름하다가. 야웨께서 예상하지 못한 씨름을 시작하신다.[204]

이기지 못함을 보고. 하나님은 자신을 낮추시고 야곱과 동등한 모습을 한 채 찾아오셨다. 야곱은 다시 한번 놀라운 괴력을 보여준다(29:10을 보라).

25절. 치매. 신적 존재는 단순한 접촉만으로 야곱을 굴복시킨다.

야곱의 허벅지 관절. 가혹한 자비심으로 하나님은 야곱의 골반

---

203 호 12:4은 그를 "사자/천사"로 확인해준다. 물론 하나님의 사자는 하나님 본인과 동등하다(창 16:7을 보라). Sarna는 천사를 "에서의 천상 수호자", 곧 신 4:19, 29:26, 32:8, 시 82편, 사 24:21, 단 10:13, 20-21을 인용하면서 에돔의 수호천사로 간주하는 미드라쉬의 전통을 따른다. 이 해석과 일치하게 NJPS는 창 32:28과 30에 있는 엘로힘(אֱלֹהִים)을 "하나님"이 아닌 "신적 존재"로 해석한다(LXX, Targum, Syriac, Vulgate, NKJV, NASB, NAB, REB, NIV, NRSV와 대조적으로). 하지만 Sarna조차도(참조. NJPS 주해) "브니엘"이란 장소는 이미 이 이름을 가지고 있었다고 주장하면서 이를 "하나님의 얼굴"로 번역한다. 더구나 민족들의 신적 존재들은 사실상 악령(신 32:17; 시 106:37), 곧 하나님과 그분의 백성에 맞선 수호신들이다. 악령을 통한 하나님의 축복의 중개는 전혀 병행되는 내용이 없으며, 에돔의 수호신이 이스라엘이 에돔을 정복하도록 축복한다는 생각은 개연성이 없을 것이다. 또한 상급자가 하급자의 이름을 짓는다는 점도 상기하라. 악령이 하나님의 백성에게 이름을 줄 수 있는가? 오직 하나님만이 생명, 땅, 번영, 운명을 통제하신다. R. Hendel, *The Epic of the Patriarch* (Atlanta: Scholars, 1987), 105를 보라.

204 하나님은 위험한 만남에 대비해서 사람들을 영적으로 보호하기 위해 밤중에 강제적으로 그들을 찾아오실 것이다. 출 4:24-26은 아마도 한밤중에 일어난, 즉 하나님이 행하신 모세에 대한 이례적인 공격을 기록한다. 이 일은 파라오와의 위험한 만남을 위해 모세를 준비시킬 것이다. 많은 사람이 야곱과 신적 존재들 간의 조우와 대결에 대해 다른 고대 근동의 기사들과의 병행을 인용했다. 그런 이야기들이 이 내레이터의 기사에 영향을 주었을지도 모르지만 이 기사를 결정짓지는 않았다. Wessner는 이렇게 요약한다. "창세기의 내레이터가 심중에 그와 같은 병행되는 이야기를 알고 있었을 가능성은 높다. 그가 이야기를 정확하게 모방하지는 않았지만 말이다. 예를 들어 야곱은 완전히 승리를 거두지 않았으며(그는 다리를 절게 되었다), 비록 축복을 받았지만 본문의 초점은 그보다는 야곱의 이름이 바뀌는 데 있는 것 같다"(M. Wessner, "Face to Face: [*panim el panim*] in Old Testament Literature"[미출간 석사 논문, Regent College, 1998], 22).

(acetabulum, "관골구")을 탈골시키신다. 이 부위는 씨름꾼의 힘의 축이다 (32:31을 보라). 신체의 힘이 빠지면서 야곱은 간곡한 기도로 하나님의 은혜를 붙들어야 했다.

26절. 나로 가게 하라. 야곱은 신체가 부러졌지만 포기하지 않을 것이다. 이제 야곱은 말싸움으로 복을 달라고 떼를 쓴다. 이미 번영의 축복을 경험한 야곱은 이제 그의 적들을 이기는 복을 경험하기를 집착한다.

날이 새려 하니. 하나님을 본 사람은 살 수 없다.

당신이 내게 축복하지 아니하면 가게 하지 아니하겠나이다. 야곱은 자연적 힘이 아니라 기도의 힘으로 이긴다. 이는 야곱에서 이스라엘로의 변화다.

내게 축복하지 아니하면. 야곱은 자신의 골반을 칠 수 있는 존재는 그보다 더 크신 분임을 인정한다. 아마도 야곱은 그 사람이 하나님의 사자라는 사실을 이미 인지하고 있었을 것이다. 야곱은 자기 아버지를 통해 자신이 형제들을 다스리게 될 것이라는 하나님의 축복을 이미 받은 상태다. 하지만 여태껏 그는 자신의 지위를 경험하기에는 부적합한 상태였다.[205]

27절. 네 이름이 무엇이냐? 이 질문은 야곱을 압박하여 정직하지 못했던 과거를 모조리 자백하고 그의 새로운 이름을 받아들임으로써 과거를 청산하게 만든다.

야곱. 이는 속임수와 관련된 이름으로 유죄의 인정을 의미한다(27:36).

28절. 다시는⋯않을 것이요(עוֹד יֵאָמֵר, 예아메르 오드). 이 히브리어는 (32:29) 문자적으로 "그것이 더 이상 불리지 말아야 한다"로 읽는다. 이는

---

205 S. Terrien(*The Elusive Presence: Toward a New Biblical Theology* [New York: Harper & Row, 1978], 88)은 야곱의 말을 강도를 낮추어 이렇게 설명한다. "왜냐하면 그는 다음날의 호된 시련을 마주하기 위해 자신의 존재를 갱신할 필요가 있었기 때문이다."

영적인 변신을 시사한다.[206] 이 본문의 속편인 창세기 35:10에서 이 표현은 문자적으로 "다시는 야곱이라 불리지 않겠고"(עוֹד...יִקָּרֵא לֹא, 로 이카레...오드)로 번역된다.[207]

이스라엘. 이는 사리타 임 엘로힘(אֱלֹהִים-עִם שָׂרִיתָ)의 축약형이다(다음 주해를 보라). 공격을 가한 분은 새 생명을 부여하는 권위를 지닌다(17:5을 보라). 야곱의 새로운 이름은 사기꾼과 모사꾼에서 승리자로 인생의 방향이 재설정되었음을 나타낸다. 루프는 이렇게 주석한다. "개명은 개인을 위한 방향이나 상황의 변화를 표시한다. 이는 성격이나 내적 인격의 변화를 항상 표시하지는 않는다."[208] 변화는 야곱이 승리하는 방식과 관련된다. 이제까지 야곱은 꾀를 써서 사람들을 이겼다. 이제 그는 자신의 말로 하나님을 이기고 그렇게 사람들을 이긴다. 그는 태어날 때 그에게 부여되었거나 인간적 노력을 통해 얻은 육체적 재능으로 더 이상 이기지 않는다. 승리를 향한 그의 야망은 바뀌지 않았으나 적절하게 재설정되었다. 호세아는 "그가 천사와 겨루어 이겼다"와 "그가 울며 그에게 간구했다"를 조화시킨다(호 12:4). 승자에게 주어진 이 이름은 진정으로 성숙해가는 야곱의 영적인 성품과 미래를 선언한다.

겨루어 이겼음이니라.[209] 하나님을 굳게 붙듦으로써 이스라엘은 승산 없는 싸움에도 불구하고 승리한다. 하나님은 완전히 진지하면서도 전심을 기울인 야곱의 복에 대한 집념을 귀중히 여기셨다.

하나님과. 그 "사람"(32:24-26)이 이제 하나님으로 확인된다(참조. 수 5:13-15).

---

206 M. Weinfeld, "Jeremiah and the Spiritual Metamorphosis of Israel," *ZAW* 88 (1976): 18-19.

207 Hamilton, *Genesis 18-50*, 333을 보라.

208 Roop, *Genesis*, 215.

209 겨루다(struggle)라는 단어는 "분투하다 또는 경쟁하다"를 의미하며 다른 곳에서는 단지 호 12:3-4에서만 사용된다.

사람들과. 이는 태중에서의 일과 에서와 그의 아버지 및 라반을 포함한다.

29절. 당신의 이름을 알려주소서. … 어찌하여 내 이름을 묻느냐? 이 장면은 사사기 13:17-18과 매우 유사하다. 사사기에서 마노아는 하나님의 사자에게 "당신의 이름은 무엇이니이까?"라고 묻고 "어찌하여 내 이름을 묻느냐? 내 이름은 기묘자라"라는 답변을 듣는다. 두 사례에서 천사의 편에서 준 답변은 질문자가 아직 그분이 누구인지 온전히 이해하지 못했음을 시사한다. 해밀턴은 이렇게 주석한다. "두 사례에서 다른 존재의 침묵, 곧 머뭇거림이 야곱/마노아의 내부에서 그 존재의 초자연적 지위에 대한 깨달음을 일으키기 시작한다. … (그 사자의 질문은) '야곱아, 너는 내가 누군지 깨닫지 못하느냐?'라고 묻는 또 다른 방식의 질문이다."[210] 주인공이 자신이 하나님을 대면했음을 온전히 깨닫는 일은 하나님이 사라지신 후에야 비로소 일어난다.

축복한지라. 스파이저, NJPS, 사르나 및 해밀턴은[211] "그리고 그에게 작별 인사를 했다//작별을 고하고 떠났다"라는 번역을 선호한다(참조. 28:1). 왜냐하면 그 사자는 야곱의 이름을 개명할 때 야곱을 이미 축복했기 때문이다.

30절. 브니엘. 이 히브리어는 "하나님의 얼굴"을 의미하며 "내가 하나님을 대면하여 보았다"(엘로힘 파님 엘 파님[אֱלֹהִים פָּנִים אֶל פָּנִים])의 축약형이다. 이 장소의 위치는 확실하지 않으나 적절한 후보지로 현대의 툴룰 에드-다합(Tulul edh-Dhahab)이 거론되어왔다. 이곳은 숙곳 동쪽 4마일 지점의 얍복강 기슭에 위치한다.

하나님. 야곱은 이제 결정적으로 그 "사람"(32:24-26)을 다름 아닌 하

---

210 Hamilton, *Genesis 18-50*, 336.
211 Speiser, *Genesis*, 255; Sarna, *Genesis*, 228; Hamilton, *Genesis 18-50*, 327.

나님으로 확인한다. 비록 그가 결정적인 답변을 아무것도 얻지 못했지만 말이다.

대면하여. 이 흔치 않은 표현은 반드시 문자적인 시각적 인지에 대해 사용되는 것은 아니다. 이 표현은 하나님과 인간의 직접적인 만남에 대해서만 사용된다.[212]

내 생명이 보전되었다. 하나님은 모세에게 명시적으로 말씀하신다. "나를 보고 살 자가 없음이니라"(출 33:20). 모세가 대면하여 만난 것은 "그가 야웨의 형상을 보거늘"(민 12:8)과 동일시된다. 그 사람에게서 야곱은 야웨의 모습을 본다. 하나님의 사자를 만나는 강렬함은 하나님을 대면해서 만나는 것과 동등하다. 이 만남은 두렵기도 하고 친밀하기도 하다.[213]

31절. 해가 돋았고. 위의 문학적 분석에 있는 "장면 묘사"를 보라. 이 장면 묘사는 야곱의 영적 풍경을 그린다. 일몰은 조상의 땅으로부터 탈출하는 도망자의 수치스러운 도주를 묘사함으로써 이 막의 서두를 상징적으로 표시했다(28:10-11). 라반의 독재 아래 억압받은 어둠 속에서 또한 형을 향한 양심의 가책에 사로잡혀 살았던 수년의 세월이 지난 지금, 희망과 변화와 함께 야곱 위로 태양이 떠오른다. 그는 이스라엘이 차지하게 될 땅에 들어갈 준비가 되었다.

브니엘. 이 히브리어는 브니엘[페니엘]의 변형인 페누엘(פְּנוּאֵל)이다.[214]

---

212 M. Wessner의 연구에 따르면 이 표현은 "야웨 자신이 구체적인 기준을 마련하고 특정 상황을 위해 예비하신 다양한 측면을 지닌 특유한 만남"을 위해 사용된다. 이 기준에는 "1) 신적 주도, 2) 완전한 홀로 됨, 3) 깊은 친밀감, 4) 초자연적인 것의 현시" 등이 포함된다(Wessner, "Face to Face," 103).

213 B. K. Waltke, "The Fear of the Lord: The Foundation for a Relationship with God," in *Alive to God: Studies in Spirituality Presented to James Houston*, ed. J. I. Packer and L. Wilkinson (Downers Grove, Ill.: InterVarsity, 1992), 17-33.

214 *IBHS*, §8.2b를 보라.

절었더라. 이 절뚝거림은 육체적 힘이 아니라 영적인 기운으로 걷고 있는 이 거룩한 신자의 자세다.

32절. 지금까지. 다른 곳에서는 단지 후대의 유대 문헌에서만 언급되는 이 음식의 제한은 영구적인 회상 수단으로 기능한다. 이는 야곱이 하나님과의 씨름에서 약해졌을 때 승자인 이스라엘이 탄생했음을 기억하게 한다. 하나님과의 운명적 만남과 이스라엘의 변화는 브니엘이라는 지명과(32:30-31) 둔부의 힘줄을 금하는 이스라엘의 음식 규례 둘 다로 인해 확증되고 기억된다(32:32; 서론에 있는 "역사성과 문학적 장르"를 보라).

둔부의 힘줄(גִּיד הַנָּשֶׁה, 기드 하나세). 이는 "골반 부위의 중심 힘줄"인 좌골 힘줄을 가리킨다.[215]

제8부 2막 7장에 대한 신학적 고찰 ─────────

하나님의 임재

야곱의 놀라운 만남은 우리에게 하나님의 임재에 대해 많은 것을 가르쳐준다(28:15을 보라). 첫째, 하나님의 임재는 모호성이라는 특징을 지닐 수 있다. 야곱은 "한 사람"과 씨름한다. 야곱은 이 일화가 발전되어갈 때 그제서야 자신이 하나님과 씨름하고 있다는 사실을 깨닫는다(참조. 창 18-19장; 수 5:13-15; 삿 6장; 13장). 둘째, 하나님의 임재는 갈등의 완화를 의미하지 않는다. 사실 하나님의 임재는 종종 예상치 못한 어려움을 불러온다. 하나님의 사자들과의 두 번의 만남은 모두 야곱의 계획에는 적대적인 것처럼 보인다. 셋째, 인간의 이해를 허용하지 않는 하나님의 임재에 대한 신비가 있다. 야곱은 하나님을 볼 수도 그의 이름을 알 수도 없으

---

215 *HALOT*, 729을 보라.

니 상황을 통제할 재간이 없다. 분명히 하나님은 자신을 계시하시지만 숨기기도 하신다(absconditus). 넷째, 자신을 낮추신 하나님은 스스로를 인간이 접근할 수 있게 만드셨다. 야곱은 그 사람과 무승부로 끝나는 씨름을 할 수 있다. 야곱의 주목할 만한 만남은 신자들에게 그들도 하나님을 만날 수 있음을 상기시킨다. 즉 모호함 가운데서, 심지어 명백한 적의를 품으신 채, 어둠에 둘러싸인 신비 속에서, 신자들의 삶을 통제하기를 스스로 삼가면서 그렇게 겸손하게 나타나시는 하나님을 말이다. 신자들이 하나님과 씨름하기를 멈추고 그분을 붙들기 시작할 때, 그들은 그분이 그들에게 선을 베풀고 복을 주시기 위해 거기 계셨다는 사실을 깨닫게 된다.

언약의 파트너이신 하나님은 자기 백성에게 항상 그들과 함께하겠다고 약속하신다. 바로 그분이 야곱이 에서를 만나기 전 불길한 밤중에 야곱과 함께하셨을 때처럼 말이다. 공관복음의 저자들은 부활하신 그리스도가 그분의 교회와 함께하신다는 확신을 주는 장면으로 각자 자신의 책을 마무리한다. 이 장면들은 지리적·연대기적으로 이스라엘 북쪽의 갈릴리에서(마태복음) 남쪽의 베다니로(누가복음), 그리고 최종적으로 하나님의 우편으로(마가복음) 이동한다. 갈릴리에 있는 산에서 그리스도는 이렇게 약속하신다. "내가 세상 끝날까지 너희와 항상 함께 있으리라"(마 28:20). 그리스도는 베다니 인근에서 그분의 손—이 손으로 나병 환자를 만지고 맹인을 고치셨으며 지금은 못 자국이 나 있다—을 펼쳐 제자들을 축복하고 승천하신다(눅 24:50). 그리스도께서 하나님 우편에 앉으신 후에 제자들은 사방에 흩어져 말씀을 선포하고 주님은 뒤따르는 표적으로 자신의 말씀을 확증하신다(막 16:19-20).

야망, 인내, 그리고 기도

창세기의 저자는 다른 무엇보다도 고통 중에 뱀의 씨에게 승리함으로써 하나님의 통치를 확립하는 그 씨를 명확히 드러내는 것을 목표로 한다. 이 여자의 씨는 비전을 특징으로 한다. 아브라함은 하나님의 통치가 그의 후손을 통해 확립되는 것을 미리 "보았다." 아브라함과 그의 진정한 모든 자녀는 하나님이 주신 꿈을 공유한다. 아브라함은 성경에서 이씨의 믿음에 대한 모본 역할을 한다. 이삭은 비전을 품었으나 노년에 그의 육적인 감각이 그것을 어둡게 만들었다.

야곱은 이미 그의 어머니의 태중에서 선택됨으로써 하나님의 축복을 원하며 물려받은 꿈을 공유한다. 야곱의 미덕은 그의 믿음이다. 그는 가나안 여자를 멀리하고 가나안 땅에 열심을 냄으로써 자신의 믿음을 보여준다. 하지만 지금까지 그는 자신의 주도로 때로는 비윤리적으로 비전과 복을 성취하려고 야망을 품어왔다. 이 장에서 그의 야망은 겸손한 기도로 제어된다. 분명히 야곱은 신-인과의 만남 이전에 하나님의 약속에 의지하여 기도드리지만 겸손해지지 않았기 때문에 아직 승리하지 못한다. 오직 그는 "부러질" 때만 하나님과 사람들을 이길 수 있다. 하나님이 주도하신 씨름판에서 야곱은 자신의 육체적 힘을 잃고 단지 기도를 통해 승리를 거둔다. 신-인은 야곱의 믿음의 인내를 신뢰한다. 야곱은 심지어 자신의 기력이 사라졌음에도 단념하지 않는다. 하나님의 가혹한 자비를 통해 꺾였을 때 야곱은 기도하며 인내한다. 퀸틸리우스(Quintillius)는 야망은 악덕이지만 미덕의 어머니가 될 수 있다고 말했다. 하나님께서 야곱의 골반을 부러트렸을 때 야망은 야곱 안에서 미덕이 되고, 야곱은 축복을 실현하기 위해 하나님께 매달리면서 떠나지 않는다. 만일 아브라함이 믿음에 대한 탐구 대상이라면 야곱은 기도를 통한 영적 능력에 대한 탐구 대상이다. 기도하지 않고 그토록 많은 문제와 슬픔과 고통을 유발했던 사람이 이제는 기도 가운데 하나님께 자신을 의탁함으로써 변화된다.

언약

야곱을 향한 하나님의 언약적 사랑과 열심은 놀랍다. 야곱의 모든 도덕적 결함에도 불구하고 하나님은 당신이 선택하신 파트너를 스스로 부인하실 수 없었다(딤후 2:13). 하나님은 "사랑의 줄"로 자기 백성을 묶으신다(호 11:4). 그분은 먼저 아람 사람들로부터 야곱을 구출하셨고 지금은 에돔 사람들에게서 야곱을 구하실 참이다. 아무 대적도 심지어 죽음조차도 택자들을 그 사랑에서 끊어낼 수 없다(롬 8:38; 살후 3:2). 야곱은 다른 미덕 가운데서 특히 다음의 사실을 예증해준다. 즉 인간 파트너는 하나님의 사랑이 담긴 포옹을 받아들임으로써 언약적 관계를 만족시킨다고 말이다. 야곱은 자신이 하나님의 사랑을 받을 가치가 없다고 고백하지만 여전히 그분의 약속을 주장한다.

가혹한 자비

절뚝거림은 육체의 힘이 아니라 영적인 기운으로 걷고 있는 성도의 자세다. 하나님의 가혹한 자비는 야곱에게 승리를 허락하시나 이는 절름발이의 승리다.[216] 바울은 또 다른 모순 어법으로 비슷한 진리를 이렇게 표현했다. 곧 "내가 약한 그때에 강함이라"(고후 12:10).

양심

양심은 행동을 평가하는 인간의 능력을 가리킨다. 불량한 양심은 우리로 하여금 다른 사람의 선을 악으로 오해하게 만들 수 있다. 형에 대한 대우로 인해 비난받는 야곱의 양심은 그로 하여금 에서가 가까이 오는 것을 오해하게끔 만들었다. 또한 요셉의 형들의 가책을 느끼는 양심은 그들로 하여금 자신들을 향한 요셉의 선한 의도를 오해하게끔 만들었다(참조. 42:21-22, 27-28; 50:15-21). 악한 행동은 악한 감정으로 이어진다. 불량한 양심에 대한 해결책은 죄를 고백하고 잘못된 행동을 단념함으로써 하나님께 영광을 돌리는 것이다(잠 28:13).

---

216 Brueggemann, *Genesis*, 270을 보라.

화해

32:20의 "감정을 푼 후에"에 대한 주해를 보라. 이 언약의 가족은 깨진 관계로 어려움을 당하지만, 하나님은 그들이 화해할 때 그들의 노고를 치하하신다. 야곱은 자신이 대적으로 만든 형을 달래기 위해 노력할 때 화해의 모본이 된다. 이렇게 하는 한 가지 방법은 권리를 침해당한 쪽을 "먹이는 것"이다(잠 25:21-22; 롬 12:20). 아비가일은 다윗에게 멋진 선물을 보냄으로써 자기 남편의 목숨과 다윗의 명예를 살린다(삼상 25장). 언약 공동체의 일원들은 그들의 대적들 가운데서 필요한 부분을 찾고 채워 줌으로써 화해를 위한 기회를 모색해야 한다.

창세기 주석

제8부 2막 8장

에서가 귀향하는 야곱과 화해하다(33:1-17)

제8부 2막 8장에 대한 문학적 분석 ———————

구조와 플롯

　앞선 장은 야곱이 신-인과 한밤중에 만난 이후 동트는 새날과 더불어 마무리된다(32:31). 같은 날 야곱은 에서를 만난다. 제2막은 에서가 야곱에게 입맞춤하는 이 장에서 절정에 이른다. 이 장은 야곱과 그의 형의 갈등을 해소하고 야곱의 지위를 에서와 동급으로 확립한다(33:4). 이 장의 남은 부분은 대단원이다.

　이 장은 두 사건으로 구성된다. 즉 형제의 화해(33:1-11)와 그들의 영역 분리다(33:12-17). 첫 번째 사건에서 형 에서는 이제 겸손해진 동생을 껴안고(33:1-7) 야곱의 선물을 받아 자신의 화해에 대한 증거로 삼는다(33:8-11). 두 번째 사건에서 에서는 야곱을 위해 호위대를 남겨두겠다고 제안하지만(33:12-15) 야곱은 조심스럽게 자신을 에서와 분리한다(33:16-17). 이 장은 숙곳에 정착한 야곱과 더불어 마무리된다.

　야곱이 세겜으로 여행하는 사건은(33:18-19) 제3막 1장과 함께 묶인다. 내레이터는 야곱이 세겜으로 이주한 일을 트랜스요르단에 있는 숙곳으로부터가 아니라 밧단아람으로부터의 이탈과 명시적으로 연결한다. 더욱이 야곱이 세겜에 도착한 것이 34장에서 다음 장을 위한 무대를 설정한다.

공백과 여백

에서가 세일 땅으로 이주한 뒤(32:3) 거기서 번성했음을(33:9) 암시하는 내용은 별개로 하고 내레이터는 밧단아람에서 야곱이 보낸 이십 년의 타향살이 동안 에서의 지난 삶을 공백으로 남겨둔다. 또한 내레이터는 에서의 근본적인 감정적 변화, 곧 자기 동생을 죽이려고 원한을 품었던 마음이(27:41) 입맞춤으로 그를 환영하는 태도로(33:4) 바뀐 과정도 공백으로 남겨둔다. 내레이터는 아들의 성격에 대한 리브가의 평가가—시간이 흐르면 에서의 분노가 진정될 것이다(27:44)—충분하다고 여기는 걸까? 혹은 에서를 누그러트린 것은 야곱의 엄청난 선물과 최선을 다한 존경의 표시였을까? 아니면 그것이 에서 본연의 착한 성품이었을까? 라반과 달리 에서는 하나님으로부터 위협적인 경고를 받을 필요는 없었던 것 같다. 십중팔구 위에서 말한 요인들 모두가 에서의 험악한 분노를 변화시켰을 것이다.

내레이터는 형이 일정 규모의 군대를 동반해서 다가오고 있음을 알았을 때 야곱이 느꼈을 감정을 여백으로—공백이 아니라—남겨둔다. 내레이터는 야곱이 에서가 오고 있다는 소식을 들었던 전날에 "심히 두렵고 답답하여 사람들을 두 무리로 나누었다"(32:7)고 기록한다. 이제 야곱이 그들을 볼 때 내레이터는 단지 "그가 그의 자식들을 나누어…자기는 그들 앞에 나아가되…그의 형 에서에게 가까이 갔다"(33:1, 3)고 말할 뿐이다. 야곱의 침묵을 통해 내레이터는 야곱이 침착하게 접근하고 있음을 표시한다.

내레이터는 야곱이 에서에게 그를 따라 세일 땅으로 가겠다고 말해놓고 자신의 말대로 실행하지 못한 것에 대해서도 아무런 평가 없이 여백으로 남긴다. 내레이터는 야곱이 라반으로부터 도주할 때는 명시적으로

"야곱은 그 거취를 아람 사람 라반에게 말하지 아니하고[217] 가만히 떠났더라"(31:20)고 말한다. 반면에 형제의 평화로운 분리에서는 그와 비슷한 아무런 논평도 하지 않는다. 내레이터는 청중으로 하여금 야곱이 세일과 반대 방향으로 간 동기에 대해 모호한 생각을 하게 만든다. 야곱은 에서의 정감 있는 분위기가 오래 지속될지에 대해 불안을 느끼는 걸까?[218] 야곱은 세일 땅이 두 사람을 부양할 수 없기 때문에 그 땅으로 가는 것이 신중하지 못한 행동이라고 생각하는 걸까?(참조. 창 13:1, 6) 야곱은 자신의 순례를 끝내기로 마음을 굳힌 걸까?(33:20; 35:1-15) 야곱은 잘못된 과거를 묻어버리고 오랜 원한의 불씨를 되살리지 않고 싶어 조상의 땅을 전략적으로 언급하지 않는 걸까? 아마도 이 모두가 야곱이 에서와 떨어지게 한 동기일 것이다. 하지만 내레이터의 평가 누락은 속임수에 대한 해석을 배제한다.[219] 더구나 내레이터는 에서가 야곱에게 아무런 원한을 품고 있지 않다는 것을 암시한다. 왜냐하면 내레이터는 제8부를 형제가 아버지를 함께 장사하면서 평화롭게 지내는 장면으로 마무리하기 때문이다(35:29). 아마도 두 사람은 모두 "내 주께 은혜를 얻게 하소서"라고 부탁하는 야곱의 마지막 요구를 분리를 위한 전략적 요청으로 이해할 것이다.

비교와 대조

야곱과 하나님의 만남 및 야곱과 에서의 만남은 두 장면 사이의 또 다른 비교점을 제공한다. 브니엘에서 야곱과 하나님의 만남은 불확실했

---

217 이런 속임수는 전쟁에서나 적절하다.

218 Sarna, *Genesis*, 230을 보라.

219 Hamilton은 이에 동의하지 않는다. 그는 야곱이 "초연한"(upright) 상태가 아니라 "초조한"(uptight) 상태라고 생각한다(*Genesis 18-50*, 347). 여러 견해에 대한 논의에 대해서는 그의 참고문헌을 보라(347 n. 32).

던 에서와의 만남을 위한 준비였다. 이 두 장면은 직접적인 대면과 야곱의 생명 보존을 통해 관련되는데(32:20, 30; 33:10을 보라), 이는 에서와 하나님 사이의 비교를 제시한다. 33:9-11의 동심원 배열은 이 비교를 강화한다.

A "내게 있는 것이 족하니"
　B "내가 은혜(חֵן, 헨)를 입었사오면"
　　C "내 손에서 이 예물(מִנְחָה, 민하)을 받으소서"
　　　D "내가 형님의 얼굴을 뵈온즉"
　　　D´ "하나님의 얼굴을 본 것 같사오며"
　　C´ "내가 드리는 예물(בְּרָכָה, 베라카)을 받으소서"
　B´ "하나님이 내게 은혜(חֵן, 헨)를 베푸셨고"
A´ "내 소유도 족하오니"

만일 에서가 야곱의 선물을 받는다면 야곱은 자신이 받아들여졌음을 알게 된다. 마치 하나님께서 자기 백성의 헌물을 받으실 때처럼 말이다. 동생과의 화해를 위한 에서의 입맞춤은 형제를 이간시켰던 야곱의 입맞춤과(27:26) 정반대다. 에서는 달리는 반면 야곱은 절뚝거린다.

인물 묘사

앞선 장에서 등장인물은 하나님 혹은 그의 사자들과 야곱이었다. 이제 여기서 등장인물은 야곱과 에서다. 옛 야곱이 이 만남을 준비했고 하나님은 야곱을 준비시키셨다. 이제 옛 야곱이 아니라 새로운 이스라엘이 에서에게 접근한다. 이전에 야곱은 뒤로 빠져(32:16, 18, 20) 그의 수행원들에게서 떨어져 있었으나(32:21) 이제는 전면에 나선다. 야곱은 용사인 형과 그의 군대를 대담하지만 낮은 자세로 마주 대한다. 야곱이 선물로 형의 마음을 사로잡아 화를 누그러트렸지만 이번에는 예절을 갖춰 형을 얼떨떨하게 만든다. 게다가 야곱은 뻔뻔하게 형에게서 장자권과 축복을 속여 빼앗았지만 이제는 과거의 쓰라린 상처를 신중하게 피한다. 사악한 모사꾼이 영리하지만 사악하지 않은 외교관으로 바뀐다. 하지만 야곱에게 있어 한 가지는 바뀌지 않았다. 즉 처음부터 마지막까지 그는 좋은 목자다.

에서의 편에서 보자면 그는 용서 이상의 것을 보여준다. 그는 심지어 동생을 자신의 땅으로 호위하겠다고 제안하기까지 한다. 그럼에도 불구하고 그는 동생의 선물에 답례는 하지 않는다. 이는 에서가 그 선물을 자신에게 저지른 동생의 잘못에 대한 보상으로 받아들인다는 것을 말해준다. 에서는 용서하는 사람으로 제시된다. 하지만 그는 하나님을 기쁘시게 하는 한 가지 본질적인 미덕, 즉 믿음이 없는 사람이다. 그는 하나님이 불어넣어주신 꿈도 초월자이신 그분의 비전도 전혀 상속받지 않았다. 그는 아브라함의 약속된 미래에 참여할 자신의 권리를 멸시했다(에서의 추가적인 인물 묘사에 대해서는 제8부 1막 4장에 대한 문학적 분석을 보라).

제8부 2막 8장에 대한 주해 ────────

형제가 화해하다(33:1-11)

1절. 눈을 들어 보니. 이 문구는 문자적으로 "그의 눈을 들어 보았다"이며, 섭리에 대한 전형적인 표지다(22:13; 24:63-64; 31:10을 보라).

에서가. 하나님과의 만남과 에서와의 만남이 잇따라 발생한다.

사백 명의 장정을. 32:6을 보라. 내레이터는 아직 긴장을 완화시키지 않았다. 두 장(2막 7장과 8장)은 에서가 사백 명의 군사와 오고 있다는 언급으로 연결된다.

나누어. 32:8을 보라. 야곱은 도피해야 할 경우를 대비한 예방 조치로 전날에 사람들과 재산을 두 떼로 나누었다. 여기서 야곱은 형식을 갖추어

에서를 만나기 위한 준비로서 네 아내에 속한 무리를 둘로 나눈다.[220]

2절. 라헬과 요셉은 뒤에 두고. 야곱은 가장 사랑하는 가족을 잠재적 위험으로부터 지킨다. 아내들과 그들의 아이들은 사회적 지위가 낮은 자들부터 시작하여 에서를 향해 배치된다. 라헬과 레아의 경우에 우선순위는 야곱의 애정에 근거한다. 이 가족은 여전히 편애로 병들어 있다.

3절. 자기는 그들 앞으로 나아가되. 32:18도 보라. 이제 새 이스라엘은 겁쟁이가 아니라 지도자다.

몸을…굽히며. 이 단어는 엎드린 자세로 코와 이마를 땅에 접촉시키는 것을 함축한다. 이는 상급자 앞에서의 복종의 상징이다. 흙 속에 자기 얼굴을 처박은 야곱은 속임수를 통해 에서에게서 빼앗아 쥐고 있었던 복의 점유를 원상 복구시킨다(27:29을 보라).

일곱 번. 이는 고대의 법정 의전에서 봉신이 주군 앞에서 행하는 잘 알려진 관례다.[221] 파라오에게 서신을 보낸 봉신들은 이렇게 말한다. "(나의 주, 왕의) 발아래 일곱 번을, 제가 일곱 번을 엎드립니다."[222] 야곱은 마치 봉신이 왕실 예법을 갖추어 뒤를 봐주는 주군에게 절하는 것처럼 에서에게 절한다. 마치 졸병이 된 것 같은 엄숙한 접근(32:2-3, 6-7), 일곱 번의 공손한 절(33:3), "종"(33:5)이 복종심을 품고 "주인"(33:8, 13)에게 알리는 전갈, 존경심이 담긴 선물 증여(33:10-11)가 이어진다.

에서에게 가까이 가니(עַד, 아드; NIV-"가까이 갈 때, as …"). 이는 "가까이 갈 때까지(until)"로 번역하는 것이 더 낫다.

4절. 에서가. 야곱이 주인 앞의 머슴처럼 에서를 맞이하는 반면에 에서

---

220 Hamilton(*Genesis 18-50*, 339 n. 1)은 이 히브리어가 하차 레(לְ חִצָּה)와 하차 알(חִצָּה עַל)로 인해 "~로 나누다"(32:7)와 "~중에서 나누다"(33:1)로 구별된다는 점에 주목한다. *HALOT*, 343도 보라.

221 S. E. Löwenstamm, "Prostration from Afar in Ugaritic, Accadian, and Hebrew," *BASOR* 188 (1967): 41-43을 보라.

222 *ANET*, 483, no. 147, 2-3행; 483-85, no. 137, 1-4행; no. 234, 5-10행도 보라.

는 야곱을 오랜 이별 후에 만나는 "동생"(33:9)으로 맞이한다. 분명히 에서가 겪은 삶의 중요한 사건들은 공백으로 처리되었다(위의 문학적 분석을 보라).

달려와서 … 안고[223] **… 어긋맞추어 … 입 맞추고 … 우니라.** 이 동작들은 사랑하는 친족에게 인사하는 통상적인 방식이다. 내레이터는 다섯 개의 간결한 동사로 에서가 장자권을 멸시하는 것을 묘사한 바 있다(25:34). 여기서 내레이터는 또 다른 다섯 개의 동사로 그들의 화해를 묘사한다.[224]

입 맞추고. 서기관들은 몇몇 특이한 특징에 주목하도록 히브리어 사본에 있는 이 단어 위에 점을 찍어 표시해놓았다.[225] 어쩌면 그들은 입맞춤을 형식적으로 생각했을 수 있다. 하지만 내레이터는 입맞춤이 형식적임을 가리키는 암시를 전혀 제시하지 않는다.

우니라.[226] 이 눈물은 수년간의 부정적 감정을 씻어내는 카타르시스다.

5절. 에서가 … 묻되. 상급자의 입장인 에서가 대화를 시작한다.

자식들. 야곱은 단지 자식들만을 언급한다. 그는 자신이 도망친 이유를 말하고 싶지 않아 조용히 아내들을 옆으로 비켜서게 했을까?

하나님이. 언약 밖에 있는 사람과 대화할 때 야곱은 하나님을 야웨가 아니라 엘로힘으로 언급한다.

은혜로(חָנַן, 하난).[227] 이는 33:10, 15에서 "호의"(개역개정-"은혜")로 번역되는 히브리어 어근이다. 야곱은 에서가 비슷한 은혜를 베풀어 자신을

---

223 "그의 두 팔로 그의 목을 껴안았다"(NIV)는 하바크(חָבַק), 곧 "껴안다"를 구체적으로 묘사한다. Hamilton은 하바크(חָבַק)와 아바크(אָבַק, "씨름하다") 사이의 언어유희에 주목한다. "두 동사는 모두 신체적 접촉을 암시하지만, 의미심장하게도 다른 목적을 위한다"(*Genesis 18-50*, 343).

224 Sarna(*Genesis*, 366 n.2)는 이 간결한 묘사를 창 29:11; 45:14-15; 46:29; 출 4:27과 비교한다.

225 Waltke, "Textual Criticism of the Old Testament and Its Relation to Exegesis and Theology," *NIDOTTE*, 1:58.

226 어떤 본문비평가들은 불필요하게 이 본문을 단수로 수정하는데("그가 울었다"), 이는 모든 고대 역본들과 히브리어 필사본들에 상반된다.

227 그는 마하네(מַחֲנֶה, "진영")와 하난(חָנַן, "은혜")을 연결하는 언어유희를 사용한다.

살려주기를 소망한다. 그는 전략적으로 자극적인 단어인 "복"이라는 말을 피하고 대신에 용서를 내포하는 단어를 사용한다.

종에게. 당시의 국제 외교에서 "종"은 조약에 의해 자신을 신민으로 복종시키는 것을 가리키는 용어였다(32:4; 33:14을 보라).

8절. 이 모든 떼(마하네 [מַחֲנֶה]). 이는 "진영" 혹은 "군대"를 의미하면서(32:2의 주해를 보라), 민하(מִנְחָה), "선물"(32:13, 18, 20[히. 14, 19, 21]; 33:10)에 대한 또 다른 언어유희일 수 있다. 에서에 맞선 야곱의 "군대"는 야곱의 막대한 선물이다.

은혜를 입으려. 이전에 정직은 야곱의 성품 중 하나가 아니었지만, 이제 그는 자신의 의도에 대해 정직하고 솔직하다.

9절. 동생아. 이 호칭은 야곱의 발언 형식인 "주"(lord)와 두드러진 대조를 이룬다. 에서는 야곱을 "동생"으로 끌어안지만 야곱은 외교적인 주종 관계를 선호하면서 이 형제 관계를 마다한다(참조. 33:8, 13, 14[2회], 15).

내게 있는 것이 족하니. 이삭이 선언한 축복에 따라 에서는 농사나 목축이 아닌 전쟁을 통해 복을 얻었다(27:39-40; 32:3의 세일에 관한 주해를 보라). 두 아들 모두 각자 자신의 방식으로 복을 받았다.

네 소유는 네게 두라. 이는 아마도 "네 떼를 간직하라"와, 더욱 절묘하게는 "장자권과 복을 간직하라"는 중의적 표현일 것이다.

10절. 그렇지 아니하니이다. 해밀턴은 이렇게 말한다. "야곱은 그가 브니엘에서 만난 그 사람에게 그랬던 것만큼이나 에서에게 고집을 피운다. 그의 말 '내게 축복하지 아니하면 가게 하지 아니하겠나이다'라는 말은 이제 사실상 '내 선물을 받지 아니하면 가게 하지 아니하겠나이다'가 된다."[228]

---

[228] Hamilton, *Genesis 18-50*, 346.

이 예물을. 32:13을 보라.

하나님의 얼굴을 본 것 같사오며. 브니엘에서 야곱이 하나님의 얼굴을 보았을 때 그의 생명이 은혜로 보존되었던 것처럼(32:30을 보라) 두려운 에서의 얼굴을 본 지금도 야곱은 은혜로 받아들여진다. 야곱은 에서를 하나님을 대신하는 분인 것처럼 대접한다. 야곱은 엎드려 절하고 은혜를 구하며 진정된 에서의 얼굴을 누그러진 하나님의 얼굴과 동일시하고 형의 은혜를 입어 예물을 바친다. 사르나는 야곱이 에서에게 제공한 선물을 성소—누구도 빈손으로 오지 않는—로의 순례에 비유한다.

형님도 나를 기뻐하심이니이다(רָצָה, 라차). 이 표현은 제의에서 받아들여짐을 가리키는 또 다른 제사 용어다. 에서가 죄책이 있는 야곱을 받아들였기 때문에, 그는 이제 야곱의 예물을 받아들여야 한다.

11절. 예물(בִּרְכָתִי, 비르카티). "선물"에서 예물로의 의도적이고 중대한 용어 변화가 관찰된다. 이 히브리어는 27:35-36에서 야곱이 처음에 훔쳤던 "복"을 가리키는 단어와 동일하다. 비록 매우 세심하게 두 형제 중 아무도 야곱이 그 복을 찬탈했음을 언급하지 않지만, 야곱은 자신이 에서에게서 취했던 그 "복"을 대신하는 "복"을 바침으로써 절묘하게 배상한다.

그에게 강권하매 받으니라. 비록 선물의 거절이 고대 근동에서 예절의 일부이고 따라서 이를 액면 그대로 받아들일 필요는 없다고 할지라도(23:11-14을 보라), 내레이터는 "야곱이 강권했으므로"(33:14)라는 말을 편집해서 넣음으로써 에서의 거절이 진정성이 있음을 나타낸다.

(에서가) 받으니라. 에서는 선물에 대한 답례를 야곱에게 주지 않음으로써 그가 이 선물을 자신에게 범한 잘못에 대한 배상으로 받아들인다는 것을 나타낸다. 라반과의 갈등이 불가침 조약을 통해 해결된 반면에 에서와의 갈등은 진지한 회개의 표현과 성대한 예물 및 자신을 지극히 낮춘 겸손을 통해 해결된다. 이 화해는 배상의 예물을 받아들임으로써 확정된다. 사백 명이나 되는 에서의 군사와 야곱의 집 전체가 에서가 야곱

의 예물을 받은 것에 대한 증인들이다. 이와 비슷하게 에브론의 굴과 밭에 대한 아브라함의 요구는 에브론이 증인들 앞에서 값을 받았을 때 확정되었다.

형제가 분리되다(33:12-17)

이 분리는 두 부분에서 발생한다. 즉 세일 땅까지 야곱과 동행하겠다는 에서의 제안에 대한 형제의 의견 교환에서(33:12-15), 그리고 그 대신에 야곱이 숙곳으로 떠난(33:16-17) 부분에서 분리가 일어난다. 우리는 저변에 흐르는 긴장, 적어도 야곱의 편에서 감지되는 긴장을 느낀다. 야곱은 에서를 자극하지 않고 예를 갖추어 그에게서 자신을 떼어놓으려 하고 있다. 먼저 야곱은 자신을 호위해주겠다는 에서의 제안을 마다한다. 이 거절은 사냥꾼들의 보폭과 그에 비해 느린 목축가들의 보폭을 대조함으로써 이루어진다. 그다음에 에서가 자신과 동행한 사람들의 일부를 남겨두겠다고 제안할 때 야곱은 뒤를 따르겠다고 말하면서 이를 정중하게 거절한다.

12절. 우리가 떠나자. 에서는 야곱이 자신을 방문하러 왔다고 생각한다(32:4-5, 18, 20; 문학적 분석도 보라).

13절. 아시거니와. 군대를 이룬 사백 명의 사냥꾼들은 이동을 통해 생활하며, 가축 및 가족을 데리고 다니면서 목축하는 목자들과는 다르게 산다. 에서와 야곱의 삶은 양립할 수 없다.

모든 떼가 죽으리니. 야곱은 좋은 목자다(31:38-42을 보라).

14절. 세일로 가서 내 주께 나아가리이다. 내레이터는 야곱이 에서를 속였다는 사실을 편집하지 않는다(위의 문학적 분석을 보라).

15절. 나로 내 주께 은혜를 얻게 하소서. 에서는 아마도 이 말이 그의 제안을 거절하는 야곱의 공손한 방식임을 알고 있을 것이다(23:11을 보라). 만일 야곱이 에서의 제안을 직접적으로 거절했다면 에서의 심기를 불편하게 했을 것이고, 야곱은 에서의 분노를 각오해야 했을 것이다.

16절. 에서는 세일로 돌아가고. 이스라엘은 에돔과 라반 둘 다와 떨어져 살아야 한다(참조. 31:55-32:1). 35:29에서 아버지의 장례에 대한 간략한 언급을 제외하고, 자신의 장자권을 경시했던 이 사람은 구원사의 한 페이지를 장식하지 못하고 경로를 벗어난다. "비전 없는" 이 사람은 영원한 하나님 나라에서 기업의 한 부분을 차지하지 못한다.

17절. (그러나) 야곱은 숙곳에 이르러. 야곱이 에서를 모독하지 않으면서 그의 제안을 직접적으로 거절할 도리는 없었을 것이다.

숙곳. 이 히브리어는 "쉼터"를 의미한다. 발굴에 참여한 프랑켄(Franken)에 따르면 숙곳은 그동안 제안되었던 현대의 데이르 알라(Deir Allah)가 아니다.[229] 야곱은 얍복강을 건너 브니엘과 요단강 사이의 중간 지점에 위치했던 얍복강 북쪽의 이 장소에 도착했을지도 모른다.

자기를 위하여 집을 짓고. 이 족장은 이제 약속의 땅으로 돌아와 정착한다.

제8부 2막 8장에 대한 신학적 고찰 ————————

신학

앞서 제7장은 여러 차례 명시적으로 하나님을 언급했다. 8장은 하나님을 드물게 언급하며, 그것도 단지 과거의 축복과 관련하여 언급할 뿐이다(33:10, 11). 하지만 이 두 장의 연관성은 청중으로 하여금 하나님이 제8장의 그늘에 서 계심을 확신케 한다. 하나님은 야곱과 라반의 화해를 이끌어내기 위해 라반과의 불가침 조약을 조율하셨던 것처럼 야곱의 능

---

229 H. J. Franken, "Excavations at Deir 'Allā, Season 1964: Preliminary Report," *VT* 14 (1964): 417-22.

숙한 외교술을 통해 형제의 화해를 조율하신다. 하나님은 야곱을 향한 라반의 부당한 분노를 제지하려고 위협적인 꿈으로 직접 개입하셨다. 그분은 야곱의 막대한 배상 선물 및 겸손과 존경의 진심 어린 표현이 형제의 화해로 이어지도록 하셨다.

영적인 삶

하나님은 이렇듯 상이한 방식으로 화해를 조율하심으로써 앞선 화해를 통해서는 하나님에 대한 야곱의 믿음을, 뒤에 나오는 화해를 통해서는 사람들을 향한 용기 있고 믿을 만한 겸양의 미덕을 발전시키신다.

말

뻔뻔하게 말하는 야곱이 지혜롭게 말하는 이스라엘로 바뀌었다. 그는 형을 이기기 위해 말하기 전에 생각하는 법을 배웠다. 그는 솔직하지만 재치 있게 자신의 감정을 표현한다. 겸손하고 지혜로운 이 사람은 품위 있게 진실을 말하는 기술을 배웠다.

용서

야곱은 에서의 용서와 자신의 목숨을 살려준 그의 아량을 하나님께서 자신의 목숨을 보존해주신 은혜와 연결한다(33:10). 에서가 야곱의 예물을 받아들이고 용서로 그를 맞아들인 것처럼, 하나님은 택함 받은 자들의 죄를 위해 자신을 드린 그리스도의 예물로 인해 그들을 은혜로 맞아들이신다.

감사

야곱은 그의 자녀와(33:5) 자신의 목숨과(33:10) 재산을(33:11) 보존하게 된 것을 모두 하나님 덕분으로 여긴다. 에서는 자신의 풍요함을 하나님 때문으로 여기지 않는다(33:9).

복종

    야곱은 자신의 권리를 내어줄 때라야 비로소 온전한 가장이 된다. 이스라엘이 보여준 원리는 그리스도께서 보여주신 법칙을 예시한다(빌 2:9-11). 또한 하나님은 그렇게 자신의 아들을 내어주시고 그리스도는 세상을 자신과 화해시키기 위해 하나님과 동등됨을 취하지 아니하신다(고후 5:16-21; 빌 2:6-8을 보라). 그들의 섬김의 본은 교회를 위한 모범이다(마 5:24; 빌 2:5).

제8부 3막

야곱으로의 전환(33:18-35:29)

제8부 3막에 대한 문학적 분석 ———————————

이삭의 후손의 계보에 대한 기사의 마지막 부분(제8부의 개요를 보라), 곧 33:18-35:29은 데라의 후손의 계보에 대한 기사의 마무리 부분 (22:20-25:11)처럼 족장직의 전환점을 제공한다(제8부 제3막의 위치에 대해서는 제8부에 대한 문학적 분석에 있는 "구조"를 보라). 이 부분은 야곱이 마므레를 향해 이동하면서 가나안 땅으로 귀환하는 여정을 따르는 구조로 되어 있다. 이는 바뀌는 장소에서 발생하고 이삭의 세대가 지나가고 있음을 표시하는 죽음의 소식들과 야곱의 계보에 큰 영향을 끼친 일화들, 곧 르우벤, 시므온, 레위가 저지른 죄를 특징적으로 보여준다.

이탈: 타국인의 궁전에 있는 디나, 타국인들과의 조약(33:18-34:31)

제8부 3막 1장에 대한 문학적 분석 ─────────────

구조

제1장은 야곱이 밧단아람에서 이십 년 동안의 타향살이를 마치고 얼마가 지난 후에 세겜 땅 가장자리에 있는 가나안으로 돌아와서 발생한다. 이 장은 야곱의 세겜 도착, 거기서의 정착, 땅 매입, 그리고 "성읍이 보이는 곳에"(개역개정-"성읍 앞에") 제단 축조를 배경으로 한다(33:18-19). 이 정착 장면에 이어 두 가지 폭력 행위가 이 장의 중심을 구성한다. 즉 디나가 강간당한 사건과 세겜 성읍에 강간에 대한 복수를 자행하는 사건이다. 강간의 행위는 동사들의 교차 배열로 틀을 이룬다. 즉 "디나가 나갔고(יָצָא, 야차) … 그가 취했다(לָקַח, 라카흐)"(34:1-2). 그리고 "그들이 디나를 취하고(לָקַח, 라카흐) 떠났다(יָצָא, 야차)"(34:26). 이 일화는 세겜이 디나를 유린하고 야곱의 아들들이 세겜을 약탈하는 사건이 짝을 이루는 교호 구조를 보여준다. 각자 행한 이 "약탈"에 다양한 반응이 뒤따른다.

A 하몰의 아들 세겜이 야곱의 딸 디나를 강간하다(34:1-4)

B 강간에 대한 반응(34:5-24)

   1. 능욕에 대한 야곱과 아들들의 반응(혹은 무반응)

2. 하몰과 세겜의 반응: 제안된 통혼

3. 야곱 가문과 세겜 사람들의 반응: 거짓 조약

A′ 야곱의 아들들이 세겜(성)을 약탈하다(34:25-29)

B′ 약탈에 대한 반응(34:30-31)

1. 야곱의 반응

2. 아들들의 반응

전반부에서는 플롯의 긴장이 야곱의 가족과 세겜 사람들 사이에서 이루어지는 반면에 후반부에서는 야곱과 그의 아들들 사이에 긴장이 조성된다.

비교와 대조

세겜은 무례하게 자기 아버지에게 말을 꺼내고 야곱의 아들들은 자신들의 아버지를 꾸짖는다. 디나는 신중치 못하게 행동한다. 두 가족 모두 아버지들이 지도력을 행사하지 못한다. 그럼에도 불구하고 하몰과 세겜 이 두 사람은 세겜의 탐욕을 채우려는 목적으로 연합한다(아래 "인물 묘사, 호칭, 신분 확인"도 보라). 세겜이 자기 아버지에게 갔을 때 그는 기대한 대로 호응하는 답변을 듣는다. 그들의 연합은 야곱이 자녀들과 자신을 분리시킨 행동과 대조된다. 야곱은 자기 딸이 더럽혀진 데 대해 무관심한 것 같다. 그는 아무런 대응도 하지 않고 적절한 조치도 취하지 않는다. 야곱의 아들들은 적대 행위에 적개심으로 대응하는 반면에 야곱은 침묵과 방관으로 대응한다. 다시 한번, 아들들이 탄생할 때 그랬던 것처럼(29:31-30:24) 야곱의 가정은 그의 수동적 태도로 인해 제대로 기능하지 못한다. 야곱의 아들들은 거칠고 고삐가 풀렸으며 야곱은 수동적이다. 이 이야기에서 아무도 책망을 피할 수 없다.

공백, 여백, 그리고 논리적 추론

내레이터는 이 사건의 날짜를 공백으로 남겨두어 독자가 다른 연대기적 기록으로부터 야곱의 자녀들의 연령을 추론하게 만든다. 디나가 강간당한 사건은 야곱이 라반을 떠나 도착한 후 곧바로 발생할 수는 없다. 왜냐하면 그 경우에 디나는 기껏해야 일곱 살에 지나지 않았을 것이기 때문이다(참조. 31:21; 31:41). 내레이터는 야곱이 얼마나 오래 숙곳에 머무는지를 말하지 않고(33:17), 단지 그가 도착했을 때 자녀들이 "연약하다"(33:13)고만 말한다. 또한 내레이터는 이 장의 두 부분(야곱의 정착과 강간 사건) 사이에 어느 정도의 시간이 흘렀는지도 공백으로 남긴다. 하지만 디나보다 틀림없이 조금 더 나이가 많았을 요셉이(참조. 30:21) 야곱이 세겜을 떠난 지 얼마 후에 열일곱 살이라는 것은(37:2) 당시 디나의 나이를 많아야 약 열여섯 살 정도로 짐작하게 만든다. 십중팔구 디나가 강간당한 사건은 야곱이 밧단아람을 떠난 지 약 십 년 후에 발생했다. 그의 아들들은 싸우기에 충분한 연령인 열여섯에서 스물두 살쯤 되었다. 디나는 약 열다섯 살 정도로 결혼 적령기의 나이다.[230]

내레이터가 강간 일화에서 하나님을 누락하는 것은 비의도적인 공백이 아니라 의도적인 여백이다. 야곱이 세겜에서 땅을 사서 거기에 제단을 세우는 대신 만일 벧엘에서 자신의 서약을 밀어붙여 성취하고(28:20-22; 34:1) 거기에 제단을 세우려 했다면 이 비극은 발생하지 않았을 것이다. 이 비극적 사건 후에 하나님은 야곱에게 나타나셨던 장소인 벧엘에 제단을 세우라고 야곱에게 명령하신다(35:1). 야곱과 그의 가족은 벧엘에서 그의 서원을 성취하지 않은 데 대해 큰 대가를 치른 것으로 보인다(34:9의 "통혼"에 대한 주해를 보라).

내레이터는 디나의 반응을 공백으로 남겨둔다(삼하 13:12과 대조됨). 그

---

230 하몰은 그녀를 "소녀"로 지칭한다(히. 얄다[יַלְדָּה], "여자아이").

녀는 세겜에게는 정욕의 대상이고, 하몰에게는 흥정거리이며, 오빠들에게는 그녀를 위한 도덕적 분개의 원인이고, 아버지에게는 수동적인 무관심의 대상이다.

또한 내레이터는 이 장에서 자신의 특별한 초점 때문에 야곱이 비싼 우물과 함께 여기서 구입한 밭을 요셉에게 주었다는 내용도 공백으로 처리한다(요 4:5). 요셉은 이 고향 땅에 묻힐 것이다(수 24:32).

인물 묘사, 호칭, 그리고 신분 확인

야곱의 가족과 가나안 사람들과의 관계를 규정지을 이 중대한 시점에 야곱의 가족은 훌륭한 리더십이 없다. 가나안 성읍이 눈앞에 보이는 곳에 천막을 칠 때 야곱은 디나를 위해 가나안 사람들로부터 적절한 거리를 두는 모본을 보여주지 못하고 그녀를 노출시켜 육욕에 사로잡힌 악명 높은 가나안 사람들에게 성적 모욕을 당하도록 만든다. 제의적 오염을 일으키는 강간 일화의 서두에서 야곱은 침묵을 유지함으로써 지나치게 수동적이다. 결국 마지막에 입을 열 때 그는 믿음이 아닌 두려움을 내비친다. 그는 하나님과도 사람들과도 씨름하지 않는다. 내레이터는 이에 걸맞게 그의 새로운 이름인 이스라엘이 아니라 옛 이름인 야곱을 사용한다. 내레이터는 야곱의 행동에 아무 영향을 끼치지 않는 것으로 보이는 모호한 가족 관계를 반복적으로 언급함으로써 야곱의 수동적 태도를 부각한다(예. "레아가 야곱에게 낳은 딸 디나", 34:1; "야곱의 딸 디나", 34:3; "그의 딸 디나", 34:5; "그의 아들들", 34:5; "야곱의 아들들", 34:7, 13, 25; 참조. 27절; "야곱의 딸", 34:7, 19; "디나의 아버지", 34:11). 이름과 행동에 있어 이런 엇박자는 가나안 군주와 그의 아들 사이의 능동적 관계로 인해 더욱 뚜렷해진다. 가나안 사람들 역시 내레이터가 제시하는 가족 관계를 통해 그들의 신분이 반복적으로 확인된다(예. "히위 족속 중 하몰의 아들 세겜", 34:2; "그의 아버지", 34:4, 13; "세겜의 아버지", 34:6; "내 아들", 34:8; "그의 아들", 34:18, 20, 24, 26). 그러나 그들은 자주 일사불란하게 행동하고 하몰은 부적절함에도 불구하고 세겜의 요구에 응한다.

하지만 야곱의 아들들은 야곱의 수동성을 폭로하고 극단적인 폭력성으로 그에게 반항한다. 시므온과 레위는 과도하게 반응하여 거칠게 모든 남자를 죽이고 그들의 집들을 약탈한다. 그들의 도덕적 분노는 라멕과 같은 복수로 바뀐다. 심지어 수십 년이 지난 임종 자리에서조차 야곱은 그 폭력을 잊을 수 없다. 그는 시므온과 레위의 분노를 저주하고 성미가 급한 자의 왕권을 거부한다(창 49:5-7).[231]

제8부 3막 1장에 대한 주해 ————————————————

야곱이 세겜에 정착하다: 한 필지의 땅 매입과 제단 수축(33:18-20)

18절. 밧단아람에서부터. 내레이터는 이 장을 제2막, 곧 밧단아람에서의 야곱의 타향살이와 분리한다. 야곱은 약속의 땅으로 돌아왔다(28:10-22을 보라).

평안히. 이 단어는 모호하다. 이는 야곱이 "안전하고 조용하게" 그 땅으로 돌아와 도착했다는 뜻이거나(12:7) 혹은 세겜 성읍에 평화롭게 입성했다는(34:21) 뜻일 수 있다. 두 가지 모두 사실이다.

세겜 성읍에.[232] 여기서 야곱은 할아버지인 아브라함의 발자국을 따라가면서 자신의 미래를 약속의 땅에 내맡긴다. 야곱은 아브라함이 제단을 쌓았던 그곳에 제단을 쌓고(참조. 12:6-7) 믿음으로 땅을 구입하며(참조. 창 23장), 비록 여기서는 언급되지 않지만 우물을 판다(요 4:5-6; 이 우물은 오늘날에도 여전히 볼 수 있다).

---

231 Goldin, "The Youngest Son," 27-44.
232 이 히브리어는 "(제후, prince) 세겜의 성 살렘에"로 읽을 수 있다. 살렘은 성경의 세겜에서 동쪽으로 약 4마일 지점의 마을이다.

세겜. 이곳은 현대의 세겜(Nablus)에서 동쪽으로 1마일 지점의 텔 발라타(Tell Balâṭah)다. 기원전 19세기, 17세기 및 14세기 이집트 문헌들이 이 중요한 성읍을 언급한다. 이곳은 약속의 땅 중앙에 자리하고 남쪽의 그리심산과 북쪽의 에발산 사이에 위치한 전략적 요충지다.

가나안 땅. 이 유의어 반복은 독자들에게 그 영토의 사악함을 각성시키면서(창 19장을 보라) 다가올 고난을 예고한다.

그 성읍 앞에. 13:12의 롯과 비교하라. 이 장소를 선택함으로써 야곱은 디나를 위험에 빠트린다(위의 문학적 분석을 보라).

19절. 크시타(קְשִׂיטָה). 이 히브리어 화폐 단위의 무게와 가치는 알려진 바 없다.[233] 만일 한 세겔보다 적다면, 이는 세겜과 이스라엘의 평화로운 관계를 암시한다. 만일 그 이상의 가치라면, 이는 야곱이 아브라함보다 더 부유했음을 암시한다. 매매를 최종적이고 다툼의 여지가 없도록 만들기 위해 정확한 값이 지불된다.

샀으며.[234] 가나안 족속은 이스라엘과 그의 아들들이 땅을 사서 그들 가운데 살도록 허용하면서 야곱의 일족과 통혼하여 야곱의 가족을 자기 백성과 문화의 일부로 흡수하기를 원한다(창 34:21-23). 야곱은 이 땅을 매입해서 더 북쪽에 위치한 추가적인 묘지로 사용하려고 했는지도 모른다. 이 땅은 요셉의 아들들이 받은 유산의 일부가 된다(48:22).

세겜의 아버지 하몰의 아들들의 손에서. 이 언급은 곧 뒤따라 나올 디나와 관련된 처참한 장면에 대한 전조가 된다.

그가 장막을 친 밭을. 비록 땅을 매입해서 제단을 쌓은 것이 믿음의 행위였을지라도 야곱은 그 땅에 정착하는 과정에서 잘못을 범한다. 그는 약속의 땅으로 돌아오면 벧엘에서 예배하겠다고 서원했으나 이를 성취하

---

233 이는 오로지 족장 시대에만 사용된다(수 24:32; 욥 42:11).
234 스데반은 아브라함이 이 땅을 샀다고 말한다(행 7:16). 스데반이 혼동한 걸까? 아니면 가나안 땅 족장들의 땅 매입에 대한 두 기사를 하나로 포갠 걸까?

기까지 적어도 십 년이 걸린다. 가나안 성읍 근처에서 허비한 세월은 대체로 수동적인 야곱의 영적 생활을 반영하며 이는 끔찍한 결과를 초래한다(위의 문학적 분석을 보라).

20절. 거기에 제단을 쌓고. 야곱은 상징적으로 세겜에 자신의 제단을 축조한다. 그곳은 아브라함이 약속의 땅에서 첫 제단을 세웠던 장소다(12:6-8; 28:20-22; 31:5을 보라).

불렀더라. 35:7, 출 17:15, 삿 6:24, 겔 48:35을 보라.

엘 엘로헤 이스라엘. 이는 문자적으로 "하나님, 이스라엘의 하나님"을 의미한다. 야곱은 자신의 새로운 자아를 살아 계신 하나님과 연결하고 그분의 이름으로 땅의 권리를 주장한다. 이 "표지"는 자신들이 말하는 언어를 사용하는 가나안 족속으로부터 이스라엘을 구별한다(31:47).

하몰의 아들 세겜이 야곱의 딸 디나를 강간하다(34:1-4)

1절. 디나. 30:21을 보라. 디나는 이 서사에서 단지 이 장에 나오는 그녀의 역할 때문에 중요하다.

레아가…낳은 딸. 30:2-3, 5, 7, 19을 보라. 이 언질은 디나와 같은 배에서 태어난 친오빠인 레위와 시므온의 역할을 명료하게 만든다(34:13, 25, 27, 31). 내레이터는 야곱을 경시하려는 의도가 없다(참조. 34:5).

야곱에게 낳은. 30:3, 5, 7, 11, 19도 보라. 부녀 관계를 지속적으로 밝히는 내레이터의 작업은 뒤따르는 사건들에서 야곱이 보이는 수동적 태도의 부끄러운 측면을 드러낸다(위의 문학적 분석도 보라).

나갔더니. 이는 부적절하고 경솔한 행동이다. 사르나는 이렇게 주석한다. "결혼 가능한 연령의 소녀들은 통상적으로 보호자의 동반 없이 타지인의 성읍에 들어가려고 시골의 야영지를 떠나지 않았을 것이다."[235]

---

235 Sarna, *Genesis*, 233.

리브가와 라헬이 혈족의 공동 우물로 가는 것은 가나안 사람들 속으로 보호자 동반 없이 가는 일과는 전혀 다르다. 야곱은 가나안 족속과 적절한 거리를 두는 모본을 보여주지 못했고(33:18과 위의 문학적 분석을 보라), 이는 디나와 그들의 부적절한 우호적 관계에 영향을 끼쳤다고 추론할 수 있다. 디나가 보호자와 함께 다니는지를 살피는 것은 야곱의 책임이다.

보러. 해밀턴의 제안에 따르면 이는 "보이려고"라는 뜻도 가능하다.[236]

그 땅의 딸들을. 이는 디나의 행동에 대한 또 하나의 비판적 논평이다. 가나안 여자들의 행실은 아브라함과 이삭과 리브가를 역겹게 했다(33:18의 "가나안"을 보라).

2절. 하몰의 아들 … 세겜. 33:18을 보라. 세겜의 아버지에 대한 언급은 세겜의 정체를 특징짓는 것 외에도 독자를 설득하는 내레이터의 성향을 파악하게 만든다. 내레이터는 강간 이후 일사불란하게 행동하는 이 사람들의 혈연관계를 반복적으로 지목한다(34:4, 6, 8, 13, 18, 20, 24, 26). 이는 야곱 및 그의 아들들과는 극명하게 대조된다(위의 문학적 분석을 보라).

하몰. 사사 시대 동안에도 하몰의 사람들은 귀족이었다(수 24:32; 삿 9:8을 보라).

히위 족속. 9:25, 10:15, 17을 보라.[237]

그 땅의 추장.[238] "성읍"이 아닌 "땅"이라는 단어는 야곱 시대에 미개발된 그 성읍의 특징을 반영할 수 있다. 성경 연대에 따르면 야곱은 기원전 1800-1750년 사이에 살았다. 그 지역의 도시 확장은 기원전 1900년경에 시작되었다. 기원전 1750년경에 그 성읍은 돌로 된 기초 위에 진흙 벽돌로 쌓은 별도의 구조물인 2.5미터 폭의 성벽으로 둘러싸였다. 그리고 성 안의 건물들은 실질적인 구조물들로서 역시 돌로 된 기초 위에 진흙 벽

---

236 Hamilton, *Genesis 18-50*, 353.
237 R. North, "The Hivites," *Bib* 54 (1973): 43-62을 보라.
238 히브리어 나시(נְשִׂיא, 25:16을 보라).

돌로 건축되었다.[239] 하지만 야곱 시대에 성벽은 아마도 갓 세워지기 시작했을 것이다. 이런 이유로 "땅"이라는 단어가 사용되었다.[240]

보고 끌어들여. 동일한 순서가 창세기 6:2에서 성적으로 제어되지 않은 폭군들에 대해 사용된다.[241]

강간하여 욕되게 하고. 이 히브리어 표현은 동사 샤카브(שָׁכַב, "그녀와 누웠다, 잠을 잤다")를 포함한다. 이 동사는 대상화되고 불법적인 성관계를 지시한다(30:16의 주해를 보라). NIV는 "그녀와 동침하고 그녀를 겁탈했다"를 중언법으로 간주하면서 이 동사를 빠트린다. 하지만 그런 해석은 점차적으로 강해지는 잔인성을 희미하게 만든다. 대부분의 학자는 그의 성적 학대를 "강간"으로 해설하지만 다른 사람들은 "유혹에 빠진 것"으로 설명한다.[242] *HALOT*는 창세기 34:2, 사사기 19:24, 20:5, 사무엘하 13:12, 14, 22, 32, 예레미야애가 5:11에서 사용된 이 단어를 "폭력을 행사하여 … 여자를 강간하다"라는 의미로 규정한다.[243]

3절. 그 마음이 깊이 … 연연하며 … 사랑하여 … 말로 위로하고. 따뜻한 애정을 가리키는 이 세 개의 동사는 잔인성을 표현한 세 개의 동사와 대응하여 균형을 이룬다. 그럼에도 불구하고 세겜은 디나에 대한 연정을 품을지언정 자신이 해를 끼친 가족에게 사과하지도 않고 배상하려는 시도조차 하지 않는다.

사랑하여. 이와 동일한 자연적 감정이 야곱에게 동기를 부여했다(29:18을 보라). 세겜의 공격적인 감정은 사랑으로 바뀌었다. 내레이터의

---

239 L. E. Toombs, "Shechem (Place)," *ABD*, 5:1179. 이집트 자료로부터 도시국가인 세겜은 그 당시 남쪽의 예루살렘과 게셀에서 북쪽의 므깃도까지 국경을 확장했다고 추론된다. 이는 약 1000평방마일에 이르는 통치 영역이다.

240 34:24의 "성문으로 출입하는 모든 남자"라는 표현은 모든 건강한 남자에 대한 관용어일 수 있다.

241 3:6에 있는 순서도 보라.

242 이에 대한 논의는 R. Wakley, "מָהַר," *NIDOTTE*, 2:860–61을 보라.

243 *HALOT*, 853.

묘사는 진실하지만 세겜에게 동정적이지는 않다. 스턴버그는 이렇게 주석한다. "그는 먼저 갑작스러운 강간으로 우리를 놀라게 하고 그 후에야 강간범에게 미친 여파로 이야기를 진행시킨다."[244]

4절. 얻게(לְקַח, 라카흐). 이는 34:2에서 "취했다"로 번역된 동사와 동일하다. 고집 센 청년은 자기 아버지에게 "바라건대"(נָא, 나)라는 공손한 형식을 갖춘 말을 덧붙이지 않는다(참조. 34:8; 삼손이 자기 부모에게 했던 말투도 동일함, 삿 14:2).

소녀(יַלְדָּה, 얄다). 이 히브리어는 여자아이를 가리킨다. 내레이터는 그녀를 "어린 여자"(נַעֲרָה, 나아라, 개역개정-"소녀", 34:3)로 부름으로써 존대한다. 세겜이 디나의 오빠들에게 말할 때에도 이렇게 부른다(34:12). 하지만 여기서 세겜이 자기 아버지에게 하는 말은 아마도 세겜의 불량한 태도를 더욱 솔직하게 반영할 것이다.

아내로. 여기서 그는 더 나은 행동을 한다. 암몬과 달리 그는 잘못을 바로잡으려고 시도한다. 신명기 22:28-29은 강간에 대해 죽음의 형벌이 아닌 무거운 벌금이 부과된 결혼을 규정하며 아버지의 동의가 없다면 이혼의 가능성을 허용하지 않는다(참조. 출 22:16-17; 삼하 13:16). 하지만 세겜은 디나를 자신의 집에 볼모로 붙잡아놓고 이스라엘을 강압하여 협상하는 잘못된 행동을 하고 있다(창 34:26을 보라).

능욕에 대한 야곱과 그의 아들들의 반응(34:5-7)

5절. 더럽혔다 함을. 이 단어는 이 사건을 평가하는 내레이터의 속마음을 살짝 드러낸다. 이는 단순한 죄가 아니라 더럽힘의 행위였다(즉 제의적 부정, 추방된 신분). 브루그만은 리쾨르(Ricoeur)의 『악의 상징』(The Symbolism of Evil)으로부터 다음과 같은 진술을 가져온다. "제의적 부정의

---

244 Sternberg, *Poetics of Biblical Narrative*, 447.

기초적인 개념은 도덕적 죄책에 대한 판정보다 더 강력하고 더 강제력이 있으며 (여기에서처럼) 더 위험하다."[245]

잠잠하였고. 야곱의 감정에 대한 여백이 현저하게 나타난다. 다른 곳에서 내레이터는 야곱의 강렬한 감정을 기록한다(29:11, 18; 32:7; 33:4; 특히 요셉이 죽은 줄로 알았던 37:34-35을 보라). 또한 내레이터는 딸의 능욕에 직면한 야곱의 반응과 그의 아들들의 반응을 대조함으로써 야곱의 수동성을 비난한다. "그들 모두가 근심하고 심히 노하였으니, 이는 세겜이 … 부끄러운 일(נְבָלָה, 네발라) 곧 행하지 못할 일을 행하였음이더라." 다윗은 암몬이 다말을 강간했을 때 정당하게 격분했으나(삼하 13:21) 아무것도 하지 않는 잘못을 범했다(삼하 13:20-21). 야곱의 아들들과 마찬가지로 압살롬은 그의 분노에 있어서는 정당했으나 극단적 증오와 폭력으로 죄를 지었다(삼하 13:22).

그들이 돌아오기까지. 분명히 야곱은 이 일이 즉각적인 전갈을 보내야 할 만큼 중요하다고 보지 않는다.

6절. 야곱에게 말하러. 하몰은 야곱에게 아버지 대 아버지로 대화하기를 원한다. 해밀턴은 "그는 그 불량배의 장인이 될 것인가?"라고 묻는다.[246] 하지만 야곱의 아들들이 빠르게 주도권을 쥐었고 하몰은 그들과의 협상을 마무리한다.

7절. 야곱의 아들들은 … 이를 듣고 돌아와서. 내레이터는 그들이 어떻게 소식을 들었는지를 공백으로 남겨두지만 야곱이 그들을 소환한 것으로는 간주하지 않는다.

근심하고. 여기 나온 히브리어 동사는(עָצַב, 아차브의 히트파엘형) 다른 곳에서 단지 인간의 악함에 대한 하나님의 반응에 대해서만 사용된다(창

---

245 Brueggemann, *Genesis*, 275-76.
246 Hamilton, *Genesis 18-50*, 356.

6:6을 보라). 야곱이 아니라 디나의 오빠들이 이런 적절한 감정을 품었다.

이는. 이 원인을 나타내는 절은 근심과 분노에 대한 이유와 내레이터가 평가하는 관점을 모두 알려준다.

부끄러운 일(נְבָלָה, 네발라). 필립스(Phillips)에 따르면 이 단어는 "극도의 중대함을 뜻하며 심각하고 무질서하며 무법적인 행동을 가리키는 일반적 표현이다. 이런 행동은 결국 현재 유지되는 관계를 파괴하는 결과를 낳는다. 그것이 종족 간의 관계든지 가족 내 관계든지 사업적 약속의 관계든지 결혼 또는 하나님과의 관계든지 상관없이 말이다."[247] 공동체의 가장 근원적인 실체와 신념을 뿌리째 흔드는 가장 비열한 종류의 도덕적 만행을 저지른 사람들은 공동체의 조직을 보호하기 위해 반드시 응징되어야 한다(신 22:21; 수 7:15; 삿 19:23-24; 20:6, 10; 삼하 13:12; 렘 29:23). 사르나가 말한 대로 "사회의 자기 방어를 위해 이와 같은 잔혹한 행위들은 결코 용인되거나 처벌받지 않은 상태로 내버려둘 수 없다."[248]

이스라엘에게. 이스라엘 민족을 언급하는 내레이터의 시대착오는 세겜의 범죄와 형제들의 폭력 행사를 진정한 이스라엘의 관점에서 보게 한다(삼하 13:12을 보라). 여기에 악랄한 범죄에 대한 내레이터의 관점이 나타난다(서론에 있는 "모세 이후의 첨가: 암시된 저자와 청중"을 보라).

하몰과 세겜의 반응: 통혼의 제안(34:8-12)

먼저 지도자 하몰이 말을 꺼내 야곱의 집과 가나안 사람들의 통혼을 제안한다(34:8-10). 이어서 왕자 세겜이 디나에게 특별하게 청혼하고 신부값을 지불하겠다고 제안한다. 중요한 점은 그들이 아무런 사과도 하지 않는다는 것이다.

---

247 A. Phillips, "NEBALAH—A Term for Serious Disorderly and Unruly Conduct," *VT* 25 (1975): 241.

248 Sarna, *Genesis*, 234.

8절. 마음으로 너희 딸을 연연하여. 그들은 마치 강간이 전혀 발생하지 않았고 디나는 지금 그들의 성읍에 포로로 잡혀 있지 않은 것처럼 말한다.

9절. 통혼하여. 이는 아브라함과 이삭이 두려워했던 일이다. 나중에 율법은 이를 금지한다(신 7:3). 이스라엘에게 통혼은 이탈이다. 하몰에게 통혼은 연합을 위한 기회다. 내레이터는 야곱의 자녀들이 어떻게 가나안 땅에서 배우자를 확보해야 했는지를 정확하게 설명하지 않는다. 야곱과 아람 사람들 사이의 적대적 관계 이후 밧단아람으로 돌아가서 배우자를 구하는 선택은 본질적으로 제외된다. 아마도 그들은 네 명의 다른 어머니를 가졌기 때문에 에서가 이스마엘의 딸들과 결혼한 것처럼 혈족 내에서 결혼할 수 있었을 것이다. 더욱이 그들은 자신들의 딸들과 결혼한 남자들의 할례와 종교적 정결을 정직하게 요구할 수 있었을 것이고, 또한 가족의 남자들은 자신들의 생활 방식과 세계관을 수용했던 다말이나 라합과 같은 가나안 여자들과 결혼할 수도 있었을 것이다.

너희 딸들을. 야곱에게는 십중팔구 디나 외에 다른 딸들도 있었을 것이다. 또한 이 협약은 야곱의 아들들이 낳을 미래의 자녀들을 예견하기도 한다.

10절. 기업을 얻으라. 체류민들의 기본적 필요를 채우고 그들의 미래의 운명을 성취하기 위한 가장 중요한 준비물인 땅의 기업은 거룩한 가족에게 가장 큰 유혹으로 다가온다(참조. 눅 4:5-6).

12절. 혼수(מֹהַר, 모하르; NIV-"신부값"). 이는 예비 남편이 신부를 위해 지불하는 비용에 대한 전문 용어다. 웨이클리(Wakely)에 따르면 이 히브리어는 "신랑이 신부 가족에게 지불하는 돈의 총액이며 이 시점부터 이 결혼은 아직 신방에 들지 않았을지라도 법적으로 효력이 있음을" 의미한다.[249] 신부값의 총액은 다양했다. 약혼하지 않은 처녀를 강간한 경우에 율법은 은전 오십 세겔의 지불과 이혼이 불가한 결혼을 요구했다(신 22:28-29).

예물. 세겜은 아마도 자신의 신부에 대한 권리를 더 이상 따질 수 없도록 신부값에 "예물"을 더해서 지불했을 것이다.

소녀(נַעֲרָה, 나아라). 이는 "어린 여자"로 번역되는 것이 더 낫다(34:4의 주해를 보라).

야곱의 가문과 세겜 사람들의 반응: 거짓 조약(34:13-24)

형제들은 속임수를 써서 통혼의 조건으로 할례를 제안한다(34:13-17). 그리고 하몰과 그의 아들은 속임수로 이 조약을 그들의 백성에게 납득시킨다. 이 조약을 근거로 그들이 통혼을 통해 야곱 가족의 자산을 점유할 수 있을 것이라고 말이다(34:18-24).

13절. 더럽혔음이라. 34:5을 보라. 이스라엘은 이 상황을 폭력을 당한 자들과 폭력을 행사한 자들 간의 문제라고 이해한다. 폭력을 행사한 자들이 언약 공동체에 참여한 디나의 신분을 훼손했다. 형제들은 하몰과 세겜 사람들에게 모든 남자의 할례에 동의함으로써 히브리인 공동체에 참여할 자격을 얻으라고 요구한다.

야곱의 아들들이 … 대답하였으니. 야곱이 대답하지 않는다는 점이 주목할 만하다. 야곱이 아들들의 잔인한 기만술에 대해 책망하는 것으로 보아 야곱은 아들들의 계획에서 배제되었다고 추론할 수 있다. 또한 "내 영광아, 그들의 집회에 참여하지 말지어다"(49:6)라는 야곱의 탄원은 명시적으로 그를 배제하고 시므온과 레위가 음모를 꾸몄음을 암시한다.

속여(מִרְמָה, 미르마). 이 단어는 거의 마흔 번에 달하는 모든 용례에서

---

249 Wakely, "מֹהַר," *NIDOTTE*, 2:860.

"속임수, 기만, 혹은 음모"를 묘사하며 항상 경멸적 용법으로 쓰인다(예. 창 27:35; 렘 5:27).[250] 기만술은 전쟁에서 양 진영 모두 사용할 것으로 예상되지만, 평화 협정에서는 수용될 수 없다(참조. 왕하 9:23). 히브리어 미르마는 전쟁 상황에서는 사용되지 않는다. 내레이터는 형제들의 도덕적 분노는 인정하면서도 그들의 전략은 승인하지 않는다.

15절. 할례를 받고. 17:9-14, 출애굽기 12:43-49을 보라. 형제들이 거룩한 언약의 표식인 할례에서 종교적 의미, 즉 믿음으로 아브라함의 하나님께 헌신하겠다는 다짐을 제거하고, 복수를 가하기 위해 이를 악용하는 것은 신성모독이고 비난받을 만하다. 사르나는 이렇게 주석한다. "형제들의 말은 아이러니를 수반하는 의미심장한 발언이다. 세겜이 자신의 폭력적 욕정에 사용한 신체의 일부 자체가 그를 징벌하는 근원이 될 것이다!"[251]

16절. 우리 딸들을. 이는 앞일을 예상하는 선취적 발언이다(34:9, 13을 보라).

17절. 우리 여동생을 데리고 가리라(개역개정-"우리 딸을"). 형제들이 당시에 하몰과 세겜이 디나를 볼모로 붙잡고 있다는 사실에도 불구하고 기가 꺾이지 않는 것은 주목할 만하다(34:26을 보라).

18절. 좋게 여기므로. 그들은 평화롭고 여유만만하다. 또한 이 일은 경제적으로 이롭다.

19절. 지체하지 아니하였으니. 그들의 역할 모델은 성읍 주민들에게 알리기 전에 즉시 모범을 보인다.[252]

이는 그가 … 기뻐하기 때문이며(개역개정-"사랑함이며"). 내레이터는 세

---

250 E. Carpenter and M. A. Grisanti, "רָמָה," *NIDOTTE*, 3:1123.

251 Sarna, *Genesis*, 236.

252 아니면 내레이터는 하몰의 할례를 예상함으로써 디나를 향한 하몰의 뜨거운 연정을 기술하고 있다(Sarna, *Genesis*, 236이 그렇다).

겜이 누군가 "진정한 사랑"이라고 부르는 것을 간직하고 있었음을 강조한다(34:3, 8). 이 세계관에서는 그것이 중요한 문제다.

20절. 성읍 문. 고대 세계에서 성문은 지도자들의 회의를 위한 장소였다(19:1; 23:18을 보라).

21절. 이 사람들은 우리와 친목하고. 세겜의 지도자와 그의 "명예로운" 상속자는 명백히 성읍 주민들을 속이고 있는 것으로 보인다. 이는 그들의 숨은 동기를 말하지 않고(세겜의 욕망을 충족시키면서) 그 땅에서 야곱 가족의 정착을 허용함은 그들의 토지 매입에 대한 허락도 수반한다는 사실을 명시하지 않음으로써 이루어진다. 대신 그들은 이스라엘의 재산을 털기 위한 그들의 공동 음모를 문화적인 종족 학살로 대체한다.

거주하며[253] **매매하게 하고.** 그들은 "기업을 얻으리라"(34:10을 보라)는 말을 누락한다.

22절. 할례를 받아야. 이 단어는 신학적 의미가 제거되어 있다. 그들은 할례가 상징하는 이스라엘의 세계관을 받아들이려는 의도가 전혀 없다. 할례는 단지 재정적 수입의 수단이자 자신들의 문화를 확대할 방안일 뿐이다.

23절. 우리의 소유가 되지 않겠느냐. 세상의 다른 정치 지도자들과 같이 그들은 자신의 사적인 탐욕을 공동체의 이익이 되는 것처럼 보이게 만든다.

24절. 세겜의 말에 동의하여(개역개정-"세겜의 말을 듣고"). 그들은 거룩한 언약의 징표를 회심 없이 그저 자신들의 이익을 위한 수단으로 기꺼이 받아들이려고 한다. 성읍 전체가 이스라엘을 이용하려는 탐욕으로 가득 차 있다.

성문으로 출입하는 그 모든 남자가. 이는 "모든 신체 건장한 남자"를

---

253 히브리어 야샤브(ישׁב)는 34:23에서 "정착하다"(개역개정-"거주하다")로도 번역된다.

의미하는 숙어다.[254]

그 모든 남자. NIV는 히브리어 "모든 남자" 뒤에 "출입하는 모든 사람"을 누락한다. 이 반복은 그 성읍을 방어하기 위해 남아 있던 남자가 한 명도 없었음을 강조한다. 야곱의 아들들이 세운 책략은 완전히 성공한다.

야곱의 아들들이 세겜 성을 약탈하다:
시므온과 레위가 살육하고 다른 아들들은 늑탈함(34:25-29)

25절. 제삼일에. 이 지연은 그때쯤 모든 사람이 할례를 완료했거나[255] 고통이 극심해서[256] 아니면 이 두 가지가 모두 원인일 수 있다.

아직 그들이 아파할 때에. 형제들은 가차 없는 폭력과 부끄러운 줄 모르는 만행으로 복수를 자행했다.

시므온과 레위. 이들은 디나의 친오빠들이다.

그 모든 남자를 죽이고. 비록 세겜을 징벌하려는 그들의 욕구가 정당하다고 할지라도 그들은 지나치게 행동하고 하나님의 재가 없이 조급하게 거룩한 전쟁에 개입한다(15:16과 해당 주해; 민 31:3-24을 보라). 고삐가 풀리고 믿음이 없으며 거친 보복으로 인해 시므온과 레위는 이스라엘에서 지도권과(창 49:6을 보라) 땅을 상실한다(49:7; 마 26:52). 하지만 후대에 제사장 비느하스가(레위 집안 출신) 적절하게 쏟아낸 열정은 그가 더 좋은 상속권을 얻도록 만든다(민 25장을 보라).

26절. 디나를 취해서…떠났고(개역개정-"디나를…데려오고"). 이는 "나

---

254 Speiser, *Genesis*, 263. 참조. 페니키아의 비문, "내가 (전쟁에) 나온 사람들(*hys'm*)과 그들의 동맹군을 정복했다(G. A. Cooke, *Text-Book of North-Semitic Inscriptions* [Oxford: Clarendon Press, 1903], 76-77).

255 Sarna, *Genesis*, 237.

256 F. C. Fensham, "Gen xxxiv and Mari," *JNSL* 4 (1975): 89.

가서 …취했다"를 뒤집는다(34:1-2; 위의 문학적 분석을 보라).

세겜의 집에서. 이제야 독자는 디나가 세겜의 집에 내내 볼모로 붙잡혀 있었음을 깨닫는다. 세겜과 그의 아버지는 결코 정직한 협상을 진행하지 않았다.

27절. 그들의 누이를 더럽힌 까닭이라. 내레이터는 그들의 동기가 자신들의 세력을 키우기 위해서가 아니라 능욕을 복수하기 위함이라는 사실을 설명하려고 애쓴다.

28-29절. 그들이 …빼앗으며. 이는 동해보복법의 행위다. 즉 세겜 사람들이 야곱의 집이 소유한 재산을 갈취하려고 했던 것처럼 야곱의 집이 그들의 재산을 늑탈한다.

야곱의 반응(34:30)

30절. 야곱이 …이르되. 야곱은 아들들의 무분별한 행동을 꾸짖는다. 그들은 야곱이 도덕적 분노를 품지 않은 것을 따진다. 성읍을 약탈한 데 대한 그들의 대조적인 반응은 디나가 강간당한 일에 대한 그들의 대조적인 반응에 부합한다. 야곱은 도덕적 분노를 아무것도 보여주지 않으며 아들들은 자신들의 살육을 의로운 징계라고 정당화한다.

내게 화를 끼쳐. 야곱의 불만은 결코 영예롭지 못하다. 그의 책망은 나약한 마음에서 비롯되었다. 그는 디나의 굴욕에 대해서가 아니라 자신을 염려한다. 해밀턴이 말한 대로 "그의 염려는 윤리적이기보다는 전술적이며 전략적이다."[257]

가나안 족속. 10:15을 보라. 에서의 군대에 대한 야곱의 두려움이 가나안 족속과 브리스 족속에 대한 야곱의 두려움으로 대체된다.[258]

---

257 Hamilton, *Genesis 18-50*, 371.
258 앞의 책.

브리스 족속. 13:7을 보라.

내 집이. 이는 이 장에서 자신의 지도권을 유기했던 사람의 입에서 나오는 아이러니한 말이다.

멸망하리라. 족장들은 전쟁이 아니라 믿음으로 그 땅에서 생존해야 했다(창 26장을 보라). 여기서 야곱은 복종하는 믿음이 아니라 두려움을 드러낸다(35:1-5을 보라).

아들들의 반응(34:31)

31절. 우리 누이를. 디나는 34:1에서 이야기가 시작될 때처럼 "아버지의 딸"로 지칭되지 않는다. 이는 심각한 가정불화에 대한 또 하나의 상징이다.

창녀 같이 … 옳으니이까? 이 수사학적 질문은 예견되는 부정적 답변을 강조적으로 단언한다. 내레이터는 아들들에게서 최종적인 발언이 나오도록 한다.

제8부 3막 1장에 대한 신학적 고찰

서원과 예배

이 이야기의 논지는 서원을 지키는 일의 중요성을 암시해준다. 야곱은 벧엘에서 제단을 쌓겠다는 서원을 지키지 못하고 이어서 자신의 집을 거의 잃을뻔한다(위의 문학적 분석도 보라). 우리는 하나님을 우리가 좋은 대로 예배할 수 없다. 야곱은 제단을 쌓지만 엉뚱한 장소에다 세운다. 그는 자신이 있어야 할 장소에 있지 않기 때문에 열국을 위한 축복이 아닌 칼을 가져온다.

도덕적 분노

내레이터는 다음과 같은 자신의 용어로 강간을 비난한다. 즉 "욕되게 했다"(34:2), "더럽혔다"(34:5), "근심", "이스라엘에서 부끄러운 일"(34:7; 주해를 보라)이라는 표현을 사용한다. 이 이유 때문에 내레이터는 아들들을 매개로 자신의 관점을 표현하기 위해 그들에게 최종 발언, 즉 "그가 우리 누이를 창녀 같이 대우함이 옳으니이까?"라는 질문을 맡긴다. 세겜도 하몰도 강간을 모욕적인 일이라고 생각하는 기색이 전혀 없다. 그들은 세겜이 진정으로 디나를 사랑하고 있기 때문에 이 모욕적 행위를 대수롭지 않게 생각하고 단지 결혼을 위해 재정적 타결책을 협상하길 원한다. 야곱은 여기서 슬프게도 가나안 사람들에 비견될 수 있다. 그는 아무런 도덕적 분노를 표현하지 않으면서 그저 이 문제를 조심스럽게 해결하길 원할 뿐이다. 하지만 아들들과 더불어 내레이터는 이 일이 이스라엘에서 응징되어야 할 도덕적으로 잔학한 행위라고 단언한다.

지도력

가나안 사람들은 야곱의 실존과 하나님께서 그와 맺은 언약을 위협한다는 점에서 에서의 군대를 대체한다. 지난 장에서 야곱이 신중함과 믿음에 기초하는 대담한 지도력의 본을 보여주었다면 이 장에서 그는 신중함과 두려움에 기반을 둔 약한 지도력의 본을 보여준다.

이 장은 누가 야곱의 열두 지파를 다스릴 것인가라는 중대한 질문에 대답하기 시작한다. 다음 장에서 르우벤은 가나안 사람들처럼 자신의 부도덕한 행위로 스스로를 부적격하게 만든다. 시므온과 레위는 그들의 여동생이 당한 제의적 능욕에 대항하여 도덕적 분노를 정당하게 보여주면서도 성급함과 고삐 풀린 복수로 스스로를 자격이 없게 만든다. 야곱은 그들과 차별화되는 행동을 한다. 그는 신중하지만 믿음과 도덕적 분노가 결여되어 있다. 마지막 분책인 제10부에서 지도권은 처음엔 요셉의 어깨 위에 그다음에는 최종적으로 유다에게 맡겨질 것이다.

모형론

세겜 사람들에 대한 학살과 유린은 이스라엘이 가나안을 정복하고 그 땅에서 가나안 족속을 추방하는 데 대한 전조가 된다.

제8부 3막 2장

이스라엘이 벧엘에서 서원을 이행하다(35:1-15)

제8부 3막 2장에 대한 문학적 분석 ─────────

구조

야곱이 벧엘로 이동하는 내용은 그가 헤브론으로 귀환하는 마지막 여정의 일부다(제8부 3막에 대한 문학적 분석을 보라). 이 구조는 교호적 패턴 속에서 진행되는 두 가지 사건, 즉 야곱이 벧엘로 귀환하고 그곳에서 언약을 갱신한 사건으로 구성된다.

A 하나님께서 명령하시다: 벧엘로 올라가 거기서 제단을 쌓으라(35:1)

B 야곱이 순종하다: 가정을 새롭게 하고 벧엘로 올라가 제단을 쌓다 (35:2-7)

A′ 하나님이 야곱에게 나타나 아브라함의 언약을 갱신하시다(35:9-13)

B′ 야곱이 돌기둥을 다시 헌정하고 벧엘의 이름을 새롭게 하다 (35:14-15)

A에서 하나님은 야곱이 당신과의 언약을 갱신하도록 그를 부르시며 주도권을 행사하신다. A′에서 하나님은 야곱의 새로운 이름을 부르시고 언약의 약속을 확대하신다. 야곱의 응답은 철저한 상징적 행동 및 제단

축조를 통한 가족의 언약 갱신으로부터(B) 돌기둥을 하나님의 집으로 세우는 데까지로(B´) 확대된다.

비록 이 두 기사가 모두 야곱에게 자신을 드러내신 하나님의 계시와 관련이 있다고 할지라도 양자는 구별된 사건이다. 이는 드보라의 사망 고지를 기준으로 둘로 나뉜다(35:8). 첫 번째 기사는 다음과 같은 역사적 언급으로 틀이 만들어진다. 즉 "네가 네 형 에서의 낯을 피하여 도망하던 때에 네게 나타났던 하나님"(35:1)과, "그가 그의 형의 낯을 피할 때에 하나님이 거기서 그에게 나타나셨음이더라"(35:7)라는 언급이다. 두 번째 기사인 벧엘에서의 신현은 연대기적으로 야곱이 밧단아람으로부터 귀환한 일과 연결된다(35:9).

비교와 대조

이 장은 야곱 이야기를 절정으로 치닫게 하면서 성공적인 결론으로 이끈다. 이 장면은 앞서 나온 여러 장과 많은 부분에서 밀착되어 있다. (1) 이 장은 야곱을 향한 이삭의 축복을 성취한다(28:3-4). (2) 가장 주목할 만한 부분은 벧엘에서 야곱에게 나타난 야웨의 신현이(35:9-15) 야곱이 에서로부터 도망가는 중에 벧엘에서 겪은 야웨의 첫 신현과 비교되고 대조된다는 점이다. 내레이터는 역사적인 언급(35:1, 7)으로 첫 번째 기사의 틀을 구성함으로써—"네가 네 형 에서에게서/그가 그의 형으로부터 도망할 때에 하나님이 그에게 나타나셨다"(35:9)에 "다시"를 추가함으로써—이 연관성을 확립한다. 두 신현에서 모두 하나님은 일상적인 명칭인 엘로힘(אֱלֹהִים)이 아니라 드문 명칭인 엘(אֵל)로 불리시며 아브라함 언약의 조항을 반복하신다. 곧 다산, 민족을 이룸, 열국에 대한 축복 및 가나안 점유에 대해 말씀하신다. 두 신현에서 모두 야곱은 먼저 이 경험을 기념하기 위해 돌기둥을 세우고 그다음에 그것을 재봉헌함으로써 하나님께 예배를 드리는데, 두 번 모두 그 장소의 이름을 짓는 일과 연결되어 있다. 두 신현이 너무 비슷해서 자료비평가들은 이 두 경험이 동일한 사건을 다르게 회상한 기록이라고 생각한다. 하지만 야곱은 첫 번째 신현 후에 두려움에 사로잡히나 두 번째 신현에서는 그렇지 않다. 더욱이 문맥이 서로 다르다. 해밀턴이 주해한 대로 "하나님의 첫 번째 출현은 야곱이 '도피하는'(בָּרַח, 바라흐, 7절) 문맥에서 읽어야 한다. 하나님의 두 번째 출현은 야곱이 축복을 받는(בָּרַךְ, 바라크, 9절) 문맥에서 읽어야 한다."[259] 더욱 중요한 것은 아브라함 언약의 내용이 다소 다르다는 점이다(아래를 보라). 마지막으로 야곱이 전에는 하나님께서 자신에게 나타나신 장소를 위해 그곳의 이름을 지었던 반면에(즉 "벧엘"), 이제는 자신에게 나타나신 하나님을 위해 그곳의 이름을 짓는다(즉 "엘-벧엘").

(3) 창세기 35장의 신현은 야곱을 향한 아브라함 언약의 계시를 마무리한다. 첫 번째 신현은 15장에서 아브라함과 맺은 하나님의 언약과 밀접하다. 반면에 두 번째 신현은 17장에서 선포된 그 언약의 확대와 밀착된다. 17장에서 아브라함에게 선포된 언약과 여기서 나타나는 언약 사이의 유사점이 뚜렷하게 나타나는데 다음과 같다.

- 동일한 시작: "야웨/하나님께서 나타나셨다"(17:1; 35:9)
- 동일한 틀: 하나님께서 "나타나셨다"와 "올라가셨다"(17:1; 35:9; 17:22; 35:13).
- 동일한 신명: "전능한 하나님"(17:1; 35:11; אֵל שַׁדַּי, 엘 샤다이)
- 개명된 이름: 아브람에서 아브라함으로(17:5), 야곱에서 이스라엘로 (35:10)
- 비슷한 문구와 약속들: 크게 번성케 됨, 민족을 이룸, 그들의 허리에서 나올 왕들, 그리고 후손에게 줄 땅(17:6, 8; 35:11-12)[260]

---

259 같은 책, 380.
260 이 비교는 Gross의 비슷한 비교와는 별개로 독자적으로 만들어졌다(W. Gross, "Jakob, der Mann des Segens: Zu Traditionsgeschichte und Theologie der priesterschriftlichen

(4) 이 두 번째 신현과 야곱과 하나님의 사자가 벌인 씨름 사이에도 두드러진 비교 및 대조가 발견된다(32:22-32). 양자 모두에서 야곱의 이름이 이스라엘로 개명되고 그에게 복이 선언된다. 여기서도 유사점이 너무 확연해서 자료비평가들은 두 장면을 동일한 사건을 이야기하는 두 개의 자료로 할당한다. 하지만 지금은 하나님께서 야곱을 천사로서가 아니라 직접 만나신다. 이제 야곱의 이름은 단순히 이스라엘로 바뀌기만 하는 것이 아니라 이제부터는 줄곧 이스라엘로 호칭되어야 된다. 첫 번째 개명은 약속의 땅 밖에서 발생하고 두 번째 개명은 그 땅 안에서 발생한다. 야곱의 바뀐 이름은 그가 백성들의 총회를 이룰 것이라는 약속과 연결되어 새롭게 선포된다는 사실이 중요하다. 신-인과의 만남에서 그는 담대함을 얻었다. 이제 그는 신현 앞에서 담대함을 보여준다. 이 신현은 변화된 야곱에게 일어났다.

(5) 이 막의 처음 두 장은 모두 "야곱이 밧단아람에서 온 후/돌아온 후"와 연결된다(33:18; 35:9). 이 후렴구는 야곱의 복종에서 대조되는 점을 강조한다. 이 두 장은 비교의 방식으로 교호 구조를 다음과 같이 공유한다.

A 야곱이 세겜에 정착한 뒤 그곳에 제단을 세우다(33:18-20)

B 세겜에서의 강간과 약탈(34:1-31)

A´ 야곱이 벧엘에 정착한 뒤 그곳에 제단을 세우다(35:1-7)

B´ 하나님이 야곱에게 나타나서 언약을 갱신하시다; 백성들의 총회
  (35:9-15)

A에서 야곱은 자신의 방안에 따라 예배한다. A´에서는 하나님의 방안

Jakobsüberlieferungen," *Bib* 49 [1968]: 321-44을 보라).

을 따른다. 세겜에서(B) 야곱은 복을 받지도 않고 복이 되지도 않는다. 그의 가족은 지역 공동체에 죽음의 해를 입힌다. 벧엘에서(B′) 야곱은 복을 받고 열국은 예배 공동체의 일원이 된다.

여전히 더 많은 대조점이 있다. 잘못된 장소에 쌓았던 세겜의 제단이 (33:20) 벧엘의 제단으로 대체된다(35:7). 앞 장에서 가나안 사람들에 대한 야곱의 두려움은(34:30) 순례 중인 담대한 야곱이 적의 진영을 통과해 행진할 때 야웨께서 사면의 성읍들 위에 거룩한 전쟁의 공포심을 안겨 주시는 것으로 대체된다(35:5). 두 장 모두 이스라엘의 특유성, 즉 도덕적 정결함과(제1장) 종교적 정결함을(제2장) 강조한다. 하지만 폭력으로 성적 능욕을 제거한 일은(제1장) 제의적 예식을 통한 종교적 더러움의 제거로 대체된다(제2장).

공백과 여백

리브가의 유모인 드보라의 죽음과 매장에 대한 언급은 실로 주목할 만하다(35:8). "그가 그의 형(에서)의 낯을 피해 도망갈 때에"(35:7)라는 보고에 이어 드보라의 죽음을 알리는 특이한 사망 고지가 뒤따른다. 이는 청중으로 하여금 리브가가 마지막으로 야곱이 도피할 때 했던 말, 곧 성취되지 않은 것으로 보이는 "내가 곧 사람을 보내어 너를 거기서 불러오리라"(27:45)라는 약속을 회상하게 만든다. 청중은 여기서 리브가의 최측근인 유모가 아니라 리브가의 죽음에 대한 고지가 등장하리라고 예측한다. 내레이터는 족장들과 그들이 가장 사랑하는 아내들의 죽음을 기록하는데 리브가를 제외시킨다. 분명히 내레이터는 의도적으로 그녀의 죽음을 여백으로 남긴다. 이는 청중으로 하여금 다음과 같이 추론하게 만든다. 즉 내레이터가 리브가의 사망 고지를 누락함으로써 그녀가 자기 남편을 속인 이후에 청중이 그녀를 더 이상 존경하지 않도록 만든다는 것이다.

장면 묘사

35:1의 "벧엘로 올라가서"를 보라.

제8부 3막 2장에 대한 주해 ──────────

하나님께서 명령하시다: 벧엘로 올라가 거기 제단을 쌓으라(35:1)

1절. 하나님이 … 이르시되. 언약 파트너이신 하나님이 결함을 지닌 인간 파트너와의 언약을 갱신하기 위해 주도권을 행사하신다.

벧엘로 올라가서. 야곱에게는 성취해야 할 서원이 있다(28:20-22을 보라). 아마도 하나님의 명령은 중의적일 것이다. 벧엘은 지리적으로 세겜보다 1000피트 높은 고지에 위치하며, 이 지리적 고도는 하나님을 향한 야곱의 영적인 고도를 상징한다.

거기 거주하며(יָשַׁב, 야샤브). 야곱은 세겜에 정착하지 않아야 한다(참조. 34:10). 야곱이 벧엘에 거주한 것은 밧단아람(27:43-44을 보라)에서의 "거주"(יָשַׁב, 야샤브)를 대체한다.

제단을 쌓으라. 이는 하나님께서 족장에게 제단을 쌓으라고 직접 지시하신 유일한 사례다(참조. 12:7-8; 13:18; 22:9; 26:5; 33:20).

하나님께. 이 히브리어는 28:20-22에서와 같이 엘로힘(אֱלֹהִים)이 아닌 엘(אֵל)이다(참조. 31:13).

네가 네 형 에서의 낯을 피하여 도망하던 때에 네게 나타났던. 야곱은 빙 돌아 제자리로 돌아왔다. 이곳은 야곱이 세겜에 정착하는 대신 목적지로 삼고 가야 했던 장소다(33:18).

야곱이 순종하다: 가정을 새롭게 하고 벧엘로 올라가 제단을 쌓다
(35:2-7)

2절. 버리고. 이 표현은 이 사람들이 야웨께 자신을 다시 바치고 있음을 나타낸다(수 24:14, 23; 삿 10:16; 삼상 7:3-4; 대하 33:15). 회개는 하나님 께 드리는 예배를 방해하거나 얼룩지게 하는 것은 무엇이든지 내버리는 결단을 수반한다. 언약의 우선적 요구는 야웨를 향한 배타적인 충성이다 (출 20:3-5; 수 24:14; 삿 10:16을 보라).

이방 신상들. 창세기 31:19, 여호수아 24:23, 에베소서 4:22-25, 골로 새서 3:7-8, 야고보서 1:21, 베드로전서 2:1을 보라.

자신을 정결하게 하고. 내레이터는 모세 율법의 정결 예식을 전제하는 것처럼 보인다—목욕, 옷 세탁, 그리고 성관계의 절제(레 14:8-9; 22:6-7; 민 8:7). 이는 우상의 부정으로부터 하나님 앞에서의 정결로 통과되는 효 과를 낳는다(신 7:25-26; 렘 2:23; 7:30을 보라).[261]

너희들의 의복을 바꾸어 입으라. 이는 새롭고 정결케 된 생활 방식을 상징한다(참조. 창 41:14; 레 15:18; 16:23-24; 18:24-29; 민 8:7, 21; 31:19, 24; 삼하 12:20; 겔 44:19; 슥 3:3-5; 고후 5:4; 엡 6:13-17; 벧전 5:5; 계 3:4; 16:15). 해밀턴은 의복을 바꾸어 입는 것을 이름의 변경과 연결한다.[262]

3절. 우리가 일어나 …올라가자. 군사적으로 무장한 가족이 적대적 인 지역을 통과하여 지나가려면 용기가 필요하다. 그들은 평화로운 목 자라고 알려져 있었으나 이제 그들이 저지른 난폭한 행위에 대해 소문이 났다(창 34장을 보라). 그들은 이제 더 큰 위험에 직면한다.

벧엘로. 야곱은 마침내 자신의 서원을 지키기 위한 종교적 순례를 시 작한다.

내 환난 날에. 28:20을 보라.

4절. 그들이 …야곱에게 주는지라. 야곱은 영적 지도력을 회복했다.

귀고리들을. 이 장신구들은(35:2을 보라) 아마도 세겜 사람들로부터 빼

---

261 Sarna, *Genesis*, 367 n. 4.
262 Hamilton, *Genesis 18-50*, 376.

앗은 약탈물의 일부였을 것이다.

그것들을 …묻고(טָמַן, 타만). 통상적인 카바르(קָבַר; 35:8, 29을 보라) 대신 사용된 이 희귀한 히브리어 단어는 그것들이 수치스럽게 땅에 묻혔음을 의미할 수 있다(즉 "폐기되었다"). 이는 특이한 처분 절차다. 후대에 지도자들은 그것들을 불살랐다(출 32:30; 신 9:21; 왕상 15:13; 대상 14:12). 위에 군림하던 신들이 최종적으로 매장되는 모욕을 당한다.

세겜 근처 상수리나무. 이는 아브라함과 연관되는 신성한 나무다(12:6; 호 4:18을 보라).

5절. 하나님이 …두려워하게 하셨으므로. 34:30에 있는 야곱의 두려움과 이를 대조해보라. 하나님께서 일으키신 거룩한 전쟁에 대한 공포심은 (출 23:27; 수 2:9을 보라) 하나님의 임재에 대한 야곱의 선한 고백을 타당하게 만든다. 이 공포심은 그들의 명성이 평화로운 목자들에서(34:21) 광폭한 전사로(34:30) 바뀌었기 때문에 필연적이다. 야곱이 이 첫 번째 장소에서 하나님을 신뢰했다면, 그는 두려워할 필요가 전혀 없었을 것이다.

7절. 제단을 쌓고. 35:1을 보라. 이 언약의 가족은 그들의 예배를 통해 계속 가나안 족속과 자신들을 분리하고 그들을 향해 증인의 역할을 하며 상징적으로 하나님의 약속에 근거하여 그 땅에 대한 권리를 주장한다 (12:7을 보라).

엘벧엘. 28:18-22도 보라. 해밀턴은 이 개명을 다음과 같이 설명한다. "벧엘에서 겪은 두 차례의 경험에 대한 야곱의 기억은(28장과 35장) 하나님의 거주지, 곧 거룩한 장소로서의 벧엘을 기억나게 한다기보다 야곱이 거기서 만났던 하나님을 차후에 오래도록 기억나게 할 것이다. 단순히 '하나님의 집'이 아니라 '하나님의 집에 거하시는 하나님'을 말이다."[263]

그에게 나타나셨음이더라. 이는 예언자적 경험이다. 이 동사는 복수

---

[263] 앞의 책, 380.

로서 "신적 존재들이 나타났다"[264]라는 번역을 암시한다. 이런 번역은 벧엘에서의 야곱의 경험에 부합한다(28:12-13을 보라).

드보라의 죽음(35:8)

8절. 리브가의 유모. 성경은 여족장 리브가가 아니라 그녀의 나이 들고 신실한 유모의 죽음을 기억한다(24:59를 보라). 아마도 이는 리브가가 이삭을 속였고 야곱이 그녀가 죽었을 때 그 자리에 있지 않았기 때문일 수 있다(위의 문학적 분석을 보라).

하나님이 야곱에게 나타나 아브라함의 언약을 갱신하시다(35:9-13)

9절. 밧단아람. 25:20을 보라. 35:26과 위의 문학적 분석에서 "비교와 대조"도 보라.

나타나사. 17:1과 위의 문학적 분석에서 "비교와 대조"를 보라. 내레이터는 하나님께서 단순히 "말씀하셨다"고 보고하지 않는다(참조. 35:1).

다시. 28:10-22과 위의 문학적 분석에서 "비교와 대조"를 보라.

복을 주시고. 12:2과 위의 문학적 분석에서 "비교와 대조"를 보라.

10절. 부르지 않겠고. "다시는 야곱이라 부를 것이 아니요"(32:28)가 "다시는 야곱이라 부르지 않겠고"로 대체되었다(전자의 히브리어 동사는 "말하다"이고 후자는 "부르다"이다—역주).

야곱…이스라엘. 이 본문은 32:28을 전제한다. 그의 새로운 지위는 이 언약에 앞서 강조된다.

11절. 전능한 하나님이라. 17:1과 위의 문학적 분석에서 "비교와 대조"를 보라.

생육하며 번성하라. 이는 "크게 번성하라"를 가리키는 중언법이며

---

264 가능성은 거의 없지만 이는 하나님과 더불어 사용된 복수 동사의 드문 용례일 수 있다.

17:2, 6에 대한 새로운 표현이다(1:22, 28; 9:1, 7; 17:20; 28:3; 47:27; 48:4; 출 1:7을 보라). 인류에 대한 일반 은총의 축복이(1:28; 9:1, 7) 특별히 언약 공동체에 초점이 맞춰진다(47:27; 출 1:7을 보라). 이 약속은 보통 자녀가 없는 부부에게 주어지나 야곱에게는 이미 열두 아들이 있다. 이 언급은 "한 백성과 백성들의 총회"에 대한 것이다.[265]

백성들의 총회. 이 어구는 17:4의 "너는 여러 민족의 아버지가 될지라"의 새로운 표현이다.

왕들이 네 몸(개역개정-"허리")**에서 나오리라.** 문자적으로 "네 허리에서…"이다. 이 표현은 다윗 언약(삼하 7:12)이 수립될 때까지 다시 반복되지 않는다. 이스라엘 공동체는 족장들의 몸에서 나오지 않은 많은 민족으로 구성될 것이나, 이 민족을 다스릴 왕(들)은 족장들로부터 나올 것이다.

야곱이 돌기둥을 다시 바치고 벧엘의 이름을 새롭게 하다(35:14-15)

14절. 돌기둥. 돌은 야곱의 삶 속에서 자주 중대한 사건을 표시한다(제8부 2막 2장의 문학적 분석을 보라). 아마도 야곱은 여기서 이 의식을 통해 자신이 그 땅으로 돌아오기를 서원했던 원래의 성소를 복원한다(28:22). 사르나는 아시리아와 바빌로니아의 왕 산헤립(기원전 704-681년)이 한 성소를 복구하는 병행 본문을 인용한다. "그 신의 궁전이 오래되어 폐허가 될 때는 미래의 군왕이 그 폐허를 복구해야 하며 내 이름이 새겨진 돌기둥을 살펴보고 그것에 기름을 붓고 전제물을 부어 신의 궁전으로 복원시켜야 한다."[266]

---

265 참조. Hamilton, *Genesis 18-50*, 381.

266 Sarna, *Genesis*, 242에서 D. D. Luckenbill, *The Annals of Sennacherib* (Chicago: Univ. of Chicago Press, 1924), 130을 인용함.

제8부 3막 2장에 대한 신학적 고찰 ─────

언약

창세기는 크게 보아 언약 백성을 통해 자신의 나라를 설립하시는 하나님에 대한 이야기다(서론에 있는 "창세기의 주제와 성경신학, 서론: 하나님 나라"를 보라). 이 장에서 하나님은 자신의 계획을 실현하기 위해 다시 주도권을 취하신다(35:1-2). 이는 필연적으로 많은 역경과 기근, 불임, 적 등등의 난관을 극복해야 하는 그분의 계획을 이루기 위해서다. 실제로 이 계획을 성취함에 있어 단 하나의 진짜 장애물이 존재하는데, 그것은 언약 백성의 타락이다. 그 밖의 역경들은 그분이 자신의 백성을 완전하게 하시는 수단이다. 아브라함이 이집트에서(12:10-20), 그리고 이삭이 블레셋에서 실패했던 것처럼 야곱은 세겜에서 실패한다. 하지만 이 실패들은 그들의 믿음의 여정 속에서 징검다리가 되었다. 세겜에서 넘어진 뒤 야곱의 가족은 회개하고 언약을 갱신한다. 그에 대한 응답으로 야곱은 아브라함 언약의 축복을 충만히 받는다.

예배

잘못된 성소인 세겜에서 겪은 야곱의 비극과 벧엘의 성소에서 확장된 언약은 오직 하나님의 방안을 따라 그분을 예배하는 것의 중요성을 강조한다. 교회의 예배 형식은 세상 속의 "하나님의 얼굴"이다. 교회는 하나님의 얼굴을 바꿔놓지 않도록 그분이 규정하신 예배 형식에서 이탈해서는 안 된다. 하나님은 제멋대로 하는 교회를 축복하시지 않고 심판하실 것이다.

세상으로부터의 분리

야곱은 자신의 가족을 정결하게 만든다. 브루그만은 이렇게 주장한다. "이스라엘은 가나안 사람들과 그 땅에서 함께 머물되 여전히 믿음을 실천할 길을 찾아야 한다. 파손되거나 동화되지 않고 이 일을 실행하기 위해 선택된 길은 **철저한 상징화**를 통한 방식이다. 이스라엘은 믿음의 한 가지 방편으로 인상적인 제의 활동에 참여한다"(참조. 수 24:23).[267] 필립 캐링턴(Philip Carrington)은 기독교 전통 속에서 이와 동일한 벗어내기가 세례식에서 실행된다고 주장했다(참조. 엡 4:22-25; 골 3:7-8; 약 1:21; 벧전 2:1). 바울은 고린도에서 육욕으로부터 정결함을 간직하려고 나실인 서원을 했다. 내 형제는 항공모함에 승선한 뒤 정결함을 지키려고 매일 밤 자신의 침대 곁에서 기도했다. 새로운 공동체는 포기, 개명, 옷 갈아입기, 그리고 마지막으로 약속을 받아들임을 통해 형성된다.

복종과 약속

웬함은 이렇게 말한다. "아브라함이 모리아산에서 희생제사를 드리기 위해 갔던 삼 일 길의 순례가 그의 생애에서 약속을 가장 명확하게 재확인하는 데서 절정에 이르렀던 것처럼, 야곱의 성스러운 여행도 이제껏 들어왔던 가장 강력한 약속의 진술로 장식된다. 이 진술은 앞서 몇 차례 그에게 약속된 것을 요약하고 그것에 추가하면서 이루어진다."[268]

267 Brueggemann, *Genesis*, 281.
268 Wenham, *Genesis 16-50*, 325.

출생과 죽음(35:16-29)

제8부 3막 3장에 대한 문학적 분석 ──────────

구조

제3장은 제8부 전체의 대단원이자 제3막의 대단원이다. 이 장은 대부분 야곱의 여정으로 함께 묶인 세 가지 사건으로 구성된다. 즉 에브랏으로 가는 도중에(35:16-20), 믹달 에델(개역개정-"에델 망대")에서(35:21-22a), 그리고 헤브론에서(35:27-29) 일어난 사건이다. 이 장의 끝에서 야곱은 아버지와 어머니를, 그리고 자신의 가장 사랑하는 아내를 잃는다. 구세대는 제10부의 주제인 다음 세대를 준비하면서 이 장에서 사라진다. 내레이터는 야곱의 아들들의 족보를 승계 서열을 따라 삽입함으로써 이런 변화를 미리 알린다(35:22b-26). 이는 적절한데, 그 이유는 이 장이 야곱의 막내인 베냐민의 출생과 더불어 시작하고 두 번째 사건은 야곱의 장남인 르우벤이 저지른 악행이기 때문이다. 이 장의 마지막 사건인 이삭의 죽음과 장례도 제8부를 마무리한다.

하위 플롯

제3장은 야곱이 밧단아람에서 타향살이를 마친 후 약속의 땅으로 돌아오는 여정을 계속함으로써 앞선 두 장과 밀접하게 연결된다. 하지만

제3장의 네 부분은 독자적인 장면으로 묶어 취급하는 것이 가장 좋다. 왜 나하면 이 네 부분은 제8부가 제2장에서 절정에 이른 이후 제3막의 대 단원에 속하기 때문이다. 이 플롯의 전경은 야곱의 여정에서 각 장소와 관련되는 그의 불행과 행운인데, 그 이면에는 야곱의 후계자에 대한 하 위 플롯이 자리 잡고 있다.[269] 이 장에 삽입된 족보는 그들의 승계 서열을 따라 열두 아들을 소개한다. 제1장에서 레아의 둘째와 셋째 아들인 시므 온과 레위는 그들의 잔혹하고 성급한 폭력 행사로 자격을 상실한다. 이 장에서 르우벤은 무엄하기 짝이 없는 방탕한 행위로 자격을 상실한다. 그 에 따라 레아의 아들 유다 또는 라헬의 장남 요셉이 서열에서 다음 순서 를 차지한다. 율법에 따르면(21:15-17) 장자권은 아버지의 애정이 아닌 출생 순서를 기반으로 삼으며 이는 요셉이 아닌 유다를 정당한 상속자로 만든다.

비교

제8부의 끝에 있는 족보는 제10부의 끝을 향하는 족보와 일관성이 있다. 35:22b-26에 있는 야곱의 족보는 제8부의 출생을 요약하며, 에서 의 계보로 또한 야곱의 계보에 나타나는 등장인물들로의 전환점을 이 룬다. 제10부가 절정에 이른 이후에 46:8-25에 있는 야곱의 후손에 대해 요약된 족보는 그 세대와 이어지는 세대들이 이집트로 이동하는 전환점 을 이룬다.

이 장의 마지막 사건은 아브라함의 죽음과 이삭의 죽음 사이의 여 러 가지 두드러진 비교점들을 보여준다. 즉 죽을 때 그들의 나이(25:7; 35:28), 사건들의 순서(예. 기운이 다했다, 죽었다, 열조에게 돌아갔다, 만세

---

269 동일한 배경을 토대로 한 거대 구조 역시 제10부의 특징을 알려준다. R. E. Longacre, *Joseph: A Story of Divine Providence: A Texttheoretical and Textlinguistic Analysis of Genesis 37 and 39-48* (Winona Lake, Ind.: Eisenbrauns, 1989), 53-56을 보라.

를 누리고 묻혔다, 25:8; 35:29), 부인들이 낳은 두 아들이 치른 장례(25:9; 35:29), 마므레의 장소 확인(25:9; 35:27).

전조

이 장은 베냐민의 출생과 더불어 야곱의 후손 목록을 완성하고 르우벤에게서 지도력을 행사할 자격을 박탈하며 승계 서열에 따라 아들들을 배치한다. 이렇게 함으로써 이 장은 제10부의 이해를 돕는 중요한 정보를 제공한다. 제10부에서 하나님은 유다를 왕권의 적임자로 완성하실 것이다. 또한 야곱 족보의 제시는 뒤이어 에서의 족보가 제시될 것을 암시해준다.

제8부 3막 3장에 대한 주해 ──────────

에브랏을 향한 여행: 라헬의 죽음과 베냐민의 탄생(35:16-20)

16절. 해산하게 되어. 베냐민의 출생은 열두 지파를 완성한다.

17절. 두려워하지 말라. 죽음에 임박해서 라헬은 하나님께서 그녀의 기도에 응답하사 또 다른 아들을 주시는 위로를 얻었다(30:24).

18절. 베노니. 이 이름은 아마도 "내 슬픔/고통의 아들"을 의미한다. 그러나 동음이의어 온(אוֹן)일 경우 "내 생기/기력의 아들"과 같은 다른 의미를 지닐 수 있다.[270]

그의 아버지는 그를…불렀더라. 이 아들은 야곱이 이름을 지은 유일한 아들이며, 이는 야곱의 새로워진 지도권을 암시한다.

베냐민. 이 히브리어는 "오른손의 아들"을 의미한다. "오른손"은 북쪽

───────

270 *HALOT*, "אוֹן," 1:22을 보라.

과 대조되는 남쪽을 상징하는가?(참조. 삼상 23:19, 24; 시 89:13; 겔 16:46) 아니면 힘과 보호를 상징하는가?(참조. 출 15:6, 12; 사 62:8) 아니면 아랍어에서와 같이 행운을 상징하는가?(창 48:12-14; 시 109:31; 사 63:12; 겔 21:22[히. 27절]; 합 2:16)[271] 마리 본문은 아카드어 상응어인 빈야민(*binyāmin*)을 사용하면서 첫 번째 견해를 뒷받침한다. 라헬이 붙여준 이름을(즉 "불행") 야곱이 붙여준 이름과(즉 "행운") 대조시키는 이 문맥은 나중의 두 견해에 우호적이다.

19절. 라헬이 죽으매. 30:1, 31:32과 해당 주해를 보라.

에브랏. 이 에브랏은 베들레헴과 동일시된다(참조. 룻 1:2; 4:11; 삼상 17:12; 마 2:18). 하지만 라헬의 무덤은 거기서 약간 떨어진 곳인 "베냐민 경계 셀사"(삼상 10:2; 참조. 렘 31:15)에 위치한다. 셀사(Zelza)의 위치는 알려져 있지 않다. "야아르의 들[지역]에"(즉 기럇여아림) 또 다른 에브랏이 있었다(시 132:6; 참조. 삼상 6:21-7:1). 베들레헴과 기럇여아림 둘 다 에브랏으로 알려져 있는데, 이는 에브랏 혈족이 두 장소 모두에 정착했기 때문이다(참조. 대상 2:50).

20절. 비를 세웠더니. 28:18을 보라.

믹달 에델에서: 르우벤의 근친상간(35:21-22a)

21절. 믹달 에델(개역개정-"에델 망대"). 이 히브리어 단어는 "양 떼 파수대"를 의미한다. 미가 4:8은 이곳을 예루살렘의 한 구역과 동일시하는데 왜냐하면 이 표현이 "시온의 딸의 망대"와 병행을 이루기 때문이다.

22절. 이스라엘이 … 거주할 때에. 르우벤이 죄를 지은 장소인 믹달 에델에 제단이 축조되었다는 언급은 전혀 없다.

르우벤. 여기서 르우벤의 충격적인 행동은 그의 형편없는 성품을 드러

---

271 *HALOT*, "יָמִין," 415을 보라.

내는 데 일조한다. "물의 끓음 같았은즉 너는 탁월하지 못할 것이다"(창 49:4).

그 아버지의 첩 빌하와 동침하매. 빌하는 라헬의 몸종이다. 르우벤의 부끄러운 행동은 성욕보다는 정치적 동기로 인한 것이다. 르우벤은 빌하를 더럽힘으로써 라헬이 죽은 이후 그녀의 하녀가 레아를 밀어내고 본처의 지위를 대신할 수 없도록 확실한 대비책을 실행한 것이다(참조. 삼하 15:16; 16:22; 20:3).[272] 모세 율법은 근친상간을 금지하는데, 왜냐하면 이 일이 아버지를 불명예스럽게 만들기 때문이다. 그런데 율법은 하나님께서 범죄자를 저주하고 그에게 책임을 부과하는 것이 아닌 다른 형벌은 명시하지 않는다(레 18:8; 20:11; 신 22:30; 27:20). 더구나 알려진 고대 근동의 문화적 관행에 따르면 르우벤은 아버지의 첩을 취함으로써 야곱의 지도권을 찬탈하려고 시도하고 있다(참조. 삼하 3:7-8; 12:7-8; 16:21-22; 왕상 2:13-25). 레아의 장남 르우벤은 자신의 죄로 인해 지도권이 박탈된다(창 49:3-4). 시므온과 레위도 지도권을 잃기 때문에 레아의 넷째 아들인 유다가 이를 승계할 것이다.

이스라엘이 이를 들었더라. 이 동사는 임박한 행동을 암시할 수 있지만(참조. 민 12:2) 야곱은 르우벤에게 창세기 49:3-4에 있는 반(反) 축복을 선언할 때까지 침묵을 지킨다. 내레이터는 야곱의 감정을 여백으로 남겨둔다. 다시 한번 야곱은 또 다른 성범죄에 대해 도덕적 분노로 반응하지 않는다(제8부 3막 1장의 문학적 분석에서 "인물 묘사, 호칭 및 신분 확인"을 보라).

---

272 르우벤은 창 30:14에서 레아와 라헬의 경쟁 가운데 자신의 어머니가 지니는 가정 내에서의 지도권에 대해 비슷한 염려를 표한 적이 있다.

야곱의 족보(35:22b-26)

22b절. 열둘이라. 열두 아들의 완성과 더불어 그들의 이름이 요약된 명부에 게재된다(마 10:2-4; 계 21:12-14을 보라). 그들은 우선 야곱의 아내들의 사회적 지위를 토대로 또한 연장자 순으로 제시된다.[273] 따라서 레아의 아들들이(35:23), 그다음은 라헬의 아들들이(35:24) 빌하와(35:25) 실바의 아들들(35:26)보다 먼저 등장한다. 레아가 명부의 선두에 서고 그녀의 몸종이 마지막을 장식한다. 이 틀 속에 라헬과 그녀의 하녀가 낳은 아들들이 들어가 있다. 동일한 순서가 출애굽기 1:1-4에서 발견된다. 다만 거기서 문맥상 요셉은 부득이 제외된다. 다른 순서들이 창세기 46:8-25과 49:1-27에 제시되지만 레아의 아들들은 항상 명부의 선두에 나타난다.[274]

24절. 베냐민. 35:16-18을 보라. 여기서 베냐민은 밧단아람에서 태어난 아들로서 명부에 있다(35:26을 보라). 심지어 여섯 절 앞서 에브랏으로 가는 도중에 일어난 베냐민의 출생에 대한 묘사가 등장하는데도 불구하고 말이다(서론에서 "원-창세기의 자료"를 보라). 아들들의 명부는 모든 아들이 밧단아람에서의 유배로부터 약속의 땅으로의 탈출에 참여하는 것으로 이상화하는 것일 수 있다(46:8에 대한 주해를 보라). 만일 그렇다면 신학적 관심이 사실적 관심을 지배하는 것이다(제8부 2막 6장에 대한 신학적 고찰에서 "모형론"을 보라).

헤브론에서: 이삭의 죽음과 야곱과 에서가 치른 그의 장례(35:27-29)

27절. 그의 아버지 이삭에게 이르렀으니. 야곱의 순례는 한 바퀴를 돌

---

273 말하자면 이 아내들은 몸종들보다 더 높은 사회적 지위에 있었기 때문에 그들의 자녀가 먼저 명부에 오른다. 그런 제약 속에서 자녀들은 기본적으로 출생 순서에 따라 나열된다.

274 다음을 보라. J. M. Sasson, "A Genealogical 'Convention' in Biblical Chronography?" *ZAW* 90 (1978): 179-84; Roth, *Numerical Sayings*, 12-13.

아 제자리로 돌아왔다. 이삭의 기사는 야곱과 그의 화해로 마무리된다.

헤브론. 28:10을 보라.

28절. 백팔십 세라. 이삭의 여정은 장구한 세월과 더불어 끝나지만 하나님은 그가 축복 속에 있는 하나님의 목적을 방해하려고 시도한 이후에 그를 제외시키신다(창 27장을 보라). 아브라함의 톨레도트(תוֹלְדֹת, 즉 이삭의 서사)는 이삭의 톨레도트(즉 야곱의 서사) 속에서 사라지게 된다.

29절. 기운이 다하매 … 장사하였더라. 25:8의 주해를 보라.

에서와 야곱. 이들은 출생 순서에 따라 나열된다. 25:9에서는 이스마엘보다 이삭이 먼저 등장하는데 이는 이스마엘이 하녀에게서 태어났기 때문이다.

장사하였더라. 이삭은 그의 어머니 및 아버지와 마찬가지로 막벨라 굴에 묻혔다(49:29-32).

제8부 3막 3장에 대한 신학적 고찰 ─────────────

언약의 은혜와 심판

하나님의 영광은 그분의 은혜 속에 존재한다(출 34:6). 르우벤의 악한 행동에도 불구하고 그 가족은 손상되지 않고 장차 될 큰 민족의 징조로 남는다. 제10부에서 하나님은 기근을 통해 이 아들들을 언약에 적합한 사람들로 만드실 것이다. 그럼에도 불구하고 하나님은 죄를 범한 르우벤에게 책임을 지우신다(참조. 출 34:7). 장남이 모든 영예와 특권적 지위를 지녔다고 해도 르우벤은 뛰어나지 못할 것이다.

언약의 믿음

이 장에서 탄생과 죽음의 연결은 거룩한 가족 내에서 세대 간 믿음의 전수를 생생하고도 강렬하게 보여준다. 죽음은 항상 삶의 맥락 속에서 발생한다. 이삭은 자신의 모든 결함에도 불구하고 만세를 누리고 죽어 아브라함의 품으로 돌아가고 야곱은 자신의 순례를 끝낸다. 어떤 신자들은 독수리의 날개로 높이 날고 다른 사람은 달리며 또 어떤 사람은 단지 걸을 뿐이다. 그럼에도 불구하고 모든 사람이 이 여행을 마친다.

기도

또 다른 아들을 달라는 라헬의 기도가 응답된 것은 죽음을 맞이한 그녀를 위로했다. 의로운 사람은 죽음의 순간에도 하나님 안에서 피난처를 발견한다(잠 14:32).

에서의 후손의 계보

(36:1-37:1)

제9부의 주제 ──────────────

에서의 족보에 대한 두 기사는 에서의 후손의 전환, 즉 종족별 배열로부터 지명된 왕권으로의 전환을 보여준다. 미시적 측면에서 에서의 이런 발전은 후대에 이스라엘의 발전을 반영한다(아래 신학적 고찰을 보라).

제9부의 개요 ──────────────

기사 1, 족보 1: 가나안에 거주하는 에서의 족보와
　　그의 가나안으로부터의 이탈　　　　　　　　　　　36:1-8

기사 2　　　　　　　　　　　　　　　　　　　　36:9-43
　표제, 36:9
　족보 2: 제3세대로 이어지는 에서의 아들들과 두령들, 36:10-14, 15-19
　족보 3: 에서의 아들들과 두령들, 세일의 호리족, 36:20-30
　족보 4: 에돔의 왕들과 두령들, 36:31-43a

간기(Colophon)　　　　　　　　　　　　　　36:43b-37:1

제9부의 문학적 분석 ──────────────

비교와 대조

　이스마엘과 에서의 족보는 각각 아버지의 사망 고지를 즉시 뒤따른다 (25:7-10; 35:29). 아브라함의 아들들에 대한 "계보"에서 거부된 이스마엘의 족보가(25:12-18) 선택된 이삭의 계보에(25:19-35:29) 앞서 제시되는 것처럼, 이제 이삭의 아들들의 "계보"에서 거부된 에서의 족보가 (36:1-37:1) 선택된 야곱의 계보에(37:2-50:26) 앞서 제시된다. 족장들의 거부된 후손의 족보가 제시되는 이유는 이 아들들 역시 하나님의 축복 아래에 있기 때문이다(17:20; 27:38-40). 36장은 창세기에서 가장 긴 장 중 하나다.

다음의 보고는 그 땅을 벗어난 선택되지 못한 씨의 운명과 그 땅에 거주하는 선택된 씨의 운명 사이의 대조를 강조한다. 즉 "이에 에서가 … 세일산에 거주하니라(וַיֵּשֶׁב, 바예셰브)"(36:8)와 "야곱이 가나안 땅 곧 그의 아버지가 거류하던 땅에 거주하였으니(וַיֵּשֶׁב, 바예셰브)"(37:1)가 대조된다.

36:9-14에 나열된 에서의 열두 명의 합법적인 아들들과 손자들은 (36:10-14에 있는 주해를 보라) 나홀의 열두 아들(22:20-24), 이스마엘의 열두 아들(17:20; 25:13-16), 그리고 당연히 이스라엘의 열두 아들에(35:22b-26) 필적한다. 일 년의 열두 달과 흡사한 이런 일관된 패턴은 이 민족들이 열두 지파 연맹체로 존재했음을 시사할 수 있다.[1]

구조

반복되는 표제인 엘레 톨레도트 에사브(אֵלֶּה תֹּלְדוֹת עֵשָׂו, "이것은 에서의 족보니라", 36:1, 9)는 36장을 두 개의 서로 대등하지 않은 절반으로 나눈다. 둘 다 족보로서 제목과(36:1, 9) 간기를(36:8, 43b-37:1) 포함하는 자충족적 단위다. 첫 번째 족보 기사는(36:1-8) 가나안 땅에서 태어난 에서의 아들들의 수평적 족보를 제시한다. 두 번째 족보 기사는(36:9-43) "에돔 족속의 조상 에서"라는 수미상관으로 틀이 짜인다. 이 기사는 세일에서 태어난 사람들에 대한 두 개의 3세대를 이어가는 수평적 족보와 (36:9-19, 20-30) 이스라엘의 한 왕이 다스리기 전 여덟 세대 동안의 왕들

---

1 참조. M. Noth, *The History of Israel* (London: Adam & Charles Black, 1958, 『이스라엘 역사』, 크리스천다이제스트 역간), 85-97. 하지만 그가 사용한 *amphictyony*(즉 신성한 연맹체)라는 용어는 적절치 않다. R. K. Harrison, *Introduction to the Old Testament* (London: Tyndale, 1970), 332-34을 보라.

의 수직적 승계로(36:31-43) 구성된다. 이 세 개의 명부는 교호적 패턴의 아들들(혹은 왕들)의 명부와 그것을 뒤따르는 두령들의 명부로 작성된다 (36:10-14//15-18, 20-28//29-30, 31-39//40-43).

첫 번째 족보 기사는 초기의 자료에서 온 모세의 것일 수 있다(참조. 민 20:14). 하지만 두 번째 기사의 "이스라엘 자손을 다스리는 왕이 있기 전에"(36:31)라는 문구는 그것이 다윗이 에돔을 정복했던 시기(삼하 8:13-14) 혹은 솔로몬이 하닷과 부딪힌 시기(참조. 왕상 11:14-22과 함께 창 36:36)에 이르러서야 첫 번째 기사에 덧붙여졌음을 보여준다.[2]

제9부에 대한 주해 ──────

기사 1, 족보 1: 가나안에 거주하는 에서의 족보와
그의 가나안으로부터의 이탈(36:1-8)

1절. 족보(NIV-"account, 기사"). 이는 "이것은 에서의 후손에 대한 기사다"로 번역하는 것이 더 낫다. 이 표제는 36:1-8의 머리말로 기능한다 (위의 문학적 분석을 보라). 이 첫 번째 족보는 두 부분으로 구성된다. 즉 에서와 가나안 아내들의 결혼 및 그가 세일산으로 이주하기 전에 가나안에서 태어난 자녀들(36:2-5), 그리고 그의 세일산으로의 이주(36:6-8)가 나온다. 두 부분은 아람인 아내들을 얻어 마침내 자기 아버지의 땅에 정착한 야곱을 에서와 근본적으로 구별한다.

에서 곧 에돔. 야곱의 개인적 이름이 민족적 이름인 이스라엘로 변경된 것처럼(35:10을 보라), 에서의 개인적 이름이 민족적 이름인 에돔으로

2　참조. M. Haran, "Observations on the Historical Background of Amos 1:2-2:6," *IEJ* 18 (1968): 207; M. Fishbane, "The Treaty Background of Amos 1:11 and Related Matters," *JBL* 89 (1970): 315.

변경된다(즉 "붉은 죽"에서 유래한 "붉음", 25:30).

2절. 자기 아내로 맞이하고. 26:34, 27:46과 해당 주해를 보라.

가나안 여인 중. 이는 경멸하는 표현이다(26:34-35; 27:46; 28:1, 6, 8; 33:18). "가나안"은 가나안 족속 및 그들과 함께 거주하던 다른 족속들이─헷 족속과 히위 족속을 포함하여(9:25; 10:15-19을 보라)─함께 거주하던 땅을 지칭한다(15:19-21을 보라).

아다 … 오홀리바마. 이어지는 족보에서(36:9-14) 이름의 순서가 다른 이유는 멸시받던 가나안 여인들을 한 묶음으로 취급하기 때문이다. 앞서 주석한 대로 이 이름들은 26:34, 28:9에 거명된 에서의 아내들의 이름과는 부합하지 않는다.

창세기 36:2-3		
아다	오홀리바마	바스맛
헷 족속 엘론의 딸	아나의 딸	이스마엘의 딸
	히위 족속 시브온의 [손녀]	느바욧의 누이

창세기 26:34; 28:9		
유딧	바스맛	마할랏
헷 족속 브에리의 딸	헷 족속 엘론의 딸	이스마엘의 딸
		느바욧의 누이

아다. 이는 라멕의 첫 번째 아내의 이름이기도 하며(4:19-20), 아마도 에서를 뱀의 씨와 연결하고 있을 것이다.

오홀리바마. 이 이름은 "제의적 산지의 장막(성소)"을 의미할 수 있다.

시브온의 손녀(개역개정-"딸"). 고대 역본들은 "시브온의 아들"로 읽

는다.[3]

히위 족속. 히위는 팔레스타인에 살던 후르리족 사람이다(10:17; 14:6; 36:20을 보라).[4]

4절. 르우엘. 이 이름은 "하나님의 친구" 혹은 "엘(EI)은 [내] 친구다"를 의미한다.

5절. 고라. 이 이름은 "대머리"를 의미한다.

가나안 땅에서 그에게 태어난 자들이더라. 35:26과 위의 문학적 분석 및 아래 신학적 고찰을 보라.

6절. 다른 곳으로 갔으니. 유목민 사냥꾼인 에서는 야곱이 마므레로 돌아오기 전에 세일산을 이미 어느 정도 점유한 상태다(32:3; 33:14, 16). 그러나 에서는 야곱이 돌아올 때까지 그의 조상의 땅을 비워놓지 않는다(35:29을 보라). 자신들의 미래를 하나님의 약속에 걸었던 거룩한 백성의 족장들은 약속의 땅을 향해 이동한다(예. 아브라함, 12:5; 이삭, 26:6; 야곱 31:18). 하지만 믿음이 아니라 육신의 눈을 따라 살았던(즉 사회적·정치적 또는 경제적 측면에 초점을 맞춘) 선택받지 못한 이들은 그곳으로부터 떠난다(예. 롯, 13:5-6, 11-12; 에서, 36:6).

7절. 땅이 … 그들을 용납할 수 없었더라. 이는 에서와 야곱 둘 다에게 부어진 하나님의 축복으로 인한 결과다. 역설적으로 에서는 축복의 땅을 떠나기로 결정한다(참조. 창 13장).

8절. 이에 에서 … 세일산에 거주하니라. 에서가 약속의 땅으로부터 이주함으로써 하나님께서 이스라엘에게 맹세하신 그분의 약속을 성취하기

---

3 이곳과 36:14에서 사마리아 오경, 70인역, 시리아 역본들은 마소라 텍스트처럼 "…의 딸"이 아닌 "…의 아들"로 읽는다. 이 독법은 아마도 이 구절들을 36:24(참조. 36:20)과 조화시키려는 의도에서 비롯되었을 것이다. 마소라 텍스트의 더 어려운 독법인 바트(בַּת)는 NIV에서 "손녀"로 해석된다. 아나가 시브온의 아들이라는 것을 부인하지 않으면서 말이다.

4 R. North, "The Hivites," 56을 보라.

위한 무대가 이제 마련된다.

세일. 세일은 에돔 족속의 영토다(25:25, 30; 신 2:5; 수 24:4을 보라).

기사 2(36:9-43)[5]

표제(36:9)

9절. 에돔 족속의 조상 에서. 이 구절을 36:8의 "에서(즉 에돔)"와 비교하라. 36:9의 표제는 신분의 상승을 시사한다(즉 개인에서 민족으로). 하지만 에서의 아들들과 두령들의 첫 번째 목록에 대한 간기(36:19)는 36:8에 있는 것과 병행을 이룬다.

족보 2: 제3세대로 이어지는 에서의 아들들과 두령들(36:10-14, 15-19)

10절. 그 자손의 이름은 이러하니라. 대부분의 주석은 아들들과 두령들의 명부를 분리하지만 본문은 36:10-19을 한 단위로 취급한다. 이는 36:19에 있는 간기에서 분명해진다(36:19의 주해를 보라).

에서의 아들들. 다음은 에서의 열두 "손자"를 상세히 나열하는 도표다.

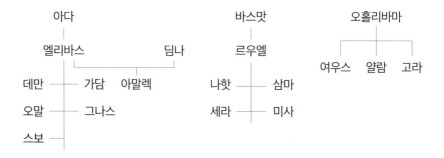

---

5   위의 문학적 분석을 보라.

십중팔구 내레이터는 열두 "손자"의 목록이 갖추어지도록 이 명부를 고안해냈다(위의 문학적 분석을 보라). 즉 그는 첩의 아들인 아말렉을 제외하고 오홀리바마의 아들들을 포함시킴으로써 그 숫자를 맞춘 것이다. 오홀리바마(에서의 아내)의 아들들은 아다와 바스맛의 손자들과 함께 명부의 한 줄을 차지한다. 특이하게 오홀리바마를 한 손녀로 간주하고 마지막 자리에 위치시키면서 그녀의 손자들은 거명하지 않은 채 말이다. 따라서 에서의 아내들의 서열은 그들의 각 후손의 인원수를 따라 내림차순으로 부여된다. 다섯, 넷, 셋 이렇게 말이다.[6] 이 명부는 에서가 한 가족으로부터 종족의 연합체로 바뀐 것을 보여준다.

11절. 데만. 페트라의 동쪽 변두리에 위치한 타월란(Tawilan)으로 확인되는 이 중요한 지명은 때로 에돔에 대한 제유법으로 사용된다(렘 49:7, 20; 겔 25:13; 암 1:12; 옵 9절; 합 3:3).

그나스. 15:19을 보라. 그나스 족속은 비록 원래 에돔의 한 혈족이었지만 후대에 자신들을 유다 지파와 동일시한다.[7]

12절. 첩 … 아말렉. 첩의 후손으로서 아말렉은 이스라엘과의 관계에서 에돔과 같은 보호받는 신분 아래에 있지 않다(신 23:8-9). 아말렉 족속은 이스라엘이 이집트로부터 약속의 땅을 향해 가는 동안 그들을 까닭 없이 가혹하게 공격한 일로 인해 벌을 받는다(출 17:8-16; 참조. 삿 3:13; 6:3-5, 33; 7:12; 10:12). 사무엘은 사울에게 들라임 남쪽 지역에 있는 아말렉 사람들을 진멸하라고 명령한다. 사울이 아말렉의 왕 아각을 살려줄 때 사무엘은 직접 그를 죽인다(삼상 15장). 기스(삼상 9:1; 에 2:5)의 또 다른 후손인 모르드개는 아각 사람 하만을 파멸시키는데(에 3:1, 10; 8:3, 5; 9:23-25), 하

---

6   이런 일반적 분석에 모두가 동의하는 것은 아니다. Hamilton, *Genesis 18-50*, 394; 그리고 Wilson, *Genealogy*, 171 n. 82을 보라.

7   J. Milgrom, *Numbers* (JPS Torah Commentary; Philadelphia: Jewish Publication Society, 1990), excursus 31, 391-92.

만은 요세푸스가 확인해주는 바와 같이 아말렉 사람으로 추정된다.[8]

아말렉. 창세기 14:7에 있는 언급은 후대의 편집적 묘사에 대한 사례다.

15절. 에서 자손 중 족장은 이러하니라. 이 명부는 교차적 수미상관인 "에서의 자손으로서 족장 된 자들"(36:19)과 "에서에게서 나온 족장들"(36:40)로 틀이 짜인다. 다음은 두령(족장)을 정돈한 도표다.

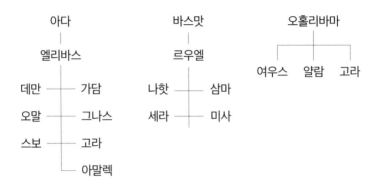

족장들(אַלּוּף, 알루프). 이들은 "부족의 두령들"이다.[9]

15–16절. 그나스…가담. 엘리바스의 다섯째 아들이 그의 네 번째 두령으로, 넷째 아들은 여섯 번째 두령으로 열거된다(참조. 36:11).

16절. 고라. 여기서 고라는 아다의 아들 엘리바스의 후손으로 소개되지만 36:14에서는 오홀리바마의 아들로 나온다. 고라가 여기에 포함되어 엘리바스의 아들의 수는 일곱 명으로 늘어난다(36:11–12). 아마도 동일하게 이 이름을 가진 에돔의 두 후손이 있었을 것이다.[10]

19절. 에돔의 자손으로서 족장 된 자들이 이러하였더라. 이 간기는

8   *Jewish Antiquities* 2,209.
9   *HALOT*, 54.
10 Sasson, "A Genealogical 'Convention,'" 179을 보라.

제3세대로 이어지는 에서의 아들들과(36:10-14) 그의 두령들에 대한 (36:15-18) 두 목록이 함께 묶여 있음을 보여준다(36:10의 주해도 보라). 그들을 연결함으로써 내레이터는 에돔의 여러 혈족의 관계 및 그들의 정치적 체제와 발전에 대한 관심을 드러낸다.

족보 3: 에서의 아들들과 두령들, 세일의 호리족(36:20-30)

20-30절. 로단과 ⋯ 족장들이었더라. 이 수평적 족보는 세일산의 호리 족속의 일곱 두령을 나열하는 수미상관으로 둘러싸여 있다(36:20-21, 29-30). 이 족보는 호리 족속인 세일의 일곱 아들과 한 명의 딸을 제시하고(36:20-22) 확장해서 제3세대인 스무 명의 아들을 거명한다(36:21-28). 마지막 부분에서 제1세대의 일곱 아들이 두령들(족장들)로 확인된다. 에서는 이 세일의 토착민들을 파괴하거나(신 2:22을 보라) 그들과 결혼한다(창 36:20, 22, 25을 보라). 내레이터는 이 수평적 족보를(36:20-28) 정치 체제와(36:29-30) 다시 결합한다.

20절. 호리 족속. 14:6을 보라.

22절. 딤나. 딤나는 엘리바스의 첩이었다(36:12).

24절. 아나. 36:2, 14을 보라.

온천들(יֵמִם, 예밈). 이것은 이 족보에서 유일한 민담이다. 예밈의 뜻은 불확실하다. 타르굼과 유대 전승은 이것이 "노새들"을 의미한다고 생각한다(즉 아나는 말과 나귀를 이종 교배한 최초의 인물이었다). 불가타(와 시리아 역)는 "온천들"로 번역하는데, 이 번역은 아랍어 와미하(*wamiha*, "뜨겁다")에서 지지를 얻을 수 있다. 다른 사람들은 아랍어 야맘(*yamm*, "뱀의 형태를 지닌 영들")을 따라 이것이 "독사들"을 의미한다고 생각한다.

28절. 우스. 10:23을 보라.

29-30절. 로담 ⋯ 세일. 36:20-30에 대한 주해를 보라.

족보 4: 에돔의 왕들과 두령들(36:31-43a)

31절. 다스리던 왕들은 이러하니라. 이 수직적 계보는 이스라엘 왕이 통치하기 전에 에돔에서 통치한 여덟 명의 연속적인 왕들을 나열한다. 이 연속적 계보는 그 왕들의 상이한 수도들과 관련되어 있는데, 이는 그들이 단일 왕조가 아니라 선발되어 세워진 왕권이었음을 암시한다. 아마 그들은 동시대에 그들과 함께 활동했던 히브리인 사사들과 같이 그들의 카리스마적 능력을 토대로 선택되었을 것이다.[11] 이 왕들의 계보는 고대 근동의 국가들 중에서 유일하게 알려진, 왕조가 아닌 사례의 왕명록인데,[12] 이는 에돔이 이 당시에 하나의 국가로 간주되어야 하는지에 대해 의문을 불러일으킨다. 이 왕명록은 부족 연맹체로부터 지명된 왕권으로의 전환을 보여준다. 하닷 왕은 모압 영토에서 미디안을 격파한 일로 인해 왕으로 옹립되었다(36:35). 이는 그와 같은 에돔을 정복하게 될 다윗이 지배하는 이스라엘의 위대함을 시사한다.

에돔 땅을(NIV-in Edom, "에돔에서"). 이것이 반드시 "에돔 위에"(over Edom)를 의미할 필요는 없다.

이스라엘 자손을 다스리는 왕이 있기 전에. 이것이 "(이스라엘에서) 다스렸다"를 의미하는지(LXX) 아니면 "(에돔을) 다스렸다"를 의미하는지는 분명하지 않다. 사실 두 사건은 거의 겹쳐서 발생한다. 이스라엘의 초대 왕 사울은 에돔에 맞서 전쟁을 수행하고(삼상 14:47) 다윗은 그들을 자신의 통치하에 굴복시키고 에돔 전역에 수비대를 둔다(삼하 8:13-14; 왕상 11:14-17).

32절. 딘하바. 이는 다른 방식으로는 확인되지 않는다.

33절. 보스라. 현대의 부세이라(Buseirah)로서 사해 남남동쪽 약 20마

---

11 참조. 삿 8:5, 12; 삼상 14:47; 왕상 20:24에서 "왕"의 용례를 보라.
12 이 왕명록의 특유성은 그것의 역사성 신빙성을 시사한다.

일(35km), 페트라 북쪽 35마일(56km) 지점이다. 이 이름은 에돔 전체를 가리키는 제유법으로 사용된다(사 34:6; 63:1; 렘 49:13).

34절. 데만 족속. 36:11을 보라.

35절. 하닷. 이는 셈족의 폭풍 신의 이름이다. 이 신은 바알, 곧 가나안 만신전의 우두머리로서 엘의 후계자인 바알과 동일시된다.

미디안. 이는 미디안의 다섯 부족을 지시한다(25:1-6을 보라).

모압 들에서. 민수기 22:1-7, 25:6-7을 보라.

아윗. 이 성읍은 확인되지 않는다.

36절. 마스레가. 이곳은 마안(Maan) 남남서쪽 약 22마일(35km) 지점의 제벨 엘-무쉬락(Jebel el-Mushrak)으로 확인된다.

37절. 그 강변 르호봇(개역개정-"유브라데 강변 르호봇"). 계절천 엘 헤사(Wadi el-Hesa)는 에돔과 모압 사이의 자연적 경계선이다(10:11; 26:22을 보라; 다수의 영어 성경은 "그 강변"을 "유브라데 강변"으로 번역하지 않으며 계절 천 엘 헤사는 구약에서 "아르논강"이다 ─ 역주).

38절. 바알하난. 이 왕에게는 도읍지가 할당되지 않는다.

39절. 하닷. 36:35을 보라. 솔로몬에게 대항한 하닷은 어쩌면 그의 손자였는지 모른다. 만일 그렇다면 아마도 이스라엘이 에돔을 정복한 시기부터 왕위 계승이 에돔에서 본격적으로 시작되었을 것이다.

바우. 이 도성은 확인되지 않는다.

그의 아내의 이름. 하닷의 아버지가 아니라 그의 아내의 이름이 제시되는데, 이는 여조상으로서 그녀의 특별한 지위를 시사한다.

40절. 족장들의 이름은 이러하니. 이 두령들(족장들)은 왕들에 부합하지 않는다. 하지만 네 명의 두령은[13] 앞선 두 개의 수평적 족보에서 언

---

13 딤나(36:40; 참조. 36:12, 22), 오홀리바마(36:41; 참조. 36:2, 14, 18), 그나스와 데만(36:42; 참조. 36:11, 15).

급된다. 이 종족의 이름들은 그들의 지역 이름이기도 하다. 이는 아마도 나라 안의 행정 구역을 가리킬 것이다.

41절. 엘라. 이는 아카바만에 있는 엘랏(Elath)으로 에돔의 남단 국경이다(신 2:8).

비논. 이곳은 민수기 33:42-43에서는 부논으로 제시된다. 이는 보통 페이난(Feinan)으로 확인되는데, 이곳은 사해 남쪽 약 20마일(35km) 지점의 아라바 동쪽에 위치한 구리 광산 지역이다.

42절. 밉살. 이 단어는 "요새"를 의미한다. 이곳은 보스라 지역일 수 있다(참조. 시 108:10).

간기(36:43b-37:1)

43절. 이들은…에서더라. 에서의 죽음은 보고되지 않는데, 이는 아마도 그가 자신의 장자권을 멸시했기 때문일 수 있다.

37:1절. 야곱이…거주하였으니. 에서의 후손의 계보 기사에 특이하게 추가된 이 구절은 36:8의 "이에 에서가 세일산에 거주하니라"와 대조된다. 이는 형제 간의 지리적·영적 분리를 보여주는 기능을 한다.

제9부에 대한 신학적 고찰 ─────────────

언약

하나님은 에돔을 이스라엘에게 복속시키는 임무를 수행하신다(참조. 25:23; 27:29; 28:14; 35:11). 에서의 열두 종족에 대한 이 수평적 족보들과 그들이 세일산에서 호리 족속을 정복한 일은 에돔의 위대함을 시사한다. 이스라엘에 왕이 있기 전에 존재했던 그들의 왕명록이 이런 추론을 뒷받침한다. 이는 다음의 사실을 암시해준다. 즉 하나님께서 에돔을 다스릴 수 있는 훨씬 더 위대한 이스라엘을 일으키신다는 것이다. 더욱 중요한 것은 신성한 역사의 무대에서 이스라엘의 거룩한 나라가 인간 나라의 대표자들을 지배할 것이라는 사실이다(민 24:17; 욥 21절; 행 15:17).

이스라엘 편에서 그들은 하나님과 그분의 약속을 신뢰하는 믿음 생활에 열심을 낸다. 이스마엘의 기사(25:12-18)와 비슷한 에서의 족보의 첫 번째 기사(36:1-8)는 에서가 이스마엘처럼 복된 언약의 계보로부터 스스로 떨어져 나갔음을 보여주는 기능을 한다. 이는 에서가 데라의 가족 밖에 있던 가나안 여자들과 결혼함으로써(36:2-3; 참조. 24:3-4; 28:2; 신 7:3), 또한 롯처럼 더 큰 번영을 추구하여 약속의 땅을 떠남으로써(창 36:7-8) 이루어진다. 분명히 야곱과 에서의 재산은 풍부해서 그들이 함께 거주할 수 없을 정도였다(36:7). 하지만 에서는 약속의 땅의 일부였던 세겜 북쪽으로 이주할 수도 있었다(참조. 34:21). 반대로 야곱은 가나안 사람이 아닌 데라의 가족 출신과 결혼하고 족장들의 땅에 열심을 냄으로써 그의 믿음을 뚜렷하게 보여준다.

예언과 섭리

에서의 후손의 족보에 대한 두 번째 기사는(36:9-40) 하나님께서 자신의 약속을 성취하심을 증명한다. 에돔은 큰 민족이 되고, 그의 위대함에도 불구하고 큰 자가 작은 자를 섬긴다(25:23; 27:39-40). 만일 여기서 하나님의 말씀이 진실이라면 하나님께서 아브라함과 이삭과 야곱에게 맹세하신 위대한 약속도 성취되기를 기대하는 것이 합리적이다. 만일 왕들이 에서의 허리에서 나온다면(36:31), 예수 그리스도의 나라가 창조세계를 총괄하고(고전 15:24-28) 모든 입이 그를 주님으로 고백하여 아버지 하나님께 영광을 올리게 될 때까지 예수 그리스도가 통치할 것이라는 사실은 얼마나 더 그러하겠는가?(빌 2:11)

모형론

밧단아람에서 유배 생활을 한 야곱의 자녀들은 믿음으로 그 땅을 차지

창세기 주석

하며(창 35:26) 그 땅에서 태어난 에서의 자녀들은 그곳으로부터 떠난다
(36:6). 이와 비슷하게 이스라엘이 바빌로니아에서 유배 생활을 한 후에
진정한 씨들은 돌아와서 그 땅을 차지한다. 오늘날 선택받은 교회는(벧전
2:9-10) 온 나라에 흩어져 있으나 결코 사라지지 않는 약속의 땅을 차지
할 것이다(벧전 1:1-9).

은혜

에서의 불신에도 불구하고 그의 후손에게는 미래가 있다. 그들도 하
나님 아래서 그들의 이야기가 있다(참조. 신 23:7: "너는 에돔 사람을 미워하
지 말라. 그는 네 형제임이니라"). 오늘날 그리스도 안에서 에돔의 남은 자들
은 그의 형제와 화해했으며 그리스도의 나라의 일원이 되었다(암 9:4; 행
15:16-18; 계 7:9).

제10부

야곱의 후손의 계보
(37:2-50:26)

제10부의 주제 ────────────

야곱의 계보에 대한 기사는 창세기를 절정의 마무리로 이끈다. 하나님은 아브라함에게 후손을 번성케 하고 가나안 땅을 주며 그들을 통해 땅을 축복하겠다고 약속하시고(창 12:1-3) 아브라함과 사라를 통해 왕들이 나오게 하겠다고 그들과 언약을 맺으셨다(17:6, 16). 이런 언약의 모티프들이 이 기사에서 의미심장하게 강화된다. 이 기사는 열두 아들로 시작해서 이집트로 이동한 칠십 명과 더불어 끝난다(칠십은 완전수이고 민족들의 축소판이다; 창 10장을 보라). 장차 이집트에서 그들은 한 민족이 될 것이다. 그들이 여행을 떠날 때도 그 땅은 이 언약 가족에게 여전히 중요하다. 야곱은 비록 이집트에서 방부 처리가 되지만 약속의 땅에 묻히며(50:4-14) 요셉은 언약 백성이 그 땅을 향해 장차 출애굽을 할 때 자신의 유골이 함께 옮겨가도록 준비한다. 야곱은 자신의 아들들을 축복할 때 유다가 형들과 열국을 통치할 것이라고 예언한다(창 10장; 46:8-27을 보라). 이집트를 다스리는 요셉은 세계를 구하고 이 예언을 믿을 만한 것으로 입증하며 그 통치의 전조가 된다.

창세기 제10부는 우선적으로 하나님의 섭리 아래 있는 야곱의 아들들의 변화에 관한 이야기다. 소위 "요셉 이야기"를 넘어서─비록 이 이야기가 십대의 청소년인 요셉에 대한 무대의 막을 열고 그의 죽음과 더불어 그 막을 닫지만─이 기사는 족장들을 다루는 하나님의 언약과 이스라엘의 자녀들을 위한 하나님의 계획 수립에 관심을 갖는다. 그분은 야곱의 자녀들, 특히 유다를 변화시켜 그들을 자신의 소중한 언약 파트너로 만드심으로써 자신의 언약을 지키신다. 하나님은 요셉을 사용하여 육체적이고 영적인 측면 모두에서 이스라엘을 구원하신다. 즉 육체적 측면에서는 그들에게 식량을 공급하시고 영적인 측면에서는 그들을 가나안 족속과 분리시키며 그들에게 서로 사랑하라고 가르치심으로써 그들을 구하신다. 비록 가족의 평화는 그들의 어리석은 행동과 경쟁심으로 깨지지만, 꿈을 통한 계시와 이스라엘의 이집트 체류에서 전조로 비쳐지는 바와 같이(15:13; 시 105:23을 보라) 하나님은 이 장면의 배후에서 그들의 회복을 위해 일하고 계신다(45:5-7).

하나님의 섭리가 언약 가족의 삶을 인도한다. 그분의 섭리는 요셉이 꾼 두 번의 꿈, 즉 그가 가족을 다스릴 것을 예고하는 꿈에서 확증된다. 하지만 이렇듯 분명한 신학적 틀 속에 담긴 이 이야기는 세속적 관점에서(즉 천사의 개입이나 다른 기적적인 일이 발생하지 않은 채로) 펼쳐진다. 대신에 되돌아보면 모든 일이 바로 정확한 때에 발생한다. 요셉은 그의 형제들을 찾느라 세겜 주변을 배회하면서 섭리에 따라 시간을 허비하는데, 그때 형제들이 어디로 가는지를 우연히 어깨 너머로 들은 사람을 만나게 된다. 요셉이 시간을 지체하지 않았다면 이스마엘 상인들이 바로 그 정확한 때에 지나가는 일은 발생하지 않았을 것이다. 충동적으로 요셉을 팔아넘기자는 생각이 유다에게 떠오르고 그래서 요셉은 결국 이집트로 가게 된다. 아버지의 편애로 인해 형제를 이집트에 노예로 파는—"세기의 범죄"[1]—데서 절정에 이르는 형제 간의 경쟁심과 은닉, 이 모든 것은 택자들을 구원하시기 위한 하나님의 섭리 속에서 역할을 한다! 서사는 "다른 손이 아닌 우리의 손이 일하게 하는" 하나님을 믿는 인본주의를 배격한다. 브루그만이 단언한 대로 "이 서사는 너무 쉽게 믿는 원시주의(primitivism)와 믿음을 쑥스러워하는 인본주의 사이에서 미묘한 작업을 시도한다."[2] 요셉은 이 기사의 하위 주제인 하나님의 섭리를 그의 유명한 통찰을 통해 다음과 같이 요약한다. "당신들은 나를 해하려 하였으나 하나님은 그것을 선으로 바꾸사 오늘과 같이 많은 백성의 생명을 구원하게 하시려 하셨나니"(창 50:20).

또한 이 기사는 열두 아들 중 누가 장자권을 가질 것인가에 대해 질문을 던진다.[3] 분명 이 장자권을 상속할 아들은 실제 장남인 르우벤이지만, 아버지의 첩과 동침함으로써 야곱의 지도권을 거머쥐려 한 그의 어리석은 시도는 여기에 맞불을 놓으며(참조. 삼하 3:7-11; 16:21-22; 왕상 2:13-22) 결국 르우벤은 야곱의 총애를 잃는다(창 35:22; 49:3-4). 계보상으로 그다음인 시므온과 레위는 디나가 강간당한 일에 대해 거칠게 보복함으로써 스스로 자격을 박탈시킨다(창 34장; 49:5-7). 계보상 그다음인 유다가 가족의 지도자로 부각되고 형제들을 다스릴 권리를 얻는다(49:8-12; 아래 "인물 묘사"를 보라). 유다의 쌍둥이 아들인 세라와 베레스의 섭리적 출생은 이런 선택을 확증한다. 세라는 먼저 손을 내밀어 그의 손목에 붉은 실이 묶이지만, 모든 사람이 놀랄 만하게도 베레스가 먼저 나온다. 마찬가지로 야곱도 자연적이지 않은 방식으로 그의 쌍둥이 형 에돔(즉 "붉음")에게서 장자권의 지위를 취했다. 이 기사에서 유다의 아버지의 출생과 유다의 아들들의 출생 사이의 이런 초자연적 유사성은 하나님께서 또다시 동생을 선택하여 형을 다스리게 하신다는 징표로 기능한다.

이 서사는 하나님께서 아브라함과 그의 씨를 축복하는 사람들을 축복하신다는 주제도 발전시킨다. 이는 요셉을 승진시킨 보디발과(39:3), 야곱의 가족을 융숭히 대접한 파라오에게 임한 신적 축복에서 드러난다(47:10-26).[4]

---

1   Longacre, *Joseph*, 44.

2   Brueggemann, *Genesis*, 294.

3   이 연구는 Goldin, "The Youngest Son," 27-44의 영향을 받았다.

4   B. A. McKenzie, "Jacob's Blessing on Pharaoh: An Interpretation of Gen 46:31-47:26," *WTJ* 45 (1983): 386-90이 그렇다.

제10부의 개요

제10부에 대한 문학적 분석

구조와 플롯

　야곱의 계보에 대한 기사는 가나안에서 시작하여 이집트에서 끝나지만 약속의 땅으로 귀환한다는 희망과 더불어 마무리된다. 두 땅 사이에 놓인 이 기사는 아래 예시된 바와 같이 가족 간의 불화와 권력 투쟁으로 점철된다.

이 기사는 집안싸움으로 치닫는 갈등으로 인해 언약 가족의 평화로운 삶이 파괴되고(37:2-36) 그들이 가나안 족속과 통혼함과(38:1-30) 더불어 시작된다. 아들들과 아버지 사이의 불화는 그들의 출생에서부터 시작되었으며(29:31-30:24) 디나가 강간당한 사건에서 깊어졌고(34:1-31), 이제 형제들이 카리스마가 있지만 미움을 받는 라헬의 아들을 이집트에 노예로 팔아넘길 때 절정에 이른다. 제2막에서는 무대가 이집트로 변경되는데, 여기서 요셉은 제국의 권력과 싸우고 그의 순수한 성품과 꿈을 해몽하는 카리스마적 능력을 통해 그 싸움에서 승리해야 한다.

제3막에서 무대는 가나안 땅의 기근과 이집트의 식량 사이를 오가면서 바뀐다. 이 막에서 요셉은 상황을 알고 있는 자신의 이점과 그것을 인지하지 못하는 다른 사람들의 단점을 이용하여 형들과 실랑이를 벌인다. 그리하여 요셉은 하나님의 섭리적 협력 속에서 그들을 단련시켜 서로 사랑하게 만든다. 형제들의 변화는 그들이 요셉에게 저지른 죄를 고백할 때 시작되어(42:21-23, 28b) 유다가 아버지를 위해 베냐민을 대신하기로 하고 자신을 노예로 내놓을 때 절정에 이른다(44:33-34). 형제들의 다툼은 요셉이 상황을 알고 있는 자신의 권한을 내려놓고 그들을 눈물로 껴안으며 그들의 모든 죄를 사면해줄 때 종료된다. 이는 요셉이 자신을 이집트로 보낸 이는 그들이 아니라 하나님이시며, 그분이 그들을 구하시기 위해 자신을 보내셨다고 고백함으로써 이루어진다(45:1-7). 제3막

4장의 대단원에서 이 가족은 이집트로 이주하여 기근과의 분투를 끝낸다. 여기서도 내레이터는 제8부의 마지막에서처럼(35:22b-26) 이집트로 이주하는 칠십 명의 가족 구성원에 대한 유용한 족보를 제시한다.

제4막은 이 기사의 대단원이자 출애굽기로의 전환점이며, 이집트에서 발생한다. 이집트에서 이 가족은 구원을 얻고 장차 가나안 땅으로의 귀환을 예견한다. 제10부는 하나님의 약속에 대한 다음의 희망과 더불어 종막에 이른다. 즉 (1) 자녀들을 향한 야곱의 축복 속에 있는 희망, 말하자면 그들의 후손이 열두 지파가 되어 약속의 땅에 정착하고 유다는 그 지파들과 세계를 다스린다는 희망, (2) 가나안으로 이전되어 진행되는 야곱의 국장급 장례에 나타난 희망, (3) 임종 직전 요셉의 요청, 곧 하나님께서 이 가족을 이집트로부터 구해내실 때 자신의 뼈를 가나안으로 옮겨달라는 유언에 나타난 희망이다.

이 플롯은 이 주석의 서론에서 제시된 눈에 띄는 동심원 구조로 장식된다(서론에서 "열 개의 톨레도트[תֹּלְדוֹת]의 교차적, 동심원적 패턴"을 보라). 동심원을 이루는 이 일곱 개의 짝은 창세기 44-45장에 있는 형제들의 화해를 중심축으로 삼는다. 이 일곱 개의 짝에 덧붙여서 이 이야기는 다른 많은 짝을 이룬다는 특징이 있다. 요셉은 점차 고조되는 두 번의 꿈을 꾸고(37:5-10), 그의 형제들과 점차 깊어지는 갈등을 두 번 겪는다(37:2-11, 12-36). 다말이 유다를 속여 유혹에 성공하고 곧바로 보디발의 아내가 요셉을 유혹하다 실패하는 사건이 뒤따른다(38:1-30; 39:1-23). 요셉은 두 묶음의 꿈, 즉 감옥 동료들의 두 가지 꿈과(40:1-23) 파라오의 두 번의 꿈을(41:1-40) 잇달아 해몽한다. 형제들은 요셉을 처리하기 위해 두 번의 음모를 꾸미며(37:21-27), 요셉은 형제들을 다루기 위해 두 번의 계획을 세운다(42:14-20). 형제들은 이집트로 두 번 여행을 한다(42:1-38; 43:1-34). 요셉의 청지기가 먼저 형제들을 시험하고 이어서 요셉이 직접 유다를 시험한다(44:1-13, 14-34). 그리고 내레이터는 이 가족의 이집트 이주에 대해 두 번 말한다(46:1-27; 46:28-47:12). 야곱은 먼저 요셉과 그의 아들들을 축복하고(48:1-22) 이어서 자신의 모든 아들을 축복한다 (49:1-28). 이 책은 두 족장 야곱(49:33-50:13)과 요셉(50:22-26)의 죽음을 짝지어 배치하며 끝을 맺는다.[5] 이 기사의 기법에서 이렇듯 두드러지게 나타나는 대칭과 짝을 이루는 구조는 이 이야기의 신학에 부합한다. 이는 보이지 않는 하나님의 섭리의 손길을 미묘하게 가리킨다.

인물 묘사

폭스는 이렇게 말한다. "처음에 이 이야기는 가족의 감정들에 대해 말하는데 이야기에 독특한 풍미를 넣어주는 것은 사실 극단적인 감정이다. 모든 주역은 고통스럽게 자신의 격정을 표현한다. 점찍어놓고 편애하는 아버지로부터 버릇없이 자란 아들에 이르기까지, 사악한 형제들로부터 욕정에 찬 보디발의 아내에 이르기까지, 향수병에 걸린 어른 요셉으로부터 비탄한 일을 당하는 늙은 야곱에 이르기까지 말이다. 우리가 이런 감정들이 지닌 파괴력을 뛰어넘는 원대한 계획이 작동하고 있음을 깨닫게 되는 것은 오직 꿈이라는 잠재의식의 매개체를 통해서다."[6]

이 이야기의 중심에는 야곱의 아들들이 있는데, 그중에서도 요셉과 유다가 중심을 차지한다. 르우벤은 두 사람을 부각시키는 역할을 한다. 르우벤이 빌하와 근친상간을 범한(35:22) 후에 그의 지도권은 효력을 상실한 것으로 보인다(42:22, 37-38; 49:3-4; 참조. 30:14-17). 아마도 르우벤은 형제들의 손에서 요셉을 구출해서 "그를 아버지에게로 돌려보내려는"(37:22) 계획으로 아버지의 애정을 다시 얻으려고 애썼을 것이다. 만일 그렇다 해도 이 역시 맞불에 부딪힌다. 유다는 요셉을 이집트에 팔자는 자신의 계획에 형제들이 동조하도록 함으로써 르우벤에게서 영웅적

---

5   J. Lichtig, *Storytelling in the Bible* (Jerusalem: Magnes, 1978), 142을 보라.

6   Fox, *Beginning*, 152.

역할을 할 기회를 가로챈다(37:26-27). 르우벤은 소심하다. 비록 그가 살인 음모에 반대하는 입장에 있다고 해도 그는 단지 형제들 몰래 요셉을 구하기를 바랄 뿐이다. 그러나 형제들은 르우벤 몰래 요셉을 팔아넘긴다. 자신의 계획이 실패로 돌아갔음을 깨달은 후 르우벤은 희망이 사라진 자포자기의 심정으로 "나는 이제 어디로 갈까?"라고 부르짖는다. 그는 남쪽으로 달음질쳐 상인들로부터 요셉을 구할 수 있었으리라! 만일 자신이 베냐민을 안전히 데려오지 못한다면 야곱이 자신의 아들들(야곱의 손자들!)을 죽여도 된다는 르우벤의 제안 역시 아마도 자기 아버지의 호감을 되돌려보려는 욕심에서 비롯된 것으로 "도에 지나치다"[7](42:37-38). 이와 대조적으로 유다는 자신을 볼모로 내놓는다.

이 기사가 시작할 때 주역들인 요셉과 유다는 미숙하고 문제투성이였다. 요셉은 철없는 고자질쟁이다. 유다는 냉정하고 영적으로 무감각하다. 그러나 하나님의 섭리적 계획 속에서 이들은 어려운 시련들을 거쳐 단련된다.

비록 요셉이 자랑질을 하고 형제들의 잘못을 고자질하면서 미성숙하게 시작하지만, 그는 이 이야기의 대부분에 걸쳐 고귀한 성품을 갖춘 인물이다(개별적인 막과 장의 문학적 분석도 보라). 이집트에서의 각 장면은 나아가 그의 미덕을 묘사해준다. 요셉은 경건하고 왕에게 충성하며 분별력이 있는 대담한 인물로 등장한다. 궁극적으로 파라오와 그의 관료들은 요셉 안에 거하시는 하나님의 영을 인지한다. 요셉의 지혜와 분별력은 그가 형제들을 모르는척하면서 그들을 시험하고 훈육할 때 가장 뚜렷하게 보인다. 또한 그는 열정적인 성품을 지녀 형제들을 지켜보면서도 눈물을 흘리고 나중에 형제들 및 아버지와 상봉할 때에도 그들을 격하게 껴안으며 운다.

---

[7] Garrett, Rethinking, 174.

유다는 요셉과 눈에 띄는 대조를 이룬다. 요셉은 보디발의 아내와의 부도덕한 성관계를 거절하고 자리를 피하기 위해 어쩔 수 없이 자신의 신분이 노출되는 겉옷을 남기는 반면, 유다는 창녀의 초대를 환영하고 의도적으로 자신의 인장과 지팡이를 화대의 담보물로 남겨둔다. 보디발의 아내는 요셉이 자신을 희롱하려 했다고 고발하지만 유다는 실제로 희롱거리가 된다. 그러나 유다 역시 고난을 통해 변화된다. 이 이야기 전반에서 분명하게 드러나는 지도력에 대한 그의 자질은 궁극적으로 가족을 화해로 이끌고 아버지를 이집트로 안전하게 인도할 때 발휘된다. 결국 유다는 아버지에 대해 요셉보다 더욱 큰 세심함을 보여준다. 요셉을 향한 유다의 사려 깊고 격정적인 발언으로 인해 요셉은 그의 형제들을 부둥켜안고 마침내 자기 아버지의 안부를 물으며 염려한다(제1막 2장과 제3막 3장의 문학적 분석도 보라).

극적 아이러니

솜씨 있게 구성된 이 이야기는 극적 아이러니로 가득 차 있다. 독자들은 마치 요셉이 형들에 대해 그랬던 것처럼 자주 특별한 지식을 지니고 있는 입장에 선다(개별적 막과 장의 문학적 분석도 보라). 들끓는 미움으로부터 피 묻은 겉옷과 창녀의 얼굴 가리개에 이르기까지, 또한 잘못된 한탄을 하고 사람을 잘못 보는 일에 이르기까지, 내레이터가 솜씨 있게 세부 사항을 배열하기 때문에 독자들은 자주 상황을 인지하게 되지만 진실이 어떻게 드러나고 어떻게 구원이 베풀어질 것인지는 결코 완전히 알지 못한다. 이렇게 제한된 지식을 지니는 독자들의 입장으로 인해 그들은 자신의 선한 목적을 어떻게 성취할지를 알고 계시는 신적 저자의 전능성으로 항상 이끌려간다.

가나안에 거주하는 역기능 가정의 서론적 이야기(37:2-38:30)

제10부 1막에 대한 문학적 분석 ———————

야누스

야곱이 조상의 땅에 거한다는 37:1의 언급은 두 가지 기능을 동시에 수행한다. 즉 약속의 땅을 향한 야곱의 열심을 세일산으로 떠나는 에서의 이주와 대조하고, 약속의 땅에 있는 약속의 씨에 대한 창세기의 주요 서사로 복귀하는 기능을 한다.

구조

이 막의 두 장은 가나안에서 일어나며 동시에 발생한다(참조. 37:2; 38:1). 두 장 모두 야곱 가족의 역기능을 드러낸다. 제1장은 요셉에 대한 형제들의 거절을, 제2장은 자기 가족에 대한 유다의 거부를 보여준다.

전조

이야기를 여는 제1장은 이 기사의 남은 부분에서 요셉을 중심인물로 소개하고 하나님의 섭리로 요셉이 구원받고 요셉을 통해 그의 민족이 구원받기 위한 배경을 마련한다. 또한 이 장은 유다를 소개하는데, 그는 제10부의 마지막에 변화되어 자기 형제들을 다스리도록 축복받은 인물로 출현할 것이다.

제10부 1막 1장

형제들에게 배척되어 노예로 팔린 요셉(37:2-36)

제10부 1막 1장에 대한 문학적 분석 ──────

구조와 플롯

제1장의 플롯은 갈등으로 점철된다. 이 장은 두 개의 단락에서 야곱 집안의 참혹한 분열을 확정짓는다. 즉 형제들에게 미움 받는 요셉과(37:2-11) 형제들이 팔아넘기는 요셉(37:12-36)에 대한 내용이다. 첫 번째 단락은 두 번째 단락에서 발생할 무서운 범죄들을 위한 무대를 마련한다. 이 단락은 요셉을 향한 아버지의 편애가 분란을 일으키고 요셉과 형제들 사이의 심각한 긴장이 점차 커지고 있음을 포착하는 네 개의 짧은 사건을 이야기한다. 즉 요셉이 형제들의 잘못을 누설하고(37:2), 야곱이 요셉에게 귀한 채색옷을 입히며(37:3-4), 요셉이 자신이 꾼 두 번의 꿈을 발설하는(37:5-11) 이야기가 나온다. 이 사건들에 대한 짧고 날카로운 묘사와 더불어 점점 고조되는 긴장은 두 번째 단락에서 형제들의 외침과 더불어 절정에 이른다. "꿈꾸는 자가 오는도다! …자, 그를 죽여…"(37:19-20). 이 장의 절정에서 형제들은 은전 이십 세겔을 받고 요셉을 미디안 사람들에게 팔아넘긴다. 대단원은 나약하고 상처 입은 가족을 묘사한다. 즉 자신의 구출 계획의 실패를 깨달은 무능한 장남, 야곱에게 요셉의 실종을 거짓으로 보고하는 무정한 형제들, 그리고 견딜 수 없

이 슬퍼하는 야곱이 등장한다.

핵심 단어들

제1장을 이끌어가는 갈등이 보여주는 끔찍한 아이러니는 "형제"라는 단어를 스물한 번이나 사용함으로써 독자들을 놀라게 한다. 내레이터가 열다섯 번(37:2, 4[2회], 5, 8, 9, 10, 11, 12, 17, 19, 23, 26, 27, 30), 야곱이 세 번(37:10, 13, 14), 요셉이 한 번(37:16), 유다가 두 번(37:26, 27) 이 단어를 사용한다. 아이러니의 정점은 유다의 말—"그에게 우리 손을 대지 말자. 그는 우리의 동생이요"인데, 왜냐하면 폭스가 주석한 대로 "이 말을 한 직후에 그들 '(자신의) 혈육'인 요셉이 노예로 어쩌면 죽음에 팔리기" 때문이다.[8]

첫 번째 단락에서 형제들 사이의 고조되는 긴장에 대한 이야기의 흐름을 이어가는 핵심 단어는 "미움"(37:4, 5, 8)과 "시기심"(37:11)이다. 이는 점차 깊어지는 미움이다. 아브라함의 씨의 제4세대는 외적으로는 혈과 육으로 또한 추정컨대 할례를 통해 연합되었으나, 내적으로는 하나님이 주신 요셉의 꿈을 제거하기를 원하면서 믿음 없는 증오심으로 분열된 채 신성한 역사의 무대로 들어간다.

인물 묘사

아무도 내레이터의 비난을 피하지 못한다. 내레이터가 선택한 짤막한 삽화적 진술들은 각 배역의 약점을 묘사한다. 야곱은 요셉에게는 자상한 아버지이나 다른 아들들에게는 지독히 무심한 아버지다(37:3-4). 야곱은 자신의 편애로 발생한 증오심을 전혀 감지하지 못하는 것 같다. 그가 음해를 전혀 예상치 못한 채 직전에 세겜 사람들을 학살했던 형제들에게

---

8   Fox, *Beginning*, 153.

요셉을 보냈을 때 관찰되는 것처럼 말이다. 르우벤은 실패한 지도자로 그려진다. 비록 요셉을 구덩이에서 구하려는 계획으로 인해 그가 책임감 있는 맏형으로 보이지만, 그는 그 계획을 달성하지 못하고 구덩이 앞에서 무기력하게 서 있다(37:29-30; 아래 주해를 보라). 유다는 냉정하고 계산적인 지도자다. 유다는 이익이 되도록 요셉을 살아 있는 송장으로 팔기 위해 당장의 죽음으로부터 동생을 구한다(37:26-28). 첩들의 아들들뿐만 아니라 모든 형제가 악에 이끌려 행동한다(37:2, 4, 8, 11, 20, 28, 31). 요셉은 도덕적으로 선하나 미성숙하고 철없는 인물로 그려진다. 그의 가벼운 입과 잘난체하기와 옷 자랑은 그를 싫어하는 형들의 반감에 불을 지른다. 스턴버그가 진술한 대로 "이집트에서 하나님의 미래의 대리자이자 대변인은 훨씬 더 나빴던 그의 첫 모습, 즉 응석받이로 자란 아이, 고자질쟁이, 자랑꾼에 대한 나쁜 인상을 거의 남길 수 없게 만든다."[9]

전조

요셉의 운명은 그가 형들에게 자신이 꾼 꿈을 이야기할 때 확정된다. 그리스 비극에서처럼 형제들은 이 꿈꾸는 자와 그의 꿈을 제거하려고 모든 노력을 기울인다. 이 장의 끝에서 되돌아보면 요셉의 이집트 도착은 그가 출세하는 첫 번째 단계다.

상징

야곱 이야기가 바윗돌이 특징이라면 요셉 이야기는 겉옷이 특징이 된다(37:3, 23; 39:12; 41:14). 손으로 만질 수 있는 이 물건들은 그 인물의 사회적·영적 상황에 대해 중요한 무엇을 상징한다.

---

9   Sternberg, *Poetics*, 98.

공백과 여백

이 장에서 내레이터는 요셉의 감정을 공백으로 처리하는데, 이는 아마도 요셉을 그의 형제들에게 당하는 수동적이고 무력한 피해자로 묘사하기 위함일 것이다. 내레이터는 42:21에서 요셉이 어떻게 느끼고 무엇을 했는지를 형제들이 표현하도록 만든다.

제10부 1막 1장에 대한 주해 ─────────

제10부의 표제(37:2a)

2절. 야곱의 족보는 이러하니라. 이 문구는 "이것은 야곱의 계보에 대한 기사다"로 번역하는 것이 더 낫다(2:4을 보라). 이 기사는 야곱의 아들들, 주로 요셉과 유다에 대한 이야기다(제10부의 문학적 분석을 보라).

형제들에게 미움을 받는 요셉(37:2b-11)

2b절. 요셉. 히브리어 본문에서 야곱과 요셉이라는 두 이름이 등을 맞대고 나란히 등장하는 것은—NIV에서는 단락의 단절로 약화된다—요셉을 이 기사의 주도적인 인물로 지시한다. 그는 기근의 때에 민족을 전멸의 위기에서 구해낼 형제다. 야곱과 요셉의 매장이 제10부를 마무리할 것이다.

소년…실바. 이는 "열일곱 살에 요셉은 형들과 함께 양을 치고 있었다. 그때 그는 빌하의 아들들과 실바의 아들들의 조수였다"로 번역되는 것이 더 낫다.

십칠 세. 요셉은 그의 생애의 첫 십칠 년 동안 야곱과 함께 산다. 그리고 야곱은 그의 생애의 마지막 십칠 년 동안 요셉과 함께 산다(47:28). 이와 같은 대칭은 하나님의 섭리를 드러낸다.

형들. 이는 이 장의 핵심 단어다(위의 문학적 분석을 보라).

빌하와 실바의 아들들. 이는 단, 납달리, 갓, 아셀을 포함한다(30:4-13).

그의 아버지의 아내들. 30:4과 해당 주해를 보라.

나쁜 보고(개역개정-"그들의 잘못을…말하더라"). 내레이터가 세부 내용을 공백으로 처리하지만, **보고**(דִּבָּה, 디바)라는 단어는 그 자체로 희생자에게 해를 입히기 위해 왜곡된 소식을 함의한다(잠 10:18을 보라). 그들의 이전 행동에 근거한다면 형제들은 나쁜 일을 하고 있었고 요셉은 올바르게 그런 행동과는 일정 거리를 두어야 했을 것이다. 하지만 잠언은 다른 사람들의 범법 행위에 대해 입을 다물어야 한다고 조언한다(참조. 창 34:25; 35:22; 37:20; 38:1-26; 잠 10:12; 11:12-13; 12:23). 그런 자비심은 생사가 달린 문제다(예. 잠 11:8-9). 최소한 소년 요셉은 칭얼대고 고자질을 일삼는 어린 동생인 것 같다.

3절. 더 사랑하므로. 부모의 편애는 다시 가정불화를 일으키고 속임수를 쓰게 하며 사랑을 독차지한 아들의 실종 사건을 발생시킨다. 하지만 하나님의 은혜는 이 혼란을 다시 사용하여 그분의 선한 뜻을 이룬다(25:28을 보라). 그럼에도 불구하고 형제들의 질투심은 잘못되었으며 하나님은 그들을 회심시키기 위해 요셉을 사용하실 것이다.

여러 아들보다. 야곱은 자기 부모가 편애를 보이고 서로 대적하며 싸움으로써 가족에게 입힌 상처를 깨달았어야 했다.

노년에 얻은 아들이므로. 야곱이 레아보다 라헬을 사랑했기 때문에 요셉을 가장 사랑한 것은 아니다. 야곱은 여전히 장자권에 반항하고 있다. 더구나 요셉의 출생은 야곱의 삶의 변화하는 운명을 알리는 신호다(30:25).

그를 위하여 화려하게 장식된 겉옷(개역개정-"채색옷")**을 지었더니.** 이 단어(כְּתֹנֶת, 케토네트)는 "겉옷, 긴 옷"을 가리키는 단어가 확실하지만, "화려하게 장식된"은 히브리어 파심(פַּסִּים)을 풀어서 설명한 문구다. 이 표현은 의미가 불확실한데 왜냐하면 별다른 개념 정의 없이 이곳과 사무엘하 13:18-19에서만 나타나기 때문이다. "채색옷"은 70인역에 근거한 번역이다. "소매 달린 긴 겉옷"은 아퀼라(Aquila) 번역과 성경 이후 시대의 히브리어 파스(פַּס)의 의미에 근거한, 그리고 그것과 "끝단"을 의미하는 또 다른 히브리어 단어와의 관련성에 근거한 번역이다. 어원론에 근거한 다른 제안들은 합의를 얻지 못하고 있다. 화려하게 장식된 겉옷은 어쩌면 편애에 대한 상징 이상의 의미를 지닐 수 있다. 이 단어는 다른 곳에서는 단지 공주였던 다말의 옷에 대해서만 사용된다(삼하 13:18-19). 많은 주석가는 이것이 왕실과 관련된 어떤 것을 의미한다고 제안한다.[10] 만일 그렇다면 이는 이집트에서 요셉이 감당할 왕실에서의 역할에 대한 전조일 수도 있다. 이런 왕실 복장으로(삼하 13:18을 보라) 야곱은 공개적으로 요셉을 가족의 통치자로 지명한다. 야곱은 신실한 요셉에게 이 역할을 넘기기를 원한다. 결국 야곱은 이 역할을 유다에게 넘기게 될 것이다.

4절. 그에게 편안하게 말할 수 없었더라. 이는 "그에게 인사조차 할 수 없었다"로 번역될 수 있다. 그들은 뱀의 씨인 가인처럼 행동한다(창 4장을 보라).

5절. 꿈을 꾸고. 고대 근동에서 꿈은 신적 소통과 예언의 일반적인 수단이었다. 형제들은 꿈의 예언적 성격을 잘 이해한다. 이야기의 서두에 놓인 이 계시는 하나님을 전체 기사의 배후에 계신 감독자로 보여준다. 이는 성경에서 하나님께서 아무 말씀도 하지 않으시는 최초의 꿈이다(참조. 20:3; 28:12-15; 31:11, 24).[11] 이 꿈은 하나님이 계시하시는 지배적인 방식이 창세기 1-11장의 신현으로부터 창세기 12-35장의 꿈과 환상으로, 그리고 이제는 창세기 36-50장의 섭리로 바뀌는 전환점을 이룬다. 이와 같은 세 단계는 타나크(TaNaK, 즉 구약성경)의 세 부분과 닮아 있다. 토라(*Torah*, "율법서")에서 하나님은 신현 가운데서 모세에게 말씀하신다. 네

---

10 이에 대한 논의는 Sarna, *Genesis*, 255을 보라.
11 Hamilton, *Genesis 18-50*, 410.

비임(*Nebiim*, "예언서")에서 그분은 꿈과 환상으로 말씀하신다. 케투빔(*Ketubim*, "성문서")에서 그분은 주로 섭리를 통해 일하신다.

그것을 말하매. 요셉도 자신의 몰락에 책임이 있다. 그는 심지어 야곱이 그를 편애한다는 말이 언급되기 전에도 형제들에 대한 험담을 늘어놓았다(37:2). 요셉은 자신의 꿈을 형제들에게 말하기를 고집하고, 그들이 자신을 "더욱" 미워하기 시작한 뒤에도(37:8) 반복해서 두 번째 꿈을 나누면서(37:9) 그들을 불쾌하게 만든 것이 분명하다. 요셉의 뻐기는 말과 야곱의 말 없는 사색을 대조해보라(37:11). 그러나 우리는 이 이야기속에서 등장인물들에 대한 요셉의 말을 통해 하나님의 주권을 배울 수 있다.

그들이 그를 더욱 미워하였더라. 이것은 70인역에는 없다.

7절. 단을 묶더니. 유목민들은 추수를 위해 고용되기도 했다.[12]

당신들의 단은 내 단을 둘러서서. 하나님은 이 구속의 드라마에서 요셉을 주인공으로 선택하셨다(20:3; 28:12; 42:6; 43:26, 28; 44:14을 보라).

절하더이다. 이 예언은 점점 고조되는 국면 속에서 성취된다. 즉 형제들은 처음에 요셉에게 한 번 절하고(42:6), 이어서 그를 공경하기 위해 두 번 절하며(43:26, 28), 최종적으로 그의 발아래 조아려 엎드린다(50:18).

8절. 형들이 그에게 이르되. 사르나가 주석한 대로 "이스라엘 사람이 해몽가의 묘술을 요구한 적이 있다는 기록은 전혀 존재하지 않는다(40:5-13; 41:1-33; 단 2:4, 7과는 반대로)."[13]

우리를 다스리게. 창세기 37:3, 신명기 33:16을 보라. 마침내 요셉은 두 배의 몫을 상속받을 장자권을 얻을 것이다(대상 5:2을 보라). 왜냐하면 야곱이 요셉의 두 아들을 자신의 아들로 입양하기 때문이다(창 48:5을

---

12   Matthews, *Pastoral Nomadism*을 보라.
13   Sarna, *Genesis*, 256.

보라). 왕정이 바로 에돔에서 발전했던 것처럼 가시화되고 있다(창 36장을 보라).

미워하더니. 간접적으로 그들은 계시를 주신 주권자 하나님을 대적한다. 그들은 자신들을 향한 그분의 계획을 신뢰하지 않는다.

그의 말로 말미암아. 이 히브리어는 문자적으로 "그리고 그의 말 때문에"(즉 꿈의 내용뿐만 아니라 그가 꿈을 말하는 방식 때문에)라는 뜻이다.

9절. 다시 꿈을 꾸고. 이 이야기에서 꿈은 쌍을 이루어 나온다(창 40장과 41장을 보라). 이는 하나님께서 확고히 결정하신 일이 곧 도래한다는 것을 보여주기 위함이다(41:32을 보라). 한 번 꾼 꿈은 잘못 해석될 수 있다. 그러나 동일한 의미를 지닌 두 번의 꿈은 그 해석을 확증한다.

그의 형들에게. 70인역은 "그의 아버지에게 그리고…"를 덧붙인다.

달. 달은 아마도 어머니의 상징일 것이다(37:10을 보라). 라헬은 요셉이 여섯 살 또는 일곱 살이었을 때 죽었다. 아마 야곱의 다른 아내들 중 하나가 요셉의 대리모가 되었을 것이다.

10절. 형들에게 말하매. 이 어구는 70인역에서 빠져 있다.

그를 꾸짖고. 그의 꿈은 족장 제도의 사회적 질서를 뒤집어놓으려 위협한다.

네 어머니. 37:9에 있는 "달"을 보라.

나와…참으로 가서 …절하겠느냐? 심지어 야곱조차도 부모의 우선권을 전복하는 난감한 문제에 직면한다.

11절. 아버지는 그 말을 간직해두었더라. 야곱은 어리둥절하고 혼란스러웠을 수 있다. 하지만 그는 이 꿈을 진지하게 받아들인다.

형들에 의해 팔리는 요셉(37:12-36)

12절. 그의 형들이 …가서. 내레이터는 왜 요셉이 그들과 함께하지 않았는지를 공백으로 남겨둔다.

세겜. 세겜에서 있었던 강간 사건은 약 두 해 전에, 즉 요셉이 열다섯 살쯤 되었을 때 발생했다(제8부 3막 1장의 문학적 분석에서 "공백, 여백, 그리고 논리적 추론"을 보라).

14절. 네 형들과 양 떼가 다 잘 있는지를 보고. 야곱은 세겜에 있는 그의 아들들을 걱정할 만한 이유가 있다(창 34장을 보라).

헤브론 골짜기. 사르나는 이렇게 주석한다. "한 미드라쉬는 이 장소에 대한 범상치 않은 언급에서 아브라함에게 전해진 예언(15:13)의 성취에 있어서 첫 단추가 막 끼워졌다는 암시를 발견한다."[14]

헤브론…세겜. 요셉은 50마일(80km) 가량의 거리를 여행했다.

15절. 어떤 사람이. 세겜에서 이 무명의 사람은 특정 아들을 점찍어 편애하는 아버지의 환경으로부터 분노가 끓고 적대적인 형들의 환경으로 바뀌는 전환점을 제공한다. 혼자서 취약한 상태에 놓인 요셉은 그의 형들보다는 세겜 사람과 함께 있는 편이 더 안전하다.

그가 들에서 방랑하는지라. 들판에서의 방랑과 어쩌다 얻어듣는 우연마저도 하나님의 섭리의 일부다. 이렇게 일이 지체됨으로써 요셉이 도착하는 때는 상인들이 등장하는 시간과 완벽하게 맞추어진다(37:21-28을 보라; 아래 신학적 고찰을 보라).

16절. 내가 내 형들을 찾으오니. 내레이터는 극적인 아이러니의 순간을 제공한다. 이 진술은 요셉의 이력을 집약해서 말해준다. 돌이켜보면 요셉은 가인과 정반대의 인물이고(4:9을 보라) 지도력의 자질을 갖추고 있다.

17절. 내가 그들의 말을 들으오니. 이 역시 또 다른 섭리적 행위다.

도단. 도단은 세겜 북서쪽 13마일(21km) 지점에 있었다.

19절. 꿈꾸는 자가 오는도다! 형들은 단지 분통을 터트리며 요셉을 확인할 뿐이다.

20절. 자, 그를 죽여. 살인을 가리키는 동일한 단어가 4:8에서 사용

---

14 앞의 책, 258.

된다. 브루그만은 이렇게 말한다. "미래는 치명적인 협박이다. 그러나 이는 저지될 수 있다! 그들은 이 일을 그만두기로 결심한다."[15]

한 구덩이에 던지고…우리가 말하기를. 그들은 재빨리 일을 치른 뒤 음모를 점차 구체화한다(참조. 37:31).

구덩이. 고고학자들은 이스라엘 전역에서 수많은 구덩이를 발견해 왔다. 구덩이는 물을 받아놓기 위해 바위를 깎아 만든 것으로 커다란 병 모양으로 생겼다. 구덩이의 깊이는 6피트에서 20피트까지 다양하다. 물이 마른 구덩이는 훌륭한 지하 감옥으로 사용된다(참조. 창 40:15; 렘 38:6).

21절. 르우벤. 제10부의 문학적 분석에서 "인물 묘사"를 보라. 장남인 르우벤이 형제들이 나가 있는 동안 아버지 역할을 떠맡는다(37:13-14을 보라). 빌하와 근친상간을 저지른 후에(35:22) 르우벤의 지도력은 항상 무력해 보인다. 요셉의 몸을 구덩이에 던져놓으면 문제는 해결되지 않은 상태로 남는다.

그들의 손에서 구원하려 하여. "그는 그를 구출하러 왔다"가 더 나은 번역이다.

우리가 그의 생명은 해치지 말자. 이는 "우리가 그의 생명을 취해서는 안 된다"로 번역하는 것이 더 낫다.

22절. 광야에(מִדְבָּר, 미드바르). 광야는 "목초지"로 번역하는 것이 가장 좋다.[16] 마을들 사이에 있는 이 지역에서는 아무도 요셉의 부르짖음을 듣지 못할 것이다(42:21을 보라).

23절. 채색옷을 벗기고. 그들은 귀공자 같은 아들을 권좌에서 끌어내리고(37:3을 보라) 그를 차가운 구덩이에 던져넣었다.

24절. 빈 것이라.…물이 없었더라. 이렇게 상세한 설명은 왜 요셉이 익

---

15 Brueggemann, *Genesis*, 303.
16 히브리어 단어 미드바르(מִדְבָּר)가 자주 사막을 의미하지만 인용된 위치에는 사막이 없다. 미드바르는 목초지를 지시할 수도 있다(*HALOT*, 547).

사하지 않았는지를 말해준다. 게다가 음식도 물도 없었기에 요셉은 갈증으로 죽을 수도 있었다.

25절. 그들이 … 음식을. 그들은 텅 빈 구덩이에서 들리는 동생의 비명에 냉담하게 무관심한 채로(참조. 42:21) 식사를 즐긴다! 요셉이 있는 곳에서 그들의 다음 식사는 상석의 식탁에 앉은 요셉과 함께하게 될 것이다(43:32-34).

이스마엘 사람들이. 이스마엘 사람들(37:27-28; 39:1도 보라)과 미디안 사람들(37:28, 36)은 동일한 무역상들에 대해 번갈아 사용되는 호칭이다(39:1; 특히 삿 8:24을 보라). 그두라에게서 나온 미디안의 후손과 사라에게서 나온 이스마엘의 후손이 통혼했을 수 있다(25:2, 17-18; 29:9을 보라).[17]

길르앗. 31:21을 보라.

26절. 유다. 제10부의 문학적 분석에서 "인물 묘사"를 보라. 르우벤보다는 오히려 유다가 지도자로 등장한다. 이 장에서 절정의 순간에 형제들을 향한 유다의 말은 르우벤이 앞에서(37:21-22) 또한 이후에(37:30) 말하는 무기력한 발언과 대조된다.

우리 동생을 죽이고. 요셉은 폭행으로 살해되거나 구덩이에 남겨짐으로써 체온 저하 혹은 굶주림으로 죽을 수 있었다.

27절. 그를 … 팔고. 유괴는 중대한 범죄다(출 21:16; 신 24:7을 보라). 유다의 냉정하고 계산적인 계획은 단지 악을 또 다른 악으로 대체할 뿐이다.

우리 손을. 이 장면의 배후에는 하나님의 손이 있다(45:5; 시 105:17을 보라).

---

17 Hamilton은 이스마엘 족속은 인종적 용어가 아니라 "방랑하는 유목민에 대한 포괄적 용어"라고 생각한다(*Genesis 18-50*, 423).

그는 우리의 동생이요. 이 두려운 아이러니가 그에게는 소용없는 듯하다(위의 문학적 분석을 보라).

28절. 미디안 사람들. 위의 "이스마엘 사람들"을 보라.

요셉을 …끌어올리고 …그를 …팔매 …데리고. 이 히브리어는 문자적으로 "요셉을 끌어올리고 … 요셉을 팔매 … 요셉을 취했다"로 읽는다. 롱에이커(Longacre)는 "종소리가 엄숙하게 요셉을 위해 울린다"고 말한다.[18] 요셉의 이름을 특이하게 세 번 반복하는 것은 "야곱의 가족 안에서 그리고 태동하고 있는 민족의 역사 속에서 극도로 중요하고 섭리적인 사건을 표시한다."[19]

은 이십(NIV-"이십 세겔"). 서론에서 "역사성과 문학적 장르"를 보라.

이집트. 아시아인의 노예 매매는 대략 요셉 시대의 이집트 문헌에 잘 기록되어 있다. 왕이었던 아멘엠헤트 3세(Amen-em-het III, 기원전 1800년 이전)는 형제에게서 선물로 받은 네 명의 아시아인 노예를 처분한다. 기원전 1740년대의 한 파피루스는 구십오 명의 노예 중 서른일곱 명의 아시아인 노예에 대한 명세서를 포함한다.

30절. 나는 어디로 갈까? 허약한 지도자 르우벤은 아무런 계획도 마련할 수 없다. 그는 먼저 형제들에게 가서 그들과 맞서고 그다음에 요셉을 추적하여 그를 구했어야 했다(37:21을 보라). 이제 르우벤은 자신을 문책할 아버지의 면전으로부터 도피해야 한다.

31절. 요셉의 옷 …숫염소를 죽여. 야곱이 앞서 저지른 속임수는 무서운 대가를 치른다. 야곱이 염소 가죽과 에서의 복장으로 아버지를 속였던 것처럼(27:9, 16을 보라), 이제 그는 염소 피와 자기 아들의 겉옷으로 속게 될 것이다.

---

18 Longacre, *Joseph*, 44.
19 앞의 책, 30.

32절. 아버지 아들의 옷인가 보소서. 이 말은 계속적으로 가족 간의 불화를 드러낸다. 그들은 요셉이 자신들의 형제가 아니라 야곱의 아들이라고 말한다.

33절. 악한 짐승이. 이는 사실 야곱의 무정한 아들들의 사나운 분노와 질투로 저질러진 일이다.

34절. 허리를 묶고 …애통하니. 슬픔에 대한 야곱의 표현은 르우벤보다 더 깊다(37:30을 보라).

35절. 모든 자녀가 위로하되. 이는 그의 아들들 편에서 위선이다.

무덤으로(개역개정-"스올로"). 이 히브리어는 스올을 가리킨다. 아래 신학적 고찰을 보라.

36절. (그 사이에[Meanwhile], 개역개정에 없음) 이 구절은 제2막을 위한 무대를 마련한다.

팔았더라. 아모스 1:6-7을 보라.

보디발. 이는 이집트 이름 "보디베라"(41:45)의 약칭으로 "라(태양신)가 하사한 자"를 의미한다. 이 이름은 기원전 13세기 이전 연대일 수 없으며 아마 초기 형태 이름의 현대화 작업일 것이다.

제10부 1막 1장에 대한 신학적 고찰 ─────────

섭리

하나님은 꿈과 섭리 둘 다를 통해 자신의 주권을 드러내신다("제10부의 주제"를 보라). 꿈을 통한 메시지(예정)는 하나님의 주권을 나타내는 "엄격한"(hard) 말씀이다. 섭리는 동해보복(*lex talionis*) 원리의 다른 사례들 가

운데서 관찰되는 바와 같이 "너그러운"(soft) 말씀이다.[20]

꿈

또다시 하나님의 계시가 이야기를 시작하는데 이번에는 자신의 가족을 지배할 요셉의 통치권을 예언한다(주해에 있는 37:5, 8-9을 보라). 요셉에게 주신 꿈들은 창세기 42-47장에서 성취될 것이다. 이 확실한 계시는 야웨의 주권을 드러낸다. 하나님의 주권은 이집트인 수감자들과 파라오에게 꾸게 하신 꿈에서도 분명하게 나타난다. 두 꿈이 한 묶음이 되어 열거되는 이 꿈들은 창조세계와 인간의 일상 모두에서 야웨의 예정을 선언한다.

선택

형제들이 미워하는 것은 단지 야곱의 편애나 요셉의 태도만은 아니다. 그들이 미워하는 것은 꿈이다. 오늘날 이 형제들처럼 많은 사람이 하나님의 선택에 대한 교리를 불편해한다(롬 9:10-24을 보라). 하나님은 모든 사람을 공정하게 대하시나 어떤 사람들에게는 자비를 베푸신다(마 20:1-16). 하나님의 선택에 대한 도덕률은 모호하다. 요셉이 통치하도록 하신 하나님의 선택은 불화를 조장한다. 형제들은 왕권에 대한 그분의 선택을 받아들이는 법을 배워야 한다.

동해보복의 원리

하나님의 주권적 공의 속에서 사람들은 자신들의 악한 행실로 인한 결과를 거둬들인다. 에서에게 저지른 야곱의 죄는 야곱의 아들들이 그에 대항하여 죄를 짓는 것으로 맞대응된다. 야곱이 에서를 대적하여 염소와 옷

---

20 Brueggemann, *Genesis*, 293.

으로 속임수를 썼던 것처럼 야곱의 아들들은 염소와 옷을 사용하여 야곱을 속인다. 야곱을 이롭게 하고 에서를 불리하게 만들려는 리브가의 욕망은 야곱을 죽이려는 에서의 욕망으로 이어졌다. 마찬가지로 요셉을 이롭게 하려는 야곱의 욕망은 요셉을 죽이려는 형들의 욕망으로 이어진다. 하나님은 야곱에게 큰 자비를 베푸시나 야곱의 악행을 벌하는 데 앞장서지는 않으신다.

변화

하나님은 가장 놀라운 선택을 하신다. 여기서 그분은 편애, 미성숙, 질투, 복수로 분열된 가족을 선택하신다. 그러나 하나님은 그들을 통해 당신의 목적을 달성하시며 그 과정에서 그들을 근본적으로 변화시키시고 회복시키실 것이다. 이스라엘에서 왕권을 향한 노정은 에돔에서의 여정보다 훨씬 더 우여곡절이 많은 길이다. 택자들은 자신들이 통치하기에 앞서 구속받아야 한다.

무덤

무덤을 가리키는 히브리어 단어는 스올(שְׁאוֹל)이다. 이 단어는 구약에서 예순여섯 번 나타난다. 그중 여덟 번만 산문에 나온다. 이 단어에 자주 수반되는 전치사는 이곳이 땅 아래의 장소, 곧 "지하 세계"임을 시사한다. 이는 물리적 차원에서 무덤을 가리킨다. 형이상학적 차원에서는 생명의 영역에서 단절된 죽음의 영역을 가리킨다. 강조점은 생명과 대비되는 죽음의 두려움에 있다. 구약의 시들은 무덤과 관련하여 풍부하고 다양한 표현을 사용한다. 무덤은 "입"을 가지고 있어서(시 141:7) 그 입을 "크게 벌리고"(사 5:14) 결코 "만족함이 없다"(잠 27:20; 30:16). 무덤은 너무나 강력해서 아무도 그 손아귀를 벗어날 수 없으며(시 89:48), 아무도 그곳으로부터 다른 사람을 구해낼 수 없다(호 13:14; 참조. 시 49:7). 그곳은 철장이 쳐진 감옥에 비유된다(욥 17:16). 여기서는 부패가 아버지이고 구더기가 어머니요 자매다(욥 17:13-16). 그곳은 돌아올 수 없는 땅이요(욥 7:9), 사회경제적 구별이 사라지는 거처다. 부한 자와 가난한 자(욥 3:18-19), 의로운 자와 악한 자(욥 3:17), 지혜로운 자와 어리석은 자(시 49:10), 이스라엘 사람과 이방인이 함께 여기에 눕는다. 그곳은 침묵의 장소요(시 94:17), 어둠(13:3)과 약함과 망각의 장소다(88:10-18). 우리는 무덤에 대한 이와 같은 비유적 묘사를 중간 상태에 대한 문자적 묘사로 받아들이는 실수를 저지른다. 다른 본문들은 성도의 불멸을 가르친다(욥 19:26-27; 시 49:15; 잠 10:2; 12:28; 14:32). 이는 예수 그리스도가 죽은 자들로부터 부활하심을 통해 온전한 빛으로 드러난 교리다(딤후 1:10).

제10부 1막 2장
유다가 다말에게 죄를 지어 쌍둥이를 낳다
(38:1-30)

제10부 1막 2장에 대한 문학적 분석 ─────────

구조와 플롯

약하고 분열된 가족과 더불어 제1장이 끝나는 곳에서 제2장의 서막이 열린다. 제2장은 유다가 가나안 족속 중에 사는 가족으로부터 이탈하면서 시작된다. 이는 이 가족의 무기력한 상태를 확인해줄 뿐이다. 제1장의 플롯은 언약 가족을 붕괴시키려고 위협하는 내분으로 인한 긴장으로 점철되었다. 제2장에서 유다는 가나안 사람들과 통혼함으로써 가족을 더 큰 외부의 위협에 노출시킨다. 이런 어리석음과, 이어지는 그의 의롭지 못한 행동들이 제2장의 플롯에서 긴장을 만들어낸다. 누가 이 가족을 구해낼 것인가? 흔히 그렇듯 희망과 변화는 느닷없는 원인으로 인해 시작되는데─여기서는 가나안 여인 다말이다. 이 장은 유다가 다말에 대해 "그녀는 의롭고 나는 그렇지 않다"(문자적으로, 38:26)고 선언할 때를 그가 변화하는 시작으로 표시한다. 이 장은 다말이 쌍둥이를 낳을 때 정점에 이른다. 이는 형제들에 대한 유다의 중요성을 표시한다(아래 "야곱의 계보에 대한 기사와의 일관성"을 보라).

아둘람 지역의 가나안 족속 가운데로 설정된 이 장은 두 단락으로 나눌 수 있는데, 각 단락은 연대기적 고지인 "그 후에"(38:1)와 "얼마 후에”(38:12)로 표시된다. 첫 번째 단락은 유다가 가나안 족속과 맺은 어리석은 연합과 관련된다. 이는 유다가 악한 아들들을 위해 신붓감으로 다말을 확보하고 나중에 그녀에게 수치스럽게 행동할 때 더욱 심하게 뒤엉키게 되는 경건하지 못한 관계였다. 두 번째 단락은 유다가 불의한 방식으로 다말을 통해 자녀를 얻는 일과 관련된다. 유다의 가나안 친구인 아둘람 사람 히라는 이 두 가지 어리석은 행동 모두와 연관된다.

첫 번째 단락에서 여러 사건의 빠른 전개는 두 번째 단락의 중대한 사건들을 위한 무대를 마련한다. 서사의 시간은 이런 분할을 반영한다. 즉 단락 1은 약 이십 년에 걸친 시간을 다루고 단락 2는 일 년 이하의 기간을 포함한다. 각각의 관심사는 유다에게 태어난 아들들의 출생이다. 즉 가나안 사람 수아의 딸이 낳은 유다의 세 아들인 엘, 오난, 셀라(38:1-11), 그리고 며느리 다말이 낳은 유다의 쌍둥이 아들인 베레스와 세라다(38:12-30).

유다가 그의 가나안 아내를 통해 자녀를 낳고 있던 같은 기간에 요셉은 그의 이집트 아내를 통해 자녀를 낳고 있었다(41:50-52).

야곱의 계보에 대한 기사와의 일관성

제2장은 이집트로 팔려간 요셉을 추적하는 주요 서사에 갑자기 끼어든다(참조. 39:1과 더불어 37:36). 하지만 제10부를 통합하는 동심원적 패턴 속에서 이 장은 유다를 형제들 위에 군림하는 통치자로 선언하는 야곱의 축복과 잘 어울린다(서론에서 “열개의 톨레도트의 교호적, 동심원적 패턴”을 보라). 사실 창세기 37:26-27에서 유다의 탁월성은 이 장에서 부각되는 그의 탁월성의 전조였다. 이 이야기의 열쇠는 베레스와 세라의 출생과 야곱과 에서의 출생의 주목할 만한 유사성이다. 양쪽의 출생 모두 쌍둥이와 관련된다. 양쪽 모두에서 동생이 형을 밀어내고 앞서 나가 그의 자리를 대신한다. 양쪽 모두에서 자연스럽게 장자권을 얻을 것으로 예상되었지만 이를 잃어버리는 사람이 붉은 색과 관련된다. 즉 에서의 경우에

는 붉은 죽과, 세라의 경우에는 홍색 실과 연관이 있다. 쥬다 골딘(Judah Goldin)의 설득력 있는 주장에 의하면 유다의 부모와 그의 아들들의 출생 사이의 이런 놀라운 유사성은 언약 백성의 놀라운 역사 속에서 특별한 하나님의 선택이 유다와 그의 후손에게 놓여 있음을 보여준다.[21] 베레스 는 그의 할아버지 야곱과 같이 분투하여 승리하는 인물이다.

로버트 알터(Robert Alter)가 예증한 대로 이 장은 앞뒤의 장들과도 일 관성을 이룬다.[22] 제1장과 2장은 중요한 연결을 보여준다. 유다는 그의 며 느리에게 속아 대가를 치르는데, 이는 유다가 자기 아버지에게 행한 속 임수에 부합한다(참조. 37:32-33과 더불어 38:25-26). 다시 한번 염소와 옷 이 속임수를 용이하게 만든다(참조. 37:31; 38:14, 17, 20). 폭스가 주석한 대 로 두 장 모두에서 "한 사람이 대상이 누구인지 '알아보라는' 요청을 받 고(참조. 37:32-33; 38:25-26) 또다시 형제(이번에는 죽은 자)가 배신을 당 한다."[23] 해밀턴은 두 장에서 모두 형제의 경쟁심에 주목한다. 즉 "오난 은 요셉의 형제들이 요셉에게서 느낀 것과 동일한 감정을 엘에게서 느 낀다."[24]

또한 제2장은 제2막 1장과의 의미 있는 연결점들도 지니고 있다. "내 려가다"는 유다의 침체와 요셉의 침체를 연결한다(38:1; 39:1). 이 두 장 사이에는 기막힌 아이러니가 놓여 있다. 문란하기 짝이 없는 유다는 다말 의 성적 유혹을 덥석 물어 그의 가족을 늘린다. 순전한 요셉은 보디발의

---

21 Goldin, "Youngest Son," 27-44.
22 Alter, *Narrative*, 3-12; U. Cassuto, "The Story of Tamar and Judah," in *Biblical and Oriental Studies*, vol. 1, trans. I. Abraham (Jerusalem: Magnes, 1973), 29-40도 보라.
23 Fox, *Beginning*, 159. Hamilton (*Genesis 18-50*, 432)은 *Gen. Rabbah* 84:11-12을 인용한다. "거 룩하신 분, 찬양받으실 그분이 유다에게 말씀하셨다, '너는 새끼 염소로 네 아버지를 속였느 니라. 네가 사는 날 동안 다말이 새끼 염소로 너를 속일 것이라.' … 거룩하신 분, 찬양받으실 그 분이 유다에게 말씀하셨다. '너는 네 아버지에게 하케르-나(הַכֶּר־נָא)라고 말했느니라. 네가 사 는 날 동안 다말이 네게 하케르-나라고 말할 것이다.'"
24 Hamilton, *Genesis 18-50*, 432.

아내의 유혹을 뿌리치고 부당하게 지하 감옥에 갇힌 신세가 된다. 두 장 모두에서 여자가 정죄할 증거를 만들기 위해 남자의 표식을 보관한다. 이 기사의 처음 세 장에서 개인 소장품들(겉옷, 도장과 지팡이, 또 겉옷)이 범죄가 사실이라는 증거로 사용된다.

섭리는 야곱의 주도적인 두 아들의 운명을 가리키는 연대기에서도 중대한 시간적 배열을 펼쳐놓는다. 이십 년이 넘는 세월이 요셉의 등극과 기근이 있는 동안에 그와 형들의 조우 사이에서 막을 내린다. 요셉이 이집트에 들어갈 때 나이는 열일곱이며(37:2) 십삼 년 후에 그는 칠 년 동안의 풍년과 더불어 이집트를 통치한다(41:46-47). 가뭄이 심각해진 뒤에 유다는 다시 요셉과 만나며(42:1-7), 이 년의 가뭄 이후에 온 가족이 이집트에 도착한다(45:6). 유다의 이야기는 그가 요셉을 이집트에 파는 시점에서 시작된다. 유다가 즉시 자녀를 낳았다고 가정한다면, 엘은 죽을 때 약 열여덟 살이었다. 만일 다말이 셀라를 맞이하기 위해 일 년을 기다렸다면, 쌍둥이는 유다의 첫 번째 결혼 이후 약 이십일 년이 지나서 태어났다.[25] 이는 유다가 다말에게 자신의 잘못을 고백한 시점이 형들이 요셉에게 그들의 잘못을 고백한 시점과 거의 동일하다는 것을 의미한다(참조. 42:21과 더불어 38:26). 아마도 다말과 관련한 유다의 고백이 다른 고백을 하도록 그를 준비시켰을 것이다. 이 장은 유다에 대한 인물 묘사에서 가장 중요한 부분으로, 그를 통해 나오게 될 더욱 위대한 성자(Son)가 우주를 통치하게 될 것이다.

인물 묘사

내레이터는 행동, 비교, 여백 및 대화(내면적인 것과 발설된 것)를 활용하

---

25 내레이터는 46:12에서 야곱과 함께 이집트로 내려온 사람들 중 베레스의 아들들에 대해 언급한다. 이 언급은 35:22b-26에서 내레이터가 밧단아람에서 태어난 형제들 목록에 베냐민을 자유롭게 끼워 넣는 것과 동일한 역사적 자유를 반영하는 것이 분명하다.

여 변화되기 전 유다의 이기적이고 비전 없는 모습을 능숙하게 그려낸다(신학적 고찰도 보라). 이런 인물 묘사는 "그녀[다말]는 의롭고 나는 그렇지 않다"(문자적으로, 38:26)라는 유다 자신의 선언에 요약되어 있다. 요셉은 풋내기 사회 개혁가로 신성한 역사의 무대에 발을 들여놓는 반면에, 유다는 하나님이 아브라함에게 주신 비전을 등진 노예 상인으로 무대에 등장한다. 유다는 자기 아버지에게는 매정하고 언약 가족에 대해서는 냉소적이다. 그가 가나안 사람들과 친밀한 관계로 들어갔다는 내레이터의 보고는 의미심장하다(참조. 24:3; 27:46-28:8; 34:1). 유다는 가나안 여인과 결혼하고 그의 가장 친한 친구는 자기 형제들이 아니라 임기응변에 능한 가나안 사람 히라다(38:1, 20-22). 유다는 아버지로서도 실패한다. 그가 키운 두 아들은 하나님께서 악하다고 선언하셨고(38:7, 10), 남아 있는 아들인 셀라가 그들과 다를 것이라고 생각할 아무런 이유가 없다. 유다의 내면의 말은 그가 종교적이지 않음을 드러낸다(38:11). 그는 자기 아들들의 죄와 죽음의 연관성을 보지 못하고, 오히려 미신에 사로잡혀 다말을 비난한다. 유다는 똑같은 범죄에 대해 다른 사람을 비난하는 데 재빠른 세속적인 간음자다. 그의 부도덕함은 보디발의 집에 있던 요셉의 행동과 날카롭게 대조된다(37:26; 39:1-20). 아들들을 잃었음에도 슬퍼하지 않는 유다의 모습은 요셉을 잃고 위로할 길이 없이 슬퍼하는 야곱의 모습과 극명하게 대조된다. 유다를 속인 다말의 술수와 야곱을 속인 유다의 술수의 연관성 역시 내레이터의 판단을 강화한다. 하지만 이 장의 사건들은 유다의 변화에 불을 지핀다. 잘못을 인정하는 유다의 고백은(38:26) 그의 결함 있는 성품을 보여줄 뿐만 아니라 그의 변화의 시작을 표시한다(아래 신학적 고찰과 44장을 보라).

비록 내레이터가 다말의 성격의 발전을 거의 묘사하지 않을지라도 그녀는 이 장에서 주인공이다. 다말은 가나안인 아버지의 집을 거절하고 유다에게 충실하게 남아 있다. 추정컨대 그녀는 가나안 남자와 결혼하거나 가나안 신전의 창녀가 될 수 있었다. 그러나 다말은 모압 족속의 뿌리를 넘어 어려움을 당하던 이스라엘 가족을 선택하는 룻과 같은 여인이다. 다말은 이스라엘 가족의 심각한 실패에도 불구하고 진실하게 그 가족과 함께하면서 그들에게 흡수된다. 보통 가나안 여자들은 이스라엘 남자들을 가나안의 저급한 문화로 흡수시킨다(신 7:1, 3). 이런 점에 비추어 볼 때 다말의 속임수, 곧 그녀가 가나안 창녀로 변장하여 홀아비가 된 시아버지를 꼬드겨 언약의 씨를 잇게 했던 속임수는 대범한 믿음의 행위로 평가되어야 한다. 그녀의 "믿음의 속임수"는 그녀로 하여금 라합의 "믿음의 반역"과 함께 나란히 메시아 계보에서 자리를 얻도록 만든다. 다말은 대담한 계략을 통해 빠르고 단호하며 예리하게 행동하고 칭찬받을 만한 자질을 보여준다.

장면 묘사

유다의 지리적 하강, 즉 헤브론 산지(35:27을 보라)로부터 가나안 저지대로의 이동은 그의 영적인 상태를 반영해준다(참조. 신 33:7). 유다는 약속의 땅에 거주하지만 그곳에서 복이 되는 대신에 그의 조상이 경멸했던, 또한 장차 그의 후손이 쫓아내게 될 사람들의 세계관과 생활 방식에 동화된다. 유다는 그의 타협적인 태도로 소돔에 거주한 롯과 같이 웃음거리가 된다.

공백과 여백

내레이터는 엘의 죄와, 유다와 그의 무명의 아내와의 관계를 성관계를 제외하고는 공백으로 처리한다. 내레이터는 아들들의 죽음에 대한 유다의 회한 역시 여백으로 남겨둔다. 유다의 슬픔이 없다는 점은 야곱이 고통스럽게 애곡한 것과 대조된다. 결과적으로 유다는 단지 성관계와 후손에만 관심을 품었던 사람으로 나타난다.

제10부 1막 2장에 대한 주해 ─────────

유다와 가나안 족속의 통혼:
수아의 딸이 낳은 세 아들(38:1-11)

이 단락은 두 부분으로 나눌 수 있다. 즉 유다가 가나안 사람 수아의 딸과 결혼하여 세 아들의 아버지가 되는(38:1-5) 내용과 유다의 세 아들과 다말이 순차적으로 결혼하는(38:6-11) 내용으로 나뉜다.

1절. 그 후에 유다가 자기 형제들로부터 떠나. 내레이터는 요셉이 노예로 팔린 일과 유다가 가나안 족속과 통혼한 것을 연대기적으로 연결한다. 이 장의 사건들은 대략 이십이 년의 시간을 포괄한다. 그중 이십 년은 처음의 열한 구절에서 요약된다(위의 문학적 분석을 보라).

내려가서. 위의 문학적 분석에서 "장면 묘사"를 보라. "내려갔다"는 표현이 다음 장과의 연결을 만들어낸다(참조. 39:1).

아둘람. 베들레헴 남서쪽 약 3마일(5km) 지점의 텔 에쉬-쉐이크 마트쿠르(Tell esh-Sheikh Madhkur)는 여호수아 시대에 가나안의 왕도였으며(수 12:15을 보라) 유다가 살던 시대에 이미 그랬을지도 모른다.

2절. 보고 … 데리고. 이 히브리어는 문자적으로 "보았다 … 취했다"를 의미한다. "취했다"는 그 자체로 "결혼하다"를 의미하는 통상적인 표현이다(참조. 창 4:19; 11:29). 이 두 동사의 결합은 성욕의 분위기를 연출한다(3:6; 6:2; 12:15; 34:2).

수아라 하는 자의 딸. 그녀는 성경에서 무명으로 남아 있다.

가나안 사람. 9:26, 12:1, 24:3, 28:1, 8절과 위의 문학적 분석을 보라. 해밀턴은 이렇게 주석한다. "우리는 디나 사건(34장) 이후로 줄곧 야곱이 그의 가족의 행동을 점점 더 통제하지 못한다는 뚜렷한 인상을 받는다."[26] 시므온 역시 가나안 여인과(46:10), 요셉은 이집트 여인과 결혼할 것이다(41:45). 유다와 시므온과 관련하여 아브라함과 이삭이 자기 아들들에 대해 염려했던 일, 다시 말해 에서가 거절되는 결과를 낳은 그 땅의 딸들과의 통혼을 야곱의 아들들이 자행하고 있다. 어쩌면 하나님께서 이 가족을 이집트로 인도하시는 한 가지 이유는 그들이 가나안 족속에게 동화되지 못하도록 막기 위함일 수 있다.

동침하니. 해밀턴이 적절하게 진술한 대로 "그들의 관계는 여섯 개의 동사로 전달된다. 즉 유다를 위해 세 개의 동사(그가 그녀를 만난다, 그녀와 결혼한다, 그리고 그녀와 동침한다, 2절), 또한 그의 아내를 위해 세 개의 동사(그녀가 임신한다, 아들을 낳는다, 아이의 이름을 짓는다, 3절)가 나온다. 유다와 그의 아내는 성적으로 관련되지만, 본문은 그것 외에 그들의 관계에 대해서는 아무것도 말하지 않는다."[27]

3절. 그의 이름을 … 하니라. 몇몇 히브리어 필사본과 타르굼 중 하나, 그리고 사마리아 오경은 "그녀가 이름을 지었다"로 읽는다.

엘. 웬함은 이 아들의 이름 에르(עֵר)가 "악"(רַע, 라)을 반대로 필기한 것이라고 주석한다(38:7을 보라).[28]

5절. 거십. 이 장소는 다른 곳에서는 악십과 고세바로 불린다. 이곳은 아둘람 남서쪽에 위치하지만 현대의 정확한 위치는 논쟁 중이다(미 1:14을 보라).[29] 나중에 이 도성 거십(악십)에 셀라 부족이 정착한다(대상 4:21-22).

6절. 다말. 이 이름은 아마도 "야자수 나무"를 의미하는 가나안 인명일

26　Hamilton, *Genesis 18-50*, 433.

27　앞의 책.

28　Wenham, *Genesis 16-50*, 366.

29　Y. Aharoni는 한 도자기 파편에 새겨진 레베이트 케지[브]([ב]לְבֵית כְּזִיב)라는 모호한 문구를 보고한다("Trial Excavation in the 'Solar Shrine' at Lachish," *IEJ* 18 [1968]: 168).

것이다.

7절. 야웨께서 그를 죽이신지라. 언급되지는 않지만 그의 죄가 심각했음이 분명하다(참조. 6:5-8; 18:20-21). 이는 하나님께서 특정인을 죽이셨다는 것을 명시적으로 언급하는 첫 번째 본문이다.[30]

8절. 유다가 오난에게 이르되. 유다가 엘에게 다말을 주었기 때문에 유다는 다말에 대한 책임이 있었다.

남편의 아우 된 본분을 행하여. 율법은 한 남자와 그 형제의 아내 간에 결혼을 금지한다(레 18:16; 20:21). 하지만 만일 형제가 자녀가 없이 죽은 경우에 고대 근동과 성경의 법에 따르면(신 25:5-6; 룻 4:5, 10, 17), 죽은 자의 형제가 그녀와 결혼하여 형제의 이름으로 씨를 낳음으로써 죽은 자의 대가 사회 속에서 끊어지지 않게 만들어야 한다. 이런 관행은 예수 시대에도 계속되었다(마 22:23-30; 막 12:18-25; 눅 20:27-35).

씨(NIV-"후손"). 이는 제10부에서 핵심 단어다.

9절. 그 씨가 자기 것이 되지 않을 줄 알므로. 단지 한 형제만 남은 상태에서 오난은 아버지의 토지 중 절반을 상속받았을 것이다. 오난은 자기 후손의 상속을 줄어들게 하고 싶은 마음이 없다(룻 4:6을 보라).[31]

형수에게 들어갔을 때에. 오난은 다말과 성관계를 갖지만 임신을 막는다. 그는 자신의 육욕을 위해 가족에 대한 의리를 남용한다.[32]

땅에 설정하매. 육욕적이면서 이기적인 오난의 행동은 자기 형제가 그 씨로 간주되는 후손을 통해 땅을 축복할 가능성을 거부한다(참조. 17:6, 20; 28:3; 35:11). 시므온과 레위가 할례를 모독했던 것처럼(34:15과 해당 주

---

30 Hamilton, *Genesis 18-50*, 434.
31 E. W. Davies, "Inheritance Rights and the Hebrew Levirate Marriage," *VT* 31 (1981): 257-58을 보라.
32 질외 사정과 자위의 차이에 대해서는 E. Ullendorff, "The Bawdy Bible," *BSOAS* 42 (1979): 434을 보라.

해를 보라), 오난은 신성한 의무를 모독한다. 오난은 자기 형제와 그 아내를 능욕한다(4:9을 보라; 참조. 룻 4:5).

10절. 악하므로. 38:7을 보라.

그도 죽이시니. 야웨는 계대결혼의 불이행을 중대한 범죄로 간주하신다.

11절. 수절하고 네 아버지 집에 있어. 레위기 22:13, 룻기 1:8을 보라. 유다의 대응 역시 악했다. 유다는 존엄과 지위가 있는 자로서 보호받지 못하는 과부를 돌볼 것으로 예상되었다. 그는 자신의 책임을 회피함으로써 며느리를 짓밟는다. 그는 그녀의 행복권과 공동체 안에서의 지위를 무시하며 그녀의 문제를 다른 문제로 바꾸어놓는다. 그럼에도 불구하고 그는 여전히 그녀에 대한 자신의 권위를 유지한다(38:24을 보라).

내 아들 셀라가 장성하기를 기다리라. 유다의 의중은 이 말이 거짓임을 드러낸다. 그는 막내아들을 그녀에게 줄 용의가 전혀 없다.

염려함이라. 유다는 자신의 어리석은 행동과 악한 아들들에게 내려진 하나님의 심판을 이해하지 못하면서 미신에 사로잡혀 다말을 불행을 불러오는 아내로 간주한다(위의 문학적 분석을 보라).

다말이 유다를 속이다: 다말이 낳은 유다의 쌍둥이(38:12-30)

12절. 얼마 후에. 본문은 문자적으로 "많은 날이 지난 후에"를 의미한다. 연대기적인 다른 언급들은 일 년보다 길지 않다(위의 문학적 분석을 보라). 요점은 다말이 유다가 믿을 수 없게 행동하고 있음을 알아차리기에 충분한 시간이 지났다는 것이다.

죽은지라. 죽음의 재앙이 유다를 친다. 이 부고는 변명이 되지 않는다 할지라도 유다가 왜 창녀에게서 위로를 얻는지를 설명해준다(참조. 고전 7:2-6). 이는 유다의 가정을 위협하는 예상 가능한 비난을 무릅쓴 다말의 행동도 변호해준다(참조. 마 19:9).

위로를 받은 후에. 유다와 다말을 대조해보라. 다말은 남편들의 이른 죽음으로 인해 여전히 과부의 옷을 입고 있다(창 38:14).

딤나. 이곳은 단의 영토에 있었던 텔 엘-바타쉬(Tell el-Batashi)이거나 (참조. 수 15:10; 19:43), 벧세메스(Beth-shemesh)의 남남서쪽 약 2마일(3km) 지점의 키르벳 티브네(Khirbet Tibneh)다(참조. 수 15:57).

자기의 양털 깎는 자. 이 시기는 통상적으로 파티와 함께 축제가 열리는 때였다(참조. 삼상 25:11, 36; 삼하 13:23, 28).

13절. 어떤 사람이 다말에게 말하되. 비록 다말이 유다의 악을 이용할지라도, 성경은 그녀가 유다의 잘못을 교정하고 그 가족을 세우기 위해 계획한 대범한 책략을 칭찬한다(문학적 분석; 38:26; 룻 4:12을 보라).

14절. 그가 과부의 의복을 벗고. 다말은 시아버지가 자신에게 자기 아들을 주기를 거절하기 때문에 시아버지가 자신을 통해 얻은 아이의 아버지가 되어야 한다고 요구한다. 이 요구는 아마도 그녀의 시대에 수용된 윤리적 관행에 부합할 것이다. 히타이트 법전(기원전 14-13세기)과 중기 아시리아 법전은 만일 유부남이 죽고 그의 형제도 죽었을 때 "그의 아버지가 그녀를 취해야 하고…아무런 형벌도 내려서는 안 된다"는 것을 법제화한다.[33] 모세 율법은 여기까지 가지는 않지만 다말의 행동은 다음의 원칙과 일치한다. "(죽은 형제의) 과부는 나가서 타인에게 시집가지 말라"(신 25:5).

과부의 의복. 이 의복의 형태는 알려져 있지 않다. 아마도 그녀의 의도는 셀라를 취할 때까지 그 의복을 입고 있겠다는 것이다. 상복 역시 요셉 이야기에서 역할을 한다(37:34).

너울로 얼굴을 가리고. 본문이 설명해주는 대로 다말은 그녀의 정체를 감추기 위해 이렇게 했다. 중기 아시리아 법(기원전 1,200년경)에 따르면 신전 창녀뿐 아니라 자유민 신분의 아시리아 남자의 딸과 아내와 첩

---

33 *ANET*, 196, no. 193; 참조. 182, no. 33.

은 공개 석상에서 얼굴을 가려야 한다. 그러나 탕녀(whore)는 얼굴을 가려서는 안 된다. 탕녀가 받는 형벌은 혹독했다. "사람들은 그녀를 곧장으로 오십 대를 때리고 머리에 역청을 부어야 한다."[34] 만일 이런 법이 오백 년 앞서 가나안에서 시행될 수 있었다면—의심스러운 추정—아둘람 사람 히라는 그녀를 신전 창녀로 부를 것이다. 왜냐하면 그녀의 너울이 그렇게 그녀의 정체를 알려주기 때문이다. 하지만 내레이터는 여기서 아무런 구별을 하지 않는다. 신전 창녀처럼 옷을 입었든지 아니든지 간에 그녀는 탕녀 역할을 하고 있다(38:15, 21; 호 4:14을 보라).

몸을 휩싸고.[35] 속임수를 위한 옷은 요셉 이야기에서도 역할을 한다(참조. 37:31-33).

이는 셸라가 장성함을 보았어도 … 말미암음이라. 내레이터의 동정심은 다말에게 가 있다. 그녀는 속임수에 속임수로 맞선다.

셸라. 그의 이름이 다시 언급되지는 않지만 그의 혈족은 민수기 26:20, 역대상 4:21에 등장한다.

그의 아내로. 그녀는 죽은 남편의 씨를 명예롭게 일으키려고 애쓰면서 그에 대한 의리를 지킨다. 그녀는 또 다른 가나안 사람과 결혼하지 않았다.

15절. 창녀(זוֹנָה, 조나). 이 히브리어 단어는 신전 창녀(קְדֵשָׁה, 케데샤, 38:21)와 대조적으로 탕녀를 뜻한다(참조. 레 20:10; 신 22:22).

16절. 알지 못하였음이라. 내레이터는 이 출생이 합법적임을 확증하면서 유다가 의식적으로 근친상간과 간음을 저지르는 것이 아님을 설명하려고 애쓴다(참조. 레 18:15).[36] "그가 다시는 그녀를 가까이하지 아니하

---

34 앞의 책, 183, no. 40.
35 몇몇 사해 사본에 있는 셈어 동족어들과 병행 부분들을 토대로 몇몇 학자는 이 구절이 "그리고 그녀는 향수를 발랐다"를 의미한다고 생각한다(*HALOT*, 836을 보라).
36 A. Phillips, "Another Example of Family Law," *VT* 30 (1980): 243을 보라.

였더라"를 주목하라(38:26).

청하건대 나로 네게 들어가게 하라. 다말과 대조적으로 유다는 세속적인 간음자일 뿐이다.

17절. 내가 … 주리라. 유다는 창녀를 사게 되리라고 예상치 못했다. 그는 충동적으로 행동하고 있다. 이는 "하나님이 자신의 목적을 위해 인간의 결점을 사용하신다는 성경적 모티프에 대한 또 다른 사례다."[37]

염소 새끼. 사사기 15:1과 비교하라. 위의 문학적 분석, 27:9-10, 16, 37:31도 보라.

담보물을 주겠느냐? 출애굽기 22:26, 신명기 24:6, 10-13, 잠언 6:1, 아모스 2:7-8을 보라. 섭리는 다말의 재빠른 재치와 더불어 진행된다.

18절. 도장과 그 끈. 작고 장식이 새겨진 원통형 모양의 도장은 돌이나 금속으로 만들어졌으며, 저명한 사람들이 줄에 달아 목에 매고 다니는 인장이었다. 도장을 굳지 않은 점토 반죽 위에 굴려서 찍으면 문서 위에 찍은 합법적인 인장처럼 그 자국이 도장의 주인과 그것을 보낸 이를 확인해주었다.[38]

지팡이. 권위를 상징하는 지팡이는 맨 위에 소유권의 표시가 새겨져 있었다. 머리 부분에 이름이 새겨진 홀이 고대 근동 전역에서 발견되었다.[39] 사르나는 이렇게 주석한다. "헤로도토스(Herodotus, I.195)는 모든 바빌로니아 사람이 인장과 위에 장식이 새겨진 지팡이를 가지고 다녔다고 보고한다. 그보다 앞선 시기에 가나안에서 동일한 관습이 퍼져 있었는지는 알려진 바 없다."[40]

---

37 Sarna, *Genesis*, 268.
38 참조. *ANEP*, 219-23, nos. 672-706.
39 앞의 책, 6, no. 14; 134, no. 383; 153, no. 445; 174, no. 513; 179, no. 530; 192, no. 576; 199, no. 609를 보라.
40 Sarna, *Genesis*, 269.

20절. 염소 새끼를 보내고. 유다는 창녀에 대해서는 자신의 의무를 다하려는 명예를 지녔으나 자신의 며느리에게는 그렇지 않다!

친구 아둘람 사람의 손에 부탁하여. 유다는 이제 자신이 탕녀와 함께 있는 모습을 보이는 것을 부끄러워하는가?

21절. 신전 창녀(קְדֵשָׁה, 케데샤, 개역개정-"창녀"). 이는 유다가 사용한 것과는 다른 명칭이다(38:15을 보라). 유다의 가나안 친구는 일반적인 탕녀에서 신전 창녀로 그녀의 사회적 지위를 격상시킨다. 어떤 경우라도 이 언급은 가나안 문화의 저급성과 그들과의 통혼의 위험성을 보여준다(38:15의 주해를 보라). 야웨는 그런 민족을 가증하게 여기신다(신 23:18).

23절. 우리가 부끄러움을 당할까 하노라. 유다는 자신이 마치 본의 아니게 사창가에서 신용 카드를 "분실한" 평판이 좋은 신사인 것처럼 행동한다. 유다의 소중한 물건들을 가지고 달아난 창녀는 그가 물건을 그녀에게 맡긴 것으로 만들어 그를 바보처럼 보이게 한다. 유다의 관심사는 오직 자신의 평판뿐이다.

24절. 유다에게 일러 말하되. 유다는 자신의 골치 아픈 며느리를 제거하려고 소문으로 들은 증거를 재빠르게 붙잡는다.

행음하였고. 행음이란 단어는 비도덕적인 성적 행위를 의미할 수 있다. 다말은 셀라와 약혼한 상태이기 때문에 그녀가 다른 누군가와 성관계를 맺는 것은 잘못이다.

유다가 이르되. 비록 다말이 자기 아버지의 집에 산다고 할지라도 유다는 여전히 그녀에 대한 법적 권한을 지닌다. 유다는 자신이 함께 저지른 범죄임에도 불구하고 다른 사람을 비난하는 데 재빠르다.

끌어내어. 추정컨대 다말은 도성의 출입문으로 끌려가야 한다(신 22:21, 24을 보라).

불사르라. 모세 율법에서 간음은 죽음의 형벌을 받을 수 있다(레 20:10; 신 22:22). 몇몇 성범죄에 대해 율법은 공개적인 투석형을 지시한다(신 22:21, 24; 겔 16:40). 다른 사례들에서는 화형이다(레 20:14; 21:9). 여호수

아 7:15, 25에 근거하여 사르나는 범죄자들이 먼저 투석형을 당한 뒤에 태워졌다고 주장한다.[41]

25절. 보소서. …누구의 것이니이까? 또다시 속인 자가 속임을 당한다(참조. 37:33).

26절. 그는 나보다 옳도다. 이는 "그녀는 의롭고 나는 그렇지 않다"로 번역하는 것이 더 낫다(참조. 삼상 24:17[히. 18절]).[42] 다말은 이스라엘에서 영웅이다. 왜냐하면 그녀는 가족에 대한 정절을 지키기 위해 자기 목숨을 무릅쓰기 때문이다(창 44장; 49:8-12을 보라). 유다는 자신의 실패와 속임수 앞에서 죄를 자백한다. 스스로를 의롭다고 했던 다윗이 부당한 방법으로 아이를 낳은 죄에 직면하여 죄를 자백할 때 그랬던 것처럼(삼하 11:1-12:13) 유다의 진실한 성품이 그의 고백과 더불어 드러난다. 우리는 야웨께서 회개하는 다윗을 용서하시는 것처럼 유다 역시 용서하신다고 추론해볼 수 있다(참조. 시 51편).

다시는 그를 가까이하지 아니하였더라. 유다는 근친상간의 죄를 저지르지 않는다.

27절. 해산할 때에. 리브가와 달리 다말은 쌍둥이를 예상하지 못한다.

쌍태. 쌍둥이는 아마도 하나님께서 앞서 두 남편을 통해 자녀를 갖지 못한 다말에게 보상으로 주신 선물이었을 것이다. 또한 쌍둥이는 두 아들의 악함 때문에 그들을 잃어버린 유다에게 그의 죄가 용서받았고 하나님의 은혜 아래 새로운 날이 밝아오고 있다는 징표이기도 했다.

28절. 홍색 실. 이는 하나님께서 택하셨다는 징표의 일부다(위의 문학적 분석에서 "야곱 계보에 대한 기사와의 일관성"을 보라).

산파가 이르되. 산파가 이야기한다. 그녀는 이 서사에서 유다를 대신

---

41 앞의 책, 270.
42 배타의 비교급(*IBHS*, §14.4e).

한다.

터뜨리고(פֶּרֶץ, 페레츠). 둘 중 베레스의 이름만이 이 기사에서 설명된다. 여기 나오는 히브리어가 28:14에서는 "퍼져나가다"로 번역된다. 또다시 동생이 형과의 싸움에서 승리한다(25:23; 37:2을 보라). 이들의 출생은 자녀를 위한 다말 자신의 분투와 잘 어울린다. 그녀는 자신을 속인 유다의 기만적인 술책을 터뜨리고 나왔다.

제10부 1막 2장에 대한 신학적 고찰 ─────────

인물의 변화

웬함이 진술한 대로 "창세기의 자서전적 묘사에서 인물의 변화는 이 책의 가장 중요한 요소다."[43] 만일 요셉이 건방진 고자질쟁이로 조명을 받으며 입장한다면, 유다는 하나님이 언약 백성을 위해 주신 아브라함의 비전을 내팽개친 냉정하고 이기적인 인물로 등장한다(위의 문학적 분석을 보라). 하지만 유다는 이십 년이 넘는 세월 동안 하나님의 전능한 손길 아래 변화되고 있다. 폭스는 다음과 같이 요약한다.

유다는 기본적으로 책임을 떠맡는 인물로서 이 서사에서 내면의 발전을 경험하고 재차 막내아들(베냐민)의 석방을 떠맡는 사람이 된다(43장과 44장). 이런 점에서 유다의 고귀한 성품을(44장) 설명하기 시작하는 보이지 않는 부분이 현재의 38장이다. 유다는 여기서 자녀를 잃는 것이 무엇인지를 배우고 자신의 막내 동생을 필사적으로 보호하길 원한다. 비록 다말을 막내아들에게 결혼시키지 않은 그의 잘못이 공개적인 굴욕으로 이어

---

43 Wenham, *Genesis 16-50*, 364.

지지만(사실상 두 번), 그의 반응은 그가 즉시 비난을 받아들이고 있음을 보여준다…(26절). 이와 같은 해석은 유다가 다말에게 준, 또한 43:9에 나오는 "담보물"이라는 단어의 제한적 사용으로 더욱 강하게 확증된다. 유다는 원칙을 위해 자신을 내놓는다는 것이 무엇을 의미하는지를 알게 되었다.…다르게 말하면 유다는 적절한 때가 오자 온전한 내적 성숙에 도달한다.[44]

은혜

유다가 야곱의 열두 아들과 관련하여 자신의 이름을 하늘 예루살렘 문에 기록되게 한 것은 매우 놀랍다(계 21:12). 그는 하나님의 놀라운 은혜에 대한 증인으로 서 있다. 그는 언약의 아들로서 실패하고(즉 가나안 족속과 통혼하고 그들처럼 행동함), 아버지로서도(즉 그의 아들들은 악하다) 시아버지로서도(즉 다말을 속임) 실패한다. 심지어 가장 악한 부류의 이런 죄인들도 하나님의 구속의 은혜로 천국에 들어갈 수 있다.

언약

다시 한번 언약 가족은 유다의 악한 아들들의 생식 불능의 결과로 불임의 문제에 직면한다. 또다시 복종과 믿음이 불임을 극복한다. 가나안 여인이 언약 가족을 위해 위험을 감수하는 급진적인 믿음의 본보기가 된다.

왕권/메시아 사상(Messianism)

제10부에서 요셉과 유다는 둘 다 형제들 사이에서 지도자로 부상한다. 요셉이 무대의 중심을 차지하고 유다는 두 번째 자리에 위치한다. 그럼

---

44 Fox, *Beginning*, 158-59.

에도 불구하고 이 시작하는 막에서 쌍둥이의 출생은 유다가 아버지를 계승하여 주도적인 족장이 되는 아들임을 드러내며, 제10부의 끝에서 유다는 영속적인 왕관을 얻는다. 그는 아버지의 문제에 대해 형제들의 대변인이 되고(43:3-5), 그들을 위해 지도권을 행사하는 자리를 담당하며(44:14-34), 야곱의 선택을 받아 이집트로의 이주에서 선봉대의 역할을 맡는다(46:28). 또한 그는 애초에 세 족장에게 주어졌던 왕권의 축복을 야곱 족장을 통해 부여받는다(49:8-12). 유다가 최고 통치자로 등극하는 것은 많은 결함을 지닌 그의 성품이 변하는 것과 맞물려 발생한다. 다말과 요셉에게 저지른 자신의 과오를 인정하는 유다의 고백은(38:26; 42:21) 그가 믿음의 여정을 걸어감에 있어 시작이다. 한때 자신의 배다른 동생을 무덤덤하게 팔아넘긴 노예 상인이었던 유다가 막내인 배다른 동생을 대신해서 자신을 노예로 내놓을 때 그의 믿음은 정점에 이른다(44:18-33). 한때 자기 형제를 미워하고 그의 편을 들어준 아버지에게도 무정했던 유다는 성숙에 이르러 아버지가 총애하는 아들을 위해 자신을 노예로 내놓는다. 왜냐하면 그는 "재해가 내 아버지에게 미침을 보는"(44:34) 것을 견딜 수 없기 때문이다. 편파적인 아버지는 변하지 않지만 그의 악한 아들은 성자가 된다.

열 세대―시간의 완전하고 의미 있는 통일성에 대한 상징적 숫자(창 5장을 보라)―는 룻기 4:18-22과 역대상 2:5, 9-15에서 다윗을 베레스로부터 분리한다. 사르나는 이것이 "베레스의 출생이 역사적 전환점으로 간주된다는 것을 보여준다"라고 주장한다.[45] 돌이켜보면 현재의 38장은 세대 간의 연속성과 불연속성 속에서 왕의 씨의 출생에 대한 것이다. 하나님은 아브라함과 야곱에게 그들의 허리에서 왕의 후손이 나올 것이라고 약속하셨다. 야곱의 열두 아들 중 유다가 이 왕족의 계보를 이어가도

---

45 Sarna, *Genesis*, 270.

록 선별된다. 잘못된 아내(즉 가나안 여자) 다말은 가족에 대한 충성으로 그들을 구한다. 마태복음에서 예수 그리스도의 족보에 나오는 네 여인(다말, 라합, 룻, 밧세바)은 모두 이스라엘 밖의 출신이며, 비정상적이고 잠재적으로 추문이 발생할 수도 있는 결혼 관계를 유지한다.[46] 그러나 하나님은 그들의 믿음 때문에 그들이 왕의 씨를 이어갈 만한 자격이 있다고 여기신다.

분리

유다의 이야기는 현재로서는 이 가족이 가나안으로부터 분리될 필요성이 있음을 예증한다. 언급된 바와 같이 박해와 동화는 하나님의 백성의 존재를 위협한다. 이 부서진 가족은 제단이 없는 땅에서 살면서 저주받은 가나안 족속과 통혼을 시작하고 그 땅을 축복해야 하는 그들의 목적을 상실한다(12:3을 보라; 참조. 24:3; 26:34-35; 27:46; 34:2). 하나님은 동떨어진 이집트 땅으로 요셉을 미리 보내심으로써 이 위협에 대응하실 것이다(43:32; 46:34을 보라). 이 가족은 이집트에서 기근과 노역의 시기를 통해 큰 민족이 되도록 보존되고 준비될 것이다.

---

46 R. E. Brown, "Matthew's Genealogy of Jesus Christ: A Challenging Advent Homily," *Worship* 60 (1986): 483-90.

제10부 2막

요셉이 등극하여 이집트의 통치권을 쥐다

(39:1-41:57)

제10부 2막에 대한 문학적 분석 ─────────

구조와 플롯

야웨는 요셉에 대한 자신의 약속에 충실할 것인가? 요셉은 버릇없지만 카리스마적 은사를 받은 고귀한 청년으로 철저히 따돌림을 받고 이방 땅에 노예로 팔려간다. 내레이터는 요셉의 미래에 대한 희망을 둘러싼 제2막의 긴장을 능숙하게 고조시킨다. 여기서 제1막에서 설정된 높아짐과 낮아짐의 패턴은 요셉이 이집트의 고관 자리로 올라감과 더불어 절정인 반전이 이루어질 때까지 점점 고조된다. 제2막과 1막(37:2-36)을 연결하는 39:1의 야누스 이후에 보디발의 집(39:1-20)과 감옥(39:21-40:23)을 무대로 하는 처음 두 장은 높아짐과 낮아짐의 동일한 패턴을 따른다. 이 패턴은 신학적이고 현상적인 서술의 구분에서도 다음과 같이 반영된다.

   A 신학적 서술: 보디발의 집을 다스리도록 높아짐(39:2-6)

     B 현상적 서술: 감옥에 투옥됨(39:7-20)

   A´ 신학적 서술: 간수장의 집을 다스리도록 높아짐(39:21-23)

     B´ 현상적 서술: 감옥에 있는 노예로 잊힘(40:1-23)

제10부 야곱의 후손의 계보   **931**

각 장의 마무리 구절은 다음 장을 위한 배경을 설정한다. 하지만 제3장은(41:1-57) 이 패턴의 구조를 깨트리고 계속해서 놀라운 수준까지 요셉을 높인다. 또한 이 장은 신학적인 서술과 현상적 서술 사이의 구분을 포함하지 않는다. 요셉과 파라오는 하나님의 주권을 각자 단언하면서(41:16, 25, 28, 32, 38-39) 내레이터가 앞서 하나님의 주권적 통제를 여러 차례 선언했음을 확증하는 신학적 서술을 쏟아낸다. 여기서 브루그만은 이렇게 설명한다. "내레이터는 당연시되는 모든 제국적 통치술에 맞서 대안적 현실에 대한 이해를 제공한다."[47]

인물 묘사

각 장은 요셉이 갖춘 미덕의 새로운 면모들을 추가한다. 제1장은 그의 고귀함, 즉 하나님을 향한 경건과 그를 신뢰하는 사람들에 대한 의리를 묘사한다. 제2장은 여기에 꿈을 해석하는 그의 은사를 덧붙인다. 제3장은 그의 분별력과 지혜를 추가한다. 요셉은 제국의 권력자 앞에서 용감하고 전략적이며 설득력 있게 발언하고 그리하여 파라오 및 그의 관리들이 요셉 안에 계시는 하나님의 영을 인식한다.

핵심 단어들

이 막의 핵심 단어들―"야웨", "모든 것", "집", "그의 손에", "눈"―은 각 장들을 연결하고 높아짐과 낮아짐 사이에 긴장을 일으키며 하나님의 주권에 대한 진리를 한층 강화한다(개별적인 장에 대한 문학적 분석을 보라).

일정한 패턴의 사건들

성경 서사의 사건들은 종종 이전의 사건들을 되울린다. 이 되울림은

---

47 Brueggemann, *Genesis*, 317.

하나님께서 역사의 주권자이심을 선언한다. 하나님은 노아에게 방주를 지으라고 지시하셨다. 그다음에 하나님은 자연재해 한가운데서 언약 백성을 구출하고 피조물을 보존하시려고 모든 생물을 노아에게 이끌어오셨다. 이제 하나님은 요셉으로 하여금 여러 창고를 짓게 하셨고 모든 백성을 이집트로 불러들이셨다. 기근이라는 자연재해 속에서 하나님은 언약 백성을 구원하시고 세계를 구해내실 것이다.

요셉의 높아짐은 어린 시절 그가 꾸었던 꿈의 성취를 마무리할 것이다. 그가 권력자로 등극하는 세 단계―보디발의 조력자, 간수장의 부관, 파라오의 국무총리―는 그의 가족이 세 차례에 걸쳐 그의 권세를 인정하는 것에 부합할 것이다. 곧 그에게 열 명의 형제가 절하고(42:1-38), 열한 명의 형제가 절하고(43:1-45:28), 가족 전체가 절할 것이다(46:1-27).

제10부 2막 1장
보디발의 집에서의 요셉(39:1-20)

제10부 2막 1장에 대한 문학적 분석[48]

야누스

창세기 39:1은 삽입된 38장을 중간에 두고 37:36을 되풀이하며 "팔았다"에서 "샀다"로 옮겨간다. 이 절은 제1막(37:36)으로부터 제2막으로의 전환을 이루고 제2막 1장을 위한 무대를 설정한다. 이런 의미론적 변화는 장면을 가나안으로부터 이집트로, 또한 요셉의 형들과 미디안 사람들로부터 요셉과 보디발로 전환시킨다.

구조와 플롯

이 장은 두 단락으로 다음과 같이 양분된다(위의 제2막의 문학적 분석을 보라).

A 신학적 서술(39:2-6)

---

[48] 이 장에서 능숙한 반복 기법의 확장된 분석에 대해서는 Alter, *Biblical Narrative*, 107-13; Sternberg, *Poetics*, 423-27을 보라.

B 현상적 서술(39:7-20)

"야웨께서 요셉과 함께하시므로"라는 문구는 신학적 서술을 둘러싸는 수미상관 구조를 형성한다(39:2, 5; 참조. 39:21, 23). 신학적 서술과 현상적 서술의 분리는 "그 후에"(39:7)라는 어구로 표시된다.

험난했던 길에 뒤이어서 요셉이 권력자로 등극한다. 이 장에서 요셉은 주인의 집에서 가장 높은 자리로 올라가는데, 이는 그가 다시 낮아지기 위한 과정이었다. 내레이터는 요셉의 상황이 빚어내는 긴장을 능숙하게 발전시킨다. 이 신학적 서술이 무대를 설정하면서 하나님의 축복을 통해 요셉이 등극하는 다섯 단계를 세부적으로 이렇게 묘사한다. 즉 그가 노예로 귀족에게 팔려감, 밭이 아니라 그 귀족의 집에서 섬김, 주인의 신임을 얻음, 주인의 개인적인 시종이 됨, 집안 전체를 관리하는 시종장이 됨. 이렇게 놀라운 요셉의 등극은 현상적 서술에 나타나는 갈등의 고조와 짝을 이룬다. 요셉을 소유하려고 했던 보디발의 아내의 음욕은 사건을 하강 국면의 소용돌이로 몰아간다. 즉 그녀의 첫 유혹, 그녀의 집요한 제의, 두 번 반복된 그녀의 거짓 비방, 최종적인 요셉의 투옥으로 이어진다. "그가 나를 강제로"라는 말이 세 번이나 반복된다. 즉 내레이터가 한 번(39:10-12), 보디발의 아내가 두 번, 곧 먼저는 그녀의 종들에게(39:13-15) 이어서 그의 주인인 남편에게(39:16-18) 말한다. 이 반복은 보디발의 아내라는 인물의 성격을 묘사하고 이 장의 긴장을 불러일으키는 역할을 한다.

핵심 단어들

"야웨"(יהוה)라는 이름은 제2막 1장을 제외한 제10부의 남은 부분에서는 단지 세 번밖에 나오지 않는다(39:21, 23 [제2장에 있는 신학적 서술]; 49:18을 보라). 제2막 1장의 신학적 서술에서 이 이름을 다섯 번 반복하는 것은 요셉의 삶의 방향을 이끄는 데 있어 하나님의 섭리가 결

정적인 역할을 하고 있음을 말해준다(39:2, 3[2회], 5[2회]). 요셉의 이름
은 39:1-6에서 여섯 번 등장한다. 비록 이 이름의 등장이 모호성을 피하
기 위한 기능을 할 수도 있지만, 내레이터가 신적 파트너와 인간 파트너
에 날카롭게 주의를 집중시키고 있다고 보는 것이 더욱 그럴듯하다(참
조. 26:3; 28:15; 31:3). 히브리어 콜(כל, "모든 것") 역시 다섯 차례 반복되
는데(39:3, 4, 5[2회], 6), 이는 요셉과 함께하시는 하나님의 자유로운 임재
와 요셉의 놀라운 높아짐을 강조한다. 다른 단어들 역시 요셉의 대단한
성공과 낮아짐의 고통스러운 아이러니를 조명한다. 신학적 서술에서 "그
의 손에"(히브리어의 원뜻)는 그의 성공을 가리킨다(39:3, 4, 6, 참조. 39:8;
제2장의 문학적 분석도 보라). 현상적 서술에서 상응하는 표현인 "그녀의
손에"는 고통스러운 대조를 만든다.[49] "눈"이라는 단어는 높아짐에서 낮
아짐으로의(39:4, 7) 움직임과 제2장의 도입에서(39:21) 다시 높아짐으로
의 움직임을 대조한다.

역사성

이 역사가 「이집트의 두 형제 이야기」를 토대로 작성되었다고 흔히 이
야기한다.[50] 하지만 세부 내용에서 요셉 이야기는 이집트 이야기와 공통
점이 거의 없다. 한 부인의 저돌적 구애를 걷어찬 영웅은 많은 고대 민담
에서 발견된다.

---

49 Alter, *Biblical Narrative*, 109-10.
50 *ANET*, 23-25.

제10부 2막 1장에 대한 주해 ─────────────

야누스(39:1)

1절. 요셉이 이끌려 이집트로 내려가매. 이는 주요 줄거리로의 복귀를 표시한다(37:36을 보라). 그러나 이는 38:1에서 가나안으로 내려간 유다의 하강과도 연결을 이룬다(제1막 3장의 문학적 분석을 보라).

보디발. 37:36을 보라.

친위대장. 보디발의 완전한 직함이 제시되는 것은 그의 중요성을 강조하고 요셉이 높아지는 첫 단계를 표시하기 위함이다.

이스마엘 사람들. 37:25을 보라.

신학적 서술: 요셉과 보디발에게 임한 하나님의 축복(39:2-6)

2절. 야웨께서 요셉과 함께하시므로. 39:21-23, 사도행전 7:9을 보라. 이는 이집트에서 펼쳐지는 이야기로 들어가는 신학적 입구이자 이어지는 신학적 서술의 틀이며(39:3, 21, 23) 요셉과 족장들의 연결점이다 (28:15을 보라). 은혜를 베푸시기 위한 하나님의 임재는 심지어 축복의 땅을 벗어난 노예 신분의 상황 속에서도 경험된다(26:3, 24, 28; 28:15, 20; 31:3). "비록 요셉의 상황이 급변했을지라도 하나님과 그의 관계는 여전하다."[51] 그렇기 때문에 요셉은 "분명 다른 사람들을 짓밟아놓았을 상황 속에서도 몇 번이고 일어날 수 있다."[52]

형통한 자가 되어. 요셉은 역경을 꿰뚫는 통찰력을 지녔으며 단호하게 행동한다.

이집트 사람의 집에 있으니. 이 신학적 서술에서 "집"은 다섯 번 반복

---

51 NIV Study Bible, 65.
52 Sarna, Genesis, 271.

되며 요셉의 높아짐에 방점을 찍는다. 집안의 종인 요셉의 지위는 이집트 문헌에 기록된 관행에 일치한다. 기원전 1833-1742년으로 추정되는 이집트의 파피루스는(Brooklyn 35.14.46) 한 이집트 가정에 있던 거의 팔십 명에 이르는 노예들의 이름과 직업을 상세히 기록하고 있다. 이 명부에서 아시아인 노예들에게는 보통 고된 현장 노동에 종사했던 이집트인 노예들에 비해 더 높은 지위와 숙련된 직업이 주어졌다.[53]

3절. 야웨께서 그와 함께하심을 보며. 이는 보디발이 요셉의 종교적 신념을 알고 있었음을 말해준다. 해밀턴이 말한 대로 "요셉이 보디발의 집을 다스렸을지 모르지만 그는 야웨의 축복과 인도하심 아래 있다."[54]

4절. 그의 주인에게 은혜를 입어. 위의 문학적 분석을 보라.

섬기매. 이는 개인을 섬기는 일이다(참조. 출 24:13; 수 1:1; 왕상 19:21).

다 그의 손에 위탁하니. 이 히브리어 표현은 요셉이 전 재산을 관리하는 직책으로 임명되었음을 나타낸다.

5절. 복을 내리시므로. 야웨의 능력은 그분이 아브라함에게 약속하신 대로 셈족인 요셉을 거쳐 함족인 이집트 사람들에게로 흘러간다(12:3을 보라).

그의 집과 밭에 있는. 이것은 그의 모든 재산에 대한 총칭어법이다.[55]

6절. 자기가 먹는 음식 외에는. 이 비유적 표현은 보디발의 사적 용무를 가리킨다.

용모가 빼어나고 아름다웠더라. 성경에서 남성에게 이례적으로 사용된 이 묘사는 요셉의 높아짐에 대한 다른 세부 사항 가운데서 돌출되는 전조다. 이는 뒤따라 나올 보디발의 아내의 요사스러운 행위를 설명하기 위해 포함된다.

---

53 앞의 책, 271을 보라.
54 Hamilton, *Genesis 18-50*, 460.
55 총칭어법에 대해서는 창 1:1을 보라.

현상적 서술: 요셉과 보디발의 아내(39:7-20)

7절. 그의 주인의 아내. 내레이터는 성경에서 기억에 남을 이름을 밝히지 않음으로써 그녀를 존중하지 않는다. 그녀의 호칭은 요셉이 그런 지체 높고 권세 있는 여인의 심기를 상하게 하지 않으려고, 혹은 그녀를 이용해 자신이 출세하려고 계략을 짜는 유혹에 빠질 수 있었음을 강조한다. 사르나 역시 극적 아이러니를 포착한다. 즉 "그녀는 그 집의 여주인이지만 남편의 노예를 향한 욕정의 노예다!"[56]

눈짓하다가. 문자적으로 그녀는 "그녀의 눈을 들었다"이다. 함무라비 법전에서 이 표현은 욕망을 품고 쳐다보는 것을 의미한다.[57]

나와 동침하자!(שְׁכְבָה עִמִּי, 쉬크바 임미; 개역개정-"동침하기를 청하니"). 이는 단 두 단어로 이루어진 히브리어 문장으로 결혼에 대해서는 결코 사용된 적이 없는 표현이다(34:2의 주해를 보라). 그녀의 짤막한 제안은 짐승 같은 욕정을 묘사한다.

8절. 요셉이 거절하며. 요셉의 긴 발언은 그녀의 짐승 같은 제안과 대조된다.

내 손에 위탁하였으니. 요셉은 고귀한 성품의 본보기가 된다. 그의 거절은 비록 즉흥적이었다고 할지라도 믿는 사람들의 세계관과 인생관으로부터 나온 성숙한 생각이다. 거절에 대해 요셉이 내놓은 설득력 있는 이유는 이 일이 신뢰와 감사에 대한 배신이고, 그녀의 남편이 갖는 권리에 대한 침해이며, 하나님에 대한 죄라는 것이었다. 요셉은 훈련을 받고 있다. 사르나는 이렇게 주석한다. "그의 도덕적 탁월성은, 우리가 그의 신분이 노예라는 점과 성적 문란함이 모든 노예 사회의 항시적인 특징이었다는 사실을 기억한다면, 한층 더 귀하게 평가되어야 한다."[58] 그는 제

---

56 Sarna, *Genesis*, 273.
57 *ANET*, 164, no. 25.
58 Sarna, *Genesis*, 273.

국의 권력 앞에서 아무것도 용인하지 않는다.

9절. 하나님께 죄를 지으리이까. 요셉은 그녀가 하나님에 대해 말할 수 있다고 상정한다. 모든 죄는 하나님께 적대적이다(20:9; 시 51:4을 보라). 하나님은 경계를 정하셨다. 자유는 율법의 테두리 안에서, 성관계는 결혼 생활 내에서 누린다.

10절. 여인이 날마다 요셉에게 청하였으나 … 듣지 아니하여. 보디발의 아내는 요셉을 지치게 하려고 애쓴다. 이는 삼손에게 두 차례나 성공을 거둔 전략이다(삿 14:17; 16:16-17).

11절. 그의 일을 하러 그 집에 들어갔더니. 이는 요셉이 난감한 상황에 빠지게 된 이유를 변호해주기 위해 꼭 필요한 세부 내용이다.

12절. 옷을 잡고. 이 단어는 폭력적 행위를 묘사한다. 보통 남자가 거의 아무 대화 없이 강제로 여자를 겁탈하는 반면에 여자는 유혹적인 말로 남자를 범한다(참조. 잠 5장; 7장). 보디발의 아내가 행한 남자 같은 공세는 성경에서 유일하다.

밖으로 나가매. 문자적으로 "그는 도망쳐 밖으로 나갔다"(참조. 딤후 2:22). 아마도 요셉은 아무도 없는 집 내부에서 도망을 친 뒤 일단 밖으로 나와 사람들의 주목을 끌지 않기 위해 평소처럼 걸었을 것이다.

13절. 그의 옷. NIV의 "외투"(cloak)는 "의복"을 가리키는 일반적인 히브리어 단어를 의역한 것이다(38:14, 19에서 동일한 단어가 사용됨). 아마도 NIV는 이 제유법이 "부유층의 넉넉한 외투로 집에 들어갈 때 벗는 옷"[59]을 가리키는 것으로 추론했을 것이다. 다시 한번 요셉의 겉옷은 그에게 적대적인 속임수의 수단이 된다(37:33을 보라).

14절. 그 여인의 집 사람들을 불러서. 그녀는 증인들을 꾸며내기 위해 이런 짓을 하고 있다. 이제 그녀는 교활하게 긴 발언을 늘어놓는다(참조.

---

[59] 앞의 책, 274.

39:7).

히브리 사람. 10:21, 14:13, 43:32을 보라. 그녀는 외국인 혐오에 호소한다.

우리를. 그녀는 약삭빠르게 요셉을 대적하는 무리에 자신의 종들을 끌어들인다.

우리를 희롱하게. 요셉 때문에 자기 남편을 배반했던 그녀는 이제 하인들 앞에서 그에게 충실하지 않다(39:17과 대조해보라).

내가 크게 소리 질렀더니. 이 필수적인 날조는 그것이 원치 않는 성관계였음을 확증한다(신 22:22, 27을 보라). 그녀는 자신의 비명을 듣기에 충분히 가까운 거리에 아무도 없었음을 알고 있다. 애매모호한 섭리가 요셉에게 불리하게 작용하고 있는 것 같다.

15절. 도망하여 나갔느니라. 이 히브리어는 39:12에 있는 표현과 동일하지만 그녀의 바뀐 태도에 대한 서사가 덧붙여져서 실제 사건을 뒤바꾸어놓는다.

17절. 종. 그녀는 하인들에게 요셉을 한 남자로 지칭하며 발언하는 반면에 자기 남편에게는 조심스럽게 요셉이 종 신분임을 강조하고 있다.[60]

당신이 우리에게 데려온 히브리 종이 나를 희롱하려고 내게로 들어왔으므로. 그녀가 하인들에게 한 발언(39:14)을 요약한 이 말은 남편에 대한 능수능란하고 은근한 꾸중이다. 알터가 설명한 대로 이 말은 "그 종─당신이 우리에게 데려온 그 사람─이 나를 희롱하려고 내게 왔소", 혹은 "그 종, 나를 희롱하도록 당신이 우리에게 데려온 그 사람이 내게 왔소"를 의미할 수 있다.[61]

19절. 심히 노한지라. 누구를 향한 분노인가? 이 진술은 의도적으로 모

---

60 Sternberg, *Poetics*, 425-27을 보라.
61 Alter, *Biblical Narrative*, 110.

호하다. 보디발의 분노가 요셉을 향한 것인지 아니면 자기 아내를 향한 것인지가 분명하지 않다. 그는 요셉의 훌륭한 봉사를 잃게 되어 자신이 집을 다시 책임져야 해서 화가 난 걸까?

20절. 그를 잡아 옥에 가두니. 강간 미수는 중범죄였다. 이 온건한 형벌은 보디발이 자기 아내를 전적으로 믿지 못했음을 암시해준다. 보디발은 아마도 그녀의 성품을 알고 있었을 것이다.

왕의 죄수를 가두는 곳이었더라. 이는 보디발의 선의에 대한 추가 증거다. 어쨌든 심지어 옥중에서도 하나님의 섭리는 요셉을 향해 다시 미소를 짓는다.

제10부 2막 1장에 대한 신학적 고찰 ———————

은혜

여기서 신학적 서술은 "야웨께서 요셉과 함께하셨다"는 문구로 틀이 짜여 있다(위의 문학적 분석을 보라). 이 신학적 서술과 현상적 서술 사이의 구분은 내레이터의 신학적 의도를 분명하게 드러낸다(제10부 2막 2장에 대한 신학적 고찰에서 "하나님의 임재"도 보라). 요셉은 연쇄적으로 닥친 크고 부당한 일로 몰락했으나 거기서 더욱 높이 솟구쳐 일어선다. 이는 백성을 붙들고 있는 은혜, 곧 불행한 일을 덮으시며 임하는 하나님의 주권적 은혜 때문이다. 제1장과 2장의 신학적 해설 이후에 "야웨"(יהוה)라는 이름은 49:18을 제외하면 다시 사용되지 않을 것이다. 모든 일이 신학적으로 해결되지만(39:1-6), 삶은 하나님의 주권적 은혜를 신뢰하는 가운데 커다란 위험 속에서 영위되어야 한다(39:7-20). 스데반은 시간을 들여 이스라엘 역사를 개괄하며 자신의 삶을 변호하는 연설을 할 때 하나님께서 요셉과 함께하셨음을 강조한다(행 7:9). 심지어 요셉의 주인도 이 사실에 주목한다(창 39:3; 참조. 26:28). 요셉은 시편 1편에서 묘사된 복 있는 사람의 모본을 보여준다.

주권과 복종

신학적 서술은 요셉의 성공 가도의 모든 요인을 하나님께 돌린다. 하나님은 요셉의 미래를 통제하시며, 요셉은 신실한 사람이 되기 위해 심지어 부당한 처우를 당하는 상황에서도 하나님을 신뢰해야 한다. 요셉은 겉옷을 벗고 존귀와 영광의 옷을 그에게 입혀주시는 야웨를 신뢰하는 법을 배우고 있다(41:14, 42을 보라). 이것이 자신의 능력과 기지에 의존하면서 수년을 허비했던 요셉의 아버지와는 두드러지게 대비되는 점이다.

언약 신학

신학적 서술은 언약에 대한 하나님의 신실하심을 보여준다. 반면에 세속적 서술은 요셉의 신실함을 제시해준다. 요셉의 행적은 자기 백성을 보존하고 위험 속에서도 번성케 하시는 하나님의 언약적 신실하심의 일부다. 하나님은 거의 불가능해 보이는 상황을 조율하여 당신이 택한 자들을 구속하신다. 또한 이를 위해 진행되는 사건들을 한 치의 착오도 없이 놀랍게 변화시키신다(참조. 시 105:16-22). 언약 속에서 하나님은 신실하시며 주권자가 되신다. 브루그만이 진술한 대로 "내레이터는 당연시되는 모든 제국적 통치술에 맞서 대안적 현실에 대한 이해를 제공한다."[62]

요셉은 자신의 주인에게 충성을 다하고 감사를 표명함으로써 자신의 신실함을 증명한다. 보디발의 아내의 구애를 마다한 그의 거절은 다음의 사실을 수반한다. 즉 그가 주인의 소유를 침탈하기 위해 자신의 우월한 신체 조건을 이용하지 않고 오히려 노예라는 자신의 신분을 하나님이 주신 사회적 지위로 받아들였다는 사실이다. 궁극적으로 요셉은 하나님

---

62 Brueggemann, *Genesis*, 317.

께 죄를 짓게 될까 두려워하는 마음으로 행동한다. 요셉은 영원한 언약에 참여한다. 즉 그는 마음에 하나님의 법을 간직한다(41:38; 렘 31:31-33; 겔 36:22-32을 보라).

모형론

요셉이 경험하는 높아짐, 낮아짐, 그리고 다시 높아짐의 패턴은 이스라엘이 이집트에서 보내는 삶 속에서 다시 재현될 것이다. 요셉 때문에 그들은 먼저 영예롭게 환영받는다. 그다음에 그들은 단지 하나님의 축복을 받았다는 이유로 잔인한 속박에 직면한다. 하지만 마침내 하나님은 그들을 구원하여 큰 민족으로 일으키실 것이다. 무엇보다 높아짐에서 낮아짐으로 그리고 다시 높아짐으로의 움직임은 하나님의 아들이 보여줄 행적에 대한 전조가 된다. 신자들은 자신들의 경험을 해석하는 데 필요한 본보기를 가지고 있다. 그들은 궁극적으로 하나님께서 역사를 주관하심을 확인하게 될 것이다.

제10부 2막 2장

옥중의 요셉: 해몽가(39:21-40:23)

제10부 2막 2장에 대한 문학적 분석 ———————

야누스

창세기 39:20은 핵심 단어인 "감옥"을 반복함으로써 두 장 사이의 야누스 역할을 한다. 보디발이 요셉을 궁중 감옥에 투옥함과 더불어 마지막 장면이 끝나고(39:20a), 야웨께서 옥중에 있는 요셉을 도우심과 더불어 새로운 장면이 시작된다(39:20b-21).

구조

이 장은 제1장에서 시작된 신학적 서술과 현상적 서술의 교호적 패턴을 완성한다(제10부 2막의 문학적 분석을 보라). 여기서 이 장은 39:21-23(A´)과 40:1-23(B´)로 양분된다. 다시 한번 "야웨께서 요셉과 함께하셨다"라는 문구가 신학적 서술을 둘러싸는 수미상관 구조를 만들고, 제1장에 있는 "잠시 후에"(39:7, 개역개정-"그 후에")와 비슷한 "그 후에"(40:1)라는 표현이 현상적 서술을 시작한다.

비교, 대조 및 핵심 단어들

이 장면의 신학적 서술은 제1장의 신학적 서술의 패턴을 따른다. 두 개의 신학적 서술이 교차 구조를 이루며 "야웨께서 그와 함께하셨으며 그를 범사에 형통하게 하셨다"(39:3, 23)라는 수미상관 문구로 둘러싸인다. 비슷하게 야웨의 호의가 주인을 향한 요셉의 호의로 이어지며, 내레이터는 "~의 은혜를 입었다"(39:4, 21)라는 동일한 문구로 수미상관 구조를 묘사한다. "그의 손에"라는 표현 역시 그의 성공을 나타낸다(39:3[NIV에는 번역되지 않음], 22, 23). 또다시 요셉의 높아짐은 하나님의 섭리 때문으로 여겨진다. 여기서 "주다, 놓다"(נָתַן, 나탄)라는 표현의 세 번 반복("가두었다", 39:20; "주셨다[받게 하셨다]", 39:21; "맡겼다", 39:22)은 요셉이 아닌 하나님께서 섭리적으로 미래를 통솔하심을 확증한다.

신학적 서술이 변하지 않고 그대로인 반면에 현상적 서술은 달라진다. 또다시 내레이터는 예기(anticipation)를 제공하기 위해 이 이야기를 솜씨 있게 엮는다. 앞선 장이 노예인 요셉과 더불어 시작되었다면 이제 그는 부당하게 훨씬 낮은 죄수의 신분으로 서 있다. 앞서 나온 현상적 서술의 긴장은 요셉의 통제 범위 밖에서 발생하여 요셉의 지위에 점점 해를 끼치는 여러 사건 위에 조성되었다. 그러나 바로 거기서 이 서술의 긴장은 요셉의 높아짐에 대한 희망이 된다. 이 희망은 옥중의 요셉이 섭리적으로 왕의 관리들을 시중들도록 배당되고 신적 능력으로 꿈을 지혜롭게 해몽하면서 점차적으로 고조되어 관리들의 꿈이 정확하게 성취됨으로써 절정에 이른다. 부풀어 오른 이 희망은 현재 제2장의 마지막 핵심을 찌르는 말인 "그(술 맡은 관원장)가 요셉을 기억하지 못했다"에 이르기까지 사그라지지 않는다. 다음 장에 이르러서야 요셉의 낮아짐이 실제로 변하게 될 것이다.

제1장에서와 같이 요셉의 삶은 꿈과 옥중에서 변화된다. 하지만 첫 번째 장에서 요셉의 꿈이 그를 옥에 갇히게 했던 반면 이번에는 꿈이 옥에서 구출되는 시작점이 된다(히브리어 보르[בּוֹר]가 37:22에서는 "구덩이", 40:15과 41:14에서는 "감옥"이다).

인물 묘사

이전 장은 요셉의 고귀한 인물됨을 보여주었다. 그는 강한 유혹을 받았지만 보디발의 신임을 배반하지 않고 하나님을 향한 믿음도 버리지 않는다. 이 장 역시 동일한 믿음을 암시하지만 그를 신적이며 특별한 은사를 받은 자로 드러낸다. 그는 꿈을 해몽하는 자신의 은사를 위해 하나님께 의존하고 술 맡은 관원장에게 자신을 기억해달라고 부탁할 때 자신이 꾼 꿈의 성취를 예견한다. 요셉은 자신이 그가 감옥에서 섬긴 이집트의 고위 관리들보다 더 큰 권세를 가지신 분께 속해 있음을 인식한다. 동시에 술 맡은 관원장에게 자신을 기억해달라고 호소한 요셉의 간청은 그의 인간적인 면모를 보여준다.

제10부 2막 2장에 대한 주해 ─────────

신학적 서술: 하나님께서 요셉을 감옥에서 높이심(39:21-23)

21절. 야웨께서 요셉과 함께하시고. 하나님은 요셉에게서 고난을 없애지 않으시고 고난 가운데서 그와 함께하신다. 상당한 시간이 지난 후에야 하나님은 탈출구를 열어주신다.

그에게 인자(חֶסֶד, 헤세드)를 더하사. 히브리어 헤세드는 궁핍함 가운데 있는 언약 파트너를 돕기 위해 사랑과 성실함으로 행동함을 의미한다(32:10을 보라).

은혜를 받게 하시매. 여기서 이 히브리어는 출애굽기에서 이집트 사람들과 함께 지내는 이스라엘 백성을 묘사하는 표현과 동일하다(출 3:21; 11:3; 12:36을 보라).

간수장의 눈에(개역개정-"간수장에게"). 이것은 핵심 단어다(39:4, 7; 제10부 2막 1장의 문학적 분석을 보라). 해밀턴은 이렇게 말한다. "그녀(보디발의 아내)는 자신의 성욕을 채워줄 한 남자를 보았다. 반면에 간수장은 책임감 있고 신뢰할 수 있는 믿음직한 모범수를 보았다."[63]

간수장. 이 간수장의 상관이 친위대장이다(40:3).

23절. 야웨께서 요셉과 함께하심이라. 이는 본질적으로 39:6의 반복이다. 현재의 이야기에 대한 이 신학적 핵심은 다시 반복되지 않을 것이다(제10부 2막 1장, 문학적 분석 및 신학적 고찰에서 "은혜"를 보라).

현상적 서술: 요셉이 그의 동료 수감자들의 꿈을 해몽하다(40:1-23)

1절. 그 후에. 이 시점에서 요셉의 노예 생활과 투옥 기간을 합하면 십 년이 넘는다. 노예 생활과 투옥 기간 전체는 십삼 년에 이른다(37:2; 41:46을 보라). 내레이터는 요셉이 보디발의 집에서 얼마나 오랜 시간을 보냈는지를 명시하지 않는다.

범죄한지라. 이 히브리어는 문자적으로 "죄를 지었다"이며 요셉의 부당한 투옥과 대조된다.

2절. 술 맡은 관원장. 왕들은 흔히 독살을 염려하여 그들의 생명을 술 맡은 자들에게 위탁하곤 했다. 결과적으로 이집트 문헌들이 증언하는 대로(참조. 느 1:11) 이 관리들은 흔히 부유했고 영향력이 컸다. 키친(Kitchen)이 설명한 대로 "이 관리들은(자주 외국인들이었음) 많은 경우에 왕의 가장 절친한 사람이나 총애를 받는 사람이 되어 정치적 영향력을 행사했다."[64]

떡 굽는 관원장. 왕실 관리였던 요셉의 동료 수감자 둘은 모두 파라오의 음식을 봉양했다. 즉 술 맡은 관원장은 컵에 담긴 포도주를 올렸고 떡 굽는 관원장은 식탁에 빵과 전병을 올렸다. 둘 다 파라오에게 가까이 갈 수 있었으며 그를 대적하는 음모에서 악역을 맡을 수 있었을 것이다.

3절. 옥에 가두니. 그들은 파라오의 판결을 기다리는 중이다.

---

63 Hamilton, *Genesis 18-50*, 472.
64 K. A. Kitchen, "Cupbearer," *NBD*, 255.

친위대장의 집. 간수장의 관리 아래 있는 감옥은 친위대장의 저택 단지에 위치하거나 그 저택의 일부다.

친위대장. 이는 보디발의 직책이기도 하다(39:1). 친위대장은 "간수장"(39:21)을 휘하에 데리고 있다. 요셉도 친위대장의 부하로 묘사된다(41:12을 보라).

4절. 요셉에게 그들을 수종들게 하매. 요셉은 간수장을 대신하는 역할을 수행한다(39:22).

요셉이 그들을 섬겼더라. 39:4도 보라. 요셉은 파라오를 섬겼던 사람들을 섬긴다.

5절. 꿈을 꾸니 각기 그 내용이 다르더라. 41:11을 보라. 이 외에 꿈들은 쌍을 이루어(37:5-11; 41:25을 보라) 성취를 확인해주었다(41:32). 여기서 꿈들은 쌍을 이루지만 그 의미는 각각 다르다.

6절. 그들에게 근심의 빛이 있는지라. 느헤미야 2:2을 보라. 근심하는 관리들은 아마도 그들의 꿈이 예상되는 판결을 계시한다는 것을 알아차렸을 것이다.

7절. 파라오의 신하들에게 묻되. 요셉은 자신이 책임지고 있는 사람들을 정성스럽게 시중들고 있음을 보여준다.

그 주인의 집에. 이는 "그의 주인 이집트 사람의 집"(39:2)과 잘 어울린다. 먼저는 보디발이, 지금은 그의 동료인 친위대장이 요셉의 주인이다. 아이러니하게도 이집트 주인들의 집에서 일하던 노예는 그의 특별한 은사와 성품으로 파라오의 술 맡은 관원장과 떡 굽는 관원장에게 권세를 행사한다.

8절. 꿈. 꿈은 계시의 중요한 수단이다(20:3; 31:1-55; 41:25을 보라). 세 쌍의 꿈이 등장했다. 즉 요셉의 꿈(37:5-11), 술 맡은 관원장과 떡 굽는 관원장의 꿈(40:1-23), 그리고 파라오의 꿈(41:1-40)이다. 이 꿈들은 하나님께서 주권적으로 미래의 운명을 통제하신다는 것을 보여준다(41:28을 보라). 여기에 제국의 권력 밖에 놓인 지식이 있다.

이를 해석할 자가 없도다. 꿈은 고대 이집트에서 중요한 역할을 했으며 해몽은 전문 기술이었다. 수감자들인 술 맡은 관원장과 떡 굽는 관원장은 전문 해몽가에게 도움을 받을 수 없었다.

해석은 하나님께 있지 아니하니이까? 꿈의 해석은 배움과 기교의 문제에 속하지 않는다. 하나님은 당신이 기뻐하시는 사람에게 그 은사를 부여하신다(41:16; 단 2:24-49; 참조. 고전 12장; 엡 4:7-13). 요셉은 망설이지 않고 자신의 믿음을 표현한다.

하나님. 내레이터는 하나님과 요셉의 관계를 묘사함에 있어 "야웨", 곧 이스라엘에 대한 하나님의 언약의 이름을 사용한다. 요셉은 이집트 사람들에게 말하거나 하나님의 섭리에 대해 말할 때 보편적 호칭인 "하나님"을 사용한다. 비록 이집트 사람들이 언약 공동체 밖에 있다고 해도 요셉은 그들이 모두 인식하는 동일한 하나님에 대해 그들에게 말할 수 있다는 것을 여전히 당연하게 여긴다.

내게 이르소서. 요셉은 자신의 예언자 역할을 인식하고 있다(아래 신학적 고찰을 보라). 그는 자신이 파라오보다 더 높은 권위와 권능에 속해 있음을 알고 있다(37:5-11을 보라).

10절. 세 가지가 있고. 숫자 삼의 반복적 사용은(아래를 보라) 꿈의 사실성과 사흘을 확증한다(40:12-13, 20을 보라).

싹이 나서 꽃이 피고 포도송이가 익었고. 이 세 단계의 생물학적 작용이 가지 셋에 상응한다.

11절. 파라오의 잔. 잔이 이 구절에서 세 번 언급된다.

따서 … 짜서 … 드렸노라. 앞과 마찬가지로 세 가지 동작이 발생한다.

파라오의 잔에 짜서 그 잔을 파라오의 손에 드렸노라. 이 꿈은 술 맡은 관원장이 복직될 것을 의미하고 그의 깨끗한 양심과 확신을 함축한다.

그의 손에. 이 히브리어는 문자적으로 "파라오의 손에"이다.

13절. 사흘 안에. 요셉은 아마도 파라오가 사흘 후 자신의 생일에 그들의 운명을 결정지을 것을 알고 있을 것이다(40:20).

당신의 머리를 들고. 이 히브리어 숙어는 두 가지 해몽 모두에 사용되며, 40:19에서는 언어유희가 이루어진다. 이 히브리어가 열왕기하 25:27(= 렘 52:31)에서는 감옥에서 풀려나는 문맥 속에서 "석방"의 의미로도 번역된다. 이에 상응하는 아카드어는 "왕의 면전에 사람을 부르다"를 의미한다.

14절. 당신이 잘되시거든. 요셉의 믿음은 여전히 견고하다.

나를 생각하고. 8:1을 보라.

15절. 히브리. 10:21, 14:13, 43:32을 보라.

옥에 갇힐 일은 행하지 아니하였나이다. 억울하게 피소된 술 맡은 관원장은 요셉과 동질감을 느껴야 한다. 요셉의 곤경에 대한 그의 무감각은 변명할 여지가 없다.

옥. 이 히브리어가 37:24에서는 "구덩이"로 번역된다. 이 가택 연금 장소가 "감옥"으로 간주되는데, 이런 과장된 동일시는 요셉의 첫 번째 투옥과 연결을 만들어낸다.

16절. 그 해석이 좋은 것을 보고. 술 맡은 관원장이 자청하여 꿈을 함께 나눈 것은 그의 무고함을 암시한다. 그는 감출 것이 없다. 대조적으로 유죄한 떡 굽는 관원장은 술 맡은 관원장에 대한 긍정적인 해몽을 듣기 전까지는 자신의 꿈을 함께 나누려고 하지 않는다.

내 머리에. 이집트 미술 작품은 한 제빵사가 자기 머리에 바구니를 얹어 옮기는 장면을 묘사한다. 이 역시 떡 굽는 관원장이 겪을 죽음에 대한 적절한 이미지다(40:17, 19을 보라).

흰 떡 세 광주리. 이는 "하얀 밀가루 더미를 담고 있는 세 개의 바구니"로 번역되는 것이 더 낫다.[65] 이 독특한 단어의 어원은 논쟁 중이다.

17절. 각종. 상형문자 문헌은 서른여덟 종류의 전병과 쉰일곱 가지의

---

65 *HALOT*, 353을 보라.

다양한 떡을 나열한다.

새들이 …그것을 먹더라. 비록 그가 자기 머리에 온갖 진미를 올려놓 았다고 해도 그것을 보호할 방도가 전혀 없다는 것이 놀랍다(15:11에 나오 는 아브라함의 행동과 대조하라). 사르나는 이렇게 설명한다. "떡 굽는 관원 장은 새들을 쫓을 기력도 마음도 없다 —흉조를 예고하는 내용."[66] 그의 부정한 양심이 그를 움직일 수 없게 한 것인가? 이는 파라오의 식탁을 보 호하지 못한 그의 실패를 상징하는 것인가?

19절. 당신의 머리를 들고. 이는 술 맡은 관원장에게 주어진 해몽과 함 께 언어유희를 이룬다.

당신을 나무에 달리니. 이는 "장대 위에 찔러 달아놓다" 혹은 "형틀에 달다"로[67] 번역되는 것이 더 낫다. 그의 시체는 사형 집행 후 공개적으로 노출되고 아마도 썩은 고기를 먹는 새들에게 뜯길 것이다.

새들이 당신의 고기를 뜯어 먹으리이다. 제대로 된 매장이 아닌 수치스 럽고 더러운 죽음을 수반하는 이 가혹한 형벌은 아마도 술 맡은 관원장 과 달리 떡 굽는 관원장이 공개적인 형벌이 요구되는 중죄를 저질렀음을 의미할 것이다.

20절. 생일. 이 단어는 "기념일"을 의미할 수 있다. 이집트 문헌들은 이 런 날에 사면이 내려졌음을 언급한다.

머리를 들게 하니라. 40:13을 보라. 이것은 또 하나의 언어유희다. 여 기서 이 표현은 왕이 시종을 선발하는 의례를 가리킨다.

22절. 떡 굽는 관원장은 매달리니. "그가 떡 굽는 관원장을 찔러 매달 았다"로 번역하는 것이 더 낫다.

23절. 기억하지 못하고. 술 맡은 관원장은 요셉을 돕기로 한 자신의 직

---

66 Sarna, *Genesis*, 279.
67 *ANEP*, plates 362, 368, 373.

무를 충실히 행하지 않는다. 술 맡은 관원장이 기억하기까지는 이 년의 세월이 흐를 것이다(41:1을 보라).

그를 잊었더라. 이는 정신적 방치가 아닌 도덕적 과실이다. 그는 자기 중심적으로 과거에 자신이 동료 수감자와 함께 있었다는 사실을 애써 기억하지("re-member") 않으려고 한다. 사르나는 이렇게 말한다. "이집트인 술 맡은 관원장의 배은망덕은 나중에 이스라엘이 이집트에서 겪게 될 민족적 경험을 예고한다(참조. 출 1:8)."[68]

제10부 2막 2장에 대한 신학적 고찰 ────────

하나님의 임재

야곱은 야웨께서 그와 함께하심으로 인해 안전하게 귀향했으며, 거칠고 교활하며 무례하기 짝이 없는 라반 아래서 이십 년이나 되는 중노동의 세월을 보낼 수 있었다(제10부 2막 1장에 대한 신학적 고찰에서 "은혜"도 보라). 요셉과 함께하신 하나님의 임재는 요셉이 친위대장의 집에서 높아진 것과, 부당하게 투옥되고 배은망덕한 방치를 경험한 일 모두를 수반한다. 궁극적으로 감옥 문이 닫힌 것은 오직 하나님의 때에 궁전 문을 열기 위해 그분이 계획하신 것이다(행 7:10). 그러나 요셉은 자신의 생존에 대한 미래를 알지 못한 채로 하나님께 계속해서 충성해야 한다.

꿈

꿈은 고대 근동 전역에서 미래를 예측하는 수단으로 평가되었다(20:3을 보라). 하지만 오직 하나님만이 홀로 꿈을 해석하실 수 있으며, 그

---

[68] Sarna, *Genesis*, 280.

분은 요셉과 같은 선택된 중재자들을 통해 그 일을 하신다(41:6, 14, 18; 단 2:28을 보라). 꿈을 해몽하는 요셉의 능력은 그에게 하나님의 섭리를 해석하는 예언적 능력도 부여한다(창 45:5-8; 50:20). 요셉은 파라오보다 더 높은 권능과 권세에 속해 있다(40:8; 41:16, 25, 28, 32). 꿈은 현실의 다른 차원을 이렇게 언뜻 내비침으로써 하나님의 통치를 드러내고 하나님께서 만물을 통제하고 감독하심을 확증한다. 해몽가는 하나님의 대언자로서 삶과 죽음에 대해 말씀으로 선포된(kerygmatic) 소식을 전한다. 그는 인간의 문제들에 대한 하나님의 임박한 해결책을 드러내면서 종말론적으로 선언한다. 그는 이스라엘이 열국을 향해 하나님의 계시를 중개하는 것처럼 그분의 계시를 중개한다(18:17과 해당 주해; 41:16, 28, 32; 롬 3:1-2을 보라). 그러나 하나님의 가장 위대한 계시는 그분의 아들 안에서 왔으며(골 1:15-23; 히 1:1-2) 성령은 사도들을 통해 성자와 모든 진리를 계시하신다(요 16:13-14). 예수 그리스도는 계속해서 은사를 받은 개인 신자들을 보내 교회를 세우신다(마 16:18; 고전 12-14장; 엡 4장).

왕궁에서의 요셉: 파라오 다음의 2인자(41:1-57)

제10부 2막 3장에 대한 문학적 분석 ————

구조와 플롯

제1장과 2장은 제2막의 절정이 되는 결론을 향해 전개되어왔다. 앞에서 요셉의 높아짐은 하나님의 임재의 확증이었으나 그의 낮아짐조차도(즉 투옥되고 잊힘) 이렇게 참된 높아짐을 위한 토대를 놓았다.

이 장의 배경은 파라오의 궁전에서 이 년 후다. 파라오가 꾼 두 번의 꿈에 대한 서사는 꿈을 해몽할 사람이 없이 전개된다. 이는 이전의 사건들을 알고 있는 독자들에게 친숙한 시나리오다. 꿈을 둘러싸고 진행되는 이 장의 발전은 절정에 이른 파라오의 선언까지 요셉의 점차적인 등극으로 이어진다. "너는 내 집을 다스리라.⋯내가 너보다 높은 것은 내 왕좌뿐이니라"(41:40).[69] 이 장은 꿈과 연관된 네 개의 무대에서 발전된다. 즉 파라오의 꿈들과 딜레마(41:1-8), 요셉의 구출과 파라오의 재진술(41:9-24),

---

[69] Wenham은 꿈들과 그에 대한 해설을 둘러싼 흥미로운 병행들에 주목한다. "처음 두 부분에는 일반적인 순서로 진행되는 밀접한 병행들이 있다. 즉 꿈—해몽의 실패—요셉의 소환, 꿈—해몽의 성공—요셉의 임명이다. 또한 Wenham은 특히 17-24절(참조. 1-7절)에서 파라오가 자신의 꿈을 재진술할 때 나타나는 밀접한 언어적 반향을 주시한다(Genesis 16-50, 389).

요셉의 해몽, 계획 및 등극(41:25-40), 계획에 따른 요셉의 통치(41:41-57)가 나온다. 이 장의 대단원인 마지막 부분에서 파라오는 공적인 임명식에서 두 번의 독백을 통해 요셉을 이집트를 총괄하는 자신의 부관으로 삼아 권력의 지분을 요셉에게 양도한다(41:41-43). 또한 파라오는 요셉에게 새로운 이름을 부여하고 결혼을 통해 요셉을 고귀한 신분으로 높인다(41:44-45). 40장의 마지막에 위치한 연장된 서사는 요셉의 지혜로운 토지 정책을 묘사한다(41:46-57).

비교

이 장은 앞선 장들과 다음과 같은 몇 가지 유사점이 있다. 즉 다시 요셉이 옥에서 나온다. 다시 꿈을 해몽하는 그의 능력이 그의 운명에서 중대한 역할을 한다. 다시 그는 한 집을, 이번에는 파라오의 집을 책임지는 사람이 된다!

인물 묘사

앞서 요셉은 제국의 권력 앞에서 움츠리지 않는 모습을 보여주었다. 이제 그는 그 앞에서 말씀을 지혜롭게 전한다. 경건하고도 직설적으로 재치 있으면서도 분별력 있게 말이다.

제10부 2막 3장에 대한 주해

파라오의 꿈과 딜레마(41:1-8)

1-5절. 꿈을 꾼즉…다시…꿈을 꾸니. "암소", "갈밭", "이삭"에 대

한 파라오의 꿈들은 "모두 식량을 가리키는 자연의 상징이다."[70] 번역되지 않은 힌네(הִנֵּה, 아래를 보라)의 반복과 쌍을 이루는 단어들인 "일곱", "올라왔다/나왔다(자랐다)", 그리고 "파리하다/가늘다"가 이 꿈의 통일성을 제시해준다(해당 주해들을 보라).

1절. 만 이 년 후에. 만 이 년의 고통의 세월(크로노스의 시간)은 한 번의 빠른 구출(위기의 시간)과 대조된다. 뒤따르는 십사 년의 세월과 비교해 보라.

파라오가 꿈을 꾼즉. 고대 근동에서 왕의 꿈은 신과 왕 사이의 특별한 유대 관계를 가리키는 것으로 믿어졌다(40:8과 해당 주해; 왕상 3:4-15; 잠 21:1을 보라). 여기서 꿈은 파라오의 제왕적 권력과 고립을 뚫고 들어온다.

자기가…서 있는데. 이 히브리어는 문자적으로 "보라! 그가 서 있다"이다. 히브리어 본문은 출현 용법(presentative)의 힌네(הִנֵּה)를 포함한다. 여기서 힌네는 파라오의 고조된 감정을 공유하는 참여자들인 청중을 끌어들인다. 히브리어 본문에서 이 단어의 여섯 번 반복(41:1, 2, 3, 5, 6, 7) 역시 두 꿈을 연결한다.

나일강. 이 강은 이집트의—따라서 파라오의—권세, 번영 및 생명의 원천이다(참조. 출 7:15-18).

2절. 일곱 암소가 강가에서 올라와. 뜨거운 열기와 곤충을 피하기 위해 소 떼는 때때로 강물에 들어갔다.

갈밭. 히브리어 아후(אָחוּ)는 이집트에서 온 외래어다. 다른 이집트 단어들과 마찬가지로 이 단어는 이 장면의 역사성에 기여한다.

3절. 그 뒤에. 이 히브리어는 문자적으로 "보라! 그것들 뒤에…"이다 (41:1에 대한 주해를 보라).

파리하고(דַּקּוֹת, 다코트). 동일한 단어가 41:4에 나타나는데 곡식 이삭

---

70 Sternberg, *Poetics*, 397.

이 "가늘고"라고 번역된다(41:6, 7). 나아가 이 단어는 두 꿈을 연결한다.

5절. 일곱 이삭. 이 히브리어는 문자적으로 "보라! 일곱 이삭이 …"를 뜻한다.

자라고(개역개정-"나오고"). 이 히브리어는 41:3에서 "올라왔다"로 번역된 동일한 동사다.

한 줄기에. 이는 풍부함을 상징하는 예외적인 현상이다.

6절. 그 후에. 이 히브리어는 문자적으로 "보라! 그것들 후에 …"이다(41:1에 대한 주해를 보라).

가늘고(רַקּוֹת, 다코트). 이 단어는 41:7에도 나타난다(위의 "파리하고"를 보라).

동풍에 마른. 팔레스타인의 열풍을 닮은 이집트의 계절풍인 함신(khamsin)은 늦봄과 초가을에 사하라 사막에서 불어와(호 13:15을 보라) 자주 채소를 시들게 한다(사 40:7; 겔 17:10을 보라).

8절. 마음(רוּחַ, 루아흐). 이 단어는 "영, 정신"(spirit)도 가리킨다. 파라오의 심란한 영과 대조적으로 요셉은 하나님의 영을 소유하고 있다(창 41:38).

번민하여. 40:6-7, 다니엘 2:1-3을 보라. 파라오가 번민하는 이유는 아마도 그가 통치하는 동안 수확된 풍부한 추수를 곡식 신과 자신의 좋은 관계 덕분으로 돌리기 때문일 것이다. 어떤 파라오는 이렇게 말했다. "나는 곡식을 생산했다. 왜냐하면 내가 곡식 신의 사랑을 받았기 때문이다. 내가 통치한 세월 동안 아무도 굶주리지 않았다."[71]

점술가. 이는 아마도 이집트에서 온 또 다른 외래어로 지적이고 매우 현명하며 마술과 점술에 능한 제사장들을 가리킬 것이다(출 7:11,

---

71 O. Keel, *The Symbolism of the Biblical World: Ancient Near Eastern Iconography and the Book of Psalms*, trans. T. J. Hallett (New York: Seabury, 1978), 286.

22; 8:7을 보라). 하지만 그들도 어떤 일들은 할 수 없다(출 8:18-19; 단 2:10-11).

이집트의 현인들. "지혜자"(חָכָם, 하캄)는 어떤 사안에 대해 뛰어난 이해력을 지닌 사람을 의미한다.[72] 이 단어에서 고려되는 통달은 상황에 달려 있다. 여기서 이 단어는 마술에서의 능숙한 활동을 가리킨다.[73] 따라서 "점술가와 현인들"은 이집트의 가장 능숙한 술객들을 가리키는 중언법이다.

꿈들. 본문은 문자적으로 "꿈, 그러나 아무도 그것들을 해석할 수 없었다"를 뜻한다.[74] 파라오에게 그것은 하나의 꿈인 반면에 해몽가들에게는 두 개의 꿈이다. 이 차이는 왜 파라오가 술객들의 해몽에는 만족하지 못하고 요셉의 해몽에 만족했는지를 설명하는 데 도움을 준다.[75]

해석하는 자가 없었더라. 40:8과 해당 주해를 보라. 지식을 얻는 이집트의 방식은 실패로 돌아간다(참조. 출 7-8장; 단 2장; 5장). 제3장의 첫 번째 일화는 제2장의 첫 번째 일화와 동일하게 끝난다.

요셉의 구출과 파라오의 재진술(41:9-24)

9절. 내 (죄를) 기억하나이다. 이는 "내가 언급해야 한다"로 번역하는 것이 더 낫다.

내 죄들을(NIV-"내 결함들, my shortcomings"). 히브리어 헤트(חֵטְא)는 "죄"를 의미한다. 동일한 어근이 40:1에서 "범죄한지라"로 번역되었다. 40:23에 언급된 대로 술 맡은 관원장은 요셉에게 등을 돌렸다. 이 형태가 복수형인 이유는 그가 요셉의 재능에 대해 파라오에게 말하지 않음으로

---

72 G. Fohrer, "σοφία," *TDNT*, 7:483-88.
73 M. Saebe, "חָכָם," *TLOT*, 1:420.
74 사마리아 오경은 예상되는 복수형으로 읽는다.
75 Sternberg, *Poetics*, 398-400을 보라.

써 요셉과 파라오 모두에게 잘못했기 때문이다. 하지만 하나님은 섭리 가운데서 사람들의 잘못에도 불구하고 완전한 시기를 조정하신다.

11절. 각기 뜻이 있는. 40:5과 해당 주해를 보라.

12절. 히브리 청년. 10:21, 14:13, 43:32을 보라.

13절. 그 해석한 대로. 그의 증언은 파라오와 그의 관리들이 요셉의 해몽을 하나님께서 정해놓으신 말씀으로 받아들이도록 준비시킨다(시 105:19을 보라).

14절. 급히 그를 옥에서 내놓은지라. 즉 그들은 "그를 부랴부랴 내보냈다." 이 동사, 그리고 이어지는 짧게 끊어지는 문장들은 파라오가 기다릴 수 없었음을 보여준다.

옥. 40:15을 보라.

수염을 깎고. 그는 머리털을 깎고 면도했을 것이다. 이집트인들은 보통 위생상의 이유로 깨끗이 면도했던 반면에 아시아인들은 대체로 턱수염을 길렀다.

옷을 갈아입고. 39:14과 해당 주해, 열왕기하 25:29을 보라. 여기서 옷을 갈아입는 것은 변화되는 그의 사회적 지위를 상징한다.

16절. 내가 아니라. 40:8, 다니엘 2:27-28, 30, 고린도후서 3:5을 보라.

하나님께서. 40:8의 주해를 보라. 하나님은 아비멜렉에게 하신 것처럼 파라오가 꿈을 꾸게 하신다. 여기서 하나님과 이 이방의 왕 사이에 유대 관계가 존재하며 따라서 요셉과 파라오는 동일한 하나님에 대해 이야기할 수 있다. 요셉은 하나님의 도우심과 권위를 언급하면서 파라오의 꿈에 대한 해몽을 강조한다(41:16, 25, 28, 32). 요셉은 꿈을 듣기 전에 자신이 예언자임을 스스로 알고 있다.

파라오에게 편안한 대답을 하시리이다. 문자적으로 "하나님께서 파라오의 평강/안녕을 대답해주실 것입니다"이다. 이는 하나님께서 파라오에게 평강을 준다고 응답하시거나, 혹은 파라오의 안녕에 대한 답변을 주

신다는 것을 의미한다.[76]

19절. 그같이 흉한 것들은 이집트 땅에서 내가 아직 보지 못한 것이라. 이 세부적인 추가 설명은 증인의 고백 속에서 적실하다. 신으로 간주되었던 파라오는 무능하고 두려워한다.

21절. 먹었으나…여전히. 이 구절 전체가 꿈에 대한 애초의 보고에는 포함되어 있지 않다. 이 추가된 세부 내용은 요셉의 해몽을 설명해준다. "후에 든 그 흉년이 너무 심하므로 이전 풍년을 이 땅에서 기억하지 못하게 되리이다"(41:31).

22절. 내 꿈들에. 이 히브리어는 문자적으로 "내 꿈에"다. 파라오 자신은 그 꿈이 하나라는 것을 알고 있다.

요셉의 해몽, 계획 및 등극(41:25-40)

25절. 파라오의 꿈은 하나라. 두 꿈 모두에서 마른 것이 살진 것을 삼킨다.

하나님이…보이심이니이다. 꿈과 그에 대한 해몽은 모두 하나님께로부터 나온다(40:8을 보라). 요셉은 영감을 받은 해몽가이지 마법사가 아니다.

28절. 하나님이 그가 하실 일을. 하나님은 주권적으로 나라들을 다스리시고 그들의 경제와 삶 자체를 통제하신다.

31절. 흉년. 파라오는 기근과 흉작의 미래 앞에서 무력하다.

33절. 이제. 이것이 해몽의 논리적 귀결이지만 요셉은 요청받지 않은 조언을 내놓음으로써 위험을 감수한다.

파라오께서는. 요셉은 41:34에서 "파라오께서는"을 반복하고 41:35에서는 "파라오의 권위(개역개정-'손')에 돌려"를 덧붙인다. 요셉은

---

[76] 중재된 대상의 소유격(= 파라오에게 평강을); *IBHS*, §9.5.2d를 보라.

조심스럽게 파라오의 권위에 호소하고 지혜롭게 파라오를 자극하지 않는다. 하지만 암묵적으로 요셉은 자신의 해몽과 관련하여 위험을 무릅쓰고 있다.

명철하고 지혜 있는 사람을 택하여. 파라오는 이제 자신을 도울 사람이 아무도 없음을 깨달았다. 요셉은 전략적으로 "파라오는 같은 실수를 두 번 반복하지 마시오!"라고 말하고 있는 것일 수 있다.[77] 여기서 "명철함"(즉 원인과 결과의 관계에 대한 통찰력을 갖는 것)은 지혜(참조. 41:8)의 자격이 된다.

이집트 땅을 다스리게 하시고. 요셉의 계획은 다음과 같이 세 가지로 나눌 수 있다. 즉 (1) 장관을 임명하고, (2) 지역 감독관을 임명하며, (3) 국가적 배급 제도를 제도화하는 것이다.

36절. 망하지(כָּרַת, 카라트) 아니하리이다. 문자적으로 이 히브리어는 "끊어지지 않을 것이다"이다. 이 단어는 전멸로 인한 축출을 의미하며 제의적 의미를 함축할 수도 있다(즉 하나님이 잘라내시는 것; 참조. 9:11; 17:14; 미 5:10-15[히. 9-14절]).

37절. 이 일을 좋게 여긴지라. 이 히브리어는 문자적으로 "~의 눈에 좋았다"이다(참조. 39:4, 21). 파라오는 지혜롭게 하나님의 말씀을 받아들이고 그에 맞춰 반응한다.

38절. 우리가 어찌 찾을 수 있으리요? 이 수사학적 질문은 강한 부정을 암시한다. 즉 "우리는 찾을 수 없다!"

하나님의 영(רוּחַ, 루아흐; 1:2을 보라). 이 히브리어는 "바람"을 의미하기도 한다. 물리적 바람도 정신적/심리적 영도 보이지 않으며 단지 이례적인 에너지와 능력의 현시만이 있다. 보이지 않고 역동적인 하나님의 에너지가 효력을 입은 창조세계에서 현시된다(창 1:2; 욥 33:4; 시 104:29). 하나

---

77 Hamilton, *Genesis 18-50*, 499.

님의 성령/영은 편재하신다. 하나님은 이례적으로 택함 받은 개인들 안에 자신의 성령/영을 나타내고 특별한 방식으로 그들에게 은사를 베풀어 여러 사역을 통해 그분의 나라를 세우는 신성한 임무를 감당하게 하신다. 군대를 이끌고(삿 6:34; 13:25; 14:6, 19; 15:14), 성막을 세우며(출 31:3; 35:31), 예언하고(민 11:17, 25; 미 3:8), 지혜롭고 분별력 있게 백성을 지도하는(사 11:1-3) 그런 사역들을 통해서 말이다. 꿈을 해몽하고 효율적인 행동 강령을 계획하는 요셉의 비범한 능력은 파라오가 요셉 안에 하나님의 성령/영이 계심을 깨닫게 만든다. 요셉은 자신에게 아무런 내재적 능력이 없음을 고백한다.[78] 요셉은 꿈을 꾸게 하시는 하나님의 행동에 주목하게 하며(창 41:16) 파라오는 요셉 안에서 역사하는 하나님의 능력을 인식한다(참조. 단 5:14).

39절. 너와 같이 명철하고 지혜 있는 자가 없도다. 파라오는 요셉의 말을 반복한다(41:33). 요셉은 방금 이집트의 가장 지혜로운 자들을 굴복시켰다(참조. 눅 10:21-24).

40절. 너는 내 집을 다스리라. 힉소스 왕조 파라오(기원전 1720-1550년)로 알려진 셈족의 군주들은 당대의 관료 체제를 넘겨받은 뒤 나중에 귀화한 셈족 사람들을 고위직에 임명했다. 그들은 주도면밀하게 이집트의 관례들을 준수했다. 동일한 일이 셈족 유목민 얀하무(Yanhamu)에게도 적용된다. 그는 아케나텐(Akhenaten) 시대(기원전 1353-1340년경)에 가나안과 시리아를 위한 이집트의 행정관이 되었다. 또한 메르넵타(Merneptah) 왕실의 벤 오젠(Ben Ozen)도 그런 사례가 되는 인물이다(기원전 1224-1214년경). 따라서 요셉의 출세가 특별할지라도 유일하지는

---

78 바빌로니아의 아히카르(Ahiqar) 이야기는 요셉 및 다니엘 이야기와 비슷한 점들이 있다(단 2장을 보라). 하지만 아히카르 이야기는 그를 신임하고 칭송하면서 "지혜로운 서기관이자 선한 자문관"이라고 말하는 반면에 요셉과 다니엘은 해몽과 지혜에 대해 하나님을 신뢰하고 그분을 찬양한다(*ANET*, 427-28을 보라).

않다.

내 왕궁을(개역개정-"내 집을"). 이 히브리어는 "집"을 의미한다. 요셉은 이집트에서 세 번째로 집을 전적으로 책임지는 위치에 오른다(39:4, 22을 보라).

네 명령에 복종하리니. 이 히브리어는 문자적으로 "너에게 입 맞추다"라는 의미다.

계획에 따른 요셉의 통치(41:41-57)

이집트를 관할하는 총리로 세워진 요셉의 임명은 공적인 임명 절차(41:41-43)와 결혼을 통해 귀족으로 신분이 상승될 때 새로운 이름을 부여하는 가족 차원의 절차(41:44-45)로 구성된다.

41절. 파라오가 또 요셉에게 이르되. 파라오는 요셉이 대답하지 않는 가운데 세 차례 발언한다. 즉 첫 번째로 요셉을 총리로 만들겠다는 그의 의중에 대해(41:39-40), 두 번째로 요셉의 임명식에 대해(41:41-43), 세 번째로 그의 권위와 승인에 대해(44절) 말한다. 요셉의 침묵은 요셉이 아니라 하나님의 섭리가 이 명예로운 일을 조율하신다는 것을 나타낸다.

되게 하노라(נָתַן, 나탄; 39:20, 21["받게 했다, 부여했다"], 22). 요셉은 스스로를 높이기보다는 다른 사람들이 자신을 찬양하게 한다(참조. 잠 27:2).

온 땅의 총리가 되게 하노라. 시편 105:21-22을 보라. 이는 이집트의 직책인 "총집정관"(Chief of the Entire Land)을 반영하며, 최고위(즉 국무총리) 및 그보다 낮은 관직들에도 적용되는 직함이다. 요셉의 공적 임명에 대한 서사는(41:41-43, 위를 보라) "이집트의 온 땅을 맡는"이라는 표현으로 틀을 이룬다. 즉 먼저는 파라오의 입을 통해, 이어서 내레이터를 통해 이 표현이 사용된다.

42절. 자기의 인장 반지를 빼어. 파라오가 행하는 요셉의 서임식은 그에게 인장 반지를 끼워주고 세마포 옷을 입히며 금사슬을 목에 걸어주고 화려한 예전과 더불어 버금 수레에 그를 태우는 일로 구성된다. 이런 행위들은 모두 잘 알려진 바 이집트에서 시행된 서임의 상징들이다. 서사가 비현실적인 것이 아님을 확인하기 위해 이를 아슈르바니팔(기원전 668-633년경)에 대한 기사와 비교해보라. 그는 네코(Neco)를 파라오로 위임할 때 다음과 같이 이집트 관행을 따른다. "나는 그에게 다양한 색의 장식이 달린 옷을 입혔고 황금사슬을 달아주었노라.…그의 손에는 황금 팔찌를 끼워주었노라. 나는 (허리띠에 두른) 쇠 단검 위에 내 이름(발음대로)을 썼노라.…나는 그에게 병거와 말과 노새들을 군주로서 그의 직위(에 어울리는) 마차로 주었노라."[79]

인장 반지. 이 반지는 "왕실 인장 소지자"라는 이집트의 직함을 반영한다. 이는 요셉에게 왕의 이름으로 문서를 유효하게 만들 수 있는 권위를 부여한다.

옷. 39:13과 해당 주해를 보라.

43절. 그의 부사령관으로서(개역개정-"버금 수레에"). 요셉은 수상(즉 국무총리)의 지위, 곧 왕 아래의 최고위 행정직에 오른다.

무리가 그의 앞에서 소리 지르기를. 사무엘하 15:1, 열왕기상 1:5, 에스더 6:9을 보라.

비켜라(NIV-"Make way"; 개역개정-"엎드리라"; אַבְרֵךְ, 아브레크). 이 특이한 히브리어 단어의 의미는 논쟁 중이다. 아카드어에서 *abarakku*는 우두머리 집사(chief steward)를 의미한다. 이집트어 *i.brk*는 "경의"를 의미하는데, 이는 중세의 유대 주석가들이 선택한 것과 의미가 비슷하다. 그들은 "무릎을 꿇다"라는 *bārak*에서 유래한 동사를 취했다. 그러나 이집트어 *ab-r.k*는 "주목! 비켜라!"를 의미한다. 문헌학적으로는 이 의미가 가장 좋다.

45절. 그가 요셉의 이름을. 새로 주어진 이름은 요셉의 새로운 신분

---

79 *ANET*, 295.

을 상징하고 그의 이집트 직위를 정당화하며 한편으로는 파라오의 권위가 더 크다는 것을 보여준다(즉 오직 그만이 요셉에게 이름을 지어줄 권세가 있다). 요셉은 더 이상 아시아인 노예가 아니라 이집트의 총리다.

사브낫바네아. 그의 특이한 이름은 아마도 이집트어로 돌려서 해석할 경우 "하나님께서 말씀하시고 살아 계신다"를 의미할 수 있다. 이집트에서 요셉의 역할은 바빌로니아에서 다니엘의 역할과 같다. 둘 다 이방 종교를 받아들이지 않고 이방 이름을 얻는다.

아스낫. 그녀의 이름은 "그녀는 (여신) 네이스(Neith)에게 속한다"를 의미한다. 그녀는 저주받은 가나안 사람으로 분류되지 않는다(38:2에 대한 주해를 보라). 다른 결혼이 공백으로 처리된 것이 아니라면, 요셉은 일부일처제를 유지한다.

보디베라. 37:36의 주해를 보라.

온의 제사장. 온(그리스어로 헬리오폴리스)은 카이로 북서쪽 7마일(11km) 지점에 위치한다. 사르나는 이렇게 주석한다. "온의 대제사장은 '선견자들 중 가장 위대한 자'라는 추앙받는 직함을 가지고 있었다. 따라서 요셉은 이집트의 엘리트 귀족 계층으로 장가든다."[80]

온 땅을 순찰하니라. 이는 "(순시하기 위해) 돌아다니다"이거나 "그 땅의 모든 것보다 더 높은 자리에 올랐다"를 의미한다.[81]

46절. 삼십 세. 37:2을 보라. 요셉의 등극은 십삼 년 만에 발생했다.

이집트 온 땅을 순찰하니. 요셉이 이렇게 한 이유는 그 땅과 친숙해지고 지역 행정관들을 임명하기 위해서였다(41:34을 보라).

48절. 거두어. 요셉은 "상-하 이집트의 곡물 창고 감독자"라는 이집트 직책을 맡고 있다. 이 직책은 생산된 곡식에 세금을 부과하여 거두고, 풍

---

80 Sarna, *Genesis*, 288.
81 *HALOT*, 426.

작일 때 거둔 곡식을 저장하여 흉년에 분배하는 일을 한다.

50절. 흉년이 들기 전에. 요셉의 아들들의 탄생에 대한 기사는(41:50-52) 칠 년의 풍년기와(41:47-49) 칠 년의 흉년기에(41:53-57) 요셉의 행정적인 처리 과정에 대한 묘사에서 중심축을 구성한다. 이런 배열은 창세기 29-31장에 있는 동일한 구조와 닮았다. 요셉의 두 아들의 탄생에 대한 기사는 우연히 등장한 것이 아니라 중심축 역할을 한다.

51절. 요셉이 ⋯ 이름을 ⋯ 하였으니. 두 아들의 이름은 모두 하나님을 찬양한다는 뜻인데, 첫째는 그분의 보호하심, 둘째는 그분의 축복에 대한 찬양이다. 이 이름들은 요셉의 새로운 삶을, 즉 옛 시대가 끝나고 새 시대가 열림을 축하한다. "내막을 알지" 못한 그 사람이 "내막을 아는" 내레이터의 관점을 이렇게 확증해준다. 즉 "하나님이 그와 함께하셨다"(39:2-6, 21-23).

므낫세. 이 이름은 "잊다"(נָשָׁה, 나샤)에서 유래한다.

하나님이 내게 ⋯ 잊어버리게 하셨다. 요셉은 가나안에서 가족에게 받은 슬픈 상처로부터 자신을 구해주신 하나님을 찬양한다. 요셉이 자기 아들들에게 이집트 이름이 아닌 히브리 이름을 붙였다는 점이 중요하다. 그는 자기 아버지의 집을 잊지 않았다.

내 모든 고난과 내 아버지의 온 집 일. 이는 아마도 "내 아버지의 집과 관련된 내 모든 고난"을 의미하는 중언법일 수 있다.[82] 요셉은 형들에게 버림받았고 타국인들에게 받아들여졌다. 하지만 요셉은 이상하게도 자기 아버지에 대해 무관심하다. 그는 아버지와 연락하려고 노력하지 않는다. 비록 몇몇 전승은 요셉을 비난하지만,[83] 내레이터는 결코 그를 직접

---

82 Sarna, *Genesis*, 289가 그렇다. Hamilton(*Genesis 18-50*, 512)이 이를 따른다.
83 Hamilton(*Genesis 18-50*, 513)은 *Midrash Tanhuma, Vayyesheb* 8에 있는 흥미로운 진술을 인용한다. "요셉이 그리하여 자신이 (보디발의 집의 감독으로 승진되었음을) 알게 되었을 때, 그는 먹고 마시기를 시작했으며 머리칼을 다듬은 뒤 말했다. '나로 하여금 아버지의 집을 잊게 하신

적으로 비난하지 않는다. 더욱이 요셉이 마침내 자기 아버지를 모셔오려고 사람들을 보낼 때 아무도 그를 질책하지 않는다(45:9). 요셉은 아마도 자신의 꿈이 성취될 것이라는 믿음 속에서 살고 있을 것이다(37:5-11).

52절. 에브라임. 이 이름은 "나를 번성하게 했다"(הִפְרַנִי, 히프라니)에서 유래한다.

번성하게 하셨다. 이 단어는 다산을 지칭하며(17:6, 20; 28:3; 48:4; 시 105:23-24을 보라) 미래 시제일 수 있다("나를 번성케 하실 것이다"). 에브라임은 하나님의 더 큰 축복을 받는 자다.[84]

내가 수고한 땅에서. 이는 아마도 의도적으로 모호하게 표현되었을 것이다. 요셉의 이 말은 이집트를 의미하는가, 아니면 가나안을 의미하는가? 한편으로 요셉이 고초를 겪은 땅인 이집트에서 에브라임이 출생한 것은 전자로 기울어지게 한다. 반면에 가나안에서 그가 겪은 고난에 대한 언급과 미래의 번성에 대한 예견은 후자에 호감을 품게 한다. 요셉은 가나안 땅의 아버지 집에서 겪은 고통을 잊었으나 조상에게 약속된 땅과 그 땅에서의 미래는 망각하지 않았다(50:24-25을 보라).

57절. 각국 백성도 …이르렀으니. 이 구절은 요셉의 형제들이 이집트로 오는 다음 막으로 연결되는 야누스 역할을 한다.

기근이 온 세상에 심함이었더라. 이 현상과 칠 년 기근의 모티프는 이집트 및 다른 고대 근동의 문헌에 잘 기록되어 있다(참조. 삼하 24:13, 그러나 대상 21:12을 보라).[85] 한 이집트 문헌은 "상 이집트 전체가 굶주림으로

아웨는 찬양받을지어다.' 하나님께서 그에게 말씀하셨다. '네 아버지는 삼베옷을 입고 재 가운데서 너로 인해 슬퍼하고 있는데 너는 먹고 마시며 네 머리칼을 다듬고 있구나! 이제 우리의 여주인이 너와 짝이 되려 하고 네 삶을 비참하게 만들 것이다.'"

84 에브라임이라는 이름은 "나를 번성케 하실 것이다"로 번역될 수 있다(*IBHS*, §30.5.1e를 보라). 모세는 고별의 축복에서 이 이름에 편승해서 이렇게 선언한다. "에브라임의 자손은 만만이요, 므낫세의 자손은 천천이리로다"(신 33:17).

85 C. H. Gordon, *The Common Background of Greek and Hebrew Civilization*, 2d ed. (New York: Norton, 1965), 171-78.

죽어가는 가운데 모든 사람이 자기 자녀를 잡아먹고 있었다"[86]를 통해 기근의 때를 말해준다. 하지만 레반트 지역과 수단 지역—나일강의 수원으로 비가 오지 않는 북쪽의 하 이집트가 의존했던—양쪽 모두에서 가뭄이 발생하는 일은 드물었다.

온 세상에. 세상의 구원은 족장들의 한 후손에게 달려 있다(신학적 고찰을 보라).

제10부 2막 3장에 대한 신학적 고찰 ————

언약을 위한 하나님의 신실하심

하나님의 축복은 요셉의 유능함과 움츠러들 줄 모르는 충성에 부합한다. 루프는 이렇게 주장한다. "요셉은 이 이야기에서 고대 근동에서 칭송받는 덕목을 지닌 고귀한 삶을 사는 인물로 등장한다. 그는 우리 역시 (성경의 저자들도) 소중히 여기는 다음의 덕목을 간직한 인물이다. 즉 부당한 고난을 견디는 인내, 지위와 심지어 생명까지도 위협받는 상황 속에서 변치 않는 신실함, 그리고 권세 앞에서의 강직함 말이다."[87]

하지만 이는 요셉에 대한 이야기라기보다는 섭리적인 행동과 신령한 은사를 통해 약속을 지키시는 하나님의 신실하심에 대한 이야기다. 십삼 년의 쓰라린 세월이 지난 후 하나님은 갑자기 신실한 요셉을 직접적으로는 온 이집트 위로, 간접적으로는 세계 위로 높이 들어 올리신다. 이 일은 그에게 신령한 은사, 곧 해몽 능력(41:16), 초자연적 지혜(41:33), 정치력 및 분별력(41:38)을 주심으로써 이루어진다. 요셉은 이 기사의 중심 주

---

86 J. Vandier, *La Famine dans l'Égypte ancienne* (Cairo, 1936), 105, Hamilton, *Genesis 18-50*, 497에 인용됨.

87 Roop, *Genesis*, 262.

제를 이렇게 표현한다. 즉 하나님이 역사의 경로를 결정해오셨고 또한 그렇게 하실 것이다(41:32). 모든 것은 이 진리를 실증하는 두 가지 일 속에 있다(참조. 41:1, 5, 27, 30). 요셉은 꿈을 해몽하는 일에 있어 왕에게 아첨하기를 거절했을 뿐만 아니라 슬픔을 잊게 하시고 후에는 복을 내려주시는 하나님을 찬양하는 이름을 자기 아들들에게 붙임으로써 그분께 영광을 돌린다.

하나님의 주권과 인간의 책무

하나님의 주권은 인간의 행동을 위한 토대를 놓는다. 요셉의 해몽과 그가 파라오에게 한 말을 가리켜 폰 라트는 이렇게 주석한다. "신학적으로 주목할 만한 가치가 있는 것은 이 발언의 강력한 예정에 대한 내용이 행동에 대한 강력한 요청과 결합되어 있는 방식이다. 하나님께서 일을 결정하신다는 사실, 또한 하나님께서 그 일이 긴급히 일어나도록 하신다는 사실이 엄밀히 말해서 책임 있는 지도자들이 수단을 강구해야 하는 이유다."[88]

패턴: 하나님의 임재로 인해 시련에서 영광으로

야곱의 경우에 이 패턴은 야곱을 훈련시키고 하나님의 축복 속에 진정한 언약 파트너가 되도록 그를 준비시키기 위해 필요했다. 이 패턴이 요셉의 경우에는 덜 선명하다. 그가 받은 고통은 부당하다. 그러나 각 인물은 하나님께 의존하는 법을 배운다. 루프는 이렇게 말한다. "노예 신분에서 국무총리로 올라가는 요셉의 인생 역정은 이집트를 빠져나온 탈출자들로부터 솔로몬 치하의 국가에 이르는 이스라엘의 여정과, 목동에서 왕이 된 다윗의 생애, 그리고 구유로부터 하나님의 오른편에 오르신 예

---

88   von Rad, *Genesis*, 376.

수의 이야기와 병행을 이룬다.… 하나님의 임재는 죽음의 현장에 생명을, 수치 대신 영예를, 불임을 이긴 다산을 불러온다.… 이 이야기는 백성의 기백이 아닌 하나님의 임재, 즉 임마누엘에 의존한다(마 1:20-23)."[89] 낮아짐과 높아짐의 이 패턴은 모든 성도의 패턴이다. "그러므로 하나님의 능하신 손 아래에서 겸손하라. 때가 되면 너희를 높이시리라"(벧전 5:6).

모형론

요셉은 이스라엘이 세워질 때의 모세와 이스라엘의 왕정에서 마지막 시기의 다니엘을 미리 보여준다. 세 인물 모두 적대적인 땅에서 압제를 받았는데, 마침내 하나님의 지혜로 이 세상의 지혜자들에게 맞섬으로써, 또한 하나님의 지혜의 우월성과 열국을 다스리는 그분의 통치를 보여줌으로써 권력의 자리에 오른다. 그들은 하나님의 지혜이신 예수 그리스도, 곧 놀랍게도 세상을 통치하기 위해 십자가로부터 하늘 보좌 위로 오르신 그분을 미리 보여준다(고전 1:18-2:16; 계 12:1-5). 모든 사람이 요셉 앞에서 무릎을 꿇도록 명령받았던 것처럼(창 41:43), 예수의 이름에 모든 사람이 무릎을 꿇어야 한다(빌 2:10).

하나님의 우주적이며 중재하는 나라[90]

하나님은 열국을 축복하기 위해 그들을 중재하는 자신의 나라를 세우신다. 이 나라를 세우는 일은 우주적인 하나님 나라라는 더 넓은 맥락에서 일어난다. 하나님은 야곱의 집뿐만 아니라 파라오의 윤택한 삶을 돌보신다. 하나님 나라의 두 가지 측면은 상호의존적이다. 한편으로 하나님의 우주적 통치권은 중재하는 나라의 보존을 위해 식량을 공급한다. 다

---

89 Roop, *Genesis*, 260.

90 서론에서 "서론: 하나님 나라"를 보라.

른 한편으로 중재하는 나라는 열국을 구원하는 예언의 빛을 발한다. 오늘 날 교회는 필요한 공급 중 많은 부분을 하나님의 우주적 통치에 빚지고 있다. 그러나 하나님과 영생에 이르는 유일한 길은 그리스도를 가리키는 교회의 말씀을 통해서다.

이 우주적인 나라에서 하나님은 궁극적인 지배권을 행사하신다. 파라오가 자신을 위해 궁극의 보좌를 마련했던 것처럼 하나님도 그렇게 하신다. 파라오도 그의 관리들도 통제권을 쥐고 있지 않다. 하나님과 그분의 종이 통제한다. 여러 세기가 지난 후 그리스도의 때에 그 일이 성취될 것이다. 헤롯은 그리스도의 탄생을 막을 수 없었고, 빌라도는 하나님께서 그에게 부여하신 힘만을 가졌을 뿐이다(요 19:11).

동화

이집트에 있는 동안 요셉은 다니엘과 그의 친구들과 마찬가지로 ("세상 속에") 참여하기 위해 자신의 외모를 이집트식으로 맞춰야 했지만, ("세상의 일부가 되기 위해") 그의 신앙적 원칙들을 동화시키지는 않았다. 요셉과 다니엘은 둘 다 이방인의 옷을 기꺼이 입고 이방인의 이름을 사용하며 다니엘과 그의 친구들의 경우에는 이방인 교육을 받는다. 하지만 다니엘과 그의 친구들은 이스라엘의 분명한 음식법을 위반하기를 거절하고, 요셉은 마음판에 새겨진 하나님의 영원한 율법을 절대 위반하지 않는다. 요셉은 이집트인 아내를 얻지만(참조. 창 24장; 26:34-35; 신 7:3-6) 자기 자녀들에게는 히브리식 이름을 부여하고 그 이름들을 하나님에 대한 찬양과 결부시키며 아마도 조상의 땅으로 돌아갈 그의 운명과도 연결한다.

제국의 권력

하나님의 우주적인 나라는 제국의 권력을 포함하며 요셉은 그 권력을 오용하지 않고 어떻게 사용해야 하는지를 알아야 한다. 루프는 이렇게

말한다. "요셉은 하나님의 임재뿐만 아니라 제국의 권력이라는 현실에
도 대처해야 한다.…요셉은 힘 있는 자의 불법적 요구에 불응하기를 선
택한다. 그는 큰 대가를 지불한다. 비록 다른 사람들이 지불했던 만큼 크
지는 않았을지라도 말이다.…요셉에게 있어서 왕실 권력은 위험하지만
악하지는 않다. 그는 때로 권력의 희생자로서, 때로는 권력의 대행자로서
산다. 그러나 왕실 권력은 온갖 세력을 떨침에도 불구하고 미래를 통제하
지는 못한다. 꿈의 능력은 파라오의 권력을 능가한다."[91]

한편으로 브루그만이 말한 것처럼 "요셉은 통치하기 위해 태어난 사람
들을 위한 모본이다.…이 서사는 권력이 선한 것임을 확언하고, 이집트
제국이 식량 문제를 해결할 수 있도록 강력한 조치를 결단하고 위기에
담대히 대처하며 신중한 국사를 펼치는 역량을 찬미한다.…이는 공익을
위한 공권력이다."[92]

다른 한편으로 하나님은 부당하게 행사되는 제국의 권력을 무너뜨리
실 것이다. 제10부의 처음 세 막에서 역할의 반전이 두드러진다. 요셉을
노예로 팔았던 힘 있는 형제들이 요셉 앞에서 절할 것이다. 그를 투옥했
던 보디발과 그의 아내도 그렇게 될 것이다. 브루그만 역시 이렇게 설명
한다. "이스라엘이 지배자가 되고 파라오가 간청하는 자가 되는 역할의
반전은 출애굽의 반전에 대한 예고다. 제국은 파멸된다(출 14:30). 희망
없던 노예들이 제국의 죽음을 기뻐하며 춤춘다(출 15:1)"[93] (먼저 된 자가
나중 된다는 그리스도의 교훈, 마 19:30; 20:16; 막 9:35; 10:31을 보라).

믿음과 확실한 사실

요셉에 대한 파라오의 믿음은 요셉의 능력에 대한 술 맡은 관원장의

---

91 Roop, *Genesis*, 261.

92 Brueggemann, *Genesis*, 295-96.

93 앞의 책, 295.

증언과 하나님의 성령/영이 요셉 안에 있음을 간파한 파라오의 영적 분별력에 기초한다. 파라오는 요셉이 하나님의 말씀으로 전하는(창 41:25, 28, 32을 보라) 해석의 진실성을 확신하여 제국에 대한 전권을 요셉에게 넘긴다. 제국의 생존―즉 하나님께서 끊어내시는 일을 당하지 않는 것―은 믿음으로 행동하는 것에 달려 있다. 요셉의 말은 경험적으로 즉시 증명될 수 없다. 마찬가지로 오늘날 믿음은 교회의 증거 및 그것과 관련하여 하나님의 말씀을 들음에서 오는 것이지, 인간의 증명에서 비롯되는 것이 아니다(참조. 요 10:3-6; 고후 3:14-18; 살전 1:4-6; 2:13; 히 10:15). 칼뱅은 그의 저명한 『기독교 강요』(*Institutes*)에서 이렇게 썼다. "성령의 증언은 모든 이성보다 뛰어나다. 왜냐하면 하나님만이 홀로 자신의 말씀 속에서 스스로에 대한 적합한 증인이신 것처럼 말씀은 성령의 내적 증거로 인증되기 전에는 사람들의 마음속에 받아들여지지 않을 것이기 때문이다. 그러므로 예언자들의 입을 통해 말씀하셨던 동일한 성령께서 우리의 마음을 뚫고 들어오셔서 예언자들이 하나님의 명령으로 받은 것을 믿음으로 선포했다고 우리를 설득하셔야 한다."[94]

---

94 J. Calvin, *Institutes of the Christian Religion*, trans. F. L. Battles (The Library of Christian Classics 20; Philadelphia: Westminster Press, 1960, 『기독교 강요』, 크리스천다이제스트 역간), 1.7.4. (p. 79).

제10부 3막

역기능 가정이 화해하다(42:1-46:27)

제10부 3막에 대한 문학적 분석 —————————

배경과 틀

시기적으로 제3막은 수년 동안 계속된 대기근의 초기에 발생한다 (45:6). 이 기근이 이 막을 이끌어가며 야곱의 가족이 화해하고 마침내 이집트로 이주하도록 몰아간다. 이집트로 내려가는 여행들이 제3막의 틀을 구성한다. 이 막은 야곱이 자기 아들들을 이집트로 내려 보내는 장면으로 시작한다. 야곱은 짧은 기근이라고 생각했던 상황에서 살아남기 위해 식량을 구하도록 아들들을 이집트로 보낸다(42:1-2). 이 막은 기근이 오래 지속되는 동안 목초지를 확보하기 위해 모든 가족이 내려감으로써 마무리된다(45:8-13). 지리적으로 제3막의 배경은 이집트로 내려가는 가족과 더불어 가나안에 설정된다. 대조적으로 제4막은 십칠 년의 기간을 아우르며(47:9, 28을 보라) 가나안으로 귀환하기를 기대하는 가족과 더불어 이집트에서 열린다. 내레이터는 이집트로 내려가는 칠십 명(완전함을 가리킴)의 가족 구성원에 대한 족보를 삽입함으로써 3막과 4막을 철저히 분리한다.

또한 제3막은 가족 구성원들의 대조적인 관계들로 틀이 구성된다. 이 막은 죄책감에 사로잡힌 형제들이 위기에 직면하여 "서로 바라보고만"

있을 뿐 아무 말도 행동도 하지 못하자 야곱이 그들에게 소리치는 장면으로 시작한다(42:1). 이 막은 비난과 죄책에서 자유로워진 형제들이 눈물을 흘리며 서로를 안아주고 온 가족이 이집트에서 요셉과 재회하기를 기대하는 장면으로 마무리된다.

이 이중적 틀은 이 막의 주제, 곧 섭리와 가족의 화해를 잘 짚어낸다. 이 책의 거시 구조는 섭리에 관심을 둔다. 이 막의 절정에서 섭리를 알지 못했던 요셉은 내레이터와 청중을 따라잡는다. 돌이켜보면 요셉은 자신의 고통스러운 인생 역정—미움을 품은 형들이 그를 해치려 함, 노예로 팔려감, 투옥—이 모두 가족을 구원하시려는 하나님의 계획의 일부였음을 이해할 수 있다. 그는 "하나님께서 나를 (이집트로) 보내셨다"라는 말을 세 차례나 반복한다(45:5-8). 우리는 이 믿음의 사람이 언제 이런 결론에 도달했는지 모른다. 하지만 우리는 요셉이 열 명의 형들이 자기 앞에 절하는 모습을 보았을 때(42:6, 9), 그들에 대한 첫 번째 꿈, 즉 형들이 그에게 절하는 꿈이 마음속에 물밀듯 생각났을 것을 알고 있다. 야웨는 이 막의 끝에서 성별된 가족의 고통스러운 역사에 대한 요셉의 해석을 직접 인증해주신다. 야곱이 이집트를 향해 출발할 때 야웨는 환상 중에 그에게 확신을 주신다. "내가 거기서 너로 큰 민족을 이루게 하리라. 내가 너와 함께 애굽으로 내려가겠고 반드시 너를 인도하여 다시 올라올 것이며"(46:3-4). 요셉은 형들을 먼저 알아본 자신의 지식을 이용하여—남용하지 않고—명백해진 자신의 운명을 성취하고 어려움에 처한 동생을 향한 형들의 사랑과 의리를 시험한다. 이 막의 미시 구조 속에 나타나는 요셉의 모략은 제10부의 거시 구조 속에 드러나는 하나님의 섭리를 잘 보여준다.

루프가 주석한 대로 "'아는 것'과 '모르는 것', '인식하는 것'과 '인식하지 못하는 것'의 상호작용이 이 이야기 전체에 흐른다."[95] 알고 있는 요셉과 알지 못하는 형들은 알고 계시는 하나님과 알지 못하는 인간의 축소판으로 기능한다.

플롯

제2막의 세 장에서 요셉이 이집트 위로 높아진 후에 이야기는 이제 이십 년 이상 가나안에 있었던 야곱에게로 되돌아간다(37:2; 41:46). 요셉에 대한 애초의 예언이 이집트로 내려가는 세 번의 여행 속에서 빠르게 성취되기 직전이다. 첫 번째는 요셉을 미워하는 열 명의 형들의 여행(42:1-38), 두 번째는 그들과 요셉의 친동생 베냐민의 여행(43:1-45:28), 세 번째는 요셉의 모든 형제와 아버지 야곱의 여행이다(46:1-27).

이 플롯의 긴장은 일차적으로는 서로 멀어진 형제들이 화해하기 위해 애쓰고, 이차적으로는 가족이 기근에서 살아남으려고 애쓰는 주제와 관련된다. 두 주제는 불가분리의 관계다. 이 가족은 형제들이 먼저 요셉과 화해하기 전에는 구원의 길을 찾을 수 없다.

제1장(42:1-38), 즉 이집트로의 첫 번째 여행에서 요셉은 시므온을 투옥한 뒤 그들이 베냐민을 직접 동반하여 두 번째로 여행할 때 시므온을 풀어주겠다고 약속한다. 하지만 요셉은 그들의 짐 꾸러미에 몰래 돈을 넣음으로써 그들이 돈을 되돌려주고 시므온의 석방을 보장받든지 아니면 돈을 간직하여 그의 석방을 위태롭게 하든지를 선택할 기회를 준다.

제2장에서 요셉의 시종은 그들이 돈을 되돌려준 후에 곧바로 시므온을 그들에게 돌려보낸다(43:23). 이 장의 끝에서 요셉은 베냐민을 특별 대우함으로써 형들을 시험하지만 기쁨에 겨운 형들은 질투하지 않고 마음껏 서로 잔을 나눈다.

---

95 Roop, *Genesis*, 265.

제3장에서 요셉은 마지막으로 어려움에 처한 형제에 대한 그들의 의리를 시험한다. 이번에 요셉은 몰래 베냐민의 짐에 자신의 은잔을 감춰두고 형제들에게 평안히 집으로 돌아가라고 권고함으로써 베냐민 혼자 죄를 뒤집어쓰게 만든다. 하지만 유다가 동생을 대신하여 자신을 노예로 내놓는다. 요셉은 그제서야 자신의 이집트인 가면을 홀가분하게 벗는다. 그들은 이제 자신들이 어떤 고난 앞에서도 요셉이 신뢰할 수 있는 형제들임을 증명한다. 요셉은 그들에게 자신의 선한 의도를 확신시킨다. 이 막의 대단원인 제4장에서는 온 가족이 요셉을 통해 구조받기 위해 이집트로 이주한다.

인물 묘사

형제들의 영적 변화와 관련해서 요셉과 유다가 주역으로 부각된다(제10부의 문학적 분석에서 "인물 묘사"를 보라). 요셉은 형들을 시험하고 훈련시키기 위해 일의 전모를 아는 위치에서 자신의 힘을 유지하는 전략을 사용한다. 이 전략은 매우 능숙해서 심지어 내레이터의 청중조차 요셉의 동기에 대해 확신하지 못하고 그를 향해 자신의 반응을 내놓고 싶어 할 정도다. 제3장에서 요셉은 뛰어난 계략으로 제10부의 첫 장(1막 1장)에서 사용했던 같은 방식으로 형제들을 재편성한다. 하지만 형제들은 라헬의 아들(요셉)에 대적하는 패거리가 되는 대신에 라헬의 아들(베냐민)을 중심으로 뭉친다. 형제들은 1막 1장에서처럼 아버지에게 냉담하고 무관심한 대신에 지금은 그에 대한 애정으로 가득 차 있다. 요셉은 형들을 비난하듯 거칠게 박대하는데, 돌이켜보면 이런 박대는 그들에게 화풀이를 하는 것이 아니라 그들을 훈련시키고 시험하기 위한 것임이 분명하다. 그들은 요셉의 혹독한 처우를 통해 자신들의 죄를 고백하고 증오에 찬 대처 방식을 단념한다(42:21, 28; 44:16). 결국 요셉은 그들에게 선을 행할 뿐 아무런 해를 끼치지 않는다. 요셉은 자신이 바로 형들이 노예로 팔았던 동생임을 밝힐 때 즉시 그들에게 자신의 선한 뜻을 재확인시킨다. 하지만 형들은 요셉이 자신들에 대한 증오심에서 완전히 자유로울 수 있는지를 끝까지 의심한다(50:18). 또다시 요셉은 이 막의 끝에서 동일한 방식으로 그들에게 확신을 심어줘야 한다.

요셉은 탁월하고 선량할 뿐만 아니라 열정적이다. 세 장의 장면마다 요셉은 점점 감정이 고조되며 눈물을 참을 수 없게 된다. 그리하여 이집 트인이라는 가면 뒤에서 형제들의 성품 변화를 관찰하고 동생 베냐민을 볼 때 결국 울음을 참지 못한다(42:24; 43:30; 45:1-2).

유다는 가족의 지도자인 르우벤을 무색하게 만들어버린다. 르우벤은 비겁하고 어리석게도 베냐민의 안전을 확보하기 위해 자신의 두 아들의 생명을 내놓는다. 반면에 유다는 자신의 생명을 내놓는다. 제2장에서 야 곱에게 전하는 유다의 말은 대단히 정중하고 진지하며 거침이 없어서 야 곱은 그의 주장에 동의하여 그들 편에 베냐민을 함께 보내는 것 외에는 다른 대안이 없다. 제3장에서 요셉에게 건네는 유다의 말 역시 마음에서 우러나와 진실하고 설득력이 있으며 솔직하다. 그렇게 해서 유다는 요셉 이 진짜 자신의 본모습을 드러낼 수 있도록 만든다. 요셉은 자신의 이집 트인 가면을 벗어버리고 울면서 자기 형제를 껴안는다. 더구나 요셉은 처 음으로 아버지가 안녕하신지를 묻는다.

핵심 단어들

"은, 돈"(כֶּסֶף, 케세프)이 스무 번 언급된다(42:25-45:22). 제1막 1장에서 형제들은 총 이십 개의 은전을 형제 앞에 둔다(37:28). 이제 그들은 그들 의 형제를 은전과 더불어 운명에 맡긴다. 가족의 화해에 대한 막이니만 큼 예상대로 그 밖의 다른 핵심 단어들은 "형제"(약 50회)와 "아버지"(약 40회)다.

첫 번째 여행: 요셉이 형들을 훈육하다(42:1-38)

제10부 3막 1장에 대한 문학적 분석 ──────────

플롯과 구조

약 이십 년 후에—요셉이 통치권자로 등극하기까지의 십삼 년과, 칠 년의 풍년 후에—형제들이 다시 만난다. 제1막 1장의 끝에서 그들은 이산 가족이 되었고 야곱은 억누를 수 없는 슬픔으로 요셉을 위해 애곡한다. "내가 슬퍼하며 스올로 내려가 아들에게로 가리라"(37:35). 이 장은 가족 구성원들 사이의 화해에 대한 첫 번째 단계를 이야기한다(위의 제3막에 대한 문학적 분석을 보라).

이 장에서 플롯의 긴장은 가족의 생존, 곧 육체적이고 영적인 생존과 관련된다. 기근을 통해 하나님은 화해의 과정을 시작하는 고통을 일으키신다(아래 신학적 고찰에서 "혹독한 처우"를 보라). 폭스는 이렇게 주석한다. "전 세계적인 기근이 이제 곧 펼쳐질 가족 드라마를 위한 배경을 만든다. 여기서 하나님이 그 원동력이 되신다. 지혜로운 행정가인 요셉은 형제들을 연합시키기 위해 이 섭리를 따라 일한다. 요셉은 온 이집트뿐만 아니라 그의 가족도 지배하는 강력한 통치자다. 요셉은 섭리에 따라 형제들을 회개와 형제애로 이끈다."[96] 롱에이커는 부정적인 답변을 예상하면서 이렇게 묻는다. "만일 야곱의 가족이 서로 어긋난 채로 남아 있었다면 단순히 육체적 굶주림으로부터의 구원이 충분했을까?"[97]

이 장의 틀을 구성하는 죽음에 대한 언급들—"그러면 우리가 살고 죽지 아니하리라"(42:2), "그의 형은 죽고…너희가 내 흰머리를 슬퍼하며 스올로 내려가게 함이 되리라"(42:38)—은 이 이산가족의 절망적인 육체적·영적 상태를 묘사해준다. 또한 이 장은 베냐민에 대한 야곱의 특별한 관심과 더불어 가나안에서 시작해서 그곳에서 끝난다(42:3-4, 38). 베냐민에 대한 야곱의 편애와, 가나안에서의 기근 확대로 인해 다른 열 명의 형제가 이집트로 보내지는 배경이 현재의 긴장된 장면을 위한 무대가 된다.

제3막 1장은 세 단락, 즉 가나안을 떠남: 야곱이 열 명의 아들을 이집트로 보냄(42:1-5), 이집트에서: 형제들이 요셉을 두 번 알현함(42:6-26), 가나안으로 돌아옴: 형제들이 야곱과 대면함(42:27-38)으로 구성된다. 내막을 아는 형제 요셉이 긴장을 고조시킨다. 첫 번째 알현에서 요셉은 형들을 정탐꾼이라고 비난한다. 이는 명백히 그들에게 또 다른 형제가 있는지를 캐물어 그들의 인정을 받아내기 위함이었다. 두 번째 만남에서 요셉은 그들이 베냐민과 함께 돌아와 자신들의 무고함을 증명할 때까지 시므온을 투옥한다. 여기서 요셉은 자신의 고백을 이렇게 덧붙인다. "나는 하나님을 경외하노라"(42:18). 기근과 더불어 이제는 투옥의 위협마저 받은 형제들은 요셉에게 저지른 범죄를 자백함으로써 화해의 과정을 시작한다. "우리가 아우의 일로 말미암아 범죄하였도다"(42:21). 요셉은 그들이 곡식 대금으로 지불했던 돈을 그들의 짐 꾸러미에 넣어둠으로써 한층

---

96   Fox, *Beginning*, 173.
97   Longacre, *Joseph*, 50.

더 긴장감을 고조시킨다. 여기서 그들은 그들의 삶 속에 하나님께서 개입하신다는 사실을 더욱 분명하게 깨닫게 된다. 그들은 "하나님이 어찌하여 이런 일을 우리에게 행하셨는가?"(42:28)라고 물을 때 하나님에 대해 최초로 언급한다. 시므온을 구하기 위해 되돌아온 "도둑들"은 이제 죽음이나 투옥을 각오해야 한다(43:18을 보라).

인물 묘사

요셉이 형들에게 거친 말을 사용하는 동기는 모호하고 아마도 복합적일 수 있다. 내레이터는 "요셉이 형들을 알아보았다"(42:7, 8)라는 말을 반복함으로써 두 가지 동기를 제시한다. 42:7에서 내레이터는 요셉의 거친 발언을 그가 형들을 즉각 알아본 것과 연결한다. 이는 요셉이 형들이 자기에게 한 그대로 돌려줌으로써 그들을 징벌하고 있음을 시사한다. 형들이 죽음과 투옥으로 요셉을 위협했던 것처럼 이제 요셉이 동일한 방식으로 그들을 협박한다. 어쨌든 형들은 자신들이 받는 대우를 징벌로 이해한다. 42:8-9에서 내레이터는 캐묻는 요셉의 심문을 그가 형들을 알아본 것과 또한 그가 형들에 대한 꿈을 회상하는 것과 결부시킨다. 이는 다음의 사실을 시사한다. 즉 요셉의 거친 말은 그가 형들을 시험하고 훈련시키기 위해 만들어낸 것으로 자신의 꿈에 근거하여 세운 전략의 일부라는 것이다. 풍년과 기근에 대한 파라오의 꿈이 세상을 구원하기 위한 요셉의 전략에서 토대를 형성했던 것처럼, 온 가족이 자신에게 절할 것이라는 요셉의 꿈이 아마도 그에게 이런 전략을 진행하도록 영감을 부여했을 것이다. 이 전략을 통해 그들 모두가 화해한 가족으로서 이집트로 들어오게 될 것이다. 롱에이커는 이렇게 말한다. "[요셉은] 그들이 믿을 만하다는 것을 알기 전까지는 그들에게 자신을 내맡길 수 없다."[98] 개럿은

---

98 Longacre, *Joseph*, 50.

창세기 주석

본문이 요셉이 분풀이로 행동하고 있음을 분명히 보여준다고 주장한다 (45:1-15).[99] 결론적으로, 요셉의 동기가 무엇이든지 간에 하나님의 선하신 손길 아래 이루어진 요셉과 형들 간의 상호작용은 형들의 성품이 믿을 수 없는 상태에서 믿을 만한 상태가 되고 그들의 상호 관계가 역기능에서 순기능이 되는 중대한 변화를 표시해준다.

　　요셉의 형들은(그리고 청중조차도) 요셉이 자신들에게 앙심을 품고 (45:15) 복수하리라고 예상한다. 어쩌면 요셉은 자신의 상처와 쓰라림으로 인해 복수할 욕망으로―훈육을 위한 부모의 징벌과는 전혀 다른 동기―유혹을 받아 거칠게 말했는지도 모른다. 그러나 설사 그랬다고 해도 요셉은 유혹을 넘어선다. 왜냐하면 그의 전기를 쓰는 내레이터가 이런 식으로 그의 인물됨을 묘사하지는 않기 때문이다. 이전의 막에서 내레이터는 요셉에 대한 파라오의 인물 묘사, 곧 지혜롭고 분별력 있는 요셉의 성품을 기록한다. 앙갚음은 지혜롭지 못하다. 현재의 장면에서 내레이터는 형들이 정탐꾼이라는 요셉의 거친 비난을 그의 꿈과 연결시킬 뿐, 그들이 요셉을 노예로 매매한 일과는 관련짓지 않는다(참조. 45:4). 형들이 요셉에게 저지른 자신들의 죄를 인정할 때 요셉은 흡족한 미소를 지은 것이 아니라 운다(42:24). 롱에이커는 이렇게 말한다. "여기서 내레이터는 중간 단계에 있는 화해의 진행 과정을 생생하게 묘사하고 있다."[100] 요셉은 차후에 세 번 더 울 것이다(43:30; 45:2, 14-15).[101] 요셉의 전략은 모질지만 그의 감정은 연약하다. 마침내 요셉은 그들의 상황을 선을 위한 하나님의 계획의 일부로 이해한다(45:8; 50:20을 보라). 이런 인물 묘사는 이후에 요셉이 보이는 반응 및 그의 발언과 일관성이 있다. 유다가 형들이 완전하게 변화했음을 나타내는 흠잡을 데 없는 증거를 보여줄 때, 강렬

99　Garrett, *Rethinking*, 171.

100　Longacre, *Joseph*, 51.

101　Fox, *Beginning*, 173.

한 사랑의 감정에 사로잡힌 요셉은 자신의 정체를 드러냄으로써 그들에게 행사했던 권력을 내려놓는다(45:1-3). 그는 형들을 보며 울고 입을 맞춘다(45:14-15). 제10부의 끝에서 요셉은 형들에 대한 앙금을 거둔다. 그는 그들을 용서하고 그들에게 친절히 말을 건넨다(50:21). 내레이터도, 등장인물들도 요셉이 그들에게 화내고 복수심으로 행동한다는 말을 내비친 적이 전혀 없다.

형제들의 가나안 귀환이라는 주제의 틀을 구성하며 등장하는 르우벤은 나약하고 어리석다. 이 이야기의 서두에서 형제들이 회한을 표현할 때 르우벤은 "내가 너희에게 그렇게 말하지 아니하였더냐?"라고 말할 뿐, 그 이상 나아가지 못한다. 이 이야기의 정점에서 르우벤은 칭찬받을 만하게 베냐민을 탈 없이 귀환시키기 위해 책임을 지려고 하지만 자신의 두 아들의 죽음을 담보로 내놓은 것은 사려 깊지 못하고 비겁하다. 두 손자를 죽이는 것이 야곱에게 무슨 유익이 있겠는가? 그리고 왜 자신이 아니라 두 아들을 내놓는가? 유다는 아들들이 아닌 바로 자신을 종으로 내놓을 것이다.

족장이란 직분은 자기 가족을 다스리는 권한이 있으며 가족의 육체적 필요를 채우기 위해 주도권을 행사한다. 하지만 야곱은 라헬의 아들들에 대한 편애를 보여줌으로써 영적으로 계속해서 가족을 망가트린다. 그는 여전히 요셉을 아파하고 베냐민을 과잉보호하며 시므온에게는 무심하다. 그러나 이런 야곱에도 불구하고 하나님은 기근과 요셉을 사용하여 가족을 화해시키신다.

제10부 3막 1장에 대한 주해 —————————

가나안을 떠남: 야곱이 열 아들을 이집트로 보내다(42:1-5)

1절. 야곱. 족장은 가족 전체에 대한 책임이 있다(37:21과 해당 주해를 보라).

알고서(개역개정-"보고"). 본문은 문자적으로 그가 "보았다"고 말한다.

이집트에 곡식이 있음을. 12:10, 26:1-2을 보라.

너희는 어찌하여 서로 바라보고만 있느냐? 야곱의 표현은 그들이 여전히 공동의 곤경에서 벗어나기 위해 서로 협력하지 않는 역기능 가족임을 암시할 수 있다(12:12; 43:18; 46:3을 보라).

2절. 죽지 아니하리라. 42:38, 위의 문학적 분석을 보라.

3절. 열 사람. 아브라함이 가족을 거느린 사람으로서 이집트로 내려갔던 것처럼, 이제 열 사람과 짐을 진 그들의 가축이 함께 내려가야 한다. 이는 그들이 각자 자신의 가족을 거느리고 있기 때문이다(43:8을 보라). 또한 호위대를 이루어 내려가는 것은 안전을 보장해준다. 어쨌든 그들은 서로 협력하여 행동하는 길을 향해 첫발을 내딛는다. 하지만 꿈이 성취되려면 궁극적으로 베냐민이 그들과 합류해야 한다.

요셉의 형들. 이 호칭을 통해 내레이터는 임박한 만남을 예고한다.

4절. 베냐민은 … 보내지 아니하였으니. 42:38을 보라. 요셉의 친동생이 요셉을 대신해서 아버지의 애정을 독차지했다(37:3을 보라). 형들이 베냐민과 아버지를 대하는 방식이 그들이 영적인 변화를 겪는 시험대가 될 것이다.

5절. 이스라엘의 아들들(Israel's sons)**이.** 이는 야곱의 아들들이라는 그들의 정체성이 아니라 그들의 민족적 정체성을 암시하는 "이스라엘의 아들들"(sons of Israel)로 번역되는 것이 더 낫다. 내레이터는 그들의 민족적 호칭으로 그들의 정체를 확인해준다. 이 호칭은 곡식을 구하러 이집트로 가는 사람들, 곧 가나안 땅에 거주하는 민족 그룹의 목록에 그들을 끼워 넣기 위함이다. 형제들은 태동하는 민족으로서 이집트에 들어간다. 그들은 강력한 민족이 되어 그곳을 떠날 것이다.

기근. 하나님은 기근을 사용하여 택한 자들의 관계를 회복시키고 본연의 모습으로 돌아가게 하신다.

이집트에서: 요셉과의 첫 번째 접견(42:6-17)

6절. 총리. 이는 "수상"으로도 번역할 수 있다.

엎드려 절하매. 생명을 보존하기 위해 꿈을 말살한 자들이 자신들도 알지 못하는 가운데 신적인 꿈을 성취하기 시작한다(37:5-7을 보라).

7절. 형들인 줄을 아나. "인식하다, 알아보다"(37:32-33)는 형제들이 야곱을 속임에 있어 핵심 단어였다. 이제 이 단어는 요셉이 그들을 속이는 일에서 핵심이다. 이 장은 "아는 것"과 "모르는 것", "인식하는 것"과 "인식하지 못하는 것"의 상호작용이 이루어진다(위의 문학적 분석을 보라).

모르는체하고. 문자적으로 "그는 자신을 알아볼 수 없도록 만들었다." 히트나켈(הִתְנַכֵּל, "그들이 꾀하였다, 공모했다", 37:18)과 히트나케르(הִתְנַכֵּר, "그가…하는체했다")의 언어유희가 가능할 수 있다. 요셉은 자신에 대해 내막을 아는 이점을 보유하고 있다. 형제를 노예로 판 사람들은 신뢰할 수 없다. 그들에 대해 이런 방식의 장악력은 유지하는 것이 더 좋다.

엄한 소리로. 이는 "엄격한 일들을 말하다"로도 번역될 수 있는데, 말하자면 42:9-17에 나오는 것들이다(위의 문학적 분석을 보라).

8절. 요셉은 그의 형들을 알아보았으나 그들은 요셉을 알아보지 못하더라.[102] 이 히브리어는 문자적으로 "그리고 그가 알아보았다"를 뜻하며 42:7을 반복한다(위의 문학적 분석에서 "인물 묘사"를 보라).[103] 형들은 요셉을 알아보지 못한다. 왜냐하면 요셉은 십칠 세의 소년에서(37:2) 삼십칠세(원문의 삼십 세는 착오인 듯하다)의 성인으로 성장했기 때문이다(3막 1장 "플롯과 구조"를 보라). 더구나 소년이었던 요셉은 수염이 있었으나, 이제 이집트인인 그는 말끔히 면도했다(41:14).

9절. 요셉이 그들에게 대하여 꾼 꿈을 생각하고. 요셉은 아버지의 집

---

102 이는 "그가…척했다"와 동일한 히브리어지만 다른 동사 어간에서 나타난다.
103 NIV는 반복의 의미를 만들기 위해 "비록"을 덧붙인다.

창세기 주석

에서 당한 고통을 잊고 있었으나 이제 그 꿈을 기억한다. 요셉이 형들을 알아보는 창세기 42:8은 42:7을 반복한다. 42:7에서는 형들이 절한 뒤에 요셉이 알아차린다. 요셉이 꿈을 회상하기 직전인 42:8에서 이 반복은 "그가 기억했다"를 "그들이 그 앞에서 엎드려 절했다"(42:6)와 연결한다. 그러나 절하는 사람은 단지 열 명뿐이다. 꿈속의 열한 번째 형제는 어디에 있는가? 서사를 전체로 읽을 때 요셉은 일련의 사건들을 조성하고 있으며, 그렇게 함으로써 형들을 훈련시키고 징벌하며 시험하는 것이 분명해 보인다. 이는 그들의 성품을 변화시키고 그들과 자신 사이의 갈라진 틈을 치유하기 위해서다. 하나님의 섭리가 없다면 이 전략은 실패할 것이다. 요셉이 파라오의 꿈을 기반으로 이집트를 구하기 위해 계획을 세운 것처럼 이제 그는 자신의 꿈을 기반으로 가족을 육체적으로 또한 영적으로 구하기 위해 전략을 짠다.

너희는 정탐꾼들이라! 문맥상으로 42:9은 요셉의 비난을 꿈에 대한 그의 기억과 연결한다.[104] 요셉은 지금 베냐민이 그들과 합류하게 만드는 전략을 구사하면서 열한 명 모두가 그에게 절하는 첫 번째 꿈에 맞춰 행동하고 있다. 그들의 진실성을 시험하기 위해, 그러나 그들을 인지하여 유리한 입장에 있는 자신의 이점을 놓치지 않고, 요셉은 그들에게 다른 형제가 있다는 고백을 받아내려고 그들이 정탐꾼이라는 허구를 만들어 낸다. 이어서 그는 그들 중 한 명을 투옥하여 그들이 베냐민을 가나안으로부터 데려와서 자신들이 정탐꾼이 아님을 증명하도록 압박한다. 이집트인들이 요셉의 비범한 지혜에 감동을 받은 것은 당연하다.

형들에 대한 요셉의 비난이 전혀 생뚱맞아 보이지는 않는다(출 1:9-10; 참조. 삼하 3:25; 10:3을 보라). 이집트의 아시아 국경에 있는 전방 수비대는

---

104 J. S. Ackerman, "Joseph, Judah, and Jacob," in *Literary Interpretations of Biblical Narratives*, vol. 2, ed. K. R. R. Gros Louis (Nashville: Abingdon, 1982), 87을 보라.

기습 공격할 시기를 알릴 수도 있는 정탐꾼들을 색출하기 위해 정기적으로 여행객들을 조사했다. 기근에 시달리던 군대들이 창고에 저장된 곡식을 약탈하기 위해 무장된 요새들의 허점을 찾아내려고 하는 것은 예상 가능한 일이었다.

틈을. 이 단어는 문자적으로 "노출된, 벌거벗겨진"을 의미한다.

11절. 우리는 다 한 사람의 아들들로서. 가족이라면 거의 모든 아들을 위험한 정탐 활동에 내보내 목숨을 위태롭게 만들지 않을 것이다. 이는 기막힌 아이러니다. 왜냐하면 이 진술은 무심코 요셉을 포함시키고 있기 때문이다.

확실한 자들이니(NIV-"정직한 자들"). 이 언약 가족은 정직한 사람들 이상이어야 한다. 그들은 서로에 대한 형제애의 의리를 보여주어야 한다. 그럼에도 불구하고 요셉은 그들의 이 주장을 시험할 것이다. 그들은 비록 요셉에 대해서는 아버지에게 부정직했을지라도 여기서는 정직하게 행동하기 시작한다.

12절. 아니라! 무방비 상태인 정탐꾼들의 기를 빼놓은 이 특색 있는 비난의 망치질은 요셉의 책략을 위해, 또한 그들에게서 정보를 빼내기 위해 꼭 필요하다(43:7을 보라). 요셉은 그들의 저항을 와해시키려고 그들이 정탐하러 왔다는 비난을 네 번이나 반복한다(42:12, 14, 15, 20).[105] 요셉 자신의 거짓말은 정탐 활동에 대응하는 방식에서 꼭 필요한 부분으로 흠잡을 일은 아니다. 라합은 정탐 활동과 관련해서 거짓말을 한 것에 대해 칭찬을 받는다. 전쟁 통에 거짓말은 장기판이나 운동 경기에서의 속임수만큼이나 필요하다(참조. 미식축구에서 "속임수 펀트"[fake punt]와 야구에서 "공 감추기"[hidden ball]).[106]

---

105 C. Westermann, *Genesis 37-50: A Commentary*, trans. J. J. Scullion (Minneapolis: Augsburg, 1985), 108.

106 B. K. Waltke, "Joshua," in *New Bible Commentary: 21st Century Edition* (Downers Grove, Ill.:

13절. 그들이 이르되. 그들은 정탐꾼이라는 비난에 강하게 맞서지 않을 수 없었기에 반복해서 반론을 제기한다. 그들은 상세한 내용을 덧붙이는 것이 자신들을 더욱 믿을 만하게 만든다고 생각한다. 실제로 그들은 요셉이 원하는 정보를 그에게 제공한다.

또 하나는 없어졌나이다. 그들은 요셉이 죽었다고 생각한다.

14절. 내가 너희에게 이르기를 ~라고 한 말이 이것이니라. 한 명의 아들을 남겨두고 떠났다는 것은 다음의 사실을 암시해준다. 즉 그들의 아버지는 정탐 활동이 위험한 모험임을 알고 있었고 그래서 가족의 미래를 보장하기 위해 아들 하나를 남겨두었다는 것이다.

15절. 파라오의 생명으로 맹세하노니. 고대인들은 왕의 생명을 걸고 맹세했다(삼하 15:21을 보라).

너희는 이같이 하여 너희 진실함을 증명할 것이라. 그들은 자신들의 무고함을 증명할 때까지는 유죄로 추정된다.

너희 막내 아우가 여기 오지 아니하면. 42:9의 "요셉이…꿈을 생각하고"를 보라.

16절. 너희는 갇히어 있으라. 이는 첫 번째 위협이다.

너희 중에 진실이 있는지 보리라. 비록 요셉의 비난이 작전이긴 하지만, 그들은 요셉에 대해 절반의 진실을 말한 셈이다.

17절. 다 함께…가두었더라. 40:3을 보라. 그들은 직접 불행을 경험하고 나서야 자신들의 불행을 그들이 요셉에게 저지른 죄와 결부시킨다.

이집트에서: 요셉과의 두 번째 접견(42:18-26)

18절. 사흘 만에. 그들은 요셉이 십삼 년 동안 경험했던 것을 사흘 동안 맛본다! 요셉이 함부로 그들을 오래 붙들어놓을 수는 없다. 고향에서는

InterVarsity, 1994), 239을 보라.

그들의 가족이 굶주리고 있다. 그들이 이집트에 도착하기까지 한 주가 걸렸고 돌아가는 길도 일주일이 걸릴 것이다.

요셉이 그들에게 이르되. 요셉과 그의 형들은 공히 상호 협상을 위한 처음 계획을 더욱 현명하고 신사적인 계획으로 대체한다(37:20, 27을 보라).

너희는…생명을 보전하라. 42:2을 보라. 그들을 위협하는 것은 하나님께서 보내신 기근만이 아니다. 지금은 요셉도 그들을 죽음으로 위협한다. 두 위협은 모두 형들이 요셉에게 저지른 죄를 직시하고 영적 회심을 시작하도록 만든다(42:21-24).

하나님을 경외하노니. 요셉은 하나님을 두려워하기 때문에 자신의 계획을 바꿈으로써 형들 역시 하나님을 두려워해야 한다는 생각을 심어놓는다. 하나님을 경외하는 자에게는 굶주린 사람을 돕고 의지할 데 없는 약자를 보호하려는 일반적인 양심이 있다(20:11을 보라).

19절. 너희 형제 중 한 사람만 그 옥에 갇히게 하고. 요셉이 한 사람만 볼모로 잡고 아홉 명을 풀어주겠다고 생각을 바꾼 것은 그가 하나님을 경외하는 사람임을 드러내며 이런 행동의 동기가 복수가 아님을 증명해 준다(42:21, 28).

20절. 너희가 죽지 아니하리라. 요셉은 자신이 그들에게 준 곡식의 양으로는 칠 년의 기근을 버틸 수 없음을 알고 있다. 그들은 살아남기 위해 베냐민과 함께 돌아와야 할 것이다.

그들이 그대로 하니라. 그들은 베냐민을 데려와야 하는 자신들의 운명을 받아들였다. 이 제안이 공정하다는 것을 깨달은 그들은 남아 있을 형제를 선택하는 일을 진행하고 그들의 다음 대화를 전개한다.

21절. 우리가…벌을 받는도다(개역개정-"범죄하였도다"). "우리가 범죄하여 벌을 받고 있다"라고 번역하는 것이 더 낫다. 이 히브리어 아샴(אשׁם)은 죄와 그에 따른 징벌 둘 다를 가리킨다. 이 둘은 분리될 수 없다.

아우의 일로 말미암아. 그들은 무고하게 정탐꾼이라고 비난받고 있지만 이를 요셉에게 범한 자신들의 죄에 합당한 징벌로 여기면서 인간을 하나님의 더 높은 정의를 시행하는 도구로 이해한다. 이런 믿음이 없었다면 그들은 구원의 하나님 나라에 참여할 수 없었을 것이다(44:16을 보라). 창세기는 악행에 대한 암묵적인 징벌로 가득 차 있지만(예. 야곱과 속임수, 세겜에서의 야곱), 이 구절은 내레이터가 등장인물들로 하여금 그들의 신념을 말하게 하는 유일한 사례다. 즉 하나님만이 도덕적 행위를 분명한 미래의 운명과 연결시킴으로써 우주를 통치하신다는 신념 말이다.

그 마음의 괴로움을 보고도…이 괴로움이. 그들은 하나님 아래서 자신들이 뿌린 대로 거두고 있음을 깨닫는다(갈 6:7).

듣지 아니하였으므로. 그들이 생사의 갈림길에 직면할 때 이전의 강퍅한 마음에서 새로이 죄책감을 느끼는 진정한 회심이 발생하고 있다.

22절. 르우벤. 위의 문학적 분석에서 "인물 묘사"를 보라. 그들이 누가 남아야 하는지 심사숙고할 때 르우벤은 애초에 자신이 요셉을 해치는 것을 반대했기 때문에 자신은 후보에서 제외되어야 한다고 주장하고 있는지도 모른다. 이제까지 요셉은 아마도 자신을 구덩이에 던져넣은 일에 대해 맏형이 책임져야 한다고 여겨왔을 것이다. 여태껏 요셉은 르우벤이 이런 행위를 반대하고 자신을 구해내려 했다는 사실을 알지 못했다.

죄를 짓지 말라. 37:22을 보라.

그의 피값을 치르게 되었도다. 9:5-6을 보라.

24절. 울고. 지금까지 요셉은 형들을 거칠게 대해왔다. 암묵적으로 그들이 하나님께 영광을 돌리며 자신들의 죄를 고백하면서 화해가 가능해졌다. "(죄를) 자복하고(즉 하나님이 죄를 아시고 벌하신다는 사실을 인정함으로써 그분께 영광을 돌리는) 버리는 자는 불쌍히 여김을 받으리라"(잠 28:13). 형들이 스스로에게 정직할 때 요셉 역시 자신의 감정에 솔직해질 수 있다.

시므온. 요셉이 개입하여 시므온을 선택한다. 왜냐하면 요셉은 이제 자신을 노예로 팔아버린 책임이 둘째 형에게 돌아간다는 것을 알게 되었기 때문이다. 또한 요셉은 잔혹함에 대한 시므온의 명성을 알고 있다(34:25; 49:5-7).

그들의 눈앞에서 결박하고. 요셉은 형들에게 자신의 의도와 그들이 처한 상황의 심각성을 각인시키기 위해 이렇게 한다. 그들이 시므온을 다시 보려면 베냐민을 데려와야 한다.

25절. 돈은 그의 자루에 도로 넣게 하고. 요셉이 이렇게 하는 동기는 진술되지 않는다. 이 행위는 징벌을 위해서인가?(Gunkel) 구제를 위한 것인가?(von Rad) 아니면 어리둥절하게 만들기 위해서인가?(Westermann) 요셉이 형들을 벌하고 있는 것일 수도 있지만 그들을 쩔쩔매게 하는 것은 알려진 바 그의 고귀한 성품과는 어울리지 않는다(위의 문학적 분석을 보라). 상황을 정확히 꿰뚫어보고 분명한 계획에 따라 행동하지 않는다면, 그것은 이집트를 책임지는 위치에 올라선 사람에게 어울리지 않는 일일 것이다. 왜냐하면 요셉은 정확하게 말해서 탁월한 행정가이기 때문이다. 아마도 요셉은 형들을 너그럽게 다루기를 원하지만 노골적으로 그렇게 할 수 없었고 형들의 정체를 아는 유리한 입장에서 힘을 조절하고 있을 것이다(43:23을 보라). 폰 라트와 마찬가지로 스턴버그도 이 행동이 구제를 위한 것이라고 생각한다. 요셉은 형들이 과거와 직면하도록 그들을 몰아간다.[107] 그들은 과거에 생명보다 돈에 더 큰 가치를 부여했다. 이런 과거와 관련지어 요셉은 시므온에 대한 그들의 형제애를 시험하고 있다. 베냐민을 데리고 돌아오는 일은 어렵지 않겠지만, 돌아와서 그들이 범죄자로 드러날 경우에는 어려움에 처하게 될 것이다(43:23을 보라).

---

107 Sternberg, *Poetics*, 293-94.

가나안으로의 복귀: 야곱과 대면하다(42:27-38)

27절. 한 사람이. 내레이터에 따르면 한 사람만이 여관에서 자신의 자루를 풀고 돈을 발견한다. 나머지는 집으로 돌아가서 돈을 발견한다 (42:35). 형제들의 설명에 따르면 그들 각자는 집으로 가는 도중에 자루 아귀에서 돈을 발견했다(43:21). 형제들은 그들의 설명에서 정확성에 관심을 두지 않는다(42:29-34을 보라). 내레이터는 자신의 설명이 그들의 설명과 상치되도록 놔두고 청중이 이 뚜렷한 모순을 해결하도록 만든다.

28절. 그들이 혼이 나서 떨며. 그들은 도둑이 되어버렸다.

하나님이 어찌하여 이런 일을 우리에게 행하셨는가? 형제들이 처음으로 하나님을 언급하고 있다. 그들의 깨어난 양심은 하나님께서 그들의 범죄와 징벌 배후에서 일하고 계심을 깨닫는다(42:21-22).

29절. 일어난 모든 일(개역개정-"그들이 당한 일"). "모든"은 상대적인 용어다. 여기서 이 표현은 그들의 아버지가 알기 원하는 모든 일과 관련된 것으로 이해되어야 한다. 아래 설명된 다른 중요한 변화들에 덧붙여 그들은 사흘간의 구금, 시므온의 결박과 투옥, 그들의 후회와 르우벤의 항변, 혹은 돈의 발견에 대해서는 아무 말도 하지 않는다.

30절. 우리를 … 정탐꾼으로 여기기로. 그리스어 역본은 "그리고 우리를 ~로 여기고 구금했다"로 읽는다.

33절. 너희 형제 중의 하나를 내게 두고. 그들은 시므온이 죄수가 아닌 존중받는 손님으로 취급되었다는 인상을 남긴다. 아버지에 대한 그들의 태도는 이제 더 이상 무덤덤하지 않고 세심하다. 요셉은 이런 연민이 부족하다.

34절. 너희가 이 나라에서 무역하리라. 그들은 아버지의 감정을 고려하지 않고 생사가 달린 요셉의 위협을(42:18, 20) 경제적 기회에 대한 약속으로 뒤바꾼다. 그들은 자루 속에 돈이 되돌아온 사실을 의도적으로 누락한다.

35절. 각기 자루를 쏟고. 지금까지 그들은 먹이 자루만을 풀었을 뿐이다(42:27을 보라).

아버지가 돈뭉치를 보고. 이 시점까지 야곱은 아마도 그들의 이야기가 신뢰할 만하다고 여겼을 것이다. 하지만 돈은 아들들을 범죄자로 보이게 만든다. 특히 야곱은 그들이 항상 믿을 만한 아들들이 아님을 알기 때문에 그렇다. 야곱은 그들이 시므온을 팔았다고 생각할까? 자루 속의 돈은 야곱과 그의 아들들 사이의 틈을 크게 벌려놓지만 아들들을 서로 더욱 밀착시킨다.

두려워하더니. 이제 그들 모두가 절도죄를 저지른 것처럼 보인다.

36절. 그들의 아버지 야곱이 그들에게 이르되. 그는 자기 연민 속에서 말을 시작하고 맺는다.

없어졌고. 야곱은 그들도 이집트의 총리도 신뢰하지 않는다. 어쨌든 야곱은 시므온을 빼내기 위해 어느 누구도 이집트로 돌려보낼 생각이 없기 때문에 야곱의 관점에서 시므온은 죽은 것이나 다름없다.

너희가 나에게 내 자식들을 잃게 하도다. 야곱은 그가 깨달은 것보다 더욱 정확하게 이야기한다. 그러나 야곱은 아들들이 직접 설명할 시간을 주지 않는다. 자루에 있는 돈은 야곱에게 아들들이 범죄자라는 증거가 되기에 충분하다. 야곱 역시 신뢰하는 법을 배워야 한다. 형제들은 이 장면에서 서로 더 가까워지지만, 야곱은 자기 아들들과 더 가까워지지 않는다.

이는 다 나를 해롭게 함이로다! 야곱의 자기 연민은 이해할 만하지만 변명거리는 될 수 없다. 시므온은 어떻게 하란 말인가? 또한 야곱이 베냐민을 보내지 않음으로써 가족에게 가하는 고통은 어떻게 할 것인가?

37절. 내 두 아들을 죽이소서. 르우벤이 생각 없이 뱉은 이 제안은 야곱에게 설득력이 없다. 르우벤은 진정으로 배다른 형제를 자신의 두 아들보다 우선시한단 말인가? 게다가 어떻게 족장의 손자들을 죽이는 일이 야곱을 달랠 수 있겠는가? 르우벤의 제안은 이미 파멸 직전의 위험한 단계에 와 있는 가족의 생존을 더욱 위험에 빠트릴 뿐이다.

38절. 너희와 함께. 이는 복수형이다.

그만 남았음이라. 라헬의 다른 아이를 자신의 유일한 아들로 간주함으로써 야곱은 레아와 첩들의 아들들을 한층 소외시킨다.

무덤(개역개정-"스올"). 스올에 대해 37:35을 보라.

제10부 3막 1장에 대한 신학적 고찰 ─────────

섭리

위의 문학적 분석에서 "인물 묘사"를 보라.

가혹한 자비

하나님은 아무도 통제할 수 없는 기근을 사용하여 강대국인 이집트를 낮추시고 당신의 백성을 구하시며 그들을 높이신다. 요셉의 거친 말은 하나님께서 부서진 가족을 징벌하고 시험하며 가르치기 위해 사용하시는 또 다른 가혹한 자비다. 이 장의 서두에서 요셉은 가족에게 죽은 자로 간주되고 요셉 자신은 그들에게 돌아가려는 노력을 전혀 하지 않는다. 야곱은 요셉을 잃고 여전히 슬퍼하며 아마도 자기 아들들을 의심한다. 형제들은 공동의 유익을 위해 함께 행동하기보다는 그저 "서로 바라보고만" 있을 뿐이다. 또한 그들은 죄책감에 찌든 숨겨진 양심으로 고통스러워한다. 요컨대 그들은 하나님으로부터 또한 서로에게서 멀어진 자들이다.

하나님은 기근을 통해 이 가족이 그들의 과거 및 서로를 직면하도록 몰아감으로써 구원하는 과정을 시작하신다. 요셉의 거친 태도 역시 부서진 가족을 치유하고 그들을 하나님께로 회복시키는 역할을 한다. 시므온의 이집트 억류는 열 명의 형제로 하여금 자신들이 어떻게 요셉을 학대했는지를 상기시킨다. 또한 그들은 세계의 도덕적 통치자께서 그들의 삶 속에서 일하고 계심을 처음으로 깨닫는다. 양심이 깨어난 그들은 자신들의 죄를 고백하며(42:21-24) 하나님을 두려워하게 된다(42:28). 그들은 시므온을 감옥에서 구하고(42:19, 24) 베냐민이 해를 입지 않도록 보호할 책임을 진다(42:37; 43:1-45:28을 보라). 귀환한 형제들은 그들이 겪은 모험에 대해 아버지의 두려움을 누그러뜨리는 방식으로 바꾸어 말함으로써 아버지의 감정을 세심하게 신경 쓰는 모습을 보여준다. 그들의 죄 고백은 요셉을 울게 만든다. 가족을 연합시키는 믿음, 참회, 따뜻한 감정 및 형제애가 지금 구체적으로 조성되고 있다. 기근을 통해 요셉은 이집트를 통치하고 이스라엘의 아들들은 하나님의 백성이라 불릴 만한 자격을 갖추게 된다. 하나님의 기근과 요셉의 거친 말은 둘 다 형제들을 생사의 문제에 직면하게 만든다(42:2, 18, 20). 이런 하나님의 가혹한 자비를 통해 부서진 가족이 회복되고 있다.

지식과 힘

요셉은 자신의 지식으로 다른 사람들 위에 군림하는 힘을 갖는다. 이 힘은 백성의 삶을 통솔하시는 하나님의 섭리에 대해 유익한 유비를 제공해준다. 가족은 이집트에서 일어난 사건들을 고통과 고난으로 이해한 반면에 요셉은 바로 그곳에서 실질적으로 가족의 유익을 도모하는 전략을 구사한다. 하지만 하나님의 섭리와의 유비는 요셉의 인간적 한계로 인해 제한된다. 요셉은 자신의 힘을 적절하게 사용하는 데 주의를 기울여야 하며 그가 세운 전략의 성공은 궁극적으로 하나님의 섭리에 의존한다.

루프는 이렇게 말한다. "(형들보다 우위에 있는) 요셉의 힘은 이집트에서의 그의 제왕적 지위 못지않게 '아는 것'과 '인식하는 것'에서 온다. 이전의 일화는 요셉의 지위가 그의 '아는 것'과 '인식하는 것'에서 왔음을 들려주었다. 야곱, 형제들, 술 맡은 관원장과 떡 굽는 관원장 및 파라오는 그들이 알지 못하기 때문에 상대적으로 열세에 놓인다. 알고 있는 요셉은 가족을 회복시키거나 파멸시킬 수 있는 힘이 있다. 요셉은 그들을 파멸 직전까지 몰고 간다."[108] "모든 것을 아는" 요셉은 하나님을 대신하는 배역을 수행한다. 요셉은 섭리에 따라 파악하기 어려운 사건들을 가족의 삶 속으로 끌어오는 반면에, 형들은 상황을 알고 있는 그에게 잘 간파된다(42:15; 43:25을 보라). "형들은 '알지 못하는' 불길한 세계에 지속적으로 직면한다. 사건들은 무작위로 발생하는 듯 보이고 그들의 침울한 상상력은 그들의 삶에 가해지는 위협을 감지한다."[109] 가족은 죽음, 기근, 정탐 활동에 대한 사법 처리, 거래에서의 무기력함에 직면하지만, 눈앞이 캄캄한 이 모든 사건은 신비하게도 지혜롭고 선하신 분의 손안에 있다.

---

108 Roop, *Genesis*, 265.
109 앞의 책, 267.

제10부 3막 2장

두 번째 여행: 요셉이 형들을 환대하다(43:1-34)

제10부 3막 2장에 대한 문학적 분석 ——————

플롯과 구조

이 장은 두 배경으로 표시되는 두 사건으로 나눌 수 있다. 즉 가나안에서: 이집트로 귀환하기 위한 가족회의(43:1-14), 이집트에서: 요셉의 집에서 형제들과 요셉의 오찬(43:15-34). 플롯의 긴장감은 전에 틀어졌던 형제들의 사이가 점차 개선되는 화해를 조성해간다. 야곱의 편애와 두려움, 형제들의 행동에 대한 불신, 요셉의 정체 위장은 화해의 장애물인 것처럼 보인다. 이 장의 두 배경에서 식량은 화해의 움직임을 향한 중심점이다. 가나안에서 직면한 식량난은 가족이 어쩔 수 없이 이집트로 돌아가도록 밀어낸다(43:1-14). 임박한 가족의 굶주림은 유다로 하여금 어쩔 수 없이 지혜롭고 용감하게 아버지께 말씀드리게 하고 야곱을 확신시켜 베냐민을 보내게 만든다(추가 분석에 대해서는 주해를 보라). 이 일화는 이집트로 돌아가라는 야곱의 지시로 시작하고 끝을 맺는다. 이집트에서 이 화해의 드라마는 식사를 준비하라는 요셉의 명령과 더불어 시작되어 연회에서 형제들의 식사와 더불어 끝난다(43:15-34). 형제들은 연회를 위해 요셉의 집으로 인도된다. 그들은 거기서 불안한 순간에 초조하게 은전을 되돌려주려 애쓰고, 열한 명의 형제가 요셉 앞에 절하며, 요셉은 베냐민을 목격하고 마음이 요동친다(추가 분석에 대해서는 주해를 보라). 이 장에서 화해가 절정에 이르는데, 형제들은 요셉이 편애하여 아낌없이 음식을 먹이는 베냐민과 함께 마음껏 오찬을 즐긴다.

인물 묘사

내레이터의 대화 사용과 식사의 세부 사항에 맞춰진 좁은 초점은 가족이 화해하는 과정에서 그 인물들을 묘사하려는 내레이터의 의도를 드러낸다. 기근과 요셉의 "가혹한" 협상안, 곧 식량을 사려면 베냐민을 데려와야 한다는 조건으로 인한 이중적 위기는 가족을 더욱 단단하게 결속시킨다.

야곱은 어리석게도 여전히 베냐민에 집착하고 시므온에게는 무관심하다. 그러나 제1장과는 달리 이번에 야곱은 아들들의 손에 선물을 주고 그들의 머리에 축복한 뒤 이집트로 보낸다. 야곱은 마침내 자신의 운명을 하나님의 손에 맡긴다.

유다가 새로운 지도자로 떠오른다. 유다는 족장인 야곱의 지시에 동의하지만 강하고 현명하며 침착하게 말한다. 기근과 요셉의 시험이라는 가혹한 하나님의 자비는 유다의 진면목을 드러나게 한다. 유다는 나머지 가족을 구하기 위해 자기 가족의 미래와 생명의 위험을 감수한다. 나중에 유다는 아버지를 위해 동생을 대신해서 자신을 노예로 내놓을 것이다 (44:33-34). 이 장에서 유다의 성숙한 발전은 37장과 38장에서 그에 대한 인물 묘사와 함께 다루어져야 한다(제10부의 문학적 분석과 제10부 1막 2장의 문학적 분석에서 "인물 묘사"를 보라).

요셉은 이제 자신의 엄격한 모습을 내려놓지만 상황을 알고 있는 자신의 유리함을 유지한다. 요셉은 자기 가족에게 진심으로 융숭한 대접을 베푼다. 요셉의 진심 어린 따뜻한 감정은 이집트 고위직이라는 그의 사회적 우월성이 아니라 가족애와 결부되어 있다.

형제들은 족장인 야곱의 지침에 동의하고, 야곱이 심지어 꾸짖을 때에도 그의 지시에 정확히 순종한다. "발견된" 돈과 관련하여 형제들은 자신들이 정직함을 증명한다. 하나님의 은혜로 요셉과 그들의 관계는 공포에서 평화로 변화된다. 그들은 선물을 내놓고 경의를 표함으로써 합법적 권위 앞에 복종한다. 그리고 절정에 이르러 요셉이 베냐민을 특별 대우한다는 사실에도 불구하고 열두 형제 모두가 마음껏 마신다. 접대인은 상황을 정리한다. 드디어 샬롬이 회복되었다(43:23).

제10부 3막 2장에 대한 주해 ─────────────

가나안에서: 이집트로 귀환하기 위한 가족회의(43:1-14)

1절. 기근. 41:57을 보라.

2절. 그들의 아버지. 야곱은 여전히 가장이다. 그는 주도권을 쥐고 최종 결정을 내린다. 그는 아들들을 이집트로 보내고 마침내 거기서 정착하기로 동의한다(45:26-28). 그러나 그는 이제 지나간 인물이기도 하다. 유다가 가족을 이끌기 시작한다.

우리를 위하여 양식을 조금 사오라. 42:1을 보라.

3절. 유다. 유다는 아버지와 좋은 관계를 유지하고 있는 아들로는 최고 연장자다(참조. 34:30; 35:22). 야곱은 앞서 베냐민의 안전을 위해 르우벤이 내놓은 허망한 보증을 단호히 거절했으며(42:37) 시므온은 이집트의 감옥에 갇혀 있다(42:24). 이 시점 이후로 계속 유다가 형제들의 지도자가 된다(참조. 44:14-34; 46:28). 유다 지파가 이스라엘의 아들들 중에서 탁월하게 될 것이다(49:8-10; 마 1:2, 17; 눅 3:23, 33).

너희가 내 얼굴을 보지 못하리라. 제3막의 다른 모든 반복적 진술에서와 마찬가지로 유다는 42:18-20을 자유로이 다시 설명하면서 세부 내용을 제외하고 내레이터가 아마도 공백으로 남겨두었을 정보를 덧붙이고 있다.

4절. 만일 아버지께서 … 보내시면. 추정컨대 야곱의 허락 없이도 형제들은 베냐민을 붙잡아 서둘러 떠날 수 있었다. 하지만 그들은 아버지의 지시 없이는 행동하지 않는다. 이제 다 큰 성인인 아들들은 족장인 아버지의 지도권에 승복한다. 해밀턴이 설명한 대로 "요셉의 말이 이집트에서 최종 권위를 지닌다면 야곱의 말은 가나안에서 최종 권위를 지닌다."[110] 이 책임은 전적으로 야곱에게 있다.

5절. 우리는 내려가지 아니하리니. 유다는 아버지의 지시에 동의하지만 아버지의 거절에 대응하는 결정적인 조건도 내놓는다.

6절. 이스라엘. 이는 씨족의 머리인 야곱의 이름이다.

7절. 그 사람이 우리와 우리의 친족에 대하여 자세히 질문하여 이르기를. 또다시 이 말은 요셉과 그들의 면담에 대한 내레이터의 기사와 정밀하게 상응하지 않는다(42:11-14). 그들이 자신들을 변호하기 위해 이야기를 조작하고 있는 것은 아니다. 왜냐하면 44:19에서 유다가 요셉에게, 즉 사실을 알고 그들의 운명을 손아귀에 쥐고 있는 그에게 동일한 내용을 말하기 때문이다. 아마도 내레이터가 42장에서 이 내용을 공백으로 처리했을 것이다.

8절. 유다가 … 이르되. 유다가 다시 지도력을 발휘하여 족장인 아버지와 아들들의 교착 상태를 깨트린다. 유다는 족장의 권위를 침해하지 않지만, 사르나의 말대로 "그의 접근은 직접적이고 확고하며 분별력이 있고 초점을 잃지 않는다."[111] 야곱은 대안이 없는 현실을 직시해야 한다.

저 아이(נַעַר, 나아르). 유연한 의미를 가진 이 단어는 "젊은이"(lad)를 뜻하는데, 유아부터(출 2:6) 결혼한 신분에 이른(참조. 창 21:12, 17, 18; 34:19; 41:12) 연령층의 남자까지도 지시한다. 베냐민은 요셉이 이집트로

---

110 Hamilton, *Genesis 18-50*, 540.
111 Sarna, *Genesis*, 298.

내려가기 전에 태어났기 때문에 이십이 세 이상이다. 여기서 이 단어는 베냐민의 절대적인 나이가 아니라 가족 내에서 막내인 그의 사회적 지위를 묘사한다(참조. 42:13, 15, 20; 43:29; 44:23, 26). 이와 비슷하게 약 삼십팔 세인 요셉은 43:29에서 그의 어린 동생을 "내 아들"(개역개정-"소자여")이라고 부른다.

우리와 아버지와 우리 어린아이들이. 야곱의 비타협적인 태도는 가족 삼대를 모두 위협한다. 유다는 "자신에게 중요한 기준을 따라 오름차순으로" 그들을 언급한다.[112]

다 살고 죽지 아니하리이다. 유다는 야곱이 형제들을 이집트로 보낼 때 처음 꺼냈던 말을 반복한다(42:2). 여기서 이 말은 기근과 요셉의 위협 둘 다를 가리키는 중의적인 의미다(42:18-20, 34).

9절. 내가 그를 위하여 담보가 되오리니. 이는 문자적으로 "내가 그를 위해 보증이 될 것이다"로 읽는다. 잠언 6:1-5은 사람이 타인이 진 빚에 대해 책임을 맡는 일을 금지한다. 그러나 유다는 가족을 구하기 위해 책임을 떠맡는다. 유다는 베냐민을 다시 돌아오게 하는 의무를 이행하지 못할 경우 자기 가족의 미래를 기꺼이 야곱에게 맡길 용의가 있다. 또한 야곱은 이후 자신이 원하는 대로 그렇게 할 수 있다. 이는 유다가 형제를 구하는(37:27을 보라) 두 번째 사례다. 왜냐하면 그는 암묵적으로 투옥된 시므온을 구하기 때문이다(문학적 분석을 보라).

아버지께서 내 손에서 그를 찾으소서. 르우벤은 자기 아들들의 생명을 거는 반면에 유다는 자신의 생명을 건다. 이는 유다가 르우벤의 지도자 자격을 무색하게 만드는 두 번째 사례다(참조. 37:21-22과 37:26-27; 42:37과 43:8-10).

내가 평생 아버지 앞에서 책임을 지리이다(개역개정-"내가 영원히 죄를

---

112 앞의 책.

지리이다"). 이 히브리어는 문자적으로 "내가 죄를 지을 것입니다"로 읽는다. 만일 유다가 이 약속을 어긴다면, 그는 야곱이 남은 생애 동안 그에게 어떤 벌을 주길 원하든 이를 기꺼이 받아들일 것이다. 족장인 야곱은 자기 아들들을 호되게 박대할 수 있으며 그렇게 할 것이다(49:3-7을 보라).

10절. 우리가 지체하지 아니하였더라면. 유다는 직접적이면서도 엄중하게 말한다.

11절. 그러할진대. 나중에 유다가 요셉에게 하는 말에서도 드러나지만 유다는 사람을 말로 설득하는 재주가 있다. 이는 그들의 대화에서 전환점이 된다. 이제 야곱은 동의하고 아들들로 하여금 요셉과 만날 채비를 갖추게 한다. 즉 야곱은 그들이 선물 보따리를 꾸리고 돈을 다시 챙기도록 하며 그들을 위해 기도함으로써 그들을 준비시킨다.

예물. 이 히브리어는 4:4-5, 32:13에 나오는 것과 같은 단어다(해당 주해를 보라). 이 단어는 복종의 표시로 바치는 선물을 지시한다. 상관을 접견할 때(정치적으로, 삼상 16:20; 군사적으로, 삼상 17:18; 혹은 종교적으로, 왕하 5:15) 예물은 존경심을 드러내는 한 방법이다.

유향. 37:25을 보라.

꿀.[113] 야곱이 보내는 꿀은 바위틈(신 32:13), 나무(삼상 14:25-26), 또는 동물의 사체에서(삿 14:8) 발견되는 엄청난 양의 야생 꿀이다. 꿀은 단맛을 내는 기본 재료였다(출 16:31; 잠 24:13; 25:16). 꿀은 풍요를 나타내고 귀했으며(시 19:10; 119:103; 잠 5:3; 아 4:11) 약효가 있다고(잠 16:24) 여겨지는 좋은 선물이었다(삼하 17:29; 왕상 14:3; 렘 41:8). 이집트인들은 꿀을 기근의 때에 생기를 주는 달콤한 음식으로 소중하게 취급했을 것이다.

---

113 양봉은 이집트에서 일찍이 구왕국 시대에 실행되었다. 이는 기원전 8세기경에 메소포타미아에 도입되었으며 아마도 팔레스타인에서는 헬레니즘 시대에 시작되었을 것이다. 벌꿀에 대한 명시적인 언급은 삿 14:8-9에 나온다(E. Firmage, "Zoology," *ABD*, 6:1150).

12절. 갑절의 돈. 이는 자루들에서 발견된 돈을 벌충하고 이에 더하여 새로운 식량을 구입하기 위해 필요한 돈이었다(43:21-22을 보라).

그 돈을 다시 가지고 가라. 이 돈은 예기치 않게 발견되었고 출처가 확인되지 않았지만 이집트인들이 그들에게 준 것이 아니었다. 언약의 가족은 윤리적으로 행동해야 하며 이 돈을 되돌려주어야 한다(42:11과 해당 주해를 보라).

혹 잘못이 있었을까 두렵도다. 유다의 제안에 비추어볼 때 야곱은 두 번째로 자기 아들들이 죄가 있다고 생각하고 있다(42:36과 해당 주해를 보라).

14절. 전능하신 하나님. 이는 그들을 큰 민족으로 만들어 열국의 복이 되게 하겠다는 하나님의 언약의 약속과 관련되는 그분의 칭호다(17:1을 보라).

내가 자식을 잃게 되면 잃으리로다. 야곱은 자신을 숙명(fate)에 맡기지만 그렇다고 스토아 철학과 같지는 않다. 그는 아들들의 여행 중에 하나님의 자비가 있기를 기도한 후에 자신을 하나님의 운명(destiny)에 맡긴다(에 4:16을 보라).

이집트에서: 요셉과의 연회(43:15-34)

15절. 그 형제들이 예물을 마련하고. 그들은 야곱의 지시를 정확하게 따른다.

16절. 베냐민이 그들과 함께 있음을 보고. 이 목격 장면은 요셉과 그의 청지기의 사적인 대화와 관계가 있다. 43:29의 "베냐민을 보고"는 요셉과 그의 형들과의 공적인 대화와 관련된다.

(오찬을) 준비하라. 오찬이 이 사건 이야기의 골격을 이룬다(위의 문학적 분석을 보라).

18절. 두려워하여. 그들은 다른 무역상들과 달리 별도로 뽑혀갔기 때문에 요셉의 "선한" 계획을 악한 일로 오해한다.

우리를 억류하고 달려들어 우리를 잡아 노예로 삼고. 그들은 아마도 이집트 고위 관리들의 집에 감옥이 있다는 사실을 알고 있을 것이다(40:3; 42:17을 보라). 이 이미지는 아이러니하게도 요셉에 대한 그들의 학대를 또다시 생각나게 한다.

23절. 너희는 안심하라. 청지기의 이 말은 문자적으로 "너희에게 평화(שָׁלוֹם, 샬롬)가 있기를"이다. 인사법은 사회적 지위와 관계를 실증한다. 세 번 반복되는 "평화"는 이 새로운 관계에서 핵심 단어다(43:27[2회]에서는 "안녕한지"로 번역된다).

너희 하나님, 너희 아버지의 하나님. 요셉과 형들의 관계가 두려움에서 (42:21-22, 28, 35; 43:18을 보라) 평화로 바뀌는 이 전환점은 그들의 하나님을 신뢰하는 타국인을 통해 발언된다. 그는 하나님의 섭리가 인간의 행위를 통제한다는 사실을 인정한다(45:5을 보라).

하나님이 재물을 …너희에게 주신 것이니라. 그들은 돈을 반환했음에도 불구하고 돈을 계속 소유하게 된다.

내가 이미 받았느니라. 문자적으로 "(돈이) 내게 왔다"이다. 이 법적 형식문은 지불된 값을 완전히 수령했음을 확인해준다.

시므온을 그들에게로 이끌어내고. 내레이터는 시므온의 석방을 베냐민과 동행한 귀환이 아니라 돈의 반환과 연결한다. 이 예상 밖의 연결 작업은 요셉이 그들의 형제애를 시험하기 위해 돈을 그들의 자루에 넣어두었다는 해석을 타당하게 만든다. 비록 분명히 그들이 그렇게 해야 한다는 극한의 압박을 받았지만 말이다(42:15을 보라).

24절. 물을 주어 발을 씻게 하며 그들의 나귀에게 먹이를 주더라. 이는 융숭한 대접의 행동이고(18:2-5을 보라) 요셉의 도착을 알리는 전환점이다.

26절. 절하니. 내레이터는 시므온이 그들과 함께할 때까지 이 상세한 내용을 보류한다. 내레이터는 43:15에서 이 행동을 공백으로 처리한다. 열한 명의 형제가 모두 요셉에게 절할 것이라는 처음의 꿈이 이제 성취된다.

27절. 그들의 안부를 물으며. 이 히브리어는 문자적으로 "안녕한지에 대해"이다(43:23을 보라).

그 노인이 안녕하시냐? 여기서 본문은 문자적으로 "평안하시냐?"이다 (43:23을 보라). 이는 아버지 야곱의 온전한 안녕에 대한 질문이다.

너희 아버지. 요셉은 자기 아버지에 대해 무관심하지 않다. 그는 아마 자신이 어느 개인의 삶보다 더 큰 무대에서 역할을 담당하고 있음을 인식하고 있을 것이다(45:5-7).

너희가 말하던 그 노인이. 그들이 아버지에 대해 제공했던 정보가 42장에서는 공백으로 처리되었음이 분명하다(44:31을 보라).

아직도 생존해 계시느냐? 45:3을 보라. 이는 논리적 순서가 뒤바뀐 화법이다.

28절. 머리 숙여 절하더라. 43:26을 보라. 문자적으로 그들은 "머리를 조아려 경의를 표했다." 사르나의 제안에 따르면 이는 "그들의 아버지의 안녕을 묻는 질문에 담긴 요셉의 염려에 감사하는 표시이거나 하나님께 드리는 감사의 몸짓, 즉 '하나님께 감사드립니다'라는 말에 상응하는 신체적 표현이다."[114]

29절. 눈을 들어 …보고. 이는 중요한 섭리적 관찰이다(24:63-64을 보라).

자기 어머니의 아들. 베냐민은 요셉과 친형제라는 특별한 관계에 있다.

하나님이 네게 은혜 베푸시기를 원하노라. 이 아론의 축복은 일상적인 인사는 아니다.

내 아들아(개역개정-"소자야"). 비록 겉으로는 동등하지 않은 사회적 지위지만, 이 말은 그들이 가족이라는 확증이다.

---

114 Sarna, *Genesis*, 301.

30절. 울 곳을 찾아. 요셉은 세 번이나 자리를 떠나 눈물을 흘림으로써 모든 상황을 아는 지식의 힘을 유지할 뿐이다(42:24; 43:30; 45:1-2, 14-15). 이집트인의 겉모습으로 치장한 가운데서도 자기 가족을 향한 요셉의 사랑은 요동친다.

안방으로. 중요한 인물들이 안방을 따로 두는 사례는 묘실을 통해 확인할 수 있다.

31절. 음식을 차리라. "요셉은 자기 형제들을 위해, 즉 오래전 그가 구덩이에서 탈진해 있는 동안 무정하게 앉아서 밥을 먹었던 그들을 위해 식사를 대접한다."[115]

32절. 그들이 요셉에게 따로 차리고. 이는 요셉의 높은 지위 때문이다.

같이 먹을 수 없었다. 이집트인은 히브리인과 같이 잠을 잘 수도 없다. 이 금기는 아마도 이집트인의 윤리적·문화적 우월 의식에 근거할 것이다. 그들은 목자라는 직업과 이스라엘의 예배 형식을 역겨운 것으로 업신여겼다(46:34; 출 8:26을 보라).

이집트 사람은⋯부정을 입음이었더라. 여기에 이집트가 거주지로 정해진 이론적 근거에 대한 실마리가 놓여 있다. 가나안 사람들은 이스라엘의 아들들을 기꺼이 통합시키고 흡수한 반면에 이집트 사람들은 그들을 경멸한다. 창세기 38장에서 유다와 가나안 족속의 통혼은 혼합주의 성향인 가나안 족속이 태동하는 이스라엘 가족에게 발생시키는 위험을 보여준다. 이집트인들은 태동하는 이스라엘 민족이 그들의 영토 내에서 큰 민족으로 발전할 수 있도록 보장하는 문화적 수단을 차단했다. 이집트의 위협은 폭정이라는 방식을 취하게 될 것이다.

33절. 앉히게 되니. 문자적으로 "그들이 앉았다." NIV의 해설적 번역은 자리 배치가 요셉의 지시 아래 이루어진 것으로 올바르게 해석한다.

---

115 앞의 책, 302.

그들의 나이에 따라. 그들은 분명하게 알 수 없는 요셉의 계획된 손길을 느낀다.

34절. 베냐민에게는 … 다섯 배나 주매. 요셉은 형들의 질투심을 시험한다. 이 편파적 대우는 야곱이 요셉에게 베풀었던 편애와 비교할 수 있다. 고위 관리와의 식사에 초대되는 것은 그와의 가까운 관계를 전제하며 승진이나 해직의 가능성을 내포한다. 잠언 23:1-3은 지혜로운 아들은 관원의 음식에 미혹되어서는 안 된다고 가르친다. 초대받은 이의 성품은 의도적이든 부지불식간이든 간에 고위 관리의 감시 아래 놓인다.

마시며 … 즐거워하였더라. 이는 오찬의 두 부분을 구성한다.

즐거워하였더라. 문자적으로 "그들은 마시고 취했다"이지만 이 표현이 반드시 창세기 9:21에서처럼 부정적인 의미를 함축하는 것은 아니다. 브라운(W. Brown)이 주장한 대로 이는 축하하는 자들이 "마시고 완전히 만족스러워했다"는 것을 의미한다.[116]

제10부 3막 2장에 대한 신학적 고찰 ——————

언약의 파트너이신 하나님

자비로우시고(43:14) 채워주시며(43:23) 은혜로우신(43:29) 조상의 하나님은 그분의 어렴풋한 섭리를 통해 부서진 가족에게 평화를 가져다주신다(43:23, 26-28). 형제들은 마치 하나님(기근을 보내심)과 야곱(베냐민을 이집트로 보내기를 거부함)과 요셉(베냐민을 데려오라고 강요함) 사이에서 이해할 수 없는 힘에 의해 좌우되는 장기판의 졸과 같다. 요셉의 특권적 지식과 형들에 대한 통제력은 하나님의 전능성과 만물에 대한 통제권의 축

---

116 Brown, "Noah: Sot or Saint?," 36-60.

소판 역할을 한다. 형제들은 나이순으로 자리에 앉혀질 때 보이지 않는 손길이 있음을 어렴풋하게 간파한다. 요셉은 나중에 자신에게 적대적이었던 형들의 잘못을 포함하여 만사를 통제하시며 이끄시는 하나님의 손길을 알아차리게 될 것이다.

언약 파트너인 이스라엘의 아들들

과거에 무정했던 형제들은 이렇게 가혹한 시련의 도가니를 통과하며 끈끈하게 결속된 가족, 즉 하나로 연합되어 서로 간의 사랑으로 빛을 발하는 가족의 모습으로 변모한다(위의 문학적 분석을 보라). 그들에게 평화가 찾아오면서 이제 그들은 자신들을 경멸하는 거만한 이집트 내에서 한 민족이 될 준비를 갖춘다.

제10부 3막 3장

형제들이 시험을 받고 화해하다(44:1-45:15)

제10부 3막 3장에 대한 문학적 분석 ─────────

구조와 플롯

제3장은 화해에 대한 분석을 다음과 같이 보여준다. 즉 형제들은 위기의 혹독한 시련 속에서 연민과 자기희생으로 반응한다. 위기는 요셉이 형제들의 진실성을 최종적으로 시험함으로써 촉발된다. 이 장은 다음의 세 가지 사건을 거치며 발전한다. 즉 형제들의 진실성에 대한 청지기의 시험(44:1-13), 유다의 진실성에 대한 요셉의 시험(44:14-34), 그다음에 요셉의 정체 노출과 평화의 보장(45:1-15)으로 이어진다. 은잔을 베냐민의 자루에 집어넣는 요셉의 계획, 배은망덕과 도둑질에 대한 청지기의 고발, 누가 유죄로 드러나는지 알아보자는 형제들의 빠른 제안으로 인해 이 장의 긴장감은 급격하게 조성된다. 이 장의 중심부에는 유다의 감동적인 탄원이 위치하는데, 이는 제3막뿐만 아니라 제10부 전체의 전환점을 구성한다. 보기 드물게 긴 유다의 연설(44:18-34), 곧 설득의 수사학에 대한 연구 대상인 이 연설은 형제들이 저지른 범죄의 반전을 보여준다. 아버지에게 분노하고 무관심했으며 동생을 그토록 질투하여 그를 노예로 팔자고 공모했던 형제들이 이제 아버지의 안녕을 부탁하고 아버지가 지금 편애하는 아들을 구하기 위해 자신들을 노예로 내놓는다. 이 장은 요셉이

형제들 위에 있는 자신의 권력을 내려놓고 큰소리로 격한 감정을 터트리며 자신의 정체를 그들에게 알릴 때 절정에 이른다(45:1-3). 폰 라트는 이렇게 설명한다. "유다의 말은 모든 면에서 형제들의 절망과 요셉의 내적 감정 둘 다와 관련되는 긴장감을 절정으로 이끈다.…이와 같이 요셉의 감정이 격동하는 모습은 형제들이 받는 시험의 내적인 목적에 정확히 부합한다. 왜냐하면 유다의 말은 형제들이 변했음을 보여주었기 때문이다. 형제들은 분명히 그들이 이전에 라헬의 큰아들을 대우했던 방식과는 전혀 다르게 라헬의 둘째 아들인 베냐민을 대우하려 한다."[117] 대단원에서 요셉은 그들의 삶을 인도하신 하나님의 선하신 섭리를 그들에게 확신시킴으로써 그들의 두려움을 경감시킨다(45:4-8). 요셉은 이스라엘에게 이집트로 내려와서 기근을 피하라는 메시지를 전하며(45:9-11) 자기 형제들을 껴안는다(45:12-14). 이 장은 그들이 형제로서 서로 대화하는 모습으로 마무리된다(45:15).

핵심 단어들

가족의 화해에 대한 이 장에서는 "아버지"가 스무 번, "형제"가 열여섯 번 사용된다. "아버지"가 사용된 스무 번 중 열네 번은 유다의 능숙한 연설에서 나타난다.

인물 묘사

유다는 영웅이다(제10부의 문학적 분석에서 "인물 묘사"를 보라). 그는 사랑이란 불합리하고 예상할 수 없으며 선택적이라는 점을 인정한다. 그는 이제 원한을 품지 않고 편애라는 고통스러운 현실을 받아들인다. 이런 [차별적인] 선택에도 불구하고 그는 부성애와 형제애 및 가족에 대

---

117 von Rad, *Genesis*, 397.

한 신의를 보여준다. 알터는 이렇게 말한다. "유다의 전체 연설은 자기 아버지에 대한 가장 깊은 연민과, 노인인 아버지의 마지막 삶이 소년 요셉의 삶과 밀접하게 연결되어 있다는 사실이 무엇을 의미하는지를 아는 진정한 이해로부터 자극받았다. 심지어 유다는 야곱이 했던 말, 즉 야곱의 아내 라헬이 야곱에게 두 아들을 낳아주었다는 전형적으로 과장된 진술—마치 레아는 그의 아내도 아니고 다른 열 명의 자녀도 자기 아들들이 아니라는 듯이—까지도 동정심을 품고 기꺼이 인용해서 말할 수 있다(27절)."[118] 제3장 직전에(38장) 유다가 자신의 두 아들을 잃은 경험이 아마도 그가 아버지의 슬픔에 민감하게 된 요인일 수 있다. 창세기의 절정이 되는 순간인 유다의 발언은 듣는 이들에게 존경받을 만하며 충분하고도 사려 깊게 구성된 것으로, 무엇보다 가슴에서 우러나온 열정적이고 거침없는 말이다. 유다가 처음의 장황한 말로 아버지를 설득했을 때처럼(참조. 43:3-10) 그는 이제 요셉의 마음을 만지고 형제들을 화해시킨다. 그는 왕권에 대한 이스라엘의 이상을 "완전하게" 보여준다(신학적 고찰을 보라).

요셉은 자기 형제들을 통제했던 자신의 우세한 지식의 영향력을 내려놓고 형제들과 친밀하게 포옹한다. 처음으로 요셉은 진짜 모습이 된다. 한때 따돌림을 당했던 동생은 겉모습을 벗어던지고 사랑하는 가족에게 자신의 감정을 자유롭게 표출한다. 처음으로 그는 아버지의 안녕에 대해 진심 어린 염려를 드러낸다. 처음으로 그는 자신의 인생 서사를 이해할 수 있다. 롱에이커는 이렇게 말한다. "이 이야기의 중심이 되는 참여자는 이제 이야기가 펼쳐지는 거대 구조에 휘말린다.…내레이터 및 우리와 마찬가지로 [그는] 이야기의 위에 서서 전체적으로 그것을 관망할 수 있다."[119] 이 믿음으로 요셉은 형들이 자신에게 가한 야만적 행위를 자신

---

118 Alter, *Biblical Narrative*, 175.
119 Longacre, *Joseph*, 51.

을 통해 그들을 구하기 위한 하나님의 선한 계획으로 재해석할 수 있다.

형제들은 집단적으로 화해의 미덕을 보여준다(신학적 고찰도 보라). 그들은 세계를 통치하기에 적합한 가족, 곧 하나님 나라가 되었다.

제10부 3막 3장에 대한 주해 ————

청지기가 형제들을 시험하다(44:1-13)

1절. 요셉이 …명하여 이르되. 하나님께서 아브라함의 믿음의 실제를 시험하신 것처럼(22:1을 보라), 요셉은 한때 미움이 가득했던 자기 형제들의 회심의 진정성을 시험한다.

자루에. 청지기가 형제들의 자루를 검사할 때(44:12) 그들 모두는 절도범으로 판명날 것이다. 그럼에도 불구하고 청지기는 베냐민을 제외하고는 그들 모두를 면책시킬 것이다. 만일 형제들이 가족의 공동선이 아니라 이기적 욕구에 자극을 받는다면 그들이 노예가 되는 일을 피하고 베냐민을 포기할 온갖 구실이 마련되고 있다.

2절. 내 잔. 이 히브리어 게비아(נְּבִיעַ, "받침 달린 잔")가 예레미야 35:5에서는 "대접"으로 번역되는데, 이는 코스(כּוֹס, "잔")보다 더 큰 포도주를 담는 용기다. 그들은 아마도 간밤에 이 잔으로 포도주를 따라 마셨을 것이다. 최소한 형제들이 그 잔에 접근하는 것은 가능했다. 나중에 요셉의 청지기는 이를 점술용 잔으로 부른다(44:5). 여기서 요셉이 단지 이 잔을 은잔이라고만 언급하는 것은 사실 그대로의 말이다. 점술과 관련시킨 주장은 책략의 일부다(44:5과 아래 신학적 고찰을 보라).

막내의 자루(개역개정—"그 청년의 자루"). 애초의 범죄는 라헬의 아들이자 야곱이 편애하던 아들인 요셉에 대한 형제들의 미움과 그를 노예로 팔아넘긴 형제들의 인신매매와 관련된다. 요셉은 놀라운 방식으로 무리의 단합을 재창출하고 있다. 그들은 심지어 요셉의 친동생이 절도 혐의를 받을 때에도 그 동생에 대한 의리를 지킬까? 아니면 그들은 무고한 요셉에게 했던 것처럼 그의 동생을 이집트에 내버려둘까?

3절. 아침이 밝을 때에. 이십 년 동안 풀리지 않은 형제들 사이의 해묵은 갈등이 결정적인 이 시험의 날에 해결될 것이다.

4절. 성읍에서. 이곳은 고센 지역에 있으나 달리 확인할 방법이 없다.

선을 악으로 갚느냐? 50:20을 보라.

5절. 이 잔은(개역개정-"이것은"). 그의 표현은 그들이 자신들의 범죄를 알고 있다고 추정한다.

점. 물점(기름에 물을 붓는 점), 기름점(물에 기름을 붓는 점), 그리고 술점(포도주를 다른 술에 붓는 점)은[120] 고대 근동에서 흔했다. 한 종류의 액체를 다른 종류의 액체에 부음으로써 형성된 표면의 형태를 통해 점술가들은 미래의 일과 고난의 원인, 죄가 있는지 무고한지에 대한 진실과 관련하여 신들의 뜻을 결정짓는 점괘를 내놓았다. 이 술잔을 점술용 잔으로 언급하는 것은 책략의 일환이다. 요셉은 오직 하나님께만 계시를 받는다 (37:5-9; 41:16; 아래 신학적 고찰을 보라).

9절. 그는 죽을 것이요, 우리는 내 주의 종들이 되리이다. 율법은 재산 침해에 대해 사형을 구형하지는 않는다. 하지만 그들이 저질렀다고 추정되는 도둑질은 용서받을 수 없는 배은망덕과 신성모독을 수반한다. 그들의 성급한 맹세(참조. 31:32)는 자신들이 무고하다는 확신에서 나온다. 그들은 강한 어조로 서로에 대한 믿음을 표현한다. 그런 믿음은 좋은 가족 관계에 꼭 필요하다.

10절. 너희의 말과 같이 하리라. 그들의 성급한 맹세와 언변술에 잽

---

120 메소포타미아에서 일반 시민들은 접시점(액체를 관찰하여 점괘를 얻는 점술)을 애용했는데, 그 이유는 접시점이 내장점(동물 내장을 꺼내 관찰하여 점괘를 얻는 점술)보다 저렴했기 때문이다. W. W. Hallo and W. K. Simpson, *The Ancient Near East: A History*, New York: Harcourt Brace Jovanovich, 1971, 158-63.

싸게 응수하여 청지기는 적어도 범인이 손해를 입은 쪽의 종이 되어야 한다는 데 동의한다.

내게 종이 될 것이요. 범인은 요셉에게 넘겨지기 전까지는 즉시 청지기의 종이 될 것이다. 형제들의 제안(44:9)에 대한 청지기의 정당한 수정 안이 필요하다. 이 시험은 베냐민을 노예로 만드는 것에 대한 그들의 태도와 관련된다(44:17을 보라).

너희는 죄가 없으리라. 그들은 노예 신세를 모면할 것이다.[121] 베냐민이 그 잔을 가진 것으로 판명되면 그들은 요셉과 관련하여 결정했던 그들의 선택과 유사한 의미심장한 선택의 기로에 직면할 것이다. 요셉과 마찬가지로 베냐민은 결백하나 그들은 그를 이집트에 노예로 내버려둘 자유가 있다.

11절. 급히 … 내려놓고. 이는 그들의 결백을 보여준다.

12절. 조사하매. 내레이터는 각자의 자루 입구에 놓인 은전을 둘러싸고 무슨 일이 발생했는지를 공백으로 처리한다(44:1). 왜냐하면 이는 베냐민의 자루에서 발견된 은잔으로 인해 가려지고 형제들의 화해와 직결되지 않기 때문이다.

나이 많은 자에게서부터 … 적은 자에게까지. 내레이터는 청지기의 수색 과정을 묘사하면서 긴장감을 조성한다(참조. 31:33). 청지기는 간밤의 식사 자리에서부터 그들의 나이 순서를 알고 있다(43:33을 보라).

13절. 그들이 옷을 찢고. 그들의 행위는 그들의 성격 변화를 확증한다. 그들은 이제 아버지와 동생에 대한 애정을 보여준다(37:34과는 반대로).

각기 … 돌아가니라. 그들은 시험에 통과한다. 그들은 동생을 포기하지 않는다.

---

121   D. R. Hillers, "עַם בְּרִית: 'Emancipation of the People,'" *JBL* 97 (1978): 179.

요셉이 유다를 시험하다(44:14-34)

14절. 유다. 유다가 분명히 지도권을 지닌다.

땅에 엎드리니(נָפַל, 나팔). 그들은 37:7, 9, 10, 43:26에서처럼 "존경심으로 엎드리는"(הִשְׁתַּחֲוָה, 히쉬타하바) 것이 아니었다. 그들은 지금 경의를 표하는 것이 아니라 필사적이다.

15절. 점. 44:5을 보라. 요셉의 말이 가장된 분노를 넘어 액면 그대로 받아들여져서는 안 된다. 아이러니하게도 이 점술용 잔은 베냐민의 무고를 식별하지 못한다.

16절. 유다가 말하되. 이 첫 번째 발언에서 유다는 다음과 같이 세 가지 요점을 말한다. 즉 그는 도둑질에 대한 동생의 결백을 항변하고, 자신들이 처한 딜레마를 이전에 저지른 죄에 대한 하나님의 심판에 기인하는 것으로 고백하며, 마지막으로 형제들을 모두 노예로 내놓는다. 이런 방식으로 유다는 유죄한 자를 죽이겠다는 성급한 맹세를 무효로 돌리고 면목이 없이 아버지를 대면해야 하는 상황을 피한다.

우리가 어떻게 우리의 정직함을 나타내리이까? 그들에게 불리한 상황적 증거가 압도적이어서 그들을 변호할 만한 뾰족한 수가 없다.

하나님이 종들의 죄악을 찾아내셨으니. 유다는 지금 잔을 언급하는 것이 아니다. 왜냐하면 그는 방금 자신들이 결백하다고 단언했기 때문이다. 어쩌면 유다는 일반적 의미의 죄를 언급하고 있을지도 모른다. 하지만 요셉에 대한 그들의 죄를 언급한다고 보는 것이 더 그럴듯하다. 만일 그렇다면 그들은 요셉의 면전에서 그에게 저지른 죄를 두 차례 고백한 셈이다(42:21).

내 주의 노예가 되겠나이다. 유다는 가족의 연대 책임을 떠맡지만 지혜롭게 자신들을 죽음이 아니라 노예로 내놓는다.

17절. 내가 결코 그리하지 아니하리라. 요셉의 말은 이중적 의미를 지닌다. 형들을 노예로 만드는 당사자는 그가 아니며, 범인에게만 책임을 물을 것이다.

그 손에서 발견된 자만. 상황이 이제 재편되었다. 그들은 아버지에 대한 연민의 감정을 보이고 요셉의 동생에 대한 형제애를 보여줄 것인가?(44:10을 보라) 요셉이 범인에게만 책임을 묻겠다고 국한한 것은 하나님의 도덕법에 부합한다. 물론 이는 시험의 일부지만 말이다.

평안히 너희 아버지께로. 그들이 베냐민 없이 아버지에게 평안히 돌아가는 일은 불가능하다.

18절. 유다가 그에게 가까이 가서. 유다가 말을 꺼내야 한다. 베냐민을 구하기 위한 감동적인 연설이자 창세기에서 가장 긴 이 연설에서 유다는 자기 아버지에게 자비를 베풀어달라고 요셉에게 호소한다. 유다는 먼저 그들이 이집트로 내려온 두 번의 여행에 대한 역사를 되풀이해서 말한다. 유다는 자기 아버지, 즉 또 다른 아들을 잃는 아픔을 겪지 않으려고 막내를 보내라는 요셉의 요구에 동의하기를 거부한 아버지의 반감에 초점을 둔다(44:18-29). 유다는 이 아들을 잃으면 아버지가 죽을 것이라고 강조한다(44:30-31). 유다는 요셉에게 자신이 서원을 성취하도록 또한 아버지가 불행한 일을 겪지 않도록 동생 대신에 자신이 노예가 되도록 해달라고 요청함으로써 자신의 호소를 절정으로 이끈다(44:32-34).

주는 파라오와 같으심이니이다. 41:39-43을 보라. 유다는 주의를 기울여 자신의 말을 듣는 이를 영예롭게 한다.

19절. 아버지. 이는 유다의 발언에서 핵심 단어다(14회). 유다는 철저하게 자기 아버지를 언급함으로써 발언을 시작하고 끝맺는다(44:19, 34). 유다의 발언은 통치자인 요셉의 행동이 아버지에게 미칠 영향력을 알리기 위해 계획되었다. 이 발언은 요셉으로 하여금 아버지에 대한 그의 행동의 대가를 깨닫게 하기 때문에 훨씬 더 강력하다.

20절. 그의 형은 죽고. 유다의 설명은 의도치 않게 부정확하며 요셉은 이를 알고 있다.

그를 사랑하나이다. 야곱이 달라지지 않았음이 분명하다. 그는 여전히 자신의 막내아들에게 마음을 쏟는다. 하지만 형들이 달라졌다. 그들은 애정에 대한 회심을 경험했다.

23절. 주께서 또 주의 종들에게 말씀하시되. 유다는 전략적으로 자신들이 정탐꾼으로 정죄되어 감금되었던 일에 대한 언급을 누락한다.

27절. 내 아내가 내게 두 아들을 낳았으나. 사실상 유다는 의도적으로 자신을 아들 자리에서 물러나게 한다.

28절. 내가 지금까지 그를 보지 못하거늘. 야곱이 불필요하게 덧붙인 이 말은 그가 불행한 일이 발생할 가능성을 느끼고 있음을 시사한다.

33절. 그 아이를 대신하여. 이는 성경에서 인간을 대속하는 최초의 사례로 자기 동생을 노예로 팔아넘겼던 유다가 아닌 다른 유다를 보여준다 (37:26-27). 스턴버그는 이렇게 설명한다. "단순히 말하면 유다는 자기 아버지를 가엾게 여겨 자신보다 더 사랑받았던 동생을 위해 자신을 희생하겠다고 애원한다."[122]

34절. 재해가 …보리이다. 전에는 무정했던 유다가(37:34-35을 보라) 이제는 연민을 품는다. 스턴버그는 이렇게 해석한다. "유다가 자기 아버지의 편애를 자기희생을 위한 토대로 인용하는 것이야말로 자식으로서 유다의 헌신을 드러내는 거부할 수 없는 분명한 증거다. 이 증거가 요셉의 마지막 반론을 무산시킨다."[123] 유다의 사랑은 남다르다(43:3을 보라). 그는 왕권을 차지할 만하다.

요셉이 자신의 정체를 드러내고 평화를 보장하다(45:1-15)

1절. (그때) 요셉이. 유다의 발언은 과거에 증오심이 가득하고 이기적이었던 형제들이 이제 서로에 대한 사랑에 이끌려 행동하며 각자 자기 안에 또한 서로에게 진실한 마음을 지니고 있음을 분명하게 보여준다.

---

122 Sternberg, *Poetics*, 308.
123 앞의 책.

그 정을 억제하지 못하여. 요셉의 감정 분출은 강력하다. 루프는 이렇게 말한다. "이 장 전체에서 사건 과정을 통제해왔던 제국의 실력자가 간헐적으로 또한 시간이 경과함에 따라 갑자기 자신에 대한 자제력을 잃는다. 자기 가족과 제국의 세계를 계속해서 분리시킬 수 있었던 그 사람은 더 이상 그렇게 할 수 없었던 것이다."[124]

시종하는 자들 앞에서. 이집트의 지혜문학은 "냉정하고" 침착한 정신을 칭송한다. 이제 이집트의 가장 지혜로운 사람이 진정성 있는 격정이라는 더욱 고상한 지혜를 표현한다.

모든 사람을 자기에게서 물러가게 하고. 형제들 간에 이토록 강렬하게 친밀한 화해의 순간을 외부인과 함께 나눌 수는 없다. 여태껏 요셉은 자신의 이집트인 청지기와 사적으로 대화했다(44:1-15). 그러나 이제 요셉은 형제들과 사적으로 대화를 나눈다. 이렇게 함으로써 요셉은 이집트의 부요함이 아니라 악전고투하는 언약 가족에 합류한다(히 11:22).

2절. 큰소리로 우니. 이는 요셉이 우는 세 번째 사례다. 매번 그는 자기 형제들을 향한 애틋한 감정을 점점 더 통제하지 못한다(42:24; 43:30-31; 45:2을 보라). 이런 감정의 폭발은 이집트인으로 치장한 요셉과 택함 받은 가족과의 진정한 동질성을 드러내며 제10부의 절정에서 요셉의 억눌린 감정을 쏟아낸다.

이집트 사람. 70인역은 "모든 이집트 사람"으로 읽는다.

파라오의 궁중에 들리더라. 요셉의 진짜 감정은 고상하고 뽐내는 궁중 문화가 아니라 멸시받는 목축업자인 그의 형제들과 함께함으로써 드러난다.

3절. 나는 요셉이라. 사도행전 7:13을 보라.

내 아버지께서 아직 살아 계시니이까? 요셉은 앞서 우호적이지만 격식

---

124 Roop, *Genesis*, 271.

을 차린 만남에서처럼 "너희 아버지"(43:27)라고 말하지 않는다. 그의 질문은 이제 단순히 우호적인 것이 아니라 진짜로 사실에 관심이 있다. 아마도 아버지에 대한 유다의 간절한 염려가 요셉의 눈을 뜨게 하여 형제들을 시험하는 동안 무감각했던 자신을 바라보도록 했을 것이다. 요셉 역시 가족의 세대 간 통합을 놓쳤던 것이다.

대답하지 못하더라. 이 가족은 진정으로 친밀한 관계에 근접하고 있다. 하지만 그들이 잘못을 저질렀던 당사자인 요셉을 두려워하면서 지내는 한, 그리고 그들이 용서받고 용납되기까지는 서로와 친밀하게 이야기하지 못한다.

놀라서. 이는 전쟁에 연루된 사람들이 느끼는 감정과 같은 전신이 마비되는 두려움에 대해 사용되는 단어다(출 15:15; 삿 20:41; 삼상 28:21; 시 48:5). 그들의 생명은 그들이 죽었다고 생각했던 사람의 손에 달려 있음이 확실하다.

4절. 요셉이 그 형들에게 이르되. 여기서 형제들의 대답 없이 진행된 요셉의 긴 발언(45:4-13)은 감정적 장벽이 무너졌을 때 쏟아내는 거침없는 말과 닮았다고 할 수 있다.

나는…당신들이 이집트에 판 자라. 여기에 비난하려는 의도는 전혀 없다. 요셉은 자신의 정체를 증명할 필요가 있다(참조. 45:12). 유일하게 요셉만이 그들의 비밀을 알고 있다. 더욱이 그들의 비밀이 밝혀져야 그들은 자신들을 억눌렀던 죄책감으로부터 해방될 수 있다.

5절. 한탄하지 마소서. 요셉은 그들의 시선을 그들의 죄로부터 하나님의 은혜로 돌리게 한다(50:19; 민 21:8-9을 보라).

생명을 구원하시려고. 여기서 요셉의 언급은 일반적인 의미로 아마도 이집트인들과 다른 사람들의 생명을 포함할 것이다. 45:7에서 요셉은 더욱 구체적으로 언약 가족에 대해("당신들의 생명") 말한다.

하나님이 …나를…보내셨나이다. 세 번 반복되는 이 진술은 야곱의 계보에 대한 기사에서 신학적 핵심이다(50:19-21; 행 7:9-10을 보라). 하나님은 당신이 계획하신 선한 목적을 이루시기 위해 인간 죄악의 미로에서 그들의 방향을 지도하신다(행 2:23; 4:28). 이와 같은 믿음이 구원의 하나님 나라를 세운다.

6절. 이 년 동안. 요셉은 이때 삼십구 세였다(41:46, 53을 보라).

밭갈이도 못하고 추수도 못할지라. 이는 작물 수확에 대한 총칭어법이다(참조. 출 34:21).

7절. 당신들을 위해 남은 자를(개역개정–"당신들의 후손을"). "남은 자"란 단어는 대재난에서 살아남은 후손을 의미한다. 여기서 불완전한 이 은유는 태동기의 민족이 "겨우 파멸을 모면한 가운데 미래의 존재를 위한 희망의 담지자, 즉 남은 자와 같다"는 것을 뜻한다.[125]

큰 구원. 여기서 "큰"이란 단어는 초자연적인 어떤 일을 지시한다.[126]

구원. 문자적으로 "생존자들"을 말하는 이 단어는 "남은 자"와 더불어 집단적 이주로 이어진 대재난에서 살아남은 족장들의 후손을 위한 또 하나의 전문 용어다.

8절. 보낸 이는 당신들이 아니요. 요셉은 형들의 죄를 하나님의 주권에 대한 더 큰 그림에 배치함으로써 회심한 형들의 죄와 수치를 누그러트린다. 죄는 하나님이 영원히 다루실 문제 및 예지 영역의 일부이기 때문에—인간은 여전히 책임이 있지만—보복이나 쓰라린 고통으로 갚아야 할 근거는 존재하지 않는다. 만일 그들이 죄를 회개하지 않고 단념하지 않았다면, 하나님께서 언젠가 적절한 방식으로 그들의 죄를 심판하실 것이다(44:16을 보라).

아버지. 17:8을 보라.

통치자. 하나님이 주신 꿈에 대한 요셉의 믿음이 정당하다고 인증되

---

125 G. Hasel, *The Remnant: The History and Theology of the Remnant Idea from Genesis to Isaiah* (Berrien Springs, Mich.: Andrews Unv. Press, 1972), 154-55 n. 69.

126 Speiser, *Genesis*, 338.

었다(37:8을 보라).

9절. 속히 … 올라가서. 이집트로 이주하라는 요셉의 조언은 제4장으로의 전환점을 제공한다. 이는 제3장에 대한 야누스다.

하나님이. 요셉은 하나님을 가리키면서 자기 아버지에 대한 발언을 시작한다. 이는 그들의 모든 이야기의 열쇠다.

하나님이 나를 이집트 전국의 주로 세우셨으니. 하나님은 불가능한 일을 가능하게 만드셨다(45:26을 보라).

10절. 고센 땅. 이곳의 정확한 위치는 문제로 남아 있다. 워드(Ward)는 이렇게 주장한다. "야곱과 그의 가족을 위한 기본적 필요는 그들의 가축을 위한 목초지였다(창 46:32-34; 47:6, 11). 대략 나일강의 동쪽 삼각주(E Delta) 지역이 기막히게 이에 잘 부합한다." 고센은 아마도 현대의 파쿠스(Fâqûs), 사프트 엘-힌나(Saft el-Hinna), 그리고 텔 에드-다바/칸티르(Tell ed-Dab'a/Qantîr) 지역에 위치했을 가능성이 있다.[127]

11절. 흉년이 아직 다섯 해가 있으니. 요셉은 그들에게 이 사실을 알려 가나안에서 이집트로 내려오는 전면적이고도 장기간에 걸친 이주에 대한 반감을 극복하게 만든다.

12절. 내 아우 베냐민. 요셉의 말은 야곱이 믿을 만한 증인을 필요로 할 만큼 믿기 어렵다. 베냐민은 성품이 나무랄 데 없고 그의 증언을 전적으로 믿을 수 있는 유일한 형제다.

이 말을 하는 것은 내 입이라. 요셉은 통역 없이 그들과 얼굴을 맞대고 그들의 언어로 말한다(참조. 42:23).

15절. 입 맞추며 안고 우니. 43:30을 보라. 진정한 감정을 표현하는 이 몸짓은 그의 형들에게 요셉의 선한 뜻을 확신시키고 마침내 그들이 충격으로 어안이 벙벙한 상태에서 벗어나게 할 것이다.

---

[127] W. Ward, "Goshen," *ABD*, 2:1076-77.

형들이 그제서야 요셉과 말하니라. 이는 양쪽의 갈라진 틈에 다리가 놓였다는 내레이터의 신호다(37:4을 보라). 친밀감이 이루어졌다. 그러나 내레이터는 대화 내용을 그들의 화해에 중요하지 않은 요소로 간주하면서 공백으로 남겨둔다. 친밀감은 머리가 아닌 가슴으로 느끼는 것이다.

제10부 3막 3장에 대한 신학적 고찰 ——————————

섭리와 영적인 삶

폰 라트는 이렇게 주석한다. "서로를 알아보는 이 장면에서 내레이터는 요셉 이야기 전반에서 그에게 무엇이 가장 중요한지를 처음으로 다음과 같이 분명하게 나타낸다. 즉 인간의 죄로 인한 모든 혼란을 통솔하시는 하나님의 손길이 궁극적으로 은혜로운 목적을 향해 인도하고 있다."[128] 요셉은 네 차례나 자신을 하나님의 대행자로 묘사한다(45:5, 7-8, 9; 참조. 42:25; 43:23). 웬함은 이렇게 설명한다. "요셉 이야기의 모든 일화는 어떻게 하나님의 목적이 인간의 행위들을 통해, 또한 그 행위들에도 불구하고 궁극적으로 성취되는가를 증명하는 데 기여한다. 그 행위들이 도덕적으로 옳든지 그렇지 않든지 간에 말이다."[129] 하나님은 주권적 은혜로 이스라엘의 역사를 이끄신다(42:2; 45:5-8; 50:20).

하지만 요셉은 독특한 방식으로 이 교리에 대한 영적인 함의를 신학적으로 정립한다. 이 진리는 그로 하여금 자신의 인생 서사를 재해석할 수 있게 한다. 좁은 시야의 관점에서 올려다볼 때 요셉의 인생 서사는 악몽이자 그에게 부당하게 가해진 광폭한 재난처럼 읽힌다. 이런 관점에서 본

---

128 Von Rad, *Genesis*, 398.

129 Wenham, *Genesis 16-50*, 432.

그의 인생 서사가 온통 부조리하다는 합리적인 결론은 그를 실존주의자나 냉소주의자, 혹은 허무주의자로 만들었을 수도 있다. 그러나 요셉은 하나님께서 선한 일을 이루시기 위해 자신을 통해 일하고 계신다는 하늘의 관점을 선택한다(롬 8:28[NIV의 난외주]; 참조. 잠 16:1-4; 19:21; 20:24; 27:1). 이 관점은 그로 하여금 형제들을 용서하고 그들이 동일한 관점을 갖도록 북돋아주는 일을 하게 만든다. 죄는 하나님께서 정하신 영원한 목적의 맥락 속에서 이해되어야 한다. 신자들은 사람이 무엇을 계획하든지 상관없이 하나님의 선한 뜻이 기쁘게 이루어지도록 그분을 의지할 수 있다. 요셉의 고난을 통해 야웨는 영감 받은 아브라함의 꿈을 붙들고 계신다. 거룩한 씨는 대기근에서 살아남는다. 마치 노아가 대홍수에서 살아남았던 것처럼 말이다.

위대한 보복자는 무관심한 듯 보이도다. 역사의 장면들은 단지 옛 체제들과 말씀이신 분 사이의 어둠 속에서 발생한 한 가지 사투만을 기록할 뿐. 진리는 교수대 위에서 영원하고, 죄악은 보좌 위에서 영원하도다.—그러나 교수대가 미래를 뒤흔드나 알려지지 않은 희미한 어둠 뒤편에 하나님이 그림자 속에 서 계시도다. 당신의 세계 위에서 지켜보면서.[130]

성경의 사랑, 기쁨, 평화 및 소망을 뒷받침하는 것은 바로 하나님의 주권이다. 즉 "하나님이 생명을 구원하시려고 나를 이곳으로 보내셨다"(3회: 45:5, 7, 8). 웬함은 이렇게 선언한다. "창세기의 하나님은 자비(43:14)와 은총(43:29)의 하나님이시며 야곱의 의지할 데 없는 기도에 응답하신다(43:14). … 그가 꿈에도 생각 못 한 일을 넘어서 말이다."[131] 역

---

130 James Russell Lowell, "The Present Crisis," in *Masterpieces of Religious Verse*, ed. J. D. Morrison (New York: Harper & Brothers, 1948).
131 Wenham, *Genesis 16-50*, 433.

사에 대한 이런 해석은 믿음, 사랑, 기쁨, 평화 등등의 성령의 열매를 맺는다. 더욱이 이 진리를 가슴에 품은 사람들은 다른 사람들을 용서할 수 있고 스스로를 학대하지 않을 수 있다.

화해

이 장은 화해의 교과서라고 할 수 있다. 여기서 드러나는 화해는 다음과 같은 모습을 보여준다. 즉 심지어 가족 중의 누군가가 죄가 있는 것처럼 보일지라도 그들은 어려움에 처한 가족에 대해 의리를 지키고, 죄와 그 결과를 모조리 자백함으로써 하나님께 영광을 돌리며, 편애까지도 눈감아준다. 또한 서로를 구하기 위해 자신을 내어주고, 희생의 구체적인 행위로 진정한 사랑을 증명하여 서로 신뢰하는 상황을 만들어내며, 가족의 친밀함을 위해 통제력과 우월한 지식의 영향력을 내버린다. 깊은 연민, 온화한 감정, 세심함, 용서를 품고 서로 대화를 나눈다. 이런 미덕들을 품기로 한 역기능 가정은 세상을 향한 빛이 될 것이다.

회개

형제들이 요셉에게 저지른 죄는 그들을 무겁게 짓눌렀다. 솔로몬은 누구든지 죄를 자복하고 버리는 자에게 자비가 있을 것이라고 선언한다(잠 28:13). "자백"은 자신의 죄를 인정하고 그 죄를 징벌하는 하나님의 권리를 받아들임으로써 하나님께 영광을 돌리는 것을 의미한다. 유다로 대표되는 형제들은 두 조건 모두를 충족시킨다. 그들은 44:16(42:21도 보라)에서 그들의 공동의 죄를 자백하면서 하나님께 영광을 돌린다. 베냐민을 위한 유다의 간청은 그들이 얼마나 진지하게 자신들이 저지른 과거의 죄를 버리는지를 보여준다(44:33-34). 웬함은 이렇게 단언한다. "탕자의 비유를 제외하면(눅 15장) 진정한 참회와 회개에 대해 이보다 더 뭉클한 사례는 성경에서 발견되지 않는다."[132]

요셉은 형들이 자신과 그들 스스로에게 그들의 회개를 증명할 수 있도록 치유의 상황을 조성한다. 이는 요셉의 큰 공으로 돌려야 한다. 폭스는 이렇게 주석한다. "어떤 사람들은 요셉의 행동에 대해 도덕성을 문제 삼았다. 나이 든 야곱이 시험이 시행되는 동안 요셉이 살아 있다는 사실을 전혀 알지 못한 채 행여 죽을 수도 있었다고 생각하면서 말이다. 그러나 이는 이 이야기의 초점이 아니다. 이 이야기가 (다른 무엇보다) 가르치고자 한 것은 죄와 회개에 대한 교훈이다. 오직 원래 상황의 어떤 면을 재현함으로써만 ─ 형제들이 다시 한번 라헬의 아들의 생사를 주관한다 ─ 요셉은 그들이 변했다는 것을 확신할 수 있다. 일단 형제들이 시험을 통과한 다음에야 삶과 언약은 지속될 수 있다."[133]

점술

히브리어 나하쉬(נָחַשׁ, 44:5)는 기계적인 수단을 통해 감춰진 지식을 발견하려는 시도를 의미한다. 율법은 이런 형식의 점술을 엄격하게 금지하는데(레 19:26; 신 18:10), 왜냐하면 이 점술은 언약을 지키시는 이스라엘의 하나님이 아니라 어두운 영적 세력들이 세계를 다스린다는 이방의 세계관을 반영하기 때문이다(참조. 창 30:27).[134] 변함이 없고 윤리적인 하나님은 그런 세계관과 관행을 싫어하신다(왕하 17:17; 21:6; 대하 33:16). 요셉은 형제들에게 자신의 술잔을 점술용 잔으로 묘사했다. 이는 그들의 자루에 은잔을 넣어 그들을 도둑으로 정죄하려는 술책의 일환이다(위의 주해에

---

132 앞의 책, 431.

133 Fox, *Beginning*, 202.

134 구약은 제비뽑기를 규정하는데, 왜냐하면 이는 불길한 영적 세력들이 아닌 이스라엘의 하나님이 제비를 결정하시는 것으로 이해되었기 때문이다(레 16:8; 민 26:55; 수 14:2; 잠 16:33; 18:18).

창세기 주석

있는 창 44:2, 5을 보라). 사실 본문은 이방 관행에 대한 내부자의 모방 장면이다. 요셉은 심지어 되찾은 잔을 자기 손에 들고 있으면서도 베냐민이 무고하다는 것을 점칠 수 없다. 유다가 자백한 대로(44:16) 하나님은 술잔이 아닌 역사를 통해 그들의 죄악을 드러내셨다.

왕권과 사랑

야곱은 유다에게 왕관을 씌워줄 것이다. 그 이유는 유다가 자신이 왕권에 대한 하나님의 이상, 곧 왕은 백성을 섬기는 것이지 그 반대가 아니라는 이상을 따라 다스리기에 적합하게 되었음을 보여주었기 때문이다. 유다는 자기 동생을 노예로 팔아넘기는 사람에서 동생을 위해 기꺼이 노예가 되기를 자처하는 사람으로 변화된다. 이 희생을 통해 유다는 이스라엘의 이상적 왕권을 예증하여 보여준다.

친밀함

일단 형제들의 변화된 마음을 알게 되자 요셉은 편하게 자신의 진짜 모습을 보인다. 요셉은 자신의 진짜 정체를 다시 드러내고 형제들과 친밀해진다. 친밀함을 가리키는 히브리어는 소드(סוד)인데, NIV에서는 "협의회", "신뢰", "동료", "속을 털어놓다", "친교", "친밀한" 등등으로 번역된다. 이 단어는 기본적으로 친분 있는 동료들의 내부 친목회를 의미한다. 동일한 생각을 품은 사람들로 구성된 그 조직 내에서 토론과 의사 결정이 이루어지고 계획이 마련된다. 야웨는 친히 정직한 자(잠 3:32) 및 그를 두려워하는 자(시 25:14)와 신뢰 관계를 맺으신다. 외부인들은 그 조직에서 차단된다.

남은 자

하나님은 홍수 속에서 인류의 남은 자를 구원하시고 이어서 땅 위에 열국을 번성케 하신다. 또한 그분은 섭리를 따라 대기근을 모면하게 하여

족장들의 모든 씨를 살려주신다. 비록 그들이 백성의 남은 자에 지나지 않지만 그들은 큰 민족이 될 것이다. 남은 자에 대한 교리는 예언서에서 주요 주제가 된다. 포로 생활을 통해 하나님은 남은 자들을 보존하시고 그들을 통해 메시아가 오도록 하실 것이다. 메시아와 함께하는 남은 자들이 땅을 통치할 것이다(참조. 미 4-5장). 오늘날 하나님은 교회 안에 인종적 이스라엘의 남은 자를 보존하시며 바울은 인종적 의미의 온 이스라엘이 예수 그리스도의 보혈을 통해 체결된 새 언약에 참여할 날이 올 것을 암시한다(롬 11:1-27).

모형론

요셉과 유다는 둘 다 예수 그리스도를 미리 보여준다. 요셉과 관련하여 아버지가 편애하던 아들은 그의 형제들에게 보내진다. 그들은 죄 없는 동생을 은 이십 세겔에 팔지만 그 동생이 그들의 주가 된다. 요셉 이야기는 그리스도의 죽음과도 눈에 띄는 병행을 이룬다 — 하나님은 사악한 자들의 손을 통해 그리스도가 십자가에 못 박히게 하시고 세계를 구원하시기로 사전에 결정하신다(행 2:23; 4:28을 보라).

한편 유다는 성경에서 다른 사람을 위해 기꺼이 자기 목숨을 내놓는 최초의 인물이다. 아버지를 위해 형제를 대신하여 자신을 내놓은 그의 희생적 사랑은 그리스도의 대리적 속죄를 미리 보여준다. 그리스도는 자신의 자발적인 고통을 통해 하나님과 인간 사이의 불화를 치유하신다. 요셉은 두 몫을 취하나(에브라임 지파와 므낫세 지파-역주) 유다는 영원한 왕권을 획득한다.

화해한 가족이 이집트로 이주하다(45:16-46:27)

제10부 3막 4장에 대한 문학적 분석 ────────────

시간 이탈

제4장을 여는 말인 "소문이 파라오의 궁에 들렸을 때"(문자적으로 "목소리가 파라오의 집에 들렸다")는 요셉이 정체를 노출하는 서두, 곧 "요셉이 큰소리로 우니"(문자적으로 "그리고 그가 자신의 목소리를 냈고…파라오의 집이 들었다", 45:2)를 반복한다. 이 기법을 통해 내레이터는 파라오의 반응 속도를 알려준다. 파라오는 주저 없이 그들을 초청하여 그가 요셉을 전심으로 인정하고 있으며 그의 가족을 환영한다는 것을 확인해준다. 물론 이집트로 오라는 파라오의 초청은 시간 순서상 요셉이 초청을 한 다음에 이어진다. 사르나와 해밀턴은 각각 파라오가 요셉의 초청을 "승인했다"/"재가했다"라고 말한다.[135] 그렇지만 내레이터는 요셉이 파라오에게 자신의 초대 사실을 알렸다고 말한 적이 전혀 없다. 파라오는 적어도 이 이야기가 진행될 때 대화와 초대를 주도한다. 요셉이 사적으로 그의 형제들과 대화를 나눌 때 이집트인은 그 자리에 아무도 없었다. 설사 그

---

135 Sarna, *Genesis*, 310; Hamilton, *Genesis 18-50*, 583-84.

들이 거기에 있었다고 해도, 그들은 아마도 형제들이 주고받은 히브리어를 이해할 수 없었을 것이다. 오히려 파라오는 독자적으로 이집트를 구한 사람에 대한 온당한 대우의 일환으로 요셉의 굶주린 가족에게 융숭한 대접을 베푼다.

구조, 플롯, 그리고 확장된 복

제4장은 3막의 대단원으로서 가족 간의 싸움과 대기근에서 생존하려는 그들의 분투를 해결하는 놀라운 세부 내용을 한데 모은다. 제3막은 마음이 상한 야곱과 더불어 가나안에서 시작되었다. 야곱은 "우리가 살고 죽지 아니하리라"(42:2)고 한 그의 말대로, 살아남으려면 곡식을 사기 위해 자기 아들들을 이집트로 보내야 하는 파탄 난 가정의 가장이다. 이 막의 마지막 장에서 이제 화해한 아들들은 목숨을 건졌다는 소식을 가지고 가나안으로 복귀한다. 이 소식은 회복된 야곱으로 하여금 이렇게 선언하게 만든다. "족하도다! 내 아들 요셉이 지금까지 살아 있으니 내가 죽기 전에 가서 그를 보리라"(45:28). 이 장의 끝에서 굶주린 가족은 파라오가 "나라의 기름진 것"(45:18)이라고 말한 이집트 땅의 가장 좋은 곳에 재정착한다.

제4장의 서사 부분은(45:16-46:7) 히브리어 본문에서 서사적 언어 형식으로 통합된다. 이 언어 형식은 때로 NIV에서 "그래서"(so, 45:21, 25, 46:1), 혹은 "그때"(then, 45:24; 46:5), 아니면 어떤 다른 방식으로(45:26, 27, 28; 46:6) 번역된다. 4장은 파라오가 형제들에게 내린 명령, 곧 가족 전체를 이집트로 데려오고 그들의 자녀 및 아내들과 아버지를 태울 몇 대의 수레를 가져가라는 명령과 더불어 시작된다(45:19). 이 장은 형제들의 여행, 곧 그들이 각자의 아내 및 자녀들과 아버지를 파라오의 수레에 태우고 모든 가축 및 소유물과 더불어 떠나는 여행으로 마무리된다.

이 서사는 세 단계로 발전하며 단계별 신학적 모티프는 각각 풍성한 환대, 가족의 화해, 그리고 신적 확증을 다룬다. 첫째, 이집트에서 파라오는 요셉에게 명령을 내려 야곱과 형제들에게 온갖 정중한 환대를 베풀도록 조치하는데(45:16-20), 이는 그들이 이집트로 건너오도록 장려하기 위함이었다. 요셉은 이 환대에 자신의 아낌없는 대접을 더한다(45:21-24). 둘째, 가나안에서 형제들은 야곱에게 요셉이 살아 있다고 알리고(45:25-26) 이를 확신케 된 야곱은 그를 만나기 위해 이집트로 이주하기로 동의한다(45:27-28). 셋째, 가족이 이집트로 가는 도중에 브엘세바에서 야웨는 족장들에게 했던 약속, 곧 그들을 큰 민족으로 만들겠다는 약속을 자신이 이집트에서 그들과 함께함으로써 성취하겠다고 야곱을 안심시키신다(46:1-4). 이후에 온 가족이 모든 소유물과 더불어 브엘세바로부터 이집트를 향해 출발한다(46:5-7).

46:8-27에서 가나안에서 태어난 자녀들의 족보는 가나안 배경의 제3막을 마무리하고 이집트 배경인 제4막으로부터 3막을 구분한다. "이집트로 내려갔다"는 표현이 이 족보의 틀을 구성하고(46:8, 27) 이를 서사와 연결한다(46:6-7). 이 수평적 족보는(제1부의 끝에 있는 "부록: 창세기의 족보들"을 보라) 야곱의 가족 구성원들의 관계를 보여준다. 35:22b-26에 있는 족보와 달리 첩들의 자녀는 각자에게 해당되는 본부인을 뒤따른다(즉 레아, 46:8-15; 실바 46:16-18; 라헬, 46:19-22; 빌하, 46:24-25). 공교롭게도 이 배열은 점점 줄어드는 후손의 숫자와 병행을 이룬다. 즉 각각 그들의 후손은 서른세 명, 열여섯 명, 열네 명, 일곱 명이다. 본부인들은 그들의 첩들보다 두 배의 후손을 낳았다. 명부는 제한적 총원(46:26)과, 그다음에 포괄적 총원(46:27)으로 마무리된다. 베냐민은 가장 많은 아들(열 명)을 낳는다. 단은 가장 적다(한 명). 유다와 아셀과 관련한 명단은 야곱의 족보를 네 번째 세대에 이르도록 연장시킨다. 이름을 모아놓은 일람표는 베냐민의 열 명의 아들과 아마도 이집트에서 태어났을 개연성이 큰 베레스의 두 아들을 포함한다. 비슷하게 밧단아람에서 태어난 사람들의 일람표는(35:22b-26) 분명히 가나안에서 태어난 베냐민을 포함했다(35:16-18, 22b-26을 보라). 내레이터는 아마도 거론된 아들들이 그들의

조상의 허리에 속한다고 판단하면서(참조. 히 7:10) 역사적 정확성보다는 이데올로기에 더 많은 관심을 기울인다. 내레이터는 이스라엘을 완전수를 가진 것으로(46:27을 보라), 또한 그들을 통해 축복받은 대표적인 칠십 민족의 축소판으로 제시한다(창 10장; 신 32:8을 보라). 문학 장르로서 성경의 족보들은 분명히 다소 인위적이고 이상적이며, 적법한 사료 편찬의 지침에 따라 기록되지 않는다(참조. 창 10장; 35:22b-26; 마 1:1-17).

공백

이집트에서의 일화는 온통 융숭한 환대에 대한 것이다. 이는 굶주리고 궁핍한 가족에게 가장 좋은 땅과 자산을 주는 환대다. 초대와 선물의 반복과 구체적으로 제공된 상세 내역은 파라오와 그의 총리가 가족의 이주를 독려하기 위해 모든 육체적·심리적 필요를 예측하여 충족시켰음을 보증한다.

하지만 형제들이 집에 도착했을 때 가나안에서 있었던 일화는 재산이 아닌 가족의 사랑에 대한 것이다. 내레이터는 단지 형제들의 입에 이 말을 넣어줄 뿐이다. "요셉이 지금까지 살아 있어 애굽 땅 총리가 되었더이다"(45:26). 또한 내레이터는 단지 야곱의 말로 그들의 사랑을 설명할 뿐이다. "내가 족하도다! 내 아들 요셉이 지금까지 살아 있으니 내가 죽기 전에 가서 그를 보리라"(45:28). 내레이터는 파라오와 요셉의 파격적인 원조와 선물에 대한 가족의 반응을 거의 공백으로 남겨둔다. 이 환대는 오로지 야곱으로 하여금 요셉이 살아 있음을 확신하게 만드는 데 일조한다. 한때 재산과 돈을 좇아 살았던 아버지와 형제들이 이제 이 모든 것보다 형제를 사랑하고, 원조와 선물을 그 관계를 구축하는 데 사용한다. 이 장은 야곱이 부요함과 자신의 즐거움을 위해서가 아니라 죽기 전에 요셉을 보기 위해 기꺼이 이집트로 이주하기로 결정하면서 끝난다.

핵심 단어들

이 서사의 첫 번째 무대에서 사용된 핵심 단어들은 "이렇게 행하라" (2회)와 "그들이 그렇게 했다"(45:17, 19, 21), 그리고 "이집트 땅의 좋은 것"(45:18, 20, 23)이다. 두 번째 무대에서는 "요셉"(45:26, 27[2회], 28)이고, 세 번째 무대에서는 "야곱"/"이스라엘"(8회)이다.

호칭

제3막은 자기 아들들에게 말하는 "야곱"과 더불어 열린다(42:1). 제3막의 막바지에서 내레이터가 아버지의 기력과 지도권에 대해 말할 때 그의 이름을 "이스라엘"로 언급하는 것은 아버지인 야곱이 태동기의 민족을 이집트로 인도하기 때문이다. 내레이터가 야곱의 약점과 하나님에 대한 의존성(46:2) 및 그의 아들들에 대해(46:5-6) 말할 때는 "야곱"으로 칭한다.

다른 장들과의 비교 및 대조

아브라함의 이주와 야곱의 이주 사이에는 의미 있는 비교점들이 있다. 족장 시대가 시작될 때 아브라함은 "큰 민족"이 되기 위해 가나안 땅으로 가라는 하나님의 계시에 순종했다(12:2). 야곱은 족장 시대가 끝날 때 이집트에서 큰 민족을 이루기 위해 그 땅을 떠나라는 하나님의 명령에 순종한다(46:3). 아브라함 이야기의 흐름이 전환되기 전에(창 23-25장) 이야기가 신현을 통해 주어진 하나님의 약속으로 둘러싸인 것처럼 (12:1-3; 22:15-18), 야곱의 긴 방랑 역시 그렇다(28:13-16; 46:2-4). 기근은 족장 시대의 초기에 아브라함을 이집트로 몰아갔다(12:10). 지금 족장 시대의 말기에 기근은 야곱과 이스라엘의 아들들을 약속의 땅으로부터 몰아낸다. 하지만 아브라함은 하나님의 지시 없이 이집트로 가서 가족을 위험에 빠트렸다. 야곱은 하나님의 계시를 따라 이집트로 가서 가족을 보존한다.

야곱 가족의 이 이동과 그들이 이전에 행한 여행 사이에도 놀라운 연결 고리들이 존재한다. 이상화된 족보가 야곱이 밧단아람에서 체류한 기간과 그가 거기서 약속의 땅으로 떠나는 탈출을 마무리 지었던 것처럼 (35:10-26을 보라), 열두 명에서 칠십 명으로 늘어난 아들들의 이상화된 명부가 족장들의 가나안 체류 기간을 종료시키고 출애굽을 향한 전환점을 만든다(46:8-27; 출 1:1-7을 보라).

45장에서 시작되는 이집트로의 이동은 교호 구조를 따른다. A/A': 가족의 내적 결속(45:1-15; 46:1-30), 그리고 B/B': 태동하는 민족의 이집트 정착(45:16-28; 46:31-47:12). 두 사례 모두에서 결속된 가족과 관련한 사건들은 요셉이 자신의 가족, 곧 처음에는 베냐민과 그의 형제들을 (45:14-15), 그다음은 야곱을(46:29) 안고 눈물을 쏟아내면서 절정에 이른다.

마지막으로 46:8-27의 족보는 35:22b-26에 있는 족보와 같은 기능을 한다. 둘 다 아브라함과 이삭과 야곱으로부터 열두 명의 아들로, 이제는 칠십 명의 가족으로 늘어난 태동하는 민족의 성장에 대한 증거를 제공한다. 게다가 둘 다 한 단락을 마무리한다. 전자는 제8부와 밧단아람에서 야곱의 타향살이를 끝냈다. 후자는 가나안에서의 족장들의 체류를 마감한다. 46:8-27의 족보는 출애굽기와 연결하기 위해 출애굽기 1:1-5에서 요약된 형식으로 축어적으로 반복된다. 출애굽기는 이 민족이 태동기의 상태로 이집트로 내려갔다는 기사를 시작으로 하여 이집트에서 시내 광야에 이르기까지 한 민족으로서 이스라엘 백성의 역사를 연대기로 기록한다.

전조

이 장에서 족장들의 가나안 체류 기간이 끝난다. 이 장의 세 번째 무대는 고센으로 이주하는 태동기의 민족과 관련된다. 고센에서 그들은 하나님께서 약속하신 대로 큰 민족으로 성장할 것이다. 이렇게 이 세 번째 무

대는 출애굽기를 시작하는 장면의 전조가 된다. 족장들에게 나타난 현재
의 마지막 신현에서 "네 조상의 하나님"이란 호칭은 430년 후의 모세에
게 나타난 다음 신현에서 두드러진 특징이 될 것이다(출 3:6).

제10부 3막 4장에 대한 주해

이집트에서: 파라오와 요셉의 초대, 선물, 그리고 원조(45:16-24)

16절. 소문이 파라오의 궁에 들리매. 본문은 문자적으로 "목소리가
파라오의 궁전에 들렸다"로 읽는다. 이는 이 구절을 뒤로 거슬러 45:2과
연결한다(위의 문학적 분석을 보라). 파라오는 요셉과 그들의 대화에 대
해서가 아니라 형제들이 도착했다는 사실을 알게 되었다. 요셉의 하인
들은 형제들의 대화로부터 격리되어 있었기에 요셉의 말을 들은 것이
아니라 단지 그의 격한 울음소리만을 들었을 뿐이다(위의 문학적 분석을
보라).

기뻐하고. 문자적으로 "~의 눈에 좋았다"이다. 파라오와 그의 신하들
은 요셉의 가족에게 호의를 베푼다. 이는 그들이 요셉에게 애정을 품고
있기 때문이다(출 1:8과 반대로). 파라오는 이집트에서 가장 좋은 땅을 요
셉의 가족에게 제공한다. 이런 환대는 이집트를 구하고 파라오를 위해 이
집트의 온 땅을 확보해준(47:20) 사람에게 보은하는 적절한 응답이다.

17절. 파라오는 요셉에게 이르되. 파라오는 자신의 전갈을 요셉을 통
해 형제들에게 전한다. 왜냐하면 파라오는 통역사가 필요하고 형제들은
파라오와의 면담을 주선할 중재자가 필요하기 때문이다.

짐승에 너희 양식을 싣고 가서. 이 짐승은 당나귀를 지시한다(44:3,
13을 보라; 개역개정에는 "짐승"이 누락되어 있다-역주).

18절. 즐기리라(개역개정-"먹으리라"). 이 히브리어는 "먹다"를 의미
한다.

나라의 기름진 것. 이곳은 이스라엘의 후대 기록에서 추론할 수 있는 것처럼(참조. 민 20:5; 시 78:47) 농사에 최적화된 땅이다(참조. 사 1:19). 파라오는 요셉이 그랬던 것처럼 고센의 목초지를 특정해서 말하지 않는다. 46:31-32에서 파라오는 요셉의 가족이 구체적으로 목초지가 필요한 목자들이라는 사실을 모르는 것 같다.

19절. 너희 자녀와 아내를. 파라오는 가족 구성원들을 구체적으로 명시한다.

20절. 온 이집트 땅의 가장 좋은 (것). "소유물"과 이 땅의 가장 좋은 것의 연관성은 45:18에서처럼, 가장 좋은 농경지가 아니라 "이집트의 가장 좋은 것들"을 암시한다(즉 집, 가구, 등등). NIV는 45:23에서는 비슷한 히브리어 표현을 "이집트의 가장 좋은 것들"로 번역한다.

21절. 이스라엘의 아들들. 이는 요셉과 그의 형제들을 가리키는 민족적 단어다. 하나가 된 태동기의 민족은 파라오의 호의를 이끌어내기 위해 일사불란하게 행동한다.

파라오의 명령대로. 이 히브리어는 문자적으로 "파라오의 입에 따라"를 뜻한다.

22절. 각기 옷 한 벌씩을. 옷은 요셉 이야기에서 중요한 상징이다(참조. 37:3, 31-33; 38:14, 19; 39:12-18; 41:14, 42). 여기서 옷은 형제들을 향한 요셉의 애정과 예우에 대한 적절한 표식으로 기능한다(참조. 왕하 5:5, 22). 왜냐하면 이 옷은 형들이 요셉에게서 벗긴 겉옷과 눈에 띄게 대조되고 있기 때문이다(37:23을 보라). 사르나는 이렇게 말한다. "옷이라는 품목이 요셉과 그의 형들 사이의 적의에 찬 이야기에서 두드러진 특징이었기 때문에, 그들의 화해가 옷 선물로 표시되는 것은 적절하다."[136] 또한 이 변화는 그들의 새로운 상황을 상징해준다(참조. 38:14; 41:14, 42). 즉 그들은

---

136 Sarna, *Genesis*, 311.

이집트의 가장 좋은 땅에서 풍부한 원조를 받으리라는 전망과 더불어 죄와 적개심과 기근으로부터 구출된다.

베냐민에게는 은 삼백과 옷 다섯 벌을 주고. 주권자로서 요셉은 태어난 서열을 무시하고 막내에게 특별한 지위를 부여할 자유가 있다. 더구나 요셉은 자신의 행위를 설명할 필요가 없다. 형제들은 주권적 은혜에 대한 교훈을 얻었으며 이제 하찮은 질투심을 넘어선다. 심지어 요셉이 베냐민에게 다섯 배나 많은 음식을 준 후에도(43:34) 형제들은 여전히 베냐민을 위해 기꺼이 노예가 되기를 자처했다(44:16).

은. 이는 제10부에서 또 하나의 핵심적인 상징이다. 여기서 이 은전은 형제를 팔기 위해서가 아니라 축복하기 위해 주어진다(37:28과 반대로).

23절. 수나귀 열 필…암나귀 열 필. 이는 형제들의 나귀들 외에 추가된 나귀들을 말한다.

24절. 다투지 말라. 42:22을 보라. 본문은 문자적으로 "흥분하지 말라"를 뜻한다.[137] 형제들은 그들의 범죄에 대해, 특별히 아버지에게 그 일을 설명할 때 서로 맞받아치며 비난하지 말아야 한다. 만일 요셉이 그들을 용서한다면, 그들은 얼마나 더 서로 용서해야 하겠는가?(마 18:21-35을 보라).

가나안에서: 형제들의 알림과 아버지의 반응(45:25-28)

26절. 요셉이 지금까지 살아 있어. 형제들은 자신들의 죄로부터 자유하게 되어 진실을 말할 수 있다. 형제들의 말은 그들이 받은 소유물이 아니라 동생에 초점을 맞춘다(위의 문학적 분석을 보라).

이집트 땅 총리가 되었더이다. 그들은 요셉의 출세를 질투하지 않고 기

---

137 Wenham은 랍비들을 따라 이 용어(רגז, 라가즈)가 짐을 가득 실은 형들의 수레를 털어가는 노상강도와 관련되는 "두려움"을 지시할 수 있다고 제안한다(*Genesis 16-50*, 430).

뻐한다.

27절. 야곱은···수레들을 보고서야. 곡식과 짐승과 선물은 그들이 수중에 있는 은전으로 구입하거나 훔칠 수도 있는 것이지만 수레는 그럴 수 없다.

28절. 이스라엘. 이는 능력과 지도권을 의미하는 야곱의 이름이다(위의 문학적 분석을 보라).

족하도다!(רַב, 라브) 본문은 문자적으로 "충분하다"는 의미다(시 23:5을 보라).

내가 죽기 전에 가서. 형제들이 이집트로 내려오라는 파라오와 요셉의 명령을 실행에 옮기려면 이주에 대한 족장 야곱의 동의가 꼭 필요하다.

그를 보리라. 야곱은 라반과 자기 지분의 재산을 두고 다퉜다. 이스라엘은 재산이 아니라 자기 아들을 그리워한다(46:28, 30을 보라).

가나안으로부터의 이주: 하나님이 야곱을 만나시다(46:1-7)

1절. 이스라엘. 45:28을 보라.

이끌고 떠나. 내레이터는 헤브론을 출발지로 전제한다(35:27; 37:14을 보라). 이곳은 브엘세바 북동쪽 20마일(36km) 지점이다. 야곱은 기근을 피하기 위해서가 아니라 요셉을 만나러 여행을 떠난다(참조. 눅 15:24).

브엘세바. 21:33, 26:23-25을 보라. 이곳은 약속의 땅의 끝이다. 약속의 땅을 떠난 야곱의 여행은 브엘세바에서 시작해서 거기서 끝난다(28:10). 여기서 하나님의 계시는 벧엘에서 야곱에게 주셨던 계시와 닮았다(28:10-22).

희생제사(זֶבַח, 자바흐)**를 드리니.** 히브리어 자바흐는 창세기의 다른 곳에서는 단지 31:54에서만 나타난다. 제단에 바치는 이 제사는 하나님과 제사를 드리는 자의 친교를 확립하고 뒤따르는 환상을 위해 올바른 영적 환경을 조성하는 기능을 한다.

그의 아버지 이삭의 하나님. 브엘세바는 아브라함(21:32-33을 보라)과 이삭(26:23-25을 보라)의 예배 처소였지만 야곱의 예배 처소는 아니었다 (28:10-15; 35:6-15을 보라). 이삭이 쌓은 제단에서의 예배를 통해 야곱은 자신의 조상이 예배했던 동일한 하나님을 예배한다는 것을 보여준다. 더 구체적으로 야곱은 하나님께서 약속의 땅 밖에서 택하신 족장들의 씨와 함께하실 것이라는 신적 보증을 구한다(참조. 26:2).

2절. 하나님이 …이르시되. 이는 제10부에서 관찰되는 신현과 약속에 대한 유일한 보고다. 또다시 야곱이 약속의 땅을 떠날 때 하나님은 야곱과 함께하시고 그를 돌아오게 하겠다고 약속하신다(28:15). 하나님께서 족장들에게 주신 마지막 말씀으로 기록된 이 하나님의 발언은 이집트 땅에서 펼쳐질 이스라엘의 거룩한 역사에 대한 예고편을 보여준다. 그다음에 기록된 특별계시는 약 430년 후(출 12:40) 불타는 떨기나무에서 모세에게 주어지는 계시가 될 것이다(출 3:1-4:17).

그 밤에 하나님이 이상 중에. 15:5, 12, 20:6, 26:24, 28:12, 31:24을 보라. 이 형태는 복수형이나("환상들"이라는 번역이 가능함) 역본들은 단수로 읽는다. 차이는 이 단어를 마르오트(מַרְאֹת) 또는 마르아트(מַרְאַת)로 읽는 독법과 관련된다. 족장들은 예언자들이다(15:1; 20:7을 보라). 아브라함이 본 밤중의 환상과 야곱이 본 현재의 환상은 이스라엘의 이집트 체류와 관련된다(15:13). 개인적인 환상이 야곱의 열두 아들 중 누구에게도 직접 주어진 적은 전혀 없다. 요셉의 꿈들은 족장들에게 주신 약속, 곧 가나안 땅에서 그들을 큰 민족으로 만들겠다는 하나님의 약속과 관련된 것이 아니라 단지 요셉 자신의 생애에서 형제들에 대한 그의 통치와 관련될 뿐이다. 여기서 야곱에게 주어진 약속은 민족의 형성과 관련된 주제들로 되돌아간다.

야곱아! 야곱아! …내가 여기 있나이다. 22:1, 11을 보라. 하나님은 연약함을 의미하는 이름인 야곱으로 부르며 족장에게 말씀을 전해주신다. 이 이름의 사용은 야곱의 심리적 상태를 암시한다.

3절. 나는 하나님이라. "하나님"이라는 호칭은 시공간과 사람 너머에 계신 하나님의 초월성과 관련된다.

네 아버지의 하나님. 야곱은 자기 아버지 이삭의 하나님께 예배드리고, 하나님께서는 응답하신다. 와이즈만(Weisman)은 이렇게 설명한다. "이는 족장 서사에서 야웨나 엘 샤다이가 아닌 하나님, 네 아버지의 하나님과 결부되는 유일한 민족적 약속이다."[138] 또한 이는 출애굽기 3:6과의 의도적인 연결을 나타낸다. 여기서 하나님과 야곱의 친교는 전적으로 족장들에게 맹세하신 하나님의 약속과 관련된다—하나님은 이삭(26:24을 보라)과 야곱(28:13-15; 32:9)에게 맹세하신 확고한 약속들을 반복하신다.

두려워하지 말라. 평화는 족장들 각자에게 선언된다(아브라함, 15:1, 참조. 21:17; 이삭, 26:24; 그리고 지금은 야곱, 참조. 35:17). 안심시키는 이 명령은 약속의 땅으로부터 이집트로 내려가는, 곧 위험으로 가득 차 있고 하나님의 축복 밖에 있는 땅으로의 이주에 대한 야곱의 불안한 심정을 암시한다(26:2을 보라).

내가 거기서 너로 큰 민족을 이루게 하리라. 이는 야곱의 조상에게 맹세하신 약속의 구체적 진술이다(12:2; 15:13-14; 17:6, 20; 18:18; 21:13-18을 보라). 이집트는 하나님께서 자신의 민족을 구성하시기 위해 사용하는 모태다(성취에 대해서는 출 1:7을 보라).

4절. 내가 너와 함께 애굽으로 내려가겠고. 하나님의 임재는 고통을 없애는 것이 아니라 고통 가운데서 공급하심과 보호하심을 보증한다(28:15, 20; 31:3, 5, 42; 39:2-3, 21, 23을 보라). 하나님은 야곱이 북쪽의 하란으로 갔을 때 그를 호위하셨던 것처럼 남쪽의 이집트로 갈 때 그를 호위하실 것이다(아래 신학적 고찰을 보라).

반드시 너를 인도하여 다시 올라오게 할 것이며. 이 약속은 족장들에게 가나안 땅을 주시는 하나님의 열심을 수반한다. "너"는 단수형인데 야

---

138 Z. Weisman, "National Consciousness in the Patriarchal Promises," *JSOT* 31 (1985): 65.

곱―시체가 되어 관 속에 있게 되지만(49:29-32)―과 그와 공동 연대 속에 있는 그의 아들들을 모두 지시한다. 야곱은 죽을 때 이 약속을 기억할 것이다(47:29-31; 참조. 12:1, 7; 13:15; 15:4). 마찬가지로 요셉 역시 기억할 것이다(50:24-25를 보라).

그의 손으로 네 눈을 감기리라. 본문은 문자적으로 "그의 손을 네 눈에 올릴 것이다"를 뜻한다(49:33-50:1을 보라). 사르나의 설명에 따르면 이는 "장남이나 가장 가까운 혈육이 망자의 눈을 조심스럽게 감기는 관습에 대한 언급이다. 이런 행위는 오늘날까지 유대인의 유서 깊은 관행으로 남아 있다."[139] 하나님의 임재는 죽을 때까지 야곱과 함께할 것이다. 아브라함이 그랬던 것처럼 야곱은 평안히 죽을 것이다(15:13-16을 보라).

5절. 떠날새(וַיָּקֻמוּ, 바야콤). 이 히브리어는 빠르고 결단력 있는 행동을 표현한다.

자기들의 아버지 야곱과 자기들의 처자들을 태우고. 여기서 야곱의 이름을 사용하는 것이 시사해주듯이 야곱은 연약하고 하나님의 공급하심과 보호하심에 의존한다. 약속은 인간의 능력이 아닌 하나님의 은혜를 통해 실현될 것이다. 야곱의 아들들은 이제 이주를 실행하는 임무를 떠맡는다.

수레들에. 내레이터는 브엘세바에서 신현이 발생한 후에야 이주의 세부 사항을 언급한다.

6절. 재물을. 이 재물은 파라오의 환대를 기대하고 가져가는 것이 아니다(참조. 45:20).

이집트로 갔더라(בֹּאָה, 보). 이는 서사를 족보와 연결하는 핵심 단어다(46:8을 보라).

7절. 야곱이 … 데리고. 46:5-6이 이스라엘의 아들들을 야곱과 그들의

---

139 Sarna, *Genesis*, 313.

가족들을 데리고 그들의 가재도구를 이집트로 가져가는 인물들로 그리는 반면에, 이 구절은 야곱을 자기 아들들과 그들의 가족을 챙기는 사람으로 묘사한다. 전자는 실행된 사실 그대로를 묘사하는 반면 후자는 이상적인 사회적 서열을 나타낸다.

갔더라(בוֹא, 보). 46:6, 8을 보라.

그의 모든 자손을 데리고. 이는 전면적이면서도 장기적인 이주다. 신적 축복으로부터 배제되는 사람은 아무도 없다. 이 표현은 이어지는 족보에 대한 야누스 기능을 한다(46:26도 보라).

이집트로 내려간 이스라엘 족속의 족보(46:8-27)

8절. 가족의 이름은 이러하니라.[140] 위의 문학적 분석을 보라.

이스라엘의 아들들(개역개정-"이스라엘 가족"). 이 민족적 용어는 종종 "이스라엘 족속"으로 번역된다(참조. 창 32:32; 47:27; 출 1:7). 이 지점에서 "이스라엘의 아들들"과 "이스라엘 족속" 사이의 구분이 희석된다. 즉 그들은 민족의 축소판이다. 사르나가 설명한 대로 "3절의 약속은 이미 잉태된 태아로 성취되고 있는 중이다."[141]

이집트로 내려간. 위의 문학적 분석에서 "구조"를 보라.

10절. 여무엘. 출애굽기 6:15에도 이 이름이 나타난다. 그러나 민수기 26:12과 역대상 4:24에서는 느무엘로 제시된다.

오핫. 이 이름은 삭제되어야 한다. 이는 그리스어 역본이나 민수기 26:12-13, 역대상 4:24에는 없다. 이 이름을 삭제하면 숫자가 삼십삼 명이 된다(15절을 보라). 이 이름은 어쩌면 스할과 관련하여 서기관의 실수로 본문에 들어왔을 수 있다. 스할은 히브리어 사본에서 오핫과 비슷해

---

140 이 족보와 민 26:5-51 및 대상 2-8장의 더욱 상세한 비교에 대해서는 Hamilton, *Genesis 18-50*, 599을 보라.

141 Sarna, Genesis, 314.

보인다.

스할. 출애굽기 6:15에서도 이 이름이 보인다. 그러나 민수기 26:13과 역대상 4:24에서는 세라로 나타난다. 두 이름은 모두 "빛남, 밝음"을 의미한다.

가나안 여인의 아들 사울. 출애굽기 6:15에서도 나타나는 이름이다. 이 수치스러운 표현이 민수기 26:13이나 역대상 4:24에서는 덧붙여지지 않는다.

12절. 엘 … 가나안 땅에서. 38:3-10, 민수기 26:19을 보라.

베레스의 아들. 독특한 표현 바이흐유 베네(וַיִּהְיוּ בְנֵי, "베레스의 아들들은 … 이었다")는 아마도 그들이 사실은 이집트로 이주한 것이 아니라 거기서 태어났다는 것을 지시할 것이다(창 38장을 보라). 다음에 나오는 몇 가지 이유로 세라의 아들들은 빠지고 베레스의 두 아들만이 여기에 포함되었을 것이다. 즉 (1) 그들은 가나안에서 죽은 아들들을 대체한다. 그렇게 해서 유다가 낳은 혈통의 숫자를 다섯 명으로 유지한다. (2) 이 두 아들은 유다의 족보에 올라간 아들을 도합 일곱 명, 곧 신적인 숫자가 되도록 만든다. (3) 베레스의 두 아들은 다윗이 그들의 후손이기 때문에 가장 중요하다.

13절. 부와와 야숩(Jashub, 개역개정-"욥"). 사마리아 오경, 시리아역 및 역대상 7:1에도 이 이름들이 나오지만 마소라 텍스트에서는 부바(Puvvah), 이옵(Iob)이라는 이름이 나온다.

15절. 밧단아람. 25:20을 보라.

디나. 디나는 딸들 중에 유일하게 언급되는데, 그 이유는 디나가 창세기 34장에서 특징적으로 묘사되었고 그녀를 포함하는 것이 이상적인 완전수를 만드는 데 기여하기 때문이다.

삼십삼 명. 이는 여섯 명의 아들과 이십사 명의 손자(오핫은 세지 않고 엘과 오난은 셈)와 두 명의 증손자와 한 명의 딸을 포함한 숫자다.

16절. 갓. 숫자 일곱이 그에게 중요하다. 즉 아들들의 명부에서 일곱 번

째, 일곱과 일치하는 그의 이름 철자의 숫자 값, 그리고 일곱 명의 자손.[142]

시본(Zephon). 사마리아 오경, 70인역, 민수기 26:15에 이 이름이 나타나지만 마소라 텍스트에서는 시비욘(Ziphion)으로 나온다.

에스본. 이 이름은 민수기 26:16에서는 오스니(Ozni)이다.

17절. 이스와. 역대상 7:30에 이 이름이 등장하지만 민수기 26:44에서는 빠져 있다.

그들의 누이 세라. 민수기 26:46과 역대상 7:30에서도 나타난다. 야곱의 아들들이 다른 딸들을 낳았다고 추정되지만 이 족보에 그녀를 포함한 이유는 알 수 없다.

18절. 라반이 …에게 준. 이는 과거에 힘들었던 야곱의 타향살이를 기억나게 하는 문구다. 거기서 이상적이며 완전한 가족이 탄생했다. 야곱의 가족은 이집트에서 고난의 타향살이가 시작되는 바로 그 지점에서 다시 출현할 것이다.

십육 명. 이 총계는 두 명의 아들과 열한 명의 손자, 그리고 두 명의 증손자와 한 명의 손녀를 포함한다. 실바의 후손은 대략 그녀의 여주인의 후손 총계의 절반이다.

19절. 야곱의 아내 라헬의 아들. 라헬이 족보에서 더 높은 지위를 부여받는다. 라헬이 홀로 야곱의 아내로 명명되고 그 이름이 계보에 제시된다.

20절. 므낫세와 에브라임. 41:50-52을 보라. 70인역은 다섯 명의 아들과 민수기 26:29-36에 거명된 므낫세와 에브라임의 손자들을 추가한다 (행 7:14을 보라).

21절. 베냐민. 현재 약 삼십 세쯤 된 베냐민이 가나안에서 아들 열 명을 두었다는 것은 의심스럽다(위를 보라; 참조. 35:26; 히 7:10). 민수기

---

142 앞의 책, 315.

26:38-40, 역대상 7:6-12, 8:1-40에 있는 베냐민의 족보는 이것과 약간 다르다. 이런 본문의 차이는 이스라엘 역사의 다른 시대적 배경, 다른 본문 전승 및 명부들의 상이한 기능들을 반영한다. 예를 들어 역대상 7장은 군사적 명부로 기능하고 역대상 8장은 베냐민을 유다와 동등한 자격으로 끌어올리기 위해 목록들을 확대하며, 창세기 46장은 이상적인 완전수 칠십을 맞추기 위해 이름들을 선별한다.

베겔. 그는 민수기 26:38-40[143] 또는 역대상 8:1에서 언급되지 않는다.

게라와 나아만. 이 두 사람은 모두 창세기 46:1의 70인역과 역대상 8:4에 따르면 손자이지만 민수기 26:40에서는 나아만이 혼자 등장한다.

에히. 이는 아마도 민수기 26:38의 아히람일 것이다. 역대상 8:1에서는 아하라가 이 자리를 대신한다.

로스. 70인역에서 손자인 그는 병행하는 명부에서는 언급되지 않는다.

뭅빔. 그는 70인역에서 손자다. 스부밤은 민수기 26:39의 마소라 텍스트에서 베냐민의 넷째 아들이고 역대상 8:5에서는 스부반이 벨라의 여덟 번째 아들이다.

아릇. 70인역에서 그는 게라의 아들이나 민수기 26:40에서는 벨라의 아들 중 하나다. 역대상 8:3은 앗달을 벨라의 아들로 나열한다.

22절. 라헬이 …십사 명이요. 이는 두 명의 아들과 열두 명의 손자를 포함한다. 하나님께서 라헬을 기억하셨기 때문에(30:22) 한때 불임이었던 아내는 신적 숫자의 두 배로 후손을 얻는다(삼상 2:5을 보라).

23절. 단의 아들. 마소라 텍스트는 복수형인 "단의 아들들"을 사용하는데, 이는 아마도 정형화된 표현일 것이다.

후심. 민수기 26:42에서 이 이름은 수함이다. 이는 자음 도치로 쉽게 설명된다.

---

143 그러나 베겔은 민 26:35에서 에브라임의 후손으로 나열된다.

24절. 야스엘 … 실렘. 그들은 역대상 7:13에서 야시엘과 살룸이다(대부분의 히브리어 필사본들).

25절. 칠 명. 이 총계는 두 명의 아들과 다섯 명의 손자를 포함한다. 라헬의 시녀인 빌하 역시 신적 숫자의 자손을 낳지만 라헬의 자손의 절반이다(참조. 레아와 실바, 46:15, 18).

26절. 직계 자손(개역개정-"몸에서 태어난 자"). 이 히브리어는 문자적으로 "그의 허리로부터"이다(24:2을 보라).

육십육 명. 이 명부는 열두 명의 아들, 오십이 명의 손자, 네 명의 증손자와 두 명의 딸을 포함하여 도합 칠십 명이다. 그러나 가나안에서 죽은 엘과 오난(46:12을 보라), 그리고 이집트에서 태어난 므낫세와 에브라임(46:27을 보라)은 야곱의 자녀를 칠십 명에서 육십육 명으로 줄인다.

27절. 칠십 명. 이 숫자는 46:26에서 제외된 아들들을 포함했거나, 더 그럴듯하게는 야곱과 요셉을 추가함으로써 만들어진다(신 10:22을 보라).[144] 이 축소판 민족이 이상적인 완전수(5:5; 10:2; 46:8; 신 10:22을 보라)와 열국의 축소판으로 표현된다(참조. 10:1-32; 신 32:8; 또한 출 24:1, 9; 민 11:16, 24-25; 삿 1:7; 8:30; 9:2; 삼상 6:19; 왕하 10:6; 눅 10:1, 17도 보라). 칠십은 두 완전수의 곱하기다(7×10). 사도행전 7:14에서는 70인역에 근거하여(창 46:27; 출 1:5; 신 10:22) 총계가 칠십오 명이다(위를 보라).

---

144 만일 후자라면 "야곱의 자손"이라는 표현은 출 1:5에 있는 야곱과 그의 후손에 대해 느슨하게 사용되고 있다.

제10부 3막 4장에 대한 신학적 고찰 ─────────

환대

파라오와 요셉은 이스라엘의 가족에게 환대를 베풀고 결과적으로 그 가족을 기근에서 구해낸다. 성경에서 환대란 향응의 제공이 아니다. 환대는 케르(Kerr)가 요약한 대로 "'서로를 위해 음식과 음료가 되는 것이다'(Wendy Wright, 'Weavings' calendar, 1992에서 인용). 이는 우리가 또 다른 손님에게 맞추어 식탁을 넓히고 늘리는 것처럼 우리 자신을 넓히고 늘리는 일이다. 헨리 나우웬(Henri Nouwen)은 '환대라는 개념은 우리의 동료 인간들과의 관계 속에서 우리의 통찰을 더욱 깊이 있게 만드는 가장 풍성한 개념 중 하나다. 그것은 관계의 치유와 새로워지는 공동체의 형성에 대한 우리의 이해에 새로운 차원을 제공할 수 있다'고 말한다. 내면적인 마음의 내어줌이 없는 환대란 향응의 제공이라 불리는 저급한 접대가 된다."[145] 파라오는 자신을 구해준 사람에게 마땅한 시중으로 환대를 베푼다. 그리스도인들도 그렇게 그들의 구주께 자신들의 마땅한 시중으로 환대를 베풀어야 한다(참조. 마 25:31-45).

주권적 은혜

주권자로서 요셉은 형들보다 베냐민을 우대할 권리가 있다. 하나님도 당신이 원하는 사람을 우대하는 그분의 주권적 은혜를 행사하신다. 하나님의 주권적 은혜가 그분의 공의와 혼동되어서는 안 된다. 하나님의 공의는 그분이 순종에 대해 보상하고 불순종에 대해서는 징벌할 것을 요구한다. 그것을 넘어서, 그분은 당신이 원하는 자들에게 자비를 베푸

─────────

145 P. E. Kerr, "Hospitality As the Christian Individual and Corporate Relational Reality That Reflects God's Character"(미출간 석사 논문, Regent College, 1994), 3, H. Nouwen, *Journal of Monastic Studies* 10 (Easter 1974): 7을 인용함.

신다. 이는 그들이 그 자비에 합당하기 때문이 아니다(참조. 마 20:1-16; 롬 9:1-29; 고전 12장). 이 교리를 이해하는 교회와 가족은 참으로 복이 있다.

힘든 삶에도 불구하고—경쟁하는 아내들 간의 날카로운 갈등, 라반에게 당하는 괴로움, 젊었을 때 부정직하고 폭력적인 자녀들—이전에 하란에서 타향살이를 했던 사람과 그의 가족은 이제 이상적이고 완전한 민족의 축소판으로서 이집트에 들어간다. 야곱의 손자, 손녀, 증손자들 대부분은 이 서사에서 언급되지 않는다. 그럼에도 불구하고 그들 역시—가나안 여인과 이집트 여인에게서 난 자들까지도—하나님의 백성 가운데 이름이 올라가고 그 수에 포함됨으로써 알려진다.

모형론

아브라함과 야곱은 둘 다 비유적으로 자기 아들을 죽은 자들로부터 돌려받는다. 두 아들이 모두 그리스도의 죽음과 부활을 미리 보여주지만 요셉은 더욱 그렇다. 요셉만이 그리스도처럼 살아날 뿐만 아니라 모든 것을 다스리는 통치자가 된다(참조. 행 2:32-34; 빌 2:6-11). 믿을 수 없을 만큼 좋은 소식(복음)을 들은 야곱의 반응은 여인들이 그리스도가 죽은 자들로부터 부활하사 살아 계신다는 사실을 제자들에게 알렸을 때 그들이 보인 반응을 미리 보여준다. 제자들 역시 처음에는 어리둥절하여 믿지 못한 채 소식을 들었지만 마침내 의심할 여지 없이 많은 증거로 사실이 증명되자 그것을 말할 수 없는 기쁨으로 받아들인다(참조. 눅 24:9-49; 요 20:1-9, 24-29; 행 1:3). 제자들의 믿음은 야곱의 믿음과 마찬가지로 그들을 소생시키고 그들의 삶의 방향을 재설정하며 그들이 기근으로 훼파된 땅으로부터 상상할 수 없는 기름진 땅으로 순례의 길을 떠나게 만든다.

해석학

하나님은 어떤 성도에게 거부하신 것을 다른 사람을 위해서는 허용하실 수 있다. 하나님은 이삭에게 그 땅을 떠나지 말라고 명령하셨으나 그 땅을 떠나는 야곱에게는 그와 함께하시겠다고 약속하신다. 해석가는 모든 성도를 향한 하나님의 보편적인 명령과 특정한 성도에게 주시는 그분의 개인적인 명령을 구분해야 한다. 예를 들어 예수는 젊은 부자 관원에게 그의 모든 소유를 팔라고 말씀하신다. 바울은 부유한 성도들에게 그들의 부를 신뢰하지 말라고 말한다.

이집트에서 복을 받은 가족이 약속의 땅을 기대하다(46:28-50:26)

제10부 4막에 대한 문학적 분석 ──────────

플롯

제10부의 대단원인 제4막에서 플롯의 긴장은 대기근으로 인해 이집트에서 타향살이를 하는 갓 태동한 이스라엘 민족의 미래와 관련된다. 그들은 고립된 상태에서 정착하여 번성을 누릴 것인가? 그들은 가나안을 약속하는 아브라함 언약에 헌신하기를 고수할 것인가? 누가 그들을 인도할 것인가? 이런 주제들이 제10부 4막에서 제시된다.

제4막은 제1장에서 야곱이 족장직을 맡고 요셉이 이집트를 관할하는 가운데 하나가 된 태동기의 민족과 더불어 시작된다. 이 막은 파라오의 주도적이고 전적인 승인으로 요셉이 이스라엘을 안전하게 고센, 곧 "이집트 땅의 가장 좋은 곳"에 정착시키는 조치와 더불어 마무리된다. 제2장에서 대기근의 마지막 다섯 해 동안 이루어질 이스라엘 족속의 자립과 번성은 이집트인들이 겪는 곤경과 큰 대조를 이룬다. 이집트 사람들은 식량을 대신해서 기꺼이 파라오의 노예가 되기를 자처한다. 그럼에도 불구하고 그 족장은 가나안을 향한 열심을 보존한다. 요셉은 아버지 야곱을 거기에 매장하겠다고 맹세해야 했다. 임박한 야곱의 죽음은 상속권 문제의 해결을 요구한다. 제3장과 4장에서 이스라엘은 가나안에서 풍요롭게 거주할 가족에 대한 예언과 관련하여 하나님의 축복을 전달한다. 그는 요셉의 두 아들인 에브라임과 므낫세를 상속자로 입양함으로써 장자권을 위반한다. 이렇게 해서 그는 르우벤이 아닌 요셉에게 두 배의 몫을 하사한다. 또한 이스라엘은 동생인 에브라임에게 형인 므낫세보다 더 큰 복을 내린다. 제4장은 죽어가는 족장 야곱이 유다를 이스라엘 열두 지파의 왕으로 축복하고, 맹렬한 반대에 정면으로 맞섰던 요셉을 "형제들 중 뛰어난 자"로 축복하면서 절정에 이른다. 제10부 4막은 제5장과 6장에 나오는 야곱과 요셉의 죽음에서 최종적인 해결에 이른다. 각 장은 심지어 이 두 사람이 죽을 때에도 그들이 하나가 된 가족의 대열에 합류하여 약속의 땅으로 돌아가는 순례를 묘사하고 보장함으로써 그들의 죽음을 초월한다. 이런 방식으로 야곱은 이스라엘의 출애굽에 대한 모형이 되고, 요셉은 가족의 출애굽을 포함하는 자신의 미래를 족장들을 향한 하나님의 약속에 내맡긴다.

인물 묘사

이 막에서 두 명의 주연 배우는 야곱과 요셉이다. 루프는 이렇게 말한다. "인생을 분투하며 살아온 야곱이 이제 한 편의 드라마와 같이 생을 마감한다. 창세기의 절반이 넘게 펼쳐진 야곱의 인생은 신뢰와 배신, 불임과 다산, 풍요와 기근, 분열과 재결합의 순간들을 겪어온 가족을 보여준다. 이 모든 일은 하나님의 약속과 섭리 속에서 이루어졌다."[146]

제5장은 야곱의 가장 좋았던 시간을 마무리한다. 자신의 임종 자리에서(제3장과 4장)―47:28부터 49:32까지 이어지는―야곱은 가족에 대한 전체적이고 역동적인 지도권을 행사한다. 심지어 요셉조차도 야곱에게 엎드려 절한다. 야곱은 자신이 사랑하는 아내가 낳은 첫째 아들, 곧 마

---

146 Roop, *Genesis*, 290.

땅히 받을 만한 요셉에게 두 배의 축복을 준다. 그러나 레아의 첫째 아들, 곧 미워할 만한 장남에게는 그렇게 하지 않는다. 예언자의 통찰을 지닌 야곱은 심지어 전통주의자인 요셉까지도 거스르고 요셉의 두 아들에게 두 손을 엇갈려 안수한다. 야곱은 흔들림 없이 약속의 땅에서 이루어질 이스라엘의 신적 운명을 내다본다. 야곱은 심지어 라헬을 향한 사랑까지도 단념하고 마지막 유언을 통해 조상과 더불어 믿음 안에서 안식할 수 있도록 자신을 사랑받지 못했던 아내와 함께 묻어달라고 아들들에게 지시한다.

그는 기력이 쇠한 채 이집트로 내려간다. 이 여행은 이집트의 부와 안락함과 안전을 위해서가 아니라 한 아들을 향한 사랑에서 비롯되었다. 야곱은 파라오에게 큰 존경심을 표하고 그 앞에서 세심하게 행동하면서도 결코 그 이집트인에게 무릎을 꿇지 않으며 대신 더 큰 자로서 더 작은 그를 축복한다. 이삭의 노년은 그의 젊은 시절을 부끄럽게 만드나 야곱의 노년은 그의 젊은 시절을 바로잡는다. 마치 유다의 영웅적인 자기희생이 그의 비극적인 시작을 바로잡았듯이 말이다.

모든 사람이 야곱이 임종할 때 그를 공경한다. 요셉과 그의 형제들은 아버지의 죽음을 애도하고 그의 지시를 신실하게 이행하여 그를 조상의 무덤에 매장한다. 이집트인들은 그들의 왕을 애도하는 것처럼 두 달 반 동안 야곱을 애도한다. 능숙한 의원들이 사십 일 동안 야곱의 시신을 방부 처리하고, 파라오의 궁과 제국 전체에서 조문을 온 모든 원로급 관리들이 웅장하고 엄숙한 장례 행렬을 이루어 야곱의 시신을 이집트로부터 가나안 땅으로 옮기고 그곳에 묻는다. 이런 세부 사항을 통해 내레이터는 야곱의 진정한 회복과 높아짐을 확증한다.

요셉은 하나님과 자기 가족을 마지막까지 신실하게 섬긴다. 제1장에서 요셉은 대기근으로부터 가족을 구출하고 나아가 그들에게 가장 좋은 땅을 제공한다. 거기서 가족은 번성하여 하나님의 약속에 따라 한 민족이 될 수 있었다. 요셉의 신실함은 용서를 수반한다. 이 용서는 요셉의 통찰,

곧 하나님은 택하신 사람인 요셉의 선을 위해 심지어 요셉에 대한 형제들의 악한 음모마저도 사용하신다는 통찰에 기초한다. 이 막의 마무리 장면에서 형제들은 경건한 요셉의 신앙에서 비롯된 가족을 향한 사랑과 신실함을 여전히 이해하지 못한다. 형제들은 요셉의 복수를 예상하고 그에 맞서 자신들을 보호하기 위해 아버지가 요셉에게 그들을 용서하라고 명령하셨다고 거짓말을 한다. 요셉은 눈물을 흘린다. 스턴버그는 이렇게 말한다. "요셉이 갑자기 눈물을 터트리는 것은 놀랍지 않다. 마치 모든 고난이 허사가 된 것 같다. 즉 마치 형제들이 요셉에 대해 겉보기와는 다른 어떤 것을 발견하기라도 한 것처럼—그리고 두려움이 수년간 그들에게 망령처럼 붙어 다니는 것도 당연하다—모든 노력이 아무 소용이 없게 되었다. 마지막까지 하나님과 같았던—요셉은 진정한 깨달음을 얻은 극소수의 사람 중 하나였다—요셉은 이 지식을 영원히 심어주려는 희망을 갖고 그의 장담을 반복한다."[147]

요셉의 눈물 이면에서 그의 모든 감정이 고함친다. 즉 "요셉은 그들이 중재자가 필요하다고 믿기 때문에, 그들이 자신을 두려워하기 때문에, 그들이 자신이 그런 태도를 가질 만하다고 생각하기 때문에, 그가 아버지의 목소리를 듣기 때문에 운다. 그의 소년 시절, 곧 그들의 증오의 독침을 맞았던 때가 눈앞에 떠오른다. 형제들은 그들이 스스로를 낮춘 모습 속에서 요셉이 그때 일을 상기하게 만드는 자들이다. 이 요셉의 마지막 눈물은 진정으로 그들의 눈물이다."[148] 파라오 다음의 2인자 자리에 오른 이 이집트의 통치자는 반세기가 넘는 동안 자신의 조상에 대한 도리를 다하고, 가나안을 상속받아 그 땅을 축복하라고 그들을 택정하신 하나님의 계획에 계속해서 충실한다. "믿음으로 요셉은 임종 시에 이스라엘 자

---

147 Sternberg, *Poetics*, 178.
148 B. Jacob, *The First Book of the Bible*, ed., and trans. E. I. Jacob and N. Jacob (New York: Ktav, 1974), 341.

손들이 떠날 것을 말하고 또 자기 뼈를 위하여 명하였으며"(히 11:22).

제10부에 있는 다른 장면들과의 비교 및 대조

이 책의 서론은 제10부에 나타나는 플롯의 발전에 대해 대위법, 곧 동심원적 패턴을 설명했다(서론에서 "열 개의 톨레도트의 교호적, 동심원적 패턴들"을 보라). 서사 플롯의 긴장감은 제3막에서 형제들이 베냐민의 안녕을 자신들의 안녕보다 우선시하고, 요셉이 이에 응답하여 가장 격한 감정을 폭발시키며 그들의 형제라는 자기 정체를 드러내면서 그들 위에 군림하던 권력을 내려놓을 때 절정에 이른다. 여러 장면과 일화의 동심원적 구조에서 이 두 장면이 이 서사의 중심축을 이룬다. 분석에 따르면 제4막의 일화들은 제1막과 2막의 일화들과 짝을 이루는 뚜렷한 교차 구조를 보여준다. 이렇게 짝을 이루는 구조는 대기근 속에서 가족의 불행한 삶을 복된 삶으로 변화시키시는―행복과 불행의 전환점 역할을 한 화해 이후의 변화―하나님의 섭리를 보여준다. 여기에 도르시의 도움을 받아 서로 어울리는 짝들에 살을 붙인 구조는 다음과 같다.[149]

A 서론: 요셉 이야기의 시작(37:2-11)

- 형제들이 절할 것이라는 요셉의 꿈
- 형제들이 요셉을 미워하다
- 형제들이 요셉에게 다정하게 말할 수 없게 되다
- 요셉의 나이

  B 야곱이 요셉의 "죽음"을 슬퍼하다(37:12-36)

- 야곱이 헤브론에서 요셉의 "죽음"을 듣고 울다
- 야곱이 미래에 있을 자신의 죽음을 언급하다

---

149 Dorsey, *Literary*, 60.

- 요셉이 가나안에서 이집트로 내려가다

C 막간: 지도자로 암시되는 유다(38:1-30)[150]

- 유다의 처음 세 아들이 배제되다
- 유다가 변칙적으로 두 아들을 얻다
- 유다의 장남과 차남의 출생 역전
- 손에 붙들린 실에도 불구하고 바뀐 출생
- 쌍둥이의 탄생으로 지도자로 암시되는 유다

  D 요셉이 이집트에서 노예가 되다(39:1-23)

  - 요셉이 팔리고 매입되어 노예가 되다
  - 그가 주인의 호감을 얻다
  - 그가 주인에 이은 2인자가 되다
  - 이집트인의 재산을 관리하다

    E 파라오의 궁에서 냉대받는 관원들을 통해 이집트의 구원자가 된 요셉(40:1-41:57)

    - 파라오의 종들의 수치와 해직
    - 그들의 투옥
    - 생명과 죽음

    E´ 파라오의 궁에서 호의를 통해 가족의 구원자가 된 요셉(46:28-47:12)

    - 파라오의 궁에서 벌어진 요셉 가족의 존중과 환영
    - 이집트 땅의 가장 좋은 곳을 하사받다
    - 생명과 죽음

  D´ 요셉이 이집트인들을 노예로 만들다(47:13-31)

  - 그들이 팔리고 요셉에 의해 매입되어 그의 노예들이 되다

---

150 이 분석은 Goldin, "The Youngest Son," 27-44에 근거한다.

- 그들의 주인에게 호감을 얻으려 애쓰다
- 이집트인들의 식량을 관리하다

C′ 막간: 통치자로 축복받는 유다(48:1-49:28)
- 야곱의 처음 세 아들이 무시되다
- 야곱이 변칙적으로 두 아들을 "얻다"
- 요셉의 장남과 차남의 역전
- 요셉이 야곱의 두 손을 바로잡으려 하나 거부되다
- 족장에게 왕으로 축복받는 유다

B′ 요셉이 야곱의 죽음을 슬퍼하다(49:33-50:14)
- 요셉이 야곱의 죽음을 슬퍼하며 울다
- 야곱이 헤브론에 묻히다
- 요셉이 가나안에서 이집트로 돌아가다

A′ 결론: 요셉 이야기의 마무리(50:15-26)
- 요셉의 형들이 그 앞에서 엎드려 절하다
- 요셉이 형들을 미워할 것이라는 두려움
- 요셉이 형들에게 자상하게 말하다
- 요셉의 최종 나이와 죽음

A/A′: 제10부는 요셉의 나이를 십칠 세라고 적시함으로써 시작되고 (두 완전수인 칠과 십의 조합, 37:2) 그가 이상적인 연령인 백십 세에 죽었다고 밝힘으로써 마무리된다(50:26). 우연히도 요셉은 야곱의 보살핌 아래 그의 첫 십칠 년의 세월을 살고, 야곱은 요셉의 보살핌 아래 그의 마지막 십칠 년의 세월을 보낸다(47:8, 28). 이 막의 긴장은 첫 번째 일화에서 시작된다. 아버지의 총애를 받은 요셉은 형들이 자신에게 엎드려 절하는 꿈을 꾼다(37:3-10). 그러나 형들은 이 꿈을 너무도 싫어한 나머지 요셉에게 고운 말을 할 수 없게 된다(37:4). 하나님이 꾸게 하신 요셉의 꿈들은 다음과 같은 마무리 장면에서 최상의 성취를 이룬다. 즉 형들이 요셉 앞

에서 자신들을 그의 노예로 내놓으며 그에게 용서를 구하고, 요셉은 자신의 선의를 다시 확신시켜주기 위해 그들에게 자상하게 말하는 장면 말이다(50:18-21).

B/B´: 제10부 1장은 야곱이 자신이 총애하던 아들의 "죽음"으로 인해 울고 죽을 때까지 잃어버린 아들을 애도하기로 작정하는 모습과 더불어 마무리된다. 한편 요셉은 노예로 가나안에서 이집트로 팔려간다(37:36). 10부의 끝에서 두 번째 장면(제4막 5장)에서 요셉은 아버지의 시신 앞에서 울고 이어서 아버지의 시신을 이집트에서 가나안으로 왕처럼 모셔 간다. 우연히도 야곱은 요셉을 잃어버렸다고 슬퍼할 때 헤브론에 있었는데(37:14), 야곱의 방부 처리된 시신이 헤브론에 묻힌다(50:13).

C/C´: 제10부의 세 번째 일화인 제1막 2장(38:1-30)과 더불어 제4막 3장 및 4장(48:1-49:28)은 모두 가나안에서 이집트로 가는 이스라엘의 이주와 관련된 서사의 플롯을 방해한다. 대신 둘 다 가족 문제와 관련된다. 둘 다 유다를 족장들의 지도권을 승계하는 형제로 점찍는다. 38장에서 유다는 그의 쌍둥이 아들들을 통해 지도자의 조짐을 보여준다(유다는 출생 순서에서 넷째다). 쌍둥이의 출생은 그들의 증조부와 닮았다. 49장에서 야곱의 넷째 아들 유다가 명시적으로 왕으로 축복받는다. 또한 C/C´에서는 변칙적인 자녀 얻기가 나타난다. 유다는 예상치 못하게 다말의 책략을 통해 베레스를 얻으며, 야곱은 요셉에게 두 배의 지분을 할당하기 위해 요셉의 첫 두 아들을 입양한다. 두 사례 모두에서 계승되는 장자권은 손으로 인해 뒤바뀐다. 비록 세라가 손에 맨 실로 인해 장자로 표시되지만, 베레스가 그를 앞질러 나온다. 비록 요셉이 장남인 므낫세를 야곱의 오른손 아래 두지만, 눈이 먼 족장 야곱은 손을 엇갈려 에브라임에게 더 큰 복을 내린다.

D/D´: 네 번째 일화들에서 제2막 1장(39:1-20)과 제4막 2장과의 (47:13-31) 두드러진 대조가 나타난다. 전자에서 이집트인 관리가 요셉을 노예로 사들인다(39:1-3). 요셉은 그의 주인의 눈에 들게 되고 그 관리는

요셉에게 그가 먹는 음식을 제외한 모든 것을 관리할 책임을 부여한다 (39:4-6). 교차적으로 병행하는 장면에서(제4막 1장, 47:13-31) 제사장들을 제외한 모든 이집트인이 요셉에게 호의를 얻기를 기대하며(47:25) 식량을 얻기 위해 그들의 모든 소유를 팔고 심지어 자신들을 노예로 내놓는다.

E/E′: 다섯 번째 일화들은(39:21-41:57; 46:28-47:12) 각각 이집트와 자기 가족의 구원자인 요셉과 관련된다. 전자에서 요셉은 파라오의 궁전에서 불명예스럽게 몰락한 파라오의 관원들을 통해(39:21-40:23) 구원자가 된다(41:1-57). 반면에 후자에서 이스라엘은 요셉의 중재를 통해 가족이 파라오의 궁전에서 은택을 입음으로써 구원을 얻는다. 파라오는 그의 파면된 관원들을 투옥하나 이스라엘에게는 자신의 땅에서 가장 좋은 곳을 하사한다. 한 관원은 생명을 얻고 다른 관원은 죽임을 당한다. 그리고 이스라엘은 가나안에서의 죽음 대신 이집트에서 생명을 얻는다.

이스라엘이 이집트에 도착하다(46:28-47:12)

제10부 4막 1장에 대한 문학적 분석 ————————

구조와 플롯

제1장의 긴장감은 갓 발아한 싹처럼 취약하기 짝이 없는 민족이 고센에서 평화롭게 분립하여 성공적으로 정착할 수 있을지에 대한 문제와 관련된다(46:31-47:12; 참조. 45:10). 그들이 큰 민족으로 성장하려면 내부적으로 결속해야 하고 육체적·영적 필요가 채워져야 한다. 고센은 목축하는 이 부족에게 안전과 평화가 보장된 최상의 목초지를 제공한다. 이 장은 이집트로 이주한 초기에 안전하게 보금자리에 둥지를 튼 갓 부화된 민족과 더불어 마무리된다.

제1장은 야곱이 방향을 찾아 고센 지역에 도착한 것에서 시작해서 요셉이 파라오의 지시대로 그 땅의 가장 좋은 곳에 가족을 정착시키는 조치와 더불어 마무리된다. 이 정착은 세 단계로 이루어진다(46:28-30; 46:31-47:10; 47:11-12). 요셉은 그 땅에서 아버지를 따뜻하게 맞이한다. 엄청난 긴장감이 감도는 요셉과 야곱의 감격적인 상봉에서 야곱은 자신의 고별사(*nunc dimittis*; 눅 2:29-32에 나오는 시므온의 노래 라틴어 첫 두 단어)를 이렇게 낭송한다. "네가 지금까지 살아 있고 내가 네 얼굴을 보았으니 지금 죽어도 족하도다"(46:30).

두 번째와 세 번째 단계는 이집트인들과 이 가족의 관계에 관심을 갖는다. 요셉은 파라오에게 자기 가족을 목자들로 소개하여 자신의 계획을 구체화하는데, 이는 파라오가 그들을 싫어해서 그들을 고센 땅에 정착하도록 만들기 위함이다(46:31-34). 이어서 파라오의 집에서 요셉은 자신의 형들 중 다섯 명을 소개하고 파라오는 이 가족에게 고센에 정착하라고 지시한다(47:1-6). 이 장은 족장 야곱이 파라오를 축복할 때 절정에 이른다(47:7-10). 대단원에서 요셉은 파라오의 지시를 수행하여 이스라엘을 고센 땅에 정착시키고, 거기서 그들의 모든 필요가 채워진다(47:11-12).

다른 장들과의 비교 및 공유되는 표제어들

제10부에서 이스라엘의 아들들이 이집트로 내려가는 모든 여행은 야곱의 결정으로 추진되고(42:1-2; 43:1-14; 45:28-46:7) 요셉과 가족의 상봉과 더불어 절정에 이른다(42:6-24; 43:26-45:15; 46:28-47:12). 또한 이 여행들은 야곱이 자신의 죽음을 언급하는 발언과 더불어 마무리되는 경향이 있다(42:38; 45:28; 46:30; 참조. 47:29-31).

제4막 1장은 다음과 같은 표제어로 제3막 4장과 연결된다. 즉 야곱과 관련되는 "죽다"(45:28; 46:30)와 이제 고센으로 확인되는(46:28; 47:4, 6) "이집트 땅의 가장 좋은 곳"(45:18, 20, 23; 47:6, 11)과 "라암셋 지역"(47:11)이다.

제10부 4막 1장에 대한 주해 ─────────

요셉이 고센에서 야곱을 맞이하다(46:28-30)

28절. 유다를⋯미리 보내어. 유다가 지도권을 거머쥐고 있다(43:3을 보라; 참조. 삿 1:1-2; 20:18). 사르나는 이렇게 말한다. "요셉이 야곱과 헤어지도록 만든 책임이 있는 유다가(34:26[원문은 37:26]) 이제 재결합을 주선하는 일을 떠맡는 것은 적절하다."[151] 야곱은 약 이십 년 동안 에서와 요셉 둘 다와 헤어져 있었지만, 여기서 유다는 야곱이 두려워하던 에서를 만나기 위해 먼저 보냈던 전령들과의 놀라운 대조를 보여준다(32:3).

29절. 그의 수레를 갖추고. 요셉이 문자적으로 "그의 마차를 말에 맸다." 이는 종들을 기다리는 지체 높은 총리의 모습이 아니라 염려하는 아들이 자기 아버지를 만나려고 말을 끌고 있는 모습이다. 이집트의 2인자인 요셉은 아버지가 자신 앞에 나타나기를 기다리지 않는다.

고센으로 올라가서. 이 히브리어는 문자적으로 "올라갔다"인데 아마도 지리적 이동을 반영할 것이다(즉 낮은 나일 계곡으로부터 높은 고센 평원으로 올라감).

그에게 보이고(רָאָה, 라아). 창세기에서 이 동사가 인칭 주어(비인칭 주어와 대조됨, 참조. 1:9)를 동반할 때는, 이곳을 제외하고는 언제나 신현과 관련되어 나타난다(참조. 12:7; 17:1; 18:1; 22:14; 26:3, 24; 35:6, 9; 48:3). 야곱이 이십 년 넘게 죽었다고 믿었던 아들이 이제 그 앞에 선다. 능력과 위엄과 정중함을 갖춘 요셉은 압도적인 인상을 남긴다.

얼마 동안 울매. 43:30과 해당 주해를 보라.

30절. 지금 죽어도 족하도다. 누가복음 2:29-30을 보라. 꿈과 환상들이 성취되고 죽음에 대한 태도가 달라진 가운데 야곱은 자신의 고별사를 남긴다. 해밀턴은 이렇게 말한다. "야곱은 이전에 얼굴을 대면해서 만난 경험이 있는데, 그 결과 그는 전혀 동일한 인물이 아니다. 당시에 그 얼굴은 하나님의 얼굴이었다.…그는 하나님의 얼굴을 대면해서 보았으나 여전히 생명을 유지했다. 요셉의 얼굴을 대면해서 본 지금 야곱은 더 이상

---

151 Sarna, *Genesis*, 317.

살 필요가 없다."[152] 아들들이 자신을 스올로 내려가게 할까 두려워했던 그 사람이 이제는 편히 죽을 수 있다. 야곱은 이제 십칠 년의 세월을 평화롭게 더 살게 될 것이다.

파라오가 가족을 환영하고 야곱이 파라오를 축복하다(46:31-47:10)

31절. 올라가서. 이집트인들은 남쪽으로 가는 것을 "나일강을 따라 올라간다"라고 표현한다.[153]

파라오에게 아뢰어 이르기를. 이 영민한 행정관은 파라오가 그의 가족에게 고센에 정착하라는 확실한 지시를 내리도록 모든 조치를 취할 것이다.

32절. 목자들. 그들은 직업이나 식량을 구하고 있는 것이 아니라 단지 자신들의 가축을 방목할 한 구역의 땅을 찾고 있을 뿐이다. 그는 그들에게 가장 좋은 목초지를 제공한다. 폭스는 이렇게 해설한다. "이런 최상의 환경에서조차 그들이 처한 상황의 불안정성이 우리를 두드린다."[154]

그들은⋯목축하는 사람들이므로. 가축은 여기서 소 떼가 아닌 양 떼/염소 떼로 규정된다(히브리어 촌[צאׁן]은 작은 가축인 양과 염소를 총칭하는데 우리말 성경에는 이에 해당되는 단어가 없으므로 흔히 "양 떼"로 번역한다―역주). 해밀턴이 말한 대로 "그들은 직업이 아니라 거주지를 바꾸기 원할 뿐이다."[155]

그들의⋯모든 소유를. 이는 오랜 체류가 될 것이다. 따라서 잘 정착할 필요가 있다.

34절. 가증히 여기나니. 43:32을 보라. 비록 목자들이 이집트인들에게

---

152 Hamilton, *Genesis 18-50*, 602.
153 S. Shibayama, "Notes on *Yarad* and '*Alah*: Hints on Translating," *JBR* 34 (1966): 358-62.
154 Fox, *Beginning*, 189.
155 Hamilton, *Genesis 18-50*, 603.

혐오스럽다고 하더라도 요셉은 자기 가족이 정직하기를 원한다. 이는 야곱이 지닌 미덕은 아니었다. 또한 요셉은 족장들의 약속이 실현될 때까지 그들의 독특한 정체성을 유지하기 위해 자기 가족이 격리되기를 원한다.

47:1절. 그들의 양과 소. 요셉은 자신의 가족이 목자라는 사실을 강조하는데, 이는 파라오에게 그들이 사회적이거나 정치적인 야심을 전혀 품지 않았음을 납득시키고, 그들을 이방의 생활 방식과 이집트인과의 통혼으로부터 보호하기 위함이었다(34:9을 보라). 통혼의 위협은 이집트에서 재산권 소유로 인해 더욱 민감했다(47:11을 보라).

고센. 요셉은 파라오의 심중에 씨앗을 뿌린다(45:10; 46:34; 47:4을 보라).

2절. 그의 형들 중 다섯 명을 택하여. 문자적으로 "그의 형제들의 최대치로부터(즉 전체에서)[156] 그는 다섯 명을 취했다." 이 표현은 무작위 선발을 추론한다. 다섯은 아마도 몇 명에 대한 어림수일 수 있다(43:34을 보라).

파라오에게 보이니. 해밀턴은 이렇게 설명한다. "요셉은 자기 아버지를 파라오에게 알현시키는 것을 연기한다. 이는 아마도 그의 존경하는 아버지가 형제들이 4절에서 그랬던 것처럼 파라오 앞에 서서 호의를 구걸하는 당황스러운 상황을 피하기 위함이었을 것이다."[157]

4절. 이곳에 거류하고자(גּוּר, 구르) 왔사오니. 이 히브리어는 15:13에서 "나그네들이 되리니"로 풀어서 번역된다(12:10과 해당 주해를 보라; 참조. 출 22:21; 23:9; 레 19:34; 신 10:19).

원하건대 종들로⋯살게 하소서. 그들은 파라오의 약속(45:17-20)을 언급하지 않으면서 자신들을 그의 선처에 맡긴다.

---

156 *HALOT*, 1121, no. 2d.
157 Hamilton, *Genesis 18-50*, 607.

5절. 요셉에게 말하여 이르되. 가족을 위한 파라오의 선언과 지시는 요셉에 대한, 혹은 총리로서의 요셉의 지위에 대한 파라오의 호의에 기인한다(참조. 출 1:7).

네 아버지와 형들이 네게 왔은즉. 이는 그들의 존재를 공식적으로 인정하고 합법화한다.

6절. 땅의 좋은 곳에. 45:18을 보라.

그들로 내 가축을 관리하게 하라. 이집트의 비문들은 왕실의 소 떼를 관리하는 감독자들을 자주 언급하는데, 그들은 종종 외국인들이다. 요셉의 형제들은 상업적 활동을 하면서 파라오의 왕궁 행정 체제가 부여하는 승진의 기회를 얻을 수 있고 통상적으로 외국인들에게는 돌아가지 않는 특권과 보호를 향유할 수 있다.

가축. 여기서 가축은 46:32, 34에서처럼 양 떼가 아니라 소 떼에 대한 언급이다.

7절. 자기 아버지 야곱…파라오 앞에. 큰 민족이 되리라는 하나님의 약속을 간직한 족장은 이집트의 군주를 만난다. 두 가지 삶의 양식이 생생하게 마주 서 있다. 파라오는 당당하게 왕의 풍채를 지닌 채 업신여기는 듯한 태도를 보이면서도 축복을 받기 위해 야곱에게 의존한다. 야곱은 불안정하고 전적으로 파라오의 선처에 의존하고 있지만 명예롭게 신적 축복을 베푸는 자다. 출애굽기에서 이스라엘의 아들들은 더 좋은 편을 차지할 것이다.

축복하매. 이는 "인사했다"로 번역될 수 있다(27:23을 보라). 이런 인사법은 축복의 인사말을 수반한다. 아들들은 파라오를 만났을 때 그를 축복하지 않는다. 오직 족장 야곱만이 그 일을 행한다.

8절. 네 나이가 얼마냐? 이는 아마도 야곱이 파라오에게 장수의 축복을 베푼 것 때문에 나온 질문일 수 있다. 아니면 야곱의 오랜 삶과 다자녀에 대한 존경심의 표시일 것이다. 이집트인들은 죽음에 심취해 있었고 영원하다고 선언했던 파라오들은 자기 시신을 불멸의 몸으로 만들려고 했다. 백삼십 세인 야곱은—또한 그는 십칠 년을 더 살 것이다(47:28)—이미 이집트의 이상적 수명인 백십 세를 넘겼다(50:22을 보라).[158] 야곱의 나이가 파라오에게 깊은 인상을 남겼음이 분명하다.

9절. 야곱이 파라오에게 아뢰되. 야곱은 파라오보다 자신을 높이지 않지만 그렇다고 아들들이 세 차례 그랬던 것처럼 자신을 파라오의 종으로 지칭하지도 않는다.

내 나이가 얼마 못 되니 …험악한 세월을. 강조점은 **얼마 못 되니**에 있다. 이 나이는 각각 백칠십오 세(창 25:7)와 백팔십 세(35:28)를 살았던 아브라함과 이삭보다 약 오십 세가 적다. 야곱은 겸손하면서도 정직하게 자신의 지난 세월의 비천함과 고난을 토로한다.

나그네 길. 이는 47:4에서 "이곳에 (잠시) 거류하고자"로 풀어서 번역된다. 철저한 상징적 표현으로 야곱은 막강한 이집트에서 자신의 신분을 나그네로 선언한다. 불안정하고 땅이 없는 존재에 불과한 이 나그네는 땅의 약속을 결코 의심한 적이 없다. 그는 하늘의 도성을 향해 순례의 길을 가고 있다(신 26:5; 히 11:9-10을 보라).

10절. 축복하고. 이는 또다시 축복의 말을 곁들인 "작별 인사를 했다"로 번역될 수 있다(참조. 24:60; 28:1; 47:7). 야곱은 겉으로 보기에는 면접을 마친 것 같다. 그의 축복은 놀랍게도 47:13-26에서 성취된다.

요셉이 고센에 가족을 정착시키다(47:11-12)

11절. 이집트의 (가장) 좋은 땅…그들에게 주어 소유로 삼게 하고. "소유(재산)"는 그것을 하사한 권위자로부터 받은 양도 불가한 재산을 가리킨다(참조. 17:8; 23:4, 9, 20). 이는 그들이 요청한 것 이상이며 눈에 띄게 언약 가족을 이집트인들과 구별한다(47:27을 보라).

---

158 *ANET*, 414을 보라.

라암셋을. 이곳은 나일강 북동쪽 삼각주인 칸티르(Qantir) 또는 타니스(Tanis) 지역이다.

12절. 먹을 것을 주어 봉양하였더라. 다음 장에서의 굶주림과(47:13을 보라) 대조를 이루는 이 야누스 구절은 이 가족에게 부여된 놀라운 공급과 보호를 강조한다.

식구를 따라. "식구"의 히브리어는 문자적으로 "입들"이다.

제10부 4막 1장에 대한 신학적 고찰 ─────────────

가족의 사랑과 신의

제1장을 여는 것은 가족의 사랑과 신의다. 야곱은 자기 아들을 보려고 이집트로 여행을 떠난다. 그는 이십 년이 넘도록 이 아들의 상실을 원통해하고 있었다. 요셉은 자신의 높아진 지위를 잊어버린 채 마차를 몰고 아버지를 만나러 간다(46:29). 한때 이산가족이 되었던 아버지와 아들이 서로 상봉하기 위해 "달려간다." 마치 아버지와 그의 방탕한 아들이 격한 감정으로 얼싸안았던 것처럼 말이다(눅 15:24). 야곱은 "지금 죽어도 족하도다!"라고 소리친다. 요셉의 유일한 말은 오래도록 흐느껴 우는 소리뿐이다. 이들은 통치할 자격이 있는 가족이다.

환대

이전의 장에서 시작된 환대가 계속된다. 파라오는 이집트에서 이스라엘 족속의 존재를 합법적으로 인정하고 그들에게 "이집트 땅의 가장 좋은 곳"을 하사함으로써 자신의 약속을 이행한다. 해밀턴의 말을 빌리면 "그들의 발이 이집트 땅에 거의 닿지도 않았는데, 이미 그들은 왕실의 가축을 책임지게 될 수 있을지 기대할 수 있는 상태다."[159] 파라오의 자비에 대한 응답으로 족장 야곱은 추정컨대 장수의 복으로 또한 분명히 번영의 복으로 그를 축복한다.

역경과 기쁨

야곱의 가족이 겪은 역경은 극심했다. 야곱은 자신의 나그네 여정을 "험악한 세월"로 특징짓는다. 한때 구덩이에서 "생명을 구걸했던" 요셉은 심하게 부당한 일을 겪었다. 이 하나님의 사람들은 잘못이 바로잡혔을 때 역경에서 벗어난 데 대해 감격해하며 위안을 얻는다. 제국의 지도자인 요셉은 자주 눈물범벅이 된다(42:24; 43:30; 45:14; 50:1, 17). 그는 공개적으로 가족을 껴안는다. 해밀턴이 말한 대로 "슬픔의 눈물이(37장) 기쁨의 눈물로 바뀌었다(46장)."[160] 이 하나님의 사람들은 그들의 감정을 표현하는 데 있어 금욕적이지 않고 진정성이 있으며 건전하다. 이는 그들이 약한 것이 아니라 강하다는 표시다.

주권과 인간의 책임

이 장의 서두에서 하나님은 야곱을 이집트에서 큰 민족으로 만들겠다고 약속하신다. 이 장의 끝에서 하나님은 요셉의 영민한 행정 조치를 통해 그들이 이상적인 장소에 정착하게 하신다.

---

159 Hamilton, *Genesis 18-50*, 608.
160 앞의 책, 602.

제10부 4막 2장

기근의 시기에 요셉의 이집트 경영 관리

(47:13-31)

제10부 4막 2장에 대한 문학적 분석 ────────

플롯과 구조

제2장은 두 가지 사건으로 구성된다. 즉 요셉이 이집트인들을 파라오의 노예로 만들고(47:13-26) 요셉은 야곱을 가나안에 묻겠다고 맹세한다(47:27-31). 이는 두 사건 모두를 통제하는 요셉의 경영 관리와 파라오에 대한 그의 충성심을 통해 함께 시행된다. 파라오와 이스라엘 족속 및 야곱은 그들의 땅을 위해 요셉에게 의존한다. 첫 번째 사건은 41:54-57로부터 플롯을 선택하여 가져온다. 이 사건은 기근의 마지막 다섯 해의 과정을 추적한다. 두 번째 사건은 약속의 땅에서 장차 이스라엘이 누릴 미래의 축복을 위해 제10부의 더 폭넓은 관심사들로 돌아온다.[161]

첫 번째 사건에서 플롯의 긴장감은 계속되는 기근으로 촉진되고 이집트인들의 운명을 관심사로 끌어들인다. 이집트 백성의 곤경은 심화된다. 곡식(47:14), 식량(47:17), 종자(47:23)와 교환하기 위해 그들은 점차적으로 파라오에게 현금(47:14-15), 가축(47:16-17), 토지(47:20), 그리고 급기

───────

161 Longacre, *Joseph*, 29.

야는 그들의 몸과 자유(47:21)까지도 내놓는다. 대단원 역시 다음의 세 부분으로 진행된다. 즉 요셉은 백성에게 20퍼센트의 이자를 붙여 종자를 제공한다(47:22-24). 백성은 기쁘게 그들의 노예 신분을 받아들인다(47:25). 그리고 내레이터는 20퍼센트의 왕실 세금이 창세기의 저작 시기까지 계속되었다고 설명한다(47:26). 두 번째 사건에서 플롯의 긴장감은 야곱의 임박한 죽음으로 촉진된다. 비록 이 일화가 기근이 있던 다섯 해 동안에 시작되지만, 이는 즉시 야곱이 이집트에서 보낸 마지막 십칠 년이라는 절정의 순간으로 이동한다. 야곱은 요셉이 그를 조상과 함께 묻겠다고 확답해주기를 원한다. 요셉의 맹세가 이 장을 마무리한다.

야누스

이스라엘의 인구 증가와 땅 취득은 이집트인들이 땅과 자유를 상실한 것과 두드러진 대조를 이룬다. 이렇게 대조를 이루는 이스라엘의 운명에 대한 언급이 야곱이 죽음을 준비하는 내용으로의 전환점을 만든다.

대조와 전조

제2장은 기근 속에서 이집트인들의 운명을(47:13-26) 이스라엘 족속의 운명과 대조한다(참조. 47:1-12, 27). 요셉이 이집트인들을 파라오의 노예로 만드는 반면에 이스라엘은 자산을 얻고 번성한다. 해밀턴은 "지리적 여건도 자연재해도 당신의 백성을 향한 하나님의 열심을 가로막을 수는 없다"고 말한다.[162] 야곱은 자신의 희망과 운명을 이집트의 풍요가 아니라 조상에게 약속된 땅에 고정시킨다.

이스라엘의 수적 증가는 출애굽기의 서막에서의 지속적인 인구 증가의 전조가 된다. 또한 야곱을 조상의 땅에 묻겠다는 요셉의 맹세는 이

---

162 Hamilton, *Genesis 18-50*, 623.

스라엘의 출애굽에 대한 전조가 된다. 하지만 이 두 장면 사이의 날카로운 대조들을 주목하라. 출애굽기 1:8-11에서 파라오는 히브리인들을 노예로 만들고 히브리인들은 비참함 가운데 신음한다. 창세기 47:21에서는 한 히브리인이 이집트인들을 노예로 만들고, 이집트인들은 자신들을 구해준 데 대해 요셉을 찬양한다. 이런 이중 대조는 출애굽기에 나오는 파라오의 배은망덕과 잔인성을 암시해준다. 또한 이 대조는 요셉의 지혜로운 경영을 알려준다.

인물 묘사

마지막까지 야곱은 자기 조상의 믿음에 전념한다. 이 믿음은 자기 몸을 약속의 땅에 위탁하는 일로 표현된다. 야곱은 이집트에서의 번영에 미혹되지 않는다. 요셉은 지혜롭고 신중한 행정 관리 능력과 더불어 파라오와 자기 아버지 모두에 대한 충성을 계속해서 보여준다.

자료의 삽입

아브라함과(25:7-10) 이삭의(35:28-29) 사망 고지와는 대조적으로 족장 야곱의 수명에 대한 보고와(47:28) 그가 숨을 거두고 그의 백성에게 돌아갔다는 사망 고지는(49:33) 중간에 끼어든 많은 자료로 인해 분리된다. 이방 땅에 묻히는 특수한 상황으로 인해 야곱은 모든 조치를 취함으로써 거룩한 가족이 그의 몸을 약속의 땅으로 옮길 것과 그들 역시 그 땅으로 돌아갈 것이라는 확답을 받아낸다.

제10부 4막 2장에 대한 주해 ─────────

요셉이 이집트인들을 파라오의 노예로 만들다(47:13-26)

13절. 가나안. 가나안이 47:13-15에서 세 번이나 반복되는데, 이는 독자들에게 만일 요셉이 이스라엘을 구하지 않았다면 이스라엘의 운명이 어떠했을지를 상기하도록 하기 위함이다.

14절. 곡식(שֶׁבֶר, 셰베르). 이는 식량으로 사용하기 위해(43:2을 보라) 타작된 낟알, 옥수수, 혹은 곡물이지[163] 47:23에서처럼 종자는 아니다.

파라오의 궁으로. 요셉은 자신을 위해서는 아무것도 취하지 않는다.

17절. 그해 동안에 먹을 것을 그들에게 주니라(נָהַל, 나할). 이 히브리어 동사는 고통을 뚫고 안전하게 호위하여 인도함을 의미한다.

18절. 새해가 되매. 본문은 문자적으로 "두 번째 해에"라고 읽지만 무엇에 대한 두 번째 해인지는 분명하지 않다.

우리의 몸(גְּוִיָּה, 게비야). 이 단어는 종종 "사체"를 의미한다. 이는 약함과 억압, 혹은 고통 중에 있는 사람을 특징짓는다.

19절. 우리 몸과…사소서. 요셉은 가축 구매를 제안한 반면에 이집트인들은 그들의 몸과 재산에 대한 더 큰 희생을 제안한다.

우리에게 종자를 주시면. 그들은 식량에 덧붙여 기근이 끝날 때를 위해 종자가 필요했다. 이자를 붙여 씨를 주는 것은 고대 근동에서 흔한 일이었다.

21절. 이집트 땅 이 끝에서 저 끝까지의 백성을 종으로 삼았으나(개역개정-"백성을 성읍들에 옮겼으나"). NIV 번역은 사마리아 오경과 70인역에 근거한다(헤에비드…라아바딤 [הֶעֱבִיר … לַעֲבָדִים]으로 읽는다). 하지만 마소라 텍스트는 헤에비르… 레아림(הֶעֱבִיר … לֶעָרִים, "그리고 그가 백성을 성읍들로 옮겼으나")으로 읽는다. 이는 쉽게 발생하는 서기관의 일반적인 실수에서 비롯된 이문이다. 만일 마소라 텍스트가 원래의 것이라면, 이집트인들은 엄청난 인구 이동과 더불어 성읍들로 이주하여 파종용 씨를 뿌릴 때까지(47:23을 보라) 거기 머물렀던 셈이다. 하지만 전자가 문맥에 더 잘

---

163 *HALOT*, 1405-6.

어울린다.

22절. 제사장들의 토지는 사지 아니하였으니. 이집트 제사장들과 제사장 나라가 될 이스라엘만이 농노 신분을 모면한다. 요셉은 양쪽 모두와 관련된다. 즉 혈통으로는 이스라엘과, 결혼으로는 제사장들과 관계가 있다.

23절. 내가…너희 몸과 너희 토지를 샀노라. 여기 종자가 있으니. 요셉은 이집트인들을 국유지에 의지하는 소작인들로 전락시킨다. 그럼에도 불구하고 내레이터는 그들이 수확의 80퍼센트를 갖는 데 대해 고마워한다고 묘사한다.

24절. 오분의 일. 요셉은 미래를 대비하기 위해 수년의 풍년 동안 20퍼센트의 세금을 거두었다. 이제 그는 왕실 농토를 경작하는 특권을 위해, 또한 종자로 보관하기 위해 20퍼센트의 왕실 세금을 취한다. 고대 근동의 기준으로 20퍼센트의 이자는 낮다. 평균 이자는 약 33.3퍼센트였다.

25절. 우리를 살리셨사오니. 이집트인들은 요셉을 독재자가 아니라 구세주로 간주한다(45:7; 47:15, 19을 보라).

우리가…파라오의 종이 되겠나이다. 이집트인들은 이스라엘 관행의 표준에 따라 요셉의 행동을 평가하지 않는다. 이스라엘에서는 야웨께서 각 가족에게 약속의 땅에 대한 몫을 배당하셨고 왕을 포함한 누구라도 이를 취하는 것을 금지했다.

26절. 오늘날까지 이르느니라. 사무엘상 30:25을 보라. 이 종결 어구는 이 서사의 역사성을 확증하며, 이집트의 국가적 토지 관리를 이스라엘의 이상, 즉 하나님께서 허락하신 사용권으로서(예. 삼상 8:13-16) 땅을 사적으로 소유할 수 있는 권리에 대한 이상과 대조한다. 이스라엘은 두 배의 왕실 십일조를 강요할 군주제를 두려워했다.

요셉이 야곱을 가나안에 매장하기로 맹세하다(47:27-31)

27절. 이제(개역개정에는 없다 ―역주). 이스라엘 족속의 독립과 번영은 이집트인들의 운명과 두드러진 대조를 이룬다.

이스라엘 족속이 … 거주하며. 히브리어로 "이스라엘"은 단수지만 이어지는 동사는 복수다. 이는 개인 이스라엘과 그에게서 유래한 민족 사이의 조직적 연대를 보여준다.

생육하고 번성하였더라. 창세기 1:28을 보라. 이는 약속의 성취이며(참조. 46:3; 48:4) 출애굽기 1:7과의 연결 고리다.

28절. 십칠 년. 요셉이 아버지의 보살핌 속에서 자기 생애의 첫 번째 십칠 년을 보냈던 것처럼(37:2), 야곱은 요셉의 보살핌 속에서 자기 생애의 마지막 십칠 년을 보낸다(47:9을 보라).

백사십칠 세라. 흥미롭게도 족장들의 수명의 인수 분해는 다음과 같은 뚜렷한 패턴을 따른다. 아브라함 $175 = 5 \times 5 \times 7$, 이삭 $180 = 6 \times 6 \times 5$, 야곱 $147 = 7 \times 7 \times 3$. 사르나는 이렇게 설명한다. "이 일련의 나이에서 제곱한 숫자 값은 매번 1씩 높아지는 반면 계수는 매번 2씩 줄어든다. 게다가 각각의 경우에 숫자들의 총합은 17이다. 이와 같은 숫자 패턴을 통해 족장의 연대기는 하나의 수사학적 장치를 구성한다. 이런 기법은 이스라엘의 형식화된 나이가 아무렇게나 발생한 우연한 사건들이 아니라 하나님의 거대한 계획에 따라 질서정연하게 발생한 사건의 연속이라는 심오한 성경적 신념을 표현한다."[164]

29절. 요셉. 야곱이 49:29-32에서 이 명령을 모든 아들에게 자세하게 지시하지만, 요셉은 그 임무를 맡아 야곱의 소망을 이행할 힘을 지닌 인물이다. 더욱이 야곱은 다음 장면에서 자신이 요셉을 장남으로 간주할 것이라고 예고하고 있는지도 모른다.

내가 네게 은혜를 입었거든. 이는 통상적으로 하급자가 상급자에게 하는 표현이다. 여기서 이 표현은 요셉이 권력을 갖고 있기 때문에 사용

---

164 Sarna, *Genesis*, 324.

된다. 죽어가는 야곱은 요셉의 호의에 의존한다.

네 손을 내 허벅지 아래에 넣고. 24:2과 해당 주해를 보라.

인애와 성실함(חֶסֶד וֶאֱמֶת, 헤세드 베에메트, 32:10을 보라). 언약을 충실하게 준수하기 위해서는 강자가 약자의 정당한 요구를 실행해야 한다. 현재의 경우에 요구는 약속의 땅과 관련한 언약에 따라 살아 있는 자가 죽은 자를 묻는 것이다. 인애는 강요될 수 없기 때문에 "성실함"이 인애의 신뢰성을 보장하도록 덧붙여진다.

이집트에 나를 장사하지 아니하도록. 야곱이 이런 요청을 하는 이유는 조상에 대한 야웨의 약속에 근거한다.

30절. 내가 조상들과 함께 눕거든. 이는 자기 백성에게 합류한다는 표현과 동일한 개념이다(15:15; 25:8을 보라).

조상의 묘지에. 이곳은 막벨라 굴이다(50:12-14을 보라). 믿음으로 이스라엘은 이집트의 가장 좋은 땅에 방부 처리된 몸으로 묻히지 않고 약속의 땅에 자신의 운명을 맡긴다(47:11; 50:2을 보라).

31절. 그가 맹세하니. 50:1-14을 보라. 야곱은 이 맹세를 공식화하고(참조. 25:29-33) 요셉에게 하나님 앞에서 직접 책임지겠다고 서약할 것을 요구한다. 또한 야곱은 파라오의 권력에 비추어볼 때 요셉이 이 임무를 수행하는 데 어려움이 있을 것을 알기 때문에 확답을 받아야 할 필요가 있다. 파라오는 이 일을 허락할 때 이 맹세를 언급한다(참조. 50:6).

경배하니라. 야곱은 그의 마지막 소원이 이루어질 것이라는 감사의 찬양 속에서 예배를 드렸다.

이스라엘이 자신의 지팡이(מַטֶּה, 마테; LXX과 히 11:21이 그렇다) **머리에 기대어**(개역개정-"이스라엘이 침상 머리에서"). 마소라 텍스트는 "그가 자신의 침상(מִטָּה, 미타) 머리에서 경배할 때"라고 읽는다. 이는 엎드림에 대한 상징적 몸짓이다. 야곱은 너무 쇠약해져서 땅에 엎드려 절하지 못한다(참조. 왕상 1:47).

제10부 4막 2장에 대한 신학적 고찰 ─────────

축복과 보응

제2장에서 파라오의 번영은 그가 요셉과 이스라엘에게 호의를 베푼데 대한 보상이자 앞선 제1장에서 야곱이 선언한 축복의 성취로 이해되어야 한다. 파라오가 이집트 땅을 얻은 것은(47:13-27) 이스라엘이 고센에서 땅을 받은 것으로 둘러싸여 있다(47:1-12, 28). 파라오가 신적 계시에 복종하고(41:37-40을 보라) 요셉을 존중하기 때문에(참조. 12:3) 요셉은 파라오를 부요케 하고 이집트를 구해낸다. 야곱은 파라오를 축복하고 파라오는 이스라엘을 예우하는 가운데 파라오와 이스라엘은 둘 다 번영을 누린다. 파라오는 이집트의 모든 재산과 백성을 통제하고 이집트인들은 요셉을 구원자로 치하한다. 이스라엘이 이집트인들보다 더욱 크게 번영한다는 사실이 주목할 만하다. 이런 상호 축복과 번영은 430년 후의 대조적 상황, 곧 다른 파라오가 이스라엘을 저주하고 그 자신이 저주받게 되는 때를 예견한다.

땅

땅에 대한 성경적 이상은 이집트의 사상과 근본적으로 다르다(서론에 있는 "두 번째 모티프: 땅"을 보라). 이집트인들은 땅이 파라오에게 속함을 받아들이고 그에게 내는 20퍼센트의 왕실 세금을 당연시한다. 하나님의 영감을 받은 대변자는 약속의 땅을 하나님의 땅으로 간주한다. 땅의 주인이신 하나님은 자신의 뜻대로 이스라엘의 지파들과 혈족들과 가문들에게 땅에 대한 사용권을 주시고 그들이 그 땅에서 부요를 누리게 하신다. 단 그들이 받은 혜택을 책임 있게 사용한다는 조건 하에서 그렇다. 그렇지 않을 경우 시혜자이신 하나님이 이 선물을 철회할 수 있는 권리를 갖고 계신다.

제10부 4막 3장

요셉을 위한 야곱의 축복(48:1-22)

제10부 4막 3장에 대한 문학적 분석 ——————————

수미상관

47:29-31과 49:29-33에 나오는 야곱의 고별사는 아들들에 대한 그의 축복을 둘러싸는 틀을 구성한다. 첫 번째 본문은 야곱이 요셉에게 말한 고별사이고 두 번째 본문은 그가 이 고별사를 모든 아들에게 상세히 다시 진술한 것이다. 이 틀은 다음의 사실을 시사해준다. 즉 내레이터는 요셉에 대한 야곱의 축복과 임종 자리에서 야곱이 선언한 열두 아들에 대한 축복이 그들의 설립자인 조상의 성품과 역사에 근거하여 이스라엘의 열두 지파에게 전가되는 미래의 축복으로 함께 읽히기를 의도했다는 것이다.[165] 용이한 분석을 위해 우리는 이 단위를 두 장면으로 다음과 같이 나눈다. 즉 야곱의 임종 자리에 요셉 및 그의 두 아들이 먼저 축복을 받기 위해 야곱에게 오고(48:1-22), 이어서 야곱이 열두 아들의 미래를 그들에게 예언하기 위해 그들을 모두 소환하는 내용이 나온다(49:1-28). 비록

---

165 제10부에 나오는 사건들의 동심원적 패턴은 창 38장을 창 48-49장과 짝을 이루게 하면서 이 분석을 뒷받침해준다.

여기서 우리가 이 두 장면을 분리해서 분석할지라도 이 둘은 하나의 단위로 이해되어야 한다.

야누스

앞선 제2장의 끝에서 야곱의 죽음이 다가오고 있다는 고지는 제3장으로의 전환점을 이룬다. 두 사건 모두에서 주역은 야곱과 요셉이다. 그들은 야곱의 죽음과 관련해서 서로를 의존한다. 첫 번째 사건에서 야곱은 약속의 땅에 자신을 묻도록 요셉에게 의존한다. 두 번째 사건에서 요셉은 약속의 땅에서 자신의 후손을 축복하도록 야곱에게 기댄다. 두 사건은 너무나 밀접하게 관련되어 있으므로 히브리서 저자는 첫 번째 사건에 앞서 두 번째 사건을 인용하면서 둘을 함께 연결한다(히 11:21).

구조와 플롯

야곱의 임박한 죽음은 당면 과제들의 해결을 요구한다(참조. 25:5-6). 축복의 상속은 이 언약 가족에게 중대하다. 제3장의 무대는 야곱의 건강이 악화되고 요셉이 므낫세와 에브라임을 동반하여 도착함으로써 마련된다(48:1-2). 이 장은 형식을 갖춘 두 의식과 더불어 진행된다. 이 의식에서 야곱은 요셉의 아들들을 입양하여 그들을 설립자인 조상의 지위로 승격시키고(48:3-12) 요셉에게 그의 두 아들이 대신 받는 축복을 부여한다(주해를 보라). 이때 야곱은 동생 에브라임에게 더 큰 축복을 선언한다(48:13-20). 이 의식은 특별한 제의 동작을 수반하면서 법적 형식으로 진행된다(아래 주해를 보라). 대단원에서 야곱은 자신이 세겜에서 아모리 족속에게 받은 한 필지의 땅을 요셉에게 준다(48:21-22). 이 장면의 기저에 흐르는 긴장감은 야곱이 전통주의 및 장자권과 계속 충돌하는 싸움으로 인해 형성된다. 첫 번째 의식에서 야곱은 레아가 낳은 첫아들 르우벤을 라헬이 낳은 첫아들 요셉으로 대체한다. 두 의식에서 모두 야곱은 어린 자를 축복하는 데 대한 요셉의 저항을 이겨낸다.

시간 이탈

내레이터는 미묘한 사건들을 배열함으로써 의식들의 적법성을 확증하고 축복을 두드러지게 만든다. 양자 의식(48:8-12)에 대한 야곱의 서언은 (48:3-7) 더 이른 시기에 요셉에게 말해주었을 가능성이 있지만(아래 주해를 보라) 내레이터가 여기에 이를 포함한 이유는 요셉의 아들들을 입양하여 축복하는 야곱의 권위를 확립하기 위함이다. 축복 의식에서 야곱은 양손을 엇갈려 두 소년을 축복하지만, 내레이터는 요셉에 대한 축복을 보고한 후에야 요셉이 야곱의 손 위치에 반대했음을 기록한다(아래 주해를 보라). 이렇게 미묘한 시간 이탈은 요셉에 대한 축복과 에브라임에 대한 더 큰 축복의 구별을 확증해준다.

공백과 여백

저자는 야곱이 십칠 년간 이집트에 체류하는 동안 요셉 및 그의 가족과 야곱의 관계를 공백으로 남긴다. 더 중요한 것으로서 요셉에 대한 야곱의 고별 축사는 두 가지 뚜렷한 차이점을 제외하고는 아브라함과 이삭과 야곱에 대한 하나님의 축복과 닮았다. 그들 모두에게 하나님은 그들이 약속의 땅에서 많은 후손을 갖게 될 것이라고 약속하신다(창 15장; 17:2-8; 22:15-17; 26:4; 28:3-14; 35:11-12; 48:16). 또한 이삭을 제외하고 그들은 백성들의 총회를 이룰 것이다(17:6; 35:11; 48:19). 하지만 요셉에 대한 하나님의 축복은 독특하다. 하나님은 꿈이나 신현으로 요셉에게 나타나지 않으시고(참조. 17:1; 26:2-5; 28:12; 35:9-11) 오직 족장 야곱을 통해서만 축복을 중재하신다. 또한 하나님은 요셉의 두 아들을 통해 열국이 복을 받을 것이라고 약속하지 않으신다(참조. 22:18; 26:4; 28:14). 이 축복은 원칙적으로 보호와 후손의 약속과 관련된다(48:15-16, 20). 하지만 여백으로 남겨진 축복은 그들이 이스라엘이라고 불리는 것에서 파생될 수 있다(48:16).

또한 내레이터는 요셉의 두 아들이 입양되어 지파 수가 열세 개가 되지만 레위를 땅 분배에서 제외함으로써 그 수가 열둘로 유지된다는 사실도 공백으로 남겨둔다(참조. 수 14:4).

제10부 4막 3장에 대한 주해 ────────

배경(48:1-2)

1절. 얼마 후에(개역개정-"이 일 후에"). 이 히브리어는 문자적으로 "이 일들 후에"라는 뜻이다(즉 서약 의식 후에). 야곱이 죽을 때가 비교적 가까워졌지만 서약 의식이 야곱의 생애에서 마지막 해에 발생했는지는 불확실하다.

어떤 사람이 요셉에게 말하기를. 요셉은 이집트 궁중에서 자신의 지위로 인해 가족 문제로부터 거리를 두어야 했을 것이다.

네 아버지가 병들었다. 이는 성경에서 **병**이라는 단어를 처음 언급한 것이다.

그가 곧 두 아들…과 함께. 요셉은 이집트인 어머니를 둔 자기 아들들을 이스라엘의 하나님과 그분의 언약 백성을 위해 성별한다. 두 아들을 양자 의식을 위해 야곱에게 데려감으로써 요셉은 아들들의 이름이 지닌 잘못된 의미를 교정한다. 그들의 이름은 그가 자기 가족을 잊었다(므낫세라는 이름이 그렇다)는 뜻이거나 그가 이집트 땅에서 번성하기를 소망했다(에브라임이라는 이름이 그렇다; 41:50-52을 보라)는 것을 의미한다.

두 아들. 두 아들의 나이는 대략 이십 세다(41:50; 47:28을 보라).

므낫세와 에브라임. 이 순서는 장자권에 따라 형이 동생보다 더 크다는 요셉의 관점을 반영한다. 야곱은 이 순서를 뒤집는다(48:5, 13-14, 19).

2절. 힘을 내어. 요셉의 사망 소식에 혼이 나갔던 야곱은(37:35) 요셉이 살아 있다는 사실을 알고 소생했다(45:27). 비록 지금 몸은 아프지만 야곱은 복을 빌기 위해 다시 힘을 낸다. 마치 이삭이 자기 아들들을 축복하기 위해 기운을 냈던 것처럼 말이다.

침상에 앉아(יֵשֶׁב, 예세브). 해밀턴은 이렇게 주석한다. "야곱은 고센에 '머물기'(יֵשֶׁב, 예세브, 47:27)에서 침상에 '머물기'(יֵשֶׁב, 예세브, 48:2)로 더 쇠약해진다."[166]

야곱이 에브라임과 므낫세를 입양하다(48:3-12)

3절. (야곱이) 요셉에게 이르되(said). 이는 야곱이 요셉에게 "말했었다 (had said)"로 번역될 수도 있다(참조. 12:1; 48:17).[167] 즉 48:3-7에 나오는 야곱의 말이 아마도 더 일찍 발언되었을 것이다. 48:2의 "이스라엘이 힘을 내어"로부터 48:8의 "이스라엘이 … 보고"에 이르는 서사의 흐름에 주목하라. 야곱의 발언이 여기에 끼어든 이유는 그의 말이 축복을 선언하고 요셉의 아들들을 입양하는 그의 권리를 확립하기 때문이다. 사르나는 이렇게 주석한다. "이 어법과 서사는 법적으로 정밀하기 때문에 주목할 만한 가치가 있다. 입양하는 자는 일관되게 이스라엘로 불린다(참조. 35:10). 연관되는 사람들과 배제되는 사람들을 주의를 기울여 분명하게 지정하려는 의도의 축언이 선언된다. 함께 자리한 소년들의 진정한 정체성은 아버지의 질문을 통해 확립된다(8-9절). 확실한 몸동작은 신탁의 선언을 강화한다(10-12절)."[168]

전능하신 하나님. 17:1과 해당 주해를 보라.

내게 나타나사. 요셉의 두 아들을 열두 아들의 수에 합법적으로 포함하는 야곱의 권위는 특별히 그가 경험한 신현에서 비롯된 것이다. 그와 같은 신현을 전혀 경험해본 적이 없는 요셉은 이런 권위를 갖지 못한다.

루스. 이곳은 벧엘에 대한 고대의 이름이다(28:10-22과 해당 주해를

---

166 Hamilton, *Genesis 18-50*, 628.
167 *IBHS*, §33.2.3.
168 Sarna, *Genesis*, 325.

보라).

복을 주시며. 야곱에게 임한 하나님의 축복은 그에게 열두 지파를 축복할 권한을 부여한다(48:5-49:28).

4절. 땅을 ⋯ 후손에게. 땅과 후손은 창세기의 지배적인 주제다(12:7과 해당 주해를 보라).

많은 백성이 나게 하고. 28:3과 해당 주해를 보라. 이스라엘에게 주어진 약속은 48:19-20에서 에브라임으로 좁혀진다. 분열 왕국 기간에(기원전 930-722년) 가장 강력한 부족이었던 에브라임의 후손은 때로 북 왕국을 구성했던 모든 백성에게 그들의 이름을 부여했다(예. 사 7:2, 5, 8-9; 호 9:13; 12:1, 8).

영원한 소유가 되게 하리라. 이는 땅을 잃은 이집트인들과 인상적인 대조를 이루며, 이집트에서 이스라엘의 일시적인 땅의 점유와 미묘하게 대조된다(47:11, 27).

5절. 이제(개역개정에는 누락됨). 이 논리적 불변사 "이제"는 야곱이 현재 요셉에게 베푸는 축복을 타당하게 만들기 위해 하나님께서 자신에게 베푸신 과거의 축복을 낭송했음을 보여준다.

네가 낳은 두 아들. 야곱은 오십이 명의 손자 중에서 요셉의 두 아들을 선택한다(46:7-27).

내 것이라. 입양 의식은 요셉의 두 아들을 야곱의 무릎 위에 앉히는 행동을 포함하는데, 이는 온의 제사장 보디베라의 딸 아스낫 대신 야곱이 그들을 낳았다는 것을 상징한다. 가족 내부의 입양은 성경과(참조. 룻 4:16-17; 에 2:7) 고대 근동의 문헌들에서 증명된다.[169] 멘델슨(Mendelsohn)

---

[169] 함무라비 법전에 있는 조항은(170조) 구두 입양을 다음과 같이 예시한다. "만일 아버지가 생전에 노예가 그에게 낳은 자녀를 향해 '내 자녀다'라고 말한 적이 있어서 그들을 첫 부인의 자녀 중에 속한 것으로 셈한다면, 아버지가 운명한 뒤에 첫 부인의 자녀와 노예의 자녀는 우선적인 몫을 받는 첫 부인의 아들인 장남과 함께 부모의 자산인 물건들을 공평하게 나눠 가져야

은 우가릿에서 나온 아카드의 법률 문서를 인용하는데, 여기에는 할아버지가 자기 손자를 입양하여 그를 상속자로 삼는 내용이 나온다.[170]

에브라임과 므낫세. 48:1과 해당 주해를 보라. 야곱이 에브라임의 이름을 먼저 부르는 이유는 에브라임을 우선적으로 축복하려는 의도가 있기 때문이다(48:19-20).

르우벤과 시므온처럼. 레아가 낳은 처음 두 아들의 이름이 선별되어 언급되는데, 그 이유는 요셉의 두 아들이 입양되어 요셉에게 두 몫이 배당됨으로 인해(참조. 창 35:23) 르우벤과 시므온이 앞지름을 당하고 있기 때문이다. 역대기 저자는 이렇게 설명한다. "르우벤은 장자라도 그의 아버지의 침상을 더럽혔으므로 장자의 명분이 이스라엘의 아들 요셉의 자손에게로 돌아가서 족보에 장자의 명분대로 기록되지 못하였느니라"(대상 5:1; 참조. 창 49:3-4). 시므온과 레위는 세겜에 대한 그들의 범죄로 인해 앞지름을 당했을 것이다(49:5-6). 게다가 요셉은 야곱이 가장 사랑하는 아내인 라헬이 낳은 야곱의 첫아들이다. 따라서 라헬의 장남은 레아의 장남을 능가하고 요셉의 두 아들은 이스라엘의 열두 지파 가운데서 르우벤 및 시므온과 동등한 지위를 누린다.

6절. 네 것이 될 것이며. 에브라임과 므낫세가 이제 야곱의 아들로 간주되는 반면에(민 26:28-37; 대상 7:14-29), 요셉의 다른 자녀들은 요셉의 아들로 간주된다.

그들의 유산. 요셉이 땅에 대해 받는 두 몫의 유산은 야곱이 요셉의 두 아들을 양자 삼음으로써 이행된다. 이 복은 믿음을 통해 이해된다.

그들의 형의 이름으로. 비록 그들이 요셉의 아들로 분류된다고 할지라도 그들은 에브라임과 므낫세라는 이름을 영속시킬 것이다(창 38:8; 신

한다"(*ANET*, 173).

170 I. Mendelsohn, "A Ugaritic Parallel to the Adoption of Ephraim and Manasseh," *IEJ* 9 (1959): 180-83.

25:5-6을 보라). 요셉의 영토는 두 지파로 분리될 수 있는데, 이는 레위가 땅을 분배받지 못하기 때문이다(수 14:4). 지파별 할당의 총계는 열둘을 유지한다.

7절. 내가…올 때에. 이 히브리어는 문자적으로 "이제 나로 말하자면, 내가 돌아오고 있을 때"로 읽는다. 야곱은 더 많은 자녀를 낳을 요셉의 전망을 라헬이 죽은 이후 그녀를 통해 더 많은 자녀를 낳지 못한 자신의 궁핍함과 대조하고 있다. 요셉의 아들들은 야곱에게 입양되었기 때문에 그들 역시 라헬의 아들들이다. 그들은 그와 같이 라헬이 야곱에게 낳았을 수도 있는 다른 자녀들의 자리를 그녀가 죽은 이후에 차지한다.

밧단. 24:10과 해당 주해를 보라.

라헬이 나를 따르는 도중. 35:24과 해당 주해를 보라.

내가 거기서 그를…장사하였느니라. 비록 가족 묘지에 묻힌 것은 레아지만 라헬은 그녀의 장남에게 부여된 두 몫을 통해 영예를 얻고 기념된다.

에브랏. 35:19과 해당 주해를 보라.

8절. 이스라엘이…보고. 이는 아마 시간 순서상 48:1-2과 연결될 것이다. "요셉이 두 아들과 함께 이르니…이스라엘이 힘을 내어 침상에 앉아"(48:3과 해당 주해를 보라).

이르되. 야곱은 분명히 요셉의 아들들을 알고 있다. 그는 그들의 이름을 거명하면서 입양을 제안했다! 야곱이 이집트에서 살았던 십칠 년 동안 그들을 전혀 만나지 않았을 것 같지는 않다. 야곱이 선명한 시력을 갖지 못했을 가능성이 있다. 수혜자를 확인하는 질문이 양자 의식 또는 축복 의식에서 정해진 법적 의례의 일부라는 해석은 더 그럴듯하다(참고. 27:18). 해밀턴은 이렇게 설명한다. "우리는 세례식에서 '이 아이의 이름은 무엇입니까?' 또는 결혼식에서 '이 신부를 이 신랑에게 주는 이는 누구입니까?'라는 질문을 생각해본다―이 질문들 중 어느 것도 성직자의 무지에서 비롯된 것은 없다."[171]

이들은 누구냐? 사마리아 오경과 70인역은 "너와의 관계에서"를 덧붙인다.

9절. 하나님이 … 내게 주신. 요셉은 자기 자녀를 하나님의 선물로 인정한다. 그는 비슷한 질문에 대해 야곱이 에서에게 했던 동일한 답변을 제시한다. 그는 아버지의 믿음을 공유한다(33:5; 41:50-52과 해당 주해를 보라).

그들에게 축복하리라. 우리는 이를 "그들에게 축복하며 인사하다"로 번역할 수 있다(47:7을 보라).

10절. 이스라엘의 눈이 … 어두워서. 27:1을 보라. 내레이터의 설명은 야곱이 두 손을 엇갈릴 때 요셉의 반응에 대해 독자들을 미리 준비시킨다(48:14, 17-19). 또한 이 언질은 그들을 보고 있던 야곱이 그들이 자신에게 가까이 올 때까지 왜 아무런 말도 하지 않는지를 설명해준다(48:11).

어두워서 보지 못하더라. 문자적으로 "그는 볼 수 없었다." NIV는 48:8, 11과 조화시키기 위해 "거의 … 못한다"(hardly)를 덧붙인다. 흔한 질병인 황반 변성을 앓는 노인들에게는 보이기도 하고 보이지 않기도 하는 증상이 모두 나타날 수 있다고 한다.

두 아들을 이끌어. 여기서 그들은 양자 의식을 위해 야곱에게 가까이 이끌려간다. 48:13에서는 축복을 위해 이끌려간다.

입 맞추고 그들을 안고. 야곱은 그 소년들이 자신의 무릎 위에/사이에 있는 동안 이 행동을 한다(48:12을 보라). 이 두 동사는 구약의 다른 곳에서는 단지 창세기 29:13과 33:4에서만 발생하는데, 거기서는 순서가 뒤바뀐다. 진심 어린 애정을 나타내는 이 몸짓은 중요한 예전적 의미가 있다. 이는 함무라비 법전에서 주장하는 대로 "그들은 내 자녀다"라고 말

---

171 Hamilton, *Genesis 18-50*, 634.

하는 것과 동등한 의미를 지닌다.[172] 그와 같은 입맞춤 의례는 이삭이 야곱을 축복할 때 발생했다.

11절. 하나님이 내게 네 자손까지도 보게 하셨도다. 양자 의식은 요셉이 자기 아들들을 하나님의 선물로 돌리는 선언과 더불어 시작되어 야곱이 하나님께 드리는 찬양과 더불어 마무리된다. 하나님은 이 소년들을 통해 그들의 아버지와 할아버지를 둘 다 축복하신다. 요셉에게 있어 그들은 인고의 세월 후에 얻은 놀라운 선물이다. 야곱에게 있어 그들은 그가 요셉을 볼 수 있다는 모든 희망을 상실한 후에 받은 놀라운 비전이다. 하나님이 주신 현재의 축복에 대한 요셉과 야곱의 회고는 뒤따르는 축복을 위한 영적 배경을 설정한다.

12절. 요셉이 …두 아들을 물러나게 하고. 양자 의식이 끝난다.

무릎 사이에서. 이 히브리어는 문자적으로 "그의 무릎에서"이다. 몸져누운 채 죽어가는 한 노인이 그의 무릎에 이십 세가 된 소년들을 올려놓았다는 것은 가능하지 않을 것 같다. 그들이 "이스라엘의 무릎 앞에/가까이에" 있었다는 해석이 더 그럴듯하다. 어떤 경우든지 간에 이 행위는 그들의 양자 됨을 상징하는 법적 동작이다(30:3과 해당 주해를 보라).

땅에 엎드려 절하고. 이는 요셉의 꿈(37:10)과 상반된다. 파라오와 동급인 사람이(44:18을 보라) 하나님의 약속을 중재하는 족장 앞에서 자신을 낮춘다(참조. 24:52; 33:3; 42:6; 43:26). 이는 양자 의식을 마무리한다.

야곱이 에브라임과 므낫세를 축복하다(48:13-20)

13절. 이끌어 그에게 가까이 나아가매. 축복 의식이 이제 시작된다(참조. 48:10).

이스라엘의 오른손을 향하게 하여. 요셉은 므낫세에게 더 큰 축복을

---

172 Hamilton(앞의 책, 635 n. 26)은 두 순서가 모두 우가릿 문헌들에서 나타난다고 말한다.

주기 위해 그를 야곱의 오른손에 둠으로써 의전 방식을 자신이 "설정한다."[173] 오른손은 힘, 명예, 능력, 영광의 위치다(참조. 출 15:6; 시 89:13; 잠 3:16; 전 10:2; 마 25:33; 행 2:33).

14절. 이스라엘이 오른손을 펴서. 이 축복 의식의 몸동작은 입양 의식의 몸동작과 다르다(참조. 48:10).

팔을 엇바꾸어. "야곱은 시력을 잃어가고 있을지 모르지만 통찰력은 잃지 않는다."[174] 스턴버그는 이렇게 생각한다. "눈먼 족장은 미래를 내다보는 통찰력을 보여준다. 이는 명석했으나(또한 때로 투시력이 있었다) 이번에는 세속적인 그의 아들에게 거부되었다."[175]

15절. (그때) 그가. 아래 48:17-19과 위의 문학적 분석에서 "시간 이탈"을 보라.

축복하여. 48:3을 보라. 야곱은 자기 아버지가 그를 축복했던 것처럼 그들을 축복한다(27:27-29). 선포된 축복에서 야곱의 관점은 자신에게 임한 복, 곧 이집트에서 사랑하는 아들을 보도록 허락하신 하나님의 기적의 축복으로부터(45:28; 46:30을 보라) 요셉의 아들들에게 내릴 복, 곧 그들이 약속의 땅으로 돌아갈 때 받을 큰 복으로 바뀐다. 언약 가족의 일원이 됨으로써 에브라임과 므낫세는 그 가족을 위한 자손과 보호의 모든 신적 축복의 상속자들이 된다. 이 축복은 하나님의 두 별칭, 곧 목자와 사자(Angel)로 요약된다.

요셉. 요셉은 자신을 대신하는 두 아들을 통해 복을 받는다. 49:22에서도 요셉은 두 아들을 구별하지 않고 자손이 번성하는 복을 받을 것이다.

내 조부 아브라함과 아버지 이삭. 야곱은 손자들을 그의 아버지 및 할아버지와 연결한다.

---

173 Sternberg, *Poetics*, 352.

174 Hamilton, *Genesis 18-50*, 636.

175 Sternberg, *Poetics*, 353.

내 조부…이삭이 섬기던 하나님. 5:22, 17:1을 보라. 아브라함과 이삭에게 주어진 하나님의 언약의 약속은 분명한데, 이는 그들이 하나님 앞에서 행했기 때문이다. 약속의 상속자들이 약속된 축복을 경험하기 위해서는 그들 역시 그분 앞에서 행해야 한다.

내 목자(개역개정-"나를 기르신 하나님"). 두 별칭 중 첫 번째는 하나님에 대한 친숙한 제왕의 은유로 그분의 공급, 회복 및 보호를 나타낸다(시 23:1을 보라; 참조. 창 49:24). 나이 든 목자인 야곱은 자신의 삶을 위한 하나님의 특별한 목양을 인정한다.

16절. 사자. 이 병행 어구는 하나님과 사자의 동등함을 강하게 시사한다. 다른 본문들에서도 하나님과 그의 사자의 구별은 희미해진다(16:7을 보라). 성육신하신 하나님은 야곱과 씨름하셨고, 축복해달라는 그의 부르짖음을 들으시고 그를 축복하셨으며, 에서로부터 그를 구해주셨다(32:25-26을 보라; 참조. 호 12:4).

모든 환난에서. 이 두 번째 별칭은 하나님의 보호하심에 초점을 맞춘다. 지금까지 사자가 위기 가운데서 나타났다(창 16:7-11; 21:17; 22:11-18; 31:11; 32:1-2; 24-30). 야곱은 경험을 통해 하나님의 임재의 실제를 체득했다(28:12; 31:11; 32:1-3, 22-32을 보라).

이 아이들(נְעָרִים, 네아림). 이는 "청년"이 더 나은 번역이다. 나아르(נַעַר)란 단어는 결혼 가능한 연령의 젊은이를 지칭한다(37:2; 41:12; 43:8; 44:22, 30-34을 보라).

이들로 내 이름과…이름으로 칭하게 하시오며. 즉 그들은 이스라엘의 열두 지파에 합류하여 이 가족의 계보를 영속시킬 것이다.

그리고 내 조상…의 이름으로. 즉 그들은 하나님께서 아브라함과 이삭과 야곱에게 베푸셨던 언약적 축복의 상속자인 가족의 일원으로 간주될 것이다.

번식되게 하시기를(דָגָה, 다가). 이 히브리어 동사는 여기에서만 나타난다. 이 동사는 "물고기"를 가리키는 단어와 관련될 수 있다(참조. 민

11:22).

(크게) 번식되게. 에브라임과 므낫세 지파에서 남자 인구의 합계는 출애굽 후 제2년에 72,700명에서(민 1:32-35) 사십 년 후에 85,200명으로 증가한다(민 26:28-37). 대조적으로 같은 기간 동안 르우벤과 시므온의 인구 합계는 105,800명에서 65,930명으로 줄어든다. 요셉의 지파들은 엄청난 인구 증가의 전형이 된다(창 48:20을 보라; 참조. 신 33:17).

17절. 요셉이 … 보고(saw, 과거). 이는 "요셉이 보았었다"(had seen, 과거 완료)로 번역될 수 있다. 비록 문법적 형식은 모호할지라도(이곳과 48:3의 소위 바브-연속법은 과거완료 상황을 지시할 수 있다)[176] 문맥은 야곱이 그의 두 손을 엇갈린 직후에 요셉이 곧바로 반대의 목소리를 냈음을 시사한다. 보충 설명(48:17-20)이 의식에 첨부되는데, 이는 서사의 흐름을 방해하지 않기 위해서일 뿐만 아니라 에브라임에게 베푼 더 큰 축복을 따로 구별하기 위함이다.

기뻐하지 아니하여. 문자적으로 "그것은 그의 눈에 악했다." 요셉은 장자권을 무시하는 것은 잘못이라고 생각했다. 아브라함과 마찬가지로 그는 장남에 앞서 다른 자에게 우선권을 주기를 꺼린다(참조. 창 17:18).

19절. 그의 아버지가 허락하지 아니하며. 하나님의 능력을 부여받은 족장은 이집트의 통치자보다 더 위대하다.

나도 안다. 이는 아이러니한 느낌이다. 눈먼 이삭은 알지 못한 가운데 야곱을 축복했다. 야곱은 거의 눈이 멀었지만 관습을 따르지 않는 하나님의 계획을 알고 의도적으로 그것을 따른다. 만일 이삭이 모르고 행한 축복이 번복될 수 없었다면, 하물며 의식하고 행한 이 축복은 얼마나 더 그렇겠는가?

그의 아우가. 주권적 은혜 속에서 하나님의 방책은 사회적 관례를 따

---

176 *IBHS*, §33.2.3.

르는 인간의 방법을 압도한다(사 55:8-9을 보라)—아벨 대 가인, 이삭 대 이스마엘, 야곱 대 에서, 베레스 대 세라, 요셉 대 르우벤, 그리고 에브라임 대 므낫세. 창세기에서 하나님은 자주 형이 아니라 동생을 선택하여 신적 가문의 상속을 승계하게 하신다(신 33:17).

그보다 큰 자가 되고. 25:25과 해당 주해를 보라. 출애굽 이후 제2년에 실시된 인구 조사에서 에브라임의 남자 인구는 므낫세의 남자 인구보다 20퍼센트가 더 많다(민 1:33, 35을 보라). 그러나 나중의 두 번째 인구 조사에서는 므낫세의 남자 인구가 에브라임의 남자 인구보다 40퍼센트나 더 많은 숫자로(민 26:34, 37) 그를 능가한다(참조. 대상 7:20-23). 하지만 종국에 가서는 에브라임이 수적 우위를 점한다(참조. 신 33:17).

여러 민족을 이루리라. 본문은 문자적으로 "열국의 충만함"으로 읽는다. 48:4의 약속은 에브라임에게로 좁혀진다. 북쪽 지파 중 가장 강력한 지파로서 에브라임은 자신의 이름을 북 왕국의 모든 지파에게 부여한다(참조. 사 7:5, 8-9; 렘 31:9; 호 4:16-17; 5:3; 7:1).

20절. 네 이름으로(개역개정-"너로 말미암아"). 이는 단수형으로 "너의 각자의 이름으로"를 의미한다. 아이들에 대한 축복이 48:16에서처럼 간접적이지 않고 이제 직접적이다.

이스라엘이 축복하기를. 요셉 지파들은 하나님의 번성과 축복의 전형이 된다(참조. 룻 4:11-12; 렘 29:22-23과는 반대).

에브라임을 므낫세보다 앞세웠더라. 만일 이 언급이 48:20b에 있는 병행 어구의 단어 순서와 관련이 있다면, 내레이터는 모호성을 제거하고 있다.

야곱이 요셉에게 정복된 땅의 지분을 주다(48:21-22)

21절. 나는 죽으나 하나님이 너희와 함께 계시사. 이스라엘은 죽음에도 불구하고 살아남는다.

너희를 … 너희 조상의 땅. 여기서 이제 복수형이 사용되는데, 이는 요

셈과 그의 두 자녀를 포함하기 위함이다(참조. 48:20).

22절. 내가 네게 네 형제보다 세겜 땅을 더 주었나니. 이 히브리어는 모호하다. 문자적으로 "내가 너의 형제(들) 위로 네게 세겜을/어깨를 준다"로 읽는다. 이는 다음의 몇 가지를 의미할 수 있다. (1) 그가 그곳의 우물을 포함하여 "세겜"을 형제(들) 보다 위에 있는 요셉에게 준다(창 33:18-19; 37:12, 14; 수 24:32; 요 4:5을 보라). (2) 그가 요셉에게 "산마루"를 준다—"어깨"를 땅의 산마루로 해석한다. (3) 그가 요셉에게 그의 형제(들)보다 더 많은 "몫"을 준다—"어깨"를 몫에 대한 환유법으로 본다. 첫 번째가 가장 좋은 견해인데 왜냐하면 세겜(שְׁכֶם)의 다른 의미가 다른 곳에서 발견되지 않고 불필요하기 때문이다. 더구나 인용된 언급들이 보여주는 바와 같이 세겜 성읍은 역사적으로 야곱 및 요셉과 관련된다.

아모리 족속. 15:16을 보라. 이 인종의 명칭은 히위 족속을 포함하여 이스라엘 이전의 가나안 토착민들을 지시한다(34:2을 보라).

내 칼과 활로. 야곱은 세겜 성읍에 대한 시므온과 레위의 만행을 규탄했는데(34:30; 49:5-7), 이제 그가 그 일을 자신의 공로로 삼는 것은 우스꽝스럽다. 야곱 자신은 평화로운 매매를 통해 거기서 한 필지의 땅을 입수했다(33:18-20; 수 24:32). 하지만 여기서 야곱의 말에 비추어볼 때 내레이터가 야곱의 세겜 정복에 대한 어떤 일화를 공백으로 처리했을 것 같지는 않다. 잔인한 아들들의 과도한 반격에 대한 거부감에도 불구하고 아마도 야곱은 디나가 강간당한 일에 대한 보응으로 그가 그 성읍을 정복하여 취했다는 현실을 받아들였을 것이다(아래 신학적 고찰을 보라).

제10부 4막 3장에 대한 신학적 고찰 ————————

주제와 전조

하나님께서 자신의 택한 백성을 약속의 땅을 소유하는 수많은 후손을 포함하여 큰 민족이 되게 하신다는 창세기의 주제는 이제 요셉과 그의 두 아들인 에브라임과 므낫세에게 초점을 맞춘다. 현재의 제3장에서 야곱은 먼저 요셉의 두 아들을 양자로 삼고 이어서 이 둘을 축복한 후에 요셉에게 이중적인 축복의 말을 전하고 세겜에 있는 땅을 특별한 선물로 준다. 나아가 야곱은 에브라임에게 더 큰 축복을 줌으로써 그를 장남인 므낫세보다 더 높이 올린다.

제3장은 원역사 속의 신학적 토대를 마련한다. 이는 땅을 분배함에 있어 에브라임과 므낫세에게 그들의 삼촌들과 동등한 지위를 부여한 것에 대해 다룬다. 또한 제3장은 에브라임이 주도적인 지파가 되어 세계적 강국이 되도록 북 왕국의 출현을 이끌었던 이스라엘 왕들의 예언적 기름부음에 대한 신학적 토대이기도 하다.

주권과 사회적 관례

야곱은 평생 동안 하나님의 승인 아래 장자권에 반항한다. 그는 문자적으로 그의 어머니의 태중에서 장자권에 딴지를 걸고 하나님은 그에게 쌍둥이 형 위에 군림하는 지배권을 주신다. 이제 임종의 자리에서 야곱은 하나님의 재가 아래 두 차례 장자권을 뒤엎는다. 야곱은 요셉에게 두 몫을 줌으로써 그에게 특혜를 베풀고 에브라임을 므낫세보다 더 높임으로써 그를 특별 대우한다. 이는 자기 백성에게 원하는 대로 행하시는 하나님의 주권을 확증한다.

축복

족장의 축복을 통해 선택된 세대들은 시공간 속에서 서로 연결되어 번성하고 그들의 적들을 극복할 수 있었다(12:2, 3을 보라). 처음에 하나님은 족장들인 아브라함, 이삭, 야곱을 직접 축복하신다. 야곱의 경우에 그의 아버지가 축복을 중개한다. 이제 야곱은 복을 베푸시는 하나님의 직접적인 개입 없이 복을 중개한다. 나중에 성스러운 직무자들이 ― 대제사장(민 6:24-26)과 왕(대상 16:2)—이스라엘의 여러 세대에게 하나님의 축복을 중재하고 서로를 위한 백성의 기도가 축복을 중재한다. 하나님의 아들이시며 승천하신 예수 그리스도는(예언자, 제사장, 왕) 자신의 못 박힌 두 손을 자신의 대리자인 교회를 향해 뻗으시고 그들을 축복하신다(눅 24:50-51). 오늘날 야웨 하나님은 그분의 이름을 부르는 모든 자를 축복하신다(롬 10:12).

주권과 죄

만일 위에서 제시된 48:22의 해석이 옳다면, 야곱은 시므온과 레위를 사면하지 않은 채로 그들의 잔학한 행위를 통해 세겜을 얻었다. 다른 곳에서 하나님은 죄를 사면하지 않은 채 자신의 목표를 이루시기 위해 악을 이용하신다. 예를 들어 왕정을 세우기 위해 믿지 않는 이스라엘을 사용하시고(삼상 8-10장), 이스라엘을 벌하기 위해 아시리아를 사용하시며(참조. 사 10:5-11), 예수 그리스도가 구원의 보혈을 흘리도록 악한 자들의 손을 사용하신다(행 2:23; 고전 2:6-10).

열두 지파를 위한 이스라엘의 축복(49:1-28)

제10부 4막 4장에 대한 문학적 분석 ──────────

구조와 플롯

제4장은 임종의 자리에서 야곱이 이스라엘 지파들을 향해 선언한 축복을 펼쳐 보여준다. 이는 야곱이 행한 세 가지 축복에서 세 번째 축복이다. 즉 야곱은 파라오에게(47:7-10), 에브라임과 므낫세에게(48:15-20), 그리고 이제 그의 열두 아들에게 축복을 선언한다.

이 축복의 선언은 성경에서 최초의 연행시(sustained poem)이자 상당히 길고 가장 오래된 시 중의 하나로서[177] 제4막의 절정이다.[178] 산문체의 요약적 서언과(49:1, 야곱의 발언) 결론은(49:28, 내레이터의 요약) 제4막의 목적을 진술한다. 즉 이스라엘의 열두 지파의 신원 확인과 한 민족으로서 공동 운명 안에서 그들의 특유한 운명을 예언하는 각 지파의 개별적 축복에 대한 확인이다. 이 요약들은 축복이 열두 아들을 위해서만이

---

177 W. F. Albright, *Yahweh and the Gods of Canaan* (Garden City, N.Y. Doubleday, 1968), 19-20을 보라. 고어체 때문에 야곱의 시(49:1-28)는 주해에서 살펴보는 바와 같이 번역이 까다롭다.

178 창세기에 있는 다른 시적 축복에 대해서는 9:26-27; 14:19-20; 27:27-29, 39-40; 48:15-16, 20을 보라.

아니라 그들의 후손인 열두 지파를 위해 의도되었음을 공인한다.

역설적으로 내레이터가 "축복들"(49:28을 보라)로 부른 것은 르우벤, 시므온, 레위의 사례에서 그랬던 것처럼 자주 반(反) 축복들(antiblessings)이다. 하지만 민족의 운명의 견지에서 보면 이 반 축복들은 축복이다. 불안정성과 통제되지 않은 성적 충동을 이유로 르우벤을 강등시킴으로써 야곱은 분별력이 없는 지도권으로부터 이스라엘을 구한다. 마찬가지로 시므온과 레위의 잔혹성을 저주함으로써 야곱은 그들이 지배하지 못하도록 그들의 잔인하고 성급한 행동을 제어한다.

내레이터는 산문체의 요약적 서언과(49:1) 요약적 결론으로(49:28) 족장의 시적 축복들에 대한 틀을 제공한다. 축복의 선언을 듣도록 소환하는 시적 서언에 이어(49:2) 야곱은 자신의 예언적 축복들을 어머니들을 따라 배열한다. 야곱은 레아의 여섯 자녀와(49:3-15) 라헬의 두 자녀를(49:22-27) 바깥쪽 틀에 배치하고 그들의 하녀들의 네 자녀는(49:16-21) 내부의 중심에 배치한다. 그 결과로 나온 교차 구조는(레아, 빌하-실바, 실바-빌하, 라헬) 시를 통일성 있게 만든다.[179] 잇사갈과 스불론을 예외로 하고 각 그룹은 아들들의 출생 순서로 제시된다.

또한 이 시는 기도로 짜여진 구조를 보여준다. 축복 선언의 중간ㅡ시학에서 중심이 되는 행으로 알려진 곳ㅡ에서 야곱은 하나님께 전할 말씀을 위해 예언을 중단한다(49:18). 그는 돈호법(apostrophe)을 사용하여 구원해달라고 하나님께 탄원하는데, 이는 그의 예언들이 명시적이면서도 암시적으로 지파들에 대한 매서운 적대감을 예언하기 때문이다.

절정

시의 구조로 인해 유다와 요셉은 절정의 결론부에서 특징적으로 드러

---

179 참조. Sarna, *Genesis*, 331.

날 수 없다. 오히려 이 시는 유다와 요셉과 관련하여 다른 방식들로 절정에 이른다. 첫째, 스물다섯 구절 중 열 구절이 유다(다섯 구절[49:8-12]) 및 요셉과(다섯 구절[49:22-26]) 관련된다. 이 40퍼센트의 비율은 앞선 서사와 원역사에 대한 미래의 서사에서 그들의 중요성에 상응한다.[180] 둘째, 유다는 나라를 다스릴 왕권을 약속받으며, 요셉은 "형제들 중 뛰어난 자"라는 이름을 얻는다. 셋째, 처음 세 아들의 지도권 박탈의 방향은 분명히 유다의 왕권이 지닌 영광을 향해 움직인다. 넷째, 유다는 대개 하나님께 사용되는 용어로 찬양받으며, 하나님은 요셉의 머리에 부어진 창조의 축복과 연결되어 축복하시는 분으로 독특하게 칭송을 받으신다.

호칭

야곱과 **이스라엘**이라는 이름은 49장에서 각각 다섯 번 나타나는데(1, 2, 7, 16, 24, 28, 33절), 이는 야곱의 아들들의 미래에 야곱/이스라엘의 약함과 강함을 반영한다.

언어유희, 상징, 그리고 표제어들

찬양이나 비난이 담긴 예언들은 아들들의 이름으로 만들어진 언어유희 또는 동물과의 비교를 토대로 솜씨 있게 진술된다. 열두 아들의 이름 혹은 행위들은 지파들의 운명을 미리 알린다—이름은 운명이다(*nomen est omen*; 미 1:10-16을 보라). 몇몇 신탁은 다음과 같은 표제어로 연결된다. 예를 들어 시므온과 레위와 유다의 "형제들"(창 49:5, 8; 참조. 49:26), 유다와 잇사갈의 "엎드림"(49:9, 14; 참조. 49:25), 단과 갓의 "발꿈치"(49:17, 19), 납달리와 요셉의 "암사슴"과 "활 쏘는 자"(49:21, 23).

---

180 또 다른 다섯 구절의 축복(49:3-7) 역시 제10부에서 이름이 언급된 형제들, 즉 르우벤 및 시므온과 관련된다. 반면에 다른 곳에서 그저 명부에 등장하기만 하는 스불론, 잇사갈, 단, 갓, 아셀, 납달리는 여기서 여덟 구절만 할당된다.

비교와 대조

축복과 신적 선언의 힘이 창세기의 서사를 구성해왔다. 야곱의 삶은 영감 받은 예언들과 더불어 시작되었고 이제 그렇게 마무리된다. 신탁이 야곱의 운명을 알려주었고 이제 그는 자기 후손의 미래를 알려준다. 부모와 형제들 사이에서의 경쟁 관계와 은밀한 공모를 조장하는 한편 닫힌 문 뒤에 숨어서 하나님의 축복을 부여했던 이삭과 달리, 야곱은 모든 아들을 불러 모아 공개적으로 축복을 선사한다. 창조에 대한 하나님의 축복과 더불어 시작된 창세기의 서사는 이제 야곱이 자녀를 향해 신적 축복을 선언함으로써 끝난다. 사르나는 이렇게 말한다. "신적 말씀이 지닌 창조의 힘으로 시작된 창세기가 족장의 영감 받은 예언적 발언의 실제 효력이라는 개념으로 마무리되는 것은 적절하다."[181] 창조의 축복이 이스라엘이라는 선택된 민족에게, 특별히 요셉에게 집중된다(참조. 49:25-26).

전조

야곱의 아들들을 향한 축복은 그들에게서 유래하는 지파들을 위해 의도된 것이다. 롱에이커는 이렇게 말한다. "우리는 태동기의 민족을 살짝 엿본다—각각 남쪽과 북쪽에서 걸출한 역할을 하도록 예정된 유다 및 요셉 지파와 더불어서 말이다."[182] 이 축복은 병행을 이루는 "모세의 축복"(신 33장), 곧 이스라엘의 가나안 땅 정복을 목전에 두고 모세의 임종 시에 선언된 축복에서 확장될 것이다.

---

181 Sarna, *Genesis*, 331.
182 Longacre, *Joseph*, 54.

제10부 4막 4장에 대한 주해 ──────────

서언(49:1-2)

1절. 야곱이 …불러 이르되. 이는 닫힌 문 뒤에서 베풀어진 이삭의 축복 및 복을 쟁취하려는 야곱의 속임수와 날카로운 대조를 이룬다(창 27장).

그 아들들을. 모든 아들이 여전히 살아 있다.

너희는 모이라 …모여 들으라(개역개정에서 모여 들으라는 2절에 나온다). 짝을 이루며 병행하는 동의어 "모이라"(gather)와 "모여"(assemble)는 49:1b이 야곱이 말하는 시 전체의 서언으로 기능한다는 것을 시사한다.

너희에게 이르리라. 야곱은 암묵적으로 영감 받은 예언자로서 발언한다. 야곱은 앞선 장면에서 축복을 중개하기 위한 자신의 권위를 확립했다(48:3-7).

당할 일을. 축복은 예언이기도 하다. 야곱은 그의 조상과 마찬가지로 예언자다.

후일에(בְּאַחֲרִית הַיָּמִים, 베아하리트 하야밈). 동일한 어구가 이사야 2:2과 미가 4:1에서 "말일에, 끝날에"로 의역된다. 이 예언적 용어는 현재의 수고를 이에 걸맞은 결과로 이끄는 미래를 가리킨다. 이 표현에는 가까운 미래와 먼 미래를 모두 포함하는 심오함이 깃들어 있다. 여기서 이 용어는 정복으로부터 땅 분배와 예수 그리스도의 궁극적 통치에 이르는 이스라엘의 전 역사를 포괄한다.

2절. 들을지어다. 37:6을 보라.

레아의 아들들(49:3-15)

3-7절. 르우벤아 …시므온과 레위는 …. 레아의 처음 세 아들에 대한 예언은 범죄에 대한 징벌을 선언하며 동물 이미지를 사용하지 않는다. 에서의 복(27:39-40)과 마찬가지로 이 예언은 반(反) 축복이다. 조상의 죄가 그들과의 집단 연대 속에서 자녀들에게 영향을 끼친다(출 20:5을

보라). 웬함이 주석한 대로 "야곱의 축복은 노아의 축복과 마찬가지로 (9:25) 불효의 죄를 지은 아들들 위에 저주를 선언한다. 창세기에서 또다시 장남이(참조. 가인, 이스마엘, 에서, 엘) 자신의 죄로 말미암아 특권적 지위를 상실한다."[183]

3절. 르우벤. 29:32, 35:23, 37:21, 29, 42:22, 37과 해당 주해들을 보라. 이 반 축복의 선언은 먼저 최고 연장자가 상속받는 명예와 권위를 언급한(49:3) 다음에 아버지에 맞서 성범죄를 저지른 대가로(49:4) 이를 박탈한다.

너는. 아버지가 직접적인 말로 아들을 문책한다.

장자. 장남의 특수한 위치는 통상적으로 두 배의 지분과 지도권에 대한 권리를 보장받아야 한다. 신명기 21:15-17은 아버지가 첫 아내에게서 낳은 장남의 권리를 다른 아들에게 이양하는 것을 금한다. 고대 근동에서 남자의 상속에 대한 변경은 그의 아버지가 내린 자의적 결정에 따라 이루어진 것이 아니라, 모든 사례에서 자기 가족에 대한 심각한 범죄 때문에 발생했다. 법적으로는 르우벤이 계보들 속에서(창 49:3-4; 출 6:14; 민 26:5; 대상 5:1) 장남으로서 자신의 지위를 유지하지만 실질적인 두 몫은 결국 요셉에게 배당된다(창 48장을 보라). 예언자, 사사, 제사장이나 왕이 르우벤 지파에서는 아무도 나오지 않는다.

(내 기력의) 첫 징표라(개역개정-"시작이라"). 이는 "첫 열매들"로 번역되는 것이 더 낫다(참조. 시 78:51; 105:36). 이 농사 은유는 최상의 수확물을 상징한다. 이 병행 기법은 "내 능력이요 내 기력의 시작이라"를 "위풍이 월등하고 권능이 탁월하다"와 동등한 표현으로 간주한다.

내 기력. 이는 성적인 힘에 대한 언급이다.

위풍. 우리는 이를 "높아진 계급"으로 번역할 수 있다.

---

183 Wenham, *Genesis 16-50*, 471.

4절. 물의 끓음. 이사야 57:20을 보라. 이 히브리어 어근은 거만한, 건방진, 훈련되지 않은, 분별력 없는, 통제할 수 없는, 또는 불안정한 상태를 의미한다.[184] 나란히 배치된 구절은 이 은유를 설명해준다(즉 35:22에 기록된 르우벤의 근친상간). 함과 마찬가지로 르우벤의 오만함과 격한 기질은 그가 영원한 축복을 대가로 지불하게 만든다(참조. 창 9:20-27).

너는 탁월하지 못하리니. 이는 49:3에서 묘사된 르우벤의 탁월함을 뒤집는다.

네가…침상에 올라. 야곱 시대에는 대부분의 사람이 바닥에 깐 돗자리나 담요 위에서 잠을 잤다. 부자들만이 높은 침대를 소유했다.

침상에 올라 더럽혔음이로다. 그가 내 침상에 올랐었도다. 이 히브리어는 난해한데, "너는 더럽혔다. 그가 기어오른 내 침상"으로 읽는다.[185] 아마도 다른 아들들은 이 일에 대해 수군거렸을 것이다.

5절. 시므온과 레위. 29:33-34, 34:25, 35:23과 해당 주해들을 보라. 그들은 폭력과 분노와 잔혹함이라는 동일한 범죄 기질을 공유했기 때문에(49:5-6), 동일한 유죄 판결과 운명을 공유한다(49:7).

형제요. 이 단어는 연합이나 동맹에 대한 의미를 추가로 내포한다(참조. 왕상 9:13; 20:32; 잠 18:9).

그들의. 직접 화법에서 간접 화법으로의 전환은 문체의 수려한 변화를 만든다.

칼(מְכֵרוֹת, 메케로트). 이는 34:25에서 사용된 "칼"에 대한 일반적인 단어가 아니다. 이 독특한 단어에 대한 NIV의 번역은 이 명사를 카라트(כָּרַת, "자르다")에서 끌어내는데, 이는 그리스어 마카이라(μάχαιρα)와 관련될 수 있다. 다후드(Dahood)는 이 칼이 "할례용 칼"을 의미한다고 생각

---

184 *HALOT*, 923을 보라.
185 제안된 수정에 대한 토론에 대해서는 Hamilton, *Genesis 18-50*, 645 n. 8을 보라.

한다. *HALOT*은 이를 마카르(מָכַר, "계획하다, 의논하다")에서 유래한 명사 "계획, 권고"라는 뜻으로 풀이한다.[186] 정보가 너무 빈약해서 이 단어의 의미를 결정하기가 어려우며 학자들은 합의에 이르지 못하고 있다.

6절. 집회. 여기서 사람들이 전쟁 준비와 같은 계획을 짠다.

사람을. 이 히브리어는 문자적으로 "한 사람"이며, 그는 단체를 대표하는 개인이다.

분노대로 … 혈기대로. 분노든지 혈기든지 간에 그들은 생명을 파괴한다.

소의 발목 힘줄을 끊었음이로다. 이는 무분별한 야만성의 이미지다. 황소의 발목 힘줄을 자른 사건은 창세기 34:28에 기록되어 있지 않다. 사실 이스라엘 족속이 히위 족속의 가축 떼(양/염소)를 약탈한 것은 그들이 목자들이기 때문이다. 반면에 그들은 소 떼를 박멸했는데, 그 이유는 그들이 체류하는 농부도 아니고 소를 키우는 목축업자도 아니기 때문이다.

7절. 저주를 받을 것이요. 이는 축복을 받는 것과 정반대다(창 3:14과 해당 주해를 보라).

분기가 맹렬하니. 이는 디나가 강간당한 일에 대한 보복으로 그들이 세겜의 모든 남자에게 저지른 학살극에 대한 또 다른 언급이다.

분산시키며(scatter; 개역개정 – "나누며"). 이는 "나누다" 혹은 "할당하다"로 번역되는 것이 더 낫다. 시므온의 후손은 최종적으로 유다의 기업으로 흡수된다(수 19:1, 9). 레위의 후손은 에브라임과 므낫세를 포함하는 열두 지파 사이에 살면서 사십팔 개의 성읍과 목초지를 할당받는다(민 35:1-5; 수 14:4; 21:41).

흩으리로다. 이는 힘의 손실을 의미한다. 이 동사는 열국 가운데 이스라엘의 분산을 묘사하기 위해서도 사용된다(신 4:27; 28:64; 렘 9:16[히.

---

186 *HALOT*, 582.

15절]; 겔 11:16; 12:15; 20:23; 22:15; 36:19).

8절. 유다. 29:35, 37:26-27, 38:1-30, 44:18-34, 46:28을 보라. 이 구절은 문자적으로 "유다로 말하자면"으로 시작된다. 야곱은 지혜의 보상으로 유다를 축복한다. 즉 왕권, 지배, 영속, 번영의 축복이다. 이상적 통치자인 유다의 행복은 그의 승리(49:10b), 땅의 비옥함으로 인한 부(49:11), 그리고 그의 아름다움(49:12; 시 45편을 보라)을 통해 증명된다. 야곱은 유다가 청년 시절에 저지른 죄를 완전히 눈감아준다. 이는 추정컨대 나중에 회개한 유다가 야곱의 평온한 삶을 위해 자신을 희생했기 때문일 것이다(44:18-34을 보라). 광야에서 유다는 단연코 가장 큰 지파다(민 2:3-4; 10:14). 사사기의 틀 속에서 하나님은 정복 이후 그 땅에서의 정착 과정과 베냐민과의 내전에서 모두 유다를 지도자로 임명하여 지파들을 이끌게 하신다(삿 1:1-19; 20:18). 사무엘서는 다른 지파들에 대한 다윗과 유다의 패권을 칭송한다. 열왕기서에서 다윗의 등잔은 계속 빛을 발할 것이다.

유다야, 너는 …찬송이 될지라. 네 손이. 예후다(יְהוּדָה) …요두카(יוֹדוּךָ) …야데카(יָדְךָ) 사이의 언어유희를 주목하라.

너는 네 형제의 찬송이 될지라. 49:8-9a에서 야곱은 유다에게 직접 축복의 말을 전하고 이어서 3인칭으로 전환한다. 이는 앞선 두 신탁에서 이상이한 형식들 사이에 의미 있는 차이가 전혀 없음을 시사한다. 그의 형제들의 칭송은 유다의 통치권을 정당화한다.

네 손이 네 원수의 목을 잡을 것이요. 도주하는 적의 목덜미를 붙잡는 것은 정복의 상징이다(참조. 삼상 18:7).

원수. 사사 시대와 왕정 시대에 적들은 서쪽의 블레셋 족속, 남쪽의 아말렉 족속, 동쪽의 에돔 족속이다(참조. 신 33:7). 더 후대의 적들은 북쪽에서 내려온 아시리아인들과 바빌로니아인들이다.

네 아버지의 아들들. 야곱은 "네 어머니의"라고 말하지 않는다(참조. 27:29). 그렇게 함으로써 그는 모든 지파를 여기에 포함시킨다.

네 앞에 절하리로다. 형제들의 칭송은 그들이 무릎을 꿇는 동작과 더불어 확정될 것이다(37:10; 43:26을 보라).

9절. 사자 새끼.[187] 사자는 가장 크고 강한 육식 동물 중 하나로서 짐승뿐 아니라 인간에게도 위협을 가한다(왕상 13:24; 20:36; 왕하 17:25; 미 5:8). "사자의 위엄 있는 풍채는 날쌘 동작과 두려워하지 않는 기세로, 또한 그의 갈기로도 강조된다. 따라서 사자는 위엄과 힘에 대한 유명한 상징이 되었다."[188] 가장 강하고 용감한 이 맹수는 고대 근동에서 왕권의 상징이었다(참조. 민 24:9; 겔 19:1-7; 미 5:8).

돌아왔도다(עָלִיתָ, 알리타; 개역개정-"올라갔도다"). 이 히브리어는 "올라와서 떠났다"를 의미한다(참조. 렘 4:7).[189]

9절. 움킨 것. "사자가 눕는 자리는 땅에서 움푹 파인 곳으로 관목 숲 뒤에 숨겨져 있다. 팔레스타인에서 사자는 요단 계곡의 아열대성 목초지를 선호하는 것 같다. … 사자는 잠복해서 먹잇감을 기다리다가 작은 짐승이면 발톱이 달린 발로 타격을 가해 죽이고 큰 짐승이면 목을 물어 사냥한다."[190]

웅크림. 여기서 사자는 공격이 아니라 휴식하기 위해 이런 동작을 취한다.

누가 그를 범할 수 있으랴? 유다는 적들을 정복하여 그들에게 두려움을 불어넣는다(민 24:9을 보라; 참조. 23:24; 신 33:20, 22; 나 2:11-12을 보라).

10절. 규. 이는 고귀함과 왕권의 상징이다(민 24:17을 보라).[191]

---

187 유다의 사자 이미지는 NIV에 번역된 세 가지 다른 단어, 곧 "새끼 사자", "사자", "암사자"를 함의한다. 뒤에 나오는 두 히브리어의 차이는 불확실하다.

188 *Fauna*, 50.

189 *HALOT*, 829 no. 3e.

190 *Fauna*, 50.

191 홀(혹은 "규")이나 장식용 봉을 쥐고 있는 그림들에 대해서는 *ANEP*, 154 nos. 442, 445, 447; 159 no. 461을 보라.

떠나지 아니하며. 이 예언은 다윗 언약으로 확증된다(삼하 7:16).

그 발 사이에서. 이는 아마도 성적인 함의가 들어 있지는 않을 것이다. 페르시아의 부조물은 다리우스 왕이 발 사이에 통치자의 지팡이를 두고 보좌 위에 앉아 있는 모습을 보여준다.[192]

오시기까지. 칼 브로클만(Carl Brockelmann)은 히브리어 "~까지"는 조건이 충족된 후에 상황이 달라지는 것을 의미하지 않는다고 설명한다. "시간적 의미에서 '~(의 한계)에 이르기까지'라는 의미는 그렇게 한계가 설정된 기간을 생각의 전경 속에 지정해놓았다는 개념으로 쉽게 바뀐다."[193]

그것(규)이 자신에게 속해 있는 그분이 오시기까지(יָבֹא שִׁילֹה, 야보 쉴로; 개역개정-"[그것이] 실로가 오시기까지"). 이 히브리어의 의미는 논쟁이 많은 문제로 창세기에서 가장 많은 토론이 전개된 쟁점이다. 그 의미는 NIV 본문과 각주에 정리된 대로 세 가지 견해로 나뉜다. 첫 번째 대안인 "실로가 오기까지"는 불확실하고 가능할 것 같지 않다. 사사 시대에 이스라엘의 제의적 중심지였던 실로가 유다로부터 열 지파의 이탈을 함축한다는 해석은 믿기 어렵다(즉 이런 해석에 의하면 실로가 중심이 되는 시대까지만 유다가 주도권을 쥐고 그 이후 열 지파가 분열된다는 뜻이 되므로 사실에 부합하지 않는다. 이스라엘의 열 지파의 이탈은 실로 성소를 중심으로 하는 사사 시대가 한참 지난 후인 르호보암 왕 시대에 발생한다-역주). 두 번째 대안인 "조공이 그에게 속해 있는 그분이 올 때까지"는 실로(שִׁילֹה)를 샤이 로(לֹ שַׁי, "그분에게 속한 조공")로 수정한 것에 근거한다. NIV의 실제 해석은 부분적으로 에스겔 21:27(히. 32절)에 근거한다. 거기서 거의 축어적인 표현이 NRSV에서 "그것이 자신의 권리인 그분이 올 때까지"(즉 21:26의 왕관

---

192 앞의 책, 159 no. 463.

193 다음에서 인용함. J. Barr, "Hebrew Especially at Job i.18 and Neh vii. 3," *JSS* 27 (1982): 184-85.

을 쓰는 것)로 번역된다. 이는 고대 역본들의 해석이기도 하다. 이 어려운 문구에 대한 모든 해석은 다윗의 등장과 이스라엘 왕국의 설립을 예언하며 다윗보다 더 위대하신 분의 도래를 암시할 수 있다.

그에게 모든 백성이 복종하리로다. 27:29과 해당 주해를 보라.

11절. 나귀. 이는 사사 시대에 지도급 인사가 타고 다닌 짐승이다(삿 10:4; 12:14; 참조. 슥 9:9).

포도나무. 포도나무는 다산, 기쁨, 평화, 번영의 상징이다. 여기서 포도나무는 엄청난 자손의 번식에 대한 과장법이다. 대단한 부자가 아니고서는 아무도 최상품의 포도나무에 나귀를 매어놓지 않을 것이다. 왜냐하면 나귀가 값비싼 포도를 먹어치울 것이기 때문이다.

그의 옷을 포도주에 빨며. 이는 엄청난 번성 혹은 완력에 대한 또 다른 이미지다. 만일 전자라면 이 불완전한 은유는 포도주가 세탁용 물 대신에 사용될 만큼 풍부하고 흔하게 될 것임을 의미할 수 있다.[194] 하지만 병행어구인 "포도의 피"(blood of grapes; 개역개정-"포도즙")는 유다가 적들을 맹렬히 짓이기는 행위를 함축할 수 있다(참조. 사 63:2-3). 아마도 두 종류의 세탁을 위한 고의적인 언어유희가 의도되었을 것이다.[195] 해밀턴이 그런 견해를 나타낸다. 즉 "자기 백성에게는 이것이 기쁨과 충만함을 가져다줄 것이다. 그를 거절한 사람들에게는 그가 두려움을 줄 것이다."[196]

12절. (포도주보다) 더 어둡고(개역개정-"[포도주로 인하여] 붉겠고"). 이는 "반짝거리는"(sparkling)으로 번역하는 것이 더 낫다.[197]

---

194 Westermann, *Genesis 37-50*, 231도 보라. "이 의미는 이것이다. '사람이 ~할 수 있을 만큼 많은 포도주가 있다.'"

195 참조. R. Alter, *The Art of Biblical Poetry* (Edinburgh: T. & T. Clark, 1990), 16.

196 Hamilton, *Genesis 18-50*, 662.

197 히브리어 형용사 하클릴리(חַכְלִילִי)는 잠 23:29의 명사 하클릴루트(חַכְלִלוּת)를 유일한 대응어로 갖는다. 사전 편찬자들은 어근 하칼(חָכַל)을 아카드어로 "어둡다"를 뜻하고 아랍어로 "자신을 숨기다"를 뜻하는 단어와 동일시하면서 이 히브리어 단어들이 포도주의 겉모습(예. 핏빛의, 빨간, 등등)에서 아니면 포도주를 마신 뒤의 시각(Del)에서 "어둡다" 또는 "둔하다, 무디다"

13절. 스불론. 레아의 여섯 번째 아들은 순서상 야곱의 열 번째 아들이다(창 30:20을 보라; 참조. 수 19:10-16; 삿 5:18). 흥미롭게도 스불론은 이곳과 모세의 축복(신 33:18) 모두에서 레아의 다섯 번째 아들인 형 잇사갈보다 먼저 거명되면서 스불론에게 우수성이 부여된다. 두 축복 선언 모두에서 둘 중 스불론이 더 원기왕성하고 번영을 누린다. 사실상 잇사갈은 게으르고 굴종하는 기질이 있으며 기력을 잃은 자로 묘사된다(창 49:14-15을 보라). 이런 인상은 다른 본문들로 인해 강화된다. 하나님은 땅 분배를 위한 제비뽑기에서 스불론에게 우선권을 주신다(수 19:16-17). 드보라의 노래는 두 지파를 모두 칭송하지만 스불론에게 우선권을 부여한다(삿 5:14, 18). 잇사갈은 산문체 기사에서 도외시된다(참조. 삿 4:6, 10). 잇사갈이 아닌 스불론이 미디안 족속과의 전쟁을 위해 기드온에게 합류한 지파들 중에 들어 있다(삿 6:35). 서쪽 지파들 중에 스불론이 다윗의 군대에 가장 많은 병력을 보낸다. 스불론 지파의 군인들은 경험이 많고 충성스러운 특징을 보여준다(대상 12:33).

[해변]에(by; לְ, 레). 이 히브리어 전치사는 "~에 관하여" 혹은 "…가 까이에"를 의미한다.

해변. 이 예언과 신명기 33:19에 있는 병행 어구인 "그들이 … 바다의 풍부한 것을 … 흡수하리로다"가 스불론에게 들어맞기는 힘들다. 왜냐하면 스불론의 위치는 서쪽으로는 아셀과 므낫세에 의해, 동쪽으로는 납달리와 잇사갈에 의해 육지로 둘러싸여 있기 때문이다(수 19:10-16). 샤

를 의미한다고 이해한다. *HALOT*은 이를 카할(כָּחַל, "색칠하다")에서 유래한 것으로 본다(*HALOT*, 313, Bergsträsser, Bauer 및 Leander를 인용함). 첫 번째 두 자음의 음운치환은 셈어에서 잘 증명된다. 셈어는 두 본문 모두에서 "반짝거리는"(sparkling)이라는 의미를 제안한다. 이 의미는 창 49:12과 잠 23:29의 문맥 둘 다에 가장 잘 맞는다. 하지만 그 의미가 창 49:12에서는 긍정적인 측면(*bono partem*)이고 잠 23:29에서는 부정적인 측면(*malo partem*)이기 때문에, "반짝거리는"(sparkling)과 번쩍이는(flashing)이 각각 선호된다. 70인역은 χαροποιοί, 기쁨을 주는"이라는 형용사와 "πελιδνοί, 격노"라는 명사로 번역한다.

론 페이스 진손(Sharon Pace Jeansonne)은 이 언급이 어쩌면 "솔로몬 시대에 지중해까지 뻗은 스불론 지파의 경계선을 가리킬 수 있다"라고 주장한다.[198] 아니면 "스불론과 잇사갈이 일부 지경을 공유했을 가능성이 있다. 왜냐하면 신명기 33:18-19이 그들이 산 위의 성소를 두 지파의 명의로 공동 소유했음을 암시해주기 때문이다. 또한 잇사갈과 스불론을 향한 모세의 축복이 함께 제시되기 때문이다."[199] 만일 후자의 경우라면, "해변"은 갈릴리 바다를 가리키며 "시돈"은 스불론의 서쪽 변방에 있는 아코 평원에 대한 페니키아의 점유를 말해준다.

그곳은 배 매는 해변이라. 이 히브리어는 문자적으로 "그는 선박들의 해변과 관련하여/해변 가까이에"로 읽는다.

그의 경계가 시돈까지리로다. 본문은 문자적으로 "시돈 곁의 그의 옆구리"로 읽는다.

시돈. 이 항구 도시는 두로 북쪽 약 25마일(40km) 지점에 위치하며 성경과 성경 외 문헌에서 모두 제유법을 통해 페니키아를 가리킨다.[200]

14절. 잇사갈. 30:14-18, 35:23을 보라. 그는 레아의 다섯째 아들이며 야곱의 아홉째 아들이다(위의 "스불론"을 보라). 잇사갈은 사사기에서 가장 경시되는 지파다. 그들은 사사기 1장의 지파들의 목록과 가나안과 미디안의 전쟁에 대한 산문체 기사에서 언급되지 않는다(삿 4장과 6장). 이는 그들이 사사 시대 동안에 중요한 역할을 하지 못하고 영광스럽지 못했음을 의미한다. 문제투성이의 지파들은 가나안 족속을 진멸하지는 못하나 적어도 그들을 굴복시킨다. 그러나 잇사갈은 추정컨대 평화를 위해 가나안 족속에게 굴종한 것으로 보인다. 하지만 몇몇 성경 본문은 잇사갈에 대해 좋게 말한다(삿 5:15; 대상 12:32).

---

198 S. P. Jeansonne, "Zebulun," *ABD*, 6:1056.
199 앞의 책, 1057.
200 Sarna, *Genesis*, 338.

뼈만 앙상한(개역개정-"건장한")과는 정반대의 의미로 이것이 잇사갈에게 더 적절해 보인다―역주). 여기에 사용된 히브리어 게렘(בֶּרֶם)과 일반적으로 "뼈"를 지칭하는 단어 에쳄(עֶצֶם) 사이의 구별은 불분명하다. 아마도 전자는 단단함을 강조할 것이다(잠 17:22; 25:15을 보라).[201]

누워 있는(개역개정-"꿇어앉은"). 잇사갈은 설사 강하다고 할지라도 고집스럽게 일하기를 거절하고 안락함을 추구한다. 그는 억지로 "어깨를 구부려 짐을 메도록" 강요받을 것이다.

두 안장주머니(saddlebags) **사이에**(개역개정-"양의 우리 사이에"). NIV는 사사기 5:16에서 이 번역과 본문 각주를 뒤집는다. 이 단어는 일관되게 짐 나르는 나귀의 양쪽에 있는 안장주머니를 의미한다.[202]

15절. 좋게 여기며 ···아름답게 여기고. 잇사갈의 영토는 하부 갈릴리의 비옥한 평원에 위치한다. 그곳은 이스라엘에서 가장 좋은 농경지다.

압제 아래에서 섬기리로다. 야곱은 암묵적으로 잇사갈 지파가 물질적 번영을 가나안의 맹주들에게 복종하는 계기로 삼은 것을 두고 그들을 비난한다. 앤슨 레이니(Anson Rainey)는 아마르나 서신에 있는 쐐기문자 병행 문구를 인용한다. 이 서신은 잇사갈이 정착했던 바로 그 지역에서 부역에 동원된 노동자들에 대한 내용을 담고 있다.[203] 이 병행 문구는 잇사갈이 아마르나 시대에 그 땅에 거주했으며 그들이 가나안 맹주들이 요구했던 강제 노동에 시달렸다는 증거로 간주되어왔다.

빌하와 실바의 아들들(49:16-17)

16절. 단. 그는 빌하의 첫째 아들이자 야곱의 다섯째 아들이다(30:6; 35:25을 보라; 참조. 수 19:40-48). 첩의 아들 중 가장 먼저 언급된 자로서

---

201 NIV 난외주의 대안적 해석 "강한"(strong)을 보라.
202 *HALOT*, 652.
203 A. F. Rainey, "Compulsory Labour Gangs in Ancient Israel," *IEJ* 20 (1970): 191-202.

그의 우선권은 이곳과 역대상 2:1-2에서 우대받는 일곱 번째 위치로 인해 강화된다. 게다가 단은 유다 및 요셉과 더불어 두 가지 별도의 축복을 받는다. 즉 심판을 행하고, 비교적 작은 지파지만 반격을 할 것이다. 광야에서 실시된 인구 조사에서 단은 두 번째로 큰 지파다(민 2:26; 26:43). 길 위에 있는 뱀의 이미지는 단 지파를 작은 규모로 그리며, 사사기에 나타난 그들의 상황대로 그들이 취약한 지위에 놓여 있음을 알려준다. 여호수아서는 그들의 경계선을 규정하지 않는다.

심판하리로다(יָדִין דָּן, 단 야딘). 단은 비난이 아닌 소송을 통해 심판을 집행할 것이다. 이는 블레셋 족속에 맞서는 삼손의 업적에 대한 암시일 수 있다.

이스라엘의 지파들 중 한 지파 같이(개역개정-"이스라엘의 한 지파 같이"). 이는 "이스라엘의 지파"라는 어구가 최초로 사용된 사례다.

17절. 단은 …하리로다. 이는 소원이나 기도로서 "단이 … 되기를"로 번역되는 것이 더 낫다.

뱀. "삼십삼 종의 다양한 뱀이 팔레스타인과 인근 지역에서 발견되었는데 그중 이십 종은 독이 있다. … 뱀의 다른 위험한 특징은 … 은밀한 이동 방식과 몸을 쉽게 감추는 재주다."[204] 비록 작은 지파라고 할지라도 단은 공격적이고 위험하며 열국을 무너뜨리려고 기습적으로 칠 것이다(삿 18장을 보라).[205] 이 지파 출신인 삼손은 혼자서 블레셋 족속에게 부상을 입힌다(삿 14-16장을 보라).

구원을 위한 야곱의 기도(49:18)

18절. 야웨여. 야곱은 하나님께 드리는 간구를 여기에 끼워 넣는데, 그

---

204 *Fauna*, 72.
205 신 33:22에서 단 지파는 새끼 사자에 비유된다.

이유는 그의 예언들이 명시적이자 암시적으로 지파들에 대한 격렬한 적의를 예고하기 때문이다(위의 문학적 분석을 보라).

실바와 빌하의 아들들(49:19-21)

19절. 갓. 그는 실바의 첫째 아들이자 야곱의 일곱째 아들이다(창 30:10-11; 35:26; 참조. 46:16). 이 신탁에서 여섯 개의 히브리어 단어 중에 네 개가 갓과 비슷하게 들린다. 이 단어들은 "행운", "급습", "군대"를 의미하는 히브리어 어근을 갖는다. 가드 게두드 예구데누 베후 야구드 아케브(גָּד גְּדוּד יְגוּדֶנּוּ וְהוּא יָגֻד עָקֵב). 이 축복은 갓이 어려운 삶을 꾸려 갈 것이나(49:19a) 그들의 적들을 역공할 것임을 예언한다(49:19b; 참조. 신 33:20-21).

추격을 받으나. 공격에 취약한 트랜스요르단에 정착한 갓 지파는 그들의 역사 속에서 내내 여러 민족의 공격을 받는다. 곧 암몬 족속(삿 10-12장; 렘 49:1-6), 모압 족속,[206] 아람 민족(왕상 22:3; 왕하 10:32-33), 아시리아(왕하 15:29) 등이다. 그들은 분명히 매번 패배한 후에 역공하며 싸운다. 갓 지파 백성은 싸우는 전사들로 칭송받는다(신 33:20; 대상 5:18; 12:8).

그들의 발꿈치를 공격할 것이다(개역개정-"그 뒤를 추격하리로다"). 그들은 전면전을 벌일 만큼 대규모 병력은 아니기에 게릴라전에 의존할 것이다.

19-20절. 그들의 발꿈치. 아셀에게서 나는 먹을 것. 마소라 텍스트는 아케브: 메아셰르(עָקֵב מֵאָשֵׁר)로 읽는데 이는 "발꿈치를. 아셀에게서"로 번역된다. NIV는 올바르게 다른 고대 역본들을 따라 전치사 멤(מ)의

---

[206] 메샤 왕(King Mesha)의 승전비에서(기원전 840/830년경) 그는 갓 족속이 아다롯(Ataroth) 땅에 오래 거주했으며 자신이 그들을 정복했다고 언급한다.

위치를 이동시켜 아케밤 아세르(אֲשֵׁר כְּבָּם)로 읽는다. 이런 재구성은 49:20을 접두어 없는 인명으로 시작되는 나머지 축복들과 일치시킨다.

20절. 아셀. 그는 야곱의 여덟째 아들이자 레아의 몸종 실바가 낳은 둘째 아들이다(30:13; 35:26을 보라). 이 이름은 야곱의 시대에 북서부 셈족 인명으로 입증된다.

먹을 것은 기름진 것이라. 이는 갈릴리 고지대의 서쪽 경사면에 있는 비옥한 땅에 대한 언급이다(신 33:24; 수 19:24-31을 보라).

21절. 납달리. 그는 야곱의 여섯째 아들이자 빌하의 둘째 아들이다 (30:7-8; 35:25을 보라).

암사슴. 이 사슴은 아름다움과 빠른 걸음으로 유명하다. 여기서 이 이미지는 아마도 이란산 다마사슴(fallow deer, *dama mesopotamica*)일 것이다. 이 사슴은 신장이 2.5피트(78.1cm)에 몸무게는 64-121파운드(29-55kg)에 육박한다. 수컷에게만 뿔이 있다. 이 사슴은 연홍빛이나 회갈색을 띠며 어깨 위에 작은 반점들이 있다.[207]

놓인. 이는 "풀어놓다"로 번역될 수 있다. 이 말은 납달리 지파의 자유로움, 민첩함, 빈번한 이동 또는 그들의 충동적 성격을 암시한다. 신명기 33:23과 사사기 4:6, 10, 5:18b에 있는 언급들은 전자를 지지한다.

아름다운 새끼 사슴들을 낳는도다(개역개정-"아름다운 소리를 발하는 도다"). 새끼 사슴을 뜻하는 히브리어의 형태는 "말"(words)을 가리키는 일반적인 히브리어 단어와 동음이의어다.

라헬의 아들들(49:22-27)

22절. 요셉. 요셉은 야곱의 열한 번째 아들이자 라헬의 첫째 아들이며 (창 30:24; 35:24) 총애받는 아들이었다(창 37:3; 45:28; 46:30). 야곱이 요

---

207 A. Meinhold, *Die Sprüche* (ZBK; Zurich; Theologischer Verlag, 1991), 105을 보라.

섭의 두 아들인 에브라임과 므낫세를 입양하고 그들에게 약속의 땅의 상속자들로서 그들의 삼촌들과 동등한 지위를 부여했기 때문에(48:1-20), 이곳과 민수기 및 여호수아에서 요셉은 에브라임과 므낫세 지파를 가리킨다. 이것은 가장 길고 가장 복잡한 예언이다. 요셉은 열매로 무성한 포도 덩굴에 비견되고(49:22) 그의 성공적인 자력 방위가 확증되며(49:23-24) 광범위한 축복을 약속받는다(49:25-26). 교차 구조에서 이 시는 그의 번식과(49:22) 안전이(49:23-24) 하나님 때문이라고 외친다. 하나님은 그를 보호하시고(49:24) 대지의 풍년과 자녀의 다산으로(49:25) 그를 축복하신다. 요셉의 아버지의 이런 포괄적 축복들이(49:26) 형제들 위에 군림한 요셉에게 임한다. 야곱은 "야곱의 전능자"와 "이스라엘의 아들들의 목자"(문자적으로, 아래를 보라)라는 별칭을 통해 하나님을 보호자로 지칭한다. 야곱은 "하나님"(초월하신 창조주로서)과 "전능자(שַׁדַּי, 샤다이)"라는 별칭을 통해 하나님을 시혜자로 지칭한다.

열매로 가득한 덩굴(בֵּן פֹּרָת, 벤 포라트; 개역개정-"무성한 가지"). 이는 번식에 대한 은유이며 "에브라임"에 대한 언어유희다. 임신치 못한 라헬이 가장 번성한 지파를 양산했다(30:2, 22; 41:52을 보라). 이 히브리어는 "야생 망아지"를 의미한다고 이해될 수도 있다.[208] 이런 이미지는 이 시의 나머지 부분의 동물 이미지를 유지시킬 것이다. 만일 이것이 옳다면 이 모습은 요셉 지파들의 자유로움과 독립성을 함축한다.

그 가지가 담을 넘었도다. 이는 그들의 지경의 확대에 대한 은유다(수 17:14-18을 보라). 이 히브리어는 "구릉지 위의 야생 나귀" 혹은 "절벽 가

---

208 히브리어 포라트(פֹּרָת)는 파라(פָּרָה, "번성하다")의 칼 여성 분사로서 실명사(substantive noun)로 사용된 것일 수 있다(*HALOT*, 963). 만일 그렇다면, 벤(בֵּן)은 은유적으로 사용되고 있다(참조. 욥 41:20[영. 28]의 벤-케셰트[בֶּן-קֶשֶׁת, "화살"]; 사 5:1의 벤-셰멘[בֶּן-שֶׁמֶן, "기름", "매우 비옥한"]; 참조. 애 3:13). "열매로 가득한 덩굴" 대신 NIV 본문 주해의 "야생 망아지"에 대한 지지는 호 8:9에서 발견된다. 거기서 에브라임은 야생 나귀(פֶּרֶא, 페레)에 비유된다.

장자리의 야생 노새들의 새끼"로도 번역될 수 있다. 어느 대안이든지 난점이 있다.[209] 만일 후자라면 이 구절은 사냥꾼에게 노출된 요셉의 취약성에 대해 말한다(49:23을 보라).

23절. 그를 학대하며. 이는 "그들이 그를 원통하게 만들고/성나게 하고 그를 쏘았다"[210] 또는 "그들이 그를 군사적으로 압도하여 쏘았다"[211]로 번역하는 것이 더 낫다.

24절. 그의 팔은 힘이 있으니. 이 히브리어는 문자적으로 "그의 손들의 팔들"이다(즉 그로 하여금 활을 당길 수 있게 하는 그의 팔의 힘).

경쾌하니(stayed limber; 개역개정에는 번역되어 있지 않음). 그들은 유연하고 경쾌한 동작으로 빠르게 움직인다.

전능자(אָבִיר, 아비르). 이는 영웅적 인물들과(시 76:5[히. 6절]) 나아가 강한 힘으로 잘 알려진 짐승들에 대한(예. 숫말, 삿 5:22; 황소, 사 34:7) 은유이기도 하다.

목자의 손을 힘입음이라. 48:15-16을 보라. 마소라 텍스트는 미샴 로에(מִשָּׁם רֹעֶה, "거기로부터 목자가")로 읽는다. 시리아 역본은(참조. Targum) 미솀 로에(מִשֵּׁם רֹעֶה, "목자의 이름으로")로 읽는다. 전자는 불확실하다 — 야곱이 발언할 때 그가 하늘을 향해 시선을 두었는지도 모른다. 병행 구절에 잘 부합하는 후자가 지지할 만하다.

이스라엘의 반석(אֶבֶן יִשְׂרָאֵל, 에벤 이스라엘). NIV의 번역은 오해를 불러일으킬 수 있다. 이 히브리어는 "이스라엘의 반석"(צוּר יִשְׂרָאֵל, 추르 이

---

209 "가지들"은 바노트(בָּנוֹת, "딸들")에 대한 흔치 않은 의미다. "오르다"는 차아드(צָעַד, "행진하다")에 대한 이례적인 의미다. 한편 포라트(פֹּרָת)의 번역인 "야생 망아지"는 49:21a에서 두 번 사용되는데, 페레(פֶּרֶא, "야생 숫나귀")의 독특하고 시적인 여성형일 수 있다. 두 번째 "야생 망아지"는 아라비아어 ben bana ṣaʿdat, "야생 당나귀들"의 생략형(Speiser, *Genesis*, 368을 보라)에 기반하며, 히브리어 추르(צוּר, "벽")의 번역인 "구릉지" 혹은 "절벽 가장자리"(시적 번역)는 순전한 추론이다.

210 *HALOT*, 638을 보라.

211 Hamilton, *Genesis 18-50*, 679 n. 6을 보라.

스라엘, 참조. 삼하 23:3; 사 30:29)이 아니라 "이스라엘의 돌"인데, 이 표현은 하나님에 대해서는 전혀 사용되지 않는다. 히브리어 에벤(אֶבֶן)은 들판의 돌, 표시용 돌, 무기에 쓰는 돌, 제의적 용도의 돌에 사용되지만 추르(צוּר)처럼 "바윗돌"이나 "산악 지대의 바위"에는 사용되지 않는다. 만일 에벤이 "돌"을 의미한다면 이는 자신의 삶에서 돌이 중요한 영적 표식이었던 사람의 아들에 대한 적절한 이미지다. 이 독특한 단어가 "아들"을 의미할 수 있다는 견해는 더 그럴듯하다.[212] 이 경우에 49:24b은 다음과 같이 읽을 수 있다.

야곱의 전능자의 손으로
이스라엘의 아들들의 목자의 이름으로

25절. 네 아버지의 하나님. 이 호칭은 이스라엘 지파들과 하나님의 축복을 받은 조상과의 연속성을 강조한다. 축복을 의미 있게 만드는 것은 바로 이런 연속성이다.

전능자. 전형적인 어구 엘 샤다이(אֵל שַׁדַּי)가 여기서는 분리되어 있다 (17:1과 해당 주해를 보라).

복. 요셉에 대한 신탁에서만 여섯 차례에 걸쳐 "복"을 의미하는 히브리어 어근이 사용된다. 이 복은 위로는 하늘로부터 아래로는 땅으로부터 공급되는 넉넉한 물을 머금은 땅의 비옥함과(참조. 1:6-8) 몸의 기름짐("젖가슴과 태"; 참조. 1:22; 민 6:24-26; 신 33:15; 호 12:8)을 포함한다. 창조 시에 인간에게 주어진 복이 요셉에게 집중된다.

아래로 깊은 샘의 복. "깊음"에 대해서는 1:2을 보라. 아마도 웅크리

---

212 A. S. van der Woude("צוּר," *TLOT*, 2:1070)는 알레프(א)가 어두움 첨가(prosthetic)라고 제안한다.

고 있는 인격화된 심연의 이미지는—신학이 아닌—"깊음"(תְּהוֹם, 테홈)을
바다 괴물로 묘사하는 이방 신화에서 차용했을 것이다.

젖가슴과 태(개역개정-"젖 먹이는 복과 태의 복"). 사르나는 이렇게 설명
한다. "자연의 질서가(참조. 호 9:14) 여기서 소리의 조화로 인해 뒤바뀐다
(שָׁמַיִם, 샤마임['하늘들']-שָׁדַיִם, 샤다임['젖가슴']; תְּהוֹם, 테홈['깊음']; רֶחֶם, 라
함['태'])."[213]

26절. 고대의 산들의 축복보다(개역개정-"네 선조의 축복보다"). 신명기
33:15-16을 보라.

고대의 산들의 축복보다, 오래된 구릉들의 선물보다(개역개정-"네 선조
의 축복보다 나아서 영원한 산이 한없음 같이"). NIV의 난외주는 "네 아버지
의 복이 내 후손의 복보다 더 크고 오래된 구릉들의 선물만큼 크다"를 제
안한다. 이 히브리어 본문은 둘 중 어느 하나를 의미할 수 있다. 렌즈버그
는 이 언어유희가 의도적이라고 생각한다.[214] 만일 그렇다면 "내 후손의
복"은 "내 조상의 복"과 병행을 이루며 "고대의 산들"은 "오래된 구릉들"
과 병행을 이룬다.

선물(bounty; 개역개정-"한없음"). 이 히브리어는 문자적으로 "바랄 만한
것들"이다.

미간(개역개정-"정수리"). 이 히브리어는 문자적으로 "정수리"를 의미
한다.

그의 형제 중 귀공자의 미간(개역개정-"그의 형제 중 뛰어난 자의 정수
리"). 이 히브리어(נָזִיר, 나지르, "뛰어난 것")는—곡식, 나실인, 혹은 요셉
과 같은—특별한 목적이나 행동을 위해 봉헌된 사물이나 사람을 지시
한다.[215] 이 단어는 왕에 대해서는 전혀 사용된 적이 없다.

---

213 Sarna, *Genesis*, 344.
214 G. A. Rendsburg, "Janus Parallelism in Gen 49:26," *JBL* 99 (1980): 291-93.
215 *HALOT*, 683.

그의 형제 중. 하나님으로부터(49:25) 조상에게로(49:26a), 나아가 그의 형제들 중의 귀공자(뛰어난 자)에 이르기까지(49:26b) 내림차순의 계급 서열에 주목하라.

27절. 베냐민. 그는 야곱의 열두 번째 막내아들이자 라헬의 둘째 아들이다(창 35:18, 24; 참조. 42:4, 38; 44:1-34). 베냐민의 짐승 이미지, 곧 자신의 먹이를 찢어 나누는 육식성의 물어뜯는 이리 이미지는 전쟁에서의 용맹함과 전술로 유명한 베냐민 지파의 높은 명성에 잘 부합한다(참조. 삿 3:15-30; 5:14; 20:14-21; 삼상 9:1; 13:3; 대상 8:40; 12:2-27, 29; 에 2:5; 롬 11:1). 신명기 33:12은 베냐민의 안전을 하나님의 보호하심과 아버지 같이 그를 돌보심으로 보증한다.

물어뜯는 이리. 이 히브리어는 문자적으로 "(먹잇감을) 찢는 이리"다.

움킨 것을 나누리로다. 그는 자신이 먹을 수 있는 양보다 더 많이 죽임으로써 먹이를 나눈다.

내레이터의 결론(49:28)

28절. 이스라엘의 열두 지파라. 그들은 단순히 직접 얻은 아들들만이 아니다.

그들에게 축복하였으니 곧 그들 각 사람의 분량대로 축복하였더라. 본문은 문자적으로 "각자 그의 복에 따라 그는 그들을 축복했다"로 읽는다. 내레이터는 결론에서 "복"이란 단어를 세 번 사용한다.

제10부 4막 4장에 대한 신학적 고찰 ─────────

주권과 언약

족장 시대의 끝에 진술된 이 예언들은 열국을 지배하시는 하나님의 주권을 드러낸다. 그분은 지파들을 축복하시나 그들의 성격과 별개로 축복하시지는 않는다. 이 예언들은 조상에 대한 찬양 또는 비난에 근거한다.

축복

이 가족의 미래는 번영뿐만 아니라 고난도 포함한다. 즉 "축복과 권세
뿐만 아니라 흩어짐, 폭력, 범죄, 소동이 이 가족에게 뒤따른다."[216] 하지
만 반(反) 축복들은 사실 이 민족의 최상의 유익을 위한 것이다. 왜냐하면
이 반 축복들이 지파들의 더 저속한 요소들을 억제해주기 때문이다. 루
프는 이렇게 주석한다. "이 모든 일을 통해 이 가족은 과거에 그들이 그
랬던 것처럼 여전히 하나님의 축복을 미래로 운반하는 축복의 담지자다
(49:28)."[217]

연대 책임

이스라엘의 후손은 집단적으로 그들의 조상과 더불어 찬양과 비난을
함께 나눈다. 그들의 연대 책임은 온 인류가 아담과 하와의 원죄를 자신
의 죄와 동일시하는 것과 비슷하다.

구원의 은혜

야곱은 레위가 과거에 저지른 잔혹한 행동에 대해 그를 문책한다.
나중에 하나님은 그 잔인함을 대속하시어 선으로 바꾸실 것이다(참
조. 신 33:8-11). 출애굽기 32:25-29에서는 레위인들이 모세 주변에 집
결해서 우상을 섬기고 음행을 범한 그들의 형제들을 죽인다. 민수기
25:7-14에서는 레위인 비느하스가 간음을 저지르고 있던 시므온 사람을
죽인다. 이런 행위들로 인해 레위 지파는 야웨께 별도로 구별되고, 백성

---

216 Roop, *Genesis*, 289.
217 앞의 책.

에게 선망을 받는 신분인 제사장직이 그들에게 주어진다. 레위인들은 성소 주변을 지키는 엄격한 수비대 역할을 하면서 성전의 거룩한 구역(*terra sancta*)에 무단으로 침입하는 자를 처형한다(참조. 민 1:51b). 죄인들은 이 지파를 염두에 두어야 했다.

메시아 사상

49:10에 나오는 실로(שִׁילֹה)에 대한 해석의 난점들에도 불구하고 모든 해석가가 열국 위에 군림할 영원한 왕권을 유다 지파에게 부여한 야곱의 축복이 다윗 및 다윗 언약과 관련된다는 데 동의한다(서론에서 "네 번째 모티프: 통치자"를 보라). 쿰란 사본 중 하나는(*Commentary on Genesis A* [= 4Q252; 이전에 *Patriarchal Blessings*라 불림]) 이 구절을 다음과 같은 의미를 지닌 것으로 해석한다. 즉 "다윗의 가지인 의의 메시아가 오실 때까지(그 지팡이가 이를 것이다-역자의 첨부). 왜냐하면 그와 그의 씨에게 세세영원토록 자기 백성 위에 군림할 왕권의 언약이 주어졌기 때문이다."[218] 어떤 고대 아람어 번역은 실로(שִׁילֹה)에 대해 "나라가 그의 소유인 메시아가 오시고 열국이 그에게 복종할 때까지"라고 해석한다. 사르나가 지적한 대로 "심지어 자음들의(יבא שׁילה, 야보 쉴로) 숫자값이 메시아(מָשִׁיחַ, 마쉬아흐)의 숫자값인 358과 동일하다는 점이 주목받아왔다."[219]

요약하자면 구약에서 유다에게 부여된 예언적 축복은 다윗과 그의 집을 통해 성취되며 신약에서는 예수 그리스도를 통해 성취되고 완성되는 것으로 이해된다(겔 21:27; 계 5:5을 보라). 예수 그리스도―"그리스도"란 말은 히브리어 "메시아"에 상응하는 그리스어다―는 그의 첫 번째 기적으로 물을 포도주로 변화시키심으로써 예언의 성취를 보여주셨는지도

---

218 Hamilton, *Genesis 18-50*, 660.
219 Sarna, *Genesis*, 337.

모른다(참조. 창 49:11-12과 요 2:1-11). 요한계시록에서 요한은 이 예언이 "유다 지파의 사자(Lion)"가 모든 민족에 대해 심판을 행사할 때 완성되는 것으로 이해한다(계 5:5).

야곱의 죽음과 가나안에서의 매장(49:29-50:21)

제10부 4막 5장에 대한 문학적 분석 ───────

구조, 플롯, 그리고 해결

　표면적으로 이 장은 야곱의 죽음과 매장에 대한 내용이지만, 더 깊은 이데올로기적 차원에서는 세대를 초월하는 거룩한 가족의 연합과 마지막 족장이 왕으로 높임을 받는 내용을 다룬다.

　야곱의 삶의 문제들은 이 장에서 해결 국면으로 접어든다. 그의 삶을 마무리하는 사건들은 세 곳의 무대를 거쳐 발전된다. 즉 이집트에서 가나안으로, 다시 이집트로 무대가 바뀐다.[220] 야곱이 말년에 보여준 각 행동은 거룩한 가족에 대한, 그리고 그의 조상이 믿음으로 받아들였던 그 땅에 대한 그의 근본적인 헌신과 관련된다. 앞선 장들에서 야곱은 약속의 땅에서 가족이 풍요롭게 거주할 것을 내다보면서 신적 축복의 전이를 확증한다. 이 장은 야곱이 조상의 땅을 그리워하는(49:29-33) 마지막 발언과 더불어 이집트에서 시작된다. 야곱은 자녀들로 하여금 그를 가나안 땅

220　두 번째 사건은 실제로 이집트로부터(50:1-6) 가나안으로의 이주와(50:7-14) 이집트로의 복귀로 틀이 짜인다.

에 매장하겠다고 서약하도록 만든다. 이제는 전적으로 순종하는 아들들이 이 장의 결론부로 가면서 이 서약을 실천에 옮긴다. 성대한 장례 행렬을 통해 이루어진 가나안으로의 이동은(50:1-14), 비록 그들이 아직은 이집트에 머물러야 함에도 불구하고, 거룩한 가족의 가나안 땅에 대한 열심을 상징한다. 야곱의 장례는 두 부분으로 전개된다. 첫 번째 부분에서 내레이터는 모든 이집트인이 야곱의 죽음을 애도하고 이집트의 지도자들이 약속의 땅에 있는 야곱의 집으로 시신을 호송하는 인상적인 그림을 통해 야곱의 가족 장례에 끼어든다. 이렇게 상세한 내용의 삽입을 통해 내레이터는 족장 야곱의 모습을 높임을 받는 왕으로 그려낸다. 이는 이스라엘의 미래에 대한 전조다(아래의 "비교와 대조"를 보라). 하지만 야곱의 매장에 대한 두 번째 부분은 적절하게 그의 아들들의 복종과 애도로 돌아온다. 이집트로의 복귀에서 요셉과 그의 형제들과의 문제 해결은 결국 오랫동안 가족을 괴롭혔던 가족사를 마무리한다(50:15-21). 권위 있게 통제권을 행사했던 아버지의 죽음은 어쩌면 형제들이 그토록 동생에게 못된 짓을 했던 이 가족의 유대 관계를 위협할 수도 있었다. 하지만 잘못했던 형제들이 자신들의 죄를 인정하고 용서를 구하며 요셉을 하나님의 대행자로 간주하고 그에게 자신들을 노예로 내놓는다. 요셉은 하나님을 대신하기를 거절하면서 하나님께서 그들의 악을 이렇게 선으로 바꾸신 상황에서 그들을 향한 보복이란 있을 수 없음을 단언한다. 야곱의 생애에서 마지막 순간에 그의 아들들은 하나님의 선하신 주권과 거룩한 땅에 대한 그분의 약속 안에서 믿음으로 하나가 된다.

인물 묘사

루프는 이렇게 말한다. "투쟁의 삶을 살아온 야곱이 드라마와 같이 생을 마감한다. 창세기의 절반 이상을 차지한 야곱의 삶은 가족의 신뢰와 배신, 불임과 다산, 풍요와 기근, 분열과 재결합의 순간들을 목격해왔다.

이 모든 일은 하나님의 약속과 섭리 속에서 발생했다."[221]

이 장은 야곱의 가장 훌륭했던 시간을 마무리한다. 야곱은 임종하는 자리에서—47:28에서 49:32에 이르는 장면—가족에 대한 총괄적이고 역동적인 지도권을 취한다. 심지어 요셉도 그에게 엎드려 절한다. 야곱은 레아가 낳은 아들인 미움 받을 만한 장남이 아니라, 자신이 사랑했던 아내가 낳고 자격을 갖춘 첫째 아들에게 두 배의 축복을 베푼다. 예언자적 통찰을 통해 야곱은 전통주의자인 요셉의 요구마저 묵살하며 자신의 양손을 엇갈려 안수한다. 그는 흔들림 없이 약속의 땅에 거할 이스라엘의 신적 운명을 내다본다. 야곱은 심지어 라헬을 향한 사랑마저 단념하면서 마지막 유언을 통해 그가 조상과 함께 믿음 안에서 안식할 수 있도록 자신이 사랑하지 않았던 아내와 함께 자신을 매장하라고 아들들에게 지시한다.

이 4막의 서두에서 야곱은 부요와 안락과 안전을 위해서가 아니라 아들에 대한 사랑 때문에 두려움 속에서 이집트로 간다. 야곱은 파라오 앞에서 큰 존경과 세심함을 보여주지만 결코 그 이집트인에게 무릎을 꿇지 않는다. 그 대신 야곱은 더 큰 자의 자격으로 더 작은 자인 파라오를 축복한다. 이삭은 노년에 자신의 젊은 시절을 부끄럽게 만들었지만 야곱의 노년은 그의 젊은 날을 변상했다. 마치 유다의 영웅적인 자기희생이 그의 비극적 시작을 변상한 것처럼 말이다.

야곱이 죽을 때 모든 사람이 그에게 영예를 돌린다. 요셉과 그의 형제들은 아버지의 죽음을 애도하고 충실하게 그의 지시를 이행하여 그를 조상의 장지에 묻는다. 이집트인들은 마치 왕을 애도하는 것처럼 두 달 반동안 야곱을 애도한다. 능숙한 고관들이 야곱의 시신을 사십 일 동안 향료로 방부 처리하고 파라오의 궁전과 제국 전체에서 문상하러 온 최고위

---

[221] Roop, *Genesis*, 290.

층 귀족들이 성대하고 엄숙한 장례 행렬 속에 야곱의 시신을 이집트로부터 가나안의 고향 땅으로 옮긴다. 이런 상세한 내용과 더불어 내레이터는 야곱의 진정한 회복과 격상을 확증한다.

비교와 대조

이 장은 사백년 후 모세의 지도 아래 이루어진 이스라엘의 출애굽에 비추어 기록된다. 이는 한편으로 출애굽의 전조가 된다. 다른 한편으로 많은 마차와 마부들을 동반하여 파라오의 귀족들의 호위를 받으면서 약속의 땅인 야곱의 고향을 향해 가는 장례 행렬은 모세의 출애굽과 두드러지는 대조를 이룬다(출 14:9; 15:4-5을 보라).

이 성대한 장례 행렬과 이집트인들에게 왕으로 대우받는 야곱의 신분 격상은 세상으로부터 이스라엘의 탈출에 대한 전조가 되며, 열국이 야곱의 한 아들을 왕으로 맞이할 때를 미리 맛보게 한다. 그리하여 내레이터는 하나님께서 땅을 다스리도록 인간을 창조하셨다는 자신의 주제를 결론으로 이끌어낸다. 창조주의 계획은 이스라엘이 약속의 땅에 살게 될 때, 그리고 유다의 한 아들이 열국을 통치할 때 열매를 맺을 것이다.

핵심 단어들

야곱의 죽음에 관한 이 장에서 어근 카바르(קָבַר)가 핵심 단어로 열네 번 반복된다(11회 "묻다", 49:29, 31[3회]; 50:5[2회]; 50:6, 7, 13, 14[2회]; 그리고 3회 "무덤", 49:30; 50:5, 13). 주도권을 쥔 족장의 죽음과 자기 조상의 땅에 대한 그의 갈망을 이야기하는 이 장에서 또 다른 핵심 단어인 "아버지"는 열다섯 번 반복된다(49:29; 50:1, 2, 5[2회], 6, 7, 8, 10, 14[2회], 15, 16, 17, 22). 이 장의 강도와 어울리는 또 다른 핵심 단어는 카베드(כָּבֵד, "무겁다")로 "심히 크다"(50:9), "비통하게/크게 (울고)"(50:10), "엄숙한/큰 (애통)"(50:11)으로 번역된다.

제10부 4막 5장에 대한 주해 ─────────

이집트에서 야곱의 임종: 야곱이 지시한 장례 지침(49:29-33)

29절. 그가 그들에게 명하여 이르되. 두 본문 47:29-31과 49:29-33은 장면들 사이의 전환점 기능을 하고, 입양된 에브라임과 므낫세를 포함한 열두 지파에게 선포되는 축복을 둘러싸는 틀을 형성한다. 첫 번째 본문은 야곱의 죽음을 고지하고 두 번째 본문은 이를 상술한다.

내 조상들에게로 돌아가리니. 49:33을 보라. 야곱의 장례 지침과 그의 죽음은 이 어구로 틀이 짜인다.

장사하라. 위의 문학적 분석에서 "핵심 단어들"을 보라.

우리 선조와 함께. 위의 문학적 분석에서 "핵심 단어들"을 보라.

29-32절. 헷 사람 에브론의 밭에 있는 굴에 …이 굴은 …에브론에게서 사서. 25:9과 해당 주해를 보라. 내레이터는 야곱이 임종하는 자리에서 지파들에 대한 축복을 선언하기 위해 거의 멈춘 것이나 다름없이 서사의 흐름을 늦춘다. 내레이터는 이집트가 아니라 조상과 함께 자신을 묻어달라는 야곱의 지시를 사용하여 이 임종 장면의 틀을 만든다(참조. 47:28-31). 여기서 내레이터는 서사의 흐름을 완전히 멈춘 뒤 야곱으로 하여금 족장 및 여족장들의 이름을 거론하고 묘지의 위치를 정확히 가리키며 조상에게 마지막 안식처의 권리를 부여한 상업적 거래를 세부적으로 설명하게 한다. 야곱이 읊은 역사와 내레이터의 정밀성은 "여기가 그 땅이다!"라고 선언한다.

30절. 가나안 땅. 내레이터는 지속적으로 청중에게 고향 땅이 약속의 땅 바깥이 아닌 가나안에 있음을 각인시킨다.

31절. 아브라함…레아. 야곱은 그의 조상 및 가족 구성원들의 이름을 개별적으로 거명한다.

리브가. 내레이터는 앞서 리브가의 사망 보고를 여백으로 남겨두었다(35:8을 보라).

레아. 야곱은 사라와 리브가를 그들 각자의 남편의 아내로 지칭하나 스턴버그가 말한 대로 "그 자신은 정작 레아를 자신의 아내로 지칭할 마음이 생기지 않는다."[222] (참조. 33:2; 46:19과 해당 주해). 그럼에도 불구하고 "에브랏으로 가는 도중에 묻힌 라헬을 향한 그의 평생의 연정과 상관없이 그는 레아 곁에서 그의 조상과 함께 안식하기를 선택하는데",[223] 이는 그가 조상의 믿음과의 상징적인 일체감 속에서 자신의 몸이 안식하기를 원하기 때문이다.

33절. 끌어당기고(개역개정-"모으고"). 동일한 히브리어 어근(אסף, 아사프)이 49:1에서는 "모이라"로 번역된다.

그 발을 침상에 끌어당기고(개역개정, "모으고"). 문자적으로 그는 "자신의 발을 모았다"(48:2을 보라. 거기서 마지막 두 장의 배경이 시작된다). 그는 아들들에게 이야기하는 동안 줄곧 자신의 침대 곁에 앉아 있었다. 그는 심지어 죽음을 앞두고도 자신을 통제한다.

침상(מטה, 미타). 이는 49:4에 있는 것과 다른 단어다(그 구절의 주해를 보라).

가나안으로의 장례 행렬: 야곱이 막벨라 굴에 묻히다(50:1-14)

1절. 요셉. 내레이터는 요셉의 형제들이 아니라 요셉을 두드러지게 하는데, 이는 이 사건이 야곱의 장례와 관련하여 요셉과 이집트인들을 특징으로 내세우기 때문이다. 반면에 그다음 사건은(50:12-15) 아들들을 특징으로 삼는다. 더구나 요셉은 아버지인 야곱이 죽음을 맞는 시점에 아버지와 가장 가까운 관계를 유지한다(46:4을 보라).

울며. 이 지혜로운 통치자는 깊은 연민을 지닌 사람이기도 하다. 이번

---

222 Sternberg, *Poetics*, 353.
223 앞의 책.

에 요셉은 기쁨의 눈물이 아닌 슬픔의 눈물을 흘린다.

입 맞추고. 이는 깊은 애정을 담은 이별의 표시다(31:28, 55; 룻 1:9, 14을 보라).

2절. 몸을 향으로 처리하게 하매.[224] 50:26도 보라. 이집트인들은 영예로운 망자의 사후 여행을 위해 시신을 향으로 방부 처리한다. 이스라엘 족속은 시신을 향으로 처리하지 않았는데, 이는 그들이 그런 신념을 품지 않았기 때문이다. 오히려 그들은 시신이 적당히 처리되어야 한다고 생각했다. 왜냐하면 죽은 자들이 그들이 부활할 때까지 무덤에서 평화롭게 쉰다는 것은 특별히 살아 있는 자들에게 중요했기 때문이다(아래 신학적 고찰을 보라). 요셉은 아버지를 향료로 처리하여 그에게 존엄성을 부여하고 그의 시신이 이스라엘의 소망인 약속의 땅으로 긴 여행을 할 수 있도록 준비시킨다.

3절. 사십 일 … 칠십 일. 반드시 그렇지는 않지만 아마도 이 기간은 중복되었을 것이다. 사르나는 이렇게 설명한다. "대체로 유대 주석가들은 방부 처리에 사십 일이 필요했고 그 후에 또 다른 삼십 일의 애도 기간이 뒤따른다고 이해했다. 이 애도 기간은 아론과(민 20:29) 모세를(신 34:8) 위해 준수된 공적인 애도 기간과 일치했을 것이다. 오늘날까지 이어진 유대 법은 가까운 친족들을 위해 … 매장 후 삼십 일의 애도 기간을 요구하며 이 기간에 여러 가지 제약이 준수된다."[225]

이집트 사람들은 … 곡하였더라. 당연히 이집트 온 나라가 그들의 히브리인 구원자의 아버지를 애도한다(47:25을 보라).

칠십 일 동안. 이는 이집트 왕을 위한 애도 기간이었다. 디오도루스(Diodorus)는 기름과 향료를 사용하는 삼십 일간의 시신 준비와 칠십이

---

224 시신의 향료 방부 처리에 관한 참고문헌을 위해서는 Hamilton, *Genesis 18-50*, 692 n. 13을 보라.

225 Sarna, *Genesis*, 347.

일간 지속된 왕을 위한 공적인 애도 기간을 묘사한다.[226]

4절. 파라오의 궁에. 아마 요셉은 장례식으로 인해 부정한 상태였기 때문에 직접 파라오에게 이야기할 수 없었을 것이다(참조. 41:14; 에 4:2).

5절. 맹세하게 하여 이르되. 47:31을 보라. 요셉은 전략적으로 아버지의 맹세 의식과 이집트에 매장을 금지한 지시를 누락한다.

내가 파놓은. 요셉은 파라오가 이해할 수 있는 말로 야곱의 지시를 상황에 맞게 설명한다.

6절. 파라오가 이르되. 파라오마저도 야곱이 죽자 그를 공경한다.

올라가서. 이는 훗날의 출애굽을 위한 예행연습이다(50:24을 보라).

네게 시킨 맹세대로. 그는 충성스러운 요셉에게 "그리고 내게 돌아오라"고 반복할 필요가 없다.

7절. 모든 신하와…. 내레이터는 엄청난 규모의 장례 행렬을 강조한다. 이집트인 장례식 참여자들은 요셉과 이집트의 지도층 관리들, 파라오의 왕궁과 제국에서 조문하러 온 모든 원로 고관들(50:7) 및 병거를 모는 기병대를 포함한다. 그들과 동반한 사람들은 자녀들과 짐승을 제외한 요셉의 모든 가족 및 야곱의 모든 가족이다(50:8). 장례 행렬은 두 단계로 진행된다. 즉 큰 규모의 장례 행렬이 아닷으로 행차하여 거기서 멈춘 뒤 칠일간 애곡한다.

원로들. 이 히브리어는 문자적으로 "원로 관리들"이다.

8절. 요셉의 온 집 …그의 아버지의 집. 요셉은 계속해서 이중 신분을 유지한다. 즉 그는 이집트의 통치자이자 그 가족의 형제다(43:32과 해당 주해를 보라).

그의 형제들. 이는 50:12-15에 상술되어 있다.

그들의 어린아이들과 양 떼와. 자녀들과 가축은 남겨졌는데, 이는 현

---

226 *Histories* 1.72와 1.91.

실적인 필요에 의한 것일 뿐만 아니라 요셉이 파라오에게 돌아올 의도가 있다는 확신을 주기 위해서였다.

어린아이들. 여기에는 그들의 어머니들이 포함된다.[227]

9절. 병거와 기병. 출애굽기 14:9, 17-18, 23, 26, 28과 비교해보라.

심히 컸더라(כָּבֵד, 카베드). 이는 이 일화의 핵심 단어로서 "비통하게"(개역개정-"크게 울고", 50:10)와 "엄숙한"(개역개정-"큰 [애통]", 50:11)으로 번역된다.

그 떼(מַחֲנֶה, 마하네). 동일한 단어가 출애굽기 14:20에서 "군대"로 번역된다.

10절. 아닷. 기원후 6세기의 마데바 모자이크 지도는 여리고와 사해 사이에 있는 베트 아글라(Beth Agla[Beth Hogla — 현대의 Deir Hajlah]) 근처의 알론 아탓(Alon Atad, 아닷의 테레빈 나무)을 그 위치로 지정한다. 야곱은 자신의 죽음을 통해 약속의 땅으로 가는 길을 그의 후손에게 보여주고 있는 걸까?

요단강 가까이(개역개정-"요단강 건너편"). 문자적으로 "요단의 건너편"이다. 이 표현은 "요단 강변"을 뜻하며 문맥이 강의 어느 쪽을 의미하는지를 결정해야 한다.[228]

크게 울고 애통하며. 50:9에 있는 "심히 컸더라"를 보라. 이 애도는 단순히 의전이 아니라 진심 어린 것이다(참조. 37:35).

요셉이 …애곡하였더니. 50:1을 보라.

칠 일 동안 애곡하였더니. 이는 이집트에서 있었던 궁중 애도식에 추가된 의식이다. 날짜의 완전한 주기인 칠 일은 이스라엘과 고대 근동에서 큰 슬픔을 표현하는 통상적인 기간이다(참조. 삼상 31:13; 욥 2:13; 겔 3:15).

---

227 D. Daube, *The Exodus Pattern in the Bible* (London: Faber & Faber, 1963), 47-48.

228 A. M. Harman, "עֵבֶר," *NIDOTTE*, 3:315; G. H. Oller, "Atad," *ABD*, 1:508과는 반대다.

이는 이미 길가메시 서사시에서 입증된다. 이 기간은 출생한 지 칠 일 후의 할례(창 17:12), 칠 일의 결혼 의식(29:27), 또는 칠 일간의 제사장 위임식(레 8:33)처럼 통과 의례를 표현할 수도 있다.[229]

11절. 가나안 백성들. 이는 아닷의 위치가 트랜스요르단이 아니라 가나안에 있음을 알려준다.

엄숙한 의식(개역개정-"큰 애통"). 문자적으로 "심히 큰"(50:9에 있는 "심히 컸더라"를 보라) 의식이다. 이는 단순히 의식만이 아니라 애절한 슬픔의 시간이다.

아벨미스라임이라 하였으니. 이 원인론은 이야기를 내레이터의 시대로 이끌어가 역사 속에 정박시킨다.

아벨미스라임. 이 이름은 언어유희를 수반한다. 히브리어 에벨(אֵבֶל)은 "애도"를 의미하고 아벨(אָבֵל)은 시냇물을 의미하는데, 여기서는 가나안 지명의 첫 부분으로 사용된다(예. 삼하 20:14, 15; 삿 11:33; 대하 16:4).[230] 그리하여 이 이름은 "이집트의 시내"를 의미하면서 "이집트의 애도"와 언어유희를 만든다.

12절. 야곱의 아들들이 아버지가 그들에게 명령한 대로…행하여. 서사는 49:29-32로 되돌아간다.

13절. 그를 메어다가. 야곱의 아들들은 요셉과 이집트 사람들을 동반한다(50:7-11).

14절. 요셉이 …형제와 호상꾼과 함께. 이는 이집트의 애도를 이야기하기 위해 요셉-원로급 고관-형제들의 순서와 비교되는 바와 같이(50:7-8) 가족의 장례식을 이야기하기 위한 적절한 순서다.

이집트로 돌아왔더라. 아모리 족속의 죄악이 아직 차지 않았다

---

229 J. Milgrom, *Leviticus 1-16* (AB; New York: Doubleday, 1991), 538.

230 *HALOT*, 7.

(15:13-16을 보라).

이집트에 정착하다: 요셉이 근심하는 형제들을 안심시키다(50:15-21)

먼저 형제들은 아버지의 지시를 구실로 삼아 하나님의 대행자인 요셉에게 말을 전하면서 자신들을 용서해달라고 간청하기 시작한다. 그들은 요셉의 부드러운 감정적 반응을 간파했을 때 요셉에게 직접 와서 자신들을 그의 종으로 내놓겠다고 말한다(50:15-18). 이어서 요셉은 하나님을 대신하기를 거부하면서 하나님께서 그들의 악을 사용하여 선을 이루셨기 때문에 자신은 그들에게 원한이 없음을 거듭 확신시킨다(50:19-21).

15절. 그들의 아버지가 죽었음을 보고. 요셉의 권력은 그가 앞에서 고개를 숙였던 아버지 덕분에 억제되었는데, 이제 형제들은 그 보호막이 없어졌으므로 권세 있는 동생 앞에서 속수무책인 처지다. 이 상황을 깨달은 형제들은 믿음이 아니라 요셉에 대한 두려움으로 행동한다. 앞서 요셉이 안전을 보장해주었음에도 불구하고(45:1-15) 그들은 아직 그들의 죄책감에서 벗어나지 못한다.

우리를 미워하여. 그들의 두려움은 요셉의 행동이 아니라 자신들의 불편한 양심에 기인한다. 요셉은 형제들에게 자신이 앙심을 품고 있다고 생각할 만한 여지를 전혀 주지 않았다.

16절. 말을 전하여. 그들의 이런 행동은 자신들이 요셉에게 가야 할 때를 대비하여 미리 길을 터놓기 위함이다(참조. 32:3-21; 33:1-11).

당신의 아버지가. 그들은 경험을 통해 요셉이 가족 문제에 있어 그의 아버지의 권위에 순응한다는 것을 알고 있다. 그들은 그가 아버지의 장례 지침을 따랐던 것처럼 형들을 용서하라는 야곱의 지시를 존중할 것이라는 희망을 품는다.

명령하여 이르시기를. 이는 아마도 꾸며낸 말일 것이다. 내레이터는 그들의 요구를 역사적 사실이 아닌 그들의 두려움과 연결한다(50:19).

17절. 허물과 죄. 우리는 이 한 쌍의 단어를 "악행"²³¹과 "죄"로 번역할 수 있다. 이 단어들은 죄를 가리키는 가장 강한 표현이다. 죄는 궁극적으로 하나님을 대적하는 것이다. 따라서 50:19에 나오는 요셉의 답변은 이를 반영한다.

네 형들이 네게 악을 행하였을지라도. 이 히브리어 문장은 문자적으로 이렇게 읽는다. 즉 "[내가 악행과 죄를 말한다.] 왜냐하면 그들이 너를 그렇게 몹시 구박했기 때문이다." 그들은 이미 42:21-22에서 부지불식간에 그에게 저지른 죄를 인정했다.

이제. 문자적으로 "그래서 지금"을 뜻한다. 이는 야곱의 지시로부터 그들의 요청으로 바뀌는 전환점을 제공한다.

용서하라. 이 말이 두 차례 반복된다. 그들은 요셉을 하나님의 특혜를 입은 자로 또한 하나님을 대신하는 자로 여긴다.

요셉이 …울었더라. 요셉은 이 장면에서 두 번째로 운다. 즉 처음에는 그의 아버지 때문에(50:1), 지금은 그의 형제들 때문에 운다. 그가 우는 이유는 아마도 그가 그들을 처음 용서한 뒤(45:7-8) 십칠 년 동안이나 그들에게 친절을 베풀어 용서를 더욱 확고하게 했음에도 불구하고 그들이 그의 선의를 아직도 제대로 이해하지 못한 채 그가 마침내 복수할 것으로 생각하고 있기 때문이다(제10부 4막에 대한 문학적 분석에서 "인물 묘사"를 보라).

18절. 그의 형들이 또 친히 와서. 그들은 길을 터놓기 위해 50:16-17에서 전령들을 보낸 후에야 비로소 이렇게 행동한다.

요셉의 앞에 엎드려. 이 행동은 창세기 37장에서 시작되는 이 이야기의 연극 무대 전체를 둘러치는 활 구조를 만든다.

우리는. 본문은 문자적으로 "그래서 우리는"이라고 말한다. 히브리어

---

231 이는 본질적으로 하나님의 통치에 반발하는 "폭동과 반역"을 의미하는 강한 단어다.

힌네(הִנֵּה)는 그들이 전령들을 통해 말했던 것과 지금 그들이 말하는 것 사이의 논리적 연관성을 보여준다.

노예들(slaves; 개역개정-"종들"). 동일한 단어가 50:17에서는 "(하나님의) 종들"(servants)로 번역된다. 그들은 요셉을 하나님의 대리자로 간주한다. 요셉의 종이 되는 것은 "하나님의 종"이 되는 것과 같다. 요셉을 노예로 팔았던 자들이 이제 다시 그의 노예가 되겠다고 자처한다. 다시 요셉은 이 제안을 거부한다(창 44장을 보라).

19절. 두려워하지 마소서. 요셉은 그들을 용서해줄 필요가 없지만 그들을 안심시키기를 원한다.

내가 하나님을 대신하리이까? 이는 형들이 요셉을 대하는 방식을 나타낸다(참조. 50:17-18). 이 수사학적 질문은 부정적인 답변을 예상한다(참조. 30:2). 요셉은 단지 하나님의 도구일 뿐이지 그분의 대리자가 아니다.[232] 더욱이 오직 하나님만이 그들의 악을 사용하여 선을 행하실 수 있다. 요셉은 형제들의 관심이 그로부터 그들의 역사를 다스리시는 주권자 하나님께로 향하도록 만든다. 그는 자신이 지닌 권세의 한계를 인식하고 있다.[233]

20절. 해하려(רָעָה, 라아) **하였으나.** 동일한 단어가 50:17에서는 "악을 행하였을지라도"로 번역되어 있다. 요셉은 그들의 고백에 동의한다.

하나님은 그것을 선으로 바꾸사. 하나님은 (요셉을) 죽이려는 형제들의 악한 의도와 행동을 생명을 구원하는 의도와 행동으로 변화시키셨다. 따라서 요셉이 원한을 품을 필요가 없다. 하지만 만일 그들이 회개하지 않았다면 그들은 여전히 하나님의 진노 아래 놓여 있었을 것이다. 가룟 유다 역시 하나님의 목적에 일조했지만(고전 2:8), 그는 아예 태어나지 않

---

232 참조. E. I. Lowenthal, *Joseph Narrative in Genesis* (New York: Ktav, 1973), 156.

233 Brueggemann, *Genesis*, 372.

았으면 그에게 더 좋았을 것이다(마 26:24).

21절. 그러므로 이제 …두려워하지 마소서(개역개정에는 "그러므로 이제"가 없다). 50:17을 보라. 그들의 악을 선을 위한 것으로 여기시는 하나님의 섭리의 논리는 형제들이 두려워할 필요가 없다는 논리적 결론으로 이어진다. 왜냐하면 요셉이 그들을 돌볼 것이기 때문이다. 요셉은 형제들을 지키는 자다.

그들을 간곡한 말로 위로하였더라. 문자적으로 그는 "그들의 마음을 향해 말했다." 이 표현은 어려운 상황 속에서 사용된다.

제10부 4막 5장에 대한 신학적 고찰 ─────────

땅과 언약

야곱은 약속의 땅에서 이스라엘이 겪게 될 미래의 삶에 대한 예고를 통해 아들들을 축복한 후에 마지막 유언에서 그의 조상을 회고하고 그 땅에 그들과 함께 묻히고 싶다는 자신의 열망을 표현한다(참조. 46:4; 47:29-31; 48:21-22; 서론에 있는 "두 번째 모티프: 땅"을 보라). 약속의 땅에 대한 야곱의 열심은 언약을 지키시는 하나님에 대한 믿음, 곧 그의 조상과 함께하는 공통의 믿음을 상징한다. 야곱을 그 땅에 묻기 위한 가족의 엄숙한 장례 행렬 역시 그들의 믿음을 확증한다.

섭리

하나님의 자비로운 축복은 그분의 주권을 통해 발생한다. 제10부의 주요 주제인 하나님의 섭리는 50:20에서 전형적으로 표현된다. 폰 라트는 이렇게 말한다. "형들의 악한 계획과 하나님의 선한 계획에 대한 진술이 이제 요셉 이야기의 가장 심오한 비밀을 드러낸다. 모든 점에서 이 진술은 45:5-7의 비슷한 구절과 함께 이 이야기 전체의 절정이다. 심지어 아무도 상상할 수 없었던 곳에서조차 하나님은 당신의 손에 모든 줄을 쥐고 계신다."[234] 브루그만은 이렇게 덧붙여 말한다. "그들은 그들의 계획 속에 그들 중 아무도 알지 못했던 또 다른 계획, 곧 감추어졌으나 분명하게 작동 중인 계획이 있었다는 사실을 알 수 없었다."[235]

순응과 상황화

요셉은 향료를 사용하는 방부 처리를 포함하여 이집트 전통의 애도 의식에 기꺼이 순응하면서 야곱의 장례에 대한 요구를 파라오가 이해할 수 있는 말로 상황에 맞게 설명한다. 요셉은 이스라엘의 독특한 신학을 타협하지 않으면서도 그렇게 일을 진행해나간다. 방부 처리된 야곱의 시신 운구는 이집트인들의 내세에 대한 생각, 곧 사후에 이방 신들과 함께한다는 이집트의 방식을 따르지 않고 야곱을 고향, 곧 약속의 땅에 있는 조상의 무덤으로 데려간다.

매장, 불멸, 그리고 부활

이스라엘 족속은 분명히 적절한 매장 관행을 준수했다(삼하 1:11-17; 3:31; 사 14:19; 렘 8:1-3; 16:1-9; 겔 24:15-17).[236] 성스럽기까지 했던 매장 예식은 하나님과의 거룩한 삶을 의미했다. 성경신학에서 생명이란 본질적으로 하나님과의 관계다. 창세기 2:17에 따르면 생명의 근원이신 그분과의 적절한 관계의 붕괴는 곧 죽음이다. 하나님과 함께하는 이 생명은 임상적 죽음 이전과 이후에도 모두 복을 누리는 영원한 상태다. 반대로 영적인 죽음은 무질서 및 생명의 불임과 관련된다.

구약성경은 임상적 죽음 전에 하나님과 함께하는 이 축복받은 삶을 간

---

234 von Rad, *Genesis*.

235 Brueggemann, *Genesis*, 432.

236 Martin-Achard, "Resurrection (OT)," *ABD*, 5:683을 보라.

직하고 누리는 데 초점을 맞춘다. 임상적 죽음 후에 이런 삶의 기쁨과 복을 누릴 기회들은 무덤에서는 더 이상 쓸모가 없다(제10부 1막 1장에 대한 신학적 고찰에서 "무덤"을 보라). 임상적 죽음은 길게 드리워진 그림자다. 하지만 임상적 죽음 너머로 하나님과 함께하는 지속적인 현존이 암시될 뿐만 아니라 단언된다.

만일 하나님께서 영원토록 신자들의 하나님이 되지 않으신다면, 타락 이후 최초의 사건인 가인과 아벨의 이야기는 공의에 관한 성경의 가르침을 헛되이 만든다. 영원한 생명이 없다면 의로운 아벨은 폭력으로부터 구원받지 못한 채 순교의 고통을 겪을 뿐이다. 파머(K. Farmer)가 다음과 같이 말한 것은 옳다. 즉 "사람은 공의에 대한 개념을 단념하든지, 아니면 인간의 경험적 증거 너머의 어떤 영역으로 공의의 집행을 내맡겨야 한다."[237]

에녹과(창 5:24) 엘리야의(왕하 2:1-15) 예외적인 승천은 거기서 하나님의 임재를 경험하도록 하늘의 영역으로 이동할 가능성을 지시한다. 엘리야와 엘리사가 행한 일, 곧 죽은 자를 일으키는 구원의 중재 역할은(왕상 17:17-24; 왕하 4:31-37; 13:20-21) 무덤이 아니라 하나님이 최후의 결정권자이심을 보여준다(신 32:39; 삼상 2:6). 만일 죽음이 하나님의 백성을 위한 최후의 결정이라면, 죽음이 바로 신(god)일 것이다.

다른 본문들은 명시적으로 하나님과 그분의 경건한 백성 간의 영원한 관계를 가르친다. 즉 그들은 하나님의 오른편에서 누릴 기쁨과 영원한 즐거움을 알 것이다(시 16:11). 무덤은 그들에게서 하나님의 임재 안에 있는 생명을 빼앗아갈 수 없다(시 17:15; 73:24). 그들은 그분의 집에 영원히 거할 것이다(시 23:6). 잠언은 의로움이 죽음에서 구원하고(잠 10:2) 의의 길

---

237 K. A. Farmer, *Who Knows What is Good: A Commentary on Proverbs and Ecclesiastes* (Grand Rapids: Eerdmans, 1991), 206.

에 영원불멸의 복이 놓여 있으며(잠 12:28) 따라서 심지어 죽음에서조차 의인은 야웨 안에서 피난처를 찾는다고(잠 14:32) 선언한다.[238]

비록 역사의 끝에서 불멸과 부활의 교리가 오직 그리스도의 부활을 통해 충만한 빛으로 드러나지만(참조. 딤후 1:10), 몇몇 구약 본문은 이미 죽은 자의 부활이 의인들의 몸을 무덤에서 해방시킬 것임을 예견한다(욥 19:25-27; 사 26:19; 단 12:1-3). 인간은 아무도 지혜로운 자들과 어리석은 자들이 모두 내려가는 공통 운명의 처소인 스올로부터 다른 사람을 구해낼 수 없다(시 49:7, 10). 그러나 시편 저자는 "하나님은 나를 영접하시리니, 이러므로 내 영혼을 스올의 권세에서 건져내시리로다"(시 49:15)라고 노래한다.

신약에서 예수 그리스도로 확인되는(참조. 행 8:30-35) 무명의 종은 자신의 영혼을 속건제로 쏟아내지만 다시 살아나서 승천하고, 이어서 영화롭게 된다(사 53:12). 그의 대속의 죽음 후에 그는 그의 날을 연장시키고 그의 씨를 본다(사 53:10).

로버트 마틴 아차드(Robert Martin-Achard)는 구약에 암시된 소망을 이렇게 요약한다. 즉 "죽은 자들은 그들의 무덤에서 누워서 자고 있다. 부활의 순간에 그들은 다시 일어날 것이다(קום, 쿰; 왕하 13:21; 사 26:14, 19; 욥 14:12).…죽은 자들은 지금 잠자고 있다. 그들은 깨어날 것이며(왕하 4:31; 사 26:19; 욥 14:12; 단 12:2) 마침내 생명이 소생될 것이다(왕상 17:22; 왕하 13:21; 사 26:14, 19; 겔 37:3, 5-6, 9-10, 14; 욥 14:14)."[239]

---

238 B. K. Waltke, "Theology of Proverbs," *NIDOTTE*, 4:1089-93을 보라.
239 Martin-Achard, "Resurrection (OT)," *ABD*, 5:683.

제10부 4막 6장

이집트에서의 요셉의 죽음과
훗날 가나안에서의 매장(50:22-26)

제10부 4막 6장에 대한 문학적 분석 ─────────

구조와 반복

요셉의 사망 고지는 창세기를 결론으로 이끈다. 이 간략한 장의 중심인 요셉의 마지막 발언은 창세기의 지배적인 주제들을 상기시킨다. 즉 하나님의 섭리와 공급하심에 대한 믿음, 그리고 약속의 땅에 대한 열심이다. 요셉은 자기 아버지의 요구를 반복한다. 즉 그는 자녀들로 하여금 궁극적으로 약속의 땅에 그를 묻겠다고 맹세하게 한다. 요셉의 믿음의 발언은 죽을 때 그의 나이에 대한 보고로 틀이 짜인다. 첫 번째 보고는 삼대의 자손을 보는 요셉의 연령이 백십 세임을 부각한다. 두 번째 보고는 그의 죽음을 두드러지게 한다. 요셉의 이상적인 연령은 요셉의 생애 위에 베푸신 하나님의 완성된 축복을 의미한다.

상징 기법

요셉의 사망 연령에 대한 보고는 창세기를 적절한 결론에 이르게 한다. 족장들의 연령은 내림차순의 표준 제곱수를 곱한 올림차순의 표준

정수로 다음과 같이 구성된다.[240]

아브라함: $175 = 7 \times 5^2$

이삭: $180 = 5 \times 6^2$

야곱: $147 = 3 \times 7^2$

요셉: $110 = 1 \times 5^2 + 6^2 + 7^2$

해밀턴은 이렇게 설명한다. "요셉은 7-5-3-1의 숫자 패턴 속에서 계승자이며 자신의 선조들의 총합이다($5^2 + 6^2 + 7^2$). 이런 방식으로 요셉은 그의 조상의 계보와 친숙하게 연결된다.… 내레이터는 요셉이 상징적으로 족장 서사들을 결론으로 이끈다는 사실을 제시하고 있는 것으로 보인다."[241]

공백

내레이터는 이스라엘의 다른 아들들의 사망 고지는 자신의 목적과 무관한 것으로서 공백으로 처리한다.

야누스

출애굽을 예견하는 이 장은 창세기에서 출애굽기로의 자연스러운 전환점을 제공한다. 이 장은 이스라엘 역사의 형성기를 마무리 짓는다.

---

240 참고문헌을 위해서는 Hamilton, *Genesis 18-50*, 709 nn. 10-12을 보라.
241 앞의 책, 709-10.

제10부 4막 6장에 대한 주해

요셉의 여생: 그의 생애의 마무리에 대한 고지(50:22-23)

22절. 이집트에 거주하여. 비록 요셉의 가족은 기근 가운데 원조를 바라고 내려왔지만, 그들은 요셉의 생애 내내 그리고 그것을 넘어 추가로 사백 년 동안 이집트에 머문다.

백십 세. 이 나이는 고대 이집트에서 이상적인 수명이다. 따라서 이는 하나님의 축복의 징표로 간주되었다.[242] 이는 여호수아의 수명이기도 하다(수 24:29; 삿 2:8).

23절. 자손 삼대. 증손자는 성경에서 하나님의 축복의 징표이자(시 128:6; 잠 17:6; 사 53:10을 보라) 고대 근동에서 가치 있는 상급이었다.[243] 사르나는 이렇게 주석한다. "시리아에서 출토된 기원전 7세기의 아람어 장례 비문은 '네 세대의 자녀'를 보는 삶은 의로움에 대한 보상이라는 개념을 담고 있다."[244]

마길. 이는 므낫세 지파의 중요한 혈족인데 심지어 므낫세 전체 지파와 동일시되기도 한다. "팔린 자"를 의미하는 이 이름은 아마도 요셉의 생애를 두고 만든 언어유희일 것이다.

요셉의 슬하에서. 30:3과 48:12을 보라. 야곱이 요셉의 두 아들인 에브라임과 므낫세를 입양한 것처럼 요셉은 지금 므낫세의 아들인 마길을 입양한다.

---

242 참조. J. Vergote, *Joseph en Égypte* (Louvain: Publications Universitaires, 1959), 200-1; *ANET*, 414.

243 참고문헌과 사례들에 대해서는 Hamilton, Genesis *18-50*, 710 nn. 15-16을 보라.

244 Sarna, *Genesis*, 350.

요셉의 믿음의 유언(50:24-25)

24절. 그의 형제들에게. 이 단어는 "친족들"을 의미한다. 만일 이 단어가 엄밀한 의미에서 "형제들"을 뜻한다면, 요셉의 형들의 일부 또는 전부가 요셉보다 오래 산 셈이다.

나는 죽을 것이나. 이 어구는 족장들과의 연결 고리다(참조. 48:21).

돌보시고. 제10부는 하나님의 찾아오심을 기대하는 소망과 더불어 마무리된다. 여기서 "방문하다/찾아오다"라는 의미를 갖는 이 히브리어는 하나님께서 미래의 운명을 바꾸실 것을 함축한다(21:1). 이는 출애굽과 관련하여 "돌보았다"(출 3:16)와 "살폈다/염려했다"(출 4:31)로 번역된다.

당신들을 이 땅에서 인도하여 내사. 이는 출애굽을 가리키는 전문적인 어구다(창 15:13-14을 보라). 요셉은 예언자처럼 발언하는데, 아마도 이 내용은 아브라함에게 주어진 하나님의 약속을 통해 전해졌을 것이다.

맹세하신 땅에. 족장들에 대한 주제가 요셉의 임종 시에 그의 입에 오른다. 그 땅은 선택된 가족에게 하사하신 하나님의 선물이다.

아브라함과 이삭과 야곱에게. 처음으로 이 세 명의 족장이 함께 언급된다. 그들의 시대는 지났으나 그 시대가 품었던 희망은 사라지지 않았다. 사르나의 설명에 따르면 토라 전체에 걸쳐 이 세 족장의 묶음은 "언제나 이스라엘 백성을 위해 영토를 주신다는 신적 약속의 문맥 속에서" 사용된다.[245]

25절. 맹세시켜 이르기를. 이 맹세는 요셉을 가나안 땅에 묻으라는 것이다(47:28-31을 보라).

내 해골을 메고. 모세가 이 맹세를 이행한다(출 13:19을 보라). 요셉은 야곱이 그에게 선사했던 가나안의 세겜 땅에 묻힌다(48:21-22; 수 24:32을 보라).

---

245 앞의 책, 351.

요셉의 여생: 그의 사망 고지(50:26)

26절. 그의 몸에 향 재료를 넣고 … 이집트에서 입관하였더라. 그는 겉으로는 이집트인이지만 속으로는 이스라엘 사람이다(50:2을 보라).

제10부 4막 6장에 대한 신학적 고찰 ————

언약의 축복

창세기의 언약의 주제들—축복, 씨, 땅—이 계속해서 제10부의 마지막 6장까지 이어진다. 창세기의 이 마무리 장면은 여러 세대에 걸쳐 자신이 택하신 백성 위에 베푸시는 하나님의 축복에 대한 내용이다. 삼대에 이르는 요셉의 가계는 씨를 주시는 하나님의 신실하심을 두드러지게 한다. 루프는 이렇게 요약한다. "한 세대가 다음 세대로 이어지게 하는 하나님의 축복이 질서정연한 창조의 묘사로부터(창 1장) 이 마지막 족보 기록에 이르기까지(50:23) 이 서사를 떠받쳐왔다. 하나님의 축복은 신적 분노의 맹렬한 홍수와 설명되지 않는 사라와 아브라함의 불임을 뛰어넘어 존속했다. 인간의 이야기가 한 장의 화폭 너머로 지속되는 것을 가능하게 만드는 이 소리 없는 축복은 나아가 이 가족을 미래로 이끌 것이다."[246]

또한 이 축복은 자신에게 가해진 악한 일에도 불구하고 여전히 하나님과 이스라엘에게 충실했던 언약 파트너의 머리 위에 부어진다. 요셉은 하나님께서 이스라엘을 족장들에게 약속하신 가나안 땅으로 다시 데려갈 것이라고 예언함으로써, 또한 그의 가족에게 자신을 그 땅에 묻어달라고 지시함으로써 자신의 신실함을 보여준다. "믿음으로 요셉은 임종 시에 이스라엘 자손들이 떠날 것을 말하고 또 자기 뼈를 위하여 명하였으

---

246 Roop, *Genesis*, 292.

며"(히 11:22). 야곱과 요셉은 둘 다 이집트에서 사망하지만 약속의 땅에 묻힌다. 이와 같은 유사성은 요셉의 세대를 족장들과 연합시킨다. 언약을 지키시는 하나님은 조상의 믿음을 지키는 사람들에게 축복을 부어주신다.

이런 언약의 진실성은 "관"—신명기 10:5에서는 동일한 단어가 "법궤"를 가리킨다—을 의미하는 단어에서도 관찰될 수 있다. 긴즈버그(Ginzberg)는 이렇게 말한다. "후대의 유대 전통은 아론(אֲרוֹן; 관)에 놓인 요셉과, 역시 아론(אֲרוֹן; 법궤)에 놓인 십계명 두 돌판(신 10:5) 사이의 병행을 놓치지 않았다. 즉 광야에서 내내 이스라엘은 두 성물함을 운반했다. 즉 하나는 죽은 요셉의 뼈를 담은 관이고, 다른 하나는 살아 계신 하나님의 언약의 말씀을 담고 있는 법궤다. 그 상자들을 본 여행자들은 궁금해하며 이렇게 물었을 것이다. '죽은 자의 상자가 어떻게 영생하시는 분의 상자 옆에 와 있단 말인가?' 답변은 이랬을 것이다. '이 상자에 안치된 죽은 사람이 다른 상자에 안치된 계명들을 성취했다.'"[247] 진실로 오직 예수 그리스도만이 완전하게 그 일을 성취하셨으며 모든 택함 받은 자들을 위해 그렇게 하셨다.

조상의 믿음

비록 요셉의 유골이 족장들의 땅으로 운반되었다고 할지라도 히브리서 저자는 하나님의 백성이 아직 약속의 완전한 성취를 실현하지 못했다는 것을 이렇게 설명한다. "이 사람들은 다 믿음으로 말미암아 증거를 받았으나 약속된 것을 받지 못하였으니, 이는 하나님이 우리를 위하여 더 좋은 것을 예비하셨은즉 우리가 아니면 그들로 온전함을 이루지 못하게 하려 하심이라"(히 11:39-40).

---

247 L. Ginzberg, *Legends of the Jews*, 7 vols. (Philadelphia: Jewish Publication Society, 1969), 2:183.

하나님의 개입

이스라엘 역사가 진행되는 내내 하나님은 자기 백성을 구원하기 위해 개입하신다. 각 세대에게 하나님은 자신의 주권과 구원의 희망을 계시하신다. 하나님은 아브라함에게 이집트에서 겪을 이스라엘의 고난을, 요셉에게는 구원의 약속을 계시하신다. 더욱 온전한 하나님의 도우심은 예수 그리스도의 탄생과 더불어 도래했으며(눅 1:68을 보라), 신약은 하늘로부터 오실 그리스도의 도래에 대한 기대와 함께 막을 내린다. 모든 신자들이 사망과 이 세상으로부터 최종적인 탈출을 경험하고 그들의 주님을 만날 그때를 대망하면서 말이다(계 22:20을 보라).

참고문헌

Ackerman, J. S. "Joseph, Judah, and Jacob." Pages 85–113 in *Literary Interpretations of Biblical Narratives*. Vol. 2. Edited by K. R. R. Gros Louis. Nashville: Abingdon, 1982.

Aharoni, Y. "Trial Excavation in the 'Solar Shrine' at Lachish." *IEJ* 18 (1968): 157–69.

Albright, W. F. *Archaeology and the Religion of Israel*. 4th ed. Baltimore: Johns Hopkins Univ. Press, 1956.

_____. *Yahweh and the Gods of Canaan*. Garden City, N.Y.: Doubleday, 1968.

Aldred, C. *The Egyptians*. New York: Frederick A. Praeger, 1961.

Alexander, T. D. *From Paradise to the Promised Land: An Introduction to the Themes of the Pentateuch*. Grand Rapids: Baker, 1998.

Allis, O. T. *Prophecy and the Church*. 2d ed. Grand Rapids: Baker, 1978.

Alter, R. *The Art of Biblical Narrative*. New York: Basic, 1981.

_____. *The Art of Biblical Poetry*. Edinburgh: T. & T. Clark, 1990.

Anderson, B. W. "From Analysis to Synthesis: The Interpretation of Genesis 1–11." *JBL* 97 (1978): 23–29.

Armstrong, K. *In the Beginning: A New Interpretation of Genesis*. New York: Ballantine, 1996.

Austin, S. A., and D. C. Boardman. *The Genesis Debate*. Edited by R. Youngblood. Grand Rapids: Baker, 1991.

Bal, M. "Tricky Thematics." *Semeia* 42 (1988): 133–55.

Balentine, S. E. "Prayers for Justice in the Old Testament: Theodicy and Theology." *CBQ* 51 (1989): 597–616.

Bar-Efrat, S. *Narrative Art in the Bible*. Bible and Literature Series, JSOTSup 70. Sheffield: Almond Press, 1989.

Barnouin, M. "Recherches Numèriques sur la gènéaloie de Gen. V." *RB* 77 (1970): 347–65.

Barr, J. "Hebrew Especially at Job i.18 and Neh vii.3." *JSS* 27 (1982): 177–88.

Barth, K. *The Work of Creation.* Vol. 3.1 of *Church Dogmatics.* Translated and edited by G. W. Bromiley and T. F. Torrance. Edinburgh: T. & T. Clark, 1960. 『교회교의학』(대한기독교서회 역간).

Berlin, A. *Poetics and Interpretation of Biblical Narrative.* Bible and Literature Series, JSOTSup 9. Sheffield: Almond Press, 1983.

Bierling, N. *Giving Goliath His Due: New Archaeological Light on the Philistines.* Grand Rapids: Baker, 1992.

Blanchard, W. M. "Changing Hermeneutical Perspectives on 'The Land.'" Ph.D. dissertation, Southern Baptist Theological Seminary. Ann Arbor, Mich.: University Microfilms International, 1986.

Blocher, H. *In the Beginning. The Opening Chapter of Genesis.* Downers Grove, Ill.: InterVarsity, 1984.

Block, D. I. "The Role of Language in Ancient Israelite Perceptions of National Identity." *JBL* 103 (1984): 321–40.

Bonchek, A. *Studying the Torah: A Guide to In-Depth Interpretation.* Northvale N. J./ London: Jason Aronson, 1996.

Brandon, O. R. "Heart." Pages 498–99 in *Evangelical Dictionary.* Edited by W. Elwell. Grand Rapids: Baker, 1984.

Brenner, A. *Colour Terms in the Old Testament.* JSOTSup 21. Sheffield: JSOT Press, 1982.

_____. "Female Social Behaviour: Two Descriptive Patterns within the 'Birth of the Hero' Paradigm." *VT* 36 (1986): 257–73.

Brinkman, J. "The Akkadian Words of 'Ionia' and 'Ionian.'" *Daidalikon* (1989): 53–71.

Brooke, G. J. "Creation in the Biblical Tradition." *Zygon* 22 (1987): 227–48.

Brown, R. E. "Matthew's Genealogy of Jesus Christ: A Challenging Advent Homily." *Worship* 60 (1986): 483–90.

Brueggemann, W. *Genesis: A Bible Commentary for Teaching and Preaching.* IBC. Atlanta: John Knox, 1982. 현대성서주석 『창세기』(한국장로교출판사 역간).

Brown, W. "Noah: Sot or Saint? Genesis 9:20–27." Pages 36–60 in *The Way of Wisdom: Essays in Honor of Bruce K. Waltke.* Edited by J. I. Packer and S. K. Soderlund. Grand Rapids: Zondervan, 2000.

Brunner, E. "The Christian Understanding of Man." Pages 139–78 in *The Christian*

Understanding of Man. Edited by T. E. Jessop. London: Allen & Unwin, 1938.

Buber, M. "Abraham the Seer." Pages 22–43 in *On the Bible.* Edited by N. N. Glanzer. New York: Schocken, 1982.

_____. "Leitwort Style in Pentateuch Narrative." Pages 114–28 in *Scripture and Translation.* Edited by M. Buber and F. Rosenzweig. Translated by L. Rosenwald and E. Fox. Bloomington and Indianapolis: Indiana Univ. Press, 1994.

Bullinger, E. *Figures of Speech.* 1898. Reprint, Grand Rapids: Baker, 1968.

Burrows, M. "The Complaint of Laban's Daughters." *JAOS* 57 (1937): 259–76.

Calvin, J. *Institutes of the Christian Religion.* Translated by F. L. Battles. The Library of Christian Classics 20. Philadelphia: Westminster Press, 1960. 『기독교 강요』 (크리스천다이제스트 역간).

_____. *A Commentary on Genesis.* Edited and translated by J. King. London: Banner of Truth, 1965.

Carson, D. A. *The Gagging of God: Christianity Confronts Pluralism.* Grand Rapids: Zondervan, 1996.

Cassuto, U. *A Commentary on the Book of Genesis. Part 1: From Adam to Noah.* Translated by I. Abrahams. Jerusalem: Magnes, 1961.

_____. *A Commentary on the Book of Genesis. Part 2: From Noah to Abraham.* Translated by I. Abrahams. Jerusalem: Magnes, 1964.

_____. "The Episode of the Sons of God and the Daughters of Man." Pages 17–28 in *Biblical and Oriental Studies.* Vol. 1. Translated by I. Abrahams. Jerusalem: Magnes, 1973.

_____. "The Prophet Hosea and the Books of the Pentateuch." Pages 79–100 in *Biblical and Oriental Studies.* Vol. 1. Translated by I. Abrahams. Jerusalem: Magnes, 1973.

_____. "The Story of Tamar and Judah." Pages 29–40 in *Biblical and Oriental Studies.* Vol. 1 Translated by I. Abrahams. Jerusalem: Magnes, 1973.

Childs, B. S. *Memory and Tradition in Israel.* London: SCM, 1962.

_____. "A Study of the Formula 'Until This Day.'" *JBL* 82 (1963): 279–92.

_____. "The Etiological Tale Re-examined." *VT* 24 (1974): 387–97.

Clark, W. M. "A Legal Background to the Yahwist's Use of 'Good and Evil' in Genesis 2–3." *JBL* 88 (1969): 266–78.

_____. "The Flood and the Structure of the Pre-patriarchal History." *ZAW* 83

(1971): 184-211.

Clines, D. J. A. "The Image of God in Man." *TynBul* 19 (1968): 53-103.

_____. "Noah's Flood: I: The Theology of the Flood Narrative." *Faith and Thought* 100 (1972-1973): 133-34.

_____. *The Theme of the Pentateuch.* JSOTSup 10. Sheffield: JSOT Press, 1978.

Coats, G. "Lot: A Foil in the Abraham Saga." Pages 113-32 in *Understanding the Word: Essays in Honour of Bernhard W. Anderson.* Edited by J. T. Butler et al. JSOTSup 37. Sheffield, JSOT Press, 1985.

Cogan, M. "A Technical Term for Exposure." *JNES* 27 (1968): 133-35.

Cooke, G. A. *Text-Book of North-Semitic Inscriptions.* Oxford: Clarendon, 1903.

Cross, F. M. *Canaanite Myth and Hebrew Epic: Essays in the History of the Religion of Israel.* Cambridge, Mass.: Harvard Univ. Press, 1976.

Cunliffe-Jones, H. *Deuteronomy: Introduction and Commentary.* London: SCM, 1951.

Daube, D. *Studies in Biblical Law.* Cambridge: Cambridge Univ. Press, 1947.

_____. *The Exodus Pattern in the Bible.* London: Faber & Faber, 1963.

Daube, D., and R. Yaron. "Jacob's Reception by Laban." *JSS* 1 (1956): 60-62.

Davies, E. W. "Inheritance Rights and the Hebrew Levirate Marriage." *VT* 31 (1981): 138-44, 257-68.

Delcor, M. "Quelques Cas de Survivances du Vocabulaire Nomade en Hébreu Biblique." *VT* 25 (1975): 307-22.

Delitzsch, F. *Biblical Commentary on the Psalms.* Vol. 1. London: Hodder & Stoughton, n.d.

_____. *A New Commentary on Genesis.* Vol. 2. Translated by S. Taylor. Edinburgh: T. & T. Clark, 1899.

Delitzsch, F., and C. F. Keil. *The Pentateuch.* Vol. 1. Translated by J. Martin. Grand Rapids: Eerdmans, n.d.

Denton, M. *Evolution: A Theory in Crisis.* Bethesda, Md.: Adler & Adler, 1986.

DeVries, S. J. *Yesterday, Today and Tomorrow: Time and History in the Old Testament.* Grand Rapids: Eerdmans, 1975.

Dorsey, D. A. *The Literary Structure of the Old Testament: A Commentary on Genesis-Malachi.* Grand Rapids: Baker, 1999.

Drake, Paul. "The Kingdom of God in the Old Testament." Pages 67-79 in *The Kingdom of God in 20th Century Interpretation.* Edited by W. Willis. Peabody,

Mass.: Hendrickson, 1987.

Driver, S. R. *The Book of Exodus*. Cambridge Bible for Schools and Colleges. Cambridge: Cambridge Univ. Press, 1911.

_____ . *The Book of Genesis*. London: Methuen, 1916.

Dumbrell, W. J. *Covenant and Creation*. Exeter: Paternoster, 1984.

Ehrlich, A. B. *Randglossen zur Hebraeischen Bibel*. 1901. Reprint, Hildesheim: Olms, 1968.

Eichrodt, W. *Theology of the Old Testament*. 2 vols. Translated by J. A. Baker. Philadelphia: Westminster, 1961. 『구약성서신학 1 · 2』(CH북스 역간).

Eliade, M. *A History of Religious Ideas*. Translated by W. R. Trask. Chicago: Univ. of Chicago Press, 1985.

Eslinger, C. "Knowing Yahweh: Exodus 6:3 in the Context of Genesis 1—Exodus 15." Pages 188–98 in *Literary Structure and Rhetorical Strategies in the Hebrew Bible*. Edited by L. de Regt, J. de Waard, and J. P. Fokkelman. Winona Lake, Ind.: Eisenbrauns, 1996.

Etz, D. V. "The Numbers of Genesis V 3–31: A Suggested Conversion and Its Implication." *VT* 43 (1993): 171–89.

Farmer, K. A. *Who Knows What Is Good: A Commentary on Proverbs and Ecclesiastes*. Grand Rapids: Eerdmans, 1991.

Fauna and Flora of the Bible: Helps for Translators. Vol. 11. London: United Bible Societies, 1972.

Fensham, F. C. "Salt As Curse in the Old Testament and the Ancient Near East." *BA* 25 (1962): 48–50.

_____ . "Gen XXXIV and Mari." *JNSL* 4 (1975): 87–90.

Filby, F. A. *The Flood Reconsidered: A Review of the Evidences of Geology, Archaeology, Ancient Literature and the Bible*. London: Pickering, 1970.

Finkelstein, J. J. "An Old Babylonian Herding Contract and Genesis 31:38f." *JAOS* 88 (1968): 30–36.

Fishbane, M. "The Treaty Background of Amos 1:11 and Related Matters." *JBL* 89 (1970): 313–18.

_____ . "Composition and Structure in the Jacob Cycle: Gen 25:19–35:22." *JJS* 26 (1975): 15–38.

_____ . *Text and Texture*. New York: Schocken, 1979.

Fokkelman, J. P. *Narrative Art and Poetry in the Books of Samuel*. Vol. 2. Assen/

Maastricht, The Netherlands: Van Gorcum, 1986.

_____ . *Narrative Art in Genesis: Specimens of Stylistic and Structural Analysis.* 2d ed. Sheffield: JSOT Press, 1991.

Fox, E. *In the Beginning: A New English Rendition of the Book of Genesis.* New York: Schocken, 1983.

Franken, H. J. "Excavations at Deir 'Allā, Season 1964: Preliminary Report." *VT* 14 (1964): 417-22.

Frankena, R. "Some Remarks on the Semitic Background of Chapters xxix-xxxi of the Book of Genesis." *OtSt* 17 (1972): 53-64.

Gage, W. *The Gospel of Genesis: Studies in Protology and Eschatology.* Winona Lake, Ind.: Carpenter, 1984.

Garrett, D. *Rethinking Genesis: Sources and Authorship of the First Book of the Pentateuch.* Grand Rapids: Baker, 1991.

Gaster, T. H. *Myth, Legend, and Custom in the Old Testament.* Vol. 2. New York: Harper & Row, 1969.

Gemser, B. "The Importance of the Motive Clause in Old Testament Law." VTSup 1 (1953): 50-66.

Gilkey, L. "Creationism: The Roots of the Conflict." Pages 56-67 in *Is God a Creationist? The Religious Case against Creation-Science.* Edited by R. Mushat Frye. New York: Scribner, 1983.

Ginzberg, L. *Legends of the Jews.* 7 vols. Philadelphia: Jewish Publication Society, 1969.

Gispen, W. H. *Genesis I: Kommentaar op het Oude Testament.* Kampen: J. H. Kok.

Goldin, J. "The Youngest Son or Where Does Genesis 38 Belong." *JBL* 96 (1977): 27-44.

Goldingay, J. "The Patriarchs in Scripture and History." Pages 11-42 in *Essays on the Patriarchal Narratives.* Edited by A. R. Millard and D. J. Wiseman. Winona Lake, Ind.: Eisenbrauns, 1983.

Gordon, C. H. "Biblical Customs and Nuzu Tablets." *BA* 3 (1940): 1-12.

_____ . *The Common Background of Greek and Hebrew Civilizations.* 2d ed. New York: Norton, 1965.

_____ . "Leviathan: Symbol of Evil." Pages 1-9 in *Biblical Motifs: Origins and Transformations.* Edited by A. Altmann. Cambridge: Harvard Univ. Press, 1966.

Gowan, D. E. *Genesis 1-11: From Eden to Babel.* ITC. Grand Rapids: Eerdmans,

1988.

Gray, J. *The Legacy of Canaan: The Ras Shamra Texts and Their Relevance to the Old Testament.* Leiden: Brill, 1965.

Greenberg, M. "Another Look at Rachel's Theft of the Teraphim." *JBL* 81 (1962): 239-48.

Greenfield, J. "Našû-nadānu and Its Congeners." Pages 87-91 in *Essays on the Ancient Near East in Memory of J. J. Finkelstein.* Edited by M. de Jong Ellis. Hamden, Conn.: Archon, 1977.

Gross, W. "Jakob, der Mann des Segens. Zu Traditionsgeschichte und Theologie der priesterschriftlichen Jakobsüberlieferungen." *Bib* 49 (1968): 321-44.

Habel, N. "Yahweh, Maker of Heaven and Earth: A Study in Tradition Criticism." *JBL* 91 (1972): 321-37.

Hallo, W. W., and W. K. Simpson. *The Ancient Near East: A History.* New York: Harcourt Brace Jovanovich, 1971.

Hals, R. M. *Ezekiel.* FOTL. Grand Rapids: Eerdmans, 1989.

Hamerton-Kelly, R. *God the Father.* Philadelphia: Fortress, 1979.

Hamilton, V. P. *The Book of Genesis: Chapters 1-17.* NICOT. Grand Rapids: Eerdmans, 1990. 『NICOT 창세기 I』(부흥과개혁사 역간).

_____. *The Book of Genesis: Chapters 18-50.* NICOT. Grand Rapids: Eerdmans, 1995. 『NICOT 창세기 II』(부흥과개혁사 역간).

Haran, M. "Observations on the Historical Background of Amos 1:2-2:6." *IEJ* 18 (1968): 201-12.

Harrison, R. K. *Introduction to the Old Testament.* London: Tyndale, 1970.

_____. "Reinvestigating the Antediluvian Sumerian King List." *JETS* 36 (1993): 3-8.

Hart, I. "Genesis 1:1-2:3 As a Prologue to the Books of Genesis." *TynBul* 46 (1995): 315-36.

Hasel, G. "The Polemic Nature of the Genesis Cosmology." *EvQ* 46 (1974): 81-102.

_____. *The Remnant: The History and Theology of the Remnant Idea from Genesis to Isaiah.* Berrien Springs, Mich.: Andrews Univ., 1972.

_____. "The Significance of the Cosmology in Genesis 1 in Relation to Ancient Near Eastern Parallels." *AUSS* 10 (1972): 1-20.

Heidel, A. *The Gilgamesh Epic and Old Testament Parallels.* Chicago: Univ. of Chicago Press, 1949.

_____. *The Babylonian Genesis: The Story of the Creation*. 2d ed. Chicago: Univ. of Chicago Press, 1963.

Hendel, R. *The Epic of the Patriarch*. Atlanta: Scholars, 1987.

Henry, M. *A Commentary on the Holy Bible*. Vol. 1. London: Marshall Brother, n.d.

Heschel, A. J. *Man Is Not Alone*. New York: Farrar, Strauss & Giroux, 1951.

_____. *The Sabbath: Its Meaning for Modern Man*. New York: Farrar, Strauss & Giroux, 1986.

Hess, R. S. "The Genealogies of Genesis 1–11 and Comparative Literature." *BSac* 70 (1989): 241–54.

Hexter, J. H. *Doing History*. London: Allen & Unwin, 1971.

Hiebert, T. *The Yahwist's Landscape: Nature and Religion in Early Israel*. New York: Oxford Univ. Press, 1996.

Hillers, D. R. "בְּרִית עַם: 'Emancipation of the People.'" *JBL* 97 (1978): 175–82.

Hoekema, A. A. *Created in God's Image*. Grand Rapids: Eerdmans, 1986.

Hoffner H. A., Jr. "Second Millennium Antecedents to the Hebrew 'ÔB.'" *JBL* 86 (1967): 385–401.

_____. "The Hittites and Hurrians." Pages 197–228 in *Peoples of Old Testament Times*. Edited by D. J. Wiseman. Oxford: Clarendon, 1973.

Houtman, C. "What Did Jacob See in His Dream at Bethel?" *VT* 27 (1977): 337–51.

Howard, D. *An Introduction to the Old Testament Historical Books*. Chicago: Moody, 1993.

Humert, P. *Études sur le Récit du Paradis et de la Chute dans la Genèse*. Neuchatel: Universite, 1940.

Ishida, T. *The Royal Dynasties in Ancient Israel*. New York and Berlin: Walter de Gruyter, 1977.

_____. "The Structure and Historical Implications of the Lists of Pre-Israelite Nations." *Bib* 60 (1979): 461–90.

Jacob, B. *The First Book of the Bible*. Edited and translated by E. I. Jacob and N. Jacob. New York: Ktav, 1974.

Jenks, A. *The Elohist and North Israelite Traditions*. SBLMS 22. Missoula, Mont.: Scholars, 1977.

Jespen, A. "Ama[h] und Schiphcha[h]." *VT* 8 (1958): 293–97.

Johnson, A. R. *The Vitality of the Individual in the Thought of Ancient Israel*. Cardiff: Univ. of Wales, 1949.

Johnson, M. D. *The Purpose of the Biblical Genealogies*. Cambridge: Cambridge Univ. Press, 1969.

Johnson, P. *Darwin on Trial*. Washington, D.C.: Regnery Gateway, 1991.

Joüon, P. P. *Grammaire de l'Hébreu biblique*. Rome: Pontifical Biblical Institute, 1947.

Kaiser, W. C., Jr. "The Promised Land: A Biblical-Historical View." *BSac* 138 (1981): 302-12.

Keel, O. *The Symbolism of the Biblical World: Ancient Near Eastern Iconography and the Book of Psalms*. Translated by T. J. Hallett. New York: Seabury, 1978.

Kerr, P. E. "Hospitality As the Christian Individual and Corporate Relational Reality That Reflects God's Character." Unpublished master's thesis, Regent College, 1994.

Kierkegaard, S. *Fear and Trembling*. Edited and translated by H. V. Hong and E. H. Hong. Princeton, N.J.: Princeton Univ. Press, 1983.

Kikawada, I. M. "The Shape of Genesis 11:1-9." Pages 18-32 in *Rhetorical Criticism: Essays in Honor of James Muilenburg*. Edited by J. J. Jackson and M. Kessler. Pittsburgh: Pickwick, 1974.

Kikawada, I. M., and A. Quinn. *Before Abraham Was: The Unity of Genesis 1-11*. Nashville: Abingdon, 1985.

Kitchen, K. A. *Ancient Orient and Old Testament*. Chicago: InterVarsity, 1966.

_____. "The Patriarchal Age: Myth or History?" *BAR* 21 (1995): 48-57, 88-95.

Klein, R. W. "Archaic Chronologies and the Textual History of the Old Testament." *HTR* 67 (1974): 255-63.

Kline, M. G. "Divine Kingship and Sons of God in Genesis 6:1-4." *WTJ* 24 (1962): 187-204.

_____. *Kingdom Prologue*. Hamilton, Mass.: Meredith Kline, 1993.

Kogut, S. "On the Meaning-Syntactical Status of *hinneh* in Biblical Hebrew." Pages 133-54 in *Studies in Bible*. Edited by S. Japhet. ScrHier 31. Jerusalem: Magnes, 1986.

Kraus, H. *Psalms 1-59: A Commentary*. Translated by H. C. Oswald. Minneapolis: Augsburg, 1988.

Kutler, L. W. "Features of the Battle Challenge in Biblical Hebrew, Akkadian and Ugaritic." *UF* 19 (1987): 95-99.

Lambdin, T. O. *Introduction to Biblical Hebrew*. New York: Charles Scribner's Sons,

1971.

Landy, F. "Narrative Techniques and Symbolic Transactions in the Akedah." Pages 1–40 in *Signs and Wonders: Biblical Texts in Literary Focus*. Edited by J. Cheryl Exum. Atlanta: Scholars, 1989.

Larsson, G. "The Chronology of the Pentateuch: A Comparison of the MT and LXX." *JBL* 102 (1983): 401–9.

Lehmann, M. R. "Abraham's Purchase of Machpelah and Hittite Law." *BASOR* 129 (1953): 15–18.

Leupold, H. C. *Exposition of Genesis*. Vol. 1. Grand Rapids: Baker, 1942.

Lichteim, M. *Ancient Egyptian Literature*. Volume 1: *The Old and Middle Kingdoms*. Berkeley, Los Angeles, London: Univ. of California Press, 1975.

Lichtig, J. *Storytelling in the Bible*. Jerusalem: Magnes, 1978.

Long, B. O. *The Problem of Etiological Narrative in the Old Testament*. BZAW 108. Berlin: Töpelmann, 1968.

Longacre, R. E. "The Discourse Structure of the Flood Narrative." *JAAR* 47 Sup (1976): 89–133.

_____. *Joseph: A Story of Divine Providence: A Texttheoretical and Textlinguistic Analysis of Genesis 37 and 39-48*. Winona Lake, Ind.: Eisenbrauns, 1989.

Lowell, James Russell. "The Present Crisis." In *Masterpieces of Religious Verse*. Edited by J. D. Morrison. New York: Harper & Brothers, 1948.

Löwenstamm, S. E. "Prostration from Afar in Ugaritic, Accadian, and Hebrew." *BASOR* 188 (1967): 41–43.

Lowenthal, E. I. *Joseph Narrative in Genesis*. New York: Ktav, 1973.

Luckenbill, D. D. *The Annals of Sennacherib*. Chicago: Univ. of Chicago Press, 1924.

Luther, M. *Lectures on Genesis 1-5*. Vol. 1 of *Luther's Works*. Edited by J. Pelikan. Saint Louis: Concordia, 1958.

_____. *Lectures on Genesis 6-14*. Vol. 2 of *Luther's Works*. Edited by J. Pelikan. Saint Louis: Concordia, 1958.

_____. *Large Catechism*. In *The Book of Concord*. Translated by T. Tappert. Philadelphia: Fortress, 1959.

Mabee, C. "Jacob and Laban: The Structure of Judicial Proceedings (Genesis xxxi 25-42)." *VT* 30 (1980): 192–207.

Malamat, A. "Aspects of the Foreign Policies of David and Solomon." *JNES* 22 (1963): 1–17.

Marcus, R. "The Tree of Life in Proverbs." *JBL* 62 (1943): 117-20.

Martin, G. *Reading Scripture As the Word of God: Practical Approaches and Attitude.* 2d ed. Ann Arbor, Mich.: Servant, 1982.

Mathews, K. A. *Genesis 1-11:26.* NAC. Broadman & Holman, 1996.

Matthews, V. *Pastoral Nomadism in the Mari Kingdom, ca. 1830-1760 B.C.* ASORDS 3. Cambridge, Mass.: American Schools of Oriental Research, 1978.

_____. "Pastoralists and Patriarchs." *BA* 44 (1981): 215-18.

Mazar, B. "The Historical Background of the Book of Genesis." *JNES* 28 (1969): 73-83.

McConville, J. G. *Law and Theology in Deuteronomy.* JSOTSup 33. Sheffield: JSOT Press, 1984.

McCreesh, T. P. *Biblical Sound and Sense: Poetic Patterns in Proverbs 10-29.* JSOTSup 128. Sheffield: Sheffield Academic Press, 1991.

McKenzie, B. A. "Jacob's Blessing on Pharaoh: An Interpretation of Gen 46:31-47:26." *WTJ* 45 (1983): 386-90.

McKenzie, J. L. *The Two-Edged Sword.* New York: Image, 1966.

McKenzie, S. "You have Prevailed: The Function of Jacob's Encounter at Peniel in the Jacob Cycle." *ResQ* 23 (1980): 225-31.

Meinhold, A. *Die Sprüche.* ZBK. Zurich: Theologischer Verlag, 1991.

Mendelsohn, I. "A Ugaritic Parallel to the Adoption of Ephraim and Manasseh." *IEJ* 9 (1959): 180-83.

Mendenhall, G. E. *Law and Covenant in the Ancient Near East.* Pittsburgh: Biblical Colloquium, 1955.

Milgrom, J. *Numbers.* JPS Torah Commentary. Philadelphia: Jewish Publication Society, 1990.

_____. *Leviticus 1-16.* AB. New York: Doubleday, 1991.

Millard, A. R., and D. J. Wiseman, eds. *Essays on the Patriarchal Narratives.* Winona Lake, Ind.: Eisenbrauns, 1980.

Miller, P. D., Jr. *Genesis 1-11: Studies in Structure and Theme.* Sheffield: Dept. of Biblical Studies, Univ. of Sheffield, 1978.

Moberly, R. W. L. "The Earliest Commentary on the Akedah." *VT* 38 (1988): 302-23.

_____. *The Old Testament of the Old Testament: Patriarchal Narratives and Mosaic Yahwism.* OBT. Minneapolis: Fortress, 1992.

Montent, P. *Eternal Egypt.* New York: New American Library of World Literature, 1964.

Morris, H. M., and J. C. Whitcomb. *The Genesis Flood: The Biblical Record and Its Scientific Implications.* Philadelphia: Presbyterian & Reformed, 1961.

Muraoka, T. "On the So-called *Dativus Ethicus* in Hebrew." *JTS* 29 (1978): 495–98.

Neugebauer, O. *The Exact Sciences in Antiquity.* 2d ed. New York: Harper, 1957.

North, R. "The Hivites." *Bib* 54 (1973): 43–62.

Noth, M. *The History of Israel.* London: Adam & Charles Black, 1958. 『이스라엘 역사』(크리스천다이제스트 역간).

Olley, J. W. "'Righteous' and Wealthy? The Description of the *Saddiq* in Wisdom Literature." *The Australian and New Zealand Theological Review: Colloquium* 22 (May 1990): 38–45.

Packer, J. I. "Theism for our Time." Pages 1–23 in *God Who is Rich in Mercy: Essays Presented to Dr. D. B. Knos.* Edited by P. T. O'Brien and D. G. Peterson. Grand Rapids: Baker, 1986.

Pardee, D. "An Emendation in the Ugaritic Aqhat Text." *JNES* 36 (1977): 53–56.

Patrick, D. "Studying Biblical Law As Humanities." *Semeia* 45 (1989): 27–47.

Patten, D. *The Biblical Flood and the Ice Epoch.* Seattle, Wash.: Pacific Meridian, 1996.

Paul, S. M. *Studies in the Book of the Covenant in the Light of Cuneiform and Biblical Law.* Leiden: Brill, 1970.

Pfeiffer, R. H. *State Letters of Assyria.* New Haven, Conn.: American Oriental Society, 1935.

Phillips, A. "NEBALAH —A Term for Serious Disorderly and Unruly Conduct." *VT* 25 (1975): 237–41.

―――. "Another Example of Family Law." *VT* 30 (1980): 240–45.

Pitman, M. *Adam and Evolution: A Scientific Critique of Neo-Darwinism.* Grand Rapids: Baker, 1984.

Polzin, R. "'The Ancestress of Israel in Danger' in Danger." *Semeia* 3 (1975): 81–97.

Postgate, J. N. "Some Old Babylonian Shepherds and Their Flocks." *JSS* 20 (1975): 1–21.

Powell, M. A. *What Is Narrative Criticism?* Minneapolis: Fortress, 1990. 『서사비평이란 무엇인가?』(한국장로교출판사 역간).

Pratt, R. L. Jr. *He Gave Us Stories.* Brentwood, Tenn.: Wolgemuth & Hyatt, 1990.

_____. "Historical Contingencies and Biblical Predictions." Pages 180-203 in *The Way of Wisdom: Essays in Honor of Bruce K. Waltke.* Edited by J. I. Packer and S. K. Soderlund. Grand Rapids: Zondervan, 2000.

Rad, G. von. *Genesis.* Translated by J. H. Marks. OTL. Philadelphia: Westminster, 1972.

_____. *Holy War in Ancient Israel.* Translated and edited by M. J. Dawn. Grand Rapids: Eerdmans, 1981.

_____. *Problem of the Hexateuch and Other Essays.* Translated by E. W. Trueman Dicken. London: SCM, 1984.

Rainey, A. F. "Compulsory Labour Gangs in Ancient Israel." *IEJ* 20 (1970): 191-202.

Rawlinson, George. *Men of the Bible: Isaac and Jacob. Their Lives and Times.* New York: Fleming H. Revell, n.d.

Rendsburg, G. A. "Janus Parallelism in Gen 49:26." *JBL* 99 (1980): 291-93.

_____. *The Redaction of Genesis.* Winona Lake, Ind.: Eisenbrauns, 1986.

Rendtorff, R. *The Problem of the Process of Transmission in the Pentateuch.* Translated by J. J. Scullion. JSOTSup 89. Sheffield: JSOT Press, 1990.

Ridderbos, N. H. "The Meaning of Genesis I." *Free University Quarterly* 4 (1955/57): 221-35.

Roberts, J. J. M. "In Defense of the Monarchy: The Contribution of Israelite Kingship to Biblical Theology." Pages 377-96 in *Ancient Israelite Religions: Essays in Honor of Frank Moore Cross.* Edited by P. D. Miller Jr., P. D. Hanson, and S. D. McBride. Philadelphia: Fortress, 1987.

Rodd, C. S. "Shall Not the Judge of All the Earth Do What Is Just?" *ExpTim* 83 (1971-1972): 137-39.

Rogerson, J. W. "Slippery Words: V. Myth." *ExpTim* 90 (1978): 10-14.

Roop, E. F. *Genesis.* Scottdale, Pa.; Kitchener, Ont.: Herald, 1987.

Ross, A. P. "Studies in the Book of Genesis, pt. 2: The Table of Nations in Genesis 10—Its Structure." *BSac* 137 (1980): 340-53.

_____. *Creation and Blessing: A Guide to the Study and Exposition of the Book of Genesis.* Grand Rapids: Baker, 1988.

Roth, W. M. W. *Numerical Sayings in the Old Testament: A Form-Critical Study.* VTSup 13 Leiden: Brill, 1965.

_____. "The Wooing of Rebekah: A Tradition-Critical Study of Genesis 24." *CBQ* 34 (1972): 177-87.

Rowley, H. H. *The Growth of the Old Testament*. New York: Harper & Row, 1986.

Ruger, H. P. "On Some Versions of Genesis 3.15, Ancient and Modern." *BT* 27 (1976): 105-10.

Sailhamer, J. H. *The Pentateuch As Narrative: A Biblical-Theological Commentary*. Grand Rapids: Zondervan, 1992.

_____. *Genesis Unbound*. Sisters, Ore.: Multnomah, 1996.

_____. "A Wisdom Composition of the Pentateuch?" Pages 15-35 in *The Way of Wisdom: Essays in Honor of Bruce K. Waltke*. Edited by J. I. Packer and S. K. Soderlund. Grand Rapids: Zondervan, 2000.

Sakenfeld, K. D. *Faithfulness in Action: Loyalty in Biblical Perspective*. OBT. Philadelphia: Fortress, 1985.

Sarna, N. *Genesis*. JPS Torah Commentary 1. Philadelphia: Jewish Publication Society, 1989.

Sasson, J. M. "A Genealogical 'Convention' in Biblical Chronography?" *ZAW* 90 (1978): 171-85.

_____. "The 'Tower of Babel' As a Clue to the Redactional Structuring of the Primeval History (Gen. 1-11:9)." Pages 211-19 in *The Bible World: Essays in Honor of Cyrus H. Gordon*. Edited by G. Rendsburg. New York: Ktav, 1980.

Schmidt, W. H. *Die Schöpfungsgeschichte der Priesterschrift*. WMANT 17. Neukirchen-Vluyn: Neukirchener Verlage, 1964.

Selman, M. J. "Comparative Customs and the Patriarchal Age." Pages 93-138 in *Essays on the Patriarchal Narratives*. Edited by A. R. Millard and D. J. Wiseman. Winona Lake, Ind.: Eisenbrauns, 1980.

_____. "The Kingdom of God in the Old Testament." *Tynbul* 40 (1989): 161-83.

Shibayama, S. "Notes on *Yarad* and '*Alah*: Hints on Translating." *JBR* 34 (1966): 358-62.

Skinner, J. *A Critical and Exegetical Commentary on Genesis*. Revised ed. ICC. Edinburgh: T. & T. Clark, 1930.

Speiser, E. A. "Notes to Recently Published Nuzi Texts." *JAOS* 55 (1935): 423-43.

_____. "*YDWN*. Gen 6:3." *JBL* 75 (1956): 126-29.

_____. *Genesis*. AB. New York: Doubleday, 1964.

Steinberg, N. "Israelite Tricksters, Their Analogues and Cross-Cultural Study."

Semeia 42 (1988): 1–13.

Sterchi, D. A. "Does Genesis 1 Provide a Chronological Sequence?" *JETS* 39 (1996): 529–36.

Sternberg, M. *The Poetics of Biblical Narrative: Ideological Literature and the Drama of Reading.* Bloomington: Indiana Univ. Press, 1987.

Strauss, L. "On the interpretation of Genesis." *L'Homme* 21 (January–March 1981): 11–13.

Strus, Adrzej. "La poétique sonore des récits de la Genèse." *Bib* 60 (1979): 1–22.

Terrien, S. *The Elusive Presence: Toward a New Biblical Theology.* New York: Harper & Row, 1978.

Thompson, T. L. *The Origin Tradition of Ancient Israel.* JSOTSup 55. Sheffield: JSOT Press, 1987.

Throntveit, M. "Are the Events in the Genesis Account Set Forth in Chronological Order? No." Pages 36–55 in *The Genesis Debate.* Edited by R. F. Youngblood. Nashville: Thomas Nelson, 1986.

Tigay, J. "Conflation As Redactional Technique." Pages 53–95 in *Empirical Models for Biblical Criticism.* Edited by J. Tigay. Philadelphia: Univ. of Pennsylvania Press, 1985.

_____. "The Evolution of the Pentateuchal Narratives in the Light of the Evolution of the *Gilgamesh Epic.*" Pages 21–52 in *Empirical Models for Biblical Criticism.* Edited by J. Tigay. Philadelphia: Univ. of Pennsylvania Press, 1985.

_____. "The Stylistic Criterion of Source Criticism in the Light of Ancient Near Eastern and Post-biblical Literature." Pages 149–73 in *Empirical Models for Biblical Criticism.* Edited by J. Tigay. Philadelphia: Univ. of Pennsylvania Press, 1985.

_____. "Israelite Religion: The Onomastic and Epigraphic Evidence." Pages 157–94 in *Ancient Israelite Religion: Essays in Honor of Frank Moore Cross.* Edited by P. D. Miller Jr., P. Hanson, and S. Dean McBride. Philadelphia: Fortress, 1987.

Tsumura, D. T. *The Earth and the Waters in Genesis 1 and 2: A Linguistic Investigation.* JSOTSup 83. Sheffield: JSOT Press, 1989.

Tucker, G. M. "The Legal Background of Genesis 23." *JBL* 85 (1966): 77–84.

_____. "Witnesses and 'Dates' in Israelite Contracts." *CBQ* 28 (1966): 42–45.

_____. "Rain on a Land Where No One Lives: The Hebrew Bible on the Environment." *JBL* 116 (1997): 3–17.

Ullendorff, E. "The Bawdy Bible." *BSOAS* 42 (1979): 434.

VanGemeren, W. A. "The Sons of God in Genesis 6:1-4." *WTJ* 43 (1981): 320-48.

Van Seters, J. *Abraham in History and Tradition.* New Haven, Conn.: Yale Univ. Press, 1975.

_____. *Prologue to History: The Yahwist As Historian in Genesis.* Louisville: Westminster/John Knox, 1992.

_____. *The Life of Moses: The Yahwist As Historian in Exodus-Numbers.* Louisville: Westminster/John Knox, 1994.

Vawter, B. *On Genesis: A New Reading.* Garden City, N.Y.: Doubleday, 1977.

Vergote, J. *Joseph en Égypte.* Louvain: Publications Universitaires, 1959.

Vos, G. *Biblical Theology: Old and New Testaments.* Grand Rapids: Eerdmans, 1948.

Wakeman, M. K. *God's Battle with the Monster: A Study in Biblical Imagery.* Leiden: Brill, 1973.

Waldman, N. M. "A Note on Genesis 30:27b." *JQR* 55 (1964): 164-65.

Wallace, H. N. "The Toledot of Adam." Pages 17-33 in *Studies in the Pentateuch.* Edited by J. A. Emerton. VTSup 41. New York: Brill, 1990.

Walsh, J. T. *1 Kings.* Collegeville, Minn.: Liturgical, 1996.

Waltke, B. K. "The Samaritan Pentateuch and the Text of the Old Testament." Pages 212-39 in *New Perspectives on the Old Testament.* Edited by J. B. Payne. Waco, Tex.: Word, 1970.

_____. "The Creation Account in Genesis 1:1-3." *BSac* 132 (1975): 25-36, 136-44, 216-28; 133 (1976): 28-41.

_____. "Relating Human Personhood to the Health Sciences: An Old Testament Perspective." *Crux* 25 (September 1989): 2-10.

_____. "The Literary Genre of Genesis 1." *Crux* 27 (December 1991): 2-10.

_____. "The Fear of the LORD: The Foundation for a Relationship with God." Pages 17-33 in *Alive to God: Studies in Spirituality Presented to James Houston.* Edited by J. I. Packer and L. Wilkinson. Downers Grove, Ill.: InterVarsity, 1992.

_____. "Joshua." Pages 233-60 in *New Bible Commentary: 21st Century Edition.* 4th edition. Consulting editors, D. A. Carson et al. Downers Grove, Ill.: InterVarsity, 1994.

_____. "The Role of Women in the Bible." *Crux* 31 (September 1995): 29-40.

_____. "Reflections on Retirement from the Life of Isaac." *Crux* 32 (December 1996): 4-14.

_____. "Textual Criticism of the Old Testament and Its Relation to Exegesis and Theology." Pages 51–67 of vol. l in *NIDOTTE*.

_____. "Circumcision." Pages 143–44 in *The Complete Book of Everyday Christianity*. Edited by R. Banks and R. P. Stevens. Downers Grove, Ill.: InterVarsity, 1997.

_____. *The Book of Proverbs*. NICOT. Grand Rapids: Eerdmans, 2005.

Waltke, B. K., and D. Diewert. "Wisdom Literature." Pages 295–328 in *The Face of Old Testament Studies: A Survey of Contemporary Approaches*. Edited by D. W. Baker and B. T. Arnold. Grand Rapids: Baker, 1999.

Waltke, B. K., with J. MacGregor. *Knowing the Will of God*. Eugene, Ore.: Harvest House, 1998.

Watson, W. G. E. "The Falcon Episode in the Aqhat Tale." *JNSL* 5 (1977): 75.

Weinfeld, M. "The Covenant of Grant in the Old Testament and in the Ancient Near East." *JAOS* 90 (1970): 184–203.

_____. "Jeremiah and the Spiritual Metamorphosis of Israel." *ZAW* 88 (1976): 17–56.

Weisman, Z. "National Consciousness in the Patriarchal Promises." *JSOT* 31 (1985): 55–73.

Wenham, G. J. "Betula." *VT* 22 (1972): 326–48.

_____. *Genesis 1-15*. WBC 1. Waco, Tex.: Word, 1987. WBC 성경주석 『창세기 상』(솔로몬 역간).

_____. *Genesis 16-50*. WBC 2. Dallas, Tex.: Word, 1994. WBC 성경주석 『창세기 하』(솔로몬 역간).

_____. "Pondering the Pentateuch: The Search for a New Paradigm." Pages 116–44 in *The Face of Old Testament Studies: A Survey of Contemporary Approaches*. Edited by D. W. Baker and B. T. Arnold. Grand Rapids: Baker, 1999.

Wessner. M. "Face to Face: [*pānîm 'el pānîm*] in Old Testament Literature." Unpublished master's thesis, Regent College, 1998.

Westermann, C. *Genesis 1-11: A Commentary*. Translated by J. J. Scullion. Minneapolis: Augsburg, 1985.

_____. *Genesis 12-36: A Commentary*. Translated by J. J. Scullion. Minneapolis: Augsburg, 1985.

_____. *Genesis 37-50: A Commentary*. Translated by J. J. Scullion. Minneapolis: Augsburg, 1985.

Whybray, R. N. *Wisdom in Proverbs: The Concept of Wisdom in Proverbs 1-9.* SBT 24. London: SCM, 1965.

Whyte, A. *Bible Characters: Adam to Achan.* Edinburgh and London: Oliphants, 1900.

Widengren, G. *Literary and Psychological Aspects of the Hebrew Prophets.* Uppsala: Universitets Arsskirff, 1948.

Wilson, J. R. *Gospel Virtues: Practicing Faith, Hope and Love in Uncertain Times.* Downers Grove, Ill.: InterVarsity, 1998.

Wilson, R. R. *Genealogy and History in the Biblical World.* New Haven, Conn.: Yale Univ. Press, 1977.

Winnett, F. V. "Studies in Ancient North Arabian Genealogies." *JAOS* 107 (1987): 239-44.

Wiseman, D. J. "Abraham Reassessed." Pages 139-56 in *Essays on the Patriarchal Narratives.* Edited by A. R. Millard and D. J. Wiseman. Winona Lake, Ind.: Eisenbrauns, 1980.

Wolff, H. W. *Hosea.* Translated by G. Stansell. Edited by P. D. Hanson. Philadelphia: Fortress, 1974.

Woude, V. "Melchisedek als Himmlische Erlösergestalt in den Neugefundenen Eschatologischen Midraschim aus Qumran Höhle XI." *OtSt* 14 (1965): 354-73.

Wright, C. J. H. *An Eye for an Eye: The Place of the Old Testament Ethics Today.* Downers Grove, Ill.: InterVarsity, 1983.

_____. "A Christian Approach to OT Prophecy Concerning Israel." Pages 1-19 in *Jerusalem Past and Present in the Purpose of God.* Edited by P. W. L. Walker. Grand Rapids: Baker, 1994.

Yaron, R. *Introduction to the Law of the Aramaic Papyri.* Oxford: Clarendon, 1961.

Young, D. A. *Creation and the Flood: An Alternative to Creation and Theistic Evolution.* Grand Rapids: Baker, 1977.

Young, E. *Studies in Genesis 1.* Philadelphia: Presbyterian & Reformed, 1973.

Youngblood, R. "A New Look at Three Old Testament Roots for 'Sin.'" Pages 201-5 in *Biblical and Near Eastern Studies: Essays in Honor of William Sanford LaSor.* Edited by G. A. Tuttle. Grand Rapids: Eerdmans, 1978.

_____. *The Book of Genesis: An Introductory Commentary.* Grand Rapids: Baker, 1992.

905, 909n.20, 932, 943, 973, 1131n.233, 1133

Brunner, E. (브루너, 에밀) 117

Buber, M. (부버, 마르틴) 54, 345n.3

Bullinger, E. 756n.149

Burrows, M. 768n.158

Butler, J. T. 486n.159

Calvin, J. (칼뱅) 97n.13, 165, 199, 237n.54, 245, 261, 267, 273n.109, 358, 393, 394n.58, 510, 974

Carpenter, E. 841n.250

Carr, D. (카르, 데이비드) 513

Carrington, P. (캐링턴, 필립) 859

Carson, D. A. 204n.33, 420n.85

Cassuto, U. (카수토) 27, 42, 101n.28, 107n.38, 109n.40, 142n.11, 150n.38, 201n.23, 256n.88, 261, 286n.6, 287, 288n.12, 914n.22

Childs, B. (차일즈) 45, 745n.137

Clark, W. M. 225n.28, 772n.165

Clines, D. J. A. (클라인스) 72, 109, 110n.47, 233n.42, 280n.1

Coats, G. 486n.159

Cogan, M. (코간) 524

Cooke, G. A. 843n.254

Cross, F. M. (크로스) 40

Cunliffe-Jones, H. (컨리프-존스) 713

Daube, D. 391n.54, 652n.27, 727n.114, 1127n.227

Davies, E. W. 920n.31

de Jonge, M. 87n.93

Delcor, M. 594n.253

Delitzsch, F. (델리취) 108n.39, 254, 266, 267n.103

Denton, M. 126n.80

DeVries, S. J. 782n.182

Diewert, D. 476n.146

Dorsey, D. (도르시) 28, 137n.5, 138, 324, 347, 513, 1054

Drake, P. (드레이크, 폴) 71, 72

Driver, S. R. (드라이버) 35n.19, 718, 719n.109

Dumbrell, W. J. (덤브렐) 233

Ehrlich, A. B. 718n.108

Eichrodt, W. (아이히로트, 발터) 33, 202

Eliade, M. (엘리아데) 228

Emerton, J. A. 247n.68

Eslinger, C. (에슬링거) 38

Etz, D. V. 329n.10

Ezra, Ibn (에즈라, 이븐) 69

Farmer, K. A. (파머) 1134

Fensham, F. C. 494n.164, 843n.256

Fewell, D. N. (페웰) 60, 61n.67

Filby, F. A. 229n.34

Finkelstein, J. J. 754n.144

Fishbane, M. (피쉬베인) 27, 627n.3, 629, 631n.8, 692n.66, 872n.2

Fohrer, G. 959n.72

Fokkelman, J. P. (포켈만) 39n.27, 49n.54, 65n.70, 85, 316, 317, 679n.51, 696n.68, 705, 706, 708, 720, 721n.110, 722, 725, 729, 730n.117, 736, 741, 743, 745, 746n.138, 749, 792n.190

Franken, H. J. (프랑켄) 823

Frankena, R. 769n.159

Gage, W. (게이지, 워런) 220, 221n.17

Garrett, D. (개럿) 25n.3, 80, 346, 369, 370, 384-5, 397n.60, 441-2, 484n.157, 562n.224, 657n.33, 892n.7, 982-3

Gaster, T. H. 391n.55

Gemser, B. 147n.28

Gerleman, G. 540n.191

Gilkey, L. 125n.79

Ginzberg, L. (긴즈버그) 1141

Gispen, W. H. (기스펜) 201

Glanzer, N. N. 345n.3

Goldin, J. (골딘, 쥬다) 31n.11, 831n.231, 887n.3, 914, 1055n.150

Goldingay, J. 44n.45

Gordon, C. H. 106n.35, 426n.92, 968n.85

Gorg, M. 433n.103

Gowan, D. E. (고반) 303

Gray, J. 411n.74

Greenberg, M. 770n.161

Greenfield, J. 766n.155

Grisanti, M. A. (그리산티) 652, 680n.57, 683n.59, 841n.250

Gross, W. 850n.260

Gunkel 165n.61, 992

Gunn, D. (건) 60-61

Habel, N. (하벨) 413, 414n.81

Hallo, W. W. 1014n.120

Halpern, B. 434n.104

Hals, R. M. 38n.26

Hamerton-Kelly, R. 72n.78

Hamilton, V. P. (해밀턴) 93, 523, 602n.261, 603, 678, 769, 797, 806, 820, 834, 837, 844, 850, 854-55, 914, 918-19, 938, 947, 1001, 1029, 1061-63, 1066-67, 1069, 1080, 1083, 1104, 1137

Hanson, P. D. 86n.91, 741n.128, 771n.163

Haran, M. (하란) 40, 872n.2

Harman, A. M. 1127n.228

Harrison, R. K. 192n.8, 871n.1

Hart, I. (하르트) 110, 110n.46, 111n.48

Hasel, G. 105n.32, 1021n.125

Heidel, A. 94n.2, 152n.42

Hendel, R. 803n.203

Henry, M. (헨리, 매튜) 150, 150n.37

Heschel, A. J. (헤셸, 아브라함 조슈아) 122-23, 575

Hess, R. S. 326n.5

Hexter, J. H. (헥스터) 51, 51n.57

Hiebert, T. (히버트) 142, 142n.13

Hillers, D. R. 1015n.121

Hoekema, A. A. (후크마) 109n.42, 117

Hoffner, H., Jr. 700n.81

Horst, F. (호스트) 359, 359n.17

Houtman, C. (하우트만) 700n.77, 701, 701n.82, 702n.86

Howard, D. 179n.78

Hulst, A. R. (헐스트) 169, 169n.69, 568, 568n.229

Hurvitz, A. (후르비츠) 40

Ishida, T. (이쉬다) 86, 434, 434n.107

Jackson, J. J. 307n.31

Jacob, B. 1053

Jacobsen, T. 193n.9

Japhet, S. 426n.93

Jeansonne, S. P. (진손, 샤론 페이스)

1106, 1106n.198

Jenks, A. 540

Jenni 293n.16, 675n.47

Jespen, A. 444n.110

Jessop, T. E. 117n.60

Johnson, A. R. 119n.67, 250n.75, 771n.163

Johnson, M. D. (존슨) 180, 180n.81, 181n.83, 183n.86, 194n.11

Johnson, P. 126n.80

Jonker, L. 410n.70

Joüon, P. P. 107n.38

Kaiser, W. C., Jr. 433n.102

Kaufmann, Y. (카우프만) 40

Kautzsch 56n.56

Keel, O. 958n.71

Keil, C. F. 267n.103

Keller, C. A. 665n.39

Kerr, P. E. (케르) 1047, 1047n.145

Kessler, M. 307n.31

Kierkegaard, S. 544n.206

Kikawada, I. M. 225n.28, 306n.31

Kitchen, K. A. (키친) 47, 48n.52, 296n.21, 377, 377n.42, 948, 948n.64

Klein, R. W. 197n.13

Kline, M. G. (클라인) 120, 120n.69, 201, 201n.24, 254, 423

Koch, K. (코흐) 649, 649n.22

Koenig 239n.56

Kogut, S. 426n.93

Konkel, A. H. (콩켈) 373, 373n.38

Korošec (코로섹) 35

Kraus, H. 712

Kutler, L. W. (커틀러) 773, 773n.166

Kutsch, E. 212n.2

Lambdin, T. O. (램딘) 541, 541n.196

Landy, F. (랜디) 540, 541n.194, 542, 546

Larsson, G. 329n.9

Lehmann, M. R. (레만) 570, 570n.232

Leupold, H. C. 258n.93

Lichtheim, M. 520n.175

Lichtig, J. 891n.5

Liedke, G. 777n.171

Long, B. O. 45n.46

Longacre, R. E. (롱에이커) 216n.6, 861n.269, 907, 981-83, 1012, 1096

Lowell, J. R. 1024n.130

Löwenstamm, S. E. 818n.221

Lowenthal, E. I. 1131n.232

Luckenbill, D. D. 857n.266

Luther, M. 121n.70

Mabee, C. 447n.117, 778n.175, 779n.176

MacGregor, J. 595n.255, 786n.184

Malamat, A. 433n.101

Marcus, R. 145n.23

Martens, E. (마르텐스) 706

Martin, G. 358n.11

Martin-Achard, R. (마틴 아차드, 로버트) 1133n.236, 1135

Mathews, K. A. (매튜스) 214n.3, 220n.15, 221n.21, 232, 236n.52, 241n.61, 249n.73, 252n.80, 257n.90, 260n.97, 273n.110, 283n.2, 284n.4, 304n.29, 310n.34,

316n.42, 332n.14

Mazar, B. 85n.89

McBride, S. D. 85n.91, 741n.128

McConville, J. G. (맥콘빌) 40, 41n.33

McCreesh, T. P. (맥크리쉬) 49, 50n.55

McKenzie, S. (매켄지) 793

McKenzie, B. A. 887n.4

McKenzie, J. L. 128n.85

Meinhold, A. 1110n.207

Mendelsohn, I. 1081, 1082n.170

Mendenhall, G. E. (멘덴홀) 35, 85

Merrill, E. H. (메릴, 유진) 476

Milgrom, J. (밀그롬) 40, 801n.201,
876n.7, 1128

Millard, Alan, R. 44n.45, 197n.15,
289n.13

Miller, P. D., Jr. 85n.91, 107n.38,
741n.128

Mitchell, T. C. (미첼) 181n.81,
296n.21, 543

Moberly, R. W. L. (모벌리) 412,
549n.213

Montent, P. 699n.74

Morris, H. M. (모리스) 227n.29,
229n.34, 238, 239n.56

Mowinckel, S. 194n.11

Muraoka, T. 358n.12, 542n.200

Neugebauer, O. 192n.8

North, R. 834n.237, 874n.4

Noth, M. 871n.1

O'Brien, P. T. 204n.33

O'Connell, R. H. 488n.161

Olley, J. W. (올리) 230, 231n.35

Packer, J. I. 140n.9, 204nn.33, 34,

257n.91, 807n.213

Pardee, D. 675n.46

Patrick, D. 232n.41

Patten, D. 196n.12, 327n.7

Paul, S. M. 779n.176

Payne, J. B. 197n.13

Pelikan, J. 98n.13

Peterson, D. G. 204n.33

Phillips, A. (필립스) 838, 923n.36

Pitman, M. 126n.80

Polzin, R. 505n.167

Postgate, J. N. 779n.176

Powell, M. A. (파월) 43n.43, 61

Pratt, R. L., Jr. (프랫) 57, 204n.34

Price, J. D. (프라이스) 474

Quinn, A. 25n.3, 250n.74

Rainey, A. (레이니, 앤슨) 1107

Rashi (라쉬) 69, 701

Rawlinson, G. 537n.185

Rendsburg, G. (렌즈버그, 개리) 27, 28,
37, 341, 627n.3, 692n.66, 1114

Rendtorff, R. (렌토르프) 40

Riddeerbos, H. N. 129n.89

Roberts, J. J. M. (로버츠) 85

Rodd, C. S. 479n.152

Rogerson, J. W. 124n.77

Roop, E. F. (루프) 320n.46, 359n.17,
410, 444n.111, 461-62, 464, 468,
478, 547-48, 567, 583, 624-25,
627, 630, 643, 676, 686-87, 692,
707, 748, 757, 795, 805, 969,
970-73, 976-77, 996-97, 1019,
1051, 1116, 1120-21, 1140

Rosenzweig, F. 54n.60

1011, 1023, 1132-33

Vos, G. (보스) 189, 248, 653

Wakeman, M. K. 7112n.102

Wakley, R. 839-40

Waldman, N. M. 754n.144

Wallace, H. N. 247n.68

Walsh (월쉬) 27n.7, 57

Waltke, B. K. (월키, 브루스) 25n.2, 42n.38, 43n.42, 70n.73, 97n.11, 105n.33, 109n.42, 119n.67, 124n.76, 140n.9, 149n.36, 197n.13, 204n.34, 250n.75, 257n.91, 329n.9, 351n.8, 462n.135, 467n.141, 476n.146, 477n.148, 595n.255, 618n.7, 626n.2, 669n.40, 786n.184, 807n.213, 819n.225, 988n.106, 1135n.238

Ward, W. (워드) 1022

Watson, W. G. E. (왓슨) 675

Weinfeld, M. (바인펠트) 40, 432n.99, 805n.206

Weippert, M. 458n.125

Weisman, Z. (와이즈만) 1040

Wenham, G. J. (웬함, 고든) 34n.14, 39, 40n.30, 42n.39, 99n.20, 137n.6, 165n.61, 216n.6, 218, 224, 394, 409n.67, 458, 426n.92, 440n.108, 458n.126, 461-62, 531, 538, 544-45, 554, 573n.238, 587n.250, 600n.256, 605n.267, 636n.10, 640, 656n.32, 688-89, 701n.84, 758-59, 777, 859, 919, 927, 955n.69, 1023-25, 1037n.137, 1098

Wessner, M. 803n.204, 807n.212

Westermann, C. (베스터만) 165n.61, 458, 649n.23, 712n.103, 988n.105, 992, 1104n.194

Whitcomb, J. C. (위트콤) 227n.29, 229n.34, 238, 239n.56

Whybray, R. N. (와이브레이) 510

Whyte, A. (와이트, 알렉산더) 537, 670, 671n.41

Widengren, G. 42n.40

Wilkinson, L. 807n.213

Willis, W. 71n.76

Wilson, J. R. (윌슨) 122

Wilson, R. R. (윌슨) 182

Winnett, F. V. 301n.24

Wiseman, D. J. 44n.45, 197n.15, 407n.66, 459n.130, 566n.226

Wolff, H. W. 771n.163

Woude, V. 1113n.212

Wright, C. J. H. (라이트) 79, 80n.83

Yaron, R. 727n.114, 783n.183

Young, D. A. 229n.34

Young, E. 129n.90

Youngblood, R. F. (영블러드) 104n.30, 129, 229n.34, 231n.37, 234n.46, 263, 272n.107, 540, 684n.60, 743, 778n.174

창세기 주석

Copyright ⓒ 새물결플러스 2018

1쇄 발행 2018년 12월 21일
4쇄 발행 2023년 10월 2일

지은이 브루스 K. 월키, 캐시 J. 프레드릭스
옮긴이 김경열
펴낸이 김요한
펴낸곳 새물결플러스

편 집 왕희광 정인철 노재현 이형일 나유영 노동래
디자인 황진주 김은경
마케팅 박성민
총 무 김명화 이성순
영 상 최정호 곽상원
아카데미 차상희

홈페이지 www.holywaveplus.com
이메일 hwpbooks@hwpbooks.com
출판등록 2008년 8월 21일 제2008-24호
주 소 (우) 04114 서울시 마포구 신촌로28가길 29
전 화 02) 2652-3161
팩 스 02) 2652-3191

ISBN 979-11-6129-085-0 93230

책값은 뒤표지에 있습니다.